제11판

*Modern Administrative Law*

# 현대 행정법

김유환 Yoo Hwan Kim

박영사

# 제11판 머리말

엄청난 정치적 격동에 비하면 행정법의 변화는 상대적으로 크지 않아 보이는 한 해였다. 정부와 국회는 탄핵과 대통령선거 그리고 선거 후의 새로운 질서의 모색 등에 몰두하느라 행정법의 변화에 신경을 쓸 겨를이 없었다. 그럼에도 불구하고 국가배상법, 개인정보보호법, 행정기본법, 경찰관직무집행법, 정부조직법 등 몇몇 법령들은 미세조정이 있었다. 한편 헌법재판소는 탄핵과 권한쟁의 등 굵직한 정치사건을 처리하느라 바빴다. 그러한 굵직한 사건들을 처리하는 와중에 행정법에 영향을 미치는 몇몇 판례가 생산되었다. 대법원은 지난 해에도 행정법질서에 영향을 미치는 몇몇 판례를 생산해 내었다.

학계에서는 전통적인 행정법 이론보다는 인공지능에 많은 관심을 쏟은 한 해였다. 세계적으로도 인공지능이 행정법에 미치는 영향에 대한 논문들이 많이 생산되었다. 그러나 아직 인공지능에 대한 행정법학계의 논의가 행정법 강학체계에 미치는 영향은 미미하다. 인공지능이 행정법에 어떤 영향을 미칠 것인가에 대한 청사진에 대해서도 아직 분명한 전망이 나오지 않고 있기 때문이다.

그러나 법조실무나 학생들의 학습에도 인공지능은 새로운 변화를 일으키고 있다. 그런데 인공지능 시대에 법률가의 역할이 변한다 하더라도 법학에 대한 깊은 이해가 없으면 인공지능조차 효율적으로 활용하기 어렵다. 지식의 단순 암기는 의미를 잃어가고 있지만 법이론에 대한 깊이 있는 이해는 인공지능 시대에 더욱 강하게 요구된다고 본다. 인공지능을 향하여 문제 해결을 위한 적절한 질문을 하기 위해서는 법이론에 대한 체계적 이해가 무엇보다 요구되기 때문이다. 그런 점에서 이 책의 편집 방향은 인공지능 시대에 적합하다고 생각한다. 무엇보다 행정법의 체계적 이해를 염두에 두고 집필하였기 때문이다.

2026년 제11판에서 법령과 판례는 2026년 1월 중순을 전후한 모든 자료를 망라하였다. 이 책은 한국 행정법 변화의 최전선에 늘 서 있다.

이 책의 발간이 행정법의 이해와 발전의 기초가 되기를 기원하며 제11판 발간의 변을 마감한다.

2026년 1월

김유환

# 제10판 머리말

지난 한해 여소야대와 극심한 정치투쟁의 와중에도 행정법은 나름의 변화가 있었다. 물론 여소야대의 정치상황 가운데 국회 입법에 따른 변화는 상대적으로 크지 않았다고 생각한다. 그리고 헌법재판소는 헌법재판관의 임명이 늦어진 관계로 후반기에는 주목할 만한 활동이 없었다. 그러나 대법원을 통한 판례변화와 발전은 예년과 비슷한 수준이었다고 평가된다. 지난 1년간 학계에서의 의미있는 논의의 변화도 감지되었다. 특히 행정기본법과 행정절차법의 처분 개념이 국민권익구제를 위하여 처분 개념을 확장한 행정쟁송법의 처분 개념을 채택한 것의 문제점이 학계와 실무계에서 공히 지적되었다.

지난 1년의 행정법의 변화 가운데 특히 국가배상 제도에서의 대법원 판례와 입법의 추이와 변화를 현대 행정법 제10판에 반영한 것이 주목할 만하다고 생각된다. 행정소송법의 운용에 있어서도 다소의 변화가 있었고 이를 반영하였다. 헌법재판소의 판례와 그에 따른 입법으로 인한 변화도 있었다. 그리고 현대행정법 제10판에서는 행정소송규칙의 내용 중 강학상 설명할 필요가 있는 부분을 반영하였다.

예년처럼 대법원 판례는 2025년 1월까지 판례공보를 반영하였고 헌법재판소 판례는 2025년 1월까지의 자료를 반영하였다. 헌법재판소가 조속히 정상화되어 행정법 관련 판례가 정상적으로 생산될 수 있기를 기대한다. 지금은 각종의 탄핵심판 심리에 여념이 없는 듯하다.

현대 행정법이 금년으로 제10판을 발간하게 되었다. 10년이면 강산도 변한다는데 그동안의 행정법의 변화는 실로 엄청난 것이었다. 10년 전의 행정법과 지금의 행정법은 완전히 다른 모습이 되었다. 그동안 애써 주신 박영사 임직원 여러분들에게 깊이 감사드린다.

작금의 헌정의 위기가 행정법질서의 위기로 되지는 않겠지만 근래의 사태로 인하여 헌법과 법률의 해석에서 국민이 당황할 수준으로 이견이 노정되고 있는 상황은 바람직하지 않다고 생각한다. 조속히 국가의 불안정 상태가 해소되기를 바라며 새해에는 모든 어두운 구름이 걷히고 맑은 새 하늘이 드러나게 되기를 소망해 본다.

2025년 1월

상도동 우거에서　김유환

# 제9판 머리말

지난 한해도 여소야대의 정치상황과 맞물려 행정법에 관련된 새로운 입법에 의한 변화는 제한적이었다. 그런 가운데에서도 개인정보보호법이 상당한 수준으로 개정되었고 행정기본법, 행정심판법, 지방자치법, 정부조직법, '지방자치분권 및 지역균형발전에 관한 특별법', '주민조례발안에 관한 법률', '공공기관의 정보공개에 관한 법률', '문화유산의 보존 및 활용에 관한 법률' 등 여러 법률의 사소한 개정이 있었다.

판례로 인한 행정법의 변화는 여소야대와는 무관한데도 예년에 비해 크지 않았다고 생각된다. 지난해에 대법원과 헌법재판소의 수장이 모두 바뀌는 시기라서 그런지 판례이론의 발전이 그다지 활발하지는 않았던 것 같다. 그러나 2024년에는 어떤 형태든 판례이론의 변화가 있을 것으로 기대된다.

이처럼 지난 한해의 변화가 예년에 비해 크지 않았다 하더라도 그 규율의 변화가 무시할 수 있는 수준은 아니라고 생각한다.

2024년 제9판 현대행정법은 이러한 변화를 하나도 놓치지 않고 반영하려고 애썼다. 판례는 대법원과 헌법재판소의 판례공보 중 2024년 1월 공간된 부분까지 반영하였고 입법도 2024년 1월까지의 변화를 반영하였다.

제9판에서는 새로운 내용을 선보임과 함께 그동안의 입법과 판례의 규율변화로 인해 불필요해진 논의들을 제거하고 독자들이 조금이라도 쉽게 이해할 수 있도록 표현을 바꾸기 위하여 애썼다.

제9판이 나오기 까지 애써 주신 박영사 관계자 여러분들과 집필의 수고 가운데 여러모로 희생 아닌 희생을 한 가족들에게 깊은 감사를 드린다.

금년 제9판을 발간하면서도 늘 새로워지는 행정법의 모습을 이 책을 통하여 보여줄 수 있어서 기쁜 마음이다. 행정법은 날마다 새로워지는 그 역동성이 큰 매력이 아닌가 한다. 독자 여러분들도 이 책을 통하여 이러한 매력을 충분히 즐기시기를 기대한다.

2024년 1월

상도동에서 김유환

# 제8판 머리말

지난 한 해 행정법은 여소야대의 정치상황과 맞물려 새로운 입법에 의한 변화는 상대적으로 많지 않은 편이었다. 가장 큰 사건은 행정절차법과 시행령의 개정이라 할 수 있고 그 외에 행정기본법 등의 개정과 주민투표법, '강원특별자치도의 설치 등에 관한 특별법' 등의 제정이 있었다. 또한 금년부터 행정기본법 중 여러 중요 규정들이 시행된다.

한편 판례로 인한 행정법의 변화는 상당한 수준이라고 평가한다. 헌법재판소와 대법원 모두 중요한 판례이론을 선보였다. 입법과 판례의 변화에 대응하여 학설의 변화도 적지 않았다.

근래 이처럼 행정법의 변화가 대폭적으로 이루어져왔기 때문에 몇 년 전의 행정법 지식은 이미 낡은 것이 되어가고 있다. 행정법 지식의 업데이트는 실상 매년 이루어지고 있다.

2023년 제8판 현대행정법은 매년 새롭게 생산되어 나오는 판례와 법령 그리고 새로운 학문적 연구를 충실하게 반영하려고 애썼다. 특히 행정기본법 제정과 행정절차법 개정에 대한 학계의 논평이 어느 정도 자리를 잡아감에 따라 이러한 학계의 논의상황을 반영하였다.

판례는 대법원과 헌법재판소의 2022년 12월 선고 판례까지 반영하였고 법령은 1월 중순 탈고 직전까지의 변화를 충실히 반영하였다.

제8판에서 특징적으로 검토한 것은 최근 행정청의 권한의 충돌이 법률문제로 비화하는 경우가 늘어감에 따라 권한분쟁에 대한 모든 쟁송수단을 정리해 보았다. 그리고 국가도 지방자치단체도 아닌 공공기관이 가지는 행정법 질서에 있어서의 의미를 최소한이라도 추적해 보려고 노력하였다.

최근의 정치상황으로 인하여 입법이 예정된 법률들이 아직도 국회에서 충분히 논의되지 않는 경우가 많아서 안타까운 마음이다. 행정법학도 입장에서 중요한 정부조직법이나 개인정보보호법이 바로 그러한 범주에 속하는 법률들이다. 그러나 아직 공포되지 않았어도 1월 중순 현재 국회를 통과한 법률까지는 필수적인 것은 반영하고자 애썼다.

제8판이 나오기 까지 애써 주신 박영사 관계자 여러분들에게 깊은 감사를 드린다. 이 책을 통하여 변화하는 행정법의 최전선의 모습을 학생들과 실무가들에게 늘 보여주기를 기대하며 제8판 개정의 붓을 이제 내려놓는다.

2023년 1월

상도동에서 김유환

# 제7판 머리말

지난 한 해는 행정법으로서는 격동의 시기였다. 여러 법령의 개정이 있었지만 특히 2021년 3월 행정기본법이 제정되고 2022년 1월에는 행정절차법이 대폭 개정되었다. 한편 전면 개정된 지방자치법이 2022년 시행되고 그에 맞추어 '주민조례발안에 관한 법률', '중앙지방협력회의 구성 및 운영에 관한 법률' 등 지방자치 관련법들이 제정되고 개정되었다. 또한 '공직자의 이해충돌방지법'이 제정되고 국가공무원법, 지방공무원법, 공직자윤리법, 공무원징계령 등이 개정되어 공무원법에 큰 변화가 발생하였으며, '소상공인 보호 및 지원에 관한 법률'에 의한 코로나로 인하여 영업제한을 받은 소상공인 등에 대한 손실보상제도가 새롭게 마련되었다. 이 밖에 '공익사업을 위한 토지등의 취득 및 보상에 관한 법률'등 몇몇 법령에도 작은 개정이 있었다.

특히 주목할 것은 행정기본법과 행정절차법이 마치 행정법의 일반법으로서의 지위를 경쟁이나 하듯이 제·개정되었다는 점이다. 행정기본법은 원래 행정법의 일반법을 지향하고 입법되었지만 많은 문제점이 지적되었고 행정절차법과의 통합이 벌써 논의되고 있다. 이 와중에 행정절차법은 확약, 위반사실의 공표, 행정계획을 규정하고 청문절차에 있어서도 일반법적 성격을 강화하였다. 행정기본법과 행정절차법의 규율이 중복되는 것이 몇 가지나 된다. 새로운 통합 입법이 불가피한 것처럼 느껴진다.

대법원 판례도 많은 변화가 있었다. 특히 행정소송제도와 관련된 판례이론은 끊임없이 새로운 방향을 모색하고 있는 점이 높이 평가된다. 하지만 그 이론적 정합성에는 의문이 제기된다. 한편 지난 한 해 헌법재판소 판례는 절대적인 양이 많지 않았다.

본서에서는 이러한 법령과 판례 그리고 학설의 변화를 충실하게 반영하였다. 행정기본법과 행정절차법에는 2023년도부터 시행되는 규정들이 있는데 그것들도 시행시기를 표시하여 충분히 반영하였다. 다만 2023년부터 시행되는 조항이라도 기존의 판례이론과 학설 및 입법경향을 반영한 것은 두드러지는 구별 없이 소화하였다. 물론 각주에서는 이를 밝혔다.

행정기본법의 입법에 대하여 여러 가지 문제점에 대한 지적이 많지만 그것은 행정법 역사상 중요한 사건이었고 행정법의 이론체계에 광범위한 접촉점을 가지고 있다. 그 내포와 외연을 비판과 함께 빠짐없이 수록하도록 애썼다. 행정기본법이 행정법의 실체에 미치는 영향은 크지 않지만 설명방식에는 상당한 변화를 초래한다. 어쨌든 행정법총칙에 해당하는 것이 입법되었기 때문이다. 이번 개정판에서는 행정기본법으로 인한 설명방식의 변화와 실체적 규율의 변화를 행정법 전반에 걸쳐 빠짐없이 기술하였다.

이번 개정판의 법령과 판례, 학설은 2022년 1월 말을 기준으로 업데이트하였다.

마지막으로 이번 개정판을 출간함에 있어서 도움을 주신 박영사 임직원 여러분 그리고 이화여대 대학원 학생들에게 심심한 감사의 말씀을 전하고자 한다.

2022년 2월

김유환

# 전정판 머리말

지난 1년은 어느 해 보다 행정법에 큰 변화가 있었다고 평가된다. 국회가 새로 구성되어 여당이 절대 다수 의석을 확보한 이후 수많은 개혁입법이 이루어졌다. 그러한 입법의 흐름은 아직도 계속되고 있다. 또한 대법원도 대법관의 구성이 변화됨에 따라 진보적 색채의 판례를 만들어 내기 시작하였다. 행정법이론 자체가 본질적으로 변화하였다고 할 수는 없지만 그 변화의 흐름은 결코 작은 것이 아니다.

지방자치법 전부개정법률, '공공기관의 정보공개에 관한 법률', '국가경찰과 자치경찰의 조직 및 운영에 관한 법률' 등을 비롯한 수많은 행정법 관련 법령들이 제·개정되었다. 그래서 행정절차법과 정보공개법, 개인정보보호법, 행정조직법, 지방자치법, 질서행정법을 포함하여 행정법의 전 영역이 법개정의 영향을 받았다.

한편 대법원과 헌법재판소를 통한 판례법의 변화가 행정법이론에 미친 영향도 작지 않다. 판례법은 주로 진보적 관심이 집중되는 부분에서 큰 변화가 있었다.

이런 이유로 2021년에 출간되는 제6판은 책의 제호를 변경하여 '현대행정법' 전정판이라 하고 박영사에 편집과 인쇄를 맡겼다.

'현대행정법' 전정판에서는 지금까지의 법령과 판례 그리고 이론의 변화를 강학체계에 맞게 적절한 수준에서 반영하고자 노력하였다. 이러한 노력 가운데 날마다 변화하는 행정법의 법령과 판례, 이론을 최전선에서 맞이하는 기쁨이 있어 감사한 마음이다. 행정법의 최전선에서 잉태된 책이니 만큼 학생들뿐 아니라 실무가들에게도 도움이 되는 책이 되리라고 믿는다.

그리고 이번 전정판에서 법령이나 판례는 2021년 1월 말을 기준으로 업데이트하였다.

다만 지방자치법 전부개정법률은 2022.1.13.부터 시행되기 때문에 이번 판에서는 현행법을 중심으로 서술하되 개정법의 변화 내용을 아울러 설명하였다.

마지막으로 현대행정법 전정판을 출간함에 있어서 도움을 준 이화여자대학교 박사과정에 재학 중인 엄수진 석사에게 그리고 서울대학교 박사과정의 김찬희 변호사에게 깊은 감사의 뜻을 전한다.

또한 출판과정에 도움을 주신 박영사 안종만 회장님과 조성호 이사님 그리고 박세기 부장님에게 깊이 감사드린다. 또한 편집을 맡아주신 장유나 과장님께 심심한 감사의 말씀을 드리고자 한다.

2021년 2월

상도동에서　김유환

# 제5판 머리말

지난 1년 동안도 행정법은 크게 변모하였다. 행정법은 늘 변화하는 법이라서 매력이 있다. 가장 큰 변화는 개인정보보호법 분야에서 있었다. 소위 데이터 3법이라는 '개인정보보호법', '정보통신망 이용촉진 및 정보보호에 관한 법률', '신용정보의 이용 및 보호에 관한 법률'이 함께 개정되어 '정보통신망 이용촉진 및 정보보호에 관한 법률'의 개인정보보호에 관한 규율이 개인정보보호법에 통합되는 등 개인정보보호규제가 개인정보보호법 중심으로 통합·정비되고 개인정보보호위원회가 중앙행정기관의 일종으로 되면서 행정안전부장관의 개인정보보호에 관한 업무와 방송통신위원회가 정보통신서비스와 관련하여 담당하던 정보보호업무가 개인정보보호위원회로 이관 되었다. 또한 빅데이터 시대에 가명정보의 활용 등을 가능하게 하는 등 개인정보보호규제를 완화하였는데 향후 그 남용을 어떻게 방지할 것인가의 숙제를 남기고 있다. 그래서 개인정보보호법 부분은 전면 개고 수준의 개정작업을 진행하였다.

개인정보보호법 분야 이외에도 행정절차법, 공직선거법, '고위공직자범죄수사처 설치 및 운영에 관한 법률', 국가공무원법과 지방공무원법 등을 비롯한 여러 법령의 제·개정이 있었고 평년 이상의 판례법의 발전이 있었다.

이번 개정판에서 법령이나 판례는 2020년 1월 말 기준으로 업데이트하였다. 그동안 새로 나온 판례 등을 고려하여 일부 중요 판례를 교체하기도 하였다. 1년마다 판을 개정하면서 판례와 법령을 업데이트하지만 수시로 변하는 판례와 법령 가운데에는 핵심적으로 중요한 것이 있다.

이번 개정판에서는 또한 행정법 초심자의 눈에서 어떤 부분이 잘 이해되지 않을까 하는 점을 고려하여 해설을 보강하고 쉬운 용어로 변환하는 데 힘을 기울였다. 이런 노력의 일환으로 각주도 일부 보강하였다. 그러므로 이 책을 이용함에 있어서 하단의 각주 중 설명이 들어간 부분은 본문과 같은 비중으로 공부하기를 권한다.

행정법 교과서의 집필은 매우 복잡한 작업이다. 따라서 판례번호의 오기 등을 비롯하여 오류가 날 가능성이 상존한다. 이번 판에서는 이러한 오류를 제거하고자 최선을 다하였다.

마지막으로 현대 행정법강의 제5판을 출간함에 있어서 도움을 준 이화여자대학교 박사과정에 재학 중인 박은영 석사와 석사과정의 엄수진 학사, 이번에 법학박사 학위를 수위하는 박수현 박사 그리고 서울대학교 박사과정의 김찬희 변호사에게 깊은 감사의 뜻을 전한다. 또한 수고를 아끼지 않으신 법문사 편집부 김제원 이사님을 비롯한 관계자 여러분에게도 감사의 말씀을 드린다.

2020년 2월
김 유 환

# 초판 머리말

오늘날 행정법학은 커다란 변화에 직면해 있다. 우리나라의 초기 행정법이론은 대부분 외국이론이었고 우리 판례를 들여다보아도 독자적 이론이라 할 만한 것이 없었다. 그러나 오늘날은 그렇게 말할 수 없는 상황이 되었다. 우리 판례가 많이 발전하고 절대적 양도 증가하여 판례를 분석하는 것만으로도 가히 행정법의 체계를 잡을 수 있는 상황이 되었다. 더구나 수많은 새로운 판례들은 오늘도 한국 행정법의 모습을 변모시키고 있다. 그런데다가 우리나라에서는 그동안 잦은 법령의 제정과 개정으로 법령의 체계와 내용도 크게 변모하여 왔다. 판례와 법령이 이처럼 새로운 행정법 환경을 형성해 가고 있는데도, 행정법이론이 여전히 외국이론에 지나치게 경도되어 외국이론 소개를 중심으로 하는 행정법학에 매달릴 수는 없다. 아직은 우리가 외국이론을 연구할 필요성이 많음을 부인하지는 않지만 이제 판례를 중심으로 하는 새로운 행정법의 이론체계를 모색할 수 있는 단계가 되었다고 본다. 본서는 그러한 필자의 학문적 인식에서부터 집필이 계획된 것이다. 그리하여 본서는 외국이론의 학문적 토양의 풍성함을 외면하지 않으면서 날마다 진화하는 우리의 법령에 대하여 판례가 발전시킨 이론을 중심으로 하는 한국 행정법이론을 모색한 것이라 할 수 있다.

한편 행정법학의 변화와 함께 행정법 강학에 있어서도 큰 변화가 일어나고 있다. 그동안의 행정법학의 학문적 성과가 축적됨에 따라 행정법이론 중에서 강학상 핵심적인 것과 연구성과로서 연구자들 사이에 공유하여야 할 것을 구별하여야 할 필요성이 커졌다. 수많은 행정법연구의 성과를 모두 강학에서 활용하기는 어려운 상황이 된 것이다. 우리나라에서 아직도 연구와 강학의 구분은 진행되는 중이라고 생각하지만 필자는 이 점에서도 본서가 조그만 기여를 하기를 원한다. 본서의 일차적인 목적은 강학을 위한 것이다.

따라서 본서는 나름대로 지금까지의 행정법이론서와는 다른 점이 있다.

첫째로, 우리 대법원과 헌법재판소가 그동안 발전시킨 판례이론을 최대한 반영하였다. 그동안 판례가 많이 집적된 부분은 외국이론보다는 판례이론을 중심으로 논의를 재정립하여야 할 것이다. 본서는 이러한 점에서 획기적인 시도를 하였다. 학설과 판례를 소개하고 난 후, 판례의 논거를 보완하거나 비판하는 논의를 중심적으로 서술하고자 하였다.

둘째로, 판례이론을 이해하는데 핵심적인 것은 중요판례의 선별이다. 본서의 집필에 있어서 강학상 핵심적인 의미가 있는 판례를 선별하는데 많은 노력을 기울였다. 한편 강학상 의미 있는 판례라 하더라도 판례의 원문을 검토할 필요가 있는 판례와 원문검토보다는 판례의 요지만을 습득하는 것이 중요한 판례를 구별하는 것이 어려운 과제이다. 본서의 집필에 있어서 필자는 핵심판례 중에서도 원문검토가 필요한 판례와 판례요지만을 습득하는 것이 중요한 판례를 엄격한 기준으로 선별하는데 노력을 기울이고 판례를 차별화하여 본문에 담고자 하였다.

셋째로, 본서에서는 극도로 절제된 표현을 통하여 가장 핵심적인 행정법의 진수만을 담기 위하여 노력하였다. 그런 점에서 본서는 일종의 강의안으로서의 성격을 가졌다. 그리고 본서는 행정법을 이해하는데 반드시 필요하다고는 할 수 없지만 전통적으로 논의되어 왔던 부분은 과감히 생략하고, 행정법을 이해하는데 본질적으로 중요한 부분 중심으로 해설함으로써 독자들로 하여금 좀 더 직접적으로 행정법의 핵심에 도달할 수 있도록 하였다. 또한 연구목적의 각주는 과감히 생략하였다. 각주는 주로 판례를 찾아보는데 적절하도록 구성하였다.

넷째로, 본서는 실제로 발생할 수 있는 행정법 문제를 늘 염두에 두고 서술하였다. 실제의 행정법적 분쟁과 무관한 부분은 실제의 법률문제를 이해하는데 핵심적인 부분에 한해 서술하고 대폭 설명을 줄였다. 실제로 분쟁이 발생하여 판례가 쟁점으로 하지 않은 부분은 사실 우리 사회에서 별로 문제가 되지 않는 것이거나 관념적 논의에 불과한 측면이 있기 때문이다

다섯째, 본서는 현재 살아있는 행정법이론, 소송에서 당장 적용될 수 있는 현장 감각을 살리고자 노력하였다. 법이론은 하루아침에 변화되는 것이 아니지만 오늘의 현장에서 법적 논증으로 활용할 수 없는 이론이라면 법지식으로서 의미가 없다고 본다. 따라서 본서에서는 가급적이면 이미 노후화되어 현장성을 상실한 이론에 대한 언급을 자제하고 아직 많이 논의되지 않고 있더라도 판례이론이 확립되어 이론적인 성과가 도출된 것에 대해서는 많은 지면을 할애하고자 노력하였다.

마지막으로 법학전문대학원 학업을 수행하면서도 원고의 교정을 위해 수고해 준 강지현 미국변호사 그리고 출판을 위해 수고하여 주신 법문사 관계자 여러분들에게 깊은 감사의 변을 전하고자 한다.

2016. 1.

상도동 우거에서

김 유 환

## 차 례

## 제1편

# 행정법 일반이론

# 제2편

# 행정구제법

## 제3편

# 지방자치법 및 특별행정법

제01편

# 행정법 일반이론

제1장 행정법 서론
제2장 행정의 행위형식론
제3장 행정절차와 행정정보
제4장 행정의 실효성 확보수단
제5장 행정조직법

제 01 장

# 행정법 서론

## 제1절 행정의 개념과 의의

### 제1관 행정의 개념

오늘날 행정법의 대상이라고 일컬어지는 행정은, 국가권력을 입법, 행정, 사법으로 삼분하는 삼권분립이론에 의하여 비로소 형성된 것이다. 이처럼 삼권분립이라는 자유주의적인 정치조직원리에서 배태된 행정개념은 역사적으로는 전체 국가권력에서 입법과 사법을 뺀 나머지의 국가작용으로 관념되어 왔다(공제설, 소극설).

그러나 이러한 역사적인 행정개념의 설명은 학문적인 입장에서는 소극적인 것이어서, 적극적인 행정개념 설명에 대한 시도가 이루어졌다. 그리하여 행정이 공익 또는 국가 목적을 가진다는 점에서 입법이나 사법과 구별된다는 설(목적설)이 주장되기도 하였고, 또한, 입법이나 사법이 당위를 성립시킬 뿐 결과를 실현시키지 않는데 반하여 행정은 구체적인 결과를 실현시키는 점에서 차이가 있다고 하는 이론(결과실현설, 양태설)이 제기되기도 하였다. 그러나 이처럼 적극적으로 행정개념을 해명하려는 노력은 결국 한계에 봉착할 수밖에 없다. 복잡다기한 행정현상을 하나의 개념표지로 적극적으로 해명하기에는 어려운 점이 없지 않기 때문이다.

따라서 이상과 같은 행위의 성격에 따른 행정개념의 정의 곧, 실질적 의미의 행정개념을 부정하는 견해도 있다. 예컨대, Kelsen 등의 순수법학파에 속하는 학자들은 행정작용의 내용적 특질에 따른 개념정의는 불가능하다고 하고 담당기관의 조직양태에 따라 입법은 회의체, 사법은 병렬적·독립적 기관복합체에 의하여 이루어지는 작용인데 반하여 행정은 상명하복의 기관계층체에 의하여 행해지는 국가작용이라고 하였다(부정설, 기관태양설).

부정설이 시사하는 바와 같이, 행정의 개념을 내용적으로 엄밀히 정의하는 것은 사실상 어렵기 때문에 오늘날은 행정의 엄밀한 개념정의를 끝까지 추구하기 보다는 공익성, 법집행성, 사회형성적 작용, 구체성 및 개별성, 능동성과 미래지향성과 같은 행정의 상대적 특징을 나타내는 개념징표를 구별해 냄으로써 행정의 내용적 특질을 파악하려는 경향이 있다(개념징표론).

이상과 같이 행정의 개념을 그 내용적 성질에 따라서 정의 또는 파악하고자 하는 것(실질적 의미의 행정)과는 달리 삼권분립체제로 인하여 분화된 행정부가 담당하는 업무 자체를 행정이라고 파악하는 방식도 있다(형식적 의미의 행정).

실례: 교통위반에 대한 경찰관의 통고처분은 실질적 의미의 사법이지만 형식적 의미의 행정이다. 법원에서 처리하는 등기업무는 실질적 의미의 행정이나 형식적 의미의 사법이다. 또한 국회도서관의 자료대출업무는 실질적 의미의 행정이나 형식적 의미의 입법에 속한다.

## 제2관 통치행위

### 1. 통치행위의 개념과 역사

통치행위는 최고의 국가기관(대통령 또는 국회)이 행하는 고도의 정치적 성격을 띤 행위로서 재판(헌법소원이나 행정소송)의 대상에서 제외되는 국가작용을 말한다. 통치행위는 넓은 의미의 행정에는 속하지만 좁은 의미의 행정과는 구별하는 것이 보통이며 이러한 점에서 제4의 국가작용이라 지칭되기도 한다. 따라서 통치행위는 엄밀한 의미에서 행정법의 규율대상이 되는 행정에 포함되지 않는다고 할 것이다.

통치행위 개념은 각국의 역사적 법발전의 산물이다. 미국의 경우 정치문제(political question)라는 개념에 해당하여 삼권분립의 관점에서 사법심사가 배제되는 경우가 있는데 이것이 통치행위 개념에 대응하는 것이라 할 수 있다. 영국의 경우 국사행위[1)](Act of State) 또는 군주의 대권행위(Prerogative)는 사법심사의 대상이 되지 않는 전통이 있었는데 이것 역시 통치행위 개념과 유사한 의미를 가진다. 통치행위 개념은 프랑스, 독일, 일본 등 대륙법 국가가 채택하고 있는 개념으로서 그 역사적 기원은 행정부 수반의 자문기구이던 프랑스의 국참사원(Conseil d'Etat, 꽁세유 데따)이 행정재판권을 가지고서도 고도의 정치적 행위에 해당하는 행정부 수반의 행위에 대한 심사를 자제한 것에서부터 유래된다. 독일과 일본에서는 2차대전 이전에는 행정소송에서 법이 열거하는 제한된 사항만 소송대상으로 하는 열기주의(列記主義)를 채택하고 있었으므로 통치행위는 당연히 재판통제의 대상에서 제외되어 통치행위 관념이 논의될 실익이 없었으나, 2차대전 이후 행정소송에서 개괄주의(概括主義)가 도입된 이후 독일과 일본에서도 이것이 현실적인 문제로 논의되었다.

우리 대법원과 헌법재판소도 공히 통치행위의 관념을 인정한다. 우리 판례의 통치행위에 대한 이해는 행정법이론의 그것과 크게 다를 바 없다. 다만 헌법재판소가 대통령의 긴급재정경제명령의 성격을 밝히면서 이것은 통치행위일 수 있으나 통치행위라도 국민의 기본권에 관련되는 한 재판의 대상이 된다고 하였다(헌법재판소 1996.2.29. 선고 93헌마186 결정)는 점이 주목된다. 그런데 헌법재판소의 이러한 결정은 문제되는 행위의 재판의 대상성을 인정한 것이므로 해당 행위의 통치행위성을 실질적으로 부정한 것이라고 보아야 할 것이다. 요컨대, 우리 헌법재판소는 그것이 국민의 기본권침해에 직접 관련되는 것이라면 그것을 통치행위로 지칭한다 하더라도 재판의 대상이 되는 것으로 보아 실질적으로 그 통치행위성을 부정한다고 판시한 것이다.

---

1) 국사행위란 국가의 행위를 말한다. 이것은 사인이 다툴 수 없는 것으로 이해되었다.

## 2. 통치행위 인정의 근거

학설 가운데에는 통치행위를 부정하는 경우도 있다. 이러한 견해는 법원과 헌법재판소 등 재판기관은 모든 위법한 국가행위를 심리·판단할 수 있고, 모든 국민은 재판청구권을 가지고 있으며 헌법이 법치주의를 채택하고 있는 이상, 고도의 정치적 행위라 하여 법률상 쟁송(legal controversy)의 성격을 가지는 행위에 대해 재판을 거부할 수는 없다고 한다(통치행위 부정설). 그러나 고도의 정치적 행위의 경우, 이를 법률상 쟁송의 문제로 재판을 통해 해결하기보다는 정치적으로 해결하는 것이 더 적절한 경우가 있다는 점을 부인하기 어렵다. 그러므로 통치행위 개념을 법치주의를 부정하는 것으로 이해하기보다 행정소송이나 헌법재판의 한계의 의미로 이해하는 것이 현실에 더 부합할 것이다.

통치행위 인정의 근거에 대한 이론으로서 오늘날 우리나라에서 의미 있는 것은 권력분립설과 사법자제설이다.

권력분립설은, 어떤 정치적 분쟁이 법률상 쟁송의 성격을 가진다 하더라도 그것은 재판기관이 아닌 정치적 기관이 해결하는 것이 삼권분립의 원칙에 비추어 타당한 경우가 있다고 한다. 즉, 통치행위는 재판을 통한 문제해결의 한계 영역에 속한다는 것이다. 이에 권력분립설을 내재적 한계설이라고 하기도 한다. 미국에서 정치문제는 사법심사의 대상에서 제외한다고 하는 판례법이 형성된 것은 바로 권력분립설의 관점에서 비롯된 것이라고 할 수 있다.

사법자제설은 사법의 정치화를 막기 위해서 정치적 법률분쟁에 대한 판단을 재판기관 스스로가 회피하는 것을 통치행위라고 한다. 프랑스에서 국참사원이 행정부 수반의 행위에 대해 판단을 자제해 온 전통이 사법자제설의 역사적 연원이라고 할 수 있다.

우리 판례 역시 통치행위를 인정하는 근거를 권력분립설(내재적 한계설)과 사법자제설에 두고 있다. 대법원 2004.3.26. 선고 2003도7878 판결에서 이러한 두 가지 논거를 모두 발견할 수 있다.

참고판례: 대법원 2004.3.26. 선고 2003도7878 판결 [외국환거래법위반·남북교류협력에관한법률위반·특정경제범죄가중처벌등에관한법률위반(배임)]

-- 다만 **국가행위 중에는 고도의 정치성을 띤 것이 있고, 그러한 고도의 정치행위에 대하여 정치적 책임을 지지 않는 법원이 정치의 합목적성이나 정당성을 도외시한 채 합법성의 심사를 감행함으로써 정책결정이 좌우되는 일은 결코 바람직한 일이 아니며, 법원이 정치문제에 개입되어 그 중립성과 독립성을 침해당할 위험성도 부인할 수 없으므로, 고도의 정치성을 띤 국가행위에 대하여는 이른바 통치행위라 하여 법원 스스로 사법심사권의 행사를 억제하여 그 심사대상에서 제외하는 영역이 있으나,** 이와 같이 통치행위의 개념을 인정한다고 하더라도 과도한 사법심사의 자제가 기본권을 보장하고 법치주의 이념을 구현하여야 할 법원의 책무를 태만히 하거나 포기하는 것이 되지 않도록 그 인정을 지극히 신중하게 하여야 하며, **그 판단은 오로지 사법부 만에 의하여 이루어져야 한다.**

**남북정상회담의 개최는 고도의 정치적 성격을 지니고 있는 행위라 할 것이므로 특별한 사정이 없는**

**한 그 당부를 심판하는 것은 사법권의 내재적 · 본질적 한계를 넘어서는 것**이 되어 적절하지 못하지만, **남북정상회담의 개최과정에서 재정경제부장관에게 신고하지 아니하거나 통일부장관의 협력사업 승인을 얻지 아니한 채 북한측에 사업권의 대가 명목으로 송금한 행위 자체는 헌법상 법치국가의 원리와 법 앞에 평등원칙 등에 비추어 볼 때 사법심사의 대상이 된다**고 판단한 원심판결을 수긍한 사례.

해 설 이 판례는 ① 통치행위의 이론적 근거로 사법자제설적 논거와 권력분립설적 논거를 모두 제시하고 있는 점, ② 남북정상회담의 개최는 통치행위이나 그와 연계된 대북송금행위는 통치행위로 인정할 수 없다고 한 점, ③ 통치행위의 인정에 관한 판단권이 오로지 사법부에 있다는 점을 밝힌 점 등이 의미가 있다.

## 3. 통치행위 인정의 범위

통치행위는 하나의 행위로 이루어질 수도 있지만, 하나의 고도의 정치적 행위가 그와 관련된 부수적인 행위와 연계되어 있는 경우도 있다. 이때 어디까지를 통치행위로 인정할 수 있을까? 대법원은 하나의 고도의 정치적 행위가 통치행위로 인정되었다고 하여 그와 연계되어 있는 다른 행위까지 통치행위로 볼 필요는 없음을 밝히고 있다. 즉 위 2003도7878 판결에서 대법원은 남북정상회담의 개최는 사법심사의 대상이 되지 않지만 남북정상회담의 개최과정에서 통일부장관의 협력사업승인 없이 북한 측에 사업권의 대가 명목으로 행한 송금행위는 사법심사의 대상이 된다고 판시하였다.

또한 통치행위는 어디까지나 행위 자체의 공법적 효력을 부인하거나 상실시키는 재판을 배제하는 것이지 그 행위가 범죄를 구성하는 경우 그 범죄의 성립에 관한 재판까지도 배제하는 개념은 아니라고 보아야 한다. 우리 대법원도 같은 취지로 판시하고 있다(참고판례).

참고판례: 대법원 1997.4.17. 선고 96도3376 전원합의체 판결 [반란수괴 · 반란모의참여 · 반란중요임무종사 · 불법진퇴 · 지휘관계엄지역수소이탈 · 상관살해 · 상관살해미수 · 초병살해 · 내란수괴 · 내란모의참여 · 내란중요임무종사 · 내란목적살인 · 특정범죄가중처벌등에관한법률위반(뇌물)]

대통령의 비상계엄의 선포나 확대 행위는 고도의 정치적·군사적 성격을 지니고 있는 행위라 할 것이므로, 그것이 누구에게도 일견하여 헌법이나 법률에 위반되는 것으로서 명백하게 인정될 수 있는 등 **특별한 사정이 있는 경우라면 몰라도,** 그러하지 아니한 이상 그 계엄선포의 요건 구비 여부나 선포의 당·부당을 판단할 권한이 사법부에는 없다고 할 것이나, **비상계엄의 선포나 확대가 국헌문란의 목적을 달성하기 위하여 행하여진 경우에는 법원은 그 자체가 범죄행위에 해당하는지의 여부에 관하여 심사할 수 있다.**

해 설 이 판례는 ① 비상계엄 선포행위라 할지라도 특별한 사정이 있으면 통치행위성이 부정되어 사법심사의 대상이 될 수 있음을 시사한 점, 그리고 ② 범죄행위에 대한 판단은 통치행위와 무관하게 사법부가 이를 행할 수 있음을 밝힌 점 등에서 의미가 있는 판결이다.

### 4. 통치행위의 인정여부에 대한 판단권

통치행위의 인정여부에 대한 판단권은 오로지 대법원 또는 헌법재판소 등 재판기관에게 있다.[2] 따라서 어떤 행위가 사법심사의 대상이 되지 않는 통치행위라는 것을 입법적으로 또는 행정적으로 정하여 놓을 수는 없다. 다만 헌법 제64조 제4항은 국회의원의 징계와 자격심사에 대해서 법원에 제소할 수 없다고 규정하고 있다.

### 5. 통치행위로 인정되는 국가작용

통치행위로 인정될 수 있는 것에는 대통령의 행위 가운데, 외교행위, 전쟁, 사면, 영전수여, 국무총리 및 국무위원의 임명·해임, 법률안 거부, 국민투표 회부 등을 들 수 있다. 또한 국회의 행위 가운데에 국무총리 및 국무위원의 해임건의, 국회의원의 징계행위 등을 들 수 있다.

대통령의 행위 가운데 판례가 인정한 통치행위로는, 대통령의 비상계엄 선포·확대,[3] 사면,[4] 국군파병결정,[5] 남북정상회담의 개최[6] 등이 있다. 다만, 헌법재판소는 탄핵심판절차의 성격에 비추어 탄핵심판에서는 비상계엄선포행위의 통치행위성을 부정하고 사법심사가 가능하다고 판시하였다.[7] 따라서 비상계엄선포행위를 일률적으로 통치행위라 말할 수 없게 되었다. 구 헌법상의 긴급조치에 대해서는 과거 판례는 이를 통치행위로 인정하였으나[8] 대법원은 2013년 이 판례를 폐기하였고[9] 이에 따라 긴급조치의 위헌성에 대한 법원의 판단이 이루어지면서 긴급조치의 통치행위성이 부정되었다.

한편 판례가 통치행위성을 부정하고 재판의 대상으로 삼은 대통령의 행위로는 대통령의 긴급재정경제명령 선포행위,[10] 신행정수도 건설과 이전행위[11] 등이 있다.

대법원은 국회의 행위 가운데에서 국회의 자율권에 관한 것에 대해서는 법원의 심사권이 인정되지 아니한다고 판시하고 있다. 그리하여 국회에서 적법한 의결절차를 거쳐 공포, 시행되고 있는 국민투표법의 국회 통과과정에 흠이 있어도 법원이 이를 심사할 수 없다고 하고 있다.[12]

그런데 대법원은 서훈취소는 서훈수여와 달리 서훈대상자 등의 권리에 영향을 미치는 것이므로 사법심사의 대상이 된다고 하여 통치행위성을 부인하고 있다.[13]

---

2) 대법원 2004.3.26. 선고 2003도7878 판결.
3) 대법원 1964.7.21. 자 64초6 제2부 재정; 대법원 1997.4.17. 선고 96도3376 전원합의체 판결.
4) 헌법재판소 2000.6.1. 선고 97헌바74 결정.
5) 헌법재판소 2004.4.29. 선고 2003헌마814 결정.
6) 대법원 2004.3.26. 선고 2003도7878 판결.
7) 헌법재판소 2025.4.4. 선고 2024헌나8 결정.
8) 대법원 1978.5.23. 선고 78도813 판결. 다만 이 판례는 대법원 2013.4.18. 자 2011초기689 전원합의체 결정에 의하여 긴급조치 제9호가 위헌무효로 판시되면서 폐기되었다.
9) 대법원 2013.4.18. 자 2011초기689 전원합의체 결정.
10) 헌법재판소 1996.2.29. 선고 93헌마186 결정; 이미 밝힌 바와 같이 이 판례는 긴급재정경제명령 선포행위가 통치행위일 수 있음을 밝히면서도 그것이 기본권 침해에 관한 것이어서 재판의 대상으로 삼은 사례로서 실질적으로 통치행위성을 부정한 것이다.
11) 헌법재판소 2004.10.21. 선고 2004헌마554·566(병합) 결정.
12) 대법원 1972.1.18. 선고 71도1845 판결.
13) 대법원 2015.4.23. 선고 2012두26920 판결.

### 6. 통치행위에 대한 민사소송의 가부

통치행위가 위법하다 하더라도 그 행위 자체의 시정을 구하는 행정소송이나 헌법소원은 허용되지 않는다. 그러나 행위 자체의 시정을 구하지 않고 그로 인한 손해의 배상만을 민사소송으로 구하는 것은 가능할 것인가? 통치행위 이론은 역사적으로 행정소송의 한계이론으로 출발한 것이므로 민사소송이나 형사소송에서 통치행위를 이유로 법원이 소송을 거부할 수는 없다고 본다. 대법원은 처음에는 위헌으로 선언된 대통령의 긴급조치9호 발령 및 적용·집행행위에 대한 국가배상을 인정하지 않았으나[14] 최근 판례를 변경하여 통치행위라고 판시한 바 있었던 이러한 직무행위에 대한 국가배상책임을 인정하였다.[15] 다만 국가배상의 경우 위법성의 인정이나 고의·과실의 입증 등에서 어려움을 겪을 수 있다.

## 제3관 행정의 분류

### 1. 법형식에 따른 분류

행정은 공법의 형식을 취할 수도 있고 사법의 형식을 취할 수도 있다. 공법의 형식을 취하게 되면 그에 대한 쟁송은 행정심판이나 항고소송, 당사자소송 등 행정쟁송에 의하게 되며 사법의 형식을 취하는 행정에 대한 쟁송은 민사소송에 의하게 됨이 원칙이다.

공법형식의 행정 가운데 예컨대 조세부과처분과 같은 고권적 행위를 통한 행정은 권력행정에 속하고 이에 대한 쟁송은 행정심판이나 항고소송에 의하게 된다. 한편, 공법상의 계약행위와 같은 강제 없이 수행되는 공법적 행위는 단순고권행정이라고 하며 그에 대한 쟁송은 원칙적으로 당사자소송에 의하게 된다. 단순고권행정이 관여된 법률관계인 단순고권관계를 관리관계와 동일시하는 입장도 있으나 관리관계라는 용어는 일본 행정법학이 우리에게 전해준 용어이고 또한 공법과 사법의 혼융의 이미지가 있으므로 공법과 사법의 구별을 분명히 하고자 하는 독일법 계통의 법질서에 반드시 적절한 용어인지 의심스럽다. 그러므로 본서에서는 관리관계라는 용어보다 단순고권관계라는 용어를 사용하기로 한다.

사법형식의 행정은 국가가 하나의 경제주체와 같이 행동한다고 하여 이를 국고(國庫)행정이라고 하기도 한다. 이 가운데 조달작용이나 영리경제적 활동과 같이 통상적으로 사법관계와 거의 동일하게 취급되는 경우를 좁은 의미의 국고행정이라 한다. 그러나 사법형식의 행정 가운데 지방자치단체의 수도공급과 같이 생존배려 영역에서 공기업적 활동의 일환으로 이루어지는 경우, 이것은 마치 사복을 입은 형사가 실질적으로는 직접 공무수행을 하는 것처럼, 사법형식에 의하였을 뿐, 직접적 공행정의 수행에 해당된다. 이에 대해서는 비례의 원칙, 평등의 원칙 등의 헌법상의 원칙이 적용되거나, 그 법률관계의 해제나 해지가 제한되기도 한다. 이처럼 사법관계이면

---

14) 대법원 2015.3.26. 선고 2012다48824 판결.
15) 대법원 2022.8.30. 선고 2018다212610 전원합의체 판결.

서도 공법원칙이 적용되는 예외적인 사법형식의 행정의 법률관계를 행정사법이라고 한다.

### 2. 내용에 따른 분류

행정은 그 내용에 따라 질서행정, 급부행정, 공과행정, 조달행정, 계획행정, 규제행정 등으로 분류되어 지칭되기도 한다. 물론 내용에 따른 행정의 분류가 이에 국한되지는 않는다. 역사적으로 행정법은 경찰행정의 다른 표현인 질서행정에서부터 발전하였다. 국가의 기능이 질서행정 중심이었던 시대에 행정법학이 발전하였기 때문이다. 그러나 20세기 이후 행정의 중심은 질서행정에서부터 급부행정으로 전환되었다. 급부행정은 생활배려행정이라 할 수 있는 것으로서 '주는 행정'이라고 할 수 있다. 국가나 지방자치단체에 필요한 세금 등 공과금을 징수하는 공과행정, 행정에 필요한 물자 등을 조달하는 조달행정 등은 어느 시대에나 존재하였던 보편적인 행정의 모습이라 할 수 있다. 한편 20세기 이후 미래예측을 전제로 하는 계획행정이 발전하고 있으며, 오늘날 '규제'라는 관점에서 국민의 권익을 제한하거나 의무를 부과하는 행정을 별도로 취급하는 규제행정의 개념도 부각되고 있다.

### 3. 법의 구속정도에 따른 분류

행정은 법에 구속되는 것이 원칙이다. 즉, 법으로부터 자유로운 행정영역은 존재하지 않는다. 그러나 성문규범이 존재하지 않는 경우 그 행정영역은 오직 관습법, 판례법, 행정법의 일반원칙이나 조리 등의 불문법만이 규율하는 영역이 된다. 이러한 행정영역을 '법률로부터 자유로운 행정'이라고 한다. 그리고 행정영역에 성문규범이 존재하여도 행정청에게 재량을 인정하는 경우와 재량의 여지를 인정하지 않는 경우는 법의 구속의 정도가 다르다고 할 수 있다. 전자를 재량행정, 후자를 기속행정이라 한다. 재량행정이라 하여도 불문규범의 구속은 여전히 인정되기 때문에 재량권을 일탈·남용하는 경우에는 위법이 된다.

# 제2절 행 정 법

## 제1관 행정법의 개념 및 역사

### 1. 행정법의 개념

전통적으로 행정법은 '행정에 관한 국내공법'으로 이해되어 왔다. 이러한 행정법에 대한 이해방식은 다분히 역사적이다. 역사적으로 행정법은 사법과 구별되는 공법 관념의 성립으로부터 비롯되었기 때문이다.

첫째로, '행정에 관한'이라는 말의 의미는 행정작용에 관한, 행정조직에 관한 그리고 행정구제에 관한 법이라는 의미이다.

둘째로, '국내법'이라는 말의 의미는 국제공법과 구별된다는 것이다. 그러나 오늘날 국제행정법이라는 개념이 성립되는 것을 볼 때, 행정법의 국제관계에서의 의미를 되새겨 볼 필요가 있으며 그 섭외적 적용의 문제도 제기될 수 있다.

셋째로, 행정법이 '공법'이라는 것은 역사적으로 가장 본질적인 행정법의 개념요소이다. 행정법은 공법과 사법의 구별에서부터 비로소 출발하였기 때문이다. 공법의 구체적 의미에 대해서는 후술한다.

## 2. 행정법의 헌법적 기초

행정법의 본질을 이해함에 있어서 또 하나의 중요한 관점은 행정법은 헌법의 가치를 구현하는 법이라는 점이다. 입헌주의가 실질적으로 확립되기 전에는 O. Mayer가 언명한 "헌법은 사라져도 행정법은 존속한다."라는 표현이 큰 타당성이 있었을지 모르나 오늘날 O. Mayer의 이러한 언명은 행정법의 기술성을 표현하는 것으로서 부분적인 타당성만 인정할 수 있다. 오히려 오늘날은 독일 연방헌법재판소장이었던 F. Werner의 '헌법구체화법으로서의 행정법'이라는 명제가 헌법과 행정법의 관계를 설명하는 데에 적절한 것 같다.

이처럼 헌법을 행정법의 출발점 또는 기초로 볼 때, 행정법을 지배하는 헌법원리로 다음의 3가지가 거론되는 것이 보통이다.

첫째, 민주국가원리

둘째, 법치국가원리

셋째, 복지국가원리

이 3가지 원리는 행정법을 지도하는 헌법의 원리라고 할 수 있다.

## 3. 공법으로서의 행정법

### (1) 공법관계, 사법관계의 구별과 행정법의 성립

앞에서 언급한 바와 같이 행정법은 공법이다. 용어로서의 공법은 사법(私法)에 반대되는 말로서 헌법, 형법 등 여러 가지 법영역을 포함할 수 있으나, 역사적으로 공법은 행정법의 정체성을 반영하는 개념이라고 할 수 있다. 사법관계와 구별되는 공법관계라는 개념이 성립함으로써 이에 적용되는 법으로서의 행정법이 형성되었기 때문이다.

### (2) 공법관계와 사법관계의 구별의 실익

그러므로 공법관계와 사법관계의 구별이야말로 행정법의 탄생의 계기라고 할 수 있다. 왜 사법관계와 구별되는 공법관계라는 개념을 상정하여야 하는가 하는 이론적인 문제는 이제 더 이상 널리 논의되지 않는다. 다만 이미 공법관계와 사법관계를 구별하여 법질서가 형성되어 있으므로 법적용의 대상이 되는 법률관계가 있으면 그 법률관계가 공법관계인지 사법관계인지를 구별할 필요가 있다. 즉 공법관계인가 사법관계인가에 따라 그 법적 취급에 다음과 같은 차이가 있다.

① 적용법리가 달라진다. 사법관계에는 사법규정과 사법원리가 적용되며 공법관계에는 공법규

정과 공법원리가 적용된다. 다만, 앞서 언급한 것처럼 행정사법에는 기본권규정, 행정법의 일반원칙 등의 공법원리가 제한적으로 적용된다. 오늘날 순수사법관계(순수국고관계)에도, 예컨대 정부의 조달계약 등과 같은 행정주체의 행위에도 기본권규정이 적용되어야 한다는 주장도 있다.

② 분쟁이 제기된 경우의 쟁송절차가 달라진다. 공법관계의 경우 행정심판, 행정소송, 헌법소원 등의 절차가 있으며 사법관계의 경우 민사소송의 절차가 적용된다.

③ 의무위반이 있을 때의 제재나 강제절차가 달라진다. 공법관계의 경우 행정청 자신에 의한 의무위반에 대한 제재나 강제 곧 행정벌과 행정강제가 가능하지만 사법관계의 경우 법원의 도움을 받아 강제집행을 할 수 있을 뿐이다.

### (3) 공법관계와 사법관계의 구별기준

공법관계와 사법관계의 구별은 특별한 역사적 상황 하에서 이루어진 것이다. 프랑스의 경우 프랑스 혁명 이후 보수적인 사법부로부터 행정사건을 별도로 취급하기 위하여 국참사원을 설치하고 이것이 행정재판소의 지위를 얻게 됨에 따라 일반적인 사법(司法)재판소와 행정재판소의 관할을 결정하기 위해 공법관계와 사법관계의 구별이 필요하였다.

이처럼 공법관계와 사법관계의 구별이 처음부터 이론적으로 분명한 구분 하에 이루어졌다기보다는 현실적인 상황 하에서 법률문제를 해결하기 위하여 이루어진 것이었기 때문에 공법관계와 사법관계를 이론적으로 명쾌하게 구별한다는 것은 쉽지 않다. 현실적으로는 각국의 지배적인 법감정(Ethos)에 크게 영향을 받는다. 이론상 양자를 구별하는 견해는 다음과 같다.

① 주체설은 국가나 지방자치단체 등의 행정주체가 관련되는 법률관계를 공법관계로 보고 사인간의 법률관계는 사법관계로 보는 견해이다. 이 견해에 따르면 국가의 단순한 사경제적 활동에 관련되는 법률관계도 공법관계가 되는가 하면 조세의 원천징수행위는 사법관계가 된다. 이것은 국민의 지배적인 법감정에 위배되므로 취할 수 없다. 그리하여 주체설을 수정한 신주체설이 설득력을 얻고 있다.

② 신주체설은 국가나 지방자치단체 등 행정주체에만 귀속될 수 있는 법률관계를 공법관계라고 하고 사인에게도 귀속될 수 있는 법률관계를 사법관계라고 한다. 그리하여 신주체설을 귀속설이라고 하기도 한다. 신주체설에 따르면 국가의 단순한 물건구입행위와 같은 사경제적 활동은 사인도 이를 할 수 있으므로 사법관계에 해당되고 사인에 의한 조세의 원천징수와 같이 국가공권력이 위임 또는 위탁되지 않으면 불가능하고 오직 행정주체의 관여를 통하여서만 가능한 것은 공법관계에 해당되는 것이라 한다. 그러나 신주체설은 결국 행정주체라는 개념에 공법관계와 사법관계의 구별을 의존시키고 있는데 행정주체인가 아닌가의 여부는 관계법규가 공법인가 아닌가에 달려 있으므로 일종의 순환논법에 빠진다는 비판을 받는다.

③ 권력설은 지배복종관계 또는 공권력관계에 해당하는 법률관계는 공법관계이고 그렇지 않은 평등관계 또는 대등관계에서의 법률관계는 사법관계로 이해한다. 그러나 공법상 계약은 일응 대등관계인데도 공법의 영역에 속하는 것으로 이해된다는 점에서 이러한 관점에서의 설명 역시 완전하지는 못하다고 볼 수 있다.

④ 이익설은 공익에 관한 것을 공법관계, 사익에 관한 것을 사법관계로 설명하나 공익과 사익을 구별하는 것 자체가 쉽지 않은 점, 공익추구의 사법(私法)활동의 존재 가능성 등을 고려하면 역시 완전한 설명이 되지 못한다.

결론적으로 공사법의 구별은 어떤 한 기준으로 설명할 수 없고 결국 국민의 지배적인 법감정(법에토스)에 의해 결정되는 것이라 할 것이다. 다만 하나의 학설로 설명하기에는 신주체설의 입장이 가장 문제점이 적다고 볼 수 있다.

우리 대법원은 공법관계와 사법관계의 구별에 있어서 하나의 일관된 이론에 입각하고 있다기보다는 뒤에서 살펴보게 될 취소소송, 당사자소송, 민사소송 등 소송제도의 선택과 관련되는 구체적 개별적 문제로 검토하는 경향이 있다. 판례이론에 있어서 공·사법구별론은 흔히 취소소송의 대상여부를 결정하는 처분성 인정 문제와 긴밀히 관련되어 있다. 그리고 최근에는 우리 대법원이 당사자소송의 인정범위를 확장하려는 경향을 보임에 따라 공·사법관계의 경계선은 다소 유동적이라고 보여진다. 공법관계와 관련되는 소송유형은 항고소송(취소소송을 포함함), 당사자소송이다.

주로 문제되는 공·사법 구별에 관한 판례이론을 이하에서 자세히 살펴본다.

**국가나 지방자치단체가 당사자로 되는 보통의 공공계약:** 대법원은 국가나 지방자치단체가 당사자가 되는 "공공계약은 사경제의 주체로서 상대방과 대등한 위치에서 체결하는 사법상의 계약으로서 그 본질적인 내용은 사인 간의 계약과 다를 바가 없다"고 하면서[16] 이러한 공공계약에는 사적자치의 원칙과 계약자유의 원칙이 적용된다고 한다.[17] 이러한 논리적 연장선상에서 '국가를 당사자로 하는 계약에 관한 법률' 및 같은 법 시행령과 세부심사기준은 계약 일방당사자의 내부규정에 불과하므로 계약 담당공무원이 이를 준수하지 않았더라도 그 사유 만으로 계약이 무효가 되는 것으로 보지 않고 그 부준수가 선량한 풍속 기타 사회질서위반에 해당하는 경우에만 무효로 보고 있다.[18] 그러나 대법원의 '국가나 지방자치단체가 당사자가 되는 공공계약'에 대한 해석은 재고될 필요가 있다. 국가나 지방자치단체를 사적자치를 누리는 완전한 사적 당사자로 보기보다는 공공계약법령에서 계약담당공무원은 계약내용형성의 대표권한을 부여받은 것으로 보고 공공계약법령이 그 대표권의 행사를 제한하는 것으로 이해하는 것이 온당하다고 본다.[19] 이렇게 보면 공공계약법령은 단순히 일방 당사자의 내부규정이 아니라 공공계약을 체결하는 행정주체의 행위와 그 대표권을 행사하는 계약담당공무원의 대표권 행사를 제한하는 외부적 효력이 있는 규정이 된다.

또한 대법원은 예산회계법에 의해 체결되는 계약도 이를 사법상 계약으로 보아야 할 것이므로 그 계약체결을 위한 입찰과 관련된 입찰보증금의 국고귀속조치는 사법상의 행위라고 본다.[20]

16) 대법원 2006.6.19. 자 2006마117 결정; 대법원 2017.11.14. 선고 2016다201395 판결.
17) 대법원 2020.5.14. 선고 2018다298409 판결.
18) 대법원 2001.12.11. 선고 2001다33604 판결.
19) 임성훈, "행정법과 민법의 경계영역으로서의 공공계약법", 『행정법과 사법, 그 경계와 서로에 대한 이해』(제45회 한국행정법학회 정기학술대회 자료집), 2020, 38면 이하 참조.
20) 대법원 1983.12.27. 선고 81누366 판결.

참고판례: 대법원 2022.6.30. 선고 2022다209383 판결 [적격심사대상자지위확인]

**계약담당 공무원이 입찰절차에서 지방자치단체를 당사자로 하는 계약에 관한 법률 및 그 시행령이나 세부심사기준에 어긋나게 적격심사를 하였다고 하더라도** 그 사유만으로 당연히 낙찰자 결정이나 그에 따른 계약이 무효가 되는 것은 아니고, **이를 위반한 하자가 입찰절차의 공공성과 공정성이 현저히 침해될 정도로 중대할 뿐 아니라 상대방도 이러한 사정을 알았거나 알 수 있었을 경우 또는 누가 보더라도 낙찰자 결정 및 계약체결이 선량한 풍속 기타 사회질서에 반하는 행위에 의하여 이루어진 것임이 분명한 경우 등 이를 무효로 하지 않으면 그 절차에 관하여 규정한 위 법률의 취지를 몰각하는 결과가 되는 특별한 사정이 있는 경우에 한하여 무효가 된다.**

해 설 이 판결은 여전히 '지방자치단체를 당사자로 하는 계약에 관한 법률'의 절차를 일방 당사자의 내부절차로 보는 기존 입장을 유지하여 그를 위반하여도 그 계약이 무효가 되지 않는다는 점을 판시하고 있다. 다만 이 판결은 공공계약의 공공성과 공정성을 언급하며 그것이 침해될 정도의 중대한 하자가 있거나 상대방도 이러한 사정을 알았거나 알 수 있었을 경우에도 공공계약의 무효를 인정할 수 있다는 점을 인정하였다는 점에서 종래 '국가를 당사자로 하는 계약에 관한 법률'의 경우 법률, 시행령 등이 규정한 심사기준을 어겨도 그 부준수가 선량한 풍속 기타 사회질서 위반인 경우에만 무효로 보아왔던 선례보다는 진일보하여 공공계약법의 공공적 성격을 다소 인정하고 있다.

국·공유 일반재산의 처분행위: 대법원은 국·공유 일반재산(국가나 지자체가 소유하고 있으나 공적 목적으로 사용되지 않는 재산)의 경우 그의 대부·매각·교환·양여 행위를 사법상의 행위로 보아 민사소송의 대상이 되는 것으로 보고 있다.[21] 그러나 일반재산의 불법점유에 대한 대응조치로서의 변상금의 부과는 처분으로 보아 공법의 영역에 속하는 것으로 판시하고 있다.[22]

참고판례: 대법원 1994.1.25. 선고 93누7365 판결 [부동산사용허가기간연장거부처분취소]

**지방자치단체**가 구 지방재정법시행령(1988.5.7. 대통령령 제12445호로 전면 개정되기 전의 것) 제71조(현행 지방재정법시행령 제83조)의 규정에 따라 **기부채납받은 공유재산을 무상으로 기부자에게 사용을 허용하는 행위는 사경제주체로서 상대방과 대등한 입장에서 하는 사법상 행위**이지 행정청이 공권력의 주체로서 행하는 공법상 행위라고 할 수 없으므로, **기부자가 기부채납한 부동산을 일정기간 무상사용한 후에 한 사용허가기간 연장신청을 거부한 행정청의 행위도 단순한 사법상의 행위일 뿐** 행정처분 기타 공법상 법률관계에 있어서의 행위는 아니다.

행정재산의 목적 외 사용: 대법원은 행정재산(국가나 지자체가 공적 목적으로 사용하는 재산)의 목적 외 사용에 해당하는 사인에 대한 행정재산의 사용·수익허가는 이를 강학상 특허로서 공법관계의 일종으로 보고 있다.[23] 또한 그러한 행정재산의 사용에 대한 사용료의 부과도 이를 처분

21) 대법원 2000.2.11. 선고 99다61675 판결; 대법원 1993.12.7. 선고 91누11612 판결; 대법원 1994.1.25. 선고 93누7365 판결 등.
22) 대법원 2000.1.28. 선고 97누4098 판결.
23) 대법원 2006.3.9. 선고 2004다31074 판결.

으로 보아 공법관계로 이해한다.[24] 다만 사용허가를 받은 행정재산을 사인이 전대(轉貸: 타인에게 재임대)한 경우 그 전대행위는 사법상의 임대차라고 한다.[25]

**공기업 이용관계:** 대법원은 또한, 전화가입계약의 해지와 같은 공기업 이용관계는 사법관계라 본다.[26]

**국가기관 등에 의한 입찰참가자격제한행위:** 대법원은 국가기관 등에 의한 입찰참가자격제한 행위는 사법관계의 그것과 달리 광범위한 효력을 가질 수 있으므로 이를 공법관계에서의 처분으로 인정하고 있다.[27] 그러나 공공기관의 입찰참가자격제한의 경우에는 공공기관의 성격에 따라 그 행위의 법적 성격이 공법관계인지 사법관계인지가 판가름 난다. '공공기관의 운영에 관한 법률'에 따른 '기타 공공기관'[28]의 입찰참가자격제한 행위는 이를 처분이라 볼 수 없어서('공공기관의 운영에 관한 법률' 제39조 제2항), 사법관계에 해당하고, 공기업이나 준정부기관의 입찰참가자격제한의 경우 그것이 계약에 근거할 수도 있으나 그것이 아니라면 공법관계에서의 처분으로 보아야 한다[29]고 한다. 공기업이나 준정부기관의 경우 계약에 근거한 입찰참가자격제한은 사법상의 것으로 보고 그렇지 않은 경우 처분으로 보는 것은 공기업이나 준정부기관에게 공법상의 입찰참가자격제한이 불가능한 경우에도 사법상의 입찰참가자격제한을 허용하는 셈이 되어 공법 규정의 의미를 무색하게 하는 부당한 측면이 있다.

한편 입찰참가자격제한의 전 단계인 입찰참가자격제한의 요청행위에 대해서도 대법원은 이를 처분으로 인정한 바 있다. 대법원은 공정거래위원회가 '하도급 거래 공정화에 관한 법률'에 근거하여 한 입찰참가자격 제한 등 요청결정의 처분성을 인정하였다.[30]

또한 대법원은 사법상의 계약에 근거하여 조달청이 행한 나라장터(국가종합전자조달시스템) 종합쇼핑몰 거래정지조치에 대해서도 이를 처분으로 보았다.[31] 그러나 행정소송법이 처분 개념을 정의하면서 처분은 법집행행위라고 규정하고 있는 점에 비추어 법집행이 아닌 계약상의 행위를 처분이라고 보는 것은 문제가 있다.

**환매의 법률관계:** 대법원은 공용수용의 목적물이 불필요하게 된 경우 등에 피수용자가 다시 수용된 토지의 소유권을 회복할 수 있도록 하는 환매권도 사권으로 보고 있다.[32][33]

**사회보장급부청구권:** 대법원은 각종 사회보험, 연금관련법 등에 따른 사회보장급부청구권 등은 공권으로 본다. 다만 행정청의 결정에 의해 급부청구권이 발생하는 경우에는 항고소송의 대

---

24) 대법원 1996.2.13. 선고 95누11023 판결.
25) 대법원 2003.10.24. 선고 2001다82514, 82521 판결.
26) 대법원 1982.12.28. 선고 82누441 판결.
27) 대법원 1983.12.27. 선고 81누366 판결.
28) '기타 공공기관' 그리고 공기업, 준정부기관의 개념에 대해서는 제1편 제5장 제5관 3.(2) 국가간접행정조직 참조.
29) 대법원 2018.10.25. 선고 2016두33537 판결.
30) 대법원 2023.4.27. 선고 2020두47892 판결.
31) 대법원 2018.11.29. 선고 2015두52395 판결; 대법원 2018.11.29. 선고 2017두34940 판결. 다만 이 판결들은 나라장터의 입찰참가자격제한, 즉 거래정지조치는 사법상계약에 근거한 것이고 분명한 법적 근거가 없었음에도 이에 대해 처분성을 인정하였다는 점에서 논란의 대상이 되고 있다.
32) 대법원 1992.4.24. 선고 92다4673 판결.
33) 헌법재판소도 마찬가지이다. 헌법재판소 1995.3.23. 선고 91헌마143 결정.

상이 되고[34)] 법령에 의해 바로 급부청구권이 발생하는 경우에는 당사자소송의 대상이 되는 것으로 하고 있다. 또한 대법원은 석탄산업법령 상의 석탄가격안정지원금[35)]이나 재해위로금[36)]을 공법상의 권리로 보고 당사자소송의 대상으로 판시하였다.

징계행위: 대법원은 국가나 지방자치단체 소속의 공무원의 징계는 처분이라고 보나, 사립학교 교원의 징계는 사법상의 문제로 보고 민사소송의 대상으로 본다.[37)] 물론 교원소청심사가 제기되어 그에 대한 결정이 있은 다음에는 공법상의 문제로 되고 항고소송의 대상이 된다. 한편 국가나 지방자치단체가 아닌 공법인(예컨대 서울특별시 지하철 공사) 내부의 징계는 사법상의 문제로 본다.[38)]

참고판례 1: 대법원 1999.11.26. 선고 97다42250 판결 [진료비]

구 의료보호법(1995. 8. 4. 법률 제4974호로 개정되기 전의 것) 제1조, 제4조, 제6조, 제11조, 제21조, 같은 법 시행령(1997. 2. 19. 대통령령 제15279호로 개정되기 전의 것) 제17조 제1항, 제2항, 제21조, 같은 법 시행규칙(1997. 9. 1. 보건복지부령 제55호로 개정되기 전의 것) 제28조, 제29조에 따른 의료보호의 목적, 의료보호대상자의 선정절차, 기금의 성격과 조성방법 및 운용절차, 보호기관의 심사결정의 내용과 성격, 진료기관의 보호비용의 청구절차 등에 비추어 볼 때, **진료기관의 보호기관에 대한 진료비지급청구권은 계약 등의 법률관계에 의하여 발생하는 사법상의 권리가 아니라 법에 의하여 정책적으로 특별히 인정되는 공법상의 권리라고 할 것이고, 법령의 요건에 해당하는 것만으로 바로 구체적인 진료비지급청구권이 발생하는 것이 아니라 보호기관의 심사결정에 의하여 비로소 구체적인 청구권이 발생한다고 할 것이므로,** 진료기관은 법령이 규정한 요건에 해당하여 진료비를 지급받을 추상적인 권리가 있다 하더라도 **진료기관의 보호비용 청구에 대하여 보호기관이 심사 결과 지급을 거부한 경우에는 곧바로 민사소송은 물론 공법상 당사자소송으로도 지급 청구를 할 수는 없고, 지급거부 결정의 취소를 구하는 항고소송을 제기하는 방법으로 구제받을 수밖에 없다.**

참고판례 2: 대법원 1997.5.30. 선고 95다28960 판결 [석탄가격안정지원금의지급]

석탄가격안정지원금은 석탄의 수요 감소와 열악한 사업환경 등으로 점차 경영이 어려워지고 있는 석탄광업의 안정 및 육성을 위하여 국가정책적 차원에서 지급하는 지원비의 성격을 갖는 것이고, 석탄광업자가 석탄산업합리화사업단에 대하여 가지는 이와 같은 **지원금지급청구권은 석탄사업법령에 의하여 정책적으로 당연히 부여되는 공법상의 권리이므로,** 석탄광업자가 석탄산업합리화사업단을 상대로 석탄산업법령 및 석탄가격안정지원금 지급요령에 의하여 지원금의 지급을 구하는 소송은 **공법상의 법률관계에 관한 소송인 공법상의 당사자소송에 해당한다.**

참고판례 3: 대법원 1996.2.15. 선고 94다31235 전원합의체 판결 [수분양권존재확인등]

구 도시재개발법(1995. 12. 29. 법률 제5116호로 전문 개정되기 전의 것)에 의한 **재개발조합은 조합원에 대한 법률관계에서 적어도 특수한 존립목적을 부여받은 특수한 행정주체로서 국가의 감독하에 그 존립목적인 특정한 공공사무를 행하고 있다고 볼 수 있는 범위 내에서는 공법상의 권리의무 관계에 서 있다.**

34) 대법원 1999.11.26. 선고 97다42250 판결.
35) 대법원 1997.5.30. 선고 95다28960 판결.
36) 대법원 1999.1.26. 선고 98두12598 판결.
37) 대법원 1993.2.12. 선고 92누13707 판결.
38) 대법원 1989.9.12. 선고 89누2103 판결.

따라서 조합을 상대로 한 쟁송에 있어서 강제가입제를 특색으로 한 조합원의 자격 인정 여부에 관하여 다툼이 있는 경우에는 그 단계에서는 아직 조합의 어떠한 처분 등이 개입될 여지는 없으므로 공법상의 당사자소송에 의하여 그 조합원 자격의 확인을 구할 수 있고, 한편 분양신청 후에 정하여진 **관리처분계획의 내용에 관하여 다툼이 있는 경우에는 그 관리처분계획은 토지 등의 소유자에게 구체적이고 결정적인 영향을 미치는 것으로서 조합이 행한 처분에 해당하므로 항고소송에 의하여 관리처분계획 또는 그 내용인 분양거부처분 등의 취소를 구할 수 있으나,** 설령 조합원의 자격이 인정된다 하더라도 분양신청을 하지 아니하거나 분양을 희망하지 아니할 때에는 금전으로 청산하게 되므로(같은 법 제44조), 대지 또는 건축시설에 대한 수분양권의 취득을 희망하는 토지 등의 소유자가 한 분양신청에 대하여 조합이 분양대상자가 아니라고 하여 관리처분계획에 의하여 이를 제외시키거나 원하는 내용의 분양대상자로 결정하지 아니한 경우, 토지 등의 소유자에게 원하는 내용의 구체적인 수분양권이 직접 발생한 것이라고는 볼 수 없어서 곧바로 조합을 상대로 하여 민사소송이나 공법상 당사자소송으로 수분양권의 확인을 구하는 것은 허용될 수 없다.

**항고소송으로 제기하였어야 할 소를 민사소송으로 제기하였다 하더라도 그 항소심 법원이 항고소송에 대한 관할을 동시에 가지고 있다면, 당사자 권리구제나 소송경제의 측면에서 항고소송에 대한 제1심 법원으로서 사건을 심리·판단하여야 한다.**

**해 설** (1) 재개발조합이 행정주체이고 따라서 행정소송법상의 행정청에 해당[39]하여 항고소송의 피고적격이 있음을 인정하고 있으므로 재개발조합의 인가 등은 공법관계이고, 재개발조합에 의한 관리처분계획도 공법상의 행위인 처분임을 인정하고 있다. (2) 또한 관리처분계획에 따라 분양거부가 된 경우에는 항고소송으로 이를 다투어야 함을 밝히고 있으므로 역시 이는 공법관계이며 (3) 항고소송으로 제기하였어야 할 소를 민사소송으로 제기하여도 그 항소심 법원이 항고소송의 관할권을 동시에 가지고 있다면 당사자 권리구제나 소송경제의 측면에서 항고소송의 제1심 법원으로서 사건을 심리하여야 함을 밝히고 있다. 결국 재개발조합의 관리처분계획과 분양거부처분 등은 사법관계가 아니라 공법관계에 해당됨을 말하고 있다.

## 4. 대륙행정법과 한국 행정법의 성립 역사

비교법적으로 행정법의 체계를 대륙행정법 체계와 영미행정법 체계로 대별해 볼 수 있다. 우리나라의 경우 구한말에 근대적인 행정법학이 처음 소개된 이후 일제 강점기를 거쳐 오늘에 이르기까지 대륙법의 큰 영향을 받았다. 그러나 대륙행정법의 제도적 표징인 행정재판소는 한반도에 설치된 적이 없었다. 일제 강점기에 제국주의 일본은 행정제도 국가임에도 불구하고 일본 본토에만 행정재판소를 설치하였고 식민지인 한반도에 행정재판소 설치의 필요를 느끼지 않았기 때문이다. 해방 직후에는 미군정 하에서 일반법원에 의해 행정사건이 처리되는 사법심사제도가 도입되어 오늘에 이르고 있다. 따라서 우리나라의 행정법질서는 역사적으로 대륙법이론과 영미법의 사법심사제도의 혼융으로 이루어진 것이라 할 수 있다.

엄밀한 의미에서 영미법 국가에서의 행정법은 대륙법에서처럼 사법(私法)과의 구별이 뚜렷하지 못하다. 따라서 행정법의 성립사는 당연히 대륙법 국가의 역사라고 할 수 있다. 대륙법국가 중에서도 행정법질서가 초창기에 성립되어 전 유럽에 영향을 끼친 나라는 프랑스라고 할 것이다.

프랑스 대혁명 이후, 보수적인 사법부로부터의 영향을 피하기 위하여 행정사건을 별도로 취

39) 행정소송법 제2조 제2항 "이 법을 적용함에 있어서 행정청에는 법령에 의하여 행정권한의 위임 또는 위탁을 받은 행정기관, 공공단체 및 그 기관 또는 사인이 포함된다" 참조.

급하게 된 행정부 수반의 법률자문기구인 국참사원(Conseil d'Etat)이 행정법 성립의 제도적 기초가 되었다. 국참사원은 1872년 행정재판소의 지위를 얻게 되었고 이에 따라 행정재판소와 민사재판소 사이의 관할을 결정하는 것이 중요한 문제로 부각되었다. 이를 위해 만들어진 관할재판소는 1873년 Blanco판결을 통해 공역무에 속하는 것은 행정재판소의 관할에 속한다고 판시함으로써 공사법의 준별이 이론적으로 윤곽을 드러내게 되었고 이를 통해 행정법이 비로소 성립한 것이라 할 수 있다. 요컨대 행정법의 성립은 법치국가의 사상이 확립된 바탕 위에 행정제도가 성립됨으로써 가능하게 된 것이라 할 수 있다. 행정제도란 프랑스 국참사원과 같은 행정부 소속의 행정재판소와 그 재판기능과 관련되는 행정에 특수·고유한 법의 존재를 갖춘 경우에 성립되었다고 할 수 있는 것이다. 프랑스와 독일에서 성립된 행정제도는 전 유럽에 소개되었고 이로써 대륙행정법의 보편적인 특성이 되었다. 다만 프랑스에서는 행정법의 구분표지로서 공역무라는 개념이 중심이 되었으나 독일의 경우 처음에는 공권력이 공법과 사법 구별의 중심개념으로 등장하여 독일 행정법의 특징을 이루었다. 우리나라와 일본은 독일 행정법을 받아들임으로써 공권력 중심, 공권력 우월의 행정법질서가 도입되었다.

## 5. 행정법의 특징

행정법은 역사적으로 사법(私法)에서 분화되어 나온 공법의 특징을 가지므로 행정법의 특수성에 대한 논의는 대개 사법과의 비교에서의 특징점에 대한 것을 말한다. 사법과의 비교에서부터 행정법의 특징점을 대체로 다음과 같이 말할 수 있다.

### (1) 행정법의 법원(法源)의 특징

행정법의 법원에 대해 다음과 같은 특징을 언급할 수 있다. ① 행정법은 공권력을 규율하는 법이므로 성문법주의가 강하다. ② 기본적으로 성문법주의의 지배를 받으면서도 행정법의 일반원칙은 성문화가 불완전하다. 따라서 행정법의 일반원칙에서 조리 등 불문법의 의미가 상대적으로 크다. ③ 행정법의 법원은 헌법, 법률, 대통령령, 총리령, 부령, 지방자치단체의 조례와 규칙, 관습법, 판례법, 조리 등 매우 다양하다. ④ 다른 어떤 법영역에서보다 행정법의 법원으로서 행정입법이 중요한 의미를 가진다. 행정입법이 없이는 행정법규를 집행하기가 어렵기 때문이다.

### (2) 내용상의 특징

① 행정법은 공익목적에 강한 지향점을 가지고 있다는 점에서 민사법과는 확연히 다르다. 민사법도 궁극적으로는 공익을 지향할지 모르나 행정법의 공익에 대한 관련성이 더 직접적임을 부인할 수는 없다. ② 독일 행정법의 전통에 선 우리나라의 경우 행정법관계에 있어서 행정주체의 우월성이 특징적으로 나타난다. 2차대전 이후 독일법계의 행정법에서 이 점이 많이 완화되었으나 여전히 행정주체의 우월성의 인정이 완전히 불식되지 않고 있다. ③ 행정법은 규율대상이 일반 국민이나 시민이므로 대량성과 평등성을 그 규율의 특징으로 한다.

### (3) 성질상의 특징

① 행정법은 사법에 비해 성질상 강행성과 획일성을 그 특징으로 한다. 행정법은 대부분 강행법규이며 대중을 상대로 하는 것이므로 획일적인 경우가 많다. ② 행정법은 상대적으로 기술적이다. O. Mayer가 "헌법은 사라져도 행정법은 존속한다"라고 언명한 것은 바로 행정법의 어떤 측면은 헌법의 가치체계와 무관한 기술성을 가진다는 점을 설명한 것이라 이해된다. ③ 행정법은 효력규정인 경우 보다 단속규정인 경우가 많아 전반적으로 단속법규성을 가진다. ④ 민법이 행위준칙이기 보다는 재판의 기준이 되는 재판규범인 것에 반하여 행정법은 행위의 기준이 되는 행위규범으로서의 성격 역시 강하게 가진다. 이는 행정법에 있어서는 원칙적으로 사적 자치가 부인되고 법률에 의한 행정의 원리가 적용되기 때문이다.

## 제2관 법치행정의 원리

### 1. 법치주의의 의의

법치주의는 헌법상의 행정의 지도원리이자 행정법 성립의 전제조건이다. 다만, 그 구체적인 의미 내용은 이를 어떻게 관념하느냐에 따라 다르게 파악될 수 있다. 역사상 법치주의의 이해방식으로 영미의 '법의 지배'와 독일의 '법률에 의한 행정의 원리'가 큰 영향을 미쳐왔다.

영미의 법치주의는 영국의 공법학자인 다이시(Albert V. Dicey)에 의해 체계적으로 설명된 바 있다. 다이시는 영국의 '법의 지배(Rule of Law)'의 요소로 ① 정규법(regular law)[40]의 절대적 우위, ② 보통법(common law)의 규율을 받고 보통의 재판소의 재판을 받을 수 있도록 하는 등의 법 앞의 평등, ③ 판례법의 소산인 헌법과 기본권 등의 3가지 원칙을 들었다. 다이시에 의해 제시된 이러한 영미의 법치주의는 반드시 국회를 통과한 '법률'이라는 형식을 갖춘 규범을 중요시한 독일의 '법률에 의한 행정의 원리'와는 달리, 특정한 법형식에 의존하지 않고 실질적인 기본권의 보장을 중요시하였으므로 실질적 법치주의를 가능하게 하였다고 평가된다.

독일의 경우 오토 마이어(Otto Mayer)에 의해 이론화된 '법률에 의한 행정의 원리(Grundsatz der Gesetzmäßigkeit der Verwaltung)'가 법치주의의 내용으로 받아들여졌다. 독일의 '법률에 의한 행정의 원리' 역시 3가지의 핵심적인 원칙을 가지고 있었다.

① **법률의 우위의 원칙**: 법률이 다른 어떤 국가의사보다 우위에 있다.

② **법률의 유보의 원칙**: 일정한 범위의 국가작용은 법률적 근거를 가져야 한다. 이 원칙에 대해서는 이하에서 상술한다.

③ **법률의 법규창조력의 원칙**: 행정객체인 국민과 국가 등의 행정주체를 다 같이 구속하는 법규는 법률에 의해서만 창조될 수 있다.

'법률에 의한 행정의 원리'는 '국회를 통과한 법률'이라는 형식에 지나치게 의존하였기 때문에

---

40) 명백한 법적 근원(clear legal origin)과 분명한 법적 한계(clear legal limits)를 가진 것.

내용보다는 형식 중시의 함정에 빠지고 말았다. 그리하여 독일의 법치주의는 형식적 법치주의로서 내용적으로는 형해화되고 말았다.

이에 2차대전 이후 독일의 형식적 법치주의에 대한 반성이 일어났다. 이 반성의 결과로 ① '법률의 우위'는 '합헌적 법률의 우위'로 이해되기에 이르렀고, ② '법률의 유보'에 있어서는 후술하는 바와 같이 그 유보의 범위가 획기적으로 확대되었다. 또한 ③ '법률의 법규창조력의 원칙'의 경우 행정법의 일반원칙이나 관습법의 법규성 인정, 행정규칙에 대한 제한적 법규성의 인정 등으로 인하여 실질적으로 폐기에 가까운 변화를 겪었다.[41] 오늘날 법규는 법률에 의해서만 창조된다고 할 수는 없고 '원칙적으로' 법률에 의해서 창조된다고 하여야 할 것이다.

이상과 같은 형식적 법치주의에 대한 반성이 있었기 때문에, 오늘날 독일의 법치주의를 더 이상 형식적 법치주의라고 비판할 수 없게 되었다.

우리나라의 법치주의 관념은 다분히 독일의 '법률에 의한 행정의 원리'의 강한 영향을 받았다고 할 수 있고 특히 법치주의의 제도화는 이러한 독일식의 '법률에 의한 행정의 원리' 개념에 주로 근거하고 있다.

## 2. 법률유보의 원칙

### (1) 의의와 근거

법률유보의 원칙은 이미 언급한 바와 같이 일정한 범위의 국가작용은 법적 근거를 요한다는 원칙이다. 그런데 행정조직법적 근거는 권한의 문제로서 모든 국가작용에 다 요구되는 것이므로 법률유보의 원칙은 행정조직법적 근거를 말하는 것이 아니라 행정활동 또는 행정작용과 관련해서 논의되는 것이다. 법률유보의 원칙이 우리 실정법질서에 도입되어 있다는 점은 헌법 제37조 제2항 이외에 법률의 근거를 요하는 다수의 헌법규정 그리고 행정기본법 제8조, 행정규제기본법 제4조 제1항, 제2조 제1항 제1호 등에 비추어 명백하며 이 조항들이 법률유보의 원칙의 실정법적 근거를 이룬다.

### (2) 법률유보의 범위에 대한 학설과 판례

법률유보의 원칙에서 법률유보의 범위, 즉 법률적 근거를 필요로 하는 행정작용의 범위에 대한 이해는 역사적으로 큰 변천을 보여 왔다. 그동안 침해유보설, 신침해유보설, 전부유보설, 중요사항유보설, 권력행정유보설, 급부행정유보설 등이 주장되어 왔다.

그런데 행정기본법 제8조는 "행정작용은 … 국민의 권리를 제한하거나 의무를 부과하는 경우와 그 밖에 국민생활에 중요한 영향을 미치는 경우에는 법률에 근거하여야 한다."라고 규정함으로써 법률유보에 대한 중요사항유보설을 입법적으로 채택하고 있는 듯하다. 그러나 기존의 다른 학설들이 '국민 생활에 중요한 영향을 미치는 경우'에 대한 해석을 다양하게 한다고 이해하게 되

41) 이런 까닭에 행정기본법 제8조는 법치행정의 원칙을 규정하면서 독일에서 유래된 행정의 법률적합성의 3원칙 중 법률우위의 원칙, 법률유보의 원칙만을 규정하고 있다.

면 이런 학설들이 행정기본법의 입법에 의하여 완전히 폐기되었는지에 대해서 속단할 수 없다.

① 침해유보설

법률유보의 원칙은 최초에는 그 유보범위를 일반권력관계에서의 침해행정에 국한하고 있었다. 즉, 군인이나 공무원의 근무관계와 같은 특별권력관계는 기본권 제한이 있어도 법률유보의 대상이 되지 않으므로 법률적 근거를 반드시 필요로 하지 않는다고 하고, 일반 국민이나 주민을 대상으로 하는 일반권력관계에서 국민이나 주민의 권리를 제한하거나 의무를 부과하는 침해행정의 경우에만 법률적 근거를 요한다고 하는 학설이 주장되었다(O. Mayer의 침해유보설). 그러나 이러한 침해유보설에 의한 법률유보원칙의 이해는 2차대전 이후 그대로 유지될 수 없었다. 특히 급부행정이 중요한 의의를 가지는데도 법률유보의 대상에서 제외하는 것은 행정현실에 맞지 않았다. 또한 특별권력관계가 부인되거나 수정되면서 특별권력관계 내부에도 기본권 제한의 경우 법률유보원칙이 적용되어야 한다는 데 이견이 없게 되었으므로, 이 측면에서도 침해유보설의 입장이 유지될 수 없었다.

② 신침해유보설

신침해유보설은 기본적으로 침해유보설의 입장에 서되 다만 특별권력관계 내부에서도 법률유보의 원칙이 적용된다고 한다는 점에서 차별성을 가진다. 그러나 이는 특별권력관계에 대한 법적 이해가 변화한 것에 적응한 것일 뿐 침해유보설이 가지는 근본적인 문제, 즉 급부행정이 만연한 현대국가에서 지나친 유보범위의 협소성 문제를 해결하지 못하였다.

③ 전부유보설

전부유보설은 침해유보설이 현대국가의 상황에 비추어 그 유보범위를 지나치게 좁게 한정한 점을 시정하여 모든 행정작용에는 법률유보가 필요하다고 한다. 그러나 이러한 전부유보설에 따를 때의 첫 번째 문제는 법률이 없으면 행정부는 어떤 활동도 하지 못하게 되므로 행정이 단순히 입법부의 명령집행자의 위치에 서게 된다는 것이다. 그러나 오늘날 행정부도 입법부와는 다른 독자적인 민주적 정당성을 가지고 있다는 점이 간과되어서는 안 될 것이다. 두 번째로, 규범의 결여시 행정이 움직일 수 없어 경직상태에 빠진다고 하는 문제가 있다.

④ 중요사항유보설(본질성설 : Wesentlichkeitstheorie)

침해유보설이나 전부유보설이 가지는 문제는 쉽사리 해결될 수 없는 문제이다. 침해유보설의 유보범위의 협소성과 전부유보설이 가지는 행정경직의 위험성을 피하기 위해 독일에서는 중요사항유보설이 등장하게 되었다. 중요사항유보설(본질성설)은 기본적인 규범영역에서 모든 중요한 결정은 입법자 스스로가 하여야 한다고 하여 국가적으로 본질적인 의미가 있는 사항을 법률유보의 대상으로 설명하고 있다. 이 학설에 따르면 중요성 판단에 있어 일의적인 결론이 도출되지 않는다는 점이 문제이나 그러한 불확실성이 역으로 법률유보의 범위 인정에 있어서 탄력성을 부여하게 된다는 장점이 있다. 이 학설은 법률유보에 있어서도 단계가 있음을 인정하여 위임입법의 근거만 있어도 충족되는 법률유보의 단계와는 달리, 더 본질적인 국가적 의미가 있는 사항은 국회를 통과하는 법률로서만 규정할 수 있다고 하는 의회유보의 단계에 이르러야 한다는 점을 밝히고 있다. 우리 대법원과 헌법재판소가 취하고 있는 견해이며[42] 우리나라의 다수설적 입장이라고 할 수 있다. 일반적으로 행정기본법 제8조도 중요사항유보설에 입각하여 법률유보의 원칙을 규정한 것으로 이해된다.

⑤ 권력행정유보설

권력행정유보설은 침해유보설의 문제점을 시정하기 위하여, 법률유보의 여부를 침해여부보다 행정작용의 권력성여부에 근거해 판단하려고 한다. 그리하여 침해적 행정작용이 아니더라도 권력적 행정작용은 법률유보의 대상이 된다고 한다. 그러나 이 입장은 여전히 비권력행정은 법률유보의 대상이 아니라고 하는 점에서 오늘날의 급부행정이 만연한 행정현실에 비추어 적절하지 않다고 할 것이다.

⑥ 급부행정유보설

급부행정유보설은 침해적 행정작용뿐 아니라 급부행정도 법률유보의 대상이 된다고 한다. 그러나 이 학설은 전부유보설에 있어서와 동일한 문제를 가지고 있어서 법률이 없으면 시급한 급부행정작용도 할 수 없고 결국 행정부가 입법부의 단순집행자의 위치에 서게 되는 결과를 초래한다.

### (3) 영역별 법률유보의 범위와 밀도

다수설인 중요사항유보설에 따를 때, 법률유보의 범위는 행정영역에 따라 상이한 편차를 보일 수 있다. 또한 법률유보의 대상이 된다 하더라도 구체적인 행정영역에 따라 요구되는 규율밀도도 달라질 수 있다고 할 것이다. 법률유보에 있어서 규율밀도는 본질적인 문제이다. 법률적 근거를 둔다 하더라도 극히 형식적으로 대강 규정할 경우에는 법률유보를 요구한 원래의 취지가 몰각될 수 있기 때문이다. 규율의 명확성과 구체성이 법률유보의 원칙 충족 여부를 판단함에 있어서 함께 고려되어야 한다. 따라서 명확성 원칙을 위반한 위임입법은 법률유보의 원칙을 위반한 위헌의 입법이 될 수 있다.[43] 구체적인 경우를 보면,

① 침해행정 영역의 경우 헌법 제37조 제2항과 행정기본법 및 행정규제기본법의 규정에 의해 그 모두가 법률유보사항이 된다. 행정기본법은 침해행정 영역에서 법률유보에 대한 여러 규정을 두고 있다. 행정기본법 제16조는 자격이나 신분 등을 취득 또는 부여할 수 없거나 인가, 허가, 지정, 승인, 영업등록, 신고 수리 등을 필요로 하는 영업 또는 사업을 할 수 없는 사유는 법률로 정하도록 규정하고 있다. 또한 이러한 결격사유를 규정할 때의 기준도 제시하고 있다. 그리고 제22조는 "제재처분의 근거가 되는 법률에는 제재처분의 주체, 사유, 유형 및 상한을 명확히 규정하여야 한다"라고 함으로써 제재처분에 관한 사항을 법률로 규정하여야 함을 밝히고 있다. 나아가서 제28조는 과징금, 제30조는 행정상 강제, 제31조는 이행강제금에 대한 법률유보를 규정하

42) 대법원 2007.10.12. 선고 2006두14476 판결; 헌법재판소 1999.5.27. 선고 98헌바70 결정 등.
43) 헌법재판소 2022.5.26. 선고 2021헌마619 결정.

고 있다.

② 급부행정 영역의 경우 그 국가적 중요성 여부에 의해 법률유보의 대상이 될 것인지가 판단된다. 예컨대, 자금지원행정과 같은 경우, 그것이 행정작용의 상대방의 반대급부와 관련되거나 제3자의 권리를 침해할 수 있는 경우 등에는 법률유보의 대상이 된다고 하여야 할 것이다. 행정기본법 제35조 제1항은 수수료(행정청이 특정인을 위한 행정서비스를 제공하고 받는 금전)의 징수는 법률유보의 대상임을 밝히고 있다. 그러나 지방자치단체의 경우에는 지방자치법에 의해 반드시 법률유보에 의하지 아니하고도 수수료를 징수할 수 있다(제35조 제3항).

③ 국가 긴급시 헌법은 법률이 아닌 긴급명령, 긴급재정·경제명령, 계엄포고령 등에 의한 규율을 인정한다. 그러나 헌법이 예정한 이러한 특수상황 하에서의 법적 규율을 법률유보에 해당하지 않는 것으로서 일종의 법률유보의 예외라고 볼 것인지, 아니면 헌법이 인정하는 다른 형태의 법률유보의 형식으로 볼 것인지에 대해서는 의문이 있다.

④ 행정조직의 규율에 대해서는 행정조직법정주의가 적용되지만 이것은 행정청의 창설이나 권한변경 등에 대해서는 법률로 규정함이 원칙이라는 것이다. 행정청이 아닌 행정기관의 창설은 반드시 법률에 근거하지 않고도 할 수 있다. 한편 행정청 내부의 권한분장 등에 대해서는 국가행정기관의 경우 법규명령으로 규정하는 것이 보통이며, 행정규칙으로 규정하는 경우도 있다.

⑤ 종래 특별권력관계로 지칭되었던 특별행정법관계는 대체로 내부관계이므로 그러한 특성을 반영한 법률유보가 적용되는 것이 보통이다.

⑥ 우리 대법원은 지방자치행정 영역[44]이나 재개발조합 등의 자치적 단체법 영역[45]에서는 느슨한 법률유보를 인정하였다. 헌법재판소도 지방자치단체의 조례에 대한 법률의 위임은 법규명령에 대한 위임과 달리 반드시 구체적으로 범위를 정하여 할 필요가 없으며 포괄적인 것으로 족하다고 하고,[46] 공법적 단체에 대한 규율사항의 위임도 자치법 영역에 속하고 권력분립원칙을 훼손할 위험이 없기 때문에 포괄위임입법금지원칙이 적용되지 않는다고 한다.[47]

참고판례 1: 대법원 2007.10.12. 선고 2006두14476 판결 [주택재개발사업시행인가처분취소]

구 도시 및 주거환경정비법(2005. 3. 18. 법률 제7392호로 개정되기 전의 것)상 사업시행자에게 사업시행계획의 작성권이 있고 행정청은 단지 이에 대한 인가권만을 가지고 있으므로 사업시행자인 조합의 사업시행계획 작성은 자치법적 요소를 가지고 있는 사항이라 할 것이고, 이와 같이 사업시행계획의 작성이 자치법적 요소를 가지고 있는 이상, 조합의 사업시행인가 신청시의 **토지 등 소유자의 동의요건 역시 자치법적 사항이라 할 것이며,** 따라서 2005. 3. 18. 법률 제7392호로 개정된 도시 및 주거환경정비법 제28조 제4항 본문이 **사업시행인가 신청시의 동의요건을 조합의 정관에 포괄적으로 위임하고 있다고 하더라도 헌법 제75조가 정하는 포괄위임입법금지의 원칙이 적용되지 아니하므로 이에 위배된다고 할 수 없다.** 그리

44) 대법원 2017.12.5. 선고 2016추5162 판결.
45) 참고판례 1, 2 참조.
46) 헌법재판소 1995.4.20. 선고 92헌마264, 279(병합) 결정.
47) 헌법재판소 2006.3.30. 선고 2005헌바31 결정.

고 조합의 사업시행인가 신청시의 토지 등 소유자의 동의요건이 비록 토지 등 소유자의 재산상 권리·의무에 영향을 미치는 사업시행계획에 관한 것이라고 하더라도, **그 동의요건은 사업시행인가 신청에 대한 토지 등 소유자의 사전 통제를 위한 절차적 요건에 불과하고 토지 등 소유자의 재산상 권리·의무에 관한 기본적이고 본질적인 사항이라고 볼 수 없으므로** 법률유보 내지 의회유보의 원칙이 반드시 지켜져야 하는 영역이라고 할 수 없고, 따라서 개정된 도시 및 주거환경정비법 제28조 제4항 본문이 법률유보 내지 의회유보의 원칙에 위배된다고 할 수 없다.

**해 설** 주택재개발사업의 사업시행인가 신청시 토지 등의 소유자의 동의요건을 조합의 정관에 위임한 것이 법률유보의 원칙에 위반된 것인가에 대한 쟁점에 대해 대법원이 주택재개발 사업시행계획의 작성과 동의요건은 자치법적 요소가 있는 점, 그리고 동의요건은 사업시행인가의 신청에 대한 소유자 등의 사전통제를 위한 절차적 요건에 불과하여 기본적 본질적 사항이라 할 수 없다는 점을 들어 법률유보의 원칙이 적용되는 영역이 아니라고 판시하였다.

참고판례 2: 헌법재판소 2011.8.30. 선고 2009헌바128 등 결정 [도시 및 주거환경정비법 제8조 제3항 등 위헌소원]

토지등소유자가 도시환경정비사업을 시행하는 경우 **사업시행인가 신청시 필요한 토지등소유자의 동의는 개발사업의 주체 및 정비구역 내 토지등소유자를 상대로 수용권을 행사하고 각종 행정처분을 발할 수 있는 행정주체로서의 지위를 가지는 사업시행자를 지정하는 문제로서 그 동의요건을 정하는 것은 국민의 권리와 의무의 형성에 관한 기본적이고 본질적인 사항이므로 국회가 스스로 행하여야 하는 사항에 속하는 것임에도 불구하고 사업시행인가 신청에 필요한 동의정족수를 토지등소유자가 자치적으로 정하여 운영하는 규약에 정하도록 한 것은 법률유보원칙에 위반된다.**

**해 설** 위의 대법원 2007.10.12. 선고 2006두14476 판결과 다른 취지의 헌법재판소의 결정이다. 다만 위 참고판례 1에서 대법원이 다룬 것은 재개발조합을 구성하고 재개발사업을 하는 것인데 반해 이 결정에서는 재개발조합을 구성하지 않고 사업을 추진하는 경우를 다룬 것이므로 대법원 판례와 헌법재판소 판례가 논리적으로 양립 불가능하다고 말하기는 쉽지 않다. 문제되는 법조항은 구 '도시 및 주거환경정비법'(2005. 3. 18. 법률 제7392호로 개정되고, 2007. 12. 21. 법률 제8785호로 개정되기 전의 것) 제28조 제4항에 관한 것이었다.

### (4) 법률유보의 형식

헌법재판소는 법률유보의 형식에 대하여 반드시 법률에 의한 규율만이 아니라 법률에 근거한 규율이면 되기 때문에 기본권제한의 형식이 반드시 법률의 형식일 필요는 없다고 한다.[48] 따라서 법률의 위임을 받은 대통령령, 총리령, 부령 등의 형식에 의하여도 법률유보의 원칙을 만족시킬 수 있다. 또한 헌법재판소와 대법원의 판례이론에 따르면, 고시나 행정규칙의 형식일지라도 그에 대하여 법률이나 대통령령 또는 부령 등의 위임이 있으면 법규적 효력을 인정하므로(법령보충규칙) 이를 통해서도 법률유보의 원칙을 충족시킬 수 있다. 다만 이러한 판례이론은 후술하는 바와 같이 비판의 소지가 있다.

48) 헌법재판소 2005.3.31. 선고 2003헌마87 전원재판부 결정; 헌법재판소 2020.3.26. 선고 2019헌마212 결정.

### (5) 의회유보

헌법이 반드시 국회가 제정하는 법률로 규율할 것을 규정하고 있는 경우 이것은 의회유보사항이 된다. 예컨대, 대한민국의 국민이 되는 요건(헌법 제2조 제1항), 재산권의 내용과 한계(헌법 제23조 제1항), 공공필요에 의한 재산권의 수용, 사용 또는 제한 및 그에 대한 보상(헌법제 23조 제3항), 조세의 종목과 세율(헌법 제59조) 등이 그것이다.

또한 법률이 국회의 규율사항임을 규정하는 경우도 있다. 예컨대, 행정기본법 제16조는 자격이나 신분 등의 취득 또는 부여의 결격사유 그리고 행정청의 인가, 허가, 신고수리 등이 필요한 영업이나 사업을 할 수 없는 결격사유는 법률로 정하도록 하고 그 결격사유의 규정시의 세부기준을 규정하고 있다. 그러나 법률이 의회유보를 규정하고 그 세부입법기준까지 정한 경우 그 규정의 효력을 인정할 수 있는가에 대해서는 논란이 있다. 결격사유를 법률로 정하라고 규정한 것은 효력이 있다고 볼 수 있다. 법규명령으로 결격사유를 규정하게 되면 상위법인 행정기본법 위반이 되기 때문이다. 그러나 법률로 정할 때의 세부기준을 법률로써 궁극적으로 구속할 수 있다고 할 것인지는 의문이다. 입법자인 국회는 자기 자신을 구속할 수도 있지만 자신에게 규정한 그 구속을 풀 수도 있기 때문이다. 다만 행정기본법 제22조는 "…명확하게 규정하여야 한다."라고 함으로써 명확성의 원칙과 연관을 가지고 있다. 그러므로 행정기본법 제22조의 규정을 위반한 것 자체가 헌법위반이 될 수는 없으나 행정기본법 제22조의 위반은 헌법상 원칙이라 할 수 있는 명확성 원칙의 위반여부의 중요한 징표가 될 수 있다. 또한 정부제안 입법의 경우에는 이 세부기준이 실질적인 영향력을 가질 수 있다. 법제처가 정부법률안을 심사할 때 법률안 심사의 기준으로 사용할 수 있기 때문이다.

헌법과 법률이 의회유보사항으로 규정하지 않은 경우라 할지라도 중요사항유보설(본질성설)에 따르면 국가적으로 중요한 사항 또는 본질적인 사항으로 국회가 결정하여야 할 것으로 판단되는 것은 의회유보사항으로 된다.

헌법재판소는 중요사항유보설(본질성설)에 입각하여 법률유보의 대상일지라도 보다 기본적이고도 중요한 의미가 있는 영역, 특히 국민의 기본권 실현과 관련된 영역에 있어서는 국민의 대표인 입법자가 그 본질적 사항에 대해서 스스로 결정하여야 한다고 하여 의회유보의 원칙을 승인하고 있다(헌법재판소 1999.5.27. 선고 98헌바70 결정 등 참조). 그리고 입법자가 형식적 법률로 스스로 규율하여야 하는 사항이 어떤 것인지는 일률적으로 획정할 수 없고 구체적인 사례에서 관련된 이익 내지 가치의 중요성 등을 고려하여 개별적으로 정할 수 있다고 하면서 그러나 적어도 헌법상 보장된 국민의 자유나 권리를 제한할 때에는 그 제한의 본질적인 사항에 관한 한 입법자가 법률로써 스스로 규율하여야 한다고 판시하였다.[49] 또한 대법원은 의회유보 대상으로 판단될 필요성은 "규율대상이 국민의 기본권과 관련한 중요성을 가질수록 그리고 그에 관한 공개적 토론의 필요성 또는 상충하는 이익 사이의 조정 필요성이 클수록, 더 증대된다"고 한다.[50]

---

49) 헌법재판소 2022.11.24. 선고 2019헌마572 결정.

50) 대법원 2020.9.3. 선고 2016두32992 전원합의체 판결; 대법원 2015.8.20. 선고 2012두23808 전원합의체 판결.

그러나 의회유보의 대상이 되는 사항은 기본적인 사항에 한하고 구체적인 세부사항은 일반적인 법률유보로서 족한 경우가 있다. 헌법재판소는 중학교 의무교육 실시여부 자체는 법률로 정하여야 하는 기본사항으로서 의회유보의 대상이나 그 실시의 시기, 범위 등 구체적 실시에 필요한 세부사항은 반드시 그런 것은 아니라고 하였다.[51)]

**주요판례요지**

대법원 2020.9.3. 선고 2016두32992 전원합의체 판결(법외노조 통보처분취소): 법외노조 통보는 적법하게 설립된 노동조합의 법적 지위를 박탈하는 중대한 침익적 처분으로서 원칙적으로 국민의 대표자인 입법자가 스스로 형식적 법률로써 규정하여야 할 사항이고, 행정입법으로 이를 규정하기 위하여는 반드시 법률의 명시적이고 구체적인 위임이 있어야 한다.

**참고판례 1: 대법원 2020.9.3. 선고 2016두32992 전원합의체 판결 [법외노조통보처분취소]**

**오늘날의 법률유보원칙은** 단순히 행정작용이 법률에 근거를 두기만 하면 충분한 것이 아니라, **국가공동체와 그 구성원에게 기본적이고도 중요한 의미를 갖는 영역, 특히 국민의 기본권 실현에 관련된 영역에 있어서는 행정에 맡길 것이 아니고 국민의 대표자인 입법자 스스로 그 본질적 사항에 대하여 결정하여야 한다는 요구, 즉 의회유보원칙까지 내포하는 것으로 이해되고 있다. 여기서 어떠한 사안이 국회가 형식적 법률로 스스로 규정하여야 하는 본질적 사항에 해당되는지는,** 구체적 사례에서 관련된 이익 내지 가치의 중요성, 규제 또는 침해의 정도와 방법 등을 고려하여 개별적으로 결정하여야 하지만, 따라서 **국민의 권리 · 의무에 관한 기본적이고 본질적인 사항은 국회가 정하여야 하고, 헌법상 보장된 국민의 자유나 권리를 제한할 때에는 적어도 그 제한의 본질적인 사항에 관하여 국회가 법률로써 스스로 규율하여야 한다.**

**참고판례 2: 헌법재판소 1999.5.27. 선고 98헌바70 결정 [한국방송공사법 제35조 등 위헌소원]**

오늘날 법률유보원칙은 단순히 행정작용이 법률에 근거를 두기만 하면 충분한 것이 아니라, **국가공동체와 그 구성원에게 기본적이고도 중요한 의미를 갖는 영역, 특히 국민의 기본권실현과 관련된 영역에 있어서는 국민의 대표자인 입법자가 그 본질적 사항에 대해서 스스로 결정하여야 한다는 요구까지 내포하고 있다(의회유보원칙).** 그런데 **텔레비전방송수신료는 대다수 국민의 재산권 보장의 측면이나 한국방송공사에게 보장된 방송자유의 측면에서 국민의 기본권실현에 관련된 영역에 속하고, 수신료금액의 결정은 납부의무자의 범위 등과 함께 수신료에 관한 본질적인 중요한 사항이므로 국회가 스스로 행하여야 하는 사항에 속하는 것**임에도 불구하고 한국방송공사법 제36조 제1항에서 국회의 결정이나 관여를 배제한 채 한국방송공사로 하여금 수신료금액을 결정해서 문화관광부장관의 승인을 얻도록 한 것은 법률유보원칙에 위반된다.

**해 설** 텔레비전방송수신료의 금액에 대하여 국회가 스스로 결정하거나 결정에 관여함이 없이 한국방송공사로 하여금 결정하도록 한 한국방송공사법 제36조 제1항이 의회유보원칙과 법률유보원칙에 위반된다고

51) 헌법재판소 1991.2.11. 선고 90헌가27 결정.

한 판례이다. 그러나 헌법재판소는 실제 시청하지 않더라도 수상기 보유만으로 부과대상이 되는 텔레비전 방송수신료와는 달리, 전기요금은 전기판매사업자가 전기사용자와 체결한 전기공급계약에 따라 전기를 공급하고 그에 대한 대가로 전기사용자에게 부과되는 것으로서, 조세 내지 부담금과는 구분된다고 하여 의회유보의 대상이 아니라고 판시하였다.52)

## 제3관 행정법의 법원

### 1. 개 설

#### (1) 법원의 개념

법원(Rechtsquelle, Source of Law)이란 존재론적으로 법의 존재형식이라 할 수 있으며 인식론적으로 접근할 때 법의 인식근거라 할 수 있다. 법을 물로 비유하자면 물을 얻을 수 있는 원천에 해당하는 것으로 비유할 수 있을 것이다. 그런데 법원을 어디까지 인정할 수 있는가 하는 것은 법을 무엇으로 이해하는가 하는 것과 밀접한 관련이 있다. 특히 행정법의 경우, 행정주체 외부에까지 구속력을 미치는 외부법과 행정주체 또는 행정청 내부에서만 구속력을 가지는 내부법이 있다. 외부법은 행위규범일 뿐 아니라 재판규범이 되지만 내부법은 원칙적으로 행위규범이 될 뿐이고 재판규범이 되지 못한다. 원칙적으로 행정규칙은 내부법일 뿐이다. 그러므로 행정규칙도 행정법의 법원으로 볼 것인지가 문제된다. 우리나라에서는 외부법인 법규만을 행정법의 법원으로 인정하는 것이 보통이다(법규설). 그러나 행정규칙도 행정조직 내부에서 구속력이 있을 뿐 아니라 재판에 있어서도 실질적으로는 중요한 판단기준이 되기 때문에 행정법의 법원으로 인정하지 못할 바 아니다(행정준칙설).

#### (2) 법규(Rechtssatz) 개념

행정법의 법원에 있어서 중요한 개념이 법규(Rechtssatz) 개념이다. 법규 개념은 역사적인 변천을 거쳐 온 개념으로서 학문적으로는 간단하게 설명하기 어려운 점이 있다. 그러나 오늘날 우리나라에서 법규란 제도적인 의미로 이해되어 외부법 즉, 시민과 국가를 다 같이 구속하는 규범으로 이해되고 있다. 법이론적으로는 법규는 일반성, 추상성, 구속성을 요소로 하는 것이어서 학설에 따라서는 행정규칙과 같은 내부법도 법규 개념에 포함시키지만, 우리나라에서는 일반적으로 행정규칙의 법규성이 부인된다.

#### (3) 행정법의 법원의 종류

행정법에는 다른 어느 법영역 보다도 다양한 법원이 존재한다. 헌법, 법률, 법규명령, 행정규칙, 조례, 지방자치단체장의 규칙, 관습법, 판례법, 조리 등 일일이 열거하기 어려울 정도로 많고 다양한 법원이 존재한다.

---

52) 헌법재판소 2021.4.29. 선고 2017헌가25 결정.

한편, 행정법은 국가공권력의 행사와 관련되기 때문에 국민의 권익 보호와 예측가능성 등을 위하여 성문법주의를 원칙으로 한다. 그럼에도 불구하고 행정법의 일반원칙은 충분히 성문화되어 있지는 않다. 행정기본법이 제정되었으나 공익의 원칙, 보충성의 원칙 등 판례와 학설에서 등장하는 일부 행정법의 일반원칙은 규정되지 않았다. 따라서 불문법의 형태로 존재하는 행정법의 일반원칙이 여전히 중요한 의미를 가진다.

## 2. 성문법원

① 헌법이 행정조직과 행정작용 및 행정구제에 대해 규정하고 있는 부분이 존재하기 때문에 그 범위 안에서 헌법은 행정법의 법원이 된다. 나아가 국민의 기본권에 관한 규정은 행정청이 이를 준수하여야 하기 때문에 그대로 행정법의 법원이 된다고 할 수 있다.

② 법률과 법규명령(대통령령, 총리령, 부령, 중앙선거관리위원회규칙, 대법원규칙, 헌법재판소규칙)은 행정법의 가장 중요한 법원이다.

특히 행정기본법은 행정법의 법원으로서 중요한 의미가 있다. 그런데 우리 법질서에서 기본법의 의미는 반드시 분명하지는 않다. 원래 기본법이라는 명칭은 나라마다 달리 이해되는 측면이 있는데 우리나라에서의 기본법이 어떠한 위상을 가지고 있는가 하는 데 대해서는 아직 의견이 통일되어 있지 않고 특히 그 규범적 의미에 대해서는 학설이나 판례가 분명한 해석을 제시하지 못하고 있다. 다만 행정기본법의 기본법으로서의 의미와 성격은 이 법 제5조 제2항에서 잘 나타나고 있다. 이 조항은 "행정에 관한 다른 법률을 제정하거나 개정하는 경우에는 이 법의 목적과 원칙, 기준과 취지에 부합하도록 노력하여야 한다."라고 규정하고 있다. 그러나 이 조항이 행정기본법의 다른 법에 대한 효력 우월을 뜻하는 것은 아니라고 하여야 할 것이다.

행정기본법의 또 하나의 중요한 법적 성격은 이 법이 일반법이라는 점에 있다. 그러나 행정기본법의 규율영역이 행정현상 전반에 걸치고 있지는 못하고 있어서 행정기본법은 행정절차법, 행정심판법, 행정소송법, 국가배상법 등과 함께 부분적인 규율영역을 가지는 일반법으로서의 성격을 가지고 있을 뿐이다.

행정기본법 제5조 제1항은 "행정에 관하여 다른 법률에 특별한 규정이 있는 경우를 제외하고는 이 법에서 정하는 바에 따른다."라는 규정하고 있어서 이 법이 일반법이라는 점을 밝히면서 이 법이 다른 법에 비해 효력 우월에 있지 않고 오히려 보충적으로 적용된다는 것을 분명히 하고 있다.

③ 판례에 따르면 행정규칙도 법령보충규칙과 같이 상위법령의 위임이 있는 경우에는 법규적 효력을 가지므로 행정법의 법원이 된다. 상위법령의 위임규정을 가지지 못하는 행정규칙의 경우에는 행정법의 법원을 좁게 이해하는 법규설에서는 이를 행정법의 법원으로 보지 않으나 행정법의 법원을 넓게 이해하는 행정준칙설의 입장에서는 이를 법원으로 봄에 문제가 없다고 한다.

④ 지방자치단체의 자치법규도 행정법의 법원에 해당한다. 지방의회가 제정하는 조례, 지방자치단체장이 제정하는 규칙, 교육규칙 등이 그것이다.

⑤ 행정주체 간의 합의도 성문화되어 행정주체나 국민 및 주민을 구속하는 규범의 형태를 가

지는 경우 행정법의 성문법원이 된다. 지방자치단체 사이의 협정 등이 이에 해당한다.

⑥ 조약과 일반적으로 승인된 국제법규도 행정법의 성문법원이 된다. 일반적으로 승인된 국제법규란 우리나라가 체결당사국이 아닌 조약일지라도 국제적으로 규범성을 인정받는 조약을 말한다. 그러나 국제규범 가운데에는 국가와 국가 사이의 권리·의무를 설정하는 것도 있으므로 이러한 성격을 가지는 국제규범을 위반하였다고 하여 그것으로서 직접 국내 법원에 그 처분의 취소를 구하는 소를 제기하거나 협정 위반을 처분의 독립된 취소사유로 주장할 수는 없다.[53]

⑦ 대법원은, 재개발조합,[54] 재건축조합[55]의 규약[56]이나 정관 그리고 대학 등 학교의 학칙[57] 등을 자치규범으로 보고 있다. 이밖에 집합건물의 관리규약[58]이나 단체협약[59] 그리고 법인 내부의 정관[60]도 자치규범으로 보고 있으나 이러한 규범들은 사법상의 것이라고 할 수 있다. 그러나 재건축조합이나 재개발조합 그리고 국공립학교 등은 행정주체 또는 행정청의 실체를 가질 수 있으므로 이들의 자치규범은 행정법의 법원이라고 할 수 있을 것이다.

대법원은 법률이 공법적 단체 등의 정관 등의 자치법규에 자치법적 사항을 위임한 경우에는 헌법 제75조가 정하는 포괄적인 위임입법의 금지는 원칙적으로 적용되지 않는다고 봄이 상당하고, 그렇다 하더라도 그 사항이 국민의 권리·의무에 관련되는 것일 경우에는 적어도 국민의 권리·의무에 관한 기본적이고 본질적인 사항은 국회가 정하여야 한다[61]고 판시하였다.

이상과 같은 성문법원이 서로 모순되거나 충돌하는 경우 그를 해석하는 원칙으로 상위법우선의 원칙, 특별법우선의 원칙 그리고 신법(후법)우선의 원칙이 순차적으로 적용된다.

대법원은 "하위법령은 그 규정이 상위법령의 규정에 명백히 저촉되어 무효인 경우를 제외하고는 관련 법령의 내용과 입법 취지 및 연혁 등을 종합적으로 살펴서 의미를 상위법령에 합치되는 것으로 해석하여야 한다."고 한다.[62]

## 3. 불문법원

### (1) 관습법

행정법에서 관습법은 형법에서 만큼은 아닐지라도 그다지 환영받지 못하는 존재이다. 행정법에서의 관습법이 성립하기 위해서 첫째, 관행의 존재와 둘째, 국민의 법적 확신의 두 가지 요소가 충족됨으로써 족하다는 법적 확신설이 통설과 판례[63]의 태도이다. 그러나 그 외에 국가의 승

53) 대법원 2009.1.30. 선고 2008두17936 판결.
54) 대법원 2014.2.13. 선고 2011두21652 판결.
55) 대법원 2018.3.13. 선고 2016두35281 판결.
56) 대법원 2020.9.7. 선고 2020다237100 판결.
57) 대법원 2015.6.24. 선고 2013두26403 판결.
58) 대법원 2001.9.20. 선고 2001다8677 판결.
59) 대법원 2020.8.27. 선고 2016다248998 판결.
60) 대법원 2003.3.14. 선고 2001다7599 판결.
61) 대법원 2007.10.12. 선고 2006두14476 판결.
62) 대법원 2016.6.10. 선고 2016두33186 판결.
63) 대법원 1987.6.14. 선고 80다3231 판결; 대법원 2005.7.21. 선고 2002다1178 판결 등.

인이 필요하다는 국가승인설이 주장되기도 한다.

행정관습법은 성문법규범에 위반되지 않아야 하며 관습법이 성문법규범에 위반되는지에 대한 심사권은 대법원에 있다. 그러나 관습법이 헌법에 위반되는지에 대한 규범심사권이 어디에 있느냐에 대해서, 대법원은 대법원에 규범심사권이 있다고 하고[64] 헌법재판소는 법률과 같은 효력을 가지는 관습법에 대해서는 헌법재판소가 규범심사권을 가진다[65]고 하여 입장이 대립된다.

오늘날 행정관습법에는 행정청이 관행의 주체인 행정선례법(행정절차법 제4조 제2항, 국세기본법 제18조 제3항)과 국민이 관행의 주체가 되는 민중적관습법(예컨대, 입어권, 하천용수권 등에 관한 것)이 있다.

### 참고판례 1: 대법원 1985.3.12. 선고 84누398 판결 [부가가치세부과처분취소]

구 국세기본법(1984.8.7. 법 제3746호로 개정 전) 제18조 제2항 소정의 비과세의 관행이 성립되었다고 하려면 장기간에 걸쳐 그 사항에 대하여 과세하지 아니하였다는 객관적 사실이 존재할 뿐 아니라 과세관청 자신이 그 사항에 대하여 과세할 수 있음을 알면서도 어떤 특별한 사정에 의하여 과세하지 않는다는 의사가 있고 이와 같은 의사가 명시적 또는 묵시적으로 표시되어야 할 것이므로 **과세할 수 있는 어느 사항에 대하여 비록 장기간에 걸쳐 과세하지 아니한 상태가 계속되었다 하더라도 그것이 착오로 인한 것이라면 그와 같은 비과세는 일반적으로 납세자에게 받아들여진 국세행정의 관행으로 되었다 할 수 없다.**

**해 설** 장기간에 걸친 비과세의 관행은 행정선례법이 될 수 있다(대법원 1987.2.24. 선고 87누571 판결). 그러나 비과세관행이 성립하기 위해서는 단순한 과세누락과는 달리 비과세의 명시적 또는 묵시적 의사가 표시되어야 한다고 한다(대법원 2016.10.13. 선고 2016두43077 판결). 따라서 그 비과세가 행정청의 착오에 의한 것이라면 행정선례법의 성립을 인정할 수 없다는 것이다.

### 참고판례 2: 대법원 1977.7.12. 선고 76다527 판결 [보사용방해금지가처분]

원심이 확정한 사실에 의하면 이 사건에서 문제가 된 외오리보가 설치된 하천은 공유하천이라는 것이고, 위 외오리보는 1927년 조선하천령이 시행되기 이전에, 그 지역의 경작자들이 몽리답의 관개를 위하여 위 하천에 나무와 돌 등을 쌓아 물을 막아 설치한 것으로서 그 후 왜정 때에 현재와 같은 형태의 콘크리트보가 형성되었으며, 신청인을 포함한 경작자들은 위 보가 설치된 이래 위 보로부터 인수하여 답을 경작하여 왔다는 것이니, 그렇다면, **공유하천에 설치된 이 사건 보에서 신청인 소유의 농지에 관개하기 위하여 인수하는 관행이 있었다고 할 것이고, 그 농지의 소유자인 신청인은 농지의 관개에 필요한 한도 내에서 용수권이 있다고 할 것이며---**

**해 설** 하천 등 공유수면에 오래 전에 관개를 위하여 보 등을 설치하고 그로부터 물을 끌어와서 용수하여 왔다면 관습법상의 용수권이 성립한 것으로 보고 하천관리청의 허가 없이 물을 사용할 수 있음을 판시하고 있다. 또한 그 용수의 범위는 농지의 관개에 필요한 범위 내로 한정하고 있다.

---

64) 대법원 2009.5.28. 자 2007카기134 결정.
65) 헌법재판소 2013.2.28. 선고 2009헌바129 결정.

참고판례 3: 헌법재판소 2019.4.11. 선고 2016헌라8 등 결정 [고창군과 부안군 간의 권한쟁의 등]

지방자치단체 사이의 불문법상 해상경계가 성립하기 위해서는 관계 지방자치단체·주민들 사이에 해상경계에 관한 **일정한 관행이 존재하고, 그 해상경계에 관한 관행이 장기간 반복되어야 하며, 그 해상경계에 관한 관행을 법규범이라고 인식하는 관계 지방자치단체·주민들의 법적 확신이 있어야 한다.**

**공유수면에 대한 지방자치단체의 관할구역 경계획정은 이에 관한 명시적인 법령상의 규정이 존재한다면 그에 따르고, 명시적인 법령상의 규정이 존재하지 않는다면 불문법상 해상경계에 따라야 한다. 그리고 이에 관한 불문법상 해상경계마저 존재하지 않는다면,** (중략), **권한쟁의심판권을 가지고 있는 헌법재판소가 형평의 원칙에 따라 합리적이고 공평하게 해상경계선을 획정할 수밖에 없다.**

---

### (2) 판례법

영미법국가와는 달리 우리나라에서는 선례구속의 원칙(선판결이 후의 동일·유사한 내용의 사건에 대한 판결을 구속한다는 원칙)이 적용되지 않는다. 따라서 이러한 점만을 고려하면 우리나라에서 판례법이 성립할 가능성은 없다. 판례법의 성립을 부정하는 것은 또한 권력분립의 원칙에서도 당연한 것이라고 할 수 있다. 그럼에도 불구하고 우리나라에서 판례의 법적 가치는 입법에 못지않다고 생각되며 궁극적으로 그 법원성을 부인하기 어렵다고 본다.

① 헌법재판소의 결정례는 위헌법률조항을 무효화하고 그와 관련하여 일반적으로 법원이나 기타 국가기관이나 지방자치단체를 구속하기 때문에 그 법원성을 인정하여야 할 것이다.

② 대법원 판례의 경우는 명문으로 법원성을 인정하는 규정이 없어서 다소 복잡한 면이 있다. 그러나, 법원조직법 제8조가 상급심판결의 당해사건에서의 하급심기속을 규정하고, 법원조직법 제7조 제1항 제3호에서 법해석에 관한 대법원 판례의 변경은 전원합의체 판결로만 할 수 있도록 하고 있으며, 소액사건심판법 제3조 제2호가 대법원 판례 위반을 상고 또는 재항고이유로 하고 있는 점, 그리고 '상고심절차에 관한 특례법' 제4조 제1항 제3호가 판례위반을 상고심 심리속행 사유로 인정하고 있는 점 등에 비추어 대법원 판례의 법원성을 부인하는 것은 현실과 동떨어진 결론이 되고 말 것이다.

### (3) 조리

조리는 흔히 사물의 본성(Natur der Sache)이라고 일컫는 것으로서 최후의 보충적 법원으로 이해되고 있다. 즉, 다른 법원이 존재하지 않을 때 법관은 자기가 입법자였다고 하면 취하였을 원칙을 가지고 판단하게 되고 이는 사물의 본성에 입각하여야 한다는 것이다. 그런데 조리 가운데에는 이미 성문화된 것이 있음을 유념하여야 한다. 예컨대 비례의 원칙은 헌법 제37조 제2항에, 평등의 원칙은 헌법 제11조에 규정되어 있고, 신뢰보호의 원칙과 부당결부금지의 원칙은 행정기본법 제12조, 제13조에 규정되어 있다. 특별히 조리원칙 가운데 헌법에 규정된 것을 '헌법상 고양된 조리원칙'이라고 한다. 조리 가운데 일부는 헌법이나 법률뿐 아니라 법규명령, 조례나 규칙, 관습법과 판례법에 이미 반영되어 있다.

## 4. 행정법의 일반원칙

### (1) 개설

#### ① 행정법의 일반원칙과 조리

행정법의 일반원칙은 행정법 전반에 적용될 수 있는 총칙적인 규율을 의미한다. 그런데 이러한 일반원칙이 행정법영역에서 하나의 법전 형태로 완전히 성문화되어 있지 않기 때문에 행정법의 일반원칙은 다양한 법원의 형태로 존재한다고 할 수밖에 없다. 헌법이나 행정기본법, 행정절차법은 행정법의 일반원칙이 성문법 형태로 존재하는 대표적인 규범이라 할 수 있다. 헌법에는 비례의 원칙과 평등의 원칙 등이 규정되어 있으며, 행정기본법에는 법치행정의 원칙, 평등의 원칙, 비례의 원칙, 행정청의 성실의무 및 권한남용금지의 원칙, 신뢰보호의 원칙 및 부당결부금지의 원칙이 규정되어 있고, 행정절차법에는 행정청의 신의성실 및 신뢰보호의 원칙 그리고 명확성의 원칙(투명성의 원칙)이 규정되어 있다.

그러나 일반적으로 행정법의 일반원칙은 조리와 밀접한 관련을 가지고 있으며 조리의 형태로 존재하는 것이 보통이다. 헌법이나 행정기본법, 행정절차법에 규정된 행정법의 일반원칙은 그 구체적 의미내용에 대해서 실정법규가 밝혀주지는 못하고 있어서 조리(사물의 본성)로부터 구체적 적용을 위하여 그 의미내용이 논증되는 경우가 많으며, 특히 그 역사적 발전은 조리에서부터 출발한 것이다.

#### ② 행정법의 일반원칙의 기능

행정법의 일반원칙은 조리로서 단순히 최후의 보충적 법원으로만 기능하는 것이 아니라 법해석과 입법심사의 원칙과 기준이 되며 국가권력행사의 한계로 작용하기도 한다. 또한 재량행위나 '법률로부터 자유로운 행정'의 경우에도 행정법의 일반원칙은 적용이 된다고 하여야 할 것이므로 재량행위나 '법률로부터 자유로운 행정'을 통제하는 기준으로 기능하기도 한다.

#### ③ 행정법의 일반원칙의 효력

행정법의 일반원칙 가운데에는 헌법적 효력을 가지는 원칙이 다수 있다. 법치행정의 원칙, 비례의 원칙, 평등의 원칙, 신뢰보호의 원칙, 부당결부금지의 원칙, 명확성의 원칙, 보충성의 원칙 등은 헌법과 관련을 가지고 단순히 법률적 효력을 가진다고 하기 어렵다. 이들 원칙의 대부분에 대하여 우리 헌법재판소는 이미 이들 원칙이 헌법적 원칙임을 선언하였다.

### (2) 법치행정의 원칙

행정기본법 제8조는 앞서 기술한 법치행정의 원리를 '법치행정의 원칙'이라는 제하에 규정하면서 독일에서 유래된 행정의 법률적합성의 3원칙 중 법률우위의 원칙, 법률유보의 원칙을 규정하고 있다. 법률의 법규창조력의 원칙은 현재의 행정법의 법원론의 상황에 비추어 규정하기 어려웠겠지만 오늘날 전혀 의미가 없다고 할 수는 없는 것이다. 그런 의미에서 여전히 불문법으로서의 법치행정의 원리가 완전히 의미가 없어진 것은 아니다.

### (3) 비례의 원칙

#### ① 개요

비례의 원칙(과잉금지의 원칙)은 독일의 판례법에 의해 발전된 원칙으로서 원래 적합성의 원칙, 필요성의 원칙(최소침해의 원칙), 상당성의 원칙(좁은 의미의 비례원칙) 등을 그 내용으로 하는 것이다. 우리 대법원과 헌법재판소도 독일판례법이 발전시킨 이러한 비례원칙을 그대로 수용하였는데 행정기본법은 이를 입법으로 명문화하였다(행정기본법 제10조).

행정기본법은 이러한 비례원칙의 3부분 원칙을 규정하여 구체화하고 그렇게 함으로써 헌법재판소 판례가 인정하고 있는 (주로 입법심사에서 활용되는) 비례원칙과의 차별성을 추구하였다.

행정기본법 제10조 제1호는 적합성의 원칙, 제2호는 필요성(최소침해)의 원칙, 제3호는 상당성(법익균형성)의 원칙을 규정하였다. 이러한 비례원칙의 3부분 원칙에서의 각 심사는 병렬적 심사가 아닌 단계적 심사로 인식되고 있다.

#### ② 적합성의 원칙

적합성의 원칙이란 어떤 목적을 위하여 취해진 수단이 그 목적과의 관계상 유효하고 적절한 것이어야 한다는 것이다(행정기본법 제10조 제1호). 예컨대, 음식점 영업주가 조리실 직원에게 위생모·앞치마 착용을 지도하지 않았다는 이유로 영업허가를 취소한다면 그것은 목적에 비추어 수단이 적절하다고 할 수 없다(방법의 적정성).

#### ③ 필요성의 원칙

필요성의 원칙(최소침해의 원칙)이란 어떤 목적을 달성하는 데 그러한 수단이 꼭 필요하여야 한다는 원칙, 다시 말하여 그 수단이 다른 수단들에 비해 최소의 침해를 가져오는 것이어야 한다는 원칙이다(피해의 최소성: 행정기본법 제10조 제2호). 헌법재판소는 유형화를 통하여 각기 다른 법적 효과를 부여할 수 있는 경우에 그렇게 하지 않고 일률적으로 처리하는 경우에는 최소침해의 원칙을 침해하는 것이라 판시한다.[66] 즉, 구체적 사안의 개별성과 특수성을 고려할 수 있는 가능성이 배제되는 것은 필요성의 원칙 위반이라는 것이다.[67]

#### ④ 상당성의 원칙

상당성의 원칙은 그 목적을 달성하기 위해서 취한 수단이 어떤 법익을 침해하는 것이라면 목적을 통해 달성하려는 법익과 그를 위해 취한 수단을 통해 침해되는 법익 사이에 균형이 있어야 한다는 원칙이다(법익의 균형성: 행정기본법 제10조 제3호). 요컨대, 어떤 목적을 달성하기 위하여 취한 수단이 오히려 목적 달성을 통한 법익의 증진보다 더 큰 피해를 가져와서는 안 된다는 것이다.

우리 대법원은 원래 비례의 원칙에 대해 위의 3가지 원칙을 제시하고 있었으나,[68] 근래에는

---

66) 헌법재판소 2016.3.31. 선고 2015헌마688 결정.
67) 헌법재판소 2000.6.1. 선고 99헌가11 · 12(병합) 결정.
68) 대법원 1997.9.26. 선고 96누10096 판결.

헌법재판소와 같이 '목적의 정당성'을 비례원칙의 세부원칙으로 인정하는 경우가 없지 않았다.[69] 원래 비례원칙은 경찰행정법에서부터 연원하는 것으로서 행정작용에 적용되는 원칙이었고 입법심사의 원칙으로 채택된 것은 그 이후의 일이다.

우리 헌법재판소는 처음부터 입법작용에 대한 비례원칙에 대해서 위의 3가지 부분원칙에 '목적의 정당성'을 더하여 비례원칙의 4가지 기준을 제시하고 있다.[70] 즉, 목적의 정당성, 방법의 적정성, 피해의 최소성, 법익의 균형성이 그것이다.

참고판례: 헌법재판소 2000.6.1. 선고 99헌가11 · 12(병합) 결정 [여객자동차운수사업법 제76조 제1항 단서 중 제8호 부분 위헌제청]

입법자가 임의적 규정으로도 법의 목적을 실현할 수 있는 경우에 구체적 사안의 개별성과 특수성을 고려할 수 있는 가능성을 일체 배제하는 필요적 규정을 둔다면 이는 비례의 원칙의 한 요소인 "최소침해성의 원칙"에 위배되는바, 종래의 임의적 취소제도로도 철저한 단속, 엄격한 법집행 등 그 운용 여하에 따라서는 지입제 관행의 근절이라는 입법목적을 효과적으로 달성할 수 있었을 것으로 보이므로, **기본권침해의 정도가 덜한 임의적 취소제도의 적절한 운용을 통하여 입법목적을 달성하려는 노력은 기울이지 아니한 채 기본권침해의 정도가 한층 큰 필요적 취소제도를 도입한 이 사건 법률조항은 행정편의적 발상으로서 피해최소성의 원칙에 위반된다.**

이 사건 법률조항은 해당 사업체의 규모, 지입차량의 비율, 지입의 경위 등 구체적·개별적 사정을 전혀 고려하지 아니하고 모두 필요적으로 면허를 취소하도록 규정함으로써, 지입차량의 비율이 매우 낮고 지입차량에 관한 관리도 나름대로 충실히 하는 등 **공익침해의 정도가 현저히 낮은 경우에도 사업면허의 전부를 취소할 수밖에 없게 하고 있으니, 이는 보호하고자 하는 공익에 비하여 기본권침해의 정도가 과중하다고 하지 아니할 수 없고, 따라서 법익균형성의 원칙에 위배된다.**

해 설 여객운송사업자가 지입제 경영을 한 경우 구체적 사안의 개별성과 특수성을 전혀 고려하지 않고 그 사업면허를 필요적으로 취소하도록 한 구 여객자동차운송사업법 제76조 제1항 단서 중 제8호 부분이 필요성의 원칙에 반한다고 한다.

### (4) 평등의 원칙

평등의 원칙 위반은 대개 행정법적 문제로 취급되지 아니하고 헌법적 사안으로 처리되는 경향이 있다. 평등의 원칙을 적용함에 있어서 핵심적인 쟁점은 문제되는 차별이 합리적 차별인가 아닌가 하는 점에 있다(행정기본법 제9조). 이에 대해서는 수많은 공법 판례가 존재하며 주로 헌법학적 논증의 대상이 되고 있다. 이처럼 '합리적 차별'에 대하여 수없이 쌓여온 판례의 존재 등의 이유로 평등의 원칙의 불문법적 요소가 이 규정으로 인하여 사라졌다고 할 수는 없는 것이다.

대법원은 행정청의 행정행위가 합리적 이유 없는 차별대우에 해당하여 헌법상 평등원칙을 위반하였는지를 확정하기 위해서는 ① 행위의 근거가 된 법규의 의미와 목적을 통해 행정청이 본

69) 대법원 2006.11.23. 선고 2006두12463 판결.
70) 헌법재판소 1992.12.24. 선고 92헌가8 결정.

질적으로 같은 것을 다르게 대우했는지, 즉 다른 대우를 받아 비교되는 두 집단 사이에 본질적인 동일성이 존재하는지를 확정해야 하고 ② 다음으로 그러한 차별대우가 확인되면 비례의 원칙에 따라 행위의 정당성 여부를 심사하여 헌법상 평등원칙을 위반하였는지를 판단해야 한다고 한다.[71)]

### (5) 행정의 자기구속의 원칙

행정청의 일정한 결정과 관행이 행정청 자신을 구속하게 된다는 원칙이다. 이 원칙은 독자적인 행정법의 일반원칙이라기 보다는 평등원칙이나 신뢰보호원칙의 적용의 단면을 설명하는 것이라고 할 수 있다. 이런 까닭에 행정기본법은 행정의 자기구속의 원칙을 명문화하지 않고 있다.

헌법재판소와 대법원은 행정의 자기구속의 근거를 평등원칙과 신뢰보호의 원칙 모두에게서 구하고 있다.[72)] 대법원은 행정의 자기구속의 전제로서 일정한 행정관행의 존재를 요구하고 있다.[73)]

참고판례: 헌법재판소 1990.9.3. 선고 90헌마13 전원재판부 결정 [전라남도 교육위원회의 1990학년도 인사원칙(중등)에 대한 헌법소원]

이른바 행정규칙은 일반적으로 행정조직 내부에서만 효력을 가지는 것이고 대외적인 구속력을 갖는 것이 아니다. 다만, **행정규칙이 법령의 규정에 의하여 행정관청에 법령의 구체적 내용을 보충할 권한을 부여한 경우, 또는 재량권 행사의 준칙인 규칙이 그 정한 바에 따라 되풀이 시행되어 행정관행이 이룩되게 되면 평등의 원칙이나 신뢰보호의 원칙에 따라 행정기관은 그 상대방에 대한 관계에서 그 규칙에 따라야 할 자기구속을 당하게 되는 경우에는 대외적인 구속력을 가지게 된다.**

해 설 헌법재판소 판례는 행정의 자기구속의 근거로 재량준칙 등 행정규칙을 통한 행정관행의 성립과 그로 인한 평등의 원칙이나 신뢰보호의 원칙을 들고 있다.

### (6) 신뢰보호의 원칙과 신의성실의 원칙

① 신뢰보호원칙과 신의성실원칙의 구별과 교착

우리 대법원 판례는 신뢰보호의 원칙과 구별되는 의미의 신의성실의 원칙을 적용한 예도 있고[74)] 신뢰보호의 원칙과 신의성실의 원칙을 명백히 구별하지 않고 적용하고 있는 경우도 있다.[75)] 신뢰보호의 원칙은 행정기본법 제12조, 행정절차법 제4조 제2항, 국세기본법 제18조 제3항 및 관세법 제5조 제2항 등에 규정되어 있으며 신의성실의 원칙은 행정기본법 제11조, 행정절

71) 대법원 2024.7.18. 선고 2023두36800 전원합의체 판결.
72) 헌법재판소 2007.8.30. 선고 2004헌마670 결정; 헌법재판소 2002.7.18. 선고 2001헌마605 결정; 헌법재판소 2001.5.31. 선고 99헌마413 결정 등; 대법원 2009.12.24. 선고 2009두7967 판결.
73) 대법원 2009.12.24. 선고 2009두7967 판결.
74) 대법원 2009.3.26. 선고 2008두21300 판결; 대법원 2008.9.18. 선고 2007두2173 전원합의체 판결.
75) 대법원 1996.1.23. 선고 95누13746 판결.

차법 제4조 제1항에 규정되어 있다.

그러나 법개념적으로 양자는 구별할 수 있다. 신의성실의 원칙은 민법에서 기원한 것인 만큼 당사자 사이의 신뢰관계를 기반으로 하여 일방 당사자의 신의배반적 횡포를 막기 위한 것이다. 한편, 신뢰보호의 원칙은 헌법상의 법치주의에 기반한 법적 안정성이라는 기본가치에 근거해서 행정청에 대한 행정객체의 신뢰에 기반한 처리행위를 보호하는 것이다. 따라서 신뢰보호원칙이 적용되는 경우와는 반대 방향의 신뢰가 문제되는 경우, 즉 행정객체에 대한 행정청의 신뢰와 관련해서는 신뢰보호의 원칙이 아니라 신의성실의 원칙이 적용된다. 판례도 같은 취지로 판시하고 있다.[76)]

② 신의성실의 원칙

행정기본법은 행정청의 성실의무와 권한남용금지의 원칙을 규정하고 있으며(행정기본법 제11조) 행정절차법은 행정청의 신의성실의 원칙을 규정하고 있다(행정절차법 제4조 제1항). 그러나 행정객체에 대한 신의성실의 의무에 대해서는 어느 법도 규정하지 않고 있다. 그러므로 행정객체의 신의성실의무에 대해서는 여전히 민법에서 유래하는 불문법으로서의 신의성실의 원칙이 의미가 있다고 할 수 있다.

대법원은 "신의성실의 원칙은, 법률관계의 당사자는 상대방의 이익을 배려하여 형평에 어긋나거나 신뢰를 저버리는 내용 또는 방법으로 권리를 행사하거나 의무를 이행하여서는 아니 된다는 것으로서, 신의칙에 위배된다는 이유로 권리행사를 부정하기 위해서는 상대방에게 신의를 공여하였거나 객관적으로 보아 상대방이 신의를 가지는 것이 정당한 상태에 이르러야 하고 이와 같은 상대방의 신의에 반하여 권리를 행사하는 것이 정의 관념에 비추어 용인될 수 없는 정도의 상태에 이르러야 한다"고 한다.[77)]

**참고판례 1: 대법원 2021.1.14. 선고 2020두50324 판결 [이주대책대상자제외처분취소]**

행정절차법 제26조는 행정청이 처분을 할 때에는 당사자에게 그 처분에 관하여 행정심판 및 행정소송을 제기할 수 있는지 여부, 그 밖에 불복을 할 수 있는지 여부, 청구절차 및 청구기간, 그 밖에 필요한 사항을 알려야 한다고 규정하고 있다. **이 사건에서 피고 공사가 원고에게 2차 결정을 통보하면서 '2차 결정에 대하여 이의가 있는 경우 2차 결정 통보일부터 90일 이내에 행정심판이나 취소소송을 제기할 수 있다.'는 취지의 불복방법 안내를 하였던 점을 보면, 피고 공사 스스로도 2차 결정이 행정절차법과 행정소송법이 적용되는 처분에 해당한다고 인식하고 있었음을 알 수 있고, 그 상대방인 원고로서도 2차 결정이 행정쟁송의 대상인 처분이라고 인식하였을 수밖에 없다고 보인다. 이와 같이 불복방법을 안내한 피고 공사가 이 사건 소가 제기되자 '처분성'이 인정되지 않는다고 본안전항변을 하는 것은 신의성실원칙(행정절차법 제4조)에도 어긋난다(대법원 2020.4.9. 선고 2019두61137 판결 참조).**

76) 대법원 2009.3.26. 선고 2008두21300 판결.
77) 대법원 2018.7.11. 선고 2016다9261, 9278 판결.

### 참고판례 2: 대법원 2008.9.18. 선고 2007두2173 전원합의체 판결 [휴업급여부지급처분취소]

[다수의견] 근로자가 입은 부상이나 질병이 업무상 재해에 해당하는지 여부에 따라 요양급여 신청의 승인, 휴업급여청구권의 발생 여부가 차례로 결정되고, 따라서 **근로복지공단의 요양불승인처분의 적법 여부는 사실상 근로자의 휴업급여청구권 발생의 전제가 된다고 볼 수 있는 점 등에 비추어, 근로자가 요양불승인에 대한 취소소송의 판결확정시까지 근로복지공단에 휴업급여를 청구하지 않았던 것은 이를 행사할 수 없는 사실상의 장애사유가 있었기 때문이라고 보아야 하므로, 근로복지공단의 소멸시효 항변은 신의성실의 원칙에 반하여 허용될 수 없다.**

해 설 채무자가 시효완성 전에 채권자의 권리행사나 시효중단을 불가능 또는 현저히 곤란하게 하였거나 그러한 조치가 불필요하다고 믿게 하는 행동을 하였거나, 객관적으로 채권자가 권리를 행사할 수 없는 사실상의 장애사유가 있었거나, 일단 시효완성 후에 채무자가 시효를 원용하지 아니할 것 같은 태도를 보여 채권자로 하여금 그와 같이 신뢰하게 하였거나, 채권자를 보호할 필요성이 크고, 같은 조건의 그 채권자들 중 일부가 이미 채무의 변제를 수령하는 등 채무이행의 거절을 인정함이 현저히 부당하거나 불공평하게 되는 등의 특별한 사정이 있는 경우에는, 채무자가 소멸시효의 완성을 주장하는 것이 신의성실의 원칙에 반하여 권리남용으로서 허용될 수 없다고 판시하였다.

### 참고판례 3: 대법원 2009.3.26. 선고 2008두21300 판결 [공무원지위확인]

지방공무원 **임용신청 당시 잘못 기재된 호적상 출생연월일**을 생년월일로 기재하고, 이에 근거한 공무원인사기록카드의 생년월일 기재에 대하여 처음 임용된 때부터 약 36년 동안 전혀 이의를 제기하지 않다가, **정년을 1년 3개월 앞두고 호적상 출생연월일을 정정한 후 그 출생연월일을 기준으로 정년의 연장을 요구하는 것이 신의성실의 원칙에 반하지 않는다고 본 사례.**

해 설 신의성실의 원칙을 행정객체의 행위에 적용한 사례이다. 판례가 신뢰보호의 원칙이라는 표현을 사용하지 않고 신의성실의 원칙이라는 용어를 사용한 것은 신뢰와 관련된 행위를 한 주체가 행정청이 아니라 오히려 행정객체였다는 점도 고려된 듯하다.

---

#### ③ 신뢰보호의 원칙

**행정기본법의 규정**

행정기본법 제12조 제1항은 신뢰보호의 원칙을 규정하면서 신뢰보호의 원칙의 적용에 있어서는 공익 또는 제3자의 이익과의 이익형량이 필요함을 명문으로 인정하고 있다. 그러나 판례가 발전시켜온 신뢰보호원칙의 적용요건은 구체적으로 규정하지 않았다. 그러므로 신뢰보호원칙에 있어서도 판례법 등 불문법의 존재의의가 여전히 남아있다.

**신뢰보호의 원칙의 적용요건**

대법원은 신뢰보호의 원칙의 적용요건으로 다음과 같은 사항을 적시하고 있다.[78]

i) 행정청의 선행조치: 신뢰의 대상이 되는 공적 견해 표명

판례는 이때의 견해표명은 묵시적인 경우도 인정하며 묵시적 견해표명이 있기 위해서는 단순

78) 대법원 1998.11.13. 선고 98두7343 판결.

한 부작위와 달리 일정한 의사표시를 한 것으로 볼 수 있어야 한다고 한다.[79)]

또한 행정청의 견해표명이 있었는지 여부에 대해서는 행정조직법상의 형식적 권한분장에 구애될 것은 아니고 담당자의 조직상의 지위와 임무, 당해 언동을 하게 된 구체적인 경위 및 그에 대한 상대방의 신뢰가능성에 비추어 실질적으로 판단하여야 한다고 한다.[80)]

한편, 납세상담과 같이 단순한 상담에서 제시된 행정청의 견해는 신뢰보호의 대상이 되지 못하지만[81)] 상대방의 질의에 대한 국세청의 회신이 있었다면 이는 공적 견해의 표명이 있었다고 볼 수 있다고 한다.[82)]

ii) 보호가치 있는 사인의 신뢰

이 요건과 관련하여서는 상대방에게 귀책사유가 있으면 신뢰보호의 원칙은 적용되지 못한다고 한다.[83)] 그리고 귀책사유 유무의 판단은 상대방 본인만이 아니라 그로부터 신청행위를 위임받은 수임인 등 관계자 모두를 기준으로 하여 판단한다.[84)]

iii) 사인의 처리

행정청의 언동을 신뢰한 사인이 단순히 신뢰만 하지 않고 구체적인 처분을 한다든가 하는 등의 처리행위로 나아가야 신뢰보호원칙을 적용할 수 있다(처리보호).

iv) 견해표명을 신뢰한 개인의 이익침해라는 결과 초래(개인의 이익침해 및 신뢰와의 인과관계)

v) 선행조치에 반하는 행정청의 처분

vi) 신뢰보호조치가 공익 또는 제3자의 정당한 이익을 현저히 해할 우려가 없을 것[85)]

**신뢰보호원칙의 적용한계**

이상과 같은 신뢰보호의 원칙의 적용요건이 충족되었다 하더라도 이 원칙의 적용에는 한계가 있다고 보아야 한다. 즉, 사정변경이 있거나, 이익형량의 결과 신뢰보호 보다는 행정의 법률적합성의 원칙이 강하게 요구되는 경우에는 이 원칙을 적용하지 못하게 된다.

또한 어떤 처분을 하겠다고 공적인 의견표명이 있어도 행정청이 제시한 기간이 지나거나 사실적·법률적 상태가 변경(사정변경)되었다면 그러한 공적인 의사표명은 실효된다.[86)]

참고판례 1: 대법원 1996.1.23. 선고 95누13746 판결 [재산세등부과처분취소]

일반적으로 조세 법률관계에서 과세관청의 행위에 대하여 신의성실의 원칙이 적용되기 위하여는 **첫째,** 과세관청이 납세자에게 신뢰의 대상이 되는 공적인 견해를 표명하여야 하고, **둘째,** 납세자가 과세관청의

79) 대법원 1995.2.3. 선고 94누11750 판결.
80) 대법원 1997.9.12. 선고 96누18380 판결.
81) 대법원 2009.4.23. 선고 2007두3107 판결.
82) 대법원 1994.3.22. 선고 93누22517 판결.
83) 대법원 1995.1.20. 선고 94누6529 판결.
84) 대법원 2002.11.8. 선고 2001두1512 판결.
85) 대법원 2024.3.12. 선고 2022두60011 판결.
86) 대법원 1996.8.20. 선고 95누10877 판결; 대법원 2020.6.25. 선고 2018두34732 판결.

견해표명이 정당하다고 신뢰한 데 대하여 납세자에게 귀책사유가 없어야 하며, **셋째,** 납세자가 그 견해표명을 신뢰하고 이에 따라 무엇인가 행위를 하여야 하고, **넷째,** 과세관청이 위 견해표명에 반하는 처분을 함으로써 납세자의 이익이 침해되는 결과가 초래되어야 하고, 과세관청의 **공적인 견해표명은 원칙적으로 일정한 책임 있는 지위에 있는 세무공무원에 의하여 이루어짐을 요한다.**

신의성실의 원칙 내지 금반언의 원칙은 합법성을 희생하여서라도 납세자의 신뢰를 보호함이 정의, 형평에 부합하는 것으로 인정되는 특별한 사정이 있는 경우에 적용되는 것으로서 납세자의 신뢰보호라는 점에 그 법리의 핵심적 요소가 있는 것이므로, 위 요건의 하나인 과세관청의 공적 견해표명이 있었는지의 여부를 판단하는 데 있어 **반드시 행정조직상의 형식적인 권한분장에 구애될 것은 아니고 담당자의 조직상의 지위와 임무, 당해 언동을 하게 된 구체적인 경위 및 그에 대한 납세자의 신뢰가능성에 비추어 실질에 의하여 판단하여야 한다.**

보건사회부장관이 "의료취약지 병원설립운영자 신청공고"를 하면서 국세 및 지방세를 비과세하겠다고 발표하였고, 그 후 **내무부장관이나 시·도지사가 도 또는 시·군에 대하여 지방세 감면조례제정을 지시하여 그 조례에 대한 승인의 의사를 미리 표명**하였다면, **보건사회부장관에 의하여 이루어진 위 비과세의 견해표명은 당해 과세관청의 그것과 마찬가지로 볼 여지가 충분하다고 할 것이고,** 또한 납세자로서는 위와 같은 정부의 일정한 절차를 거친 공고에 대해서는 보다 고도의 신뢰를 갖는 것이 일반적이라고 판단한 사례.

**해 설** 이 판례는 신의성실의 원칙의 적용요건을 판시하면서 신뢰보호의 원칙과 대동소이한 내용을 소개하고 있다. 이외에 이 판례의 선례로서의 가치는 행정청이 약속한 조치를 할 법적 권한을 가지지 못한 경우에도 실질적으로 그 견해표명을 할 권한을 가진 행정청이 행한 것으로 볼 여지가 있으면 그에 대해서도 신의성실의 원칙 또는 신뢰보호의 원칙이 적용될 수 있음을 판시한 점에 있다. 이 사건에서는 비과세 결정을 할 권한이 없는 보건사회부장관(현재의 보건복지부장관)의 견해표명에 대해 내무부장관(현재의 행정안전부장관)이나 시도지사의 승인의사 표명을 배경으로 신뢰보호의 원칙을 적용한 것이다.

### 참고판례 2: 대법원 2000.2.25. 선고 99두10520 판결 [자동차운전면허취소처분취소]

운전면허 취소사유에 해당하는 음주운전을 **적발한 경찰관의 소속 경찰서장이 사무착오로 위반자에게 운전면허정지처분을 한 상태**에서 위반자의 **주소지 관할 지방경찰청장이 위반자에게 운전면허취소처분을 한 것은** 선행처분에 대한 당사자의 신뢰 및 법적 안정성을 저해하는 것으로서 허용될 수 없다고 한 사례.

### 참고판례 3: 대법원 2008.6.12. 선고 2007두23255 판결 [부가가치세부과처분취소]

부가가치세법상의 사업자등록은 과세관청이 부가가치세의 납세의무자를 파악하고 그 과세자료를 확보하는 데 입법 취지가 있고, 이는 단순한 사업사실의 신고로서 사업자가 소관 세무서장에게 소정의 사업자등록신청서를 제출함으로써 성립하며, 사업자등록증의 교부는 이와 같은 등록사실을 증명하는 증서의 교부행위에 불과한 것으로 **과세관청이 납세의무자에게 부가가치세 면세사업자용 사업자등록증을 교부하였다고 하더라도 그가 영위하는 사업에 관하여 부가가치세를 과세하지 아니함을 시사하는 언동이나 공적인 견해를 표명한 것으로 볼 수 없으며,** 구 부가가치세법 시행령(2005. 3. 18. 대통령령 제18740호로 개정되기 전의 것) 제8조 제2항에 정한 고유번호의 부여도 과세자료를 효율적으로 처리하기 위한 것에 불과한 것이므로 과세관청이 납세의무자에게 고유번호를 부여한 경우에도 마찬가지이다.

**해 설** 과세관청이 면세사업자용 사업자등록증을 교부하고 고유번호를 부여하였다고 하여 과세하지 않겠다는 견해 표명을 한 것으로 볼 수는 없다는 판례이다. 이들 행위는 단순히 행정상의 형식적인 조치에 불과하기 때문이다.

### 참고판례 4: 대법원 1996.8.20. 선고 95누10877 판결 [주택건설사업승인거부처분취소]

허가 등의 행정처분은 원칙적으로 처분시의 법령과 허가기준에 의하여 처리되어야 하고 허가신청 당시의 기준에 따라야 하는 것은 아니며, 비록 **허가신청 후 허가기준이 변경되었다 하더라도 그 허가관청이 허가신청을 수리하고도 정당한 이유 없이 그 처리를 늦추어 그 사이에 허가기준이 변경된 것이 아닌 이상 변경된 허가기준에 따라서 처분을 하여야 한다.**

행정청이 **상대방에게 장차 어떤 처분을 하겠다고 확약 또는 공적인 의사표명을 하였다고 하더라도, 그 자체에서 상대방으로 하여금 언제까지 처분의 발령을 신청 하도록 유효기간을 두었는데도 그 기간 내에 상대방의 신청이 없었다거나 확약 또는 공적인 의사표명이 있은 후에 사실적 · 법률적 상태가 변경되었다면,** 그와 같은 확약 또는 공적인 의사표명은 행정청의 별다른 의사표시를 기다리지 않고 **실효된다.**

**해 설** 신뢰보호의 원칙의 한계와 관련된 판례이다. 허가기준의 변경과 같은 사정변경이 있으면 이전의 허가기준을 신뢰하고 허가신청을 하더라도 신뢰보호를 받을 수 없다.

### 참고판례 5: 대법원 1998.5.8. 선고 98두4061 판결 [폐기물처리업허가신청에 대한 불허가처분취소]

**폐기물처리업에 대하여 사전에 관할 관청으로부터 적정통보를 받고 막대한 비용을 들여 허가요건을 갖춘 다음 허가신청을 하였음에도** 다수 청소업자의 난립으로 안정적이고 효율적인 청소업무의 수행에 지장이 있다는 이유로 한 **불허가처분이 신뢰보호의 원칙 및 비례의 원칙에 반하는 것으로서 재량권을 남용한 위법한 처분이라고 본 사례.**

---

### (7) 신뢰보호의 원칙과 실권의 법리

행정기본법 제12조 제2항은 권한 행사의 기회가 있음에도 불구하고 장기간 권한을 행사하지 아니하여 국민이 그 권한이 행사되지 아니할 것으로 믿을 만한 정당한 사유가 있는 경우에 그 권한이 실권됨을 규정하고 있다. 또한 이러한 실권에 있어서는 공익 또는 제3자의 이익에 대한 고려가 있어야 한다고 하여 행정청의 이익형량 의무를 규정하고 있다.

그러나 행정기본법의 실권에 대한 규정에는 어느 정도의 시간이 흐르면 실권하는지에 대한 내용이 없다. 이 점에서 여전히 불문법으로서의 실권의 법리의 존재의의가 있다. 독일연방행정절차법은 취소권을 1년 이상 행사하지 않으면 실권되는 것으로 하고 있는데 우리 행정기본법은 취소권만이 아니라 모든 행정청의 권한 행사에 대해 실권의 법리를 적용하면서 한편 그 실권되는 시간적 요소에 대해서는 규율하지 않고 있는 것이다. 우리 대법원은 운전면허취소사유가 발생하였으나 3년간 취소권을 행사하지 않은 경우 취소권을 행사할 수 없음을 판시하였다.[87] 그러나 다른 판례에서 교통사고 후 1년 10개월이 지난 후 행한 운송사업면허 취소의 경우 취소권이 상

87) 대법원 1987.9.8. 선고 87누373 판결.

실되지 않는다고 하였다.[88] 한편 대법원은 시간이 오래 경과되었다고 하여 언제나 취소권이 상실되지 않음을 분명히 하고 있다.[89]

이러한 실권의 법리는 신뢰보호의 원칙에서 파생된 것이라고 볼 수 있다.

한편 행정기본법 제23조는 제재처분의 제척기간(인허가의 정지·취소·철회, 등록 말소, 영업소 폐쇄와 정지를 갈음하는 과징금 부과에만 적용됨)에 대한 규정을 두고 있어서 이 규정의 적용범위와 실권의 법리의 적용범위에 대한 검토가 필요하다. 행정기본법 제23조가 적용되면 실질적으로 실권의 법리가 적용되는 경우와 유사한 결과를 가져온다. 그러나 신뢰보호의 원칙에서 파생된 실권의 법리와 제척기간의 법리는 본질을 달리하는 별개의 것이라고 할 수 있다. 그러므로 실권의 법리는 행정기본법 제23조의 제재처분의 제척기간 규정과는 다른 별도의 기준으로 적용된다고 하여야 할 것이다. 특히 행정기본법 제23조의 적용이 없는 행정작용의 경우에는 행정기본법 제12조 제2항의 실권의 법리만이 적용될 것이고, 같은 법 제23조의 제재처분의 제척기간이 적용되는 경우라고 하더라도 제재처분의 경우가 너무 다양하기 때문에 행정기본법의 5년의 제척기간이 적용될 경우에 행정행위의 상대방이나 제3자에게 수인한도를 넘는 가혹한 경우가 발생하는 수가 있다. 이때에는 제재처분의 제척기간 규정에도 불구하고 여전히 실권의 법리를 적용할 수 있다고 본다. 5년이라는 제재처분의 제척기간은 현재의 우리 판례법(3년여가 지난 후 실권으로 판단한 사례가 있음[90]) 보다도 후퇴한 규정이기 때문에 제23조의 제척기간 규율과는 별도로 신뢰보호의 원칙과 실권의 법리가 여전히 중요한 의미가 있다.

### 참고판례 1: 대법원 1987.9.8. 선고 87누373 판결 [자동차운전면허취소처분취소]

택시운전사가 1983.4.5 운전면허정지기간중에 운전행위를 하다가 적발되어 형사처벌을 받았으나 행정청으로부터 아무런 행정조치가 없어 안심하고 계속 운전업무에 종사하고 있던 중 행정청이 위 위반행위가 있은 이후에 장기간에 걸쳐 **아무런 행정조치를 취하지 않은 채 방치하고 있다가 3년여가 지난 1986.7.7에 와서 이를 이유로 행정제재를 하면서 가장 무거운 운전면허를 취소하는 행정처분을 하였다면** 이는 행정청이 그간 별다른 행정조치가 없을 것이라고 믿은 **신뢰의 이익과 그 법적안정성을 빼앗는 것이 되어 매우 가혹할 뿐만 아니라 비록 그 위반행위가 운전면허취소사유에 해당한다 할지라도 그와 같은 공익상의 목적만으로는 위 운전사가 입게 될 불이익에 견줄바 못된다 할 것이다.**

### 참고판례 2: 대법원 1989.6.27. 선고 88누6283 판결 [택시사업면허취소처분등취소]

**교통사고가 일어난 지 1년 10개월이 지난 뒤 그 교통사고를 일으킨 택시에 대하여 운송사업면허를 취소하였더라도** 처분 관할관청이 위반행위를 적발한 날로부터 10일 이내에 처분을 하여야 한다는 교통부령인 자동차운수사업법제31조등의규정에의한사업면허의취소등의처분에관한규칙 제4조 제2항 본문을 강행규정으로 볼 수 없을 뿐만 아니라 택시운송사업자로서는 자동차운수사업법의 내용을 잘 알고 있어 교통사고

88) 대법원 1989.6.27. 선고 88누6283 판결.
89) 대법원 1988.4.27. 선고 87누915 판결.
90) 대법원 1987.9.8. 선고 87누373 판결.

를 낸 택시에 대하여 운송사업면허가 취소될 가능성을 예상할 수도 있었을 터이니, 자신이 별다른 행정조치가 없을 것으로 믿고 있었다 하여 바로 신뢰의 이익을 주장할 수는 없으므로 그 교통사고가 자동차운수사업법 제31조 제1항 제5호 소정의 "중대한 교통사고로 인하여 많은 사상자를 발생하게 한 때"에 해당한다면 **그 운송사업면허의 취소가 행정에 대한 국민의 신뢰를 저버리고 국민의 법생활의 안정을 해치는 것이어서 재량권의 범위를 일탈한 것이라고 보기는 어렵다.**

해 설 취소사유가 발생한지 1년 10개월 이후에도 취소권이 제한되지 않는다는 판례이다.

참고판례 3: 대법원 1988.4.27. 선고 87누915 판결 [행정서사허가취소처분취소]

**실권 또는 실효의 법리는 법의 일반원리인 신의성실의 원칙에 바탕을 둔 파생원칙**인 것이므로 공법관계 가운데 관리관계는 물론이고 권력관계에도 적용되어야 함을 배제할 수는 없다 하겠으나 그것은 본래 권리행사의 기회가 있음에도 불구하고 권리자가 장기간에 걸쳐 그의 권리를 행사하지 아니하였기 때문에 의무자인 상대방은 **이미 그의 권리를 행사하지 아니할 것으로 믿을만한 정당한 사유가 있게 되거나 행사하지 아니할 것으로 추인케 할 경우에 새삼스럽게 그 권리를 행사하는 것이 신의성실의 원칙에 반하는 결과가 될 때 그 권리행사를 허용하지 않는 것을 의미하는 것이므로** 이 사건에 관하여 보면 **원고가 허가 받은 때로부터 20년이 다되어 피고가 그 허가를 취소한 것이기는 하나 피고가 취소사유를 알고서도 그렇게 장기간 취소권을 행사하지 않은 것이 아니고 1985.9. 중순에 비로소 위에서 본 취소사유를 알고 그에 관한 법적 처리방안에 관하여 다각도로 연구검토가 행해졌고 그러한 사정은 원고도 알고 있었음이 기록상 명백하여** 이로써 본다면 상대방인 원고에게 취소권을 행사하지 않을 것이란 신뢰를 심어준 것으로 여겨지지 않으니 **피고의 처분이 실권의 법리에 저촉된 것이라고 볼 수 있는 것도 아니다.**

해 설 시간이 많이 흐른다고 하여 취소권이 어느 경우에나 상실되는 것이 아니라 시간이 경과되어도 취소사유를 모른 채 있다가 추후 알게 된 경우 설사 처분이 있은 때로부터 20년이 지나도 실권의 법리에 저촉되지 않는다고 판시하고 있다. 이 판결은 신의성실이라는 관념을 중시하여 시간이 많이 흐른 후의 취소가 모두 신의성실(신뢰보호)의 원칙 위반은 아니라는 점을 적시하고 있다. 그러나 이러한 유형의 사건에 대해서는 행정기본법 발효 이후에는 5년 제척기간이 적용될 수 있다.

### (8) 부당결부금지원칙

행정청이 행정작용을 함에 있어서, 원인이나 목적과 관련하여 사물관련성(실질적 관련성)이 없는 상대방의 의무위반행위나 반대급부와 결부시켜서는 안 된다는 원칙이다. 이 원칙은 법치국가의 원리와 자의금지의 원칙에서 비롯되는 것인데 이 원칙이 목적과 수단 사이의 부당결부와 관련되었을 때에는 비례원칙의 파생원칙으로 이해될 수도 있다.

그런데 행정기본법 제13조는 부당결부금지의 원칙에 있어서 부당결부 판단의 대상은 해당 행정작용과 실질적인 관련이 없는 의무부과라고 규정하고 있다.

그러므로 보조금 지급에서의 배제와 같이 의무부과가 아닌 급부에서의 배제와 행정작용을 결부시켰을 때에는 행정기본법상의 부당결부금지원칙을 적용하기는 어렵다. 그러나 행정작용과 '급부에서의 배제' 또는 '의무가 아닌 사실상의 부담' 등을 실질적 관련성 없이 결부시켰을 때에도 부당결부금지원칙에 위반된다고 하여야 할 것이기 때문에 이러한 점에서 여전히 종래 판례법이나 조리법으로 인정되던 부당결부금지원칙이 존재의의가 있다.

대법원은 "한 사람이 여러 자동차운전면허를 취득한 경우 이를 취소함에 있어서 서로 별개로 취급하는 것이 원칙이나, 취소사유가 특정의 면허에 관한 것이 아니고 다른 면허와 공통된 것이거나 운전면허를 받은 사람에 관한 것일 경우에는 여러 면허를 전부 취소할 수도 있다"고 한다.[91] 그리고 대법원은 어떤 운전면허를 취소하여야 하는 경우 그 면허로 갈음이 되는 다른 운전면허까지 취소할 수 있다고 한다. 그리하여 제2종 소형면허를 가지고 오토바이를 음주운전하였다는 이유로 오토바이를 운전할 수 없는 면허인 제1종 대형면허나 보통면허를 취소한 것은 부당결부에 해당한다고 하였으나,[92] 제1종 대형면허로 운전할 수 있는 차량을 운전면허정지기간 중에 운전한 경우에는, 제1종 대형면허를 가지고 보통면허로 운전할 수 있는 차량을 운전할 수 있는 만큼 이와 관련된 제1종 보통면허까지 취소할 수 있다고 판시하였다.[93][94]

이처럼 처분의 일괄취소나 철회에서 그 취소(철회)사유가 여러 처분에 공통적이라면 부당결부금지원칙에 위반되지 않는다. 또한 특히 운전면허와 관련하여 원래의 운전면허를 취소하여도 다른 면허를 사용하여 운전할 수 있게 된다면 그러한 다른 면허들도 모두 취소하여야 위반자가 운전을 할 수 없게 되므로 이때 같은 효력을 가진 다른 면허들을 모두 취소(철회)하더라도 부당결부금지원칙에 위배되지 않는다.

헌법재판소는 '거짓이나 그 밖의 부정한 수단'으로 운전면허를 받으면 구체적 사안의 개별성과 특수성 등을 고려할 여지없이 보유하고 있는 모든 운전면허를 필요적으로 취소하도록 하는 도로교통법의 규정은 '부정 취득하지 않은 운전면허'까지 필요적으로 취소하도록 함으로써 과잉금지원칙에 위반하여 직업의 자유 또는 일반적 행동의 자유를 침해한다고 하였다.[95] 이 헌법재판소의 판시에서 드러나듯이 부당결부금지원칙 위반은 결국 과잉금지원칙 위반으로 귀결될 수 있다.

참고판례 1: 대법원 1998.3.24. 선고 98두1031 판결 [자동차운전면허취소처분취소]

도로교통법 제68조 제6항의 위임에 따라 운전면허를 받은 사람이 운전할 수 있는 자동차 등의 종류를 규정하고 있는 도로교통법시행규칙 제26조 [별표 14]에 의하면 **제1종보통, 제1종대형, 제1종특수자동차운**

91) 대법원 1998.3.24. 선고 98두1031 판결.

92) 대법원 1992.9.22. 선고 91누8289 판결.

93) 대법원 2005.3.11. 선고 2004두12452 판결.

94) 원동기장치자전거 면허를 취소할 경우, 제1종 대형, 제1종 보통, 제1종 특수 면허를 아울러 취소하여도 부당결부금지에 해당하지 않는다. 왜냐하면 이들 여러 면허 중 하나를 소지하면 법령상 원동기장치자전거를 운전할 수 있으므로 관련 면허를 모두 취소하지 않으면 원동기장치자전거 면허 취소의 실익이 없기 때문이다(대법원 2018.2. 28. 선고 2017두67476 판결).

95) 헌법재판소 2020.6.25. 선고 2019헌가9,10(병합) 결정; 이 판시에 따라 관계법령이 개정되어 현재는 '거짓이나 그 밖의 부정한 수단으로 운전면허를 받은 경우'에 운전면허 취소의 범위는 거짓이나 부정한 수단으로 운전면허를 받은 바로 그 운전면허만으로 한정되었다(도로교통법 제93조 제1항).

**전면허소유자가 운전한 12인승 승합자동차는** 제1종보통 및 제1종대형자동차운전면허로는 운전이 가능하나 제1종특수자동차운전면허로는 운전할 수 없으므로, **위 운전자는 자신이 소지하고 있는 자동차운전면허 중 제1종보통 및 제1종대형자동차운전면허만으로 운전한 것이 되어,** 제1종특수자동차운전면허는 위 승합자동차의 운전과는 아무런 관련이 없고, 또한 위 [별표 14]에 의하면 추레라와 레이카는 제1종특수자동차운전면허를 받은 자만이 운전할 수 있어 **제1종보통이나 제1종대형자동차운전면허의 취소에 제1종특수자동차운전면허로 운전할 수 있는 자동차의 운전까지 금지하는 취지가 당연히 포함되어 있는 것은 아니다.**

### 참고판례 2: 대법원 1997.3.11. 선고 96다49650 판결 [소유권이전등기말소]

지방자치단체장이 사업자에게 **주택사업계획승인을 하면서 그 주택사업과는 아무런 관련이 없는 토지를 기부채납하도록 하는 부관을 주택사업계획승인에 붙인 경우, 그 부관은 부당결부금지의 원칙에 위반되어 위법하지만,** 지방자치단체장이 승인한 사업자의 주택사업계획은 상당히 큰 규모의 사업임에 반하여, 사업자가 기부채납한 토지 가액은 그 100분의 1 상당의 금액에 불과한데다가, 사업자가 그동안 그 부관에 대하여 아무런 이의를 제기하지 아니하다가 지방자치단체장이 업무착오로 기부채납한 토지에 대하여 보상협조요청서를 보내자 그 때서야 비로소 부관의 하자를 들고 나온 사정에 비추어 볼 때 **부관의 하자가 중대하고 명백하여 당연무효라고는 볼 수 없다고 한 사례.**

**해 설** 본체인 행정행위에 대해 사물관련성이 없는 부관을 붙인데 대하여 부당결부금지원칙 위반이라고 판시한 사례이다. 또한 그동안 이의제기를 하지 않고 있다가 보상협조요청서가 오자 문제를 제기한 정황에 비추어 하자의 중대명백성을 부인하고 있는 점이 특기할 만하다.

### 참고판례 3: 대법원 2024.10.25. 선고 2024두41106 판결 [공유수면점용사용 불허가처분취소]

**풍황계측기 설치를 위한 공유수면 점용은 풍력발전사업 허가를 얻기 위한 사전 조치이기는 하나, 풍황자원의 현황을 측정하기 위한 것일 뿐 그 자체가 풍력발전사업에 해당한다고 볼 수는 없다.** 따라서 위와 같은 법령에 따라 **풍황계측기 설치를 위한 공유수면 점용 · 사용허가 신청이 이루어진 경우 공유수면관리청으로서는 원칙적으로 허가 대상행위인 '풍황계측기 설치'로 발생하는 해양환경 · 생태계 · 수산자원 및 자연경관에 미치는 영향이나 어업피해 등 관계 법령에서 정한 사항을 중심으로 허가 여부를 심사해야 하며, 이와 직접 관련이 없는 풍력발전사업에 관한 사항을 들어 신청을 거부할 수는 없다.** 다만 **풍력발전사업허가를 거부하여야 할 정도의 사유가 공유수면 점용 · 사용허가 신청 당시 이미 확인되고 그 사유가 장래 변동될 가능성이 지극히 낮거나, 공유수면 점용 · 사용허가 신청 당시에는 발생하지 않았더라도 풍력발전사업허가를 할 무렵에는 발생할 가능성이 지극히 높다는 등의 특별한 사정이 인정된다면,** 공유수면 점용 · 사용허가를 신청한 사람이 이후 풍력발전사업허가를 신청하더라도 행정청으로서는 풍황계측기에 의한 풍황자원 측정 결과에 관계없이 그 신청을 불허할 수밖에 없게 될 것이어서 이러한 경우 풍황계측기 설치를 위한 공유수면 점용 · 사용허가 신청을 받아들이는 것은 오히려 무용한 절차에 불과하여 사회적 낭비만을 초래하기 때문에, **그러한 사유는 비록 풍황계측기 설치를 위한 공유수면점용과는 직접 관련이 없는 것이라 하더라도 공유수면 점용 · 사용허가 신청을 거부하는 처분사유로 삼을 수 있다.**

**해 설** 처분을 받기 위한 사전조치가 독자적인 의미를 가지는 경우, 사전조치가 처분 자체는 아니므로 본 처분에 관한 사유로 사전조치를 거부할 수는 없다는 판례이다. 다만 본 처분을 불허할 사유가 분명한 예외적인 경우에는 그러한 사전조치를 위한 허가를 불허할 수 있다는 것이다. 여기서 사전조치는 풍황계측기 설치이고 그를 위한 공유수면의 점용·사용허가를 거부한 것이 문제된 사안이다. 그리고 여기서 본처분은 풍력발전사업의 허가이다.

이 판례에서 부당결부금지원칙이라는 표현을 사용한 바는 없다. 그리고 좁은 의미의 부당결부금지원칙에 해당되는 것을 판시한 것이라고도 할 수는 없지만 광의의 부당결부금지 개념에 입각한 판례라고 할 수 있다.

### (9) 명확성의 원칙

행정청이 행하는 행정작용은 그 내용이 구체적이고 명확하여야 한다는 원칙을 명확성의 원칙 또는 투명성의 원칙[96]이라고 한다. 명확성의 원칙은 ① 행정의 기준이 명확하여야 한다는 점에서 행정의 근거가 되는 규범의 명확성을 요구하는 원칙이 될 수도 있고 ② 구체적인 처분의 내용이 명확할 것을 요구하는 원칙이 될 수도 있다.

헌법재판소는 "모든 법률은 법치국가적 법적 안정성의 관점에서 행정과 사법에 의한 법적용의 기준으로서 명확해야 한다."[97]라고 하면서 명확성의 원칙을 위헌심사의 주요 법원칙으로 활용하고 있다. 그리고 위임입법의 한계에 대한 규정을 명확성원칙의 행정입법에 관한 구체화로 이해하고 있다.[98] 헌법재판소는 명확성의 원칙을 적용함에 있어서 예견가능성 여부를 판단의 기준으로 삼는다.[99] 대법원도 대체로 이러한 기준에 의하는 것으로 보여진다.[100]

그런데 대법원은 행정법에서 명확성의 원칙을 적용함에 있어서 상당한 유연성을 보여주고 있다. 그리하여 법규정에서 입법기술상 불가피하거나 유추적용이 그리 어렵지 않은 경우 등에는 명확성에 대한 요구는 다소 완화될 수 있다고 한다.[101] 또한 법문언에 어느 정도의 모호함이 내포되어 있다고 하더라도 법관의 보충적인 가치판단을 통해서 법문언의 의미 내용을 확인할 수 있고 그러한 보충적 해석이 해석자의 개인적인 취향에 따라 좌우될 가능성이 없다면 명확성원칙에 반한다고 할 수 없다고 판시하였다.[102]

또한 대법원은 "행정청이 행정처분을 하면서 논리적으로 당연히 수반되어야 하는 의사표시를 명시적으로 하지 않았으나 그것이 행정청의 추단적 의사에도 부합하고 상대방도 이를 알 수 있는 경우, 행정처분에 위와 같은 의사표시가 묵시적으로 포함되어 있다고 볼 수 있다"고 하면서 "관할 행정청이 사회복지법인의 정식이사 선임보고를 수리하는 처분에 종전 임시이사 해임처분이 포함된 것으로" 볼 수 있다고 판시한 바 있다.[103] 그러나 이러한 판례의 태도는 구체적 타당성의 관점에서 취하여졌을지라도 이론적으로는 문제가 있다.

---

96) 행정절차법 제5조는 이 원칙을 투명성의 원칙이라고 규정하고 있다.
97) 헌법재판소 2007.10.4. 선고 2006헌바91 결정.
98) 헌법재판소 2007.4.26. 선고 2004헌가29 결정.
99) 헌법재판소 2004.7.15. 선고 2002헌바47 결정.
100) 대법원 2007.7.26. 선고 2005두2612 판결. 그리고 헌법재판소 결정을 인용하고 있는 대법원 2007.10.26. 선고 2007두9884 판결 등 참조.
101) 대법원 2025.2.13. 선고 2022두41027 판결.
102) 대법원 2022.12.29. 선고 2020두49041 판결; 대법원 2019.10.17. 선고 2018두104 판결. 유사한 헌법재판소 판례: 헌법재판소 2013.12.26. 선고 2012헌바375 결정.
103) 임시이사는 정식이사가 취임하기 전 까지 업무를 보는 것이 원칙이다. 대법원 2020.10.29. 선고 2019다269152 판결.

### 참고판례 1: 헌법재판소 2002.6.27. 선고 99헌마480 결정 [전기통신사업법 제53조 등 위헌확인]

**"공공의 안녕질서 또는 미풍양속을 해하는"**이라는 **불온통신의 개념**은 너무나 **불명확하고 애매하다.** 여기서의 "공공의 안녕질서"는 위 헌법 제37조 제2항의 "국가의 안전보장·질서유지"와, "미풍양속"은 헌법 제21조 제4항의 "공중도덕이나 사회윤리"와 비교하여 볼 때 동어반복이라 해도 좋을 정도로 전혀 구체화되어 있지 아니하다. 이처럼, "공공의 안녕질서", "미풍양속"은 매우 추상적인 개념이어서 어떠한 표현행위가 과연 "공공의 안녕질서"나 "미풍양속"을 해하는 것인지, 아닌지에 관한 판단은 **사람마다의 가치관, 윤리관에 따라 크게 달라질 수밖에 없고, 법집행자의 통상적 해석을 통하여 그 의미내용을 객관적으로 확정하기도 어렵다.**

### 참고판례 2: 헌법재판소 2005.11.24. 선고 2004헌가28 결정 [도로교통법 제78조 제1항 단서 제5호 위헌제청]

이 사건 규정의 법문은 '**운전면허를 받은 사람이 자동차등을 이용하여 범죄행위를 한 때**'**를 필요적 운전면허 취소사유로 규정하고 있는바,** 일반적으로 '범죄행위'란 형벌법규에 의하여 형벌을 과하는 행위로서 사회적 유해성 내지 법익을 침해하는 반사회적 행위를 의미한다 할 것이므로 이 사건 규정에 의하면 자동차등을 살인죄의 범행 도구나 감금죄의 범행장소 등으로 이용하는 경우는 물론이고, 주된 범죄의 전후 범죄에 해당하는 예비나 음모, 도주 등에 이용하는 경우나 과실범죄에 이용하는 경우에도 운전면허가 취소될 것이다. 그러나 오늘날 자동차는 생업의 수단 또는 대중적인 교통수단으로서 일상 생활에 없어서는 안될 필수품으로 자리잡고 있기 때문에 그 운행과 관련하여 교통관련 법규에서 여러 가지 특례제도를 두고 있는 취지를 보면, 이 사건 규정의 범죄에 사소한 과실범죄가 포함된다고 볼 수는 없다. 그럼에도 불구하고 **이 사건 규정이 범죄의 중함 정도나 고의성 여부 측면을 전혀 고려하지 않고 자동차 등을 범죄행위에 이용하기만 하면 운전면허를 취소하도록 하고 있는 것은 그 포섭범위가 지나치게 광범위한 것으로서 명확성원칙에 위반된다고 할 것이다.**

### 참고판례 3: 헌법재판소 2007.10.4. 선고 2006헌바91 전원재판부 결정 [구 택지개발촉진법 위헌소원]

구 택지개발촉진법 제2조 제1호, 제3호, 제3조 제1항 및 관련규정을 종합하면, 건설교통부장관에게 택지개발예정지구를 지정할 수 있는 권한을 부여하는 목적은 '도시지역의 시급한 주택난을 해소하기 위함'이라 할 것이고, 수권의 내용과 범위는 '주택건설에 필요한 택지의 취득·개발·공급 및 관리 등에 관하여 특례를 인정할 필요성이 있는 경우에 국토의 계획 및 이용에 관한 법률에 의한 도시지역과 그 주변지역 중에서 구 주택법 제7조 제1항의 규정에 의한 택지수급계획이 정하는 주택 및 택지의 수요를 충족시키기에 적합한 규모의 택지를 집단적으로 개발하기 위하여 필요한 지역'에 대하여 택지개발예정지구를 지정하는 것임을 알 수 있다. 한편 **이 사건 지정처분조항은 그 규율대상이 지극히 다양하거나 수시로 변화하는 성질의 것이어서 입법기술상 일의적으로 법률에서 그 요건을 규정하는 것은 사실상 불가능하며 바람직한 것도 아니다. 오히려 입법부보다 많은 경험과 전문성을 가지고 구체적인 행정문제에 보다 가까이 있는 행정청으로 하여금 책임 있는 결정을 내리도록 하는 것이 요망되는 경우에 속한다 할 수 있다. 따라서 명확성의 정도가 그리 강하게 요구되지 않고 상대적으로 완화된 기준이 적용된다.**

**해 설** 헌법재판소는 전문·기술적 사항으로서 행정청이 결정을 내리는 것이 더 타당한 것으로 보이는 택지개발예정지구 지정처분조항과 같은 경우에는 명확성의 기준이 완화된다는 판시를 한 것이다.

### (10) 보충성의 원칙

보충성의 원칙은 문제 해결에 있어서의 사회적 심급과 관련이 있다. 본래 의미의 보충성의 원칙은 "행동의 우선권은 언제나 소단위에게 있는 것이고 소단위의 힘만으로 처리될 수 없는 사항에 한하여 차상 단위가 보충적으로 개입할 수 있다."는 내용을 가지고 있다.[104] 그러므로 지방자치의 법리도 보충성의 원칙의 연장이라고 볼 수 있다. 원래 보충성의 원칙 또는 보충의 원리는 가톨릭 사회학에서 연원하고 신스콜라주의 철학의 자연법 사상의 배경을 가진 개념으로서 점차 국가적 법원리로 발전되고 채택된 것이다.[105] 우리 헌법재판소는 토지거래허가제의 위헌여부의 논증에서 '보충의 원리'를 판단기준의 하나로 채택한 바 있다.[106]

### (11) 공익의 원칙

공익의 원칙은 행정작용은 공익에 적합하게 행사되어야 한다는 원칙이다. 행정작용의 공익적합성 여부는 원칙적으로 위법여부의 문제가 아니라 부당의 문제로 다루어져 왔으나 공익이 예외적으로 위법 판단의 근거가 되는 경우가 있다. 그러므로 공익 위반이 위법의 문제로 될 때에는 이를 공익의 원칙 위반의 문제로 보기도 한다. 우리 판례에서도 공익 판단으로서 궁극적인 법판단의 결론을 낸 사례도 있고[107] 대법원은 공무원(또는 민간기업 근무자) 징계의 경우[108]나 재임용거부사건의 경우[109]에 법원칙으로서의 공익의 원칙을 중요한 법적 판단의 기준으로 활용하고 있다.

## 제4관 행정법의 해석

### 1. 법해석의 의의와 법해석 제도

### (1) 법해석의 의의

행정법 영역에서의 법해석의 문제가 다른 법영역과 특별히 다르다고 할 수는 없다. 다만, 행정법이 규율하는 대상은 다종·다양·다기하기 때문에 행정규범은 매우 복잡하여 모순되거나 충돌되는 경우가 많다. 따라서 행정법의 해석은 다른 법영역에서보다 어려운 문제가 된다. 이러한 이유로 행정법의 해석은 현실적인 행정법의 법률문제의 해결에 중요한 관건이 된다.

법의 해석은 단순한 입법의사의 탐구가 될 수 없다. 왜냐하면 ① 법령의 규정에 불명확성을 완전히 배제하는 것이 현실적으로 어렵고 ② 복잡한 사회현상을 규율함에 있어서 법의 흠결이 발생할 수밖에 없으며 ③ 규정의 법문언은 시간의 흐름에 따라 의미가 달라질 수 있고 ④ 법령

---

104) 김유환, 『행정법과 규제정책』, (개정증보판), 삼원사, 2017, 73면.
105) Josef Isensee, *Subsidiaritätsprinzip und Verfassungsrecht,* 1968, SS.21–28.
106) 헌법재판소 1989.12.22. 선고 88헌가13 결정.
107) 대전지방법원 2012.6.21. 선고 2011누2031 판결.
108) 대법원 2015.1.29. 선고 2014두40616 판결; 대법원 2015.11.27. 선고 2015다34154 판결 등.
109) 대법원 2010.9.30. 선고 2006다46131 판결; 대법원 2010.9.30. 선고 2008다58794 판결 등.

의 규율대상이 되는 상황도 시간에 따라서 변화하기 때문이다.

따라서 라렌쯔(Karl Larenz)에 의하면 우리가 법해석이라고 부르고 있는 것에는 다음의 세 가지가 포함된다고 한다.[110)]

① 법률해석(Gesetzesauslegung): 말의 가능한 의미의 한계 안에서의 법적용을 위한 분석

② 법률내재적 법형성(gesetzesimmanente Rechtsfortbildung): 법률의 원래 계획 범위 안에서의 흠결의 보충

③ 법률초월적 법형성(gesetzesübersteigende Rechtsfortbildung): 법률의 원래 계획의 범위를 넘어선, 그러나 전체 법질서와 그 지도원리 안에서의 법형성, 즉 이는 결과적으로 법률위반적 법형성 또는 법률수정을 의미한다.

참고판례 1: 대법원 2019.10.31. 선고 2016두50907 판결 [반려처분취소청구의소]

**어느 특정한 장애가 장애인복지법 시행령 제2조 제1항 [별표 1]에 명시적으로 규정되어 있지 않다고 하더라도, 그 장애를 가진 사람이 장애인복지법 제2조에서 정한 장애인에 해당함이 분명할 뿐 아니라, 모법과 위 시행령 조항의 내용과 체계에 비추어 볼 때 위 시행령 조항이 그 장애를 장애인복지법 적용대상에서 배제하려는 전제에 서 있다고 새길 수 없고 단순한 행정입법의 미비가 있을 뿐이라고 보이는 경우에는, 행정청은 그 장애가 시행령에 규정되어 있지 않다는 이유만으로 장애인등록신청을 거부할 수 없다.** 이 경우 행정청으로서는 위 시행령 조항 중 **해당 장애와 가장 유사한 장애의 유형에 관한 규정을 찾아 유추 적용함으로써** 위 시행령 조항을 최대한 모법의 취지와 평등원칙에 부합하도록 운용하여야 한다.

해 설 입법미비가 있는 경우에 법원이 유추를 통하여 법률 내재적 법형성을 한 사례이다. 판례는 유추적용이라는 표현을 사용하고 있으나 법을 적용한 것이 아니라 법을 형성한 사례에 해당한다.

참고판례 2: 대법원 1978.4.25. 선고 78도246 전원합의체 판결 [특정범죄가중처벌등에관한법률위반 · 조세범처벌법위반]

**형법 55조 1항 6호를 금액이라고 규정할 것을 착오로 "금액"을 "다액"으로 부주의하게 표현방법만을 바꿀 생각으로 "개정"하였고 위원회에서도 부주의하게 이 개정초안을 기초자의 설명대로 통과시켰다고 본다.** 왜냐하면 위원회에서 당시 이점에 관하여 특별한 정책적 고려나 충분한 토의도 없이 구법의 규정이 개정된 당시의 경위나 심지어 그 분위기에 맞추어 명백하다고 본다. 그러므로 다수설의 결론으로 위 형법 55조 1항 6호의 벌금을 감경할 때에는 그 "금액"의 2분의 1로 한다라고 해석하여 그 상한과 함께 하한도 2분의 1로 내려가는 것으로 해석함이 타당하다고 본다. 다만 위와 같이 해석함에 있어서 장애가 되는 듯이 보이는 것은 형법조문은 이를 엄격하게 해석하여야 하고 비록 법률의 적용에 있어서 불합리한 점이 있다 하더라도 법률개정의 절차를 거쳐 이를 고쳐 나갈 일이지, 그러한 절차 없이 법원이 명문의 규정을 명문에 어긋나게 해석을 하여서는 아니 된다는 법률해석의 원칙론이다. 다수설을 반대하는 소수설의 입장에서도 벌금을 감경할 때 하한을 내릴 수 없다고 하면 앞서 본 바와 같은 불합리 혹은 가혹한 결과로 되는

110) Kral Larenz, *Methodenlehre der Rechtswissenschaft*, 4 Aufl., 1979, 350ff. 김유환, 『행정법과 규제정책』, 개정증보판, 2017, 46-48면.

점을 시인하면서도 다수설에 동조하지 않는 가장 큰 이유가 바로 이점에 있는 것 같다.

(중략) **도대체 모든 법은 법규정의 본질을 바꾸는 정도의 것이 아닌 한도에서 이를 합리적으로 해석함으로서 뒤처진 법률을 앞서가는 사회현상에 적응시키는 일방 입법기관에 대하여 법률의 개정등을 촉구하는 것은 오히려 법원의 임무에 속하는 일이고 법률개정이라는 입법기관의 조치가 있을 때까지는 그 뒤쳐진 법규정의 재래적 해석적용이 부당한 결과를 초래한다는 것을 뻔히 알면서 이를 그대로 따를 수밖에 없다고 체념해 버리는 것은 온당치 않은 태도라고 생각한다.**

**해 설** 법률초월적 법형성, 즉 법률수정을 행한 대법원 판례이다. 대법원은 '다액'이라는 법문언을 '금액'이라는 의미로 수정하여 적용하였다. 이는 입법상의 실수를 판례로써 바로잡은 것이라고 할 수 있다.

### (2) 법해석 제도

① 행정기관에 의한 법해석

행정절차법 제5조는 행정작용의 근거가 되는 법령 등의 내용이 명확하지 아니한 경우 상대방은 해당 행정청에 그 해석을 요청할 수 있고 이 경우 해당 행정청은 특별한 사유가 없으면 그 요청에 따라야 한다고 규정하고 있다. 행정기본법 제40조도 누구든지 법령등에 의문이 있으면 법령을 소관하는 중앙행정기관의 장(법령소관기관)과 자치법규를 소관하는 지방자치단체의 장에게 법령해석을 요청할 수 있도록 하고 있다. 또한 법령소관기관이나 법령소관기관의 해석에 이의가 있는 자는 법령해석을 전문으로 하는 기관에 법령 해석을 요청할 수 있도록 하고 있다.

요컨대 행정절차법에 따르면 모든 행정청이 원칙적으로 법령해석에 응하여야 하고, 행정기본법에 의하면 법령소관기관과 지방자치단체의 장에게 일차적인 법령해석을 요청할 수 있고 2차적으로는 전문적인 법령해석기관에 법령해석을 요청할 수 있다.

한편 행정기본법은 어느 기관이 법령소관기관이 되어야 하는가 하는 점이나 법령소관기관의 해석에 이의가 있는 자는 법령해석업무를 전문으로 하는 기관(법령해석기관)에 법령해석을 요청할 수 있도록 하고 있다(같은 법 제40조 제3항). 법령해석기관은 민사·상사·형사, 행정소송, 국가배상 관계법령 및 법무부 소관법령 그리고 다른 법령의 벌칙조항 해석에 대해서는 법무부가 되고 그 밖의 모든 행정관계 법령의 해석의 경우에는 법제처가 된다(법제업무운영규정 제26조 제1항).

법제처의 해석 대상에 대하여 행정청의 해석이 법령에 위반된다고 판단되는 경우에는 민원인은 소관 중앙행정기관의 장에게 법령해석기관에 법령해석을 요청하도록 의뢰하거나, 법령소관 중앙행정기관의 장의 법령해석 의견을 덧붙여 직접 법령해석기관에 법해석을 요청할 수 있다(법제업무운영규정 제26조 제7항). 다만 법무부가 소관 해석대상 법령에 대하여 법령해석을 한 경우에는 제외한다. 법제처에 요청된 법령해석에 대해서는 법제처장 소속의 법령해석심의위원회가 이를 관장한다(법제업무운영규정 제27조의2).

② 재판기관에 의한 법해석

법해석은 궁극적으로 재판기관에 의해 유권적으로 확정된다. 그런데 우리나라에는 대법원과 헌법재판소 두 종류의 최고 재판기관이 존재하기 때문에 경우에 따라서는 양 기관의 법해석이 충돌할 수도 있어서 문제이다.

특히 문제되는 것은 헌법재판소가 특정의 해석기준을 제시하면서 그러한 해석에 한하여 위헌임을 선언하거나 그러한 해석에 한하여 합헌임을 선언하는 변형결정을 하는 경우이다. 대법원은 "한정위헌결정에 표현되어 있는 헌법재판소의 법률해석에 관한 견해는 법률의 의미·내용과 그 적용범위에 관한 헌법재판소의 견해를 일응 표명한 데 불과하여 이와 같이 법원에 전속되어 있는 법령의 해석·적용 권한에 대하여 어떠한 영향을 미치거나 기속력도 가질 수 없다."고 판시한 바 있다.[111] 그러나 헌법재판소는 "헌법재판소의 한정위헌의 결정은 단순히 법률을 구체적인 사실관계에 적용함에 있어서 그 법률의 의미와 내용을 밝히는 것이 아니라 법률에 대한 위헌성심사의 결과로서 법률조항이 특정의 적용영역에서 제외되는 부분은 위헌이라는 것을 뜻한다."고 하고, 따라서 "헌법재판소의 한정위헌결정은 결코 법률의 해석에 대한 헌법재판소의 단순한 견해가 아니라, 헌법에 정한 권한에 속하는 법률에 대한 위헌심사의 한 유형인 것이다."라고 하여 대법원과 다른 견해를 피력하였다. 그리고 "헌법재판소가 법률조항에 대하여 한정위헌결정을 선고함으로써 이미 부분적으로 그 효력이 상실된 법률조항을 대법원이 적용하여 판단하게 되면 그 것은 위헌결정의 기속력에 반하는 재판임이 분명하므로 이에 대한 헌법소원은 예외적으로 허용된다 할 것이고, 그러한 대법원 판결은 헌법재판소법 제75조 제3항에 따라 취소되어야 마땅하다."고 판시하였다.[112]

한편, 헌법재판소는 한정위헌 청구의 형식을 취하였지만 법원의 법률해석이나 재판결과를 다투는 위헌소원은 허용할 수 없다는 입장이다.

**참고판례: 헌법재판소 2024.6.27. 선고 2021헌바201 결정 [사립학교법 제28조 제2항 위헌소원]**

청구인은, 학교교육에 직접 사용되는 학교법인의 재산의 매도 등을 금지하는 규정을 사립학교경영자에게 준용하는 구 사립학교법 제51조 부분(이하 '심판대상조항'이라 한다)에 관하여, '학교교육에 직접 사용되는 학교법인의 재산'에 '사립학교경영자의 소유가 아닌 경우'를 제외하는 것으로 해석하는 한 헌법에 위반된다고 주장하며 한정위헌을 구하였으나, **이는 당해 사건 법원의 판단이 부당하다는 취지로서 단순히 법원의 법률해석이나 재판결과를 다투는 것에 불과하여 부적법하다.**

111) 대법원 1996.4.9. 선고 95누11405 판결.
112) 헌법재판소 1997.12.24. 선고 96헌마172 결정.

## 2. 법해석의 방법론

### (1) 법해석의 기본관점[113]

#### ① 체계적 사고와 문제적 사고

법체계의 완결성을 신뢰하였던 개념법학과 법률실증주의는 법해석을 각 법영역의 본질적 기본명제(공리)를 기반으로 체계화된 연역적 공리체계로 인식하고 법해석을 법전과 이론적 법체계에 의존하려고 하였다. 이러한 방식의 법해석은 추상적인 개념체계로서의 법질서를 중요시하기 때문에 경우에 따라서는 현실과 동떨어진 법해석을 할 가능성이 있다. 그리하여 이익법학과 자유법론의 법사상 하에서 법체계에서 법해석을 해방시키고 법해석에서 사회적 기초와 생활관계를 중요시하는 경향이 나타난 바 있다.

오늘날에 이르러서는 위의 양 입장이 변증법적 지양의 과정을 거쳐 법의 가치관련성과 현실관련성을 강조하는 경향이 중심을 이루고 있다. 다만 오늘날에도 법해석에서 다소 이익법학의 경향에 가까운 '문제적 사고'와 법률실증주의의 체계개념을 계승하되 이를 수정하는 '체계적 사고'의 경향이 대립하고 있다. 우리나라에서는 체계적인 법해석을 포기하지 않으면서도 법의 가치관련성과 현실관련성을 법해석에 반영하기 위하여 여러 가지 법원칙이 법해석에 있어서 활용되고 있다. 그러나 실제의 법해석에서는 '문제적 사고'를 더 강조하는 경우, 그리고 '체계적 사고'에 충실한 경우 등 변이가 나타난다.

#### ② 주관적 해석론과 객관적 해석론

법해석에서 주관적 해석론은, 법률은 입법자의 주관적 표상으로 이해하고 법해석은 입법자의 주관적 입법의사를 탐구하는 것으로 본다. 기본적으로 법해석이 입법자의 의사를 탐구한다는 점을 완전히 부인할 수는 없으나 주관적 해석론은 입법자의 의사가 무엇인지 확인하기 어렵다는 점에 근본적인 한계를 가진다. 즉, 입법자는 입법제안자인지, 입법과정에 참여한 사람인지, 그리고 단순히 통과여부에 투표만 한 국회의원도 입법자에 포함되는지가 의문이다. 또한, 다단계에 걸쳐 수정이 이루어진 경우, 타협이 이루어진 경우, 의도적으로 애매하게 규정한 경우에 입법자의 의사를 어떻게 확인할 수 있는지도 문제이다.

이에 반해 객관적 해석론은 일단 입법이 이루어지면 입법은 입법자의 의사에서 독립되어 객관적으로 해석되어야 한다고 한다. 그러나 이 경우에는 해석자에게 지나치게 광범위한 권한을 주어 그로 하여금 사실상 입법자가 되게 하는 문제가 있다.

이러한 양 극단의 문제를 해결하기 위하여 하아트(Hart)와 색스(Sacks)는 특별한 사유가 없는 한, 입법부는 합리적인 판단을 한다고 가정하고 법해석에 임하여야 한다고 한다.[114] 이렇게 함으로써 법해석자는 일단은 입법자의 의사를 존중하면서도(주관적 해석) 합리적인 범위 안에서 객관적 해석을 할 여지도 얻게 된다.

---

113) 김유환, 전게서, 48－51면 참조.

114) H. Hart & A. Sacks, *The Legal Process*, 1958, p.1415. 김유환, 전게서, 51면.

### (2) 법해석의 방법

법해석의 방법론은 대체로 사비니(Savigny)의 법학방법론에서부터 논의가 시작된다. 사비니는 법해석의 방법으로 문리해석, 논리해석, 역사적 해석, 체계적 해석을 제시하였으며[115] 후기 저작에서는 목적론적 해석을 시사하기도 하였다.[116] 독일의 행정법학자 볼프(Hans J. Wolff)는 이상과 같은 5가지의 해석방법에 더하여 발생론적 (또는 주관적) 해석(genetische oder subjektive Interpretation)과 비교론적 해석(komparative Interpretation)을 추가시킨다. 이하에서 이러한 7가지 해석방법을 간단히 살펴본다.[117]

① 문리해석: 법규정의 문구, 문법적 구조, 용어의 어의 등을 탐구하는 해석방법

② 논리해석: 개념의 의미와 그것들의 맥락 및 관련을 논리적으로 탐구하는 해석방법

논리적 해석과 관련하여 법해석상 다양한 추론방법이 있다. 확장해석과 축소해석, 유추와 목적론적 축소 및 목적론적 수정, 반대해석, 소에서 대로의 추론 및 대에서 소에로의 추론, 물론해석,[118] 귀납, 목적에서 수단 추론, 불합리의 배제(ad absurdum) 등이 그것이다.[119]

언어의 의미영역을 핵심영역과 주변영역으로 나눌 때, 확장해석은 그 의미영역을 주변영역에 까지 확장하여 법을 해석하는 것이고 축소해석은 그 의미영역을 핵심영역에 국한하여 법을 적용하는 방법이다. 이에 반해 목적론적 축소와 유추는 문언의 의미영역을 벗어난 법의 축소적, 확장적 적용으로서 법규의 법문언의 의미영역의 범위 안의 문제인 축소해석이나 확장해석과는 다르다.[120]

유추(목적론적 확장)[121]와 목적론적 축소 및 목적론적 수정은 법규의 흠결과 수정의 경우에 법형성의 방법으로 사용된다. 유추는 적극적 법규흠결에, 목적론적 축소는 예외규정의 흠결인 소극적 법규흠결에, 그리고 목적론적 수정은 유추의 범위를 벗어난 법규수정적 법적용에서 사용된다.[122]

**주요판례요지**

대법원 2025.3.27. 선고 2024두62738 판결: 조세법률주의의 원칙상 과세요건이거나 비과세요건 또는 조세감면요건을 막론하고 조세법규의 해석은 엄격하게 해야 하고 확장해석이나 유추해석은 허용되지 않는다.

115) Karl Larenz, *op.cit.*, S.12, S.16.
116) *Ibid.*, SS.16－19.
117) 이하 김유환, 전게서, 52－53면.
118) 대법원 2022.10.27. 선고 2022두44354 판결.
119) Han J. Wolff, *Verwaltungsrecht I*, 1971, SS.155－156.
120) 김유환, 전게서, 55면 주53.
121) 유추는 원칙적으로 법률의 규정이 없는 경우에 대한 법해석이고 준용이란 동일하거나 거의 유사한 내용의 입법의 반복을 피하기 위한 입법기술이므로 양자는 구별됨이 원칙이다.
122) Karl Larenz, *op.cit.*, 350ff. 참조.

### 참고판례: 대법원 2020.4.29. 선고 2019다226135 판결 [구상금]

실정법 조항의 문리해석 또는 논리해석만으로는 현실적인 법적 분쟁을 해결할 수 없거나 사회적 정의관념에 현저히 반하게 되는 결과가 초래되는 경우에는 법원이 실정법의 입법정신을 살려 법적 분쟁을 합리적으로 해결하고 정의관념에 적합한 결과를 도출할 수 있도록 유추적용을 할 수 있다. 법률의 유추적용은 법률의 흠결을 보충하는 것으로 법적 규율이 없는 사안에 대하여 그와 유사한 사안에 관한 법규범을 적용하는 것이다. **이러한 유추를 위해서는 법적 규율이 없는 사안과 법적 규율이 있는 사안 사이에 공통점 또는 유사점이 있어야 한다. 그러나 이것만으로 유추적용을 긍정할 수는 없다. 법규범의 체계, 입법 의도와 목적 등에 비추어 유추적용이 정당하다고 평가되는 경우에 비로소 유추적용을 인정할 수 있다.**

**해 설** 유추적용은 문리해석, 논리해석만으로 법해석이 완성될 수 없을 때 하는 것이며 유추를 위해서는 법적 규율이 있는 사안과 없는 사안이 서로 공통점 또는 유사점이 있어야 하고 법규범의 체계나 입법의도와 목적 등에 의하여 그 유추가 정당화될 수 있어야 한다고 판시하였다.

③ **역사적 해석**: 법제도와 법규범의 역사를 고려하여 해석하는 방법

④ **체계적 해석**: 법체계에 일관된 원리를 통하여 법규와 법질서의 모순을 방지하는 해석방법

⑤ **목적론적 해석**: 법제도가 추구하는 목적을 탐구함으로써 타당한 해석에 접근하고자 하는 해석방법

목적론적 해석에는 입법자의 입법목적에 의한 해석과 객관적인 입법목적 또는 이념에 따른 해석 등 두 가지 방식이 있을 수 있다. 전자를 주관적·목적론적 해석이라 하고 후자를 객관적·목적론적 해석이라 한다. 그러나 통상 목적론적 해석이 입법의사와 별도의 다른 의미를 가지는 것은 후자의 경우이다.[123)]

⑥ **발생론적 해석**: 입법자의 의사와 입법취지를 탐구하여 법해석에 접근하는 방법

### 참고판례: 대법원 2021.7.8. 선고 2017다218895 판결 [보험금]

**외국적 요소가 있는 법률관계에 적용될 외국법규의 내용을 확정하고 그 의미를 해석할 때는 외국법이 그 본국에서 현실로 해석·적용되고 있는 의미와 내용에 따라 해석·적용하여야 하고,** 소송과정에서 적용될 외국법규에 흠결이 있거나 그 존재에 관한 자료가 제출되지 아니하여 그 내용의 확인이 불가능한 경우 법원으로서는 법원(法源)에 관한 민사상의 대원칙에 따라 외국 관습법에 의할 것이며, **외국 관습법도 그 내용의 확인이 불가능하면 조리에 의하여 재판할 수밖에 없다.**

**해 설** 외국법에 대한 해석에 있어서 원칙적으로 본국에서 현실적으로 해석되고 있는 의미를 추구하여야 한다는 것으로 발생론적 해석을 채택한 것이다.

⑦ **비교론적 해석**: 비교법적으로 상이하거나 일치하는 법제도의 발전양상을 탐구함으로서 역사적 해석을 보완하는 해석방법

---

123) 김유환 전게서, 52면 주50.

## 3. 법해석의 단계적 검토[124)]

법해석에 있어서 위의 7가지 방법이 활용된다 하더라도 법해석의 단계는 본문의 분석, 문맥(Context)의 분석 그리고 본문초월 분석 등으로 이루어진다. 각 방법론은 각 단계에서 활용될 수 있다.

### (1) 본문(Text)분석

입법의 문언 즉 본문의 분석은 가장 기초적인 법해석단계에서 진행된다. 본문 문언의 해석은 법문의 문맥이나 문화적 이해에 있어서 사회적으로 합의가 이루어져 있는 경우에는 이견이 없이 쉽게 이루어진다. 그러나 그러한 합의가 없는 경우에는 문언의 단순한 해석만으로 문언의 의미를 밝혀내기 어렵다. 본문분석의 난점은 다음과 같은 경우에 발생한다.[125)]

첫째로, 법규문언이 모호하고 불명확할 때이다. 명확성의 원칙에 따라 법규는 명확히 규정되어야 하나 법규의 불명확성이 용인될 수밖에 없는 경우도 있다. 법규에서 불확정개념 등을 완전히 배제할 수는 없다.

둘째로, 본문의 의미영역이 어떤 경우에는 지나치게 넓은 때가 있다. 예컨대, "배우자의 재산을 상속한다."는 규정은 상대방 배우자가 재산을 빨리 상속받기 위해 그 배우자를 살해한 경우에도 적용된다고 할 수 있는가? 또 "공원의 특정지구 안에는 차량을 주차할 수 없다."는 규정은 전쟁기념물인 탱크의 전시에도 적용될 수는 없을 것이다. 이런 경우에는 축소해석이나 목적론적 축소로 법해석에 대응하여야 할 것이다.

셋째로, 본문의 의미영역이 너무 협소한 때가 있다. 특히 조세법 영역에서 새로운 방식의 조세회피를 막기 위해서는 법규의 문언의 의미를 확대해석하여야 할 필요가 있는 경우가 있다.

넷째로, 법규의 흠결이나 의도적 입법 회피 또는 행정부나 법원에 대한 위임의 경우에도 본문분석 만으로는 해석하기 어렵다. 입법자는 여러 가지 이유로 의도적으로 일정 부분에 대한 규율을 회피하는 경우가 있으며, 입법자의 실수로 법규의 흠결이 되는 경우도 있다. 또한 입법자가 행정부의 판단이나 법원의 판단에 맡기고자 의도하는 경우에도 법문의 분석만으로는 법해석문제를 해결하기 어렵다.

다섯째로, 사정변경과 시간의 경과로 본문의 원래 의미를 유지하기 어려운 경우가 있다. 예컨대, 발암물질에 대한 과학적 이해는 시간이 흘러감에 따라 달라졌다. 그럼에도 매양 동일한 의미로 발암물질에 관한 법규를 해석할 수는 없는 일이다.

### (2) 문맥(Context)분석

문맥분석에 있어서 주요한 해석의 방법은 논리적 해석, 체계적 해석, 목적론적 해석, 발생론

124) 이하의 논의에서는 광범위하게 Cass R. Sunstein, Interpreting Statute in the Regulatory State, 103 *Harvard Law Review* 405, 1989, 405ff.의 아이디어를 활용하였다.

125) 김유환, 전게서, 54－55면.

적 해석, 역사적 해석, 비교론적 해석 등이다.[126] 문맥분석에서도 역시 다음과 같은 어려움이 존재한다.

첫째로, 문맥분석에서도 불명확성이나 의미의 광협 그리고 법규의 흠결이나 의도적 입법회피, 행정부와 법원에 대한 위임 및 사정변경과 시간의 경과로 인한 여러 가지 문제가 존재한다.

둘째로, 때로는 문맥분석이 과도하게 본문 자체의 의미를 희생시킬 수 있다.

셋째로, 문맥분석에서 입법과정이나 헌법적 배경에 대한 이해의 부족이 흔히 법해석을 오도할 위험이 있다.

#### (3) 본문초월(Extratext)분석

본문분석이나 문맥분석은 그 자체로서 많은 약점을 가지고 있을 뿐 아니라 그것 자체가 궁극적인 법해석의 기준을 제시하지 못한다. 해석방법을 채택하는 것 자체가 이미 어떠한 가치판단을 전제하고 있는 경우가 많기 때문이다. 그러므로 결국 법해석을 정당화하는 기준을 밝히기 위해서는 법규범의 배경이 되거나 전체 법질서의 관점에서 요구되는 정당화 관점이 필요하다. 그런데 이러한 정당화 관점은 본문을 초월해서 존재하는 본문외재적인 것이다. 이러한 본문외재적인 법해석의 정당화 관점은 본문외적 해석규범으로 제시될 수 있다. 본서에서는 미국의 공법학자이자 법철학자인 선스테인(Sunstein)의 입론에 의거하여 이러한 해석규범을 법해석원리라 지칭하기로 한다.

### 4. 행정법의 해석원리

#### (1) 행정법의 해석원리의 개념과 방법론적 필요성

행정법의 해석원리라는 개념은 흡사 사법(私法) 특히 계약법에 있어서 계약 해석의 배경이 되는 묵시적 조건(implied term)과 유사한 기능을 한다.[127] 계약의 해석이 애매할 때 그 기준이 되는 것이 계약의 묵시적 조건인 것과 같이 행정법규의 해석이 애매할 때 그 기준이 되는 것은 법규의 배경을 이루어 해석상 묵시적으로 합의되어 있는 것으로 볼 수 있는 국가적 가치판단이라고 할 수 있다. 선스테인에 의하면 이러한 국가적 가치판단을 법의 해석원리라 지칭한다.

행정법의 해석원리에 대한 목록이 마련되어 있으면 그것은 법관의 자의적 법해석을 방지하는 기능을 한다. 법규정이 흠결되거나 침묵하여도 법관이 임의적으로 법해석을 할 수 있는 것이 아니라 이러한 묵시적으로 합의되어 있는 국가적 가치판단체계에 따라서 법해석을 할 의무를 지게 되는 것이다.

#### (2) 행정법의 해석원리의 평가기준과 실례

선스테인은 이상과 같은 행정법의 해석원리는 일정한 평가기준에 의해 도출될 수 있는데 그

126) 자세한 것은 김유환, 전게서, 55－58면 참조.
127) Cass R. Sunstein, *op.cit.*, p.453.

에 의하면 다음의 3가지 기준이 중요하다고 한다.[128)]

① **헌법규범적 기준**: 헌법은 국가의 가장 근본적인 합의를 담고 있는 것이므로 헌법으로부터 행정법의 해석원리를 도출할 수 있다.

② **국가제도적 고려로서의 기준**: 국가제도의 기능을 향상시켜야 한다는 점에도 국가적 합의가 있다고 볼 수 있으므로 이러한 고려에서도 행정법의 해석원리를 도출할 수 있다.

③ **규제실패에 대한 대응으로서의 기준**: 현대 규제국가에서 입법(규제)실패에 대응한 법해석을 하여야 한다는 점에서도 국가적 합의가 있다고 할 수 있으므로 이로부터도 행정법의 해석원리를 도출할 수 있다.

선스테인(Sunstein)의 입론이 매우 이상적이기는 하지만 그의 이론이 우리나라의 법해석에 전면 도입되어 있지는 않다. 다만 우리 대법원과 헌법재판소는 비례의 원칙, 평등의 원칙, 신뢰보호의 원칙 등과 같은 행정법의 일반원칙(또는 공법의 일반원칙)을 실질적으로 선스테인이 말하는 행정법의 해석원리와 같은 의미로 활용하고 있다. 법관의 자의를 방지하고 객관적 법해석을 확보하기 위해서는 현재 활용되고 있는 행정법의 일반원칙 이외에도 해석상의 필요에 의한 해석원리를 많이 개발할 필요가 있다고 본다. 그러한 해석원리로서 이미 우리 판례에서 보편적으로 인정되고 있는 것에 합헌적 해석의 원리,[129)] 보충의 원리,[130)] 상위규범에의 합치 해석의 원리[131)] 등이 있다.

**주요판례요지**

대법원 2019.5.16. 선고 2017두45698 판결: 하위법령의 규정이 상위법령의 규정에 저촉되는지 여부가 명백하지 아니한 경우에, 관련 법령의 내용과 입법 취지 및 연혁 등을 종합적으로 살펴 하위법령의 의미를 상위법령에 합치되는 것으로 해석하는 것도 가능한 경우라면, 하위법령이 상위법령에 위반된다는 이유로 쉽게 무효를 선언할 것은 아니다.

**참고판례: 대법원 2017.10.31. 선고 2017도9230 판결 [도로교통법위반(무면허운전)]**

이러한 도로교통법의 입법 취지와 목적, 운전면허 제도, 무면허운전 처벌규정의 체계와 내용 등을 종합하여 보면, 도로교통법은 교통상의 위험 방지 및 안전 확보 등을 위하여 운전면허시험 등 도로교통법이 정한 절차에 따라 운전면허를 받은 사람에 한하여 국내 도로에서 자동차 등 운전행위를 적법하게 할 수 있도록 허가하여 주고, 그러한 운전면허를 받지 아니하고 운전하는 경우를 무면허운전으로 처벌하는 것을 원칙으로 하되, 다만 1949년 제네바에서 체결된 '도로교통에 관한 협약'이나 1968년 비엔나에서 체결된 '도로교통에 관한 협약'을 존중하여 그에 따른 국제운전면허증을 발급받은 사람에 대하여는 별도의 허가

128) Cass R. Sunstein, *op.cit.*, p.450－451, p.464－468.
129) 헌법재판소 1990.4.2. 선고 89헌가113 전원재판부 결정.
130) 헌법재판소 1989.12.22. 선고 88헌가13 결정.
131) 대법원 2001.8.24. 선고 2000두2716 판결; 대법원 2014.1.16. 선고 2011두6264 판결.

없이 입국한 날부터 1년 동안에 한하여 도로교통법이 정한 절차에 따른 운전면허를 받지 아니하고도 운전을 할 수 있도록 허용하는 예외를 두고 있는 것으로 이해된다. **이와 같이 운전면허가 허가라는 행정행위로서의 성격을 가지는 이상, 도로교통법 제80조 제1항 본문에 따라 운전면허를 받을 수 있는 사람은 내국인 또는 출입국관리법이 정한 적법한 절차에 따라 대한민국에 입국한 외국인이라고 보아야 한다. 따라서 국제운전면허증에 의하여 동일한 법률적 효과를 부여받기 위해서는 마찬가지 전제가 충족되어야 한다.** 그런데도 국제운전면허증에 의한 운전의 경우에는 불법으로 입국한 외국인도 도로교통법 제96조 제1항에 의한 법률적 효과를 받을 수 있다고 본다면, 운전면허를 받아야 하는 경우와는 달리 운전행위 허가를 받을 수 없는 사람에게 국내에서의 운전행위를 허용해 주는 결과가 된다.

**해 설** 국제운전면허증이 효력이 있기 위한 전제로서 운전면허를 받은 자가 적법한 절차에 따라 대한민국에 입국한 자라야 한다는 취지에서 불법적으로 입국한 사람의 국제운전면허증의 효력을 부인하고 있다. 이 판례는 국제운전면허증의 효력 여부에 대하여 묵시적으로 존재하는 적법절차에 의한 입국이라고 하는 국가제도적 고려에서 나온 일종의 해석원리를 채택한 셈이다.

## 제5관 행정법의 효력

### 1. 행정법의 효력범위

행정법은 시간적, 인적, 지역적인 측면에서 그 효력범위의 한계를 가진다.

① 가장 문제되는 것은 법령의 시간적 효력범위이다. 언제부터 효력이 발생하는가 하는 것은 모든 법령에 공통적으로 문제되는 것이다. 그러나 언제 효력이 소멸하는가 하는 것은 모든 법령에서 문제되지는 않는다. 다만, 한시법인 경우 법령의 효력의 종기가 정하여진다.

② 인적 효력 범위라 함은 예컨대 군형법이 민간인에게 적용되지 않음이라든지, 주한미군의 경우 우리 법의 적용이 제한되는 것과 같은 경우에 문제가 된다.

③ 지역적 효력범위는, 예컨대 '지역특화 발전특구에 대한 규제특례법'과 같이 특정한 지역 안에서만 적용된다든지, 조례와 같이 특정 지방자치단체 안에서만 적용되는 규범의 경우에 문제시된다.

### 2. 행정법령의 효력발생시기

'법령 등 공포에 관한 법률'은 법령에 특별한 규정을 두지 않은 경우에는 법령의 시행일은 공포한 날로부터 20일을 경과한 때가 된다고 한다(같은 법 제13조). 다만, 국민의 권리제한이나 의무부과와 직접 관련되는 법령은 시급히 시행하여야 할 특별한 사정이 없는 한, 공포일로부터 적어도 30일이 경과한 날로부터 시행되도록 하여야 한다(같은 법 제13조의2). 같은 법 제12조는 "법령 등의 공포일 또는 공고일은 해당 법령 등을 게재한 관보 또는 신문이 발행된 날로 한다"라고 규정하고 있다. 그리고 행정기본법은 법령등을 공포한 날부터 시행하는 경우에는 공포한 날을 시행일로 한다는 명문규정을 두었다(행정기본법 제7조 제1호).

종전에는 종이관보의 인쇄일과 배포일이 달라 공포일로부터 시행하는 경우에 언제부터 법령이 효력을 발생하도록 할 것인가 하는 것이 법률문제가 되었으나 2018년 '법령 등 공포에 관한 법률'이 개정되어 전자관보의 효력을 종이관보와 동일하게 인정하게 되어(같은 법 제11조 제4항) 관보의 발송배포는 법령의 효력과 직접 관련이 없는 상황이 되었다. 전자관보는 사실상 지연되지 않고 제 날짜에 인터넷을 통하여 법령을 게재하기 때문이다.

### 3. 법적용의 기준시점

#### (1) 처분시법 원칙

행정기본법 제14조 제2항은 당사자의 신청에 따르는 처분의 법적용의 기준시점에 대하여 규정하면서, 법령등에 특별한 규정이 있거나 처분 당시의 법령등을 적용하기 곤란한 특별한 사정이 있는 경우를 제외하고는 처분 당시의 법령에 따르는 것으로 규정하고 있다. 이것은 그동안의 판례[132)]와 실무관행에 따른 것이다.

참고판례: 대법원 2023.2.2. 선고 2020두43722 판결 [건축허가신청불허가처분취소]

행정처분은 그 근거 법령이 개정된 경우에도 경과 규정에서 달리 정함이 없는 한 처분 당시 시행되는 개정 법령과 거기에서 정한 기준에 의하는 것이 원칙이고, 개정 법령의 적용과 관련하여 개정 전 법령의 존속에 대한 국민의 신뢰가 개정 법령의 적용에 관한 공익상의 요구보다 더 보호가치가 있다고 인정되는 경우에 국민의 신뢰를 보호하기 위하여 개정 법령의 적용이 제한될 수 있는 여지가 있다. **행정청이 신청을 수리하고도 정당한 이유 없이 처리를 지연하여 그 사이에 법령 및 보상 기준이 변경된 경우에는 그 변경된 법령 및 보상 기준에 따라서 한 처분은 위법하고, '정당한 이유 없이 처리를 지연하였는지'는 법정처리기간이나 통상적인 처리기간을 기초로 당해 처분이 지연되게 된 구체적인 경위나 사정을 중심으로 살펴 판단하되, 개정 전 법령의 적용을 회피하려는 행정청의 동기나 의도가 있었는지, 처분지연을 쉽게 피할 가능성이 있었는지 등도 아울러 고려할 수 있다.**

해 설 법적용의 기준시점은 처분시가 원칙적으로 타당하지만 행정청이 신청을 수리하고도 정당한 이유없이 처리를 지연하여 법령 등이 개정된 경우에는 예외적으로 개정 전 법령 등을 적용하여야 한다는 판례이다. 아울러 정당한 이유없이 처리를 지연하였는지 여부에 대한 판단의 기준도 제시하고 있다.

#### (2) 제재처분에서의 행위시법 원칙

행정기본법 제14조 제2항은 법적용의 처분에 대한 기준시를 원칙적으로 처분시로 하였으나 행정기본법 제14조 제3항은 제재처분의 경우에는 법령등에 특별한 규정이 있는 경우를 제외하고는 법령등을 위반한 행위 당시의 법령등에 따른다고 규정하고 있다. 이 역시 종래 판례의 태도와 같다.[133)]

그러나 이 조항의 단서는 개정법률에 의해 개정 전에는 법 위반행위였던 것이 법 위반행위가

132) 대법원 2000.3.10. 선고 97누13818 판결; 대법원 2022.4.28. 선고 2021두58837 판결.
133) 대법원 1987.1.20. 선고 86누63 판결; 대법원 2002.12.10. 선고 2001두3228 판결 등.

아닌 것으로 되거나 체재처분 기준이 가벼워진 경우에는 해당 법령등에 특별한 규정이 없는 한 변경된 법령을 적용하여 완화된 기준을 적용하도록 하고 있다.

## 4. 법령불소급의 원칙(소급적용금지의 원칙)과 신뢰보호

### (1) 소급적용금지의 원칙과 부진정소급의 허용범위

행정기본법 제14조 제1항은 "새로운 법령등은 법령등에 특별한 규정이 있는 경우를 제외하고는 그 법령등의 효력발생 전에 완성되거나 종결된 사실관계 또는 법률관계에 대해서는 적용하지 아니한다."라고 하여 법령불소급의 원칙(소급적용 금지의 원칙)을 규정하고 있다. 여기서 법령에 특별한 규정을 두는 경우는 예컨대 헌법불합치결정이 있어서 개선입법이 이루어진 경우에 개정법률이 소급적용에 대한 명시적인 규정을 두는 경우 등이라고 할 수 있다.

한편, 헌법재판소[134]와 대법원[135]은 법령의 효력발생 전에 완성되거나 종결된 사실관계 또는 법률관계에 법령을 적용하는 진정소급의 경우일지라도, 예외적인 경우에 신뢰보호의 요청보다 강한 중대한 공익상의 이유가 있을 때에는 이를 허용하고 있다. 헌법재판소와 대법원은 소급적용을 허용할 것인가 하는 문제는 진정소급이든 부진정소급이든 공익과 신뢰보호의 이익을 형량하여 결정할 사항으로 이해하고 있다고 볼 수 있다.

그리고 그 법령 등의 효력발생 전에 시작되었으나 아직 완성되지 않았거나 진행 중인 사실관계 또는 법률관계에 법령을 적용하는 것을 부진정 소급적용이라고 하는데 부진정 소급에 대해서는 행정기본법이 아무런 규정을 두고 있지 않기 때문에 기존의 판례이론이 그대로 적용될 것으로 보인다. 대법원은 부진정 소급은 원칙적으로 허용하는 입장이나[136] 그것도 언제나 허용되는 것이 아니라 일정한 범위로 제한된다고 한다. 대법원은 "이미 발생하여 이행기에 도달한 퇴직연금수급권의 내용을 변경함이 없이 장래 이행기가 도래하는 퇴직연금수급권의 내용만을 변경하는 것"은 "이미 완성 또는 종료된 과거 사실 또는 법률관계에 새로운 법률을 소급적으로 적용하여 과거를 법적으로 새로이 평가하는 것이 아니므로 소급입법에 의한 재산권 침해가 될 수 없다"고 판시한 바 있다.[137]

대법원은 부진정소급적용을 허용할 것인가 하는 점을 판단함에 있어서 개정 전 법령에 대한 신뢰가 개정 법령 적용을 통한 공익보다 더 보호가치가 있다고 인정될 때에는 신뢰보호원칙을 적용하여 소급적용을 허용하지 아니 한다.[138] 대법원은 특히 시험규정[139]과 같이 사회적으로 파장이 큰 경우에는 부진정소급의 경우라도 신뢰보호의 원칙을 적용함에 있어 적극적인 자세를 취하고 있다.[140] 대법원은 이처럼 신뢰보호원칙이 적용되는 경우에는 경과규정을 두는 것이 타당

---

134) 헌법재판소 1996.2.16. 선고 96헌가2, 96헌바7, 96헌바13 전원재판부 결정.

135) 대법원 2005.5.13. 선고 2004다8630 판결.

136) 대법원 2007.7.26. 선고 2005두2612 판결; 대법원 2014.4.24. 선고 2013두26552 판결.

137) 대법원 2014.4.24. 선고 2013두26552 판결.

138) 대법원 2000.3.10. 선고 97누13818 판결; 대법원 2010.3.11. 선고 2008두15169 판결 등.

139) 변리사 제1차 시험에 관한 대법원 2006.11.16. 선고 2003두12899 판결 및 한약사 국가시험에 관한 대법원 2007.10.29. 선고 2005두4649 전원합의체 판결 등 참조.

140) 하명호, "행정법규의 소급적용금지", 『행정판례평선』, 한국행정판례연구회, 2011, 76면.

하고 그렇지 않으면 그 법령은 헌법에 위반되어 무효라고 판시하였다.[141)]

참고판례 1: 대법원 1989.7.11. 선고 87누1123 판결 [제적처분]

**소급효는** 이미 과거에 완성된 사실관계를 규율의 대상으로 하는 이른바 **진정소급효와** 과거에 시작하였으나 아직 완성되지 아니하고 진행과정에 있는 사실관계를 규율대상으로 하는 이른바 **부진정소급효를 상정할 수 있는 바,** 대학이 성적불량을 이유로 학생에 대하여 징계처분을 하는 경우에 있어서 **수강신청이 있은 후 징계요건을 완화하는 학칙개정이 이루어지고** 이어 당해 시험이 실시되어 그 **개정학칙에 따라 징계처분을 한 경우라면 이는 이른바 부진정소급효에 관한 것으로서** 구 학칙의 존속에 관한 학생의 신뢰보호가 대학당국의 학칙개정의 목적달성보다 더 중요하다고 인정되는 **특별한 사정이 없는 한 위법이라고 할 수 없다.**

참고판례 2: 대법원 2009.4.23. 선고 2008두8918 판결 [요양급여대상삭제처분취소]

행정처분은 그 근거 법령이 개정된 경우에도 경과규정에서 달리 정함이 없는 한 처분 당시 시행되는 개정 법령과 그에 정한 기준에 의하는 것이 원칙이고, 그 **개정 법령이 기존의 사실 또는 법률관계를 적용대상으로 하면서 국민의 재산권과 관련하여 종전보다 불리한 법률효과를 규정하고 있는 경우에도 그러한 사실 또는 법률관계가 개정 법령이 시행되기 이전에 이미 완성 또는 종결된 것이 아니라면 이를 헌법상 금지되는 소급입법에 의한 재산권 침해라고 할 수는 없으며,** 그러한 개정 법령의 적용과 관련하여서는 **개정 전 법령의 존속에 대한 국민의 신뢰가 개정 법령의 적용에 관한 공익상의 요구보다 더 보호가치가 있다고 인정되는 경우에 그러한 국민의 신뢰를 보호하기 위하여 그 적용이 제한될 수 있는 여지가 있을 따름이다.**

### (2) 진정소급의 예외적 허용

헌법재판소는 진정소급에 대해서도 (1) 진정소급입법이 허용되는 경우는 구법에 의하여 보장된 국민의 법적 지위에 대한 신뢰가 보호할 만한 가치가 없거나 지극히 적은 경우와 (2) 소급입법을 통하여 달성하려는 공익이 매우 중대하여 예외적으로 구법에 의한 법적 상태의 존속을 요구하는 국민의 신뢰보호이익에 비하여 현저히 우선하는 경우에는 예외적으로 이를 인정할 수 있다고 한다.[142)] 구체적으로는 (1) 일반적으로 국민이 소급입법을 예상할 수 있었거나 법적 상태가 불확실하고 혼란스러웠거나 하여 보호할만한 신뢰의 이익이 적은 경우와 (2) 소급입법에 의한 당사자의 손실이 없거나 아주 경미한 경우, (3) 신뢰보호의 요청에 우선하는 심히 중대한 공익상의 사유가 소급입법을 정당화하는 경우 등에는 진정소급을 허용할 수 있다고 판시하고 있다.[143)] 또한 대법원도 "법령을 소급적용하더라도 일반 국민의 이해에 직접 관계가 없는 경우, 오히려 그 이익을 증진하는 경우, 불이익이나 고통을 제거하는 경우 등의 특별한 사정이 있는 경우에 한하여 예외적으로 법령의 소급적용이 허용된다."라고 판시하고 있다.[144)]

---

141) 대법원 2006.11.16. 선고 2003두12899 판결.
142) 헌법재판소 1989.3.17. 선고 88헌마1 결정.
143) 헌법재판소 1996.2.16. 선고 96헌가2, 96헌바7, 96헌바13 전원재판부 결정.
144) 대법원 2005.5.13. 선고 2004다8630 판결.

### (3) 헌법불합치 결정에 따른 개선 입법조항의 소급적용

대법원은 어느 법률 또는 법률조항에 대한 적용중지의 효력을 갖는 헌법재판소의 헌법불합치 결정에 따라 개선입법이 이루어진 경우 헌법불합치 결정 이후에 제소된 일반사건에 대하여 개선입법이 소급하여 적용될 수 있는 여부는 개정 법률의 내용에 따라 이루어져야 한다고 한다. 따라서 개정 법률에 명시적인 규정이 있는 경우 그에 따라야 하고 그러한 경과규정이 없으면 개정 법률을 소급하여 적용할 수 없는 것이 원칙이다.[145] 또한 개정법률이 소급 적용되는 경우 그 범위는 위헌결정에서 소급효가 인정되는 범위와 같으므로, 특별한 사정이 없는 한 헌법불합치결정 당시의 시점까지 소급되는 것이 원칙이다.[146]

한편 대법원은 비형벌조항에 대하여 잠정적용 헌법불합치결정이 선고되었으나 위헌성이 제거된 개선입법이 이루어지지 않은 채 개정시한이 지남으로써 법률조항의 효력이 상실되었다면 그 효력상실은 장래를 향해서만 미친다고 한다. 그러므로 개정 시한이 지난 후 개선입법이 이루어졌으나 소급효를 규정하는 경과규정을 두고 있지 아니한 경우에 법원으로서는 헌법불합치결정에서 정한 개정 시한까지는 종전의 법률을 그대로 적용하여 재판할 수밖에 없다.[147]

한편 헌법재판소는 헌법불합치결정에 따른 개선 법률이 명시적인 규정으로 소급적용을 배제하고 있어도 이 규정이 원래의 헌법불합치결정의 취지에 위반되는 경우에는 소급적용이 허용되어야 함을 판시한 사례가 있다.[148]

## 5. 법령 전부개정시의 법령 부칙의 효력

법령이 개정될 때 일부개정이면 종전의 부칙이 그대로 존속하지만 전부개정이 되면 종전의 본칙과 부칙이 모두 사라진다. 이 경우 종전의 부칙이 모두 효력을 잃는 것인지가 문제된다. 전부 개정시에 종전의 부칙을 정리하여, 계속 효력이 유지될 필요가 있는 것은 전부 개정되는 법률의 부칙에 다시 규정하면 문제는 깨끗이 해결되지만 실무상 세법과 같이 법령의 내용이 어렵고 개정이 잦은 경우에는 이러한 작업을 수행하기가 곤란하여 부칙을 정리하지 못한 채 입법이 되는 경우가 많다.[149]

법제처는 '특별한 사정'이 있으면 전부개정된 법률의 종전 부칙은 실효되지 않는다는 입장을 취하고 있다.[150] 또한 현재의 대법원[151]과 헌법재판소도 같은 취지로 판시하고 있다.[152] '특별한 사정'이란 '법률의 전부개정시에 입법자가 부칙 조항의 입법조치를 취하지 않아 종전 부칙을 유

145) 대법원 2015.5.29. 선고 2014두35447 판결.
146) 대법원 2024.7.25. 선고 2023다316790 판결.
147) 대법원 2024.9.27. 선고 2018재두178 판결.
148) 헌법재판소 2019.9.26. 선고 2018헌바218등 결정. 이러한 예외적 판례를 고려해 볼 때 행정기본법이 학설과 판례에 맡겨야 할 법령불소급의 원칙을 섣불리 배제적으로 명문으로 규정한 것은 다소 문제가 있다.
149) 정태용, "행정부 공무원의 시각에서 본 행정판례", 『행정판례와 사법정책』(행정판례연구회·사법정책연구원 공동학술대회 자료집), 2017, 21면.
150) 법제처 유권해석 2010.7.26. 회신 10－0208 해석.
151) 대법원 2008.11.27. 선고 2006두19419 판결.
152) 헌법재판소 2012.5.31. 선고 2009헌바123, 126(병합) 결정.

효한 것으로 인정하지 않으면 법규의 흠결이 생기거나 법질서에 혼란이 발생하는 경우'로 해석하는 것이 타당할 것이다.[153)]

참고판례: 대법원 2013.3.28. 선고 2012재두299 판결 [법인세부과처분취소]

**법령을 전부 개정하는 경우에는 법령의 내용 전부를 새로 고쳐 쓰므로 종전의 본칙은 물론 부칙 규정도 모두 소멸한다고 해석하는 것이 원칙이겠지만,** 그 경우에도 종전 경과규정의 입법 경위와 취지, 그리고 개정 전후 법령의 전반적인 체계나 내용 등에 비추어 **신법의 효력발생 이후에도 종전의 경과규정을 계속 적용하는 것이 입법자의 의사에 부합하고, 그 결과가 수범자인 국민에게 예측할 수 없는 부담을 지우는 것이 아니라면 별도의 규정이 없더라도 종전의 경과규정이 실효되지 않고 계속 적용된다고 해석할 수 있다.**

해 설 특별한 사정이 있으면 전부개정된 법률의 종전 부칙 조항이 계속 효력을 가질 수 있다는 대법원 2008.11.27. 선고 2006두19419 판결과 헌법재판소 2012.7.26. 선고 2009헌바35, 2009헌바82(병합) 결정의 취지와 같은 내용을 판시한 대법원의 판례이다.

## 6. 법령의 효력이 소멸되는 경우

다음과 같은 경우 법령의 효력이 소멸된다.

① 한시법의 경우에 종기가 도래한 때

② 신, 구법의 내용이 충돌함에 따라 신법우선의 원칙에 의해 묵시적으로 구법이 폐지되었다고 볼 수 있을 때

③ 신법에 의하여 명시적으로 구법령이 폐지된 때

④ 규율대상이 되는 사실이 영속적으로 종결된 때, 예컨대 특별법에 따라 특별보호대상이 된 사람이나 동식물이 더 이상 생존하거나 존재하지 못하게 된 경우

⑤ 법령에 대하여 위헌의 결정이나 판결이 있은 때

⑥ 상위법령이 폐지된 때, 다만 상위법령이 폐지되지 않고 개정된 경우에는 그를 위한 집행명령은 새로운 집행명령이 나올 때까지 상위법령과 모순되지 않는 범위 안에서 여전히 효력을 유지한다.[154)]

참고판례 1: 대법원 2020.1.30. 선고 2018두49154 판결 [세무대리업무등록취소처분취소등]

**세무사 자격을 보유하고 있는 변호사 갑이 국세청장에게 세무대리업무등록 갱신을 신청하였으나 국세청장이 세무사법 제6조 제1항, 제20조 제1항에 따라 갑의 신청을 반려하는 처분을 하자, 갑이 처분의 취소를 구하는 소송 계속 중 위 법률조항에 대하여 위헌법률심판제청을 신청**하였고 원심법원이 위헌법률심

153) 대법원 2019.10.31. 선고 2017두74320 판결.
154) 대법원 1989.9.12. 선고 88누6962 판결.

판제청을 하였는데, **헌법재판소가 위 법률조항이 세무사 자격 보유 변호사의 직업선택 자유를 침해한다며 위 법률조항에 대한 헌법불합치를 선언하면서 2019. 12. 31.을 시한으로 입법자가 개정할 때까지 위 법률조항의 계속 적용을 결정하였으나 국회가 개정시한까지 위 법률조항을 개정하지 않은 사안**에서, 헌법재판소가 헌법불합치결정에서 위 법률조항의 계속 적용을 명한 부분의 효력은 일반 세무사의 세무사등록을 계속 허용하는 근거 규정이라는 점에 미치고 이와 달리 위 법률조항 가운데 **세무사 자격 보유 변호사의 세무대리를 전면적 · 일률적으로 금지한 부분은 여전히 적용이 중지되고 개정시한이 지남으로써 헌법불합치결정이 있었던 때로 소급하여 효력을 상실하였으므로 헌법불합치결정을 하게 된 해당 사건에 대해서는 위 법률조항이 그대로 적용될 수 없다는 이유로, 위 법률조항이 적용됨을 전제로 갑의 세무대리업무등록 갱신 신청을 반려한 국세청장의 처분이 위법하다**고 한 사례.

해 설 비형벌조항에 대해 잠정적용 헌법불합치결정이 선고되었으나 위헌성이 제거된 개선입법이 이루어지지 않은 채 개정시한이 지남으로써 그 법률조항의 효력이 상실되었다고 하더라도 그 효과는 장래에 향해서만 미칠 뿐이다. 한편 비형벌조항에 대한 적용중지 헌법불합치결정이 선고되었으나 위헌성이 제거된 개선입법이 이루어지지 않은 채 개정시한이 지난 때에는 그 법률조항은 헌법불합치결정이 있었던 때로 소급하여 효력을 상실한다.

참고판례 2: 대법원 2020.2.21. 자 2015모2204 결정 [재심기각결정에대한재항고]

어느 법률조항의 개정이 자구만 형식적으로 변경된 데 불과하여 개정 전후 법률조항들 자체의 의미내용에 아무런 변동이 없고, **개정 법률조항이 해당 법률의 다른 조항이나 관련 다른 법률과의 체계적 해석에서도 개정 전 법률조항과 다른 의미로 해석될 여지가 없어 양자의 동일성이 그대로 유지되고 있는 경우에는 '개정 전 법률조항'에 대한 위헌결정의 효력은 그 주문에 개정 법률조항이 표시되어 있지 아니하더라도 '개정 법률조항'에 대하여도 미친다.**

그러나 이와 달리 '개정 법률조항'에 대한 위헌결정이 있는 경우에는, 비록 그 법률조항의 개정이 자구만 형식적으로 변경된 것에 불과하여 개정 전후 법률조항들 사이에 실질적 동일성이 인정된다 하더라도, **'개정 법률조항'에 대한 위헌결정의 효력이 '개정 전 법률조항'에까지 그대로 미친다고 할 수는 없다.**

해 설 법률조항의 의미 변동이 없고 자구변동만 있은 경우 개정 전 법률조항에 대한 위헌결정은 개정 후 법률조항에 미치지만 개정 후 법률조항에 대한 위헌결정은 개정 전 법률조항에는 미치지 않는다는 판시이다.

## 제3절 행정상의 법률관계

### 제1관 행정상의 법률관계와 행정법관계

행정은 공법형식으로만 수행되는 것이 아니고 사법형식으로 수행되기도 한다. 그러므로 행정상의 법률관계는 공법관계와 사법관계를 망라하는 것이다. 그러한 행정상의 법률관계 가운데 공법관계에 해당하는 것만을 행정법관계라고 한다. 즉, 행정법관계란 공법상의 권리 · 의무관계를 말한다.

행정법관계는 그 실체가 공법관계이므로 권력관계와 단순고권관계로 이루어진다고 할 수 있다. 원칙적으로 권력관계의 경우, 행정소송 가운데 항고소송의 대상이 되며 단순고권관계의 경우 행정소송 중 당사자소송의 대상이 된다.

또한 행정법관계를 행정작용법관계와 행정조직법관계로 나누어 볼 수도 있다. 이 가운데, 주로 문제되는 것은 행정작용법관계라고 할 수 있다. 한편, 행정조직법관계는 행정주체 내부의 관계와 행정주체 상호 간의 관계로 나누어 볼 수 있다.

사법형식으로 직접 행정목적을 달성하는 법률관계인 행정사법은 그 실체가 사법관계(국고관계)이므로 민사소송의 대상이 되나, 제한적으로 공법원리의 적용을 받는다.

## 제2관 행정법관계의 당사자

### 1. 행정주체와 행정객체

행정법관계의 당사자란 행정법상의 권리·의무의 귀속주체가 되는 자를 말한다. 행정법관계의 당사자를 보통 행정주체와 행정객체로 나누어 설명한다. 행정주체란 국가나 지방자치단체, 공공단체 등과 같이 행정권을 행사하는 공법상 권리·의무의 주체를 말하며 행정객체란 사인, 사법인 등과 같이 행정의 대상이 되는 공법상 권리·의무의 주체를 말한다.

그런데 이러한 행정주체, 행정객체의 개념은 상대적인 것이다. 예컨대 지방자치단체는 사인에 대해서는 행정주체이지만 국가에 대해서는 행정객체의 입장에 설 수 있는 것이고 경우에 따라서 국가가 지방자치단체의 행정객체가 될 수도 있다(예컨대 건축행정의 경우).

### 2. 행정주체와 행정기관, 행정청

행정주체와 혼동을 피하여야 할 개념으로 행정기관, 행정청 등이 있다. 행정기관은 행정주체 내부에 행정주체의 사무를 처리하는 기관을 의미하며 행정청은 장관, 시장, 군수 등과 같이 특별히 의사의 결정권과 외부표시권을 가지는 행정기관의 일종을 말한다(행정기본법 제2조 제2호). 행정주체는 권리·의무의 주체가 될 수 있는 법인격을 가지지만 행정기관이나 행정청은 그러하지 못하며 따라서 독자적으로 행정법관계의 당사자가 되지 못한다. 실제의 법률행위에서 행정청의 명의로 계약 등이 체결되는 경우도 있으나, 이 경우 법적으로 계약당사자가 되는 것은 그 행정청이 소속된 행정주체인 국가나 지방자치단체 등 공공단체라고 하여야 할 것이다.

### 3. 행정주체의 인정범위

행정법관계의 당사자가 될 수 있는 행정주체로서 법인격을 인정받는 것에는 국가와 공공단체가 있다. 넓은 의미의 공공단체에는 지방자치단체와 좁은 의미의 공공단체가 포함되는데, 좁은 의미의 공공단체에는 ① 공법상 사단법인이라 할 수 있는 공공조합(예컨대, 농지개량조합, 대한변호사협회,[155] 상공회의소, 농업협동조합, 재개발조합 등), ② 공법상 재단법인인 공재단(공법상의 재단,

---

155) 헌법재판소 2019.11.28. 선고 2017헌마759 결정 참조; 이 결정은 대한변호사협회의 '변호사 등록 등에 관한 규칙'이 헌법소원 심판의 대상이 되는 '공권력의 행사'에 해당한다고 판시하였다.

예컨대, 한국연구재단, 인천문화재단 등), ③ 국립의료원, 서울대학교, 과학기술원 등과 같이 법인격을 취득한 영조물인 영조물법인 등이 있다.

한편 공무를 위탁받은 사인인 공무수탁사인도 이론적으로는 행정주체라 할 수 있다. 예컨대, 민영교도소를 운영하는 교정법인은 공무수탁사인으로서 행정주체성을 인정하여야 할 것이다.

실무적으로 행정주체성의 인정과 관련하여 '공공기관의 운영에 관한 법률'에 의한 공공기관의 행정주체성을 인정할 것인가 하는 점이 혼란을 초래할 수 있다. 공공기관이 행정주체임을 인정한다는 것은 한편으로는 그 행정청으로서의 법적 지위를 인정하는 것과 연계되는 것이다. 그런데 '공공기관의 운영에 관한 법률'에 따르면 공공기관의 지위는 해마다 변동이 있을 수 있기 때문에(같은 법 제4조) 그 지위가 안정적이지 않다. 따라서 공공기관에 대하여 일반적인 공공기관의 성격에 근거하여서만 그 행정주체성을 인정할 수는 없다고 본다. 그러므로 관련법상 공공기관에 대하여 행정권한이 위임된 범위 안에서 공공기관은 행정주체로서 그리고 행정청으로서의 지위를 가질 수 있다고 본다.

이상과 같은 이론적인 입장과는 달리, 대법원 판례에 있어서 어떤 조직이 행정주체로서 인정을 받는가 하는 문제는 주로 항고소송의 대상적격 인정에 관한 처분성 요건에 대한 판단과 관련이 있다. 문제되는 것은 주로 협의의 공공단체의 경우인데, 판례는 농지개량조합의 행정주체성을 인정하였지만 그것은 농지개량조합 직원의 징계에 관한 법적 성격을 처분으로 보아야 한다는 판단을 내리기 위한 전제조건으로서 농지개량조합의 행정주체성을 인정할 필요가 있었던 것이 중요한 계기가 된 것이다. 농지개량조합 관련 판례[156]와는 달리 대법원은 대체로 공공단체 내부의 문제 중 징계문제에 관한 한 처분성을 부정하는 경향이다.[157]

한편 이론상 조세의 원천징수의무자는 공무수탁사인으로 볼 여지가 있으나, 대법원은 소득세 또는 건강보험료의 원천징수의무자의 징수처분을 처분으로 보지 않아서 실질적으로 원천징수의무자의 처분 권한을 부정함으로써 사실상 원천징수의무자의 행정주체성을 부인한 셈이 되었다.[158] 그리하여 판례는 원천징수의무자를 공무수탁사인이 아니라 공의무부담사인 또는 행정보조인으로 보고 있다고 이해하는 학설이 유력하다.

판례는 이외에도 농어촌진흥공사,[159] 한국토지개발공사,[160] 토지구획정리조합,[161] 대한주택공사,[162] 재건축조합,[163] 한국수력원자력 주식회사,[164] 대한변호사협회[165] 등을 행정주체이자 행정청으로 인정한 바 있다. 협의의 공공단체의 경우, 그 행정주체성이 인정되면 공공단체의 장이 아니라 공공단체 자체를 행정청으로 인정하는 것이 판례의 경향이다.

---

156) 대법원 1995.6.9. 선고 94누10870 판결 등 참조.
157) 대법원 1989.9.12. 선고 89누2103 판결.
158) 대법원 1990.3.23. 선고 89누4789 판결.
159) 대법원 1994.6.14. 선고 94누1197 판결.
160) 대법원 1992.10.27. 선고 92누1643 판결.
161) 대법원 1965.6.22. 선고 64누106 판결.
162) 대법원 1992.11.27. 선고 92누3618 판결.
163) 대법원 2009.9.24. 선고 2008다60568 판결.
164) 대법원 2020.5.28. 선고 2017두66541 판결.
165) 헌법재판소 2022.5.26. 선고 2021헌마619 결정.

또한 판례는 토지 등 소유자들이 (재개발 조합, 재건축조합 등의) 조합을 따로 설립하지 아니하고[166] 사업을 시행하고자 하는 경우 사업시행인가를 받으면 법령이 정하는 바에 따라 일정한 행정작용을 하는 행정주체로서의 지위를 가진다고 한다.[167]

참고판례 1: 대법원 1992.11.27. 선고 92누3618 판결 [단독주택용지공급신청에 대한 거부처분취소등]

항고소송은 행정청의 처분 등이나 부작위에 대하여 처분 등을 행한 행정청을 상대로 이를 제기할 수 있고 **행정청에는** 처분 등을 할 수 있는 권한이 있는 국가 또는 지방자치단체와 같은 행정기관뿐만 아니라 **법령에 의하여 행정권한의 위임 또는 위탁을 받은 행정기관, 공공단체 및 그 기관 또는 사인이 포함되는** 바 특별한 법률에 근거를 두고 **행정주체로서의 국가 또는 지방자치단체로부터 독립하여 특수한 존립목적을 부여받은 특수한 행정주체로서 국가의 특별한 감독 하에 그 존립목적인 특정한 공공사무를 행하는 공법인인 특수행정조직 등이 이에 해당한다.**

**대한주택공사**의 설립목적, 취급업무의 성질, 권한과 의무 및 택지개발사업의 성질과 내용 등에 비추어 같은 **공사가 관계법령에 따른 사업을 시행하는 경우 법률상 부여받은 행정작용권한을 행사하는 것으로 보아야 할 것이므로** 같은 공사가 시행한 택지개발사업 및 이에 따른 **이주대책에 관한 처분은 항고소송의 대상이 된다.**

참고판례 2: 대법원 1990.3.23. 선고 89누4789 판결 [기타소득세등부과처분무효확인]

원천징수하는 소득세에 있어서는 납세의무자의 신고나 과세관청의 부과결정이 없이 법령이 정하는 바에 따라 그 세액이 자동적으로 확정되고, **원천징수의무자는 소득세법 제142조 및 제143조의 규정에 의하여 이와 같이 자동적으로 확정되는 세액을 수급자로부터 징수하여 과세관청에 납부하여야 할 의무를 부담하고 있으므로,** 원천징수의무자가 비록 과세관청과 같은 행정청이더라도 그의 원천징수행위는 법령에서 규정된 징수 및 납부의무를 이행하기 위한 것에 불과한 것이지, **공권력의 행사로서의 행정처분을 한 경우에 해당되지 아니한다.**

**해 설** 소득세법상의 원천징수의무자는 행정주체가 아니며 원천징수의무자의 원천징수행위는 행정처분이 아니라고 본 판례이다. 이처럼 원천징수의무자의 행정주체성을 부인하게 되면 그것이 공무수탁사인이라고 보는 전통적인 개념을 유지하기 어렵게 된다. 그리하여 이러한 판례이론에 따라 원천징수의무자의 법적 성격을 공의무부담사인이라든가, 행정보조인으로 파악하려는 견해가 등장하게 되었다. 이 판례를 그대로 받아들이면 원천징수의무자는 공의무부담사인이라고 할 수 있을 것이다.

### 4. 공사협력행정(Public-Private Partnership : PPP)과 공무수탁사인의 법률관계

오늘날 민관협력 또는 공사협력행정이 증가하면서 공무를 처리하는 민간단체나 기업이 다수 존재하고 있다. 이러한 민간단체나 기업들은 행정작용의 일환을 수행한다는 점에서 이를 어떻게

166) 조합을 설립하면 조합설립인가 시에 행정주체와 행정청의 지위가 부여된다.
167) 대법원 2013.6.13. 선고 2011두19994 판결.

법적으로 이해하고 그 법적책임을 확보하는가 하는 것이 중요한 법적 문제로 제기된다.

#### (1) 공사협력행정과 공의무부담사인

앞서 언급한 것처럼 조세나 건강보험료의 원천징수의무를 지거나 석유의 비축의무를 지는 민간기업이나 단체는 공의무부담사인으로 보는 것이 타당할 것이다. 공의무부담사인에 대해서는 행정권한이 부여되지는 않으므로 그에 대해 공법적 책임을 묻거나 그 활동에 행정절차법을 적용할 수는 없을 것이다.

#### (2) 공사협력행정과 행정보조인

행정보조인은 행정임무를 자기책임으로 수행하는 것이 아니라, 단순한 도구로서 행정을 보조하는 자를 말한다. 예컨대, 자동차견인업자, 폐기물수집·운반 및 처리의 대행업자, 감정평가사 등이 그것이다.

#### (3) 공무수탁사인의 법적 지위와 법률관계

공무수탁사인은 특정한 공법상의 권한이 위탁된 법적 지위를 가진 자를 의미한다. 민간위탁에 대한 법적 근거로서는 정부조직법 제6조 제3항과 지방자치법 제117조 제3항을 들 수 있다. 그런데 '행정권한의 위임 및 위탁에 관한 규정'은 국민의 권리·의무와 직접 관계되지 않는 사무만을 민간에 위탁할 수 있는 것으로 규정하고 있기 때문에(제11조 제1항), 국민의 권리나 의무와 직접 관계있는 사무를 민간에게 위탁할 때에는 정부조직법 제6조나 지방자치법 제117조와는 다른 별도의 법적 근거를 요한다고 하여야 한다.

공무의 사인에 대한 위탁은 법령에 의해서 직접 이루어질 수도 있고 행정행위나 공법상계약에 의해서도 이루어질 수 있다. '행정권한의 위임 및 위탁에 관한 규정'은 권한의 민간위탁시에는 위탁에 관한 계약을 체결하도록 하고 있다. 공무위탁이 이루어지면 행정주체와 공무수탁사인간에는 일종의 공법상의 위임관계가 성립하게 된다. 이에 따라 공무수탁사인은 공무위탁을 한 행정주체에 대해 위탁수수료나 보조금 또는 비용의 상환을 청구할 권리를 가지게 된다.

공무수탁사인이 행한 행정처분이나 행정지도 등에 대해서는 행정절차법이 적용되고, 이론상 공무수탁사인은 당사자소송의 피고가 될 수 있을 뿐 아니라 항고소송의 피고적격 및 행정심판의 피청구인적격을 가진다. 또한 국가배상법 제2조 제1항은 국가배상법상의 불법행위자로 '공무원 또는 공무를 위탁받은 사인'을 명시하고 있어 공무수탁사인의 불법행위에 대해서는 그 공무를 위탁한 행정주체를 대상으로 국가배상청구권을 행사할 수 있다.

### 제3관 행정법관계의 특질

행정법관계의 본질은 공법관계이므로 행정법관계는 사법관계에 비해 다음과 같은 특질을 가진다.

첫째, 행정법관계에서는 사법관계에 비해 법적합성에 대한 요구가 강하다. 사법관계에서는 계약자유의 원칙이 적용되므로 사법은 행위규범으로서의 성격이 약하다. 그러나 행정법관계에서는 법치행정의 원리상 당사자 의사의 자치보다 법령에 대한 적합성이 강하게 요구된다.

둘째, 행정법관계 가운데 권력관계에서는 설사 위법하더라도 일단 집행이 되는 행정행위의 공정력이 인정되므로, 사법관계에서 위법이 주장되는 경우 사법부의 판단을 받아야만 집행할 수 있는 것과 다르다.

셋째, 행정법관계 가운데 권력관계에서는 사법관계에서와 다르게, 쟁송제기기간이 지나면 불가쟁력이 발생하여 쟁송을 제기할 수 없게 되고, 확인행위와 같은 행정행위에 대해서는 추후에 처분청이라도 그 내용을 변경할 수 없는 불가변력이 발생하게 된다. 불가쟁력이나 불가변력과 같은 특수한 효력이 인정된다는 점에서 행정법관계의 특질이 있다.

넷째, 행정법관계에서는 사법부의 도움을 받지 않고 대집행 등의 행정강제로 집행을 확보할 수 있는 경우가 있어서, 그 강제성의 면에서 사법관계와 다르다고 할 수 있다.

다섯째, 행정법관계에서의 권리는 동시에 공익을 위한 의무의 성격을 가지므로 상대적인 성격을 가지게 되고, 또한 자유롭게 이전할 수 없다는 점에서 불융통성을 가지는 것이 보통이며, 한편 권리행사를 대신하거나 대체할 수 없다는 점에서 비대체성을 특징으로 한다.

여섯째, 행정법관계에서의 권리구제는 행정심판이나 행정소송 등의 행정쟁송에 의하거나 국가배상이나 손실보상 등의 행정상손해전보제도에 의하여야 하는 등, 민사구제제도와는 다른 제도를 통해 이루어진다는 점에서 특수성을 가진다.

## 제4관 행정법관계의 내용(개인적 공권론)

### 1. 국가적 공권과 개인적 공권

#### (1) 국가적 공권과 개인적 공권

행정법관계는 공법상의 권리와 공법상의 의무로 구성되는 법률관계이다. 그런데 공법상의 권리와 공법상의 의무는 표리의 관계에 있는 것으로서 행정법관계의 한 당사자에게 공권인 것이 다른 당사자에게는 공의무에 해당하는 것이다. 따라서 행정상의 법률관계론에서는 공권과 공의무의 양 측면 가운데 공권을 주된 검토대상으로 한다.

공권에는 국가 등 행정주체가 행정객체에 대하여 가지는 국가적 공권과 행정객체가 국가 등 행정주체에 대해 가지는 개인적 공권이 있다. 국가적 공권은 국가가 행정강제, 행정벌 등을 통해 스스로 보호하므로 침해의 가능성이 별로 없어 법이론상 깊이 따질 실익이 없다. 그러나 개인이 행정주체에 대해 가지는 개인적 공권은 자칫 침해될 가능성이 크다. 따라서 공권론의 핵심은 개인적 공권이 된다(이하 본서에서 공권이라 칭하는 것은 특별한 경우가 아니면 '개인적 공권'이라는 의미로 사용된 것이다).

이처럼 사인인 행정객체가 국가 등 행정주체에 대해 권리를 가진다는 것은 근대적 사고의 산물이다. 그런데 문제는 지방자치단체 등의 공공단체도 개인적 공권의 주체가 될 수 있는가 하는 점이다. 생각건대 행정주체도 법적으로 행정객체의 위치에 서게 될 때 개인적 공권의 주체가 될 수 있다고 보아야 할 것이다. 판례도 이를 긍정하고 있다.[168)]

### (2) 개인적 공권의 종류

개인적 공권을 어떻게 분류할 것인가 하는 것은 어려운 이론적 주제이다. 다만 전통적으로 널리 알려진 것은 옐리네크(Jellinek)에 의한 분류법이다. 그는 국가에 대한 국민의 지위에서 공권을 도출하였는데, 국가에 대한 국민의 소극적 지위에서 자유권이 나오고 적극적 지위에서 수익권이 나오며 능동적 지위에서 참정권이 나온다고 보았다. 또한 수동적 지위에서 공의무가 도출된다고 보았다. 옐리네크의 분류법이 역사적 의의가 있으나 현대국가에서 국민의 법적 지위가 다양화되고 있기 때문에 권리의 분류도 훨씬 복잡해지고 있다.

## 2. 개인적 공권의 개념과 성립요건

### (1) 공권의 개념

공권이란 공법상의 권리를 의미한다. '권리'가 무엇인가 하는 것은 매우 철학적인 주제이지만 쟁송제도와 관련하여 볼 때, 권리가 존재한다는 것은, 법질서를 통해 얻는 이익이 있고 그 이익을 관철할 수 있는 법적 힘이 있다는 것을 말하는 것이다. 이에 반해 법질서를 통해 일정한 이익이 발생하지만 그것을 지킬 수 있는 법적 힘이 부여되지 않을 때 그 이익은 단순히 '반사적 이익(反射的 利益)'이라 하고 이를 공권이나 법률상 이익 등과 구별한다. 예컨대, 수입관세의 인하로 인하여 수입업자가 받는 이익과 같은 것이 반사적 이익이다.

참고판례: 대법원 2014.2.21. 선고 2011두29052 판결 [생태자연도등급조정처분무효확인]

**환경부장관이 생태 · 자연도 1등급으로 지정되었던 지역을 2등급 또는 3등급으로 변경하는 내용의 생태 · 자연도 수정 · 보완을 고시하자, 인근 주민 갑이 생태 · 자연도 등급변경처분의 무효 확인을 청구한 사안에서,** 생태·자연도의 작성 및 등급변경의 근거가 되는 구 자연환경보전법(2011. 7. 28. 법률 제10977호로 개정되기 전의 것) 제34조 제1항 및 그 시행령 제27조 제1항, 제2항에 의하면, **생태 · 자연도는** 토지이용 및 개발계획의 수립이나 시행에 활용하여 자연환경을 체계적으로 보전·관리하기 위한 것일 뿐, **1등급 권역의 인근 주민들이 가지는 생활상 이익을 직접적이고 구체적으로 보호하기 위한 것이 아님이 명백하고,** 1등급 권역의 인근 주민들이 가지는 이익은 환경보호라는 공공의 이익이 달성됨에 따라 **반사적으로 얻게 되는 이익에 불과하므로,** 인근 주민에 불과한 갑은 생태·자연도 등급권역을 1등급에서 일부는 2등급으로, 일부는 3등급으로 변경한 결정의 무효 확인을 구할 **원고적격이 없다**고 본 원심판단을 수긍한 사례.

해 설 생태·자연도 등급의 결정으로 인근 주민들의 이익에 영향이 있으나 그러한 등급의 결정은 인근

168) 대법원 2014.2.27. 선고 2012두22980 판결.

주민들의 사익을 보호하고자 하는 것이 아니라 일반 공익을 달성하기 위한 것이므로 그와 관련된 인근주민의 이익은 반사적 이익에 불과하다고 판시하였다.

### (2) 개인적 공권의 성립

개인적 공권은 법질서를 통해 성립한다. 즉, 헌법이나 법률, 법규명령 등의 규정에 의해 공권이 직접 성립하거나, 공법상계약이나 행정행위 등을 통하여 성립할 수도 있다. 공법상계약이 반드시 법적 근거를 요하지 않는다는 입장에 선다면 개인적 공권은 법적 근거 없이도 성립할 수 있다고 할 것이다. 그러나 대부분의 공권은 법적 근거 하에 법해석을 통하여 그 성립을 인정할 수 있다고 할 것이다.

공권이론에 중요한 기여를 한 독일의 공법학자 뷜러(Bühler)는 법률, 법규명령 등의 규정에 의하여 공권이 성립하기 위해서는 ① 강행법규의 존재, ② 사익보호성, ③ 청구권능의 부여(소구가능성) 등의 3가지 요소를 충족시켜야 한다고 한다. 즉 행정주체에게 의무를 발생시킬 수 있는 강행법규가 있어야 하며, 그 법규가 개인의 이익을 보호하는 것이어야 하고, 그러한 보호를 쟁송을 통하여 청구할 수 있어야 한다는 것이다. 그런데 뷜러 시대와는 달리 오늘날 소송대상에 있어서 개괄주의가 채택되어 있어 특별한 경우가 아닌 한 실체법적으로 이익이 보호되고 있다면 당연히 소송을 통한 구제가 가능한 것이므로 세 번째의 요소는 오늘날 큰 의의가 없다고 볼 수 있다. 그러나 독일과 달리 우리나라는 실체법상의 권리를 실현할 수 있는 소송법상의 구제수단이 아직은 미비하기 때문에 뷜러의 세 번째 요소가 아주 의미가 없다고 할 수는 없다. 다만 우리나라에서는 헌법소원 제도에 의한 권리구제가 활발하기 때문에 기본권을 실현하는 의미를 가지는 공권의 경우에는 소송법상 구제수단이 완비되어 있다고 할 수 있다. 그리고 강행법규의 존재는 행정법질서에서 흔히 발견될 수 있는 것이고 강행법규가 아닌 행정법규가 오히려 예외적인 것이기 때문에 실제로 뷜러의 이론에 의하면 그 강행법규가 사익보호성을 가지고 있느냐의 여부에 의해 공권의 성립여부가 결정이 된다고 할 것이다.

## 3. 항고소송에서의[169] 공권과 법률상 이익, 법률상보호이익

근대국가에서 개인적 공권은 원래 제한적으로 인정되어 왔다. 그러나 현대국가에 이르기까지 국가의 기능이 확대되고 급부행정의 영역이 확장되면서 개인의 이익과 그 보호를 규정하는 법령의 규정방식은 다소간의 변화를 겪어 왔다. 그리하여 단순히 개인에게 어떠한 권리가 부여된다는 식의 규정방식에서 벗어나 일차적으로 공익을 보호하지만 부차적으로 사익을 배려하는 형태의 규정방식이 나타나게 되었다. 이렇게 법령이 개인의 이익을 보호하는 방식이 다양하게 됨에 따라, 전통적인 개념인 공권과는 다른 법률상 이익, 법률상보호이익이라는 용어가 등장하게 되었다. 여기서 공권은 항고소송에 국한된 의미를 가지는 것이 아니라 당사자소송 그 밖의 권리구제제도 등과도 광범위한 관련을 가지는 개념이다. 그런데 법률상 이익 또는 법률상보호이익은 주

169) 편의상 항고소송 중심으로 서술하지만 행정심판의 청구인적격에서도 동일한 논의가 적용된다.

로 행정쟁송법상 문제되는 개념이다. 그리하여 행정소송법과 행정심판법은 법률상 이익을 가진 자는 쟁송을 제기할 수 있는 자격인 원고적격(항고소송의 경우)이나 청구인적격(행정심판의 경우)을 가진다고 규정하고 있다. 그리고, 법률상보호이익은 법률에 규정된 법률상 이익을 어떤 의미로 이해할 것인가에 대한 설명으로 나온 개념으로서, 법률상 이익은 법률이 보호하는 이익이라고 해석하는 입장에서 나온 용어이다. 어쨌든 법률상 이익 또는 법률상보호이익은 행정쟁송에 관한 한 그 기능 면에서는 공권과 다름없이 법의 보호를 받고 있으므로 행정쟁송법상으로는 공권과 법률상 이익 그리고 법률상보호이익은 그 역사적 의의나 법령의 규정방식에서 차이가 있을지는 모르지만 기능적으로는 동의어로 사용할 수 있다.

### 4. 공권과 기본권

공권은 기본권과 다르다. 공권은 주로 법률이나 법률행위를 원인으로 성립하고 기본권은 헌법규정을 근거로 성립함이 원칙이다. 그런데 기본권을 공권의 일종으로 취급할 수 있을 것인지가 문제이다. 헌법재판소는 기본권을 근거로 항고소송을 제기할 수 있음을 인정하였기 때문에[170] 그 가능성을 인정하고 있다. 학설상으로도 이와 같은 헌법재판소의 입장이 지지를 받고 있다고 본다. 법령이 공권에 대한 보호를 완전하고 충분하게 규정하기 어렵기 때문에 기본권을 공권의 한 종류로 인정하여 법률이 충분한 보호를 인정하지 않고 있는 경우에 기본권이 침해되고 있다면 그것을 근거로 행정소송을 제기할 수 있도록 하는 것이 타당하다고 본다.

대법원은 이 문제에 대해 침묵하고 있으나 뚜렷한 법적 근거없이 사법상 계약에 근거하여 이루어진 거래정지나 물량배정중지에 대하여 처분성을 인정하는 일련의 대법원 판례[171]가 사법상 계약에 의한 권리의 침해를 기본권의 침해로 보고 원고적격을 인정하였을 가능성이 있다.

### 5. 공권과 항고소송[172]의 원고적격

#### (1) 개설

공권은 항고쟁송만이 아니라 당사자소송, 민사소송, 헌법소원[173] 등 다양한 권리구제수단으로 보호될 수 있다. 그러나 이러한 공권의 권리구제수단 중 가장 핵심이 되는 것은 항고소송과 행정심판이라 할 것이다. 특히 항고소송과 공권과의 관련을 이하에서 검토해보기로 한다.

#### (2) 항고소송에서의 원고적격 인정범위에 대한 학설과 개인적 공권

실체법에서의 개인적 공권론은 항고소송에서의 원고적격의 인정범위와 매우 밀접한 관련이 있다. 이 관련을 분석하기 위해 먼저 항고소송에서의 원고적격 인정범위에 대한 학설을 검토해

---

170) 헌법재판소 1998.4.30. 선고 97헌마141 결정.
171) 대법원 2018.11.29. 선고 2017두34940 판결; 대법원 2018.11.29. 선고 2015두52395 판결; 대법원 2020.5.28. 선고 2017두66541 판결; 대법원 2019.5.10. 선고 2015두46987 판결(이 판결에서 문제된 것은 물량배정중지행위를 처분으로 본 것이다).
172) 행정심판에서도 마찬가지이다. 다만 행정심판에서는 원고적격이 아니라 청구인적격이라는 용어를 사용한다.
173) 기본권의 실현과 관련되어 있는 공권인 경우.

본다. 이 학설들은 구체적으로 행정소송법 제12조의 법률상 이익의 인정범위를 어느 정도까지로 할 것인가 하는 것에 대한 것이라 할 수 있다.

① **권리향수회복설**: 이 학설은 원고적격은 쟁송의 대상이 되는 법률관계에서 전통적인 공권을 가진 자에게 허용된다는 것이다. 그러나 이미 살펴본 바와 같이 현대 법령의 규정방식이 근대국가의 그것과 다르기 때문에 전통적 의미의 공권을 가진 자에게만 원고적격을 인정하는 것은 원고적격의 인정범위가 좁다는 문제가 있다.

② **법률상보호이익설**: 오늘날의 지배적 학설이자 판례의 입장이다. 전통적 의미의 공권만이 아니라 법률이 공익보호와 더불어 보호하는 사익을 가진 자도 원고적격을 인정받을 수 있다고 본다. 따라서 원고적격의 인정여부는 법률이 보호하고 있느냐는 점에 달려있고, 이것은 보호하는 규범이 존재하는가 하는 문제를 중심으로 논의된다. 따라서 이러한 견해를 보호규범론이라고 하기도 한다.

③ **법률상보호가치이익설**: 이 학설은 법률상보호이익설이 현재 법률(법령)의 해석상 보호되고 있는 가치를 가진 자에게 원고적격을 인정하는 데서 한걸음 나아가 현재의 법률이 보호하지 않고 있는 사실적·경제적 이익일지라도 보호할 가치가 있다고 인정되면 그 이익을 가지는 자에 대하여 원고적격을 인정할 수 있다는 입장이다.

④ **처분의 적법성 보장설**: 이 학설은 현재의 행정소송법 제12조의 해석론으로서는 적절하지 않아 보이는 이상론의 입장에 서 있다. 즉, 항고소송제도의 본질을 권익구제 보다는 행정의 적법성 보장으로 보고 항고소송의 대상인 처분의 적법성을 따지기에 가장 적절한 위치에 있는 자라면 그의 이익을 법이 보호하지 않고 있다 하더라도 원고적격을 인정할 수 있다고 한다. 그러나 이 학설은 법해석론의 범주를 벗어나는 견해라고 할 수 있다. 행정소송제도의 본질에 대한 이해를 달리하기 때문이다.

#### (3) 실체법적 공권 개념과 소송법상의 원고적격

위에서 살펴본 원고적격에 관한 통설과 판례인 법률상보호이익설의 입장에 따르면 행정소송법 제12조의 법률상 이익이란 바로 법률상보호이익이고 실체법적으로 공권 또는 법률상 이익, 법률상보호이익이 인정된다는 것은 행정쟁송법적 관점에서는 그를 가진 자에게 항고소송의 원고적격, 행정심판의 청구인적격이 인정된다는 의미가 된다.

#### (4) 반사적 이익의 보호이익화 경향

법률상보호이익설에 의거하여 원고적격이 인정되는가 하는 것을 판단하는 일은 주로 법령의 해석작업이라고 할 수 있다. 동일한 입법문언을 어떻게 해석하는가에 따라 법령이 다루고 있는 이익을 법률상보호이익이라 볼 수도 있고 그렇지 않다고 볼 수도 있다. 예컨대 특정 법령이 "(특정 개인의)이익을 (행정결정에 있어서) 고려하여야 한다."라는 식으로 규정하고 있을 경우, 이를 법률이 보호하고 있는 이익이라고 볼 것인지 아닌지 문언만으로 선뜻 판단하기는 쉽지 않을 것이다. 그런데 오늘날은 종래에 법률상보호이익이 아니라 반사적 이익에 불과하다고 판단하였던 것도 법률상보호이익이라고 재해석되는 경우가 증가되는 경향에 있다. 이를 '반사적 이익의 보호이익화 경향'이라고 한다. 이러한 경향에 의해 원고적격의 인정범위는 조금씩 확대되어 왔다.

구체적으로 '반사적 이익의 보호이익화 경향'은 다음의 두 가지 방법에 의해 이루어져 왔다.

첫째로, 법해석규칙을 달리 적용함으로써 종래 반사적 이익으로 해석되던 것을 법률상보호이익으로 해석하는 방법이다. 법해석에 있어서 목적론적 해석과 헌법합치적 해석, 그리고 의심스러울 때에는 그 규범이 공익뿐 아니라 개인의 이익도 보호하는 것으로 해석하는 등의 방식으로 원고적격의 인정범위를 확대시켜 온 것이다.

둘째로, 보호규범인 법령의 범위를 확대시킴으로써 법률상보호이익의 범위를 확장시켜왔다. 그리하여 오늘날 우리 대법원 판례는 보호규범으로서 ① 처분의 근거법규 만이 아니라, ② 근거법규가 인용하고 있는 다른 법규로서 처분과 관련 있는 것, ③ 근거법규는 아니나 근거법규에 의한 처분과 단계적인 관계에 있는 처분의 근거법규, ④ 근거법규나 관련법규에 명시적인 보호가 규정되어 있지 않으나 해석상 보호되고 있다고 볼 수 있는 경우까지도 인정하고 있으며[174] 헌법재판소는 ⑤ 헌법상의 기본권규정도 보충적으로 항고소송의 원고적격의 인정근거가 되는 보호규범으로 승인하고 있다.[175]

구체적으로 종래 반사적 이익이 보호이익으로 재해석되고 있는 경우를 살펴보기로 한다.

① **경찰허가로 인한 이익**: 종래 특허와 달리 경찰허가는 자연적 자유를 회복시켜주는 것이지 권리나 이익을 부여하는 것이 아니라 하여, 경찰허가로 얻는 이익은 반사적 이익에 불과한 것으로 보고 그에 대한 침해에 대해 원고적격을 인정하지 않았다. 그러나 오늘날 특허와 허가의 구별이 상대화되면서 경찰허가로 얻는 이익에 대해서도 법령의 규정방식에 따라서는 이를 법률상 보호이익으로 해석하고 원고적격을 인정하는 경우가 발생하였다.

② **공물의 일반사용에 의하여 얻는 이익**: 공물의 일반사용으로 얻는 이익은 종래 반사적 이익으로 보고 그 침해에 대해 항고소송을 제기할 원고적격을 인정하지 않았으나 근래에는 특히 도로 인근주민의 일반사용에 대한 이익은 법률상 이익으로 인정하여 인근주민은 도로폐지 등에 대한 항고소송을 제기할 수 있는 것으로 보는 것이 보통이다.

③ **다른 사람에 대한 행정청의 행위와 관련되는 제3자의 이익**: 언뜻 보기에는 반사적 이익으로 볼 소지도 있으나, 예컨대, 공해기업의 허가 또는 규제로 인하여 얻는 제3자의 이익은 오늘날 법률상 이익으로 인정되고 있는 추세이다. 이와 관련하여 새로운 건축물허가에 있어서 건축주의 건축행위를 허가해 줌으로써 인근주민의 이익이 침해되는 경우, 인근주민에게 원고적격을 인정할 수 있을 것인가 하는 점이 특히 문제된다. 근거법규나 관련법규 등이 인근주민이 수인한도를 넘는 침해를 받지 않도록 개별적 이익을 보호하려는 목적과 취지를 가지고 있고 실제로 그러한 침해나 침해의 우려가 입증 등을 통하여 확인된다면 인근주민의 원고적격을 인정하는 것이 타당할 것이다.[176][177]

---

174) 대법원 2013.9.12. 선고 2011두33044 판결.
175) 헌법재판소 1998.4.30. 선고 97헌마141 결정.
176) 대법원 2011.1.20. 선고 2010두14954 전원합의체 판결 중 대법관 박시환, 이홍훈의 반대의견 참조. 다만 이부분에 대한 두 대법관의 의견은 다수의견에 대한 반대의견으로서가 아니라 건축허가에서의 인근주민에 대한 원고적격 인

④ **공공부조로 받는 이익**: 과거에는 공공부조로 받는 이익은 국가가 시혜적으로 베푸는 것으로 그것을 공권이나 법률상 이익으로 관념하지 않는 시대가 있었으나 오늘날에는 공공부조로 받는 이익도 반사적 이익에 그치는 것이 아니라 일종의 공권 또는 법률상 이익으로 본다.

## 6. 재량영역에서의 공권

언뜻 보기에는 재량영역에서는 행정청에게 적용되는 강행법규가 존재하지 않으므로 공권이 발생하기 어려울 것 같다. 그러나 2차대전 이후의 재량이론은 모든 재량은 '의무에 합당한 재량'이라고 하고, 따라서 재량영역에도 "의무에 합당한 재량을 행사하여야 한다."는 의미의 강행법규가 존재하고 이를 위반할 때에는 재량권의 일탈·남용이 되어 위법하다는 이론을 발전시켰다. 이처럼 재량영역에서도 강행법규의 존재가 인정되는 이상 보호규범이 존재하여 사익보호성이 있다면 그 사익은 공권(법률상 이익)으로 인정되어 보호받게 된다.

요컨대 기속행위에서뿐 아니라 재량행위와 관련하여서도 공권이 성립할 수 있다. 이하 재량영역에서 발생하는 공권에 대해 살펴본다.

### (1) 무하자재량행사청구권

재량영역에서 강행법규가 존재할 수 있는데, 그 강행법규는 하자 없는 재량을 행사하여 재량권의 일탈이나 남용이 되지 않도록 하여야 한다는 것이다. 따라서 뷜러의 공권성립의 요소를 검토해 볼 때, 강행법규인 근거법규 등이 사익을 보호하는 보호규범으로 인정될 수 있다면, 그 한도 안에서 공권(법률상 이익)이 성립한다. 이러한 공권은 재량영역에서 행정청에게 하자 없는 재량을 행사할 청구권의 의미를 가진다. 이 청구권을 무하자재량행사청구권이라 한다.

그런데 무하자재량행사청구권의 발생근거가 된 강행법규는 특정한 행위를 하도록 하는 규범이 아니라 재량권의 일탈이나 남용이라는 한계를 벗어나지 않도록 요구하는 규범이다. 따라서 무하자재량행사청구권은 특정행위요구권이 아니라 어떠한 틀 안에 해당하는 행위를 해달라는 요구권, 즉 형식적 공권이라고 할 것이다. 그러나 무하자재량행사청구권은 실체적인 권리이지 절차에 관한 절차권은 아니다.[178] 즉 무하자재량행사청구권은 특정행위를 요구하지 않을 뿐, 특정한 범주에 해당하는 행위를 요구하는 실체적 권리인 것이다. 따라서 무하자재량행사청구권을 침해하였다는 이유로 행정처분에 대한 취소를 구할 수 있으며, 재량권의 일탈이나 남용에 해당하는 부작위나 거부에 대해서는 의무이행심판이나 부작위위법확인소송, 거부처분취소쟁송을 제기할

---

정에 관한 소견이다.

177) 독일에서는 이러한 경우 고려명령이론이 활발히 논의되고 있으나 우리나라에서는 이 이론은 아직 참고적인 의미를 가지고 있을 뿐이다. 정남철, "건축법상의 고려명령과 인인보호를 위한 법적 의미", 『토지공법연구』 제21권, 2004, 445면 이하 참조.

178) 무하자재량행사청구권을 절차권으로 이해하는 것은 일본으로부터 비롯된 것이다. 이것은 독일에서 처음에는 행정청의 재량행사와 관련하여 신민에게 인정하던 권리를 제한적, 소극적으로 이해하던 것을 오해하여 재량행사에 대한 신민의 권리를 formelles Recht라고 한 것을 절차권으로 이해한 데서 비롯된다. 이에 대한 자세한 설명은 Yoo Hwan Kim, The Formation and Development of the Korean Administrative Procedure Act: From the Perspective of Legal Transfer, KLRI Journal of Law and Legislation, Vol.14. No.2, 2024, pp. 44−46 참조.

수 있게 된다.

그런데 무하자재량행사청구권은 재량영역에서 성립하여 다른 공권에 비해 그 내용이 특정되지 않았다는 점에서 차이가 있는 것을 총칭한 것에 불과하고 그 자체가 구체화되어 있는 개개의 공권 중의 하나라고 할 수는 없다. 따라서 무하자재량행사청구권은 각 개별법령의 규정에 따라 수많은 형태로 존재한다.

우리 판례는 아직 명시적으로 이 용어를 사용하고 있지는 않다. 다만 판례는 다음 참고판례에서와 같이 무하자재량행사청구권을 실질적으로 인정하는 태도를 보이기도 하였다.

참고판례 1: 대법원 1991.2.12. 선고 90누5825 판결 [검사임용거부처분취소]

검사의 임용에 있어서 임용권자가 임용여부에 관하여 어떠한 내용의 응답을 할 것인지는 임용권자의 자유재량에 속하므로 일단 임용거부라는 응답을 한 이상 설사 그 응답내용이 부당하다고 하여도 사법심사의 대상으로 삼을 수 없는 것이 원칙이나, 적어도 재량권의 한계 일탈이나 남용이 없는 위법하지 않은 응답을 할 의무가 임용권자에게 있고 이에 대응하여 **임용신청자로서도 재량권의 한계 일탈이나 남용이 없는 적법한 응답을 요구할 권리가 있다고 할 것이며, 이러한 응답신청권에 기하여 재량권 남용의 위법한 거부처분에 대하여는 항고소송으로서 그 취소를 구할 수 있다고 보아야 하므로 임용신청자가 임용거부처분이 재량권을 남용한 위법한 처분이라고 주장하면서 그 취소를 구하는 경우에는 법원은 재량권남용 여부를 심리하여 본안에 관한 판단으로서 청구의 인용 여부를 가려야 한다.**

참고판례 2: 대법원 2020.12.24. 선고 2018두45633 판결 [중국전담여행사지정취소처분취소]

행정청이 관계 법령의 규정이나 자체적인 판단에 따라 처분상대방에게 특정한 권리나 이익 또는 지위 등을 부여한 후 일정한 기간마다 심사하여 갱신 여부를 판단하는 **이른바 '갱신제'를 채택하여 운용하는 경우에는, 처분상대방은** 합리적인 기준에 의한 공정한 심사를 받아 그 기준에 부합되면 특별한 사정이 없는 한 갱신되리라는 기대를 가지고 **갱신 여부에 관하여 합리적인 기준에 의한 공정한 심사를 요구할 권리를 가진다.**

해 설 이 판례에서 문제되는 처분은 재량행위에 해당하고 이 판례에서 말하는 공정한 심사를 요구할 권리라는 것은 그러한 권리가 명시적으로 규정되어 있지는 않으므로 무하자재량행사청구권을 의미한다고 해석된다.

### (2) 행정개입청구권

행정개입청구권이란 행정청에 대하여 자신을 위하여 타인에게 행정권을 발동할 것을 청구할 수 있는 권리를 말한다.

원래 이 권리는 경찰행정법의 영역에서 경찰에게 인정되는 편의재량을 제한하고 재량행위라 하더라도 재량권이 영으로 수축되는 경우에는 경찰권의 발동의무가 있음을 인정하기 위하여 개념화된 것이라고 할 수 있다. 따라서 원래의 행정개입청구권은 재량행위의 영역에서 무하자재량행사청구권이 있고 재량권이 영으로 수축되어 무하자재량행사청구권의 행사가 곧 특정한 행정청의 개입행위를 요구하는 특정행위요구권으로 전환될 때 인정되던 권리였다.

재량권이 수축된다고 함은 원래는 행정청이 재량을 가지고 있다 하더라도 특별한 사정에 의해 재량행사의 다른 선택지를 선택할 수 없게 되어, 의무에 합당한 재량행사가 유일한 하나의 행위로 국한되고 따라서 특정행위를 하는 것이 오로지 의무에 합당한 재량의 행사가 되는 경우를 말한다.

기속행위 영역에서도, 개념 그 자체로서의 행정개입청구권을 인정하지 못할 바 아니지만, 특별히 기속행위에 있어서 이렇게 행정개입청구권이라고 별도로 명명할, 단순한 개념화를 넘어서는 필요성이 존재하지 않는다. 그러므로 행정개입청구권의 본래 의의는 여전히 재량행위에서 재량권의 영으로의 수축시 무하자재량행사청구권이 특정행위요구권으로 전환되는 특성에 존재한다고 할 것이다.

어쨌든 오늘날의 행정개입청구권은 원래 경찰개입청구권으로 인정되던 데서 한걸음 나아가 일반화되어 모든 행정영역에서 인정되는 것이라고 할 수 있다. 그리하여 재량이 인정되는 행위에서, 재량권이 수축되어 무하자재량행사청구권의 행사가 곧 특정행위요구권으로 귀결될 때 이를 행정개입청구권이라 할 수 있다.

행정개입청구권을 행사하기 위한 쟁송수단으로서는 행정처분의 취소나 무효를 구하는 항고쟁송, 그리고 부작위나 거부에 대한 쟁송, 즉 거부처분취소소송이나 부작위위법확인소송, 의무이행심판 등을 들 수 있다. 행정개입청구권의 인정여부에 대해 우리 판례의 태도는 반드시 명확하지는 않다. 그러나 판례는 기속행위 영역에서든 재량행위 영역에서든 행정개입청구권을 부인할 아무런 이유나 선례 및 이론을 가지고 있지 않다고 본다.

참고판례: 대법원 2017.11.9. 선고 2017다228083 판결 [손해배상(기)]

경찰은 범죄의 예방, 진압 및 수사와 함께 국민의 생명, 신체 및 재산의 보호 기타 공공의 안녕과 질서유지를 직무로 하고 있고, 직무의 원활한 수행을 위하여 경찰관 직무집행법, 형사소송법 등 관계 법령에 의하여 여러 가지 권한이 부여되어 있으므로, 구체적인 직무를 수행하는 경찰관으로서는 제반 상황에 대응하여 자신에게 부여된 여러 가지 권한을 적절하게 행사하여 필요한 조치를 취할 수 있는 것이고, 그러한 권한은 일반적으로 **경찰관의 전문적 판단에 기한 합리적인 재량에 위임되어 있는 것이나, 경찰관에게 권한을 부여한 취지와 목적에 비추어 볼 때 구체적인 사정에 따라 경찰관이 권한을 행사하여 필요한 조치를 취하지 아니하는 것이 현저하게 불합리하다고 인정되는 경우에는 그러한 권한의 불행사는 직무상의 의무를 위반한 것이 되어 위법하게 된다.**

**해 설** 항고소송을 제기할 수 있는 근거로서 행정개입청구권이라는 용어를 사용한 것은 아니지만 재량권이 영으로 수축되면 행정개입을 하지 않은 것이 의무위반으로서 위법한 것이라고 판시함으로써 실질적으로 행정개입청구권을 인정하고 있다.

## 7. 공권의 특수성

개인적 공권은 개인에게 권리이지만 동시에 공익을 위한 행위로서의 측면이 있다. 따라서 권리로서는 상대적인 성격을 가지며 공익성을 띤다고 할 수 있다. 이러한 개인적 공권의 공익성과 상대성으로 인하여 개인적 공권은 불융통성, 비대체성 및 보호의 특수성을 가진다.

### (1) 개인적 공권의 불융통성 · 비대체성

개인적 공권은 쉽사리 포기할 수도 이전할 수도 없는 경우가 많다. 예컨대, 봉급청구권이나 투표권은 미리 포기할 수 없다. 다만 불행사할 수는 있다. 또한 공무원연금청구권은 양도가 금지되어 이전할 수 없다. 투표권의 경우에는 대리행사도 불가능하다.

### (2) 개인적 공권의 보호의 특수성

개인적 공권의 보호는 사권의 보호와는 사뭇 다른 제도에 의해 이루어지고 있다. 불법행위의 경우 민법이 아니라 국가배상법이 적용되는 것이 원칙이다. 쟁송의 경우에도 행정쟁송제도 등 사권의 보호의 경우와는 다른 제도들이 적용된다.

### (3) 공권으로서의 금전채권의 소멸시효

공권으로서의 금전채권의 소멸시효는 국가재정법 제96조, 지방재정법 제82조에 따라 원칙적으로 5년이다. 이는 개인이 국가나 지방자치단체에 대해 가지는 금전채권뿐 아니라 국가나 지방자치단체가 개인에게 가지는 금전채권(예컨대 세금)의 경우에도 동일하게 적용된다.

## 8. 공법상 지위의 승계

### (1) 공법상 지위의 승계

#### ① 공법상 지위의 승계에 관한 행정절차법의 규정

공법상 지위의 승계에 대한 일반법적 규정은 존재하지 않는다. 다만 행정절차법 제10조는 행정절차에 있어서의 당사자등의 지위승계에 대하여 규정하고 있어서 실질적으로 일반법적 규율의 기능을 일부 가지고 있다. 즉 행정절차의 당사자등에는 행정처분의 상대방이 당연히 포함되므로 처분의 상대방의 지위의 승계에 대해서는 행정절차법 제10조의 규정이 적용된다고 볼 수 있다. 왜냐하면 행정절차에서의 지위승계는 곧 처분에 관련된 지위의 승계를 의미한다고 보아야 하기 때문이다.

행정절차법 제10조는 합병이나 상속 기타 법령에 의한 지위의 승계를 인정하고 있다(제1항, 제2항). 다만 이 경우 지위승계 사실을 행정청에게 통지하여야 한다(제3항). 한편 처분에 관한 권리 또는 이익을 사실상 양수한 자는 행정청의 승인을 받아 당사자등의 지위를 승계할 수 있다. 이 경우에는 행정청의 승인을 받아야 한다(제4항).

② 승계요건과 승계가능성(승계적성)

공법상 지위는 사법의 경우와 달리 상속되거나 이전될 수 없는 경우가 있다. 따라서 공법상 지위의 승계를 논하기 위해서는 승계의 요건과 승계의 가능성(승계적성)에 대한 검토가 필요하다.

행정절차법의 규정을 고려할 때 승계의 요건은 ① 승계에 대한 개별 법률의 규정이 존재하고 그 요건을 충족하는 경우 ② 상속, 합병을 한 경우 ③ 처분에 관한 권리·이익의 양도·양수를 하고 그에 대한 행정청의 승인을 받은 경우에 충족된다.

한편 승계가능성(승계적성)의 문제는 법적 지위의 일신전속성의 문제와 관련되는 것이 보통이다. 법적 지위가 대인적 요건에 의하여 부여되는 경우에는 원칙적으로 승계의 가능성이 없다. 그러나 법적 지위가 대물적 요건에 의해 부여되는 경우 대물적 이전이 이루어지면 법적 지위도 승계된다고 보아야 한다. 한편 법적 지위가 대인적, 대물적 요건의 충족에 의하여 결정되는 경우에는 대인적 요건을 충족시키는 인적 범위 내에서만 법적 지위의 이전이 가능하다.

③ 공법상 지위의 승계와 책임의 승계

공법상 지위가 승계되면 공법상의 책임도 당연히 승계된다고 보아야 한다. 행정절차법 제10조 제4항은 처분에 관한 권리나 이익을 양수한 자의 지위승계를 규정하고 있는데 이 지위의 승계에는 단순히 권리나 이익만이 아니라 책임도 승계되는 것으로 보아야 할 것이다.

**(2) 공법상의 책임의 승계(공의무의 승계와 제재사유의 승계)**

① 개별법에 명문 규정이 있는 경우의 책임의 승계

**책임승계에 대한 개별법의 규정과 내용**

행정절차법 제10조는 행정법상의 지위승계에 대해 규정하고 있으나 이는 일반적 원칙을 천명한 것에 불과하고 구체적인 상황을 규율하지는 않고 있다. 그런데 특히 문제되는 경우는 행정처분에 의한 제재를 받을 사유를 가진 영업자가 영업을 양도하거나 다른 영업체에 합병되는 등 지위의 승계가 이루어졌을 때(이 경우에는 제재사유의 승계가 문제됨) 그리고 이미 행정처분에 의해 제재를 받은 자가 제재의 효과를 피하기 위해 영업을 양도하거나 다른 영업체(주로 법인)에 합병되는 경우(이때에는 제재효과의 승계가 문제됨)라고 할 수 있다.

그런데 식품위생법 제78조나 '환경범죄 등의 단속 및 가중처벌에 관한 법률' 제14조 그리고 '석유 및 석유연료대체사업법' 제8조 등은 '행정처분효과의 승계' 등에 대해 규정하면서 영업양도나 법인합병의 경우에 제재효과나 제재사유의 승계를 명문으로 인정하고 있다.

이들 개별법의 규정방식은 완전히 동일하지는 않으나 대체로 지위승계에 따라 제재처분의 효과와 제재사유의 승계를 인정하되 승계 받은 자가 그 제재처분이나 제재사유인 위반의 사실을 알지 못하였음을 증명하는 경우에는 책임을 면할 수 있도록 규정하고 있다.

**가중제재처분과 책임승계의 기한**

먹는물관리법이나 식품위생법의 경우 제재처분의 효과는 그 처분기간이 끝난 날부터 1년간 승계인에게 승계되는 것으로 하고 있다. 이와 관련하여 가중제재처분이 법령상 규정된 경우에 구체적으로 이를 어떻게 적용할 것인가가 문제이다.

예컨대 1차 제재처분이 있고 그 후에 다시 위반이 있으면 가중제재처분이 이루어지도록 규정된 경우, 1차 제재처분이 이루어지고 그로 인한 승계가 있고, 제재처분이 있은 후 1년 이상이 경과하였을 경우에 2차 이상의 위반이 있을 때에도 1차 제재처분의 효과를 고려하여 가중제재를 할 수 있는지가 문제이다. 현재의 법제처의 법해석[179]과 지방자치단체의 관행은 일단 책임이 승계된 이상 1년이 경과되어도 그 효과의 승계를 인정하여 가중제재처분이 가능하다는 입장이지만 논란의 여지가 있다. 책임의 승계는 규제법령의 실효성을 담보하기 위하여 자기책임이 아닌 것에 대해서도 책임을 물을 수 있도록 하는 예외적인 제도인데 명문규정상 1년의 기한을 두고 승계되는 것으로 규정하고 있음에도 1년 전의 위반행위에 대해 여전히 책임을 지도록 한다는 점이 타당한 것인가에 대한 의문이 제기되고 있는 것이다. 입법적으로 분명한 규정을 두어 명쾌히 해결하는 것이 바람직하다.

② 개별법의 명문 규정이 없는 경우의 책임의 승계

개별법에 명문규정을 두지 않은 경우 행정절차법의 지위승계에 관한 규정만으로 책임의 승계와 제재사유의 승계를 인정할 수 있을 것인가에 대해서 의견이 나뉘고 있다. 명문규정이 없는 상태에서 책임이나 제재사유를 승계시키는 것은 법률유보원칙 위반이라는 견해(부정설), 그리고 법적 책임의 확보를 위하여 불가피하게 인정하여야 할 것이라는 견해(긍정설) 그리고 제한적 범위에서 이러한 책임의 승계를 인정할 수 있다는 견해(절충설) 등이 있다.

생각건대 행정절차법의 지위의 승계 규정의 해석상 이 규정을 근거로 처분에 관련된 책임의 승계를 인정하는 것은 가능하다고 본다. 다만 쟁점이 되는 것은 어느 경우에 승계를 가능하다고 할 것인지의 문제인 승계적성에 관한 논란이라고 할 수 있다.

대법원은 대인적 처분의 경우에는 원칙적으로 책임의 승계를 부인하나, 대물적 처분과 관련된 경우에는 영업양도나 법인합병 등으로 지위의 승계가 인정되면 개별법의 명문규정이 없어도 제재효과나 제재사유의 승계를 인정하는 편이다(절충설).[180]

대법원의 이러한 태도는 승계적성의 문제를 법적 지위의 일신전속성 여부에서 찾고 있다는 점에서는 수긍이 가는 측면이 없지 않다. 그러나 기본적으로 법령위반행위에 대한 법적 판단에서 준거가 되는 것은 원인행위라는 점에서 원인행위를 도외시하고 처분 자체의 효과의 일신전속성 여부에서 판단의 준거를 찾았다는 점에서 문제가 있다. 대법원의 입장은 이러한 점에서 비판의 대상이 되고 있다. 그러므로 처분 자체의 성격이 대물적 처분인지 대인적 처분인지 하는 것보다는 법령위반행위가 대인적인 사유에서 비롯되었는지 대물적인 사유에서 비롯되었는지에 따라 승계적성의 문제를 판단하는 것이 타당할 것이라고 본다. 이러한 해석은 행정기본법 제14조 제3항이 법령위반행위의 성립과 제재처분의 법적용의 기준시점을 원인행위 시로 하고 있다는 점과도 맥락을 같이하는 것이다. 책임의 추궁은 원인행위와 연동되어야 할 것이지 처분 자체의 성

179) 법제처 질의회신(05－0039, 13－654).
180) 대법원 2001.6.29. 선고 2001두1611 판결.

격에 연동할 것은 아니라고 할 것이기 때문이다. 다만 법령위반행위가 대인적 사유(예컨대 음주운전)에 해당한다고 하더라도 양도인과 양수인이 공모하여 제재를 회피하려고 하였다면 책임승계를 인정하여야 할 것이다.

우리 대법원은 공모로 인한 제재회피의 방지에 더 큰 중점을 두고 있는 것으로 보인다. 그리고 대법원은 설사 경매에 의하여 승계가 이루어져도 책임의 승계가 인정된다고 하고,[181] 심지어 명시적 양도행위 등 지위의 승계를 위한 행위가 없어도 법령의 해석상 지위의 승계를 인정할 수 있는 경우에도 책임의 승계를 인정하고 있다.[182] 그러나 사업계획의 승인변경으로 사업시행자가 변경되는 경우에는 이를 영업양도라고 볼 수 없으므로 책임승계를 부인한다.[183]

영업양도나 회사의 합병과 달리, 회사분할이나 분할합병의 경우 특별히 법률이 책임의 승계를 인정하는 규정을 두면(예컨대 '독점규제 및 공정거래에 관한 법률' 제102조 제3항 등) 제재사유와 제재효과 모두 책임은 승계될 수 있다. 그러나 그러한 특별규정이 없다면 단순한 위반사실 자체(제재사유가 되는 사실)는 승계되지 않는다는 것이 대법원의 원칙적 입장이다.[184]

그러나 '하도급 공정화에 관한 법률' 제26조 제2항이 규정하는 법위반 행위에 따른 벌점과 같은 경우 대법원은 이를 단순한 위반행위라는 사실행위라고 볼 수 없고 법적 의미가 있다는 이유로 책임승계에 관한 특별규정이 없어도 책임의 승계를 인정하였다.[185]

대법원은 영업정지 등의 경우에만 그러한 승계를 인정하는 것이 아니라 과징금의 부과에 대해서도 승계를 인정하고 있다.[186]

그런데 대법원은 속인적 성격을 가진 법령위반행위에 해당하는 음주운전의 경우에도 택시운송사업의 양도에 따라 책임사유가 승계된다고 하여 사업면허를 취소한 바 있다.[187] 이것은 택시운송사업면허가 대물적 행정행위라고 보고, 제재를 피하기 위하여 공모하여 영업양도를 하는 것을 막기 위한 것일 수 있지만 선의의 피해자가 있을 수 있다는 점에서 문제의 소지가 있다고 본다.

한편 명문의 규정이 없는 경우라도, 식품위생법이나 먹는물관리법의 책임승계에 관한 규정의 단서가 정하고 있는 바와 같이, 양수인이 양수할 때에 양도인에 대한 제재처분이나 위반사실을 알지 못하였음을 입증하였을 때에는 책임의 승계를 부인하여야 할 것이다.

참고판례 1: 대법원 2001.6.29. 선고 2001두1611 판결 [영업정지처분취소]

(전략) **양수인이 그 양수 후 행정청에 새로운 영업소 개설 통보를 하였다 하더라도, 그로 인하여 영업양도·양수로 영업소에 관한 권리의무가 양수인에게 이전하는 법률효과까지 부정되는 것은 아니라 할 것**

181) 대법원 2003.10.23. 선고 2003두8005 판결.
182) 대법원 2018.11.15. 선고 2016두45158 판결.
183) 대법원 2018.4.24. 선고 2017두73310 판결.
184) 대법원 2007.11.29. 선고 2006두18928 판결; 대법원 2023.6.15. 선고 2021두55159 판결.
185) 대법원 2023.4.27. 선고 2020두47982 판결.
186) 대법원 2003.10.23. 선고 2003두8005 판결.
187) 대법원 2010.4.8. 선고 2009두17018 판결.

**인바, 만일 어떠한 공중위생영업에 대하여 그 영업을 정지할 위법사유가 있다면, 관할 행정청은 그 영업이 양도 · 양수되었다 하더라도 그 업소의 양수인에 대하여 영업정지처분을 할 수 있다고 봄이 상당하다.**

해 설 공중위생영업의 경우 양도인에게 영업정지의 위법사유가 있으면 양수인에게 영업정지처분을 할 수 있다고 판시한 것이다(제재사유의 승계). 심지어 대법원은 개인택시운송사업의 양도 후에도 양도인의 음주운전으로 인한 면허취소사유를 들어 양수인의 면허를 취소한 것은 정당하다고 판시한 바 있다.[188] 그러나 회사분할의 경우 분할 전 위반 행위를 이유로 신설회사에 과징금 부과는 허용되지 않는다고 하였다.[189]

### 참고판례 2: 대법원 2010.4.8. 선고 2009두17018 판결 [개인택시운송사업면허취소처분취소]

**구 여객자동차 운수사업법**(2007. 7. 13. 법률 제8511호로 개정되기 전의 것, 이하 '법'이라고 한다) **제15조 제4항에 의하면 개인택시 운송사업을 양수한 사람은 양도인의 운송사업자로서의 지위를 승계하는 것이므로,** 관할관청은 개인택시 운송사업의 양도 · 양수에 대한 인가를 한 후에도 그 양도 · 양수 이전에 있었던 양도인에 대한 운송사업면허 취소사유를 들어 양수인의 사업면허를 취소할 수 있는 것이고(대법원 1998.6.26. 선고 96누18960 판결 참조), **가사 양도 · 양수 당시에는 양도인에 대한 운송사업면허 취소사유가 현실적으로 발생하지 않은 경우라도 그 원인되는 사실이 이미 존재하였다면, 관할관청으로서는 그 후 발생한 운송사업면허 취소사유에 기하여 양수인의 사업면허를 취소할 수 있는 것이다.** (중략) 원심판결 이유에 의하면, 원심은 그 채택 증거에 의하여 소외인이 2007. 12. 18. 원고에게 이 사건 운송사업을 양도하는 계약을 체결하고, 피고는 2008. 1. 9. 위 양도 · 양수에 관한 인가를 한 사실, 소외인은 그 이전에 **음주운전을 하여** 자동차 **운전면허가 취소될 상황**이었으나 그 사실을 양수인에게는 물론 인가신청 과정에서 밝히지 않았고, 2008. 1. 21. 그 자동차 운전면허가 취소된 사실, 피고는 2008. 4. 8. 이 사건 운송사업의 양도자인 소외인의 **운전면허 취소가 운송사업면허의 취소사유에 해당한다는 이유로 이 사건 운송사업면허를 취소하는 이 사건 처분을 한 사실**을 각 인정한 후 이 사건 운송사업의 양도 · 양수 당시에는 운송사업면허 취소사유, 즉 **소외인의 운전면허 취소사실이 현실적으로 발생하지 않았더라도 그 원인되는 소외인의 음주운전 사실이 존재하였던 이상 원고는 그러한 소외인의 이 사건 운송사업면허상의 지위를 그대로 승계한 것이고, 그 후 소외인의 운전면허가 취소되었다면 피고는 원고에 대하여 이 사건 운송사업면허를 취소할 수 있다는 취지로 판단** (중략) 원심의 위와 같은 판단은 옳고, 거기에 상고이유 주장과 같은 법리오해 등의 위법이 없다.

해 설 개인택시운송사업의 양도의 경우에, 양도인이 운송사업면허의 전제가 되는 운전면허의 취소사유(음주운전)가 있는 가운데 취소처분이 이루어지지 않은 상태에서 양도가 이루어졌더라도 양도인에 대한 운전면허취소를 전제로 양수인에 대한 운송사업면허를 취소할 수 있다고 한 판례이다. **행정제재를 피하기 위하여 공모하여 사업양도를 하는 경우가 빈번하기 때문에 이를 막기 위한 현실적 이유가 있다고 판단되지만 선의의 피해자가 있을 수 있다는 점에서 판례가 제시하는 법리를 일반화하기는 어렵다고 사료된다.**

### 참고판례 3: 대법원 2022.1.27. 선고 2020두39365 판결 [업무정지처분취소]

요양기관이 속임수나 그 밖의 부당한 방법으로 보험자에게 요양급여비용을 부담하게 한 때에 구 국민건강보험법 제85조 제1항 제1호에 의해 받게 되는 **요양기관 업무정지처분은 의료인 개인의 자격에 대한 제재가 아니라 요양기관의 업무 자체에 대한 것으로서 대물적 처분의 성격을 갖는다. 따라서 속임수나 그**

188) 대법원 1998.6.26. 선고 96누18960 판결.
189) 대법원 2007.11.29. 선고 2006두18928 판결.

**밖의 부당한 방법으로 보험자에게 요양급여비용을 부담하게 한 요양기관이 폐업한 때에는 그 요양기관은 업무를 할 수 없는 상태일 뿐만 아니라 그 처분대상도 없어졌으므로 그 요양기관 및 폐업 후 그 요양기관의 개설자가 새로 개설한 요양기관에 대하여 업무정지처분을 할 수는 없다.**

**해 설** 대법원은 요양기관이 속임수 등 부당한 방법으로 보험자에게 요양급여비용을 부담하게 한 때에 요양기관 업무정지처분을 한 것은 개인의 자격에 대한 것이 아니라 요양기관의 업무에 대한 것이므로 대물적 처분이고 따라서 요양기관 및 요양기관 개설자가 폐업 후에 새로 개설한 요양기관에 대해 책임의 승계를 인정할 수는 없다고 판시하고 있다. 대물적 처분이므로 요양기관의 폐업으로 새로운 개설과의 연관성이 종료되었다고 본 것이다. 이러한 법리는 보건복지부 소속 공무원의 검사 또는 질문을 거부·방해 또는 기피한 경우에 받게 되는 의료급여기관 업무정지처분의 경우에도 마찬가지로 적용된다고 한다(대법원 2022.4.28. 선고 2022두30546 판결). 이 판례들은 폐업 후 다시 영업을 시작한 경우에는 책임의 승계를 부인하고 있는 것이어서 주목의 대상이 되는 판례이지만, 기관과는 별도로 개인에 대한 문책이 이루어진다는 점 등을 고려한 것이라는 점을 주목할 필요가 있다. 다만 요양기관에 대한 업무정지처분을 대물적 처분으로 분류한 것에 대해서는 의문의 여지가 있다.

### 참고판례 4: 대법원 2007.11.29. 선고 2006두18928 판결 [시정조치등취소]

상법은 회사분할에 있어서 (중략) 신설회사 또는 존속회사가 승계하는 것은 분할하는 회사의 권리와 의무라 할 것인바, 분할하는 **회사의 분할 전 법 위반행위를 이유로 과징금이 부과되기 전까지는 단순한 사실행위만 존재할 뿐 그 과징금과 관련하여 분할하는 회사에게 승계의 대상이 되는 어떠한 의무가 있다고 할 수 없고, 특별한 규정이 없는 한 신설회사에 대하여 분할하는 회사의 분할 전 법 위반행위를 이유로 과징금을 부과하는 것은 허용되지 않는다.**

**해 설** 회사분할의 경우 특별 규정이 없는 한 회사분할 전 위법행위로 인하여 신설회사에 과징금을 부과할 수 없다는 것이다. 분할 전 위법행위는 단순한 사실행위로서 이전의 대상이 되는 권리나 의무에 해당되지 않는다는 취지로 해석된다.

### 참고판례 5: 대법원 2023.4.27. 선고 2020두47892 판결 [입찰참가자격제한 및 영업정지요청결정취소청구의소]

하도급거래 공정화에 관한 법률(이하 '하도급법'이라 한다) 위반을 이유로 시정명령 등과 그에 따른 벌점을 부과받은 갑 주식회사가 을 주식회사와 병 주식회사로 분할되었고, 정 주식회사가 갑 회사의 사업부문 대부분이 이전된 을 회사를 흡수합병하자, 공정거래위원회가 정 회사에 대하여 갑 회사에 부과된 벌점이 정 회사에 승계되었음을 이유로 관계 행정기관의 장에게 입찰참가자격제한 및 영업정지를 요청하기로 결정한 사안에서, 공정거래위원회에 벌점의 부과 여부나 범위에 관하여 실질적으로 재량의 여지가 있다고 보기 어렵고 일정 기준을 초과하는 경우 공정거래위원회에 관계 행정기관의 장을 상대로 입찰참가자격의 제한 요청 등을 할 의무가 발생하는 점, **하도급법에 따른 벌점 부과를 단순한 사실행위에 불과하다고만 볼 수는 없고, 공법상 지위 내지 의무·책임이 구체화된 경우라고 볼 여지가 큰 점,** 회사분할이 벌점 누적으로 인한 후속 처분인 입찰참가자격제한 등 요청 결정 및 그에 따른 공법상 의무 내지 책임의 발생이 임박한 상태에서 이루어진 점, 공정거래위원회가 갑 회사에 대하여 한 시정조치 또는 과징금부과와 관련된 사업 부문은 모두 분할신설회사에 승계된 사업 부문인 회사분할의 실질 및 분할계획서의 취지에 따르더라도 **갑 회사에 부과된 벌점은 분할되는 회사의 공법상 의무 또는 이와 관련한 재산적 가치가 있는 사실관계에 해당하므로, 분할신설회사인 을 회사에 귀속된 후 이를 흡수합병한 정 회사에 승계되었다고 보는 것이 타당한 점** 등을 종합하면, 하도급법을 위반한 분할전회사와 분할신설회사의 법인격이 동일하다고 볼 수 없고, 정 회사가 하도급법 위반행위를 한 사업자인 갑 회사의 법률상 지위를 승계하였다고 보기도 부족하다는 이유로 처분이 위법하다고 본 원심판단에 하도급법상 벌점 승계 여부에 관한 법리오해의 잘못이 있다고 한 사례.

**해 설** 하도급상 벌점의 부과를 단순한 사실행위로 보지 않고 공법적 지위 내지 의무책임이 구체화된 것으로 보아 책임 승계에 대한 특별규정이 없는 회사분할의 경우에도 승계되는 것으로 판단한 사례이다.

## 제5관 특별행정법관계

### 1. 특별권력관계론

#### (1) 특별권력관계의 역사적 배경

특별권력관계이론은 오늘날까지 행정법이론에 일정한 영향을 미치고 있으나, 이미 역사적으로 부인된 이론이라고 할 수 있다. 그러나 이 이론의 역사적·이론적 중요성과 이 개념의 심리적 잔재현상 때문에 아직도 특별행정법관계라는 명칭으로 종래와는 의미내용이 다를지라도 그와 유사한 개념범주를 유지하려는 시도가 여전히 존재하고 있다.

그러나 이 이론은 19세기 후반 독일의 절대군주정이 붕괴하고 외견적 입헌군주정이 수립되면서 입헌주의, 법치주의의 요소를 도입하면서도 군주의 특권적 지위를 유지하기 위한 일종의 정치적 타협을 이론화한 것이므로 오늘날과 같이 기본권이 보장되고 법치주의가 전면적으로 실시되는 법체제에서는 용인될 수 없는 것이다. 요컨대 이 이론은 19세기 후반에 일반 국민과 국가의 관계에서는 법률에 의한 행정의 원칙을 적용하여 외견상 국민의 권리를 보장하는 것처럼 하면서도 공무원이나 군인 등 특별권력관계의 울타리 안에 있는 사람들에 대해서는 법률의 유보 없는 기본권의 제한이 가능하게 하고 사법심사를 부인하는 등, 그 범위 안에서는 종래 인정되어 오던 국왕의 권위와 특권을 여전히 최우선적인 것으로 유지시키려는 이론이라고 할 수 있다.

#### (2) 특별권력관계의 개념과 내용

소위 특별권력관계란 행정주체와 일반 국민(주민)과의 관계와는 다르게, 국가와 공무원, 국가와 군인과 같이 특별한 공행정 목적을 위해 특별한 법률상 원인으로 성립되는 행정주체와 특정 신분자 사이의 포괄적 지배 및 복종관계로 이해되어 왔다.

이러한 특별권력관계에서는 첫째, 기본권 제한에 있어서 법률유보원칙이 배제됨으로써 법적 근거 없이도 기본권 제한이 가능하였고 둘째, 사법심사가 배제되어 위법한 행위에 대해서도 소송을 통한 구제가 불가능하였다. 따라서 결과적으로 행정주체에게 포괄적인 명령권과 징계권이 인정되었다. 이와 같은 포괄적인 명령권과 징계권이 특별권력관계의 핵심적 내용이라고 할 수 있다. 독일은 이러한 특별권력관계이론의 도입으로 제국과 특수신분자 사이에 강화된 종속 및 복종관계를 법치주의 도입 이후에도 종전과 같이 유지할 수 있었다.

#### (3) 특별권력관계의 성립

특별권력관계론에 의하면 특별권력관계는 법률의 규정이나 상대방의 동의에 의해 성립되는 것이라고 하였다. 예컨대 병역법에 의해 군에 입대하지만, 자원입대는 상대방의 동의에 의해 군복무관계가 성립하는 것이라고 하였다. 또한 동의에 의해 특별권력관계가 성립되는 경우, 어떤 때에는 동의가 의무화되는 경우가 있다고 하였다(의무적 동의). 특별권력관계 이론을 인정한다면 초등학교 학생의 입학에 있어서 부모의 동의는 의무적 동의에 해당한다고 한다.

#### (4) 특별권력관계의 종류

원래의 특별권력관계 이론은 특별권력관계의 종류로서 첫째, 공무원의 근무관계, 군인의 복무관계와 같은 공법상 근무관계, 둘째, 국공립학교 학생의 재학관계, 죄수의 교도소 재소관계와 같은 영조물이용관계, 셋째, 공기업에 대해 국가가 특별한 감독을 하는 것과 같은 특별감독관계, 넷째, 대한변호사협회와 같은 공법상 사단에서, 그 사단과 사단구성원인 회원과의 관계와 같은 공법상 사단관계 등을 거론하였다. 그러나 이들 법률관계는 오늘날 완전히 분화되어 이를 특별권력관계 또는 그의 유사 개념으로 통일적으로 특징지우는 것이 불가능하게 되었다.

### 2. 특별권력관계론의 붕괴

특별권력관계론은 2차대전 이후 격렬한 비판의 대상이 되었다. 초기에는 특별권력관계이론을 완전히 폐지하지 않고, 이를 수정하여 유지시키려는 경향이 없지 않았으나 1972년 3월 14일 독일 연방헌법재판소의 수형자결정으로 실질적으로 이 이론에 대한 사망선고가 내려졌다.

이처럼 특별권력관계론이 해체된 이후 종래 특별권력관계로 관념하던 법률관계를 어떻게 이해할 것인가 하는 것이 문제되었다. 특별권력관계의 범주를 형식적으로 단순히 부인하는 것(형식적 부인)만으로는 실질적인 문제가 해결되지 않으므로 종래 특별권력관계로 관념하여왔던 법률관계를 다른 법률관계(일반권력관계, 단순고권관계, 순수사법관계, 행정사법관계 등)로 전환하여 이해하는 것이 필요하였다(실질적 부정). 즉, 공무원의 근무관계, 군복무관계, 교도소 재소관계, 국공립학교 재학관계 및 특별감독관계는 일반권력관계로, 국공립병원 이용관계는 사법관계로, 공법인의 내부관계는 경우에 따라 사법관계나 일반권력관계로 이해되고 있다. 한편, 종래의 특별권력관계 이론이 설명하던 부분사회의 내부적인 관계를 특수한 기능적 자율관계로 파악하여 재구성하려는 견해도 있었다(기능적 재구성설).

**참고판례: 대법원 2018.3.22. 선고 2012두26401 전원합의체 판결 [전역처분등취소]**

[다수의견] 상명하복에 의한 지휘통솔체계의 확립이 필수적인 군의 특수성에 비추어 군인은 상관의 명령에 복종하여야 한다. (중략) 군인이 일반적인 복종의무가 있는 상관의 지시나 명령에 대하여 재판청구권을 행사하는 경우에는 재판청구권이 군인의 복종의무와 외견상 충돌하는 모습으로 나타날 수 있다.

**그러나 상관의 지시나 명령 그 자체를 따르지 않는 행위와 상관의 지시나 명령은 준수하면서도 그것이 위법·위헌이라는 이유로 재판청구권을 행사하는 행위는 구별되어야 한다.** 법원이나 헌법재판소에 법적 판단을 청구하는 것 자체로는 상관의 지시나 명령에 직접 위반되는 결과가 초래되지 않으며, 재판절차가 개시되더라도 종국적으로는 사법적 판단에 따라 위법·위헌 여부가 판가름 나므로 재판청구권 행사가 곧바로 군에 대한 심각한 위해나 혼란을 야기한다고 상정하기도 어렵다.

**따라서 군인이 상관의 지시나 명령에 대하여 재판청구권을 행사하는 경우에 그것이 위법·위헌인 지시와 명령을 시정하려는 데 목적이 있을 뿐, 군 내부의 상명하복관계를 파괴하고 명령불복종 수단으로서 재판청구권의 외형만을 빌리거나 그 밖에 다른 불순한 의도가 있지 않다면, 정당한 기본권의 행사이므로 군인의 복종의무를 위반하였다고 볼 수 없다.**

[대법관 고영한, 대법관 조희대, 대법관 박상옥, 대법관 이기택의 반대의견] 군인을 포함하여 모든 국민이 헌법상 재판청구권을 가짐은 다툼의 여지가 없다. **그러나 재판청구권이 절대적, 무제한적인 권리는 아닐 뿐만 아니라, 재판청구권의 행사 의도나 목적 또는 방법에 따라서는 사후에 그 행사자가 형사처벌을 받거나 민사상 손해배상책임을 지기도 하고 징계처분을 받을 수도 있다.** (중략) 만약 이와 달리 군대 내에서 발생하는 모든 불이익에 대해, **군인들이 언제라도 자유로이, 일반 법령이 정한 군대 밖의 국가기관의 구제절차를 통해 불이익의 해소를 시도하는 것이 정당화된다면, 국군의 조직력은 와해되고, 그로 인한 위험은 전체 국민이 떠안게 될 것이다.**

**해 설** 대법원은 이 판결에서 종래 특별권력관계에 속한다고 할 수 있는 군인의 복무관계에서의 명령도 유보없이 재판의 대상이라고 함으로써 실질적으로 특별권력관계 이론을 부정하고 있다고 평가된다. 더구나 대법원은 이 판결에서 특별권력관계라는 용어의 사용조차 자제하고 있다. 그러나 이 판결의 반대의견에 따를 때 실질적으로 종래 특별권력관계 이론에 따르는 특별권력관계의 속성을 온존시키는 결과가 됨을 유의하여야 한다.

### 3. 특별행정법관계

특별권력관계론은 붕괴되었으나 공무원의 근무관계, 군인의 복무관계, 교도소 재소자의 재소관계 등 부분사회의 내부적인 법률관계를 일반적인 법률관계와 구별하고자 하는 경향을 완전히 불식할 수는 없었다. 또한 특별권력관계라고 하는 용어 자체도 한 번 사용되기 시작한 이래 아직도 문헌이나 판례에서 완전히 사라지지 않고 있다.

이처럼 특별권력관계론의 잔영에 해당되는 이론적 입장에서는 내부관계를 어떤 형태로든 구별하여 불러주는 용어나 개념이 필요한데 이에 응하여 대두한 것이 특별행정법관계라는 용어이다. 이러한 입장을 굳이 이해하자면 특별행정법관계와 일반적인 권력관계가 법적 관점에서는 구별되지는 않는다 하더라도 사실상 일종의 내부관계의 특수성을 가진다는 점에서 일응 이를 지칭할 학술용어가 필요하고 특별행정법관계에 대해서는 법령에 의한 기본권 제한의 강도가 다른 법률관계에 비해 무겁게 인정되므로 법적 특질이 전혀 없다고 할 수도 없기 때문이다.

따라서 특별행정법관계는 법본질상 일반적인 행정법관계와 구별되는 개념이라고 하기 어렵다. 사실상 내부관계의 특성이 나타나는 것일 뿐이다.

특별행정법관계의 특성을 굳이 말하자면,

첫째, 특별행정법관계에서의 기본권제한은 법률로써만 할 수 있다는 점에서 보통의 행정법관계와 다르지 않다. 그러나 광범위한 위임에 의한 일반조항의 존재와 그로 인한 느슨한 규율밀도가 상대적 특질을 이룬다. 그리하여 입법에 의한 보다 중한 기본권 제한이 이루어질 수 있다. 물론 이러한 느슨한 규율밀도와 중한 기본권 제한 입법은 내부관계의 자율성에 관련될 뿐 이것이 법적 구속에서의 자유를 의미하는 것은 아니다.

둘째, 특별행정법관계에서는 법률유보의 규율형식에서 다소의 특징점이 있다. 특별행정법관계에서의 규율은 법규로만 이루어진다기보다 행정규칙으로 이루어지기도 한다. 행정규칙 가운데 법령보충규칙은 법률유보의 형식의 하나로 인정되며 법률유보사항에 대해서는 법규명령과 행정규칙의 중복 규율도 이루어진다.

한편, 종래 독일 행정법학에서 특별권력관계에서 인정되는 규범으로서의 특별명령은 오늘날 더 이상 의미가 없다고 생각된다. 특별명령론은 특별권력관계에 소속된 자의 법적 지위에 관한 행정규칙에 의한 규율에 대하여, 다른 행정규칙과 달리 특별명령으로서 법규적 성질을 인정하여 재판의 기준으로 삼고자 하는 이론이다. 이 이론은 한때 독일에서 주장되었으나 오늘날 특별행정법관계에 있어서 그에 속하는 자에 대한 규율을 대부분 법규로서 하고 있기 때문에 이를 법규로 의제하려고 하는 문제상황 자체가 거의 소멸되었다.

셋째, 특별행정법관계에서도 전면적 사법심사 등 재판통제가 인정된다. 일부 특별권력관계 수정이론처럼 기본관계와 경영관계를 구별하여 기본관계에만 사법심사가 인정된다는 입장도 오늘날에는 설 자리가 없다. 다만 특별행정법관계로 지칭되는 내부관계에서는 처분성이나 원고적격 등 소송요건의 인정에서 다소 제약이 있을 수 있다. 그러나 판례는 기본권에 관련되는 한 내부관계에도 처분성을 인정하는 경향을 보이고 있다. 또한 헌법재판소는 행정 내부의 업무명령에 대해서도 기본권 침해를 이유로 재판통제를 인정하고 있는 실정이다.

이러한 상황을 종합하여 볼 때, 특별행정법관계의 사실상의 특성을 이유로 그에 응하는 독자적인 법적 범주를 인정하는 것은 재고의 여지가 있다. 특별행정법관계라는 개념 자체도 결국은 사라져야 할 운명이라고 본다.

판례는 아직도 특별권력관계라는 용어를 완전히 버리지 못하고 있다.[190] 그러나 이러한 용어를 사용하고 있어도 특별권력관계이론이 가지는 이론적 특수성을 인정하는 것은 아니다.[191] 즉,

---

190) 가장 최근의 예로 대법원 2010.11.25. 선고 2010도10202 판결; 헌법재판소 2000.11.30. 선고 99헌마190 전원재판부 결정 등.

191) 오준근, "특별행정법관계", 『행정판례평선』, 2011, 92면. 대법원 1977.7.26. 선고 76다3022 판결; 대법원 1995.6.9. 선고 94누10870 판결 등 참조.

특별권력관계에 대해 사법심사를 배제하거나 기본권제한의 법률유보를 배제하는 등의 특수성을 인정하는 판례는 전혀 존재하지 않고 있다.

종래 특별권력관계에 해당되는 법률관계에 대한 법적 규율은 현재 대체로 일반권력관계에서와 동일한 원칙에 의해 이루어지고 있으나 그를 규율하는 법령의 규정 자체가 헌법에 위반되는가 하는 것이 종종 헌법재판에서 문제되고 있다. 헌법재판소는 신병훈련소 훈련생에 대해 전화사용통제를 하는 것은 과도한 기본권 침해가 아니라고 보았지만,[192] 수용자가 외부에 보내는 모든 서신을 봉함하지 않은 상태로 제출하게 하는 것은 통신비밀의 자유를 침해하는 것으로 보았다.[193] 두 경우 모두 관련 법령에 대한 위헌판단이 문제된 것이다. 그러므로 법률유보원칙 자체의 위반이 아니라 법률유보에 의한 기본권제한이 과도한 것인가가 문제가 되고 있다.

그런데 헌법재판소는 시위진압명령이 행정 내부에서 이루어진 업무명령임에도 불구하고 그를 처분이라고 보았다.[194] 헌법재판소는 또한 전보발령[195]이나 공로연수파견명령[196] 등의 인사처분도 모두 행정소송의 대상인 처분임을 전제로 판시한 바 있다. 헌법재판소는 소청심사의 대상이 되는 각종 인사처분에 대해서도 처분성을 인정하는 것으로 보인다. 서울고등법원도 내부행위로 볼 소지가 있는 전보발령행위의 처분성을 인정한 바 있다.[197] 이처럼 근래 판례는 내부행위로 볼 수 있어서 처분성이 부인되던 행위들을 외부적·직접적인 법적 효과가 있는 행위로 보아 그에 대한 처분성을 인정하고 있다.

참고판례: 대법원 2018.8.30. 선고 2016두60591 판결 [퇴학처분취소]

**사관생도는** 군 장교를 배출하기 위하여 국가가 모든 재정을 부담하는 특수교육기관인 육군3사관학교의 구성원으로서, 학교에 입학한 날에 육군 사관생도의 병적에 편입하고 준사관에 준하는 대우를 받는 특수한 신분관계에 있다(육군3사관학교 설치법 시행령 제3조). 따라서 그 존립 목적을 달성하기 위하여 필요한 한도 내에서 **일반 국민보다 상대적으로 기본권이 더 제한될 수 있으나, 그러한 경우에도 법률유보원칙, 과잉금지원칙 등 기본권 제한의 헌법상 원칙들을 지켜야 한다.**

(중략) 구 예규 및 예규 제12조에서 사관생도의 모든 사적 생활에서까지 예외 없이 금주의무를 이행할 것을 요구하면서 제61조에서 사관생도의 음주가 교육 및 훈련 중에 이루어졌는지 여부나 음주량, 음주 장소, 음주 행위에 이르게 된 경위 등을 묻지 않고 일률적으로 2회 위반 시 원칙으로 퇴학 조치하도록 정한 것은 **사관학교가 금주제도를 시행하는 취지에 비추어 보더라도 사관생도의 기본권을 지나치게 침해하는 것이므로, 위 금주조항은 사관생도의 일반적 행동자유권, 사생활의 비밀과 자유 등 기본권을 과도하게 제한하는 것으로서 무효인데도 위 금주조항을 적용하여 내린 퇴학처분이 적법하다고 본 원심판결에 법리를 오해한 잘못이 있다고 한 사례.**

192) 헌법재판소 2010.10.28. 선고 2007헌마890 결정.
193) 헌법재판소 2012.2.23. 선고 2009헌마333 결정.
194) 시위진압명령은 단시간에 종료되는 특성상 행정소송의 소의 이익이 부인되므로 보충성의 원칙에 위배되지 않아 헌법소원의 대상성을 인정하였다. 헌법재판소 1995.12.28. 선고 91헌마80 결정.
195) 헌법재판소 1993.12.23. 선고 92헌마247 결정.
196) 헌법재판소 1992.12.24. 선고 92헌마204 전원재판부 결정.
197) 서울고등법원 1994.9.6. 선고 94구1496 판결.

## 제6관 행정법관계에 대한 사법규정의 적용

### 1. 문제상황

행정법은 사법에 비해 역사가 길지 않다. 민법 등 사법은 수천 년 동안 그 상황적응성을 점검받아 필요한 규율들이 충분히 발전하였지만 행정법은 그 역사는 상대적으로 길지 않은데 반해 지나치게 복잡다기하여 모든 상황을 빠짐없이 규율할 정도로 실정법규가 발전하지 못하였다. 그리하여 때로는 공법관계인 행정법관계에 사법의 규정을 적용할 필요성이 있을 수 있다. 요컨대 행정법의 흠결을 보충하기 위하여 사법의 규정을 적용할 필요성이 실제로 존재한다는 것이다. 이때에 사법의 규정을 행정법관계에 적용할 수 있는지, 그리고 적용한다고 할 때에 어느 범위까지 어느 정도로 적용할 수 있는지가 문제이다.

### 2. 행정법관계에 대한 사법규정 적용의 가능성과 한계

행정법학이 성립되던 초기에 Otto Mayer와 같은 학자들은 공법관계와 사법관계의 구별을 중요하게 생각하여 사법규정이 공법관계에 적용될 수 없다고 믿었다(부정설).

그러나 행정법학이 어느 정도 정립되어 그 정체성에 대한 위협이 사라지자 공법과 사법의 구별에서 다소간의 여유를 가지게 되었다. 따라서 현실적 필요성에 의해 공법관계에 사법규정의 적용을 인정하는 견해가 등장하게 되었다(긍정설).

그런데 이처럼 공법관계에 대해 사법규정을 적용하는 것을 긍정한다고 하더라도 사법규정을 그대로 적용할 것인지(직접적용설), 공법관계의 특질을 감안하여 이를 공법관계에 적절하게 유추하여 적용할 것인지(유추적용설)가 문제된다.

전자의 직접적용설은 사법규정에는 법의 일반원리에 관한 규정이 많다는 논거에서 이를 공법관계에 직접 적용할 수 있다고 본다. 또한 공법관계의 본질을 사법관계와 그다지 다르게 보지 않고 공법관계를 일종의 특별한 사법관계로 보는 입장이다(특별사법설).

이에 반해 후자의 유추적용설은 공법관계의 특성에 비추어 사법규정을 직접 적용할 수 없고 공법관계의 특질에 맞게 유추적용할 수 있을 뿐이라고 한다. 이러한 유추적용설 가운데에는, 그 유추적용의 범위를 제한하지 않고 반대의 규정이 없는 한 공법관계에 사법규정을 유추적용할 수 있다는 학설(일반적 유추적용설), 그리고 법령에 특별한 규정이 있거나 내용이 유사한 경우에 한하여 제한적으로 유추적용을 인정할 수 있다고 보는 학설이 있다(한정적 유추적용설).

공법관계의 양상에 따라서는 사법관계와 그다지 큰 특질을 가지지 않는 경우도 있겠지만, 한편 사법관계와는 크게 성격을 달리하는 법률관계도 있을 수 있으므로 사법규정은 공법관계에 원칙적으로 유추적용하는 것으로 보는 것이 타당할 것이다. 또한 법령에 반대의 규정이 없더라도 성질상 공법관계에 적용하기 어려운 사법규정도 있을 수 있다는 점에서 한정적 유추적용설이 타당하다고 본다.

### 3. 행정법관계에 대한 사법규정의 적용의 개괄적 구별

행정법관계(공법관계)에 대한 사법규정의 적용의 가능성을 인정한다 하더라도 그 범위와 한계에 대해서 검토가 있어야 한다. 공법관계의 특성이 강하게 나타나는 경우에 사법규정의 적용은 제한될 것이고 공법관계의 특성이 약한 경우에는 사법규정의 적용이 좀 더 광범위하게 인정될 것이기 때문이다.

공법관계에 대한 사법규정의 적용의 가능성 및 한계와 범위 등을 판단함에 있어서 기본적으로는 개별적 법률관계를 살펴보아야 한다(개별적 구별). 그러나 그러한 개별적 검토 이전에 공법관계의 성질과 적용하려는 사법규정의 성질에 따라 그 적용가능성과 한계에 대한 기본적인 방향이 제시될 수 있다(개괄적 구별).

우선 공법관계의 성질에 따라 사법규정의 적용가능성과 범위가 달라진다. 권력관계의 경우에는 사법규정의 적용이 더 제한적으로 인정될 것이고 단순고권관계의 경우 사법규정의 적용이 보다 폭넓게 인정될 수 있다.

한편, 적용하고자 하는 사법규정의 성질에 따라 사법규정의 적용가능성과 범위가 달라진다. 신의성실의 원칙 등 일반법원리적 사법규정과 기간의 계산과 같은 법기술적 사법규정은 특별한 사정이 없는 한 공법관계에 적용된다고 보아야 한다. 그러나 부당이득의 반환범위에 관한 사법규정과 같이 사익의 조정에 관한 이해조절적 규정은 공익이 문제되는 공법관계에 대해서는 원칙적으로 적용하기 어렵다고 보아야 한다.

## 제7관 행정법상의 법률요건과 법률사실

### 1. 개 관

법률요건은 일정한 법률효과를 가져오기 위한 법적 요건을 말하며, 법률사실은 그 요건을 구성하는 개개의 사실을 말한다. 예컨대, 운전면허라는 법률효과를 가져오기 위해 갖추어야 할 요건으로서, 일정한 연령과 신체조건 그리고 운전면허시험 합격 등이 요구되는데 이를 통틀어 법률요건이라 하고 그 요건을 구성하는 개별적인 사실, 예컨대, '만 18세 이상일 것' 등과 같은 하나 하나의 사실을 법률사실이라 한다.

법률요건을 이루는 법률사실은 사람의 정신작용이 개입하는지의 여부에 따라 공법상의 사건과 공법상의 용태로 대별할 수 있다.

공법상의 사건은 시간의 흐름이나 일정한 공간적 존재와 같이 인간의 정신작용과 무관한 공법적 법률사실을 의미하고, 공법상의 용태는 인간의 정신작용을 요소로 하는 법률사실이다. 또한 공법상의 용태는 그것이 외부적으로 표현되어야만 법률사실로서 의미가 있는 외부적 용태(행위)와 선의, 악의, 고의 등과 같이 외부적 표현을 요하지 않는 내부적 용태로 나누어진다.

외부적 용태는 이를 '행위'라고 하는데, 법률효과를 가지는지의 여부에 따라, 다시 법적 행위와 사실행위로 나누어 볼 수 있다. 사실행위는 법적 효과는 발생하지 않으나, 인간의 정신작용이 외부적으로 표현되어야 하는 외부적 용태에 해당한다.

## 2. 공법상의 사건

공법상의 사건이란 시간의 흐름이나 공간적 요소 등과 같이 인간의 정신작용과 무관하면서 법률요건을 구성하는 법률사실이 되는 것을 말한다.

### (1) 시간의 경과

시간의 경과가 법률요건을 이루는 법률사실이 되는 경우로서 기간, 시효 등을 들 수 있다.

① 기간

**일반적인 경우**

공법상의 기간 계산에 있어서도 특별한 다른 규정이 없는 한 민법의 규정이 적용된다(행정기본법 제6조 제1항). 따라서 특별한 규정이 없는 한, 공법상의 기간 계산에도 초일불산입의 원칙이 적용되어 예컨대 법령상 "선거일 30일 전"이라고 하면 선거일은 빼고 역산을 한다.

천재지변 등 당사자의 책임 없는 사유로 기간 및 기한을 지킬 수 없는 경우에는 그 사유가 끝나는 날까지 기간의 진행이 정지된다(행정절차법 제16조 제1항). 외국에 거주하거나 체류하는 자에 대한 기간 및 기한은 행정청이 그 우편이나 통신에 걸리는 일수를 고려하여 정하여야 한다(같은 법 같은 조 제2항).

**침익적 기간 계산의 특칙**

행정기본법 제6조 제2항은 법령등 또는 처분에서 국민의 권익을 제한하거나 의무를 부과하는 경우에 권익이 제한되거나 의무가 지속되는 기간의 계산은 국민에게 불리하지 않은 한 짧게 하도록 규정하고 있다.

그리하여 기간을 일, 주, 월, 또는 연으로 정한 경우에는 그러한 기간의 계산에서는 초일불산입원칙을 채택하지 아니하고 첫날을 산입하도록 하고, 기간의 말일이 토요일 또는 공휴일인 경우에도 침익적 기간은 그 날로 만료하는 것으로 규정하고 있다.

침익적 기간이 무엇을 의미하는지가 문제인데[198] 이 침익적 기간에는 소멸시효기간이나 제척기간 등 권한, 권리의 행사 기간, 기한을 계산하는 경우는 해당되지 않는다고 하여야 한다.

한편, 행정기본법은 위의 침익적 기간에 관한 규정은 그러한 기간계산방식이 국민에게 불리한 경우에는 적용하지 않도록 규정하고 있다. 이것은 예컨대, 세금이나 과징금 등의 납부기한이나 납부기한의 연장등도 권리 제한이나 의무가 지속되는 기간으로 해석되어 짧게 계산될 것을 우려하여 그를 방지하기 위한 것이다.

행정기본법 제23조의 제재처분의 제척기간은 짧게 계산하는 것이 오히려 국민에게 유리한 경

198) 침익적 기간의 예: 국가공무원법 제33조 제7호, 파면처분을 받은 때로부터 5년이 지나지 아니한 자는 공무원으로 임용될 수 없다.

우이기는 하나 그 기간 자체가 '국민의 권익이 제한되거나 의무가 지속되는 기간'은 아니기 때문에 이를 침익적 기간으로 보기는 어려울 것으로 본다.

**법령등 시행일의 기간계산**

행정기본법 제7조는 법령등 시행일의 기간계산에 대해서 규정하고 있는데 이것은 그동안의 실무상의 집행실태를 반영한 것으로 당연한 것이고 새로운 사항이라고 할 수는 없다.[199)]

구체적으로 보면 법령등을 공포한 날로부터 일정기간이 경과한 날부터 법령등을 시행하는 경우 초일불산입의 원칙이 적용되어 법령등을 공포한 날을 첫날에 산입하지 아니한다. 이때 그 기간의 말일이 토요일 또는 공휴일인 때에라도 그 말일로 기간이 만료한다.

**행정에 관한 나이의 계산 및 표시**

행정에 관한 나이는 다른 법령등에 특별한 규정이 있는 경우를 제외하고는 출생일을 산입하여 만나이로 계산하고, 연수로 표시한다. 다만, 1세에 이르지 아니한 경우에는 월수로 표시할 수 있다(행정기본법 제7조의2).

**② 시효**

**소멸시효**

사법상 법률관계이든 공법상의 법률관계이든 국가 및 지방자치단체와 관련되는 법률관계에서는 금전채권의 소멸시효는 5년임이 원칙이다(국가재정법 제96조, 지방재정법 제82조).

---

**참고판례 1: 대법원 2020.3.2. 선고 2017두41771 판결 [조세채권존재확인]**

조세는 국가존립의 기초인 재정의 근간으로서, 세법은 공권력 행사의 주체인 과세관청에 부과권이나 우선권 및 자력집행권 등 세액의 납부와 징수를 위한 상당한 권한을 부여하여 공익성과 공공성을 담보하고 있다. 따라서 **조세채권자는 세법이 부여한 부과권 및 자력집행권 등에 기하여 조세채권을 실현할 수 있어 특별한 사정이 없는 한 납세자를 상대로 소를 제기할 이익을 인정하기 어렵다.**

다만 납세의무자가 무자력이거나 소재불명이어서 체납처분 등의 자력집행권을 행사할 수 없는 등 구 국세기본법(2013. 1. 1. 법률 제11604호로 개정되기 전의 것) 제28조 제1항이 규정한 사유들에 의해서는 **조세채권의 소멸시효 중단이 불가능하고 조세채권자가 조세채권의 징수를 위하여 가능한 모든 조치를 충실히 취하여 왔음에도 조세채권이 실현되지 않은 채 소멸시효기간의 경과가 임박하는 등의 특별한 사정이 있는 경우에는, 그 시효중단을 위한 재판상 청구는 예외적으로 소의 이익이 있다고 봄이 타당하다.**

**국가 등 과세주체가 당해 확정된 조세채권의 소멸시효 중단을 위하여 납세의무자를 상대로 제기한 조세채권존재확인의 소는 공법상 당사자소송에 해당한다.**

**해 설** 조세징수를 위해서 세법이 국가에게 부과권과 자력집행권을 허용하고 있으므로 원칙적으로 국가가 납세자를 상대로 소를 제기할 이익은 부인된다. 그러나 조세채권의 실현을 위하여 부득이한 예외적인 경우에 한하여 조세채권의 시효중단을 재판상 청구하도록 허용할 수 있다고 한 판례이다. 이 경우 조세채

---

199) 이러한 법령등 시행일의 기간계산 방식은 훈령, 예규, 고시, 지침의 시행일 기간계산에도 동일하게 적용된다.

권존재확인의 소는 공법상 당사자소송에 해당한다고 판시하였다.

참고판례 2: 헌법재판소 2018.2.22. 선고 2016헌바470 결정 [국가재정법 제96조 제1항 등 위헌소원]

**민법상 손해배상청구권 등 금전채권은 10년의 소멸시효기간이 적용되는데 반해, 사인이 국가에 대하여 가지는 손해배상청구권 등 금전채권은 심판대상조항으로 인하여 5년의 소멸시효기간이 적용되므로, 금전채권의 채무자가 사인인 경우와 국가인 경우 사이에 차별취급이 존재한다.**

그러나 위에서 본 바와 같이, 국가의 채권·채무관계를 조기에 확정하고 예산 수립의 불안정성을 제거하여 국가재정을 합리적으로 운용할 필요성이 있는 점, 국가의 채무는 법률에 의하여 엄격하게 관리되므로 채무이행에 대한 신용도가 매우 높은 반면, 법률상태가 조속히 확정되지 않을 경우 국가 예산 편성의 불안정성이 커지게 되는 점, 특히 손해배상청구권과 같이 예측가능성이 낮고 불안정성이 높은 채무의 경우 단기간에 법률관계를 안정시켜야 할 필요성이 큰 점, 일반사항에 관한 예산·회계 관련 기록물들의 보존기간이 5년인 점 등에 비추어 보면, **차별취급에 합리적인 사유가 존재한다고 할 것이다. 따라서 심판대상조항은 평등원칙에 위배되지 아니한다.**

**취득시효**

민법은 부동산은 20년, 동산은 10년간 소유의 의사로 평온, 공연하게 점유를 계속하면 그 점유자는 소유권을 취득한다고 한다. 따라서 국가나 지방자치단체가 소유하더라도 행정목적에 제공되지 않는 일반재산은 민법의 규정에 따른 시효취득의 대상이 된다. 그러나 공물은 공용폐지가 되지 않는 한 시효취득의 대상이 되지 않는다. 따라서 일반재산이 아닌 행정재산[200]은 공용폐지가 되지 않는 한, 시효취득이 불가능하다. 문제는 공용폐지가 있었는지의 여부인데 공용폐지의 의사표시는 묵시적으로도 가능하므로 공용폐지가 있었는지의 여부가 다투어질 수 있다. 판례는 공물이 본래의 용도에 공여되고 있지 않다거나 행정주체가 점유를 상실하였다는 사실 만으로 공용폐지의 의사표시가 있었다고 할 수 없다고 한다.[201] 그러므로 묵시적 공용폐지가 인정되기 위해서는 공물이 원래의 용도로 사용되지 않는 것이 아니라, 그것이 공물로서 관리되는 것이 포기되었다는 사실이 증명되어야 한다.

참고판례 1: 대법원 2009.12.10. 선고 2006다87538 판결 [소유권이전등기]

**공유수면으로서 자연공물인 바다의 일부가 매립에 의하여 토지로 변경된 경우에** 다른 공물과 마찬가지로 **공용폐지가 가능하다고 할 것이며,** 이 경우 **공용폐지의 의사표시는 명시적 의사표시뿐만 아니라 묵시적 의사표시도 무방하다.**

공물의 공용폐지에 관하여 **국가의 묵시적인 의사표시가 있다고 인정되려면 공물이 사실상 본래의 용도에 사용되고 있지 않다거나 행정주체가 점유를 상실하였다는 정도의 사정만으로는 부족하고, 주위의 사정을 종합하여 객관적으로 공용폐지 의사의 존재가 추단될 수 있어야 한다.**

200) 행정재산에는 공용재산, 공공용재산, 기업용재산, 보존용재산이 있다(국유재산법 제6조 제2항).
201) 대법원 1997.8.22. 선고 96다10737 판결; 대법원 2009.12.10. 선고 2016다87538 판결.

**토지가 해면에 포락됨으로써 사권이 소멸하여 해면 아래의 지반이 되었다가 매립면허를 초과한 매립으로 새로 생성된 사안에서, 국가가 그 토지에 대하여 자연공물임을 전제로 한 아무런 조치를 취하지 않았다거나 새로 형성된 지형이 기재된 지적도에 그 토지를 포함시켜 지목을 답 또는 잡종지로 기재하고 토지대장상 지목을 답으로 변경하였다 하더라도,** 그러한 사정만으로는 **공용폐지에 관한 국가의 의사가 객관적으로 추단된다고 보기에 부족하다고 한 사례.**

**해 설** 자연공물도 공용폐지가 가능하고 공용폐지는 묵시적으로도 이루어질 수 있으나 국가가 본래의 용도에 사용하지 않는다거나 점유를 상실하였다고 하여 바로 묵시적 공용폐지를 인정할 수 있는 것은 아니라고 판시한 것이다. 그리고 설사 지적도에 매립된 토지를 포함시키고 지목변경행위가 있었다 하더라도 그것으로 국가의 의사가 명백히 추단되지 않는 한 자연공물인 바다의 묵시적 공용폐지를 인정할 수 없다고 판시한 것이다.

### 참고판례 2: 대법원 1997.8.22. 선고 96다10737 판결 [소유권이전등기]

**국유 하천부지는 공공용 재산이므로 그 일부가 사실상 대지화되어 그 본래의 용도에 공여되지 않는 상태에 놓여 있더라도 국유재산법령에 의한 용도폐지를 하지 않은 이상 당연히 잡종재산으로 된다고는 할 수 없는 것이며**(당원 1969.6.24. 선고 68다2165 판결; 1972.10.31. 선고 72다1346 판결; 1993.4.13. 선고 92누18528 판결; 1994.11.14. 선고 94다42877 판결 등 참조), 이 경우, **공용폐지의 의사표시는 명시적이든 묵시적이든 상관없으나 적법한 의사표시가 있어야 하며, 행정재산이 사실상 본래의 용도에 사용되고 있지 않다는 사실만으로 공용폐지의 의사표시가 있었다고 볼 수는 없고, 원래의 행정재산이 공용폐지되어 취득시효의 대상이 된다는 입증책임은 시효취득을 주장하는 자에게 있는 것**인바(당원 1994.3.22. 선고 93다56220 판결; 1994.9.13. 선고 94다12579 판결; 1994.11.14. 선고 94다42877 판결 등 참조), **위 계쟁 토지 부분이 사실상 대지화되었고, 그에 따라 관계 당국이 위 토지의 사용 목적을 대지로 분류해 놓고 있는 것만으로는 명시적 또는 묵시적인 공용폐지의 의사표시가 있었다고 보기 어렵고,** 달리 위 공용폐지가 있었다는 원고의 주장 입증이 없는데도 원심이 위 토지가 취득시효의 대상이 된다고 단정한 것은 공물의 소멸에 대한 법리나 국유재산법상의 행정재산에 관한 법리를 오해하였거나 심리를 제대로 하지 아니하여 판결에 영향을 미친 위법이 있다 할 것이다.

---

#### ③ 제척기간

제척기간은 단기간의 권리행사나 신청 등의 기간으로서 신속히 법률관계를 확정하고자 할 때 설정하는 기간이다. 제척기간에는 시효제도와 달리 중단제도가 인정되지 않고 시효에 비해 훨씬 짧은 기간이 설정된다.

법령에서 신청기간을 규정하고 있을 때 이 신청기간이 제척기간인지 단순히 훈시규정인지가 해석상 문제될 때가 있다. 대법원은 신청기간이 신청된 처분 등 행정청의 행위에 대한 요건으로 규정된 것이면 이를 제척기간으로 보고, 단순히 신청이라는 절차를 위한 절차규정이라면 그것은 훈시규정에 불과하다고 한다. 이러한 까닭에 대법원은 법률의 위임 없이 하위법령에 규정된 신청기간은 대외적으로 국민과 법원을 구속하는 효력이 없으므로 이를 제척기간으로 볼 수 없다고 한다.[202] 대법원은 행정절차법상의 (민원)처리기간은 훈시규정이라 하고[203] 공무원 연금을 위한 재직기간 합산의 신청기간은 이를 제척기간이라고 한다.[204] 때로는 신청기간이 요건규정인지 절차규정인지가 해석상 선명하지 않아 다투어질 때도 있다.[205]

④ 제재처분의 제척기간

**i) 제척기간의 적용대상 및 기간**

행정기본법 제23조 제1항은 '인허가의 정지·취소·철회, 등록말소, 영업소 폐쇄와 정지를 갈음하는 과징금 부과'의 경우 법령등의 위반행위가 종료된 날로부터 5년이 지나면 제재처분을 할 수 없다고 규정함으로써 위에 열거된 행정제재처분의 경우 5년의 제척기간을 설정하고 있다. 그런데 제23조에서 열거된 제재처분의 개념은 행정기본법 제2조 제5호의 제재처분에 대한 개념규정과 제22조의 제재처분의 개념에 비해 축소된 개념이라는 것을 유념하여야 한다.

즉 행정기본법이 규정하는 모든 제재처분에 대하여 제척기간 5년이 적용되는 것이 아니라 위에서 적시한 특정한 제재처분(인허가의 정지·취소·철회, 등록말소, 영업소 폐쇄와 정지를 갈음하는 과징금 부과)에 대해서만 5년의 제척기간이 적용된다. 한편 제척기간 제도와 신뢰보호의 원칙은 그 본질을 달리하는 것이므로 제척기간에 대한 행정기본법의 규정에 불구하고 신뢰보호의 원칙과 그에 따른 실권의 법리는 별도로 적용된다. 제척기간은 전적으로 신뢰보호원칙을 위하여 설정하는 것이 아니라 행정청의 처분권한의 시한을 정함으로써 법률관계를 조속히 확정하고자 하는데 그 취지가 있기 때문이다. 그러므로 행정기본법 제23조의 제재처분 개념에 해당하는 경우에도 법원이 신뢰보호의 원칙에 비추어 5년 이전에 실권을 인정하여야 할 필요가 있을 때에는 조기 실권을 인정하는 것이 가능하다고 본다.

한편, 행정기본법 제23조의 제척기간(제1항 및 제3항)은 개별 법률에 제재처분의 제척기간에 대한 다른 규정(장기 또는 단기의 제척기간)이 있는 경우에는 적용하지 않고 그 개별 법률이 정한 바에 따른다(보충적 효력).

그리고 제척기간의 기산점은 위반행위의 종료일로 한다. 이 제척기간의 계산에 침익처분에 대한 기간계산의 특칙이 적용되는지가 문제되는데, 제척기간은 제6조가 말하는 권익이 제한되거나 의무가 지속되는 기간에 해당하지는 않는다고 보아야 할 것이므로 기간계산의 특칙이 적용되지 않는다고 하여야 한다.

**ii) 제척기간 적용제외 사유**

행정기본법 제23조 제2항은 '거짓이나 그 밖의 부정한 방법으로 인허가를 받거나 신고를 한 경우', '당사자가 인허가나 신고의 위법성을 알고 있었거나 중대한 과실로 알지 못한 경우', '정당

---

202) 대법원 1990.9.28. 선고 89누2493 판결.

203) 대법원 2019.12.13. 선고 2018두41907 판결.

204) 대법원 2000.7.4. 선고 2000두2211 판결.

205) 대법원 2021.3.18. 선고 2018두47264 판결. 육아휴직급여의 신청기간이 제척기간인지가 다투어진 이 사건에서 5명의 소수의견이 나올 정도로 대법관 사이에서 견해가 대립되었다. 다수의견은 신청기간 규정은 요건규정이고 따라서 이를 제척기간이라고 판시하였다.

한 사유없이 행정청의 조사·출입·검사를 기피·방해·거부하여 제척기간이 지난 경우', '제재처분을 하지 아니하면 국민의 안전·생명 또는 환경을 심각하게 해치거나 해칠 우려가 있는 경우' 등 4가지 사유를 제척기간의 적용배제사유로 규정하고 있다. 처분의 상대방으로 하여금 제척기간으로 인한 이익을 누리도록 하는 것이 신의성실의 원칙에 위반되는 등 보호가치가 없다고 판단되는 경우(제1호, 제2호, 제3호)와 공익보호(제4호)를 위하여 부득이 제척기간의 적용 배제를 하여야 할 경우를 규정한 것이다.

**iii) 제척기간 도과 후 재처분**

행정기본법 제23조 제3항은 일정한 경우에는 제척기간이 도과한 후에도 재처분을 할 수 있음을 규정하고 있다. 이 규정은 제재처분에 대한 쟁송절차가 진행되는 중에 제척기간이 도과한 경우 재결이나 판결 등의 기속력으로 인한 행정청의 재처분의무가 제척기간의 도과로 인한 처분의무의 소멸로 인해 제한되는 것을 방지하기 위한 것이다.

통상적인 경우 재결이나 판결이 확정된 날로부터 1년이 지나기 전까지는 재처분을 할 수 있지만 합의제 행정기관의 경우에는 2년이 지나기 전까지 재처분을 할 수 있도록 하고 있다. 이것은 독임제 행정청 보다 합의제 행정기관은 상대적으로 재처분을 위하여 더 긴 시간이 필요할 수 있기 때문이다(예컨대, 과징금 재산정 등에 있어 더 긴 시일이 소요될 수 있음).

#### (2) 주소

어떤 경우에는 어느 곳에 살고 있다는 사실이나 어느 곳에 주소를 두고 있다는 사실이 법률요건을 구성하는 법률사실이 될 때도 있다. 예컨대, 각종 세금의 부과요건을 이루는 법률사실에 이러한 주소나 거소 요건이 포함되는 경우가 있다.

민법상 주소는 개념상 생활의 근거되는 곳이지만, 공법상의 주소는 주민등록지로 본다. 주민등록지는 1개소에 한하므로 민법과 달리 공법상의 주소에서는 복수의 주소가 인정되지 않는다. 주민등록은 30일 이상 거주할 목적으로 주소나 거소를 가지는 자가 할 수 있다(주민등록법 제6조 제1항).

### 3. 공법상의 행위

공법상의 행위에는 행정주체의 공법행위와 사인의 공법행위가 있다. 행정주체의 공법행위는 행정행위나 공법상계약 등 행정의 행위형식으로 이루어지므로 별도로 자세히 다루기로 하고 이곳에서는 사인의 공법행위만을 다루기로 한다.

#### (1) 사인의 공법행위

##### ① 개념 : 행정행위, 사법행위와의 비교

사인의 공법행위는 사인이 공법상의 법률효과 발생을 위하여 하는 행위이다. 이것은 공법상의 효과를 목적으로 한다는 점에서 행정행위와 유사한 점이 있으나, 행정행위와 같은 특수한 법적 효력이 인정되지 않는 사인의 행위라는 점에서 확연히 구별된다. 한편 사인의 공법행위는 사인의 행위라는 점에서 사법행위와 유사한 점이 있으나, 사법행위가 사법적 효과를 목적으로 하는 것에 반하여 공법적 효과를 목적으로 한다는 점에서 차이가 있다.

② 종류

사인의 공법행위는 투표나 단순 정보제공을 위한 신고와 같이 그 자체로서 완성되는 자족적 공법행위 또는 자기완결적 공법행위와 행정행위나 공법상 계약에 있어서의 신청, 동의, 승낙 등의 행위와 같이 행정행위 등의 동기가 되거나 행정요건이 되는 공법행위가 있다.

③ 사인의 공법행위의 법적 효과

사인의 공법행위가 이루어지면 행정청은 그에 따른 처리의무를 진다. 만약 행정청이 사인의 신청 등의 행위에 대해 응답하지 않으면 사인이 청구권을 가진 사안에서는 행정청의 부작위가 성립된다. 부작위에 해당되는 경우에는 의무이행심판이나 부작위위법확인소송으로 다툴 수 있다. 사인의 신청행위에 대해 거부의 응답을 한 경우에는 부작위가 아니라 거부처분이 성립되며, 이 경우에는 의무이행심판이나 거부처분취소쟁송을 제기할 수 있다.

사인의 공법행위에 응답하지 않는 것이 기속위반이거나 재량권의 일탈이나 남용에 해당되는 경우에는 사인에게 행정청의 개입이나 발동을 촉구할 수 있는 행정개입청구권(행정행위의 상대방이 아닌 제3자에 대한 행정행위를 요구할 때) 또는 행정행위발급청구권(행정행위의 상대방이 자신에 대한 행정행위를 요구할 때)이 성립할 수 있다.

한편 사인의 공법행위를 수정하여 인가하거나 허가를 할 수 있는가? 사인의 공법행위인 신청을 행정청은 거부할 수 있으나, 특별한 규정이 없는 한 그 신청을 수정하여 인가하거나 허가 할 수는 없다고 본다.

④ 사인의 공법행위의 하자의 효과

사인의 공법행위에 하자가 있을 경우에 어떠한 법적 효과가 발생하는지는 사인의 공법행위가 행정청의 행정행위에 어떠한 의미를 가지는 것인지와 밀접한 관련이 있다. 사인의 공법행위가 행정권 발동의 단순한 동기에 불과하다면 사인의 공법행위에 하자가 있어도 그에 근거한 행정청의 행위에 아무런 효과를 미치지 않는다. 그러나 사인의 공법행위가 행정요건을 이루는 행정요건적 공법행위인 경우에는 사인의 공법행위의 하자의 정도와 그것의 행정행위에 대해 가지는 의미의 정도에 따라 행정행위의 무효 또는 취소를 야기할 수 있다.

⑤ 사인의 공법행위에 대한 적용법리

사인의 공법행위는 행정행위나 사법행위(私法行爲)에 비견될 수 있으나 그 적용법리를 행정행위에 대한 적용법리에서 도출할 수는 없다. 행정행위에 대해 인정되는 특수한 효력 때문에 사인의 공법행위를 행정행위와 유사하게 취급할 수는 없는 것이다. 따라서 사인의 공법행위는 사법행위에 대한 규율을 유추하여 이를 규율할 수밖에 없다고 할 것이다. 따라서 사인의 공법행위에 민법총칙을 어느 정도까지 적용할 수 있을 것인지가 문제된다.

**의사능력, 행위능력**: 능력에 관한 규정과 관련하여 민법총칙의 의사능력에 대한 규정은 사인의 공법행위에도 그대로 적용되어야 할 것이다. 그러나 행위능력에 대해서는 사인의 공법행위와 관련하여 미성년자나 피성년후견인, 피한정후견인, 피특정후견인 등 제한능력자를 따로 구별하지 않고 행위능력을 인정하는 규정을 두는 경우가 많으며, 특별규정이 없다 하더라도 민법의 행위능력규정을 그대로 적용할 수는 없다. 다만, 민법의 행위능력 규정은 재산행위와 관련된 것이므로 재산행위와 관련된 사인의 공법행위에 대해서는 민법의 행위능력 규정을 적용할 수 있을 것이다.

**대리**: 사인의 공법행위에도 대리가 허용되는 경우에는 민법총칙의 대리의 법리가 적용될 수 있다.

**효력발생시기**: 사인의 공법행위에 있어서도 사법행위와 같이 의사표시의 효력발생시기는 도달주의에 의하는 것이 원칙이다(행정절차법 제15조 제1항). 다만 특별규정 등을 두어 발신주의를 채택하는 경우가 있다.

**부관**: 사인의 공법행위에는 부관을 붙일 수 없음이 원칙이다. 그것은 행정권 행사를 제약할 수 있기 때문이다.

**철회·보정**: 사인의 공법행위에 근거한 행정행위가 완전히 법적 효과를 발하기 전에는 철회·보정이 가능하다(행정절차법 제17조). 따라서 이론상 사직서를 제출하여도 수리되기 전에는 철회할 수 있다. 그러나 사직서가 수리되기 전에도 철회가 신의성실의 원칙에 위반되는 경우에는 그것이 허용되지 않을 수 있다. 또한 투표행위와 같이, 개별적인 사인의 공법행위가 일단 성립된 후에는 개인의 행위가 독자성을 상실하고 다른 사람들의 행위와 합성하여 별도의 법률효과를 내는 합성행위가 되는 경우에는 합성행위를 구성하는 개별적인 사인의 공법행위의 철회가 제한된다.

대법원은 보정(보완)이 가능한 경우에 보정을 요구하지 않은 채 민원인의 신청을 거부한 것은 재량권의 범위를 벗어나 위법하다고 한다.[206] 그러나 행정청이 신청에 대하여 거부처분을 하기 전에 반드시 신청인에게 신청의 내용이나 처분의 실체적 발급요건에 관한 사항까지 보완할 기회를 부여하여야 할 의무를 가지는 것은 아니라고 한다.[207]

**요식행위성**: 사인의 공법행위는 일정한 형식을 요구하는 요식행위인 경우가 대부분이다.

대법원이 사인의 공법행위에 민법의 법률행위에 대한 규정을 적용하는 것에 대해 부정적인 경우가 있다. 이것은 대법원이 형식적 확실성과 행위의 격식화를 중요시하는 공법행위의 특성을 고려한 것으로 보인다.[208] 이러한 취지에서 대법원은 사직원 제출자의 내심의 의사가 사직할 뜻이 아니라고 하더라도 진의 아닌 의사표시에 대한 민법 제107조의 규정이 이에 준용되지 아니하여 그 사직원이 무효라고 할 수 없다고 판시하고 있다.[209]

한편, 대법원은 사직서의 제출이 상급기관이나 상급관청의 강박에 의하여 의사결정의 자유를 박탈할 정도에 이른 것이라면 그 의사표시는 무효가 될 것이지만 그렇지 않고 의사결정의 자유

---

206) 대법원 2004.10.15. 선고 2003두6573 판결.
207) 대법원 2020.7.23. 선고 2020두36007 판결.
208) 대법원 1978.7.25. 선고 76누276 판결.
209) 대법원 1992.8.14. 선고 92누909 판결; 대법원 2001.8.24. 선고 99두9971 판결.

를 제한하는 정도에 그친 것이라면 민법 제110조의 취소규정을 준용하여 그 효력을 따져보아야 한다고 한다.[210)]

### (2) 신고와 신고의 수리, 수리거부

#### ① 수리의 분류법

사인의 공법행위 가운데 가장 빈번하게 문제가 되는 것이 신고와 그 수리이다. 신고에 대해서는 행정절차법 제40조와 행정기본법 제34조가 기본적인 규율을 하고 있다.

행정절차법 제40조가 규정하는 신고는 행정청에게 일정한 사항을 통지함으로써 의무가 종료되어 행정청의 수리를 요하지 않는 자체완성적(또는 자기완결적) 공법행위로서의 신고로서, 그 법적 효과를 위해 수리를 요하지 않는다(수리를 요하지 않는 신고). 그리고 이러한 신고는 수리를 요하지 않으므로 신고의 요건만 충족되면 수리가 거부되어도 법적 효과가 발생한다. 따라서 수리거부를 직접 다툴 필요가 없다. 이때, 수리나 수리거부는 별도의 법적 효과가 발생하지 않는 행위이기 때문이다.

그러나 행정요건적 공법행위로서의 신고 가운데에는 신고에 대한 수리가 있어야만 신고의 법적 효과가 발생하는 경우도 있다(수리를 요하는 신고). 이러한 수리를 요하는 신고는 신고행위에 대한 심사를 요한다. 수리를 요하는 신고의 경우 설사 수리가 되었다 하더라도 수리의 실질적 요건을 갖추지 못하였다면, 신고에 따른 법적 효과가 발생하지 않고 수리가 무효가 될 수 있다.[211)]

수리를 요하는 신고에 대해서는 행정기본법 제34조가 이를 규율하고 있다. 그런데 행정기본법 제34조는 '수리를 요하는 신고'를 법률에 신고의 수리가 필요하다고 명시되어 있는 경우에 한정하고 있다. 그리고 '행정기관의 내부 업무처리절차'로서 수리를 규정한 경우[212)]는 수리를 요하지 않는 자기완결적 신고로 봄으로써 자기완결적 신고로 보는 범위를 넓히려는 입법의도를 나타내고 있다. 이것은 행정절차법 제40조 제2항이 규정하는 '자기완결적 신고'를 신고의 원칙적인 모습으로 보고 '수리를 요하는 신고'는 예외적으로 인정하겠다는 의미라고 보아야 할 것이다.

이와 같은 수리를 요하는 신고에는 신고의무가 있는 신고만이 해당된다고 한다. 예컨대 '독점규제 및 공정거래에 관한 법률' 제49조 제2항의 신고와 같이 위반행위자를 신고하여 처벌하게 하는 경우 등은 신고의 수리를 요한다 하더라도 이 조항의 적용대상이 아니다.

한편 이처럼 '수리를 요하는 신고'를 성문화함으로 인하여 '수리를 요하는 신고'와 '등록'과의 관계를 구명하여야 할 필요성이 발생하였다. 대법원은 대규모 점포의 개설등록을 수리를 요하는 신고로 본 바가 있는데[213)] 이러한 입장이 일반화될 수 있을지 추후의 학설과 판례의 동향을 지켜보아야 할 것 같다. 대법원의 이러한 입장이 일반화된다면 사실상 등록과 수리를 요하는 신

---

210) 대법원 1997.12.12. 선고 97누13962 판결.

211) 대법원 2021.2.25. 선고 2017다51610 판결.

212) 법제처에 따르면 '가족관계의 등록 등에 관한 법률' 제21조의 출생, 사망시의 주민등록지의 경유 신고가 그 예에 해당한다고 한다.

213) 대법원 2015.11.19. 선고 2015두295 전원합의체 판결.

고는 구별하기가 어렵게 된다. 한편 수리를 요하는 신고와 허가가 사실상 소송상 취급에 있어 유사한 점이 있다 하더라도 양자는 구별된다. 특히 수리를 요하는 신고는 일정한 요건이 갖추어진 경우 수리할 의무가 있고 원칙적으로 신고의 수리에는 재량이 배제된다고 보아야 할 것이다.[214)]

**주요판례요지**

서울행정법원 2022.5.13. 선고 2021구합69356 판결: 법무사업을 휴업하다 휴업기간이 만료되기 전에 업무재개신고 및 휴업신고를 하였으나 이행보증보험 가입 등 법무사법 제26조의 손해배상책임을 보장하기 위한 조치를 이행하지 아니하여 대한법무사협회가 위 신고 수리를 거부하였다. 그러나 법무사의 업무재개신고는 자기완결적 신고로서 형식적·절차적 요건을 갖추면 곧바로 업무재개의 효력이 발생한다고 보아야 한다.

② 처분으로서의 수리를 요하는 신고

대법원은 신고를 행정기본법 제정 이전부터 '수리를 요하는 신고'와 '수리를 요하지 않는 신고'로 구분하여 그 법적 취급을 달리하고 있다. 그리하여 수리를 요하는 신고의 경우, 수리나 수리의 거부는 처분성이 있고 항고소송의 대상이 된다고 한다. 행정기본법 제34조의 규정으로 인하여 신고와 신고 수리의 판례이론이 다소간 변화되는 것은 불가피하지만 근본적인 변화를 겪을 것인지는 불투명하다. 판례는 처분성 인정에 있어서 법률상 근거규정이 없다고 하더라도 사후통제와 국민권익보호의 관점에서 처분성을 인정하는 경향을 보이고 있는데[215)] 이러한 경향은 '수리를 요하는 신고'의 인정 여부에서도 고려되어 왔고 앞으로도 그러한 입장이 쉽게 바뀔 것 같지 않다. 법률이 아닌 행정내부 규정으로 수리가 거부되었을 때 그를 다투는 소송방식으로 항고소송 이외에 특별한 다른 방법이 뚜렷하지 않은 경우 반려행위의 처분성 인정의 필요성은 이 조항의 입법 이후에도 여전할 것이고 이 경우 법률로 정하지 않은 경우에도 법원이 수리를 요하는 신고가 존재할 수 있음을 인정할 가능성이 없지 않을 것이기 때문이다.

수리를 요하는 신고인가 아닌가를 판단함에 있어서 대법원은 행정청이 그 신고의 형식적 요건만을 심사함으로 족한 경우에는 수리를 요하지 않는 신고로 보고 실질적 요건을 심사하여야 할 필요가 있는 경우에는 이를 수리를 요하는 신고로 본다. 대법원은 숙박업영업신고, 주민등록전입신고, 납골당(봉안당)설치신고, 악취배출시설 설치·운영신고[216)] 등을 수리를 요하는 신고로 보고 있다(참고판례 참조). 논란의 대상이 되어 온 '허가 등의 효과가 의제되는 건축신고'에 대하

214) 그럼에도 불구하고 대법원은 악취방지법상의 악취배출시설 설치·운영 신고의 수리에 광범위한 재량을 인정한다. 대법원 2022.9.7. 선고 2020두40327 판결. 그러나 이 경우 이 신고제도는 법령을 바꾸어 허가제도로 운영하는 것이 타당하다고 본다.

215) 대법원 2020.5.28. 선고 2017두66541 판결 등.

216) 대법원 2022.9.7. 선고 2020두40327 판결. 이 판례는 행정기본법 발효 이전에 일어난 사건에 대한 것이지만, 행정기본법 제34조가 효력을 발생한 이상 향후에는 이 사건과 같이 사전에 검토할 필요성이 크다거나 시행령, 시행규칙 등에서 수리를 전제하고 있다는 사유로 이를 '수리를 요하는 신고'로 판단하기는 어려울 것이라 본다.

여 대법원은 종전 판례를 변경하여 "일반적으로 건축신고는 행정청의 수리를 요하지 않으나 건축신고로 인하여 일정한 인·허가 등의 법적 효과가 의제되는 효력이 발생하는 경우에는 신고수리기관이 실질적요건을 심사하여야 하므로 이를 수리를 요하는 신고로 보아야 한다."고 판시하였다.[217] 이러한 판례이론은 반려행위나 거부행위로 법적 불이익을 받을 위험이 있을 때에는 그 거부나 반려행위의 처분성을 인정하여 항고소송으로 다툴 수 있도록 하자는데 기본적인 취지를 가지고 있다. 그리하여 이러한 범주에 해당하는 착공신고반려행위,[218] 건축주명의변경신고수리거부행위[219]를 모두 처분으로 보고 있다.

그리고 대법원은 신고라 하더라도 타법상의 제한 등이 문제되어 단순한 형식적 요건만이 아니라 실체적 요건에 대한 심사가 필요하다면 수리를 요하는 신고로 보아야 한다고 한다.[220]

③ 수리간주

근래의 입법경향은 신고수리간주 규정을 두어 법령에 따른 신고 수리의 처리기간이 지나도 행정청이 수리하지 않는 경우 처리기간이 끝난 날의 다음 날에 신고를 수리하는 것으로 보는 경우가 늘고 있다.[221]

**참고판례 1: 대법원 2021.2.25. 선고 2017다51610 판결 [노동조합설립무효확인]**

노동조합의 조직이나 운영을 지배하거나 개입하려는 사용자의 부당노동행위에 의해 노동조합이 설립된 것에 불과하거나, 노동조합이 설립될 당시부터 사용자가 위와 같은 부당노동행위를 저지르려는 것에 관하여 노동조합 측과 적극적인 통모·합의가 이루어진 경우 등과 같이 **해당 노동조합이 헌법 제33조 제1항 및 그 헌법적 요청에 바탕을 둔 노동조합 및 노동관계조정법(이하 '노동조합법'이라고 한다) 제2조 제4호가 규정한 실질적 요건을 갖추지 못하였다면, 설령 설립신고가 행정관청에 의하여 형식상 수리되었더라도 실질적 요건이 흠결된 하자가 해소되거나 치유되는 등의 특별한 사정이 없는 한 이러한 노동조합은 노동조합법상 설립이 무효로서 노동3권을 향유할 수 있는 주체인 노동조합으로서의 지위를 가지지 않는다고 보아야 한다.**

해 설 신고가 실체적 요건을 결하였으나 형식적으로 수리된 경우 신고의 수리가 무효가 된다고 판시한 것이다. 실체적 요건을 결한 수리는 모두 무효인지 아니면 요건의 흠결이 중대하고 명백한 경우에만 무효인지에 대해서는 이 판결에서 분명히 밝히지는 않았다.

**참고판례 2: 대법원 2017.5.30. 선고 2017두34087 판결 [숙박업영업신고증교부의무부작위위법확인]**

**숙박업을 하고자 하는 자가 법령이 정하는 시설과 설비를 갖추고 행정청에 신고를 하면, 행정청은 공중위생관리법령의 위 규정에 따라 원칙적으로 이를 수리하여야 한다. 행정청이 법령이 정한 요건 이외의**

217) 대법원 2011.1.20. 선고 2010두14954 전원합의체 판결.
218) 대법원 2011.6.10. 선고 2010두7321 판결.
219) 대법원 1992.3.31. 선고 91누4911 판결.
220) 대법원 1991.7.12. 선고 90누8350 판결; 대법원 2007.1.11. 선고 2006두14537 판결.
221) 예컨대, 도로법 제27조 제5항, 제106조 제4항, 골재채취법 제17조 제5항 등.

**사유를 들어 수리를 거부하는 것은 위 법령의 목적에 비추어 이를 거부해야 할 중대한 공익상의 필요가 있다는 등 특별한 사정이 있는 경우에 한한다.**

이러한 법리는 이미 다른 사람 명의로 숙박업 신고가 되어 있는 시설 등의 전부 또는 일부에서 새로 숙박업을 하고자 하는 자가 신고를 한 경우에도 마찬가지이다. 기존에 다른 사람이 숙박업 신고를 한 적이 있더라도 새로 숙박업을 하려는 자가 그 시설 등의 소유권 등 정당한 사용권한을 취득하여 법령에서 정한 요건을 갖추어 신고하였다면, 행정청으로서는 특별한 사정이 없는 한 이를 수리하여야 하고, **단지 해당 시설 등에 관한 기존의 숙박업 신고가 외관상 남아있다는 이유만으로 이를 거부할 수 없다.**

해 설 ① 숙박업영업신고가 수리를 요하는 신고임을 전제로 하고 있는 판례이다. ② 법령상 요건을 갖춘 경우에는 중대한 공익상의 필요가 없으면 거부하지 못한다고 하여 반대로 중대한 공익을 이유로 하는 거부가 가능함을 시사하고 있다. ③ 숙박업영업신고는 해당시설에 대한 영업신고가 외관상 존재하고 있어도 새로운 영업자에게 할 수 있다고 함으로써 숙박업영업신고의 수리가 단순히 대물처분이 아니라 대인·대물의 혼합처분임을 시사하고 있다.

### 참고판례 3: 대법원 2011.1.20. 선고 2010두14954 전원합의체 판결 [건축(신축)신고불가취소]

[다수의견] 건축법에서 인·허가의제 제도를 둔 취지는, 인·허가의제사항과 관련하여 건축허가 또는 건축신고의 관할 행정청으로 그 창구를 단일화하고 절차를 간소화하며 비용과 시간을 절감함으로써 국민의 권익을 보호하려는 것이지, 인·허가의제사항 관련 법률에 따른 각각의 인·허가 요건에 관한 일체의 심사를 배제하려는 것으로 보기는 어렵다. 왜냐하면, 건축법과 인·허가의제사항 관련 법률은 각기 고유한 목적이 있고, 건축신고와 인·허가의제사항도 각각 별개의 제도적 취지가 있으며 그 요건 또한 달리하기 때문이다. 나아가 인·허가의제사항 관련 법률에 규정된 요건 중 상당수는 공익에 관한 것으로서 행정청의 전문적이고 종합적인 심사가 요구되는데, **만약 건축신고만으로 인·허가의제사항에 관한 일체의 요건 심사가 배제된다고 한다면, 중대한 공익상의 침해나 이해관계인의 피해를 야기하고 관련 법률에서 인·허가 제도를 통하여 사인의 행위를 사전에 감독하고자 하는 규율체계 전반을 무너뜨릴 우려가 있다.** 또한 무엇보다도 건축신고를 하려는 자는 인·허가의제사항 관련 법령에서 제출하도록 의무화하고 있는 신청서와 구비서류를 제출하여야 하는데, 이는 건축신고를 수리하는 행정청으로 하여금 인·허가의제사항 관련 법률에 규정된 요건에 관하여도 심사를 하도록 하기 위한 것으로 볼 수밖에 없다. **따라서 인·허가의제 효과를 수반하는 건축신고는 일반적인 건축신고와는 달리, 특별한 사정이 없는 한 행정청이 그 실체적 요건에 관한 심사를 한 후 수리하여야 하는 이른바 '수리를 요하는 신고'로 보는 것이 옳다.**

일정한 건축물에 관한 건축신고는 건축법 제14조 제2항, 제11조 제5항 제3호에 의하여 국토의 계획 및 이용에 관한 법률 제56조에 따른 개발행위허가를 받은 것으로 의제되는데, 국토의 계획 및 이용에 관한 법률 제58조 제1항 제4호에서는 개발행위허가의 기준으로 주변 지역의 토지이용실태 또는 토지이용계획, 건축물의 높이, 토지의 경사도, 수목의 상태, 물의 배수, 하천·호소·습지의 배수 등 주변 환경이나 경관과 조화를 이룰 것을 규정하고 있으므로, **국토의 계획 및 이용에 관한 법률상의 개발행위허가로 의제되는 건축신고가 위와 같은 기준을 갖추지 못한 경우 행정청으로서는 이를 이유로 그 수리를 거부할 수 있다고 보아야 한다.**

해 설 인·허가의제가 되는 신고의 경우 실질적요건에 대한 심사가 필요하고 따라서 이를 자체완성적 신고라 할 수 없으며 수리를 요하는 신고로 보아야 한다고 종전 판례를 변경한 판결이다. 인허가의제가 되는 신고거부나 반려의 처분성을 인정함에는 변함이 없으나 문제된 신고의 법적 성격을 수리를 요하는 신고로 달리 이해하게 된 점이 특징적이다.

### 참고판례 4: 대법원 2009.6.18. 선고 2008두10997 전원합의체 판결 [주민등록전입신고수리거부처분취소]

주민들의 거주지 이동에 따른 **주민등록전입신고에 대하여 행정청이 이를 심사하여 그 수리를 거부할 수는 있다고 하더라도,** 그러한 행위는 자칫 헌법상 보장된 국민의 거주·이전의 자유를 침해하는 결과를 가져올 수도 있으므로, 시장·군수 또는 구청장의 주민등록전입신고 수리 여부에 대한 심사는 주민등록법의 입법 목적의 범위 내에서 제한적으로 이루어져야 한다. 한편, **주민등록법의 입법 목적에 관한 제1조 및 주민등록 대상자에 관한 제6조의 규정을 고려해 보면, 전입신고를 받은 시장·군수 또는 구청장의 심사 대상은 전입신고자가 30일 이상 생활의 근거로 거주할 목적으로 거주지를 옮기는지 여부만으로 제한된다고 보아야 한다.** 따라서 전입신고자가 거주의 목적 이외에 다른 이해관계에 관한 의도를 가지고 있는지 여부, 무허가 건축물의 관리, 전입신고를 수리함으로써 당해 지방자치단체에 미치는 영향 등과 같은 사유는 주민등록법이 아닌 다른 법률에 의하여 규율되어야 하고, 주민등록전입신고의 수리 여부를 심사하는 단계에서는 고려 대상이 될 수 없다.

**해 설** 주민등록전입신고를 행정요건적 신고로 보면서도 그 심사의 범위를 주민등록제도의 합리적인 범위 내로 제한하고 있다.

### 참고판례 5: 대법원 2011.9.8. 선고 2009두6766 판결 [납골당설치신고수리처분이행통지취소]

구 장사 등에 관한 법률(2007. 5. 25. 법률 제8489호로 전부 개정되기 전의 것, 이하 '구 장사법'이라고 한다) 제14조 제1항은, 시·도지사 또는 시장·군수·구청장이 아닌 자가 사설납골시설을 설치·관리하고자 하는 때에는 보건복지부령이 정하는 바에 따라 당해 사설납골시설을 관할하는 시장·군수·구청장에게 신고하여야 한다고 규정하고 있고, 구 장사 등에 관한 법률 시행규칙(2008. 5. 26. 보건복지가족부령 제15호로 전부 개정되기 전의 것) 제7조 제1항 본문은, 사설납골시설의 설치신고를 하고자 하는 자는 [별지 제7호 서식]에 일정한 서류를 첨부하여 관할 시장·군수·구청장에게 제출하여야 한다고 규정하고 있으며, [별지 제7호 서식]인 **화장장(납골당) 설치(변경)신고서의 뒤쪽에는 신고서가 '접수 → 서류 검토 → 현장 실사 → 관계기관 의견조회 → 결재 → 설치 신고사항 이행통지 → 확인 → 결재 → 납골당설치 신고대장 및 신고필증 작성 → 신고필증 교부'의 순서로 처리된다고 기재되어 있다.**

이와 같은 납골당설치 신고의 처리절차 및 구 장사법의 관계 규정을 종합하면, 납골당설치 신고는 이른바 **'수리를 요하는 신고'라 할 것이므로**(대법원 2005.2.25. 선고 2004두4031 판결; 대법원 2010.9.9. 선고 2008두22631 판결 참조), 납골당설치 신고가 구 장사법 관련 규정의 모든 요건에 맞는 신고라 하더라도 신고인은 곧바로 납골당을 설치할 수는 없고, 이에 대한 행정청의 수리처분이 있어야만 신고한 대로 납골당을 설치할 수 있게 된다. **한편 수리란 신고를 유효한 것으로 판단하고 법령에 의하여 처리할 의사로 이를 수령하는 수동적 행위이므로 수리행위에 신고필증 교부 등의 행위가 꼭 필요한 것은 아니다.**

**해 설** 대법원은 관계법과 납골당(봉안당)설치신고 수리의 실무적 심사과정을 고려하여 이를 일종의 완화된 허가에 가까운 실체적 심사를 요하는 행위로 보고 수리를 요하는 신고로 판단하였다. 한편 이 판례는 수리를 요하는 신고에서 신고필증의 교부가 반드시 필요한 행위가 아니라고 판시하고 있다.

참고판례 6: 대법원 2009.2.26. 선고 2006두16243 판결 [골프장회원권모집계획승인처분취소]

구 체육시설의 설치·이용에 관한 법률(2005. 3. 31. 법률 제7428호로 개정되기 전의 것) 제19조 제1항, 구 체육시설의 설치·이용에 관한 법률 시행령(2006. 9. 22. 대통령령 제19686호로 개정되기 전의 것) 제18조 제2항 제1호 (가)목, 제18조의2 제1항 등의 규정에 의하면, 위 법 제19조의 규정에 의하여 **체육시설의 회원을 모집하고자 하는 자는 시·도지사 등으로부터 회원모집계획서에 대한 검토결과 통보를 받은 후에 회원을 모집할 수 있다고 보아야 하고, 따라서 체육시설의 회원을 모집하고자 하는 자의 시·도지사 등에 대한 회원모집계획서 제출은 수리를 요하는 신고에서의 신고에 해당하며, 시·도지사 등의 검토결과 통보는 수리행위로서 행정처분에 해당한다.**

해 설 체육시설의 회원모집계획서가 제출된 것이 신고에 해당하고 시·도지사가 이를 검토하고 검토결과를 통보한 것이 수리를 요하는 신고에 대한 수리로서 행정처분이라고 판시한 사례이다. 명칭과 관계없이 그 실제와 법적 성격에 의하여 수리를 요하는 신고와 그 수리로 인정한 사례이다.

### (3) 영업양도 등 지위승계신고

영업양도 등에 따른 지위승계신고에 대하여 판례는 지위승계신고가 수리되어야 양수인에 대한 영업허가가 이루어진다고 한다. 따라서 지위승계신고의 수리는 행정처분에 해당된다.[222] 그러므로 지위승계신고의 수리는 양도인에 대한 영업허가취소와 양수인에 대한 권리설정행위로서의 성격을 가지므로 양도인에게는 침익적 성격의 처분이고 따라서 판례는 이 경우에 행정절차법상의 처분절차를 거쳐야 한다고 한다.[223]

그리고 대법원은 양수인은 지위승계신고 수리 이전에도 이해관계인으로서 양도인 명의의 허가처분취소 등에 대해 원고적격을 가질 수 있다고 판시하고 있다.[224]

또한 영업양도의 원인행위(기본행위)가 무효인 경우 영업양도 행위(기본행위)를 다투지 아니하고 바로 지위승계신고수리처분에 대하여 무효확인을 구할 법률상 이익이 있음을 인정하고 있다.[225] 이러한 판례의 입장은 인가의 경우 기본행위에 하자가 있는 때에는, 먼저 기본행위를 다투어야 하고 기본행위에 대한 소송이 민사판결에 의하여 확정되고 난 후에야 보충행위인 인가처분의 소의 이익을 인정하는 것[226]과는 차이가 있다.

참고판례 1: 대법원 2020.3.26. 선고 2019두38830 판결 [시정명령취소청구]

식품위생법 제39조 제1항, 제3항에 의한 **영업양도에 따른 지위승계 신고를 행정청이 수리하는 행위는 단순히 양도·양수인 사이에 이미 발생한 사법상의 영업양도의 법률효과에 의하여 양수인이 그 영업을 승**

222) 대법원 1993.6.8. 선고 91누11544 판결.
223) 대법원 2003.2.14. 선고 2001두7015 판결; 대법원 2012.12.13. 선고 2011두29144 판결.
224) 대법원 2003.7.11. 선고 2001두6289 판결.
225) 대법원 2005.12.23. 선고 2005두3554 판결.
226) 대법원 2001.12.11. 선고 2001두7541 판결.

**계하였다는 사실의 신고를 접수하는 행위에 그치는 것이 아니라, 양도자에 대한 영업허가 등을 취소함과 아울러 양수자에게 적법하게 영업을 할 수 있는 지위를 설정하여 주는 행위로서 영업허가자 등의 변경이라는 법률효과를 발생시키는 행위**이다. 따라서 양수인은 **영업자 지위승계 신고서에 해당 영업장에서 적법하게 영업을 할 수 있는 요건을 모두 갖추었다는 점을 확인할 수 있는 소명자료를 첨부하여 제출하여야 하며**(식품위생법 시행규칙 제48조 참조), 그 요건에는 신고 당시를 기준으로 해당 영업의 종류에 사용할 수 있는 적법한 건축물(점포)의 사용권원을 확보하고 식품위생법 제36조에서 정한 시설기준을 갖추어야 한다는 점도 포함된다.

### 참고판례 2: 대법원 2003.7.11. 선고 2001두6289 판결 [채석허가취소처분취소]

산림법 제90조의2 제1항, 제118조 제1항, 같은 법 시행규칙 제95조의2 등 산림법령이 수허가자의 명의변경제도를 두고 있는 취지는, **채석허가가 일반적 · 상대적 금지를 해제하여 줌으로써 채석행위를 자유롭게 할 수 있는 자유를 회복시켜 주는 것일 뿐 권리를 설정하는 것이 아니어서** 관할 행정청과의 관계에서 수허가자의 지위의 승계를 직접 주장할 수는 없다 하더라도, 채석허가가 대물적 허가의 성질을 아울러 가지고 있고 수허가자의 지위가 사실상 양도·양수되는 점을 고려하여 수허가자의 지위를 사실상 양수한 양수인의 이익을 보호하고자 하는 데 있는 것으로 해석되므로, 수허가자의 지위를 양수받아 명의변경신고를 할 수 있는 양수인의 지위는 단순한 반사적 이익이나 사실상의 이익이 아니라 산림법령에 의하여 보호되는 직접적이고 구체적인 이익으로서 법률상 이익이라고 할 것이고, 채석허가가 유효하게 존속하고 있다는 것이 양수인의 명의변경신고의 전제가 된다는 의미에서 **관할 행정청이 양도인에 대하여 채석허가를 취소하는 처분을 하였다면 이는 양수인의 지위에 대한 직접적 침해가 된다고 할 것이므로 양수인은 채석허가를 취소하는 처분의 취소를 구할 법률상 이익을 가진다.**

**해 설** 양도인에 대한 행정처분에 대해 지위승계신고수리 이전의 양수인도 이를 다툴 법률상 이익이 있다고 한 판례이며 동시에 채석허가가 광업허가와는 달리 금지해제에 해당하는 강학상의 허가라고 판시한 판례이다.

### 참고판례 3: 대법원 2005.12.23. 선고 2005두3554 판결 [채석허가수허가자변경신고수리처분취소]

사업양도·양수에 따른 허가관청의 지위승계신고의 수리는 적법한 사업의 양도·양수가 있었음을 전제로 하는 것이므로 **그 수리대상인 사업양도 · 양수가 존재하지 아니하거나 무효인 때에는** 수리를 하였다 하더라도 그 수리는 유효한 대상이 없는 것으로서 당연히 무효라 할 것이고, 사업의 양도행위가 무효라고 주장하는 **양도자는 민사쟁송으로 양도 · 양수행위의 무효를 구함이 없이 막바로 허가관청을 상대로 하여 행정소송으로 위 신고수리처분의 무효확인을 구할 법률상 이익이 있다.**

**해 설** 인가의 경우 인가의 대상인 기본행위에 하자가 있을 때에는 바로 인가처분을 다툴 소의 이익을 인정하지 않는 것[227]과는 달리 지위승계신고의 경우에는 당사자의 승계계약의 부존재뿐 아니라 무효의 경우에도 직접 지위승계신고 수리처분의 하자를 다툴 소의 이익을 인정한다는 판례이다.

---

227) 대법원 2001.12.11. 선고 2001두7541 판결.

## 4. 공법상의 사무관리와 부당이득

### (1) 공법상의 사무관리

사무관리란 법률상 의무없이 타인의 사무를 대신 처리함으로써 그에 따라 법정채권관계가 발생하는 것을 말한다. 여기서 법률상 의무가 없다는 것은 공법의 영역에서는 주로 법률상의 권한이 없고 그에 대한 위임도 없는 것을 의미한다. 추상적, 개념적으로 살펴보면 공법상의 사무관리는 ① 행정주체가 다른 행정주체를 위하여 사무를 관리하는 경우, ② 행정주체가 사인을 위하여 사무를 관리하는 경우, ③ 사인이 행정주체를 위하여 사무를 관리하는 경우, ④ 사인이 다른 사인을 위하여 사무를 관리하는 경우 등으로 유형화 할 수 있지만,[228] 행정주체가 법률상 권한없이 사무를 처리하는 것은 법치행정의 원칙에 비추어 용납되기 어려우므로 실질적으로 행정주체에 의한 사무관리는 이루어지기는 어렵다. 또한 사인 간의 사무관리는 사법으로 다루어지는 것이 통상적인 것이므로 실제로 공법상의 사무관리가 문제되는 것은 ③의 사인이 행정주체를 위하여 사무를 관리하는 경우가 대부분이라고 할 것이다. 그런데 이러한 공법상의 사무관리라는 개념이 도대체 성립할 수 있는가와 관련하여 논란이 있었다. 과거에는 공법상의 의무는 국민에게는 언제나 있는 것이므로 공법상 사무관리 개념을 인정할 수 없다는 견해도 있었다. 그러나 이러한 견해는 국가에 대한 의무와 원래 사무를 처리할 자인 피관리자에 대한 의무가 다르다는 점을 간과하고 있으며 지나치게 현실에 동떨어진 국가주의적 입론이라 할 것이다. 결국 공법상의 사무관리자가 피관리자에 대해 채권을 가질 수 있음을 부인하기는 어려울 것으로 본다.

공법상의 사무관리에 대해서는 민법의 사무관리에 관한 규정을 준용하여야 할 것으로 본다.

대법원은 (공법상의) "사무관리가 성립하기 위하여는 우선 사무가 타인의 사무이고 타인을 위하여 사무를 처리하는 의사, 즉 관리의 사실상 이익을 타인에게 귀속시키려는 의사가 있어야 하며, 나아가 사무의 처리가 본인에게 불리하거나 본인의 의사에 반한다는 것이 명백하지 아니할 것을 요한다."고 하고, 다만 "타인의 사무가 국가의 사무인 경우, 원칙적으로 사인이 법령상 근거 없이 국가의 사무를 수행할 수 없다는 점을 고려하면, (1) 사인이 처리한 국가의 사무가 사인이 국가를 대신하여 처리할 수 있는 성질의 것으로서, (2) 사무 처리의 긴급성 등 국가의 사무에 대한 사인의 개입이 정당화되는 경우에 한하여 사무관리가 성립"한다고 한다. 그리고 "사인은 그 범위 내에서 국가에 대하여 국가의 사무를 처리하면서 지출된 필요비 내지 유익비의 상환을 청구할 수 있다."고 한다(참고판례).

참고판례: 대법원 2014.12.11. 선고 2012다15602 판결 [용역비]

**갑 주식회사 소유의 유조선에서 원유가 유출되는 사고가 발생하자** 해상 방제업 등을 영위하는 을 주

---

228) 최계영, "행정법에서의 법정 채권", 『행정법과 사법, 그 경계와 서로를 위한 이해』, (제45회 한국행정법학회 정기학술대회자료집), 한국행정법학회, 2020, 75면 이하 참조.

**식회사가 피해 방지를 위해 해양경찰의 직접적인 지휘를 받아 방제작업을 보조**한 사안에서, 갑 회사의 조치만으로는 원유 유출사고에 따른 해양오염을 방지하기 곤란할 정도로 **긴급방제조치가 필요한 상황이었고, 위 방제작업은 을 회사가 국가를 위해 처리할 수 있는 국가의 의무 영역과 이익 영역에 속하는 사무이며,** 을 회사가 방제작업을 하면서 **해양경찰의 지시 · 통제를 받았던 점 등에 비추어** 을 회사는 국가의 사무를 처리한다는 의사로 방제작업을 한 것으로 볼 수 있으므로, **을 회사는 사무관리에 근거하여 국가에 방제비용을 청구할 수 있다**고 본 원심판단을 수긍한 사례.

### (2) 공법상의 부당이득

법률상 원인 없이 취한 이득을 부당이득이라 한다. 공법상의 부당이득은 부당이득의 주체에 따라 행정주체의 부당이득과 사인의 부당이득으로 나누어 볼 수 있다. 다른 한편, 공법상 부당이득은 행정행위로 인한 부당이득과 기타의 행정청의 행위로 인한 부당이득으로 나누어 볼 수 있다. 행정행위로 인한 부당이득의 경우, 행정행위가 무효이거나 취소된 경우에 발생하며 단순히 행정행위가 위법하여 취소할 수 있는 하자가 있다고 하여도 취소가 절차에 따라 이루어지지 않은 한 원칙적으로 부당이득이 발생하는 것은 아니다.

그런데 대법원은 행정행위로 인한 부당이득이라 하더라도 이미 존재와 범위가 확정되어 있는 국세과오납부액은 납세자가 과세처분의 취소 없이도 부당이득반환을 구하는 민사소송으로 환급을 청구할 수 있다고 판시하고 있다.[229)]

가장 핵심적인 문제는 공법상의 부당이득을 사법의 문제로 볼 것인지 공법의 문제로 볼 것인지이다. 이것은 실질적으로 부당이득의 반환범위를 민법의 규정에 의하여 정할 것인지의 여부로 귀착한다. 공법상의 부당이득에 대하여 특별규정을 두는 경우, 그 반환범위는 행정주체의 선의, 악의를 불문하고 그로 인한 이익의 전부라고 규정하는 경우가 많다. 생각건대, 특별규정이 없더라도 강행법규에 위반된 이득은 전액을 반환하여야 하는 것으로 새겨야 할 것이다. 따라서 공법상의 부당이득을 사법상의 부당이득과 달리 취급할 필요가 있다고 본다. 공법상의 부당이득반환청구권의 소멸시효는 5년이다.

대법원은 부당이득은 사법관계에 속하는 것으로서 민사소송의 대상으로 본다(사권설). 그러나 근래 대법원은 판례변경을 통하여 종래 부당이득의 문제로 보아 민사소송의 대상으로 보던 부가가치세환급의무는 이를 부당이득반환의무로 볼 것이 아니라 조세정책적 견지에서 인정되는 공법상 의무로 보고 이를 당사자소송의 대상으로 할 것이라고 판시하였다.[230)] 이러한 판시는 종래 부당이득반환채무로 이해되던 것도 그것을 특별한 공법상채무로 볼 소지가 있으면 그를 부당이득으로 관념하지 않고 공법상채권 · 채무에 관한 당사자소송의 문제로 해결하려는 입장으로서 실질적으로 종래의 부당이득 문제를 공법의 문제로 전환시키는 의미가 있다.

그런데 만약 통상의 판례와 달리 공법의 영역에서 발생하는 부당이득을 공법상의 개념으로 파악한다면 그에 대하여 민법상의 부당이득 반환범위에 관한 규정인 민법 제748조를 적용할 수

229) 대법원 2015.8.27. 선고 2013다212639 판결.
230) 대법원 2013.3.21. 선고 2011다95564 전원합의체 판결.

있을 것인가가 문제된다. 대법원은 부당이득을 공법상의 것으로 보든 사법상의 것으로 보든, 그에 대한 특별규정이 있는 경우에는 민법 제748조의 적용을 부인하고 있다.[231] 특별규정이 없을 경우에 부당이득의 반환범위에 대한 민법 제748조를 적용할 것인가에[232] 대한 명시적인 판례는 아직 존재하지 않는다. 그러나 부당이득반환청구권을 사권으로 보는 종래 대법원의 태도에 비추어 대법원은 특별규정이 없을 때에는 민법규정이 적용된다고 판단할 것으로 예측된다.

대법원은 국·공유재산의 무단점유자에 대해 변상금 부과처분을 할 수 없는 때에도 민사상 부당이득반환청구권은 성립하는 경우가 있으므로, 변상금 부과·징수의 요건과 민사상 부당이득 반환청구권의 성립 요건이 일치하는 것이 아니라고 한다.[233]

그런데 국유재산의 무단점유자에 대하여 국가가 가지는 변상금 부과징수권과 민사상 부당이득반환청구권이 모두 문제된다고 할 때, 어떤 권리와 절차를 활용하여야 하는지가 문제된다. 대법원의 판례이론을 종합하여 보면[234] 원칙적으로 공권에 근거한 간이하고 경제적인 공법적 구제절차(변상금 부과징수)에 의하여야 할 것이지만[235] 특별한 사정이 있는 경우에는 사권인 부당이득반환청구권에 근거하여 민사소송절차에 의할 수도 있다고 할 것이다.[236] 다만 대법원은 이 두 가지의 권리[237]는 동일한 금액 범위 안에서는 경합하여 병존하므로 민사상 부당이득반환 청구권이 만족을 얻어 소멸하면 그 범위 내에서 변상금의 부과징수권도 소멸하는 관계에 있다고 한다.[238]

**참고판례 1: 대법원 2012.3.15. 선고 2011다17328 판결 [사해행위취소등]**

보조금의 예산 및 관리에 관한 법률은 제30조 제1항에서 중앙관서의 장은 보조사업자가 허위의 신청이나 기타 부정한 방법으로 보조금의 교부를 받은 때 등의 경우 보조금 교부결정의 전부 또는 일부를 취소할 수 있도록 규정하고, 제31조 제1항에서 중앙관서의 장은 보조금의 교부결정을 취소한 경우에 취소된 부분의 보조사업에 대하여 이미 교부된 보조금의 반환을 명하여야 한다고 규정하고 있으며, 제33조 제1항에서 위와 같이 반환하여야 할 보조금에 대하여는 국세징수의 예에 따라 이를 징수할 수 있도록 규정하고 있으므로, 중앙관서의 장으로서는 반환하여야 할 보조금을 국세체납처분의 예에 의하여 강제징수할 수 있고, 위와 같은 중앙관서의 장이 가지는 반환하여야 할 **보조금에 대한 징수권은 공법상 권리로서 사법상 채권과는 성질을 달리하므로, 중앙관서의 장으로서는 보조금을 반환하여야 할 자에 대하여 민사소송의 방법으로는 반환청구를 할 수 없다고 보아야 한다.**

231) 대법원 2009.9.10. 선고 2009다11808 판결.
232) 일반적으로 공법상의 부당이득의 경우에는 부당이득 전액 이상을 반환하여야 하는데 민법 제748조가 적용되면 선의의 부당이득자의 경우에는 현존하는 이익만 반환하면 되기 때문에 부당이득 반환의 범위가 축소될 가능성이 있다.
233) 대법원 2024.10.8. 선고 2023다210991 판결.
234) 이에 대한 여러 대법원 판례의 입장은 해석하기에 따라서는 모순되는 것으로 볼 수 있다. 이하의 서술은 대법원의 여러 판례를 검토하여 모순 없이 해설하고자 한 것이라는 점을 밝혀두고자 한다.
235) 대법원 2017.4.13. 선고 2013다207941 판결.
236) 대법원 2014.7.16 선고 2011다76402 전원합의체 판결.
237) 이 두 권리는 별개의 권리이므로 변상금 부과징수권이 행사되었다 하더라도 이로써 민사상 부당이득반환청구권의 소멸시효가 중단된다고 할 수 없다고 한다. 대법원 2014.9.4. 선고 2013다3576 판결.
238) 대법원 2014.9.4. 선고 2012두5688 판결.

**해 설** 보조금교부가 잘못된 경우 행정주체가 행정객체에게 부당이득반환을 청구하게 된 사례에서 대법원은 반환하여야 할 보조금의 징수는 공법상의 채권이고 반환을 가능하게 하는 특별규정이 있으므로 민사소송의 방법으로는 할 수 없다고 한다.

### 참고판례 2: 대법원 2013.3.21. 선고 2011다95564 전원합의체 판결 [양수금]〈부가세 환급청구 당사자소송 사건〉

[다수의견] (전략) **납세의무자에 대한 국가의 부가가치세환급세액 지급의무는 그 납세의무자로부터 어느 과세기간에 과다하게 거래징수된 세액 상당을 국가가 실제로 납부받았는지와 관계없이 부가가치세법령의 규정에 의하여 직접 발생하는 것으로서, 그 법적 성질은 정의와 공평의 관념에서 수익자와 손실자 사이의 재산상태 조정을 위해 인정되는 부당이득 반환의무가 아니라 부가가치세법령에 의하여 그 존부나 범위가 구체적으로 확정되고 조세 정책적 관점에서 특별히 인정되는 공법상 의무라고 봄이 타당하다.** 그렇다면 납세의무자에 대한 국가의 부가가치세 환급세액 지급의무에 대응하는 국가에 대한 납세의무자의 부가가치세 환급세액 지급청구는 **민사소송이 아니라 행정소송법 제3조 제2호에 규정된 당사자소송의 절차에 따라야 한다.**

**해 설** 조세 환급은 전형적으로 행정객체가 행정주체를 상대로 부당이득반환청구권을 행사하는 경우로 보는 것이 보통이었는데, 대법원은 적어도 부가가치세환급은 부당이득반환이 아니라 조세정책적 관점에서 인정되는 공법상 의무라고 보고 이를 민사소송이 아닌 당사자소송의 대상으로 하여 판례를 변경하였다.

### 참고판례 3: 대법원 2009.9.10. 선고 2009다11808 판결 [부당이득금반환]

**조세환급금은 조세채무가 처음부터 존재하지 않거나 그 후 소멸하였음에도 불구하고 국가가 법률상 원인 없이 수령하거나 보유하고 있는 부당이득에 해당하고, 환급가산금은 그 부당이득에 대한 법정이자로서의 성질을 가진다. 이 때 환급가산금의 내용에 대한 세법상의 규정은 부당이득의 반환범위에 관한 민법 제748조에 대하여 그 특칙으로서의 성질을 가진다고 할 것이므로, 환급가산금은 수익자인 국가의 선의·악의를 불문하고 그 가산금에 관한 각 규정에서 정한 기산일과 비율에 의하여 확정된다.** 부당이득반환의무는 일반적으로 기한의 정함이 없는 채무로서, 수익자는 이행청구를 받은 다음날부터 이행지체로 인한 지연손해금을 배상할 책임이 있다. **그러므로 납세자가 조세환급금에 대하여 이행청구를 한 이후에는 법정이자의 성질을 가지는 환급가산금청구권 및 이행지체로 인한 지연손해금청구권이 경합적으로 발생하고, 납세자는 자신의 선택에 좇아 그 중 하나의 청구권을 행사할 수 있다.**

**해 설** 공법상의 부당이득반환청구권의 경우 부당이득의 반환범위에 대하여 민법 제748조가 적용되는지가 문제이다. 사권설의 경우 당연히 민법 제748조가 준용된다고 보지만 공권설을 취할 경우, 그렇게 보기는 어렵다고 보아야 한다. 이 판례에서 조세환급의 경우, 대법원은 선의, 악의를 불문하고 민법 제748조를 배제하고 환급가산금에 관한 특별규정이 적용되어야 함을 밝히고 있다. 또한 대법원은 납세자는 조세환급금에 대해 환급가산금청구권을 행사하든지 또는 지연손해금청구권을 행사할 수 있다고 판시하고 있다.

### 참고판례 4: 대법원 2009.4.9. 선고 2008두23153 판결 [보험료납부고지처분취소]

행정소송법 제10조는 **처분의 취소를 구하는 취소소송에 당해 처분과 관련되는 부당이득반환소송을 관련 청구로 병합**할 수 있다고 규정하고 있는바, 이 조항을 둔 취지에 비추어 보면, 취소소송에 병합할 수 있는 당해 처분과 관련되는 부당이득반환소송에는 당해 처분의 취소를 선결문제로 하는 부당이득반환청구가 포함되고, 이러한 **부당이득반환청구가 인용되기 위해서는 그 소송절차에서 판결에 의해 당해 처분이 취소되면 충분하고 그 처분의 취소가 확정되어야 하는 것은 아니라고 보아야 한다.**

해 설 부당이득이 성립하기 위해서는 법률상 원인 없는 이득이 되어야 하므로 그 법률상 원인인 부과처분의 효력을 상실시켜야 한다. 따라서 부과처분이 취소되면 부당이득은 성립한다. 그러나 부당이득반환청구소송이 취소소송과 병합된 경우에는 취소가 상소제기기간의 경과 등으로 확정될 필요는 없다는 판시이다.

제 02 장

# 행정의 행위형식론

## 제1절 행정입법

### 제1관 개 설

행정입법이란 국회가 아니라 행정기관에 의해 제정되는 규범을 말한다. 통상 행정입법은 외부법과 내부법을 통칭하는 의미로 사용되므로, 법규명령과 행정규칙을 모두 일컫는 말이라고 할 수 있다.

법규명령이란 법규적 효력, 즉 외부법적 효력이 있는 대통령령, 총리령, 부령, 중앙선거관리위원회규칙, 대법원규칙 등의 형식으로 제정되는 규범을 말하며 재판의 기준이 된다.

행정규칙이란 훈령, 예규, 고시 등의 행정내부적인 형식으로 이루어지는 것으로서 원칙적으로 외부법적 효력이 없고 재판의 기준도 되지 않는 규범을 말한다.

행정입법을 법규명령과 행정규칙으로 구별하는 것은 독일의 특별권력관계 이론의 영향 때문이라고 할 수 있다. 특별권력관계 이론은 행정 내부와 외부의 법률관계를 다르게 파악하고 그 규범형태도 다르게 파악하여 일반권력관계에 적용되는 규범을 법규명령이라고 보고 특별권력관계에 적용되는 규범을 행정규칙이라고 보았다. 그러나 세계 제2차대전 이후 특별권력관계론이 붕괴하였기 때문에 행정입법에 대한 이론에서도 변화가 있었다.

한편 넓은 의미의 행정입법에는 지방자치단체의 입법형식인 조례와 규칙, 교육규칙도 포함되나 본 절에서는 이를 다루지 않고 지방자치법 부분에서 이를 검토하기로 한다.

### 제2관 법규명령

#### 1. 법규명령의 종류

#### (1) 수권의 근거 및 효력에 의한 분류

법규명령은 입법기관에 의해 제정되는 규범이 아니므로 상위법의 수권(위임)[1]이 필요하다. 통상 법규명령은 국회가 제정한 법률의 위임을 받는 경우가 많고, 법률의 위임을 받은 상위 법규

1) 권한을 위임한다는 것은 곧 수권이 이루어진다는 의미이다. 수권이란 권한을 주거나 받는 것을 말하는 것이므로 결국 위임의 실체를 다른 방식으로 표현한 것이다.

명령(예컨대 대통령령)은 다시 이를 하위 법규명령(예컨대 총리령, 부령)에 재위임할 수 있다. 이처럼 법률이나 법률하위규범에 의한 수권에 의해 제정되는 법규명령을 법률종속명령이라 하고 이것이 가장 일반적인 법규명령의 유형이다. 법률종속명령은 법률보다 하위의 효력을 가진다.

법률종속명령은 다시 상위법령의 법규사항을 보충하여 새로운 내용을 규율하는 위임명령(법률보충명령)과 새로운 법규사항을 규율함이 없이 단순히 상위법의 집행에 필요한 세부사항을 규정하는 집행명령으로 분류할 수 있으며 집행명령은 새로운 법규사항을 규율함이 없기 때문에 상위법의 위임을 요하지 아니한다.

한편, 예외적으로 헌법적 근거를 가지는 법규명령이 존재한다. 현행 헌법상 긴급명령, 긴급재정경제명령은 헌법에 의하여 직접 수권된 법규명령의 형식이다. 국가 비상시에 국회의 활동을 기대할 수 없을 때에 헌법이 바로 대통령에게 수권한 권한에 의해 법규명령을 제정할 수 있도록 한 것이다. 이것은 국회가 제정한 법률과 동일한 효력을 가지기 때문에 이를 법률대위명령이라 한다.

현행 헌법상 인정되지 않고 있지만, 과거 제5공화국 헌법에서 인정되던 비상조치나 유신헌법에서 인정되던 긴급조치는 헌법적 효력을 가지는 것이었다. 이를 비상명령이라 한다. 법규명령이 헌법을 정지시킬 수 있는 효력을 가지는 것은 헌정의 운영에 있어 위험한 측면이 있으므로 현행 헌법에서는 이러한 비상명령을 인정하지 않고 있다.

### (2) 법형식에 의한 분류

현행헌법이 예정하고 있는 법규명령의 형식으로, 법률대위명령으로는 긴급명령과 긴급재정경제명령이 있고, 법률종속명령으로는 대통령령, 총리령, 부령, 중앙선거관리위원회규칙, 대법원규칙, 헌법재판소규칙 등이 있다.

통상 법률이 제정되었을 때, 그 집행을 위한 하위규범으로서 시행령은 대통령령으로, 시행규칙은 총리령이나 부령으로 제정한다. 총리령은 총리가 국정을 통괄하는 입장에서 제정하는 것이기 보다는 실질적으로 총리 소속기관의 입법형식이므로 통상 부령과 동일한 효력을 가지는 것으로 해석된다.

문제는 헌법이 예정하고 있는 입법형식 곧 법률, 대통령령, 총리령, 부령, 대법원규칙, 헌법재판소규칙, 중앙선거관리위원회규칙 이외에 법규명령의 성격을 가지는 입법형식을 인정할 수 있을 것인가 하는 점이다. 이에 대해 헌법재판소는 헌법이 인정하는 위임입법의 형식이 예시적인 것으로 보아야 할 것이라고 하면서 법률이 행정규칙에 위임하더라도 국회입법의 원칙에 위배되지 않는다고 판시하고 있다.[2] 따라서 이러한 헌법재판소의 이론에 따르면 감사원규칙이나 공정거래위원회규칙 등 법률적 근거를 가지는 입법형식뿐 아니라 예규나 훈령, 고시 등도 법률이나 법규명령의 위임근거를 가지는 범위 안에서는 일정한 한계 안에서 법규사항을 담는 입법형식이 될 수 있다(법령보충규칙).

2) 헌법재판소 2004.10.28. 선고 99헌바91 결정.

다만 대법원은 이 경우 예규나 훈령, 고시 등 행정규칙이나 규정의 내용이 상위법령의 위임범위를 벗어난 경우에는 법규명령으로서 대외적 구속력을 인정할 여지는 없으며 또한 "상위법령의 위임규정에서 특정하여 정한 권한행사의 '절차'나 '방식'에 위배되는 경우도 마찬가지"라고 한다. 그러므로 "상위법령에서 세부사항 등을 시행규칙으로 정하도록 위임하였음에도 이를 고시 등 행정규칙으로 정하였다면 그 역시 대외적 구속력을 가지는 법규명령으로서 효력이 인정될 수 없다."고 한다.[3]

참고판례: 헌법재판소 2004.10.28. 선고 99헌바91 결정 [금융산업의구조개선에관한법률 제2조 제3호 가목 등 위헌소원]

오늘날 의회의 입법독점주의에서 입법중심주의로 전환하여 일정한 범위 내에서 행정입법을 허용하게 된 동기가 사회적 변화에 대응한 입법수요의 급증과 종래의 형식적 권력분립주의로는 현대사회에 대응할 수 없다는 기능적 권력분립론에 있다는 점 등을 감안하여 헌법 제40조와 헌법 제75조, 제95조의 의미를 살펴보면, 국회입법에 의한 수권이 입법기관이 아닌 행정기관에게 법률 등으로 구체적인 범위를 정하여 위임한 사항에 관하여는 당해 행정기관에게 법정립의 권한을 갖게 되고, 입법자가 규율의 형식도 선택할 수도 있다 할 것이므로, **헌법이 인정하고 있는 위임입법의 형식은 예시적인 것으로 보아야 할 것이고, 그것은 법률이 행정규칙에 위임하더라도 그 행정규칙은 위임된 사항만을 규율할 수 있으므로, 국회입법의 원칙과 상치되지도 않는다.** 다만, 형식의 선택에 있어서 규율의 밀도와 규율영역의 특성이 개별적으로 고찰되어야 할 것이고, 그에 따라 입법자에게 상세한 규율이 불가능한 것으로 보이는 영역이라면 행정부에게 필요한 보충을 할 책임이 인정되고 극히 전문적인 식견에 좌우되는 영역에서는 행정기관에 의한 구체화의 우위가 불가피하게 있을 수 있다. **그러한 영역에서 행정규칙에 대한 위임입법이 제한적으로 인정될 수 있다.**

## 2. 법규명령의 한계

### (1) 개설

법규명령은 국회입법의 원칙의 예외에 해당되는 것이므로 일정한 한계 안에서 허용된다. 먼저 대통령의 긴급명령과 긴급재정경제명령의 경우 헌법이 정한 절차와 범위 안에서 허용된다고 할 것이며(헌법 제76조), 법률종속명령으로서의 위임명령과 집행명령 역시 헌법에 따라, 또한 각기 그 속성에 따라 일정한 한계를 가진다.

### (2) 위임명령의 한계

#### ① 위임입법의 필요성

위임입법이 정당화되기 위해서는 먼저 위임입법의 필요성이 인정되어야 한다. 법률로써는 구체적 내용을 자세히 규정할 수 없고, 구체적이고 세부적인 규율은 전문적·기술적 능력을 갖춘

3) 대법원 2012.7.5. 선고 2010다72076 판결.

행정부에서 상황의 변동에 따라 시의 적절하게 탄력적으로 대응하여야 할 필요성이 인정될 때 하위법령에 위임할 필요성이 인정된다.

따라서 이와 같은 전문기술성, 탄력성, 정책적 변화에 대한 대응필요성이 인정되지 않는 경우에 위임이 이루어지면 그것은 위임의 한계를 벗어난 것이고 법률유보의 원칙에도 위반되는 것이 된다.[4]

② 포괄적 위임금지의 원칙

헌법 제75조는 법률이 대통령령에 위임할 때에는 "구체적으로 범위를 정하여" 하도록 규정하고 있다. 이것은 대통령령에 대하여 규정한 것이지만 모든 입법위임에 공통되는 원칙이라 할 수 있다(포괄적 위임금지의 원칙). 헌법재판소는 이 원칙을 적용함에 있어서 예측가능성을 합헌적 위임의 중요요소로 본다.[5] 대법원은 예측가능성을 판단함에 있어서 특정 법조항 하나만이 아니라 관련 법조항 전체를 유기적으로 검토할 것이며 각 대상법률의 성질에 따라 달리 적용할 것이라 한다.[6] 예측가능성 판단은 대개 명확성의 원칙과도 깊은 관련 하에 이루어지는데,[7] 대상법률의 성질과 관련하여 헌법재판소는 기본권침해영역에서는 보다 구체적이고 명확한 입법위임이 이루어져야 하나 급부행정영역에서는 위임의 명확성의 요건이 완화된다고 한다.[8] 또한 판례는 지방자치단체의 조례[9] 등은 자치법의 영역에 속하였기 때문에 그에 대한 위임이 다소 포괄적으로 이루어지더라도 무방한 것으로 보고 있다.

포괄위임금지원칙에 관한 판례이론은 전통적인 학설의 영향을 받아 그 이론경향에서 그다지 벗어나지 않는다.

**주요판례요지**

헌법재판소 2024.2.28. 선고 2021헌마845 결정: 재산등록의무를 부담하는 특정 분야의 공무원의 범위는 해당 분야 공무원의 권한 및 책임범위, 대민업무의 빈도 등에 대응하여 적시 조정되어야 할 필요가 있으므로 법률에서 일일이 규정하기 보다 대통령령으로 정하도록 위임할 필요가 있고, 고위 공무원이 아니라도 경찰공무원과 같이 대민업무가 빈번하고 광범위한 권한을 가지는 등 권한남용을 통하여 비리가 발생할 개연성이 큰 경우, 일정한 경찰공무원을 재산등록의 무자로 규정할 수 있도록 대통령령에 입법권을 위임한 근거규정인 공직자윤리법 제3조 제1항 제13호가 포괄위임금지원칙에 위반된다고 할 수 없다.

4) 헌법재판소 2022.9.29. 선고 2018헌바356 결정; 헌법재판소 2022.9.29. 선고 2018헌가7551 결정; 헌법재판소 2022.5.26. 선고 2019헌바530 결정 등 참고.
5) 헌법재판소 1994.7.29. 선고 93헌가12 결정.
6) 대법원 2007.10.26. 선고 2007두9884 판결.
7) 예컨대, 헌법재판소 2019.2.28. 선고 2017헌바393 결정.
8) 헌법재판소 1997.12.24. 선고 95헌마390 결정.
9) 헌법재판소 1995.4.20. 선고 92헌마264, 279(병합) 결정.

### 참고판례 1: 대법원 2007.10.26. 선고 2007두9884 판결 [광역교통시설부담금부과처분취소]

위임입법의 경우 그 한계는 예측가능성인바, 이는 법률에 이미 대통령령으로 규정될 내용 및 범위의 기본사항이 구체적으로 규정되어 있어서 **누구라도 당해 법률로부터 대통령령 등에 규정될 내용의 대강을 예측할 수 있어야 함을 의미하고, 이러한 예측가능성의 유무는 당해 특정조항 하나만을 가지고 판단할 것은 아니고 관련 법조항 전체를 유기적·체계적으로 종합 판단하여야 하며 각 대상법률의 성질에 따라 구체적·개별적으로 검토하여 법률조항과 법률의 입법 취지를 종합적으로 고찰할 때 합리적으로 그 대강이 예측될 수 있는 것이라면 위임의 한계를 일탈하지 아니한 것이다.**

**해 설** 포괄적 위임금지의 원칙 위반여부를 판단하는 기준으로 예측가능성을 제시하고, 그 예측가능성 판단은 특정 법조항 하나만이 아니라 관련 법조항 전체를 유기적으로 검토해야 할 것이며 각 대상법률의 성질에 따라 검토할 것이라는 점을 판시하고 있다.

### 참고판례 2: 헌법재판소 1997.12.24. 선고 95헌마390 결정 [의료보험법 제31조 제2항 위헌확인]

위임입법에 있어서 위임의 구체성·명확성의 요구 정도는 규제대상의 종류와 성격에 따라서 달라진다. **즉 급부행정 영역에서는 기본권침해 영역보다는 구체성의 요구가 다소 약화되어도 무방하다고 해석되며, 다양한 사실관계를 규율하거나 사실관계가 수시로 변화될 것이 예상될 때에는 위임의 명확성의 요건이 완화된다.** 뿐만 아니라 **위임조항에서 위임의 구체적 범위를 명확히 규정하고 있지 않다고 하더라도 당해 법률의 전반적 체계와 관련규정에 비추어 위임조항의 내재적인 위임의 범위나 한계를 객관적으로 분명히 확정할 수 있다면** 이를 일반적이고 포괄적인 백지위임에 해당하는 것으로 볼 수 없다.

**해 설** 위임입법에서 요구되는 구체성과 명확성은 기본권영역에서 강하게 요청되고 급부행정 영역에서는 다소 완화될 수 있음을 판시하고 있다.

### 참고판례 3: 대법원 2017.12.5. 선고 2016추5162 판결 [조례안재의결무효확인]

그러나 법률에서 조례에 위임하는 방식에 관해서는 법률상 제한이 없다. 조례의 제정권자인 지방의회는 선거를 통해서 지역적인 민주적 정당성을 지니고 있는 주민의 대표기관이다. 헌법 제117조 제1항은 지방자치단체에 포괄적인 자치권을 보장하고 있다. 따라서 **조례에 대한 법률의 위임은 법규명령에 대한 법률의 위임과 같이 반드시 구체적으로 범위를 정하여 할 필요가 없다. 법률이 주민의 권리의무에 관한 사항에 관하여 구체적으로 범위를 정하지 않은 채 조례로 정하도록 포괄적으로 위임한 경우에도 지방자치단체는 법령에 위반되지 않는 범위 내에서 주민의 권리의무에 관한 사항을 조례로 제정할 수 있다.**

### 참고판례 4: 헌법재판소 2016.6.30. 선고 2013헌가1 결정 [공직선거법 제60조 제1항 제5호 위헌제청]

1. 금지조항은 '대통령령으로 정하는 언론인'이라고만 하여 '언론인'이라는 단어 외에 대통령령에서 정할 내용의 한계를 설정하지 않았다. 관련조항들을 종합하여 보아도 방송, 신문, 뉴스통신 등과 같이 **다양한 언론매체 중에서 어느 범위로 한정될지, 어떤 업무에 어느 정도 관여하는 자까지 언론인에 포함될 것인지 등을 예측하기 어렵다. 그러므로 금지조항은 포괄위임금지원칙을 위반한다.**

2. (중략) – 심판대상조항들의 입법목적은, 일정 범위의 언론인을 대상으로 언론매체를 통한 활동의 측면에서 발생 가능한 문제점을 규제하는 것으로 충분히 달성될 수 있다. **그런데 인터넷신문을 포함한 언론**

**매체가 대폭 증가하고, 시민이 언론에 적극 참여하는 것이 보편화된 오늘날 심판대상조항들에 해당하는 언론인의 범위는 지나치게 광범위하다.** 또한, 구 공직선거법은 언론기관에 대하여 공정보도의무를 부과하고, 언론매체를 통한 활동의 측면에서 선거의 공정성을 해할 수 있는 행위에 대하여는 언론매체를 이용한 보도·논평, 언론 내부 구성원에 대한 행위, 외부의 특정후보자에 대한 행위 등 다양한 관점에서 이미 충분히 규제하고 있다. 따라서 심판대상조항들은 선거운동의 자유를 침해한다.

**해 설** 다양한 언론매체 중 특정범위, 특정업무에 종사하는 언론인에 대한 규제만으로 입법 목적을 달성할 수 있음에도 '언론인'이라는 것 이외에 한계를 설정하지 않고 대통령령에 규제를 위임한 공직선거법 제60조 제1항 제5호가 포괄위임금지원칙에 위반하여 위헌이라고 판단하고 있다.

이와 유사하게 헌법재판소는 지방세를 중과세하면서 그 대상을 "대통령령으로 정하는 고급주택" 또는 "대통령령으로 정하는 고급오락장"이라고 규정하여 대통령령에 위임한 것이 조세법률주의와 포괄위임입법금지원칙에 위반된다고 판시하였다(헌법재판소 1998.7.16. 선고 96헌바52 등 결정).

③ 국회전속적 입법사항 및 의회유보사항의 위임금지

국회가 반드시 입법하여야 할 사항은 위임할 수 없다. 이와 관련하여 헌법이 명시적으로 법률로 규정하여야 할 사항을 밝히고 있는 경우가 있다. 예컨대, '대한민국의 국민이 되는 요건(헌법 제2조 제1항)', '공공필요에 의한 재산권의 수용·사용 또는 제한 및 그에 대한 보상(헌법 제23조 제3항)', '조세의 종목과 세율(헌법 제59조)' 등은 반드시 법률로 정하여야 할 국회전속적 입법사항이다.

한편 헌법이 명시적으로 법률로 정할 것을 규정하지는 않았다 하더라도 국가의 중요사항으로서 일반적인 법률유보의 범위를 넘어서서 국회가 직접 그를 규율할 것이 요구되는 의회유보의 대상이 되는 사항이 있다. 헌법재판소는 특히 국민의 기본권 실현과 관련된 영역에서 의회유보사항을 인정하여, 예컨대, 중학교의무교육 실시여부,[10] 텔레비전 방송수신료의 결정에 관한 규율[11] 등을 의회유보사항으로 판시하였다.

④ 처벌규정의 위임

처벌규정의 위임에 있어서는 죄형법정주의와의 관계상 일정한 한계가 존재한다.

죄형법정주의의 첫 번째 명제인 범죄법정주의와 관련하여서는, 상위규범은 범죄구성요건의 대강을 정하여 위임하여야 한다. 또한 죄형법정주의의 두 번째 명제인 형벌법정주의와 관련하여서는, 형벌의 최고한도를 정하여 위임하여야 한다.

⑤ 재위임

상위법령의 위임을 받은 하위법령이 수권받은 입법권을 그 보다 하위법령에 재위임할 수 있는가? 이를 부인하는 것은 현실적이지 않으므로 일정한 한계 안에서 허용하여야 할 것이다. 그러므로 재위임할 때 위임받은 내용에 대해 전혀 규율하지 않고 그대로 재위임하는 전면적 재위임

10) 헌법재판소 1991.2.11. 선고 90헌가27 결정.
11) 헌법재판소 1999.5.27. 선고 98헌바70 결정.

은 허용되지 않는다고 할 것이지만 위임 취지에 합당한 일정한 규율을 한 후에 재위임하는 것은 허용된다고 할 것이다(전면적 재위임의 금지). 헌법재판소도 동일한 취지에서 "위임받은 사항에 대하여 대강을 정하고 그 중의 특정사항을 범위를 정하여 하위법령에 다시 위임하는 경우에만 재위임이 허용된다."고 한다.[12]

참고판례: 대법원 2015.1.15. 선고 2013두14238 판결 [건축불허가처분취소]

위임명령은 법률이나 상위명령에서 구체적으로 범위를 정한 개별적인 위임이 있을 때에 가능하고, 여기에서 구체적인 위임의 범위는 규제하고자 하는 대상의 종류와 성격에 따라 달라지는 것이어서 일률적 기준을 정할 수는 없지만, 적어도 위임명령에 규정될 내용 및 범위의 기본사항이 구체적으로 규정되어 있어서 누구라도 당해 법률이나 상위법령으로부터 위임명령에 규정될 내용의 대강을 예측할 수 있어야 하나, 이 경우 그 **예측가능성의 유무는 당해 위임조항 하나만을 가지고 판단할 것이 아니라 그 위임조항이 속한 법률의 전반적인 체계와 취지 및 목적, 당해 위임조항의 규정형식과 내용 및 관련 법규를 유기적 · 체계적으로 종합하여 판단하여야 하며, 나아가 각 규제 대상의 성질에 따라 구체적 · 개별적으로 검토함을 요한다.**

**또한 법률에서 위임받은 사항을 전혀 규정하지 않고 재위임하는 것은 복위임금지 원칙에 반할 뿐 아니라 위임명령의 제정 형식에 관한 수권법의 내용을 변경하는 것이 되므로 허용되지 않으나 위임받은 사항에 관하여 대강을 정하고 그 중의 특정사항을 범위를 정하여 하위법령에 다시 위임하는 경우에는 재위임이 허용된다.**

이러한 법리는 조례가 지방자치법 제22조 단서에 따라 주민의 권리제한 또는 의무부과에 관한 사항을 법률로부터 위임받은 후, 이를 다시 지방자치단체장이 정하는 '규칙'이나 '고시' 등에 재위임하는 경우에도 마찬가지이다.

⑥ 위임한계 일탈 여부에 대한 판단기준

하위법령은 상위법령이 위임한 범위를 일탈하여 규정할 수 없다. 하위법령이 상위법령의 위임범위를 벗어난 것인지의 여부에 대한 판단에 있어서 대법원은 "하위법령의 규정이 상위법령의 규정에 저촉되는지 여부가 명백하지 아니한 경우에, 관련 법령의 내용과 입법 취지 및 연혁 등을 종합적으로 살펴 하위법령의 의미를 상위법령에 합치되는 것으로 해석하는 것도 가능한 경우라면, 하위법령이 상위법령에 위반된다고 할 수 없다"고 하면서,[13] "위임의 한계를 준수하였는지를 판단할 때는 수권 규정에서 사용하고 있는 용어의 의미를 넘어 그 범위를 확장하거나 축소하여 위임 내용을 구체화하는 단계를 벗어나 새로운 입법을 하였는지"가 중요한 판단의 기준이 됨을 판시하고 있다.[14]

그런데 위임한계를 벗어난다는 것은 결국 법률유보의 원칙 위반이 된다.[15]

---

12) 헌법재판소 1996.2.29. 선고 94헌마213 결정.
13) 대법원 2019.5.16. 선고 2017두45698 판결.
14) 대법원 2019.7.10. 선고 2016두61051 판결; 대법원 2022.7.14. 선고 2022두37141 판결.
15) 헌법재판소 2022.5.26. 선고 2019헌바530 결정.

### (3) 집행명령의 한계

집행명령은 위임없이 법규사항을 규정하는 것이므로 새로운 법규사항을 규정할 수 없다. 즉, 집행명령은 상위법령의 집행에 필요한 구체화 규정이므로 상위법령의 규율범위를 벗어나서 상위법령을 보충할 수는 없다고 할 것이다.

참고판례: 대법원 2014.8.20. 선고 2012두19526 판결 [중학교입학자격검정고시응시제한처분취소]

**법률의 시행령이나 시행규칙은 법률에 의한 위임이 없으면 개인의 권리·의무에 관한 내용을 변경·보충하거나 법률이 규정하지 아니한 새로운 내용을 정할 수는 없지만, 법률의 시행령이나 시행규칙의 내용이 모법의 입법 취지와 관련 조항 전체를 유기적·체계적으로 살펴보아 모법의 해석상 가능한 것을 명시한 것에 지나지 아니하거나 모법 조항의 취지에 근거하여 이를 구체화하기 위한 것인 때에는 모법의 규율 범위를 벗어난 것으로 볼 수 없으므로, 모법에 이에 관하여 직접 위임하는 규정을 두지 아니하였다고 하더라도 이를 무효라고 볼 수는 없다. 이러한 법리는 지방자치단체의 교육감이 제정하는 교육규칙과 모법인 상위법령의 관계에서도 마찬가지이다.**

시교육감이 '중학교 입학자격 검정고시 규칙'에 근거하여 만 12세 이상인 자를 대상으로 하는 '중학교 입학자격 검정고시 시행계획'을 공고하였는데, 초등학교에 재학하다가 취학의무를 유예받아 정원 외로 관리되던 만 9세인 갑이 응시원서를 제출하였다가 응시자격이 없다는 이유로 반려처분을 받은 사안에서, **중학교 입학자격 검정고시 응시자격을 만 12세 이상인 자로 응시연령을 제한하고 있는 위 '중학교 입학자격 검정고시 규칙' 제14조 제2호가 초등학교 취학의무 대상 연령대의 아동에 대하여 중학교 입학자격 검정고시 응시자격을 제한한 것은 구 초·중등교육법(2012. 1. 26. 법률 제11219호로 개정되기 전의 것) 및 구 초·중등교육법 시행령(2012. 10. 29. 대통령령 24148호로 개정되기 전의 것, 이하 '구 초·중등교육법 시행령'이라 한다)의 해석상 가능한 내용을 구체화한 것으로 볼 수 있으므로,** 구 초·중등교육법 시행령 제96조 제2항의 **위임 범위에서 벗어났다고 볼 수 없다**고 한 사례.

### (4) 행정기본법상의 법규명령의 한계

행정기본법은 법률 및 법규명령의 입법에 대한 일정한 지침을 규정하고 있다. 행정기본법의 이러한 규정들은 적어도 법규명령의 입법준칙으로서는 구속력이 있는 경우가 있기 때문에 그 범위 안에서는 행정기본법의 규정이 법규명령의 한계를 지우는 의미가 있다.

행정기본법 제16조(결격사유), 제22조(제재처분의 기준), 제28조(과징금의 기준), 제31조(이행강제금의 부과), 제38조(행정의 입법활동) 등은 입법에 있어서 의회유보를 명하거나 법률의 규율 내용이나 고려하여야 하는 사항 또는 입법활동의 준칙을 보다 분명하게 그리고 때로는 규범적인 표현으로 정하고 있다. 예컨대, 제31조 제1항 단서는 입법에서 명확히 규정하여야 할 사항의 예외로서 같은 조항의 제4호, 제5호에 관한 규정을 두고 있어서 이 조항이 입법에 대한 지침의 법적 구속력을 전제로 한 것을 분명히 하고 있다.

물론 행정기본법이 제31조 제1항 단서의 경우처럼 하위 법령, 즉 법규명령등에 대하여 분명한 입법의 지침을 준다면 법적 구속력이 있다고 해석하는 것이 당연하겠지만 위의 행정기본법

규정들은 원칙적으로 법률에 대한 입법지침이기 때문에 법률이 법률을 구속할 수 있는가 하는 근본적인 문제를 야기한다. 생각건대, 입법자는 스스로를 구속할 수도 있지만 어떤 경우에는 스스로에게 지운 구속을 벗어날 수도 있다고 보아야 할 것이므로 이들 규정이 의미가 없다고 할 수 없지만 국회가 스스로 이러한 구속을 벗어나고자 의도할 때에는 이 규정들에 구속된다고 할 수는 없을 것으로 본다. 다만, 입법지침을 규정한 행정기본법의 규정 가운데 헌법원칙이라 할 수 있는 명확성의 원칙을 구체화한 것이라고 볼 수 있는 것이 있다. 이처럼 입법지침이 헌법상의 원칙과 관련을 가지는 경우에는 입법지침 자체가 법률을 구속하지는 못하더라도 행정기본법의 입법지침의 위반은 명확성의 원칙 등 헌법원칙 위반의 강한 징표가 될 수 있다.

요컨대 행정기본법 스스로가 행정에 관하여 다른 법률에 특별한 규정이 있는 경우를 제외하고 이 법이 적용된다고 규정하고 있다는 점에서 행정기본법의 입법지침이 바로 다른 법률을 구속하는 힘을 가진다고 할 수는 없다. 그러나 행정기본법의 규정이 명확성의 원칙 등 헌법원칙과 연관되는 한 그 규범적 효력을 전면 부정하기는 어렵다고 할 것이다.

그런데 국회가 입법권을 위임한 경우, 즉 위임된 하위법령의 경우에 행정기본법의 입법지침이 구속력이 있는지가 문제이다. 행정기본법은 법령등과 법률을 구분하여 사용하였으므로 위임입법에 대해서는 원칙적으로 행정기본법의 입법지침이 구속력이 없다고 할 수 있다. 그러나 행정기본법이 법률과 법령등을 구분하여 사용한 것은 사실이지만 일정한 경우 법률 안에 위임입법이 포함된 것으로 해석할 필요가 있다는 점을 중요시하여 행정기본법의 입법지침이 위임법령인 하위법령에 미친다고 해석할 수 있다.

한편 이러한 입법지침이 다른 법률을 구속할 수 있는지 여부와 별도로 법제처는 정부제안 법률안에 대한 심사권을 가지므로 적어도 정부제안 법률안에 대해서는 위의 조항들을 근거로 하여 입법심사에 임할 것이므로 정부제안 입법에 관한 한 이 조항들의 실질적 규범력을 확보할 수 있을 것으로 본다.

### 3. 행정 내부 사무처리기준을 정한 법규명령의 법적 성격

행정 내부의 사무처리기준을 법규명령으로 규정하였을 때, 그 규정의 법적 성격을 어떻게 이해할 것인가 하는 점에 대하여 종래 ① 이를 법규명령으로 보는 입장(적극설: 법규명령설), ② 행정규칙으로 보는 입장(소극설: 행정규칙설), ③ 수권규정의 존재여부에 따라 수권규정이 있으면 법규명령으로 수권규정이 없으면 행정규칙으로 보는 입장(수권여부기준설) 등이 존재하고 있었다.

그런데 법규명령이라는 엄중한 형식으로 제정되는 규범을 재판의 기준이 되지 못하는 행정규칙으로 치부해 버리는 것은 일반적인 국민의 법감정에 맞지 않으므로 소극설은 문제가 있다. 또한 소극설은 적극설을 비판하기를, 재량준칙의 경우 이를 적극설로 해석하면 재량의 여지가 없어져서 문제라고 하지만, 근래 입법실무에서는 행정제재처분기준을 정한 재량준칙에 대해 가중·감경규정을 두어 재량의 취지를 살리고 있으므로, 적극설적 이해에 의하더라도 재량의 취지를 살릴 수 있다고 본다. 한편 수권여부기준설은 행정 내부 사무처리기준이 집행명령적 성격을 띠는 경우를 잘 설명하지 못하는 문제가 있다. 집행명령의 경우 수권이 없이도 법규적 효력을 가질 수 있기 때문이다.

종래 판례는 행정내부의 사무처리기준을 정한 법규명령은 그것이 대통령령이든 총리령이나 부령이든 법규적 성격을 가지지 못하는 행정규칙으로 이해하고 있었다. 그러나 판례는 그동안 변화를 거듭하여 대통령령의 경우에는 그 규정내용을 불문하고 그것을 법규명령으로 인정하였다.[16] 다만, 이때 법률이 재량행위로 규정하고 있음에도 대통령령으로 정한 제재처분기준을 기속적으로 이해하면 법률이 재량을 부여한 취지가 사라진다는 문제가 지적되었다. 따라서 대법원은 대통령령의 경우 법규명령설을 취하면서도 제재처분기준의 경우에 가중·감경규정이 없는 경우, 재량의 취지를 살리기 위해 그 기준을 기속적인 기준이 아니라 상한규정으로 적용한 바 있다.[17] 그러나 일정한 경우 제재를 가중·감경할 수 있다는 규정을 두고 있는 오늘날의 입법경향에 비추어 이러한 법해석이 계속 유지될 필요성이 있는지는 의문이다. 최근의 입법경향은 제재처분기준을 정하면서도 가중 또는 감경할 수 있도록 하는 규정을 둠으로써 재량행위로서의 제재처분의 성격을 유지하려고 한다.

한편 대법원은 부령이나 총리령으로 정한 행정제재처분의 기준[18]에 대하여는 아직 그것을 행정규칙으로 보는 입장을 견지하고 있다.[19] 대법원이 부령이나 총리령으로 정해진 행정제재처분기준을 행정규칙으로 보는 것은 제재처분기준이 재량준칙으로서 이를 법규로 볼 경우, 법령이 행정청에게 재량을 준 취지가 몰각될 것을 우려하기 때문이다.

그리고 행정제재처분기준이 아닌 행정내부의 업무처리기준을 정한 부령이나 총리령의 효력을 어떻게 이해할 것인지에 대하여, 종래 대법원이 부령이나 총리령으로 정한 행정업무처리기준을 법규적 효력이 없다고 판단하는 경우가 없지 않았으나 현재는 이 경우에 대법원 판례가 반드시 일관되고 있다고 하기 어렵다.

대법원은 상위법의 위임을 받아 제재적 행정처분이 아닌 행정처분의 기준과 절차를 정한 부령의 법규성을 인정하기도 하고,[20] 상위법령의 위임이 있고 제재처분기준이 아닌 행정내부 사무처리준칙을 정한 훈령의 법규성을 부인하기도 한다.[21]

이처럼 제재처분 기준인지 아닌지에 따라 그 법적 성격을 구분하는 것이 대법원의 확고한 입장이라면 제재처분 기준과 다른 행정내부의 사무처리기준이 어떠한 점에서 다르기 때문에 그러한 구별을 하는지에 대한 이론적 근거가 제시되는 것이 바람직하다. 그러나 현재까지 대법원은 이에 대한 이론적 근거를 분명히 제시하지 않고 있으며 제재처분 기준이 아닌 행정 내부의 사무처리기준이 제재처분 기준과는 달리 외부법적 효력을 가지는 것인지에 대해서도 그 입장이 반드시 명확하다고만은 할 수 없다.

나아가서 대법원이 부령이라는 법규명령의 형식을 갖추고 있는 규율의 경우에 그 내용이 행정제재처분기준이라면 그 법규적 효력을 인정하지 않는 것은 이론적으로는 일관성이 없다. 대법원은 제재처분기준이라도 대통령령이라면 법규적 효력을 인정하고 있기 때문이다. 동일한 내용

16) 대법원 1997.12.26. 선고 97누15418 판결.
17) 대법원 2001.3.9. 선고 99두5207 판결.
18) 행정제재처분기준은 법령이 행정청에게 부여한 제재처분에 관한 재량을 구체화하여 준칙을 정한 것이다.
19) 대법원 2007.9.20. 선고 2007두6946 판결.
20) 대법원 2006.6.27. 선고 2003두4355 판결.
21) 대법원 2013.12.26. 선고 2012두19571 판결.

을 대통령령으로 규정하면 법규명령이고 부령으로 규정하면 행정규칙이라는 기준은 정당화하기가 어렵다고 본다.

바람직한 해결방안은 다수의 학설이 주장하는 것처럼 법규의 형식을 빌려 입법된 것은 모두 법규적 효력을 인정하고, 최근의 입법경향처럼 재량준칙에서도 가중·감경규정을 두어 재량이 부여된 본래의 취지를 살리는 것이라 할 수 있다.[22)]

### 참고판례 1: 대법원 2022.4.14. 선고 2021두60960 판결 [인정취소처분등취소청구의소]

제재적 행정처분이 재량권의 범위를 일탈하였거나 남용하였는지는, 처분사유인 위반행위의 내용과 위반의 정도, 처분에 의하여 달성하려는 공익상의 필요와 개인이 입게 될 불이익 및 이에 따르는 여러 사정 등을 객관적으로 심리하여 공익침해의 정도와 처분으로 개인이 입게 될 불이익을 비교·교량하여 판단하여야 한다. **이러한 제재적 행정처분의 기준이 부령 형식으로 규정되어 있더라도 그것은 행정청 내부의 사무처리준칙을 규정한 것에 지나지 않아 대외적으로 국민이나 법원을 기속하는 효력이 없다.** 따라서 그 처분의 적법 여부는 처분기준만이 아니라 관계 법령의 규정 내용과 취지에 따라 판단하여야 한다. 그러므로 처분기준에 부합한다 하여 곧바로 처분이 적법한 것이라고 할 수는 없지만, **처분기준이 그 자체로 헌법 또는 법률에 합치되지 않거나 그 기준을 적용한 결과가 처분사유인 위반행위의 내용 및 관계 법령의 규정과 취지에 비추어 현저히 부당하다고 인정할 만한 합리적인 이유가 없는 한, 섣불리 그 기준에 따른 처분이 재량권의 범위를 일탈하였다거나 재량권을 남용한 것으로 판단해서는 안 된다.**

### 참고판례 2: 대법원 1997.12.26. 선고 97누15418 판결 [주택건설사업영업정지처분취소]

당해 처분의 기준이 된 주택건설촉진법시행령 제10조의3 제1항(별표 1)은 주택건설촉진법 제7조 제2항의 위임규정에 터잡은 규정 **형식상 대통령령이므로** 그 성질이 부령인 시행규칙이나 또는 지방자치단체의 규칙과 같이 통상적으로 행정조직 내부에 있어서의 행정명령에 지나지 않는 것이 아니라 **대외적으로 국민이나 법원을 구속하는 힘이 있는 법규명령에 해당한다.**

### 참고판례 3: 대법원 2013.12.26. 선고 2012두19571 판결 [국립묘지안장거부처분취소]

**구 국립묘지안장대상심의위원회 운영규정**(2010. 12. 29. **국가보훈처 훈령** 제956호로 개정되기 전의 것)은 국가보훈처장이 심의위원회의 운영에 관하여 구 국립묘지의 설치 및 운영에 관한 **법률**(2011. 8. 4. 법률 제11027호로 개정되기 전의 것) **및 시행령에서 위임된 사항과 그 시행에 필요한 사항을 규정함을 목적으로 하여 국가보훈처 훈령으로 제정된 것으로서, 영예성 훼손 여부 등에 관한 판단의 기준을 정한 행정청 내부의 사무처리준칙이다. 이는 대외적으로 국민이나 법원을 기속하는 효력이 없으므로,** 그에 따른 처분의 적법 여부는 위 기준만이 아니라 관계 법령의 규정 내용과 취지에 따라 판단해야 한다. 따라서 위 기준에 부합한다고 하여 곧바로 당해 처분이 적법한 것이라고 할 수는 없지만, 위 기준 자체로 헌법 또는 법률에 합치되지 않거나 이를 적용한 결과가 처분사유의 내용 및 관계 법령의 규정과 취지에 비추어 현저히 부당하다고 인정할 만한 합리적인 이유가 없는 한, 섣불리 위 기준에 따른 처분이 재량권의 범위를 일탈하였거나 재량권을 남용한 것이라고 판단해서는 안 된다.

---

22) 가중·감경 조항을 둔다고 하여도 전혀 제재하지 않은 경우 재량권의 일탈·남용이 될 가능성이 크다고 하여야 한다.

**해 설** 판례는 상위법령의 위임이 있는 경우 법령보충규칙으로서 법규성을 인정하는 것이 보통이지만 행정청 내부의 사무처리준칙이라는 이유로 법규성을 부정한 사례이다.

### 참고판례 4: 대법원 2006.6.27. 선고 2003두4355 판결 [시외버스운송사업계획변경인가처분취소]

구 여객자동차 운수사업법 시행규칙(2000. 8. 23. 건설교통부령 제259호로 개정되기 전의 것) 제31조 제2항 제1호, 제2호, 제6호는 **구 여객자동차 운수사업법(2000. 1. 28. 법률 제6240호로 개정되기 전의 것) 제11조 제4항의 위임에 따라 시외버스운송사업의 사업계획변경에 관한 절차, 인가기준 등을 구체적으로 규정한 것으로서, 대외적인 구속력이 있는 법규명령이라고 할 것이고, 그것을 행정청 내부의 사무처리준칙을 규정한 행정규칙에 불과하다고 할 수는 없다.**

### 참고판례 5: 대법원 2001.3.9. 선고 99두5207 판결 [과징금부과처분취소]

구 청소년보호법(1999. 2. 5. 법률 제5817호로 개정되기 전의 것) 제49조 제1항, 제2항에 따른 같은 법 **시행령(1999. 6. 30. 대통령령 제16461호로 개정되기 전의 것) 제40조(별표 6)의 위반행위의 종별에 따른 과징금 처분기준은 법규명령이기는 하나** 모법의 위임규정의 내용과 취지 및 헌법상의 과잉금지의 원칙과 평등의 원칙 등에 비추어 같은 유형의 위반행위라 하더라도 그 규모나 기간, 사회적 비난 정도, 위반행위로 인하여 다른 법률에 의하여 처벌받은 사정, 행위자의 개인적 사정 및 위반행위로 얻은 불법이익의 규모 등 여러 요소를 종합적으로 고려하여 사안에 따라 적정한 과징금의 액수를 정하여야 할 것이므로 **그 수액은 정액이 아니라 최고한도액이다.**

**해 설** 대법원은 행정제재처분기준을 정한 것이라 하더라도 그것이 대통령령이면 그 법규성을 인정하였으나, 과징금 처분을 어느 정도로 할 것인지 하는 점이 재량행위인 점을 감안하여 법으로 정한 과징금 액수를 정액이 아니라 최고한도로 해석한 사례이다.

## 4. 법령의 위임없는 사항에 대한 부령의 법적 성질

법령의 위임없이 새롭게 법규사항을 규정하면 이는 위헌의 가능성이 있다. 그러나 대법원은 상위법령의 위임없이 규정된 부령의 규정내용은 행정 내부의 사무처리기준을 정한 것으로 이를 행정규칙으로 보아야 하므로 그것은 대외적 구속력이 없다고 판시하였다. 하위법령이 상위법에 위반되는 규율을 하는 경우, 이는 위법 무효라 할 것이다. 그러나 대법원은 상위법령에 규정된 처분요건과 다르게 위임없이 부령으로 그를 변경하여 규정한 경우에도, 그를 상위법 위반이라 하지 않고 그 부령규정은 대외적 구속력이 없는 것이라고 판시하였다.[23]

## 5. 법규명령의 입법준칙 및 성립 · 발효 요건

한편 행정기본법 제38조는 행정의 입법활동에 관한 기준과 정부입법계획 등을 규정하고 법제업무에 관한 규정(법제업무운영규정)의 법률적 근거를 마련하였다. 그러나 이 규정을 재판규범으로 인정하기는 어렵다. 또한 이 조항의 책임의 주체가 국가나 지방자치단체 또는 '행정'이라고

23) 대법원 2013.9.12. 선고 2011두10584 판결.

되어 있으므로 구체적으로 책임을 묻기도 어려운 실정이다. 결국 이 조항에 따른 위법판단도 사실상 어려워서 이 조항의 규범력에 대한 의문이 있기는 하지만, 행정입법에 대한 일반적인 기준을 제시하였다는 점 등에서 의미가 없지 않다. 특히 제38조 제2항 제1호가 행정의 입법활동이 일반 국민과 이해관계인의 의견을 수렴하고 관계기관과 충분한 협의를 거쳐야 함을 규정한 것은 입법예고 이상의 실질적 의견수렴을 규정한 것이라고 보아야 할 것이다. 만약 입법예고로서 제2항 제1호의 요구가 만족된다면 이 조항은 실질적으로 의미가 없기 때문이다.

그런데 법령보충규칙은 현재 입법예고의 대상도 아니므로 행정기본법의 취지를 살리기 위해서는 행정예고 등을 통하여 이에 대한 의견수렴과 관계기관 협의를 실질적으로 확보하도록 하여야 할 것이다.

법규명령은 입법예고와 법제처의 심사를 거치고 공포됨으로써 적법하게 성립되고 효력을 발생한다. 법규명령 가운데 대통령령의 경우에는 국무회의에서 의결되어야 한다. 법규명령이 국민의 권리를 제한하거나 의무를 부과하는 등 규제의 성격을 띠게 되면 규제개혁위원회의 심사를 거쳐야 한다.

이처럼 엄격한 심사과정과 입법예고 및 공포의 과정을 거친다는 점에서 법규명령은 행정규칙과는 다르다.

## 6. 법령보충규칙(법령보충적 행정규칙)에 대한 판례이론

대법원은 행정규칙이나 고시의 형식으로 규정된 사항이라 하더라도 법령의 규정에서 특정 행정기관에게 법령 내용의 구체적 사항을 정할 수 있는 권한을 부여받은 것이라면 (권한을 부여한) 그 상위법령과 결합하여 대외적 구속력을 가지는 법규명령으로서의 효력을 가지는 것이라고 하는 법령보충규칙이론을 제시하여 왔다.[24)]

이러한 법령보충규칙이론은 행정기본법에 의하여 입법적으로 수용되었다.[25)] 그러나 법령보충규칙이론은 본질적으로 위임입법이라는 헌법적 문제에 대한 것이므로 이를 법률로 수용하는 데에는 한계가 있다. 또한 행정기본법은 법령보충규칙에 대한 판례이론 전개를 다 수용하지도 못하고 부분적으로 규정함에 그쳤다.[26)] 그러한 점에서 법령보충규칙이론을 입법적으로 수용한 것이 바람직하지만은 않다고 본다.

그런데 법령보충규칙도 일종의 위임입법에 해당되므로 위임의 한계는 준수하여야 한다. 따라서 대법원은 고시가 법령의 위임한계를 벗어난 경우에 그 고시는 대외적 구속력이 부인된다고 판시하였다.[27)]

헌법재판소는 이러한 법령보충규칙이론을 인정하면서도 “행정규칙은 법규명령과 같은 엄격한

---

24) 대법원 1998.6.9. 선고 97누19915 판결; 대법원 1999.11.26. 선고 97누13474 판결.

25) 행정기본법 제2조 제1호 가. 3).

26) 즉, 법령보충규칙을 제한한 헌법재판소의 판시사항, 명시적 위임이 없는 집행적 규칙이나 이중위임을 통하여 지방자치단체 내부규정에 대한 법령보충규칙의 인정 등의 대법원의 판례이론은 행정기본법에 담겨있지 않고 또한 그것을 입법하는 것도 반드시 적절하다고 할 수 없다.

27) 대법원 2016.8.17. 선고 2015두51132 판결.

제정 및 개정절차를 필요로 하지 아니하므로, 기본권을 제한하는 내용의 입법을 위임할 때에는 법규명령에 위임하는 것이 원칙이고, 고시와 같은 형식으로 입법위임을 할 때에는 전문적·기술적 사항이나 경미한 사항으로서 업무의 성질상 위임이 불가피한 경우에 한정된다."고 하여 그 한계를 분명히 하였다.[28] 고시 형식의 법령보충규칙의 한계는 행정규제기본법 제4조 제2항 단서에도 규정되어 있다.

그런데 법령보충규칙에 대한 대법원의 판례이론은 고시 등에 그치지 않고 그 외연을 확장하여, 명시적 위임이 없는 집행적 규칙,[29] 그리고 이중위임을 통하여 지방자치단체장의 고시[30]나 내부규정까지도[31] 법규명령의 성격을 가지는 것으로 인정하기에 이르게 되어 논란의 대상이 되고 있다. 한편 헌법재판소는 대한변호사협회의 '변호사 광고에 관한 규정'도 수권법률인 변호사법과 결합하여 대외적 구속력을 가지는 법령보충규칙이라고 판시한 바 있다.[32] 어쨌든 법령보충규칙은 불가피한 경우에만 인정되는 예외적인 법규로 취급되는 것이 마땅하다.

### 참고판례 1: 대법원 1998.6.9. 선고 97누19915 판결 [토지형질변경불허가처분취소]

상급행정기관이 하급행정기관에 대하여 업무처리지침이나 법령의 해석적용에 관한 기준을 정하여 발하는 이른바 행정규칙은 일반적으로 행정조직 내부에서만 효력을 가질 뿐 대외적인 구속력을 갖는 것은 아니지만, **법령의 규정이 특정행정기관에게 그 법령내용의 구체적 사항을 정할 수 있는 권한을 부여하면서 그 권한행사의 절차나 방법을 특정하고 있지 아니한 관계로 수임행정기관이 행정규칙의 형식으로 그 법령의 내용이 될 사항을 구체적으로 정하고 있는 경우, 그러한 행정규칙 규정은 행정조직 내부에서만 효력을 가질 뿐 대외적인 구속력을 갖지 않는 행정규칙의 일반적 효력으로서가 아니라, 행정기관에 법령의 구체적 내용을 보충할 권한을 부여한 법령규정의 효력에 의하여 그 내용을 보충하는 기능을 갖게 되고, 따라서 당해 법령의 위임한계를 벗어나지 아니하는 한 그것들과 결합하여 대외적인 구속력이 있는 법규명령으로서의 효력을 갖게 된다.**

**해 설** 행정규칙이 상위법령의 위임을 받아 그 위임의 범위 안에서 상위법령을 보충하는 법규가 될 수 있음을 판시하고 있다.

### 참고판례 2: 대법원 2004.5.28. 선고 2002두4716 판결 [공장업종변경승인신청거부처분취소]

**산업자원부 고시 공장입지기준을 법령보충규칙으로 인정하여** 법규의 효력이 있는 것으로 보고 **그 고시의 위임을 받아 정한 김포시 공장입지제한처리기준도 법규명령의 효력이 있는 것으로 인정** –(이하 생략)–

**해 설** 법령보충규칙으로 인정되는 산업자원부 고시의 위임을 받아 제정한 지방자치단체 규범도 법규명령의 효력이 있는 것으로 판시하였다.

---

28) 헌법재판소 2004.10.28. 선고 99헌바91 결정; 헌법재판소 2016.2.25. 선고 2015헌바191 결정.
29) 대법원 1994.2.8. 선고 93누111 판결.
30) 대법원 2015.1.15. 선고 2013두14238 판결.
31) 대법원 2004.5.28. 선고 2002두4716 판결.
32) 헌법재판소 2022.5.26. 선고 2021헌마619 결정.

### 참고판례 3: 대법원 1994.2.8. 선고 93누111 판결 [개별토지가격결정처분취소]

**개별토지가격합동조사지침(1990. 4. 14. 국무총리 훈령 제241호로 제정되어** 1991. 4. 2. 국무총리 훈령 제248호로 개정된 것) 제6조는 개별토지가격 결정절차를 규정하고 있으면서 그 중 제3호에서 산정된 지가의 공개 열람 및 토지소유자 또는 이해관계인의 의견접수를 절차의 하나로 규정하고 있는 바, 위 지침은 지가공시 및 토지 등의 평가에 관한 법률 제10조의 시행을 위한 **집행명령으로서** 법률보충적인 구실을 하는 법규적 성질을 가지고 있는 것으로 보아야 할 것이므로 …

**해 설** 상위법의 명시적인 위임이 없는 훈령의 경우에도 상위법의 집행을 위하여 필요한 집행명령으로 보아 법규성을 인정한 사례이다.

### 참고판례 4: 헌법재판소 2022.5.26. 선고 2021헌마619 결정 [변호사 광고에 관한 규정 제3조 제2항 등 위헌확인]

변협은 변호사법 제23조 제2항 제7호에서 명시적으로 위임받은 변호사 광고에 관한 규제를 설정함에 있어 공법인으로서 공권력 행사의 주체가 된다. 나아가, 변협의 구성원인 변호사등은 위 규정을 준수하여야 할 의무가 있고, 이를 위반하게 되면 변호사법 등 관련 규정에 따라 징계를 받게 되는바, **이 사건 규정이 단순히 변협 내부 기준이라거나 사법적인 성질을 지니는 것이라 보기 어렵고, 수권법률인 변호사법과 결합하여 대외적 구속력을 가진다.** 따라서 변협이 변호사 광고에 관한 규제와 관련하여 정립한 규범인 이 사건 규정은 헌법소원의 대상이 되는 공권력의 행사에 해당한다.

### 참고판례 5: 대법원 2023.2.2. 선고 2020두43722 판결 [건축허가신청불허가처분취소]

국토의 계획 및 이용에 관한 법률 시행령(이하 '국토계획법 시행령'이라 한다) 제56조 제1항 [별표 1의 2] '개발행위허가기준'은 국토계획법 제58조 제3항의 위임에 따라 제정된 대외적으로 구속력 있는 법규명령에 해당한다. **그러나 국토계획법 시행령 제56조 제4항은 국토교통부장관이 제1항의 개발행위허가기준에 대한 '세부적인 검토기준'을 정할 수 있다고 규정하였을 뿐이므로, 그에 따라 국토교통부장관이 국토교통부 훈령으로 정한 '개발행위허가운영지침'은** 국토계획법 시행령 제56조 제4항에 따라 정한 개발행위허가기준에 대한 세부적인 검토기준으로, 상급행정기관인 **국토교통부장관이 소속 공무원이나 하급행정기관에 대하여 개발행위허가업무와 관련하여 국토계획법령에 규정된 개발행위허가기준의 해석 · 적용에 관한 세부 기준을 정하여 둔 행정규칙에 불과하여 대외적 구속력이 없다.**

**해 설** 법령보충규칙으로 오해하기 쉽지만 법령보충규칙으로 인정할 수 없는 것으로 대법원이 판시한 사례이다. "국토교통부장관은 제1항의 개발행위허가기준에 대한 세부적인 검토기준을 **정할 수 있다.**"라는 국토계획법 시행령 제56조 제4항의 규정을 위임규정으로 인정하지 않고 그에 근거한 검토기준을 규범해석규칙 내지 재량준칙으로 보아 그 법규성을 부인한 판례이다. 다만 원심법원은 동일한 규정의 법규성을 인정한 바 있다. 위 대법원 판례와 같은 취지의 판례로 대법원 2020.8.27. 선고 2019두60726 판결이 있다.

### 7. 법규명령에 대한 통제

#### (1) 사법적 통제

##### ① 구체적 규범통제

법규명령에 대한 사법적 통제에서 추상적 규범통제는 인정되지 않는다. 즉, 규범자체에 대한 소송은 불가능하고 규범이 적용된 결과 권리·의무에 영향을 미친 처분 등의 집행행위에 대해서 다투는 중에 그 근거가 된 규범에 대한 소송만이 허용된다(구체적 규범통제). 그러므로 법원의 위헌·위법인 법규명령에 대한 심사절차에서는 구체적 사건의 전제가 되는 법률 또는 법규명령을 심사할 수 있을 뿐이다.

그런데 법규명령의 위헌·위법심사는 최종적으로 대법원의 권한에 속한다(헌법 제107조 제2항). 이처럼 법규명령에 대한 규범심사권은 원칙적으로 대법원에 있으나 법원의 재판을 전제로 하는 규범심사가 아니라 권리구제형 헌법소원의 형식으로 제소하는 경우에는 침해의 직접성과 현재성이 있다면 헌법재판소가 이를 심사할 수 있다.[33] 물론 처분성이 인정되는 처분법규의 경우에는 항고소송의 대상이 될 수 있어서 이때에는 헌법소원의 보충성 요건을 충족하지 못하여 헌법소원의 대상이 될 수 없다. 그러므로 법규명령 가운데 처분성이 인정되지는 않으나 헌법소원의 대상이 될 침해의 직접성과 현재성이 인정되는 경우에는 법규명령이 헌법소원의 대상이 될 수 있다. 헌법재판소는 항고소송의 가능성에 의심이 있는 경우에는 보충성요건을 충족하는 것으로 해석한다.

---

참고판례: 대법원 2019.6.13. 선고 2017두33985 판결 [급수공사비등부과처분취소청구의소]

**법원이 법률 하위의 법규명령, 규칙, 조례, 행정규칙 등(이하 '규정'이라 한다)이 위헌·위법인지를 심사하려면 그것이 '재판의 전제'가 되어야 한다. 여기에서 '재판의 전제'란 구체적 사건이 법원에 계속 중이어야 하고, 위헌·위법인지가 문제 된 경우에는 규정의 특정 조항이 해당 소송사건의 재판에 적용되는 것이어야 하며, 그 조항이 위헌·위법인지에 따라 그 사건을 담당하는 법원이 다른 판단을 하게 되는 경우를 말한다.** 따라서 **법원이 구체적 규범통제를 통해 위헌·위법으로 선언할 심판대상은,** 해당 규정의 전부가 불가분적으로 결합되어 있어 일부를 무효로 하는 경우 나머지 부분이 유지될 수 없는 결과를 가져오는 특별한 사정이 없는 한, **원칙적으로 해당 규정 중 재판의 전제성이 인정되는 조항에 한정된다.**

**해 설** 대법원은 구체적 규범통제의 전제가 되는 '재판의 전제성'이 충족되기 위해서는, ① 구체적 사건이 법원에 계속 중이어야 하고 ② 위헌이나 위법이 문제된 특정조항이 해당 소송사건의 재판에 적용되는 것이어야 하며 ③ 그 조항의 위헌이나 위법 여부에 따라 담당 법원이 다른 판단을 하게 되는 경우를 말한다고 한다.

---

33) 헌법재판소 1990.10.15. 선고 89헌마178 결정.

② 항고소송: 처분법규의 경우

대법원은 법령 규정이, 다른 집행행위의 매개나 개입 없이, 그 자체로 직접 국민의 구체적인 권리·의무나 법률관계를 규율하거나, 법적 이익에 영향을 미치는 등 법률상 효과를 발생하는 경우에는 처분성을 긍정한다(처분법규). 이러한 처분법규에 대해서는 이론상 항고소송이 가능하다. 대법원은 1996년 두밀분교 폐지조례 사건[34]에서 조례[35]에 대한 항고소송 대상성을 인정함으로써 '처분적 조례'라는 개념을 등장시켰고 2003년에는 보건복지부장관의 약가고시의 처분성을 인정하였다.[36]

헌법재판소는 "개별법률금지의 원칙이 법률제정에 있어서 입법자가 평등원칙을 준수할 것을 요구하는 것이기 때문에 특정규범이 개별사건법률에 해당하면 그로 인한 차별적 규율이 합리적인 이유로 정당화될 수 있는 경우에는 합헌적일 수 있다."라고 하면서 5.18 민주화 운동에 관한 특별법의 합헌성을 인정하였다.[37] 이러한 논리는 처분법률(개별사건법률)만이 아니라 개별사건을 규율하는 처분적 법규명령을 포함하여 처분법규(개별사건법규) 전반에도 적용되는 것이라 할 것이다. 따라서 처분법규는 규범으로써 개별사건을 규율하는 것이 평등의 원칙에 위반되지 않는 범위 내에서 허용되는 것이라 할 것이다.

법규명령에 대하여 처분성이 인정되기 위해서는 다른 집행행위의 매개없이 그 자체로 집행되는 것(자기집행적 법규명령) 만으로는 부족하고 그것이 구체적인 법률관계를 규율하는 성격을 가져야 한다. 이런 의미에서 자기집행적 법령과 처분법규를 구별할 수 있다.[38]

③ 헌법소원: 침해의 직접성과 현재성이 인정되는 경우

**명령·규칙에 대한 헌법소원의 가능성** 헌법 제107조 제2항은 명령·규칙의 위헌·위법여부에 대한 최종심사권을 대법원에 부여하고 있다. 이러한 규정에도 불구하고 헌법재판소에 의하여 법규명령에 대한 헌법소원이 가능한가에 대해 논란이 있다. 이에 대해 헌법재판소는 헌법 제107조 제2항에서 말하는 명령·규칙에 대한 대법원의 최종심사권은 재판을 전제로 하는 경우에 국한된 것으로 명령·규칙이 별도의 집행행위 없이 바로 기본권을 침해하는 경우에는 헌법소원심판의 대상이 될 수 있다고 판시하였다.[39] 예컨대, 당구장 출입문에 18세 미만자 출입금지를 표시하도록 한 체육시설의 설치·이용에 관한 법률 시행규칙 등이 이에 해당된다.[40]

**침해의 직접성** 헌법재판소는 또한, 행정입법이 일의적이고 명백한 것이어서 집행기관의 심사와 재량의 여지가 없어서 그에 따라 일정한 집행행위를 하여야 하는 경우에도 그 행정입법의 침

34) 대법원 1996.9.20. 선고 95누8003 판결.

35) 대상성의 측면만 고려하면 이것은 헌법소원의 대상이 될 수도 있다. 헌법재판소는 "헌법재판소법 제68조 제1항에서 말하는 "공권력"에는 입법작용이 포함되며, 지방자치단체에서 제정하는 조례도 불특정다수인에 대해 구속력을 가지는 법규이므로 조례제정행위도 입법작용의 일종으로서 헌법소원의 대상이 된다"고 판시한 바 있다(헌법재판소 1994.12.29. 선고 92헌마216 결정).

36) 대법원 2003.10.9. 자 2003무23 집행정지 결정; 대법원 2006.9.22. 선고 2005두2506 판결.

37) 헌법재판소 1996.2.16. 선고 96헌가2 결정.

38) 김현준, "행정입법의 법규성과 규범통제—행정입법 변종 대응의 도그마틱—", 『공법연구』 제47집 제2호, 한국공법학회, 2018, 16면.

39) 헌법재판소 1990.10.15. 선고 89헌마178 결정.

40) 헌법재판소 1993.5.13. 선고 92헌마80 결정.

해의 직접성을 인정하여 권리구제를 허용하고 있다. 예컨대, 생계보호기준[41])이나 최저생계비고시[42]) 경찰공무원의 계급 및 호봉별 봉급을 확정적으로 규정한 공무원 보수규정 별표[43]) 등이 이에 해당한다.

**금지의무를 규정하는 법령조항** 근래 헌법재판소는 금지의무를 규정하는 법률 또는 법률조항의 경우, 그것을 위반하는 때에 바로 징계 등 자유의 제한, 의무의 부과, 권리 또는 법적 지위의 박탈이 규정되어 있는 경우에는 금지의무 조항 자체의 기본권침해의 직접성을 인정하여 헌법소원의 대상이 된다고 한다.[44]) 이러한 헌법재판소의 태도는 국민의 권리구제라는 측면에서는 전향적이다. 그러나 집행을 위한 사실확인과 법해석의 여지가 남아 있음에도, 금지의무를 규정하였고 그 위반행위에 대해 자유의 제한, 의무의 부과 등이 규정되어 있다는 이유만으로 바로 이에 대해 침해의 직접성을 인정하여 재판의 대상으로 삼는 것은, 사실상 구체적 규범통제의 범위를 넘어서는 의미가 있다고 생각된다.

그러나 이러한 경우에 대법원은 아직 집행의 여지가 있다고 보아 처분법규로 인정하지 않아 항고소송의 대상이 되지 않는다고 한다.[45])

이처럼 헌법재판소와 대법원의 침해의 직접성에 대한 견해가 다른 것은 헌법재판소와 대법원의 기능의 차이에서 비롯된 것으로 이해할 수 있다. 헌법재판소는 개별 기본권 주체의 보호만이 아니라 헌법질서 수호를 목적으로 하는 데 비해 대법원은 개별 국민의 보호를 보다 우선적인 목적으로 하고 있기 때문이다. 헌법재판소법 제75조 제1항은 헌법소원의 인용결정은 모든 국가기관과 지방자치단체를 구속한다고 규정함으로써 항고소송의 판결보다는 훨씬 폭넓은 결정의 구속력을 인정하고 있으므로 침해의 직접성을 널리 인정할 여지가 있는 것이다.

**침해의 현재성** 헌법재판소는 공포 후 시행전인 법률이라 하더라도 시행되면 즉시 기본권 침해를 초래할 수 있는 경우 집행행위가 없어도 기본권 침해의 현재성을 인정하여 헌법소원의 대상이 될 수 있다고 판시한 바 있다.[46])

**법령보충규칙** 헌법재판소는 법령보충규칙일지라도 그로 인해 직접 기본권의 침해를 받는 경우에는 헌법소원의 대상이 된다고 판시하였다.[47])

그러나 이미 언급한 것처럼 헌법소원이 가능하기 위해서는 **헌법소원의 보충성 요건**을 충족하여야 하는데 항고소송 등으로 권리구제가 가능한 경우에는 헌법소원의 보충성의 요건을 충족하지 못하여, 그 공권력행사나 불행사에 대해서 헌법소원을 제기할 수 없다. 근래 대법원도 법규자체의 처분성을 인정하는 편이므로, 대법원이 처분성을 인정하여 항고소송을 인정하는 범위만큼 헌법소원의 보충성 원칙을 충족시키지 못하는 것이 되어 헌법소원이 불가능해진다. 법규명령에 대한 헌법소원의 가능성은 법원의 태도에 따라 유동적일 수 있다.

41) 헌법재판소 1997.5.29. 선고 94헌마33 결정.
42) 헌법재판소 2004.10.28. 선고 2002헌마328 결정.
43) 헌법재판소 2008.12.26. 선고 2007헌마444 결정.
44) 헌법재판소 2012.5.31. 선고 2009헌마705 결정.
45) 대법원 2007.4.12. 선고 2005두15168 판결.
46) 헌법재판소 1994.12.29. 선고 94헌마201 결정.
47) 헌법재판소 1992.6.26. 선고 91헌마25 결정.

④ 긴급명령과 긴급재정 · 경제명령에 대한 규범심사권의 소재

긴급명령과 긴급재정 · 경제명령은 국회의 의결을 거친 형식적 법률에 해당되지 않으나 법률의 효력을 가진다. 그러므로 이러한 대통령의 법규명령이 헌법에 위반된 여부의 심사권을 대법원이 가지는지 헌법재판소가 가지는지가 다투어지고 있다. 대법원은 구 헌법시대의 긴급조치에 대한 판례에서 국회의 동의나 승인을 거치지 않은 긴급조치는 국회의 입법권 행사라는 실질을 가지지 못하므로 그에 대한 위헌 여부에 대한 심사권은 대법원에 있다고 하였으나[48] 헌법재판소는 긴급조치가 법률의 효력을 가지는 한 그 위헌 여부에 대한 심사권은 헌법재판소에 있다고 한다.[49]

긴급명령, 긴급재정 · 경제명령에 대한 국회승인을 명문화한 현행헌법 하에서 승인을 거친 이들 법규명령의 위헌심사권은 헌법재판소에 있다는 점에는 의견이 일치하나 승인 이전의 긴급명령, 긴급재정 · 경제명령에 대해서는 대법원과 헌법재판소의 견해가 서로 다른 상황이다.

참고판례 1: 대법원 2007.4.12. 선고 2005두15168 판결 [의료법시행규칙제31조무효확인등]

의료법 시행규칙(2003. 10. 1. 보건복지부령 제261호) 제31조가 **의료기관의 명칭표시판에 진료과목을 함께 표시하는 경우 그 글자의 크기를 의료기관 명칭을 표시하는 글자 크기의 2분의 1 이내로 제한**하고 있지만, **위 규정은 그 위반자에 대하여 과태료를 부과하는 등의 별도의 집행행위 매개 없이는 그 자체로서 국민의 구체적인 권리의무나 법률관계에 직접적인 변동을 초래하지 아니하므로 항고소송의 대상이 되는 행정처분이라고 할 수 없다**고 하여, 주위적으로는 위 규정의 무효확인을 구하고, 예비적으로는 그 취소를 구하는 이 사건 소를 부적법하다고 판단한 것은 정당하고, 거기에 상고이유로 주장하는 바와 같은 행정처분에 관한 법리오해 등의 위법이 있다고 볼 수 없다.

해 설 대법원은 행위의 금지나 제한 규정이 과태료 등 벌칙에 의해 그 집행이 담보되고 있는 경우, 집행을 위하여 벌칙 부과 등 매개하는 집행행위가 별도로 있어야 한다고 보고 침해의 직접성을 부인하고 처분성을 인정하지 않는다. 이것은 헌법재판소의 입장과는 다른 것이다.

참고판례 2: 헌법재판소 1990.10.15. 선고 89헌마178 결정 [법무사법시행규칙에 대한 헌법소원]

**헌법 제107조 제2항이 규정한 명령 · 규칙에 대한 대법원의 최종심사권이란 구체적인 소송사건에서 명령 · 규칙의 위헌여부가 재판의 전제가 되었을 경우** 법률의 경우와는 달리 헌법재판소에 제청할 것 없이 대법원이 최종적으로 심사할 수 있다는 의미이며, **명령 · 규칙 그 자체에 의하여 직접 기본권이 침해되었음을 이유로 하여 헌법소원심판을 청구하는 것은 위 헌법규정과는 아무런 상관이 없는 문제이다.**

따라서 **입법부 · 행정부 · 사법부에서 제정한 규칙이 별도의 집행행위를 기다리지 않고 직접 기본권을 침해하는 것일 때에는 모두 헌법소원심판의 대상이 될 수 있는 것이다.**

---

48) 대법원 2010.12.16. 선고 2010도5986 판결.
49) 헌법재판소 2013.3.21. 선고 2010헌바132 결정.

참고판례 3: 헌법재판소 2012.5.31. 선고 2009헌마705 결정 [국가공무원 복무규정 제3조 제2항 등 위헌확인]

법률 또는 법률조항 자체가 헌법소원의 대상이 되려면 그 법률 또는 법률조항에 의하여 구체적인 집행행위를 기다리지 아니하고 직접·현재·자기의 기본권을 침해받아야 하며, **여기서 말하는 기본권 침해의 직접성이란 집행행위에 의하지 아니하고, 법률 그 자체에 의하여 자유의 제한, 의무의 부과, 권리 또는 법적 지위의 박탈이 생기는 것을 뜻한다**(헌법재판소 1992.11.12. 선고 91헌마192 결정, 판례집 4, 813, 823).

살피건대, 청구인 공무원노동조합총연맹을 제외한 나머지 청구인들은 현재 '국가공무원 복무규정' 및 '지방공무원 복무규정'의 적용을 받는 **공무원들로서 별도의 구체적인 집행행위의 매개 없이 이 사건 규정들을 따라야 할 의무가 있고, 그것을 위반하는 경우 징계처분 등을 받게 되므로**(국가공무원법 제78조 제1항, 지방공무원법 제69조 제1항 참조) **이 사건 규정들로 인한 기본권침해의 직접성은 인정된다** 할 것이다.

### (2) 행정입법에 대한 입법적 통제

국회법 제98조의2는 대통령령·총리령·부령·훈령·예규·고시 등이 제정·개정 또는 폐지된 때에는 10일 이내에 이를 국회 소관상임위원회에 제출하도록 하고 있다. 다만, 대통령령의 경우에는 입법예고를 할 때(입법예고를 생략하는 경우에는 법제처장에게 심사를 요청할 때에) 그 입법예고안 등을 10일 이내에 제출하여야 한다.

상임위원회는 대통령령 또는 총리령이 법률의 취지 또는 내용에 합치되지 아니한다고 판단되는 경우에는 검토의 경과와 처리 의견 등을 기재한 검토결과보고서를 국회의장에게 제출하고, 국회의장은 이를 본회의에 보고하고, 국회는 본회의 의결로 이를 처리하고 정부에 송부한다. 정부는 송부받은 검토결과에 대한 처리 여부를 검토하고 그 처리결과(송부받은 검토결과에 따르지 못하는 경우 그 사유를 포함한다)를 국회에 제출하여야 한다.

한편 상임위원회는 부령이 법률의 취지 또는 내용에 합치되지 아니한다고 판단되는 경우에는 소관 중앙행정기관의 장에게 그 내용을 통보할 수 있고 검토내용을 통보받은 중앙행정기관의 장은 통보받은 내용에 대한 처리 계획과 그 결과를 소관 상임위원회에 보고하여야 한다.

법규명령과 행정규칙 모두에 대해 일종의 의회제출절차를 규정한 것이라 할 수 있다.

국회는 이외에도 예산안 심의, 국정조사 및 감사, 국무총리·국무위원에 대한 질문, 해임건의 등을 통해 행정입법에 대해 간접적으로 통제할 수 있다. 그러나 우리나라는 독일의 동의권 유보나 미국의 입법적 거부와 같은 제도는 채택하지 않고 있다.

### (3) 행정입법에 대한 행정적 통제

행정입법에 대한 행정적 통제제도로서 행정규제기본법에 의한 규제심사, 법제처의 법령(안) 등에 대한 심사 그리고 중앙행정심판위원회의 불합리한 법령 등에 대한 시정조치의 요청 등이 있다.

① 규제심사제도

행정규제기본법은 법률, 대통령령, 총리령, 부령과 그 위임을 받은 고시에 국민의 권리를 제한하거나 의무를 부과하는 행정규제가 신설되거나 강화되는 경우 그에 대하여 정부입법절차의 일환으로 규제개혁위원회가 규제심사를 실시할 것을 규정하고 있다(같은 법 제10조~12조). 이 과정에서 규제영향분석 등이 이루어지기도 한다(같은 법 제7조). 이외에도 기존규제의 정비 요청(같은 법 제17조), 다른 행정기관 소관의 규제에 관한 의견제출(제17조의2) 등 기존규제의 정비제도(같은 법 제3장)를 통하여 규제개혁위원회는 법령에 대한 통제를 할 수 있다.

② 법제처 심사

법제처장은 법률, 대통령령, 총리령, 부령이 입법되기 전, 그리고 조약안이 확정되기 전에 법령안과 입법안에 대해 심사하고(법제업무운영규정 제21조), 대통령 훈령안과 총리 훈령안에 대해서도 심사한다(같은 규정 제23조). 또한 각급행정기관의 훈령, 예규, 고시에 대해서도 적법성 확보의 차원에서 심사를 실시한다(같은 규정 제25조).

③ 중앙행정심판위원회의 시정조치 요청

중앙행정심판위원회는 행정심판청구를 심리·재결할 때, 처분 또는 부작위의 근거가 되는 명령 등(대통령령·총리령·부령·훈령·예규·고시·조례·규칙 등)이 법령에 근거가 없거나 상위 법령에 위배되거나 국민에게 과도한 부담을 주는 등 크게 불합리하면 관계 행정기관에 그 명령 등의 개정·폐지 등 적절한 시정조치를 요청할 수 있고, 요청을 받은 관계 행정기관은 정당한 사유가 없으면 이에 따라야 한다(행정심판법 제59조).

④ 위헌·위법의 법규명령에 대한 적용배제

한편, 행정청이 위헌·위법이 강하게 의심되는 법규명령을 적용배제할 수 있느냐 하는 문제에 대해서 독일에서는 판례가 이를 긍정하고 있으나 우리나라의 경우에는 아직 이에 대한 판례가 존재하지 않고 있다. 그러나 동일하거나 유사한 사안에서 헌법재판소나 대법원의 위헌·위법 결정이 있는 경우 적어도 법규명령과 같은 법률하위규범에 대해서는 행정청의 적용배제권을 인정할 필요가 있다는 견해가 유력하다.[50)]

## 8. 위헌·위법인 법규명령과 그에 근거한 처분의 효력

법규명령이 헌법이나 법률에 위반한 경우 그 법규명령은 무효라고 하여야 할 것이다. 대법원도 이러한 입장에 서있다.[51)]

또한 위헌·위법인 법규명령, 즉 하자 있는 법규명령에 근거한 행정처분 역시 위법하다고 하여야 할 것이다. 다만 대법원은 행정처분의 무효에 대해 중대명백설을 취하면서 소송 등에 의하

50) 정남철, "행정입법에 대한 행정적·입법적 통제", 『행정입법에 대한 통제』(한국공법학회·대법원 헌법연구회 공동학술대회 자료집), 11－12면, 2016.5.28.
51) 대법원 2003.12.26. 선고 2002두4075 판결.

여 위헌·위법이 선언되기 전에는 그 법규명령에 근거한 처분의 하자가 명백한 것이라 하기 어렵기 때문에 원칙적으로 위헌·위법인 법규명령에 근거한 처분의 효력은 무효가 되지는 않고 취소할 수 있음에 그칠 뿐이라고 한다.[52] 따라서 근거법령에 대한 위헌이나 위법선언이 있은 후라 하더라도 취소쟁송제기기간이 이미 지났다면 위헌이나 위법이 선언되기 이전에 이루어진 행정처분의 하자를 항고쟁송절차로 다투는 것은 원칙적으로 불가능하다.

## 9. 행정입법부작위

대법원은 "행정소송은 구체적 사건에 대한 법률상 분쟁을 법에 의하여 해결함으로써 법적 안정을 기하자는 것이므로 부작위위법확인소송의 대상이 될 수 있는 것은 구체적 권리의무에 관한 분쟁이어야 하고 추상적인 법령 제정의 여부 등은 그 자체로서 국민의 구체적인 권리의무에 직접적 변동을 초래하는 것이 아니어서 그 소송의 대상이 될 수 없다."라고 판시한 바 있다.[53] 그러나 근래에 이르러 대법원은 입법부작위에 대한 심사에 전향적인 입장을 취하여 실질적으로 행정입법부작위에 해당하는 사안에 대하여 법원의 해석권한을 활용하여 행정입법의 흠결을 유추해석 등으로 보충하거나[54] 또는 입법부작위를 내포한 규범에 대해 규범통제를 실시하여 위법을 선언하는 방식으로[55] 행정입법부작위 문제에 대처하고 있다. 나아가서 대법원은 행정입법부작위로 인한 정신적 손해에 대한 배상책임도 인정하고 있다.[56]

한편 헌법재판소는 진정입법부작위, 즉 법령이 명시적으로 행정입법을 위임하고 있는데도 행정부가 그 입법을 하지 않는 경우에 그 부작위가 기본권을 중대하게 침해하는 것이라면 헌법소원을 인정한다(참고판례 1 참조). 진정입법부작위의 경우에는 심판청구기간의 제한이 없다. 그러나 입법자가 입법의무가 있는 어떤 사항에 대해 입법은 하였으나 그 입법내용에 결함이 있는 경우인 부진정입법부작위에 대해서는 입법부작위에 대한 헌법소원은 허용되지 않고 문제되는 법령규정에 대한 위헌만을 다툴 수 있을 뿐이다.[57]

헌법재판소는 청구인이 특정 법률조항의 위헌성을 다투었으나 관련 법령의 규정 취지 및 내용 등에 비추어 그 실질이 진정입법부작위를 다투는 것인 경우에, 이를 인정하지 않고 청구를 각하하였다.[58]

행정입법부작위가 확인되어도 그를 정당화할 수 있는 사유가 있으면 작위의무가 인정되지 않는다. 예컨대 행정입법 없이도 상위 법령만으로 집행이 이루어질 수 있다거나[59] 문제되는 행정입법의무의 이행이 오히려 헌법에 명백히 위반되거나 헌법질서를 파괴하는 결과를 가져오는 경

52) 대법원 2007.6.14. 선고 2004두619 판결.
53) 대법원 1992.5.8. 선고 91누11261 판결.
54) 대법원 2019.10.31. 선고 2016두50907 판결.
55) 대법원 2021.9.9.선고 2019두53464 판결.
56) 대법원 2024.12.19. 선고 2022다289051 전원합의체 판결.
57) 헌법재판소 2003.1.30. 선고 2002헌마358 결정.
58) 헌법재판소 2015.12.23. 선고 2013헌마182 결정.
59) 헌법재판소 2005.12.22. 선고 2004헌마66 결정.

우[60] 등의 경우에는 행정입법부작위가 정당화된다.

### 주요판례요지

① 대법원 2021.9.9. 선고 2019두53464 전원합의체 판결: 세무조정업무를 수행하는 조정반 지정의 대상으로 법무법인을 규정하고 있지 않은 법인세법 시행령 제97조의3 제1항, 소득세법 시행령 제131조의3 제1항의 입법부작위는 위임입법의 한계를 벗어나고 직업수행의 자유를 침해하고 평등원칙에 위반되어 위헌·위법에 해당한다.

② 헌법재판소 2023.5.25. 선고 2019헌마1234 결정: 특별교통수단에 있어 표준휠체어만을 기준으로 휠체어 고정설비의 안전기준을 정하고 있는 '교통약자의 이동편의 증진법 시행규칙' 제6조 제3항 별표 1의2가 합리적 이유 없이 비표준휠체어에 대한 안전기준을 정하지 않아 표준휠체어를 이용할 수 있는 장애인과 표준휠체어를 이용할 수 없는 장애인을 달리 취급하여 입법부작위에 의해 청구인의 평등권을 침해하였다.

### 참고판례 1: 대법원 2019.10.31. 선고 2016두50907 판결 [반려처분취소청구의소]

어느 특정한 장애가 장애인복지법 시행령 제2조 제1항 [별표 1]에 명시적으로 규정되어 있지 않다고 하더라도, 그 장애를 가진 사람이 장애인복지법 제2조에서 정한 장애인에 해당함이 분명할 뿐 아니라, **모법과 위 시행령 조항의 내용과 체계에 비추어 볼 때 위 시행령 조항이 그 장애를 장애인복지법 적용대상에서 배제하려는 전제에 서 있다고 새길 수 없고 단순한 행정입법의 미비가 있을 뿐이라고 보이는 경우에는, 행정청은 그 장애가 시행령에 규정되어 있지 않다는 이유만으로 장애인등록신청을 거부할 수 없다. 이 경우 행정청으로서는 위 시행령 조항 중 해당 장애와 가장 유사한 장애의 유형에 관한 규정을 찾아 유추 적용함으로써 위 시행령 조항을 최대한 모법의 취지와 평등원칙에 부합하도록 운용하여야 한다.**

**해 설** 행정입법부작위에 대해 유추적용으로 문제를 해결한 대법원의 판례이다.

### 참고판례 2: 헌법재판소 2004.2.26. 선고 2001헌마718 결정 [입법부작위 위헌확인]

**행정부가 위임 입법에 따른 시행명령을 제정하지 않거나 개정하지 않은 것에 정당한 이유가 있었다면 그런 경우에는 헌법재판소가 위헌확인을 할 수는 없다. 그러한 정당한 이유가 인정되기 위해서는 그 위임입법 자체가 헌법에 위반된다는 것이 명백하거나, 행정입법 의무의 이행이 오히려 헌법질서를 파괴하는 결과를 가져옴이 명백할 정도는 되어야 할 것이다.**

(중략) 한편 법률이 군법무관의 보수를 판사, 검사의 예에 의하도록 규정하면서 그 구체적 내용을 시행령에 위임하고 있다면, 이는 군법무관의 보수의 내용을 법률로써 일차적으로 형성한 것이고, 따라서 상당한 수준의 보수청구권이 인정되는 것이라 해석함이 상당하다. 그러므로 이 사건에서 **대통령이 법률의 명시적 위임에도 불구하고 지금까지 해당 시행령을 제정하지 않아 그러한 보수청구권이 보장되지 않고 있다면 그러한 입법부작위는 정당한 이유 없이 청구인들의 재산권을 침해하는 것으로써 헌법에 위반된다.**

---

60) 헌법재판소 2004.2.26. 선고 2000헌마707 결정.

참고판례 3: 헌법재판소 1998.7.16. 선고 96헌마246 전원재판부 결정 [전문의 자격시험 불실시 위헌확인 등]

치과의사로서 전문의가 되고자 하는 자는 대통령령이 정하는 수련을 거쳐 보건복지부장관의 자격인정을 받아야 하고(의료법 제55조 제1항) 전문의의 자격인정 및 전문과목에 관하여 필요한 사항은 대통령령으로 정하는바(동조 제3항), 위 **대통령령인 '규정' 제2조의2 제2호(개정 1995. 1. 28)는 치과전문의의 전문과목을 "구강악안면외과 · 치과보철과 · 치과교정과 · 소아치과 · 치주과 · 치과보존과 · 구강내과 · 구강악안면방사선과 · 구강병리과 및 예방치과"로 정하고, 제17조(개정 1994. 12. 23)에서는 전문의자격의 인정에 관하여 "일정한 수련과정을 이수한 자로서 전문의자격시험에 합격"할 것을 요구하고 있는데도, '시행규칙'이 위 규정에 따른 개정입법 및 새로운 입법을 하지 않고 있는 것은 진정입법부작위에 해당하므로 이 부분에 대한 심판청구는 청구기간의 제한을 받지 않는다.**

참고판례 4: 헌법재판소 2015.12.23. 선고 2013헌마182 결정 [입법부작위 위헌확인]

청구인은 **형사소송법 제201조의2 제3항이 피의자의 사선변호인에 대하여 심문기일과 장소뿐만 아니라 피의사실의 요지도 아울러 고지하도록 규정하지 않은 것을 부진정입법부작위의 형태로 다투고 있지만,** 이는 입법자가 법원의 구속 전 피의자심문기일의 통지사항에 관하여 어떠한 입법적 규율을 하였으나 그 내용이 불완전·불충분한 것이라기보다는, **법원이 구속영장이 청구된 피의자의 사선변호인에게 구속 전 피의자심문기일 및 장소의 통지와는 별도로 피의사실의 요지를 미리 고지하도록 하는 내용의 입법적 규율 자체가 애당초 있다고 보기 어렵다는 점에서 그 실질은 진정입법부작위를 다투는 것으로 볼 것이다.**

해 설 진정입법부작위인지 부진정입법부작위인지가 반드시 명확하지 않은 경우가 있음을 유의하여야 한다. 이 판례는 청구인이 부진정입법부작위인 것으로 보고 법률의 위헌확인을 구하였으나 그 실질이 진정입법부작위에 해당한다고 판단되어 각하결정을 한 것이다.

## 제3관 행정규칙

### 1. 행정규칙의 개념과 법적 성격

훈령, 예규, 고시 등의 형식으로 존재하는 행정 내부의 규범으로서 원칙적으로 법규적 효력을 가지지 아니하는 것을 행정규칙이라 한다. 행정규칙은 공포가 필요 없으며 입법예고절차의 대상이 되지 아니한다.

본질적으로 행정규칙은 규범이라기보다는 행정청의 명령과 동위의 것이다(명령과의 동위성). 따라서 행정규칙은 그것을 발령한 자에게는 구속력이 없다(일면적 구속성). 그리고 이처럼 행정규칙이 행정 내부의 수범자만을 구속하는 일면적 구속력을 가짐에 불과(내부적 구속성)하기 때문에 행정규칙은 외부적 효력이 없고(비법규성), 재판규범이 되지 못한다(비재판규범성).

따라서 재판기관은 원칙적으로 행정규칙을 법규명령과 같은 의미로 재판의 기준으로 삼지는 않는다. 그러나 행정규칙이 반복적으로 적용된 결과 평등원칙을 매개로 하는 외부적 효력을 인정하여야 하는 경우, 그리고 행정규칙 준수 그 자체가 행위의 객관적 정당성과 관련되어 있는 경우 등에는 예외적으로 재판의 기준이 되는 경우가 있다.

### 2. 행정규칙의 종류

#### (1) 소위 특별명령

독일 행정법학에서는 종래 특별행정법관계 구성원의 권리와 의무를 규율하는 행정규칙을 특별명령이라 하여 그에 대해서는 법규성을 인정하고 협의의 행정규칙과 구별하여 왔다. 공무원이나 군인 등 특별행정법관계 구성원의 권리·의무관계를 규율한다는 것은 인격주체를 규율하는 것이므로 그에 대한 규율이 행정규칙으로 이루어진다 하더라도 이를 법규 또는 실질적 법률로 인식하여야 한다는 입장에 특별명령론의 논지가 있다. 그러나 오늘날 특별행정법관계 구성원의 권리와 의무에 대해서는 법률유보의 원칙에 따라 이미 법률과 법규명령이 규율하고 있기 때문에 특별명령론이 해결하려고 하는 문제상황이 현재에도 존재하는지 의문이다. 더구나 특별명령론은 행정청의 독자적인 법규제정권을 인정하는 셈이 되어 우리 헌법체계에서는 용인되기 어렵다.

#### (2) 협의의 행정규칙

특별명령과 달리 행정조직 내부에서의 조직이나 임무수행에 대하여 규율하는 행정규칙을 협의의 행정규칙이라 한다.

① 조직규칙

행정주체의 내부조직 및 권한분배에 대해 정하는 행정규칙을 조직규칙이라 한다. 사무분장규정, 위임전결규정, 직제 등이 이에 속한다. 중앙행정기관의 직제는 법규명령으로 규정한다.

② 근무규칙

하급기관 및 그 구성원의 근무에 대해 규정하는 행정규칙을 근무규칙이라 한다. '행정업무의 운영 및 혁신에 관한 규정' 및 같은 규정의 시행규칙 등이 이에 속한다.

③ 규범해석규칙

법규 가운데 존재하는 불확정법개념 등의 해석을 위한 준칙을 규정한 행정규칙을 규범해석규칙이라 한다. 예컨대 법령 중에 존재하는 '공익을 현저히 해할 우려가 있는 경우'와 같은 불확정법개념에 대해 일정한 해석의 지침을 행정규칙으로 규정한 경우에 이를 규범해석규칙이라 할 수 있다.

④ 재량준칙

법규가 행정청에게 재량권을 부여하고 있는 경우, 재량권 행사의 기준을 행정규칙으로 정하고 있는 것을 재량준칙이라 한다. 이미 살펴본 바와 같이 우리 대법원은 행정제재기준을 정한 재량준칙이 부령으로 규정되었을 경우, 그 법규적 효력을 부인하고 이를 일종의 행정규칙으로

취급한다.[61]

⑤ 법률대위규칙

법률유보의 원칙이 적용되지 않는 영역에서 법률이나 법규명령이 전혀 규율하지 않고 있는 사항을 행정규칙이 최초로 규정하는 경우 이를 법률대위규칙이라 한다. 법률대위규칙이라 하여 법률과 같은 효력을 가지는 것은 아니고 법률부재의 상황에서 원초적인 규율을 한다는 점에서 다른 행정규칙과 구별된다. 예컨대 보조금 지급에 관하여 법규명령이 침묵하고 있을 때에 그 지급의 절차, 기준 등을 원초적으로 정하고 있는 보조금준칙과 같은 것을 법률대위규칙이라 할 수 있다. 그러나 법률대위규칙에 근거한 부담적 행정처분은 법률유보원칙이나 의회유보원칙 위반으로 위법한 것이 될 수 있다.[62]

⑥ 법령보충규칙(법령보충적 행정규칙)

앞에서 자세히 살펴본 바와 같이 우리 대법원의 판례이론에 따르면 행정규칙은 일반적으로 행정조직 내부에서만 효력을 가질 뿐 대외적인 구속력을 갖는 것은 아니지만, 법령의 규정이 특정 행정기관에게 그 법령내용의 구체적 사항을 정할 수 있는 권한을 부여하면서 수임행정기관이 행정규칙의 형식으로 그 법령의 내용이 될 사항을 구체적으로 정하고 있는 경우, 그러한 행정규칙은 행정기관에 법령의 구체적 내용을 보충할 권한을 부여한 법령규정의 효력에 의하여 그 내용을 보충하는 기능을 갖게 되고, 따라서 당해 법령의 위임한계를 벗어나지 아니하는 한[63] 그것들과 결합하여 대외적인 구속력이 있는 법규명령으로서의 효력을 갖게 된다.[64] 이를 법령보충규칙(법령보충적 행정규칙)이라 한다.[65]

⑦ 간소화규칙

대량처분 등에 있어서 업무의 간소화를 위한 획일적인 기준을 정하는 행정규칙을 간소화규칙이라 한다.

## 3. 행정규칙의 형식

'행정업무의 운영 및 혁신에 관한 규정' 제4조 제2호에서는, 지시문서로 훈령, 지시, 예규, 일일명령 등을 열거하고 있는데 이러한 지시문서가 행정규칙의 가장 전형적인 존재형식이라 할 수 있다. 이외에 고시도 행정규칙의 존재형식의 하나라고 할 수 있다.

---

61) 대법원 2007.9.20. 선고 2007두6946 판결.
62) 서울행정법원 2016.7.25. 선고 2016 구합 58710 판결 참조.
63) 대법원 2019.5.30. 선고 2016다276177 판결.
64) 대법원 1998.6.9. 선고 97누19915 판결.
65) 독일의 경우, 우리의 법령보충규칙에 대응한다고 할 수 있는 규범구체화행정규칙이라는 개념이 있다. 이것은 과학기술분야와 같은 전문영역에서 상위법의 위임 없이도 상위법령을 구체화하는 행정규칙을 말한다. 독일의 환경기준과 같은 것이 규범구체화행정규칙의 예라고 할 수 있다. 독일에서는 규범구체화행정규칙의 외부법적 효력 인정여부가 문제가 되나 우리나라에서는 규범구체화행정규칙론이 독일이론으로 소개되고 있을 뿐 아직 그 법규성을 인정하는 법령이나 판례를 찾아보기 어렵다.

#### (1) 훈령

행정청이 하급행정기관에게 장기간에 걸쳐 그 권한행사를 일반적으로 지휘·감독하기 위하여 발하는 명령이다. 훈령이 기본적인 사항을 규율하는 반면 통첩은 세부적인 사항을 규율한다.

#### (2) 지시

행정청이 하급행정기관에 대해 직권 또는 신청이나 문의에 의해 개별적, 구체적으로 발하는 명령이다. 되풀이 되는 사항에 대한 것 등 특수한 것이 아니라면 행정규칙의 존재형식이 되기 어렵다.

#### (3) 예규

예규는 반복적 행정사무의 처리기준을 정하는 것이다. 전형적인 행정규칙의 존재형식 중 하나이다.

#### (4) 일일명령

출장, 당직, 특근, 휴가 등 일일업무에 관한 명령이다. 일일명령은 일반적, 추상적인 성격을 띠지 않는 것이 보통이므로 행정규칙의 존재형식이 되기 어렵다.

#### (5) 고시

행정청이 법령이 정하는 바에 따라 특정한 사항을 알리는 것을 고시라 한다. 고시 가운데에는 상위법의 위임이 있어 그것과 결합하여 법규명령이 되는 것도 있지만 상위법의 위임이 없고 일반, 추상적 성격을 띨 때에는 행정규칙의 성격을 가질 때도 있다. 고시가 다른 집행행위 없이 법적 효력을 발할 때에는 처분성을 가지는 경우도 있다. 그런데 고시가 처분성을 가진다 하더라도 고시로 하는 처분은 성질상 처분의 사전통지나 의견제출의 기회를 주어야 하는 상대방을 특정할 수 없으므로, 상대방에게 행정절차법에 따른 처분의 사전통지나 의견제출의 기회를 주어야 하는 것은 아니다.[66] 대법원은 고시가 다른 집행행위의 매개없이 직접 국민의 구체적인 권리·의무나 법률관계를 규율하는 성격을 가질 때에는 행정처분에 해당한다고 한다.[67] 헌법재판소는 고시가 처분성이 없거나 처분성이 있는지 분명하지 않은 때에라도 별도의 집행행위 없이 국민의 권리·의무에 직접 영향을 미치면 헌법소원의 대상인 '공권력 행사'에 해당한다[68]고 한다.

#### (6) 공고

공고는 대개 고시와 달리 제재를 수반하지 않는 일정한 행정사항을 단기간 또는 일시적으로

66) 대법원 2025.3.13. 선고 2024두45788 판결.
67) 대법원 2003.10.9. 자 2003무23 결정; 대법원 2006.9.22. 선고 2005두2506 판결.
68) 헌법재판소 2019.12.27. 선고 2017헌마1366·2018헌마1072(병합) 결정.

불특정다수인에게 알려주는 사전 안내의 성격을 가지는 통지행위이다.[69] 그러나 실제로는 고시와 구별하기 어려운 경우도 없지 않고, 법적 효과를 가지는 경우도 있다. 헌법재판소는 공고가 법령에 근거하여 법령의 내용을 구체적으로 보충하거나 세부적인 것을 확정하는 때에는 공권력 행사에 해당하여[70] 헌법소원의 대상이 되나 그것이 이미 법령 등에 의하여 정해진 것을 단순히 알리는 것에 불과하면[71] 헌법소원의 대상이 되는 공권력행사에 해당하지 않는다고 한다.

그러므로 공고가 공권력행사에 해당하는 경우 가운데 법령보충규칙의 성격을 가지는 경우가 있을 수 있다.

참고판례: 헌법재판소 2010.4.29. 선고 2009헌마399 결정 [2010학년도 법학적성시험 시행일자 공고 등 위헌확인]

법학전문대학원협의회는 교육과학기술부장관으로부터 적성시험의 주관 및 시행업무를 위임받아 매년 1회 이상의 적성시험을 실시하므로, 최소한 적성시험의 주관 및 시행에 관해서는 교육과학기술부장관의 지정 및 권한의 위탁에 의해 관련 업무를 수행하는 공권력 행사의 주체라고 할 것이며, **2010학년도 적성시험의 구체적인 시험 일시는 위 공고에 따라 비로소 확정되는 것으로 위 공고는 헌법소원의 대상이 되는 공권력의 행사에 해당한다.**

해 설 "법학전문대학원협의회는 교육부장관으로부터 적성시험의 주관 및 시행업무를 위임받아 매년 1회 이상의 적성시험을 실시하므로, 최소한 적성시험의 주관 및 시행에 관해서는 교육부장관의 지정 및 권한의 위탁에 의해 관련 업무를 수행하는 공권력 행사의 주체"라고 하고, "2010학년도 적성시험의 구체적인 시험 일시는 위 공고에 따라 비로소 확정되는 것이므로 위 공고는 헌법소원의 대상이 되는 공권력의 행사에 해당한다"고 판시한 것이다. 이외에도 공고에 의하여 비로소 응시자격요건이 확정된 경우(헌법재판소 2019.8.29. 선고 2019헌마616 결정), 변리사시험실무형문제의 출제여부가 공고에 의하여 정하여지는 경우(헌법재판소 2019.5.30. 선고 2018헌마1208 · 1227병합 결정) 등에 있어서 공고를 헌법소원의 대상이 되는 공권력 행사에 해당한다고 판시하였다.

물론 공고가 구체적 · 개별적 법적 효과를 가지면 처분으로 인정될 수 있다. 대법원은 보조금 지급을 위한 사업체 선정을 공고의 형식으로 한 것을 처분으로 보고 항고소송을 인정한 바 있다.[72]

## 4. 행정규칙의 효력

행정규칙은 원칙적으로 내부규범으로서 내부적 구속력을 가짐에 그친다. 따라서 행정규칙을 위반한 행위는 원칙적으로 위법이 되지 아니하며 내부적인 징계의 대상이 됨에 불과하다.

그러나 행정규칙이 장기적으로 적용되면 동일한 사안에 동일한 처리가 관행화되어 국민의 신

69) 헌법재판소 헌법재판연구원, 「주석 헌법재판소법」, 2015, 1018면.
70) 헌법재판소 1992.10.1. 선고 92헌마68등 결정.
71) 헌법재판소 1997.12.19. 선고 97헌마317 결정.
72) 대법원 2021.2.4. 선고 2020두48772 판결.

뢰가 형성되고 동일한 사례를 동일하게 처리하여야 한다는 평등의 원칙 등이 적용된다. 이렇게 되면 평등의 원칙, 신뢰보호의 원칙 등의 효력에 의해 행정청은 자기가 종전에 내린 결정을 고수하여야만 하는 자기구속을 당하게 된다. 이처럼 평등의 원칙이나 신뢰보호의 원칙이 매개가 되어 행정청이 스스로의 행정규칙에 자기구속을 당하여 행정규칙 위반이 곧 위법이라는 상황이 발생할 수 있다. 이렇게 하여 행정규칙이 실질적으로 법규와 같은 효력을 가지게 되는 경우의 행정규칙의 효력을 간접적 법규적 효력(또는 준법규적 효력)이라 한다.

그런데 법령보충규칙과 같이 행정규칙이 예외적으로 법규적 효력을 가지는 경우도 있다. 이처럼 상위규범과 결합하여 행정규칙이 법규적 효력을 가지는 경우에는 이를 직접적 법규적 효력을 가지는 행정규칙이라고 할 수 있다.

참고판례 1: 대법원 2010.4.8. 선고 2009두22997 판결 [영업정지처분취소]

**행정처분기준이 비록 행정청 내부의 사무처리 준칙을 정한 것에 지나지 아니하여 대외적으로 법원이나 국민을 기속하는 효력은 없지만,** 위 행정처분기준이 수입업자들 및 행정청 사이에 처분의 수위를 가늠할 수 있는 유력한 잣대로 인식되고 있는 현실에 수입식품으로 인하여 생기는 위생상의 위해를 방지하기 위한 단속의 필요성과 그 일관성 제고라는 측면까지 아울러 참작하면, **위 행정처분기준에서 정하고 있는 범위를 벗어나는 처분을 하기 위해서는 그 기준을 준수한 행정처분을 할 경우 공익상 필요와 상대방이 받게 되는 불이익 등과 사이에 현저한 불균형이 발생한다는 등의 특별한 사정이 있어야 한다.**

해 설 행정규칙이 법규성이 없지만 특별한 사정이 없는 한 행정청의 행위의 정당성을 판단하는 기준이 된다는 판시이다.

참고판례 2: 대법원 2020.5.28. 선고 2017두66541 판결 [공급자등록취소무효확인등청구]

행정기관이 소속 공무원이나 하급행정기관에 대하여 세부적인 업무처리절차나 법령의 해석·적용 기준을 정해 주는 '행정규칙'은 상위법령의 구체적 위임이 있지 않는 한 조직 내부에서만 효력을 가질 뿐 대외적으로 국민이나 법원을 구속하는 효력이 없다. **행정규칙이 이를 정한 행정기관의 재량에 속하는 사항에 관한 것인 때에는 그 규정 내용이 객관적 합리성을 결여하였다는 등의 특별한 사정이 없는 한 법원은 이를 존중하는 것이 바람직하다.** 그러나 **행정규칙의 내용이 상위법령이나 법의 일반원칙에 반하는 것이라면** 법치국가원리에서 파생되는 법질서의 통일성과 모순금지 원칙에 따라 그것은 법질서상 당연무효이고, 행정내부적 효력도 인정될 수 없다. 이러한 경우 **법원은 해당 행정규칙이 법질서상 부존재하는 것으로 취급하여 행정기관이 한 조치의 당부를 상위법령의 규정과 입법 목적 등에 따라서 판단하여야 한다.**

## 5. 법규명령 형식의 내부규율과 행정규칙 형식의 외부법

### (1) 법규명령 형식의 내부규율(법규명령의 형식을 취하는 행정규칙)

법규명령 형식의 내부규율의 법적 성격을 어떻게 이해할 것인가 하는 점에 대해 종래 적극적으로 법규성을 인정하여야 한다는 설(적극설), 소극적으로 그 실질이 행정 내부의 규율을 내용으로 하는 것이므로 법규의 성격을 부인하여야 한다는 설(소극설)이 대립되어 왔다. 대체로 학설은 적극설을 따르고 판례는 소극설을 취하여 왔다. 그러나 대법원의 판례이론은 대통령령의 경우 행정내부규율을 규정하여도 이를 법규로 해석하고, 행정제재처분기준이 아닌 보통의 행정내부규율을 정한 부령에 대해서는 다소 불분명한 태도를 보이고 있다. 그러나 적어도 행정제재처분기준을 정한 부령의 경우, 이는 법규명령의 형식을 가졌으나 실질은 내부규율로서 법규성이 없어 행정규칙과 같은 법적 취급을 하여야 한다고 한다.

그러나 입법예고와 입법심사 및 공포절차를 모두 거친 부령 형식의 규범을 단순히 행정 내부에 대한 규율이라는 이유로 그 외부법적 효력을 부인하는 것은 일반 국민의 법감정에는 맞지 않는 일이다. 엄중한 형식과 절차를 갖추었으면 그에 맞는 법적 효력을 인정하는 것이 순리라고 본다.

#### (2) 행정규칙 형식의 외부법

이미 소개한 법령보충규칙이론에 따르면 행정규칙일지라도 상위법령의 위임근거가 있으면 그 상위법령과 결합하여 법규적 효력이 인정되어 외부법이 된다고 한다. 그런데 행정규칙 형식의 법규를 널리 인정하는 것은 이러한 행정규칙 형식의 입법과정이 민주적인 절차와 여론에 대한 공개와 토론, 다양한 관점에서의 입법심사과정을 생략하는 것이기 때문에, 민주주의 원리나 행정절차의 관점에서 문제가 있다. 따라서 헌법재판소가 판시한 바와 같이 법령보충규칙은 전문적·기술적 사항이나 경미한 사항으로서 업무의 성질상 위임이 불가피한 경우에 한하여[73] 제한적으로 인정하는 것이 타당하다고 본다.

행정규칙이 평등원칙이나 비례원칙 또는 행정의 자기구속의 원칙의 매개가 되어 행정규칙 위반이 곧 이 원칙들 중 하나의 위반이 되면, 그 위반행위는 행정규칙을 위반하였기 때문이 아니라 행정법의 일반원칙을 위반하였기 때문에 위법이 된다. 이와 같은 경우 행정규칙은 그 자체의 효력으로서 그리된 것은 아니라 하더라도 간접적으로 법규(외부법)의 효력을 가지는 셈이 된다.

### 6. 행정규칙에 대한 통제

#### (1) 사법적 통제

행정규칙은 원칙적으로 법원에 의한 명령·규칙심사의 대상이 되지 못한다. 그러나 상위법령의 위임에 따라 이루어지는 법령보충규칙은 법원에 의한 사법심사의 대상이 될 수 있다.

법령보충규칙을 포함하여 법규명령에 대한 사법적 통제의 권한은 헌법 제107조 제2항에 의하여 원칙적으로 대법원을 정점으로 하는 법원에 있다. 명령·규칙에 대한 위법심사는 물론이고 위헌심사도 마찬가지이다. 다만 법령보충규칙이 직접 기본권을 침해할 경우 헌법소원의 형태로 헌법재판소의 심사대상이 될 수 있다. 헌법재판소는 법원과 마찬가지로 행정규칙이 상위법령의 위임규정과 결합하여 대외적 구속력을 가지는 법규명령이 될 수 있다고 하고[74] 이 경우에는 헌

---

73) 헌법재판소 2004.10.28. 선고 99헌바91 결정.
74) 헌법재판소 1992.6.26. 선고 91헌마25 결정.

법소원의 대상이 된다고 한다. 이러한 유형으로 헌법소원의 대상이 된 것으로는 보건복지부 장관이 고시한 생계보호기준[75] 등이 있다.

헌법재판소도 상위법령의 위임근거가 없는 단순 행정규칙은 원칙적으로 헌법소원의 대상이 되는 공권력행사에 해당되지 않는다고 하였다. 그러나 법규명령이 행정규칙에 의하여 구체화되어 적용되는 경우에는 행정규칙을 헌법소원의 대상으로 삼는다.

헌법재판소는 "법령규정이 그 규정의 구체화를 위하여 하위규범의 시행을 예정하고 있는 경우에는 당해 법령의 (침해의) 직접성은 부인된다.[76]"고 하면서 이때에 그 법령의 시행을 위하여 구체적인 규율을 규정하고 있는 행정규칙인 예규의 침해의 직접성을 인정하여 규범심사의 대상으로 삼았다.[77]

그리고 행정규칙이 되풀이 시행되어 행정관행이 이루어지면 평등의 원칙이나 신뢰보호의 원칙에 따라 행정청은 자기구속을 받게 되고 이러한 경우에는 그 행정규칙은 헌법소원의 대상이 되는 공권력행사라고 할 수 있다.[78]

뿐만 아니라 헌법재판소는 단순 행정규칙일지라도 "국민의 기본권에 직접적으로 영향을 끼치고 앞으로 법령의 뒷받침에 의하여 그대로 실시될 것이 틀림없을 것으로 예상될 수 있을 때"에는 그에 대해 침해의 직접성을 인정할 수 있고 따라서 헌법소원의 대상이 되는 공권력행사가 될 수 있다고 한다.[79]

그러므로 행정규칙이 헌법소원의 대상이 되는 경우는 상당히 보편적이라고 할 수 있다.[80]

### 참고판례 1: 헌법재판소 2007.8.30. 선고 2004헌마670 결정 [산업기술연수생 도입기준 완화결정 등 위헌확인]

**행정규칙이라도 재량권행사의 준칙으로서 그 정한 바에 따라 되풀이 시행되어 행정관행을 이루게 되면, 행정기관은 평등의 원칙이나 신뢰보호의 원칙에 따라 상대방에 대한 관계에서 그 규칙에 따라야 할 자기구속을 당하게 되는바, 이 경우에는 대외적 구속력을 가진 공권력의 행사가 된다.**

지방노동관서의 장은, 사업주가 이 사건 노동부 예규 제8조 제1항의 사항을 준수하도록 행정지도를 하고, 만일 이러한 행정지도에 위반하는 경우에는 연수추천단체에 필요한 조치를 요구하며, 사업주가 계속 이를 위반한 때에는 특별감독을 실시하여 제8조 제1항의 위반사항에 대하여 관계 법령에 따라 조치하여야 하는 반면, 사업주가 근로기준법상 보호대상이지만 제8조 제1항에 규정되지 않은 사항을 위반한다 하더라도 행정지도, 연수추천단체에 대한 요구 및 관계 법령에 따른 조치 중 어느 것도 하지 않게 되는바, 지방

75) 헌법재판소 1997.5.29. 선고 94헌마33 결정.
76) 헌법재판소 2003.9.25. 선고 2001헌마93등 결정 참조.
77) 헌법재판소 2025.11.27. 선고 2021헌마1280 결정.
78) 헌법재판소는 행정규칙이 평등원칙을 매개로 하는 간접적인 외부적 효력을 가질 경우에는 헌법소원대상이 된다고 판시하였다(헌법재판소 1990.9.3. 선고 90헌마13 전원재판부 결정).
79) 헌법재판소 2000.6.1. 선고 99헌마538 등 결정.
80) 예컨대 경상남도 교육감이 정한 '교육공무원 평정업무 처리요령'도 헌법소원의 대상이 된다. 헌법재판소 2019.4.11. 선고 2017헌마601 결정.

노동관서의 장은 평등 및 신뢰의 원칙상 모든 사업주에 대하여 이러한 행정관행을 반복할 수밖에 없으므로, **결국 위 예규는 대외적 구속력을 가진 공권력의 행사가 된다.**

### 참고판례 2: 헌법재판소 2015.3.26. 선고 2014헌마372 결정 [품질경영 및 공산품안전관리법 시행규칙 제2조 제3항 별표3 제2호 마목 등 위헌확인]

'품질경영 및 공산품안전관리법' 및 법 시행령 조항에 근거하여 PVC관 안전기준의 적용범위를 정한 이 사건 **고시조항은 그 제정형식이 국가기술표준원장의 고시라는 행정규칙에 불과하지만, 상위법령이 위임한 내용을 구체적으로 보충하거나 세부적인 사항을 규율함으로써 상위법령인 공산품안전법령과 결합하여 대외적인 구속력을 갖는 법규명령의 성격을 가지므로, 헌법소원의 대상이 되는 공권력 행사에 해당한다.**

이 사건 심판청구 당시 심판대상조항들은 **공포는 되었으나 그 시행 전이었으므로** 청구인이 심판대상조항들로 인한 기본권침해를 현실적으로 받았던 것은 아니나, **가까운 장래에 심판대상조항들이 시행되면 청구인의 직업수행의 자유 등 기본권이 침해되리라는 것이 확실히 예상되므로 예외적으로 기본권침해의 현재성이 인정된다.**

**해 설** 시행되지 않은 고시라 하더라도 그것이 법령보충규칙의 성격을 가져 공포 후에 대외적인 법적 구속력을 가지는 한 가까운 장래에 기본권 침해를 초래할 수 있으므로 집행행위가 없이도 기본권 침해의 현재성이 인정되어 헌법소원의 대상이 될 수 있다고 판시한 것이다.

---

#### (2) 행정규칙에 대한 입법적 · 행정적 통제

국회법은 대통령령이나 총리령, 부령과 마찬가지로 훈령, 예규, 고시 등이 제정·개정 또는 폐지되었을 때에 10일 이내에 이를 국회 소관상임위원회에 제출하도록 하고 있으므로 법규명령에 대한 입법적 통제제도는 행정규칙에도 원칙적으로 동일하게 적용된다고 보아야 한다.

한편, 행정규칙에 대한 행정적 통제 역시 법규명령에 대한 통제와 동일하게 이루어진다. 행정규제기본법과 그 시행령은 훈령, 예규, 고시, 공고를 규제개혁위원회의 심사대상으로 하고 있고 (같은 법 제2조 제1항 제2호, 제4조 제2항, 시행령 제2조 제2항), 법제처의 심사대상에도 훈령, 예규, 고시(법제업무운영규정 제23조, 제25조)가 포함되고 있으며, 중앙행정심판위원회의 시정조치의 대상에도 훈령, 예규, 고시가 포함된다.

# 제2절 행정행위

## 제1관 행정행위의 의의

### 1. 행정행위 개념 정립의 실익

'행정행위'는 학문상의 특정한 목적을 가지고 만든 개념(목적창조물)이다. 실정법상의 명칭으로는 면허, 허가, 인가, 면제, 특허 등이 있는데, 특정한 범주에 속하는 이와 같이 다양한 행위들을 모두 행정행위라 지칭하는 것이다.

이처럼 학문적으로 행정행위 개념을 정립할 실익은 역사적으로 다음의 세 가지로 요약된다.

첫째, 행정행위의 범주에 해당되면 그에 대해 행정청의 고권을 표상하는 특수한 법적 효력이 인정되도록 하기 위함이다.

둘째, 행정행위의 범주에 해당되면, 그를 다툼에 있어서 민사소송과는 확연히 구별되는 항고쟁송이라고 하는 쟁송절차의 대상으로 삼기 위함이다.

셋째, 행정행위 개념이 처음 만들어질 때에는 독일을 비롯한 대륙법국가에서 행정절차법의 규율이 거의 문제되지 않았지만 각국이 행정절차법을 도입한 이후에는 행정행위에 대해서 절차법적 규율이 적용되고 있다. 따라서 어떤 행정작용이 행정행위 개념에 해당하면 행정절차가 적용된다는 점이 다른 행정작용과 구별되기에 이르렀다. 우리 행정절차법은 행정절차의 규율 대상으로서 행정행위가 아니라 처분 개념을 상정하고 있으나 이는 후술하는 바와 같이 현재와 같이 행정행위와는 확연히 구별되는 지나치게 넓은 처분 개념을 채택하는 한 문제가 있다.

그런데 오늘날 특히 우리나라의 행정쟁송법(행정심판법과 행정소송법) 체계 하에서 위의 두 번째 개념정립의 실익은 상당히 훼손되고 있다. 왜냐하면 행정심판법과 행정소송법은 행정행위와 동일시할 수 없는 처분개념을 별도로 정의하여 항고쟁송의 대상을 처분 또는 처분의 부작위로 삼고 있기 때문이다. 그런데 행정기본법이 제정되면서 행정행위 개념의 가치는 더욱 위축되고 있다. 행정기본법은 행정작용의 핵심 개념으로 행정행위 개념이 아닌 처분 개념을 채택하고 있으며 이 개념은 행정쟁송법 및 행정절차법의 개념과 동일하다. 처분 개념을 이렇게 실체법적 개념으로 등장시키게 되면, 행정행위는 아니지만 쟁송상의 필요로 인해 처분성이 인정되는 행위의 법적 성격이 다양할 수 있기 때문에, 개념의 실체법적 해명에는 혼란을 가져오는 것이다. 이런 까닭에 여전히 행정행위 개념을 포기하기 어렵다. 행정행위 개념은 여전히 처분 개념의 핵심적인 위치를 점하고 있다.

본서에서는 행정행위 개념과 처분 개념의 이러한 복잡한 상관관계로 인하여 때로는 이 두 가지 용어를 혼용하기도 한다는 점을 미리 밝혀둔다.

## 2. 행정행위 개념과 처분 개념

### (1) 행정쟁송법상의 논의

학문상의 목적창조물로서의 행정행위 개념은 원래는 행정쟁송법상의 처분개념과 일치하도록 만들어졌으나 1984년 행정심판법과 행정소송법이 처분개념을 행정행위 개념과는 달리 해석할 수 있도록 규정함으로써 혼란이 발생하였다.

즉 행정심판법 제2조 제1호와 행정소송법 제2조 제1항 제1호는 처분을 '행정청이 행하는 구체적 사실에 관한 법집행으로서의 공권력의 행사 또는 그 거부와 그 밖에 이에 준하는 행정작용'으로 개념 정의함으로써 행정행위 보다 확장하여 해석할 수 있는 여지를 남겼다. 이러한 새로운 입법에 대하여 학설은 이를 원칙적으로 행정행위와 동일하게 해석하여야 한다는 견해(일원설)와 처분과 행정행위 개념을 달리 보아야 한다는 견해(이원설)로 대립되어 왔다. 현재 이원설이 다수설이지만 이원설에 입각하더라도 행정행위 개념과 처분개념의 괴리는 그다지 크지 않고 예외적인 경우에만 문제된다고 생각된다.

이러한 까닭에 행정행위 개념의 실체는 행정쟁송법상의 처분 개념의 실체와 밀접한 관련을 맺고 있다. 따라서 사실상 처분개념에 대한 판례가 곧 행정행위 개념에 대한 판례에 해당한다고 볼 수 있다.

대법원도 "항고소송의 대상이 되는 행정처분이란 원칙적으로 행정청의 공법상 행위로서 특정 사항에 대하여 법규에 의한 권리 설정 또는 의무 부담을 명하거나 기타 법률상 효과를 발생하게 하는 등으로 일반 국민의 권리의무에 직접 영향을 미치는 행위"라고 하여 처분과 행정행위를 거의 동일시하고 있다.[81)]

한편, 아무리 처분개념과 행정행위 개념을 일원적으로 보더라도 양자 사이에 완벽한 일치를 볼 수는 없다. 왜냐하면 행위의 학문적 성질이 행정행위라 하더라도 다른 이유로 그를 항고소송의 대상으로 삼을 수 없도록 규정하는 경우도 있기 때문이다. 예컨대, 국회의원에 대한 징계처분은 성질상 행정행위이지만 헌법에 의하여 소송으로 다툴 수 없도록 하고 있다. 이외에도 성질상 행정행위임에도 불구하고 별도의 불복절차가 존재하는 경우에는 항고소송의 대상성을 부인하여 처분성을 인정하지 않는 경우가 더러 있다.

#### (2) 행정절차법 및 행정기본법에서의 논의

위에서 본 바와 같이 1984년에 행정쟁송법상의 필요에 의해 확대된 처분 개념은 1996년의 행정절차법과 2021년의 행정기본법에 동일하게 채택됨으로써 문제를 야기하고 있다. 이러한 입법으로 인하여 국민권익구제를 위해 예외적으로 법원이 처분으로 인정한 행위에 대해서도 행정절차법에 의한 절차법적 보호와 행정기본법에 의한 실체법적 효력을 인정하여야 할 것인가가 문제로 되고 있는 것이다. 그러나 대법원은 이러한 처분에 대해서는 절차법적 보호를 인정하지 않고 있다.[82)] 또한 독일의 판례이론도 쟁송법적 필요에 의하여 항고소송의 대상적격이 인정된 행위에 대해서는 행정행위에 대해 인정하는 절차법적 보호와 실체법적 효력을 부인하고 있다.[83)] 이렇게 보면 1984년의 행정절차법과 2021년의 행정기본법이 무비판적으로 행정쟁송법상의 확장된 처분 개념을 거의 그대로 규정하고 있는 것은 재검토되어야 할 것이다. 이미 1987년에 학계의 주도로 만들어져서 입법예고까지 거친 바 있었던 행정절차법안에서 1984년의 처분 개념을 그대로 채택하지 않고 축소된 형태로 처분 개념을 규정하였던 바 있었음에도 불구하고 1996년의 행정절차법과 2021년의 행정기본법이 이 점에 유의하지 않은 입법을 한 것은 잘못된 일이라고 본다.

81) 대법원 2012.9.27. 선고 2010두3541 판결.
82) 대법원 2001.1.28. 선고 99두5443 판결.
83) 독일의 경우 BSG 2014.8.13. B 6 KA 6/14 R. BSGE 116. S, 280 Rn.26.

### 3. 행정행위의 개념

종래 행정행위의 개념을 다음의 네 가지로 파악하여 왔다.

① **최광의의 행정행위**: 행정청이 행하는 모든 행정상의 행위

② **광의의 행정행위**: 행정청에 의한 공법행위(최광의의 행정행위에서 사실행위와 사법행위 제외)

③ **협의의 행정행위**: 행정청이 법 아래서 구체적 사실에 관한 법집행으로서 행하는 공법행위(광의의 행정행위에서 행정입법과 통치행위 제외)

④ **최협의의 행정행위**: 행정청이 법 아래서 구체적 사실에 관한 법집행으로서 행하는 권력적 단독행위인 공법행위(협의의 행정행위에서 공법상계약, 공법상합동행위 제외)

이 네 가지 개념 가운데 현재 의미 있는 것은 최협의의 행정행위 개념이다. 또한 행정쟁송법상의 처분 개념과 비교대상이 되는 것도 최협의의 행정행위 개념이다.

### 4. 행정행위 개념의 개념징표(Begriffsmerkmal)

이상과 같은 행정행위 개념에 입각하여 어떠한 행정청의 행위가 행정행위인지 여부를 결정하는 데 핵심적인 구분표지가 되는 개념징표 또는 개념요소들을 살펴보도록 한다. 실제 법률분쟁에서 행정행위인지가 가장 문제되는 때는, 문제되는 행위가 항고소송의 대상이 되는 처분에 해당하는지 판단할 때라고 할 수 있다. 행정쟁송법상 처분 개념은 행정행위 개념과 그 밖에 이에 준하여 권리구제가 필요하다고 볼 수 있는 행정청의 행위를 포함하는 것이라고 해석할 수 있다.

따라서 행정행위의 개념요소는 처분성의 인정시에 매우 중요한 판단의 기준이 된다.

#### (1) 행정청의 행위

행정행위는 행정청의 행위이다. 행정청은 국가 또는 공공단체의 행정에 관한 의사를 결정, 표시할 수 있는 권한을 가진 행정기관을 말하는 것으로(행정기본법 제2조 제2호) 사법부나 국회의 행정기관을 포함한다. 행정기본법 제2조 제2호, 행정소송법 제2조 제2항, 행정심판법 제2조 제4호 및 행정절차법 제2조 제1호는 행정청에는 "법령에 의하여 행정권한의 위임 또는 위탁을 받은 행정기관, 공공단체 및 그 기관 또는 사인"이 포함된다고 규정하고 있음을 유의하여야 한다.

#### (2) 구체적 사실에 관한 법집행행위: 개별사안성

행정행위는 구체적 사실에 관한 법집행행위이다. "구체적 사실에 관한 법집행행위"란 개별사안성을 가지는 법집행행위를 말한다.

법적 규율은 규율대상의 인적 범위에 따라 일반적 규율, 개별적 규율로 나누어 볼 수 있고 규율대상의 물적 범위에 따라 추상적 규율과 구체적 규율로 나누어 볼 수 있다. 그리하여 불특정 다수의 사람에게 적용되는 규율을 일반적 규율이라 하고 특정된 인적 범위에 적용되는 규율을 개별적 규율이라 한다. 또한, 불특정 다수의 사례에 적용되는 규율을 추상적 규율이라 하고 특정한 사례에 적용되는 규율을 구체적 규율이라 한다.

행정행위는 법집행행위이므로 원칙적으로 개별·구체적 규율이다. 그러나 도로의 일방통행규율과 같이 일반·구체적 규율 즉 특정 사안에 대하여 불특정 다수의 사람을 규율하는 행위(일반처분), 그리고 특정인에 대해 눈이 올 때 제설제를 살포하라는 명령과 같이 특정인에 대한, 그러나 불특정 다수의 사례에 대해 규율하는 개별·추상적 규율도 행정행위의 성질을 가지는 것으로 인정하는 것이 보통이다. 이러한 맥락에서 대법원은 도로구역의 결정행위, 환지예정지지정, 공물의 공용폐지의 처분성을 인정하고 있다.[84)]

요컨대, 행정행위의 개념요소로서의 개별사안성은 실질적으로 행정행위는 일반·추상적인 규율일 수는 없다는 것을 나타내고 있다고 볼 수 있다.

〈일반처분의 실례〉

① 인적 일반처분 -- 예정된 시위의 금지

② 물적 일반처분(물적 행정행위) -- 도로의 공용지정

③ 이용 규율의 일반처분 -- 교통표지판의 명령, 교통경찰관의 수신호 등

개별사안성의 인정 여부와 관련되는 또 하나의 문제는 규율의 유효기간이다. 예컨대 지방자치단체장이 그 지역의 모든 포도나무에 대해 해충방제약을 뿌려야 하는 것을 규칙으로 정하였다면 그 규율이 얼마동안 유효하냐에 따라 행정행위도 될 수 있고 법규가 될 수도 있다. 단 한번 적용되는 짧은 시간의 규율이라면 그것은 행정행위이지만 오랜 시간 적용될 것을 생각한 규율이라면 그것은 법규가 된다.

### (3) 국민의 권리의무에 직접 영향이 있는 법적 행위 : 외부효, 직접효, 법적 규율성

#### ① 법적 규율성

행정행위는 사실행위가 아니다.[85)] 행정행위는 법적 효력을 가지는, 즉 권리·의무에 영향을 미치는 규율이다. 따라서 법적 효력이 없는 행정청의 행위는 행정행위가 아니다. 다만 법적 효력이 없는 사실행위일지라도 권력적 사실행위는 행정행위가 아님에도 불구하고 처분성이 인정된다는 것이 판례의 확고한 입장이다.[86)] 그런데 권력적 사실행위에 대해 처분성을 인정하는 근거는, 권력적 사실행위에는 그를 수인하도록 명령하는 수인하명이라는 행정행위가 결합되어 있기 때문이라고 할 수도 있다. 사실행위의 권력성 때문이 아니라 권력적 사실행위에 결합된 수인하명 때문에 처분성을 인정한다고 볼 수 있는 것이다.

---

84) 대법원 2009.4.23. 선고 2007두13159 판결 등은 도로구역결정에 대하여, 대법원 2002.4.12. 선고 2000두5982 판결 등은 환지예정지지정에 대하여, 대법원 1992.9.22. 선고 91누13212 판결 등은 공용폐지에 대하여, 당연히 그 처분성을 인정하고 있다.

85) 사실행위란 법적 효과를 발생시키지 않고 사실상의 결과만 초래하는 행위이다. 교량의 건설, 청소, 행정지도행위 등이 이에 속한다.

86) 대법원 1992.8.7. 자 92두30 결정 등.

② 직접효과성

그런데 이러한 법적 효력은 직접적인 것임이 요구된다. 직접적이지 않은 효과는 법적 효력으로 간주되지 않음이 원칙이다. 법적 효과가 직접적인가 아닌가를 판단하는 기준은 상대적인 것이다. 대법원은 과세소득의 결정은 조세부과처분의 전제가 되는 것이므로 직접적으로 국민의 권리·의무에 영향을 주는 것이 아니라 하여 그 처분성을 부인하였으나,[87] 원천징수의무자인 법인에 대한 개별소득자의 소득금액변동통지는 직접적으로 법인의 처리의무를 발생시키는 것으로 보아 그 처분성을 인정하였다.[88]

이처럼 어떠한 법적 규율이 직접적으로 권리·의무에 영향을 미치는지가 문제시되는 것으로 처분법규나 행정계획, 공시지가결정행위 등이 있다. 판례는 집행행위를 매개로 하지 않고 직접 효력을 가지는 처분법규에 대해서 원칙적으로 직접효과성이 있는 것으로 보아 그 처분성을 인정하고, 도시관리계획과 같은 직접 효력을 가지는 행정계획의 처분성도 인정한다. 또한 개별공시지가와 표준지공시지가의 처분성도 국민의 권익구제를 위하여 인정하는 추세이다.

③ 외부효과성

행정행위는 행정조직 내부를 규율하는 행위가 아니라 행정조직 외부에 효력을 미치는 것이다. 따라서 내부행위는 행정행위가 아니다. 가령, 다단계처분에서 관련 행정청의 동의는 내부적 행위로 처분이라 할 수 없다. 그러나 판례의 처분성의 판단에 있어서는 이러한 외부효과성의 판단기준이 탄력적으로 적용된다. 그리하여 내부행위라고 인식될 수 있는 세무조사결정행위의 처분성이 인정되기도 하고[89] 조직 내에서의 시위진압명령이나[90] 전출명령,[91] 전보발령[92] 등의 인사조치의 처분성이 인정되기도 한다. 이처럼 판례가 처분성 인정에 있어서 외부효과성과 관련하여 탄력적인 판단을 한 것이 행정행위 개념의 외부효과성에 대한 판단기준을 변화시킨 것인지 아니면 행정쟁송법의 확대된 처분개념을 적용하여 처분성을 인정한 것인지는 명확하지 않다.

### (4) 공권력적 단독행위 : 고권성

행정행위는 권력적 행위이며 단독행위이다. 따라서 비권력적 행위이거나 권력성이 분명하게 드러나지 않는 단순고권적 행위는 행정행위에 해당되지 않는다. 가령 합의를 요하는 공법상계약은 단순고권적 행위로서 행정행위에는 포함되지 않는다. 그러나 대법원은 예컨대 지방계약직 공무원에 대한 감봉처분과 같이,[93] 공법상계약관계 가운데 이루어지는 일이라도 징계에 해당하는 행위는 그 권력성을 인정하여 처분성을 인정하고 있다. 대법원은 또한 국가나 지방자치단체의 일반재산에는 사법을 적용하면서도, 일반재산의 무단점유에 대한 변상금부과처분에 대해서는 그

87) 대법원 1983.12.13. 선고 83누12 판결.
88) 대법원 2006.4.20. 선고 2002두1878 전원합의체 판결: 그에 따른 후속조치를 할 의무이다.
89) 대법원 2011.3.10. 선고 2009두23617 판결.
90) 헌법재판소 1995.12.28. 선고 91헌마80 결정.
91) 대법원 2008.9.25. 선고 2008두5759 판결.
92) 서울고등법원 1994.9.6. 선고 94구1496 판결.
93) 대법원 2008.6.12. 선고 2006두16328 판결.

공권력성을 고려하여 처분성을 인정하고 있다.[94)]

### 5. 형식적 행정행위

독일행정법이론에는 형식적 행정행위이론이 있다. 형식적 행정행위이론은 실체법적으로는 행정행위에 해당되지는 않지만 국민의 권리구제의 필요에 근거하여 항고소송의 대상이 되는 행위로 인정할 필요가 있을 때 이를 항고소송의 대상으로 삼도록 하는 이론을 말한다. 즉, 행정기관 내지는 그에 준하는 자의 행위가 공권력 행사로서의 실체는 가지고 있지 않으나 그것이 행정 목적의 실현을 위하여 국민의 권리·이익에 사실상의 지배력을 미치는 경우에 국민의 실효적인 권리구제라는 측면에서 항고쟁송의 제기가 가능하도록, 형식적·기술적 관점에서 그것을 행정행위로 인정하는 이론이다. 그러나 행정행위에 해당하면 항고소송의 대상이 되는 독일의 경우와 달리, 우리나라의 경우 행정행위와는 별도로 개념규정이 된 처분 개념이 있으므로 형식적 행정행위도 처분 개념에 포함된다고 보아야 한다.

## 제2관 행정행위의 종류

### 1. 법률행위적 행정행위와 준법률행위적 행정행위

행정행위는 그 법률효과의 발생원인에 따라 법률행위적 행정행위와 준법률행위적 행정행위로 구분할 수 있다. 이 구분은 민법의 법률행위이론에서 의사표시와 준법률행위의 구별에 대응한 것이라 할 수 있다. 즉, 행정청의 의사표시에 근거하여 법률효과가 발생하는 행정행위를 법률행위적 행정행위라 하고, 행정청의 의사표시가 아니라 법률의 효력규정에 근거하여 법률효과가 발생하는 행정행위를 준법률행위적 행정행위라 한다. 의사표시의 법률효과를 발생하는데 있어서 핵심적인 요소가 효과의사이므로 이 구분법은 결국 행정청에게 효과의사가 있었는지의 여부에 따른 구분법이라고도 할 수 있다.

법률행위적 행정행위와 준법률행위적 행정행위를 구분할 실익은, 일반적으로 전자는 의사표시를 요체로 하는 행위이므로 이에 부관을 붙일 수 있으나, 후자의 경우에는 의사표시를 내포하고 있지 못하므로 그에 의사표시인 부관을 붙일 수 없다는 점에 있다고 한다.

이러한 구분방식이 전혀 의미가 없다고 할 수는 없지만 오늘날 이러한 구분방식이 적실성이 있는지에 대한 회의가 있다. 회의론의 논거는 다음과 같다.

첫째, 이러한 구분론은 민법의 법률행위이론에서 나온 것인데, 민법의 경우와는 달리, 행정법에서 법률행위적 행정행위의 의사표시에서의 의사란 공무원의 심리적 의사가 아니라 법규에 구체화된 행정목적 실현을 위한 의사로서 법률의 규정을 배경으로 한 것이므로 이러한 구분은 상대적인 것에 불과하다.

둘째, 구별의 실익이 별로 없다. 왜냐하면 준법률행위적 행정행위에도 기한 등 부관을 붙이는

94) 대법원 2000.1.14. 선고 99두9735 판결.

것이 가능하며 부관을 붙일 수 있는가 하는 것은 효과의사가 있느냐의 여부에 전적으로 의존하는 문제가 아니라고도 볼 수 있기 때문이다(행정행위의 부관 부분 참조).

## 2. 수익적 행정행위, 침익적 행정행위, 복효적 행정행위

행정행위가 상대방에게 어떠한 이해관계를 초래하는가에 따라 수익적 행정행위, 침익적 행정행위, 복효적 행정행위로 구분할 수 있다.

### (1) 수익적 행정행위

수익적 행정행위란 영업허가, 운전면허 등 행정행위의 상대방에게 이익이 되는 법률효과를 가져오는 행정행위를 말한다. 이러한 수익적 행정행위는 대개 상대방의 신청이나 동의를 요하는 쌍방적 행정행위이고 재량행위에 해당된다. 또한 상대방에게 수익적 효과를 주는 것이기 때문에 부관을 붙일 수 있다.

또한 행정행위로서 상대방에게 이익을 주는 만큼 그를 신뢰한 상대방을 보호할 필요성이 있으므로 그 취소나 철회가 신뢰보호원칙에 따라 제한된다.

### (2) 침익적 행정행위

침익적 행정행위는 침해적 행정행위 또는 부과적 행정행위라고도 하는데, 조세부과처분, 영업허가취소처분 등과 같이 상대방에게 부담이나 불이익을 주는 행정행위를 말한다. 이러한 침익적 행정행위는 성질상 상대방의 동의를 요하지 않는 일방적 행위이고 기속행위로서의 성격을 가지는 경우가 많다. 또한 침익행위이므로 예외 없이 법적 근거가 있어야 하는 법률유보의 대상이 된다. 침익적 행정행위의 경우, 상대방 보호를 위해 통지, 이유부기, 의견제출의 기회 제공 등의 행정절차법적 통제가 따르게 된다.

참고판례: 대법원 2021.11.11. 선고 2021두43491 판결 [입찰참가자격제한처분취소]

**침익적 행정처분은** 상대방의 권익을 제한하거나 상대방에게 의무를 부과하는 것이므로 **헌법상 요구되는 명확성의 원칙에 따라 그 근거가 되는 행정법규를 더욱 엄격하게 해석·적용해야 하고, 행정처분의 상대방에게 지나치게 불리한 방향으로 확대해석이나 유추해석을 해서는 안 된다.**

### (3) 복효적 행정행위

때로는 행정행위가 수익적 효과와 침익적 효과 모두를 가지기도 한다.

수익적 효과와 침익적 효과 모두가 행정행위의 상대방에게 발생할 때 이를 혼합효 행정행위라고 한다. 예컨대, 영업허가를 하면서 일정한 시설의무를 명하는 부관을 붙인 경우, 영업허가는 수익적이지만 시설의무를 명하는 부관은 침익적이다. 혼합효 행정행위는 행정행위의 상대방에게 상반되는 법률효과가 발생하므로 법주체 사이의 이해관계의 대립은 발생하지 않는다.

수익적 효과와 침익적 효과가 모두 발생하여 행정행위의 상대방과 제3자 사이에 이해관계의 대립이 발생할 수 있는 경우 이를 제3자효 행정행위라 한다. 예컨대 공해물질을 배출하는 공장의 건축허가는 행정행위의 상대방인 건축주에게는 수익적 효과가 있지만 인근 주민에게는 침익적 효과가 발생한다. 이때 제3자인 인근 주민은 행정행위의 존재조차 잘 알 수 없는 위치에 있으므로 제3자 보호를 위한 조치가 필요하게 된다. 이와 같은 경우에 대처하기 위하여 행정청은 행정처분을 하면서 제3자 보호를 위한 부관을 붙이는 경우가 있다.

행정절차법이나 행정심판법, 행정소송법 등도 제3자 보호를 위하여 다음과 같은 특별한 규정을 두고 있다.

① 제3자 보호를 위하여 행정청의 직권 또는 이해관계인의 신청에 의하여 이해관계인에 대해 통지하고 의견제출을 하게 하는 등 제3자가 행정절차에 참여할 수 있게 하고 있다(행정절차법 제2조 제4호 나목).

② 이해관계인인 제3자가 요구할 때에는 행정심판절차에 대해 고지해 주어야 한다(행정심판법 제58조 제2항).

③ 제3자가 '처분이 있었던 날로부터 180일'이라는 행정심판 제기기간이나 '처분 등이 있은 날로부터 1년'이라는 행정소송 제기기간을 준수하지 못한 경우에도 준수하지 못한 '정당한 사유'가 있는 것으로 인정하여 행정심판이나 행정소송의 제기를 허용한다(행정심판법 제27조 제3항, 행정소송법 제20조 제2항).

④ 제3자의 소송참가를 허용하고 있다(행정소송법 제16조 제1항).

⑤ 판결 확정 후에도 자기에게 책임없는 사유로 소송에 참가하지 못한 제3자의 재심청구를 허용하고 있다(행정소송법 제31조).

⑥ 행정행위의 상대방이 아니더라도 제3자에게 법률상 이익이 있으면 행정심판의 청구인적격과 항고소송의 원고적격을 인정하고 있다(행정심판법 제13조, 행정소송법 제12조).

### 3. 쌍방적 행정행위와 단독적 행정행위

공무원에 대한 임명행위와 같이 상대방의 신청이나 동의를 요건으로 하는 행정행위를 쌍방적 행정행위라 하고 조세부과처분과 같이 상대방의 신청이나 동의를 요하지 않는 행정행위를 단독적 행정행위라고 한다. 쌍방적 행정행위 가운데 상대방의 동의를 요하는 행정행위는 공법상계약과 유사하나 공법상 계약에서의 상대방의 동의는 계약의 성립요건 내지 존재요건인데 반하여 쌍방적 행정행위에서의 상대방의 동의는 일단 성립한 행위의 적법요건이라는 점에서 차이가 있다.

### 4. 대인적 행정행위, 대물적 행정행위, 혼합적 행정행위

행정행위를 할 때, 그 심사대상 사항이 대인적 요소인지 대물적 요소인지 양 요소가 혼합되어 있는지에 따라 행정행위를 대인적 행정행위, 대물적 행정행위, 혼합적 행정행위로 분류할 수 있다. 행정행위를 이렇게 분류할 실익은 행정행위의 효과를 이전하거나 상속할 수 있는지와 관련이 있다. 의사면허나 자동차운전면허와 같은 대인적 행정행위는 그 요건이 일신전속적 사항이므로 그 법률효과를 이전하거나 상속할 수 없음이 원칙이다. 그러나 건축허가나 문화유산지정처분과 같은 대물적 행정행위는 그 요건이 물건의 성상과 관련되어 있으므로 물건의 이전과 함께 행정행위의 효과도 이전하거나 상속할 수 있다. 한편 전당포영업허가와 같은 혼합적 행정행위의 경우 대인적 요건과 대물적 요건을 모두 갖추어야 하므로 대인적 요건을 갖춘 자들 사이에서만 이전이나 상속이 가능하다.

**참고판례: 대법원 2022.1.27. 선고 2020두39365 판결 [업무정지처분취소]**

요양기관이 속임수나 그 밖의 부당한 방법으로 보험자에게 요양급여비용을 부담하게 한 때에 구 국민건강보험법 제85조 제1항 제1호에 의해 받게 되는 **요양기관 업무정지처분은 의료인 개인의 자격에 대한 제재가 아니라 요양기관의 업무 자체에 대한 것으로서 대물적 처분의 성격을 갖는다.**

**해 설** 요양기관의 업무정지처분을 대물적 처분으로 본 판례이다. 요양기관이 하나의 법주체라는 점 보다는 요양기관은 행위자와는 구별되는 기관 전체라는 점에 착안하여 그에 대한 업무정지를 대물적 처분이라고 판시하였으나 요양기관을 하나의 법주체로 보면 부당한 방법으로 보험자에게 요양급여비용을 부담하게 하였다고 하는 법주체의 주관적 행위를 판단의 근거로 하는 이 사건 처분을 대물적 처분이라고 판단한 것은 이해하기 어렵다.

### 5. 기속행위와 재량행위

엄격히 법에 기속되어 행정청이 다른 결정이나 선택의 여지를 가지지 못하는 행위를 기속행위라 하고 법규가 행정청에 일정한 행위자유를 주어 일정 범위 안에서 행정청이 결정이나 선택의 여지를 가지는 행정행위를 재량행위라 한다. 이에 대해서는 관을 바꾸어 상술한다.

## 제3관 기속행위와 재량행위, 판단여지[95)]

### 1. 기속행위와 재량행위의 구별실익

오늘날 기속행위와 재량행위를 구별할 실익으로 다음의 세 가지가 거론된다.

첫째, 재량행위를 함에 있어서는 재량을 행사하기 위한 판단작용이 필요하나, 기속행위의 경우는 그렇지 않다. 요건에 대한 해당여부에 대한 인식이 요구될 뿐이다. 그리고 기속행위와 달리 재량행위 행사를 위한 판단에 있어서는 일정 범위의 형성의 자유가 허용된다.

둘째, 이러한 차이점 때문에 재판통제의 범위와 방식에서 차이가 있다. 기속행위의 경우 행정청에게 행위자유의 여지가 주어져 있지 않으므로 기속행위를 그르치면 곧바로 위법이 되지만,

95) 이 부분에 대하여 보다 깊이 있는 검토를 위하여 김유환, “재량행위와 기속행위에 대한 판례이론의 검토 – 개념과 사법심사방식을 중심으로 –”, 『행정절차와 행정소송』(김철용 편), 피앤씨미디어, 2017, 698면 이하 참조.

재량행위의 경우에는 행정청에게 형성의 자유가 주어져 있으므로, 행정청이 재량행사를 다소 잘못하여도 재량권의 일탈이나 남용이 없는 한, 위법이 되지 않는다. 그러므로 재량행위의 경우 재판기관은 재량권의 일탈·남용이 있는지에 대해서 심사하게 된다. 또한 재판통제의 방식에 있어서도 기속행위에 대해서는 재판부가 자신의 독자적 결론을 가지고 그에 부합하는지의 여부에 대해 심사하지만, 재량행위에 대해서는 재판부가 자신의 독자적인 결론을 도출하지 않고, 행정청의 공익판단이 잘못된 판단기준에 근거하고 있는가 하는 것만을 심사한다. 대법원도 기속행위와 재량행위에 대한 사법심사방식을 구분하여, 기속행위의 경우에는 "그 법규에 대한 원칙적인 기속성으로 인하여 법원이 사실인정과 관련 법규의 해석·적용을 통하여 일정한 결론을 도출한 후 그 결론에 비추어 행정청이 한 판단의 적법 여부를 독자의 입장에서 판정하는 방식"에 따르고 재량행위의 경우, "행정청의 재량에 기한 공익판단의 여지를 감안하여 법원은 독자의 결론을 도출함이 없이 당해 행위에 재량권의 일탈·남용이 있는지 여부만을 심사하게 되고, 이러한 재량권의 일탈·남용 여부에 대한 심사는 사실오인, 비례·평등의 원칙 위배, 당해 행위의 목적 위반이나 동기의 부정 유무 등을 그 판단 대상으로 한다"고 판시하고 있다.[96)]

이러한 대법원의 입장의 연장선상에서 재량권을 일탈한 과징금 납부명령의 경우 법원 스스로가 어느 정도가 재량권의 범위 안에 드는 것인지 판단하여 초과되는 부분만을 취소할 수는 없고 과징금부과처분 전부를 취소할 수밖에 없다고 한다.[97)]

셋째, 전통적인 부관론에 따르면 재량행위에는 부관을 붙일 수 있으나 기속행위에는 부관을 붙일 수 없다. 그러나 오늘날 부관론의 변화로 이 구별실익은 약하여졌다. 즉, 기속행위에도 부관을 붙일 수 있는 경우가 없다고 할 수 없다(예컨대, 법률요건충족적 부관). 행정기본법은 재량행위에 대해서 부관을 붙일 수 있음을 명시하고(제17조 제1항), 기속행위의 경우에도 법률에 근거가 있으면 부관을 붙일 수 있는 것으로 규정하고 있다(제17조 제2항). 행정기본법이 명시적인 규정을 하고 있지는 않으나 법률요건 충족적 부관은 법률의 근거가 없어도 기속행위에 붙일 수 있다고 해석하여야 한다.

그런데 어떠한 경우에 재량이 부여되어 있는지 그리고 그 재량의 인정범위는 어디까지인지 분별하는 문제는 간단하지 않다. 이 문제는 재량의 본질을 어떻게 파악할 것인지 하는 문제와 재량행위 가운데에도 경우에 따라 그 재량의 성격이나 인정의 범위를 달리 볼 수 있는 특수재량을 인정할 것인지 아닌지 하는 문제와 밀접하게 관련되어 있다.

**참고판례 1: 대법원 2001.2.9. 선고 98두17593 판결 [건축물용도변경신청거부처분취소]**

행정행위가 그 재량성의 유무 및 범위와 관련하여 이른바 기속행위 내지 기속재량행위와 재량행위 내지 자유재량행위로 구분된다고 할 때, **그 구분은 당해 행위의 근거가 된 법규의 체재·형식과 그 문언, 당해 행위가 속하는 행정 분야의 주된 목적과 특성, 당해 행위 자체의 개별적 성질과 유형 등을 모두 고**

96) 대법원 2001.2.9. 선고 98두17593 판결.
97) 대법원 2009.6.23. 선고 2007두18062 판결.

**려하여 판단하여야 하고,** 이렇게 구분되는 양자에 대한 사법심사는, 전자의 경우 그 법규에 대한 원칙적인 기속성으로 인하여 법원이 사실인정과 관련 법규의 해석·적용을 통하여 일정한 결론을 도출한 후 그 결론에 비추어 행정청이 한 판단의 적법 여부를 독자의 입장에서 판정하는 방식에 의하게 되나, **후자의 경우 행정청의 재량에 기한 공익판단의 여지를 감안하여 법원은 독자의 결론을 도출함이 없이 당해 행위에 재량권의 일탈·남용이 있는지 여부만을 심사하게 되고,** 이러한 재량권의 일탈·남용 여부에 대한 심사는 **사실오인, 비례·평등의 원칙 위배, 당해 행위의 목적 위반이나 동기의 부정 유무 등을 그 판단 대상으로 한다.**

**해 설** 기속행위와 재량행위의 구분방식에 대한 진전된 기준을 제시하고 있는 판례이다. 또한 이 판례는 기속행위와 재량행위의 사법심사의 방식의 차이에 대해 판시하고 있다. 즉, 재량행위에 대한 사법심사방식은 법원이 독자적인 결론을 내리기보다는 행정청의 결론이 재량권의 일탈·남용에 이르렀는지 여부만 판단하는 것이고, 재량권의 일탈·남용의 판단에 있어서는 사실오인, 비례·평등의 원칙 위배, 당해 행위의 목적 위반이나 동기의 부정 유무 등을 그 판단기준으로 한다고 한다.

### 참고판례 2: 대법원 2009.6.23. 선고 2007두18062 판결 [시정명령등취소]

**처분을 할 것인지 여부와 처분의 정도에 관하여 재량이 인정되는 과징금 납부명령에 대하여 그 명령이 재량권을 일탈하였을 경우 법원으로서는 재량권의 일탈 여부만 판단할 수 있을 뿐이지 재량권의 범위 내에서 어느 정도가 적정한 것인지에 관하여는 판단할 수 없어 그 전부를 취소할 수밖에 없고, 법원이 적정하다고 인정되는 부분을 초과한 부분만 취소할 수는 없는 것이므로**(대법원 1998.4.10. 선고 98두2270 판결, 대법원 2007.10.26. 선고 2005두3172 판결 등 참조), 피고의 이 사건 과징금납부명령이 재량권 일탈·남용에 해당한다면서 적정하다고 인정되는 과징금을 산정한 후 이를 초과한 부분만 취소한 원심판결은 이 점에서도 파기를 면할 수 없다.

**해 설** 재량행위의 경우 처분청에게 인정되는 재량을 고려하여 위법부분만을 취소할 수 없고 전부취소를 하여야 한다.

### 참고판례 3: 대법원 2000.9.29. 선고 97누19496 판결 [법인세등부과처분취소]

과세처분취소소송에 있어서 세액의 산출과정에 잘못이 있어 과세처분이 위법한 것으로 판단되는 경우라도 사실심 변론종결 당시까지 제출된 자료에 의하여 적법하게 부과될 세액이 산출되는 때에는 **법원은 과세처분 전부를 위법한 것으로 취소할 것이 아니라 과세처분 중 정당한 산출세액을 초과하는 부분만을 위법한 것으로 보아 그 위법한 부분만을 취소하여야 한다.**

**해 설** 조세부과처분은 기속행위이므로 부과세액이 산출가능하면 재판부는 산출세액을 초과하는 부분만 취소하여야 한다.

---

## 2. 재량행위의 본질과 판단여지

### (1) 재량행위의 본질

행정청에게 허용되는 재량은 법규의 해석 및 적용 단계에서 주어지는 것이다. 그런데 법규의 해석이나 적용과 관련하여 어떠한 경우에 재량이 부여되었다고 볼 수 있을지에 대해서 역사상 많은 논쟁이 있어 왔다.

재량의 본질에 대한 이해와 관련하여 다음과 같은 견해들이 있다.

첫째, 재량은 법률효과의 결정이나 선택의 경우에만 존재하고 법률요건의 인정이나 포섭에는 존재하지 않는다는 견해(효과재량설)

둘째, 재량은 법률요건의 인정에만 존재하고 법률요건이 인정된 이상 원칙적으로 법률효과는 자동적으로 부여되어야 한다는 견해(요건재량설)

셋째, 재량은 법률효과의 결정이나 선택에서 뿐만 아니라 법률요건의 인정여부와 포섭의 과정에서의 행위자유의 여지에 대해서도 인정되어야 한다는 견해(판례)

그런데 대개 법규의 해석과 적용의 단계는 첫째, 사실관계의 확정, 둘째, 법규 내용의 해석, 셋째, 확정된 사실관계를 법규의 규정 내용에 포섭, 넷째, 포섭된 결과에 따라 법률효과를 결정하거나 선택하는 네 가지의 단계를 거친다. 재량의 본질을 이해하기 위하여 이 네 단계에서 재량의 존재영역이 어디인지 검토해 볼 필요가 있다.

이해의 편의를 위하여 여권법 제12조의 규정사항을 단순화하여 살펴보기로 한다. 같은 법 제12조 제1항과 같은 항 제4호에 따르면 "국외에서 대한민국의 안전보장, 질서유지나 통일·외교정책에 중대한 침해를 야기할 우려가 있는 경우로서", "출국할 경우 테러 등으로 생명이나 신체의 안전이 침해될 위험이 큰 사람"에 대하여는 외교부장관은 "여권의 발급 또는 재발급을 거부할 수 있다." 그런데 대한민국의 통일정책을 열렬히 반대하는 어떤 사람(甲)이 외국의 학술대회에서 대한민국의 통일정책의 문제점을 신랄하게 비판하는 주제발표를 하려고 하고, 그러한 행위에 반감을 품은 어떤 시민단체가 甲에 대해 위협적인 발언을 하고 있는 경우, 외교부장관은 법규의 해석·적용의 어느 단계에서 행위자유의 여지를 가지는지 검토해 보자.

외교부장관이 이 법 규정을 해석·적용함에 있어서는,

① 먼저 사실관계에 대해 조사하여야 한다. 甲이 학술대회에서 발표함으로써 진정 대한민국의 통일정책에 중대한 침해를 야기할 우려가 있는지, 그리고 반감을 품은 시민단체 등이 甲의 생명이나 신체에 대해 위해를 가할 염려가 있는지에 대해 조사하고 사실관계를 확인하여야 한다. 그러나 이러한 사실관계의 확인에서 재량이 발생한다고 할 수는 없다. 법규의 해석·적용의 전제가 되는 사실관계의 이해를 그르치는 것(사실오인)은 그 자체로써 위법이 되기 때문이다.

② 또한 외교부장관은 법령의 규정 내용이 무엇을 의미하는지 해석하여야 한다. 특히 여권의 발급이나 재발급의 거부요건에 대해 먼저 해석할 필요가 있다. 그리하여 '통일정책에 중대한 침해를 야기할 우려'가 무엇을 의미하는지, 불확정개념인 '중대한 침해'는 무엇이며 '우려'는 무엇인지, '생명이나 신체의 안전이 침해될 위험이 큰' 경우가 무엇을 의미하는지에 대해 해석하여야 한다. 이 단계에서 행정청은 특히 불확정개념이나 요건규정의 공백이 있는 경우, 실질적으로 행위선택이나 결정에 있어서 다소 자유의 여지를 가질 수 있다. 그리하여 과거의 행정법이론은 이에 착안하여 불확정개념이나 요건에 대한 공백규정의 해석에서 재량이 나온다고 한 적이 있었다. 요건규정의 해석에서 인정되는 행위자유의 여지를 재량이라고 한다면, 재량은 법률요건의 해

석과 포섭의 영역에 존재한다고 할 것이다. 재량의 본질에 대해 이러한 입장에 선 이론을 요건재량설이라 한다.

③ 다음으로 외교부 장관은 해석된 법률요건에, 확인된 사실관계가 포섭되는지에 대해 판단하여야 한다. 어떤 사실관계가 어떤 법률요건에 해당되는지에 대한 판단이다. 즉 시민단체가 甲에 대해 계란을 다량 투척할 계획을 가지고 있다면 이것이 신체에 대한 위해가 되는지에 대해 판단하여야 한다. 이 단계에서도 행정청은 결정이나 선택에 있어 상당한 자유를 실질적으로 가질 수 있다. 요건재량설은 이러한 경우도 이를 일종의 재량으로 본다.

④ 마지막으로 법규가 규정하는 효과에 대해 행정청이 결정의 자유를 가지는지 여부를 검토하여야 한다. 법규가 규정하는 요건의 해석과 사실관계의 확정 그리고 포섭의 단계를 모두 거쳐 사실관계가 법률요건을 충족하였다 하더라도, 현재 여권법의 규정은 "여권의 발급 또는 재발급을 거부할 수 있다"라고 하여 행정청은 거부를 결정할 자유를 가지는 것으로 규정하고 있다. 법률효과에 대해 이러한 자유를 부여한 경우 이것은 재량에 해당한다. 오늘날 학설은 재량은 이처럼 요건인정이 되었다 하더라도 법률효과를 결정하거나 선택할 자유를 가지는 경우에 존재하는 것이라고 하는 것이 보통이다. 법률효과의 결정이나 선택에서 행정청이 가지는 행위자유의 측면을 강조하여 이 경우에만 재량이 존재한다고 주장하는 입장을 효과재량설이라고 한다.

그런데 법률요건에서 공백규정과 불확정개념이 사용되는 것은 원칙적으로 법규가 행정청에게 자유를 주려고 한 경우라고 볼 수 없다. 실제로 국회와 정부(법제처)는 가능하면 불확정개념을 줄이고 법의 명확성을 확보하기 위해 계속 노력해 왔다. 따라서 법률요건의 인정은 법해석의 문제, 곧 법문제로 보아야 하며 이를 재량개념으로 파악하는 것은 적절하지 않다고 본다. 이러한 관점에서 불확정개념을 불확정법개념이라 부르기도 한다. 요컨대 재량은 본질적으로 법률효과의 결정이나 선택에 존재한다고 보는 것이 타당하다. 여기서 결정재량이라 함은 어떤 법률효과를 발생하도록 할 것인가 발생하지 않도록 할 것인가(Whether)의 재량을 말하는 것이고, 선택재량은 법률효과를 발생하게 하되 어떻게 할 것인가(How)의 재량을 말하는 것이다.

### (2) 판단여지

앞에서 검토한 법규의 해석과 적용의 단계에서 사실관계의 확정과 법률요건의 해석 문제는 논리적으로는 법규가 행정청에게 행위자유의 여지를 주고자 의도한 경우가 아니라 일종의 인식의 작용으로서 원칙적으로 일의적으로 구명되어야 한다는 점에서 앞에서 살펴본 재량의 본질에 관한 세 가지 견해 가운데 효과재량설이 가장 타당하다고 보아야 할 것이다.

그럼에도 불구하고 실제 법규의 해석과 적용을 실시함에 있어서 행정청이 법률요건의 인정과 포섭을 한 것에 대해 법원이 일의적 잣대를 들이대기 어려운 경우가 많이 있다. 특히 행정청의 전문·기술적인 사항이나 고도의 정책적 사항의 경우, 법원은 한계를 느낄 수밖에 없다. 이 경우에는 재판기관은 행정청의 판단을 존중하여 재판통제 또는 사법심사를 자제하게 될 것이다. 이때 실질적으로 행정청이 누리는 요건 인정에서의 자유를 판단여지라 한다. 판단여지 개념은 우리 판례가 인정하지 않는 것이지만, 법률효과의 결정이나 선택에서 인정되는 행정청의 행위자유(재량)와 법률요건의 인정 및 포섭에서 실질적으로 인정되는 행위자유의 여지(판단여지)를 구별하는데 있어서 중요한 의미가 있다.

대법원은 법률요건의 해석과 법률효과의 판단 및 선택 모두에 대해 재량의 존재여지가 있음을 인정하고 있다. 따라서 판단여지라는 개념을 인정하지 않고 이를 재량 개념으로 일원화하고 있다.[98)]

만약 판례의 견해대로 법률요건의 인정 및 포섭과 법률효과의 결정 및 선택 모두에 재량을 인정한다 하더라도, 전자는 지성(인식)의 작용이고 후자는 의지(판단)의 작용으로 그 본질이 다르다는 점을 간과할 수 없다. 그런데 개념 본질상 인식작용에서 재량을 인정하는 것은 논리적으로 문제가 있다.

참고판례: 대법원 2020.7.9. 선고 2017두39785 판결 [개발행위불허가처분취소]

구 군사기지 및 군사시설 보호법등 법조항들의 문언, 체제, 형식과 군사기지 및 군사시설을 보호하고 군사작전을 원활히 수행하기 위하여 필요한 사항을 규정함으로써 국가안전보장에 이바지하려는 구 군사기지법의 목적(제1조) 등을 종합하면, **협의 요청의 대상인 행위가 군사작전에 지장을 초래하거나 초래할 우려가 있는지, 그러한 지장이나 우려를 해소할 수 있는지, 항공등화의 명료한 인지를 방해하거나 항공등화로 오인될 우려가 있는지 등은 해당 부대의 임무, 작전계획, 군사기지 및 군사시설의 유형과 특성, 주변환경, 지역주민의 안전에 미치는 영향 등을 종합적으로 고려하여 행하는 고도의 전문적·군사적 판단 사항으로서, 그에 관해서는 국방부장관 또는 관할부대장 등에게 재량권이 부여되어 있다.**

**행정청의 전문적인 정성적 평가 결과는 판단의 기초가 된 사실인정에 중대한 오류가 있거나 그 판단이 사회통념상 현저하게 타당성을 잃어 객관적으로 불합리하다는 등의 특별한 사정이 없는 한 법원이 당부를 심사하기에 적절하지 않으므로 가급적 존중되어야 하고,** 여기에 재량권을 일탈·남용한 특별한 사정이 있다는 점은 증명책임분배의 일반원칙에 따라 이를 주장하는 자가 증명하여야 한다.

해 설 이 판결에서 대법원은 법률요건 인정의 문제를 재량의 문제로 보고 있음을 분명히 하고 있다. 또한 판단여지라는 개념을 사용하지 않고 있으나 전문적 사항에 대하여 행정청의 판단을 존중하여야 함을 분명히 밝히고 있다.

### (3) 입법적 재량수권

우리 헌법재판소는 행정계획과 같이 행정작용의 성질상 법률요건을 명확히 규정할 수 없거나 그러한 명확한 규정이 반드시 바람직하다고 할 수 없는 경우에는 법령에 요구되는 명확성의 원칙이 완화되어 적용되고 행정청에게 광범위한 재량이 인정됨을 판시하고 있다.[99)] 우리 대법원도 입법자가 법률요건을 명확히 규정하지 않고 최소한도만을 규정하여 행정청에게 재량을 주는 경

98) 안동인, "기속행위와 재량행위의 구별기준", 『행정판례평선』, 2011, 199면; 대법원 2008.12.24. 선고 2008두8970 판결; 대법원 1988.11.8. 선고 86누618 판결; 대법원 1992.4.24. 선고 91누6634 판결 등 참조.
99) 헌법재판소 2007.10.4. 선고 2006헌바91 결정.

우에 넓은 평가특권을 부여하고 있다.[100] 이러한 판례이론은 법률요건의 인정에 있어서 재량의 본질에 대한 이해에 새로운 시사점을 제기하고 있다. 이와 같은 입법적 재량수권[101]의 개념을 인정하게 되면 법률요건의 해석과 적용은 법원의 전권사항이 아닐 수 있음을 인정하는 것이 된다.

참고판례 1: 헌법재판소 2007.10.4. 선고 2006헌바91 결정 [구 택지개발촉진법 위헌소원]

행정계획에 있어서는 다수의 상충하는 사익과 공익들의 조정에 따르는 다양한 결정가능성과 그 미래 전망적인 성격으로 인하여 그에 대한 입법적 규율은 상대적으로 제한될 수밖에 없다. 따라서 행정청이 행정계획을 수립함에 있어서는 일반 재량행위의 경우에 비하여 더욱 광범위한 판단 여지 내지는 형성의 자유, 즉 계획재량이 인정되는바, 이 경우 일반적인 행정행위의 요건을 규정하는 경우보다 추상적이고 불확정적인 개념을 사용하여야 할 필요성이 더욱 커진다.

(중략) 한편 **이 사건 지정처분조항은 그 규율대상이 지극히 다양하거나 수시로 변화하는 성질의 것이어서 입법기술상 일의적으로 법률에서 그 요건을 규정하는 것은 사실상 불가능하며 바람직한 것도 아니다. 오히려 입법부보다 많은 경험과 전문성을 가지고 구체적인 행정문제에 보다 가까이 있는 행정청으로 하여금 책임 있는 결정을 내리도록 하는 것이 요망되는 경우에 속한다 할 수 있다. 따라서 명확성의 정도가 그리 강하게 요구되지 않고 상대적으로 완화된 기준이 적용된다.**

참고판례 2: 대법원 2017.10.31. 선고 2017두46783 판결 [건설폐기물처리사업계획서부적합통보처분취소]

**이처럼 건설폐기물처리업에 관한 법규는 허가 요건을 일률적·확정적으로 규정하는 형식을 취하지 않고 최소한도만을 정하고 있다.** 법 제21조 제2항 각호가 정한 검토 사항은 단순한 행정처분의 발령요건을 정한 것이라기보다는 위 적합 여부 판단·결정에 관한 재량권 행사에서 고려해야 할 다양한 사항의 범위와 기준을 좀 더 구체적이고 명확하게 정한 것으로 볼 수 있다. 그 취지는 건설폐기물 처리업 허가의 사전결정절차로서 중요한 의미를 가지는 폐기물 처리 사업계획서 적합 여부의 통보에 관한 행정작용의 투명성과 적법성을 제고하려는 데 있다.

(중략) 따라서 '**자연환경·생활환경에 미치는 영향'과 같이 장래에 발생할 불확실한 상황과 파급효과에 대한 예측이 필요한 요건에 관한 행정청의 재량적 판단은 내용이 현저히 합리적이지 않다거나 상반되는 이익이나 가치를 대비해 볼 때 형평이나 비례의 원칙에 뚜렷하게 배치되는 등의 사정이 없는 한 폭넓게 존중될 필요가 있다.** 이러한 사항은 적합 여부 결정에 관한 재량권의 일탈·남용 여부를 심사하여 판단할 때에도 고려하여야 한다.

### 3. 특수한 재량행위

재량행위 가운데 특별히 그 법적 판단에서 일반적인 재량행위와 구별할 필요가 있는 특수한 재량행위가 거론되기도 한다.

100) 대법원 2017.10.31. 선고 2017두46783 판결.

101) 독일의 규범적 수권이론을 원용하여 이를 논하는 분도 있다. 정남철, "명확성원칙의 판단기준과 사법심사의 한계", 『법조』, 2008.9(Vol.624), 18면 이하 참조.

### (1) 계획재량

행정계획에서 인정되는 재량을 일반적인 재량과 구별하여 계획재량이라고 지칭하는 경우가 있다.

이에 따르면, 일반적인 법규는 법률요건 규정과 법률효과 규정의 결합으로 되어 있는 조건명제이지만 행정계획 규범은 목적과 수단 규정의 결합으로 되어 있으므로, 행정계획에 보다 광범위한 재량이 인정되어야 한다. 이를 계획재량이라고 한다.

그리고, 이러한 계획재량에는 관련 이익을 정당하게 형량하여야 한다는 의미에서 형량명령이 적용되어야 한다고 한다. 행정절차법은 행정청이 수립하는 계획 중 국민의 권리·의무에 직접 영향을 미치는 계획을 수립하거나 변경·폐지할 때에는 관련된 여러 이익을 정당하게 형량하여야 한다고 규정하고 있다(행정절차법 제40조의4). 한편 행정기본법은 계획재량 뿐만 아니라 일반적인 재량행사의 기준으로 형량명령을 규정하고 있다(행정기본법 제21조). 우리 판례도 계획재량이라는 용어를 사용하는 경우가 있으나[102] 계획재량이 일반적인 행정재량과 확연히 구별된다는 의미로 사용되고 있는지는 불분명하다. 또한 대법원은 일반적인 재량행위에 대해서도 이익형량을 명하는 경우가 있으므로 '형량명령'의 적용 여부가 일반적인 재량과 계획재량을 구별하는 결정적인 기준이라고 하기에도 논거가 부족하다.

### (2) 기속재량

과거 공법이론은 재량행위를 기속재량행위와 자유재량행위로 구분하였다. 전자는 무엇이 법인가에 대한 재량이라 하면서 그를 그르치면 위법이라 하는 반면, 후자는 무엇이 공익에 적합한가에 대한 재량으로서 그를 그르치면 부당에 그칠 뿐이고 다만 재량권의 일탈이나 남용이 있는 경우에만 위법이 된다고 하였다. 그러나 이러한 구분은 법률요건에서도 재량을 광범위하게 인정하던 과거의 이론적 상황에서 재량의 범위를 줄이려는 노력에서 나온 것일 뿐이어서 오늘날 기속재량이나 자유재량 개념은 잘 사용되지 않는다. 즉, 오늘날 기속재량행위는 기속행위로, 자유재량행위는 재량행위로 이해되는 것이 보통이다.

대법원은 재량행위를 기속재량행위와 자유재량행위로 구별하는 용어례를 사용하여 왔으나[103] 이러한 용어례의 사용은 2005년 이후 많이 자제되고 줄어들고 있는 추세이며 재량행위, 기속행위의 용어의 사용이 늘고 있다.

### (3) '중대한 공익'과 거부재량

기속재량과 자유재량이라는 용어의 사용이 대법원 판례에서 줄어들고 있으나, 대법원은 기속행위라고 할 수 있는 경우에 행정처분의 요건을 갖추면 행정청이 이를 거부할 수 없는 것이 원칙이지만 예외적으로 공익을 이유로 이를 거부할 수 있는 경우가 있음을 분명히 하고 있다. 그리하여 대법원은 일반음식점허가 등과 같은 전형적인 강학상의 허가는 법정요건을 갖추면 반드시 해

---

102) 대법원 1997.9.26. 선고 96누10096 판결; 대법원 2005.3.10. 선고 2002도5474 판결 등.
103) 대법원 2012.10.11. 선고 2011두8277 판결; 대법원 2011.1.27. 선고 2010두23033 판결 등.

주어야 하는 기속행위로 보고 있으나[104] 건축허가,[105] 건축신고의 수리(수리를 요하는 신고),[106] 토석채취허가,[107] 산림형질변경허가,[108] 주유소설치허가,[109] 숙박업영업신고수리[110] 등의 경우에는 요건을 갖춘 경우에도 행정청은 중대한 공익상의 필요가 있는 경우에는 이를 거부할 수 있다고 판시하고 있다.

이와 같은 경우를 어떻게 설명할 것인가에 대하여 일설은 이를 국가이성(raison d'Etat, reason of State) 또는 국가의 존재이유의 당연한 발로라고 한다. 중대한 공익을 침해하는 것에 대한 방어기제로서 행정청이 거부처분을 한 것을 일종의 국가이성의 당연한 표현으로 보는 것이다. 이러한 설명의 타당성을 인정하더라도 어쨌든 이 경우에는 기속행위와는 달리 행정청에게 일정한 범위의 판단의 자유를 준다는 점에서 이를 일종의 재량행위로 포섭할 수밖에 없다고 본다. 이와 같은 유형의 재량행위를 통상의 재량행위와 구별하여 '거부재량'이라고 하기도 한다.[111] 이러한 거부재량은 대개 법률요건의 해석과 포섭에 관련되는 재량행위에 인정되는 것이 보통이다.

**참고판례: 대법원 2007.5.10. 선고 2005두13315 판결 [주택건설사업계획승인신청서반려처분취소]**

구 주택건설촉진법(2003. 5. 29. 법률 제6916호 주택법으로 전문 개정되기 전의 것) 제33조에 의한 주택건설사업계획의 승인은 상대방에게 권리나 이익을 부여하는 효과를 수반하는 이른바 수익적 행정처분으로서 법령에 행정처분의 요건에 관하여 일의적으로 규정되어 있지 아니한 이상 **행정청의 재량행위에 속하므로, 이러한 승인을 받으려는 주택건설사업계획이 관계 법령이 정하는 제한에 배치되는 경우는 물론이고 그러한 제한사유가 없는 경우에도 공익상 필요가 있으면 처분권자는 그 승인신청에 대하여 불허가 결정을 할 수 있으며, 여기에서 말하는 '공익상 필요'에는 자연환경보전의 필요도 포함된다.** (중략) **국토 및 자연의 유지와 환경의 보전 등 중대한 공익상 필요가 있다고 인정될 때에는 허가를 거부할 수 있고, 그 경우 법규에 명문의 근거가 없더라도 거부처분을 할 수 있다.**

**해 설** 거부재량은 원칙적으로 요건을 갖추면 하도록 되어 있는 원칙적 기속의 경우의 거부만이 아니라 재량행위이지만 법령에 근거 없는 사유로 거부하는 경우에도 인정된다고 볼 수 있다. 다만 이 경우는 원래가 재량행위이므로 거부행위의 독특성이 드러나지 않을 뿐이다. 이 판결은 재량행위인 주택건설사업계획 승인의 신청에 대해 법규에 명문의 근거가 없음에도 국토 및 자연의 유지와 환경보전 등 공익상 필요를 이유로 그 승인신청을 불허가할 수 있음을 판시한 것이다.

---

104) 대법원 1993.5.27. 선고 93누2216 판결.
105) 대법원 2006.11.9. 선고 2006두1227 판결.
106) 대법원 2019.10.31. 선고 2017두74320 판결(수리를 요하는 신고).
107) 대법원 1992.4.10. 선고 91누7767 판결.
108) 대법원 2002.10.25. 선고 2002두6651 판결.
109) 대법원 1999.4.23. 선고 97누14378 판결.
110) 대법원 2017.7.11. 선고 2017두34087 판결.
111) 박균성, "행정판례 30년의 회고와 전망: 행정법총론", 『한국행정판례의 회고와 전망』(한국행정판례연구회 창립 30주년 기념 학술회의 자료집), 2014, 18면 이하.

### (4) 인사재량

대법원은 임용권자의 승진임용에 관한 인사상의 조치에 대해서는 일반적인 행정처분과 비교할 수 없는 광범위한 재량을 인정하고 있다. 그리하여 지방공무원의 승진임용에 대해서는 징계처분의 경우와는 달리 인사위원회의 심의·의결의 결과에 구속받지 않는 재량을 가진다고 한다(참고판례).

참고판례: 대법원 2022.2.11. 선고 2021도13197 판결 [지방공무원법위반]

**지방공무원의 승진임용에 관해서는 임용권자에게 일반 국민에 대한 행정처분이나 공무원에 대한 징계처분에서와는 비교할 수 없을 정도의 광범위한 재량이 부여되어 있다.** 따라서 승진임용자의 자격을 정한 관련 법령 규정에 위배되지 아니하고 사회통념상 합리성을 갖춘 사유에 따른 것이라는 일응의 주장·증명이 있다면 쉽사리 위법하다고 판단하여서는 아니 된다. 특히 임용권자의 인사와 관련한 행위에 대하여 형사처벌을 하는 경우에는 임용권자의 광범위한 인사재량권을 고려하여 해당 규정으로 인하여 임용권자의 인사재량을 부당히 박탈하는 결과가 초래되지 않도록 처벌규정을 엄격하게 해석·적용하여야 할 것이다.

(중략) 징계에 관해서는 인사위원회의 징계의결 결과에 따라 징계처분을 하여야 한다고 분명하게 규정하고 있는 반면(지방공무원법 제69조 제1항), **승진임용에 관해서는 인사위원회의 사전심의를 거치도록 규정하였을 뿐 그 심의·의결 결과에 따라야 한다고 규정하고 있지 않으므로, 임용권자는 인사위원회의 심의·의결 결과와는 다른 내용으로 승진대상자를 결정하여 승진임용을 할 수 있다.**

## 4. 기속행위와 재량행위의 구별기준

기속행위와 재량행위의 구별기준과 관련하여 종래 요건재량설은 재량행위란 법령이 법률요건에 대하여 공백규정을 두거나 일반적 공익목적만을 규정하거나 또는 불확정개념을 사용하고 있는 경우라고 한다. 그러나 효과재량설은 법률효과의 결정이나 선택에서 재량이 발생한다고 보고, 침익적 행위는 기속행위, 수익적 행위나 중립적 행위는 재량행위라고 보는 것을 기본적인 입장으로 하고 있었다.

그런데 재량행위의 인정여부는 ① 기본적으로 법해석의 문제이므로 법규정이 어떤 식으로 되어 있는가 하는 점을 우선적으로 살펴야 할 것이다. 그리하여 '…할 수 있다'라는 법문언은 재량행위를 표현하는 방식이고 '…하여야 한다'라는 법문언은 기속행위를 표현하는 방식이라고 생각된다. '…한다'라는 법문언은 어느 쪽으로도 해석이 가능하다고 생각된다. 그런데 기속행위가 되려면 결정재량과 선택재량이 모두 없다고 해석되어야 한다. ② 법문언 이외에 행위가 침익적 성질인지, 수익적 성질인지도 살펴야 할 것이다. 침익적 성질의 행위는 기속행위로 해석되는 것이 원칙이고 수익적 성질의 행위는 재량행위로 해석되는 것이 원칙이다. 특히 '…한다'라는 애매한 표현이 사용된 경우 수익·침해기준이 문제되는 행위가 기속행위인지 재량행위를 구분함에 있어 중요한 의미를 가진다. 이외에도 ③ 기본권 실현과 관련된 행위는 기속행위로 해석될 가능성이 크고, 공익 실현과 관련되는 행위는 재량행위로 해석될 가능성이 크다.

대법원은 기속행위와 재량행위의 구별에 대해, "어느 행정행위가 기속행위인지 재량행위인지는 이를 일률적으로 규정지을 수는 없는 것이고, 당해 처분의 근거가 된 규정의 형식이나 체재 또는 문언에 따라 개별적으로 판단해야 한다"고 하고[112] 더 나아가 "당해 행위가 속하는 행정 분야의 주된 목적과 특성, 당해 행위 자체의 개별적 성질과 유형 등을 모두 고려하여 판단하여야 한다"고 한다.[113]

참고판례 1: 대법원 1997.12.26. 선고 97누15418 판결 [주택건설사업영업정지처분취소]

어느 행정행위가 기속행위인지 재량행위인지 나아가 재량행위라고 할지라도 기속재량행위인지 또는 자유재량에 속하는 것인지의 여부는 **이를 일률적으로 규정지을 수는 없는 것이고, 당해 처분의 근거가 된 규정의 형식이나 체재 또는 문언에 따라 개별적으로 판단하여야 한다.**

해 설 기속행위와 재량행위, 기속재량행위와 자유재량행위의 구분에 대한 기준에 있어서 종래의 용어법을 사용하면서 그 판단기준을 제시한 것이다.

참고판례 2: 대법원 2013.12.12. 선고 2011두3388 판결 [유가보조금전액환수및지급정지처분취소]

**어느 행정행위가 기속행위인지 재량행위인지는 이를 일률적으로 규정지을 수는 없는 것이고, 당해 처분의 근거가 된 규정의 형식이나 체재 또는 문언에 따라 개별적으로 판단해야 한다.** 또한 **침익적 행정행위의 근거가 되는 행정법규는 엄격하게 해석·적용하여야 하고** 그 행정행위의 상대방에게 불리한 방향으로 지나치게 확장해석하거나 유추해석해서는 안 되며, 그 입법 취지와 목적 등을 고려한 목적론적 해석이 전적으로 배제되는 것은 아니라고 하더라도 그 해석이 문언의 통상적인 의미를 벗어나서는 안 된다.

해 설 기속재량행위, 자유재량행위라는 개념을 사용하지 않고 기속행위, 재량행위의 구분에 대한 판단기준을 종래와 동일하게 제시하고 있다. 또한 침익적 행정행위의 근거가 되는 행정법규는 엄격하게 해석·적용하여야 함을 밝히고 있다.

### 5. 재량권의 한계: 재량하자

재량권 행사를 잘못한 경우 그 법적 효과는 원칙적으로 부당의 문제에 그친다. 그러나 제2차 세계대전 이후의 재량이론은 재량권 행사를 그르친 정도가 그 일탈이나 남용에 이른 경우에는 이를 위법으로 보고 있다. 그 이유는 모든 재량은 의무에 합당한 재량이어야 하므로 재량권 행사에 합당한 의무를 그르쳐 재량권 행사의 일탈이나 남용에 이르게 되면 그것을 위법한 것으로 보아야 한다는 것이다.

대법원은 "재량권의 일탈·남용은 원고가 이를 주장·입증하여야 하며 처분청이 재량권행사가 정당한 것이었다는 점까지 주장할 필요는 없다"고 한다.[114]

어떠한 경우가 재량권의 일탈 또는 남용에 해당되는지, 이하에서 대표적인 사례를 구체적으

112) 대법원 1997.12.26. 선고 97누15418 판결; 대법원 2013.12.12. 선고 2011두3388 판결.
113) 대법원 2001.2.9. 선고 98두17593 판결.
114) 대법원 1987.12.8. 선고 87누861 판결.

로 살펴보기로 한다. 재량권의 일탈과 남용은 동일한 법적 효과를 가져오므로 이를 엄밀히 구별할 실익이 없다.

#### (1) 재량권의 일탈 : 외적 한계의 이탈

법규가 행정청에게 허락한 재량의 외적 범위를 벗어난 행위를 재량권의 일탈이라 한다. 예컨대 법규가 500만원~1,000만원의 과징금을 부과할 수 있도록 재량을 부여한 경우, 행정청이 1,100만원의 과징금을 부과 한다면, 이는 재량권의 일탈이 된다.

#### (2) 목적 위반

재량권의 행사가 재량권을 부여한 원래의 목적에 반하면, 위법하게 된다. 여기서 목적이란 공익목적을 의미하는 것이다. 즉, 원래 법규가 의도한 공익을 현저히 위반한 경우, 재량권의 일탈이나 남용에 해당하는 위법이 될 수 있다는 것이다.

원래 공익 위반은 부당에 그치는 것이지만 현저한 공익 위반의 재량권 행사는 재량권의 일탈이나 남용이 되어 위법에 이를 수 있다.

#### (3) 사실오인

사실관계의 확인은 원래 재량권의 범위에 속하는 문제는 아니다. 그러나 재량권의 행사가 사실관계에 대한 부정확한 인식에 기초한 것이라면 위법한 것이다. 이 경우 원래는 재량행사가 문제되는 것이 아니라 사실오인 자체가 위법이지만, 재량권 행사와 관련된 사실오인이라는 점에서 사실오인을 재량권의 일탈이나 남용의 한 형태로 보기도 한다. 대법원도 사실오인을 재량권의 일탈이나 남용으로 본다.[115)]

#### (4) 재량권의 불행사

재량행위를 기속행위로 오인하고 재량행사를 하지 않은 경우 그리고 구체적 사정을 고려하지 않고 일반적 기준에 따라 재량처분을 한 경우 이는 재량권의 불행사로서 재량하자를 구성한다.

#### (5) 행정법의 일반원칙 위반

비례원칙, 평등원칙, 부당결부금지원칙, 행정의 자기구속의 원칙 등 행정법의 일반원칙을 위반한 경우에도 재량하자를 구성하여 그 재량권의 행사는 위법이 된다.

#### (6) 타사고려금지의 원칙 위반

공익 이외의 '다른 사항'(타사)을 고려하여 재량권 행사를 한 경우, 예컨대, 뇌물을 받고 그 대가로 재량을 행사한 경우는 재량하자로서 위법한 재량권의 행사가 된다.

---

115) 대법원 2025.2.27. 선고 2024두47890 판결.

### (7) 형량명령(정당한 형량의 원리) 위반

재량권 행사에서 이익형량이 요구됨에도 이익형량을 하지 않거나 이익형량을 잘못한 경우, 이는 형량명령(정당한 형량의 원리)에 위반하여 재량하자를 구성한다(행정기본법 제21조). 특히 행정계획에서의 재량행사에 있어서 이 원칙의 준수여부는 매우 중요한 사법심사의 기준이 된다. 행정절차법은 행정청이 수립하는 계획 중 국민의 권리·의무에 직접 영향을 미치는 계획을 수립하거나 변경·폐지할 때에는 관련된 여러 이익을 정당하게 형량하여야 한다고 규정하고 있다(행정절차법 제40조의4).

참고판례: 대법원 2020.6.25. 선고 2019두52980 판결 [요양기관업무정지처분취소청구]

**행정청이 제재처분 양정을 하면서 공익과 사익의 형량을 전혀 하지 않았거나 이익형량의 고려대상에 마땅히 포함하여야 할 사항을 누락한 경우 또는 이익형량을 하였으나 정당성·객관성이 결여된 경우에는 제재처분은 재량권을 일탈·남용한 것이라고 보아야 한다.** 처분상대방에게 **법령에서 정한 임의적 감경사유가 있는 경우에,** 행정청이 감경사유까지 고려하고도 감경하지 않은 채 개별처분기준에서 정한 상한으로 처분을 한 경우에는 재량권을 일탈·남용하였다고 단정할 수는 없으나, **행정청이 감경사유를 전혀 고려하지 않았거나 감경사유에 해당하지 않는다고 오인하여 개별처분기준에서 정한 상한으로 처분을 한 경우에는 마땅히 고려대상에 포함하여야 할 사항을 누락하였거나 고려대상에 관한 사실을 오인한 경우에 해당하여 재량권을 일탈·남용한 것이라고 보아야 한다.**

## 제4관 행정행위의 내용과 분류

개별적인 행정행위는 그 내용과 법적 성질이 매우 다양하다. 개별 행정행위의 법적 성격을 다음과 같이 분류하여 볼 수 있다.

〈그림〉 행정행위의 성질에 따른 분류

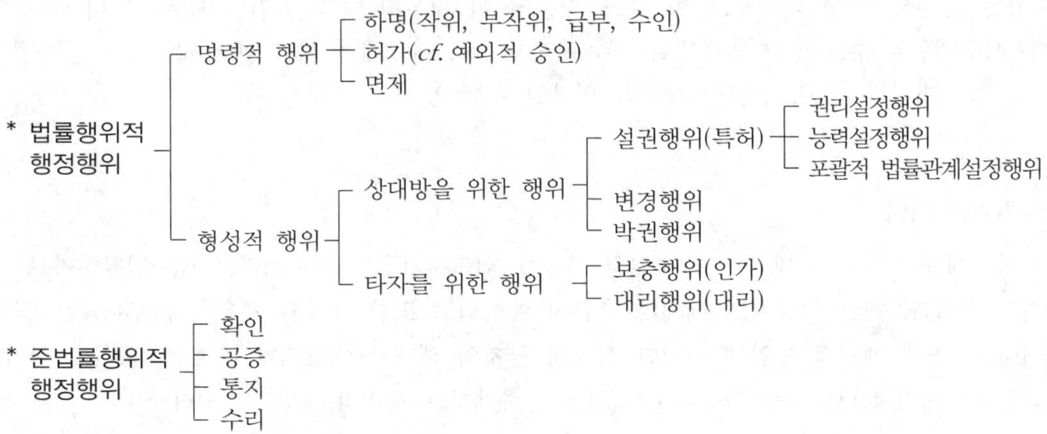

그런데 여기서 사용되는 개념과 용어는 강학상의 것으로 실제 실정법의 규정이나 행정실무에서 사용하는 용어와 반드시 일치하지는 않음을 유의하여야 한다. 예컨대 (발명)특허는 강학상의 특허와는 다르다.

또한 강학상 행정행위를 성질에 따라 분류하는 것은 막스 베버(Max Weber)가 말하는 이념형(Ideal Type)에 해당하는 것임을 유의할 필요가 있다. 현실의 행정행위가 여기서 말하는 허가, 인가, 특허, 확인 등의 이념형에 정확하게 들어맞기만 한다고 말할 수 없다. 오히려 여기서 말하는 강학상의 개념들은 현실의 행정행위들을 설명하기 위한 이념적 형태의 개념인 것이다. 따라서 현실의 행정행위는 이하의 이념형의 몇 가지 속성을 가지는 것도 있고 그 어느 것에도 완전히 맞지 않는 것도 있을 수 있다.

### 1. 법률행위적 행정행위

#### 1) 명령적 행위

행정행위의 상대방에 대해 의무를 발생, 변경, 또는 소멸시키는 행정행위를 명령적 행위라고 한다. 명령적 행위에는 의무를 발생시키는 하명(명령), 부작위의무를 해제하는 허가 또는 예외적 승인 그리고 작위의무나 급부의무 또는 수인의무를 없애주는 면제 등이 있다.

##### (1) 하명(명령)

행정행위의 상대방에게 의무를 발생시키는 행위를 하명 또는 명령이라 한다. 상대방에게 발생하는 의무에는 ① 어떠한 행위를 하여야 하는 작위의무, ② 어떠한 행위를 하지 말아야 하는 부작위의무, ③ 금전 등의 경제적 가치가 있는 급부를 하여야 하는 급부의무, ④ 행정주체의 행위를 참고 받아들여야 하는 수인의무 등이 있다. 그리고 이에 대응하여 의무를 발생시키는 하명을 각기 작위하명, 부작위하명, 급부하명, 수인하명이라 한다. 이 가운데 특히 부작위하명을 '금지'라고 한다. 이러한 금지에는 금지의 해제가 허용되지 않는 절대적 금지와 금지의 해제가 허용되는 것이 예정된 상대적 금지가 있다. 상대적 금지를 풀어주는 행정행위가 허가이다.

하명은 불특정다수를 대상으로 할 수도 있는데 이 경우의 하명은 일반처분이 된다. 하명의 대상은 사실행위일 수도 있고 법률행위일 수도 있다. 즉, 하명에 의해서 발생하는 의무는 사실행위를 할 의무일 수도 있고, 법률행위를 할 의무일 수도 있다.

##### (2) 허가

① 허가의 개념

허가는 상대적 금지를 해제하여 자연적 자유를 회복시켜주는 행위이다. 이를 경찰허가로 지칭하기도 하였다. 허가는 금지의 해제가 충분히 예상되고 또한 예정된 경우에 이루어지는 금지해제이다. 반면에 예외적 승인은 이러한 상대적 금지의 해제가 예상되거나 예정되었다고 볼 수 없는 경우에 예외적으로 그를 가능하도록 금지를 해제하는 행위라고 할 수 있다.

통상 어떠한 행위를 규제함에 있어서 가장 약한 단계의 행위가 신고를 접수하는 것이다. 원칙적으로 신고에 대해서는 수리가 필요 없다. 그러나 예외적으로 수리를 요하는 신고가 존재한다. 다음 단계의 규제방식이 등록이다.[116] 등록은 요건을 심사하여 수리하고 그를 등록이라는 법적 형태로 표현하는 것이다. 그러나 수리를 요하는 신고와 등록의 실체적 구별은 사실상 어렵다. 그래서 대법원은 등록으로 표현되어 있는 것을 수리를 요하는 신고에 해당하는 것으로 본 사례(대규모 점포의 개설등록)도 있다.[117] 신고나 등록은 금지를 해제하는 행위가 아니고 원칙적으로 자유로운 행위를 규제하는 경우에 해당된다.

그러나 허가 또는 허가거부는 본질적으로 형식적 요건뿐 아니라 실질적 요건까지를 심사하여 금지해제의 여부를 밝히는 행정행위이다.

② 허가의 법적 성격

허가는 행정행위의 상대방의 의무를 해제시켜 준다는 의미에서 명령적 행위이다. 그러나 전통적으로 인가나 특허는 의무와 관련되어 있지 않고 권리나 이익에 관련되어 있으므로 그 본질이 허가와 다른 형성적 행위라고 본다. 허가는 명령적 행위이므로 그 위반에 대해 처벌이나 강제집행이 가능하지만, 특허나 인가와 같은 형성적 행위의 경우, 그를 위반한 행위는 단지 효력이 부인됨에 그친다.

그러나 명령적 행위와 형성적 행위를 구별하는 독일이론에서 비롯된 허가와 인가, 특허를 구별하는 전통적 견해는 오늘날 크게 흔들리고 있다. 허가를 종래와 같이 명령적 행위로 볼 수 있는지에 대한 회의가 강하게 제기되고 있다. 나아가 허가와 특허를 구별할 실익이 있는지에 대해서도 의문이 제기되고 있어서 명령적 행위와 형성적 행위의 구별의 상대화가 진행되고 있다.

**참고판례: 대법원 2010.12.23. 선고 2008다75119 판결 [부동산중개료등]**

공인중개사 자격이 없는 자가 부동산중개업 관련 법령을 위반하여 중개사무소 개설등록을 하지 아니한 채 부동산중개업을 하면서 체결한 중개수수료 지급약정에 따라 수수료를 받는 행위는 투기적·탈법적 거래를 조장하여 부동산거래질서의 공정성을 해할 우려가 있다. 또한 부동산중개업 관련 법령의 주된 규율대상인 부동산이 그 거래가격이 상대적으로 높은 점에 비추어 전문성을 갖춘 공인중개사가 부동산거래를 중개하는 것은 부동산거래사고를 사전에 예방하고, 만약의 경우 사고가 발생하더라도 보증보험 등에 의한 손해전보를 보장할 수 있는 등 국민 개개인의 재산적 이해관계 및 국민생활의 편의에 미치는 영향이 매우 커서 이에 대한 규제가 강하게 요청된다. **이러한 사정을 종합적으로 고려하여 보면, 공인중개사 자격이 없어 중개사무소 개설등록을 하지 아니한 채 부동산중개업을 한 자에게 형사적 제재를 가하는 것만으로는 부족하고 그가 체결한 중개수수료 지급약정에 의한 경제적 이익이 귀속되는 것을 방지하여야 할 필요가 있고,** 따라서 중개사무소 개설등록에 관한 구 부동산중개업법 관련 규정들은 **공인중개사 자격이 없는 자가 중개사무소 개설등록을 하지 아니한 채 부동산중개업을 하면서 체결한 중개수수료 지급약정의 효력을 제한하는 이른바 강**

116) 예컨대 신문등록. 대법원 2019.8.30. 선고 2018두47189 판결 참조.
117) 대법원 2015.11.19. 선고 2015두295 전원합의체 판결.

**행법규에 해당한다.**

**해 설** 공인중개사 자격제도는 일종의 자연적 자유를 회복하는 것이므로 그 본질은 허가라고 할 수 있고 공인중개사 자격 없이 중개사무소 개설등록을 하지 아니한 채 부동산중개업을 하면서 체결한 중개수수료 지급약정은 무허가행위의 일종에 해당한다. 그런데도 대법원은 그를 민사상의 강행법규 위반으로 보아 그 효력을 부인하고 있다. 이러한 결론은 공인중개사 자격제도의 목적론적 해석으로부터 도출한 것인데 허가제도의 본질에 비추어 비판의 소지도 있으나, 허가의 법적 성격을 일률적으로 명령적 행위로 이해하지 않았다는 점에서 명령적 행위와 형성적 행위의 구별의 상대화라는 입장에서는 긍정적으로 볼 소지도 있다.

허가는 모든 법적 제한을 풀어주는 것이 아니다. 그러므로 영업허가라고 하면 영업을 할 수 없게 하는 금지를 해제해 주는 것이지, 예컨대 건축법상의 제한 등 타법상의 제한도 함께 풀어서, 그 허가만으로 영업에 필요한 모든 행위를 다 할 수 있도록 해주는 것은 아니다.

허가가 기속행위인가 재량행위인가에 대해서 법규의 규정을 고려하지 않고 이를 일률적으로 논할 수는 없지만, 규정이 명확하지 않은 경우, 허가가 자연적 자유의 회복이고 기본권을 회복하는 측면이 있다는 점에 주목하면 원칙적으로 그를 기속행위라고 보아야 할 것이다. 그러나 효과재량설의 입장에서 허가가 수익적 효과를 가져오므로 이를 재량행위라고 보는 견해도 있다.

대법원은 일반음식점허가[118] 등과 같은 전형적인 강학상의 허가는 법정요건을 갖추면 반드시 해주어야 하는 기속행위로 보고 있으나 건축허가,[119] 토석채취허가,[120] 산림형질변경허가(산림훼손허가),[121] 주유소설치허가,[122] 토지형질변경허가[123] 등의 경우에는 설령 요건을 갖춘다 하더라도 중대한 공익상의 필요가 있는 경우에는 이를 거부할 수 있다고 한다.

건축허가 등 허가이면서도 이를 재량행위라고 명시하지 않고 중대한 공익상의 필요가 있는 경우에는 거부할 수 있는 행위의 법적 성격을 어떻게 이해할 것인가가 문제이나 결국 대법원이 암시하듯이[124] 이를 일종의 재량행위라고 보아야 할 것이다. 판례가 기속재량행위라는 용어를 계속 사용한다면, 이러한 성격의 재량행위는 기속재량행위에 속하는 것이라 할 수 있을 것이지만 대법원은 근래에는 기속재량행위라는 용어의 사용을 자제하는 분위기이다.

요컨대, 거부사유가 법규에 명시되지 않은 사항과 관련하여 리스크 관리가 필요한 경우, 대법원은 강학상 허가라 할지라도 공익을 이유로 하여 이를 거부할 수 있다고 한다. 이를 대법원은 기속재량행위로 보는 것 같으나 전술한 바와 같이 기속재량행위라는 개념의 사용이 적절하지 않다고 볼 때에는, 이를 거부재량행위라고 지칭하는 것이 좋을 것이다.

---

118) 대법원 1993.5.27. 선고 93누2216 판결.
119) 대법원 2006.11.9. 선고 2006두1227 판결.
120) 대법원 1992.4.10. 선고 91누7767 판결.
121) 대법원 2002.10.25. 선고 2002두6651 판결; 대법원 1997.9.12. 선고 97누1228 판결.
122) 대법원 1999.4.23. 선고 97누14378 판결.
123) 대법원 1999.2.23. 선고 98두17845 판결.
124) 대법원 1992.4.10. 선고 91누7767 판결.

### 참고판례 1: 대법원 2000.3.24. 선고 97누12532 판결 [일반음식점허가사항변경허가신청반려처분취소]

식품위생법상 **일반음식점영업허가는 성질상 일반적 금지의 해제에 불과하므로 허가권자는 허가신청이 법에서 정한 요건을 구비한 때에는 허가하여야 하고 관계 법령에서 정하는 제한사유 외에 공공복리 등의 사유를 들어 허가신청을 거부할 수는 없고, 이러한 법리는 일반음식점 허가사항의 변경허가에 관하여도 마찬가지이다.**

### 참고판례 2: 대법원 2006.11.9. 선고 2006두1227 판결 [건축허가반려처분취소]

건축허가권자는 건축허가신청이 건축법 등 관계 법규에서 정하는 어떠한 제한에 배치되지 않는 이상 당연히 같은 법조에서 정하는 건축허가를 하여야 하고, **중대한 공익상의 필요가 없음에도 불구하고, 요건을 갖춘 자에 대한 허가를 관계 법령에서 정하는 제한사유 이외의 사유를 들어 거부할 수는 없다.**

**해 설** 건축허가를 금지해제를 의미하는 '강학상의 허가'로 보기 때문에 법령에서 정한 제한사유 이외의 사유를 들어 거부할 수 없음을 밝히고 있는 판례이다. 그러나 중대한 공익상의 사유가 있으면 거부할 수 있음을 주목하여야 한다. 다만 지역주민들의 반대를 이유로 건축허가를 거부하는 것에 대해서도 법원은 이를 허용하지 않는다.[125] 하급법원 판례 중에는 사업시행시 인근주민의 민원이 발생하지 않도록 하라는 인가조건을 부가했다 하더라도 관계법규의 제한에 해당되지 않는 한 건립반대농성을 이유로 건축허가신청을 반려하는 것은 위법하다고 판시한 경우도 있다.[126]

### 참고판례 3: 대법원 1992.4.10. 선고 91누7767 판결 [토석채취허가신청반려처분취소]

산림 내에서의 토석채취허가는 산림법 제90조의2 제3항 소정의 금지 또는 제한지역에 속하는 경우에는 허용되지 아니함은 물론이나 그에 해당하는 지역이 아니라 하여 반드시 허가하여야 하는 것으로 해석할 수는 없고 허가권자는 신청지 내의 임황과 지황 등의 사항 등에 비추어 국토 및 자연의 보전 등의 **중대한 공익상 필요가 있을 때에는 그 허가를 거부할 수 있다고 하여야 할 것이다.**

**해 설** 건축허가와 마찬가지로 토석채취허가도 일종의 공익적 관점에서의 리스크를 방지할 필요성이 있으므로 공익상 필요가 있을 때에는 허가를 거부할 수 있다고 한 것이다.

### 참고판례 4: 대법원 2014.8.28. 선고 2012두8274 판결 [건축물용도변경신청반려처분취소]

구 도시공원 및 녹지 등에 관한 법률(2011. 9. 16. 법률 제11060호로 개정되기 전의 것, 이하 '구 도시공원법'이라 한다) 제24조 제1항, 제3항, 구 도시공원 및 녹지 등에 관한 법률 시행령(2013. 11. 22. 대통령령 제24789호로 개정되기 전의 것) 제22조의 문언·체계 등에 비추어 보면, **도시공원의 설치에 관한 도시관리계획결정 당시 기존 건축물**(이하 '기존 건축물'이라 한다)**의 용도를 변경하는 행위는 구 도시공원법 제24조 제1항이 정한 점용허가대상에 포함되지 아니하므로 공원관리청의 점용허가를 받을 필요가 있는 경우에 해당한다고 보기 어렵고, 이러한 기존 건축물의 용도변경행위가 구 도시공원법 등에 의하여 금지되거나 제한되는 행위라고 볼 수도 없으므로, 용도변경허가권자로서는 기존 건축물의 용도변경허가신청에 대하여 구 도시공원법상 점용허가대상에 해당하지 않는다는 이유를 들어 용도변경허가를 거부할 수는 없다.**

---

125) 서울행정법원 2001.8.30. 선고 2001구18236 판결.
126) 부산고등법원 1996.10.31. 선고 96구1405 판결.

**해 설** 이 판결에서 대법원은 허가의 거부사유와 관련하여, 기존 건축물의 용도변경허가신청에 대하여 그와 관련없는 타법상 점용허가대상이 되지 않는다고 하여 거부할 수는 없음을 밝히고 있다. 이 사건의 경우 용도변경허가신청이 타법과 결부되어 있지 않은 경우라 볼 수 있어서 이러한 결론을 내었지만 법령에 따라서는 타법의 규제와 결부되어 있는 허가도 있을 수 있고 이때에는 타법의 규제에 위반되면 허가를 할 수 없다.

### ③ 허가의 효과와 법률상 이익의 인정여부

종래 학설은 허가는 일반적 금지를 해제하여 자연적 자유를 회복하는 것이므로 허가에 의하여 얻는 이익은 반사적 이익에 불과하다고 보았으나 판례는 허가로 인하여 상대방이 가지는 이익이 반사적 이익인지 법률상 이익인지에 대한 판단을 함에 있어서 실정법규가 어떻게 규율하고 있는가를 중요시한다. 따라서 허가로 인하여 얻는 이익이 당연히 반사적 이익이라든가 법률상 이익이라든가 하는 입장을 취하지는 않고 관련 법규정의 해석을 통해 결론을 내리고 있다. 판례는 행정행위의 상대방에게 적용되는 공중목욕장 거리제한규정에 의하여 제3자인 경업자가 가지는 이익은 반사적 이익이라고 판시하였으나 그 논리는 철저히 실정법규의 해석에서 도출하고 있다.[127)]

영업장의 거리제한이나 영업구역의 제한 등의 규정으로 기존 허가영업자가 얻는 이익에 대해 대법원은 당해 규정이 공익만을 목적으로 하는 경우에는 반사적 이익으로 보지만, 기존업자의 이익도 동시에 보호하고 있다고 보이는 경우에는 이를 법률상 이익이라고 판단함으로써[128)] 역시 개별법규의 규정이 여하한가에 따라 결론을 달리하고 있다.

또한 주류제조면허는 재정허가의 일종이지만 그로 인한 이익은 주세법의 규정에 의해 보호되는 이익이라고 하여 허가의 법적 효과를 역시 법규정의 해석에서 도출하고 있다.[129)]

#### 참고판례 1: 대법원 1963.8.31. 선고 63누101 판결 [공중목욕장영업허가취소]

**원고에 대한 공중목욕장업 경영 허가는** 경찰금지의 해제로 인한 영업자유의 회복이라고 볼 것이므로 이 영업의 자유는 법률이 직접 공중목욕장업 피허가자의 이익을 보호함을 목적으로 한 경우에 해당되는 것이 아니고 **법률이 공중위생이라는 공공의 복리를 보호하는 결과로서 영업의 자유가 제한되므로 인하여 간접적으로 관계자인 영업자유의 제한이 해제된 피허가자에게 이익을 부여하게 되는 경우에 해당되는 것이고 거리의 제한과 같은 위의 시행세칙이나 도지사의 지시가 모두 무효인 이상 원고가 이 사건 허가처분에 의하여 목욕장업에 의한 이익이 사실상 감소된다하여도 이 불이익은 본건 허가처분의 단순한 사실상의 반사적 결과에 불과하고 이로 말미암아 원고의 권리를 침해하는 것이라고는 할 수 없음으로** 원고는 피고의 피고 보조참가인에 대한 이 사건 목욕장업허가처분에 대하여 그 취소를 소구할 수 있는 법률상 이익이 없다할 것인바 원심판결이 원고에게 피고의 이 사건 행정처분의 취소를 소구할 수 있는 법률상 이익이 있다고 전제하면서 도지사의 지시(통첩)에 대한 이유설명에 있어서 적절하지 않은 해석을 한 것은 부당하나

127) 대법원 1963.8.31. 선고 63누101 판결.
128) 대법원 2008.3.27. 선고 2007두23811 판결.
129) 대법원 1989.12.22. 선고 89누46 판결.

결론에 있어서 원고의 청구를 기각하였음은 정당하다 할 것이니 상고이유는 결국 모두 채택될 수 없음에 돌아간다.

**해 설** 영업장 사이의 거리를 제한하는 목욕장영업허가제도는 공공복리를 보호하는 데 목적이 있다고 보아 신규업자에게 준 영업허가처분에 대한 취소소송에서 기존업자의 원고적격을 부인한 판례이다.

### 참고판례 2: 대법원 2008.3.27. 선고 2007두23811 판결 [담배소매인지정처분취소]

위와 같은 규정들을 종합해 보면, 담배 일반소매인의 지정기준으로서 일반소매인의 영업소 간에 일정한 거리제한을 두고 있는 것은 담배유통구조의 확립을 통하여 국민의 건강과 관련되고 국가 등의 주요 세원이 되는 담배산업 전반의 건전한 발전 도모 및 국민경제에의 이바지라는 **공익목적을 달성하고자 함과 동시에 일반소매인 간의 과당경쟁으로 인한 불합리한 경영을 방지함으로써 일반소매인의 경영상 이익을 보호하는 데에도 그 목적이 있다고 보이므로,** 일반소매인으로 지정되어 영업을 하고 있는 기존업자의 신규 일반소매인에 대한 이익은 **단순한 사실상의 반사적 이익이 아니라 법률상 보호되는 이익이라고 해석함이 상당하다.**

**해 설** 법해석상 영업장 거리제한규정이 영업자의 이익을 보호하고 있다고 해석되는 경우에는 그 규정 위반으로 인해 침해되는 영업자의 이익은 법률상 이익으로 보아야 한다는 판례이다. 그런데 대법원은 거리제한규정이 있는 담배일반소매인 간에는 기존업자의 이익을 법률상 이익으로 보았으나, 거리제한규정이 없는 담배일반소매인과 구내소매인 사이에서의 기존업자의 이익은 반사적 이익으로 보았다.[130)]

#### ④ 허가의 갱신

대법원은 허가의 효력기간이 그 허가된 사업의 성질에 비추어 짧은 경우(갱신이 예정되는 경우)에는 그 기간은 허가 자체의 존속기간이 아니라 그 허가 조건(부관)의 존속기간으로 보아 갱신 전의 허가와 갱신 후의 허가는 다른 허가가 아니어서 그 동일성을 유지하고,[131)] 갱신 전의 허가의 하자는 갱신된 허가에 승계된다고 한다. 따라서 갱신 심사시 그 "기준에 미달되었다는 사실만으로 곧 그 갱신신청을 거절할 것이 아니라 그 기준미달사유가 특별한 사정으로 인한 일시적인 것이어서 그 보완이 가능하다고 인정될 경우에는 상당기한을 주어 보완케 함이 상당하다"고 한다.[132)]

그러나 당초의 기한을 허가 자체의 존속기간이 아니라 허가조건의 존속기간이라 보더라도 그 후 연장된 기간을 포함한 존속기간 전체가 더 이상 부당하게 짧지 않은 경우에는 허가 여부의 재량권을 가진 행정청으로서는 기간 연장을 불허할 수 있다고 한다.[133)]

또 갱신하기 위해서는 종기가 도래하기 전에 갱신신청이 있어야 하고 종기 도래 후의 갱신신청은 별도의 새로운 영업허가에 대한 신청으로 보아야 한다고 한다.[134)]

---

130) 대법원 2008.4.10. 선고 2008두402 판결.
131) 대법원 1984.9.11. 선고 83누658 판결; 대법원 2007.10.11. 선고 2005두12404 판결.
132) 대법원 1985.4.9. 선고 84누378 판결.
133) 대법원 2004.3.25. 선고 2003두12837 판결.
134) 대법원 1993.2.10. 선고 92두72 판결.

참고판례 1: 대법원 2007.10.11. 선고 2005두12404 판결 [보전임지전용허가취소처분무효확인]

일반적으로 행정처분에 효력기간이 정하여져 있는 경우에는 그 기간의 경과로 그 행정처분의 효력은 상실되고, **다만 허가에 붙은 기한이 그 허가된 사업의 성질상 부당하게 짧은 경우에는 이를 그 허가 자체의 존속기간이 아니라 그 허가조건의 존속기간으로 보아 그 기한이 도래함으로써 그 조건의 개정을 고려한다는 뜻으로 해석할 수는 있지만, 그와 같은 경우라 하더라도 그 허가기간이 연장되기 위하여는 그 종기가 도래하기 전에 그 허가기간의 연장에 관한 신청이 있어야 하며,** 만일 그러한 연장신청이 없는 상태에서 허가기간이 만료하였다면 그 허가의 효력은 상실된다.

해 설 통상 허가에 붙은 기한은 당연히 연장을 전제로 하는 경우가 많다. 그리하여 대법원은 허가된 사업의 성질상 허가에 붙은 기한처럼 짧은 기간만의 사업의 지속이 적절하지 않다고 판단되면, 그 기한은 허가자체의 본래적 존속기간이 아니라 갱신을 전제로 한 허가조건이라고 해석하고 있다. 따라서 그 기한이 도래하기 전에 연장신청이 있으면 연장을 해주는 것이 원칙이라는 것이다. 다만 연장신청이 없으면 그 기간의 도래로 허가의 효력이 상실된다고 판시한 것이다.

참고판례 2: 대법원 1985.4.9. 선고 84누378 판결 [건설업면허갱신거절취소]

건설업면허의 **갱신여부를 결정함에 있어서는 건설업법시행령 제8조 소정의 기준에 미달되었다는 사실만으로 곧 그 갱신 신청을 거절할 것이 아니라 그 기준미달사유가 특별한 사정으로 인한 일시적인 것이어서 그 보완이 가능하다고 인정될 경우에는 상당기한을 주어 보완케 함이 상당하고** 위와 같은 사정을 참작함이 없이 위 기준미달만을 이유로 그 갱신을 거절함은 재량권의 행사를 잘못한 것으로서 위법하다.

해 설 참고판례 1에서처럼 면허에 붙은 기간이 면허조건이라고 판단되면 갱신은 특별한 이유가 없는 한 해주는 것이므로 갱신에 필요한 기준이 미달되었다 하더라도, 그 미달사유가 일시적이어서 보완가능하다고 판단되면 보완의 기회를 주어야 한다고 판시한 것이다.

참고판례 3: 대법원 2020.12.24. 선고 2018두45633 판결 [중국전담여행사지정취소처분취소]

(갱신제에서) **'공정한 심사'란 갱신 여부가 행정청의 자의가 아니라 객관적이고 합리적인 기준에 의하여 심사되어야 할 뿐만 아니라, 처분상대방에게 사전에 심사기준과 방법의 예측가능성을 제공하고 사후에 갱신 여부 결정이 합리적인 기준에 의하여 공정하게 이루어졌는지를 검토할 수 있도록 심사기준이 사전에 마련되어 공표되어 있어야 함**을 의미한다.

⑤ 법령 및 허가기준의 변경

허가와 같은 행정행위의 경우, 특별한 사정이 없는 한 처분 당시에 시행 중인 법령과 허가기준에 의한다(행정기본법 제14조 제2항). 대법원은 허가신청 후 처분 전에 신법령이 시행된 경우 정당한 이유 없이 처리를 늦춘 경우가 아닌 한, 변경된 법령과 기준에 따라서 허가처분을 하여야 한다고 한다.[135)]

135) 대법원 2005.7.29. 선고 2003두3550 판결.

참고판례: 대법원 2005.7.29. 선고 2003두3550 판결 [개발행위불허가처분취소]

**행정행위는 처분 당시에 시행중인 법령과 허가기준에 의하여 하는 것이 원칙이고,** 인·허가신청 후 처분 전에 관계 법령이 개정 시행된 경우 신법령 부칙에 그 시행 전에 이미 허가신청이 있는 때에는 종전의 규정에 의한다는 취지의 경과규정을 두지 아니한 이상 당연히 허가신청 당시의 법령에 의하여 허가 여부를 판단하여야 하는 것은 아니며, **소관 행정청이 허가신청을 수리하고도 정당한 이유 없이 처리를 늦추어 그 사이에 법령 및 허가기준이 변경된 것이 아닌 한 변경된 법령 및 허가기준에 따라서 한 불허가처분은 위법하다고 할 수 없다.**

### (3) 예외적 승인(예외적 허가)

허가는 예방적인 의미에서 존재하는 상대적 금지를 해제하는 것으로서 처음부터 금지의 해제가 예정되어 있는 경우에 해당한다. 그러나 이와 달리, 원칙적으로 금지의 해제를 예정하지 않고 억제적으로 금지한 경우에 이를 예외적으로 해제하는 것을 예외적 승인이라 한다. 이러한 예외적 승인은 도박 등 사회적으로 유해한 행위에 대해 예외적으로 허용되는 것이지만, 반드시 사회적으로 유해한 행위의 금지를 풀어주는 것에 국한할 필요는 없다.

대법원은 절대적 금지가 아닌 억제적 금지를 예외적으로 해제하여 주는 강학상 '예외적 승인'의 개념을 '예외적 허가'라는 용어 하에 인정하고 있다. 대법원은 이러한 예외적 승인은 재량행위에 속하는 것으로 보고 있다. 예외적 승인에 해당한다고 판례가 인정하고 있는 것으로는 개발제한구역 내에서의 건축허가[136] 그리고 학교환경위생정화구역 내에서의 금지행위의 해제[137] 등을 들 수 있다.

참고판례 1: 대법원 2001.2.9. 선고 98두17593 판결 [건축물용도변경신청거부처분취소]

구 도시계획법(2000. 1. 18. 법률 제6243호로 전문 개정되기 전의 것) 제21조와 같은 법 시행령(1998. 5. 19. 대통령령 제15799호로 개정되기 전의 것) 제20조 제1, 2항 및 같은 법 시행규칙(1998. 5. 19. 건설교통부령 제133호로 개정되기 전의 것) 제7조 제1항 제6호 (다)목 등의 규정을 살펴보면, 도시의 무질서한 확산을 방지하고 도시주변의 자연환경을 보전하여 도시민의 건전한 생활환경을 확보하기 위하여 지정되는 **개발제한구역 내에서는 구역 지정의 목적상 건축물의 건축이나 그 용도변경은 원칙적으로 금지되고, 다만 구체적인 경우에 위와 같은 구역 지정의 목적에 위배되지 아니할 경우 예외적으로 허가에 의하여 그러한 행위를 할 수 있게 되어 있음이 위와 같은 관련 규정의 체재와 문언상 분명한 한편,** 이러한 건축물의 용도변경에 대한 예외적인 허가는 그 상대방에게 수익적인 것에 틀림이 없으므로, 이는 **그 법률적 성질이 재량행위 내지 자유재량행위에 속하는 것이라고 할 것이고,** 따라서 그 위법 여부에 대한 심사는 재량권 일탈·남용의 유무를 그 대상으로 한다.

136) 대법원 2001.2.9. 선고 98두17593 판결.
137) 대법원 1996.10.29. 선고 96누8253 판결.

**해 설** 개발제한구역에서의 건축이나 용도변경이 예외적 허가에 해당하고 재량행위에 해당함을 밝힌 판례이다.

### 참고판례 2: 대법원 1996.10.29. 선고 96누8253 판결 [정화구역안에서의금지행위해제심의신청에대한금지처분취소]

학교보건법 제6조 제1항 단서의 규정에 의하여 시·도교육위원회교육감 또는 교육감이 지정하는 자가 **학교환경위생정화구역 안에서의 금지행위 및 시설의 해제신청에 대하여 그 행위 및 시설이 학습과 학교보건에 나쁜 영향을 주지 않는 것인지의 여부를 결정하여 그 금지행위 및 시설을 해제하거나 계속하여 금지(해제거부)하는 조치는 시·도교육위원회교육감 또는 교육감이 지정하는 자의 재량행위에 속하는 것으로서,** 그것이 재량권을 일탈·남용하여 위법하다고 하기 위하여는 그 행위 및 시설의 종류나 규모, 학교에서의 거리와 위치는 물론이고, 학교의 종류와 학생수, 학교주변의 환경, 그리고 위 행위 및 시설이 주변의 다른 행위나 시설 등과 합하여 학습과 학교보건위생 등에 미칠 영향 등의 사정과 그 행위나 시설이 금지됨으로 인하여 상대방이 입게 될 재산권 침해를 비롯한 불이익 등의 사정 등 여러 가지 사항들을 합리적으로 비교·교량하여 신중하게 판단하여야 한다.

#### (4) 면제

허가가 부작위의무를 해제시키는 것인데 반하여 면제는 작위의무나 급부의무 또는 수인의무를 해제시키는 행정행위이다. 의무의 이행연기나 유예는 이를 의무내용의 변경, 즉 하명의 변경이라 볼 것인지 일종의 면제라고 볼 것인지가 문제된다.

### 2) 형성적 행위

#### (1) 상대방을 위한 행위와 타자를 위한 행위

형성적 행위란 행정행위의 상대방에 대해 권리나 법적 지위, 법률관계 등을 설정·변경·소멸시키는 행위를 말한다.

형성적 행위는 행정청의 역할이 어떠한가에 따라 상대방을 위한 행위와 타자를 위한 행위로 나누어 볼 수 있다.

상대방을 위한 행위라 함은 특허 등과 같이 행정청이 법률관계의 일방 당사자로서 행정행위의 상대방을 위해 권리·이익의 설정(설권행위: 광의의 특허), 변경(변경행위), 박탈(박권행위)을 행하는 것이다. 이에 반해 타자를 위한 행위는 인가나 대리 등과 같이 행정청이 특정한 법률관계의 당사자로서가 아니라 다른 당사자들 사이의 관계에 개입하여 동의하거나 대리하는 등의 행위를 하는 것을 말한다.

#### (2) 특허

강학상 특허란 설권행위, 즉 권리나 이익을 설정해 주는 행위를 말한다. 이러한 의미의 특허를 광의의 특허라고 하는데, 광의의 특허에는 ① 광업허가, 어업면허 등과 같은 권리설정행위(협의의 특허), ② 공법인의 설립과 같은 능력설정행위, ③ 공무원의 임명이나 국공립학교 입학허가, 귀화허가와 같은 포괄적 법률관계설정행위 등이 있다. 강학상의 특허를 지칭하는 실정법상의 용어는 허가, 인가, 면허 등 다양하며, 발명특허는 특허라는 용어를 사용하고 있어도 여기서 말하는 특허와 구별되는 의미로 사용되고 있다는 것을 유념하여야 한다.

대법원은 설권행위로서의 특허에 해당하는 것으로 도로점용허가,[138] 공유수면매립면허,[139] 개인택시운송사업면허(자동차운수사업면허),[140] 재건축조합설립인가,[141] 귀화허가[142] 출입국관리법상의 외국인의 체류자격의 변경,[143] 공유수면 점용·사용허가[144] 등을 들고 있으며, 특허는 재량행위라고 한다. 판례는 또한 국유재산 등의 관리청이 하는 행정재산의 사용·수익에 대한 허가는 단순히 행정청이 사경제주체로서 행하는 사법상의 행위가 아니라, 관리청이 공권력을 가진 우월적 지위에서 행하는 행정처분으로서 특정인에게 행정재산을 사용할 수 있는 권리를 설정하여 주는 강학상 특허에 해당한다고 한다.[145]

한편 헌법재판소는 교과서 국정 또는 검·인정제도는 가치창설적인 형성적 행위로서 특허에 해당하며 따라서 재량행위라고 한다.[146]

전통적으로 특허는 형성적 행위라고 하고 있으나, 오늘날 명령적 행위와 형성적 행위에 대한 이해가 새로워지면서 특허의 이러한 특성은 상대화되어 가고 있다.

특허는 언제나 상대방의 출원을 전제로 하고 특정인을 대상으로 한다는 점에서 상대방의 출원이 없어도 할 수 있고 불특정다수인을 대상으로 할 수 있는 허가와 구별된다.

#### 참고판례 1: 대법원 1996.10.11. 선고 96누6172 판결 [개인택시운송사업면허배제처분취소]

자동차운수사업법에 의한 **개인택시운송사업면허는 특정인에게 권리나 이익을 부여하는 행정행위로서 법령에 특별한 규정이 없는 한 재량행위이고,** 그 면허를 위하여 필요한 기준을 정하는 것도 역시 행정청의 재량에 속하는 것이므로, 그 설정된 기준이 객관적으로 합리적이 아니라거나 타당하지 않다고 볼 만한 다른 특별한 사정이 없는 이상 행정청의 의사는 가능한 한 존중되어야 한다.

#### 참고판례 2: 대법원 2009.9.24. 선고 2008다60568 판결 [재건축결의부존재확인]

**행정청이 도시정비법 등 관련 법령에 근거하여 행하는 조합설립인가처분은 단순히 사인들의 조합설립행위에 대한 보충행위로서의 성질을 갖는 것에 그치는 것이 아니라 법령상 요건을 갖출 경우 도시정비법**

138) 대법원 2007.5.31. 선고 2005두1329 판결.
139) 대법원 1989.9.12. 선고 88누9206 판결.
140) 대법원 2005.7.22. 선고 2005두999 판결.
141) 대법원 2009.9.24. 선고 2008다60568 판결.
142) 대법원 2010.10.28. 선고 2010두6496 판결.
143) 대법원 2016.7.14. 선고 2015두48846 판결.
144) 대법원 2017.4.28. 선고 2017두30139 판결.
145) 대법원 2006.3.9. 선고 2004다31074 판결.
146) 헌법재판소 1992.11.12. 선고 89헌마88 결정.

**상 주택재건축사업을 시행할 수 있는 권한을 갖는 행정주체(공법인)로서의 지위를 부여하는 일종의 설권적 처분의 성격을 갖는다고 보아야 한다.**

그리고 그와 같이 보는 이상 조합설립결의는 조합설립인가처분이라는 행정처분을 하는 데 필요한 요건 중 하나에 불과한 것이어서, **조합설립결의에 하자가 있다면 그 하자를 이유로 직접 항고소송의 방법으로 조합설립인가처분의 취소 또는 무효확인을 구하여야 하고,** 이와는 별도로 조합설립결의 부분만을 따로 떼어내어 그 효력 유무를 다투는 확인의 소를 제기하는 것은 원고의 권리 또는 법률상의 지위에 현존하는 불안·위험을 제거하는 데에 가장 유효·적절한 수단이라 할 수 없어 특별한 사정이 없는 한 확인의 이익은 인정되지 아니한다.

**해 설** 종래 재건축조합설립인가는 강학상 인가에 해당하는 것으로 보기도 하였으나 이 판례는 이것이 설권행위로서 특허에 해당함을 분명히 하고, 재건축조합설립인가가 나온 후에는 조합설립결의에 하자가 있을 때 그를 다툴 것이 아니라 그를 이유로 재건축조합설립인가에 대한 항고소송을 제기하여야 함을 판시하고 있다.

### 참고판례 3: 헌법재판소 1992.11.12. 선고 89헌마88 결정 [교육법 제157조에 관한 헌법소원]

교과서에 관련된 **국정 또는 검·인정제도의 법적성질은** 인간의 자연적 자유의 제한에 대한 해제인 허가의 성질을 갖는다기보다는 **어떠한 책자에 대하여 교과서라는 특수한 지위를 부여하거나 인정하는 제도이기 때문에 가치창설적인 형성적 행위로서 특허의 성질을 갖는 것으로 보아야 할 것이며, 그렇게 본다면 국가가 그에 대한 재량권을 갖는 것은 당연하다고 할 것이다.**

## (3) 인가

### ① 인가의 개념

인가는 사인간의 법률행위에 대해 동의함으로서 그 법률행위가 효력을 발생할 수 있도록 하는 행위이다. 따라서 인가의 대상은 언제나 법률행위이며 반드시 신청 등 출원을 전제로 한다. 그러므로 인가는 사인 간의 기본행위의 효력을 완성시켜주는 보충행위라 할 수 있다.

### ② 인가의 실례

대법원은 토지거래허가,[147] 재단법인 정관변경허가는 법률상의 표현이 허가로 되어 있으나 이를 인가로 보아야 한다고 하고,[148] 사립학교법에 의한 감독청의 이사회 소집승인,[149] 사립학교 임원의 취임승인,[150] 자동차관리법상 사업자단체의 조합 등의 설립인가처분[151] 등을 인가로 보고 있다.

---

147) 대법원 1991.12.24. 선고 90다12243 전원합의체 판결. 토지거래 당사자의 거래행위에 동의하는 의미가 있기 때문이다.
148) 대법원 1996.5.16. 선고 95누4810 전원합의체 판결. 정관변경은 사적 당사자가 하는 행위이고 그 허가는 그에 대한 동의의 의미로 이해된다.
149) 대법원 1993.4.23. 선고 92누15482 판결.
150) 대법원 2007.12.27. 선고 2005두9651 판결.
151) 대법원 2015.5.29. 선고 2013두635 판결.

③ 인가로 오인하기 쉬운 행정행위

한편 재개발조합이나 재건축조합의 설립인가에 대하여는 대법원이 종전 입장을 변경하여[152] 이를 특허로 보고 있다. 또한 조합을 설립하지 않고 개발촉진지구 안에서 시행하는 지역개발사업에서 지정권자의 실시계획승인처분도 보충행위인 인가가 아니라 설권처분, 즉 특허라고 한다.[153] 또한 대법원은 사업의 양도·양수에 대한 인가는 그 법률효과를 완성시키는 의미에서의 인가처분만이 아니라 양수인에 대해 사업권을 부여하는 처분이 포함된 것이라고 한다.[154]

④ 기본행위와 인가의 하자로 인한 효력문제

기본행위에 하자가 있을 때의 인가의 효력문제와 관련하여, 대법원은 기본행위가 무효이거나 취소되면 인가도 효력을 잃는다고 본다.[155] 또한 기본행위가 소멸되면 인가는 무효선언이나 취소 없이도 실효된다고 한다.[156]

대법원은 또한 기본행위는 유효한데 인가처분 자체에 하자가 있다면 그에 대해 항고소송을 제기할 수 있지만 인가처분에 하자가 없고 기본행위에 하자가 있다면 기본행위의 법적 효력을 다투어야 하고 인가처분에 대해 항고소송을 제기할 법률상 이익은 없다고 판시하고 있다.[157]

참고판례 1: 대법원 1991.12.24. 선고 90다12243 전원합의체 판결 [토지소유권이전등기]

같은 법 제21조의3 제1항 소정의 허가가 규제지역 내의 모든 국민에게 전반적으로 토지거래의 자유를 금지하고 일정한 요건을 갖춘 경우에만 금지를 해제하여 계약체결의 자유를 회복시켜 주는 성질의 것이라고 보는 것은 위 법의 입법취지를 넘어선 지나친 해석이라고 할 것이고, **규제지역 내에서도 토지거래의 자유가 인정되나 다만 위 허가를 허가 전의 유동적 무효 상태에 있는 법률행위의 효력을 완성시켜 주는 인가적 성질을 띈 것이라고 보는 것이 타당하다.**

해 설 토지거래허가는 그 명칭이 허가이지만 이를 강학상 허가로만 볼 수 없고, 사인간의 토지거래의 법률적 효력을 완성시켜주는 인가적 성질도 아울러 가지는 것으로 보아야 한다고 한다. 토지거래허가위반에 대해서 효력부인뿐 아니라 처벌이 규정되어 있으므로 이를 단순한 인가로 볼 것이 아니라 허가의 성격도 아울러 가지고 있다고 보는 것이 타당하다. 또한 대법원은 '유동적 무효'이론을 통해 토지거래허가 이전의 사인간의 거래계약은 무효이지만 허가를 받으면 유효한 상태로 되는 유동적 무효의 상태에 있으므로 허가를 받은 후 따로 계약을 체결할 필요가 없다고 한다.

참고판례 2: 대법원 2009.9.17. 선고 2007다2428 전원합의체 판결 [총회결의무효확인]

도시 및 주거환경정비법상 **행정주체인 주택재건축정비사업조합을 상대로 관리처분계획안에 대한 조합**

152) 대법원 2009.9.24. 선고 2008다60568 판결.
153) 대법원 2014.9.26. 선고 2012두5619 판결. 사업자에게 공법적 지위를 인정하는 것이기 때문이다.
154) 대법원 1994.8.23. 선고 94누4882 판결.
155) 대법원 1979.2.13. 선고 78누428 전원합의체 판결.
156) 대법원 1983.12.27. 선고 82누491 판결.
157) 대법원 1996.5.16. 선고 95누4810 전원합의체 판결.

**총회결의의 효력 등을 다투는 소송은 행정처분에 이르는 절차적 요건의 존부나 효력 유무에 관한 소송으로서 그 소송결과에 따라 행정처분의 위법 여부에 직접 영향을 미치는 공법상 법률관계에 관한 것이므로, 이는 행정소송법상의 당사자소송에 해당한다.**

도시 및 주거환경정비법상 주택재건축정비사업조합이 같은 법 제48조에 따라 수립한 **관리처분계획에 대하여 관할 행정청의 인가·고시까지 있게 되면 관리처분계획은 행정처분으로서 효력이 발생하게 되므로, 총회결의의 하자를 이유로 하여 행정처분의 효력을 다투는 항고소송의 방법으로 관리처분계획의 취소 또는 무효확인을 구하여야 하고, 그와 별도로 행정처분에 이르는 절차적 요건 중 하나에 불과한 총회결의 부분만을 따로 떼어내어 효력 유무를 다투는 확인의 소를 제기하는 것은 특별한 사정이 없는 한 허용되지 않는다.**

**해 설** 주택재건축조합의 관리처분계획에 대해 다투기 위해서는 인가 이전에는 행정주체인 재건축조합을 상대로 관리처분계획안에 대한 당사자소송을 제기하여야 하고, 인가 이후에는 관리처분계획에 대한 항고소송을 제기하여야 하며, 이처럼 항고소송을 제기할 수 있을 때에는 관리처분계획안에 대한 총회결의에 대한 확인의 소의 이익이 원칙적으로 부인된다고 판시하고 있다.

### 참고판례 3: 대법원 2013.6.13. 선고 2011두19994 판결 [관리처분계획취소]

구 도시 및 주거환경정비법(2012. 2. 1. 법률 제11293호로 개정되기 전의 것, 이하 '구 도시정비법'이라 한다) 제8조 제3항, 제28조 제1항에 의하면, 토지 등 소유자들이 그 사업을 위한 **조합을 따로 설립하지 아니하고 직접 도시환경정비사업을 시행하고자 하는 경우**에는 사업시행계획서에 정관 등과 그 밖에 국토해양부령이 정하는 서류를 첨부하여 시장·군수에게 제출하고 사업시행인가를 받아야 하고, 이러한 절차를 거쳐 **사업시행인가를 받은 토지 등 소유자들은 관할 행정청의 감독 아래 정비구역 안에서 구 도시정비법상의 도시환경정비사업을 시행하는 목적 범위 내에서 법령이 정하는 바에 따라 일정한 행정작용을 행하는 행정주체로서의 지위**를 가진다. **그렇다면 토지 등 소유자들이 직접 시행하는 도시환경정비사업에서 토지 등 소유자에 대한 사업시행인가처분은 단순히 사업시행계획에 대한 보충행위로서의 성질을 가지는 것이 아니라 구 도시정비법상 정비사업을 시행할 수 있는 권한을 가지는 행정주체로서의 지위를 부여하는 일종의 설권적 처분의 성격**을 가진다.

도시환경정비사업을 직접 시행하려는 토지 등 소유자들은 시장·군수로부터 사업시행인가를 받기 전에는 행정주체로서의 지위를 가지지 못한다. 따라서 그가 작성한 사업시행계획은 인가처분의 요건 중 하나에 불과하고 항고소송의 대상이 되는 독립된 행정처분에 해당하지 아니한다고 할 것이다.

**해 설** 사업을 위하여 조합을 설립하면 그 조합설립에 대한 인가가 설권행위로서 특허가 되어 조합이 행정청으로서의 지위를 가지게 되지만 조합을 설립하지 않는 경우에는 사업시행인가가 하나의 설권행위로서 행정주체의 지위를 부여하는 특허가 된다고 한다. 사업시행인가를 인가로 보지 않고 행정주체의 지위를 부여하는 특허로 보고 있다는 점에서 주목할 만하다.

### 참고판례 4: 대법원 1996.5.16. 선고 95누4810 전원합의체 판결 [법인정관변경허가처분무효확인]

민법 제45조와 제46조에서 말하는 **재단법인의 정관변경 "허가"는 법률상의 표현이 허가로 되어 있기는 하나, 그 성질에 있어 법률행위의 효력을 보충해 주는 것이지 일반적 금지를 해제하는 것이 아니므로, 그 법적 성격은 인가**라고 보아야 한다.

인가는 기본행위인 재단법인의 정관변경에 대한 법률상의 효력을 완성시키는 보충행위로서, 그 기본이 되는 정관변경 결의에 하자가 있을 때에는 그에 대한 인가가 있었다 하여도 기본행위인 정관변경 결의가 유효한 것으로 될 수 없으므로 **기본행위인 정관변경 결의가 적법 유효하고 보충행위인 인가처분 자체에만 하자가 있다면 그 인가처분의 무효나 취소를 주장할 수 있지만, 인가처분에 하자가 없다면 기본행위에 하자가 있다 하더라도 따로 그 기본행위의 하자를 다투는 것은 별론으로 하고 기본행위의 무효를 내세워 바로 그에 대한 행정청의 인가처분의 취소 또는 무효확인을 소구할 법률상의 이익이 없다.**

해 설 재단법인의 정관변경허가는 용어에 불구하고 인가의 법적 성격을 가지며 기본행위에 하자가 있으면 기본행위의 하자를 다투어야 하고, 그에 대해 행한 인가에 대해서는 인가 자체의 하자가 없는 한, 항고소송을 제기할 법률상 이익이 없다고 판시하고 있다.

⑤ 인가에 대한 부관의 가부

인가는 기본행위를 전제로 그 기본행위의 효력을 부여하는 행위이기 때문에 원칙적으로 이에 대하여 부관을 붙일 수는 없다고 본다. 행정청이 판단을 덧붙일 여지가 없기 때문이다. 그러나 법률요건을 충족하기 위한 부관은 가능하다고 보아야 한다.

참고판례: 대법원 2012.8.30. 선고 2010두24951 판결 [사업시행변경인가처분등일부무효확인]

**관리처분계획 및 그에 대한 인가처분의 의의와 성질, 그 근거가 되는 도시정비법과 그 시행령상의 위와 같은 규정들에 비추어 보면,** 행정청이 관리처분계획에 대한 인가 여부를 결정할 때에는 그 관리처분계획에 도시정비법 제48조 및 그 시행령 제50조에 규정된 사항이 포함되어 있는지, 그 계획의 내용이 도시정비법 제48조 제2항의 기준에 부합하는지 여부 등을 심사·확인하여 **그 인가 여부를 결정할 수 있을 뿐 기부채납과 같은 다른 조건을 붙일 수는 없다고 할 것이다.**

### (4) 대리

행정청이 법률관계의 당사자의 입장을 대신하여 행하는 대리행위를 행정행위의 하나인 '대리'라고 한다. 이에는 다음과 같은 유형이 있다.

① 사학재단 임시이사 등 공법인의 임원의 임명과 같이 행정청이 감독적 견지에서 행하는 대리행위

② 토지수용위원회의 재결 등과 같이 협의 불성립시 조정적 견지에서 행하는 대리행위(다만 이와 같은 재결행위는 확인행위로서의 성격을 아울러 가짐)

③ 죽은 사람의 유류품 정리와 같이 개인보호의 견지에서 행하는 대리행위

④ 체납처분 절차에 있어서의 공매처분과 같이 행정목적 달성을 위한 대리행위

## 2. 준법률행위적 행정행위

준법률행위적 행정행위는 효과의사를 요체로 하는 의사표시가 아니라, 효과의사가 없는 행정

청의 판단, 인식, 관념의 표시이다. 효과의사를 가지지 못하므로 그 법률효과는 행정청의 의사에 의해서가 아니라 법률의 규정에 의하여 발생된다.

### (1) 확인

#### ① 의의 및 실례

특정한 사실 또는 법률관계의 존부(존재여부) 또는 정부(옳고 그름)에 대하여 의문이나 다툼이 있는 경우 그에 대해 행정청의 판단을 표시하는 행위를 확인행위라 한다(판단표시행위). 도로나 하천구역의 결정, 발명특허 등이 이에 속한다. 전술한 바와 같이 대법원은 교과서 검정을 특허라고 판시하였으나 교과서 검정행위가 의문이나 다툼을 해결하는 측면이 있으므로 확인의 성질도 있는 것으로 보는 것이 타당하다. 실정법 용어로 재결·결정 등으로 지칭되는 것 중에는 확인행위의 실질을 가지는 경우가 많다.

대법원은 건축물에 대한 준공검사를 확인으로 보고 기속행위라고 하고 있다.[158] 또한, 친일재산국가귀속결정을 준법률행위적 행정행위로서 확인행위라 한다.[159]

참고판례 1: 대법원 2008.11.13. 선고 2008두13491 판결 [친일재산국가귀속처분취소]

친일반민족행위자 재산의 국가귀속에 관한 특별법 제3조 제1항 본문, 제9조 규정들의 취지와 내용에 비추어 보면, 같은 법 제2조 제2호에 정한 친일재산은 **친일반민족행위자재산조사위원회가 국가귀속결정을 하여야 비로소 국가의 소유로 되는 것이 아니라** 특별법의 시행에 따라 그 취득·증여 등 원인행위시에 소급하여 당연히 국가의 소유로 되고, **위 위원회의 국가귀속결정은 당해 재산이 친일재산에 해당한다는 사실을 확인하는 이른바 준법률행위적 행정행위**의 성격을 가진다.

참고판례 2: 대법원 2019.12.27. 선고 2018두46780 판결 [유족연금수급권이전대상자불가통보처분취소청구의소]

**선순위 유족이 유족연금수급권을 상실함에 따라 동순위 또는 차순위 유족이 상실 시점에서 유족연금수급권을 법률상 이전받더라도 동순위 또는 차순위 유족은** 구 군인연금법 시행령(2010. 11. 2. 대통령령 제22467호로 개정되기 전의 것) 제56조에서 정한 바에 따라 **국방부장관에게 '유족연금수급권 이전 청구서'를 제출하여 심사·판단받는 절차를 거쳐야 비로소 유족연금을 수령할 수 있게 된다. 이에 관한 국방부장관의 결정은 선순위 유족의 수급권 상실로 청구인에게 유족연금수급권 이전이라는 법률효과가 발생하였는지를 '확인'하는 행정행위에 해당하고,** 이는 월별 유족연금액 지급이라는 후속 집행행위의 기초가 되므로, '행정청이 행하는 구체적 사실에 관한 법 집행으로서의 공권력의 행사 또는 그 거부'(행정소송법 제2조 제1항 제1호)로서 항고소송의 대상인 처분에 해당한다고 보아야 한다. 그러므로 만약 국방부장관이 거부결정을 하는 경우 **그 거부결정을 대상으로 항고소송을 제기하는 방식으로 불복하여야 하고,** 청구인이 정당한 유족연금수급권자라는 국방부장관의 심사·확인 결정 없이 곧바로 국가를 상대로 한 당사자소송으로

158) 대법원 1992.4.10. 선고 91누5358 판결.
159) 대법원 2008.11.13. 선고 2008두13491 판결.

그 권리의 확인이나 유족연금의 지급을 소구할 수는 없다.

**해 설** 군인연금법에 의한 유족연금의 경우 순위에 따라 유족연금수급권이 발생하기 때문에 선순위 유족이 유족연금수급권을 상실한 경우 동순위 또는 차순위의 유족이 유족연금수급권을 이전 받기 위해서는 이에 대한 국방부장관의 확인이 필요하고 이것은 행정행위로서의 확인이므로 이를 다투는 것은 항고소송으로 하여야 한다는 판시이다.

② 법적 성질

의문이나 다툼의 해결이라는 행위의 성질에 비추어 확인은 기속행위이다. 또한 준사법적 성격을 가지는 행위이다. 그러므로 확인은 요식행위임이 원칙이며 확인행위가 이루어지면 불가변력이 발생한다.

(2) 공증

① 공증의 의의 및 실례

공증이란 특정한 사실관계나 법률관계의 존부(있고 없음) 또는 정부(옳고 그름)를 공적으로 증명하는 행위이다. 확인이 의문이나 다툼이 있는 경우에 하는 판단의 표시행위라 한다면 공증은 의문이나 다툼이 없는 경우에 하는 인식의 표시행위이다. 각종 증명서의 발급, 공부에의 등재, 등기나 등록행위 등이 이에 해당한다.

② 공증의 법적 성격

공증은 증명행위라는 행위의 본질에 비추어 기속행위이며 또한 요식행위이다. 공증을 통해 일종의 공적 증거력이 발생하는데 공증의 이러한 공적 증거력은 반증을 통해 부인할 수 있다.

공증을 다툼에 있어서는 그를 다툴 실익이 있는지의 여부가 중요 쟁점이 된다. 소의 이익이 부인되는 경우, 대법원은 증명행위 자체보다 그 증명의 실체가 되는 권리를 다투라고 한다.

참고판례: 대법원 2001.7.10. 선고 2000두2136 판결 [인감발급무효]

인감증명행위는 인감증명청이 적법한 신청이 있는 경우에 인감대장에 이미 신고된 인감을 기준으로 **출원자의 현재 사용하는 인감을 증명하는 것으로서 구체적인 사실을 증명하는 것일 뿐, 나아가 출원자에게 어떠한 권리가 부여되거나 변동 또는 상실되는 효력을 발생하는 것이 아니고, 인감증명의 무효확인을 받아들인다 하더라도 이로써 이미 침해된 당사자의 권리가 회복되거나 또는 곧바로 이와 관련된 새로운 권리가 발생하는 것도 아니므로 무효확인을 구할 법률상 이익이 없어** 부적법하다.

**해 설** 대법원은 이 판례에서 인감증명에 대한 다툼의 권리보호의 필요, 즉 협의의 소의 이익을 부정하고 있다. 인감증명의 무효는 다른 실체적 권리를 다툴 때의 한 방편으로 다루면 된다는 것이다.

③ 공부에의 등재행위의 처분성

종래 대법원은 지적도, 임야도, 건축물대장, 토지대장 등의 기재 및 기재변경행위에 대해 이를 통해 권리변동이 일어나는 것이 아니라는 이유로 처분성을 부인하여 왔다.[160] 그러나 헌법재판소가 지적공부상의 지목변경신청 거부행위를 거부처분으로 판단[161]한 이후, 대법원도 판례를 변경하여 지목변경신청 거부행위의 처분성을 인정하였고[162] 일반적으로 공부에의 등재행위가 토지소유권 등 재산권 행사의 전제요건이 된다면 그 처분성을 인정하고 있다.[163] 그리하여 지적공부상의 지목변경신청 반려행위,[164] 건축물대장작성신청의 반려행위,[165] 건축물대장 직권말소행위,[166] 자동차운전면허대장 정정거부[167] 등이 법원에 의해 처분성이 있는 것으로 판시되고 있다.

그러나 대법원은 실질적으로 법적으로 무의미한 대장 등재 및 변경행위에 대해서는 처분성을 인정하지 않고 있다. 그리하여 무허가건물관리대장에서의 삭제,[168] 위장사업자명의를 직권으로 실사업자명의로 변경하거나 폐업자를 사업자 명단에서 직권말소하는 행위 등[169]은 처분이 아니라고 보았다.

참고판례 1: 대법원 2004.4.22. 선고 2003두9015 전원합의체 판결 [지목변경신청반려처분취소청구각하취소]

구 지적법(2001. 1. 26. 법률 제6389호로 전문 개정되기 전의 것) 제20조, 제38조 제2항의 규정은 토지소유자에게 지목변경신청권과 지목정정신청권을 부여한 것이고, **한편 지목은 토지에 대한 공법상의 규제, 개발부담금의 부과대상, 지방세의 과세대상, 공시지가의 산정, 손실보상가액의 산정 등 토지행정의 기초로서 공법상의 법률관계에 영향을 미치고, 토지소유자는 지목을 토대로 토지의 사용 · 수익 · 처분에 일정한 제한을 받게 되는 점 등을 고려하면,** 지목은 **토지소유권을 제대로 행사하기 위한 전제요건으로서** 토지소유자의 실체적 권리관계에 밀접하게 관련되어 있으므로 **지적공부 소관청의 지목변경신청 반려행위는 국민의 권리관계에 영향을 미치는 것으로서 항고소송의 대상이 되는 행정처분에 해당한다.**

참고판례 2: 대법원 2009.3.12. 선고 2008두11525 판결 [기존무허가건물등재대장삭제처분취소]

무허가건물관리대장은, 행정관청이 지방자치단체의 조례 등에 근거하여 무허가건물 정비에 관한 행정상 사무처리의 편의와 사실증명의 자료로 삼기 위하여 작성, 비치하는 대장으로서 무허가건물을 무허가건

160) 대법원 1993.6.11. 선고 93누3745 판결 등.
161) 헌법재판소 1999.6.24. 선고 97헌마315 결정.
162) 대법원 2004.4.22. 선고 2003두9015 전원합의체 판결.
163) 대법원 2010.5.27. 선고 2008두22655 판결.
164) 대법원 2004.4.22. 선고 2003두9015 전원합의체 판결.
165) 대법원 2009.2.12. 선고 2007두17359 판결.
166) 대법원 2010.5.27. 선고 2008두22655 판결.
167) 광주지방법원 2007.12.6. 선고 2007구합1378 판결.
168) 대법원 2009.3.12. 선고 2008두11525 판결. 무허가 건물대장에서 삭제된다고 하여 무허가 건물의 실체적 법률관계가 달라지지 않는다는 것이다.
169) 대법원 2011.1.27. 선고 2008두2200 판결.

물관리대장에 등재하거나 등재된 내용을 변경 또는 삭제하는 행위로 인하여 당해 무허가 건물에 대한 실체상의 권리관계에 변동을 가져오는 것이 아니고, **무허가건물의 건축시기, 용도, 면적 등이 무허가건물관리대장의 기재에 의해서만 증명되는 것도 아니므로,** 관할관청이 무허가건물의 무허가건물관리대장 등재요건에 관한 오류를 바로잡으면서 당해 무허가건물을 **무허가건물관리대장에서 삭제하는 행위는 다른 특별한 사정이 없는 한 항고소송의 대상이 되는 행정처분이 아니다.**

참고판례 3: 대법원 2011.1.27. 선고 2008두2200 판결 [사업자등록명의변경처분취소]

부가가치세법상의 사업자등록은 과세관청으로 하여금 부가가치세의 납세의무자를 파악하고 그 과세자료를 확보하게 하려는 데 제도의 취지가 있는바, 이는 단순한 사업사실의 신고로서 사업자가 관할세무서장에게 소정의 사업자등록신청서를 제출함으로써 성립하는 것이고, 사업자등록증의 교부는 이와 같은 등록사실을 증명하는 증서의 교부행위에 불과한 것이다. 나아가 구 부가가치세법(2006. 12. 30. 법률 제8142호로 개정되기 전의 것) 제5조 제5항에 의한 **과세관청의 사업자등록 직권말소행위도 폐업사실의 기재일 뿐 그에 의하여 사업자로서의 지위에 변동을 가져오는 것이 아니라는 점에서 항고소송의 대상이 되는 행정처분으로 볼 수 없다. 이러한 점에 비추어 볼 때, 과세관청이 사업자등록을 관리하는 과정에서 위장사업자의 사업자명의를 직권으로 실사업자의 명의로 정정하는 행위 또한 당해 사업사실 중 주체에 관한 정정기재일 뿐 그에 의하여 사업자로서의 지위에 변동을 가져오는 것이 아니므로 항고소송의 대상이 되는 행정처분으로 볼 수 없다.**

### (3) 통지

통지란 특정한 사실을 알리는 행정행위이다. 이에는 ① 특허출원의 공고나 귀화의 고시와 같은 관념의 통지와 ② 토지수용의 전제가 되는 공익사업인정의 고시, 조세체납자에 대한 독촉과 같은 의사의 통지가 있다.[170] 통지가 행정행위가 되기 위해서는 통지 자체로 어떠한 법률효과가 발생하여야 한다. 그러므로 행정행위로서의 통지는 행정행위의 효력발생요건으로서의 교부행위나 송달행위 또는 공고행위와는 구별된다.

대법원은 (공익)사업인정의 고시,[171] 대집행의 계고,[172] 납세독촉,[173] 재임용거부의 의사로 한 교원의 재임용기간만료통지[174] 등을 준법률행위적 행정행위로서의 통지로 인정하였다. 그러나 결격사유로 법률상 당연퇴직하는 경우의 통지에 대해서는, 그것이 새로운 규율사항을 가지는 형성적 행위가 아니라는 이유로 처분성을 부인하였다.[175]

170) 사업인정의 고시를 통지라 보지 않고 일종의 형성적 행정행위로 보고 조세체납자에 대한 계고나 대집행의 계고를 일종의 명령적 행정행위라고 보는 견해도 있다. 김남진·김연태, 『행정법Ⅰ』, 2013, 228면.
171) 대법원 1994.11.11. 선고 93누19375 판결.
172) 대법원 1996.2.9. 선고 95누12507 판결.
173) 대법원 2000.9.22. 선고 2000두2013 판결.
174) 대법원 2004.4.22. 선고 2000두7735 전원합의체 판결.
175) 대법원 1995.11.14. 선고 85누2036 판결.

**참고판례: 대법원 2004.4.22. 선고 2000두7735 전원합의체 판결 [교수재임용거부처분취소]**

기간제로 임용되어 임용기간이 만료된 국·공립대학의 조교수는 교원으로서의 능력과 자질에 관하여 합리적인 기준에 의한 공정한 심사를 받아 위 기준에 부합되면 특별한 사정이 없는 한 **재임용되리라는 기대를 가지고 재임용 여부에 관하여 합리적인 기준에 의한 공정한 심사를 요구할 법규상 또는 조리상 신청권을 가진다고 할 것이니, 임용권자가 임용기간이 만료된 조교수에 대하여 재임용을 거부하는 취지로 한 임용기간만료의 통지는 위와 같은 대학교원의 법률관계에 영향을 주는 것으로서 행정소송의 대상이 되는 처분에 해당한다.**

**해 설** 국·공립대학교 교원의 임용기간만료통지는 형식적으로는 기간의 만료통지이지만 실질적으로 재임용거부로서 교원의 지위를 박탈하는 것이므로 그 실질을 중요시하여 처분성을 인정한 것이다.

### (4) 수리

행정청이 신청, 출원 등의 사인의 공법행위를 유효한 행위로 받아들이는 것을 수리라고 한다(사인의 공법행위 참조). 혼인신고의 수리,[176] 사직서의 수리 등이 이에 속한다. 행정행위로서의 수리가 되려면 수리 자체로서 일정한 법률효과가 발생함이 법령에 규정되고 있어야 한다. 아무런 법적 효과가 발생하지 않는 사실행위로서의 접수는 행정행위로서의 수리라고 할 수 없다. 수리의 거부는 거부처분의 일종으로서 이에 대해서는 의무이행심판이나 수리거부처분취소쟁송이 가능하다.

## 제5관 행정행위의 성립과 효력

### 1. 행정행위의 성립요건

행정행위가 적법하게 성립하기 위해서는 주체, 내용, 절차, 형식의 면에서 요건을 갖추어야 하고(내부적 성립요건) 이것이 적절히 외부에 표시되어야 한다(외부적 성립요건).

#### (1) 내부적 성립요건

① 주체에 관한 요건

행정행위는 정당한 권한을 가진 자의 행위여야 한다. 즉, 행정행위는 정당한 권한을 가진 자가 자기 권한 내의 행위를 정상적인 의사에 기하여 행하여야 적법하게 성립한다.

그러나 금방 정년퇴직한 공무원의 행위 등 외부에서 보아 정당한 권한을 가진 자의 행위로 오인할 충분한 이유가 있는 경우에는 외관법리를 적용해 그 행위가 적법하게 성립된 것으로 본다. 이처럼 외관법리를 적용하여 권한이 없는데도 정당한 권한이 있는 자로 인정하는 이론을 '사실상의 공무원 이론'이라고 한다.

공무원의 정상적인 의사에 기한 행위라 함은 의사능력이 있는 자의 행위로서 사기, 강박 등

176) 대법원 1991.12.10. 선고 91므344 판결.

에 의하지 않은 것을 말한다.

② 내용에 관한 요건

행정행위의 내용은 적법·타당·가능·명확하여야 한다.

타당하다 함은 공익에 적합하여야 한다는 것이고, 가능하다 함은 사실상, 법률상 실현 가능한 내용을 가져야 한다는 것이다. 문제가 되는 것은 객관적으로는 가능하나 주관적으로 불가능한 경우인데, 이는 처분의 상대방에게만 불능인 경우 등을 의미한다. 이처럼 행정행위의 상대방에게 주관적으로 불가능한 행정행위는 위법하지만 반드시 무효라고 할 수는 없다.

③ 절차에 관한 요건

행정행위는 그에 필요한 절차적 요건을 갖춤으로써 성립한다. 쌍방적 행정행위의 경우에는 상대방의 협력(동의, 신청)이 있어야 한다. 침익적 행정행위 등에 해당하여 행정절차를 요하는 경우에는 통지와 의견청취 등의 절차를 거쳐야 적법하게 성립된다. 또한 법령이 별도로 필요로 할 때에는 행정 내부적인 자문, 협의, 동의 등을 거쳐야 하는 경우도 있다.

④ 형식에 관한 요건

행정행위는 일정한 형식을 갖추어야 적법하게 성립하는 경우가 있다. 보통은 문서형식이 요구된다. 행정절차법은 처분을 할 때에는 다른 법령등에 특별한 규정이 있는 경우를 제외하고는 문서로 하여야 하고 ① 당사자의 동의가 있는 경우, ② 당사자가 전자문서로 처분을 신청한 경우에는 전자문서로 할 수 있다고 한다(같은 법 제24조 제1항). 다만 ① 공공의 안전 또는 복리를 위하여 긴급히 처분을 할 필요가 있거나 ② 사안이 경미한 경우에는 말, 전화, 휴대전화를 이용한 문자전송, 팩스, 또는 전자우편 등 문서가 아닌 방법으로 처분을 할 수 있다. 이 경우에도 당사자가 요청하면 지체없이 처분에 관한 문서를 주어야 한다(같은 법 제24조 제2항).

행정절차법이 처분을 문서 이외의 방법으로 할 수 있다고 규정하면서 교통신호 등의 자동적 처분에 대한 특칙을 두지 않은 것은 유감이다. 행정기본법에도 이에 대한 특칙이 존재하지 않아 자동적 처분의 형식에 대해서는 입법공백의 상태라고 할 수 있다.

그리고 불이익처분을 할 때에는 그에 대한 이유를 부기하여야 한다(행정절차법 제23조).

참고판례: 대법원 2021.2.4. 선고 2017다207932 판결 [부당이득금]

행정청이 문서로 처분을 한 경우 원칙적으로 처분서의 문언에 따라 어떤 처분을 하였는지 확정하여야 한다. 그러나 **처분서의 문언만으로는 행정청이 어떤 처분을 하였는지 불분명한 경우에는 처분 경위와 목적, 처분 이후 상대방의 태도 등 여러 사정을 고려하여 처분서의 문언과 달리 처분의 내용을 해석할 수 있다.** 특히 **행정청이 행정처분을 하면서 논리적으로 당연히 수반되어야 하는 의사표시를 명시적으로 하지 않았다고 하더라도, 그것이 행정청의 추단적 의사에도 부합하고 상대방도 이를 알 수 있는 경우에는 행정처분에 위와 같은 의사표시가 묵시적으로 포함되어 있다고 볼 수 있다.**

### (2) 외부적 성립요건

이상과 같은 주체·내용·절차·형식을 갖추었다 하더라도 행정행위는 통지, 공고, 고시 등의 방법에 의하여 외부에 표시됨으로써 성립한다.

그런데 외부에 표시된다는 것을 무엇을 의미하는가? 정부의 공문서의 작성, 수발 등을 규율하고 있는 '행정업무의 운영 및 혁신에 관한 규정'에 의하면 일단 결재가 완료된 문서일지라도 수정할 수 있다('행정업무의 운영 및 혁신에 관한 규정' 제17조). 따라서 외부에 표시된다는 것은 결재가 완료된 이후 발신을 하거나 공고를 하여 더 이상 행정청이 자유롭게 취소·철회할 수 없는 경우라고 하여야 할 것이다.

대법원에 따르면 행정행위의 외부적 성립은 "행정의사가 외부에 표시되어 행정청이 자유롭게 취소·철회할 수 없는 구속을 받게 되는 시점을 확정하는 의미를 가지므로, 어떠한 처분의 외부적 성립 여부는 행정청에 의해 행정의사가 공식적인 방법으로 외부에 표시되었는지를 기준으로 판단하여야 한다"고 한다.[177)]

또한 토지공법 상의 사업인정이나 사업시행자 지정처럼 당사자에 대한 통지와 불특정다수에 대한 고시공고가 모두 이루어져야 하는 행정행위의 경우에는 그 둘 중 먼저 이루어지는 행위가 있은 때에(통상 고시공고) 외부에의 표시가 이루어졌다고 보는 것이 합리적이다.[178)]

그런데 외부표시행위 곧 통지나 공고, 고시 등은 법령이 정한 공식적인 방법으로 이루어져야 한다.[179)] 비공식적인 방법으로 고지되어 상대방이 행정처분의 내용을 알게 되었다 하더라도 행정행위는 성립되지 아니하며 고지는 공식적으로 이루어졌으나 적법하게 도달하지 아니한 경우에는 행정행위는 효력을 발생하지 않는다.[180)]

그러므로 행정행위는 통지에 착수하거나 고시 또는 공고한 때에 성립하고 통지가 도달하거나 고시 또는 공고가 효력을 발생하는 때에 효력을 발생한다고 하여야 할 것이다.

## 2. 행정행위의 효력요건(송달)

### (1) 개요

행정행위는 정지조건이 붙어있거나, 효력발생시기에 관한 부관이 부가되어 있지 않은 한, 성립과 동시에 효력이 발생한다. 그러나 상대방에 대한 통지를 요하는 행정행위는 통지가 효력을 발생하여야 비로소 행정행위로서의 효력이 발생한다.[181)] 이때 통지가 이루어지지 않으면 상대방이 다른 경로를 통하여 행정행위의 내용을 알게 되었다 하더라도 행정행위의 효력이 발생하지

177) 대법원 2017.7.11. 선고 2016두35120 판결; 대법원 2019.7.11. 선고 2017두38874 판결; 대법원 2021.12.16. 선고 2019두45944 판결.

178) 이현수, "공법적 행위의 성립요건과 발효요건의 재구성－법률,명령,처분－, 『행정법학과 건설법의 융합과 발전』, (행정법이론실무학회 제257회 정기학술발표회 자료집), 2020, 57면.

179) 대법원 2020.2.27. 선고 2016두60898 판결.

180) 대법원 2019.8.9. 선고 2019두38656 판결 참고.

181) 대법원 1990.7.13. 선고 90누2084 판결; 대법원 2009.11.12. 선고 2009두11706 판결.

않는다.[182] 여기서 효력이 발생하지 않는다는 것은 단순히 행정행위에 하자가 있다는 것이 아니라 무효라는 것을 의미한다고 보아야 한다.

한편, 도로의 표지판이나 교통신호등에 의한 신호와 같이 외부표시는 있으나 통지라고 할 만한 행위를 요하지 않는 행정행위도 있다.

통지는 문서나 문서의 내용을 상대방에게 송달함으로써 이루어진다. 송달은 우편송달, 교부송달, 정보통신망 이용 등의 방법에 의하여 함이 원칙이고 예외적으로 공시송달에 의하여 이루어질 수도 있다.

그런데 통지를 받는 행정행위의 상대방이 부당하게 우편물의 수취를 거부함으로써 그 우편물의 내용을 알 수 있는 객관적 상태의 형성을 방해하는 경우에 대하여 대법원은 이는 신의성실의 원칙에 반하여 허용되지 아니하므로 원칙적으로 수취 거부 시에 의사표시의 효력이 발생한 것으로 본다.[183]

한편 고시에 의한 행정처분의 경우에는 이해관계를 갖는 자가 고시가 있었다는 사실을 현실적으로 알았는지 여부에 관계없이 고시가 효력을 발생한 날에 행정처분이 있음을 알았다고 보아야 하고,[184] 고시·공고 등 행정기관이 일정한 사항을 일반에 알리기 위한 공고문서의 경우에는 그 문서에서 효력발생 시기를 구체적으로 밝히고 있지 않으면 그 고시 또는 공고가 있은 후 5일이 경과한 때에 효력이 발생한다(행정업무의 운영 및 혁신에 관한 규정 제6조 제3항).

참고판례: 대법원 2020.8.20. 선고 2019두34630 판결 [손실보상금]

**상대방이 부당하게 등기취급 우편물의 수취를 거부함으로써 우편물의 내용을 알 수 있는 객관적 상태의 형성을 방해한 경우 그러한 상태가 형성되지 아니하였다는 사정만으로 발송인의 의사표시의 효력을 부정하는 것은 신의성실의 원칙에 반하므로 허용되지 아니한다.** 이러한 경우에는 **부당한 수취 거부가 없었더라면 상대방이 우편물의 내용을 알 수 있는 객관적 상태에 놓일 수 있었던 때, 즉 수취 거부 시에 의사표시의 효력이 생긴 것으로 보아야 한다.** 여기서 **우편물의 수취 거부가 신의성실의 원칙에 반하는지는 발송인과 상대방과의 관계, 우편물의 발송 전에 발송인과 상대방 사이에 우편물의 내용과 관련된 법률관계나 의사교환이 있었는지, 상대방이 발송인에 의한 우편물의 발송을 예상할 수 있었는지 등 여러 사정을 종합하여 판단하여야 한다.** 이때 우편물의 수취를 거부한 것에 정당한 사유가 있는지에 관해서는 수취 거부를 한 상대방이 이를 증명할 책임이 있다.

### (2) 송달의 방식

#### ① 우편송달

우편송달은 송달받을 자의 주소, 거소, 영업소, 사무소로 한다(행정절차법 제14조 제1항).

182) 대법원 2019.8.9. 선고 2019두38656 판결.
183) 대법원 2020.8.20. 선고 2019두34630 판결.
184) 대법원 2006.4.14. 선고 2004두3847 판결.

② 교부송달과 보충송달

송달받을 자가 동의하는 경우에는 그를 만나는 장소에서 송달할 수 있다. 교부송달은 송달받을 자에게 수령확인서를 받고 문서를 교부함으로써 한다. 다만 송달하는 장소에서 송달받을 자를 만나지 못한 경우에는 그 사무원, 피용자 또는 동거인으로서 사리를 분별할 지능이 있는 사람에게 문서를 교부할 수 있다(보충송달: 행정절차법 제14조 제2항). 대법원은 이때 아르바이트 직원에게 한 송달은 피용자에 대한 송달로서 적법하지만[185] 아파트경비원에게 한 송달은 교부송달의 대상자가 아닌 자에 대한 송달로서 적법하지 않다고 한다.[186] 그리고 대법원은 송달받을 본인과 이해가 상반되는 수령대행인에게는 송달할 수 없다고 한다.[187] 또한 대법원은 원래의 송달장소가 아닌 곳에서 사무원 등에게 서류를 교부하는 것도 보충송달의 방법으로 인정할 수 없다고 한다.[188]

③ 정보통신망을 이용한 송달

송달받을 자가 동의하는 경우 정보통신망을 이용하여 송달할 수 있다. 이 경우 송달받을 자는 송달받을 전자우편주소 등을 지정하여야 한다(행정절차법 제14조 제3항).

④ 공시송달 : 공고

송달받을 자의 주소 등을 통상의 방법으로 확인할 수 없을 때와 송달이 불가능한 경우에는 게시판, 관보, 공보, 일간신문 중 하나 이상에 공고하고, 인터넷에도 공고함으로써 송달할 수 있다. 이를 공시송달이라 한다(행정절차법 제14조 제4항).

대법원은 민사소송법 제194조 및 형사소송법 제63조의 공시송달 요건에 대한 판시에서 비교적 엄격하게 법을 해석하여, 연고자가 있다는 정보를 입수한 경우에 그 연고자에게 연락할 노력을 하지 않고 이루어진 공시송달을 위법이라 하거나[189] 기록상 전화번호가 있음에도 그 전화번호로 연락하지 않고 한 공시송달도 역시 인정할 수 없다고 한다.[190]

### (3) 송달의 효력발생

송달은 상대방에게 도달됨으로써 그 효력이 발생하는 것이 원칙이다(도달주의 : 행정절차법 제15조 제1항). 여기서 도달이란 반드시 현실적으로 상대방이 송달의 내용을 요지(了知)하여야 함을 의미하는 것이 아니라, 상대방이 요지할 수 있는 상태에 놓임으로써 족하다. 정보통신망을 이용한 송달의 경우, 전자문서가 송달받을 자가 지정한 컴퓨터 등에 입력된 때에 도달된 것으로 본다(행정절차법 제15조 제2항). 공시송달의 경우 원칙적으로 공고일로부터 14일이 지나면 효력이 발생한다(행정절차법 제15조 제3항).

185) 대법원 1999.12.28. 선고 99두9742 판결.
186) 대법원 1995.11.24. 선고 95누11535 판결.
187) 대법원 2016.11.10. 선고 2014다54366 판결.
188) 대법원 2018.5.4. 자 2018무513 결정.
189) 대법원 1992.3.13. 선고 91다44667 판결.
190) 대법원 2010.1.28. 선고 2009도12430 판결.

대법원은 보통우편에 의한 송달[191]과 달리 등기우편에 의한 송달은 반송 기타 특별한 사유가 없는 한 배달된 것으로 추정한다.[192] 또한 행정행위의 상대방이 처분의 내용을 알고 있어도 송달은 필요하다고 하고,[193] 실제로 거주하지 않고 전입신고만 되어 있는 곳에 송달한 것은 적법하지 않다고 하며,[194] 수취인이 송달을 회피한다 하여 비정상적인 방법으로 송달할 수 있는 것은 아니라[195]고 한다.

한편 송달이 잘못되어 행정행위가 발효하지 못한 경우 송달의 하자가 중대·명백하냐를 따질 필요없이 행정처분은 효력을 발생하지 못하였으므로 무효라고 보아야 할 것이다. 그리고 문서의 발송 등이 이루어지지 않았다면 외부에 표시되지도 않은 것으로서 행정행위의 성립요건을 결여하여 부존재에 해당한다.

### 참고판례 1: 대법원 1989.9.26. 선고 89누4963 판결 [파면처분무효확인]

**행정처분의 효력발생요건으로서의 도달이란 상대방이 그 내용을 현실적으로 양지할 필요까지는 없고 다만 양지할 수 있는 상태에 놓여짐으로써 충분하다고 할 것인데,** 갑의 처가 갑의 주소지에서 갑에 대한 정부인사발령통지를 수령하였다면 비록 그때 갑이 구치소에 수감중이었고 처분청 역시 그와 같은 사실을 알고 있었다거나 **갑의 처가 위 통지서를 갑에게 전달하지 아니하고 폐기해 버렸더라도 갑의 처가 위 통지서를 수령한 때에 그 내용을 양지할 수 있는 상태에 있었다고 볼 것이다.**

**해 설** 행정처분의 효력발생요건으로서의 도달은 현실적 도달이 아니라도 양지할 수 있는 상태가 되면 된다고 판시하고 있다. 가족이 서류를 수령하고 이를 본인에게 전달하지 않아도 도달이 된 것으로 본다는 판례이다.

### 참고판례 2: 대법원 2004.4.9. 선고 2003두13908 판결 [부가가치세부과처분취소]

납세고지서의 교부송달 및 우편송달에 있어서는 반드시 납세의무자 또는 그와 일정한 관계에 있는 사람의 현실적인 수령행위를 전제로 하고 있다고 보아야 하며, **납세자가 과세처분의 내용을 이미 알고 있는 경우에도 납세고지서의 송달이 불필요하다고 할 수는 없다.**

납세고지서의 송달을 받아야 할 자가 부과처분 제척기간이 임박하자 그 수령을 회피하기 위하여 **일부러 송달을 받을 장소를 비워 두어 세무공무원이 송달을 받을 자와 보충송달을 받을 자를 만나지 못하여 부득이 사업장에 납세고지서를 두고 왔다고 하더라도 이로써 신의성실의 원칙을 들어 그 납세고지서가 송달되었다고 볼 수는 없다.**

**해 설** 납세자가 이미 과세처분의 내용을 알고 있어도 납세고지서의 송달이 필요하며 납세자가 송달을 회피하는 행위를 하였다 하더라도 정상적으로 송달이 이루어져야 함을 판시하고 있다. 그러나 우편물 수취를 부당하게 거부하는 때에는 수취 거부 시에 송달된 것으로 본다(대법원 2020.8.20. 선고 2019두34630 판결).

---

191) 대법원 2009.12.10. 선고 2007두20140 판결.
192) 대법원 1998.2.13. 선고 97누8977 판결; 대법원 2007.12.27. 선고 2007다51758 판결.
193) 대법원 2004.4.9. 선고 2003두13908 판결.
194) 대법원 1998.2.13. 선고 97누8977 판결.
195) 대법원 2004.4.9. 선고 2003두13908 판결.

참고판례 3: 대법원 1998.2.13. 선고 97누8977 판결 [양도소득세등부과처분무효확인]

**우편물이 등기취급의 방법으로 발송된 경우, 특별한 사정이 없는 한, 그 무렵 수취인에게 배달되었다고 보아도 좋을 것이나, 수취인이나 그 가족이 주민등록지에 실제로 거주하고 있지 아니하면서 전입신고만을 해 둔 경우에는 그 사실만으로써 주민등록지 거주자에게 송달수령의 권한을 위임하였다고 보기는 어려울 뿐 아니라 수취인이 주민등록지에 실제로 거주하지 아니하는 경우에도 우편물이 수취인에게 도달하였다고 추정할 수는 없고,** 따라서 이러한 경우에는 우편물의 도달사실을 과세관청이 입증해야 할 것이고, 수취인이나 그 가족이 주민등록지에 실제로 거주하고 있지 아니하면서 전입신고만을 해 두었고, 그 밖에 주민등록지 거주자에게 송달수령의 권한을 위임하였다고 보기 어려운 사정이 인정된다면, 등기우편으로 발송된 납세고지서가 반송된 사실이 인정되지 아니한다 하여 납세의무자에게 송달된 것이라고 볼 수는 없다.

해 설 수취인이 실제로 거주하지 않고 전입신고만 해 둔 곳에 등기우편으로 송달을 하였다고 하여 적법한 송달이 이루어졌다고 볼 수 없다고 하는 판례이다.

참고판례 4: 대법원 2007.6.14. 선고 2004두619 판결 [청소년유해매체물결정및고시처분무효확인]

구 청소년보호법(2001. 5. 24. 법률 제6479호로 개정되기 전의 것)에 따른 **청소년유해매체물 결정 및 고시처분은 당해 유해매체물의 소유자 등 특정인만을 대상으로 한 행정처분이 아니라 일반 불특정 다수인을 상대방으로 하여 일률적으로 표시의무, 포장의무, 청소년에 대한 판매·대여 등의 금지의무 등 각종 의무를 발생시키는 행정처분으로서, 정보통신윤리위원회가 특정 인터넷 웹사이트를 청소년유해매체물로 결정하고 청소년보호위원회가 효력발생시기를 명시하여 고시함으로써 그 명시된 시점에 효력이 발생하였다고 봄이 상당하고,** 정보통신윤리위원회와 청소년보호위원회가 위 처분이 있었음을 위 웹사이트 운영자에게 제대로 **통지하지 아니하였다고 하여 그 효력 자체가 발생하지 아니한 것으로 볼 수는 없다.**

해 설 불특정다수인에 대한 처분으로서 고시 등으로 효력을 발생시키는 처분의 경우 상대방에게 개별적 통지가 되지 않았다고 하여 효력이 부인될 수 없다.

## 3. 행정행위의 효력

### (1) 행정행위의 효력과 유효성

행정행위의 효력을 말할 때, 구별하여야 할 것이 있다. 행정행위가 유효한가 하는 문제(유효성: 일반적 효력)와 행정행위에 특별한 효력이 인정되는가 하는 문제(특별한 효력)는 동일한 문제가 아니다. 전자는 행정행위의 내용적 구속력을 말하는 것이고 후자는 사법행위(私法行爲)와의 비교에서부터 나오는 행정행위의 특수성과 관련된 특별한 효력을 의미하는 것이기 때문이다. 전자와 관련하여 이를 일반적 효력 또는 내용적 구속력이라 지칭하기도 한다.

그런데 통상 행정행위의 효력이라 함은 행정행위에 인정되는 특수한 효력을 말함이 보통이다. 그 특수성은 사법행위와의 비교에서 인정되는 것으로서 행정행위의 이러한 특수한 효력은 그러한 행정행위를 행하는 행정청의 우월적 지위를 담보하는 수단이었고 동시에 행정행위 개념을 정립할 실익을 구성하는 것이었다.

### (2) 공정력

① 의의

행정행위가 위법할지라도 단순위법의 하자를 가짐에 불과한 경우에는 취소될 때까지는 유효한 효력을 행정행위의 공정력이라 한다. 사법상의 법률행위도 취소사유가 있을 경우 취소할 때까지는 유효하다는 점에서 같지만 사법상의 취소할 수 있는 행위는 취소권을 가지는 자가 취소를 원하는 경우에 해당하므로 취소권자가 즉시 취소함으로써 효력을 부인할 수 있으나, 행정행위의 취소는 행정행위의 상대방이 취소를 원하는 경우에는 쟁송절차를 통하여서만 취소할 수 있고, 그러한 절차에 의해 취소될 때까지는 계속 효력을 가지고 심지어 집행될 수도 있다는 점에서 양자가 동일하다고 할 수 없다.

② 근거

공정력을 인정하는 이론적 근거에는 다음과 같은 것들이 있다.

첫째, 자기확인설(판결유사설)은 행정행위는 판결과 유사하게 국가가 자기 자신의 의사를 확인한 것이므로 취소되기까지는 유효하다는 것이다.

둘째, 국가권위설은 행정행위는 국가권위의 표현이므로 취소되기까지는 그 효력을 부인할 수 없다는 것이다.

셋째, 법적안정성설(행정정책설)은 행정행위가 취소되기까지 효력을 인정하는 것은 일종의 행정정책을 반영한 것으로서 법적 안정성을 도모하기 위한 것이라고 한다.

넷째, 절차법적 효력설(예선적 특권설)은 행정행위가 위법하더라도 취소되기까지는 효력을 가지는 것은 프랑스의 예선적 특권에 준하여 인정되는 절차법적 효력으로 이해한다. 그러나 이러한 이해는, 프랑스의 예선적 특권이론은 예선적 특권에 대해 적법성의 추정·입증책임의 전환을 인정하는데 반해, 오늘날 공정력을 그러한 것으로 관념할 수는 없다는 점에서 다소 문제가 있다.

다섯째, 공정력은 단순히 행정행위의 취소제도를 두었기 때문에 취소될 때까지는 부득이 그 효력을 인정한다는 것이고, 따라서 취소제도의 반사적 효과로 인정되는 것에 불과하다고 하는 견해이다(취소제도의 반사적 효과설).

생각건대, 공정력이라는 개념을 행정청의 우월과 국가의 권위를 인정하기 위한 도구개념으로 활용하던 과거와 달리 국가의 권위나 행정청의 우월의 표현을 행정행위의 본질로 보지 않는 오늘날의 입장에서는 자기확인설이나 국가권위설은 취하기 어렵다. 또한 예선적 특권설도 적법성의 추정 등과 관련되는 한 취하기 어렵다고 본다. 결국 공정력은 취소제도의 반사적 효과로서 법적 안정성을 도모하기 위한 행정정책의 표현에 불과한 것이라고 생각된다. 후술하는 바와 같이 우리 대법원도 공정력을 취소제도의 반사적효과로 이해하는 듯하다(참고판례 1, 참고판례 2).

한편 공정력을 인정하는 실정법적 근거는 행정기본법 제15조, 직권취소에 관한 개별법 상의 규정, 취소심판, 취소소송에 관한 규정 등이라고 할 수 있다.

③ 행정기본법의 관련 규정

행정기본법 제15조는 "처분은 권한이 있는 기관이 취소 또는 철회하거나 기간의 경과 등으로 소멸되기까지는 유효한 것으로 통용된다"라고 규정하여 취소할 수 있는 행위의 효력을 취소되기까지는 통용되는 것으로 규정하고 있다. 이 조항은 철회나 기간경과로 인한 소멸 등에 대해서도 함께 규정하였으므로 이 규정은 전체적으로 행정행위의 존속력을 규정한 것이라고 할 여지도 있다. 그러나 그러기에는 '통용력'이라는 표현이 장애가 된다. 독일 행정법학에서 말하는 존속력은 원칙적으로 법적 효력을 전제로 하는 개념이지 사실상의 통용력을 전제로 하는 개념이라고 하기 어렵다.

어쨌든 이 규정은 취소할 수 있는 처분(행정행위)에 대해서는 공정력을 규정한 것이라고 할 수 있다. 다만 '통용력'이라는 표현을 사용한 것은 공정력의 실체적 의미를 부인하기 위한 것으로 해석된다. 그러나 이미 판례와 학설이 공정력을 취소제도의 반사적 효과 정도로 이해하고 있으므로 굳이 과거 군국주의 시대 일본 행정법학의 산물[196]인 공정력을 성문 입법에 반영할 필요가 있었는지에 대해서는 회의적인 견해가 많다.

④ 공정력의 한계

자기확인설 등의 입장에서는 공정력에 적법성 추정의 효력이 있다고 보고, 이러한 추정의 효력 때문에 행정행위의 위법성에 대한 입증(증명)의 책임은 원고가 진다고(원고책임설) 하고 있었다. 그러나 이러한 국가권위적인 학설이 지양된 오늘날, 공정력에는 이러한 적법성 추정의 효력은 인정되지 않으며 그 결과 공정력과 입증책임은 관계가 없고 입증책임은 일반적인 입증책임 분배의 원칙에 따를 뿐이라고 보는 것이 지배적인 견해이다.

한편 무효인 행정행위에 공정력이 미치지 않음은 공정력의 본질에 비추어 당연한 것이다.

참고판례 1: 대법원 1999.2.5. 선고 98도4239 판결 [도로교통법위반]

**피고인이 행정청으로부터 자동차 운전면허취소처분을 받았으나 나중에 그 행정처분 자체가 행정쟁송절차에 의하여 취소되었다면,** 위 운전면허취소처분은 그 처분시에 소급하여 효력을 잃게 되고, **피고인은 위 운전면허취소처분에 복종할 의무가 원래부터 없었음이 후에 확정되었다고 봄이 타당할 것이고, 행정행위에 공정력의 효력이 인정된다고 하여 행정소송에 의하여 적법하게 취소된 운전면허취소처분이 단지 장래에 향하여서만 효력을 잃게 된다고 볼 수는 없다.**

**해 설** 운전면허가 취소되었으나 후에 그 취소처분이 취소된 경우, 면허취소 이후 취소의 취소로 면허가 회복되기까지의 기간 동안 무면허운전인가 아닌가에 대해 대법원은 무면허운전이 아님을 밝히고 있다. 대법원은 최초의 운전면허 취소처분에 의해 원처분이 소멸되었다 하더라도 사후에 다시 운전면허 취소처분

196) 공정력 개념은 독일 행정법학에는 존재하지 않는 개념이다. 일본에서 제2차 세계대전 이전의 국가권위적인 독일이론에 의지하여 이러한 개념을 만들어 낸 것인데 우리나라 행정법학에 그대로 전수된 것이다. 그러므로 공정력 개념에 대한 지나친 의미 부여는 시대착오적인 것이다.

이 취소된 경우에는 무면허운전이라고 할 수 없다는 것이다. 이러한 논리는 공정력이 최초의 취소에 의해 소멸되고 난 후에도 사후적인 취소처분의 취소를 계기로 그 면허의 효력을 인정하였다는 점에서 최초의 취소의 공정력이 부인된 셈이 되어 공정력을 취소제도의 반사적 효과로 보지 않고는 이를 설명하기가 어렵다. 공정력이란 취소제도의 반사적 효과에 불과하다는 입장에서는 이러한 대법원의 논리가 일관성있게 설명될 수 있다.[197]

참고판례 2: 대법원 2021.9.16. 선고 2019도11826 판결 [도로교통법위반(무면허운전)]

**행정청의 자동차 운전면허 취소처분이 직권으로 또는 행정쟁송절차에 의하여 취소되면, 운전면허 취소처분은 그 처분 시에 소급하여 효력을 잃고 운전면허 취소처분에 복종할 의무가 원래부터 없었음이 확정되므로, 운전면허 취소처분을 받은 사람이 운전면허 취소처분이 취소되기 전에 자동차를 운전한 행위는 도로교통법에 규정된 무면허운전의 죄에 해당하지 아니한다.**

위와 같은 관련 규정 및 법리, 헌법 제12조가 정한 적법절차의 원리, 형벌의 보충성 원칙을 고려하면, **자동차 운전면허 취소처분을 받은 사람이 자동차를 운전하였으나 운전면허 취소처분의 원인이 된 교통사고 또는 법규 위반에 대하여 범죄사실의 증명이 없는 때에 해당한다는 이유로 무죄판결이 확정된 경우에는 그 취소처분이 취소되지 않았더라도 도로교통법에 규정된 무면허운전의 죄로 처벌할 수는 없다고 보아야 한다.**

해 설 대법원은 한걸음 더 나아가 취소되기 이전이라도 취소의 원인이 된 범죄사실의 증명이 없다는 이유로 무죄판결이 확정된 경우에는 무면허운전으로 처벌할 수 없다고 판시하고 있다. 이것은 공정력의 실체를 부인하였을 뿐 아니라 범죄의 성립 자체에 대한 법원의 판단을 제시하고 있다고 보인다.

### (3) 구성요건적 효력

유효한 행정행위는 모든 국가기관에 의하여 존중되어야 하며 주어진 요건사실로서 다른 국가기관의 결정의 기초가 되어야 한다는 뜻에서 그러한 행정행위의 효력을 구성요건적 효력이라 한다. 예컨대, 법무부장관의 귀화허가에 대해 다른 행정기관들이 그 효력을 부인하지 못하고 자기 결정의 기초로 삼아야 하는 것은 바로 귀화허가의 구성요건적 효력 때문이다. 구성요건적 효력의 근거는 권력분립과 국가기관의 관할권 배분이라 할 수 있다. 요컨대 구성요건적 효력은 특정 국가기관의 배타적 관할권의 다른 표현이라 할 수 있다.

### (4) 선결문제

민사사건 또는 형사사건의 해결에 있어서 행정행위의 위법이나 유효 여부가 선결적으로 판단되어야 하는 경우가 있다. 이와 같은 행정행위에 대하여 민사법원이나 형사법원 등 수소법원이 심리·판단권을 가질 수 있는지가 문제이다.

이러한 선결문제가 공정력과 관련된 문제인지 구성요건적 효력과 관련된 문제인지가 논의되고 있다.[198] 그런데 선결문제는 권한의 배분과 관련된 문제이므로 기본적으로 구성요건적 효력

197) 대법원 1993.6.25. 선고 93도277 판결도 동일한 취지로 판시하고 있다.
198) 독일에는 공정력 개념이 없기 때문에 이 문제는 독일에서는 구성요건적 효력의 문제로 다루어진다.

에 관련되는 문제라고 할 것이다. 그러나 위법하지만 유효한 행정행위가 문제될 때에는 공정력과 관련된 문제이기도 하다.

선결문제를 구성요건적 효력의 문제로 볼 때 수소법원의 심리권은 행정행위의 구성요건적 효력을 부인하는 데까지는 이를 수 없다. 즉, 그 행정행위의 효력 자체를 부인하여 행정청의 관할권을 무시하는 데 까지는 이를 수 없다는 것이다. 그러나 수소법원이 그 행정행위의 효력 자체에 대해서는 판단하지 않아서 구성요건적 효력을 부인하지 아니하고 행정행위의 위법 여부만을 판단하는 것은 가능하다고 보는 것이 일반적이다.

대법원은 선결문제를 주로 행정행위의 공정력과 관련된 것으로 보고 있으며,[199] 민사사건이든 형사사건이든 처분이 무효이면 수소법원은 이에 대해 심리·판단이 가능하다고 한다. 그러나 처분이 취소사유의 하자를 가지고 있는 경우에는, 위법여부가 선결문제이면 수소법원이 판단할 수 있으나 효력을 소멸시키는 행위(취소행위)는 수소법원이 독자 판단할 수 없고 항고소송법원에서 할 수 있다고 하고 있다.

예컨대, 공무원이 파면처분을 받은 후 그 처분이 위법함을 이유로 소송하는 경우, 파면 이후 급여지급청구는 파면의 효력을 없이 하여야 하므로 파면처분을 취소한 후 제기하여야 한다. 그러나 파면처분의 위법을 이유로 하는 손해배상이라면 수소법원은 파면처분의 위법성만 판단하면 되므로 파면처분의 취소 없이도 손해배상소송의 수소법원이 이를 판단할 수 있다고 한다.[200] 한편, 부당이득반환청구와 관련하여서는, 부당이득이란 법률상 원인 없는 이득이므로, 과세처분이 위법하다 하더라도 당연무효가 아닌 한 민사소송절차에서 그 과세처분의 효력을 부인할 수 없으므로[201] 원칙적으로 처분이 취소되기 전에는 부당이득이라 말할 수도 없다고 한다.[202]

형사소송절차에서의 선결문제는 가벌성이 어디에서 도출되는가에 따라 그에 대한 해결책이 달라진다. (1) 행정행위 위반이 범죄구성요건인 경우(가벌성이 행정행위의 적법성에서 도출되는 경우), 행정행위의 위법성 여부가 선결문제가 되고, 판례는 이때에는 수소법원인 형사법원이 행정행위의 위법성 여부를 심리할 수 있다고 본다.[203] 이에 반해 (2) 무면허, 무허가, 무등록 상태의 행위에 대한 처벌 등 행정행위의 효력이 부인되어야 범죄구성요건을 충족하는 경우(가벌성이 행정행위의 적법성에서가 아니라 유효성에서 도출되는 경우), 행정행위의 효력여부가 선결문제인 경우가 되고 이때에는 당연무효 여부가 아닌 한 형사법원의 심리가 불가하다고 본다.[204]

---

199) 대법원 1994.11.11. 선고 94다28000 판결.
200) 대법원 1972.4.28. 선고 72다337 판결; 대법원 1974.3.12. 선고 73누228 판결.
201) 대법원 1999.8.20. 선고 99다20179 판결.
202) 대법원 1994.11.11. 선고 94다28000 판결.
203) 대법원 2009.6.25. 선고 2006도824 판결.
204) 대법원 1982.6.8. 선고 80도2646 판결.

### 참고판례 1: 대법원 1972.4.28. 선고 72다337 판결 [손해배상]

위법한 행정대집행이 완료되면 그 처분의 무효확인 또는 취소를 구할 소의 이익은 없다 하더라도, **미리 그 행정처분의 취소판결이 있어야만, 그 행정처분의 위법임을 이유로 한 손해배상 청구를 할 수 있는 것은 아니다.**

**해 설** 국가배상소송에서는 처분의 위법성이 선결문제가 되므로 수소법원은 처분의 위법성에 대해 심리할 수 있다는 판례이다.

### 참고판례 2: 대법원 1994.11.11. 선고 94다28000 판결 [부당이득금]

조세의 과오납이 부당이득이 되기 위하여는 납세 또는 조세의 징수가 실체법적으로나 절차법적으로 전혀 법률상의 근거가 없거나 과세처분의 하자가 중대하고 명백하여 당연무효이어야 하고, **과세처분의 하자가 단지 취소할 수 있는 정도에 불과할 때에는 과세관청이 이를 스스로 취소하거나 항고소송절차에 의하여 취소되지 않는 한 그로 인한 조세의 납부가 부당이득이 된다고 할 수 없다.**

행정처분이 아무리 위법하다고 하여도 그 하자가 중대하고 명백하여 당연무효라고 보아야 할 사유가 있는 경우를 제외하고는 아무도 그 하자를 이유로 무단히 그 효과를 부정하지 못하는 것으로, **이러한 행정행위의 공정력은 판결의 기판력과 같은 효력은 아니지만 그 공정력의 객관적 범위에 속하는 행정행위의 하자가 취소사유에 불과한 때에는 그 처분이 취소되지 않는 한 처분의 효력을 부정하여 그로 인한 이득을 법률상 원인 없는 이득이라고 말할 수 없는 것이다.**

**해 설** 부당이득의 경우 행정처분이 취소할 수 있는 하자를 가졌을 때에는 수소법원이 이를 심리할 수 없다는 판례이다. 왜냐하면 부당이득의 판단을 내리기 위해서는 법률상 원인이 없는지에 대한 판단이 이루어져야 하므로 이 때 선결문제로서 다루어지는 대상은 위법성 문제가 아니라 과세처분의 효력 문제이기 때문에 부당이득반환청구여부를 심리하기 위해서는 부당이득을 야기하였다고 주장되는 처분에 대한 취소여부를 심리하여야 하는데 민사법원으로서는 이러한 심리를 할 수 없기 때문이다.

### 참고판례 3: 대법원 2009.6.25. 선고 2006도824 판결 [주택법위반]

행정청으로부터 구 주택법(2008. 2. 29. 법률 제8863호로 개정되기 전의 것) 제91조에 의한 시정명령을 받고도 이를 위반하였다는 이유로 위 법 제98조 제11호에 의한 처벌을 하기 위해서는 그 **시정명령**이 적법한 것이어야 하고, 그 **시정명령이 위법하다고 인정되는 한 위 법 제98조 제11호 위반죄는 성립하지 않는다.**

**해 설** 행정행위 위반이 범죄구성요건인 경우, 행정행위의 위법성 여부가 선결문제가 되고, 이 때에는 형사법원이 이를 심리가능하다고 하였다.

### 참고판례 4: 대법원 1982.6.8. 선고 80도2646 판결 [도로교통법위반]

**연령미달의 결격자인 피고인이 소외인의 이름으로 운전면허시험에 응시, 합격하여 교부받은 운전면허는 당연무효가 아니고 도로교통법 제65조 제3호의 사유에 해당함에 불과하여 취소되지 않는 한 유효하므로 피고인의 운전행위는 무면허운전에 해당하지 아니한다.**

**해 설** 무면허, 무허가, 무등록 등 행정행위의 효력이 부인되어야 범죄구성요건을 충족하는 경우, 행정행위의 효력여부가 선결문제인 경우가 되고 이 때에는 대법원은 당연무효가 아닌 한 형사법원이 심리불가하다고 본다.

### (5) 불가쟁력 · 불가변력

#### ① 행정행위의 불가쟁력 · 불가변력과 판결의 형식적 확정력 및 실질적 확정력

행정행위의 불가쟁력과 불가변력은 판결의 효력으로서의 형식적 확정력과 실질적 확정력에 비견될 수 있는 개념이다. 이때문에 행정행위의 불가쟁력과 불가변력을 형식적 확정력, 실질적 확정력이라고 지칭하기도 하나 이러한 용어법은 판결의 효력과 행정행위의 효력 사이에 혼동을 초래하므로 피하는 것이 타당하다고 본다. 판결의 효력으로서의 형식적 확정력, 실질적 확정력과 행정행위의 효력으로서의 불가쟁력 및 불가변력은 서로 다른 개념이기 때문이다.

#### ② 행정행위의 불가쟁력

행정행위의 불가쟁력이란 쟁송기간의 도과로 인하여 행정행위에 대한 쟁송취소가 더 이상 가능하지 않게 된 경우에 행정행위에 인정되는 효력이라 할 수 있다. 이에 반하여 판결의 형식적 확정력은 일단 판결이 있은 이후에 상소제기기간이 지나서 더 이상 상소할 수 없을 때, 그리고 심급을 완료하였을 때 발생하는 것이다.

참고판례: 대법원 1994.11.8. 선고 93누21927 판결 [장해등급결정처분취소]

일반적으로 행정처분이나 행정심판재결이 불복기간의 경과로 인하여 확정될 경우, 그 **확정력은 그 처분으로 인하여 법률상 이익을 침해받은 자가 당해 처분이나 재결의 효력을 더 이상 다툴 수 없다는 의미일 뿐**, 더 나아가 판결에 있어서와 같은 **기판력이 인정되는 것은 아니어서 그 처분의 기초가 된 사실관계나 법률적 판단이 확정되고 당사자들이나 법원이 이에 기속되어 모순되는 주장이나 판단을 할 수 없게 되는 것은 아니다.**

**산업재해요양불승인처분이 불복기간의 경과로 인하여 확정되었다 하더라도 그 불승인처분의 대상이 된 부상이 업무상의 사유에 의한 것인지의 여부까지 확정된 것은 아니므로,** 그 부상으로 인한 **신체장해가 업무상의 재해에 해당한다는 이유로 별도의 처분인 장해보상급여처분을 다툴 수 있다.**

**해 설** 행정행위(처분)에 불가쟁력이 발생하여 확정되었다는 의미는 소송에서 판결이 확정되어 기판력이 발생하는 것과는 다르다는 것을 판시한 것이다. 그러므로 불가쟁력이 발생하였다 하더라도 그 행정행위(처분) 자체에 대한 항고쟁송을 제기할 수 없는 것은 별론으로 하더라도 그 처분의 기초가 된 사실관계나 법률적 판단에 대해서는 다른 처분에 대한 소송 등에서 얼마든지 다툴 수 있는 것이다.

#### ③ 행정행위의 불가변력

행정행위의 불가변력이란 쟁송제도와는 관계없이 확인행위와 같은 준사법적 행정행위의 경우, 그 행위의 본질상 쟁송절차 등을 취하지 않고는 행정청 자신에 의한 취소나 철회가 허용되지 않는 효력이 발생하는 경우를 말한다(협의의 불가변력). 대법원은 불가변력은 당해 행정행위에 대하여서만 인정되는 것이고, 동종의 행정행위라 하더라도 그 대상을 달리하는 다른 행정행위에 당연히 이를 인정할 수는 없다고 한다.[205]

---

205) 대법원 1974.12.10. 선고 73누129 판결.

이에 반하여 판결의 실질적 확정력이란 판결이 형식적으로 확정됨에 따라 발생하는 법률관계를 확정하는 효력이라고 할 것이다. 따라서 엄밀한 의미에서 행정행위의 불가변력과 판결의 실질적 확정력은 다른 개념이다. 그러나 때로는 행정행위의 불가변력을 넓은 의미로 파악하여, 확인행위와 같은 준사법적 행위만이 아니라 실권 등 취소권이나 철회권이 제한되는 경우 및 하자가 치유되어 취소할 수 없는 경우, 판결의 효력에 의해 취소할 수 없는 경우 등을 모두 포함하여 이해하기도 한다(광의의 불가변력).

다만 행정행위 효력론의 관점에서 볼 때 취소권이나 철회권이 제한되는 것을 불가변력에 해당하는 것으로 관념하는 것은 논리적으로 정제되지 못한 느낌을 준다. 그것은 행정행위 자체의 효력 때문에 행정행위의 취소나 철회가 제한되는 것이 아니라 신뢰보호의 원칙이나 공익 등 다른 사유로 인하여 행정행위의 취소나 철회가 제한되는 경우에 해당하는 것이기 때문이다.

④ 불가쟁력과 불가변력의 관계

이처럼 행정행위의 불가쟁력이나 불가변력은 행정행위 자체의 효력으로서 쟁송절차와 관련이 없이 발생하는 것이고 상호 발생적으로 연관되어 있지 않다. 그러나 판결의 형식적 확정력과 실질적 확정력은 서로 발생적으로 연관되어 일단 판결이 있어야 하고 또 그 판결의 형식적 확정력이 발생하여야 실질적 확정력이 발생한다.

행정심판의 재결과 같은 준사법적 행위의 경우, 본질적으로 불가변력을 가지는 행위인데 이에 대해 쟁송제기기간이 경과하면 불가쟁력을 함께 가지게 된다.

⑤ 불가쟁력이 발생한 행정행위에 대한 구제

확정판결에 대해서 재심을 인정하듯이, 불가쟁력이 발생한 행정행위(처분)에 대하여 재심사를 허용할 것인가가 문제된다.

종래 판례는 불가쟁력이 발생한 행정행위(처분)의 위법을 다투는 방법으로 ① 하자의 승계이론에 의하여 불가쟁력이 발생한 행위의 위법을 아직 불가쟁력이 발생하지 않은 후행행위에 대한 항고소송에서 다투는 방법[206] ② 불가쟁력이 발생한 행정행위(처분)에 대한 처분청의 철회·변경권 행사에 대하여 법령상 또는 조리상의 신청권을 가지는 경우, 그 철회·변경신청권을 행사하고 그것이 거부되었을 때에 그 거부처분을 항고소송의 대상으로 하는 방법[207] 등을 인정하고 있었다.

그런데 행정기본법에 의해 이상의 두 가지 방법 이외에 새로운 구제수단이 입법되었다. 즉, 처분에 불가쟁력이 발생한 경우에 일정한 요건을 갖춘 경우 일반적으로 이에 대하여 취소·철회·변경을 신청할 수 있도록 하는 처분의 재심사제도가 도입되었다. 행정기본법 제37조는 처분에 불가쟁력이 발생한다고 하여도 ① 처분의 근거가 된 사실관계나 법률관계가 추후에 당사자에게 유리하게 바뀐 경우와 ② 당사자에게 유리한 결과를 가져다주었을 새로운 증거가 있는 경우, ③ 민사소송법 제451조에 따른 재심사유에 준하는 사유가 발생한 경우 등 대통령령으로 정하는 경우에는 해당처분을 한 행정청에게 처분의 취소·철회·변경을 구하는 재심사를 신청할 수 있도록

206) *Infra.* 제2장 제7관 5. 하자의 승계 참조.
207) *Infra.* 제2장 제8관 6. 철회권 행사에 대한 신청 참조.

규정하였다.[208)]

⑥ 행정행위의 존속력 개념의 도입여부

독일이론을 배경으로 불가쟁력과 불가변력을 포괄하는 개념으로 행정행위의 존속력이라는 개념을 사용하는 유력한 견해가 있다. 그러나 독일에서도 존속력에 대한 이해는 단순하지 않다. 존속력에는 불복절차와 관련하여 논의되어 불가쟁력에 대응하는 형식적 존속력과 불가변력 등에 대응하는 실체적 효력으로 논의되는 실질적 존속력이 있는데, 특히 문제가 되는 것은 실질적 존속력 개념이다. 실질적 존속력에 대해서는 독일에서도 그 이해가 다양하다. 그리하여 첫째, 행정행위의 취소나 철회가 불가능한 효력이라는 뜻에서 불가변력의 의미로 이해하기도 하고, 둘째, 판결에서의 기판력에 준하는 행정행위의 효력으로서 후행행위에 대해 일정한 규준을 제시하거나 구속력을 가진다는 의미에서 규준력 또는 기결력의 의미로 보기도 하며, 셋째, 행정행위의 당사자, 제3자, 처분청, 관련 행정청 및 법원 등에 발생하는 기속력의 의미로 이해하기도 한다.[209)]

그런데 이미 불가쟁력 및 불가변력 개념을 가지고 있는 우리나라의 행정법이론에 독일의 존속력 개념을 도입할 필요가 있는지에 대해서는 신중한 판단이 필요하다. 첫째로, 실질적 존속력을 불가변력으로 이해한다면 굳이 다른 용어법을 도입할 필요는 없을 것 같고, 둘째로, 이를 규준력이나 기결력으로 이해하고자 한다면 이러한 접근은 독일에서도 논란의 대상이 되고 있으며 선행의 행정결정을 경직적인 것으로 만들 여지가 있어 우리 행정현실에 맞을는지에 대한 의문이 제기되기도 하며 셋째로, 이를 기속력 개념으로 이해할 경우에는 독일에서는 논의되지 않는 우리나라의 행정행위의 공정력과 개념적으로 중복될 수도 있다(위법함에도 기속력을 가지는 경우)는 문제가 있다.

대법원은 행정행위 가운데 형식적·절차적 요건이 가장 엄격한 '행정심판의 재결'조차도 당사자들이 이에 기속되어 이와 모순되는 주장이나 판단을 할 수 없는 것은 아니라 하여 이러한 규준력, 기결력 개념을 부인하고 있다.[210)]

한편 행정기본법 제15조는 "처분은 권한이 있는 기관이 취소 또는 철회하거나 기간의 경과 등으로 소멸되기 전 까지는 유효한 것으로 통용된다."라는 규정을 두어 이 규정이 존속력을 규정한 것인지가 논란의 대상이 되고 있다. 그런데 이 조항의 '통용된다'라는 표현 때문에 이것이 존속력에 대한 규정이라고 보기 어렵다. 존속력은 전체적으로 보아 단순한 통용력이 아니라고 보아야 할 것이기 때문이다. 행정기본법 제15조에 '통용된다'라는 표현이 채택된 것은 아마도 지배적 학설의 견해에 따라 취소할 수 있는 행정행위의 효력에 대하여 실체적인 법적 의미를 가지는 효력을 인정하지 않기 위한 것이라고 사료된다. 즉 이 표현은 취소할 수 있는 행정행위의 공정력을 염두에 두고 채택된 표현이라고 생각된다.

208) 자세한 것은 *Infra*. 제2장 제11관 처분의 재심사 참조.

209) 그러나 우리 대법원은 행정행위 중 존속력이 가장 강할 것 같은 재결처분의 경우에도 그에 대하여 법원에 대한 어떠한 구속력을 인정하지 아니한다. 대법원 2019.10.17. 선고 2018두104 판결; 대법원 1994.11.8. 선고 93누21927 판결.

210) 대법원 1994.11.8. 선고 93누21927 판결; 대법원 2019.10.17. 선고 2018두104 판결.

### (6) 강제력

① 개관

행정행위의 강제력이라는 개념은 행정행위 중 하명(명령)의 경우 의무를 명하고 의무이행이 없을 경우, 이에 대해 강제할 수 있는 효력을 말한다. 사법(私法)관계에서는 사법(司法)강제의 원칙이 철저히 지켜지지만 행정법관계에서는 행정주체 자신에 의한 행정강제가 일정 부분 허용된다고 생각되어 왔기 때문에, 행정행위의 강제력이 행정행위의 효력의 하나로서 문제가 되었다. 그러나 오늘날은 행정청의 강제조치는 의무이행행위와는 별도의 법률유보를 필요로 한다고 인식되고 있기 때문에 행정행위의 강제력은 행정행위 자체의 효력이라기보다는 특정한 행정행위에 대하여 법령이 인정하는 특수한 효력으로 이해될 수 있다.

행정행위의 강제력에는 자력집행력과 제재력이 있다.

② 자력집행력

이미 언급한 것처럼, 종래에는 하명이라는 행정행위 자체에 별도의 법적 근거가 없어도 의무위반에 대해 행정강제를 할 수 있는 효력이 있다고 관념되어 왔다(처분효력설: 직권집행설). 그러나 오늘날 그러한 이해방식은 퇴조하고 행정행위의 강제력이 있기 위해서는 의무를 발생시키는 하명에 대한 법률유보와는 별도로 강제력을 부여하는 법적 근거가 있어야 한다는 견해(법규효력설: 법규설)가 지배적이다.

③ 제재력

의무위반에 대하여 제재할 수 있는 효력을 제재력이라 한다. 제재력의 경우 이미 오래 전부터, 이는 의무를 부담시키는 행정행위 자체의 효력이 아니라 그와는 별도로 제재를 근거지우는 법규의 효력임이 인정되어 왔다.

### (7) 집중효

① 인허가의제와 집중효

하나의 인허가(주된 인허가)를 받으면 법률로 정하는 바에 따라 그와 관련된 여러 인·허가(관련 인허가)를 받은 것으로 보는 것을 '인허가의제'라 한다(행정기본법 제24조 제1항). 이때 주된 인허가는 사업계획의 승인과 같은 행정계획 전체의 인허가인 경우가 많다. 그리고 인허가의제에 따라 인정되는 효력을 집중효라고 한다. 예컨대, '도시 및 주거환경정비법'에 따른 사업시행계획인가가 있으면 여러 가지의 인허가가 이루어진 것으로 의제되는 것과 같은 경우이다('도시 및 주거환경정비법' 제57조 제1항).

② 인허가의제의 유형

법률상 존재하는 인허가의제에는 법률의 규정에 의해 신청인의 의사와 무관하게 필수적으로 의제가 이루어지는 경우(필수적 의제)와 절차간소화를 위한 것일 뿐 인허가 신청인에게 의제처리를 신청할 수 있는 선택권이 주어지는 경우(절차간소화를 위한 의제)가 있다.[211] 후자의 경우 인허가의제 제도는 사업시행자 등의 이익을 위하여 만들어진 것이므로 사업시행자 등이 반드시 관련 인허가를 의제 처리해달라고 신청할 의무는 없다. 따라서 대법원은 주된 인허가를 하면서 행정청이 관련 인허가를 받는 것을 명시적인 조건으로 하거나 묵시적인 전제로 하여 주된 인허가를 한다고 하여도 그것이 반드시 위법이라고 할 수는 없다고 한다.[212] 그러나 관련 인허가를 받을 가능성이 없는 것이 확정된 상태에서 주된 인허가만 하는 경우는 위법하다고 한다.[213]

③ 인허가의제시 관련 인허가 행정청과의 협의 및 협의간주

이렇게 하나의 계획승인 등으로 개별법상의 여러 가지 인허가가 의제될 때, 주된 인허가 행정청은 관련 인허가 행정청과 미리 협의하게 되어 있다(행정기본법 제24조 제3항). 그런데 관련 인허가 행정청은 협의를 요청받으면 원칙적으로 20일의 기간 이내에 의견을 제출하여야 하고 그 법정기간 안에 의견을 제출하지 않으면 협의가 성립된 것으로 본다(같은 법 제24조 제4항). 주된 인허가 행정청은 협의를 위하여 필요한 경우에는 협의·조정을 위한 회의를 개최할 수 있다(같은 법 시행령 제4조).

협의 기간은 관련 인허가에 필요한 심의, 의견 청취 등 법률상 명시적 규정이 있는 절차(관련 인허가 절차)를 위한 경우와 민원처리 관련 법령에 따라 연장한 경우 20일보다 연장될 수 있다(같은 법 제24조 제4항, 제5항).

관련 인허가절차를 별도로 거쳐야 하는 경우에는 관련 인허가 행정청은 주된 인허가 행정청에 대하여 그 내용과 걸리는 기간 그리고 그 밖에 절차이행에 필요한 사항을 지체 없이 통지하여야 한다(같은 법 시행령 제5조 제1항).

이때의 협의의 법적 성격에 대하여 이를 동의로 보아야 할지 단순한 자문 또는 협의로 보아야 할지가 문제인데 이를 동의로 볼 때, 관계 행정청의 동의를 받지 않고 처분을 하게 되면 위법한 처분이 되고 원칙적으로 취소의 대상이 된다.[214]

일반적으로 행정청과 다른 행정청이 협의를 하는 경우, 그 협의의 법적 성격은 그를 규율하고 있는 법령이 어떻게 규정하고 있는가에 따라 판단하여야 한다고 본다.[215] 법령이 특별히 달리 규정하고 있다고 해석되지 않는 한,[216] 협의의 대상이 다른 행정청의 법적 권한에 속하는 것에 대한 결정이라면 행정청의 권한분장의 법리상 그 협의는 동의로 해석하는 것이 원칙이라고 하여야 할 것이다. 대법원은 반드시 분명하지는 않으나 동의설을 취하는 듯 보인다.[217] 따라서 의제되는 인허가에 대한 협의가 완전히 이루어지지 않았다면 "미리 협의한 사항에 한하여 그 승

211) 김종보, 『건설법의 이해』, 2023, 126면 이하.

212) 대법원 2020.7.23. 선고 2019두31839 판결.

213) 대법원 2023.9.21. 선고 2022두31143 판결.

214) 다만 인허가의제가 되지 않는 사안의 경우 대법원은 관계 행정청의 협의를 단순 자문으로 해석한 바 있다. 대법원 2006.6.30. 선고 2005두14363 판결.

215) 대법원 2018.7.12. 선고 2014추33 판결; 대법원 2018.10.25. 선고 2018두43095 판결.

216) 다른 행정청의 법적 권한에 속하는 일에 대한 협의임에도 법령이 달리 규정하고 있다고 해석하여 협의가 동의의 의미가 아니라고 판단한 사례로, 대법원 2009.6.25. 선고 2006다18174 판결 참조.

217) 대법원 2002.10.11. 선고 2001두151 판결.

인처분을 할 때에 인허가 등이 의제된다고 보아야 한다."[218)]

④ 협의완료조건부로 이루어지는 주된 인허가

경우에 따라서는 개별법이 협의완료 조건부로 아직 협의가 완료되지 않아도 주된 인허가를 할 수 있도록 규정하기도 한다. 예컨대, '주한미군 공여구역 주변지역 등 지원 특별법'은 사업시행을 위한 중요한 사항에 대한 협의가 있은 경우에는 모든 사항에 대한 협의가 끝나지 않아도 주관 행정청은 사업시행승인을 할 수 있다고 한다. 대법원은 이러한 경우에는 "관계 행정기관의 장과 미리 협의한 사항에 한하여 승인 시에 그 인허가가 의제될 뿐이고, 해당 사업과 관련된 모든 인허가의제 사항에 관하여 일괄하여 사전 협의를 거쳐야 하는 것은 아니다"[219)]라고 판시한 바 있다.

⑤ 관련 인허가의 경우 집중효의 인정범위

또한 집중효가 인정되는 처분을 할 때 주된 인허가의 신청을 받은 행정청은 관련 인허가요건에 엄격히 구속되어야 하는가 하는 점에 대해 ① 관할집중효설(주관기관이 통합 관할권을 행사할 뿐 의제되는 개별 인허가의 요건을 각기 충족하여야 하며 개별 인허가의 절차도 모두 거쳐야 한다고 봄), ② 절차집중효설(절차의 집중만 인정하여 개별절차를 다 거칠 필요는 없으나 개별 인허가의 요건은 각기 충족시켜야 한다고 봄), ③ 실체집중효설(실체법적으로 통합판단이 가능하므로 개별 인허가의 요건을 모두 다 갖출 필요는 없다고 봄. 따라서 자연히 개별 인허가의 절차도 각기 다 거칠 필요는 없다고 봄), ④ 제한적 절차집중효설(모든 절차를 다 생략할 수 있는 것은 아니고 제3자 또는 이해관계인에 관련된 절차와 같은 중요한 절차는 보장하여야 한다고 하고 다만 개별 인허가의 요건은 각기 다 갖추어야 한다고 함) 등이 논의되고 있다.

대법원은 문제되는 절차를 다 거칠 필요는 없다고 하면서,[220)] 실체적 요건에는 구속된다는 듯한 판시[221)]를 하고 있어서 실체집중은 부인하는 듯하다. 따라서 절차집중효설 내지 제한적 절차집중효설의 입장에 서있는 것으로 추정된다.[222)]

집중효의 인정범위에 대하여 행정기본법은 "관련 인허가에 필요한 심의, 의견청취 등 절차에 관하여는 법률에 인허가의제 시에도 해당 절차를 거친다는 명시적인 규정이 있는 경우에만 이를 거친다."고 규정하고 있다(제24조 제5항 단서). 이는 실체집중을 부인하고 종래 판례[223)]의 입장인 절차집중설 내지 제한적 절차집중설의 견해에 따르고 있는 것으로 보인다. 따라서 인허가의제를 위하여 의제되는 인허가의 실체적 요건은 개별적으로 심사하여야 한다는 판례[224)]의 입장은 여전히 유지될 수 있을 것으로 보인다. 그러나 관련 인허가의 절차는 명시적인 규정이 있는 경우 이외에는 주된 인허가의 절차로 갈음되고 따로 이를 거칠 필요가 없다.

---

218) 대법원 2018.10.25. 선고 2018두43095 판결.
219) 대법원 2012.2.9. 선고 2009두16305 판결 등.
220) 대법원 1992.11.10. 선고 92누1162 판결.
221) 대법원 2002.10.11. 선고 2001두151 판결.
222) 같은 해석으로, 이철환, 『행정법일반이론』, 2012, 465-466면.
223) 대법원 1992.1.10. 선고 92누1162 판결; 대법원 2009.4.23. 선고 2008두686 판결.
224) 대법원 2011.1.20. 선고 2010두14954 전원합의체 판결.

⑥ 의제되는 인허가의 실재성과 독자성

집중효가 인정되는 경우에도 의제되는 인허가가 실재성을 가지는가에 대해 논란이 있으나 이 경우 원칙적으로 관련 인허가는 독자적인 처분으로 취급될 수는 없다고 보아야 한다.

그러므로 관련 인허가는 원칙적으로 독자적인 쟁송의 대상이 될 수 없고 주된 인허가와 운명을 같이한다. 다만 관련 인허가에 대한 협의가 일괄적으로 이루어지지 못한 경우에는 협의가 이루어진 부분만에 대한 의제가 이루어질 수 있고 이러한 부분 인허가의제가 이루어지는 경우에는 관련 인허가의 독자성이 인정되어 관련 인허가 자체에 대한 쟁송이 가능하다.

이러한 관점에서, 대법원은 행정청이 주된 인허가처분을 불허하는 처분을 하면서 그 사유로 관련 인허가의 불허사유를 들고 있어도 쟁송대상이 되는 것은 주된 인허가에 대한 거부처분이라고 한다.[225] 그러나 대법원은 관련 인허가가 일괄적으로 협의가 이루어진 경우가 아닌 '부분 인허가 의제'로서 법령에 의해 허용되는 경우에는 그 효력을 제거하기 위한 법적 수단으로 관련 인허가의 취소나 철회가 허용될 수 있고, 이러한 직권 취소·철회가 가능한 이상 그 관련 인허가에 대한 쟁송취소 역시 허용된다는 입장이다.[226]

또한 대법원은 이 경우, '주된 인허가가 있으면 다른 법률에 의한 인허가가 있는 것으로 보는데 그치고, 거기에서 더 나아가 다른 법률에 의하여 인허가를 받았음을 전제로 하는 그 다른 법률의 모든 규정들까지 적용되는 것은 아니'라고 한다.[227]

이러한 판례이론을 반영하여 행정기본법은 인허가의제의 효과는 주된 인허가의 해당 법률에 규정된 관련 인허가에 한정된다고 규정하고 있다(행정기본법 제25조 제2항). 이 조항에 따라 관련 인허가 관련법에 의한 재의제 등은 원칙적으로 배제된다고 보아야 한다. 다만 개별법이 재의제를 인정한다면 특별법 우선의 원칙에 따라 그 개별법에 따른다.

⑦ 인허가의제의 처분기준 공표

행정절차법은 인허가의제의 경우 관련 행정청은 관련 인허가의 처분기준을 주된 인허가 행정청에게 제출하도록 하고 주된 인허가 행정청은 제출받은 처분기준을 통합하여 공표하도록 규정하고 있다(행정절차법 제20조 제2항). 처분기준을 변경할 때에도 동일하게 하여야 한다.

⑧ 인허가의제의 사후관리 및 행정청 상호간의 협조

주된 인허가가 이루어진 경우에 주된 인허가 행정청은 이를 지체 없이 관련 인허가 행정청에 통지하여야 하며 주된 인허가를 변경하였을 때에도 마찬가지로 통지하여야 한다(행정기본법 시행령 제5조 제2항).

인허가의제의 경우 관련 인허가 행정청은 관련 인허가를 직접한 것으로 보고 관계 법령에 따

---

225) 대법원 2001.1.16. 선고 99두10988 판결.

226) 대법원 2018.11.29. 선고 2016두38792 판결; 대법원 2018.7.12. 선고 2017두48734 판결.

227) 대법원 2016.11.24. 선고 2014두47686 판결; 대법원 2004.7.22. 선고 2004다19715 판결; 법제처도 법령해석 사안에서 '산업입지개발에 관한 법률'에 따라 '국토의 계획 및 이용에 관한 법률'의 실시인가가 의제되는 경우에 같은 법 제89조 제1항에 따른 이행보증금 예치까지 하게 할 수는 없다고 보았다. 법제처 2009.11.27. 회신 09-0353 해석.

른 관리·감독 등 필요한 조치를 하여야 한다(행정기본법 제26조 제1항). 그리고 주된 인허가 행정청과 관련 인허가 행정청은 주된 인허가와 관련 인허가의 관리·감독에 영향을 미치는 중요한 사항이 발생한 경우에는 상호간에 그 사실을 통지하여야 한다(행정기본법 시행령 제5조 제3항).

한편 주된 인허가가 있은 후 이를 변경하는 경우에도 새로운 인허가의제가 이루어지는 경우와 같이 인허가의제에 대한 행정기본법의 규정을 준수하여야 한다(행정기본법 제26조 제2항).

⑨ 근거규정 없는 사실상의 복합민원의 원스톱 처리

한편 근거규정 없이 복합민원을 원스톱으로 처리하여 사실상 집중효가 발생하는 것과 유사한 외양을 갖추는 경우가 있으나 이것은 인허가 의제나 집중효와는 구별하여 각각의 인허가가 각기 실재성을 가지고 일괄처리된 것에 불과하다고 보아야 한다.

참고판례 1: 대법원 1992.11.10. 선고 92누1162 판결 [주택건설사업계획승인처분취소]

건설부장관이 구 주택건설촉진법(1991. 3. 8. 법률 제4339호로 개정되기 전의 것) 제33조에 따라 **관계기관의 장과의 협의를 거쳐 사업계획승인을 한 이상 같은 조 제4항의 허가·인가·결정·승인 등이 있는 것으로 볼 것이고, 그 절차와 별도로 도시계획법 제12조 등 소정의 중앙도시계획위원회의 의결이나 주민의 의견청취 등 절차를 거칠 필요는 없다.**

해 설 관계기관장과의 협의를 거쳤다면 의제되는 인허가에서 요구되는 다른 절차를 별도로 거칠 필요는 없다는 판례이다.

참고판례 2: 대법원 2002.10.11. 선고 2001두151 판결 [채광계획불인가처분취소]

채광계획인가를 받으면 공유수면 점용허가를 받은 것으로 의제되고, 이 공유수면 점용허가는 공유수면 관리청이 공공 위해의 예방 경감과 공공 복리의 증진에 기여함에 적당하다고 인정하는 경우에 그 자유재량에 의하여 허가의 여부를 결정하여야 할 것이므로, 공유수면 점용허가를 필요로 하는 **채광계획 인가신청에 대하여도, 공유수면 관리청이 재량적 판단에 의하여 공유수면 점용의 허가 여부를 결정할 수 있고, 그 결과 공유수면 점용을 허용하지 않기로 결정하였다면, 채광계획 인가관청은 이를 사유로 하여 채광계획을 인가하지 아니할 수 있는 것이다.**

해 설 주된 인가관청이 관계기관과 하는 협의에서 관계기관이 동의하지 않을 수 있고 그러면 주된 인가관청이 인가신청을 거부할 수 있다고 판시하고 있다. 이 판시는 관계기관과의 '협의'의 법적 성격이 '동의'라는 점을 시사하고 있고 또한 의제되는 인허가 요건은 실체적인 면에서 생략되지 않고 심사되어야 함을 시사하고 있는 판례로 볼 수 있다.

참고판례 3: 대법원 2001.1.16. 선고 99두10988 판결 [건축허가신청서반려처분취소]

**구 건축법(1999. 2. 8. 법률 제5895호로 개정되기 전의 것) 제8조 제1항, 제3항, 제5항에 의하면, 건축허가를 받은 경우에는 구 도시계획법(2000. 1. 28. 법률 제6243호로 전문 개정되기 전의 것) 제4조에 의한 토지의 형질변경허가나 농지법 제36조에 의한 농지전용허가 등을 받은 것으로 보며,** 한편 건축허가권자가 건축허가를 하고자 하는 경우 당해 용도·규모 또는 형태의 건축물을 그 건축하고자 하는 대지에 건축하는 것이 건축법 관련 규정이나 같은 도시계획법 제4조, 농지법 제36조 등 관계 법령의 규정에 적합한지의 여부를 검토하여야 하는 것일 뿐, **건축불허가처분을 하면서 그 처분사유로 건축불허가 사유뿐만 아니라 형질변경불허가 사유나 농지전용불허가 사유를 들고 있다고 하여 그 건축불허가처분 외에 별개로 형질변경불허가처분이나 농지전용불허가처분이 존재하는 것이 아니므로,** 그 건축불허가처분을 받은 사람은 그 건축불허가처분에 관한 쟁송에서 건축법상의 건축불허가 사유뿐만 아니라 같은 도시계획법상의 형질변경불허가 사유나 농지법상의 농지전용불허가 사유에 관하여도 다툴 수 있는 것이지, **그 건축불허가처분에 관한 쟁송과는 별개로 형질변경불허가처분이나 농지전용불허가처분에 관한 쟁송을 제기하여 이를 다투어야 하는 것은 아니며,** 그러한 쟁송을 제기하지 아니하였어도 형질변경불허가 사유나 농지전용불허가 사유에 관하여 불가쟁력이 생기지 아니한다.

**해 설** 대법원은 이 판결에서 행정청이 주된 인허가처분을 불허하는 처분을 하면서 그 사유로 관련 인허가의 불허사유를 들고 있어도 쟁송대상이 되는 것은 주된 인허가에 대한 거부처분이라고 판시하고 있다.

### 참고판례 4: 대법원 2016.11.24. 선고 2014두47686 판결 [학교용지부담금부과처분취소등청구의소]

**주된 인허가에 관한 사항을 규정하고 있는 법률에서 주된 인허가가 있으면 다른 법률에 의한 인허가를 받은 것으로 의제한다는 규정을 둔 경우, 주된 인허가가 있으면 다른 법률에 의한 인허가가 있는 것으로 보는 데 그치고, 거기에서 더 나아가 다른 법률에 의하여 인허가를 받았음을 전제로 하는 그 다른 법률의 모든 규정들까지 적용되는 것은 아니다.**

(중략) 공공주택건설법 제12조 제1항이 단지조성사업 실시계획의 승인이 있는 때에는 도시개발법에 의한 실시계획의 작성·인가(제11호), 주택법에 의한 사업계획의 승인(제20호)을 받은 것으로 본다고 규정하고 있으나, 이는 공공주택건설법상 단지조성사업 실시계획의 승인을 받으면 **그와 같은 인가나 승인을 받은 것으로 의제함에 그치는 것이지 더 나아가 그와 같은 인가나 승인을 받았음을 전제로 하는 도시개발법과 주택법의 모든 규정들까지 적용된다고 보기는 어렵다. 따라서 공공주택건설법에 따른 단지조성사업은 학교용지법 제2조 제2호에 정한 학교용지부담금 부과대상 개발사업에 포함되지 아니하고,** 이와 달리 학교용지부담금 부과대상 개발사업에 포함된다고 해석하는 것은 학교용지부담금 부과에 관한 규정을 상대방에게 불리한 방향으로 지나치게 확장해석하거나 유추해석하는 것이어서 허용되지 아니한다.

### 참고판례 5: 대법원 2018.11.29. 선고 2016두38792 판결 [임대주택건설사업 계획승인처분취소]

구 주택법(2016. 1. 19. 법률 제13805호로 전부 개정되기 전의 것) 제17조 제1항에 따르면, 주택건설사업계획 승인권자가 관계 행정청의 장과 미리 협의한 사항에 한하여 승인처분을 할 때에 인허가 등이 의제될 뿐이고, **각호에 열거된 모든 인허가 등에 관하여 일괄하여 사전협의를 거칠 것을 주택건설사업계획 승인처분의 요건으로 규정하고 있지 않다.** 따라서 인허가 의제 대상이 되는 처분에 어떤 하자가 있더라도, 그로써 해당 인허가 의제의 효과가 발생하지 않을 여지가 있게 될 뿐이고, 그러한 사정이 주택건설사업계획 승인처분 자체의 위법사유가 될 수는 없다. 또한 의제된 인허가는 통상적인 인허가와 동일한 효력을 가지므로, **적어도 '부분 인허가 의제'가 허용되는 경우에는 그 효력을 제거하기 위한 법적 수단으로 의제된 인허가의 취소나 철회가 허용될 수 있고, 이러한 직권 취소·철회가 가능한 이상 그 의제된 인허가에 대한 쟁송 취소 역시 허용된다.**

따라서 **주택건설사업계획 승인처분에 따라 의제된 인허가가 위법함을 다투고자 하는 이해관계인은,** 주

**택건설사업계획 승인처분의 취소를 구할 것이 아니라 의제된 인허가의 취소를 구하여야 하며, 의제된 인허가는 주택건설사업계획 승인처분과 별도로 항고소송의 대상이 되는 처분에 해당한다.**

(중략) 구 주택법(2016. 1. 19. 법률 제13805호로 전부 개정되기 전의 것) 제17조 제1항의 인허가 의제 규정에는 인허가 의제가 가능한 공간적 범위를 제한하는 내용을 포함하고 있지 않으므로, **인허가 의제가 해당 주택건설 사업대상 토지(주택단지)에 국한하여 허용된다고 볼 수는 없다.** 다만 주택건설사업을 시행하는 데 필요한 각종 인허가 절차를 간소화함으로써 주택의 건설·공급을 활성화하려는 인허가 의제 규정의 입법 취지를 고려할 때, **주택건설 사업구역 밖의 토지에 설치될 도시·군계획시설 등에 대하여 지구단위계획결정 등 인허가 의제가 되려면, 그 시설 등이 해당 주택건설사업계획과 '실질적인 관련성'이 있어야 하고 주택건설사업의 시행을 위하여 '부수적으로 필요한' 것이어야 한다.**

해 설 이 판례는 두 가지 측면에서 의미가 있다. 첫째로 이 판례는 관련법규의 규정방식 등에 따라서는 의제되는 개별 인허가의 독자성이 인정될 수 있다고 판시하고 있다. 적어도 일괄하여 사전 협의가 이루어지지 않은 '부분 인허가 의제'의 경우에는 의제된 인허가가 독자성이 있으므로 그를 대상으로 항고소송을 제기하여야 하고 포괄적인 승인처분을 항고소송의 대상으로 할 것이 아니라고 한다. 둘째로, 인허가의제의 효과가 반드시 주된 인허가(주택건설사업계획승인처분)의 대상범위에 국한되는 것이 아니라 '실질적인 관련성'이 있다면 주된 인허가의 대상범위 밖의 지역에 대해서도 관련 인허가(도시관리계획결정)의 의제효과가 발생한다고 판시하고 있다.

---

## 제6관 행정행위의 부관

### 1. 부관의 개념

#### (1) 개관

행정행위의 부관이란 전통적으로 '행정행위의 효과를 제한하기 위하여 주된 의사표시에 부가된 종된 의사표시'로 관념되어 왔다. 그러나 오늘날 부관을 반드시 의사표시에만 부가할 수 있는 것이라고 생각하지 않는 비판적 견해가 등장하였다. 이 견해는 부관은 의사표시가 아니어서 효과의사를 요하지 않는 준법률행위적 행정행위에도 붙일 수 있는 것이라고 하면서 행정행위의 부관을 '행정행위의 효과를 제한 또는 보충하기 위하여 행정기관에 의하여 주된 행정행위에 부가된 종된 규율'로 정의한다.

#### (2) 전통적 부관 개념과 비판적 부관 개념의 차이

전통적 견해와 비판적인 견해의 차이점은 첫째, 부관이 의사표시인지의 여부, 둘째, 부관이 행정행위의 효과를 제한하기만 하는 것인지 보충하기도 하는 것인지의 여부 등의 두 가지 점에 대한 이해에 있다고 생각된다. 전통적인 견해에 따르면 부관은 의사표시이므로 의사표시인 법률행위적 행정행위에만 붙일 수 있다고 하지만 비판적 견해는 부관은 의사표시가 아니어도 되고, 따라서 준법률행위적 행정행위에도 붙일 수 있다고 한다. 또 전통적 견해는 부관은 행정행위의 법률효과를 제한하는 것이라고 하지만 비판적 견해는 부관이 법률효과를 반드시 제한하는 것이어야만 하는 것은 아니며 보충할 수도 있다는 점을 지적한다.

#### (3) 행정행위의 부관과 법정부관

행정행위의 부관은 법정부관과 구별된다. 법정부관은 행정행위로서가 아니라 법규로서 부관을 부가하는 것이다. 또한 행정행위의 부관은 행정행위의 내용상 제한과 구별된다. 예컨대, 2종 운전면허자가 일정한 차량을 운전할 수 없는 것은 행정행위로서의 부관 때문이 아니라 2종운전면허 자체의 내용상 제한에 따른 것이다.

#### (4) 부관의 부종성

이러한 행정행위의 부관의 본질적 특색은 부종성에 있다. 부관은 본체인 행정행위에 부가되는 것(附)이며 본체인 행정행위에 종속되는 성질(從)이 있는데 이를 부종성이라 한다. 부관 가운데 부담은 부종성이 가장 약하다. 부담은 본체인 행정행위에 덧붙인 의무부과이므로 경우에 따라 그를 본체인 행정행위와 분리할 수 있기 때문이다.

### 2. 부관의 종류

#### (1) 조건

조건이란 행정행위의 효력의 발생·소멸이 장래 발생이 불확실한 사실의 성부(成否)에 의존하도록 만든 부관을 말한다. 불확실한 사실의 성부가 상대방의 의사에 의존하는 경우 이를 부진정조건이라고 부르기도 한다.

조건에는 정지조건과 해제조건이 있는데 정지조건은 효력발생조건을 말하고 해제조건은 효력소멸조건을 말한다.

조건은 행정행위의 효력 자체의 발생·소멸을 좌우하는 부관이므로, 법적 안정성의 요청에 비추어 보면 조건의 부가는 바람직하지 않다. 따라서 부관의 성격이 조건인지 부담인지가 애매한 경우, 부담으로 해석하는 것이 타당할 것이다. 부관의 종류에 대한 판단은 행정행위의 해석문제이므로 그 부관을 위반하였을 때의 법적 효력이 어떻게 되는가에 따라 판단하여야 할 것이다. 즉, 부관을 위반하여도 행정행위의 효력은 영향을 받지 않고 처벌이나 강제집행의 대상으로만 된다면 그것은 부담일 것이고, 부관을 위반하면 행정행위가 효력을 잃도록 되어 있다면 그 부관은 해제조건일 것이다. 또한 부관이 이행되어야 행정행위의 효력이 발생한다고 하면 그 부관은 정지조건이다.

#### (2) 기한

기한이란 행정행위의 효력의 발생·소멸을 장래 그 발생여부가 확실한 사실에 종속시키는 부관을 말한다. 기한에는 그 날짜가 확정되어 있느냐의 여부에 따라 확정기한과 불확정기한의 두 가지 종류가 있다. 기한에는 법률효과가 발생하는 때인 시기(始期), 법률효과가 소멸하는 때인 종기(終期) 그리고 법률효과의 발생시기와 소멸시기가 모두 정해져 있는 기간(期間) 등이 있다.

참고판례: 대법원 1995.11.10. 선고 94누11866 판결 [옥외광고물등표시허가연장거부처분취소]

행정행위인 허가 또는 특허에 붙인 조항으로서 종료의 기한을 정한 경우 **종기인 기한에 관하여는 일률적으로 기한이 왔다고 하여 당연히 그 행정행위의 효력이 상실된다고 할 것이 아니고 그 기한이 그 허가 또는 특허된 사업의 성질상 부당하게 짧은 기한을 정한 경우에 있어서는 그 기한은 그 허가 또는 특허의 조건의 존속기간을 정한 것이며 그 기한이 도래함으로써 그 조건의 개정을 고려한다는 뜻으로 해석하여야 할 것이다.**

**이 사건 기간연장신청은 그에 대한 종전의 허가처분을 전제로 종전의 허가가 기한의 도래로 실효한 이상 (중략) 단순히 그 유효기간을 연장하여 주는 행정처분을 구하는 것이라기보다는 종전의 허가처분과는 별도의 새로운 허가를 내용으로 하는 행정처분을 구하는 것이라고 보아야 할 것**이어서, 이러한 경우 허가권자는 이를 새로운 허가신청으로 보아 법의 관계 규정에 의하여 허가요건의 적합 여부를 새로이 판단하여 그 허가 여부를 결정하여야 할 것이다.

해 설 처분의 기한이 있는 경우 그 기한이 처분의 성질상 지나치게 짧으면 그 기한은 처분의 조건(부관)의 존속기간으로 해석하여 그 조건의 개정(갱신)을 고려하는 의미로 이해하여야지 처분 자체의 소멸이 되는 것으로 이해해서는 안 된다는 것이다. 그러나 종전 허가의 유효기간 이후에 그 갱신을 신청하면 그것은 종전 허가와 갱신허가의 연결고리가 끊어지므로 갱신의 신청이 아니라 새로운 허가의 신청이 된다는 것이다.

### (3) 부담

부담이란 수익적 행정행위에 부가하여 작위, 부작위, 급부, 수인을 명하는 부관을 말한다. 부담은 조건과 달리 행정행위의 발효, 소멸과 직접 관계된 것이 아니다. 부담의 불이행은 처벌이나 강제집행의 대상이 될 뿐이다. 그러나 대법원은 처분의 상대방이 부담(의무)을 이행하지 아니한 경우에 처분행정청으로서는 이를 들어 당해 처분을 사후적으로 철회할 수 있다고 한다.[228]

이미 언급한 바와 같이 부담은 부관 중에서 가장 부종성이 약하기 때문에 독립해서 쟁송의 대상이 될 수 있다.

### (4) 철회권의 유보

어떤 사유가 있을 때 행정행위를 철회할 수 있음을 미리 유보해 두는 것을 철회권의 유보라고 한다. 철회권의 유보는 반드시 그것을 할 수 있다는 법적 근거가 없어도 붙일 수 있다. 그러나 철회권의 유보가 있다고 하여 언제나 철회가 자유로운 것은 아니다. 철회권의 유보가 있어도 철회권의 제한에 관한 법리가 그대로 적용된다.

228) 대법원 1989.10.24. 선고 89누2431 판결.

### (5) 사후부담유보 · 사후변경의 유보

사후에 부담을 부가할 수 있음을 유보하는 부관을 부담유보라 한다. 이와 유사한 것으로 사후변경의 유보도 있다. 사후변경의 유보를 철회권의 유보의 한 유형으로 보기도 하지만 철회 자체가 아니라 행정행위의 변경이 이루어질 수도 있다는 점에서 양자를 구분하는 것이 더 논리적이다.

사후부담유보는 원래의 처분을 유지시킨 채 부담을 가할 수 있도록 한다는 점에서 철회권의 유보와 다르다.

### (6) 수정부담

수정부담은 원래의 행정행위의 신청에 대해서 거부하면서, 그 내용을 일부 수정하여 신청을 수리하는 형태로 행정행위를 하는 것이다. 이것은 부관이 아니라 독립한 하나의 행정행위라고 보아야 할 것이다. 수정부담이 부관과 다른 점은 수정부담은 일단 거부(Nein)하고 나서 다른 형태로(Aber) 인용하는 구조를 가지고 있는데 반하여, 부관은 일단 행정행위를 해 주지만(Ja) 다른 조건이나 기한 등의 제한을 가한다(Aber)는 점에서 논리구조가 서로 반대이다. 어쨌든 법률에 특별한 규정이 없는 한 수정부담은 허용되지 않는다.

### (7) 법률효과의 일부배제

법령상 인정되는 법률효과를 일부 배제하는 부관이 법률효과의 일부배제이다. 예컨대, 택시의 격일제운행을 명하는 부관이 그것이다. 다만 택시의 격일제 운행은 격일의 부작위부담이라고 관념될 여지도 있다. 그러나 택시의 격일제 운행은 법이 정한 법률효과를 제거하는 것이라는 점에서 이를 단순히 의무부과행위라고 할 수 없다고 보는 관점에서는 이를 법률효과의 일부배제로 보는 것이 타당할 것이다. 법률효과의 일부배제를 하기 위해서는 반드시 법률에 근거가 있어야 한다.

### (8) 법률요건 충족적 부관

행정행위를 함에 있어서 아직 법률요건이 충족되지 않았으나 일단 행정행위를 하면서 추후에 신청인에게 법률요건을 충족하도록 명하는 조건이나 기한 등을 붙이는 경우가 있다. 이를 법률요건 충족적 부관이라 하는데 엄밀히 말하면 이것은 부관의 다른 종류와 동일한 차원에서 논할 수 있는 것은 아니다.

예컨대 영업허가를 하면서 허가의 요건이 되는 사소한 시설이 미비된 경우 그것을 이행할 것을 조건으로 하여 행정행위를 하게 되면 그 부관은 조건의 성격을 가짐과 동시 법률요건 충족적 부관이 되는 것이다.

### 3. 부관의 가능성과 한계

#### (1) 부관을 붙일 수 있는 행정행위: 부관의 가능성

행정행위의 부관은 명문의 규정이 있는 경우에는 의문의 여지없이 붙일 수 있다. 명문의 규정이 없을 때가 문제이다. 행정기본법 제17조는 기속행위라도 법률의 근거가 있으면 부관을 붙일 수 있다고 규정하고 있다. 이러한 규정을 둔 것은 일반적으로 재량행위에는 개별법의 근거 없이도 부관을 붙일 수 있다는 점을 분명히 하였다는 점에서 종래의 판례의 입장을 반영한 것이다. 그러나 아무리 재량행위라도 침익적 부관을 법적 근거 없이 붙일 수 있게 하는 것은 문제라는 최근의 학문적인 논의를 반영하지 못하고 오히려 그러한 논의의 근거를 잃게 만들었다는 점에서 다소 퇴행적인 측면이 있다.

한편 전통적으로 논의되는 준법률행위적 행정행위와 기속행위의 경우에 부관을 붙일 수 있는지에 대해서는 행정기본법은 침묵하고 있다. ① 전통적으로는 부관이 의사표시의 속성을 가지고 있으므로 의사표시의 요소를 가지고 있는 법률행위적 행정행위와 행정청에 재량이 인정되는 재량행위에만 부관을 붙일 수 있으며 준법률행위적 행정행위와 기속행위에는 부관을 붙일 수 없다는 해석이 지배적이었다. ② 그러나 부관을 의사표시로만 이해하지 않고 전통적 견해를 비판적으로 보는 입장에서는 준법률행위적 행정행위나 기속행위에 대해서도 부관을 붙일수 있는 가능성을 인정한다. 이 견해는 기본적으로 기속행위·재량행위 그리고 법률행위적 행정행위·준법률행위적 행정행위 라는 개념적 범주에 따라 부관의 가능성을 논하는 것을 거부하고 개별적·구체적으로 부관의 가능성을 논하여야 한다는 입장이다. 그러므로 이 견해에 따르면 법률행위적 행정행위이면서 재량행위인 귀화허가에 대해서는 그 성질상 기한을 붙일 수가 없으며 준법률행위적 행정행위나 기속행위에도 법률요건 충족적 부관은 붙일 수가 있다고 한다.

어떤 입장에 서더라도 법률요건충족적 부관은 본질적 의미의 부관이 아니므로 준법률행위적 행정행위나 기속행위에도 붙일 수 있다고 보아야 할 것이다.

대법원은 기속행위에는 부관을 붙일 수 없고 가사 부관을 붙였다 하더라도 무효라고 한다.[229] 그러나 재량행위의 경우에는 "법령상의 근거가 없다고 하더라도 부관을 붙일 것인가의 여부는 당해 행정청의 재량에 속한다"고 한다.[230]

#### (2) 부관과 법률유보: 부관의 자유성

부관을 붙이는 데 법률유보가 필요한가 하는 점에 대해 행정기본법 제17조 제2항은 처분에 재량이 있는 경우에는 부관을 붙일 수 있고 처분에 재량이 없는 경우에는 법률에 근거가 있는 경우에만 부관을 붙일 수 있다고 규정하고 있다(행정기본법 제17조 제1항, 제2항). 한편 학설과 판례[231]는 재량행위인 수익적 행정행위에 대해서는 법률적 근거 없이 (침익적) 부관을 붙일 수 있

229) 대법원 1993.7.27. 선고 92누13998 판결.
230) 대법원 1991.10.11. 선고 90누8688 판결.
231) 대법원 2021.2.4 선고 2020두48772 판결 등.

다고 하였다. 그러나 근래 침익적 효과를 가져오는 부관을 법적 근거 없이 붙일 수 있는지에 대해 반론이 제기되고 있다. 이러한 반론은, 침익적 부관에 법률유보가 필요없다는 논리는 독일에서 보조금 지급 결정과 동시에 부관을 붙일 때 보조금지급이 법적 근거 없이 예산적 근거만으로 집행되어 왔기에 그에 대한 부관도 법적 근거 없이 이루어진 것에 유래한다고 한다.[232] 행정기본법의 규정 때문에 이러한 반론이 받아들여질 가능성이 약해진 것으로 보이지만 이러한 반론은 여전히 유효하다. 왜냐하면 침익처분에 대해서는 법률유보의 원칙이 적용된다고 규정한 행정기본법 제8조와의 연관 해석상 현재의 행정기본법 제17조 제1항의 규정의 해석에서도 침익적 부관에 대해서는 법적 근거가 있어야 한다는 결론을 도출할 수 있기 때문이다.

#### (3) 부관의 의무성

부관을 붙일 것인가의 여부는 원칙적으로 재량행위에 속하는 것이지만 제3자 보호를 위해 요청될 때에는 행정청은 부관을 부가할 의무를 진다고 하여야 한다.

#### (4) 사후부관의 문제: 시간적 한계

행정행위를 한 이후에 부관을 새로 붙이거나 종전의 부관을 변경할 수 있는지, 즉 사후부관이 가능한지에 대하여, 부관의 부종성을 중요하게 고려하면 이를 부정할 수 밖에 없다(부정설). 그러나 행정의 현실적 상황에 적응하기 위해서는 제한적으로 사후부관을 허용하는 것이 타당할 것으로 본다(제한적 긍정설). 행정기본법은 제한적 긍정설의 입장에서 ① 법률에 근거가 있는 경우 ② 당사자의 동의가 있는 경우 ③ 사정이 변경된 경우(부관을 새로 붙이거나 종전의 부관을 변경하지 아니하면 해당 처분의 목적을 달성할 수 없다고 인정되는 경우)에는 사후부관이 가능하다고 규정하고 있다(제17조 제3항). 이러한 행정기본법의 규정은 판례이론의 입장을 반영한 것이지만 판례는 이외에도 '그 변경이 미리 유보되어 있는' 경우에는 부관의 사후변경이 가능하다고 하고 있다.[233] 생각건대 행정기본법에서 사후변경의 유보를 별도의 부관의 사후변경 사유로 규정하지 않은 이유는 아마도 사후변경의 유보가 있어도 결국 "사정이 변경되어 부관을 새로 붙이거나 종전의 부관을 변경하지 아니하면 해당 처분의 목적을 달성할 수 없다고 인정하는 경우"에 해당하여야 사후변경이 정당화될 수 있다고 보았기 때문이라고 생각된다.

참고판례: 대법원 1997.5.30. 선고 97누2627 판결 [토지굴착등허가처분중부담무효확인]

행정처분에 이미 **부담**이 부가되어 있는 상태에서 그 의무의 범위 또는 내용 등을 변경하는 부관의 사후변경은, **법률에 명문의 규정이 있거나 그 변경이 미리 유보되어 있는 경우 또는 상대방의 동의가 있는 경우에 한하여 허용되는 것이 원칙이지만, 사정변경으로 인하여 당초에 부담을 부가한 목적을 달성할 수 없게 된 경우에도 그 목적달성에 필요한 범위 내에서 예외적으로 허용된다.**

232) 박정훈, "행정행위 부관의 재검토", 『행정행위의 쟁점과 과제』(한국행정법학회·법제처 공동학술대회 자료집), 5면 이하, 2016.6.30.

233) 대법원 1997.5.30. 선고 97누2627 판결.

### (5) 부관의 한계

행정기본법은 부관의 내용상 한계를 다음과 같이 명시하고 있다(제17조 제4항).

① 목적한계(해당 처분의 목적에 위배되지 않을 것): 본체인 행정행위와 그 목적에 비추어 타당하여야 한다.

② 사항적 한계(해당 처분과 실질적 관련성이 있을 것): 부관은 본체인 행정행위에 부종하므로 사항적 통일성이 있어야 하고 본체인 행정행위와 물적 관련성이 없는 부관은 부당결부금지원칙 위반으로서 위법하게 된다.

③ 비례원칙(해당 처분의 목적을 달성하기 위하여 필요한 최소한의 범위일 것)

그러나 이상과 같은 행정기본법의 규정은 학설상 논의되고 있는 부관의 한계를 망라하고 있지는 않고 있어서 다소 불완전하다. 이외에도 부관은 행정행위의 일환으로 이루어지는 것이니만큼 그에 따르는 한계를 가지고 있다. 즉 부관도 행정행위의 일부분을 이루는 만큼 위의 요건 이외에도 행정행위에 요구되는 적법, 가능, 명확의 요건을 갖추어야 한다.[234)]

ⅰ) 부관은 법령에 적합하여야 한다(적법한계). 성문법령 뿐만 아니라 비례원칙, 평등원칙 등의 행정법의 일반원칙에 저촉되어서도 아니 된다(조리상 한계).

ⅱ) 부관은 이행 가능한 것이어야 한다(이행가능성에 따른 한계).

ⅲ) 부관은 명확하여야 한다. 명확성의 원칙이 부관에도 적용된다.

## 4. 부관의 하자

부관의 하자는 본체인 행정행위에 어떠한 영향을 미치는지가 또 하나의 중요한 문제이다. 부관의 하자가 중대·명백하지 아니하여 취소할 수 있는 정도에 그칠 때에는(단순위법), 부관이 취소될 때까지는 아무런 법적 영향이 없다. 부관의 하자가 중대·명백한 경우가 문제인데, 이때 부관이 본체인 행정행위에 어떤 의미가 있는 것인지를 검토하여야 한다. 그리하여 부관이 본체인 행정행위의 중요요소가 되어 부관이 아니었다면 행정행위를 하지 않았을 것으로 추정되는 경우에는 부관의 무효는 본체인 행정행위의 무효를 초래하게 된다. 부관이 중요 요소가 아니라면 부관의 무효는 부관 자체만의 무효로 끝난다.

## 5. 위법한 부관에 대한 쟁송

부관이 위법할 때, 부관에 대한 행정쟁송을 어떻게 할 것인지 하는 문제는 부관의 부종성으로 인하여 부관만을 독립쟁송의 대상으로 할 수 있는지, 즉 부관에 대해 독립적으로 처분성을 인정할 수 있는지의 문제(독립쟁송가능성)와 쟁송의 대상을 본체인 행정행위와 부관 모두로 하든지, 아니면 부관만으로 하든지 간에 부관만을 떼어 취소를 할 수 있는지의 여부의 문제(독립취소

---

234) 적법, 가능, 명확, 타당의 요건 중 타당의 요건에 대해서는 행정기본법이 규정하는 목적한계가 이를 정하고 있다고 볼 수 있다.

가능성)와 밀접하게 관련되어 있다.

### (1) 독립쟁송가능성

원칙적으로 부관만에 대한 쟁송은 허용되지 않고, 부관을 다투기 위해서는 행정행위 전체를 쟁송 대상으로 하여야 한다(부정설). 즉, 내용적으로 부관의 취소를 원하더라도 형식적으로는 행정행위 전체의 취소를 구하여야 한다(부진정일부취소소송).

이에 대하여 본체인 행정행위와 부관을 분리가능한가라는 관점에서 평가하고, 분리가능한 부관에 대해서는 독립쟁송을 허용하여도 좋다는 입장도 있을 수 있다(분리가능성설). 그러나 이러한 분리가능성설에 따르면 소송요건 문제(처분성)인 독립쟁송가능성 판단에서 본안심리사항인 분리가능성을 미리 심리하게 된다는 점에서 본안 판단의 선취가 될 가능성이 있다.

지배적인 학설은 대체로 부종성이 약한 부담의 경우에 대해서는 독립쟁송가능성을 인정하고 다른 경우에는 독립쟁송가능성을 부정하는 것이 보통이다. 즉, 부담의 경우 독립하여 처분성이 인정된다(부담독립설). 판례도 같다.[235)]

### (2) 독립취소가능성

부관이 독립하여 쟁송의 대상이 되는지의 문제와는 별도로 부관만을 취소할 수 있는지가 문제된다. 이 문제는 독립쟁송가능성의 문제와 반드시 연계되지는 않는다. 즉, 부담을 독립쟁송의 대상으로 한다 하더라도 그것만을 취소할 수 있는가 하는 실체적 판단은 처분성 인정의 문제와는 별개의 것이라 할 것이다. 부관의 독립취소가능성에 대해서는 학설이 귀일하지 않고 있다.

① 부관이 위법하다면 독립취소가 가능하다는 입장이 있다. 그 근거는 취소 후 사후부관을 붙일 수 있기 때문에 부관만의 독립취소를 하더라도 공익을 보호할 수 있다는 것이다(독립취소 긍정설).

② 본체인 행정행위와 부관이 분리가능한가라는 관점에서 이 문제를 보고, 분리 가능한 경우에는 독립취소를 할 수 있다고 하는 입장도 있다(분리가능성설).

③ 독립취소가능성의 판단은 부관과 본체인 행정행위의 관련성의 정도에 따라서 구체적·개별적으로 판단할 사항이라고 보는 견해도 있다(중요성 기준설). 이 견해에 따르면 원칙적으로 본체인 행정행위의 본질적 요소(중요 요소)가 되는 부관은 독립취소가 불가능하다고 보아야 한다.

④ 원칙적으로 기속행위에 부가된 부관은 위법하므로 독립취소가 가능하지만 재량행위의 경우, 독립취소가능성은 부정되어야 한다는 입장도 있다(기속행위·재량행위 구별설). 부관이 전체 재량권 행사에 영향을 미쳤을 것이기 때문이다. 이러한 입장에서는 문제되는 부관이 부담일지라도 본체인 행정행위가 재량행위인 경우 본체인 행정행위와의 관련성을 검토하여 독립취소가 가능한지를 평가하여야 한다.

생각건대, 사후부관을 붙이는 것이 그렇게 단순한 일이 아니라는 관점에서 독립취소를 원칙

235) 대법원 1992.1.21. 선고 91누1264 판결.

적으로 긍정하는 입장은 받아들이기 어렵다. 부관이 본체인 행정행위의 중요요소인가 또는 본체인 행정행위와 분리가능한가, 재량행위인가 기속행위인가 하는 점들은 부관을 독립취소할 수 있는가 하는 점을 판단하기 위한 중요한 요소들이다. 독립취소의 가능성은 이러한 점들을 모두 고려하여 판단하는 것이 타당할 것으로 생각한다(종합설). 또한 법률요건충족적 부관은 그를 취소함으로써 행정행위를 위법하게 만들 수 있기 때문에 문제이기는 하나, 행정행위의 위법에 대해 행정청은 취소하거나 신뢰보호를 할 수 있으므로, 법률요건충족적 부관에 대한 독립취소도 가능하다고 본다.

학설과 달리 판례는 부담에 대해서만 독립쟁송가능성(처분성 인정의 문제)과 독립취소가능성을 인정한다(부담독립설).[236] 그런데 부담의 독립취소가능성을 인정하는 입장에서는 부담의 독립쟁송가능성을 인정하는 실익이 있는지가 문제된다. 독립쟁송가능성이 인정되면 집행정지 등의 가구제제도를 활용하는 데 편리하다는 장점이 있으므로 독립취소가능성이 인정되어도 독립쟁송가능성을 별도로 인정할 실익이 있다고 할 것이다.

대법원은 부담 이외의 부관에 대해서는 독립쟁송가능성과 독립취소가능성 모두를 부인한다. 즉 부관과 본체인 행정행위의 관련성의 정도에 따라 위법 부관이 중요부분이면 전부취소,[237] 중요부분이 아니면 기각[238]하는 것이 판례의 태도이다.

부담 이외의 부관에 대해 독립쟁송가능성과 독립취소가능성을 모두 인정하지 않는 판례의 입장에 따르면, 부담 이외의 부관을 다투기 위해서는 (1) 부관부 행정행위 전체의 취소를 구하거나 (2) 부관 없는 처분으로 변경하여 줄 것을 청구하고 그것이 거부된 경우에 거부처분취소소송을 제기하는 수밖에 없다.[239]

따라서 현재 판례에 의할 때, 부담 이외의 부관에 대한 쟁송은 실익을 기하기 쉽지 않다. 그런데 부관에 관한 쟁송은 행정행위의 적극적 변경을 요하는 경우가 많으므로, 의무이행쟁송으로 상당부분 해결가능하다. 현행법상으로는 의무이행심판을 적극 활용할 필요성이 있다.

**참고판례 1: 대법원 1992.1.21. 선고 91누1264 판결 [수토대금부과처분취소]**

행정행위의 부관은 행정행위의 일반적인 효력이나 효과를 제한하기 위하여 의사표시의 주된 내용에 부가되는 종된 의사표시이지 그 자체로서 직접 법적 효과가 발생하는 독립된 처분이 아니므로 현행 행정쟁송제도 아래서는 부관 그 자체만을 독립된 쟁송의 대상으로 할 수 없는 것이 원칙이나 **행정행위의 부관 중에서도 행정행위에 부수하여 그 행정행위의 상대방에게 일정한 의무를 부과하는 행정청의 의사표시인 부담의 경우에는 다른 부관과는 달리 행정행위의 불가분적인 요소가 아니고 그 존속이 본체인 행정행위의 존재를 전제로 하는 것일 뿐이므로 부담 그 자체로서 행정쟁송의 대상이 될 수 있다.**

236) 대법원 1992.1.21. 선고 91누1264 판결; 대법원 1995.6.13. 선고 94다56883 판결.
237) 대법원 1985.7.9. 선고 84누604 판결.
238) 대법원 1986.8.19. 선고 86누202 판결.
239) 대법원 1990.4.27. 선고 89누6808 판결 참조.

**참고판례 2: 대법원 1990.4.27. 선고 89누6808 판결 [어업허가사항변경신청불허가처분취소]**

수산업법시행령 제14조의4 제3항에는 제14조의3 제5호에 정한 기선망어업(근해선망어업)의 허가를 받고자 하는 자는 어선의 부속선으로 운반선, 등선을 갖추어야 한다. 이 경우에 등선은 1톤당 3척 이내여야 한다고 규정되어 있고, 이는 수산업법 제11조, 같은 시행령 제14조의3 제5호에 정한 '근해구역을 주조업구역으로 하는 기선선망어업(근해선망어업)'이기만 하면 그 어선규모의 대소를 가리지 않고 등선과 운반선을 갖출 수 있고 또 갖추어야 하는 것이라고 해석되므로(당원 1989.5.23. 선고 87누769 판결 참조) 피고가 원고에 대하여 **이 사건 기선망어업의 허가를 하면서 운반선, 등선 등 부속선을 사용할 수 없도록 제한한 부관은 그것이 비록 위 법 제15조의 규정에 터잡은 것이라 하더라도 위 어업허가의 목적달성을 사실상 어렵게 하여 그 본질적 효력을 해하는 것일 뿐만 아니라** 위 시행령 제14조의4 제3항의 규정에도 어긋나는 것이며, 더욱 뒤에 보는 바와 같이 어업조정이나 기타 공익상 필요하다고 인정되는 사정이 없는 이 사건에서는 위법한 것이라고 할 것이고, 나아가 **이 부관을 삭제하여 등선과 운반선을 사용할 수 있도록 하여 달라는 내용의 원고의 이 사건 어업허가사항변경신청을 불허가한 피고의 처분 역시 위법하다**고 보아야 할 것이다.

**해 설** 이 판결은 부관 없는 처분으로 변경하여 줄 것을 청구하고 그것이 거부된 경우에 거부처분취소소송을 낸 경우에 원고의 청구를 인용한 것이다. 이러한 구제를 가능하게 하기 위해서는 원고에게 부관없는 처분으로 변경을 신청하기 위한 법규상·조리상의 신청권이 인정되어야 한다.

### 6. 부관(부담)과 그 이행행위

부관과 그 이행행위의 관계를 어떻게 이해할 것인가 하는 점에 대하여 이행행위는 부관에 종속된다는 입장(종속설)과 독립적이라는 입장(독립설)이 있을 수 있다.

대법원은 부관(부담)과 그 이행행위는 별개의 것으로, 부관은 이행행위인 사법행위의 동기에 불과하므로 그것이 무효라고 하여 그 이행행위로서의 사법행위가 당연히 무효가 되는 것은 아니라고 한다.[240)]

기부채납의 경우에도 이러한 법리는 그대로 적용되어, 대법원은 기부채납이라는 사법상의 증여계약[241)]이 이루어진 경우 기부채납의 부관에 하자가 있다 하더라도 그것이 당연무효이거나 취소되지 않았다면 그 증여계약을 취소할 수 없다고 한다.[242)] 또한, 부관이 취소되거나 무효이더라도 그러한 사실이 증여계약의 중요부분의 착오를 일으키는 것이 아닌 한 증여계약을 취소할 수 없다.

240) 대법원 2009.6.25. 선고 2006다18174 판결.
241) 판례는 일관되게 기부채납을 사법상의 증여계약으로 본다. 대법원 1996.11.8. 선고 96다20581 판결 등.
242) 대법원 1999.5.25. 선고 98다53134 판결.

참고판례 1: 대법원 2009.2.12. 선고 2005다65500 판결 [약정금]

수익적 행정처분에 있어서는 법령에 특별한 근거규정이 없다고 하더라도 그 부관으로서 부담을 붙일 수 있고, **그와 같은 부담은 행정청이 행정처분을 하면서 일방적으로 부가할 수도 있지만 부담을 부가하기 이전에 상대방과 협의하여 부담의 내용을 협약의 형식으로 미리 정한 다음 행정처분을 하면서 이를 부가할 수도 있다.**

행정청이 **수익적 행정처분을 하면서 부가한 부담의 위법 여부는 처분 당시 법령을 기준으로 판단하여야 하고, 부담이 처분 당시 법령을 기준으로 적법하다면 처분 후 부담의 전제가 된 주된 행정처분의 근거 법령이 개정됨으로써 행정청이 더 이상 부관을 붙일 수 없게 되었다 하더라도 곧바로 위법하게 되거나 그 효력이 소멸하게 되는 것은 아니다.** 따라서 행정처분의 상대방이 수익적 행정처분을 얻기 위하여 행정청과 사이에 행정처분에 부가할 부담에 관한 협약을 체결하고 행정청이 수익적 행정처분을 하면서 협약상의 의무를 부담으로 부가하였으나 부담의 전제가 된 주된 행정처분의 근거 법령이 개정됨으로써 행정청이 더 이상 부관을 붙일 수 없게 된 경우에도 곧바로 협약의 효력이 소멸하는 것은 아니다.

참고판례 2: 대법원 2009.12.10. 선고 2007다63966 판결 [약정금]

공무원이 인·허가 등 수익적 행정처분을 하면서 상대방에게 그 처분과 관련하여 이른바 부관으로서 부담을 붙일 수 있다 하더라도, 그러한 부담은 법치주의와 사유재산 존중, 조세법률주의 등 헌법의 기본원리에 비추어 비례의 원칙이나 부당결부의 원칙에 위반되지 않아야만 적법한 것인바, **행정처분과 부관 사이에 실제적 관련성이 있다고 볼 수 없는 경우 공무원이 위와 같은 공법상의 제한을 회피할 목적으로 행정처분의 상대방과 사이에 사법상 계약을 체결하는 형식을 취하였다면 이는 법치행정의 원리에 반하는 것으로서 위법하다.**

지방자치단체가 골프장사업계획승인과 관련하여 사업자로부터 기부금을 지급받기로 한 증여계약은 공무수행과 결부된 금전적 대가로서 그 조건이나 동기가 사회질서에 반하므로 민법 제103조에 의해 무효라고 본 사례.

## 제7관 행정행위의 하자

### 1. 행정행위의 결효와 행정행위의 하자론

행정행위가 여러 가지 사유로 효력이 없게 되는 경우 모두를 총칭하여 행정행위의 결효라고 한다. 행정행위의 결효는 행정행위의 효력이 처음에는 존재하였으나 사후에 없어지는 경우인 소멸, 처음부터 효력이 없는 경우인 무효 및 부존재로 나누어 볼 수 있다.

한편 소멸은 권한 있는 기관의 의도적인 행위에 의해 행정행위의 효력이 소멸되는 폐지와 행정청의 행위 없이 객관적 사유의 발생으로 행정행위의 효력이 소멸되는 실효로 구별된다.

또한 폐지는 행정행위의 원시적 하자를 이유로 하는 행정행위의 취소와 후발적 사정을 이유로 공익상 행정행위의 효력을 폐지하는 철회로 나누어 볼 수 있다.

그리고 행정행위의 취소는 행정청의 판단에 따라 이루어지는 직권취소와 행정행위의 상대방이나 이해관계 있는 제3자가 쟁송으로 취소를 구함으로써 이루어지는 쟁송취소로 구분된다.

행정행위의 결효가 모두 행정행위의 하자로 인한 것은 아니다. 실효나 철회는 행정행위의 하자와 무관하게 행정행위가 효력을 상실하는 경우이다. 또한 부존재도 엄밀히 개념적으로 말하면 행정행위의 하자라기보다는 행정행위 자체가 존재하지 않은 것이라고 할 수 있다.

그러나 행정행위가 효력을 잃게 되는 대부분의 경우는 하자로 인한 것이라고 할 것이다.

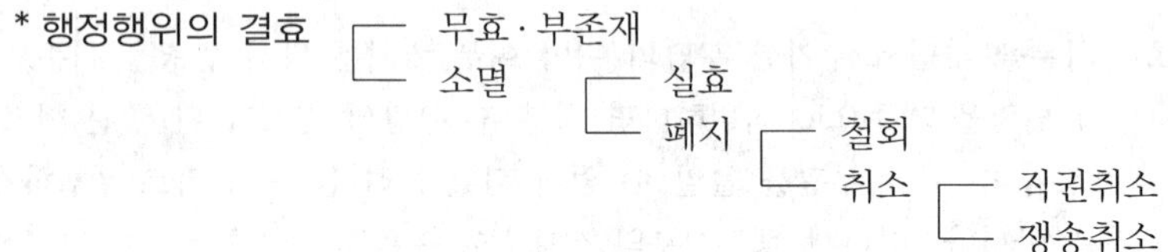


## 2. 행정행위의 하자와 행정행위의 부존재

### (1) 행정행위의 하자

행정행위의 하자란 행정행위가 그 성립요건을 갖추지 못하여 완전히 적법하게 성립하지 못하였음을 말한다. 이것은 논리적으로 일단 행정행위의 성립을 전제로 하는 것이므로 부존재와 구별되지만 실제로 부존재도 행정행위의 하자의 한 유형으로 다루어지기도 한다. 특히 행정행위의 부존재에 대해 그 처분성이나 소의 이익 등을 부인하는 경우 그를 하자의 유형으로 다루지 않은 것이 되지만, 부존재확인소송을 인정하는 경우, 그것은 부존재도 하자의 유형의 하나라고 인정하는 셈이 된다.

행정행위의 하자는 단순한 오기나 계산상의 착오와는 구별된다. 단순한 오기는 정정사유이지 하자라고 할 수 없다.

행정행위가 하자가 있다고 하기 위해서는 위법하거나 부당하여야 한다. 그러나 부당은 행정심판에서 예외적으로 다툴 수 있을 뿐이고 행정소송에서는 그를 다툴 수 없으므로, 행정행위의 하자는 대부분 위법의 문제로 다루어진다.

### (2) 하자의 효과의 개별화

행정행위가 하자가 있을 때, 그것을 (당연)무효와 취소의 대상으로 양분하는 입장이 오늘날의 쟁송제도의 기본적인 골격을 이루고 있다. 그러나 이처럼 행정행위의 하자의 효과를 논리적, 형식적으로 무효·취소 이분론으로 해결하는 것이 필연적인 것은 아니다. 오히려 경험적·목적론적으로 행정행위의 효과를 개별화하는 것이 구체적인 현실문제 해결에 더 적절할 수도 있다(하자의 효과의 개별화). 이런 관점에서 행정행위의 하자의 치유와 전환을 인정하여 이분론에 따른 도식적 해결을 지양하고자 하는 노력이 있는 것이다.

더 나아가 행정행위 하자의 효과에 대한 새로운 분류법을 제시하는 것도 학문적으로는 의미가 있으나, 현재의 쟁송제도가 워낙 무효와 취소 이분론에 입각하여 발전되어 온 것이라서 새로운 분류법이 제도적으로 의미있게 전개되기는 쉽지 않은 상황이다.

#### (3) 행정행위의 부존재

행정행위로서의 외관이 없는 것을 행정행위의 부존재라 한다. 행정행위의 부존재는 행정행위로서 전혀 효력이 발생하지 않는다는 점에서 무효와 같다. 그러므로 무효와 부존재를 구별할 실익이 있는가 하는 것이 문제이다.

부존재와 무효의 구별의 실익으로서 생각해 볼 수 있는 것은, 부존재는 행위로서의 실체가 없으므로 쟁송의 대상으로 되지 않으나, 무효의 경우 쟁송의 대상으로 된다는 것을 생각해 볼 수 있다. 즉, 부존재의 경우 처분성이나 소의 이익이 부인되어 항고소송이 제기될 경우 각하되는데 반하여 무효의 경우 처분성과 소의 이익이 인정되어 본안심리의 대상이 된다는 점에서 양자를 구별할 수 있다는 것이다.

그러나 현실적으로 부존재확인소송이 허용되고 있다. 따라서 부존재 가운데에는 처분성이나 소의 이익이 부정되는 부존재도 있지만 처분성과 소의 이익이 긍정되어 부존재확인소송의 대상이 되는 경우도 있는 것이다. 이때 부존재확인소송의 대상이 되는 부존재와 무효확인소송의 대상이 되는 무효의 법적 취급이 사실상 동일하다는 점에서 양자를 구별할 실익이 과연 있는지가 의심스럽다. 처분성과 소의 이익이 인정되는 부존재는 사실상 행정행위의 하자의 한 유형으로 다루어지고 있다고 할 수 있다. 논리적으로는 처분성이나 소의 이익이 부정되는 것만 부존재라 칭하고 처분성과 소의 이익이 인정되는 것은 무효의 대상으로 하는 것이 간명할 것이다. 처분성이 부정되는 부존재를 행정행위가 아니라(비행정행위) 하고 처분성이 인정되는 부존재를 협의의 부존재라 칭하기도 한다.

### 3. 행정행위의 무효와 취소의 구별

#### (1) 무효·취소 구별의 실익

행정행위의 무효와 취소의 구별은 이미 쟁송제도를 비롯한 각종 제도가 양자를 구별하고 있기 때문에 필요하다고 할 수 있다. 요컨대, 행정행위의 무효와 취소를 구별할 실익을 논하는 이유는 양자에 대한 법적 취급이 다르기 때문이다.

① 불가쟁력의 발생여부

취소할 수 있는 행정행위에는 쟁송제기기간이 도과하면 더 이상 다툴 수 없는 효력인 불가쟁력이 발생한다. 그러나 무효인 행정행위는 쟁송제기기간이 따로 없고 아무 때나 무효확인소송을 제기할 수 있기 때문에 시간이 지나도 불가쟁력이 발생하지 않는다.

② 하자의 승계가 문제시되는지의 여부

행정행위에 하자가 있는 경우, 취소할 수 있는 단순위법의 하자를 가진 행정행위는 쟁송제기기간이 지나면 불가쟁력이 발생하여 더 이상 다툴 수 없게 된다. 그런데 행정행위가 하나로 완결되지 않고 여러 단계의 일련의 행정행위로 행하여져야만 완결적인 의미를 가질 때, 선행행위에 불가쟁력이 발생하여 더 이상 다툴 수 없게 되는 경우가 있다. 이런 경우에 선행행위에 존재하는 위법사유가 후행행위에 승계된다고 보아 선행행위에 대해서 다툴 수는 없지만 후행행위를 다툴 수 있게 하고 그 때 선행행위의 하자를 문제삼을 수 있도록 하는 것을 하자의 승계라 한다.

그런데 하자의 승계는 기본적으로 불가쟁력이 발생한 단순위법의 하자를 가진 행정행위의 문제이므로 불가쟁력이 발생할 수 없는 무효인 행정행위의 경우에는 하자의 승계를 문제삼을 필요가 없다. 무효인 행정행위에 대해서는 언제라도 무효확인소송을 제기할 수 있기 때문이다.

③ 치유나 전환의 인정여부

행정행위의 하자가 있을 때, 그 하자가 단순위법의 하자로서 취소할 수 있는 사유에 그칠 때에는 하자의 치유가 인정되어 요건의 추완 등으로 완전한 행정행위로 될 수 있다. 한편, 그 하자가 중대·명백하여 무효에 해당하는 경우, 무효인 행정행위는 다른 행정행위로 전환될 수 있다. 이처럼 치유는 취소사유의 하자 있는 행정행위에 대해, 전환은 무효사유의 하자 있는 행정행위에 대해 인정된다.

④ 복종거부가능성

행정행위에 단순위법의 하자가 있을 때, 즉 취소사유의 위법이 있을 때에는, 그 행정행위가 취소될 때까지는 공정력으로 인하여 유효하다. 그러므로 취소될 때까지는 행정행위의 하자를 이유로 복종을 거부할 수 없다. 그러나 무효인 행정행위는 처음부터 당연 무효이므로 무효임을 확신할 수 있다면 복종을 거부하여도 법적 문제가 발생하지 않는다.

⑤ 행정쟁송에 있어서의 차이

취소할 수 있는 행정행위에 대해서는 취소쟁송, 즉 행정심판으로서의 취소심판 그리고 행정소송으로서의 취소소송을 통하여 다툴 수 있다. 이러한 취소쟁송에는 쟁송기간이 정하여져 있고, 법령이 요구할 때에는 먼저 행정심판을 거쳐야 할 경우도 있다(행정심판전치주의의 적용이 있는 경우). 한편 취소할 수 있는 행정행위는 행정심판이나 행정소송의 과정에서 그것이 위법하다는 판단을 하여도 공익을 위하여 필요한 경우에는 취소하지 않는다는 재결이나 판결을 할 수 있다(사정재결, 사정판결). 그러나 무효의 경우에는 사정재결이나 사정판결이 불가능하다.

무효인 행정행위에 대해서는 무효확인쟁송을 제기하는 것이 원칙이다. 그러나 법원과 행정심판위원회는 무효인 행정행위에 대해 취소쟁송을 제기한 경우에도 이를 부적법 각하하지 않고 무효선언적 의미의 취소판결이나 재결을 한다. 이를 무효선언적 의미의 취소소송, 무효선언적 의미의 취소심판이라 한다. 무효선언적 의미의 취소쟁송의 경우에도 일반적인 취소쟁송과 같이 쟁송제기기간이 적용되고, 행정심판 전치가 요구될 때에는 행정심판을 거쳐야만 한다.

⑥ 선결문제의 처리에서의 차이

행정행위가 민사소송이나 형사소송의 선결문제로 등장하였을 때, 그것이 무효사유의 하자를 가지고 있을 때에는 법원은 어느 경우에나 이를 심리할 수 있다. 그러나 단순위법, 즉 취소할 수 있는 하자를 가진 것에 불과하다면 그것이 위법여부에 대한 판단이라면 수소법원의 심리권이 인정되고 그것이 행정행위를 취소하여 효력을 부인하여야 하는 것이라면 행정소송의 관할권이 없는 민·형사소송의 수소법원의 심리권을 인정하지 않는다.

### (2) 무효·취소 구별의 기준

행정행위의 무효사유와 취소사유를 구별하는 기준에 대하여 종래 다음과 같은 학설이 주장되어 왔다.

① 중대설은 하자의 내용적 중대성을 기준으로 하여 무효와 취소를 구별하려는 견해이다. 그리하여 중대설은 능력규정[243]을 위반한 경우에는 원칙적으로 무효, 명령규정을 위반한 경우에는 원칙적으로 취소사유라고 한다든지 하는 식으로 위반행위의 중요성에 따라 무효사유인지 취소사유인지 가리고자 한다.

② 명백설은 하자의 명백성을 기준으로 하여 무효와 취소를 구별하려는 견해이다. 명백성 판단의 기준은 통상 보통 사람의 평균적 인식능력으로 이해되어 왔다.

③ 그러나 현재 지배적인 학설과 판례의 입장은 중대명백설이다. 즉, 하자가 중대하고도 명백하여야 무효사유가 되고, 중대하지만 명백하지 않거나 명백하지만 중대하지 않은 경우에는 취소사유가 됨에 그친다고 하는 견해이다.

중대명백설을 취하면서도 명백성의 판단에서 기준을 완화하고자 하는 입장도 없지 않다. 그리하여, (1) 명백성의 판단에 있어서 보통 사람을 기준으로 하지 않고 관계 공무원에게 명백한 경우도 명백한 것으로 인정할 필요가 있다는 입장, 그리고 (2) 명백성 요건은 무효판단의 보충적 요건에 불과하여 명백하지 않아도 무효판단을 할 수 있다는 견해(명백성보충요건설) 등이 있다. 특히 명백성보충요건설은 대법원 전원합의체판결에서 소수의견의 입장이었다.

대법원은 무효, 취소의 구별에 대해 중대명백설을 취하나[244] 예외적으로 명백성보충요건설에 입각한 경우도 있다.[245] 대법원은 명백성보충요건설을 취하여 예외적으로 무효판단을 할 수 있는 경우로서 "(1) 무효로 보더라도 법적 안정성을 크게 저해하지 않고 (2) 국민의 권익구제 등의 측면에서 현저하게 부당하게 볼 만한 특별한 사정이 있는 때"를 제시하고 있다.

한편 대법원은 환경영향평가를 거쳐야 할 경우 그를 거치지 않고 사업에 대한 승인처분 등이 이루어진 경우 이는 중대명백한 하자로서 무효라고 판시하고 있다.[246] 그러나 교통영향평가를 거쳐야 하는데 그를 거치지 않은 경우에는 무효라고 할 수 없다고 한다.[247]

---

243) 능력규정이라 함은 예컨대 재개발조합의 어떠한 법적 권리능력이나 행위능력에 관한 규정과 같은 것을 말한다.
244) 대법원 1995.7.11. 선고 94누4615 전원합의체 판결.
245) 대법원 2009.2.12. 선고 2008두11716 판결.
246) 대법원 2006.6.30. 선고 2005두14363 판결.
247) 대법원 2010.2.25. 선고 2009두102 판결.

**주요판례요지**

대법원 2018.7.19. 선고 2017다242409 전원합의체 판결: 어느 법률관계나 사실관계에 대하여 어느 법령의 규정을 적용할 수 없다는 법리가 명백히 밝혀지지 않아 해석에 다툼의 여지가 있는 상태에서 과세관청이 이를 잘못 해석하여 과세처분을 한 경우, 그 하자가 명백하다고 할 수 없다.

**참고판례 1: 대법원 1995.7.11. 선고 94누4615 전원합의체 판결 [건설업영업정지처분무효확인]**

[다수의견] 하자 있는 **행정처분이 당연무효가 되기 위하여는 그 하자가 법규의 중요한 부분을 위반한 중대한 것으로서 객관적으로 명백한 것이어야 하며 하자가 중대하고 명백한 것인지 여부를 판별함에 있어서는 그 법규의 목적, 의미, 기능 등을 목적론적으로 고찰함과 동시에 구체적 사안 자체의 특수성에 관하여도 합리적으로 고찰함을 요한다.**

[반대의견] 행정행위의 무효사유를 판단하는 기준으로서의 **명백성은 행정처분의 법적 안정성 확보를 통하여 행정의 원활한 수행을 도모하는 한편 그 행정처분을 유효한 것으로 믿은 제3자나 공공의 신뢰를 보호하여야 할 필요가 있는 경우에 보충적으로 요구되는 것으로서, 그와 같은 필요가 없거나 하자가 워낙 중대하여 그와 같은 필요에 비하여 처분 상대방의 권익을 구제하고 위법한 결과를 시정할 필요가 훨씬 더 큰 경우라면 그 하자가 명백하지 않더라도 그와 같이 중대한 하자를 가진 행정처분은 당연무효**라고 보아야 한다.

**해 설** 이 판결은 무효, 취소의 구별기준에 대하여 판시한 대표적인 리딩케이스라고 할 수 있다. 다수의견은 중대명백설을 소수의견은 명백성보충요건설을 취하고 있다.

**참고판례 2: 대법원 2009.2.12. 선고 2008두11716 판결 [취득세부과처분무효확인]**

취득세 신고행위는 납세의무자와 과세관청 사이에 이루어지는 것으로서 취득세 신고행위의 존재를 신뢰하는 제3자의 보호가 특별히 문제되지 않아 **그 신고행위를 당연무효로 보더라도 법적 안정성이 크게 저해되지 않는 반면, 과세요건 등에 관한 중대한 하자가 있고 그 법적 구제수단이 국세에 비하여 상대적으로 미비함에도 위법한 결과를 시정하지 않고 납세의무자에게 그 신고행위로 인한 불이익을 감수시키는 것이 과세행정의 안정과 그 원활한 운영의 요청을 참작하더라도 납세의무자의 권익구제 등의 측면에서 현저하게 부당하다고 볼 만한 특별한 사정이 있는 때에는 예외적으로 이와 같은 하자 있는 신고행위가 당연무효**라고 함이 타당하다.

**원심판결** 이유에 의하면, 원심은 원고가 1999. 12. 16. 이 사건 부동산에 대한 취득세 등을 자진신고(이하 '이 사건 신고행위'라 한다)한 사실, 피고가 2000. 5. 16. 및 2003. 4. 1. 원고에게 이 사건 부동산에 대한 취득세 등의 납부를 각 고지하였음에도 원고는 이 사건 소를 제기하기까지 과세관청 등에 이 사건 신고행위의 하자를 이유로 한 불복청구를 하지 아니한 사실 등을 종합하면, **이 사건 신고행위의 하자가 명백하다고 할 수 없으므로, 이 사건 신고행위를 당연무효로 볼 수 없다고 판단하였다.**

그러나 원심판결 이유 및 기록에 의하여 알 수 있는 다음과 같은 사정, 즉 취득세 등에 관한 **이 사건 신고행위의 경우에는 그 존재를 신뢰하는 제3자의 보호가 특별히 문제되지 않아 그 신고행위를 당연무효로 보더라도 법적 안정성이 크게 저해되지 않는 것으로 보이는 점, 원고가 이 사건 부동산에 관하여 등기와 같은 소유권 취득의 형식적 요건을 갖추지 못했을 뿐만 아니라, 대금의 지급과 같은 소유권 취득의 실**

**질적 요건도 갖추지 못함에 따라 이 사건 부동산의 취득에 기초한 이익 등을 향유한 바 없는 것으로 보이는 점, 이와 같이 지방세법에 규정된 취득이라는 과세요건이 완성되지 않는 등의 중대한 하자가 있고,** 그 법적 구제수단이 국세에 비하여 상대적으로 미비함에도 불구하고, 이 사건 신고행위로 인한 불이익을 원고에게 그대로 감수시키는 것이 **원고의 권익구제 등의 측면에서 현저하게 부당하다고 보이는 점, 이 사건 신고행위를 당연무효로 보더라도 과세행정의 원활한 운영에 지장이 있다고 단정하기 어려운 점** 등을 종합하면, **그 하자가 중대한 이 사건 신고행위의 경우에는 이를 당연무효라고 볼 만한 특별한 사정이 있다고 할 것이다.**

**해 설** 하자가 중대하나 명백하지 않은 경우에 예외적으로 명백성보충요건설의 입장에서 무효판단을 한 사례이다.

### (3) 위헌법률에 근거한 행정처분의 효력

대법원과 헌법재판소는 위헌법률에 근거한 행정처분의 효력에 대한 판단에 있어서 중대명백설의 입장에서 위헌선언이 있기 이전에는 명백성 요건을 충족할 수 없어 무효가 될 수 없다고 한다. 다만 헌법재판소는 그 행정처분을 무효로 하더라도 법적 안정성을 크게 해치지 않는 반면에 그 하자가 중대하여 그 구제가 필요한 경우에는 예외적으로 무효를 인정할 수 있다고 한다.[248)]

그러나 무효가 아니라 취소할 수 있는 행정행위로서 불가쟁력이 발생하였다고 하더라도 위헌선언된 법률에 근거한 행정처분에 대해서는 위헌결정의 기속력으로 인하여 집행력이 부여되지 않는다.[249)]

요컨대 ① 행정처분이 있은 후 그 처분의 근거가 된 법령이 위헌결정되면 그 처분은 취소사유가 됨에 그치고 ② 근거 법령에 대한 위헌결정 이후에 행정처분이 이루어지면 그 행정처분은 당연무효가 된다.[250)] 그리고 ③ 위헌선언 이전에 이루어진 위헌법령에 근거한 처분에 대해 위헌선언 이후에 불가쟁력이 발생했다면 그에는 위헌결정의 소급효가 미치지 않으므로[251)] 하자를 다툴 수는 없으나 행정청은 그를 집행할 수도 없다. 이러한 경우에도 위헌결정이 있은 후 처분의 재심사 제도를 통하여 처분의 하자를 다툴 수는 있다.

이러한 판례이론에 따르면 위헌선언이 처분 이후에 이루어지는 경우에는 처분이 위헌무효가 될 가능성이 없게 된다.

다만, 헌법재판소 판례 중에는 위헌선언이 처분 후에 이루어져도 예외적으로 처분을 무효로 판단할 수 있는 가능성을 언급하는 것이 있다.[252)] 그러나 이러한 판례들은 대법원이 사후에 위헌이 선언된 법률에 근거한 행정처분의 효력을 무효로 할지 취소사유로 할지가 불분명하였던 시대에 나온 것이고 오늘날 행정처분 이후에 위헌선언이 이루어진 법률에 근거한 행정처분은 무효

---

248) 헌법재판소 1994.6.30. 선고 92헌바23 결정.
249) 대법원 2002.8.23. 선고 2001두2959 판결.
250) 대법원 1994.10.28. 선고 92누9463 판결; 대법원 2001.3.23. 선고 98두5583 판결; 헌법재판소 2004.1.29. 선고 2002헌바73 결정.
251) 대법원 2014.3.27. 선고 2011두24057 판결.
252) 헌법재판소 1994.6.30. 선고 92헌바23 결정. 헌법재판소 1994.6.30. 선고 92헌가18 결정 등.

가 아니라 취소사유에 해당한다는 대법원 판례가 확립된 상황에서는, 무효확인소송에서의 무효사유에 관련된 판단은 재판의 전제성을 결여하여 위헌법률심사가 이루어질 수도 없는 것이다. 따라서 헌법재판소의 예외적 무효판단의 가능성에 주목한다면 근거 법률의 위헌을 이유로 제소기간이 지난 처분의 무효확인을 구하는 경우에는 행정소송으로는 이를 다툴 수 없으므로 권리구제형 헌법소원으로 구제받을 수 있는 기회가 있다고 볼 수 있다. 근거 법률에 대한 위헌선언이 아직 이루어지지 않은 경우에는 위헌법률에 근거한 행정처분에 대한 무효확인을 구하는 행정소송은 재판의 전제성이 부정되어 법률의 위헌심사가 불가하므로 헌법소원의 보충성 원칙을 충족시킬 수 있기 때문이다.

한편 대법원에 따르면, 위헌으로 결정된 법률 또는 법률의 조항은 형벌에 관한 것이 아닌 한 원칙적으로 장래에 향하여 효력이 상실된다고 보아야 하지만, 헌법재판소의 위헌결정의 효력은 ① 위헌제청을 한 당해 사건, ② 위헌결정이 있기 전에 이와 동종의 위헌 여부에 관하여 헌법재판소에 위헌여부심판제청을 하였거나 법원에 위헌여부심판제청신청을 한 경우의 당해 사건, ③ 따로 위헌제청은 아니하였지만 당해 법률 또는 법률의 조항이 재판의 전제가 되어 법원에 계속 중인 사건, ④ 위헌결정 이전에 이루어진 처분에 대하여 위헌결정 이후에 위와 같은 이유로 제소된 일반사건에 소급적으로 미친다.[253)]

참고판례 1: 대법원 1994.10.28. 선고 92누9463 판결 [압류처분등무효확인]

법률에 근거하여 행정처분이 발하여진 후에 헌법재판소가 그 행정처분의 근거가 된 법률을 위헌으로 결정하였다면 결과적으로 행정처분은 법률의 근거가 없이 행하여진 것과 마찬가지가 되어 하자가 있는 것이 되나, 하자 있는 **행정처분이 당연무효가 되기 위하여는 그 하자가 중대할 뿐만 아니라 명백한 것이어야 하는데, 일반적으로 법률이 헌법에 위반된다는 사정이 헌법재판소의 위헌결정이 있기 전에는 객관적으로 명백한 것이라고 할 수는 없으므로** 헌법재판소의 위헌결정 전에 행정처분의 근거되는 당해 법률이 헌법에 위반된다는 사유는 특별한 사정이 없는 한 그 행정처분의 취소소송의 전제가 될 수 있을 뿐 **당연무효사유는 아니라고 봄이 상당하다.**

위헌인 법률에 근거한 행정처분이 당연무효인지의 여부는 위헌결정의 소급효와는 별개의 문제로서, 위헌결정의 소급효가 인정된다고 하여 위헌인 법률에 근거한 행정처분이 당연무효가 된다고는 할 수 없고, 오히려 **이미 취소소송의 제기기간을 경과하여 확정력이 발생한 행정처분에는 위헌결정의 소급효가 미치지 않는다고 보아야 한다.**

**어느 행정처분에 대하여 그 행정처분의 근거가 된 법률이 위헌이라는 이유로 무효확인청구의 소가 제기된 경우에는 다른 특별한 사정이 없는 한 법원으로서는 그 법률이 위헌인지 여부에 대하여는 판단할 필요 없이 그 무효확인청구를 기각하여야 한다.**

253) 대법원 1993.1.15. 선고 91누5747 판결.
254) 허성욱, "위헌·위법인 법령에 근거한 처분의 집행력", 『행정판례평선』, 2011, 287면 이하.

### 참고판례 2: 헌법재판소 1994.6.30. 선고 92헌바23 결정 [구 국세기본법 제42조 제1항 단서에 대한 헌법소원]

행정처분의 집행이 이미 종료되었고 그것이 번복될 경우 법적 안정성을 크게 해치게 되는 경우에는 후에 행정처분의 근거가 된 법규가 헌법재판소에서 위헌으로 선고된다고 하더라도 그 행정처분이 당연무효가 되지는 않음이 원칙이라고 할 것이나, **행정처분 자체의 효력이 쟁송기간 경과 후에도 존속 중인 경우, 특히 그 처분이 위헌법률에 근거하여 내려진 것이고 그 행정처분의 목적달성을 위해서는 후행 행정처분이 필요한데 후행 행정처분은 아직 이루어지지 않은 경우와 같이 그 행정처분을 무효로 하더라도 법적 안정성을 크게 해치지 않는 반면에 그 하자가 중대하여 그 구제가 필요한 경우에 대해서는 그 예외를 인정하여 이를 당연무효사유로 보아서 쟁송기간 경과 후에라도 무효확인을 구할 수 있는 것이라고 봐야 할 것이다. 그렇다면 관련소송사건에서 청구인이 무효확인을 구하는 행정처분의 진행정도는 마포세무서장의 압류만 있는 상태이고 그 처분의 만족을 위한 환가 및 청산이라는 행정처분은 아직 집행되지 않고 있는 경우이므로 이 사건은 위 예외에 해당되는 사례로 볼 여지가 있고, 따라서 헌법재판소로서는 위 압류처분의 근거법규에 대하여 일응 재판의 전제성을 인정하여 그 위헌** 여부에 대하여 판단하여야 할 것이다.

**해 설** 행정처분이 있은 후 그 근거가 된 법률이 위헌이 되면 행정처분은 처분 당시에는 명백한 하자라고 할 수 없으므로 당연무효가 될 수 없다는 결론에 대해서 헌법재판소는 대법원과는 달리 예외를 인정하고 있다. 즉 문제되는 처분의 목적달성을 위해 후행 행정처분이 필요한데 이것이 아직 이루어지지 않은 경우, 선행처분을 무효로 인정하여도 법적 안정성을 크게 해치지 않으므로 이 경우에는 예외적으로 당연무효를 인정하여도 좋다는 것이다.

### 참고판례 3: 헌법재판소 1994.6.30. 선고 92헌가18 결정 [국가보위에관한특별조치법 제5조 제4항 위헌제청]

국가보위에관한특별조치법 제5조 제4항 및 동 특별조치령 제29조에 의하여 수용당한 원래의 자기소유 토지에 관하여 위 법률조항이 위헌임을 이유로 하여 대한민국을 상대로 소유권이전등기말소청구소송을 제기한 경우, 상위법인 위 법률조항의 위헌 여부는 하위법인 특별조치령의 위헌 여부 및 효력 유무의 전제가 되고 위 법률조항에 대하여 위헌결정이 되면 자동적으로 이에 근거한 특별조치령도 위헌·무효가 되고 아울러 위헌·무효인 특별조치법에 근거한 수용처분도 위헌·무효가 될 수 있기 때문에(**위헌법령에 기한 행정처분의 무효 여부는 당해 사건을 재판하는 법원이 위헌성의 정도 등에 따라 판단할 사항이다**), 위 법률조항의 위헌 여부는 위 소송 재판에서의 승패 여부에 전제가 된다.

**해 설** 이 판례에서도 헌법재판소는 행정처분 이후 그 근거법령이 위헌선언되어도 그 행정처분이 당연무효가 될 가능성을 시사하고 있다. 다만 이 판례에서는 무효여부를 위헌성의 정도 등에 따라 판단한다고 하고 있을 뿐이다.

### 참고판례 4: 대법원 2002.8.23. 선고 2001두2959 판결 [압류해제신청거부처분취소]

위헌법률에 기한 행정처분의 집행이나 집행력을 유지하기 위한 행위는 위헌결정의 기속력에 위반되어 허용되지 않는다고 보아야 할 것인데, 그 규정 이외에는 체납부담금을 강제로 징수할 수 있는 다른 법률적 근거가 없으므로, 그 **위헌결정 이전에 이미 부담금 부과처분과 압류처분 및 이에 기한 압류등기가 이루어지고 위의 각 처분이 확정되었다고 하여도, 위헌결정 이후에는 별도의 행정처분인 매각처분, 분배처**

**분 등 후속 체납처분절차를 진행할 수 없는 것은 물론이고, 특별한 사정이 없는 한 기존의 압류등기나 교부청구만으로는 다른 사람에 의하여 개시된 경매절차에서 배당을 받을 수도 없다.**

**해 설** 행정처분에 확정력이 발생한 후 그 근거법령이 위헌으로 결정되었다 하더라도 후속 절차는 위헌결정의 기속력으로 인해 진행할 수 없다는 판결로서 집행부정설적 입장을 분명히 하였다.[254] 한편, 이 판결은 독일 행정법이론으로서 그 도입 여부가 논의되고 있는 행정행위의 기결력이라는 개념을 실질적으로 부인하는 것과 같은 의미를 가진다고 할 수 있다.

### (4) 무효 · 취소의 사유: 행정행위의 위법사유

#### ① 주체에 관한 하자

무권한자, 정당한 기관구성자가 아닌 자의 행위는 원칙적으로 무효이다. 그러나 외관법리가 적용되어 사실상의 공무원으로 인정되는 경우는 예외이다. 다음에서 보듯이 판례는 외관법리를 적용하여 권한 없는 자의 행위를 취소할 수 있는 것으로 판시하기도 한다.

대법원은 권한 없는 행정청의 행위는 원칙적으로 무효이기 때문에, 예컨대 시장의 권한인 유기장 영업허가를 동장이 한 경우 이를 무효라 하였다.[255] 그러나 때로는 외관법리를 적용하여 수납기관이 아닌 기관의 양곡대금수납행위 등을 무효사유 아닌 취소의 대상이라고 하였으며,[256] 지역관할권이 없는 세무서장의 조세부과처분[257] 등은 무효가 아니라 취소사유라고 판시하고 있다. 또한 무효인 권한위임조례의 규정에 근거한 처분[258]은 객관적으로 명백한 하자가 있다고 볼 수 없어 무효가 아니라 취소사유라 하였다.

그리고 제척사유 해당자가 참여하여 행한 징계의결은 무효로 보는[259] 등 적법하게 구성되지 못한 합의제 행정기관의 행위는 무효로 본다.

의사무능력자인 행정청의 행정행위는 무효이다. 그러나 행위무능력자인 행정청의 행위가 문제될 여지는 별로 없다. 미성년자나 피성년후견인(성년후견의 대상자로서 종래의 금치산자, 한정치산자에 해당함)의 경우 공무원으로 임용되기 어렵기 때문이다.

한편 행정청의 의사에 하자가 있는 경우에 대해서는 대체로 대법원은 취소사유에 해당하는 것으로 본다. 그러나 착오의 경우 착오한 사항이 무엇인가에 따라 무효,[260] 취소[261] 또는 위법이 되지 않는[262] 등 다양한 결론이 나올 수 있다. 학설은 사기, 강박, 증수뢰의 경우는 취소원인이 되는 것으로 보는데, 판례도 사위행위로 받은 한지의사면허가 취소의 대상인 것으로[263] 판시하였다.

---

255) 대법원 1976.2.24. 선고 76누1 판결.
256) 대법원 1963.12.5. 선고 63다519 판결.
257) 대법원 2003.1.10. 선고 2002다61897 판결.
258) 대법원 1995.7.11. 선고 94누4615 전원합의체 판결.
259) 대법원 1994.10.7. 선고 93누21214 판결.
260) 대법원 1983.3.23. 선고 83누179 판결: 과세할 것이 아닌데 과세대상인 것으로 착오하여 과세한 경우 무효로 판시하였다.
261) 대법원 1962.9.27. 선고 62누29 판결.
262) 대법원 1985.11.26. 선고 85누382 판결.
263) 대법원 1975.12.9. 선고 75누123 판결.

### 참고판례 1: 대법원 1963.12.5. 선고 63다519 판결 [물품대금]

**군수에게 수납권한이 없다 하더라도 원심이 인정한 바와 같이 군수가 군에게 납부하라고 지시하였고 그 지시에 의하여 금산 교육구청이 수십회에 걸쳐 본건 양곡 대금을 군의 산업 과장 또는 그 부하직원에게 납부하였으며 그 납부된 금전이 대부분 수납기관인 농업은행에게 납부되었다는 사실**과 일건기록에 의하면 위와 같은 금산군수의 지시 또는 산업과장 및 그 직원들의 수금행위는 **객관적으로 보아 다른 특별한 사정이 없는 한 직무집행에 관하여 행하여진 행위라고 인정 못할 바 아님에도 불구하고 원심이 군수의 납부지시는 재정법상 위법이며 위의 지시에 의한 납부행위는 군수와 금산교육청과의 사적 편의를 위함에 불과하다는 이유로서 피고의 상계 항변을 배척하였음은 사용자의 책임에 관한 법리를 그릇한 위법이었다 할 것이므로** 그 외의 상고 이유에 대한 판단을 생략하고 원판결은 부당하다 하여 파기하기로 한 바, 본건은 원심으로 하여금 다시 심리 판단케 할 필요가 있다고 인정되어 관여법관 전원의 일치된 의견으로서 주문과 같이 판결한다.

해 설 농업은행에 납부하여야 할 것을 군수가 군에 납부하라고 지시하여 군 직원에게 납부한 양곡대금의 수금행위는 권한 없는 자의 행위로서 무효이지만 예외적으로 외관법리를 적용하여 취소사유로 판시한 것이다.

### 참고판례 2: 대법원 2013.12.26. 선고 2011두8291 판결 [조합설립인가처분취소]

**조합설립추진위원회(이하 '추진위원회'라고 한다)의 구성을 승인하는 처분은 조합의 설립을 위한 주체에 해당하는 비법인 사단인 추진위원회를 구성하는 행위를 보충하여 그 효력을 부여하는 처분인 데 반하여, 조합설립인가처분은 법령상 요건을 갖출 경우 도시정비법상 주택재개발사업을 시행할 수 있는 권한을 가지는 행정주체(공법인)로서의 지위를 부여하는 일종의 설권적 처분이므로, 양자는 그 목적과 성격을 달리한다.** 추진위원회의 권한은 조합 설립을 추진하기 위한 업무를 수행하는 데 그치므로 일단 조합설립인가처분을 받아 추진위원회의 업무와 관련된 권리와 의무가 조합에 포괄적으로 승계되면, 추진위원회는 그 목적을 달성하여 소멸한다. 조합설립인가처분은 추진위원회 구성의 동의요건보다 더 엄격한 동의요건을 갖추어야 할 뿐만 아니라 창립총회의 결의를 통하여 정관을 확정하고 임원을 선출하는 등의 단체결성행위를 거쳐 성립하는 조합에 관하여 하는 것이므로, **추진위원회 구성의 동의요건 흠결 등 추진위원회구성승인처분상의 위법만을 들어 조합설립인가처분의 위법을 인정하는 것은 조합설립의 요건이나 절차, 그 인가처분의 성격, 추진위원회 구성의 요건이나 절차, 그 구성승인처분의 성격 등에 비추어 타당하다고 할 수 없다.** 따라서 조합설립인가처분은 추진위원회구성승인처분이 적법·유효할 것을 전제로 한다고 볼 것은 아니므로, 구 도시정비법령이 정한 동의요건을 갖추고 창립총회를 거쳐 주택재개발조합이 성립한 이상, 이미 **소멸한 추진위원회구성승인처분의 하자를 들어 조합설립인가처분이 위법하다고 볼 수 없다. 다만 추진위원회구성승인처분의 위법으로 그 추진위원회의 조합설립인가 신청행위가 무효라고 평가될 수 있는 특별한 사정이 있는 경우라면, 그 신청행위에 기초한 조합설립인가처분이 위법하다고 볼 수 있다.** 그런데 조합설립인가 신청행위는 앞서 보았듯이 법령이 정한 동의 요건을 갖추고 창립총회를 거쳐 조합의 실체가 형성된 이후에 이를 바탕으로 이루어지는 것이므로, 추진위원회 구성이나 그 인가처분의 위법사유를 이유로 그 추진위원회가 하는 조합설립인가 신청행위가 위법·무효로 된다고 볼 것은 아니고, 그 **위법사유가 도시정비법상 하나의 정비구역 내에 하나의 추진위원회로 하여금 조합설립의 추진을 위한 업무를 수행하도록 한 추진위원회 제도의 입법취지를 형해화할 정도에 이르는 경우에 한하여 그 추진위원회의 조합설립**

**인가 신청행위가 위법 · 무효이고, 나아가 이에 기초한 조합설립인가처분의 효력을 다툴 수 있게 된다.**

**해 설** 조합설립인가처분은 하나의 설권처분이므로 그를 추진하기 위한 추진위원회 구성이나 그 인가처분이 위법하다 하더라도 그것이 추진위원회제도의 취지를 형해화할 정도여서 그 위법으로 조합설립인가 신청행위를 무효라고 평가할 수 있는 경우가 아닌 한, 그 위법으로 조합설립인가처분의 효력을 다툴 수는 없다고 판시하였다.

② 내용에 관한 하자

행정행위는 내용적으로 적법 · 가능 · 명확 · 타당하여야 한다. 따라서 명문규정뿐 아니라 불문법원칙을 위반한 행정행위도 하자 있는 행정행위가 된다. 그리고 사실상 불가능하거나 법률상 불가능한 경우, 불명확한 내용을 가진 행정행위도 모두 하자 있는 행정행위가 된다.

대법원은 처분의 목적물이 특정되지 않으면 이를 무효라고 한다.[264] 이와 관련하여 대법원은 대집행 계고시 대집행할 내용과 범위가 구체적으로 특정되어야 하나 철거명령서나 계고서에 의해서만 특정되어야 할 필요는 없고 그 이후 송달된 문서나 기타 사정을 종합하여 특정할 수 있으면 족하다고 한다.[265]

③ 절차에 관한 하자

불이익처분을 하면서 이유제시가 없는 행정행위, 동의나 신청 등 협력절차가 이행되지 않은 행정행위 그리고 사전통지나 의견청취가 필요한데도 이를 결여한 행위 등은 절차에 관한 하자 있는 행정행위로서 위법하다.

대법원은 상대방의 신청이나 동의가 필요한데도 이를 결여한 행위는 무효라고 한다.[266] 그러나 판례는 구체적 타당성의 관점에서 이미 동의한 행위를 변경하여 새로운 동의가 필요한데 이를 거치지 않은 경우 여러 상황을 감안하여 이를 취소사유에 불과하다고 판시하였다.[267]

대법원은 또한 타 기관의 의결, 승인, 협의, 자문 등의 필요적 협력이 필요한 사항을 그러한 협력 없이 행한 경우의 하자에 대해서는 그 타기관의 협력행위의 성격에 따라 무효,[268] 취소사유,[269] 위법이 아님[270] 등의 상이한 결론을 내고 있다.

필요한 공고나 통지를 결여한 행위의 경우에도 판례는 경우에 따라서 무효[271] 또는 취소사유[272]라는 판시를 하고 있다.

또한 필요한 이해관계인의 입회 또는 협의를 결한 행정행위는 원칙적으로 무효라고 함이 보

264) 대법원 1964.5.26. 선고 63누136 판결.
265) 대법원 1990.1.25. 선고 89누4543 판결.
266) 대법원 1970.10.23. 선고 70다1750 판결.
267) 대법원 2008.1.10. 선고 2007두11979 판결.
268) 대법원 2005.6.24. 선고 2004두10968 판결.
269) 대법원 1995.11.7. 선고 95누9730 판결.
270) 대법원 2001.7.27. 선고 99두5092 판결.
271) 대법원 1999.8.20. 선고 97누6889 판결: 환지계획 인가 후 다시 공람절차를 밟지 않고 수정된 내용에 따라 환지예정지지정 처분한 것은 무효.
272) 대법원 1987.9.22. 선고 87누383 판결: 독촉절차가 결여된 압류처분의 효력.

통이다. 그러나 대법원은 "기업자가 토지소유자와 협의를 거치지 아니한 채 토지의 수용을 위한 재결을 신청하였다는 등의 하자들 역시 절차상 위법으로서 이의재결의 취소를 구할 수 있는 사유가 될지언정 당연무효의 사유라고 할 수는 없다"고 한다.[273)]

그리고 대법원은 법률이 특별히 무효로 규정하지 않는 한 법규상 필요한 청문절차나[274)] 공청회절차[275)]의 결여를 취소사유로 보고 있다.

### 참고판례 1: 대법원 2005.6.24. 선고 2004두10968 판결 [전출명령등취소]

**지방공무원법 제30조의2 제2항은 시 · 도지사로 하여금 당해 지방자치단체 및 관할구역 안의 지방자치단체 상호간에 인사교류의 필요성이 있다고 인정할 경우 당해 시 · 도에 두는 인사교류협의회에서 정한 인사교류기준에 따라 인사교류안을 작성하여 관할구역 안의 지방자치단체의 장에게 인사교류를 권고할 수 있도록 하고,** 이 경우 당해 지방자치단체의 장은 정당한 사유가 없는 한 이에 응하도록 규정하고 있으므로, **시 · 도지사의 인사교류안의 작성과 그에 의한 인사교류의 권고가 선행되지 아니하면 위 조항에 의한 인사교류를 실시할 수 없다.**

**도지사의 인사교류안 작성과 그에 따른 인사교류의 권고가 전혀 이루어지지 않은 상태에서 행하여진 관할구역 내 시장의 인사교류에 관한 처분은** 지방공무원법 제30조의2 제2항의 입법 취지에 비추어 그 하자가 중대하고 객관적으로 명백하여 **당연무효라고 한 사례.**

**해 설** 광역자치단체장인 도지사의 인사교류안 작성은 인사교류의 시발점이 되는 것인데 이것 없이 이루어진 인사교류처분은 무효라고 보았다.

### 참고판례 2: 대법원 1995.11.7. 선고 95누9730 판결 [자동차운송사업계획변경인가처분취소등]

**자동차운송사업계획변경(기점연장)인가처분과 자동차운송사업계획변경(노선 및 운행시간)인가처분을 함에 있어서 그 내용이 2 이상의 시 · 도에 걸치는 노선업종에 있어서의 노선신설이나 변경 또는 노선과 관련되는 사업계획변경의 인가 등에 관한 사항이므로 미리 관계 도지사와 협의하여야 함에도 불구하고 이를 하지 아니한 하자**가 있으나, 그와 같은 사정만으로는 자동차운송사업계획변경(기점연장)인가처분과 자동차운송사업계획변경(노선 및 운행시간)인가처분이 모두 **당연무효의 처분이라고 할 수 없다.**

**해 설** 자동차 기점연장, 노선 및 운행시간 변경 등이 관계 도지사와 협의할 사항이나 그것을 결여하였다고 하여 당연무효는 아니라고 본 사례이다.

### 참고판례 3: 대법원 2001.6.29. 선고 99두9902 판결 [경부고속철도서울차량기지정비창건설사업실시계획승인처분취소]

구 환경영향평가법(1997. 3. 7. 법률 제5302호로 개정되기 전의 것) 제4조에서 환경영향평가를 실시하여야 할 사업을 정하고, 그 제16조 내지 제19조에서 대상사업에 대하여 반드시 환경영향평가를 거치도록 한 취지 등에 비추어 보면, 같은 법에서 정한 환경영향평가를 거쳐야 할 대상사업에 대하여 **그러한 환경**

---

273) 대법원 1993.8.13. 선고 93누2148 판결.
274) 대법원 1983.6.14. 선고 83누14 판결.
275) 대법원 1990.1.23. 선고 87누947 판결.

**영향평가를 거치지 아니하였음에도 승인 등 처분을 하였다면 그 처분은 위법하다 할 것이나, 그러한 절차를 거쳤다면, 비록 그 환경영향평가의 내용이 다소 부실하다 하더라도, 그 부실의 정도가 환경영향평가제도를 둔 입법 취지를 달성할 수 없을 정도여서 환경영향평가를 하지 아니한 것과 다를 바 없는 정도의 것이 아닌 이상** 그 부실은 당해 승인 등 처분에 재량권 일탈·남용의 위법이 있는지 여부를 판단하는 하나의 요소로 됨에 그칠 뿐, 그 부실로 인하여 당연히 당해 승인 등 **처분이 위법하게 되는 것이 아니다.**

해 설 처분을 하기 위해 환경영향평가를 거쳐야 하는 경우, 부실하더라도 환경영향평가를 거쳤다면, 그 부실이 환경영향평가를 거치지 않은 것과 같은 정도의 하자에 해당하지 않는 이상 그와 관련된 처분이 위법하게 되는 것은 아니라고 판시한 것이다.

### 참고판례 4: 대법원 2001.7.27. 선고 99두5092 판결 [공원사업시행허가처분취소재결취소]

국립공원 관리청이 국립공원 집단시설지구개발사업과 관련하여 그 시설물기본설계 변경승인처분을 함에 있어서 **환경부장관과의 협의를 거친 이상,** 환경영향평가서의 내용이 환경영향평가제도를 둔 입법 취지를 달성할 수 없을 정도로 심히 부실하다는 등의 특별한 사정이 없는 한, **공원관리청이 환경부장관의 환경영향평가에 대한 의견에 반하는 처분을 하였다고 하여 그 처분이 위법하다고 할 수는 없다고 한 사례.**

해 설 환경부장관과의 협의를 거쳤으나 환경영향평가에 대한 환경부의 의견에 반하는 처분을 하였다고 하여 그것이 위법하다고 할 수 없다고 한 사례이다.

---

#### ④ 형식에 관한 하자

행정절차법 제24조 제1항은 행정청이 처분을 할 때의 형식에 대하여 원칙적인 규율을 하고 있다. 이에 따르면 다른 법령등에 특별한 규정이 있거나 공공의 안전 또는 복리를 위하여 긴급히 처분을 할 필요가 있거나 사안이 경미한 경우를 제외하고는 **처분은 문서로 하여야 한다.** 그리고 당사자등의 동의가 있는 경우이거나 당사자가 전자문서로 처분을 신청한 경우에 해당할 때에는 전자문서로 처분할 수 있다. 대법원은 "이 규정은 처분내용의 명확성을 확보하고 처분의 존부에 관한 다툼을 방지하여 처분상대방의 권익을 보호하기 위한 것이므로, 이를 위반한 처분은 하자가 중대·명백하여 무효"라고 한다.[276)]

한편 대법원은 이유제시를 결한 처분은 취소사유의 하자가 있는 것으로 판시하고 있다. 이 경우 피처분자가 처분 당시 그 취지를 알고 있었다거나 그 후 알게 되었더라도 하자가 치유되지 않는다.[277)]

문서에 처분청을 기재 하지 않으면 무효라고 보아야 할 것이나, 담당자를 기재하지 않으면 취소할 수 있는 단순위법의 하자를 가진다고 하여야 할 것이다.

---

276) 대법원 2019.7.11. 선고 2017두38874 판결; 대법원 2011.11.10. 선고 2011도11109 판결.
277) 대법원 1987.5.26. 선고 86누788 판결.

### 주요판례요지

대법원 2019.5.30. 선고 2016두49808 판결: 감사기관과 수사기관에서 비위 조사나 수사 중임을 사유로 한 명예전역 선발을 취소하는 처분은 당사자의 의사에 반하여 예정되어 있던 전역을 취소하고 명예전역수당의 지급 결정 역시 취소하는 것으로서 임용에 준하는 처분으로 볼 수 있으므로, 행정절차법 제24조 제1항에 따라 문서로 하여야 하고 명령 하달의 방법으로 할 수 없다.

### 참고판례 1: 대법원 2011.11.10. 선고 2011도11109 판결 [소방시설설치유지및안전관리에관한법률위반]

**행정절차법 제24조는, 행정청이 처분을 하는 때에는 다른 법령 등에 특별한 규정이 있는 경우를 제외하고는 문서로 하여야 하고** 전자문서로 하는 경우에는 당사자 등의 동의가 있어야 하며, 다만 신속을 요하거나 사안이 경미한 경우에는 구술 기타 방법으로 할 수 있다고 규정하고 있는데, **이는 행정의 공정성·투명성 및 신뢰성을 확보하고 국민의 권익을 보호하기 위한 것이므로 위 규정을 위반하여 행하여진 행정청의 처분은 하자가 중대하고 명백하여 원칙적으로 무효이다.**

집합건물 중 일부 구분건물의 소유자인 피고인이 **관할 소방서장으로부터 소방시설 불량사항에 관한 시정보완명령을 받고도 따르지 아니하였다는 내용으로 기소된 사안에서,** 담당 소방공무원이 행정처분인 **위 명령을 구술로 고지한 것은 행정절차법 제24조를 위반한 것으로 하자가 중대하고 명백하여 당연 무효이고,** 무효인 명령에 따른 의무위반이 생기지 아니하는 이상 피고인에게 명령 위반을 이유로 소방시설 설치유지 및 안전관리에 관한 법률 제48조의2 제1호에 따른 행정형벌을 부과할 수 없는데도, 이와 달리 위 명령이 유효함을 전제로 유죄를 인정한 원심판결에는 행정처분의 무효와 행정형벌의 부과에 관한 법리오해의 위법이 있다고 한 사례.

### 참고판례 2: 대법원 1984.5.9. 선고 84누116 판결 [물품세부과처분취소]

**국세를 징수하고저 할 때에는 납세자에게 그 국세의 과세연도, 세목, 세액 및 산출근거, 납부기한과 납부장소를 명시한 고지서를 발부하여야 한다**고 규정하고 있는바, 위 규정의 취지는 단순히 세무행정상의 편의를 위한 훈시규정이 아니라 조세행정에 있어 자의를 배제하고 신중하고 합리적인 처분을 행하게 함으로써 공정을 기함과 동시에 납세의무자에게 부과처분의 내용을 상세히 알려 불복여부의 결정과 불복신청에 편의를 제공하려는 데서 나온 강행규정으로서 **납세고지서에 그와 같은 기재가 누락되면 그 과세처분 자체가 위법한 처분이 되어 취소의 대상이 된다고 해석함이 상당하다**(당원 1982.3.23. 선고 81누133 판결; 1982.5.11. 선고 81누319 판결; 1983.9.13. 선고 82누350 판결; 1984.2.14. 선고 83누602 판결 참조). 원심이 같은 견해에서 피고의 이 사건 물품세 납세고지서에 세액의 산출근거가 기재되지 아니한 사실을 확정한 후 이 건 부과처분은 위법하다 하여 취소를 명한 조치는 정당하고 위 세액산출근거의 기재를 흠결한 납세고지서에 의한 납세고지가 강행규정에 위반하여 위법하다고 보는 이상 소론과 같이 **원고가 그 나름대로 세액산출의 근거를 알았다 하여 위와 같은 위법성의 판단에는 영향이 없다.**

### 참고판례 3: 대법원 2019.7.11. 선고 2017두38874 판결 [사증발급거부처분취소]

외국인의 사증발급 신청에 대한 거부처분은 당사자에게 의무를 부과하거나 적극적으로 권익을 제한하는 처분이 아니므로, 행정절차법 제21조 제1항에서 정한 '처분의 사전통지'와 제22조 제3항에서 정한 '의견제출 기회 부여'의 대상은 아니다. **그러나 사증발급 신청에 대한 거부처분이 성질상 행정절차법 제24조에서 정한 '처분서 작성 · 교부'를 할 필요가 없거나 곤란하다고 일률적으로 단정하기 어렵다.** 또한 출입국관리법령에 사증발급 거부처분서 작성에 관한 규정을 따로 두고 있지 않으므로, 외국인의 사증발급 신청에 대한 거부처분을 하면서 행정절차법 제24조에 정한 절차를 따르지 않고 '행정절차에 준하는 절차'로 대체할 수도 없다.

**해 설** 재외동포인 이 사건 외국인이 대한민국에 실질적 관련성 내지 보호가치 있는 이해관계가 있어서 사증발급신청권이 있다는 전제 하에 그 거부처분은 처분성이 있고, 행정절차법의 적용이 제외되는 '외국인의 출입국에 관한 사항'이란 성질상 행정절차를 거치기 곤란하거나 거칠 필요가 없는 사항으로서 시행령에 정한 사항만을 말하는 것으로 '외국인의 출입국에 관한 사항'이라고 하여 행정절차법의 모든 규정의 적용이 없는 것은 아니므로 처분서를 작성, 교부하지 아니한 것이 위법이라고 판시하였다.

#### (5) 무효 · 취소의 주장방법

무효는 법적으로 아무런 효력이 없음을 의미하는 것이므로 원칙적으로 무효를 주장하는 방법에는 제한이 없다. 따라서 무효가 확실하다면 복종거부를 할 수도 있으며, 민사소송이나 형사소송의 선결문제로 주장하여도 수소법원의 심리를 받을 수 있다. 또한 무효확인심판, 무효확인소송, 무효선언적 의미의 취소소송 등의 항고쟁송으로 다툴 수 있다.

무효인 행정행위에 대해서는, 행정심판전치주의가 적용되는 경우라 하더라도 행정심판을 거치지 않고 바로 행정소송을 제기할 수 있다.

이에 반하여 취소할 수 있는 행정행위는 그것이 민사소송이나 형사소송의 선결문제로 대두되었을 때에도 위법 여부만이 문제될 경우에는 수소법원의 심리를 받을 수 있으나 효력을 부인하여야 할 경우에는 수소법원이 심리하지 못한다. 취소할 수 있는 행정행위의 효력을 부인하려면 취소심판, 취소소송 등 취소쟁송을 제기하는 방법 밖에 없다.

### 4. 행정행위의 취소

#### (1) 직권취소와 쟁송취소

행정행위의 취소는 행정행위가 성립요건을 완전히 구비하지 못한 원시적 하자를 가지고 있어서 소급적으로 그 효력을 상실시키는 행위이다. 이것에는 직권취소와 쟁송취소가 있는데 양자의 이익상황이 너무나 다르기 때문에 동일한 제도라고 하기 곤란한 점이 있다. 직권취소는 실질적으로는 쟁송취소보다는 철회에 더 가까운 기능을 하는 제도이다. 양자를 비교하여 본다.

##### ① 양자의 본질적 차이점

취소의 목적과 이익상황이 다르다. 즉, 직권취소는 원시적 하자를 이유로 하는 점에서는 쟁송취소와 같으나 행정목적 실현을 위해 이루어진다는 점에서 쟁송취소와 다르다. 쟁송취소는 국민의 권리구제를 주목적으로 하기 때문이다. 한편, 직권취소는 수익적 행위를 대상으로 하는 경우가 많으므로 취소권의 제한의 법리가 강하게 적용되지만, 쟁송취소는 주로 침익적 행위를 대상으로 행정행위의 상대방이나 이해관계인이 취소쟁송을 제기함으로써 이루어지므로 취소권의 제한이 원칙적으로 문제되지 않는다.

② 취소권자

직권취소는 처분청이나 감독청이 취소권을 가지지만, 쟁송취소는 행정심판위원회나 법원이 취소권을 가진다.

③ 절차

쟁송취소는 행정심판, 행정소송의 절차를 거쳐야 하므로 절차가 엄격하다. 또한 취소권 행사에 쟁송제기기간의 제한이 있다. 그러나 직권취소는 행정청의 판단에 의한 것이므로 행정절차법에 의한 절차 등 이외에는 복잡한 절차가 없다.

④ 근거법

직권취소의 일반적 근거법은 행정기본법이다. 행정기본법 제18조가 위법 또는 부당한 처분의 취소에 대하여 규정하고 있다. 기타 개별법에도 직권취소의 근거규정이 산재하고 있다.

쟁송취소에 대해서는 행정심판법, 행정소송법 등의 일반법이 존재하고 있다.

⑤ 취소의 내용

우리 대법원 판례의 입장에 따르면 쟁송취소에서는 일부취소가 가능할 뿐 처분의 적극적 변경은 허용되지 않는다고 한다. 그러나 직권취소는 처분청에 의하여 이루어지는 것인 만큼 적극적 변경도 가능하다.

⑥ 취소의 효과

행정행위의 취소에는 원칙적으로 소급효가 인정된다. 그러나 소급효 인정의 정도에 있어서 쟁송취소와 직권취소는 다소의 상이한 면을 나타낸다. 쟁송취소에는 소급효가 인정되는 범위가 넓다. 직권취소에서는 국민의 권익 보호를 위해 소급효가 인정되는 범위가 쟁송취소의 경우 보다 좁고 불소급이 인정되는 경우가 많다.

대법원은 쟁송취소의 경우 침익적 행정행위의 취소에 대해서는 대부분 소급효를 인정하나[278] 수익적 행정행위를 취소하는 경우 '특별한 사정'이 있으면 소급효가 인정되지 않을 수 있음을 시사하고 있다.[279] 판례가 말하는 '특별한 사정'이란 취소된 처분을 근거로 하여 이루어진 사법(私法)형성적 행위 등을 무효화하는 것이 법적 안정성을 해하는 경우라고 할 것이다.[280]

한편 쟁송취소의 경우, 사법적 또는 준사법적 절차를 거쳤다는 점에서, 불가변력·불가쟁력·

278) 대법원 1993.6.25. 선고 93도277 판결; 대법원 1999.2.5. 선고 98도4239 판결 등.

279) 대법원 2012.3.29. 선고 2008다95885 판결.

280) 이런 취지에서 서울지방법원 1999.4.1. 선고 98가합73829 판결은 "법원의 선임결정에 의하여 선임된 임시이사들이 그 선임결정이 취소되기 전에 개최한 총회에서의 결의는 그 후에 법원의 선임결정이 취소되었다고 하여 당연 무효가 된다고 할 수 없고(중략) 그 총회의 결의 역시 유효하다."라고 판시하고 있다.

형식적확정력·실질적 확정력(기판력) 등의 효력이 발생할 수 있다.

참고판례: 대법원 2012.3.29. 선고 2008다95885 판결 [주민총회결의무효확인]

도시 및 주거환경정비법(이하 '도시정비법'이라고 한다)상 **주택재개발사업조합의 조합설립인가처분이 법원의 재판에 의하여 취소된 경우 그 조합설립인가처분은 소급하여 효력을 상실하고,** 이에 따라 당해 주택재개발사업조합 역시 조합설립인가처분 당시로 소급하여 도시정비법상 주택재개발사업을 시행할 수 있는 행정주체인 공법인으로서의 지위를 상실하므로, 당해 주택재개발사업조합이 조합설립인가처분 취소 전에 도시정비법상 적법한 행정주체 또는 사업시행자로서 한 결의 등 처분은 달리 특별한 사정이 없는 한 소급하여 효력을 상실한다고 보아야 한다. **다만 그 효력 상실로 인한 잔존사무의 처리와 같은 업무는 여전히 수행되어야 하므로, 종전에 결의 등 처분의 법률효과를 다투는 소송에서의 당사자지위까지 함께 소멸한다고 할 수는 없다.**

해 설 쟁송취소의 경우 소급적으로 처분의 효력이 상실되는 것이 원칙이나 특별한 사정이 있거나 기왕에 취소된 처분을 근거로 이루어진 사법(私法)형성적 행위(사법관계를 발생, 변경, 소멸시키는 행위) 등에는 소급효가 미치지 않는다고 하여야 한다.

### (2) 직권취소

행정행위의 취소론에서 이론적으로 주목을 받는 것은 직권취소이다. 쟁송취소는 사실상 행정심판법 또는 행정소송법의 쟁점으로 되기 때문에 행정쟁송법에서 상세히 설명한다. 직권취소는 행정청이 직권으로 판단하여 위법성을 인식하고 이에 취소하는 것이다.

#### ① 개념

행정청 스스로 행정행위의 원시적 하자를 이유로 그 효력을 소멸시키는 행위이다. 취소 그 자체가 하나의 행정행위에 해당된다.

대법원은 행정청의 직권취소의 경우 취소해야 할 필요성에 대한 입증책임은 행정청에게 있다고 한다.[281)]

#### ② 취소권자

처분청과 감독청이 취소권자이다. 처분청의 경우, 행정기본법 제18조 제1항에 의하여 일반적으로 취소권을 가진다. 그러나 행정기본법은 감독청에 대하여 취소권이 있는지 분명히 밝히지 않고 있다. 따라서 감독청의 경우 정부조직법 제11조 제2항, 제18조 제2항과 같은 명문의 규정이 없어도 피감독청의 행정행위를 취소할 수 있는지에 대하여 학설대립이 있다. 일반적으로는 감독권의 일환으로 명문규정이 없어도 취소권을 가진다고 보지만, 만약 명문의 규정이 있어야만 한다는 입장에 따르면, 명문 규정이 없을 때에는 상급행정청은 직접취소권은 가지지 못하고 취소명령권을 가짐에 그친다고 할 것이다.

281) 대법원 2014.11.27. 선고 2014두9226 판결.

**주요판례요지**

대법원 1984.10.10. 선고 84누463 판결: 권한없는 행정기관이 한 당연무효인 행정처분을 취소할 수 있는 권한은 당해 행정처분을 한 처분청에게 속하고, 당해 행정처분을 할 수 있는 적법한 권한을 가지는 행정청에게 그 취소권이 귀속되는 것이 아니다.

③ 취소권의 제한과 이익형량

직권취소는 행정청의 판단에 따른 취소이므로 취소로 인하여 행정행위의 상대방 등의 신뢰이익이 침해되고 법적 안정성이 저해될 위험성이 있다. 따라서 취소권을 행사함에 있어서 법적 안정성이라는 가치에서 도출되는 신뢰보호의 원칙의 적용여부 판단을 위한 이익형량이 필요하게 된다. 요컨대, 법률에 의한 행정의 원리에 따르면 성립요건을 갖추지 않아 위법한 행정행위는 마땅히 취소되어야 할 것이지만, 신뢰보호의 원칙과 법적 안정성을 고려하여 이익형량의 결과 취소권이 제한되는 경우가 있다. 이러한 신뢰보호에 따른 취소권의 제한은 원칙적으로 수익적 행정행위의 경우에 인정되는 것이다.

그런데 행정기본법 제18조 제2항은 이러한 이익형량에 대해 규정하면서 형량의 비교대상을 '당사자가 입게 될 불이익'과 '취소로 달성되는 공익'이라고 규정한다. 이러한 규정이 대상에 대한 보다 포괄적인 정의이겠으나 위법의 사유로 취소되는 행정행위에 대하여 당사자가 입은 "모든 불이익"을 형량요소로 고려하는 것은 타당하지 않다. 위법 행위의 시정에 따라 당연히 감수하여야 할 불이익조차 이익형량의 대상이 된다고 할 수는 없기 때문이다. 법리적으로 보면 직권취소로 인한 당사자의 불이익의 핵심은 법적 안정성의 침해에 있고 취소로 달성되는 공익은 그 본질이 주로 법치주의적 가치에 있다고 하여야 할 것이다.

따라서 취소권이 제한될 것인지의 여부는 주로 행정의 법률적합성 대 법적 안정성(신뢰보호)의 이익형량에 따르게 된다. 물론 이에 국한되지는 않는다.

④ 이익형량이 제한되는 경우

그런데 행정기본법은 예외적으로 이상과 같은 이익형량을 하지 않아도 되는 경우를 규정하고 있다(제18조 제2항).

i) 거짓이나 그 밖의 부정한 방법으로 처분을 받은 경우,

ii) 당사자가 처분의 위법을 알고 있었거나 중대한 과실로 알지 못한 경우

주의할 것은 행정기본법은 이를 이익형량기준으로 제시한 것이 아니라 이익형량을 하지 않아도 되는 경우로 입법한 것이라는 점이다. 이처럼 이익형량을 하지 않아도 되는 경우를 제시한 것은 좁은 의미의 이익형량기준과는 구별될 수 있지만 넓은 의미에서는 이를 일종의 이익형량기준으로 이해할 수 있다. 이익형량을 하지 않아도 된다는 것 자체가 하나의 이익형량기준이 될 수 있기 때문이다.

⑤ 이익형량기준

그동안 학설은 이익형량을 위한 몇 가지의 기준을 발전시켜왔다.

먼저 취소권이 제한되지 않는 이익형량기준으로서 i) 당사자가 처분의 위법을 경과실로 알지 못한 경우, ii) 수익자의 주관적·객관적 책임이 있는 경우, iii) 위해방지를 위해 취소할 수밖에 없는 경우 등 중대한 공익상의 필요가 있는 경우, iv) 행정행위가 뇌물공여 등 부당한 방법으로 이루어진 경우 등을 들 수 있다.

또한, 취소가 제한되는 경우로는, i) 금전급부, 가분적 현물급부를 내용으로 하는 수익적 행정행위, ii) 실권의 경우, iii) 포괄적 신분관계설정행위, iv) 사법상 거래의 기초가 되는 사법형성적 행정행위(예컨대 법인설립인가, 토지거래허가) 등을 들 수 있다.

행정기본법이 '취소로 달성되는 공익'을 이익형량의 대상이 되는 가치로 규정하고 있는 데에서도 알 수 있듯이 취소권의 제한이 주로 신뢰보호의 원칙과 관련된다고 하여 취소권의 제한이 신뢰보호의 원칙의 근거 하에서만 가능한 것은 아니다. 비례의 원칙, 평등의 원칙 등 다른 행정법의 일반원칙이 취소권의 제한의 근거로 원용될 수 있다.

대법원은 수익적 행정행위의 경우 신뢰보호 및 법적 생활의 안정과 취소하여야 할 공익상의 필요를 비교교량 하여야 한다고 한다.[282] 한편 불가변력을 가지는 준사법적 행정처분의 경우에는 재심 등의 특별절차에 의하지 않고는 (직권으로) 취소, 변경할 수 없다고 한다.[283]

참고판례 1: 대법원 2019.10.17. 선고 2018두104 판결 [도로점용허가처분무효확인등]

**수익적 행정처분에 대한 취소권 등의 행사는 기득권의 침해를 정당화할 만한 중대한 공익상의 필요 또는 제3자의 이익보호의 필요가 있는 때에 한하여 허용될 수 있다는 법리는**, 처분청이 수익적 행정처분을 직권으로 취소·철회하는 경우에 적용되는 법리일 뿐 **쟁송취소의 경우에는 적용되지 않는다.**

해 설 대법원은 이 판례에서 쟁송취소에서는 신뢰보호의 원칙이 적용되지 않는다고 판시하여 신뢰보호의 원칙의 적용범위를 제한한 듯이 보이나, 이에 대한 아무런 논증이 제시되지 않고 있고, 그동안 대법원이 신뢰보호의 원칙을 헌법의 기본원리인 법치주의 원리에서 도출되는 것이라고 판시하여왔다(대법원 2007.10.12. 선고 2006두14476 판결)는 점에서 납득하기 어렵다.[284]

참고판례 2: 대법원 1986.2.25. 선고 85누664 판결 [숙박영업허가취소처분취소]

행정행위를 한 처분청은 그 행위에 하자가 있는 경우에 **별도의 법적 근거가 없더라도 스스로 이를 취소할 수 있는 것이며,** 다만 그 행위가 국민에게 권리나 이익을 부여하는 이른바 **수익적 행정행위인 때에는 그 행위를 취소하여야 할 공익상 필요와 그 취소로 인하여 당사자가 입을 기득권과 신뢰보호 및 법률생활 안정의 침해등 불이익을 비교교량한 후** 공익상 필요가 당사자의 기득권침해 등 불이익을 정당화할 수 있을 만큼 강한 경우에 한하여 취소할 수 있다.

282) 대법원 1986.2.25. 선고 85누664 판결.
283) 대법원 1963.7.25. 선고 63누65 판결.
284) 자세한 것은 김유환, "사회적 공공성 개념과 쟁송취소에서의 신뢰보호", 『행정판례연구』 25−1, 한국행정판례연구회,

⑥ 취소의 효과

행정행위의 취소는 원칙적으로 소급효를 가지나, 직권취소의 경우 대부분 수익적 행정행위를 대상으로 하므로 장래효를 가짐에 불과한 경우가 많다. 이러한 사정을 감안하여 행정기본법은 당사자의 신뢰를 보호할 가치가 있는 등 정당한 사유가 있을 때에는 행정청은 취소의 소급효를 제한하여 장래를 향하여 취소할 수 있도록 규정하고 있다(행정기본법 제18조 제1항). 경우에 따라 취소에 따른 원상회복과 손실보상이 문제되는 경우도 있다.

⑦ 직권취소의 재취소

한번 취소된 행정처분을 취소함으로써 원행정행위의 효력을 회복시킬 수 있는지에 관하여, 이미 이루어진 취소가 무효임을 선언하는 무효선언적 의미에서의 취소는 어느 경우에나 가능할 것이지만,[285] 취소를 재취소(무효선언적 의미가 아니라 협의의 취소의 의미에서)할 수 있는지에 대해서는 학설은 긍정설, 부정설, 절충설 등으로 분기하고 있다. 부정설은 취소는 행정행위의 효력을 상실시킨 것이므로 취소행위를 취소하였다고 상실된 행정행위의 효력이 회복된다고 보는 것은 논리적으로 무리이며 이미 처분의 전제가 되는 사실상태나 법률상태가 변화되었을 수도 있다는 점에 기반한다. 그러나 긍정설은 취소의 취소를 통하여 실질적으로 행정청과 상대방 모두 간편하게 원상을 복구할 수 있다는 장점에 기반하고 있다. 절충설은 수익적 행정행위와 침익적 행정행위를 구별한다. 대법원은 절충설을 취하여 경우를 나누어 결론을 달리하고 있다.

즉, 대법원은 원행정행위가 수익적 행위인 경우, 즉 재취소의 대상이 침익적 행위인 경우에는, 취소의 취소를 인정하나,[286] 원행정행위가 침익적 행위, 즉 재취소의 대상이 수익적 행위인 경우에는 취소의 재취소를 인정하지 않는다.[287] 재취소의 결과 침익적 효과가 발생하면 그에 따라 행정절차법의 적용이나 기타 상대방 보호를 위한 법적 절차가 다시 작동하여야 함을 고려하면 그 재취소를 허용하지 않는 것이 당연한 것이라고 본다.

참고판례 1: 대법원 1997.1.21. 선고 96누3401 판결 [법인임원취임승인신청거부처분취소등]

행정처분이 취소되면 그 소급효에 의하여 처음부터 그 처분이 없었던 것과 같은 효과를 발생하게 되는바, **행정청이 의료법인의 이사에 대한 이사취임승인취소처분(제1처분)을 직권으로 취소(제2처분)한 경우에는 그로 인하여 이사가 소급하여 이사로서의 지위를 회복하게 되고,** 그 결과 위 제1처분과 제2처분 사이에 법원에 의하여 선임결정된 임시이사들의 지위는 법원의 해임결정이 없더라도 당연히 소멸된다.

**해 설** 원행정행위인 이사승인행위는 수익적 행위이고 재취소의 대상인 이사승인취소는 침익적 행정행위이므로 침익적 행정행위에 대한 재취소는 허용된다. 침익적 행정행위에 대한 재취소로 원래의 수익적 법

2020.6, 19－21면.

285) 무효인 행정행위는 공정력이 없으므로 무효선언에 별 제약을 받지 않는다.

286) 대법원 1967.10.23. 선고 67누126 판결; 대법원 1969.9.23. 선고 69다1217 판결; 대법원 1997.1.21. 선고 96누3401 판결.

287) 대법원 1979.5.8. 선고 77누61 판결; 대법원 1995.3.10. 선고 94누7027 판결; 대법원 2002.5.28. 선고 2001두9653 판결.

적 지위가 회복된다는 판결이다.

참고판례 2: 대법원 1995.3.10. 선고 94누7027 판결 [상속세부과처분취소등]

국세기본법 제26조 제1호는 부과의 취소를 국세납부의무 소멸사유의 하나로 들고 있으나, 그 부과의 취소에 하자가 있는 경우의 부과의 취소의 취소에 대하여는 법률이 명문으로 그 취소요건이나 그에 대한 불복절차에 대하여 따로 규정을 둔 바도 없으므로, 설사 부과의 취소에 위법사유가 있다고 하더라도 당연 무효가 아닌 한 일단 유효하게 성립하여 부과처분을 확정적으로 상실시키는 것이므로, **과세관청은 부과의 취소를 다시 취소함으로써 원부과처분을 소생시킬 수는 없고 납세의무자에게 종전의 과세대상에 대한 납부의무를 지우려면 다시 법률에서 정한 부과절차에 좇아 동일한 내용의 새로운 처분을 하는 수밖에 없다.**

해 설 조세부과처분은 침익적 행위이므로 그 취소의 재취소를 통해 침익적 효과가 다시 발생하게 되므로 상대방 보호를 위해 침익적 효과를 원상회복시키는 재취소를 허용할 수 없다고 판시하였다.

## 5. 하자의 승계

단순위법의 하자, 즉 취소사유의 하자가 있는 선행행위에 대한 쟁송제기기간이 도과하여 다툴 수 없게 된 경우(불가쟁력이 발생한 경우), 그 행위의 후행행위가 아직 쟁송제기기간이 도과하지 않았을 때 그에 대해 취소쟁송을 제기하면서 선행행위의 하자를 다툴 수 있는지가 문제된다. 만약 이를 다툴 수 있다고 하면 선행행위의 하자를 후행행위에 승계하는 것을 인정한 셈이 되고 쟁송을 제기한 자의 권익보호를 기할 수 있게 된다. 그런데 선행행위에 중대·명백한 하자가 있어 무효인 경우에는 하자의 승계가 원천적으로 문제되지 않는다. 무효인 행위에 대하여는 쟁송제기기간이 적용되지 않으므로 언제라도 쟁송을 제기할 수 있기 때문이다.

이러한 하자의 승계 문제에 대해 다음의 몇 가지 학설이 주장되어 왔다.

### (1) 전통적인 이론

전통적으로는 원칙적으로 선행행위의 하자는 후행행위에 승계되지 않으나, 선행행위와 후행행위가 동일한 법률효과를 목적으로 하는 경우에는 승계되는 것으로 이해하여 왔다.

종래 대법원은 선행행위와 후행행위가 동일한 법률효과를 목적으로 하는 경우에 선행행위의 하자가 후행행위에 승계되는 것으로 보아 선행행위에 불가쟁력이 발생하여도 선행행위의 하자를 근거로 후행행위를 다툴 수 있다고 보아왔다.[288]

### (2) 수정된 전통적인 이론: 판례이론

위의 전통적인 이론이 가지는 형식성 등에 대한 비판에 주목하여 수인가능성과 예측가능성, 국민의 재판을 받을 권리 등을 근거로 하여 동일한 법률관계를 목적으로 하지 않는 경우에도 하자의 승계를 인정하여야 한다는 논의가 근래 힘을 얻어 판례이론도 이를 반영하고 있다.

288) 대법원 1993.11.9. 선고 93누14271 판결 등 참조.

대법원은 선행행위와 후행행위가 동일한 법률관계를 목적으로 하지 않더라도 선행처분을 다툴 수 없어 불이익을 입게 되는 자에게 수인한도를 넘는 가혹함을 가져오고 그 결과가 당사자에게 예측 가능한 것이 아닌 경우에는 국민의 재판을 받을 권리에 비추어 선행처분의 하자를 후행처분에서 다툴 수 있도록 하고 있다.[289)]

### (3) 행정행위의 실질적 존속력(기결력, 규준력)설

전통적인 이론을 비판하면서, 하자의 승계이론을 원칙적으로 부정적으로 보아야 한다고 이해하는 견해가 있다. 이 견해는 기존의 하자의 승계이론이 불가쟁력이 발생한 행정행위에 대해 넓은 범위에서 다툴 수 있게 함으로써 법적 안정성을 저해하는 요인이 있다고 주장한다. 또한 이 견해는 불가쟁력이 발생하면 내용적으로도 실질적 존속력이 발생하여 그 규율내용을 변경할 수 없도록 하여야 한다는 전제 하에 있다.

이 견해에 따르면 하자의 승계가 인정되는 예외적인 경우는 행정행위의 실질적 존속력의 한계상황에 국한되어야 한다고 한다. 그 한계상황의 예로서, 행정행위의 존속력에 따른 구속력의 사물적, 대인적, 시간적 한계의 밖이거나 예견가능성과 수인기대가능성이 없는 경우 등을 들고 있다. 즉, 하자승계를 인정한다면 그것은 확정된 선행행위에 후행행위가 구속되지 않아야 할 정도의 사정이 있는 경우라고 한다.

이 견해는 우리 대법원 판례에 상당한 영향을 끼쳤다. 그래서 일부 대법원 판결은 '선행처분의 구속력'이라는 개념을 하자승계 논의에서 사용하고 있다.[290)] 그러나 우리 판례가 사용하는 '구속력'이라는 개념이 독일의 행정행위의 기결력이나 규준력 개념을 가감없이 받아들인 것이라고 평가할 수는 없다. 또한 하자의 승계를 '선행처분의 후행처분에 대한 구속력'의 관점에서 이해하는 것이 아직은 판례의 주류적 태도라고 하기는 어렵다.[291)]

행정행위의 존속력(기결력)을 인정한다는 것은 마치 판결에서 기판력을 인정하는 것과 같이 행정청의 한 번 내려진 결정에 구속력을 인정한다는 것이다. 그런데 행정공무원의 다수를 법률가들이 차지하고 있어서 행정공무원에 의한 법적 판단의 정확성에 대한 기대가 높은 독일과는 상황조건이 다른 우리나라에서 이러한 관념을 적용하는 것이 반드시 적절한지 의문이며, 행정의 상황탄력성이 독일 보다 강하게 요구되는 우리나라에서 이러한 개념의 적용이 역기능을 나타낼 것은 아닌지에 대하여 심각한 우려가 있다.

### (4) 하자의 승계를 인정한 사례와 부정한 사례

대법원이 승계를 인정한 사례로는, 계고처분과 대집행영장,[292)] 친일반민족행위자 결정과 독립

---

289) 대법원 2013.3.14. 선고 2012두6964 판결.

290) 대법원 1994.1.25. 선고 93누8542 판결; 대법원 2013.3.14. 선고 2012두6964 판결; 대법원 2019.1.31. 선고 2017두40372 판결.

291) 그러한 표현을 사용하지 않는 판례가 아직은 더 많다.

292) 대법원 1996.2.9. 선고 95누12507 판결. 계고처분과 대집행영장은 대집행이라는 동일한 법률효과를 목적으로 하는 단계적 처분이라서 하자 승계가 인정되었다.

유공자법 적용배제자 결정,[293] 독촉과 가산금, 중가산금 징수처분,[294] 개별공시지가결정과 과세처분,[295] 표준지공시지가결정과 토지수용재결,[296] 기준지가고시처분과 토지수용처분,[297] 한지의사시험자격인정과 한지의사면허처분,[298] 귀속재산의 임대처분과 후행매각처분[299] 등이 있다.

한편 대법원이 승계를 부인한 사례는 대체로 선행행위와 후행행위가 별개의 법률효과를 가지고 권익구제를 위하여 선행행위의 하자를 후행행위에서 다투게 할 필요성이 별로 없는 경우에 해당하는 것들이라고 할 수 있다. 행정계획과 그 이행에 관련된 처분들(도시계획결정과 수용재결,[300] 도시·군계획시설결정과 실시계획인가,[301] 택지개발예정지구지정과 택지개발계획승인[302]) 과세처분과 체납처분,[303] 표준지공시지가결정과 개별토지가격결정[304] 재개발사업시행인가처분과 토지수용재결,[305] 사업인정과 수용재결,[306] 직위해제와 면직,[307] 병역법상 보충역 편입처분과 공익근무요원소집처분[308]건물철거명령과 대집행계고[309] 원천징수의무자에 대한 소득금액변동통지와 납세의무 불이행에 따른 납세고지[310] 등이 그것이다.

참고판례 1: 대법원 2013.3.14. 선고 2012두6964 판결 [독립유공자법적용배제결정처분취소]

두 개 이상의 행정처분을 연속적으로 하는 경우 **선행처분과 후행처분이 서로 독립하여 별개의 법률효**

293) 대법원 2013.3.14. 선고 2012두6964 판결, 참고판례 1 해설 참조.
294) 대법원 1986.10.28. 선고 86누147 판결. 가산금징수라는 동일한 법률관계에 기반한 행위이기 때문에 승계가 인정되었다.
295) 대법원 1994.1.25. 선고 93누8542 판결. 과세처분을 다투고자 하는 자가 미리 개별공시지가결정에 대해 관심을 가지고 그에 대해 불복을 제기할 것을 기대할 수 없다는 뜻에서 별개의 법률효과를 가지는 두 처분 사이에 하자의 승계를 인정한 것이다.
296) 대법원 2008.8.21. 선고 2007두13845 판결, 참고판례 2 해설 참조.
297) 대법원 1979.4.24. 선고 78누227 판결, 참고판례 2 해설에서와 같은 이유로 승계를 인정하였을 것으로 본다.
298) 대법원 1975.12.9. 선고 75누123 판결, 시험자격인정과 면허는 동일한 법률효과를 목적으로 하는 것이라고 볼 수 있으므로 하자의 승계를 인정한 것이다.
299) 대법원 1963.2.7. 선고 62누215 판결. 귀속재산의 임대와 매각은 법률효과가 다른 것이나 임대인에게 매각하는 관행이 있는 귀속재산 처리의 실제에 비추어 동일한 법률관계에 기한 것으로 보고 하자의 승계를 인정하였다.
300) 대법원 1990.1.23. 선고 87누947 판결.
301) 대법원 2017.7.18. 선고 2016두49938 판결.
302) 대법원 2000.10.13. 선고 99두653 판결.
303) 대법원 1988.6.28. 선고 87누1009 판결. 과세처분은 과세의무라는 법률효과를 가져오고 체납처분은 강제집행할 수 있는 권리 및 권한과 그에 응할 의무라는 법률효과를 가져오므로 양자의 법률효과는 다르다.
304) 대법원 1996.12.6. 선고 96누1832 판결, 표준지공시지가에 대하여 별도의 이의신청 절차나 행정소송절차가 가능하다는 이유로 하자승계를 부정한 판례이다. 이 판결에 대해서는 유력한 비판의견이 있다. 신봉기, "토지사건 판결에 대한 비판적 연구(1)", 『행정법연구』 제2호, 행정법이론실무학회, 1998 참조.
305) 대법원 1992.12.11. 선고 92누5584 판결. 이와 유사한 사례인 택지개발계획승인과 수용재결 사이에서도 하자 승계를 부인하였다. 대법원 1993.6.29. 선고 91누2342 판결.
306) 대법원 1987.9.8. 선고 87누395 판결, 사업인정은 토지수용권을 획득하게 하는 처분이고 토지수용은 토지를 취득하는 처분이어서 별개의 법적 효과를 가져오는 것이므로 하자의 승계를 부정하였다.
307) 대법원 1984.9.11. 선고 84누191 판결, 직위해제는 공무원 신분만 유지하고 보직이 부여되지 않은 것을 말하고 면직은 공무원 신분 마저 박탈된 것이라 법률효과가 서로 다르다.
308) 대법원 2002.12.10. 선고 2001두5422 판결, 보충역으로 편입되는 것과 공익근무요원으로 소집되는 것은 동일한 법률효과를 가져오는 것이라고 할 수 없다.
309) 대법원 1998.9.8. 선고 97누20502 판결, 철거명령은 철거의무라는 법률효과를 가져오는 반면 대집행계고는 대집행이라는 강제집행을 가능하게 하고 그에 응하게 하는 의무를 가져오므로 법률효과가 동일하지 않다.
310) 대법원 2012.1.26. 선고 2009두14439 판결 참고판례 4 해설 참조.

**과를 목적으로 하는 때에는 선행처분에 불가쟁력이 생겨 그 효력을 다툴 수 없게 된 경우에는 선행처분의 하자가 중대하고 명백하여 당연무효인 경우를 제외하고는 선행처분의 하자를 이유로 후행처분의 효력을 다툴 수 없는 것이 원칙이다.** 그러나 선행처분과 후행처분이 **서로 독립하여 별개의 효과를 목적으로 하는 경우에도 선행처분의 불가쟁력이나 구속력이 그로 인하여 불이익을 입게 되는 자에게 수인한도를 넘는 가혹함을 가져오며, 그 결과가 당사자에게 예측가능한 것이 아닌 경우에는 국민의 재판받을 권리를 보장하고 있는 헌법의 이념에 비추어 선행처분의 후행처분에 대한 구속력은 인정될 수 없다.**

갑을 친일반민족행위자로 결정한 **친일반민족행위진상규명위원회(이하 '진상규명위원회'라 한다)의 최종발표(선행처분)**에 따라 지방보훈지청장이 독립유공자 예우에 관한 법률(이하 '독립유공자법'이라 한다) 적용 대상자로 보상금 등의 예우를 받던 갑의 유가족 을 등에 대하여 **독립유공자법 적용배제자 결정(후행처분)**을 한 사안에서, 진상규명위원회가 갑의 **친일반민족행위자 결정** 사실을 통지하지 않아 을은 **후행처분이 있기 전까지 선행처분의 사실을 알지 못하였고,** 후행처분인 지방보훈지청장의 독립유공자법 적용배제결정이 자신의 법률상 지위에 직접적인 영향을 미치는 행정처분이라고 생각했을 뿐, **통지를 받지도 않은 진상규명위원회의 친일반민족행위자 결정처분이 자신의 법률상 지위에 영향을 주는 독립된 행정처분이라고 생각하기는 쉽지 않았을 것으로 보여,** 을이 선행처분에 대하여 일제강점하 반민족행위 진상규명에 관한 특별법에 의한 **이의신청절차를 밟거나 후행처분에 대한 것과 별개로 행정심판이나 행정소송을 제기하지 않았다고 하여 선행처분의 하자를 이유로 후행처분의 효력을 다툴 수 없게 하는 것은 을에게 수인한도를 넘는 불이익을 주고 그 결과가 을에게 예측가능한 것이라고 할 수 없어** 선행처분의 후행처분에 대한 구속력을 인정할 수 없으므로 **선행처분의 위법을 이유로 후행처분의 효력을 다툴 수 있음에도, 이와 달리 본 원심판결에 법리를 오해한 위법이 있다고 한 사례.**

**해 설** 선행행위인 친일반민족행위자 결정과 후행행위인 독립유공자법 적용배제자 결정이 서로 다른 법률효과를 가지는 것이라서 선행행위가 후행행위에 영향을 주리라고 예상 못하여 선행행위를 제때에 다투지 않은 당사자에게 선행행위에 불가쟁력이 발생하였지만 후행행위에서 선행행위의 위법을 다툴 수 있도록 하자의 승계를 인정한 판례이다.

이 판례는 선행행위의 후행행위에 대한 구속력의 관점에 서서 하자의 승계를 논하고 있다고 평석하는 견해가 있다.[311] 이 견해는 일정한 한계(사물적 한계, 대인적 한계, 시간적 한계 및 예측가능성, 수인가능성의 범위) 안에서 선행행위의 후행행위에 대한 구속력을 인정하고 그것이 인정되는 한 하자의 승계를 인정할 수 없다고 하는 견해라고 할 수 있다. 그러나 이러한 '행정행위의 구속력'은 기본적으로 행정행위에 재판에 준하는 기결력을 인정할 수 있다는 전제 하에 인정되는 것이므로 논란의 여지가 있다.

### 참고판례 2: 대법원 2008.8.21. 선고 2007두13845 판결 [토지보상금]

**표준지공시지가결정은 이를 기초로 한 수용재결 등과는 별개의 독립된 처분으로서 서로 독립하여 별개의 법률효과를 목적으로 하지만,** 표준지공시지가는 이를 인근 토지의 소유자나 기타 이해관계인에게 개별적으로 고지하도록 되어 있는 것이 아니어서 인근 토지의 소유자 등이 표준지공시지가결정 내용을 알고 있었다고 전제하기가 곤란할 뿐만 아니라, 결정된 표준지공시지가가 공시될 당시 보상금 산정의 기준이 되는 표준지가 어느 토지인지를 알 수 없으므로, **인근 토지소유자가 표준지의 공시지가가 확정되기 전에 이를 다투는 것은 불가능하다. 더욱이 장차 어떠한 수용재결 등 구체적인 불이익이 현실적으로 나타나게 되**

311) 김남진, "과세처분의 선행행위인 개별공시지가의 위법성심사", 『판례월보』 1996.12, 12면 이하.

**었을 경우에 비로소 권리구제의 길을 찾는 것이 우리 국민의 권리의식임을 감안하여 볼 때,** 인근 토지소유자 등으로 하여금 결정된 표준지공시지가를 기초로 하여 장차 토지보상 등이 이루어질 것에 대비하여 항상 토지의 가격을 주시하고 표준지공시지가결정이 잘못된 경우 정해진 시정절차를 통하여 이를 시정하도록 요구하는 것은 부당하게 높은 주의의무를 지우는 것이고, **위법한 표준지공시지가결정에 대하여 그 정해진 시정절차를 통하여 시정하도록 요구하지 않았다는 이유로 위법한 표준지공시지가를 기초로 한 수용재결 등 후행 행정처분에서 표준지공시지가결정의 위법을 주장할 수 없도록 하는 것은 수인한도를 넘는 불이익을 강요하는 것으로서** 국민의 재산권과 재판받을 권리를 보장한 헌법의 이념에도 부합하는 것이 아니다. 따라서 표준지공시지가결정이 위법한 경우에는 그 자체를 행정소송의 대상이 되는 행정처분으로 보아 그 위법 여부를 다툴 수 있음은 물론, **수용보상금의 증액을 구하는 소송에서도 선행처분으로서 그 수용대상 토지 가격 산정의 기초가 된 비교표준지공시지가결정의 위법을 독립한 사유로 주장할 수 있다.**

**해 설** 표준지공시지가결정과 수용재결은 서로 다른 법률효과를 내는 것이지만 수인가능성과 국민의 재판청구권을 근거로 하자의 승계를 인정하고 있다. 수용재결로 권리를 침해받게 된 당사자가 현실적으로 표준지 공시지가 결정의 위법을 제 때에 다투기 어렵다는 현실론에 근거하고 있다. 이 판례는 선행행위와 후행행위가 동일한 법률효과를 완성하는 관계에 있지 않아도 하자의 승계를 인정하고 있으면서도 '선행행위의 후행행위에 대한 구속력'과 같은 표현은 하지 않고 있다.

### 참고판례 3: 대법원 2012.8.23. 선고 2010두13463 판결 [관리처분계획취소]

나아가 이 사건 **사업시행계획과 관리처분계획은 서로 독립하여 별개의 법적 효과를 발생시키는 것으로서 이 사건 사업시행계획의 수립에 관한 취소사유인 하자가 이 사건 관리처분계획에 승계되지 아니하므로,** 위 취소사유를 들어 이 사건 관리처분계획의 적법 여부를 다툴 수는 없다.

**해 설** 사업시행계획과 관리처분계획 사이의 하자승계를 부인한 판례이다.

### 참고판례 4: 대법원 2012.1.26. 선고 2009두14439 판결 [원천징수처분취소]

과세관청의 소득처분과 그에 따른 소득금액변동통지가 있는 경우 원천징수의무자인 법인은 소득금액변동통지서를 받은 날에 그 통지서에 기재된 소득의 귀속자에게 당해 소득금액을 지급한 것으로 의제되어 그때 원천징수하는 소득세의 납세의무가 성립함과 동시에 확정되므로 **소득금액변동통지는 원천징수의무자인 법인의 납세의무에 직접 영향을 미치는 과세관청의 행위로서 항고소송의 대상이 된다.** 그리고 원천징수의무자인 법인이 원천징수하는 소득세의 납세의무를 이행하지 아니함에 따라 과세관청이 하는 납세고지는 확정된 세액의 납부를 명하는 징수처분에 해당하므로 **선행처분인 소득금액변동통지에 하자가 존재하더라도 당연무효 사유에 해당하지 않는 한 후행처분인 징수처분에 그대로 승계되지 아니한다.** 따라서 과세관청의 소득처분과 그에 따른 **소득금액변동통지가 있는 경우 원천징수하는 소득세의 납세의무에 관하여는 이를 확정하는 소득금액변동통지에 대한 항고소송에서 다투어야 하고, 소득금액변동통지가 당연무효가 아닌 한 징수처분에 대한 항고소송에서 이를 다툴 수는 없다.**

**해 설** 원천징수의무자에 대한 소득금액변동통지는 소득자에 대한 소득금액변동통지와 달리 처분성이 인정되고 소득금액변동통지와 납세의무를 이행하지 않아서 과세관청이 행하는 납세고지는 동일한 법률효과를 목적으로 하는 것이라 할 수 없으므로 하자의 승계를 부인한 것이다.

### (5) 하자의 승계와 유사하지만 구별되는 경우

법규 위반행위가 있고 행정청이 시정명령을 한 후에 그를 이행하지 아니한 이유로 이행강제금을 부과하는 경우에는 시정명령의 하자를 이유로 이행강제금의 위법을 다툴 수 있다.[312] 이것은 하자의 승계가 이루어진 것이라고 볼 여지가 있으나 후행행위인 이행강제금 부과처분의 구성요건 자체에 시정명령의 적법성이 전제되어야 하는 것으로 이해하여야 할 것이다.

## 6. 하자 있는 행정행위의 치유와 전환

### (1) 개관

행정행위의 하자의 효과의 개별화 중 하나로서 일정한 경우, 하자 있는 행정행위의 치유와 전환이 인정된다.

하자 있는 행정행위의 치유는 취소할 수 있는 행위에 대해 인정되는 것이며 전환은 무효인 행정행위에 대해 인정하는 것이 보통이다. 다만, 이러한 도식적인 접근을 비판하면서 취소할 수 있는 행위의 전환에 대해서도 논하는 견해도 있다.

### (2) 하자 있는 행정행위의 치유

① 개념

하자 있는 행정행위는 요건의 사후보완에 의해 치유될 수 있다. 다만 하자 있는 행정행위를 장기간 방치하여 취소권을 상실한 경우나 공공복리상의 필요에 의해 취소할 수 없는 경우는 하자가 치유된 것이 아니라 취소권이 제한된 것으로 보아야 한다. 하자가 치유되면 그 효력은 소급적으로 나타나서 처음부터 하자 없는 행정행위가 이루어진 것으로 보는 것이 원칙이다.

② 치유시기

하자는 언제까지 치유가능한 것인가? 하자의 치유의 시기에 대해서 대법원은 늦어도 소송이나 심판 등 행정쟁송 제기 전까지 허용된다고 한다.[313] 이것은 행정행위의 상대방 등에게 자기 권리를 방어하기 위한 권리(방어권)를 보장하기 위한 것이라고 생각된다. 쟁송 제기 이후에 치유가 가능하다고 하면 행정행위 상대방의 입장에서 방어권에 심각한 훼손을 가져오기 때문이다. 우리나라와 달리, 독일연방행정절차법은 이유부기 등 절차·형식상의 하자는 처분의 동일성을 해하지 않는 범위 안에서 행정소송절차 종결시까지 치유 가능하다고 한다. 독일의 경우 하자의 치유의 시기를 행정행위의 상대방 등의 방어권의 관점보다는 분쟁의 일회적 해결이라는 소송경제의 관점에서 판단하고 있기 때문이라고 본다.

312) 대법원 2017.8.23. 선고 2017두42453 판결; 대법원 2018.1.25. 선고 2015두35116 판결.
313) 대법원 1984.4.10. 선고 83누393 판결.

③ 하자의 치유와 제3자의 이익

하자의 치유가 제3자의 이익을 해하는 경우에는 이를 허용할 수 없다. 대법원은 '하자 있는 행정행위의 치유나 전환은 행정행위의 무용한 반복을 피하고 당사자의 법적 안정성을 위해 예외적으로 허용할 수 있으며 이를 허용하는 때에도 국민의 권리와 이익을 침해하지 않는 범위 안에서 구체적 사정에 따라 합목적적으로 인정하여야 한다'[314]고 하면서, 주로 하자의 치유를 인정해 주어도 방어권 등 당사자의 이익에 영향을 주지 않는 경우 하자의 치유가 인정될 수 있음을 판시하고 있다.[315] 이런 맥락에서 하자의 치유가 경원자(경쟁지원자)의 이익을 침해할 수 있다면 허용될 수 없다고 한다.[316]

④ 조세사건에서의 이유부기 하자의 치유

대법원은 조세소송의 경우 이유부기의 하자에 대해 많은 판례를 남기고 있다. 대법원은 납세고지서의 하자 치유는 원칙적으로 서면으로 하여야지 구두나 전화로는 치유되지 않는다고 하면서도,[317] 송달불능이 된 경우 전화로 처분 내용을 알려준 경우 고지의 효력을 인정하고 있다.[318] 또한 납세고지서의 하자를 보완할 수 있는 서면은 납세고지서와 일체를 이루는 것이라고 볼 수 있는 것에 한정된다.[319]

**참고판례 1: 대법원 1992.10.23. 선고 92누2844 판결 [영업허가취소처분취소]**

행정청이 식품위생법상의 청문절차를 이행함에 있어 소정의 청문서 도달기간을 지키지 아니하였다면 이는 청문의 절차적 요건을 준수하지 아니한 것이므로 이를 바탕으로 한 행정처분은 일단 위법하다고 보아야 할 것이지만 이러한 청문제도의 취지는 처분으로 말미암아 받게 될 영업자에게 미리 변명과 유리한 자료를 제출할 기회를 부여함으로써 부당한 권리침해를 예방하려는 데에 있는 것임을 고려하여 볼 때, **가령 행정청이 청문서 도달기간을 다소 어겼다 하더라도 영업자가 이에 대하여 이의하지 아니한 채 스스로 청문일에 출석하여 그 의견을 진술하고 변명하는 등 방어의 기회를 충분히 가졌다면 청문서 도달기간을 준수하지 아니한 하자는 치유되었다고 봄이 상당하다.**

**해 설** 실질적으로 청문의 기회를 가졌다면 청문서 수령자의 방어권에 아무런 훼손이 없었던 것이니 청문서 도달기간의 하자는 치유된 것이라는 판시이다.

**참고판례 2: 대법원 2006.5.12. 선고 2004두14717 판결 [체납처분에의한공매처분취소]**

공매절차에서 매수인이 매각결정에 따른 매수대금을 완납한 이후에는 매수 부동산의 소유권을 취득한

314) 대법원 1983.7.26. 선고 82누420 판결.
315) 대법원 1992.10.23. 선고 92누2844 판결.
316) 대법원 1992.5.8. 선고 91누13274 판결.
317) 대법원 1991.3.27. 선고 90누3409 판결.
318) 대법원 1971.7.29. 선고 71누72 판결.
319) 과세예정통지서(대법원 1996.3.8. 선고 93누21408 판결), 과세안내서(대법원 1995.7.14. 선고 94누1156 판결), 결정전조사내용통지서(대법원 2001.6.15. 선고 99두11882 판결) 등.

것으로 신뢰한 매수인의 권리·이익을 보호하여 거래의 안전을 도모하여야 할 필요성이 있는 점, 체납처분의 전제요건으로서의 독촉은 체납자로 하여금 당해 체납세액을 납부하여 체납처분을 당하는 것을 피할 수 있는 기회를 제공하기 위한 것인데, 설사 독촉장의 송달이 흠결되었다고 하더라도 그 이후에 이루어진 공매절차에서 공매통지서가 체납자에게 적법하게 송달된 경우에는 실질적으로 체납자의 절차상의 권리나 이익이 침해되었다고 보기 어려운 점 등에 비추어 보면, **비록 압류처분의 단계에서 독촉의 흠결과 같은 절차상의 하자가 있었다고 하더라도 그 이후에 이루어진 공매절차에서 공매통지서가 적법하게 송달된 바가 있다면 매수인이 매각결정에 따른 매수대금을 납부한 이후에는 다른 특별한 사정이 없는 한 당해 공매처분을 취소할 수 없다고 한 사례.**

해 설 공매통지서가 적법하게 송달되었다면 체납처분의 전제요건으로서의 독촉이 없었어도 체납자에게 체납처분을 피할 수 있는 기회를 준 셈이기 때문에 그 하자는 치유된 것으로 본다는 판시이다.

참고판례 3: 대법원 1988.2.9. 선고 83누404 판결 [부가가치세부과처분취소]

**납세고지서에 세액산출근거를 전혀 명기하지 아니하였다면 설사 과세관청이 사전에** 납세의무회사의 직원을 불러 과세의 근거와 세액산출근거 등을 **사실상 알려준 바 있다 하더라도 이로써 그 하자가 치유될 수는 없다.**

해 설 처분의 이유부기의 하자는 설사 상대방이 그것을 사실상 알았다 하더라도 그것만으로는 치유되지 않는다는 판시이다.

### (3) 하자 있는 행정행위의 전환

하자 있는 행정행위가 원래 의도했던 행정행위로서의 요건을 갖추지는 못하였으나 다른 행정행위로서의 요건을 완전히 갖추고 있을 때, 원래 의도했던 행정행위가 아니라 요건을 갖춘 다른 행정행위로 전환될 수 있다. 주로 무효인 행정행위에 대해서만 전환을 인정하는 것이 보통이다.

그러나 전환은 일정한 요건 하에서만 인정될 수 있다. 전환을 인정할 수 있는 요건으로서,

① 무효인 행정행위와 전환 후의 행정행위 사이에 본질적인 면에서 목적·효과의 공통성이 있을 것
② 전환 후 행정행위(전환을 원하는 행정행위)의 적법요건을 갖출 것
③ 양 행정행위의 절차와 형식이 동일할 것
④ 전환이 행정청의 의사에 반하지 않을 것
⑤ 전환이 관계자나 제3자에게 불이익하지 않을 것 등이 있다.

전환은 그 자체가 행정청의 하나의 의지적인 작용으로서 독자적인 행정행위라 할 수 있다. 그러므로 전환을 위한 청문이 필요한 경우도 있을 것이다. 전환은 하나의 행정행위이므로 행정청에 의해 이루어져야 한다. 다만 의무이행소송이 인정된다면, 법규와 관계자의 보호의 필요에 따라 소송절차에서 법원이 전환을 명할 가능성도 배제할 수 없다. 이 경우에도 전환 자체는 행정청에 의해 이루어져야 한다. 현행법 하에서 행정심판에 의한 전환은 가능하다고 본다.

# 제8관 행정행위의 철회

## 1. 행정행위의 철회와 직권취소

### (1) 행정행위의 철회

행정행위의 철회는 공익을 위하여 후발적 사정으로 행정행위의 효력을 폐지시키는 것을 말한다. 철회 자체도 독자적인 하나의 행정행위이며 실무상으로는 취소와 구별되지 않고 단순히 취소로 지칭되는 경우가 많다. 실정법의 규정에서도 이를 취소라고 하는 경우가 많다.

철회의 본질은 처분이 성립한 이후의 후발적 사정으로 인한 행정행위의 폐지에 있다. 이런 이유로 철회에는 소급효가 인정되지 않는 것이다. 그러므로 후발적 사정으로 처분이 위법하여졌다 하더라도 그러한 위법한 처분의 폐지는 원시적 하자를 원인으로 하지 아니하므로 취소가 아니라 철회라고 하여야 하고 소급효도 인정할 수 없다. 그런데도 우리 행정기본법은 제19조의 제목을 '적법한 처분의 철회'라고 하여 비판의 대상이 되고 있다. 철회의 대상의 다수가 적법성을 가지고 있다는 것이지 철회의 대상이 적법한 처분만이라고 할 수는 없다. 실제로 관계법령상 사후적인 위법사유로 철회하는 경우가 상당하다. 또한 부당한 처분은 위법하지는 않으므로 논리적으로는 적법한 처분에는 부당한 처분도 포함된다고 볼 수 있다. 그런데 부당을 이유로 하는 폐지라 하더라도 그것이 원시적 사정에서 비롯되었다면 취소라 하여야 하고 그것이 후발적 사정에서 비롯되었다면 철회라고 하여야 할 것이다. 요컨대, 철회 개념의 핵심표지와 대상을 '적법한 처분'으로 설정하는 것은 적절하지 못하다고 본다.

철회를 요하는 후발적 사정은 공익이라는 가치에 위반되는 것인데 행정행위의 상대방의 후발적인 법규 위반, 의무 위반, 공익 위반 등이 이에 해당한다.

행정행위의 철회는 원칙적으로 재량행위이다. 그러나 원행정행위가 존속될 경우 공익을 저해하거나 국민의 기본권이 침해될 경우에는 철회의무가 발생할 수 있다.[320)]

### (2) 행정행위의 철회와 직권취소의 유사점과 차이점

행정행위의 철회는 행정행위의 직권취소와 매우 유사한 점이 있다. 기본적으로 양자는 행정청에 의한 행정행위의 폐지이므로 그 기능과 이익상황이 유사하다. '취소'라는 동일한 용어로 지칭된다 하더라도, 행정행위의 직권취소는 행정행위의 상대방이나 이해관계인에 의한 폐지인 쟁송취소와는 이익상황을 전혀 달리한다.

철회와 직권취소의 유사성에도 불구하고 양자는 다음의 점에서 차이가 있다.

① **원인**: 철회는 후발적 사정을 원인으로 하나 직권취소는 원시적 하자를 원인으로 한다.

② **효과**: 철회는 장래효를 원칙으로 하나 직권취소는 소급효를 원칙으로 한다.

③ **권한기관**: 철회는 처분청만이 할 수 있으나 직권취소는 처분청만이 아니라 감독청도 할 수 있다.

---

320) 대법원 2016.10.27. 선고 2014두44946 판결 참조.

## 2. 철회의 법적 근거

행정행위의 철회를 하기 위해서는 철회에 대한 별도의 법률유보 규정이 있어야만 하는지 문제된다. 이에 대하여 과거에는 철회자유의 원칙이 통용되어 왔으나 오늘날에는 철회는 침익행위이므로 국민의 권익보장을 위하여 별도의 법적 근거를 요하도록 하여야 한다는 주장이 제기되고 있었다. 그런데 행정기본법은 철회에 대한 일반적 근거를 규정하여 이러한 논의를 대부분 불식시켰다. 행정기본법 제19조는 일정한 사유가 있는 경우에 처분의 전부 또는 일부를 철회할 수 있음을 분명히 규정하고 있다. 이것은 사정변경이 있거나 중대한 공익상의 필요가 있을 때 철회에 대한 법적 근거가 없더라도 철회할 수 있다는 종래의 대법원 판례이론을 입법화한 것이다.[321)]

한편, 대법원은 소급효가 있는 철회를 하기 위해서는 별도의 법적 근거가 필요하다고 한다.[322)]

## 3. 철회의 사유

철회는 공익상 행정행위의 효력을 더 존속시킬 수 없는 새로운 사정이 발생하였을 때 할 수 있다. 행정기본법이 정하는 철회의 구체적 사유는 다음과 같다(제19조 제1항).

① 법률에서 정한 철회사유에 해당하게 된 경우(법정 사유의 발생)

② 법령 등의 변경이나 사정변경으로 처분을 더 이상 존속시킬 필요가 없게 된 경우(법변경 및 사정변경)

③ 중대한 공익을 위하여 필요한 경우

문제는 중대한 공익을 위하여 필요한 경우에 어떠한 사유가 해당되는가 하는 것인데, 행정기본법 제정 이전부터 행정기본법이 정한 철회사유 이외에 몇 가지 다른 철회사유가 논의되고 있었는데 다음의 사유들이 중대한 공익을 위하여 철회가 필요한 경우로 이해될 수 있다고 본다.

① 행정행위를 할 때 법규 또는 행정행위에 의한 철회권의 유보가 있었는데, 유보된 사유가 발생한 경우

② 부담 등 의무의 불이행이 있는 경우

③ 일정한 시기까지 행정행위에 의해 가능해진 권리행사나 사업착수가 없는 경우(권리불행사)

## 4. 행정행위의 철회의 제한

행정행위의 취소권의 행사가 신뢰보호의 원칙이나 법적 안정성의 관점에서 제한되듯이 행정행위의 철회권의 행사도 역시 동일한 관점에서 제한된다. 그리고 취소권의 제한의 경우와 마찬가지로 비례의 원칙, 평등의 원칙 등의 여타의 행정법의 일반원칙에 따른 철회권의 제한이 있을 수 있다. 물론 철회권 제한도 수익적 행정행위의 경우에 문제된다.

---

321) 대법원 1992.1.17. 선고 91누3130 판결.
322) 대법원 2018.6.28. 선고 2015두58195 판결.

그러므로 철회권의 행사에 있어서도 이익형량이 이루어져야 한다. 행정기본법은 철회를 할 때에 행정청은 철회로 인하여 당사자가 입게 될 불이익[323]과 철회로 달성되는 공익을 비교·형량하여야 한다고 규정하고 있다(행정기본법 제19조 제2항). 다만 이 경우의 이익형량에서 주로 문제되는 대립가치는 행정의 합목적성 원칙 대 법적 안정성(신뢰보호의 원칙)의 구도로서, 취소권의 행사에서는 법률에 의한 행정의 원리 대 법적 안정성(신뢰보호의 원칙)이었던 것과 대비된다.

구체적인 이익형량의 기준을 살펴보면

① 상대방의 책임사유가 있거나, 중대한 공익상 필요가 있는 경우는 철회할 수 있고, ② 기득권이 존중되어야 하는 경우이거나, 실권의 경우, 포괄적 신분관계설정행위와 같이 성질상 철회가 곤란한 경우에는 철회가 제한된다.

대법원은 수익적 행정행위를 철회할 때에는 공익상의 필요와 철회로 인하여 당사자가 입을 불이익을 형량하여 결정하여야 한다고 하며 이 형량이 잘못되면 재량권의 일탈이나 남용에 해당된다고 한다.[324]

## 5. 철회권의 행사

수익적 행정행위에 대한 철회권 행사는 불이익 처분이기 때문에 고지와 의견청취 등 행정절차를 준수하여야 한다. 또한 철회권을 행사할 때에는 이유부기를 하여야 한다.

대법원은 행정행위의 철회권이 유보되었고 그 유보된 사실이 발생한다 하여도 공익상 기타 정당한 사유가 없을 때에는 철회할 수 없다고 한다.[325]

그리고 외형상 단일처분이라 하더라도 가분성이 있거나 그 처분대상의 일부가 특정될 수 있다면 일부철회도 가능하다고 한다.[326]

참고판례: 대법원 1995.11.16. 선고 95누8850 전원합의체 판결 [자동차운전면허취소처분취소]

**외형상 하나의 행정처분이라 하더라도 가분성이 있거나 그 처분대상의 일부가 특정될 수 있다면 그 일부만의 취소도 가능하고 그 일부의 취소는 당해 취소부분에 관하여 효력이 생긴다**고 할 것인바, 이는 한 사람이 여러 종류의 자동차 운전면허를 취득한 경우 그 각 운전면허를 취소하거나 그 운전면허의 효력을 정지함에 있어서도 마찬가지이다.

제1종 보통, 대형 및 특수 면허를 가지고 있는 자가 레이카크레인을 음주운전한 행위는 제1종 특수면허의 취소사유에 해당될 뿐 제1종 보통 및 대형 면허의 취소사유는 아니므로, 3종의 면허를 모두 취소한 처분 중 제1종 보통 및 대형 면허에 대한 부분은 이를 이유로 취소하면 될 것이나, 제1종 특수면허에 대한 부분은 원고가 재량권을 일탈·남용하여 위법하다는 주장을 하고 있음에도, 원심이 그 점에 대하여 심

323) 취소의 경우와 마찬가지로 이때에도 당사자가 입게 될 모든 불이익이 이익형량의 대상이 된다고 할 수는 없다. 당사자에게 책임있는 사유 등 당사자가 감수하여야 할 불이익은 이익형량에서 제외시켜야 한다.
324) 대법원 1990.6.26. 선고 89누5713 판결.
325) 대법원 1964.6.9. 선고 63누40 판결.
326) 대법원 1995.11.16. 선고 95누8850 전원합의체 판결.

리·판단하지 아니한 채 처분 전체를 취소한 조치는 위법하다고 하여 원심판결 중 제1종 특수면허에 대한 부분을 파기 환송한 사례.

## 6. 철회권 또는 변경권 행사에 대한 신청

이해관계인이 행정행위의 철회나 변경을 신청할 수 있는지에 대하여 대법원은 예외적으로 법규상 또는 조리상의 신청권이 있는 경우에 이를 인정하고 있다. 이처럼 법규상, 조리상의 신청권이 있는 경우에 철회나 변경에 대한 신청의 거부는 거부처분으로서 항고소송의 대상이 된다.

대법원은 특히 도시계획입안에 의한 도시계획변경신청 등에 대한 거부가 있은 경우 일정한 경우[327] 법규상, 조리상의 신청권을 인정한 바 있다.[328] 또한 일반적으로 당초처분이 제3자의 이익을 침해하는 경우에는 그 이익의 침해를 받은 제3자에게 처분의 철회나 변경을 신청할 권리를 인정하고 행정청이 그 신청을 거부할 경우 그 거부의 처분성을 인정하고 있다.[329]

판례이론에 의해 인정되는 이러한 철회·변경권 행사에 대한 신청과 그 거부에 대한 항고쟁송을 통해 실질적으로 쟁송제기기간이 지나 불가쟁력이 발생한 행위에 대해서도 다툴 수 있는 기회가 부여된다. 이것은 처분의 재심사 제도와 일정 부분 기능이 중복될 수밖에 없다.

**주요판례요지**

서울고등법원 2005.12.21. 선고 2005누4412 판결(대법원 2006.3.16. 선고 2006두330 전원합의체 판결의 항소심 판결): 공유수면매립사업과 관련된 환경영향평가대상지역 안에 거주하는 주민에게는 공유수면매립면허의 처분청에게 공유수면매립법 제32조가 정하는 취소·변경 등의 사유가 있음을 내세워 면허의 취소·변경을 요구할 조리상의 신청권이 있다.

참고판례 1: 대법원 1997.9.12. 선고 96누6219 판결 [토지형질변경행위변경허가신청반려처분취소]

**국민의 적극적 행정행위의 신청에 대하여 행정청이 그 신청에 따른 행정행위를 하지 않겠다고 거부한 행위가 항고소송의 대상이 되는 거부처분에 해당하려면 그 국민에게 신청에 따른 행정행위를 하여 달라고 요구할 수 있는 법규상 또는 조리상의 신청권이 있어야 한다.**

(중략) 도시계획법령이 토지형질변경행위허가의 변경신청 및 변경허가에 관하여 아무런 규정을 두지 않고 있을 뿐 아니라, 처분청이 처분 후에 원래의 처분을 그대로 존속시킬 필요가 없게 된 사정변경이 생

---

327) 예컨대, 장래 일정한 기간 내에 관계 법령이 규정하는 시설 등을 갖추어 일정한 행정처분을 구하는 신청을 할 수 있는 법률상 지위에 있는 자의 국토이용계획변경 신청을 거부하는 것이 실질적으로 당해 행정처분 자체를 거부하는 결과가 되는 경우(대법원 2003.9.23. 선고 2001두10936 판결).

328) 대법원 2004.4.28. 선고 2003두1806 판결; 대법원 2012.1.12. 선고 2010두5806 판결; 대법원 2003.9.23. 선고 2001두10936 판결 등.

329) 대법원 2017.3.15. 선고 2014두41190 판결.

겼거나 중대한 공익상의 필요가 발생한 경우에는 별도의 법적 근거가 없어도 별개의 행정행위로 이를 철회·변경할 수 있지만 이는 그러한 철회·변경의 권한을 처분청에게 부여하는 데 그치는 것일 뿐 상대방 등에게 그 철회·변경을 요구할 신청권까지를 부여하는 것은 아니라 할 것이므로, 이와 같이 **법규상 또는 조리상의 신청권이 없이 한 국민들의 토지형질변경행위 변경허가신청을 반려한 당해 반려처분은 항고소송의 대상이 되는 처분에 해당되지 않는다.**

참고판례 2: 대법원 2017.3.15. 선고 2014두41190 판결 [건축허가철회신청거부처분취소의소]

**건축허가는 대물적 성질을 갖는 것이어서 행정청으로서는 허가를 할 때에 건축주 또는 토지 소유자가 누구인지 등 인적 요소에 관하여는 형식적 심사만 한다.** 건축주가 토지 소유자로부터 토지사용승낙서를 받아 그 토지 위에 건축물을 건축하는 대물적(對物的) 성질의 건축허가를 받았다가 **착공에 앞서 건축주의 귀책사유로 해당 토지를 사용할 권리를 상실한 경우, 건축허가의 존재로 말미암아 토지에 대한 소유권 행사에 지장을 받을 수 있는 토지 소유자로서는 건축허가의 철회를 신청할 수 있다고 보아야 한다. 따라서 토지 소유자의 위와 같은 신청을 거부한 행위는 항고소송의 대상이 된다.**

### 7. 철회의 효과

행정기본법은 철회는 기본적으로 장래효를 가짐을 시사하고 있다(제19조 제1항). 행정기본법의 규정처럼 행정행위의 철회의 효과는 소급하지 않고 장래효를 가짐이 원칙이다. 다만, 예외적으로 소급효가 인정되는 경우가 있음을 유의하여야 한다. 예컨대 특정목적을 위한 지원금이 그 목적에 즉시 사용되지 않은 경우, 지원행위의 철회의 효력은 지원행위를 한 최초시점으로 소급한다. 이처럼 철회가 소급효를 가질 때, 원상회복과 보상이 문제되는 경우가 있다. 이러한 점을 고려할 때 행정기본법 제19조 제1항이 철회가 소급효를 가질 수 있음을 유보하지 않은 것은 문제가 있다.

### 8. 철회의 취소 · 철회의 철회

철회의 취소, 철회의 철회에 있어서도 취소의 재취소와 유사한 문제가 발생한다. 판례에 따르면 원행정행위가 침익적 행위인 경우 그 철회를 취소하거나 철회를 철회하여 다시 그 효력을 되살릴 수는 없다고 보아야 한다. 그러나, 수익적 행위의 경우 철회를 취소하거나 철회를 철회하여 원래의 수익적 행위를 되살릴 수 있다.

## 제9관 행정행위의 실효

### 1. 실효의 사유

행정행위의 효력을 지속시킬 수 없는 객관적 사정의 발생으로 인하여 행정행위의 효력이 소멸하는 것을 실효라고 한다. 실효의 사유로 ① 행정행위의 상대방의 사망, ② 목적물의 멸실 및 목적의 달성, ③ 종기의 도래, ④ 해제조건의 성취 등을 들 수 있다.

### 2. 실효를 다투는 방법

행정행위의 실효를 다투는 방법으로 행정심판으로서는 무효등확인심판의 일종인 실효확인심판이 있고 행정소송으로는 무효등확인소송의 일종인 실효확인소송이 있다.

대법원은 영업을 폐업한 경우 영업허가는 실효된 것이므로 허가행정청의 허가취소처분은 실체가 없는 것으로 보고, 그 취소를 구할 소의 이익을 인정하지 않는다.[330)]

---

참고판례: 대법원 1981.7.14. 선고 80누593 판결 [청량음료제조업허가취소처분취소]

청량음료 제조업허가는 신청에 의한 처분이고, 이와 같이 신청에 의한 허가처분을 받은 원고가 그 **영업을 폐업한 경우에는 그 영업허가는 당연 실효되고, 이런 경우 허가행정청의 허가취소처분은 허가의 실효됨을 확인하는 것에 불과하므로 원고는 그 허가취소처분의 취소를 구할 소의 이익이 없다고 할 것이다.**

해 설 영업자가 폐업을 한 경우 영업허가는 실효되므로 그 영업허가의 취소는 허가의 효력없음을 확인하는 것에 불과하므로 취소소송의 대상이 되지 않는다는 판시이다.

---

## 제10관 행정행위(처분)에 대한 이의신청

### 1. 일반적 이의신청 제도의 도입

#### (1) 이의신청 제도의 의의

행정기본법 제36조는 일부 개별법에 존재하는 처분에 대한 이의신청, 불복, 재심 등 다양한 용어와 형태로 규정되어 있는 처분청에 대한 불복제도를 정비하고 확대하여 이의신청 제도로 일반화하고 있다. 여기서 말하는 처분은 행정행위만을 말하는 것이 아니고 행정쟁송법상의 처분 개념과 동일하다. 이의신청 제도는 사법적 절차가 준용되는 행정심판과는 다른 개념의 절차로서 행정청이 내부적 시정작용의 일환으로 자기 점검의 기회를 가지는 가운데 국민의 권익구제를 도모하는 제도라고 할 수 있다. 대법원은 명칭 여하에 불구하고(설사 이의신청으로 불리더라도) 그것이 준사법적 절차의 성격을 띠어 실질적으로 행정심판의 성질을 가지면 행정심판법이 적용된다고 하였으므로[331)] 이의신청 제도는 준사법절차로 진행되는 것이 아니라고 볼 수 있다. 그러나 어쨌든 권익구제제도로서 기능하는 것이니 만큼 행정심판과의 기능중복으로 인하여 과연 실효성이 있는 제도로 운영될 것인가에 대해서는 의심이 있다. 또한 이 제도의 일반화로 말미암아 권익구제 제도가 중복되어 행정결정의 확정이 지연될 우려가 있다는 비판이 있다.

---

330) 대법원 1981.7.14. 선고 80누593 판결.
331) 대법원 1992.6.9. 선고 92누565 판결.

### (2) 행정기본법의 이의신청 제도와 '민원처리에 관한 법률'의 거부처분에 대한 이의신청

행정기본법 제36조의 이의신청 제도와 별도로 '민원처리에 관한 법률' 제35조는 '거부처분에 대한 이의신청' 제도를 규정하고 있어서 이 두 제도의 관계가 문제이다. 양자는 동일한 사항에 대한 중복규율의 측면이 있으므로 앞으로 이 두 법의 규정은 조정될 필요가 있다.

다만 '민원처리에 관한 법률'의 '거부처분에 대한 이의신청'은 행정기본법의 이의신청과 달리 행정심판법의 대상이 되는 처분에 대한 이의신청에 국한되지 않는다. 또한 '민원처리에 관한 법률'의 규율대상은 국가 또는 지방자치단체의 행정청만이 아니라 공공기관, 각급 학교의 장 등을 포함한다. 그러므로 현재 '민원 처리에 관한 법률'에 의한 '거부처분에 대한 이의신청' 제도는 행정기본법 제36조의 입법에도 불구하고 계속 존재의의를 가지는 것이 사실이다. 그러나 대부분의 규율 대상이 행정기본법의 경우와 중복되기 때문에 양 제도의 조정을 피하기는 어렵다.

## 2. 신청인적격

행정기본법 제36조 제1항은 행정청의 처분에 대하여 이의가 있는 당사자는 이의신청을 할 수 있도록 규정하였다. 여기서 당사자란 처분의 상대방을 의미한다. 그러므로 제3자는 이의신청을 하지 못한다. 제3자 가운데 행정심판의 청구인적격 그리고 항고소송의 원고적격을 가지는 '법률상이익이 있는 제3자'도 이의신청을 할 수 없도록 한 것은 평등의 원칙이나 재판청구권의 관점에서 위헌시비가 있을 수 있다. 이의신청 제도가 행정 내부의 시정작용이라는 이유로 위헌요소가 불식되지는 않는다.

## 3. 이의신청의 대상인 처분

### (1) 이의신청의 대상인 처분의 범위

이의신청의 대상인 처분은 행정심판법 제3조에 따라 같은 법에 따른 행정심판의 대상이 되는 처분이다. 그러므로 예컨대 국세심판이나 가정법원에 불복하도록 한 '가족관계등록에 관한 법률' 제109조 등의 처분은 이의신청 대상이 아닌 처분으로 볼 것이다.

그런데 행정기본법이 행정심판법 제3조의 대상인 처분을 이의신청의 대상인 처분으로 규정하고 있기 때문에 여기에 행정심판법 제4조의 특별 행정심판의 대상인 처분이 해당되는지가 문제된다. 행정심판법 제3조가 일단 특별 행정심판을 배제하고 있기 때문에 특별행정심판의 대상이 되는 처분은 이의신청의 대상이 될 수 없다고 해석하는 것이 타당하다고 본다.[332]

그러나 특별행정심판의 특수성을 인정하는 것은 일반 행정심판에 비하여 전문성 또는 특수성이 요구되는 점을 감안한 것이다. 이것이 이의신청제도를 배제할 이유는 되지 않는다. 그럼에도 불구하고 행정기본법이 일반 행정심판의 대상이 되는 처분만을 대상으로 이의신청을 인정하는 것은 모순이다. 그러니 이의신청 제도의 적용을 배제하려면 차라리 별도의 특수한 불복제도가

332) 행정심판법 제4조 제2항의 규정 때문에 이러한 해석에 논란이 발생할 가능성이 있으나 제4조 제2항은 행정심판법의 적용범위에 대한 규정이지 행정기본법의 적용범위에 대한 규정이 아니다.

법률상 규정되어 있는 경우에 그렇게 하도록 하는 것이 타당하지 않은가 한다.

#### (2) 적용배제

행정기본법 제36조 제8항은 이의신청 제도에 대하여 ① 공무원 인사법령에 따른 징계 등 처분에 관한 사항, ② 국가인권위원회법 제30조에 따른 진정에 대한 국가인권위원회의 결정 ③ 노동위원회법 제2조의2에 따라 노동위원회의 의결을 거쳐서 행하는 사항, ④ 형사, 행형 및 보안처분 관계 법령에 따라 행하는 사항, ⑤ 외국인의 출입국·난민인정·귀화·국적회복에 관한 사항 ⑥ 과태료의 부과 및 징수에 관한 사항 등 6가지 사항에 대한 적용배제를 규정하고 있다.

### 4. 이의신청의 제기 및 결과 통지

#### (1) 이의신청의 제기

이의신청은 처분을 받은 날로부터 30일 내에 해당 행정청에게 한다(행정기본법 제36조 제1항). 이의신청을 하려는 자는 ① 신청인의 성명·생년월일·주소(신청인이 법인이나 단체인 경우에는 그 명칭, 주사무소의 소재지와 그 대표자의 성명)와 연락처 ② 이의신청 대상이 되는 처분의 내용과 처분을 받은 날 ③ 이의신청 이유를 적은 문서를 해당 행정청에게 제출하여야 한다(시행령 제11조 제1항). 이의신청을 받은 행정청이 그 내용에 보완이 필요하다고 판단하면 보완하여야 할 내용을 명시하고 7일 이내에 적절한 기간을 정해 보완을 명할 수 있다(시행령 제11조 제3항).

#### (2) 이의신청에 대한 결과 통지

행정청이 이의신청을 받으면 그 신청을 받은 날로부터 14일 이내에 그 결과를 신청인에게 통지하여야 한다. 이때 행정심판 및 행정소송의 제기 대상이 되는 처분과 행정심판 또는 행정소송을 제기할 수 있는 기간을 함께 안내하여야 한다(행정기본법 제36조 제5항, 같은 법 시행령 제11조 제7항). 다만 이의신청을 받은 행정청이 7일 이내의 보완을 명한 경우 그 보완기간은 이 결과 통지기간에 포함되지 않는다(시행령 제11조 제4항). 부득이한 사유로 이 기간을 도과하면 그 기간 만료일 다음 날로부터 기산하여 10일 이내의 범위에서 한 차례 더 연장할 수 있으며 연장사유를 신청인에게 통지하여야 한다(행정기본법 제36조 제2항). 행정청은 이의신청 결과의 통지기간을 연장하고자 할 때에는 연장통지서에 연장 사유와 연장 기간 등을 구체적으로 적어야 한다(시행령 제11조 제2항).

### 5. 이의신청 결과에 대한 불복

#### (1) 이의신청과 행정심판, 행정소송의 제기

이의신청을 제기한 경우에 그 이의신청과 관계없이 신청인은 행정심판 또는 행정소송을 제기할 수 있다.

그런데 그동안 개별법에 의해 이의신청이 인정되는 경우에 이의신청 기간 중에 행정심판이나 행정소송의 제소기간이 정지되는지가 불명확한 점이 있었다. 행정기본법 제36조 제4항은 이에 대해 분명한 규정을 두었다. 즉, 이의신청 결과를 통지 받은 후 행정심판이나 행정소송을 제기하려는 자는 그 결과를 통지받은 날(결과를 통지받지 못한 경우에는 통지기간의 만료일의 다음 날)로부터 90일 이내에 행정심판이나 행정소송을 제기할 수 있다. 그러므로 이의신청 중에는 행정심판과 행정소송의 제기의 제척기간의 진행이 정지된다. 또한 제36조 제6항은 다른 법률에 이의신청에 준하는 절차에 대하여 규정하고 있어도 그 법률이 규정하지 아니한 사항에 관하여는 제36조에서 정하는 바에 따르도록 하고 있기 때문에, 이의신청에 준하는 다른 절차를 규정하는 법률이 침묵하고 있으면 행정심판이나 행정소송의 제소기간은 이의신청에 준하는 절차 중에는 역시 정지되는 것으로 보아야 한다.

이러한 점에서 그동안 법이 특별히 인정한 경우를 제외하고는[333] 이의신청에 따른 결정이 행정소송법 제20조 제1항 단서의 재결이 아니라고 보아 제소기간의 특례를 인정하지 않았던 판례이론[334]은 입법적으로 부정이 되었다고 본다.

#### (2) 이의신청 결과에 대한 불복

행정기본법은 이의신청의 결과 처분이 변경되지 않았을 때에는 원처분에 대하여, 변경되었을 때에는 변경처분에 대하여 행정심판이나 행정소송을 제기할 수 있다고 규정하고 있다(행정기본법 제36조 제4항). 그런데 행정기본법과 시행령은 행정청은 행정심판 및 행정소송의 제기 대상이 되는 처분을 안내하도록 하고 있으므로(행정기본법 제36조 제5항, 같은 법 시행령 제11조 제7항) 불복의 대상에 대한 혼란은 상당 부분 해소되었다고 볼 수 있다.

그러나 행정기본법 제정 이전부터 대법원은 이의신청을 새로운 신청으로 보고 그 기각을 새로운 거부처분으로 보거나[335] 이의신청절차 자체가 추가적 심사절차의 의미를 가지고 있을 때에는[336] 이의신청 기각결정을 새로운 처분으로 보고 항고소송을 허용하였다. 그러므로 행정기본법과 시행령의 규정과 무관하게 이례적으로 처분성이 인정되는 경우가 발생할 가능성이 여전히 남아있다고 할 것이다.

## 제11관 행정행위(처분)의 재심사

### 1. 처분의 재심사의 개념 및 의의

#### (1) 처분의 재심사 제도의 도입

행정기본법은 처분에 불가쟁력이 발생한 경우(행정심판, 행정소송 및 그 밖의 쟁송을 통하여 다툴 수 없게 된 경우: 확정판결이 있는 경우에는 제외)라도 처분의 근거가 된 사실관계 또는 법률관

333) 예컨대 '국가유공자 예우 및 지원에 관한 법률' 제74조의 18 제4항; 대법원 2016.7.27. 선고 2015두8676 판결.
334) 대법원 2012.11.15. 선고 2010두8676 판결.
335) 대법원 2021.1.14. 선고 2020두50324 판결.
336) 대법원 2016.7.14. 선고 2015두58645 판결.

계가 추후에 당사자에게 유리하게 바뀐 경우와 당사자에게 유리한 결과를 가져다주었을 새로운 증거가 있는 경우 등에는 해당 처분을 한 행정청에게 처분의 취소·철회·변경을 신청할 수 있도록 하고 있다(제37조). 종래 우리나라에서는 인정되지 않고 있던 처분의 재심사 제도를 새롭게 규정한 것이다.

여기서 처분이라 함은 행정행위만을 의미하는 것이 아니라 행정행위를 포함하는 행정쟁송법상의 처분과 같은 의미이다.

#### (2) 처분의 재심사 제도의 의의

처분의 재심사 제도는 불가쟁력이 발생한 처분을 다툴 수 있게 하는 제도이다. 종래 우리 대법원의 판례이론상 불가쟁력이 발생한 처분을 다투는 방법으로는 하자의 승계,[337] 법규상·조리상 인정되는 처분의 철회·변경 신청권의 행사[338] 등이 있었다. 그러나 하자의 승계는 후행행위가 존재하고 그것을 다툴 수 있을 때에만 선행행위의 하자를 다툴 수 있는 제도이고 새로운 증거가 발견되거나 법 변경 등이 이루어졌을 경우에는 이를 활용하여 불가쟁력이 발생한 처분을 다툴 수 없다는 한계를 가지고 있다. 또한 처분의 철회·변경신청권은 철회나 변경을 신청할 법규상 또는 조리상의 신청권이 인정되어야만 문제되는 처분을 다툴 수 있는 제도이다. 그러므로 행정기본법 제37조가 이렇게 일반적으로 처분의 재심사를 허용한 것은 매우 특별한 의미가 있다.

#### (3) 처분의 재심사를 통한 처분의 취소·철회·변경

행정기본법 제37조가 규정하는 처분의 재심사 제도는 처분의 취소만이 아니라 철회와 변경을 신청할 수 있도록 하고 있다. 즉, 처분이 위법하지 않아도 재심사 제도를 통하여 철회·변경할 수 있는 길이 열린 것이다. 그러나 처분의 재심사 제도는 불가쟁력이 발생한 처분에 대한 것인데도 사정변경이 발생하여도 위법해지지 아니한 처분에까지 재심사를 신청할 수 있도록 한 것은 법적 안정성을 저해할 우려가 있다. 예컨대, 행정심판의 재결에 의해 불가쟁력이 발생한 처분에 대해서, 사정이 변경된 후에 위법해지지 않았는데도 처분의 철회 또는 변경을 신청할 수 있도록 한 것은 법률관계의 확정을 한없이 미루어지도록 할 가능성이 있다.

### 2. 재심사의 요건

#### (1) 재심사 대상인 처분(대상적격)

##### ① 불가쟁력이 발생한 처분

처분의 재심사의 대상은 '불가쟁력이 발생한 처분'이다. 행정심판 제기기간이 도과하거나 행정소송 제기기간이 도과한 경우, 기타 쟁송을 제기할 수 있는 기간이 도과하여 더 이상 다툴 수

---

337) 불가쟁력이 발생한 선행 처분의 위법을 이유로 후행 처분의 취소를 구하는 방법: 하자의 승계 부분 참조.

338) 예컨대, 문제되는 처분에 대한 철회를 신청하고 그를 거부할 경우 거부처분에 대한 쟁송을 제기하는 방법(철회를 신청하기 위해서는 법령상, 조리상의 신청권이 있어야 한다): 철회권 또는 변경권 행사에 대한 신청 부분 참조. 대법원 2017.3.15. 선고 2014두41190 판결.

없게 된 처분이 이에 해당한다. 그러나 법원의 확정판결이 있는 경우에는 재심사 대상이 되지 않는다. 법원의 확정판결에 대해서는 소송절차로서의 재심절차가 존재하고 확정판결이 있는 사안에 대하여 행정청이 다시 심사를 하는 것은 권력분립의 원칙에도 어긋나기 때문이다. 소송을 제기하였더라도 확정판결이 있기 전에는 처분의 재심사를 신청할 수 있다고 하여야 한다. 또한 여기서의 확정판결에는 소송요건 미비를 이유로 하는 각하 판결은 포함되지 않는다고 하여야 할 것이다.

② 재심사 대상 제외: 제재처분과 행정상 강제

행정기본법 제37조는 제재처분과 행정상 강제에 관한 처분은 재심사 대상에서 제외하고 있다. 제재처분과 행정상 강제는 행정상 의무이행확보를 위한 수단인데 이에 대하여 불가쟁력이 발생하였음에도 불구하고 재심사를 할 수 있도록 하면 행정법관계의 확정이 지나치게 지연될 우려가 있다. 또한 처분의 상대방으로서는 제재와 행정강제를 지연시키기 위한 수단으로 재심사 제도를 악용할 가능성도 있으므로 이를 차단하기 위한 것이다. 그러나 이에 대하여 재심사를 허용하지 않은 것이 평등의 원칙 등에 비추어 정당한가에 대해서는 논란이 있다.

③ 적용배제

행정기본법 제37조 제8항은 ⅰ) 공무원 인사 관계 법령에 따른 징계 등 처분에 관한 사항, ⅱ) 노동위원회법 제2조의2에 따라 노동위원회의 의결을 거쳐 행하는 사항, ⅲ) 형사, 행형 및 보안처분 관계 법령에 따라 행하는 사항, ⅳ) 외국인의 출입국·난민인정·귀화·국적회복에 관한 사항, ⅴ) 과태료 부과 및 징수에 관한 사항, ⅵ) 개별 법률에서 그 적용을 배제하고 있는 경우 등에는 처분의 재심사에 관한 제37조의 규정의 적용을 배제하고 있다.

그러나 이미 앞에서 살펴 본 바와 같이 제재처분과 행정상 강제에 대한 재심사를 허용하지 않고 이에 더하여 이상의 적용배제 사항을 규정한 것에 대해서 학계에서는 의문이 제기되고 있다.

### (2) 재심사사유

① 개설

처분의 재심사 신청을 하기 위하여서는

ⅰ) 처분의 근거가 된 사실관계 또는 법률관계가 추후에 당사자에게 유리하게 바뀐 경우

ⅱ) 당사자에게 유리한 결정을 가져다주었을 새로운 증거가 있는 경우

ⅲ) 민사소송법 제451조에 따른 재심사유에 준하는 사유가 발생한 경우 등 대통령령으로 정하는 경우

등에 해당하여야 한다.

그런데 이러한 재심사사유는 처분의 상대방이 행정절차나 행정심판, 행정소송 및 그 밖의 쟁송에서 중대한 과실 없이 주장하지 못한 것이어야 한다(행정기본법 제37조 제2항).

② 처분의 근거가 된 사실관계 또는 법률관계가 추후에 당사자에게 유리하게 바뀐 경우

'사실관계의 변경'이란 처분을 함에 있어서 객관적으로 중요하였던 사실에 변화가 생겨 당사자에게 유리한 결정을 도출할 수 있는 것을 말한다. 새로운 사실이 발견되거나 종래의 과학적 사실에 대한 이해에 변경이 초래된 경우 등이 이에 해당된다.

'법률관계의 변경'은 처분의 근거가 된 법령이 처분 이후에 폐지 또는 변경되어 당사자에게 유리하게 된 경우를 말하는데 여기에 판례의 변경도 해당되는지가 문제이다. 헌법재판소나 대법원의 법령에 대한 위헌·위법결정이 법률관계의 변경에 해당하는 것은 분명하다고 본다. 그런데 일반적인 판례변경이 '법률관계의 변경'에 해당하는지에 대해서는 논란이 있을 수 있다. 그러나 판례변경으로 인하여 법적 상태가 신청인에게 유리하여진 것이 해석상 명백한 경우에는 판례변경도 '법률관계의 변경'으로 인정해 주어야 할 것이다. 판례의 법원성이 부인될 수 없는 까닭이다.

그런데 원래 처분은 처분 당시의 법령 등 법률상태를 기준으로 이루어지는 것인데 법령의 변화가 신청인에게 유리하게 된 경우에는 언제나 재심사를 신청할 수 있게 하는 이 제도가 시행되면 앞으로 민원인에게 유리한 신규 입법에는 수많은 재심사의 신청이 수반될 것이 우려된다. 특히 중앙정부나 지방정부가 바뀔 때 법령이나 조례를 바꾸고 과거에 이루어진 처분을 뒤집을 수 있다고 하면 심각한 문제가 발생할 수도 있다. 독일의 경우 재심사 신청의 인용율이 매우 낮다고 하는데 결국 우리나라도 그러한 방향으로 제도의 관행이 정착될 수 밖에 없을 것 같다.

③ 당사자에게 유리한 결정을 가져다주었을 새로운 증거가 있는 경우

'새로운 증거'는 처분 이전에 이미 존재하였지만 당사자에게 알려지지 않았거나 증명될 수 없었기 때문에 처분시에 고려될 수 없었던 사실에 관련된 증거를 뜻한다고 보아야 한다. 구체적으로는 ⅰ) 처분절차나 쟁송과정에서 사용할 수 없었던 증거, ⅱ) 당사자의 과실 없이 절차 진행 당시 제때 습득하지 못했거나 마련하지 못했던 증거 ⅲ) 당사자의 과실 없이 당사자가 당시에 인지하지 못하고 있었던 증거 ⅳ) 처분 당시 제출되었으나 행정청의 무지, 오판, 불충분한 고려가 있었던 경우 등을 의미한다고 한다.[339)]

④ 민사소송법 제451조에 따른 재심사유에 준하는 사유가 발생한 경우 등 대통령령으로 정하는 경우

행정기본법 시행령 제12조는 민사소송법 제451조에 따른 재심사유에 준하는 사유등을 구체화하여 ⅰ) 처분 업무를 직접 또는 간접적으로 처리한 공무원이 그 처분에 관한 직무상의 죄를 범한 경우 ⅱ) 처분의 근거가 된 문서나 그 밖의 자료가 위조되거나 변조된 것인 경우 ⅲ) 제3자의 거짓 진술이 처분의 근거가 된 경우 ⅳ) 처분에 영향을 미칠 중요한 사항에 관하여 판단이 누락된 경우를 들고 있다.

이 사유들은 모두 판결을 대상으로 하는 민사소송법 제451조의 사유 가운데 행정처분에 적용만할 조항들을 모아 재구성한 것이라고 보여진다. 그런데 ⅰ), ⅱ), ⅲ)의 사유는 대개 행정처분

---

339) 행정기본법 조문별 제정이유서.

의 재심사에 있어서도 판결의 재심과 그다지 다르게 취급될 필요가 없는 것이지만 ⅳ)의 사유는 행정처분의 경우와 판결의 경우가 반드시 동일하지 않기 때문에 앞으로 이 법의 시행과정에서 혼란이 발생할 수 있다. 왜냐하면 판결에서는 판결이유를 통하여 구체적인 쟁점에 대한 판단을 표시하지만 처분의 경우 짧은 처분사유의 기술 이외에 쟁점에 대한 판단이 구체적으로 표시되기에는 한계가 있기 때문이다. 그러므로 '처분에 영향을 미칠 중요한 사항에 대한 판단이 누락되었다'는 점에 대한 판단과 입증이 쉽지 않을 것으로 전망된다.

⑤ 비판

행정기본법의 재심사 신청의 사유는 독일연방행정절차법의 재심사 신청의 사유를 거의 유사하게 모방하였다.[340] 이렇게 재심사 신청의 사유를 폭넓게 인정한 것은 재심사의 신청의 내용이 처분의 취소만이 아니라 철회나 변경이 될 수도 있음을 의식한 것이라고 본다. 즉 재심사 결과 처분이 철회될 수도 있다면 재심사사유는 처분이 원시적으로 위법하거나 처분을 사후적으로 위법하게 만드는 경우만이 아니라 사후적으로 처분이 위법하지 않더라도 처분을 폐지, 변경할 수 있는 사유를 포함하는 것이어야 하므로 재심사사유의 인정의 폭을 넓게 하여야 하기 때문이다. 그러나 이처럼 넓은 재심사사유는 예외적인 구제 제도로서의 재심사 제도의 본질과 어울리는지 의문이다.

또한 민사소송법 제451조의 규정에서는 재심사유가 명확하게 규정되어 있음에 비하여 행정기본법 제37조는 '유리하게 바뀐 경우', '유리한 결정' 그리고 '새로운 증거'와 같은 불확정개념을 사용하고 있는데, 이처럼 불명확한 개념을 사용하고 있는 외국의 입법례를 법문화와 행정문화가 다름에도 불구하고 무작정 모방하는 것이 반드시 타당한 결과를 가져올 수 있을지 의문이다.

또한 법령이 바뀐 경우, 또는 헌법재판소에서 위헌결정이 나온 경우에도 모두 처분의 재심사를 청구할 수 있게 되면 법률관계의 안정을 해치게 될 염려가 있다.

### (3) 당사자

① 신청인적격

처분의 재심사는 당사자, 즉 처분의 상대방이 신청할 수 있다(제37조 제1항). 그러므로 제3자는 재심사를 신청할 수 없다. 그러나 원고적격이 있는 제3자의 신청인적격을 부정하고 있는 것은 행정기본법의 또 다른 위헌요소라고 할 수 있다. 원고적격이 있는 제3자와 처분의 상대방을 차별하여야 할 합리적인 이유가 없다. 뿐만 아니라 행정소송법 제31조는 제3자에 의한 재심청구를 허용하고 있다. 소송절차에서도 제3자에게 재심청구를 허용하고 있음에도 재심사사유가 재심청구사유 보다 훨씬 넓은 행정청에 의한 처분의 재심사에서 제3자의 신청인적격을 부정하고 있는 것은 현저히 균형을 잃은 입법으로서 위헌의 소지가 강하다. 독일에서는 처분의 상대방만이 아니라 이해관계인에게 처분의 재심사를 신청할 수 있도록 하고 있다.[341]

---

340) 독일연방행정절차법 제51조.
341) 독일연방행정절차법 제51조 제1항.

② 피신청인

재심사 신청의 상대방은 해당 처분을 한 행정청, 즉 처분청이다(제37조 제1항).

#### (4) 재심사 신청기간

재심사청구는 신청인이 재심사사유를 안 날로부터 60일 이내, 처분이 있은 날로부터 5년 안에 하여야 한다. 이것은 민사소송법 제456조를 처분의 재심사에 원용한 것이라고 할 수 있다. 그러나 민사소송법 제456조 제4항[342]과 같은 규정을 빠뜨림으로 인하여 처분이 있은 날로부터 5년 이후에 사정변경으로 처분의 폐지·변경을 주장할 수 있는 신청인은 구제할 수 없는 문제점을 노정하고 있다.

### 3. 재심사의 절차

#### (1) 재심사의 신청

재심사의 신청은 ① 신청인의 성명·생년월일·주소(신청인이 법인이나 단체인 경우에는 그 명칭, 주사무소의 소재지와 그 대표자의 성명)와 연락처 ② 재심사 대상이 되는 처분의 내용과 처분이 있은 날 ③ 재심사 신청 사유를 적은 문서를 해당 처분을 한 행정청에게 제출함으로써 이루어진다(행정기본법 시행령 제13조 제1항). 처분청은 신청 내용에 보완이 필요하면 20일 이내의 적정한 기간 안에 보완을 명할 수 있다(시행령 제13조 제2항).

#### (2) 요건심사와 본안심사

재심사는 요건심사와 본안심사로 이루어진다. 재심사 대상, 재심사 사유, 당사자, 신청기간 등의 요건을 갖추지 못하면 본안심사를 할 필요가 없고 이러한 요건을 갖추었을 때 본안심사를 하게 된다.

#### (3) 재심사 결과의 통지

재심사 신청을 받은 행정청은 특별한 사정이 없으면 신청을 받은 날로부터 90일(합의제 행정기관은 180일) 이내에 처분의 재심사 결과를 신청인에게 통지하여야 한다(행정기본법 37조 제4항). 재심사 신청에 대한 보완기간이 정해진 경우 그 기간은 이 기간에 포함되지 않는다(시행령 제13조 제3항). 다만 부득이 한 경우에는 그 기간을 만료일 다음날부터 기산하여 90일(합의제 행정기관은 180일)의 범위 안에서 한 차례 연장할 수 있다. 이때 연장사유를 신청인에게 통지하여야 한다.

### 4. 재심사결과와 그에 대한 불복

재심사의 결과는 처분의 유지, 취소, 철회, 변경 등의 결정이 될 것이다(행정기본법 제37조 제4항). 그런데 행정기본법 제37조 제5항은 재심사결과 중 처분을 유지하는 결정에 대해서는 행정

---

342) 재심의 사유가 판결이 확정된 뒤에 생긴 때에는 제3항의 기간은(5년)은 그 사유가 발생한 날부터 계산한다.

심판이나 행정소송 및 그 밖의 쟁송수단으로 불복할 수 없다고 규정하고 있다. 이러한 사법심사의 부정은 재판청구권을 침해하고 평등의 원칙을 위반할 소지가 있는 제37조의 다른 규정과 마찬가지로 심각한 위헌의 소지를 가지고 있다.

재심사 결과, 처분을 유지하는 결정에 대한 사법심사의 부정으로 인한 문제는 대법원의 판례이론, 즉 당사자(처분의 상대방)가 처분의 취소와 철회·변경에 대한 신청권을 행사하고 그것이 거부될 경우 거부처분 취소소송이나 의무이행심판으로 다투는 방식으로 해결이 가능하다고 하는 주장이 있다. 그러나 그러한 해결이 언제나 가능한지 의문이며, 그러한 해결이 가능하다고 하여 처분 유지의 결정에 대한 사법심사의 부정이 가지는 위헌성 자체가 해소되지는 않는다.

재심사의 결정에 대한 사법심사가 부정된다는 것은 결국 재심사 결정에 실질적으로 통제되지 않는 행정청의 권한을 인정하는 셈인데 이는 기본권인 재판청구권을 침해하고 광범위한 재심사 사유에 따라 행정청의 자의에 의한 결정이 가져올 여러 문제점을 야기할 수 있다.

### 5. 직권취소 및 철회와 처분의 재심사의 관계

행정기본법 제37조 제6항은 처분의 재심사로 인하여 직권취소나 철회가 영향을 받지 않음을 명문으로 규정하고 있다. 이것은 종래 대법원 판례이론[343]이 법령상·조리상의 신청권이 있으면 불가쟁력이 발생한 처분에 대해서도 취소나 철회·변경의 신청을 할 수 있고 그에 대한 거부가 있으면 이를 항고쟁송으로 다툴 수 있다고 한 것을 의식한 것으로 보인다. 즉, 재심사 제도의 존재로 이러한 판례이론이 영향을 받지는 않는다는 것을 명문으로 규정한 것으로 보인다.

취소나 철회·변경의 신청권을 통하여 불가쟁력이 발생한 처분의 위법을 다투는 경우에는 처분의 재심사와는 달리 신청의 제척기간이 적용되지 않는다. 따라서 처분의 재심사 기한을 넘겼다 하더라도 법령상·조리상의 취소·철회·변경의 신청권이 있다면 그러한 신청을 하고 그것이 거부되었을 경우 거부처분을 다투는 항고쟁송으로 구제받을 수 있다. 또한 제재처분과 행정상 강제 등 처분의 재심사에 관한 행정기본법의 적용이 배제되는 경우와 신청인적격에 의한 제한을 받는 경우 등의 재심사 제도의 한계 영역에서도 취소·철회·변경의 신청권에 의하여 불가쟁력이 발생한 처분을 다툴 수 있다.

그러나 우리나라의 경우 불가쟁력이 발생한 처분에 대해 다툴 수 있는 기회가 너무 많은 것이 오히려 문제라고 본다. 불가쟁력이 발생한 처분에 대한 쟁송이 너무 용이할 경우 실질적으로 불가쟁력에 대한 규정을 두어 법률관계의 안정성을 꾀한 법의 취지가 몰각될 우려가 있다. 이런 점을 고려하여 재심사사유가 지나치게 넓은, 행정기본법상의 처분의 재심사 제도에 대한 전반적 재검토가 필요하다고 본다.

---

343) 대법원 2005.4.14. 선고 2003두7590 판결; 대법원 2017.3.15. 선고 2014두41190 판결 등.

# 제3절 그 밖의 행정의 행위형식

## 제1관 확 약

### 1. 의 의

#### (1) 개념

행정주체가 행정객체에 대하여 일정한 행정작용을 하거나 하지 않겠다고 하는 자기 구속의 일방적 의사표시를 확언(Zusage)이라 한다. 이러한 확언 가운데 특히 그 대상이 행정행위의 발령이나 불발령에 대한 것일 때 이를 확약(Zusicherung)이라 한다. 우리 행정절차법은 처분의 확약을 규정하고 있다. 행정절차법은 '법령 등에서 당사자가 신청할 수 있는 처분을 규정하고 있는 경우 당사자의 신청에 따라 장래에 어떤 처분을 하거나 하지 않을 것을 내용으로 하는 행정청의 의사표시'를 확약이라고 규정하고 있다(같은 법 제40조의2 제1항). 이러한 행정절차법의 개념규정은 종래 학설이 말하던 확약개념을 수정하는 것이어서 논란이 발생하고 있다.

첫째로 행정절차법상의 확약은 당사자가 신청할 수 있는 처분에 대한 것에 국한된다. 그러나 당사자가 신청하지 아니하고 행정청의 주도에 의해 이루어지는 처분에 대해서는 왜 확약을 할 수 없는지 의문이다. 당사자가 신청할 수 없는 처분이라도 당사자에게 예지이익이 있고 행정청에게 처분권한이 있으면 확약을 할 수 있다고 보아야 할 것이다. 따라서 이 규정에 불구하고 당사자가 신청할 수 없는 처분에 대해서도 확약을 할 수 있다고 본다.

둘째로 행정절차법은 확약을 당사자의 신청에 따라 하는 의사표시로 정의하고 있는데 당사자의 예지이익을 고려할 때 당사자의 신청이 없더라도 처분 권한이 있는 행정청은 확약을 할 수 있다고 보아야 한다.

#### (2) 확약의 실례 및 유형

우리나라에서 인정되는 확약의 실례로 ① 어업권 면허에 선행하는 우선순위 결정,[344] ② 공무원 임명의 내정, ③ 증권업감독규정에 의한 증권업의 예비인·허가와 같은 행정실무상의 내인가·내허가 등을 들 수 있다.

한편 '민원처리에 관한 법률' 제30조는 '사전심사의 결정'이라는 확약의 일종에 해당하는 행위형식을 일반적인 형태로 규정하고 있다. 동 조항에 따르면, 민원인은 경제적으로 많은 비용이 수반되는 민원 등의 경우, 행정기관의 장에게 정식으로 민원을 신청하기 전에 미리 약식의 사전심사를 청구할 수 있도록 하고 있다. 이러한 청구에 대하여 사전심사결과를 통보하였을 때에는, 행정기관의 장은 민원인의 귀책사유 또는 불가항력 그 밖의 정당한 사유로 이를 이행할 수 없는 경우가 아닌 한, 민원인이 나중에 정식으로 민원을 신청한 경우에도 동일한 결정을 하도록 노력

344) 대법원 1995.1.20. 선고 94누6529 판결. 그러나 우선순위결정은 완전한 의미의 확약이 아니라 일종의 해제조건부 확약이라고 할 수 있다.

하여야 한다. 여기서 '그 밖의 정당한 사유'란 원칙적으로 사실상태와 법률상태의 변화로 새겨야 한다. 이에 심히 공익을 해하는 경우가 포함된다고 해석하는 견해도 있다.

이 조항은 2015년 '민원처리에 관한 법률' 전부개정에 의하여 크게 변모하였다. 구 '민원사무처리에 관한 법률'은 "행정기관의 장은 사전심사 결과를 민원인에게 통보하여야 하며, 가능하다고 통보한 민원사항에 대하여는 민원인의 귀책사유나 불가항력 또는 그 밖의 특별한 사유로 이행할 수 없는 경우를 제외하고는 사전심사 결과를 통보할 때에 구체적으로 제시하지 아니한 다른 이유를 들어 거부하는 등의 방법으로 민원사항을 처리하여서는 아니 된다(같은 법 제19조 제3항)."라고 규정하고 있었다. 따라서 입법문언만을 놓고 볼 때, 법개정 이후 사전심사 결과 통보의 의미는 크게 약화된 것처럼 보인다. 그러나 개정된 법률에 의하여서도 본 처분의 요건이 약식서류심사에서 검토되었다고 한다면 '정당한 사유'가 없는 한 사전심사결정의 내용은 지켜져야 하므로 이에는 확약의 의미가 있다고 이해하여야 한다. 만약 사전심사결정이 아무런 법적 의미도 없다고 한다면 사전심사결정은 무의미한 제도가 되어 버릴 것이기 때문이다.

서울고등법원은, 사전심사결정 대상이지만 사전심사 절차를 밟지 않은 경우에도 행정청이 잘못된 내용을 알려주고 그에 따라 민원인이 그를 신뢰하여 행정처분을 받기 위하여 자금을 지출하였다가 회수 못한 손해에 대하여 국가배상책임을 인정한 바 있다(참고판례 참조).

참고판례: 서울고등법원 2010.6.1. 선고 2009나115535 판결 [손해배상(기)]

산업용 세탁공장 영업을 하기 위하여 관할구청장에게 영업신고를 한 민원인이 구청 공무원으로부터 '시설의 설치 전 폐수배출시설 설치허가를 받아야 한다'는 내용의 **'민원 1회 방문 처리 실무종합심의서'(이하 '민원처리 심의서'라 한다)를 교부받고 토지 및 지상 건물을 임차하여 폐수배출시설에 필요한 보일러·배수관로 설치공사 등을 한 다음 폐수배출시설 설치허가신청을 하였으나 관할구청장으로부터 해당 부지에 산업용 세탁공장의 입지가 제한된다는 이유로 불허가 처분을 받게 되자,** 구청 공무원이 직무를 수행하면서 고의 또는 과실로 민원사무처리에 관한 법률 제19조 제3항을 위반하여 **사전심사 결과통보 당시에는 적시하지 않았던 이유를 들어 민원인의 신청을 거부하였다는 이유로 손해배상청구를 한 사안에서,** 위 영업신고가 같은 법 제2조 제2호 및 제3호에 규정된 민원사무 및 복합민원으로서 같은 법 제19조 등에 정한 사전심사청구 대상에 해당된다고 하더라도, 그 영업신고서 등이 같은 법이 정한 사전심사청구의 형식과 절차에 따라 접수되지 않은 것이어서 이를 사전심사청구로 보기 어려울 뿐만 아니라, 민원처리 심의서 역시 관할구청장 명의로 작성된 것이 아닌 단지 실무담당자의 의견이 기재된 것에 불과하여 심의서의 교부를 **같은 법이 규정한 사전심사 결과통보로 볼 수 없다고 한 사례.**

산업용 세탁공장 영업을 하기 위해 관할구청장에게 영업신고를 한 민원인에게 구청 공무원 등이 해당 부지에 산업용 세탁공장의 입지를 제한하고 있는 **관련 고시의 내용을 제대로 파악하지 못한 채 잘못된 내용의 민원처리 심의서를 작성·교부하여 줌으로써 민원인이 그 기재 내용을 신뢰하여** 산업용 세탁공장 설치에 필요한 토지 및 지상 건물의 임차, 폐수배출시설용 보일러·배수관로의 설치공사, 장비 및 집기의 구입 등에 자금을 지출하였다가 **관할구청장의 폐수배출시설 설치불허가 처분으로 그 투입 비용을 회수하지 못하는 손해를 입었으므로, 위 공무원 등이 속한 지방자치단체는 그 손해를 배상할 의무가 있다고 한 사례.**

## 2. 법적 성질

### (1) 행정행위로서의 성질

확약이 공법상의 일방적 의사표시인 점에 대해서는 누구나 동의하나 이를 행정행위로 볼 것인가에 대해서는 견해가 대립된다.

① 행정행위로 보는 견해는 확약은 법적 구속력 등에서 불완전하지만 행정행위의 개념요소를 모두 갖추었다는 점을 강조한다(다수설).

② 행정행위로 볼 수 없다는 견해는 확약의 구속력은 직접적·종국적인 것이 아니며, 종국적인 법적 효과는 약속된 행정행위를 통하여 행해지는 것이지 확약 그 자체에 의한 것이 아니라고 한다(판례).

③ 판례는 원칙적으로 그 처분성을 부정한다.[345] 대법원은 민원처리에 관한 법률에 의한 사전심사의 결정의 처분성을 부인하였고,[346] 어업권면허에 선행하는 우선순위결정의 처분성을 부정하면서 공정력이나 불가쟁력도 발생하지 않는다고 하였다. 그러나 이러한 주류적 판례와 다르게, 대법원은 지방자치단체의 장이 "공유재산 및 물품관리법"에 근거하여 민간투자사업을 추진하는 과정에서 사업시행자를 지정하기 위한 전 단계에서 공모제안을 받아 일정한 심사를 거쳐 우선협상대상자를 선정하는 행위의 처분성은 인정한 바 있다.[347]

한편 대법원은 확약의 취소행위는 처분이라 한다.[348] 또 우선순위탈락결정에 대해서도 처분성을 인정한다.[349] 헌법재판소도 법학전문대학원 예비인가 거부결정을 독립한 처분으로 보고 처분성을 인정한 바 있다.[350] 이처럼 확약의 취소행위나 우선순위 등에서의 탈락결정에 대해서 처분성을 인정하는 것은 이들이 종국적인 법률효과를 발생한 것으로 보기 때문이다.

**참고판례: 대법원 2020.4.29. 선고 2017두31064 판결 [우선협상대상자지위배제처분취소]**

공유재산 및 물품관리법(이하 '공유재산법'이라 한다) 제2조 제1호, 제7조 제1항, 제20조 제1항, 제2항 제2호의 내용과 체계에 관련 법리를 종합하면, 지방자치단체의 장이 공유재산법에 근거하여 기부채납 및 사용·수익허가 방식으로 민간투자사업을 추진하는 과정에서 **사업시행자를 지정하기 위한 전 단계에서 공모제안을 받아 일정한 심사를 거쳐 우선협상대상자를 선정하는 행위와 이미 선정된 우선협상대상자를 그 지위에서 배제하는 행위는 민간투자사업의 세부내용에 관한 협상을 거쳐 공유재산법에 따른 공유재산의 사용·수익허가를 우선적으로 부여받을 수 있는 지위를 설정하거나 또는 이미 설정한 지위를 박탈하는 조치이므로 모두 항고소송의 대상이 되는 행정처분으로 보아야 한다.**

345) 대법원 1995.1.20. 선고 94누6529 판결.
346) 대법원 2014.4.24. 선고 2013두7834 판결.
347) 대법원 2020.4.29. 선고 2017두31064 판결.
348) 대법원 1991.6.28. 선고 90누4402 판결.
349) 대법원 1991.11.12. 선고 91누704 판결.
350) 헌법재판소 2009.2.26. 선고 2008헌마371·374(병합) 결정.

**해 설** 이 판결은 종국적 의미를 가지는 우선협상대상자 지위배제만이 아니라 종국적 의미를 가지지 않는 우선협상대상자 선정행위조차도 처분성을 인정하고 있다는 점에서 지금까지의 판례와는 다른 경향을 보이고 있다. 앞으로 판례가 어떤 방향으로 발전할지 귀추가 주목된다.

#### (2) 재량행위로서의 성질

확약은 특별히 법령의 규정에 의하여 확약이 의무화되어 있지 않은 한 재량행위라고 보아야 할 것이다. 그러나 판례에 따르면 확약은 행정행위나 처분이 아니다.

### 3. 확약의 법적 근거와 허용성

행정절차법은 확약은 '법령등에서 당사자가 신청할 수 있는 경우 당사자의 신청에 따라 할 수 있다'고 규정한다(같은 법 제40조의2 제1항). 예컨대 '민원처리에 관한 법률' 제30조와 같이 별도의 법적 근거에 의해 확약의 신청이 허용되는 경우에 확약을 할 수 있다고 규정한 것이다. 그러나 우리나라의 다수설은 명문규정이 없이도 확약이 가능하다고 보고 있다. 행정청의 권한에는 당해 조치에 대한 확약의 권한이 당연히 포함되는 것으로 보기 때문이다. 이러한 다수설의 입장에 따르면 ① 확약을 인정하는 명문의 규정이 없어도 ② 당사자가 신청할 수 있는 처분에 대한 것이 아니라도 ③ 당사자가 확약을 신청하지 않았더라도, 처분 권한이 있는 행정청은 확약을 할 수 있다고 보아야 할 것이다. 더구나 신뢰보호원칙은 헌법원칙이므로 그에 근거를 가진다고 할 수 있는 확약 제도는 법령의 제한을 원칙적으로 받지 않는다고 보아야 한다. 독일의 경우에도 신의칙 내지 신뢰보호의 원칙을 근거로 확약을 할 수 있다고 한다.

확약은 상대방에게 예지이익 및 대처이익을 주는 것이므로 기속행위의 경우나 요건사실 완성 후에도 모두 가능하다고 봄이 보통이다.

### 4. 확약의 요건과 효과

#### (1) 적법요건

① **주체**: 확약은 정당한 행정청이 그 권한의 범위 안에서 행하여야 한다.

② **내용**: 확약은 적법, 가능, 명확, 타당하여야 하며 상대방에게 표시되고 상대방에게 귀책사유가 없이 신뢰될 수 있어야 한다. 또한 확약은 본처분과 동일한 사안에 대한 것이어야 하고 본처분 요건이 심사된 것이어야 한다.

③ **절차**: 확약은 본 처분에 선행되어야 할 행정절차를 거쳐서 행해져야 한다. 행정절차법은 특히 다른 행정청과의 협의 등을 거쳐야 하는 처분에 대하여 확약을 하기 전에 그 절차를 거쳐야 함을 명문으로 규정하고 있다(같은 법 제40조의2 제3항).

④ **형식**: 우리 행정절차법은 확약을 문서로 하도록 규정하고 있다(같은 법 제40조의2 제2항). 독일에서도 문서 요건을 명문화하고 있다.

확약이 요건을 충족하지 못할 경우, 상대방에게 이행청구권은 발생하지 않지만 확약 불이행에 대하여 국가배상청구권이 발생할 수 있다고 본다.

### (2) 확약의 효력

#### ① 확약의 구속력

행정청의 확약이 있으면 상대방에게 확약 내용에 대한 이행청구권이 발생 한다. 다만 이행청구권이 발생하기 위해서는 확약 대상행위가 적법요건을 충족하여야 한다. 또한 우선순위결정은 불완전한 확약이므로 해제조건이 성취되지 않아야 이에 관해 이행청구권을 행사할 수 있다. 확약은 어떤 경우에는 기속력을 잃는다는 식의 행정절차법 제40조의2 제4항의 규정방식으로 보아 행정절차법도 확약의 구속력을 인정하고 있다고 할 것이다. 판례는 원칙적으로 확약의 처분성을 인정하지 않는다. 그러나 행정행위나 처분으로서의 구속력이 부인된다 하더라도 확약에 반하는 처분은 신뢰보호의 원칙 위반이 될 수 있다.[351] 행정청이 확약에 반하여 새로운 처분을 한 경우 종전의 확약은 취소 내지 철회된 것으로 보아야 한다고 하며, 확약 위반이라 하여 새로운 처분이 당연무효는 아니라고 한다.[352]

#### ② 확약의 실효와 기속력의 상실

확약은 사실상태나 법률상태의 변화로 실효될 수 있다. 한편 확약이 위법한 경우 그 효력을 어떻게 할 것인가 하는 점이 문제이다. 확약을 행정행위로 보거나 그에 준한 것으로 본다면 확약에 대한 취소의 법리가 적용될 수 있을 것이다.

행정절차법은 ⅰ) 확약을 한 후에 확약의 내용을 이행할 수 없을 정도로 법령등이나 사정이 변경된 경우 ⅱ) 확약이 위법한 경우에는 행정청은 확약에 기속되지 않는다고 규정하고 있다(같은 법 제40조의2 제4항). ⅰ)의 경우에는 실효를 규정한 것이라 볼 수 있다. ⅱ)의 경우는 확약이 단순위법이라면 행정청이 취소권을 행사하여 확약에 기속되지 않고, 무효라면 그 자체로서 효력이 없다는 의미로 새겨야 할 것이다.

그리고 행정청은 위와 같은 사정으로 확약을 이행할 수 없는 경우에는 지체없이 당사자에게 그 사실을 통지하여야 한다(같은 법 제40조 제5항).

대법원은 처분에 대한 확약이 있었더라도, 기간 내에 처분에 대한 상대방의 신청이 없었거나[353] 사실상태나 법률상태가 변경되었다면 확약은 별다른 의사표시를 기다리지 않고 실효된다고 한다.[354]

## 5. 확약의 취소 · 철회

확약은 취소나 철회가 가능하다. 이러한 취소나 철회에는 취소나 철회의 제한의 법리가 적용

351) 대법원 1994.3.22. 선고 93누22517 판결.
352) 대법원 1982.10.26. 선고 81누69 판결.
353) 대법원 1996.8.20. 선고 95누10877 판결: 상대방이 처분 발령 신청 유효기간 내에 신청이 없는 경우 그 전에 한 확약은 실효된다고 함.
354) 대법원 1996.8.20. 선고 95누10877 판결.

된다고 보아야 한다.

한편 대법원은 행정청이 내인가를 한 후 본인가 신청이 있는데도 내인가를 취소하고 본인가에 대한 처분을 한다는 사정이 보이지 않는 경우, 그 내인가 취소를 인가신청거부처분으로 본다.[355)]

### 6. 권리구제

확약을 행정행위로 보면 처분성이 인정되어 그에 대한 항고소송이 가능하다. 그러나 주류적 판례와 같이 확약을 처분이 아니라고 하면 확약 자체에 대한 항고소송은 불가능하다.

확약을 한 행정청이, 확약의 대상이 된 행정처분을 하지 않는 경우에는 확약이행청구권에 근거하여 의무이행심판, 부작위위법확인소송, 거부처분취소소송 등을 제기할 수 있다. 또한 행정청이 확약에 반하는 처분을 한 경우 이는 확약 위반으로 위법하므로 그에 대하여 취소소송을 제기할 수 있다.

한편, 확약의 이행과 관련하여 신뢰배반행위로 인하여 손해가 발생한 경우에는 상대방은 국가배상을 청구할 수 있다. 또한 요건이 불비된 사항에 대해 확약을 하여 결국 확약한 행위를 이행하지 못한 경우에도 신뢰를 배반한 것으로서 국가배상청구권이 발생할 수 있다.

그리고 드물지만 적법한 사유로 확약이 철회된 경우 등의 경우에 손실보상청구권이 발생할 가능성을 배제할 수 없다.

## 제2관 단계적 행정결정

### 1. 개 설

행정청의 결정이 여러 단계에 걸쳐 연계적으로 이루어지는 것을 단계적 행정결정이라 한다. 넓은 의미에서는 단계적 행정결정에는 확약도 포함시킬 수 있고 규제샌드박스 관련법이 규정하는 '실증을 위한 규제특례'(실증특례)와 임시허가도 이에 포함시킬 수 있다. 실증특례와 임시허가는 시한부 처분으로서 종국적인 처분에 의해 대체될 수 있는 것이어서 선행처분과 후행처분이 관련되어 있다. 그러나 그것은 각각 하나의 완전한 독자적 행정행위이다.

한편, 좁은 의미의 단계적 행정행위로는 통상 가행정행위와 사전결정 및 부분허가를 꼽는다.

### 2. 가행정행위(잠정적 행정행위)

#### (1) 개념과 법적 성질

가행정행위란 사실관계와 법률관계의 확정을 유보한 상태에서 행정법관계의 권리와 의무의 전부 또는 일부에 대해 잠정적으로 결정하는 행위를 말한다. 가행정행위는 본행정행위가 있기까지 잠정적인 효력이 인정된다. 예컨대, 관세법에 의한 잠정가격의 신고(관세법 제28조)나 연말정산에 따른 잠정세액의 부과·징수가 가행정행위에 해당한다고 할 수 있다.

---

355) 대법원 1991.6.28. 선고 90누4402 판결.

이러한 가행정행위는 ① 개략적 심사에 기초한다는 점, ② 불가변력이 발생하지는 않는다는 점, ③ 종국결정에 의해 대체된다는 점 등을 특징으로 한다.

가행정행위의 법적 성질에 대하여는 이를 행정행위로 보는 견해와 행정행위가 아닌 특수한 행위형식으로 보는 견해가 있다.

### (2) 법적 근거, 효력 및 적법요건

가행정행위는 특수한 법적 근거가 있어야 한다고 보는 것이 보통이다(이설 있음). 왜냐하면 가행정행위는 행정객체를 불안정한 상태에 있게 하는 것이므로 법적 근거를 요한다고 함이 타당하기 때문이다.

가행정행위는 행정행위와 유사한 효력을 가진다. 가행정행위가 전혀 타당성 없는 사실관계나 법적 관계에 기초하여 이루어지면 위법하게 된다. 즉 가행정행위도 행정행위로서의 적법요건을 모두 갖추어야 한다.

### (3) 권익구제와 소의 이익

가행정행위 이후에 본행정행위가 있으면 가행정행위에 대한 항고소송의 소의 이익은 원칙적으로 부정된다.

대법원은 처음에는(2015년) 공정거래위원회의 부당한 공동행위자에 대한 과징금 부과처분(선행처분)과 그와 분리된 공동행위자 중 자진신고자에 대한 감면처분(후행처분)에 대하여 자진신고자에 대한 과징금 부과처분은 감면처분에 흡수되어 선행처분인 과징금부과처분에 대한 취소소송은 소의 이익이 없다고 판시하였다(참고판례 1). 그러나 2016년에는 과징금부과처분과 자진신고자에 대한 감면기각처분은 근거조항이 다르고 요건이 구별되며 공정거래위원회로서는 양자를 별개의 처분으로 의결하여야 할 뿐 아니라 감면기각처분은 감면신청에 대한 거부처분이라는 점을 감안하여 두 처분에 대해 취소소송이 제기된 경우 감면기각처분에 대한 취소소송도 소의 이익이 있다고 판시하였다(참고판례 2).

대법원이 유사한 사안을 두고 이렇게 다르게 판시한 것은 2015년의 판결의 경우 공정거래위원회가 감면신청을 인용한 경우이고 2016년의 경우는 공정거래위원회가 감면신청을 기각한 경우이기 때문이다. 감면처분이 이루어지면 선행처분을 가행정행위로 보고 감면처분이 이루어지지 않으면 선행처분을 독립한 처분으로 이해한 것이다. 이처럼 동일한 사안을 다르게 취급하는 것처럼 판시한 이유는 공정거래위원회의 감면처분이 이루어진 경우 원처분에 대한 불복을 하려면 이 경우의 짧은 제소기간(30일: 공정거래법 제54조)에 비추어 감면신청절차 진행 도중에 원처분의 제소기간이 도과하는 문제점이 있기 때문이다.

**참고판례 1: 대법원 2015.2.12. 선고 2013두987 판결 [과징금납부명령등취소청구의소]**

공정거래위원회가 부당한 공동행위를 행한 사업자로서 구 독점규제 및 공정거래에 관한 법률(2013. 7.

16. 법률 제11937호로 개정되기 전의 것) 제22조의2에서 정한 **자진신고자나 조사협조자에 대하여 과징금 부과처분(이하 '선행처분'이라 한다)을 한 뒤,** 독점규제 및 공정거래에 관한 법률 시행령 제35조 제3항에 따라 **다시 자진신고자 등에 대한 사건을 분리하여 자진신고 등을 이유로 한 과징금 감면처분(이하 '후행처분'이라 한다)을 하였다면,** 후행처분은 자진신고 감면까지 포함하여 **처분 상대방이 실제로 납부하여야 할 최종적인 과징금액을 결정하는 종국적 처분이고, 선행처분은 이러한 종국적 처분을 예정하고 있는 일종의 잠정적 처분으로서 후행처분이 있을 경우 선행처분은 후행처분에 흡수되어 소멸한다.** 따라서 위와 같은 경우에 **선행처분의 취소를 구하는 소는 이미 효력을 잃은 처분의 취소를 구하는 것으로 부적법하다.**

**해 설** 공정거래위원회가 자진신고자나 조사협조자에게 과징금부과처분(선행처분)을 한 뒤 자진신고 등에 대한 사건을 분리하여 자진신고를 이유로 한 감면처분을 한 경우(후행처분), 후행처분이 종국적 처분이므로 가행정행위인 선행처분은 후행처분에 흡수되어 소멸한다. 그러므로 선행처분에 대한 취소를 구하는 소는 이미 효력을 잃은 처분의 취소를 구하는 것으로 부적법하다고 판시하였다. 이 판결에 대해서는 신랄한 비판이 있었는데[356] 이와 유사한 판시를 한 대법원 2018.11.15. 선고 2016두48737 판결은 이러한 비판을 의식하여 선행처분의 취소소송 계속 중에 감면처분이 이루어진 경우 선행처분의 취소청구에 후행처분의 취소청구도 포함되어 있는 것으로 보아 후행감면처분의 취소청구를 추가하더라도 제소기간 문제가 발생하지 않는다고 판시하였다.

### 참고판례 2: 대법원 2016.12.27. 선고 2016두43282 판결 [과징금부과처분등취소]

구 독점규제 및 공정거래에 관한 법률(2016. 3. 29. 법률 제14137호로 개정되기 전의 것, 이하 '공정거래법'이라 한다) 제22조의2 제1항, 제3항, 구 독점규제 및 공정거래에 관한 법률 시행령(2016. 9. 29. 대통령령 제27529호로 개정되기 전의 것, 이하 '공정거래법 시행령'이라 한다) 제35조 제1항, 제3항, 제4항, 구 부당한 공동행위 자진신고자 등에 대한 시정조치 등 감면제도 운영고시(2015. 1. 2. 공정거래위원회 고시 제2014－19호로 개정되기 전의 것) 제12조 제1항의 취지와 **공정거래위원회의 시정명령 및 과징금 부과처분(이하 통칭하여 '과징금 등 처분'이라 한다)과 자진신고 등에 따른 감면신청에 대한 감면기각처분은 근거조항이 엄격히 구분되고,** 자진신고 감면인정 여부에 대한 결정은 공정거래법령이 정한 시정조치의 내용과 과징금산정 과정에 따른 과징금액이 결정된 이후, 자진신고 요건 충족 여부에 따라 결정되므로, **과징금 등 처분과 자진신고 감면요건이 구별되는 점,** 이에 따라 공정거래위원회로서는 자진신고가 있는 사건에서 **시정명령 및 과징금 부과의 요건과 자진신고 감면 요건 모두에 대하여 심리 · 의결할 의무를 부담하는 점, 감면기각처분은 자진신고 사업자의 감면신청에 대한 거부처분의 성격을 가지는 점 등을 종합하면,** 공정거래위원회가 시정명령 및 과징금 부과와 감면 여부를 분리 심리하여 별개로 의결한 후 과징금 등 처분과 별도의 처분서로 감면기각처분을 하였다면, 원칙적으로 2개의 처분, 즉 과징금 등 처분과 감면기각처분이 각각 성립한 것이고, 처분의 상대방으로서는 각각의 처분에 대하여 함께 또는 별도로 불복할 수 있다. **따라서 과징금 등 처분과 동시에 감면기각처분의 취소를 구하는 소를 함께 제기했더라도, 특별한 사정이 없는 한 감면기각처분의 취소를 구할 소의 이익이 부정된다고 볼 수 없다.**

**해 설** 2013두987판결과 달리 이 판결은 과징금부과처분과 자진신고감면기각처분은 근거조항이 다르고 요건이 구별되며 공정거래위원회로서는 양자를 별개의 처분으로 의결하여야 하고 감면기각처분은 감면신

356) 이승민, "공정거래법상 자진신고자 등에 대한 제재 및 감면처분의 행정소송법상 취급－대법원 2015.2.12. 선고 2013두987 판결에 대한 비판적 검토－.『행정법연구』, 제46호, 2016, 참조.

청에 대한 거부처분이라는 점을 감안하여 과징금부과처분이 자진신고 감면기각처분의 가행정행위가 아니라 양자는 별개의 행정행위라고 판시한 것이다.

---

## 3. 사전결정과 부분허가

### (1) 개념

사전결정(Vorbescheid)이란 최종적 결정의 요건 중 일부에 대해 사전적으로 내리는 결정을 말한다. 예컨대, 건축허가 신청 이전에 건축계획서 등에 의해 입지의 적법성 여부에 대하여 내리는 건축에 관한 계획의 사전결정[357]처럼 시설의 설치·운영에 있어 부지의 적합성 판단이 사전적으로 이루어지는 경우가 이에 속한다. 이와 같은 실례에서 알 수 있듯이 사전결정을 통하여 특정한 행위가 허가되는 것이 아니라 시설허가 등 전체적인 행정행위와 관련된 단계적인 문제가 구속적으로 확인되는 것에 불과하다. 그러나 사전결정은 독립된 행정행위로서 확인행위라고 볼 수 있다.

이에 반하여 부분허가(Teilgenehmigung)란 전체적인 행정결정이 필요한 사항의 일부에 대한 완전한 허가라고 할 수 있다. 따라서 부분적이지만 완전한 독립적 행정행위이다.

### (2) 법적 근거와 효력

사전결정이나 부분허가는 별도의 법적 근거를 요하지 않는다고 봄이 보통이다. 사전결정과 부분허가 모두 상대방에 대한 예지이익과 대처이익을 부여하는 것이기 때문이다. 요컨대, 사전결정권은 본처분권 안에 포함되어 있다고 본다.

사전결정이 본처분에 대해 구속력을 가지는지에 대해 다음과 같이 견해가 대립된다.

① **긍정설**: 사전결정된 범위 안에서 후행결정에 구속력을 가진다는 견해이다. 긍정설의 입장에서도 사실관계나 법적관계의 변경이 있는 경우에는 구속력의 배제나 감경을 인정한다.

② **부정설**: 구속력은 인정하지 않고 신뢰보호의 이익만 인정한다.

대법원은 주택건설사업계획에 대한 사전결정의 구속력을 부인하였다.[358]

사전결정과 달리 부분허가는 부분적으로 완전한 법적 효과를 가지는 것이기 때문에 그 법적 효력이 별도로 논란의 대상이 되지는 않는다.

### (3) 권익구제와 소의 이익

대법원은 사전결정이나 부분허가는 그 자체 독립한 처분이지만 그 후 최종 처분이 있는 경우에는 그에 흡수되므로 사전결정이나 부분허가의 법률상이익(권리보호의 필요)은 원칙적으로 부인되어 그에 대한 쟁송을 제기할 수 없고 최종 처분에서 그 위법을 다투어야 한다는 입장이다(참고판례 참조).

---

357) 대법원 1996.3.12. 선고 95누658 판결.
358) 대법원 1999.5.25. 선고 99두1052 판결.

**참고판례: 대법원 1998.9.4. 선고 97누19588 판결 [부지사전승인처분취소]**

원자로시설부지사전승인처분의 근거 법률인 구 원자력법(1996. 12. 30. 법률 제5233호로 개정되어 1997. 7. 1.부터 시행되기 전의 것) 제11조 제3항에 근거한 **원자로 및 관계 시설의 부지사전승인처분은** 원자로 등의 건설허가 전에 그 원자로 등 건설예정지로 계획중인 부지가 원자력법의 관계 규정에 비추어 적법성을 구비한 것인지 여부를 심사하여 행하는 **사전적 부분 건설허가처분의 성격을 가지고 있는 것이므로**, 원자력법 제12조 제2호, 제3호로 규정한 원자로 및 관계 시설의 허가기준에 관한 사항은 건설허가처분의 기준이 됨은 물론 부지사전승인처분의 기준으로도 된다.

(중략) **원자로 및 관계 시설의 부지사전승인처분은 그 자체로서 건설부지를 확정하고 사전공사를 허용하는 법률효과를 지닌 독립한 행정처분이기는 하지만, 건설허가 전에 신청자의 편의를 위하여 미리 그 건설허가의 일부 요건을 심사하여 행하는 사전적 부분 건설허가처분의 성격을 갖고 있는 것이어서 나중에 건설허가처분이 있게 되면 그 건설허가처분에 흡수되어 독립된 존재가치를 상실함으로써 그 건설허가처분만이 쟁송의 대상이 되는 것이므로, 부지사전승인처분의 취소를 구하는 소는 소의 이익을 잃게 되고, 따라서 부지사전승인처분의 위법성은 나중에 내려진 건설허가처분의 취소를 구하는 소송에서 이를 다투면 된다.**

**해 설** 사전결정 또는 부분허가는 독립한 행정처분이기는 하나 최종처분이 있으면 그 사전결정 또는 부분허가는 최종처분에 흡수되어 사전결정이나 부분허가에 대한 쟁송은 불가능하게 된다고 판시하고 있다.

## 제3관 행정계획

### 1. 행정계획의 의의와 필요성

행정계획이라 함은 행정에 관한 전문적, 기술적 판단을 기초로 하여 특정한 행정목표를 달성하기 위하여 서로 관련되는 행정수단을 종합, 조정함으로써 장래의 일정한 시점에 있어서 일정한 질서를 실현하기 위한 활동기준으로 설정된 것을 말한다.[359]

행정계획은 근대 이후의 국가에서 중요한 행정수단으로 등장한 것으로서, 사회형성적 국가기능의 등장에 따라 불충분한 행정자원의 효율적 활용을 위하여, 계획책정을 위한 정보·기술조건의 향상이라는 배경 하에 활성화된 것이다.

### 2. 행정계획의 종류

#### (1) 상위계획과 하위계획

행정계획에도 위계가 있다. 하위계획은 상위계획에 위배되지 않게 작성되어야 한다. 국가계획에 따라 광역도시계획을 작성하고 그에 따라 도시·군관리계획을 작성하는 것이 그 예이다.

359) 대법원 1996.11.29. 선고 96누8567 판결 참조.

### (2) 정보제공적 계획 · 향도적 계획 · 구속적 계획(명령적 계획)

행정계획이 실제의 국민생활에 어느 정도의 영향력이 있는가에 따라 정보제공적 계획과 향도적 계획 그리고 구속적 계획으로 구분할 수 있다. 정보제공적 계획은 단순히 일반 국민에게 행정활동에 대한 정보를 알려주는 의미의 계획이라고 할 수 있고 향도적 계획은 법적 구속력은 없어도 국민의 활동을 어느 정도 유도하고자 하는 계획이며 구속적 계획(명령적 계획)은 법적 구속력을 가지는 계획이라고 할 수 있다. 법적으로 문제되는 것은 주로 구속적 계획이다.

## 3. 행정계획의 법적 성질

### (1) 학설

행정계획의 법적 성질에 대해서 종래 여러 가지 견해가 있었다.

① 입법행위설은 행정계획의 다소 추상적이거나 일반적인 성격에 착안하여 이를 입법행위라고 한다. 그러나 행정계획의 형식과 절차가 입법의 그것과 다르기 때문에 이를 입법행위라고 하기 어려운 측면이 있다.

② 행정행위설은 행정계획을 행정행위의 일종으로 본다. 그러나 행정계획 가운데에는 법적 효력이 없는 것도 있으며 일반적 추상적 성격을 가지는 것도 있어서 행정계획을 일률적으로 행정행위로 관념하기에는 무리가 있다.

③ 복수성질설은 행정계획의 다양성을 인정하면서, 행정계획 가운데에는 법규명령의 성질을 가지는 것, 행정규칙의 성질을 가지는 것, 행정행위의 성질을 가지는 것 등이 있을 수 있음을 인정하는 견해이다.

④ 독자성설은 행정계획을 다른 행위형식으로 해명하려고 하기보다 기존의 행정법이론체계에서 일종의 이물(異物, aliud)로서 독자적인 새로운 행위형식으로 인식할 수 있다고 한다.

### (2) 판례

판례는 복수성질설을 전제로 하고 있는 것으로 보이며 도시·군관리계획결정과 같이 국민의 권리·의무에 직접 영향을 미치는 행정계획의 처분성을 인정한다.[360] 그러나 대법원은 도시기본계획의 처분성은 인정하지 않는다.[361]

또한 주택재건축정비사업조합의 사업시행계획[362]과 (재건축된 주택 등의 권리귀속이나 조합원의 비용분담에 관한) 관리처분계획[363] 등의 처분성을 인정한다. 그러나 국민의 권리, 의무에 직접 영향을 미치지 않는 (구획정리와 그에 따른 토지소유권 귀속등에 관한) 환지계획,[364] 4대강살리기 마

---

360) 대법원 1982.3.9. 선고 80누105 판결 등.

361) 대법원 2002.10.11. 선고 2000두8226 판결. 도시기본계획은 도시개발의 청사진에 불과한 장기계획이기 때문이다.

362) 대법원 2009.11.2. 자 2009마596 결정.

363) 대법원 2009.9.17. 선고 2007다2428 전원합의체 판결.

364) 대법원 1999.8.20. 선고 97누6889 판결. 환지계획은 권리·의무를 변동시키는 환지처분 등의 근거가 될 뿐이므로 처분성을 인정하지 않는다.

스터플랜[365] 같은 것은 처분성이 인정되지 않는다고 한다.

한편, 행정계획이 헌법소원의 대상이 되는 공권력행사에 해당되는지가 권익구제를 위하여 중요한데, 헌법재판소는 예외적으로 ① 법적 구속력이 없는 계획이어서 항고소송의 대상이 되지 못하거나 그 여부가 불명확한 행정계획이나 ② 비구속적 행정계획이나 행정지침이라도 국민의 기본권에 직접적으로 영향을 끼치고 앞으로 법령의 뒷받침에 의해 그대로 실시될 것이 명백한 행정계획은 예외적으로 헌법소원의 대상이 되는 공권력행사에 해당될 수 있다고 한다.[366]

그리하여 법적 구속력 있는 도시설계시행지침,[367] 국가항공보안계획[368]은 물론, 서울대학교 1994학년도 대학입학고사 주요요강과 2018학년도 수능시행기본계획[369] 같은 비구속적 행정계획안이나 행정지침[370] 등도 헌법소원의 대상이 되는 공권력행사에 해당한다고 판시하였다.

그러나 기본권에 직접 영향을 미치지 않는 것으로서 시행될 것이 불명확한 사전구상이나 준비행위에 불과한 행정계획[371]이나 앞서 이루어진 행위를 다시 확인하고 있을 뿐인 행정계획[372] 등은 헌법소원의 대상이 되는 공권력 행사에 해당되지 않는다고 한다.

### 참고판례 1: 대법원 1982.3.9. 선고 80누105 판결 [도시계획변경처분취소]

도시계획법 제12조 소정의 도시계획결정이 고시되면 도시계획구역안의 토지나 건물 소유자의 토지형질변경, 건축물의 신축, 개축 또는 증축 등 권리행사가 일정한 제한을 받게 되는바 이런 점에서 볼 때 **고시된 도시계획결정은 특정 개인의 권리 내지 법률상의 이익을 개별적이고 구체적으로 규제하는 효과를 가져오게 하는 행정청의 처분이라 할 것이고,** 이는 행정소송의 대상이 되는 것이라 할 것이다(당원 1978.12.26. 선고 78누281 판결 참조).

### 참고판례 2: 대법원 2009.11.2. 자 2009마596 결정 [가처분이의]

구 도시 및 주거환경정비법(2007. 12. 21. 법률 제8785호로 개정되기 전의 것)에 따른 **주택재건축정비사업조합은 관할 행정청의 감독 아래 위 법상 주택재건축사업을 시행하는 공법인으로서, 그 목적 범위 내에서 법령이 정하는 바에 따라 일정한 행정작용을 행하는 행정주체의 지위를 가진다** 할 것인데, 재건축정비사업조합이 이러한 행정주체의 지위에서 위 법에 기초하여 수립한 **사업시행계획은 인가 · 고시를 통해 확정되면 이해관계인에 대한 구속적 행정계획으로서 독립된 행정처분에 해당하고,** 이와 같은 **사업시행계획안에 대한 조합 총회결의는 그 행정처분에 이르는 절차적 요건 중 하나에 불과한 것으로서,** 그 계획이 확정된 후에는 항고소송의 방법으로 계획의 취소 또는 무효확인을 구할 수 있을 뿐, 절차적 요건에 불과

365) 대법원 2011.4.21. 자 2010무111 전원합의체 결정.
366) 헌법재판소 2000.6.1. 선고 99헌마538 등 결정.
367) 헌법재판소 2003.6.26. 선고 2002헌마402 결정. 대개 이러한 경우 항고소송의 대상이 되어 헌법소원의 보충성 요건을 충족하기 어렵다고 판단될 수도 있지만 헌법재판소는 이를 일종의 행정규칙으로 보고 보충성 요건을 충족한 것으로 본 사례이다.
368) 헌법재판소 2018.2.22. 선고 2016헌마780 결정.
369) 헌법재판소 2018.2.22. 선고 2017헌마691 결정.
370) 헌법재판소 1992.10.1. 선고 92헌마68 등 결정.
371) 헌법재판소 2006.7.27. 선고 2004헌마924 결정.
372) 헌법재판소 1997.12.29. 선고 97헌마317 결정.

한 총회결의 부분만을 대상으로 그 효력 유무를 다투는 확인의 소를 제기하는 것은 허용되지 아니하고, 한편 이러한 **항고소송의 대상이 되는 행정처분의 효력이나 집행 혹은 절차속행 등의 정지를 구하는 신청은 행정소송법상 집행정지신청의 방법으로서만 가능할 뿐 민사소송법상 가처분의 방법으로는 허용될 수 없다.**

**해 설** 주택재건축정비조합의 행정주체성을 인정하고 재건축사업을 위한 사업시행계획이 확정되면 이를 행정처분으로 본다는 판시이다. 또한 이를 행정처분으로 보게 되면 사업시행계획안에 대한 조합총회결의는 행정처분을 하기 위한 절차의 하나일 뿐이므로 이에 대한 무효확인의 소는 허용되지 않는다고 판시하였다. 그러나 행정처분이 성립하기 이전의 사업시행계획안에 대해서는 당사자소송으로서의 무효확인소송이 가능하다. 다만 사업시행계획안에 대하여 인가와 고시가 이루어져서 행정처분이 성립하면 그러한 당사자소송의 소의 이익은 원칙적으로 상실된다고 보아야 한다.

### 참고판례 3: 헌법재판소 2006.7.27. 선고 2004헌마924 결정 [외국인 전용 카지노업 신규허가계획 위헌확인]

**이 사건 공고(외국인 전용 카지노업 신규허가계획)는** 관광진흥법 제20조, 법시행령 제28조 제2항·제4항의 위임에 따라 전년도 외래관광객 유치실적과 카지노업의 건전한 육성을 위한 기준 등의 허가 요건의 일부와 허가신청기간 및 요령을 포함한 것으로서 **상위의 관광진흥법 및 법시행령과 결합하여 대외적인 구속력을 지니므로 형식에 불구하고 법규명령의 기능을 한다.** 그리고 이러한 법규명령의 기능을 하는 공고에 관하여는 **항고소송이 허용되는지가 명확하지 않으므로 직접 헌법소원심판청구를 할 수 있다.**

### 참고판례 4: 헌법재판소 2000.6.1. 선고 99헌마538 등 결정 [개발제한구역제도개선방안 확정발표 위헌확인]

**비구속적 행정계획안이나 행정지침이라도 국민의 기본권에 직접적으로 영향을 끼치고, 앞으로 법령의 뒷받침에 의하여 그대로 실시될 것이 틀림없을 것으로 예상될 수 있을 때에는, 공권력행위로서 예외적으로 헌법소원의 대상이 될 수 있다.**

1999. 7. 22. 발표한 **개발제한구역제도개선방안은** 건설교통부장관이 개발제한구역의 해제 내지 조정을 위한 일반적인 기준을 제시하고, 개발제한구역의 운용에 대한 국가의 기본방침을 천명하는 정책계획안으로서 **비구속적 행정계획안에 불과하므로 공권력행위가 될 수 없으며, 이 사건 개선방안을 발표한 행위도 대내외적 효력이 없는 단순한 사실행위에 불과하므로 공권력의 행사라고 할 수 없다.**

(중략) 이 사건 개선방안은 7개 중소도시권과 7개 대도시권에서 개발제한구역을 해제하거나 조정하기 위한 **추상적이고 일반적인 기준들만을 담고 있을 뿐,** 개발제한구역의 해제지역이 구체적으로 확정되어 있지 않아서, 해당지역 주민들은 **개발제한구역을 해제하는 구체적인 도시계획결정이 내려진 이후에야 비로소 법적인 영향을 받게 되므로, 이 사건 개선방안이 청구인들의 기본권에 직접적으로 영향을 끼칠 가능성이 없다.** 그리고 이 사건 개선방안의 내용들은 건설교통부장관이 마련한 후속지침들에 반영되었고, 해당 지방자치단체들이 이 지침들에 따라서 관련 절차들을 거친 후 내려지는 도시계획결정을 통하여 실시될 예정이지만, **예고된 내용이 그대로 틀림없이 실시될 것으로 예상할 수는 없다. 따라서 이 사건 개선방안의 발표는 예외적으로 헌법소원의 대상이 되는 공권력의 행사에 해당되지 아니한다.**

**해 설** 헌법재판소는 비구속적 행정계획안이나 행정지침이라도 국민의 기본권에 직접적으로 영향을 끼치고, 앞으로 법령의 뒷받침에 의하여 그대로 실시될 것이 틀림없을 것으로 예상될 수 있을 때에는, 공권력 행위로서 예외적으로 헌법소원의 대상이 될 수 있다는 점을 이 판례에서 천명하고 있다. 그러나 이 사건에서는 문제되는 '개선방안'이 추상적일 뿐 아니라, 구체적 도시계획결정이 내려져야만 기본권에 직접적 영향을 끼칠 것이므로 헌법소원의 대상이 되는 공권력행사가 아니라고 보았다.

참고판례 5: 헌법재판소 1992.10.1. 선고 92헌마68, 76(병합) 전원재판부 결정 [1994학년도 신입생선발입시안에 대한 헌법소원]

국립대학인 서울대학교의 **"94학년도 대학입학고사 주요요강"은 사실상의 준비행위 내지 사전안내로서 행정쟁송의 대상이 될 수 있는 행정처분이나 공권력의 행사는 될 수 없지만 그 내용이 국민의 기본권에 직접 영향을 끼치는 내용이고 앞으로 법령의 뒷받침에 의하여 그대로 실시될 것이 틀림없을 것으로 예상되어** 그로 인하여 직접적으로 기본권 침해를 받게 되는 사람에게는 **사실상의 규범작용으로 인한 위험성이 이미 현실적으로 발생하였다고 보아야 할 것이므로 이는 헌법소원의 대상이 되는 헌법재판소법 제68조 제1항 소정의 공권력의 행사에 해당된다**고 할 것이며, 이 경우 헌법소원 외에 달리 구제방법이 없다.

해 설 국립대학인 서울대학교의 신입생선발입시안은 행정계획으로서 행정처분은 아니지만 헌법소원의 대상이 되는 공권력 행사로 인정하여 헌법소원의 대상이 된다고 판시하였다. 이러한 유형의 행위는 전통적으로 대법원에 의해 인정되는 권력적 사실행위의 범주와는 다른 것으로서 헌법재판소에 의해 사실행위로 인한 권익침해에 대한 구제의 범위가 확대되는 것을 시사하고 있다.

참고판례 6: 헌법재판소 2016.10.27. 선고 2013헌마576 결정 [2012년도 대학교육역량강화사업 기본계획 취소 등]

2012년도와 2013년도 대학교육역량강화사업 기본계획은 대학교육역량강화 지원사업을 추진하기 위한 국가의 기본방침을 밝히고 국가가 제시한 일정 요건을 충족하여 높은 점수를 획득한 대학에 대하여 지원금을 배분하는 것을 내용으로 하는 행정계획일 뿐, **위 계획에 따를 의무를 부과하는 것은 아니다. 총장직선제를 개선하지 않을 경우 지원금을 받지 못하게 될 가능성이 있어 대학들이 이 계획에 구속될 여지가 있다 하더라도, 이는 사실상의 구속에 불과하고 이에 따를지 여부는 전적으로 대학의 자율에 맡겨져 있다. 더구나 총장직선제를 개선하려면 학칙이 변경되어야 하므로, 계획 자체만으로는 대학의 구성원인 청구인들의 법적 지위나 권리의무에 어떠한 영향도 미친다고 보기 어렵다.** 따라서 2012년도와 2013년도 계획 부분은 헌법소원의 대상이 되는 공권력 행사에 해당하지 아니한다.

### 4. 행정계획과 행정절차

#### (1) 행정계획에 있어서 행정절차의 필요성

행정계획을 둘러싸고 다수의 이해관계인의 이익이 충돌되는 경우가 많이 있다. 실제로 각종 사회갈등은 행정계획의 수립과 집행 과정에서 발생하는 경우가 많다. 그러므로 행정계획의 수립단계에서부터 이해관계인의 의견을 수렴하는 과정이 필요하다. 이러한 이유로 독일의 경우 행정절차법에 계획확정절차를 규정하고 있다. 우리나라의 경우에도 행정절차법 제정과정에서 계획확정절차의 필요성에 대한 논의가 있었으나 당시 계획확정절차를 도입하면 오히려 사회갈등을 부추기고 행정의 지연을 가져올 가능성에 대한 우려가 컸다. 결국 일반법인 행정절차법에 계획절차가 도입되지 못하였다. 그러나 법치주의의 정착을 위해서는 사회갈등의 해결방식으로서 장외에서의 시위 보다는 행정절차제도 안에서 의견을 수렴하고 조정하는 문화가 조성되어야 할 것이다. 이러한 관점에서 행정계획에 있어서 일반적인 행정절차의 도입이 검토될 필요성이 있다.

### (2) 개별법상의 행정계획절차

일반법인 행정절차법에는 행정계획절차에 관한 규정이 없으나 개별법에는 이러한 절차가 일부 규정되어 있다. 특히 '국토의 계획 및 이용에 관한 법률'에는 행정계획에 관한 여러 절차들이 규정되어 있다. 예컨대, 중앙도시계획위원회(같은 법 제106조)나 지방도시계획위원회(같은 법 제113조), 광역도시계획협의회(같은 법 제17조의2) 등의 심의·조정·자문, 국토교통부장관의 광역도시계획의 승인(같은 법 제16조 제2항 등 참조) 등 관계 행정기관 간의 협의와 조정도 넓은 의미의 행정계획절차라 할 수 있다. 또한 도시계획 입안에 있어서의 주민의 의견청취, 공청회(같은 법 제14조, 제28조), 지방의회의 도시계획수립절차에의 참여(같은 법 제15조, 제21조, 제28조 등) 등 행정절차의 본질에 비추어 좀 더 의미 있는 절차도 있다. 그러나 진정한 의미의 행정절차로서의 청문절차가 행정계획결정에 활성화되어 있지는 않은 실정이다.

## 5. 행정계획의 집중효

행정행위의 효력으로서 논의되었던 집중효는 주로 행정계획과 관련된다. 즉, 집중효는 대체로 도시개발계획이나 택지개발사업 등 대규모사업계획이 확정된 경우, 그 근거법이 다른 법령이 규정하고 있는 일정한 인·허가를 받은 것으로 의제한다는 규정을 둔 경우에 인정되는 경우가 많다.

## 6. 행정계획에 있어서의 형성의 자유에 대한 사법적 통제

### (1) 사법심사의 관점

행정계획이 위법하게 되는 경우는 통상의 행정행위가 위법하게 되는 경우와 그 양상이 다소 다르다고 할 수 있다. 행정계획의 위법성이 문제가 되는 전형적인 경우는 ① 형식과 절차(관보게재, 필요절차 등), ② 계획목표의 적절성, ③ 수단의 비례성, ④ 관련 이익의 적절한 고려, 즉 정당한 형량의 원리의 준수 등이다. 따라서 이와 같은 사항들이 사법심사의 주요 포인트가 된다.

### (2) 계획재량의 개념 인정여부

일반적인 법규는 법률요건과 법률효과로 구성되는 조건명제(Wenn–Dann Schema)인 것이 보통이지만 계획규범은 이와 달리 목적–수단명제(Zweck–Mittel Schema)로 되어 있으므로 행정계획에 인정되는 재량도 통상의 행정재량과 다르다고 하면서 이를 계획재량이라 지칭한다.

종래 대법원은 행정계획에서의 재량과 일반 행정재량을 구별하지 않은 듯한 판시를 하고 있었으나,[373] 근래 태도를 바꾸어 '형량하자'라는 용어를 사용하는 등, 계획재량의 독자성을 인정하

373) 대법원 1998.4.24. 선고 97누1501 판결.

는 듯한 판례이론을 전개하고 있다.[374)]

### (3) 형량명령

행정계획에서의 재량의 본질이 통상의 행정재량의 그것과 다르다는 것을 인정하든, 인정하지 않든 간에 행정계획에서의 재량통제원리로서 이익형량이 중요한 의미를 가진다는 점은 부인할 수 없다.

이에 대하여 행정절차법은 행정청이 수립하는 계획 중 국민의 권리·의무에 직접 영향을 미치는 계획을 수립하거나 변경·폐지할 때에는 관련된 여러 이익을 정당하게 형량하여야 한다고 규정하고 있다(행정절차법 제40조의4). 한편 행정기본법은 비단 행정계획의 경우만이 아니라 무릇 행정재량의 행사에 있어서 이익을 정당하게 형량하여야 한다고 규정하여 형량명령을 성문화하였다(행정기본법 제21조). 이 입법들이 있기 이전까지 우리나라는 성문규정이 없는 상태에서도 '정당한 형량의 원리'를 판례법으로 확립하여 적용하고 있었다.[375)]

### (4) 형량의 내용과 형량의 하자

행정계획에서의 이익형량은 ① 관련 이익의 조사, 확인, ② 관련 이익의 평가, ③ 비교형량 등의 과정을 통하여 이루어진다. 이 과정이 정당하게 이루어지지 않으면 형량명령(정당한 형량의 원리)에 위배되는 형량하자를 구성하게 된다. 이러한 형량하자는 행정계획의 위법사유가 된다. 형량하자로 문제되는 것으로는 ① 형량의 불이행, ② 관련 이익의 불고려, ③ 관련 이익에 대한 잘못된 조사·평가, ④ 공익과 사익, 공익과 공익 등 제이익의 조정에서의 실패(비교형량을 그르침) 등이 있다.

비교형량 과정에서는 비례원칙이 적용되어 특정한 이익이 과도하게 평가될 경우 형량하자를 구성하게 된다.

참고판례: 대법원 2007.4.12. 선고 2005두1893 판결 [도시계획시설결정취소]

**행정계획이라 함은 행정에 관한 전문적·기술적 판단을 기초로 하여 도시의 건설·정비·개량 등과 같은 특정한 행정목표를 달성하기 위하여 서로 관련되는 행정수단을 종합·조정함으로써 장래의 일정한 시점에 있어서 일정한 질서를 실현하기 위한 활동기준으로 설정된 것**으로서, 관계 법령에는 추상적인 행정목표와 절차만이 규정되어 있을 뿐 행정계획의 내용에 관하여는 별다른 규정을 두고 있지 아니하므로 **행정주체는 구체적인 행정계획을 입안·결정함에 있어서 비교적 광범위한 형성의 자유를 가지는 것이지만,** 행정주체가 가지는 이와 같은 형성의 자유는 무제한적인 것이 아니라 **그 행정계획에 관련되는 자들의 이익을 공익과 사익 사이에서는 물론이고 공익 상호간과 사익 상호간에도 정당하게 비교교량하여야 한다는 제한이 있으므로,** 행정주체가 행정계획을 입안·결정함에 있어서 **이익형량을 전혀 행하지 아니하거나**

374) 대법원 2007.4.12. 선고 2005두1893 판결 등.
375) 대법원 1996.11.29. 선고 96누8567 판결 등.

**이익형량의 고려 대상에 마땅히 포함시켜야 할 사항을 누락한 경우 또는 이익형량을 하였으나 정당성과 객관성이 결여된 경우에는 그 행정계획결정은 형량에 하자가 있어 위법하게 된다.**

## 7. 계획의 보장

### (1) 계획보장청구권

행정계획의 수립과 존속, 변경, 준수와 집행 그리고 그와 관련되는 손실보상에 이르기까지 문제될 수 있는 청구권들로 ① 계획(수립)청구권, ② 계획존속청구권, ③ 계획변경청구권,[376] ④ 계획준수청구권, ⑤ 계획집행청구권, ⑥ 경과조치청구권, ⑦ 적응지원청구권, ⑧ 손실보상청구권(협의의 계획보장청구권: 매수청구권 포함) 등이 있다.

이 가운데 넓은 의미에서 계획보장청구권(광의의 계획보장청구권)이라 할 수 있는 것에는 ②, ④, ⑤, ⑥, ⑦, ⑧이 포함된다. 그러나 ② 및 ④~⑦의 경우 일반적 청구권을 인정할 수 없고 구속적 계획인 경우 보호규범이 있을 때에만 청구권을 인정할 수 있다. 그러나 현실적으로 그러한 보호규범은 거의 존재하지 않는다.

③ 계획변경청구권의 경우 판례이론의 전개로 계획 구역 내에 토지 등을 소유하는 당사자에게는 이를 인정하고 있는 추세이다.

⑧ 협의의 계획보장청구권, 즉 손실보상청구권의 경우, 계획의 수행으로 인해 구체적인 재산의 처분이 강제되거나 불가피해진 경우에는 이를 인정해야 할 것이다. 다만 그 근거를 어디에서 찾느냐가 문제인데, 독일에서 이를 설명하는 학설로는 공용수용설, 사실상 계약관계설, 법치국가원리설, 확약설 등이 존재한다.

### (2) 계획입안 · 변경청구권

행정계획의 입안이나 변경청구권은 법령이 그것을 사인에게 인정하고 있는 경우가 아닌 한 원칙적으로 인정되지 않는다.[377] 문제는 조리상의 신청권을 인정할 수 있는가 하는 것인데 대법원은 계획 구역 안에 토지 등을 소유하고 있는 사람들에게는 대개 법규상, 조리상의 권리가 있다고 보고 계획입안 또는 변경청구권이 인정된다고 판시하고 있다.

먼저 도시계획의 입안청구권은 '국토의 계획 및 이용에 관한 법률' 제26조가 이해관계자를 포함한 주민에게 도시·군관리계획의 입안제안권을 인정하고 있음으로 인하여 문제되는데 대법원은 도시계획 구역내 토지 등을 소유하고 있는 주민에 대해서는 도시계획입안을 요구할 수 있는 법규상 또는 조리상의 신청권을 인정하고 그를 거부한 행위의 처분성을 인정한 바 있다.[378] '도시 및 주거환경정비법' 제14조도 도시정비계획의 입안제안권을 규정하고 있으므로 유사한 상황이라고 볼 수 있다.

---

376) 대법원은 이와 관련하여 계획입안청구권이라는 표현을 사용하고 있다(대법원 2004.4.28. 선고 2003두1806 판결).
377) 헌법재판소 2002.5.30. 선고 2000헌바58, 2001헌바3(병합) 결정 등.
378) 대법원 2004.4.28. 선고 2003두1806 판결.

또한 대법원은 문화유산보호구역 또는 자연유산보호구역[379] 내에 있는 토지소유자 등에 대해서도 보호구역의 지정해제를 요구할 수 있는 법규상 또는 조리상의 신청권이 인정되며, 이러한 신청에 대한 거부행위는 항고소송의 대상이 되는 행정처분에 해당한다고 판시하였으며,[380] 산업단지개발계획상 산업단지 안의 토지 소유자에게도 산업단지개발계획변경신청권을 인정하고 그에 대한 거부는 항고소송의 대상이 되는 행정처분이라고 판시한 바 있다.[381]

한편 대법원은 일정한 행정처분을 구할 법률상 지위에 있는 자가 행정계획의 변경 없이는 그 행정처분이 실질적으로 거부되는 것과 같은 형편에 있는 경우에도 예외적으로 행정계획변경신청의 조리상의 권리를 인정하고 있다.[382]

### 참고판례 1: 대법원 2004.4.28. 선고 2003두1806 판결 [도시계획시설변경입안의제안거부처분취소]

**구 도시계획법**(2002. 2. 4. 법률 제6655호 국토의계획및이용에관한법률 부칙 제2조로 폐지)은 도시계획의 수립 및 집행에 관하여 필요한 사항을 규정함으로써 공공의 안녕질서를 보장하고 공공복리를 증진하며 주민의 삶의 질을 향상하게 함을 목적으로 하면서도 도시계획시설결정으로 인한 개인의 재산권행사의 제한을 줄이기 위하여, 도시계획시설부지의 매수청구권, 도시계획시설결정의 실효에 관한 규정과 아울러 도시계획 입안권자인 특별시장·광역시장·시장 또는 군수로 하여금 5년마다 관할 도시계획구역 안의 도시계획에 대하여 그 타당성 여부를 전반적으로 재검토하여 정비하여야 할 의무를 지우고, **도시계획입안제안과 관련하여서는 주민이 입안권자에게 '1. 도시계획시설의 설치·정비 또는 개량에 관한 사항 2. 지구단위계획구역의 지정 및 변경과 지구단위계획의 수립 및 변경에 관한 사항'에 관하여 '도시계획도서와 계획설명서를 첨부'하여 도시계획의 입안을 제안할 수 있고,** 위 입안제안을 받은 입안권자는 그 처리결과를 제안자에게 통보하도록 규정하고 있는 점 등과 헌법상 개인의 재산권 보장의 취지에 비추어 보면, **도시계획구역 내 토지 등을 소유하고 있는 주민으로서는 입안권자에게 도시계획입안을 요구할 수 있는 법규상 또는 조리상의 신청권이 있다고 할 것이고,** 이러한 신청에 대한 거부행위는 항고소송의 대상이 되는 행정처분에 해당한다.

**해 설** 도시계획구역 내 토지 등을 소유하고 있는 주민에게 입안권자에 대하여 도시계획입안을 요구할 수 있는 법규상 또는 조리상의 신청권이 있고, 이러한 신청에 대한 거부는 항고소송의 대상이 되는 거부처분이라는 판결이다. 대법원 2015.3.26. 선고 2014두42742 판결도 동일한 취지로 판시하였다.

### 참고판례 2: 대법원 2004.4.27. 선고 2003두8821 판결 [문화재보호구역지정해제거부처분취소]

문화재보호법은 문화재를 보존하여 이를 활용함으로써 국민의 문화적 생활의 향상을 도모함과 아울러 인류문화의 발전에 기여함을 목적으로 하면서도, 문화재보호구역의 지정에 따른 재산권행사의 제한을 줄이기 위하여, 행정청에게 보호구역을 지정한 경우에 일정한 기간마다 적정성 여부를 검토할 의무를 부과하고, 그 검토사항 등에 관한 사항은 문화관광부령으로 정하도록 위임하였으며, 검토 결과 보호구역의 지

379) 2023.8.8. 문화재보호법이 개정되어 '문화유산의 보존 및 활용에 관한 법률'로 개칭됨으로써 문화재보호구역의 명칭이 바뀌었다. 대법원의 이 판례가 나온 때에는 법개정 전이었으므로 판결문에는 문화재보호구역이라고 되어 있다(참고판례2 참조).

380) 대법원 2004.4.27. 선고 2003두8821 판결.

381) 대법원 2017.8.29. 선고 2016두44186 판결.

382) 대법원 2003.9.23. 선고 2001두10936 판결.

정이 적정하지 아니하거나 기타 특별한 사유가 있는 때에는 보호구역의 지정을 해제하거나 그 범위를 조정하여야 한다고 규정하고 있는 점, 같은 법 제8조 제3항의 위임에 의한 같은 법 시행규칙 제3조의2 제1항은 그 적정성 여부의 검토에 있어서 당해 문화재의 보존 가치 외에도 보호구역의 지정이 재산권 행사에 미치는 영향 등을 고려하도록 규정하고 있는 **점 등과 헌법상 개인의 재산권 보장의 취지에 비추어 보면, 문화재보호구역 내에 있는 토지소유자 등으로서는 위 보호구역의 지정해제를 요구할 수 있는 법규상 또는 조리상의 신청권이 있다고 할 것이고, 이러한 신청에 대한 거부행위는 항고소송의 대상이 되는 행정처분에 해당한다.**

### 참고판례 3: 대법원 2017.8.29. 선고 2016두44186 판결 [산업단지개발계획변경신청거부처분취소]

산업입지에 관한 법령은 산업단지에 적합한 시설을 설치하여 입주하려는 자와 토지 소유자에게 산업단지 지정과 관련한 산업단지개발계획 입안과 관련한 권한을 인정하고, 산업단지 지정뿐만 아니라 변경과 관련해서도 이해관계인에 대한 절차적 권리를 보장하는 규정을 두고 있다. 또한 산업단지 안에는 다수의 기반시설 등 도시계획시설 등을 포함하고 있고, **국토의 계획 및 이용에 관한 법률의 해석상 도시계획시설부지 소유자에게는 그에 관한 도시·군관리계획의 변경 등을 요구할 수 있는 법규상 또는 조리상 신청권이 인정된다고 해석되고 있다. 헌법상 재산권 보장의 취지에 비추어 보면 토지의 소유자에게 위와 같은 절차적 권리와 신청권을 인정한 것은 정당하다고 볼 수 있다.** 이러한 법리는 이미 산업단지 지정이 이루어진 상황에서 산업단지 안의 토지 소유자로서 종전 산업단지개발계획을 일부 변경하여 산업단지개발계획에 적합한 시설을 설치하여 입주하려는 자가 종전 계획의 변경을 요청하는 경우에도 그대로 적용될 수 있다.

**그러므로 산업단지개발계획상 산업단지 안의 토지 소유자로서 산업단지개발계획에 적합한 시설을 설치하여 입주하려는 자는 산업단지지정권자 또는 그로부터 권한을 위임받은 기관에 대하여 산업단지개발계획의 변경을 요청할 수 있는 법규상 또는 조리상 신청권이 있고, 이러한 신청에 대한 거부행위는 항고소송의 대상이 되는 행정처분에 해당한다고 보아야 한다.**

### 참고판례 4: 대법원 2003.9.23. 선고 2001두10936 판결 [국토이용계획변경승인거부처분취소]

**구 국토이용관리법**(2002. 2. 4. 법률 제6655호 국토의계획및이용에관한법률 부칙 제2조로 폐지)**상 주민이 국토이용계획의 변경에 대하여 신청을 할 수 있다는 규정이 없을 뿐만 아니라,** 국토건설종합계획의 효율적인 추진과 국토이용질서를 확립하기 위한 국토이용계획은 장기성, 종합성이 요구되는 행정계획이어서 **원칙적으로는 그 계획이 일단 확정된 후에 어떤 사정의 변동이 있다고 하여 그러한 사유만으로는 지역주민이나 일반 이해관계인에게 일일이 그 계획의 변경을 신청할 권리를 인정하여 줄 수는 없을 것이지만,** 장래 일정한 기간 내에 관계 법령이 규정하는 시설 등을 갖추어 **일정한 행정처분을 구하는 신청을 할 수 있는 법률상 지위에 있는 자의 국토이용계획변경신청을 거부하는 것이 실질적으로 당해 행정처분 자체를 거부하는 결과가 되는 경우에는 예외적으로** 그 신청인에게 국토이용계획변경을 신청할 권리가 인정된다고 봄이 상당하므로, 이러한 신청에 대한 거부행위는 항고소송의 대상이 되는 행정처분에 해당한다.

**해 설** 실정법의 근거는 없으나 일정한 행정처분을 받을 수 있는 법률적 지위에 있는 자로서 관련 행정계획의 변경신청이 거부되면 실질적으로 그 행정처분을 거부당한 것과 같은 결과가 되는 경우에는 (조리상의) 행정계획변경신청권을 인정한다는 것을 판시하고 있다. 이 판결의 경우 원고는 폐기물사업 적정통보를 받았으나 자신의 사업장이 농림지역·준농림지역에 위치하여 이것이 준도시지역으로 변경되지 않으면 폐기물처리업 허가를 받을 수 없어서 이를 변경하고자 국토이용계획변경을 신청한 것에 대하여 그 거부는 곧 폐기물처리업 허가신청에 대한 거부와 동일한 의미가 되므로 그 처분성을 인정한 것이다. 그러나 준도시지역으로 변경되지 않은 상태에서 용도지역 변경을 조건으로 폐기물사업 적정통보를 한 것은 매우 이례적인 것이다.383)

## 제4관 공법상의 사실행위

### 1. 개념 및 분류

사실행위란 법적 효과를 발생시키지 않고 사실상의 결과만 초래하는 행위이다. 예컨대 교량의 건설, 청소, 법률상담 등과 같은 행위가 사실행위에 속한다. 사실행위를 다음과 같이 분류해 볼 수 있다.

#### (1) 물리적 사실행위와 정신적 사실행위

물리적 사실행위는 공공시설의 설치나 대집행과 같이 물리적인 행위가 이루어지고 법적 효과는 발생하지 않는 것을 말한다. 물리적 사실행위는 대개 법집행행위나 권리·의무의 실현행위로 이루어지는 경우가 많다. 이에 반해 정신적 사실행위란 행정지도와 같은 것으로 물리적 행위의 특성보다 정신작용의 특성이 강하게 나타나는 사실행위이다.

#### (2) 집행적 사실행위와 독자적 사실행위

집행적 사실행위란 법적 행위에 대한 집행행위로 이루어지는 것을 말한다. 예컨대, 대집행영장에 의한 통지의 집행행위로서 대집행의 실행행위가 이루어지는 것과 같은 것이다. 이에 반해 독자적 사실행위란 행정지도나 행정조사 행위와 같이 법적 행위를 실행하기 위한 것이 아니라 그 자체로서 의미를 가진 사실행위를 말한다.

#### (3) 권력적 사실행위와 비권력적 사실행위

사실행위는 또한 권력성이 있는가의 여부에 따라 권력적 사실행위와 비권력적 사실행위로 나눌 수 있다. 권력적 사실행위와 비권력적 사실행위의 구분은 특별한 의미가 있다. 왜냐하면 우리 대법원은 권력적 사실행위의 처분성을 인정하여 항고소송의 대상으로 삼기 때문이다.

#### (4) 공법상 사실행위와 사법상 사실행위

사실행위가 공법의 영역에서 이루어진 것인지 사법의 영역에서 이루어진 것인지에 따라 공법상 사실행위와 사법상 사실행위로 구분할 수 있다. 사실행위는 법적 효과가 발생하지 않으므로 공법상 사실행위와 사법상 사실행위로 구분하는 것이 형식적으로는 불가능하지만 그 실질을 가려 공법의 영역에서 이루어지는 사실행위와 사법의 영역에서 이루어지는 사실행위를 구분할 수는 있다.

---

383) 이를 잘못된 행정처리에 해당하는 것이라고 비판하는 견해도 있다. 정태용, “행정부 공무원의 시각에서 본 행정판례”, 『행정판례와 사법정책』(행정판례연구회·사법정책연구원 공동학술대회 자료집), 2017, 17면.

## 2. 공법상 사실행위의 법적 근거 및 한계

### (1) 법률유보와 공법상 사실행위

본질적인 의미가 있고 중요한 공법상 사실행위는 법률유보의 대상이 된다(중요사항유보설). 그러나 법적 근거가 있다고 하여 공법상의 사실행위가 법적 효력을 가지지는 않는다.

### (2) 한계

공법상 사실행위는 다음과 같은 법적 한계를 가진다.

① **적법 한계**: 공법상 사실행위가 법률유보의 대상이어서 행정작용법적 근거를 가지면 그에 구속된다. 또한 행정조직법적 근거, 즉 권한 관련규범은 어느 경우나 필요하므로 공법상의 사실행위는 적법한 권한 안에서 이루어져야 한다.

② **목적 한계**: 공법상 사실행위는 그 사실행위를 하는 목적에 위반되어서는 안 된다.

③ **조리상 한계**: 공법상의 사실행위는 평등원칙, 비례원칙, 신뢰보호원칙 등의 조리법 원칙 또는 행정법의 일반원칙에 위반되어서는 안 된다.

## 3. 공법상 사실행위와 권리보호

### (1) 항고쟁송

① 권력적 사실행위의 처분성

공법상 사실행위는 법적 효력이 없으므로 법적 효력을 제거하거나 그 효력 없음을 확인하는 쟁송인 항고쟁송의 대상이 되기 어렵다. 항고쟁송의 대상이 되려면 처분성이 인정되어야 하나 법적 효력이 없는 행위는 행정행위가 아니므로 원칙적으로 처분으로 인정하기 곤란하기 때문이다.

그러나 우리 판례이론은 공법상 사실행위 가운데 권력적 사실행위에 대해서는 처분성을 인정하여 항고소송을 통한 권리구제를 인정하고 있다. 행정심판에서도 권력적 사실행위의 처분성을 인정하고 있다. 대법원은 단수조치,[384] 수형자에 대한 접견내용 녹음·녹화 및 접견시 교도관 참여대상자로의 지정,[385] 동장의 주민등록직권말소행위,[386] 횡단보도설치행위,[387] 미결수용 중인 자의 이송[388] 등의 처분성을 인정하고 있다. 그러나 대법원은 알선, 권유,[389] 경고(불이익을 초래

---

384) 대법원 1979.12.28. 선고 79누218 판결. 수도공급중단조치의 권력성을 인정한 것이다.

385) 대법원 2014.2.13. 선고 2013두20899 판결, 수형자의 접견내용을 녹음 또는 녹화하거나 수형자가 접견시에 교도관이 반드시 참관하여야 할 대상자로 지정하는 것을 권력성 있는 사실행위로 인정한 것이다.

386) 대법원 1994.8.26. 선고 94누3223 판결. 주민등록말소행위는 법적 사유의 발생으로 당연히 하는 것이지만 권력적 사실행위로 보고 처분성을 인정하였다.

387) 대법원 2000.10.27. 선고 98두8964 판결: 횡단보도의 설치로 인하여 보행자는 횡단보도만을 통하여 도로를 횡단하여야 하고 차의 운전자는 횡단보도 앞에서 일시정지하는 등으로 횡단보도를 통행하는 보행자를 보호할 의무가 있음을 규정하는 도로교통법의 취지에 비추어 이는 의무부담행위이므로 국민의 권리의무에 직접 관계가 있는 행위로서 행정처분이라고 보았다.

388) 대법원 1992.8.7. 자 92두30 결정. 미결수용인 자의 이송도 권력적 성격이 있으므로 처분성을 인정한 것이다.

389) 대법원 1967.6.27. 선고 67누44 판결.

하는 경우는 제외),[390] 경계측량 및 표지의 설치[391] 등은 법적 효과도 없을 뿐 아니라 공권력적 요소가 없어 권력적 사실행위의 범주에 속하지 않은 것으로 보고 처분이 아니라고 하고 있다.

한편, 대법원은 세무조사의 결정행위에 대해서도 처분성을 인정하였는데[392] 이것은 세무조사 자체를 권력적 사실행위로 본 것이라기 보다는 세무조사가 원칙적으로 사전통지 하에 이루어지는 것이므로 세무조사결정과 사전통지로 이미 조사대상자의 협력의무(국세기본법 제81조의17)가 발생하였다는 전제하에서 처분성을 인정한 것으로 보는 것이 타당할 것이다. 그러나 세무조사 결정이 통지되지 않는 예외적인 경우가 문제이다. 그러한 예외적인 경우에는 세무조사 전체를 권력적 사실행위로 보아 처분성을 인정하는 것이 타당하다고 본다.

권력적 사실행위에 대한 항고쟁송을 어떻게 이론적으로 합리화할 것인가에 대해서 다음의 두 가지 방식을 생각할 수 있다.

첫째, 권력적 사실행위를 단순한 사실행위로 이해하지 않고 권력적 사실행위를 수인하라고 하는 의무를 발생시키는 수인하명과 사실행위의 결합으로 이해함으로서 권력적 사실행위 안에 행정행위가 결부되어 있다고 보고, 권력적 사실행위에 대한 항고쟁송을 그 행정행위에 대한 항고쟁송으로 이해하는 방식이 있다.

둘째, 권력적 사실행위를 행정심판법 및 행정소송법상의 처분 개념 중 "그 밖에 이에 준하는 행정작용"에 해당하는 것으로 이해할 수도 있다.

② 단기간에 집행 종료된 권력적 사실행위에 의한 침해에 대한 권리보호의 필요

이처럼 권력적 사실행위가 항고쟁송에서의 처분에 해당함을 인정하여 항고쟁송의 대상으로 삼는다 하더라도, 권력적 사실행위는 비교적 단기간에 종료되기 때문에 그에 대한 항고쟁송을 제기할 즈음에 이미 집행이 종료되어 그에 대한 쟁송의 실익이 없어지는 경우가 많다. 즉, 쟁송이 제기되더라도 권리보호의 필요(소의 이익)가 없어서 각하될 가능성이 있다.

그러나 대법원은 동일한 사유로 위법처분이 반복될 위험성이 있는 경우에는 기간경과로 행정처분의 효력이 이미 소멸되었다고 하더라도 권리보호의 필요를 인정하고 있으므로,[393] 동일한 사유로 권력적 사실행위가 반복될 위험이 있는 경우에는 권력적 사실행위가 이미 종료하였더라도 항고쟁송을 제기할 수 있다고 할 것이다.[394]

---

390) 대법원 2004.4.23. 선고 2003두13687 판결: 불이익을 초래하지 않기 때문에 처분이 아니라고 본 것이고 일반적으로 경고를 모두 처분이 아니라고 하는 것은 아니다.

391) 대법원 1992.10.13. 선고 92누2325 판결. 이미 확정된 경계를 인식, 파악하는 사실상의 행위로 법적 효과도 없고 공권력성도 없다고 판단한 것이다.

392) 대법원 2011.3.10. 선고 2009두23617, 23624 판결.

393) 대법원 2020.12.24. 선고 2020두30450 판결.

394) 종래 대법원은 동일한 소송 당사자 사이에서 동일한 사유로 위법 처분이 반복될 위험성이 있는 경우에만 효력이 소멸된 행정처분에 대해서도 권리보호의 필요를 인정하고 있었다(대법원 2007.7.19. 선고 2006두19297 전원합의체 판결; 대법원 2019.3.10. 선고 2015두46987 판결 등). 그러나 근래 대법원은 동일한 소송 당사자가 아니라도 동일한 사유로 위법한 처분이 반복될 위험이 있을 때에는 소의 이익을 인정하고 있다. 이것은 일종의 판례 변경이라 할 수 있는데도 전원합의체 판결에 의하지 않고 실질적으로 판례를 변경한 것이다. 논란의 여지가 있지만 지속적으로 동일한 판례가 나오고 있으므로 판례가 변경된 것으로 보아야 할 것이다.

또한 헌법재판소도 권력적 사실행위가 단기간에 종료되어 헌법소원의 권리보호이익이 없더라도 기본권침해가 반복될 위험이 있고 헌법적 해명이 필요한 경우에는 심판청구의 이익을 인정하고 있어서 항고쟁송이 불가능한 경우에는 헌법소원으로 구제받을 가능성이 있다.[395]

### (2) 헌법소원

헌법재판소는 대법원이 인정하는 권력적 사실행위 보다 더 넓은 범위의 사실행위를 헌법소원의 대상이 되는 '공권력 행사'로 인정하고 권리보호의 이익이 없더라도 기본권 침해가 반복될 위험이 있고 헌법적 해명이 필요한 경우에는 심판청구의 이익을 인정하고 있기 때문에 사실행위에 대한 법적 구제에서 헌법소원이 매우 중요한 의미를 가지게 되었다.

#### ① 사실행위가 헌법소원의 대상이 되는 공권력행사에 해당되는지에 대한 헌법재판소의 판단

헌법재판소는 사실행위에 순응하지 않을 경우에 불이익[396]이나 위험, 행정상 제재가 예정되어 있는 경우,[397] 그리고 수형자에 대한 소변채취와 같이 그에 응하지 않으면 다른 제재가 이루어지지는 않지만 불리한 처우를 받을 수 있다는 심리적 압박이 있는 경우에도 그 사실행위는 헌법소원의 대상이 되는 공권력행사에 해당한다고 판시하였다.[398]

그러므로 헌법소원의 대상이 되는 공권력행사로서의 권력적 사실행위로 인정되는 범위는 행정쟁송의 대상이 되는 권력적 사실행위의 범위 보다 다소 넓다고 보아야 할 것이다.

헌법재판소는 "일반적으로 어떤 행정청의 사실행위가 권력적 사실행위인지 또는 비권력적 사실행위인지 여부는, 당해 행정주체와 상대방과의 관계, 그 사실행위에 대한 상대방의 의사·관여정도·태도, 그 사실행위의 목적·경위, 법령에 의한 명령·강제수단의 발동가부 등 그 행위가 행하여질 당시의 구체적 사정을 종합적으로 고려하여 개별적으로 판단하여야 한다."고 판시하였다.[399]

그러므로 항고쟁송 등 다른 구제수단을 활용할 수 없을 때에 권력적 사실행위에 대한 헌법소원이 인정될 수 있는지 검토할 필요가 있다. 헌법재판소는 (행정)감사[400]가운데 처분과 결합되거나 처분의 준비단계로 이루어지는 것이 아니어서 항고쟁송으로 다툴 수 없는 경우에 헌법소원의 대상성을 인정하였다. 또한 다른 구제수단을 활용할 수 있는지가 명확하지 않은 수용자의 서신반송행위,[401] 검찰수사관의 변호인에 대한 후방착석요구행위,[402] 교도소장의 미결수용자에 대한 서신검열과 서신의 지연교부 및 지연발송행위[403]를 헌법소원의 대상이 되는 공권력행사로 보았다.

그러나 헌법재판소는 예산의 확정 이전 단계에서 이루어지는 예산편성행위는 내부행위로서 헌법소원의 대상이 되는 공권력행사에 해당되지 않는다고 판시하였다.[404]

---

395) 헌법재판소 2005.5.26. 선고 2001헌마728 결정.
396) 헌법재판소 2007.11.29. 선고 2004헌마290 결정; 헌법재판소 2003.6.26. 선고 2002헌마337 결정.
397) 헌법재판소 2003.12.18. 선고 2001헌마754 결정.
398) 헌법재판소 2006.7.27. 선고 2005헌마277 결정.
399) 헌법재판소 1994.5.6. 선고 89헌마35 결정; 헌법재판소 2009.12.29. 선고 2008헌마617 결정; 헌법재판소 2012.10.25. 선고 2011헌마429 결정.
400) 헌법재판소 2003.12.18. 선고 2001헌마754 결정.
401) 헌법재판소 2019.12.27. 선고 2017헌마413·1161(병합) 결정.
402) 헌법재판소 2017.11.30. 선고 2016헌마503 결정.
403) 헌법재판소 1995.7.21. 선고 92헌마144 결정.
404) 헌법재판소 2017.5.25. 선고 2016헌마383 결정.

② 사실행위에 대한 기본권 침해에 있어서 심판청구의 이익에 대한 헌법재판소의 판단

이미 언급한 바와 같이 헌법재판소는 헌법소원의 권리보호이익이 인정되지 않더라도 동일한 기본권 침해가 반복될 위험이 있고 헌법질서의 수호·유지를 위하여 그 해명이 중요한 의미를 가지고 있는 경우에는 집행이 종료되거나 기간이 경과하여도 심판청구의 이익을 인정하고 있다.[405)]

그런데 구체적으로 기본권 침해가 반복될 위험이 있는지 헌법적 해명의 필요성이 있는지에 대한 명확한 기준이 없으므로 헌법재판소 재판관 사이에서도 이 문제에 대한 견해가 대립되는 경우가 많다. 다만 대체로 문제되는 기본권 침해 행위의 개별성과 특수성이 강하면 그것이 반복될 위험이나 헌법적 해명의 필요가 줄어든다고 볼 수 있다. 한편 기본권에 미치는 영향력이 크거나 새롭게 제기되는 헌법문제가 있을 경우 헌법적 해명의 필요성은 커진다고 볼 수 있다.

그리하여 이미 상황이 종료되어 주관적 권리보호의 이익이 없는 상태가 된 수갑 및 포승의 시용,[406)] 구치소 내의 과밀수용,[407)] 경호구역에서의 삼보일배 행진제지[408)] 등에 대해서도 심판청구의 이익을 인정하여 헌법소원의 제기를 허용하였다.

그러나 근래 헌법재판소가 심판청구의 이익을 인정하는 기준은 반드시 명백하지 않다. 예컨대 이미 상황이 종료된 경찰의 물포발사행위(근거리 직사살수)에 대해서 이는 기본권 침해의 반복염려가 없고 법률위반에 해당하는 법률문제이지 헌법적 해명이 필요하지 않다고 하면서 심판청구이익을 부정한 바 있었으나[409)] 최근에는 거의 같은 경우인데도 헌법소원의 심판청구의 이익을 인정하였다.[410)] 그리고 경찰의 최루액 혼합살수행위에 대해서도 심판청구이익을 인정하였다.[411)]

헌법재판소는 때로는 헌법적 해명의 필요성을 좁게 해석하여 동일한 사유로 위법한 처분이 반복될 위험성이 있더라도 그것이 헌법문제가 아니라 법률의 해석과 적용의 문제라면 헌법소원의 심판의 이익이 부정된다고 판시하고 있다.[412)]

참고판례 1: 헌법재판소 2003.12.18. 선고 2001헌마754 결정 [과다감사 위헌확인]

권력적 사실행위가 행정처분의 준비단계로서 행하여지거나 행정처분과 결합된 경우(合成的 行政行爲)에는 행정처분에 흡수·통합되어 불가분의 관계에 있다할 것이므로 행정처분만이 취소소송의 대상이 되고, 처분과 분리하여 따로 권력적 사실행위를 다툴 실익은 없다. **그러나 권력적 사실행위가 항상 행정처분의 준비행위로 행하여지거나 행정처분과 결합되는 것은 아니므로 그러한 사실행위에 대하여는 다툴 실익이 있다할 것임에도 법원의 판례에 따르면 일반쟁송 절차로는 다툴 수 없음이 분명하다.** 이 사건 감사는 행

405) 헌법재판소 2003.12.18. 선고 2001헌마754 결정, 헌법재판소 2005.5.26. 선고 2001헌마728 결정 등 참조.
406) 헌법재판소 2005.5.26. 선고 2001헌마728 결정.
407) 헌법재판소 2016.12.29. 선고 2013헌마142 결정. 청구인의 의사와 상관없이 일방적으로 행한 행위이므로 권력적 사실행위에 해당한다고 한다.
408) 헌법재판소 2021.10.28. 선고 2019헌마1091 결정.
409) 헌법재판소 2014.6.26. 선고 2011헌마815 결정.
410) 헌법재판소 2020.4.23. 선고 2015헌마1149 결정.
411) 헌법재판소 2018.5.31. 선고 2015헌마476 결정.
412) 헌법재판소 2016.10.27. 선고 2014헌마626 결정.

**정처분의 준비단계로서 행하여지거나 처분과 결합된 바 없다.** 그렇다면, 이 사건 감사는 행정소송의 대상이 되는 행정행위로 볼 수 없어 법원에 의한 권리구제절차를 밟을 것을 기대하는 것이 곤란하므로 보충성의 원칙의 예외로서 소원의 제기가 가능하다.

**해 설** 행정감사는 보통 행정처분의 준비단계에 해당되는 것이므로 감사 결과 행정처분이 있으면 그 행정처분을 다투면 된다. 따라서 행정감사가 그 자체로서 다투어지는 경우는 많지 않다. 그러나 예외적으로 행정감사의 결과가 행정처분으로 연결되지 않는 경우, 즉 행정처분의 준비 단계에 해당하지 않는 감사에 대하여 헌법재판소는 이를 헌법소원의 대상인 "공권력 행사"로 인정한 것이다.

### 참고판례 2: 헌법재판소 2017.7.27. 선고 2016헌마53 결정 [방청불허처분취소]

헌법소원 제도는 국민의 기본권 침해를 구제하는 제도이므로, 헌법소원심판청구가 적법하려면 그 제도의 목적상 권리보호이익이 있어야 한다(헌재 1989.4.17. 선고 88헌마3 결정; 헌재 2013.9.26. 선고 2011헌마398 결정 등 참조). 다만 **권리보호이익이 소멸하였다고 하더라도 기본권 침해행위가 장차 반복될 위험이 있거나 당해 분쟁의 해결이 헌법질서의 유지·수호를 위하여 긴요한 사항이어서 헌법적으로 그 해명이 중대한 의미를 지니고 있는 때에는 예외적으로 심판청구의 이익을 인정할 수 있다**(헌재 1995.5.25. 선고 91헌마44 결정; 헌재 2011.12.29. 선고 2010헌마285 결정 등 참조).

여기서 **'헌법적 해명이 중대한 의미를 가지는 경우'는 헌법질서의 유지·수호를 위하여 그 해명이 긴요한 경우를 의미하고, 행정청이 적용 법률을 해석함에 있어 기본권에 미치는 효력을 간과하거나 오해함으로써 법 규정을 위헌적으로 해석·적용한 경우에는 헌법적 해명의 필요성이 인정된다.** 그러나 **'행정청의 행위가 법률이 정한 바에 부합하는가'라는 위법성을 문제 삼고 있는 경우에는 헌법적 해명의 필요성이 인정되지 않는다. 이와 같이 위법성이 문제되는 경우에는 설사 유사한 침해행위가 앞으로도 반복될 위험이 있다고 하더라도 공권력 행사의 위헌 여부를 확인할 실익이 없어 심판청구의 이익이 부인된다**(헌재 2003.2.27. 선고 2002헌마106 결정; 헌재 2016.10.27. 선고 2014헌마626 결정 등 참조).

### 참고판례 3: 헌법재판소 2016.10.27. 선고 2014헌마626 결정 [교도소내 부당처우행위 위헌확인]

이 사건 폐기행위는 2014. 7. 14. 이미 종료되었으므로, 그에 대한 심판청구가 인용된다고 하더라도 청구인의 권리구제에는 도움이 되지 아니한다. 한편 청구인이 이 사건 심판청구를 통하여 다투고자 하는 바는, **청구인이 임의로 흰색에서 다른 색으로 물들여 소지하고 있던 러닝셔츠가 형집행법 제92조 제2호에서 정한 '그 밖에 시설의 안전 또는 질서를 해칠 우려가 있는 물품'에 해당하는지, 해당한다면 피청구인이 형집행법 제93조 제5항 본문을 적용하여 이를 폐기한 행위가 피청구인의 권한을 남용한 것인지에 관한 문제인데,** 이러한 문제를 판단하기 위해서는 **구체적인 사실관계의 확정이 선행되어야 하고,** 설령 확정된 사실관계를 기초로 판단한다고 하더라도 이 문제에 대한 판단은 개개의 사건에 대한 개별적·구체적 판단이 될 수밖에 없는바, **이러한 판단은 피청구인의 공권력 행사에 대한 위헌성 판단의 문제가 아니라, 법률에 의하여 부여받은 피청구인 권한의 범위와 한계를 정하는 것으로서 단순히 법률의 해석과 적용의 문제, 즉 위법성의 문제에 불과하므로, 설사 이 사건 폐기행위와 같은 기본권 침해가 앞으로 반복될 가능성이 있다고 하더라도, 그 위헌 여부를 확인할 실익이 없어 심판청구의 이익이 인정되지 않는다.**

**해 설** 사실행위인 공권력행사가 일시적으로 이루어지고 난 이후 헌법소원의 심판청구이익을 인정할 것인가에 대해 해명한 중요 판례이다. 다수의견은 종래의 헌법재판소 판례와 달리 헌법적 해명의 필요성을 좁게 이해하여 물들인 런닝셔츠를 폐기한 교도소 당국의 행위가 헌법적 문제가 아니라 형집행법의 해석과 적용에 관한 개별적·구체적 판단의 문제일 뿐이라고 판시하였다. 그러나 이진성, 안창호 재판관의 소수의견은 이 사건은 개별적·구체적 내용에 대한 판단이라기보다 수용자에게 계속적·반복적으로 행해지는 '염색한 의류에 대한 폐기행위'에 대한 규범적 평가가 문제이므로 헌법적 해명의 대상이 된다고 하면서 그러나 그 행위가 법령이나 재량준칙을 위반한 것이라면 반복가능성을 인정할 수 없다고 하였다. 이에 대해 김이수 재판관은 법령이나 재량준칙을 위반한 경우라도 헌법적 해명의 필요성이 있어서 심판의 이익을 인정하여야 함을 주장하고 있다.

### 참고판례 4: 헌법재판소 2018.8.30. 선고 2014헌마681 결정 [신체의 자유 등 침해 위헌확인]

**이 사건 강제조치는 2014. 6. 11. 이미 종료하였으므로 이 사건 심판청구는 주관적 권리보호이익이 인정되지 않는다.** 이 사건 강제조치의 위헌 여부를 판단하기 위해서는 구체적인 사실관계의 확정이 선행되어야 하고, 당시의 개별적이고 구체적인 상황을 고려하여야 하므로 원칙적으로 당해 사건에 국한하여서만 그 의미를 가질 수밖에 없다. 이 사건 강제조치로부터 위헌적인 경찰권 행사로 판단될 수 있는 일반적인 징표를 찾을 수 없으므로 이 사건 강제조치에 대한 위헌 여부의 판단이 일반적인 헌법적 의미를 부여할 수 있는 경우에 해당한다고 볼 수 없다. 그렇다면 **이 사건 강제조치는 특정한 상황에서의 개별적 특성이 강한 공권력행사로서 앞으로도 구체적으로 반복될 위험성이 있다고 보기 어렵고, 헌법재판소가 헌법적으로 해명할 필요가 있다고 볼 수 없어 이 사건 심판청구는 예외적으로 심판의 이익도 인정되지 않는다.**

[재판관 이진성, 재판관 김이수, 재판관 안창호, 재판관 유남석의 반대의견]

**이 사건 강제조치 중 피청구인이 행정대집행이 실시되는 동안 청구인을 에워싸고 청구인들의 이동을 제한한 조치(이하 '이 사건 이동제한조치'라 한다)는** 경찰관 직무집행법이 규정한 내용에 따른 공권력의 행사로서 적법한 행위라는 인식하에 앞으로도 **계속적·반복적으로 행해질 수 있다.** 경찰관이 행정응원요청을 받고 행정대집행 현장에서 직무의 집행으로서 행하였다는 **이 사건 이동제한조치가 헌법상 기본권을 제한한다면 그 유형력 행사의 헌법적 한계를 확정 짓고 그에 대한 합헌적 기준을 제시하는 문제는, 경찰관 직무집행법에 따른 경찰관의 직무행위의 범위 및 헌법적 한계를 확정 짓는 것이므로 헌법적으로 해명이 필요한 문제에 해당한다.** 그렇다면 이 사건 이동제한조치에 대한 심판청구는 주관적 권리보호이익은 소멸하였으나, 그에 대한 기본권 **침해행위의 반복 가능성 및 헌법적 해명의 필요성이 인정되므로, 심판청구의 이익을 인정하여야 한다.**

**해 설** 이 결정은 침해행위의 반복가능성과 헌법적 해명의 필요에 대한 판단기준이 명확하지 않아 헌법재판소 재판관들 사이에서 의견대립을 보인 대표적인 사례라고 할 수 있다. 이러한 이유로 유사한 사례에 대해서도 경우에 따라 헌법재판소의 심판청구의 이익에 대한 판단이 달라질 수 있다.

### 참고판례 5: 헌법재판소 2021.9.30. 선고 2020헌마494 결정 [모의투표 불가 결정 등 위헌확인]

피청구인 중앙선거관리위원회가 2020. 2. 6. '선거권이 없는 학생을 대상으로 하더라도 선거가 임박한 시기에 교원이 교육청의 계획 하에 모의투표를 실시하는 것은 행위양태에 따라 선거에 영향을 미치게 하기 위한 행위에 이르러 공직선거법에 위반될 수 있다'고 결정한 것 및 피청구인의 위원장이 서울특별시 교육감의 관련 질의에 대하여 2020. 3. 9. 위 결정과 유사한 취지로 한 회신(이하 이를 합하여 '이 사건 결정·회신'이라 한다)은 헌법소원의 대상이 되는 '공권력의 행사'에 해당하지 않는다.

**이 사건 결정 · 회신은** '교육청의 계획 하에 교원이 선거권이 없는 학생을 대상으로 하는 모의투표를 실시하는 것이 관련 법령상 허용되는지 여부'라는 **법률적 문제에 관한 피청구인의 비권력적인 의견 제시에 불과하다. 피청구인의 위원 · 직원이 위와 같은 모의투표 실시 행위에 대하여 선거관리위원회법에 따라 중지 · 경고 · 시정명령 등의 조치를 하더라도, 이는 이 사건 결정 · 회신 위반이 아닌 공직선거법 등 법령 위반을 이유로 하는 것**이고, 이 사건 결정 · 회신에서 피청구인이나 피청구인의 위원장이 모의투표 실시 행위에 대하여 위와 같은 조치를 취할 것임을 표명한 바도 없다.

**해 설** 헌법재판소는 사실행위에 그에 응하지 않으면 불리한 처우를 받을 수 있는 심리적 압박이 있는 경우에는 헌법소원의 대상이 되는 공권력행사에 해당한다고 하였으면서도 중앙선거관리위원회가 선거권이 없는 학생 상대의 모의투표는 불가하다는 통지를 한 것은 헌법소원의 대상이 되는 공권력 행사가 아니라고 하였다. 아마도 이런 결정을 한 것은 모의투표 후에 중지, 경고, 시정명령의 조치에 대하여 다툴 수 있고 단순한 질의에 대한 회신에 공권력성을 인정할 수 없다는 취지라고 보여진다.

참고판례 6: 헌법재판소 2021.10.28. 선고 2019헌마973 결정 [형의 집행 및 수용자의 처우에 관한 법률 시행령제65조 제2항위헌확인 등 (교도소장이 수용자의 변호인이 수용자에게 보낸 서신을 개봉한 후 교부한 행위 등에 관한 위헌소원 사건)]

헌법재판소는 **교도소 내 미결수용자에 대한 서신의 발송 및 교부가 어느 정도 지연되었다고 하더라도 이는 교도소 내의 서신발송과 교부 등 업무처리과정에서 불가피하게 소요되는 정도에 불과할 뿐 교도소장이 고의로 발송이나 교부를 지연시킨 것이라거나 또는 업무를 태만히 한 것이라고 볼 수 없으므로,** 그로 인하여 수용자의 통신비밀의 자유 및 변호인의 조력을 받을 권리가 침해되었다고 할 수 없다는 취지로 이미 판단한 바 있고(헌법재판소 1995.7.21. 선고 92헌마144 결정 참조), **이 사건 서신익일발송행위에 대해서 달리 헌법적 해명의 필요성이 있다고 보기 어렵다. 따라서 이 사건 서신익일발송행위는 객관적 권리보호이익도 부정되므로 이에 대한 헌법소원심판청구는 부적법하다.**

**해 설** 반복가능성은 있으나 헌법적 해명의 필요성이 부인되어 헌법소원 심판청구의 이익이 부인된 사례이다.

### (3) 공법상 사실행위의 거부나 부작위에 관한 구제

한편, 사실행위의 거부나 부작위와 관련되는 침해를 구제하기 위한 소송(부작위청구소송, 사실행위를 구하는 소송, 사실상태의 제거를 구하는 소송)은 우리나라에서는 활성화되어 있지 않다. 이러한 경우 독일에서는 일반이행소송으로 사실행위와 관련되는 거부나 부작위를 다툴 수 있다. 우리나라에서는 당사자소송으로 각종 이행소송을 제기할 수밖에 없으나 당사자소송은 아직 활성화되지 않고 있다.

다만 헌법재판소는 공립초등학교 학부모가 교정에 설치된 단군상 조형물을 철거해 줄 것을 요청하였으나 이를 거부한 행위에 대하여 이를 공권력의 불행사에 해당하는 것으로 보아 헌법소원의 대상으로 인정한 바 있다.[413)]

413) 헌법재판소 2025.9.25. 선고 2022헌마124 결정.

### (4) 공법상 사실행위에 대한 가구제

공법상의 당사자소송과 가구제(가처분)를 활용하면 공법상의 사실행위를 중지시킬 수 있다. 그러나 실무상 당사자소송이 잘 활용되지 않는 관계상 민사집행법상의 가구제제도를 활용하는 경우가 있다. 서울지방법원의 한 판례는 교육부장관의 CD제작배포행위에 대해 민사상의 가구제를 인정한 바 있다.414)

참고판례: 서울지방법원 2003.11.27. 자 2003카합3433 결정 [제작배포금지가처분]

항고소송의 대상이 되는 행정처분이라 함은 행정청의 공법상의 행위로 특정사항에 대하여 법규에 의한 권리의 설정 또는 의무의 부담을 명하거나 기타 법률상 효과를 발생하게 하는 등 국민의 구체적인 권리의무에 직접적 변동을 초래하는 행위를 말하는 것인바, 교육인적자원부 장관이 대학입시 수험생들의 고등학교 생활기록부에 담긴 인적 사항 등을 CD에 담아 제작·배포하는 행위는 각 대학의 대학입시 전형의 편의를 위하여 고등학교 재학생들의 학교생활기록부 기재 항목 중 대학입시 전형자료로 사용될 항목을 수록한 콤팩트디스크를 제공하는 사실행위에 불과할 뿐 각 대학에 위 CD를 사용하여 입시전형을 실시할 수 있는 권리를 설정하여 주거나, 재학생들에게 위 CD의 제작·배포에 따른 수인의무의 부담을 명하는 등 대학 또는 재학생의 구체적인 권리의무에 직접적인 변동을 초래하는 행정처분에 해당한다고 보기는 어렵고, **교육인적자원부 장관의 위 CD의 제작·배포행위는 대학입시 행정 업무의 수행이라는 행정목적을 달성하기 위한 공권력적 사실행위로 볼 여지가 없지 아니하나,** 행정소송에 있어서 대법원의 일관된 입장은 예방적 부작위소송 등 무명항고소송을 인정하지 아니함은 물론이고 **공법상 법률관계를 원인으로 하는 쟁송에 있어서도 그 청구권(소송물)이 사법상의 권리의무관계인 이상 당사자소송에 의하지 아니하고 민사소송으로 보아 처리하여 왔던 만큼,** 헌법 제10조, 제37조 제1항에 의한 인격권, 제17조에 의한 **사생활의 비밀과 자유에 관한 권리, 사생활의 평온 및 형성의 자유, 정보관리통제권에 기한 침해배제청구권에 터잡은 본안소송은 사법상의 권리의 행사로서 민사소송의 대상이 될 수 있다고 할 것이므로, 이러한 피보전권리를 전제로 하여 위 CD의 제작·배포의 금지를 구하는 것은 적법하다.**

### (5) 공법상 결과제거청구권

독일에서는 공법상 사실행위로 인한 결과를 제거하기 위한 청구권으로서 결과제거청구권을 인정하고 있다. 이는 일종의 원상회복청구권으로서 현행법 하에서 이 청구권을 실현시킬 쟁송법상의 수단으로는 당사자소송이 있다. 이것 역시 공법상 사실행위의 부작위에 관한 소송과 같이 우리 법원이 아직 인정하지 않고 있다.

### (6) 손해전보 : 손실보상과 국가배상

위법한 공법상 사실행위가 국가배상의 요건을 충족하면 국가배상청구권이 성립한다.

한편 공법상 사실행위가 재산권을 침해하고 그것이 특별한 희생에 해당하면 손실보상청구권

414) 서울지방법원 2003.11.27. 자 2003카합3433 결정.

의 대상이 된다.

경찰관직무집행법은 경찰관의 적법한 직무집행으로 인하여 생명·신체·재산상의 손실을 입은 경우에는 손실보상심의위원회의 심의·의결에 따라 보상금을 지급하도록 규정하고 있는데 경찰관의 직무행위 중 공법상의 사실행위가 많이 포함되어 있어 이는 공법상 사실행위에 대한 손실보상의 대표적인 경우에 해당한다(경찰관직무집행법 제11조의2).

한편 감염병의 예방 및 관리에 관한 법률 제70조에도 공법상 사실행위에 대한 손실보상이 규정되어 있다(특히 제1항 제5호).

## 제5관 행정지도

### 1. 개념 및 의의, 종류

#### (1) 협조를 구하는 비권력적 사실행위로서의 행정지도

행정기관이 그 소관사무의 범위 안에서 일정한 행정목적을 실현하기 위하여 특정인에게 일정한 행위를 하거나 하지 아니하도록 지도, 권고, 조언 등을 하는 행정작용(행정절차법 제2조 제3호)을 행정지도라 한다. 행정지도를 통해서 법률효과는 발생하지 않으므로 행정지도는 일종의 사실행위이다. 행정지도는 상대방의 동의나 협력을 기반으로 하여 시행되므로 비권력적 사실행위에 해당한다.

#### (2) 행정지도의 순기능과 역기능

행정지도는 법적 강제라는 방식을 사용하지 않으면서 행정목적을 달성할 수 있다는 점에서 매우 유용한 행정수단이다. 법적 강제에 의하지 아니하므로 사후적인 법적 문제도 발생하지 않으며 상대방의 협조에 의한 것이므로 법으로 강제할 수 없는 사항에 대해서도 행정목적을 추구할 수 있다는 강점이 있다.

그러나 행정지도가 효율적인 것은 행정청의 영향력 때문이라고 할 것이므로 행정청의 영향력이 지나쳐 실질적으로 행정지도를 받아들일 것을 강제하는 수준에 이르면 법치주의를 위협하는 역기능을 나타낼 수도 있다.

행정지도의 순기능을 잘 살리고 행정지도의 역기능이 나타나지 않도록 운영의 묘를 살리는 것이 필요하다. 그러나 행정지도가 사실상의 강제력을 가지고 시행될 때 이에 대해 국민의 권익을 보호하기 위한 제도적 장치가 필요하다. 행정절차법에서 행정지도를 규정하게 된 것은 바로 이러한 이유 때문이다.

#### (3) 행정지도의 종류

행정지도를 다음과 같이 분류할 수 있다.

① 법적 근거 있는 행정지도와 법적 근거 없는 행정지도

행정지도는 법적 효과가 없지만 법적 근거를 가지는 경우가 있다. 행정지도 자체에 대한 법률유보가 있는 경우도 있고, 행정처분에 대한 법적 근거를 바탕으로 행정지도를 하는 경우도 있다(처분대체적 행정지도). 물론 행정지도가 법적 근거 없이 이루어질 수도 있다. 행정지도가 법적 근거를 가진다고 하여 행정지도가 법적 구속력을 가지는 것은 아니다.

② 규제적 행정지도, 조정적 행정지도, 조성적 행정지도

물품 가격인상 억제를 위한 행정지도와 같이 행정지도가 실질적으로 행정규제의 의미를 가지는 경우 이를 규제적 행정지도라 한다. 한편 기업의 계열화 촉진과 같이 법률관계나 사실관계를 조정하는 행정지도를 조정적 행정지도라 한다. 또한 영농지도나 생활개선지도와 같이 일정한 사실상태나 법률상태를 조성하기 위한 행정지도를 조성적 행정지도라 한다.

③ 행정주체, 행정기관에 대한 행정지도와 사인에 대한 행정지도

행정지도는 그 대상에 따라 국가가 지방자치단체에 대해서 하는 것과 같은 행정주체에 대한 행정지도, 상급행정기관이 하급행정기관에 대해서 하는 것과 같은 행정기관에 대한 행정지도, 사인에 대해서 행하는 사인에 대한 행정지도로 분류할 수 있다.

## 2. 행정지도의 법적 근거

행정지도는 법적 효과가 발생하지 않는 것이므로 규제적 행정지도일지라도 법적 근거를 요하지 않는다. 규제적 행정지도는 법적 근거를 요한다는 견해도 있으나 행정지도의 본질이 상대방의 동의나 협력을 추구하는 것이므로 반드시 법적 근거를 요한다고 보기 어렵다. 그리고 앞서 언급한 바와 같이 법적 근거가 있다고 해서 행정지도가 법적 효력을 가질 수는 없으며 그 본질이 변하지 않는다.

## 3. 행정지도의 한계

행정지도에는 다음과 같은 법적 한계가 존재한다.

① **적법 한계**: 행정지도에 행정작용법적 근거가 있는 경우에는 행정지도는 그에 따라야 한다(행정작용법적 한계). 행정절차법이 행정지도를 규율하고 있으므로 일반적으로 행정절차법의 규정에 기속된다(행정절차법적 한계). 또한 행정지도는 행정청의 권한범위 안에서 이루어져야 한다(행정조직법적 한계).

② **목적 한계 또는 본질적 한계**: 행정지도는 그 목적에 위반되어서는 안 된다. 행정지도는 상대방의 동의나 협력에 기반하는 것이므로 상대방의 동의나 협력을 강제하면 행정지도의 본질에 어긋나게 된다. 그러므로 행정지도는 비강제성이라는 본질적 한계를 가진다. 다만 행정절차법의 규정에 의하여 행정지도의 비강제성(임의성)은 본질적 한계인 동시에 적법 한계가 되었다.

③ 조리상의 한계: 행정지도 역시 비례의 원칙, 평등의 원칙 등 조리원칙 또는 행정법의 일반원칙을 준수하여야 한다. 이 가운데 행정지도에 있어서의 비례원칙 등은 행정절차법에 규정되었다.

## 4. 행정절차법에 따른 행정지도의 원칙과 방식

### (1) 행정지도의 원칙

① 비례원칙: 행정절차법 제48조 제1항 제1문은 행정지도는 목적 달성에 필요한 최소한도에 그쳐야 한다고 규정하여 행정지도에서의 비례원칙을 규정하고 있다.

② 임의성의 원칙: 행정절차법 제48조 제1항 제2문은 행정지도가 상대방의 의사에 반하여 부당하게 강요되어서는 안 됨을 규정하고 있다. 이를 임의성의 원칙이라 한다.

③ 불이익조치금지의 원칙: 행정절차법 제48조 제2항은 행정지도의 상대방이 행정지도에 따르지 아니하였다는 이유로 불이익조치를 할 수 없음을 규정하고 있다. 이것은 임의성의 원칙을 사후적으로도 관철하기 위한 규정이라고 할 수 있다.

### (2) 행정지도의 방식

행정지도를 할 때에는 행정지도를 하는 자는 그 상대방에게 행정지도의 취지 및 내용과 신분을 밝혀야 한다(명확성의 원칙 및 행정지도실명제: 행정절차법 제49조 제1항). 또한 행정지도가 말로써 이루어지는 경우에는 상대방은 그에 대한 서면교부를 요구할 수 있고, 행정지도를 하는 자는 직무수행에 지장이 없으면 이를 교부하여야 한다(같은 법 제49조 제2항).

행정지도의 상대방은 해당 행정지도의 방식과 내용 등에 대해 행정기관에 의견제출을 할 수 있다(같은 법 제50조). 또한 행정지도의 명확성과 공평을 위하여 다수인에 대한 행정지도의 경우 공통사항을 공표하도록 하고 있다(같은 법 제51조).

## 5. 행정지도와 권리보호

### (1) 항고쟁송

행정지도는 상대방의 임의적 협력이나 동의를 전제로 한 것이므로 원칙적으로 처분성이 부인된다.[415] 그러나 예외적으로 처분성이 인정되는 경우도 있다. 대법원은 국가인권위원회의 성희롱결정과 그에 따른 시정조치의 권고는 불가분의 일체로 이루어지는 것으로서 행정처분에 해당한다고 한다.[416]

415) 대법원 1980.10.27. 선고 80누395 판결; 대법원 1993.10.26. 선고 93누6331 판결.
416) 대법원 2005.7.8. 선고 2005두487 판결.

참고판례: 대법원 2005.7.8. 선고 2005두487 판결 [의결처분취소]

**성희롱결정과 이에 따른 시정조치의 권고는 불가분의 일체로 행하여지는 것인데** 피고의 이러한 결정과 시정조치의 권고는 성희롱 행위자로 결정된 자의 **인격권에 영향을 미침과 동시에 공공기관의 장 또는 사용자에게 일정한 법률상의 의무를 부담시키는 것이므로 피고의 성희롱결정 및 시정조치권고는 행정처분에 해당한다**고 보지 않을 수 없다.

해 설 국가인권위원회의 시정조치의 권고는 그 자체로는 법적 구속력이 없으나 그것이 성희롱결정과 불가분 일체를 이루고 그로 인하여 성희롱행위자로 결정된 자의 인격권에 영향을 미치고 공공기관의 장이나 사용자에게 일정한 법률상 의무를 부담시키므로 이를 행정처분이라고 보았다.

### (2) 국가배상

행정지도는 상대방의 임의적 협력이나 동의를 전제로 한 것이므로 원칙적으로 국가배상책임이 성립하지 않는다. 동의는 위법성을 조각하기 때문이다. 그러나 사실상의 강제가 있는 경우에는 동의가 있었다고 할 수 없으므로 국가배상책임이 인정된다.

행정지도에 대한 국가배상책임의 성립여부를 행정지도와 손해 사이의 인과관계 문제로 보는 경우도 있다. 행정지도에 사실상의 강제력이 있었다면 행정지도와 손해사이의 상당인과관계도 부인하기 어려울 것이다.

대법원은 행정지도에 있어서도 국가배상책임의 성립이 가능하다고 한다.[417] 그러나 한계를 일탈하지 않은 행정지도로 인하여 상대방에게 손해가 발생한 경우에는 손해배상책임이 발생하지 않는다고 한다.[418]

참고판례 1: 대법원 1998.7.10. 선고 96다38971 판결 [손해배상(기)]

**국가배상법이 정한 배상청구의 요건인 '공무원의 직무'에는 권력적 작용만이 아니라 행정지도와 같은 비권력적 작용도 포함되며** 단지 행정주체가 사경제주체로서 하는 활동만 제외되는 것이고(대법원 1994.9.30. 선고 94다11767 판결 등 참조), 기록에 의하여 살펴보면, 피고 및 그 산하의 강남구청은 이 사건 도시계획사업의 주무관청으로서 그 사업을 적극적으로 대행·지원하여 왔고 **이 사건 공탁도 행정지도의 일환으로 직무수행으로서 행하였다고 할 것이므로, 비권력적 작용인 공탁으로 인한 피고의 손해배상책임은 성립할 수 없다는 상고이유의 주장은 이유가 없다.**

해 설 행정지도로 인하여 손해가 발생하였을 때에는 행정지도의 상대방은 '동의는 불법행위를 조각한다'라는 원칙에 따라 국가배상을 청구할 수 없다고 봄이 보통이나 대법원은 행정지도의 일환으로 이루어진 일에 대해서도 국가배상책임의 성립가능성을 인정하고 특히 사실상의 강제력이 수반된 경우 국가배상책임을 인정하고 있다.[419]

417) 대법원 1998.7.10. 선고 96다38971 판결.
418) 대법원 2008.9.25. 선고 2006다18228 판결.
419) 대법원 1994.12.13. 선고 93다49482 판결.

참고판례 2: 서울고등법원 1990.4.6. 선고 89나43571 제10민사부판결 [손해배상(기)]

판매금지종용의 행위는 피고산하 문화공보부에 납본된 도서들의 내용 중 일부가 실정법에 저촉될 우려가 있다고 판단되는 경우에 예방적인 행정지도차원에서 발행인에게 **시판의 자제를 권고하는 것**으로 이는 위 도서들의 내용이 실정법에 저촉되어 관계당사자들이 형사처벌을 받는 것을 사전에 예방하려는 문화공보부와 발행인간의 협조사항일 뿐 법적인 구속력을 갖지 아니하며 **문화공보부의 권고에 의한 이행여부는 발행인측의 자율의사에 의하여 결정되는 것으로서 그 시판행위에는 사실상 영향을 미치지 아니하므로** 결국 원고 이우석이 위 '김형욱의 최후의 그 얼굴' 책자를 시판하지 못하게 된 것과 피고의 위 판매금지종용의 행위와는 인과관계가 없는 것이라고 주장하므로 살피건대, 피고 산하 공무원들의 위와 같은 판매금지종용의 행위가 법적인 구속력을 갖는 것은 아니지만 앞서 본 증거들에 비추어 볼 때 그들의 행위가 위 책자의 발행인인 원고 이우석이나 시중서점들에 대하여 단순히 협조를 구하는 것이라고는 볼 수 없다 할 것이고 위와 같은 행위는 **사실상 강제력이 있어 위 책자의 발행인의 권리행사에 막대한 영향을 미쳤다 할 것이므로 법령의 근거없이 한 위와 같은 위법행위와 원고들의 위 책자의 시판불능으로 인하여 입은 손해는 상당인과관계가 있다 할 것이고---**

### (3) 헌법소원

헌법재판소는 순수한 행정지도는 헌법소원의 대상이 되는 공권력행사에 해당되지 않는다고 하면서도[420] 행정지도가 실질적으로 단순한 조언이나 권고 등의 행정지도의 한계를 넘어 우월적 지위에서 일방적으로 강제된 것으로 볼 수 있으면 그것은 헌법소원의 대상이 된다고 한다.[421] 헌법재판소는 일찍이 국제그룹 해체사건에서 사실상 강제력이 인정될 때에는 행정지도도 헌법소원의 대상이 되는 공권력행사라고 판단한 바 있다.[422]

특히 근래 문제가 되는 것은 정부가 현안문제를 해결하기 위한 대책을 가이드라인 등 연성규범의 형태로 시행하는 경우인데, 헌법재판소는 경우에 따라 이러한 대책 또는 가이드라인을 헌법소원의 대상이 되는 공권력행사로 인정하기도 하고[423] 때로는 부정하기도 한다.[424]

주요판례요지

① 헌법재판소 2023.9.26. 선고 2020헌마1235 전원재판부 결정: 서초구보건소장이 청구인의 광고가 약사법을 위반한다고 보고, 청구인에게 광고의 일부 표현을 수정하거나 삭제할 것을 요구한 행위(시정요구)는 청구인의 광고가 약사법에 위반된다는 현재의 법적상황에 대한 행정청의 의견을 표명하면서, 약사법 등 관련 규정의 내용과 그 위반시의 불이익에 대한 일반적인 안내를 한 것에 불과하므로 헌법소원의 대상이 되는 공권력 행사에 해당한다고 볼 수 없다.

420) 헌법재판소 2023.10.26. 선고 2019헌마164 결정; 헌법재판소 2023.9.26. 선고 2020헌마1235 결정.
421) 헌법재판소 2022.11.24. 선고 2019헌마941 결정.
422) 헌법재판소 1993.7.29. 선고 89헌마31 결정.
423) 헌법재판소 2023.3.23. 선고 2019헌마1399 결정.
424) 헌법재판소 2021.11.25. 선고 2017헌마1384 결정.

② 헌법재판소 2023.10.26. 선고 2019헌마164 결정: 불법 해외 인터넷사이트 접속 차단 기능 고도화 조치에 따른 협조요청은 자발적인 협조를 요청하고 있을 뿐, 강제하는 취지나 불이행 시에 발생할 수 있는 제재조치나 불이익 등에 관해서는 전혀 언급하고 있지 않고, 미리 협의체를 구성하여 협의된 사항을 전제로 하는 것이므로, 임의적 의사에 따른 협력을 기대하고 행정목적 달성을 위해 행하는 비권력적 사실행위로서 행정지도에 해당하므로 헌법소원심판의 대상이 되는 공권력 행사에 해당하지 않는다.

③ 헌법재판소 2022.11.24. 선고 2019헌마941 결정: 육군훈련소장이 훈련병들로 하여금 개신교, 천주교, 불교, 원불교의 4개 종교의 종교행사 중 하나에 참석하도록 한 것은 그것이 권장 등의 형식으로 이루어졌다 하더라도 우월적 지위를 바탕으로 일방적으로 강제된 것이므로 단순한 행정지도의 한계를 넘어 헌법소원의 대상이 되는 권력적 사실행위에 해당한다.

### 참고판례 1: 헌법재판소 2003.6.26. 선고 2002헌마337 등 결정 [학칙시정요구 등 위헌확인]

**교육인적자원부장관의 대학총장들에 대한 이 사건 학칙시정요구는** 고등교육법 제6조 제2항, 같은 법 시행령 제4조 제3항에 따른 것으로서 그 법적 성격은 **대학총장의 임의적인 협력을 통하여 사실상의 효과를 발생시키는 행정지도의 일종이지만, 그에 따르지 않을 경우 일정한 불이익조치를 예정하고 있어 사실상 상대방에게 그에 따를 의무를 부과하는 것과 다를 바 없으므로 단순한 행정지도로서의 한계를 넘어 규제적·구속적 성격을 상당히 강하게 갖는 것으로서 헌법소원의 대상이 되는 공권력의 행사라고 볼 수 있다.**

### 참고판례 2: 헌법재판소 2021.11.25. 선고 2017헌마1384 등 결정 [정부의 가상통화 관련 긴급대책 등 위헌확인]

이 사건 조치는, '특정 금융거래정보의 보고 및 이용 등에 관한 법률' 등에 따라 자금세탁 방지의무 등을 부담하고 있는 금융기관에 대하여, 종전 가상계좌가 목적 외 용도로 남용되는 과정에서 자금세탁 우려가 상당하다는 점을 주지시키면서 그 우려를 불식시킬 수 있는 감시·감독체계와 새로운 거래체계, 소위 '실명확인 가상계좌 시스템'이 정착되도록, **금융기관에 방향을 제시하고 자발적 호응을 유도하려는 일종의 '단계적 가이드라인'에 불과하다.** (중략) 가상통화 거래의 위험성을 줄여 제도화하기 위한 전제로 이루어지는 단계적 가이드라인의 일환인 이 사건 조치를 금융기관들이 존중하지 아니할 이유를 달리 확인하기 어렵다. 이 사건 조치는 당국의 우월적인 지위에 따라 일방적으로 강제된 것으로 볼 수 없으므로 헌법소원의 대상이 되는 공권력의 행사에 해당된다고 볼 수 없다.

〈재판관 이선애, 재판관 이은애, 재판관 이종석, 재판관 이영진의 반대의견〉

**이 사건 조치의 내용을 살피면 정부당국이 '가상통화 거래 실명제 실시'를 염두에 두고 '신규 비실명가상계좌 발급을 통한 가상통화 거래 제한'이라는 특정 법적 효과 발생을 실질적인 목적으로 삼았고, 금융회사등이 이에 불응하면 '자금세탁행위나 공중협박자금조달행위 등을 효율적으로 방지하기 위한 금융회사등의 조치의무' 위반과 같은 추상적 의무위반사항을 상정하고 시정명령, 영업 정지 요구, 과태료 등의 제재조치를 가할 가능성을 배제할 수 없다.** 일부 은행들은 일부 가상통화 거래소에 비실명가상계좌를 제공해 오면서 수수료 등 상당 수익을 얻던 중에 이 사건 중단 조치로 비로소 그 제공을 중단했고, 은행들은 가상통화 취급업소와 실명확인 입출금계정 서비스 관련 계약체결 대상을 선정함에 관한 자율성이 있을 뿐

가상통화 거래 실명제 시행 그 자체는 다른 예외나 선택의 여지없이 이 사건 실명제 조치로 강제되었다. **이를 종합하면, 이 사건 조치는 비권력적 · 유도적 권고 · 조언 · 가이드라인 등 단순한 행정지도로서의 한계를 넘어 규제적 · 구속적 성격을 상당히 강하게 갖는 것으로서, 헌법소원의 대상이 되는 공권력의 행사라고 봄이 상당하다.**

**해 설** 가상통화 관련 가이드라인에 해당하는 행정청이 발한 대책의 공권력성을 부인한 사례이다. 그러나 반대의견은 이러한 가이드라인이 실질적인 규범력이 있는 것이므로 공권력성을 인정하여야 한다고 한다. 향후 가이드라인 등의 연성규범을 헌법소원의 대상으로 삼을 수 있는지의 논의에 불을 붙인 사건이다.

참고판례 3: 헌법재판소 2023.3.23. 선고 2019헌마1399 결정 [기획재정부 주택시장 안정화 방안 중 일부]

이 사건 조치는 비록 행정지도의 형식으로 **이루어졌으나, 일정한 경우 주택담보대출을 금지하는 것을 내용으로 하므로 규제적 성격이 강하고, 부동산 가격 폭등을 억제할 정책적 필요성에 따라 추진되었으며, 그 준수 여부를 확인하기 위한 현장점검반 운영이 예정되어 있었다. 그러므로 이 사건 조치는 규제적 · 구속적 성격을 갖는 행정지도로서** 헌법소원의 대상이 되는 공권력 행사에 해당된다.

**해 설** 앞의 가상통화관련 가이드라인에 대해서는 다수의견이 헌법소원의 대상이 되는 공권력행사가 아니라고 판단하였으나 이와 유사하다고 할 수 있는 기획재정부 주택시장 안정화 방안 중 일부에 대해서는 규제적 · 구속적 성격을 인정하여 헌법소원의 대상이 되는 공권력행사에 해당한다고 판시하였다.

### (4) 손실보상

행정지도로 인하여 특별한 희생을 초래하는 경우 행정지도로 인한 손해에 대한 손실보상이 문제될 수 있다. 다만 손실보상에 관한 법률의 규정이 없는 경우가 대부분이므로 실질적으로 손실보상이 이루어지기 어렵다.

## 6. 행정지도와 부당한 공동행위

'독점규제 및 공정거래에 관한 법률' 제40조 제1항은 사업자들이 부당하게 경쟁을 제한하는 공동행위를 금지하고 있다. 그런데 그러한 공동행위가 국세청이나 지방자치단체의 행정지도에 의하여 이루어진 경우에 부당한 공동행위를 성립하게 하는 ① 사업자간의 합의를 인정할 것인지, 이런 경우에도 ② 부당한 공동행위의 위법성을 인정할 것인지 등이 문제가 된다. 공정거래위원회는 사업자들이 행정기관의 행정지도를 따르지 않는 것을 사실상 기대하기 어려운 경우에도 원칙적으로 부당한 공동행위가 있는 것으로 보고 있다.[425] 그러나 사실상의 강제력이 입증될 수 있다면 부당한 공동행위를 위한 합의는 없었다고 보아야 한다. 또한 사실상의 강제력을 인정하기 어렵다 하더라도 사업자들이 다른 행정기관의 협조 요청에 응한 행위로 인하여 위법행위를 저지른 것에 대하여 법적 책임을 지도록 하는 것이 타당한가 하는 문제가 있다. 사업자들이 공

425) 공정거래위원회 예규 제391호 행정지도가 개입된 부당한 공동행위에 대한 심사지침 Ⅲ.1.

정거래규제의 주체인 공정거래위원회가 아닌 다른 기관의 행정지도에 응하였다 하더라도 특히 그것이 국가기관이나 국가위임사무에 대한 지방자치단체의 행정지도에 응한 것이라면 그에 대하여 국가기관인 공정거래위원회가 제재를 가하는 것은 신의성실의 원칙이나 신뢰보호의 원칙, 금반언의 원칙의 위배가 강하게 의심된다고 할 것이다. 대법원은 이러한 경우 구체적인 상황에 맞추어 부당한 공동행위의 합의가 없는 것으로 보거나[426] 일반적인 위법성 또는 책임을 부인하기도[427] 하였다.

## 7. 행정지도와 비공식적 행정작용

공식적 행정작용에 앞서 그 준비행위로서 또는 공식적 행정작용을 대체하여 행해지는 것으로서 전통적인 법적 행위형식에 속하지 않는 행정활동을 비공식적 행정작용 또는 비정형적 행정작용이라 한다. 이러한 비공식적 행정작용은 행정지도, 협상, 추천, 정보제공, 경고 등의 다양한 형태의 사실행위로서 원칙적으로 법적 구속력이 없으나 그 합의나 협의 등을 공법상 계약, 확약, 사전결정 등의 형태로 하면 법적 효력이 인정될 수 있으며 실질적으로 상대방 등의 권리, 법률상 이익을 침해하면 행정쟁송법상 처분으로 인정되는 경우도 있다(예컨대 경고의 경우).

비공식적 행정작용은 경고나 추천 등과 같은 행정청의 일방적인 행위로 이루어질 수도 있고 협상이나 사전협의, 묵인 등과 같이 행정청과 개인 사이의 협력을 전제로 이루어지는 경우도 있다. 행정행위나 공법상 계약을 위하여 대체적 분쟁해결(Alternative Dispute Resolution)이 활용되는 경우도 있는데 이 경우의 대체적 분쟁해결은 일종의 비공식적 행정작용이라고 볼 수 있다.

비공식적 행정작용은 행정지도가 그러하듯 행정청으로서는 그것을 매우 유용한 행정수단으로 인식할 수 있지만, ① 법적 근거 없이도 이루어질 수 있다는 점에서 법치행정의 원리에 비추어 문제가 있을 수 있고, ② 처분이나 공법상 계약 등의 공식적 행정작용으로 귀결하지 않는 등의 경우 행정구제를 곤란하게 만드는 측면이 있으며, ③ 당사자 사이에서만 비공식적으로 논의가 이루어지는 것이므로 제3자의 권리·이익을 경시하게 될 가능성이 있을 뿐 아니라 ④ 때로는 기본권 등 당사자의 권익을 비자발적으로 포기하게 하는 결과를 초래할 수도 있으며, ⑤ 합의를 하거나 협력을 약속한 행정청이 신뢰관계를 훼손하는 행동을 하는 때 신의성실의 원칙이나 신뢰보호의 원칙을 적용하기 용이하지 않은 경우가 많은 등, 여러 가지 위험요인을 가지고 있고 따라서 그에 대한 법적 대처방안이 긴요한 실정이다.

비공식적 행정작용에 의한 협의나 합의가 사후의 공법상 계약 등의 계약행위의 전 단계에서 이루어졌을 때, 비공식적 행정작용의 법적 문제점은 계약체결상의 과실의 법리에 따라 다루어질 가능성도 있다.

---

426) 대법원 2003.2.28. 선고 2001두1239 판결.
427) 대법원 2005.9.9. 선고 2003두11841 판결.

## 제6관 공법상 계약

### 1. 개 념

공법상 법률관계에 관한 계약, 즉 공법상의 권리·의무관계를 형성하여 공법적 효과를 가져오는 계약을 공법상 계약이라 한다. 계약이란 서로 반대 방향의 의사합치에 의하여 권리·의무를 형성하는 법률행위를 말하므로, 공법상 계약이란 '복수당사자 사이에서 서로 반대 방향의 의사합치를 통하여 권리·의무를 형성하는 공법행위'를 말한다.

종래 강학상 공법상 계약이라는 개념 이외에 행정계약이라는 개념이 경쟁적으로 사용되고 있었으나 행정기본법은 행정계약이라는 개념을 채택하지 아니하고 독일법계의 전통에 따라 공법상 계약이라는 개념을 채택하였다(같은 법 제27조).

### 2. 구별되는 개념

#### (1) 공법상 계약과 사법상 계약

공법상 계약과 사법상 계약은 계약체결의 자유, 내용형성의 자유, 계약효과의 제한, 계약이행의 강제, 쟁송절차 등에 있어서 차이가 있다. 공법상 계약과 사법상 계약은 계약주체나 근거법 등에서 차이가 나지만 계약주체의 경우 결정적인 구분표지가 되지는 못한다. 국가 등의 행정주체가 체결한 계약 가운데에도 사법상 계약이 많이 있기 때문이다.

대법원은 기부채납계약을 사법상 계약으로 볼 뿐 아니라 기부채납 받은 공유재산을 기부자에게 무상으로 사용하도록 허용하는 행위도 사법상 행위라고 한다.[428]

대법원은 국가나 지방자치단체가 '국가를 당사자로 하는 계약에 관한 법률', '지방자치단체를 당사자로 하는 계약에 관한 법률' 등에 따라 당사자가 되는 공공계약은 (통상) 사법상의 계약이라고 하고[429] '국가를 당사자로 하는 계약에 관한 법률', '지방자치단체를 당사자로 하는 계약에 관한 법률' 등의 규정은 계약 상대방에 대해서는 국가나 지방자치단체의 내부규정에 불과하다고 본다. 대법원은 또한 국가나 지방자치단체의 일반재산을 대부, 매각, 교환, 양여하는 행위를 사법상 계약으로 본다.[430]

국가나 지방자치단체의 행정기관 등에 소속된 직원을 채용하는 행위의 법적 성격에 대하여 대법원은 직원에 대한 대우에 주목하는 듯하다. 그리하여 그 채용의 법형식(공법형식, 사법형식, 계약, 단독행위 등)이 구체적으로 여하한가 보다는 그 직원에 대한 법적 지위의 인정이 여하한가에 따라 그 채용계약을 사법상 계약 또는 공법상 계약 등으로 파악한다. 그리하여 창덕궁 관리소장의 1년 단위 비원안내원 채용계약은 사법상 계약으로 보았고,[431] 지방전문직공무원 채용계

---

428) 대법원 1994.1.25. 선고 93누7365 판결.
429) 대법원 2001.12.11. 선고 2001다33604 판결.
430) 대법원 1983.9.13. 선고 83누240 판결 등.
431) 대법원 1995.10.13. 선고 95다184 판결.

약,[432] 공중보건의 채용계약[433] 등을 공법상 계약으로 파악하고 있다. 이처럼 공법상 계약관계인 경우 그에 대한 다툼은 공법상 당사자소송으로 하여야 한다고 한다.[434]

참고판례 1: 대법원 2017.12.21. 선고 2012다74076 전원합의체 판결 [부당이득금반환등]

[다수의견] **국가를 당사자로 하는 계약이나 공공기관의 운영에 관한 법률의 적용 대상인 공기업이 일방 당사자가 되는 계약(이하 편의상 '공공계약'이라 한다)**은 국가 또는 공기업(이하 '국가 등'이라 한다)이 사경제의 주체로서 상대방과 대등한 지위에서 체결하는 **사법(私法)상의 계약으로서** (중략) **사적 자치와 계약자유의 원칙을 비롯한 사법의 원리가 원칙적으로 적용된다.**

한편 **국가계약법상 물가의 변동으로 인한 계약금액 조정 규정은** 계약상대자가 계약 당시에 예측하지 못한 물가의 변동으로 계약이행을 포기하거나 그 내용에 따른 의무를 제대로 이행하지 못하여 공공계약의 목적 달성에 지장이 초래되는 것을 막기 위한 것이다.

(중략) 위와 같은 공공계약의 성격, 국가계약법령상 물가변동으로 인한 계약금액 조정 규정의 내용과 입법 취지 등을 고려할 때, **위 규정은 국가 등이 사인과의 계약관계를 공정하고 합리적 · 효율적으로 처리할 수 있도록 계약담당자 등이 지켜야 할 사항을 규정한 데에 그칠 뿐이고, 국가 등이 계약상대자와의 합의에 기초하여 계약당사자 사이에만 효력이 있는 특수조건 등을 부가하는 것을 금지하거나 제한하는 것이라고 할 수 없으며, 사적 자치와 계약자유의 원칙상 그러한 계약 내용이나 조치의 효력을 함부로 부인할 것이 아니다.**

[대법관 고영한, 대법관 김재형의 반대의견] (중략) **물가변동이나 환율변동으로 인해 계약을 통해서 달성하고자 하는 목적이 좌절되거나 더 큰 사회적 비용이 들지 않도록 하고 적정 예산이 집행되도록 하려는 공익적 목적을 달성하기 위하여 계약담당공무원에게 계약 체결 후 일정 기간이 지난 시점에서 계약금액을 구성하는 각종 품목 등의 가격 변동을 반영하여 계약금액을 조정하는 의무를 부과하는 규정이 도입된 것이다.**

**공공계약을 체결할 당시에 약정으로 물가변동이나 환율변동으로 인한 위험을 미리 배분하는 것이 효율적인 경우도 있을 수 있다. 그러나 국가계약법 제19조는 그러한 약정을 허용하는 것보다 조정을 강제하는 것이 바람직하다는 입법적 선택을 한 것이다.** 이러한 입법이 헌법에 반한다거나 감당할 수 없이 부당한 극히 예외적인 상황이 아니라면 국가와 그 상대방은 이에 따라야 한다.

**이러한 규정은 공공계약에 대하여 사적 자치와 계약 자유의 원칙을 제한하는 것으로서 강행규정 또는 효력규정에 해당한다.** 따라서 공공계약의 당사자인 국가와 그 상대방은 공공계약 체결 이후 물가변동이나 환율변동에 따른 손실의 위험을 공정하고 형평에 맞게 배분하기 위하여 계약금액을 조정하여야 하고, **이를 배제하는 약정은 효력이 없다.**

해 설 이 판결은 대법원 전원합의체 판결로서 국가를 당사자로 하는 계약의 법적 성격을 구명하는데 중요한 의미가 있다. 다수의견은 '국가를 당사자로 하는 계약에 관한 법률' 등에 의한 공공계약이 사법상계약이므로 사적자치나 계약자유를 우선시하고 '국가를 당사자로 하는 계약에 관한 법률'의 규정의 공법적 성격을 사실상 부인한다. 그리하여 계약금액조정규정과 같은 규정도 사법상의 특약에 의해 배제될 수 있

432) 대법원 1993.9.14. 선고 92누4611 판결.
433) 대법원 1996.5.31. 선고 95누10617 판결.
434) 대법원 1993.9.14. 선고 92누4611 판결.

음을 판시하고 있다. 그러나 소수의견은 계약금액조정규정이 당사자간 특약에 우선 적용된다는 의견을 밝힘으로써 국가를 당사자로 하는 공공계약에 있어서 '국가를 당사자로 하는 계약에 관한 법률'의 규정이 사적자치의 원칙과 계약자유의 원칙을 제약하는 공법적 성격을 가질 수 있음을 시사하였다.

### 참고판례 2: 대법원 1996.5.31. 선고 95누10617 판결 [공중보건의사전문직공무원채용계약해지처분취소등]

**전문직공무원인 공중보건의사의 채용계약의 해지가 관할 도지사의 일방적인 의사표시에 의하여 그 신분을 박탈하는 불이익처분이라고 하여 곧바로 그 의사표시가 관할 도지사가 행정청으로서 공권력을 행사하여 행하는 행정처분이라고 단정할 수는 없고,** 공무원 및 공중보건의사에 관한 현행 **실정법이 공중보건의사의 근무관계에 관하여 구체적으로 어떻게 규정하고 있는가에 따라 그 의사표시가 항고소송의 대상이 되는 처분 등에 해당하는 것인지의 여부를 개별적으로 판단하여야 할 것인바,** 농어촌등보건의료를위한특별조치법 제2조, 제3조, 제5조, 제9조, 제26조와 같은 법시행령 제3조, 제17조, 전문직공무원규정 제5조 제1항, 제7조 및 국가공무원법 제2조 제3항 제3호, 제4항 등 **관계 법령의 규정내용에 미루어 보면 현행 실정법이 전문직공무원인 공중보건의사의 채용계약 해지의 의사표시는 일반공무원에 대한 징계처분과는 달라서 항고소송의 대상이 되는 처분 등의 성격을 가진 것으로 인정되지 아니하고, 일정한 사유가 있을 때에 관할 도지사가 채용계약 관계의 한쪽 당사자로서 대등한 지위에서 행하는 의사표시로 취급하고 있는 것으로 이해되므로,** 공중보건의사 채용계약 해지의 의사표시에 대하여는 대등한 당사자간의 소송형식인 **공법상의 당사자소송으로 그 의사표시의 무효확인을 청구할 수 있는 것이지, 이를 항고소송의 대상이 되는 행정처분이라는 전제하에서 그 취소를 구하는 항고소송을 제기할 수는 없다.**

해 설 공중보건의사의 채용계약 해지가 비록 일방적 의사표시에 의한 불이익처분이라 하더라도 그에 관한 현행 실정법이 공중보건의사의 근무관계에 대하여 어떻게 규정하고 있는가를 살펴서 판단하여야 한다고 하고 그 관계를 공법상 계약으로 보고 그에 대한 다툼은 당사자소송으로 하여야 한다고 판시하였다. 행위 형식의 실상 보다는 실정법상의 근무관계의 성격에 따라 법률관계의 성질을 결정하고자 하는 방향이 엿보인다.

### 참고판례 3: 대법원 2001.12.11. 선고 2001두7794 판결 [합창단재위촉거부처분취소]

지방자치법 제9조 제2항 제5호 (라)목 및 (마)목 등의 규정에 의하면, 광주광역시립합창단의 활동은 지방문화 및 예술을 진흥시키고자 하는 광주광역시의 공공적 업무수행의 일환으로 이루어진다고 해석될 뿐 아니라, 그 단원으로 위촉되기 위하여는 공개전형을 거쳐야 하고 지방공무원법 제31조의 규정에 해당하는 자는 단원의 직에서 해촉될 수 있는 등 단원은 일정한 능력요건과 자격요건을 갖추어야 하며, 상임단원은 일반공무원에 준하여 매일 상근하고 단원의 복무규율이 정하여져 있으며, 일정한 해촉사유가 있는 경우에만 해촉되고, 단원의 보수에 대하여 지방공무원의 보수에 관한 규정을 준용하는 점 등에서는 **단원의 지위가 지방공무원과 유사한 면이 있으나, 한편 단원의 위촉기간이 정하여져 있고 재위촉이 보장되지 아니하며, 단원에 대하여는 지방공무원의 보수에 관한 규정을 준용하는 이외에는 지방공무원법 기타 관계 법령상의 지방공무원의 자격, 임용, 복무, 신분보장, 권익의 보장, 징계 기타 불이익처분에 대한 행정심판 등의 불복절차에 관한 규정이 준용되지도 아니하는 점 등을 종합하여 보면, 광주광역시문화예술회관장의 단원 위촉은 광주광역시문화예술회관장이 행정청으로서 공권력을 행사하여 행하는 행정처분이 아니라** 공법상의 근무관계의 설정을 목적으로 하여 광주광역시와 단원이 되고자 하는 자 사이에 대등한 지위에서

의사가 합치되어 성립하는 공법상 근로계약에 해당한다고 보아야 할 것이므로, 광주광역시립합창단원으로서 위촉기간이 만료되는 자들의 재위촉 신청에 대하여 광주광역시문화예술회관장이 실기와 근무성적에 대한 평정을 실시하여 재위촉을 하지 아니한 것을 항고소송의 대상이 되는 불합격처분이라고 할 수는 없다.

**해 설** 광주광역시 시립합창단 재위촉 거부의 법적 성질을 파악함에 있어서 합창단원의 법적 지위가 지방공무원과 유사한가 그보다 열위에 있는가 하는 점을 주로 검토하여 공법상 계약이라는 결론을 내리고 있다.

### (2) 공법상 계약과 행정처분

공법상 계약과 쌍방적 행정행위는 상대방의 동의의 의미가 다르다는 점에서 구별된다. 즉, 공법상 계약에서의 상대방의 동의는 계약의 구성요건, 즉 성립요건인데 반하여 쌍방적 행정행위에서의 상대방의 동의는 적법요건에 불과하다.

대법원은 공법상 계약의 법률관계를 기반으로 한다 하더라도 행정청이 우월적 지위에서 행한 행위를 행정처분으로 인정하기도 한다.

첫째로, 공법상 계약의 체결 여부의 결정이나 계약 상대방의 결정에 대해 처분성을 인정하는 판례가 다수 있다. 서울고등법원은 사회기반시설에 대한 민간투자법 제13조 제3항 상의 실시협약은 공법상 계약이지만, 그 전에 행해지는 같은 법 제13조 제2항 상의 행정청의 우선협상대상자 지정행위는 행정행위(처분)의 성질을 갖는다[435]고 하였고, 대법원은 우선협상대상자 지위 배제행위,[436] 재활용자원화시설의 민간위탁대상자 선정행위[437]와 산업단지입주계약해지 통보[438] 및 산업단지입주변경계약의 취소[439]를 처분으로 보고, 민간투자사업자지정을 처분으로 전제하였다.[440]

둘째로, 단순히 계약상의 규정에 근거한 것이 아니라 (계약규정과 중첩적일지라도) 법령상의 규정에 근거한 행위에 대해서 공권력성을 인정하여 이를 처분으로 인정하는 경우가 있다. 예컨대, 대법원은 공법상계약으로 연구개발사업협약을 체결하고 그에 대한 연차평가 결과를 근거로 연구개발 중단 조치 및 연구비 집행중지 조치를 한 경우, 각 조치가 항고소송의 대상이 되는 행정처분에 해당한다고 하였는데[441] 그러한 결론을 내린 중요한 원인 중의 하나는 각 조치들의 근거가 되는 훈령이 상위법의 근거를 가져 법규적 효력이 있다는 것이었다. 이 판례와 달리 대법원은 중소기업기술정보원장이 정보화지원사업 관련 협약을 맺은 후 사업실패로 협약을 해지하고 그에 따른 사업비환수 통보를 한 것은 법령상의 근거규정이 없이 계약에 근거한 조치라는 이유로 그 처분성을 부정하였다.[442] 대법원의 이러한 판단에서 법적 근거의 유무가 중요한 한 요소인 것은

435) 서울고등법원 2004.6.24. 선고 2003누6438 판결. 다만 이에 관한 대법원의 입장은 반드시 선명하지 아니하다.
436) 대법원 2020.4.29. 선고 2017두31064 판결.
437) 대법원 2007.9.21. 선고 2006두7973 판결.
438) 대법원 2011.6.30. 선고 2010두23859 판결, 해지통보에 수반되는 법적 의무 및 그 의무를 불이행한 경우의 형사적, 행정적 제재 등을 종합적으로 고려하여 행정처분으로 판시하였다. 서울행정법원은 산업단지입주계약 자체도 이를 행정처분으로서 항고소송의 대상으로 보았다. 서울행정법원 2008.1.30. 선고 2007구합29680 판결.
439) 대법원 2017.6.15. 선고 2014두46843 판결.
440) 대법원 2009.4.23. 선고 2007두13159 판결.
441) 대법원 2015.12.24. 선고 2015두264 판결.
442) 대법원 2015.8.27. 선고 2015두41449판결.

틀림없으나 이 요소 이외에 처분성을 인정함이 국민의 권익구제에 어떠한 영향을 미치는가 하는 것이 늘 중요한 고려사항이 된 것으로 보인다.

셋째로, 공법상계약에 기초한 근무관계에 있어서 대법원은 징계 등 계약 상대방에게 공권력적으로 불이익을 주는 행정청의 행위에 대해서도 이를 행정처분이라고 인정하는 경우가 있다. 예컨대, 교육부장관(당시 문교부장관)의 권한을 재위임 받은 공립교육기관의 장에 의하여 공립유치원의 임용기간을 정한 전임강사로 임용된 자에 대한 기간 만료전의 해임 행위의 처분성을 인정하였으며[443] 지방계약직공무원의 감봉처분을 일종의 징계처분으로서 행정처분으로 보았다.[444]

그러나, 징계처분이 아니라고 볼 수 있는 계약직 공무원 등의 채용계약해지는 이를 대등한 지위에서 행하는 의사표시로 보고 그 처분성을 인정하지 않는다. 그리하여 지방전문직공무원의 채용계약 해지,[445] 공중보건의사의 채용계약 해지,[446] 그리고 광주광역시 문화예술회 관장의 단원 재위촉 거부[447] 등은 모두 처분이 아니라고 판시하였다.

또한 대법원은 그 임용행위가 단독행위에 유사하게 이루어져도 공무원법상의 신분상 공무원이 아닌 경우에는 그 임용행위를 처분으로 인정하지 않고 이를 공법상계약 등으로 보는 경향이 있다. 그리하여 일견 처분의 외양을 가지고 있는 이장의 면직행위의 처분성을 부인하고[448] 시립무용단원 위촉[449]과 시립합창단원의 위촉[450]을 공법상계약관계로 파악한다.

**참고판례 1: 대법원 2008.6.12. 선고 2006두16328 판결 [전임계약직공무원(나급)재계약거부처분및감봉처분취소]**

근로기준법 등의 입법 취지, 지방공무원법과 지방공무원징계및소청규정의 여러 규정에 비추어 볼 때, 채용계약상 특별한 약정이 없는 한, **지방계약직공무원에 대하여 지방공무원법, 지방공무원징계및소청규정에 정한 징계절차에 의하지 않고서는 보수를 삭감할 수 없다고 봄이 상당하다.**

지방계약직공무원규정의 시행에 필요한 사항을 규정하기 위한 '서울특별시 지방계약직공무원 인사관리규칙' 제8조 제3항은 근무실적 평가 결과 근무실적이 불량한 사람에 대하여 봉급을 삭감할 수 있도록 규정하고 있는바, 보수의 삭감은 이를 당하는 공무원의 입장에서는 징계처분의 일종인 감봉과 다를 바 없음에도 징계처분에 있어서와 같이 자기에게 이익이 되는 사실을 진술하거나 증거를 제출할 수 있는 등(지방공무원징계및소청규정 제5조)의 절차적 권리가 보장되지 않고 소청(지방공무원징계및소청규정 제16조) 등의 구제수단도 인정되지 아니한 채 이를 감수하도록 하는 위 규정은, 그 자체 부당할 뿐만 아니라 지방공무원법이나 지방계약직공무원규정에 아무런 위임의 근거도 없는 것이거나 위임의 범위를 벗어난 것으로서 무효이다.

**지방공무원법 제73조의3과 지방공무원징계및소청규정 제13조 제4항에 의하여 지방계약직공무원에게도**

443) 대법원 1991.5.10. 선고 90다10766 판결.
444) 대법원 2008.6.12. 선고 2006두16328 판결.
445) 대법원 1993.9.14. 선고 92누4611 판결.
446) 대법원 1996.5.31. 선고 95누10617 판결.
447) 대법원 2001.12.11. 선고 2001두7794 판결.
448) 대법원 2012.10.25. 선고 2010두18963 판결.
449) 대법원 1995.12.22. 선고 95누4636 판결.
450) 대법원 2001.12.11. 선고 2001두7794 판결.

**지방공무원법 제69조 제1항 각 호의 징계사유가 있는 때에는 징계처분을 할 수 있다.**

해 설 지방계약직공무원에 대한 감봉은 일종의 징계처분으로 하여야 하고 계약상의 행위로 할 수 없다고 판시한 것이다. 이처럼 대법원은 공법상 계약의 법률관계를 기본으로 하여도 징계 등의 일방적 불이익 조치는 처분으로 인정하는 경향이 있다.

참고판례 2: 대법원 1991.5.10. 선고 90다10766 판결 [해임처분무효확인등]

교육부장관(당시 문교부장관)의 권한을 재위임 받은 공립교육기관의 장에 의하여 공립유치원의 임용기간을 정한 전임강사로 임용되어 지방자치단체로부터 보수를 지급받으면서 **공무원복무규정을 적용받고 사실상 유치원 교사의 업무를 담당하여 온 유치원 교사의 자격이 있는 자는 교육공무원에 준하여 신분보장을 받는 정원 외의 임시직 공무원으로 봄이 상당하므로** 그에 대한 해임처분의 시정 및 수령지체된 보수의 지급을 구하는 소송은 행정소송의 대상이지 민사소송의 대상이 아니다.

해 설 공립 유치원의 전임강사에 대한 해임처분을 행정처분으로 본 판례이다. 이 판례 역시 교육공무원에 준하는 신분보장을 받는다는 사실에 주목하였다.

#### (3) 공법상 계약과 공법상 합동행위

공법상 계약은 복수 당사자 사이의 서로 반대 방향의 의사 합치에 의해 이루어지는 공법행위이지만 공법상 합동행위는 공법인 설립과 같이 복수 당사자 사이에 같은 방향의 의사 합치에 의해 이루어지는 공법행위라는 점에서 개념적으로 구별된다.

### 3. 공법상 계약의 가능성과 자유성

#### (1) 공법상 계약의 가능성과 자유성

과거에는 공법상 계약은 공법의 영역에서는 원칙적으로는 허용되지 않는 예외적인 것이라고 보았다. 그러므로 원칙적으로 법적 근거가 있어야 공법상 계약을 체결할 수 있다고 생각하였다. 다만 예외적으로 재량영역이나 급부행정영역에서는 법적 근거 없이 인정된다고 하였다(규범적 수권설). 그러나 오늘날 공법상 계약은 명문의 법령에 의해 금지되지 않는 한 가능하다고 보는 것이 일반적이다(긍정설).

그런데 행정기본법은 법령등에 위반되지 않는 범위 안에서 공법상 계약을 체결할 수 있다고 명문으로 규정함으로써 입법으로 이 논쟁을 종식시켰다.

#### (2) 공법상 계약과 행정행위 간의 행위 형식의 선택

행정청에게 공법상 계약과 행정행위 간의 행위 형식의 선택에 있어서 자유가 인정되는지가 문제이다. 특히 오늘날 민간과 행정주체가 파트너십을 가지고 공익 목적을 위하여 함께 활동하는 경우가 많은데 이러한 경우에 공법상 계약이라는 형식을 채택하게 될 가능성이 있다. 그러나 행위 형식 선택의 자유를 광범위하게 인정하게 되면 법률유보의 회피를 목적으로 하는 공법상

계약이 이루어질 수 있다.

따라서, 원칙적으로 행위 형식의 선택의 자유를 인정할 수 있으나 ① 법률유보의 회피를 목적으로 하는 공법상 계약은 허용될 수 없다. 즉, 법률유보사항의 경우, 법적 근거 없는 공법상 계약의 사용은 법률유보원칙 위반이 된다. 또한 ② 평등원칙 등 행정법의 일반원칙과 관련되는 사항은 행정행위로 규율함이 원칙이라고 할 것이다.

한편, 앞에서 본 것처럼 대법원은 공법상 계약을 체결하여도 그 계약상의 행위 중 법적 근거가 있고 공권력성이 인정되는 것에 대해서는 처분성을 인정하고 있다.

또한 대법원은 공법상 계약에 의한 권리를 실현시키기 위하여 필요한 경우에는 계약의 상대방은 행정청에 대하여 행정행위를 신청할 수도 있다고 한다.[451]

## 4. 공법상 계약의 종류

① **행정주체간 계약**: 행정주체간의 공법상 계약은 공공시설관리, 사무위탁, 경비분담협의 등 국가와 지방자치단체, 지방자치단체와 지방자치단체 사이에서 체결되는 계약을 말한다. 도로, 하천과 같은 공물의 관리나 그에 대한 경비분담을 목적으로 하는 지방자치단체 사이의 협의가 이에 해당한다(도로법 제24조, 하천법 제9조).

② **행정주체와 사인간 계약**: 공법상의 보조계약과 같이 국가와 사인, 지방자치단체와 사인 등 행정주체와 사인간의 공법상 계약을 말한다. 이러한 행정주체와 사인간의 계약이 공법상 계약의 대부분을 차지한다. 공무원의 채용계약, 자원입대, 임의적 공용부담(문화유산이나 학교용지 등의 기증), 공법상보조계약(예컨대 사회복지 단체 보조금), 행정사무의 위임(별정우체국의 지정 등)이 이에 해당한다.

③ **사인 상호간 계약**: 드물지만 사인 상호간의 계약으로서 공법적 효과를 가지는 경우도 있다. 예컨대, 사업시행자인 사인과 토지 소유자 간의 토지수용에 대한 협의가 토지수용위원회의 확인을 받은 경우가 이에 속한다.

## 5. 공법상 계약의 특수성

공법상 계약은 특히 사법상 계약에 비하여 다음과 같은 법적 특성을 가진다. 행정기본법은 공법상 계약의 이러한 특수성을 고려하여 행정청은 공법상 계약의 상대방을 선정하고 계약 내용을 정할 때 공법상 계약의 공공성과 제3자의 이해관계를 고려하도록 하고 있다(행정기본법 제27조 제2항).

① **계약체결의 자유의 제한**: 공법상 계약에 있어서는 상대방에게 계약체결이 법률상, 사실상 강제되는 경우도 있으며 행정청에게 일방적인 계약 해제, 해지권이 인정되어 계약 체결의 자유가 제한되는 경우가 많다.

대법원은 공법상 계약의 경우, 행정청(또는 행정주체)은 계약서상의 계약해지사유에 열거되지

451) 대법원 2025.2.27. 선고 2024두47890 판결.

아니한 사유로, 법적 근거가 없어도, 공익적 사유로 계약 해지를 할 수 있다[452]고 한다. 그리고 이와 같은 공법상 계약의 법률관계에서는 설사 그것이 계약직 공무원의 채용계약 해지라 하더라도 행정처분과 같이 행정절차법에 의하여 근거와 이유를 제시하여야 하는 것은 아니다.[453]

② **계약내용형성의 자유의 제한**: 공법상 계약에 있어서는 일단 체결된 계약이라 할지라도 행정청에게 계약 변경의 권한이 주어지는 경우가 있다. 물론 변경에 따른 부담은 행정청이 책임지는 것이 원칙이다.

③ **계약효과의 제한**: 공법상 계약에 있어서는 계약에 따라 발생한 권리·의무에 대해서도 일정한 제약이 주어질 수 있다.

④ **계약이행의 강제**: 공법상 계약에 따른 채무가 원만하게 이행되지 않아 강제집행이 문제된다면, 행정대집행법이 적용되지는 않으나 특별한 계약규정이나 법령규정에 따라 일반적인 사법강제에 대한 특례가 인정되는 경우가 있다.

⑤ **쟁송절차의 특수성**: 공법상 계약과 관련된 소송은 원칙적으로 당사자소송이다. 그러나 대법원은 예외적으로 공법상 계약의 법률관계에 있어서 일정한 행정청의 행위의 처분성을 인정하여 항고소송의 대상으로 삼기도 한다. 예컨대, 대법원은 공법상 계약의 체결여부, 해지, 공법상의 신분설정계약 안에서의 징계, 계약 상대방의 결정 등의 처분성을 인정하는 경우가 있다. 대법원은 산업단지입주계약의 해지통보를 처분으로 보았고,[454] 계약 체결 전 민간투자시설사업시행자지정을 처분으로 본 바 있다.[455]

⑥ **공법상 계약의 하자의 효과**: 공법상 계약은 행정행위가 아니므로 원칙적으로 계약에 하자가 있으면 무효라고 보아야 할 것이다. 다만 의사표시상의 하자가 있는 경우에는 취소할 수 있는 경우도 있다고 하여야 할 것이다.

⑦ **특수 규율**: '국가를 당사자로 하는 계약에 관한 법률', '지방자치단체를 당사자로 하는 계약에 관한 법률'에는 이들 계약에 관한 절차 등에 대한 특수 규율이 존재한다. 그러나 이들 특수 규율은 국가와 지방자치단체가 일방 당사자가 되어 체결하는 한, 공법상 계약과 사법상 계약을 구별하지 않고 적용된다.

**참고판례 1: 대법원 2003.2.26. 선고 2002두10209 판결 [계약자지위존재확인]**

계약당사자가 연안화물부두 축조 타당성 조사용역계약에 위반하여 타당성 조사용역이 시행되기도 전에 사업시행자로 선정되었음을 전제로 입찰공고 등 일련의 행위를 한 경우, **조사용역계약의 계속적 성격과 공익적 성격에 비추어 이는 계약당사자 사이의 신뢰관계를 파괴하고 그 공익성을 저해함으로써 계약관계의 계속을 현저히 곤란하게 한다는 이유로 위 조사용역계약이 지방해양수산청장의 해지통고로 적법하게**

---

452) 대법원 2003.2.26. 선고 2002두10209 판결.
453) 대법원 2002.11.26. 선고 2002두5948 판결.
454) 대법원 2011.6.30. 선고 2010두23859 판결.
455) 대법원 2009.4.23. 선고 2007두13159 판결.

**해지되었다고 한 사례.**

**해 설** 대법원은 이 사건에서 본 계약은 공법상 계약이므로 계약서상의 계약해지사유에 열거되지 아니하고 법적 근거도 없어도 공익적 사유로 계약해지를 할 수 있다고 판시하고 있다.

참고판례 2: 대법원 2002.11.26. 선고 2002두5948 판결 [전임계약해지무효확인]

계약직공무원에 관한 현행 법령의 규정에 비추어 볼 때, **계약직공무원 채용계약해지의 의사표시는** 일반공무원에 대한 징계처분과는 달라서 항고소송의 대상이 되는 처분 등의 성격을 가진 것으로 인정되지 아니하고, 일정한 사유가 있을 때에 국가 또는 지방자치단체가 채용계약 관계의 **한쪽 당사자로서 대등한 지위에서 행하는 의사표시로 취급되는 것으로 이해되므로,** 이를 징계해고 등에서와 같이 그 징계사유에 한하여 효력 유무를 판단하여야 하거나, **행정처분과 같이 행정절차법에 의하여 근거와 이유를 제시하여야 하는 것은 아니다.**

**해 설** 정상적으로 계약 조항에 근거하여 하는 계약직 공무원 채용계약 해지를 공법상 계약관계의 일환으로 보고 이러한 공법상 계약의 해지의 경우 행정절차법에 의하여 근거와 이유를 제시할 필요가 없다는 것을 판시하고 있다.

## 제7관 자동화된 행정결정(자동적 처분)

### 1. 개념 및 법적 성질

인공지능 기술을 적용한 경우를 포함하여 완전히 자동화된 시스템으로 행정결정을 하는 것을 자동적 처분이라 한다(행정기본법 제20조). 교통신호나 컴퓨터에 의한 학교배정도 이에 해당한다. 자동화된 행정결정도 행정행위의 요건을 갖춘 경우에는 행정행위라고 할 수 있고 이런 까닭에 행정기본법은 자동적 처분에 대한 규정을 두게 된 것이다. 다만 행정기본법은 자동적 처분을 개별 법률의 규정사항으로 하고 있다.

### 2. 재량행위에 있어서의 가능성

자동화된 행정결정은 법률이 행정청에게 부여한 재량권의 취지에 반할 염려가 있다. 왜냐하면 법률은 행정청으로 하여금 구체적인 상황에 맞게 재량을 행사하라고 재량권을 부여하였으나 자동화된 행정결정에 의할 경우, 행정청은 구체적인 상황을 살피지 않고 일률적으로 행정결정을 하게 될 것이기 때문이다.

따라서 재량행위를 자동화된 행정결정에 맡기는 것은 조심스러운 측면이 있다. 그러나 재량준칙에 의한 재량행사가 사실상 이루어지고 있는 점에 비추어, 입력된 프로그램이 재량권의 일탈, 남용에 해당되는 경우가 아닌 한 재량행위의 행사를 자동화된 행정결정으로 하는 것도 가능하다고 본다. 자동화의 방법을 선택하는 것 자체가 재량권의 행사라고 볼 수 있기 때문이다.[456] 또한 오늘날 인공지능 알고리즘을 활용하는 의사결정이 증대되고 있는 현실에 비추어 보면 ①

456) 이재훈, “법률을 통한 자동적 처분의 규율에 대한 고찰”, 『법제』 제697호, 2022, 126－128면 참조.

결정론적 알고리즘[457]이라 하더라도 재량권이 0으로 수축되는 경우 등에는 자동적 처분을 활용하는 것은 별다른 문제가 없다고 할 수 있고 ② 자율적 판단이 가능한 알고리즘의 경우에는 그를 통해 완전 자동화된 처분이 반드시 재량권의 법리와 모순된다고 말할 수도 없다.

그러나 행정기본법 제20조는 재량행위에 대해서 자동적 처분을 허용하지 않고 있다. 행정결정에 알고리즘을 사용하는 경우가 증대되는 현실에 비추어 이는 시대착오적이라는 비판에 직면하고 있다. 다만 행정기본법 제20조는 개별 법률이 정하는 바에 따라 자동적 처분을 도입할 수 있도록 규정하고 있으므로 행정기본법의 보충적 성격에 비추어 개별법을 통하여 재량행위도 자동적 처분으로 처리할 수 있는 여지가 있다.

### 3. 자동화된 행정결정에 대한 특례

독일 연방행정절차법은 자동화된 행정결정에 대하여 발령행정청의 기명과 서명의 생략, 부호의 사용 허용, 이유제시의 생략 가능, 청문의 생략 가능 등의 특례를 규정하고 있다. 그러나 행정기본법은 자동적 처분을 입법하면서 이러한 특례에 대해서는 완전히 침묵하고 있다. 이에 대하여도 미흡한 입법이라는 비판론이 존재한다. 하지만 성문 입법이 없다고 하여 이러한 특례를 인정하지 않을 수는 없다. 특례의 인정 근거는 부분적으로 관련 법규[458] 그리고 조리, 관습법 등이 될 수 있다. 그러나 이러한 특례는 부득이한 경우에만 인정되어야 하며 당연히 자동화된 행정결정에 적용되는 것으로 보아서는 안 된다.

---

457) 결정론적 알고리즘이란 같은 입력이 주어지면 언제나 동일한 과정과 동일한 결과를 내는 알고리즘을 말한다.

458) 개인정보보호법은 완전히 자동화된 개인정보처리에 따른 결정을 거부하거나 그에 대한 설명 등을 요구할 권리를 인정하고 있어서 자동적 처분에 대한 특칙을 규정하고 있으나(개인정보보호법 제4조 제6호, 제37조의2) 단서 조항과 제외조항 등으로 인하여 행정처분에 이러한 특칙이 적용될 가능성은 거의 없다.

제 03 장

# 행정절차와 행정정보

## 제1절 행정절차

### 제1관 행정절차제도의 본질

#### 1. 행정절차의 개념

학문적으로 행정절차는 광의로는 '행정청의 행정작용에 있어서 거쳐야 할 모든 절차'를 의미한다. 그러나 행정법학에서 행정절차는 협의로 이해되는 것이 보통이다. 즉 '행정청이 제1차적인 행정결정을 함에 있어서 요구되는 대외적 사전절차'를 행정절차라고 한다. 이러한 행정절차에는 입법절차나 사법절차, 행정심판절차나 행정집행절차, 행정 내부의 의사결정절차는 제외된다.

협의의 행정절차 가운데에서도 가장 본질적인 의미를 가지는 절차가 청문절차이다. 그래서 청문절차를 최협의의 행정절차라고 부르기도 한다.

그러나 이와 같은 강학상의 행정절차가 반드시 실정법상의 행정절차와 일치되는 것만은 아니다.

#### 2. 행정절차의 기능과 존재이유

행정절차는 행정작용에 있어서 다음과 같은 기능을 하며 그로써 존재이유를 가진다.

**(1) 행정결정의 적정성의 확보**

행정절차를 통하여 행정결정에 대한 이해관계인의 의견을 들을 수 있기 때문에, 행정절차는 행정청의 일방적인 편견을 배제시킬 수 있다.

영미법상 행정절차는 자연적 정의(Natural Justice)의 원칙에 입각한 것이라고 할 수 있다. 자연적 정의의 원칙은 ① 양 당사자로부터 모두 듣고 결정하여야 한다는 쌍방 청문의 원칙, ② 결정에 관련되는 편견을 배제하여야 한다는 편견 배제의 원칙 등의 파생원칙을 그 내용으로 하고 있다.

우리나라의 경우 쌍방 청문의 원칙은 어느 정도 절차법의 원칙으로 자리를 잡아 가고 있으나 편견 배제의 원칙은 아직 충분히 정착하지 못하고 있다. 절차법이 발달한 미국의 경우 행정결정에서의 소추기능[1]과 결정기능을 분리하는 '직능 분리(Separation of Function)의 원칙', 그리고 이

1) 법위반을 지적하고 그에 대한 제재를 촉구하는 기능.

해관계가 대립하는 당사자가 있을 경우 공무원은 쌍방 당사자 모두를 함께 접촉할 수 있을 뿐, 그 일방 당사자만을 접촉할 수 없다는 '일방적 접촉의 금지(Ban on *Ex Parte* Communications)원칙' 등이 편견 배제와 관련된 절차법적 원칙으로 확고하게 자리 잡고 있다.[2)]

#### (2) 행정의 민주화

행정절차는 이해관계인의 의견을 듣고 행정결정을 하게 됨으로써 행정의 민주화에 기여하게 된다. 오늘날과 같이 다원화된 사회에서 행정결정에 영향을 미치는 다양한 이해관계가 균형 있게 대변되는 것이 중요하다. 또한 자신과 관련되는 행정결정에 자신이 직접 참여하여 의견을 제시하는 것도 대의민주주의의 한계 상황을 맞이하고 있는 오늘날의 민주주의 발전을 위해 매우 중요하다.

#### (3) 사전적 · 예방적 권리구제

행정절차는 행정결정이 있기 전에 이해관계인의 의견을 들을 수 있게 하는 절차이므로 이해관계인을 위한 사전적·예방적 권리구제 제도로 기능할 수 있다. 특히 전문·기술적 사항에 대한 사실관계의 확정에 있어서는 법원 보다 더 긍정적인 기능을 할 수도 있다. 나아가 미리 쟁점을 정리함으로써 법원에서의 심리를 촉진하거나 보완할 수 있도록 해주는 장점을 발휘할 수도 있다.

#### (4) 행정의 투명성의 확보

행정결정에 이해관계인이 참여한다는 구도 자체가 행정결정의 투명성을 제고하는데 기여할 수 있다. 행정절차를 통하여 행정결정의 과정과 논리가 노출될 수 있기 때문이다.

#### (5) 행정의 능률성의 제고

행정절차가 행정의 능률성을 제고할 수도 있다. 특히 갈등 사안의 경우, 행정절차를 통하여 갈등을 조정함으로써 갈등 관리로 인한 비효율을 방지할 수 있으며 행정절차의 과정에서 노출된 문제점을 미리 해결함으로써 추후 발생할 문제점을 사전 예방하여 행정의 효율성을 증진하는 실익이 있을 수 있다. 다만 행정절차가 지나치게 지연될 때에는 도리어 행정의 능률성을 저해할 위험성도 있다.

## 제2관 행정절차법의 법원

### 1. 헌 법

행정절차의 근거를 우리 헌법 제12조 제1항, 제3항의 적법절차조항에서 찾을 수 있다. 헌법재판소도 같은 의견이다. 헌법재판소는 헌법상의 적법절차조항이 형사절차상의 영역에 한정되지

2) 자세한 것은, 김유환, 『행정법과 규제정책』(개정증보판), 2017, 104－106면 참조.

않고 입법, 행정 등 국가의 모든 공권력 작용의 기본원리라고 선언함으로써[3] 헌법의 적법절차 조항이 행정절차의 근거규범이 될 수 있음을 분명히 하였다.

그러나 헌법의 적법절차 조항에서부터 직접 청문권이 도출될 수 있는지에 대해서 헌법재판소는 분명한 판단을 하지 않았다. 다만 일정한 경우 청문의 기회가 보장되지 않은 것이 적법절차 조항에 반한다고 판단한 바 있다.[4]

### 참고판례 1: 헌법재판소 1990.11.19. 선고 90헌가48 결정 [변호사법 제15조에 대한 위헌심판]

**법무부장관의 일방적 명령에 의하여 변호사 업무를 정지**시키는 것은 당해 변호사가 자기에게 유리한 사실을 진술하거나 필요한 증거를 제출할 수 있는 **청문의 기회가 보장되지 아니하여 적법절차를 존중하지 아니한 것이 된다.**

**해 설** 청문을 거치지 않고 법무부장관의 일방적 명령에 의해 변호사 업무를 정지시킬 수 있도록 한 변호사법 제15조는 헌법상의 적법절차원리에 위반된다고 판시한 것이다.

### 참고판례 2: 대법원 2025.2.13. 선고 2023두41659 판결 [양도소득세부과처분취소]

구 국세기본법 제81조의15 제3항 은 각호에서 과세전적부심사를 거치지 않아도 되는 예외사유를 규정하고 있는데, 제3호에서 '과세예고통지를 하는 날부터 국세부과 제척기간의 만료일까지의 기간이 3개월 이하인 경우'를 들고 있다. 다만 조세법규에 대한 엄격해석의 원칙, (중략), 과세예고통지의 기능 등에 비추어 보면 **제3호 규정을 과세전적부심사를 넘어 과세예고통지에 대한 예외사유로까지 확장해석할 수는 없으므로,** (중략) **과세예고통지 없이 이루어진 과세처분은 이로 인하여 절차적 정당성이 상실되지 않았다고 볼 만한 특별한 사정이 없는 한 위법하다고 보아야 한다.**

헌법 제12조 제1항에서 규정하고 있는 적법절차의 원칙은 형사소송절차에 국한되지 아니하고 모든 국가작용 전반에 대하여 적용되므로 세무공무원이 과세권을 행사하는 경우에도 적법절차의 원칙을 준수하여야 한다.

**해 설** 헌법상의 적법절차원칙이 형사소송절차에 국한되지 아니하고 모든 국가작용 전반에 걸쳐 적용된다고 하면서 과세예고통지가 비록 과세전적부심사의 전 절차로서의 성격이 강하지만 다른 기능이 있으므로 과세전 적부심사의 예외에 해당된다고 하여 당연히 과세예고통지를 생략할 수 없다고 판시하였다. 이 판결은 국세부과제척기간 만료일까지 불과 3개월 이하만이 남아 있어 과세전적부심사를 거치지 않아도 되는 사건이었으나 그렇다고 하더라도 이를 과세예고통지에 대한 예외사유가 된다고 할 수는 없다고 한 것이다. 이 판결에서 대법원은 이를 단순 위법으로 판단하였으나 이 판례에 대한 후속 판례로 과세전적부심사를 생략할 사유도 인정되지 않는데 과세예고통지와 함께 증액경정처분이라는 과세처분을 한 것은 과세전적부심사의 기회를 박탈한 것으로 하자가 중대 · 명백하여 무효라고 판시하였다.[5]

---

3) 헌법재판소 1992.12.24. 선고 92헌가8 결정.
4) 헌법재판소 1990.11.19. 선고 90헌가48 결정.
5) 대법원 2025.12.4. 선고 2025두34254 판결.

## 2. 행정절차법

### (1) 일반법으로서의 행정절차법

1996년 행정절차법이 제정되기 이전에도 우리나라에는 여러 가지 행정절차에 대한 규율과 제도가 존재하였다. 이런 상황에서 행정절차법의 제정은 하나의 통일된 일반적인 제도를 마련한다는 데 그 의의가 있었다. 그러나 1996년 행정절차법의 입법 당시에는 행정절차법의 일반법으로서의 성격은 강하지 않았다. 이러한 사실이 학계의 지속적인 비판을 받아왔는데 2022년의 행정절차법 개정으로 행정절차법의 일반법으로서의 성격이 한층 강화되었다. 첫째로, 기존의 ① 처분절차, ② 신고절차, ③ 행정상 입법예고절차, ④ 행정예고절차, ⑤ 행정지도절차 이외에 개정법에 의하여 ⑥ 확약절차, ⑦ 위반사실등의 공표절차 등이 추가되었다. 또한 새로운 절차를 규정하였다 할 수는 없으나 행정계획에서의 형량명령이 행정절차법에 규정되었다. 둘째로, 그동안 청문권의 존재를 개별법의 규정에 의존하도록 하여 일반법으로서의 성격이 약하다는 비판을 받아들여 행정절차법에 청문권을 분명하게 일반적인 요건 하에 규정하여 비로소 개별법의 근거 없이 행정절차법만에 근거한 청문절차가 가능하게 되었다(행정절차법 제22조 제1항 제3호의 경우). 그러나 행정절차법의 일반법적 성격에 비추어 청문에 대한 일반적 근거 규정은 더 확대되어야 할 것으로 본다.

### (2) 행정절차법에서의 실체법적 규율

우리나라의 행정절차법은 그야말로 절차법 중심으로 입법되었다. 독일 연방행정절차법 등이 행정실체법에 대한 내용도 상당수 포함하고 있는 것과 달리 우리 행정절차법은 실체법적 내용은 비교적 많지 않다. 우리 행정절차법에서 규정하고 있는 실체법적 내용으로는 신의성실의 원칙과 신뢰보호의 원칙(같은 법 제4조), 투명성의 원칙(같은 법 제5조), 행정청의 관할과 행정응원 등 협조(같은 법 제6조–제8조), 행정계획에서의 형량명령(같은 법 제40조의4), 행정지도에 있어서의 비례의 원칙과 임의성의 원칙 및 불이익 금지의 원칙(같은 법 제48조), 국민참여(제52조–제52조의3) 등을 들 수 있다.

### (3) 적용 배제 조항

행정절차법은 광범위한 적용 배제 조항(같은 법 제3조 제2항)을 두고 있다. 이러한 광범위한 적용 배제 조항 역시 행정절차법의 일반법적 성격을 약화시키는 것이다.

그러나 대법원은 행정절차법의 적용 배제를 해석함에 있어서, 행정절차법 규정에 의하든 특별법규정에 의하든, 가능한 한 행정절차규율이 적용되도록 하고 행정절차규율의 사각지대를 없애려고 노력하고 있다. 그리하여 적용배제사항으로 규정된 사항이라 하더라도 이를 일률적으로 적용배제하지는 않는다. 또한 대법원은 특별법이 있어 행정절차 규정의 적용을 배제할 수 있다 하더라도 그것은 원칙적으로 특별법이 규정한 절차규정이 최소한 행정절차법의 절차적 요구 이상을 규정하고 있음을 전제로 하고 있는 듯하다. 이러한 관점에서 대법원은 "(행정절차법 적용이 배제되는) 공정거래법 규정에 의한 처분의 상대방에게 부여된 절차적 권리의 범위와 한계를 확정하려면 행정절차법이 당사자에게 부여한 절차적 권리의 범위와 한계 수준을 고려하여야 한다"[6] 고 판시하였다.

특히 문제가 되는 것은 행정절차법 제3조 제2항 제9호의 적용배제사유이다. 이 규정에 따르면 ① 성질상 행정절차를 거치기 곤란하거나 불필요하다고 인정되는 처분이나 ② 행정절차에 준하는 절차를 거치도록 하고 있는 처분의 경우에만, 행정절차법의 적용을 배제하도록 하고 있다. 그리하여 대법원은 이 조항의 적용배제의 범주에 속해도 일률적으로 행정절차법을 적용배제하지 않고 적용배제 요건에 해당하는지를 따져서 적용배제 여부를 판단하고 있다.

예컨대, 공무원에 대한 인사조치는 공무원 인사관계법령에 의한 처분에 관한 사항으로서 적용배제의 범주에 들 수 있지만 대법원은 별정직 공무원에 대한 직권면직,[7] 한국방송공사 사장의 해임,[8] 진급예정자명단에 포함된 자의 진급선발의 취소[9] 등에는 행정절차법이 적용된다고 하였다. 그러나 대법원은 인사조치 가운데 직위해제는 일시적인 인사조치라는 점을 지적하면서 행정절차법이 적용되지 않는다고 판시하였다.[10]

그리고 '외국인의 출입국에 관한 사항'도 적용배제의 범주에 일단 포함되지만 대법원은 그렇다고 하여 당연히 행정절차법의 적용이 배제되는 것은 아니라고 하고 미국국적을 가진 교민에 대한 사증거부처분에 대하여 행정절차법 제24조에서 정한 처분서 작성교부가 있어야 한다고 판시하였다.[11]

**주요판례요지**

① 대법원 2014.5.16. 선고 2012두26180 판결: 국가공무원법 상 직위해제처분은 행정작용의 성질상 행정절차를 거치기 곤란하거나 불필요하다고 인정되는 사항 또는 행정절차에 준하는 절차를 거친 사항에 해당하므로 행정절차법의 규정이 적용되지 않는다.

② 대법원 2019.7.11. 선고 2017두38874 판결: 행정절차법 제3조 제2항 제9호, 행정절차법 시행령 제2조 제2호 등 관련 규정들의 내용을 행정절차법의 입법 목적에 비추어 보면, 행정절차법의 적용이 제외되는 '외국인의 출입국에 관한 사항'이란 해당 행정작용의 성질상 행정절차를 거치기 곤란하거나 거칠 필요가 없다고 인정되는 사항이나 행정절차에 준하는 절차를 거친 사항으로서 행정절차법 시행령으로 정하는 사항만을 가리킨다. '외국인의 출입국에 관한 사항'이라고 하여 행정절차를 거칠 필요가 당연히 부정되는 것은 아니다.

6) 대법원 2018.12.27. 선고 2015두44028 판결.
7) 대법원 2013.1.16. 선고 2011두30687 판결.
8) 대법원 2012.2.23. 선고 2011두5001 판결.
9) 대법원 2007.9.21. 선고 2006두20631 판결.
10) 대법원 2014.5.16. 선고 2012두26180 판결.
11) 대법원 2019.7.11. 선고 2017두38874 판결.

### 참고판례 1: 대법원 2001.5.8. 선고 2000두10212 판결 [시정명령등취소]

행정절차법 제3조 제2항, 같은 법 시행령 제2조 제6호에 의하면 **공정거래위원회의 의결 · 결정을 거쳐 행하는 사항에는 행정절차법의 적용이 제외되게 되어 있으므로,** 설사 공정거래위원회의 시정조치 및 과징금납부명령에 행정절차법 소정의 의견청취절차 생략사유가 존재한다고 하더라도, **공정거래위원회는 행정절차법을 적용하여 의견청취절차를 생략할 수는 없다.**

**해 설** 공정거래위원회의 의결 · 결정을 거쳐 행하는 사항에는 행정절차법의 적용이 배제되어 있기 때문에, 행정절차법상의 의견청취절차 생략사유가 존재하더라도 독점규제 및 공정거래에 관한 법률상의 행정절차를 생략할 수 없다고 판시하고 있다.

### 참고판례 2: 대법원 2002.9.6. 선고 2002두554 판결 [산업기능요원편입취소처분취소]

지방병무청장이 **병역법 제41조 제1항 제1호, 제40조 제2호의 규정에 따라 산업기능요원에 대하여 한 산업기능요원 편입취소처분은,** 행정처분을 할 경우 '처분의 사전통지'와 '의견제출 기회의 부여'를 규정한 행정절차법 제21조 제1항, 제22조 제3항에서 말하는 **'당사자의 권익을 제한하는 처분'에 해당하는** 한편, 행정절차법의 적용이 배제되는 사항인 **행정절차법 제3조 제2항 제9호, 같은 법 시행령 제2조 제1호에서 규정하는 '병역법에 의한 소집에 관한 사항'에는 해당하지 아니하므로,** 행정절차법상의 '처분의 사전통지'와 '의견제출 기회의 부여' 등의 절차를 거쳐야 한다.

**해 설** 행정절차법이 적용 배제되는 병역법에 의한 소집에 관한 사항을 좁게 해석함으로써 병역법상의 산업기능요원의 편입취소처분에 대해 행정절차법이 적용되도록 판시하고 있다.

### 참고판례 3: 대법원 2007.9.21. 선고 2006두20631 판결 [진급낙천처분취소]

행정청이 침해적 행정처분을 하면서 당사자에게 행정절차법상의 사전통지를 하거나 의견제출의 기회를 주지 아니하였다면 사전통지를 하지 않거나 의견제출의 기회를 주지 아니하여도 되는 예외적인 경우에 해당하지 아니하는 한 그 처분은 위법하여 취소를 면할 수 없다.

행정과정에 대한 국민의 참여와 행정의 공정성, 투명성 및 신뢰성을 확보하고 국민의 권익을 보호함을 목적으로 하는 **행정절차법의 입법목적과 행정절차법 제3조 제2항 제9호의 규정 내용 등에 비추어 보면, 공무원 인사관계 법령에 의한 처분에 관한 사항 전부에 대하여 행정절차법의 적용이 배제되는 것이 아니라 성질상 행정절차를 거치기 곤란하거나 불필요하다고 인정되는 처분이나 행정절차에 준하는 절차를 거치도록 하고 있는 처분의 경우에만 행정절차법의 적용이 배제된다.**

군인사법령에 의하여 **진급예정자명단에 포함된 자에 대하여 의견제출의 기회를 부여하지 아니한 채 진급선발을 취소하는 처분을 한 것이 절차상 하자가 있어 위법하다**고 한 사례.

**해 설** 행정절차법 제3조 제2항 제9호의 행정절차법 적용 배제 사항으로서의 공무원 인사관계 법령에 의한 처분에 관한 사항은 동호에 의하여 전부에 대하여 행정절차법의 적용이 배제되는 것이 아니라 성질상 행정절차를 거치기 곤란하거나 불필요하다고 인정되는 처분이나 행정절차에 준하는 절차를 거치도록 하고 있는 처분의 경우에만 행정절차법의 적용이 배제되도록 하고 있으므로, 의견제출의 기회를 부여하지 않고 진급예정자명단에 포함된 자의 진급 선발을 취소하는 경우에는 행정절차법이 적용되어야 한다고 판시하였다.

역시 적용 배제 조항을 엄격히 해석하는 대법원의 입장이 반영된 것이다. 대법원은 별정직 공무원에 대해서도 이러한 법리는 마찬가지로 적용된다고 한다.[12)]

### 참고판례 4: 대법원 2004.7.8. 선고 2002두8350 판결 [유희시설조성사업협약해지및사업시행자지정거부처분취소]

행정청이 당사자와 사이에 도시계획사업의 시행과 관련한 **협약을 체결하면서** 관계 법령 및 행정절차법에 규정된 **청문의 실시 등 의견청취절차를 배제하는 조항을 두었다고 하더라도,** 국민의 행정참여를 도모함으로써 행정의 공정성·투명성 및 신뢰성을 확보하고 국민의 권익을 보호한다는 행정절차법의 목적 및 청문제도의 취지 등에 비추어 볼 때, 위와 같은 협약의 체결로 **청문의 실시에 관한 규정의 적용을 배제할 수 있다고 볼 만한 법령상의 규정이 없는 한, 이러한 협약이 체결되었다고 하여 청문의 실시에 관한 규정의 적용이 배제된다거나 청문을 실시하지 않아도 되는 예외적인 경우에 해당한다고 할 수 없다.**

**해 설** 행정청이 당사자와 사이에 협약을 체결하면서 관계 법령 및 행정절차법에 규정된 청문의 실시 등 의견청취절차를 배제하는 조항을 두었다고 하더라도, 이러한 협약의 체결로 청문의 실시에 관한 규정의 적용을 배제할 수 없다.

### 참고판례 5: 대법원 2018.3.13. 선고 2016두33339 판결 [퇴교처분취소]

**행정절차법 시행령 제2조 제8호는 '학교·연수원 등에서 교육·훈련의 목적을 달성하기 위하여 학생·연수생들을 대상으로 하는 사항'을 행정절차법의 적용이 제외되는 경우로 규정하고 있으나,** 이는 교육과정과 내용의 구체적 결정, 과제의 부과, 성적의 평가, 공식적 징계에 이르지 아니한 질책·훈계 등과 같이 교육·훈련의 목적을 직접 달성하기 위하여 행하는 사항을 말하는 것으로 보아야 하고, **생도에 대한 퇴학처분과 같이 신분을 박탈하는 징계처분은 여기에 해당한다고 볼 수 없다.**

**육군3사관학교의 사관생도에 대한 징계절차에서 징계심의대상자가 대리인으로 선임한 변호사가 징계위원회 심의에 출석하여 진술하려고 하였음에도, 징계권자나 그 소속 직원이 변호사가 징계위원회의 심의에 출석하는 것을 막았다면** 징계위원회 심의·의결의 절차적 정당성이 상실되어 **그 징계의결에 따른 징계처분은 위법하여 원칙적으로 취소되어야 한다. 다만 징계심의대상자의 대리인이 관련된 행정절차나 소송절차에서 이미 실질적인 증거조사를 하고 의견을 진술하는 절차를 거쳐서 징계심의대상자의 방어권 행사에 실질적으로 지장이 초래되었다고 볼 수 없는 특별한 사정이 있는 경우에는, 징계권자가 징계심의대상자의 대리인에게 징계위원회에 출석하여 의견을 진술할 기회를 주지 아니하였더라도 그로 인하여 징계위원회 심의에 절차적 정당성이 상실되었다고 볼 수 없으므로 징계처분을 취소할 것은 아니다.**

**해 설** 이 판례는 먼저 행정절차법의 적용이 제외되는 경우를 규정한 행정절차법 시행령의 해석원칙을 밝혀 신분을 박탈하는 징계처분은 법령상 제외사유에 해당할 수 없음을 밝히고 있다. 또한 변호사의 징계위원회 심의 출석 거부가 원칙적으로 허용되지 아니하나 이미 다른 권리구제절차에서 방어권 행사를 하였다면 변호인의 심의 출석 거부가 반드시 정당하지 않다고는 할 수 없다고 판시하였다. 그러나 징계심의절차에 변호인의 출석을 거부한 조치를 지지한 것은 어떠한 이유로든 절차법적 이념과는 다소 동떨어진 것이라 생각된다.

12) 대법원 2013.1.16. 선고 2011두30687 판결.

### 3. 기타의 행정절차 관련 일반법 및 개별법

행정절차법 이외에도 행정절차를 규율하는 개별법들이 존재한다. 이 가운데 행정절차에 대한 일반적 규율을 규정하는 것으로 행정기본법, 행정규제기본법, '민원처리에 관한 법률', '공공기관의 정보공개에 관한 법률', '국가를 당사자로 하는 계약에 관한 법률', '지방자치단체를 당사자로 하는 계약에 관한 법률' 등이 있다.

최근 입법된 행정기본법은 행정절차법과의 통합논의가 벌써부터 이루어지고 있다. 통합은 더 큰 차원의 목표라고 할 수 있겠지만 양 법으로의 분산, 모순, 중복 규율 등의 문제가 지적되고 있어서 조속한 시정이 필요하다. 이들 개별 문제에 대해서는 후술한다.

이외에도 '국토의 계획 및 이용에 관한 법률' 등과 같은 개별 법령들이 존재한다.

한편, 공정거래위원회, 방송통신위원회 등의 규제기관들은 그 심의절차에 대해 특별한 규율을 하고 있는 경우가 있다. 대개 이들 특별행정절차가 행정절차법상의 일반행정절차를 대신하여 적용된다.

### 4. 행정절차조례의 문제

행정절차법 제2조 제1호는 행정절차법에서의 행정청의 개념을 정의하면서 국가 뿐 아니라 지방자치단체의 기관도 이에 포함시키고 있다. 따라서 행정절차법은 지방자치단체의 행정청에도 적용된다. 그러므로 지방자치단체는 조례로 행정절차에 대한 규율을 할 수 없는 것인지가 문제된다. 행정절차가 주민의 권리를 제한하거나 의무를 부과하는 것이라고 볼 수는 없다는 점에서 행정절차법이 미리 규정하고 있지 않거나 침묵하는 부분에 대해서는 행정절차조례가 성립 가능하다고 본다.

### 5. 판례법

판례로써 행정절차를 창설할 수 있는지가 문제된다. 앞서 헌법상의 적법절차 조항을 청문권 등 행정절차를 직접 도출할 수 있는 근거조항으로 본다면 이것이 가능하겠으나 현재 대법원과 헌법재판소가 헌법상의 적법절차 조항을 그렇게 해석하고 있지는 않다고 본다. 행정절차법 제정 이전에 대법원은 훈령으로 청문을 하도록 규정된 사항에 대해 상대방의 청문권을 인정한 바 있다.[13] 그러나 이 판례를 따르는 후속 판결이 현재까지는 없다.

---

13) 대법원 1984.9.11. 선고 82누166 판결.

## 제3관 행정절차의 내용

### 1. 행정절차법상의 행정절차의 종류

#### (1) 행정처분절차

행정절차법에서 가장 중요한 규율은 역시 행정처분을 위한 행정절차에 대한 규정이라고 할 수 있다. 이 절차의 핵심은 처분의 사전 통지와 의견청취이다. 의견청취절차는 청문, 공청회, 의견제출 중의 하나로 할 수 있다. 행정처분절차에 대해 자세한 것은 후술한다.

#### (2) 신고절차

법령 등에서 행정청에 일정한 사항을 통지함으로써 의무가 끝나는 신고를 규정하고 있는 경우, 통지로써 모든 절차가 종료하여야 함에도 불구하고, 행정청이 실질적으로 이를 심사하고 수리를 거부함으로써 신고가 실질적으로는 의미 있는 규제수단으로 기능하는 경우가 없지 않다. 행정절차법은 이러한 경우를 방지하기 위하여, 위와 같은 경우에 요건을 갖춘 신고가 접수기관에 도달하면 그에 대한 수리여부에 불구하고 신고의무가 이행된 것으로 보는 규정을 두었다(같은 법 제40조).

그런데 행정절차법이 규정하고 있는 신고는 '수리를 요하지 않는 신고'에 해당한다고 할 수 있다. 행정기본법은 새롭게 '수리를 요하는 신고'에 대한 규정을 두었다. 이에 따르면 행정기관의 내부 업무절차가 아닌 경우로서 법률에 신고의 수리를 요하는 것으로 명시된 경우에는 행정청이 이를 수리하여야 효력이 발생한다(행정기본법 제34조).

이처럼 수리의 절차에 대하여 행정절차법과 행정기본법이 나누어 규율하는 것은 바람직하지 않은 것이다. 양 법의 통합논의가 벌써부터 제기되고 있으므로 신고의 통합규율도 함께 논의되어야 할 것이다.

신고절차에 대하여 자세한 것은 제1편 제1장 제3절 제7관 3. (2) 신고와 신고의 수리, 수리거부 참조.

#### (3) 행정상 입법예고절차

법령 등을 제정·개정 또는 폐지하려는 경우에 입법안을 미리 예고하고 의견제출을 받거나 공청회를 개최할 수 있도록 하는 절차를 행정상 입법예고절차라고 한다. 종전에 대통령령인 '법령안 입법예고에 관한 규정'에 존재하던 절차를 행정절차법을 제정하면서 행정절차법에 수용한 것이다.

그런데 행정기본법의 법령등에 대한 개념과 행정절차법의 법령등의 개념이 차이가 있다는 점을 유의하여야 한다. 행정기본법의 법령등에 해당하는 법령보충규칙(법령보충적 행정규칙)의 경우 행정절차법의 법령등의 개념에 해당되지 않으므로[14] 입법예고의 대상이 되지는 않는다.

---

14) 행정절차법 제42조 제1항, 법제업무운영규정 제2조 및 행정기본법 제2조 제1호 참조.

입법예고기간은 예고할 때 정하되, 특별한 사정이 없으면 40일(자치법규는 20일) 이상으로 한다. 입법예고에 대해서는 행정절차법 제4장(제41－45조)이 비교적 자세히 규정하고 있다.

#### (4) 행정예고절차

입법이 아니더라도 주요 정책, 제도, 계획 등을 수립·시행하거나 변경함으로써 국민생활에 큰 영향을 주는 사항 등은 미리 국민들에게 알리고 의견을 들을 필요성이 있다. 이를 입법예고에 준한 절차로 규정한 것이 행정예고절차이다.

행정예고기간은 예고의 성격 등을 고려하여 정하되, 20일 이상으로 한다. 그러나 행정목적을 달성하기 위하여 긴급한 필요가 있는 경우에는 행정예고기간을 단축할 수 있다. 이 경우 단축된 행정예고기간은 10일 이상으로 한다. 행정예고에 대해서는 행정절차법 제5장(제46조, 제46조의2, 제47조)이 비교적 자세히 규정하고 있다.

#### (5) 행정지도절차

행정지도에 의한 행정은 불투명할 뿐 아니라 사실상의 강제력에 의하여 법치주의의 정신에 반할 염려가 있다. 이러한 행정지도로 인한 부작용을 방지하기 위하여 행정절차법은 행정지도에 대한 절차적 규제를 규정하였다.

행정지도절차에 대하여 자세한 것은 제1편 제2장 제3절 제5관 행정지도 참조.

#### (6) 확약절차

행정절차법은 확약을 '법령 등에서 당사자가 신청할 수 있는 처분을 규정하고 있는 경우 행정청은 당사자의 신청에 따라 장래에 어떠한 처분을 하거나 하지 아니할 것을 내용으로 하는 의사표시'라고 규정하고 그에 대한 최소한의 규율을 마련하고 있다.

확약절차에 대하여 자세한 것은 제1편 제2장 제3절 제1관 확약 참조.

#### (7) 위반사실등의 공표 절차

행정절차법은 법령에 따른 의무를 위반한 자의 성명·법인명·위반사실·의무위반을 이유로 한 처분사실등을 일반에게 공표하는 절차를 규정하였다.

위반사실등의 공표절차에 대하여 자세한 것은 제1편 제4장 제3절 제3관 2. 의무위반사실의 공표 참조.

### 2. 행정절차의 기본적 내용

#### (1) 행정절차에서의 참여권의 법적 성격

모든 행정절차에서 이해관계인의 참여권을 인정하는 것은 아니지만 행정절차의 요체는 이해관계인의 행정절차에 대한 참여이다. 따라서 이러한 행정절차에 있어서의 참여권의 법적 성격을 어떻게 이해하는가에 따라 행정절차에 대한 법해석이 달라질 수 있다.

대법원은 행정절차에의 참여를 일종의 공법적 권리로 인정하고 있는 것으로 보인다. 대법원이 절차참여권을 권리로 인정하면서도 그것을 사적 권리로 볼 수 없다고 정의하고 있기 때문이다. 그러면서도 대법원은 행정절차의 참여권이 침해당한 경우에 위자료의 손해배상을 받을 가능성을 인정함으로써 행정절차의 참여를 규정하고 있는 법령의 사익보호성을 간접적으로 인정하고 있다(참고판례 참조). 이처럼 대법원이 행정절차 참여권이 공권이면서 국가배상소송에서 사익보호성이 있음을 인정하고 있지만 아직까지 실체적 권리의 침해 없이 절차참여권 침해만을 이유로 항고소송의 원고적격을 인정한 판례는 없다. 이론적으로는 절차참여권 침해만을 이유로 원고적격을 인정할 것인지에 대해 논란이 있다.

참고판례: 대법원 2021.7.29. 선고 2015다221668 판결 [손해배상(기)]

국가나 지방자치단체가 공익사업을 시행하는 과정에서 해당 사업부지 **인근 주민들은 의견제출을 통한 행정절차 참여 등 법령에서 정하는 절차적 권리를 행사하여 환경권이나 재산권 등 사적 이익을 보호할 기회를 가질 수 있다.** 그러나 법령에서 주민들의 행정절차 참여에 관하여 정하는 것은 어디까지나 주민들에게 자신의 의사와 이익을 반영할 기회를 보장하고 행정의 공정성, 투명성과 신뢰성을 확보하며 국민의 권익을 보호하기 위한 것일 뿐, **행정절차에 참여할 권리 그 자체가 사적 권리로서의 성질을 가지는 것은 아니다. 이와 같이 행정절차는 그 자체가 독립적으로 의미를 가지는 것이라기보다는 행정의 공정성과 적정성을 보장하는 공법적 수단으로서의 의미가 크므로, 관련 행정처분의 성립이나 무효·취소 여부 등을 따지지 않은 채 주민들이 일시적으로 행정절차에 참여할 권리를 침해받았다는 사정만으로 곧바로 국가나 지방자치단체가 주민들에게 정신적 손해에 대한 배상의무를 부담한다고 단정할 수 없다.**

이와 같은 행정절차상 권리의 성격이나 내용 등에 비추어 볼 때, 국가나 지방자치단체가 행정절차를 진행하는 과정에서 **주민들의 의견제출 등 절차적 권리를 보장하지 않은 위법이 있다고 하더라도 그 후 이를 시정하여 절차를 다시 진행한 경우, 종국적으로 행정처분 단계까지 이르지 않거나 처분을 직권으로 취소하거나 철회한 경우, 행정소송을 통하여 처분이 취소되거나 처분의 무효를 확인하는 판결이 확정된 경우 등에는 주민들이 절차적 권리의 행사를 통하여 환경권이나 재산권 등 사적 이익을 보호하려던 목적이 실질적으로 달성된 것이므로 특별한 사정이 없는 한 절차적 권리 침해로 인한 정신적 고통에 대한 배상은 인정되지 않는다. 다만 이러한 조치로도 주민들의 절차적 권리 침해로 인한 정신적 고통이 여전히 남아 있다고 볼 특별한 사정이 있는 경우에 국가나 지방자치단체는 그 정신적 고통으로 인한 손해를 배상할 책임이 있다. 이때 특별한 사정이 있다는 사실에 대한 주장·증명책임은 이를 청구하는 주민들에게 있고, 특별한 사정이 있는지는 주민들에게 행정절차 참여권을 보장하는 취지, 행정절차 참여권이 침해된 경위와 정도, 해당 행정절차 대상사업의 시행경과 등을 종합적으로 고려해서 판단해야 한다.**

### (2) 사전통지와 의견청취절차

#### ① 사전통지

행정청이 침익처분(의무를 부과하거나 권익을 제한하는 처분)을 할 때에는 미리 당사자에게 통지하여야 한다(행정절차법 제21조 제1항). 이러한 통지는 당사자의 의견제출을 위한 것이라 할 수 있고 의견제출을 위한 기한은 10일 이상으로 고려하여 정하여야 한다(같은 법 제21조 제3항).

대법원은 신청에 대한 거부처분은 당사자의 권익을 제한하는 처분에 해당한다고 할 수 없는 것이어서 처분의 사전통지대상이 된다고 할 수 없다[15]고 한다. 이처럼 거부처분이 사전통지의 대상이 되지 못하는 이상 거부처분에 대해서는 의견청취절차를 거칠 것이 의무화되지도 않는다고 보아야 한다. 이와 같이 거부처분은 행정절차법의 규율대상이 되지 못하나 '민원처리에 관한 법률'은 거부처분에 대한 이의신청절차를 규정하여 거부처분에 관한 민원인의 이익을 보호하고 있다(같은 법 제35조). 한편 영업자지위승계신고수리처분은 종전의 영업자의 권익을 제한하는 처분이므로 그에 대한 사전통지와 함께 행정절차를 실시하여야 한다고 한다.[16]

그러나 도로구역변경결정과 같이 상대방을 불특정 다수인으로 하는 일반처분[17]이나 제3자효 행정행위에서 이해관계 있는 제3자에게는 사전통지를 할 필요가 없다. 또한, 퇴직연금의 환수결정과 같이 당사자에게 의무를 부과하는 것이라도 관련 법령에 따라 당연히 환수금액이 정해지는 경우에는 당사자에게 의견진술의 기회를 주지 않아도 무방하다고 한다.[18] 이러한 대법원의 판시는 퇴직연금 환수결정이 관련 법령에 의해 당연히 결정되는 것이어서 법적 규율성이 없으므로 이를 행정행위로 볼 수는 없지만 국민 권익보호를 위해 처분성을 인정한 것이기 때문에, 처분성은 인정되어도 행정행위가 아니므로 이를 절차법적으로 보호할 필요는 없다는 입장을 반영한 것으로 해석된다.

**참고판례 1: 대법원 2003.2.14. 선고 2001두7015 판결 [유흥주점영업자지위승계수리처분취소]**

행정청이 구 식품위생법 규정에 의하여 **영업자지위승계신고를 수리하는 처분은 종전의 영업자의 권익을 제한하는 처분이라 할 것이고 따라서 종전의 영업자는 그 처분에 대하여 직접 그 상대가 되는 자에 해당한다고 봄이 상당하므로, 행정청으로서는 위 신고를 수리하는 처분을 함에 있어서 행정절차법 규정 소정의 당사자에 해당하는 종전의 영업자에 대하여 위 규정 소정의 행정절차를 실시하고 처분을 하여야 한다.**

**참고판례 2: 대법원 2000.11.28. 선고 99두5443 판결 [퇴직급여환수금반납고지처분등취소]**

**퇴직연금의 환수결정은 당사자에게 의무를 과하는 처분이기는 하나, 관련 법령에 따라 당연히 환수금액이 정하여지는 것이므로,** 퇴직연금의 환수결정에 앞서 당사자에게 **의견진술의 기회를 주지 아니하여도 행정절차법 제22조 제3항이나 신의칙에 어긋나지 아니한다.**

**해 설** 퇴직연금의 환수결정은 법령에 정한 바에 따라 이루어지는 것이므로 새로운 행정결정이 아니라고 할 수 있음에도 그 처분성을 인정하였다. 그러나 처분성을 인정하면서도 행정절차는 거칠 필요가 없다고 하였다.

15) 대법원 2003.11.28. 선고 2003두674 판결.
16) 대법원 2003.2.14. 선고 2001두7015 판결.
17) 대법원 2008.6.12. 선고 2007두1767 판결.
18) 대법원 2000.11.28. 선고 99두5443 판결.

참고판례 3: 대법원 2020.7.23. 선고 2017두66602 판결 [조치명령무효확인]

행정절차법 제21조, 제22조, 행정절차법 시행령 제13조의 내용을 행정절차법의 입법 목적과 의견청취 제도의 취지에 비추어 종합적·체계적으로 해석하면, **행정절차법 시행령 제13조 제2호에서 정한 "법원의 재판 또는 준사법적 절차를 거치는 행정기관의 결정 등에 따라 처분의 전제가 되는 사실이 객관적으로 증명되어 처분에 따른 의견청취가 불필요하다고 인정되는 경우"는 법원의 재판 등에 따라 처분의 전제가 되는 사실이 객관적으로 증명되면 행정청이 반드시 일정한 처분을 해야 하는 경우 등 의견청취가 행정청의 처분 여부나 그 수위 결정에 영향을 미치지 못하는 경우를 의미한다**고 보아야 한다. **처분의 전제가 되는 '일부' 사실만 증명된 경우이거나 의견청취에 따라 행정청의 처분 여부나 처분 수위가 달라질 수 있는 경우라면 위 예외사유에 해당하지 않는다.**

② 의견청취절차

의견청취절차에는 청문, 공청회, 의견제출 등이 있다. 침익적 처분을 할 때에는 청문이나 공청회의 대상이 되지 않는다면 최소한 당사자에게 의견제출의 기회는 주어야 한다(같은 법 제22조 제3항). 원칙적으로 온라인공청회는 (오프라인)공청회와 병행해서만 실시할 수 있다(같은 법 제38조의2 제1항).

③ 청문절차, 공청회 절차

의견청취절차 중 가장 전형적인 형태라고 할 수 있는 청문절차에는 진술형 청문과 사실심형 청문이 있다. 사실심형 청문은 소송절차에서처럼 주장·입증에 대한 반박이 허용되어 실체적 진실의 발견에 유리하지만 시간이 오래 걸린다는 단점이 있기 때문에 실제의 청문은 대개 진술형 청문으로 진행된다. 행정절차법에서 청문은 처분절차에 대해서만 인정되고 있다.

진술형 청문으로 진행되는 우리나라의 행정절차법상 청문절차를 준사법절차라고 하기는 어렵다. 그것은 엄격한 증거조사 등이 이루어지지 않아서만이 아니라 청문의 주체인 행정청 자신이 직무의 독립성을 보장받지 못하고 있고, 그 소속 직원이 청문주재자가 될 수 있어서 청문주재자의 중립성이 완전히 확보되지 않은 점[19] 등에 비추어 절차 진행의 객관성과 중립성에 대해서 반드시 확신할 수 없기 때문이다.

행정절차법은 청문의 실시에 대하여 ① 다른 법령이 그를 실시하도록 규정하고 있는 경우, ② 행정청이 필요하다고 인정하는 경우, ③ 인·허가 등의 취소나 신분·자격의 박탈 또는 법인이나 조합 등의 설립허가의 취소 등의 경우에 하도록 하고 있다(같은 법 제22조 제1항).

공청회의 실시에 대해서는 ① 다른 법령이 그를 개최하도록 규정하고 있는 경우, ② 행정청이 필요하다고 인정하는 경우, ③ 국민 다수의 생명, 안전 및 건강에 큰 영향을 미치는 처분, 그리고 소음 및 악취 등 국민의 일상생활과 관계되는 환경에 큰 영향을 미치는 처분으로서 30명 이상의 당사자등이 공청회 개최를 요구하는 경우에 하도록 하고 있다(같은 법 제22조 제2항, 같은 법

---

19) 다만 청문주재자가 해당 처분업무를 처리하는 부서에 근무하는 경우 등 해당처분과 일정한 관련이 있는 경우에는 청문주재자가 되지 못한다(행정절차법 제29조 제1항).

시행령 제13조의3).

④ 의견청취절차의 생략

의견청취절차는 일정한 경우 생략될 수 있다. 행정절차법 제21조 제4항은 사전통지를 하지 않을 수 있는 경우를 규정하고 있으며, 같은 법 제22조 제4항은 의견청취를 하지 않을 수 있는 경우를 각기 규정하고 있다.

i ) 사전통지를 하지 않을 수 있는 경우(같은 법 제21조 제4항)

제1호: 공공의 안전 또는 복리를 위하여 긴급히 처분을 할 필요가 있는 경우

제2호: 법령 등에서 요구된 자격이 없거나 없어지게 되면 반드시 일정한 처분을 하여야 하는 경우에 그 자격이 없거나 없어지게 된 사실이 법원의 재판 등에 의하여 객관적으로 증명된 경우

제3호: 해당 처분의 성질상 의견청취가 현저히 곤란하거나 명백히 불필요하다고 인정될 만한 상당한 이유가 있는 경우

대법원은 행정절차법 제21조 제4항 제3호에 해당하는지는 해당 행정처분의 성질에 비추어 판단하여야 하며, 처분상대방이 이미 행정청에 위반사실을 시인하였다거나 처분의 사전통지 이전에 의견을 진술할 기회가 있었다는 사정을 고려하여 판단할 것은 아니라고 한다.[20]

ii ) 의견청취를 하지 않을 수 있는 경우

위의 사전통지를 하지 않을 수 있는 경우(같은 법 제21조 제4항 각호)와 당사자가 의견진술의 기회를 포기한다는 뜻을 명백히 표시한 경우에는 의견청취를 하지 않을 수 있다(같은 법 제22조 제4항).

대법원은 행정처분의 상대방에 대한 청문통지서가 반송되었다거나 행정처분의 상대방이 청문일시에 불출석하였다는 이유로 청문을 실시하지 아니하고 한 침해적 행정처분은 위법하다고 한다.[21]

⑤ 제출의견의 반영

행정청은 처분을 할 때에 당사자등이 제출한 의견이 상당한 이유가 있다고 인정하는 경우에는 이를 반영하여야 하고 그 의견을 반영하지 않은 경우에는 당사자등이 처분이 있음을 안 날로부터 90일 내에 그 이유의 설명을 요청하면 서면으로 그 이유를 알려야 한다(같은 법 제27조의2).

### (3) 문서 열람

문서 열람이란 의견제출이나 청문에 즈음하여 행정결정의 상대방이 당해 사안에 관하여 행정청의 문서 등의 기록을 열람하는 것을 말한다(같은 법 제37조). '공공기관의 정보공개에 관한 법률'이 존재하지만 문서 열람에 대해 행정절차법이 규정하는 것은 '공공기관의 정보공개에 관한 법률'에 대한 특별법으로서의 의미를 가진다고 보아야 할 것이다. 예컨대, '공공기관의 정보공개에 관한 법률' 제9조 제1항 제5호는 의사결정과정, 내부검토과정에 있는 사항으로서 공개될 경

20) 대법원 2016.10.27. 선고 2016두41811 판결.
21) 대법원 2001.4.13. 선고 2000두3337 판결.

우 업무의 공정한 수행이나 연구·개발에 현저한 지장을 초래한다고 인정할 만한 상당한 이유가 있는 정보는 비공개할 수 있다고 하고 있으나 이러한 정보도 당해 결정과 관련된 행정절차에서 행정절차의 당사자 등에 대해서는 행정절차법의 규정에 따라 원칙적으로 이를 공개하여야 한다고 본다. 그렇지 않으면 행정절차법 제37조는 불필요한 조항이 될 것이다.

당사자등은 의견제출의 경우에는 처분의 사전통지가 있는 날부터 의견제출 기한까지, 청문의 경우에는 청문의 통지가 있는 날부터 청문이 끝날 때까지 해당처분과 관련되는 문서의 열람·복사를 요청할 수 있고 행정청은 다른 법령에 의하여 그 공개가 제한되는 경우를 제외하고는 그 요청을 거부할 수 없다. 만약 법령상 그 요청을 거부하여야 할 때에는 그 이유를 소명하여야 한다(같은 법 제37조 제1항, 제3항). 그런데 여기서의 '다른 법령'에는 '공공기관의 정보공개에 관한 법률'은 해당되지 않는다고 보아야 한다.

그리고 누구든지 의견제출 또는 청문을 통하여 알게 된 사생활이나 경영상 또는 거래상의 비밀을 정당한 이유 없이 누설하거나 다른 목적으로 사용하여서는 아니 된다(같은 법 제37조 제6항).

#### (4) 결정이유의 제시(이유부기)

행정청이 처분을 할 때에는 원칙적으로 처분의 근거와 이유를 제시하여야 한다. 다만, ① 신청내용을 인용하는 경우, ② 단순 반복적 처분 또는 경미한 처분으로서 당사자가 그 이유를 명백히 알 수 있는 경우, ③ 긴급을 요하는 경우에는 예외이다(같은 법 제23조 제1항).

그런데 처분의 근거와 이유를 어느 정도 제시하여야 하는지가 문제이다. 행정절차법 시행령 제14조의2는 행정청이 처분의 이유를 제시하는 경우에는 처분의 원인이 되는 사실과 근거가 되는 법령 또는 자치법규의 내용을 구체적으로 명시하여야 한다고 규정하고 있다. 문제가 되는 경우는 ① 근거법령 및 그에 해당하는 사실관계가 기재되지 않은 경우, ② 근거법령은 기재되었으나 그에 해당하는 사실관계가 기재되지 않은 경우, ③ 사실관계는 기재되었으나 근거법령이 기재되지 않은 경우, ④ 근거법령이나 사실관계가 부실하게 기재된 경우 등이다.

대법원은 처분의 이유제시에 대해 당사자가 그 근거를 알 수 있을 정도로 상당한 이유를 제시한 경우에는 당해 처분의 근거 및 이유를 구체적 조항 및 내용까지 명시하지 않아도 된다고 한다.[22] 어느 정도 명시하여야 하는가에 대한 판례의 기준은 상대방이 행정처분에 대해 적절히 대응하고 방어권을 행사할 수 있었는가의 여부에 있다고 보여진다.[23] 대법원은 집회 및 시위에 관한 법률상 해산명령에는 사유를 특정하여 고지하여야 한다고 한다.[24]

**참고판례 1: 대법원 2019.1.31. 선고 2016두64975 판결 [가격조정명령처분취소]**

행정청이 처분을 할 때에는 원칙적으로 당사자에게 그 근거와 이유를 제시하여야 한다(행정절차법 제23조 제1항). 이 경우 행정청은 처분의 원인이 되는 사실과 근거가 되는 법령 또는 자치법규의 내용을 구

22) 대법원 2002.5.17. 선고 2000두8912 판결.
23) 대법원 2009.12.10. 선고 2007두20362 판결 참조.
24) 대법원 2012.2.9. 선고 2011도7193 판결.

체적으로 명시하여야 한다(행정절차법 시행령 제14조의2).

다만 행정청의 자의적 결정을 배제하고 당사자로 하여금 행정구제절차에서 적절히 대처할 수 있도록 하는 처분의 근거 및 이유제시 제도의 취지에 비추어, **처분을 하면서 당사자가 그 근거를 알 수 있을 정도로 이유를 제시한 경우에는 처분의 근거와 이유를 구체적으로 명시하지 않았더라도 그로 말미암아 그 처분이 위법하다고 볼 수는 없다. 이때 '이유를 제시한 경우'는 처분서에 기재된 내용과 관계 법령 및 당해 처분에 이르기까지의 전체적인 과정 등을 종합적으로 고려하여, 처분 당시 당사자가 어떠한 근거와 이유로 처분이 이루어진 것인지를 충분히 알 수 있어서 그에 불복하여 행정구제절차로 나아가는 데 별다른 지장이 없었다고 인정되는 경우를 뜻한다.**

### 참고판례 2: 대법원 2019.7.4. 선고 2017두38645 판결 [법인세부과처분취소]

(전략) 납세고지서에 해당 본세의 과세표준과 세액의 산출근거 등이 제대로 기재되지 않았다면 특별한 사정이 없는 한 그 징수처분은 위법하다.

그러나 **납세고지서의 세율이 잘못 기재되었다고 하더라도 납세고지서에 기재된 문언 내용 등에 비추어 원천징수의무자 등 납세자가 세율이 명백히 잘못된 오기임을 알 수 있고 납세고지서에 기재된 다른 문언과 종합하여 정당한 세율에 따른 세액의 산출근거를 쉽게 알 수 있어 납세자의 불복 여부의 결정이나 불복신청에 지장을 초래하지 않을 정도라면, 납세고지서의 세율이 잘못 기재되었다는 사정만으로 그에 관한 징수처분을 위법하다고 볼 것은 아니다.**

### 참고판례 3: 대법원 2018.6.15. 선고 2016두57564 판결 [임용제청거부처분취소등]

교육부장관이 어떤 후보자를 총장 임용에 부적격하다고 판단하여 배제하고 다른 후보자를 임용제청하는 경우라면 배제한 후보자에게 연구윤리 위반, 선거부정, 그 밖의 비위행위 등과 같은 부적격사유가 있다는 점을 구체적으로 제시할 의무가 있다. 그러나 **부적격사유가 없는 후보자들 사이에서 어떤 후보자를 상대적으로 더욱 적합하다고 판단하여 임용제청하는 경우라면,** 이는 후보자의 경력, 인격, 능력, 대학운영계획 등 여러 요소를 종합적으로 고려하여 총장 임용의 적격성을 정성적으로 평가하는 것으로 **그 판단 결과를 수치화하거나 이유제시를 하기 어려울 수 있다. 이 경우에는** 교육부장관이 **어떤 후보자를 총장으로 임용제청하는 행위 자체에 그가 총장으로 더욱 적합하다는 정성적 평가 결과가 당연히 포함되어 있는 것으로, 이로써 행정절차법상 이유제시의무를 다한 것이라고 보아야 한다.** 여기에서 나아가 교육부장관에게 개별 심사항목이나 고려요소에 대한 평가 결과를 더 자세히 밝힐 의무까지는 없다.

**해 설** 교육부장관의 총장추천행위는 적격자 중 선발하여 추천하는 것이므로 부적격사유가 없는 자 중 누구를 추천하는가에 대해서는 그 판단결과를 수치화하거나 이유제시를 하기 어려울 수 있으므로 이런 경우에는 이유제시가 없어도 무방하다고 판시한 것이다. 이러한 판시를 뒷받침하는 논리로서 또한 생각해 볼 수 있는 것은 교육부장관의 추천행위는 추천받지 못한 사람에게는 거부처분일수는 있으나 불이익처분이라고 할 수는 없다는 점이다.

---

#### (5) 처분기준과 처리기한의 설정 · 공표

행정청은 필요한 처분기준을 해당처분의 성질에 비추어 되도록 구체적으로 정하여 공표하여야 한다. 해당기준을 변경하는 경우에도 같다(같은 법 제20조 제1항). 다만 처분기준을 공표하는 것이 해당 처분의 성질상 현저히 곤란하거나 공공의 안전 또는 복리를 현저히 해치는 것으로 인정될 만한 상당한 이유가 있는 경우에는 처분기준을 공표하지 아니할 수 있다(제3항).

이러한 처분기준의 설정·공표는 법적 의무이다. 또한 공표된 처분기준이 명확하지 않은 경우에는 당사자 등은 행정청에 대하여 그 해석과 설명을 요구할 권리를 가진다(처분기준해명청구권).

학설은 만약 처분기준을 설정·공표하지 않고 처분을 한다면 그것은 위법한 처분이라고 하여야 한다고 한다.[25)] 그러나 대법원은 처분기준을 설정·공표하지 않고 처분을 하였다 하더라도 그것만으로 위법이라 할 수 없다고 하였다. 그러나 행정기본법 제22조가 시행되고 있는 현재의 상태에서도 대법원이 동일한 판시를 할지는 알 수 없다. 다만 대법원은 동일한 판결에서 해당처분에 적용한 처분기준이 상위법이나 신뢰보호의 원칙 등과 같은 법의 일반원칙을 위반하였거나 객관적으로 합리성이 없다고 볼 수 있는 구체적인 사정이 있다면 해당 처분은 위법하다고 평가할 수 있다고 한다.[26)]

처분기준과는 별도로 행정청은 신청인의 편의를 위하여 처분의 처리기간을 종류별로 설정하여 공표하여야 한다. 부득이한 경우에는 처리기간을 연장할 수 있다. 정당한 처리기간에 처리하지 못한 경우 부작위가 되어 의무이행심판이나 부작위위법확인소송의 대상이 될 수 있다. 대법원은 처리기간에 관한 규정은 훈시규정으로 보고 그를 위반하여도 이를 처분을 취소할 절차상 하자로 볼 수는 없다고 한다.[27)] 또한 근래 입법의 경향은 처리기한이 지나면 처분이 있는 것으로 간주하는 규정을 두는 경우도 있다(여객자동차운수사업법 제41조 제3항, 제49조의2 제4항).

한편 행정절차법은 인허가의제의 경우 관련 행정청은 관련 인허가의 처분기준을 주된 인허가 행정청에게 제출하도록 하고 주된 인허가 행정청은 제출받은 처분기준을 통합하여 공표하도록 규정하고 있다(행정절차법 제20조 제2항). 처분기준을 변경할 때에도 동일하다.

### 참고판례 1: 대법원 2020.12.24. 선고 2018두45633 판결 [중국전담여행사지정취소처분취소]

**행정청이 행정절차법 제20조 제1항의 처분기준 사전공표 의무를 위반하여 미리 공표하지 아니한 기준을 적용하여 처분을 하였다고 하더라도, 그러한 사정만으로 곧바로 해당 처분에 취소사유에 이를 정도의 흠이 존재한다고 볼 수는 없다.** 다만 **해당 처분에 적용한 기준이 상위법령의 규정이나 신뢰보호의 원칙 등과 같은 법의 일반원칙을 위반하였거나 객관적으로 합리성이 없다고 볼 수 있는 구체적인 사정이 있다면 해당 처분은 위법하다고 평가할 수 있다.** 구체적인 이유는 다음과 같다.

① 행정청이 행정절차법 제20조 제1항에 따라 정하여 공표한 **처분기준은,** 그것이 해당 처분의 근거 법령에서 구체적 위임을 받아 제정·공포되었다는 특별한 사정이 없는 한, **원칙적으로 대외적 구속력이 없는 행정규칙에 해당한다.**

② 처분이 적법한지는 행정규칙에 적합한지 여부가 아니라 상위법령의 규정과 입법 목적 등에 적합한

---

25) 오준근, "처분기준을 설정·공표하지 아니한 합의제 행정기관의 행정처분의 효력", 『인권과 정의』 378호, 2008, 145－146면.

26) 대법원 2020.12.24. 선고 2018두45633 판결.

27) 대법원 2019.12.13. 선고 2018두41907 판결.

지 여부에 따라 판단해야 한다. 처분이 행정규칙을 위반하였다고 하여 그러한 사정만으로 곧바로 위법하게 되는 것은 아니고, 처분이 행정규칙을 따른 것이라고 하여 적법성이 보장되는 것도 아니다. **행정청이 미리 공표한 기준, 즉 행정규칙을 따랐는지 여부가 처분의 적법성을 판단하는 결정적인 지표가 되지 못하는 것과 마찬가지로, 행정청이 미리 공표하지 않은 기준을 적용하였는지 여부도 처분의 적법성을 판단하는 결정적인 지표가 될 수 없다.**

③ **행정청이 정하여 공표한 처분기준이 과연 구체적인지 또는 행정절차법 제20조 제2항에서 정한 처분기준 사전공표 의무의 예외사유에 해당하는지는 일률적으로 단정하기 어렵고,** 구체적인 사안에 따라 개별적으로 판단하여야 한다. 만약 행정청이 행정절차법 제20조 제1항에 따라 **구체적인 처분기준을 사전에 공표한 경우에만 적법하게 처분을 할 수 있는 것이라고 보면, 처분의 적법성이 지나치게 불안정해지고 개별법령의 집행이 사실상 유보·지연되는 문제가 발생하게 된다.**

**해 설** 처분기준을 설정·공표하지 않고 처분을 하였다 하더라도 그것만으로 위법이라 할 수 없다고 하면서 다만 처분기준이 상위법이나 신뢰보호의 원칙 등과 같은 법의 일반원칙을 위반하였거나 객관적으로 합리성이 없다고 볼 수 있는 구체적인 사정이 있다면 해당 처분은 위법하다고 평가할 수 있다고 판시하였다. 이러한 대법원의 입장은 행정절차법이 처분기준 공표를 하지 않아도 되는 예외적인 경우를 규정하고 있음에도 불구하고 그에 해당되는가에 대한 판단이 아닌 새로운 독자적인 기준으로 처분기준 설정·공표 의무의 구속력을 형해화하였다는 점에서 비판의 여지가 있다. 또한 제재처분기준에 대한 법률유보를 규정한 행정기본법 제22조가 입법된 이후에는 제재처분에 관한 한 대법원의 이러한 법해석이 더욱 타당성을 잃었다고 볼 수도 있다.

참고판례 2: 대법원 2019.12.13. 선고 2018두41907 판결 [인가공증인인가신청반려처분취소청구의소]

원심은 공증인법 제15조의2에 따른 **공증인가는 지역별 사정과 공증수요를 고려하여 결정하여야 하므로 성질상 처분기준을 공표하는 것이 현저히 곤란한 경우에 해당한다**고 판단하였다. 이러한 원심판단은 관련 법리에 비추어 수긍할 수 있고, 원심판단에 상고이유 주장과 같이 행정절차법상 처분기준 사전공표 의무 등에 관한 법리를 오해한 잘못이 없다.

**해 설** 공증인가의 처분기준을 설정하지 않은 것이 행정절차법 제20조 제3항의 처분기준을 공표하는 것이 성질상 현저히 곤란한 경우에 해당한다고 판시한 판례이다. 그러나 성질상 현저히 곤란한 경우인지의 여부에 대해 충분한 논증이 이루어졌는지 의문이며 행정절차법의 예외를 확대 적용한 판례라는 비난을 받고 있다.

## 제4관 행정절차의 진행

### 1. 행정절차의 주체

#### (1) 행정절차의 주재자

행정절차의 주재자는 행정절차 전반을 진행하는 자로서 매우 중요한 위치에 있다. 따라서 절차의 객관성, 공정성을 위해서는 행정절차의 주재자는 편견을 가지지 않고 공정하게 업무를 처리할 수 있는 사람으로 하여야 한다. 미국의 경우 청문절차의 주재자의 공정성과 객관성을 담보하기 위하여 청문주재자는 자신이 속한 행정청의 인사권 하에 있지 않은 법률전문가로 한다. 그러나 우리나라의 경우 이러한 제도들이 채택되고 있지 않아서 청문주재자의 공정성을 확보하기 위한 제도적 장치가 충분하다고 보기는 어렵다.

행정절차법에 따르면 청문은 행정청이 소속직원 또는 대통령령으로 정하는 자격을 가진 사람 중에서 선정하는 사람이 주재한다(같은 법 제28조 제1항). 대통령령으로 정하는 자격을 가진 자란 ① 교수·변호사·공인회계사 등 관련 분야의 전문직 종사자, ② 청문사안과 관련되는 분야에 근무한 경험이 있는 전직 공무원, ③ 그 밖의 업무경험을 통하여 청문사안과 관련되는 분야에 전문지식이 있는 자를 말한다(같은 법 시행령 제15조 제1항).

청문주재자에게 공정을 해칠 우려가 있는 사유(같은 법 제29조 제1항 각호의 사유)가 있는 경우에는 청문을 주재할 수 없으며(제척), 또한 공정한 청문 진행을 할 수 없는 사유가 있는 경우에는 당사자등은 청문주재자에 대한 기피신청을 할 수 있다(기피: 같은 법 제29조 제2항). 한편 청문 주재자에게 제척의 사유가 있거나 기피의 사유가 있을 때에는 주재자 자신이 행정청의 승인을 받아 주재를 하지 않을 수 있다(회피: 같은 법 제29조 제3항).

그런데 ① 다수 국민의 이해가 상충되는 처분, ② 다수 국민에게 불편이나 부담을 주는 처분, ③ 그 밖에 전문적이고 공정한 청문을 위하여 행정청이 청문 주재자를 2명 이상으로 선정할 필요가 있다고 인정하는 처분의 경우에는 청문주재자를 2인 이상으로 할 수 있다.[28] 이 경우 행정청은 중립성과 전문성을 고려하여 청문주재자 중 1명의 대표 청문주재자를 선정한다(같은 법 제28조 제2항, 시행령 제15조의2 제2항).

공청회의 경우에는 해당 공청회의 사안과 관련된 분야에 전문적 지식이 있거나 그 분야에 종사한 경험이 있는 사람으로서 대통령령으로 정하는 자격을 가진 사람 중에서 선정된 사람이 주재자가 된다(같은 법 제38조의3 제1항). 여기서 대통령령으로 정하는 자격은 청문주재자의 자격의 경우와 동일하다(같은 법 시행령 제21조 제1항).

### (2) 당사자 등

행정절차법 제2조 제4호는 행정절차의 당사자 등을 ① 행정청의 처분에 대하여 직접 그 상대가 되는 당사자, ② 행정청이 직권으로 또는 신청에 따라 행정절차에 참여하게 한 이해관계인으로 정의하고 있다.

제3자이지만 항고소송의 원고적격이 인정되는 자의 경우가 문제이다. 제3자가 청문의 대상이 되는 처분에 대해 법률상 이익이 있다고 하면 그의 행정절차 참가를 위한 신청은 반드시 받아들여져야 한다. 만약 법률상 이익이 있는 자가 행정절차에 참여하겠다고 신청하였으나 이를 거부하고 진행된 행정절차는 위법하다고 할 것이다.

행정절차에서의 당사자능력에 대해 행정절차법 제9조는 ① 자연인, ② 법인과 법인 아닌 사단

28) 청문주재자의 2분의1 이상은 민간전문가로 선정하여야 함(행정절차법 시행령 제15조의2 제1항).

또는 재단, ③ 그 밖에 다른 법령 등에 따라 권리·의무의 주체가 될 수 있는 자에게 인정됨을 규정하고 있다.

또한 행정절차에서도 다수당사자를 위한 대표의 선정 그리고 대리인 선임이 가능하다(같은 법 제11조, 제12조).

## 2. 행정절차의 진행

### (1) 직권주의

행정절차에서는 직권주의가 지배한다. 당사자들에 의해서 절차의 진행이 주도되는 것이 아니라 오히려 행정청과 주재자에 의해 절차가 진행된다. 당사자의 신청에 의해 이루어지는 절차도 있지만 그 경우에도 행정청이나 주재자의 결정에 의해 절차가 진행됨이 원칙이다.

청문의 경우, 청문주재자는 직권 또는 당사자의 신청에 의해서 증거조사를 할 수 있으며, 당사자가 주장하지 아니한 사실에 대해서도 증거조사를 할 수 있다(행정절차법 제33조).

### (2) 행정절차의 공개

당사자가 공개를 신청하거나 청문주재자가 필요하다고 인정할 경우 청문절차를 공개할 수 있다. 다만 공익 또는 제3자의 정당한 이익을 현저히 해칠 우려가 있는 경우에는 공개하여서는 안된다(같은 법 제30조).

원칙적인 공개가 아니라, 신청이 있거나 청문주재자가 필요하다고 인정할 경우에만 공개를 할 수 있도록 하고 그런 경우에도 공익이나 제3자의 이익을 해칠 우려가 있을 경우에는 공개할 수 없도록 규정한 것이다.

그러나 공청회는 본질상 공개된다. 공청회 때에는 발표자만이 아니라 방청인에게도 의견을 제시할 기회를 주어야 한다(같은 법 제39조 제3항).

### (3) 행정절차의 진행

청문은 청문주재자가 예정된 처분의 내용과 원인되는 사실 및 법적 근거를 설명하고 당사자 등은 의견을 제시하고 증거를 제출할 수 있다. 당사자 등이 의견서를 제출한 경우에도 그 내용을 출석하여 진술한 것으로 본다. 청문기일이 속행될 때에는 다음 기일에 대해 통지하여야 한다(같은 법 제31조).

공청회는 행정청이 발표를 신청한 사람 중에서 발표자를 선정하거나 발표를 신청한 사람이 없는 경우 행정청이 발표자를 선정한다. 공청회주재자는 공청회의 원활한 진행을 위하여 발표내용을 제한할 수 있고 질서유지를 위해 발언중지나 퇴장명령 등을 할 수 있다. 주재자는 발표가 끝난 후 발표자 상호간 질의와 답변의 기회를 주어야 한다. 또 방청인에게 의견제시할 기회를 주어야 한다(같은 법 제38조의3, 제39조). 행정청은 공청회를 개최하려는 경우에는 공청회 개최 14일 전까지 발표자에 관한 사항, 발표신청 방법 등을 관보 등에 공고하는 방법으로 알려야 한다

(같은 법 제38조). 온라인공청회의 경우에도 거의 동일하다(같은 법 시행령 제20조의2). 그리고 공청회 개최를 알린 후 예정대로 개최하지 못하여 새로 일시와 장소를 정한 경우에는 공청회 개최 7일 전까지 알려야 한다(같은 법 제38조 단서).

온라인 공청회는 (오프라인) 공청회와 병행하여야만 실시할 수 있다(같은 법 제38조의2 제1항). 그러나 ① 국민의 생명·신체·재산의 보호 등 국민의 안전 또는 권익보호 등의 이유로 제38조의 (오프라인) 공청회를 개최하기 어려운 경우 ② 제38조에 따른 (오프라인) 공청회가 행정청이 책임질 수 없는 사유로 개최되지 못하거나 개최는 되었으나 정상적으로 진행되지 못하고 무산된 횟수가 3회 이상인 경우 ③ 행정청이 널리 의견을 수렴하기 위하여 온라인 공청회를 단독으로 개최할 필요가 있다고 인정하는 경우(다만 다른 법령등에서 공청회를 개최하도록 규정하고 있는 경우와 국민생활에 큰 영향을 미치는 처분으로서 국민 다수의 생명, 안전 및 건강에 큰 영향을 미치는 처분이나 소음 및 악취 등 국민의 일상생활과 관계되는 환경에 큰 영향을 미치는 처분에 대하여 30명 이상의 당사자 등이 공청회 개최를 요구하는 경우는 단독으로 못함)에는 온라인 공청회를 단독으로 개최할 수 있다(같은 법 제38조의2 제2항, 제22조 제2항 제1호, 제3호, 같은 법 시행령 제13조의3).

### (4) 행정절차의 병합 · 분리

행정청은 직권으로 또는 당사자의 신청에 의하여 여러 개의 사안을 병합하거나 분리하여 청문을 할 수 있다(같은 법 제32조).

공청회에 대해서는 명문의 규정이 없으나 동일하게 병합과 분리가 가능하다고 하여야 한다. 그러나 전혀 무관한 사안을 병합할 수는 없다고 보아야 한다.

### (5) 행정절차의 종결과 재개

청문주재자는 해당 사안에 대하여 당사자 등의 의견진술과 증거조사가 충분히 이루어졌다고 인정하는 경우 청문을 종결할 수 있다. 다만 당사자 등의 전부 또는 일부가 정당한 사유 없이 청문기일에 출석하지 아니하거나 의견서를 제출하지 않는 경우에는 그들에게 다시 의견진술이나 증거제출의 기회를 주지 않고 청문을 종결할 수 있다. 그러나 당사자 등의 전부 또는 일부가 정당한 사유로 출석하지 않거나 의견서를 제출하지 않은 경우에는 의견진술과 증거제출을 위한 10일 이상의 기간을 주고 그 기간이 끝났을 때 청문을 종결할 수 있다(같은 법 제35조).

행정청은 청문을 종결한 후에 처분을 할 때까지 새로운 사정이 발견되어 청문을 재개할 필요가 있으면 청문조서를 되돌려 보내고 청문재개를 명할 수 있다(같은 법 제36조).

공청회의 경우에도 이와 유사하다. 행정청은 공청회를 마친 후 처분을 할 때까지 새로운 사정이 발견되어 공청회를 다시 할 필요가 있다고 인정할 때에는 공청회를 다시 개최할 수 있다(같은 법 제39조의3).

### (6) 행정절차의 결과

청문의 결과에 대해 청문주재자는 청문조서와 청문주재자의 의견서를 작성하여야 한다. 청문조서는 청문에 대한 객관적 기록이라 할 수 있고 청문주재자의 의견서는 청문주재자의 처분에 대한 의견서라고 할 수 있다.

행정청은 청문조서, 청문주재자의 의견서, 기타 관계서류에 나타난 청문의 결과가 상당한 이유가 있다고 인정하는 경우에는 처분을 할 때 이를 반영하여야 한다(같은 법 제35조의2). 공청회에 있어서도 마찬가지이다(같은 법 제39조의2).

## 제5관 행정절차의 하자의 법적 효과

### 1. 하자 있는 행정절차의 법적 효과

#### (1) 개설

행정절차에 하자가 있는 경우, 그러한 절차의 하자로 인하여 그와 관련된 처분의 효력은 어떠한 영향을 받는지가 문제이다. 일반적으로 말해서 행정절차의 하자가 무효 사유가 되는 경우는 흔하지 않다. 행정절차 중 중요한 절차의 하자인 경우에는 취소사유가 되고 중요하지 않은 절차의 경우 취소사유 조차 되지 않는 경우도 있다.

드물지만 행정절차의 하자의 효과에 대하여 법령이 명시적으로 규정하는 경우가 있다. 예컨대, 국가공무원법 제13조 제2항과 지방공무원법 제18조 제2항은 소청사건을 심사할 때 소청인 등에게 진술의 기회를 부여하지 않고 한 결정은 무효라고 규정하고 있다.

또한 최근에는 하자있는 행정절차에 근거한 처분의 법적 효력의 문제와 별도로 행정절차 위반에 따른 정신적 손해에 대한 국가배상책임(위자료)이 인정되는 경우도 있다.

#### (2) 명문규정이 없는 경우 절차하자가 독립적 취소사유가 되는지의 여부

명문규정이 없는 경우에는 주로 절차적 하자만으로 독자적인 취소 사유가 되는지의 여부가 문제가 된다. 다음과 같은 학설이 있다.

① 행정절차의 하자가 원칙적으로 쟁송의 원인이 되는 독립의 취소사유가 될 수 없다는 설 (소극설)

절차위반의 하자만으로 독립적인 취소사유가 될 수 없음을 주장하는 학설은 행정절차는 적정한 실체적 결정을 위한 것이라는 점, 그리고 적법한 절차를 거쳐도 동일한 처분을 할 수밖에 없는 경우에 절차위반을 이유로 처분을 취소하는 것이 행정의 효율성과 소송경제에 반한다는 점 등을 지적한다. 독일 연방행정절차법 제46조는 절차위반이 실체결정에 영향을 미치지 않음이 명백한 경우에는 절차위반만으로 처분을 취소할 수 없음을 규정하고 있다.

② 기속행위, 재량행위 구별설(절충설)

기속행위의 경우에는 절차위반이 있어도 다른 결정을 할 수 없으므로 절차위반만을 이유로 처분을 취소할 수 없으나, 재량행위인 경우 절차위반이 재량행사과정을 왜곡한 것이고 재량행사

과정에서 적법한 절차와 형식을 거친 경우에는 사실관계를 보다 구체적으로 파악하거나 새로운 재량고려를 기반으로 기존 처분과는 다른 처분을 내릴 수 있다는 이유로, 절차위반이 독자적인 취소사유가 될 수 있다고 하는 학설이다. 이것은 개정되기 전의 독일 연방행정절차법 제46조가 취하였던 입장이다. 즉 실체적으로 다른 결정이 행해질 가능성이 없는 경우에는 절차위반이 독자적인 취소사유가 될 수 없다는 것이다.

그러나 그러한 구별이 절대적인 의미가 있는 것은 아니라고 판단된다. 기속행위라고 하더라도 행정청의 사실인정이나 포섭 등의 과정에서 행정청의 판단이 전혀 개입될 여지가 없는 것이 아니어서 절차가 행정청의 판단에 영향을 미칠 수 있다. 또한 재량행위라 할지라도 영향이 없을 수도 있다.

③ 행정절차의 하자가 쟁송의 원인이 되는 독립적인 위법사유가 될 수 있다는 설(적극설)

절차상의 하자만으로 처분의 독립적인 취소사유가 될 수 있다는 입장이다. 이 입장은 실체적 권리와는 별도로 절차적 권리의 인정을 전제로 한다. 요컨대, 절차준수 자체가 실체적으로 정당한 결정 못지않은 법적 가치가 있으므로 절차위반만으로 취소사유를 구성할 수 있다는 것이다. 실정법상으로는 행정소송법 제30조 제3항이 절차상의 위법을 이유로 처분을 취소할 수 있음을 전제로 하고 있다는 것을 근거로 한다.

④ 판례이론

행정절차의 하자의 법적 효과는 일률적으로 논의하기 어렵다. 우리 판례도 행정절차의 하자를 경우를 나누어서 판단하고 있다.

우선, 침익적 처분에서의 사전통지나 의견제출[29](청문포함[30]), 그리고 이유제시(이유부기)[31] 등은 주요절차로서 이러한 절차요건의 미이행은 위법하여 처분취소의 사유를 구성한다.

또한 다른 행정기관의 협의[32]나 심의절차[33]의 누락 등의 경우에도 당해 처분은 위법하여 취소를 면할 수 없다고 한다. 그러나 이때에도 명백히 처분요건을 결여하여 심의절차에 회부할 필요도 없는 경우에는 그러한 절차를 거치지 않아도 위법이 되지 않는다고 한다.[34]

대법원은 절차하자의 효과를 방어권의 훼손의 관점에서 판단하는 경향을 보이고 있다. 즉 절차하자가 있더라도 처분상대방이나 이해관계인의 방어권 행사에 실질적으로 지장이 없었다면 취소사유가 되지 못한다고 한다.[35] 또한 대법원은 경미한 절차적 하자는 처분의 효력에 영향을 미치지 않는다고 한다.[36] 대법원은 국가재정법 상의 예비타당성 조사를 결여한 것과 같이 예산편성에 절차상 하자가 있다는 사정만으로 곧바로 하천공사시행계획 및 실시계획의 승인처분 등의

29) 대법원 2000.11.14. 선고 99두5870 판결.
30) 대법원 1991.7.9. 선고 91누971 판결.
31) 대법원 1983.7.26. 선고 82누420 판결.
32) 대법원 2000.10.13. 선고 99두653 판결.
33) 대법원 2007.3.15. 선고 2006두15806 판결.
34) 대법원 2015.10.29. 선고 2012두28728 판결; 대법원 2015.11.26. 선고 2013두765 판결.
35) 대법원 2018.3.13. 선고 2016두33339 판결; 대법원 2021.1.28. 선고 2019두55392 판결; 대법원 2025.7.18. 선고 2022두32429 판결 등.
36) 대법원 2007.4.12. 선고 2005두2544 판결.

각 처분에 취소사유에 이르는 하자가 있다고 할 수 없다고 한다.[37)]

한편 민원조정위원회 절차를 거쳐 처분을 하여야 할 경우, 민원조정위원회의 절차요건에 하자가 있을 때에는 그 처분이 기속행위이면 위법하다고 할 수 없으나 재량행위이면 재량권 일탈 남용이라고 볼 수 있는 한 취소의 대상이 되는 위법한 행위라고 판시하였다.

요컨대, 우리 판례의 입장을 정리 하면 다음과 같다.

첫째, 대법원은 경우에 따라서는 명문규정이 없어도 절차하자에 대해 무효를 선언한다. 예컨대, 과세전적부심사를 할 기회를 박탈하거나 과세전적부심사의 청구나 그에 대한 결정이 있기 전에 한 과세처분은 절차상 하자가 중대·명백하여 무효라고 한다.[38)]

둘째, 사전통지, 의견제출, 청문, 이유제시, 타 행정기관의 협의, 심의절차 등의 주요 절차는 그 위반이 바로 처분취소의 원인이 되는 위법을 구성한다. 다만 명백히 처분요건을 결여하여 그 요건을 심사할 필요가 없는 경우에는 심의절차를 거치지 않아도 위법이라 할 수 없다고 한다.

셋째, '처분 이전에 개최하도록 되어있는 민원조정위원회를 민원인에게 알리는 사전통지'[39)]와 같이 불이익 처분의 사전통지 등 보다는 중요성이 떨어지지만 무시할 수 없는 중요한 절차에 대해서는 그 절차의 위반은 그 절차를 거쳐서 행하는 처분이 기속행위인 경우에는 위법하지 않고 재량행위이면 재량의 일탈이나 남용으로 되어 위법을 구성할 수 있다고 한다.

넷째, 경미한 절차는 그를 위반하여도 처분을 위법하게 만들지 않는다.

#### 주요판례요지

① 대법원 2021.1.28. 선고 2019두55392 판결: 행정청이 처분절차에서 관계 법령의 절차 규정을 위반하여 절차적 정당성이 상실된 경우에는 해당 처분은 위법하고 원칙적으로 취소하여야 한다. 다만 처분상대방이나 관계인의 의견진술권이나 방어권 행사에 실질적으로 지장이 초래되었다고 볼 수 없는 특별한 사정이 있는 경우에는, 절차 규정 위반으로 인하여 처분절차의 절차적 정당성이 상실되었다고 볼 수 없으므로 해당 처분을 취소할 것은 아니다.

② 대법원 2016.12.27. 선고 2016두49228 판결: 과세전 적부심사제도의 취지 등에 비추어 볼 때 과세예고통지 후 과세전 적부심사청구나 그에 대한 결정이 있기도 전에 과세처분을 한 경우 그 하자는 중대·명백하여 무효이다.

#### 참고판례 1: 대법원 1998.6.26. 선고 96누12634 판결 [취득세등부과처분취소]

지방세법 제1조 제1항 제5호, 제25조 제1항, 지방세법시행령 제8조 등 **납세고지서에 관한 법령 규정들은 강행규정으로서 이들 법령이 요구하는 기재사항 중 일부를 누락시킨 하자가 있는 경우 이로써 그 부과**

37) 대법원 2015.12.10. 선고 2011두32515 판결.
38) 대법원 2021.12.27. 선고 2016두49228 판결; 대법원 2025.12.4. 선고 2025두34254 판결 등.
39) 대법원 2015.8.27. 선고 2013두1560 판결.

**처분은 위법하게 되지만,** 이러한 납세고지서 작성과 관련한 하자는 그 고지서가 납세의무자에게 송달된 이상 과세처분의 본질적 요소를 이루는 것은 아니어서 과세처분의 취소사유가 됨은 별론으로 하고 **당연무효의 사유로는 되지 아니한다.**

해 설 이유제시(이유부기: 납세고지서 기재사항 누락)의 하자는 위법하나 당연무효로 되지는 않는다고 판시하고 있다.

### 참고판례 2: 대법원 2001.12.14. 선고 2000두86 판결 [변상금부과처분취소]

구 국유재산법시행령(2000. 7. 27. 대통령령 제16913호로 개정되기 전의 것) 제56조 제4항은 변상금부과 징수의 주체, 납부고지서에 명시하여야 할 사항, 납부기한 등의 절차적 규정에 관하여 가산금의 부과절차에 관한 위 시행령 제31조 제2항 내지 제4항을 준용하고 있음이 분명한 바, **국유재산 무단 점유자에 대하여 변상금을 부과함에 있어서 그 납부고지서에 일정한 사항을 명시하도록 요구한 위 시행령의 취지와 그 규정의 강행성 등에 비추어 볼 때, 처분청이 변상금 부과처분을 함에 있어서 그 납부고지서 또는 적어도 사전통지서에 그 산출근거를 밝히지 아니하였다면 위법한 것이고,** 위 시행령 제26조, 제26조의2에 변상금 산정의 기초가 되는 사용료의 산정방법에 관한 규정이 마련되어 있다고 하여 산출근거를 명시할 필요가 없다거나, 부과통지서 등에 위 시행령 제56조를 명기함으로써 간접적으로 산출근거를 명시하였다고는 볼 수 없다.

해 설 변상금부과처분을 할 때 산출근거를 제시하지 않으면 위법이라고 판시하면서 그것이 법령상 규정되어 있거나 부과통지서에 그 법령을 명기하였다는 것으로는 이유부기의 요건을 충족할 수 없다고 한 판례이다.

### 참고판례 3: 대법원 2015.8.27. 선고 2013두1560 판결 [건축신고반려처분취소]

민원사무를 처리하는 행정기관이 민원 1회방문 처리제를 시행하는 절차의 일환으로 민원사항의 심의·조정 등을 위한 **민원조정위원회를 개최하면서 민원인에게 회의일정 등을 사전에 통지하지 아니하였다 하더라도, 이러한 사정만으로 곧바로 민원사항에 대한 행정기관의 장의 거부처분에 취소사유에 이를 정도의 흠이 존재한다고 보기는 어렵다.** 다만 **행정기관의 장의 거부처분이 재량행위인 경우에, 위와 같은 사전통지의 흠결로 민원인에게 의견진술의 기회를 주지 아니한 결과 민원조정위원회의 심의과정에서 고려대상에 마땅히 포함시켜야 할 사항을 누락하는 등 재량권의 불행사 또는 해태로 볼 수 있는 구체적 사정이 있다면, 거부처분은 재량권을 일탈·남용한 것으로서 위법하다.**

해 설 처분 이전에 개최하도록 되어 있는 민원조정위원회에 대해 민원인에게 사전통지를 하지 아니한 하자가 있다 하더라도 그 하자는 취소사유에 이르지 못한다는 판시이다. 다만 그에 대한 행정기관의 처분이 재량행위이고 절차하자로 재량권의 일탈이나 남용이 되는 경우라면 민원인에게 의견진술의 기회를 주지 않은 하자가 취소사유가 될 수 있다고 한다. 청문 등 의견청취절차의 하자는 곧바로 취소사유를 구성하나 행정청의 의사결정의 적절성을 위하여 따로 설정한 절차(예컨대 민원조정위원회의 절차)의 하자는 기속행위인지 재량행위인지에 따라 위법 여부가 달라질 수 있도록 판시하고 있다.

### (3) 행정절차 위반에 따른 국가배상책임

대법원은 근래 행정절차 위반이 있었으나 그 행정절차 하자의 추완이 없고 그로 인한 처분의 취소 등이 이루어지지 않아, 절차에 참여하지 못한 것 등으로 인한 실질적인 정신적 고통을 초래하였다고 볼 수 있는 인과관계가 인정되는 경우에는 정신적 침해로 인한 국가배상책임(위자료)을 인정하는 경향을 보이고 있다.[40)]

**참고판례: 대법원 2021.8.12. 선고 2015다208320 판결 [손해배상(기)]**

한국전력공사가 송전선로 예정경과지를 선정하면서 당초 예정경과지의 주민들의 반대로 갑 지역을 예정경과지로 변경하면서 갑 지역 주민들을 상대로 구 환경·교통·재해 등에 관한 영향평가법상 주민의견수렴절차를 거치지 않았는데, 사업관할청으로부터 갑 지역을 사업부지로 포함하는 송전선로 건설사업 승인을 받은 사안에서, 사업부지가 변경된 후 **한국전력공사가 갑 지역에 대한 환경영향평가서 초안을 재작성하고 갑 지역 주민들의 의견을 수렴하는 절차를 거치지 않은 채 사업을 진행함으로써, 갑 지역 주민들이 환경상 이익의 침해를 최소화할 수 있는 의견을 제출할 수 있는 기회를 박탈하여 갑 지역 주민들에게 상당한 정신적 고통을 가하였다고 보아 한국전력공사에 갑 지역 주민들이 입은 정신적 손해를 배상할 의무가 있다고 한 사례.**

## 2. 행정절차의 하자의 추완과 치유

행정행위 등 행정활동의 형식과 절차의 하자의 경우 추완과 그를 통한 치유를 인정하는 것이 보통이다. 독일 연방행정절차법도 이를 인정하고 있다(같은 법 제45조).

그러나 하자의 추완과 치유가 언제나 인정되는 것은 아니며 다음과 같은 요건을 갖추어야 한다.

① 추완의 시기: 우리 판례는 행정심판이나 행정소송의 제기 이전에 추완하여야 한다고 한다.[41)] 학설로서는 행정소송절차의 종결시설도 주장되고 있다(특히 이유부기의 경우). 그러나 우리 대법원은 추완의 시기를 인정함에 있어서도 당사자의 방어권이 손상되어서는 안 된다는 관점에 입각해 있기 때문에 쟁송제기 이후에는 추완을 인정하지 않는 것이 아닌가 한다. 독일 연방행정절차법은 행정소송절차까지 추완이 가능하다고 한다. 이러한 입장은 분쟁의 일회적 해결을 통한 소송경제를 추구한 결과라 할 것이다.

② 추완을 인정해 줌으로 인하여 당사자가 행정절차상의 기간 진행이나 권리구제신청기간의 진행 등에 있어 불이익을 받지 않아야 한다.

③ 절차의 추완을 통하여 실질적으로 상대방의 방어권의 훼손이 없어야 한다.[42)]

---

40) 대법원 2021.8.12. 선고 2015다208320 판결(국가배상사건 자체는 아님); 대법원 2021.7.29. 선고 2015다221668 판결(국가배상사건).

41) 대법원 1983.7.26. 선고 82누420 판결.

42) 대법원 1992.10.23. 선고 92누2844 판결.

대법원은 이유제시의 치유에 대해서는 피처분자가 처분 당시 그 취지를 알고 있었거나 그 후 알게 되었다 하더라도 치유되지 않는다고 한다.[43] 세액산출근거가 기재되지 아니한 납세고지서에 의한 부과처분은 강행법규에 위반하여 취소대상이 된다 할 것이므로 이와 같은 하자는 납세의무자가 전심절차에서 이를 주장하지 아니하였거나, 그 후 부과된 세금을 자진납부하였다거나, 또는 조세채권의 소멸시효기간이 만료되었다 하여 치유되는 것이라고는 할 수 없다고 한다.[44]

### 참고판례 1: 대법원 1983.7.26. 선고 82누420 판결 [법인세등부과처분취소]

**과세처분시 납세고지서에 과세표준, 세율, 세액의 산출근거 등이 누락된 경우에는 늦어도 과세처분에 대한 불복여부의 결정 및 불복신청에 편의를 줄 수 있는 상당한 기간 내에 보정행위를 하여야 그 하자가 치유된다 할 것이므로,** 과세처분이 있은지 4년이 지나서 그 취소소송이 제기된 때에 보정된 납세고지서를 송달하였다는 사실이나 오랜 기간(4년)의 경과로써 과세처분의 하자가 치유되었다고 볼 수는 없다.

해 설 대법원은 하자의 치유를 상대방의 방어권이라는 관점에서 이해하고 있다. 따라서 과세처분에 대한 불복여부의 결정 및 불복신청에 편의를 줄 수 있는 기간 안에 이유부기의 보정이 이루어져야 한다고 한다. 요컨대, 쟁송제기 이전 또는 쟁송제기가능 시점 이전에 이루어진 이유보완이어야 하자의 치유가 인정될 수 있다.

### 참고판례 2: 대법원 1992.10.23. 선고 92누2844 판결 [영업허가취소처분취소]

행정청이 식품위생법상의 청문절차를 이행함에 있어 소정의 청문서 도달기간을 지키지 아니하였다면 이는 청문의 절차적 요건을 준수하지 아니한 것이므로 이를 바탕으로 한 행정처분은 일단 위법하다고 보아야 할 것이지만 이러한 청문제도의 취지는 처분으로 말미암아 받게 될 영업자에게 미리 변명과 유리한 자료를 제출할 기회를 부여함으로써 부당한 권리침해를 예방하려는 데에 있는 것임을 고려하여 볼 때, **가령 행정청이 청문서 도달기간을 다소 어겼다 하더라도 영업자가 이에 대하여 이의하지 아니한 채 스스로 청문일에 출석하여 그 의견을 진술하고 변명하는 등 방어의 기회를 충분히 가졌다면 청문서 도달기간을 준수하지 아니한 하자는 치유되었다고 봄이 상당하다.**

해 설 대법원은 청문, 이유부기 등의 절차요건이 행정처분의 상대방의 방어권과 관련되어 있다고 보고 이러한 방어권에 실질적으로 훼손이 없는 경우에는 하자의 치유를 인정하고 있다.

43) 대법원 1990.9.11. 선고 90누1786 판결.
44) 대법원 1985.4.9. 선고 84누431 판결.

# 제2절 행정정보공개

## 제1관 정보공개제도 일반

### 1. 정보공개청구권의 법적 근거

#### (1) 헌법

정보공개청구권은 알권리에서 나오며 알권리는 헌법 제21조의 표현의 자유에서 도출하는 것이 보통이다. 알권리는 정보의 자유, 취재의 자유, 정보공개청구권, 자기정보통제권 등을 그 내용으로 한다. 정보공개청구권을 인간의 존엄과 가치, 행복추구권 등에서 찾기도 한다.

이와 동일한 맥락에서 헌법재판소는 정보공개청구권이 헌법 제21조에 의해 직접 보장될 수 있다고 하면서,[45] 동 청구권을 헌법 전문, 헌법 제1조, 제4조, 제10조, 제34조 제1항에서 도출하고[46] 있고, 대법원은 헌법 제21조에 의하여 직접 보장되는 권리라고 한다.[47]

**참고판례 1: 대법원 2009.12.10. 선고 2009두12785 판결 [정보공개거부처분취소]**

**국민의 '알권리', 즉 정보에의 접근 · 수집 · 처리의 자유는 자유권적 성질과 청구권적 성질을 공유하는 것으로서 헌법 제21조에 의하여 직접 보장되는 권리이고, 그 구체적 실현을 위하여 제정된 공공기관의 정보공개에 관한 법률도** 제3조에서 공공기관이 보유 · 관리하는 정보를 원칙적으로 공개하도록 하여 정보공개의 원칙을 천명하고 있고, 위 법 제9조가 예외적인 비공개사유를 열거하고 있는 점에 비추어 보면, **국민으로부터 보유 · 관리하는 정보에 대한 공개를 요구받은 공공기관으로서는 위 법 제9조 제1항 각 호에서 정하고 있는 비공개사유에 해당하지 않는 한 이를 공개하여야 하고, 이를 거부하는 경우라 할지라도 대상이 된 정보의 내용을 구체적으로 확인 · 검토하여 어느 부분이 어떠한 법익 또는 기본권과 충돌되어 위 각 호의 어디에 해당하는지를 주장 · 증명하여야만 하며, 여기에 해당하는지 여부는 비공개에 의하여 보호되는 업무수행의 공정성 등의 이익과 공개에 의하여 보호되는 국민의 알권리의 보장과 국정에 대한 국민의 참여 및 국정운영의 투명성 확보 등의 이익을 비교 · 교량하여 구체적인 사안에 따라 개별적으로 판단하여야 한다.**

**참고판례 2: 대법원 1999.9.21. 선고 98두3426 판결 [행정정보공개거부처분취소]**

국민의 알권리, 특히 국가 정보에의 접근의 권리는 우리 헌법상 기본적으로 표현의 자유와 관련하여 인정되는 것으로, **그 권리의 내용에는 자신의 권익보호와 직접 관련이 있는 정보의 공개를 청구할 수 있는 이른바 개별적 정보공개청구권이 포함되고,** 이러한 개별적 정보공개청구권에 대하여는 공공기관의정보공개에관한법률이 1998. 1. 1. 시행될 때까지 그 제한에 관한 일반 법규가 없었던 것이나, 그렇다고 하더라도

---

45) 헌법재판소 1991.5.13. 선고 90헌마133 결정.
46) 헌법재판소 1989.9.4. 선고 88헌마22 결정.
47) 대법원 2009.12.10. 선고 2009두12785 판결.

특히 수사기록에 대한 정보공개청구권의 행사는 때에 따라 국가의 안전보장, 질서유지 및 공공복리라는 국가·사회적 법익뿐만 아니라 당해 형사사건에 직접·간접으로 관계를 가지고 있는 피의자나 참고인 등의 명예와 인격, 사생활의 비밀 또는 생명·신체의 안전과 평온 등의 기본권의 보장과 충돌되는 경우가 있을 수 있으므로, 그 행사는 이러한 국가·사회적 법익이나 타인의 기본권과 상호 조화될 수 있는 범위 내에서 정당성을 가지나, 구체적인 경우에 수사기록에 대한 정보공개청구권의 행사가 위와 같은 범위를 벗어난 것이라고 하여 그 공개를 거부하기 위하여는 그 대상이 된 **수사기록의 내용을 구체적으로 확인·검토하여 그 어느 부분이 어떠한 법익 또는 기본권과 충돌되는지를 주장·입증하여야만 할 것이고, 그에 이르지 아니한 채 수사기록 전부에 대하여 개괄적인 사유만을 들어 그 공개를 거부하는 것은 허용되지 아니한다.**

종결된 수사기록에 대한 고소인의 열람·등사 청구에 대하여 그 내용을 이루는 각각의 수사기록에 대한 **거부의 구체적 사유를 밝히지 아니한 채 고소인이 제출한 서류 이외의 내용에 대한 열람·등사를 거부한 것이 고소인의 알권리를 침해하였다고 본 사례.**

**해 설** '공공기관의 정보공개에 관한 법률' 시행 전에도 헌법에 직접 근거하여 구체적 사유 제시 없이 자신의 권익보호와 관련된 정보공개 거부를 한 행위가 개별적 정보공개청구권을 침해한 것이라고 판시한 사례이다.

### 참고판례 3: 헌법재판소 2019.7.25. 선고 2017헌마1329 결정 [변호사시험법 제18조 제1항 본문 등 위헌확인]

(이 사건 특례조항은 변호사시험 성적에 관하여 "이 법 시행 전에 시험에 합격한 사람은 제18조 제1항의 개정규정에도 불구하고 이 법 시행일부터 6개월 내에 법무부장관에게 본인의 성적 공개를 청구할 수 있다"고 규정하고 있었다)

**특례조항에서 정하고 있는 '이 법 시행일부터 6개월 내'라는 기간은 변호사시험 합격자가 취업시장에서 성적 정보에 접근하고 이를 활용하기에 지나치게 짧다.**

**변호사시험 합격자는 성적 공개 청구기간 내에 열람한 성적 정보를 인쇄하는 등의 방법을 통해 개별적으로 자신의 성적 정보를 보관할 수 있으나, 성적 공개 청구기간이 지나치게 짧아 정보에 대한 접근을 과도하게 제한하는 이상, 이러한 점을 들어 기본권 제한이 충분히 완화되어 있다고 보기도 어렵다.**

**이상을 종합하면, 특례조항은 과잉금지원칙에 위배되어 청구인의 정보공개청구권을 침해한다.**

**해 설** 변호사시험법 부칙이 규정한 기존 합격자들의 변호사시험 성적공개청구권의 제한이 정보공개청구권을 침해한 것으로 보아 위헌을 선언한 것이다.

#### (2) 법률

기본권으로서의 정보공개청구권을 구체화하고 있는 법률로 '공공기관의 정보공개에 관한 법률'과 '교육관련 기관의 정보공개에 관한 특례법' 등이 있다.

#### (3) 조례

일반법으로서의 '공공기관의 정보공개에 관한 법률'이 지방자치단체의 정보공개에 대해서도 규율하고 있는데도 정보공개에 대한 조례를 제정할 수 있는지가 문제된다. 대법원은 청주시정보공개조례제정사건에서 정보공개조례는 주민의 권리를 제한하거나 의무를 부과하는 것이 아니므로 법률의 수권 없이도 지방자치단체는 정보공개조례를 제정할 수 있다[48]고 판시하였다. 설사 침익적 사항의 정보에 대한 것일지라도 정보공개는 권리를 제한하거나 의무를 부과하는 것이라고 볼 수는 없기 때문이다. '공공기관의 정보공개에 관한 법률' 제4조 제2항은 지방자치단체가 법령의 범위 안에서 정보공개에 관한 조례를 제정할 수 있음을 명시하고 있다.

### 2. 일반적 정보공개청구권과 개별적 정보공개청구권

자기와 직접 이해관계 없는 사안에 대한 정보공개청구권을 일반적 정보공개청구권이라 하고, 자기와 직접 이해관계 있는 사안에 대한 정보공개청구권을 개별적 정보공개청구권이라 한다. 종래 개별적 정보공개청구권은 헌법에서부터 직접 도출되는 권리로 보아왔다. 최근 판례에서는 일반적 정보공개청구권도 헌법과 직접 관련성을 인정하고 있다.

우리 대법원은 개별적 정보공개청구권을 일반적 정보공개청구권에 비하여 두텁게 보호한다.

---

참고판례: 대법원 2006.5.25. 선고 2006두3049 판결 [사건기록등사불허가처분취소]

"소송에 관한 서류는 공판의 개정 전에는 공익상 필요 기타 상당한 이유가 없으면 공개하지 못한다."고 정하고 있는 형사소송법 제47조의 취지는, 일반에게 공표되는 것을 금지하여 소송관계인의 명예를 훼손하거나 공서양속을 해하거나 재판에 대한 부당한 영향을 야기하는 것을 방지하려는 취지이지, **당해 사건의 고소인에게 그 고소에 따른 공소제기내용을 알려주는 것을 금지하려는 취지는 아니므로, 이와 같은 형사소송법 제47조의 공개금지를 공공기관의 정보공개에 관한 법률 제9조 제1항 제1호의 '다른 법률 또는 법률에 의한 명령에 의하여 비공개사항으로 규정된 경우'에 해당한다고 볼 수 없다.**

**해 설** "소송에 관한 서류는 공판의 개정 전에는 공익상 필요 기타 상당한 이유가 없으면 공개하지 못한다."고 정하고 있는 형사소송법 제47조의 취지는 일반인에게 적용되는 것이지 당해 사건의 고소인에 적용되어 그 서류가 다른 법률에 의한 비공개사항이 되는 것은 아니라고 판시한 것으로 개별적 정보공개청구권을 일반적 정보공개청구권 보다 두텁게 보호하는 취지라 할 수 있다.

---

## 제2관 정보공개청구권의 주체 · 대상

### 1. 정보공개청구권자

모든 국민은 정보공개청구권을 가진다('공공기관의 정보공개에 관한 법률' 제5조 제1항). 대법원은 정보공개청구권자로 명시된 '국민'에는 자연인은 물론 법인, 권리능력 없는 사단 · 재단도 포함되고, 법인, 권리능력 없는 사단 · 재단 등의 경우에는 설립 목적을 불문한다고 한다.[49]

그러나 서울행정법원은 지방자치단체는 정보공개청구권자에 포함되지 않는다고 밝혔다.[50]

---

48) 대법원 1992.6.23. 선고 92추17 판결.
49) 대법원 2003.12.12. 선고 2003두8050 판결.
50) 서울행정법원 2005.10.2. 선고 2005구합10484 판결.

외국인의 경우 국내에 일정한 주소를 두고 거주하거나 학술, 연구를 위하여 일시적으로 체류하는 자, 국내에 사무소를 두고 있는 법인, 단체에 한하여 정보공개청구권의 주체가 될 수 있다(같은 법 시행령 제3조).

대법원은 정보공개가 거부된 경우 거부처분을 받은 자체가 법률상 이익의 침해에 해당된다고 하므로[51] 정보공개거부처분취소소송에서 원고적격이 부인되는 경우는 생각하기 어렵다. 한편 대법원은 공공기관이 그 정보를 보유, 관리하지 않는 경우에는 특별한 사정이 없는 한 정보공개거부처분의 취소를 구할 법률상 이익(협의의 소의 이익)이 인정되지 않는다고 한다.[52] 또한 오로지 공공기관의 담당공무원을 괴롭힐 목적으로 정보공개청구를 하는 경우처럼 권리의 남용에 해당하는 것이 명백한 경우에는 정보공개청구권의 행사를 허용하지 아니하는 것이 옳다고 한다.[53]

참고판례: 대법원 2022.5.26. 선고 2022두33439 판결 [정보비]공개결정취소]

국민의 **정보공개청구권은 법률상 보호되는 구체적인 권리이므로, 공공기관에 대하여 정보공개를 청구하였다가 공개거부처분을 받은 청구인은 행정소송을 통해 공개거부처분의 취소를 구할 법률상 이익이 인정되고, 그 밖에 추가로 어떤 이익이 있어야 하는 것은 아니다.**

**견책의 징계처분을 받은 갑이 사단장에게 징계위원회에 참여한 징계위원의 성명과 직위에 대한 정보공개청구를 하였으나** 위 정보가 공공기관의 정보공개에 관한 법률 제9조 제1항 제1호, 제2호, 제5호, 제6호에 해당한다는 이유로 공개를 거부한 사안에서, **비록 징계처분 취소사건에서 갑의 청구를 기각하는 판결이 확정되었더라도 이러한 사정만으로 위 처분의 취소를 구할 이익이 없어지지 않고, 사단장이 갑의 정보공개청구를 거부한 이상 갑으로서는 여전히 정보공개거부처분의 취소를 구할 법률상 이익이 있으므로,** 이와 달리 본 원심판결에 법리오해의 잘못이 있다고 한 사례.

## 2. 정보공개의무기관

'공공기관의 정보공개에 관한 법률'의 적용을 받아 정보공개를 할 의무를 지는 공공기관은 ① 국가기관, ② 지방자치단체, ③ 공공기관의 운영에 관한 법률 제2조에 따른 공공기관, ④ 지방공기업법에 따른 지방공사 및 지방공단, ⑤ 그 밖에 대통령령으로 정하는 기관이다(같은 법 제2조 제3호).

국가기관에는 ① 국회, 법원, 헌법재판소, 중앙선거관리위원회, ② 중앙행정기관(대통령 소속기관과 국무총리 소속 기관을 포함한다) 및 그 소속 기관, ③ 행정기관 소속 위원회의 설치·운영에 관한 법률에 따른 위원회 등이 포함된다.

그 밖에 대통령령으로 정하는 기관에는 ① 유아교육법, 초·중등교육법 및 고등교육법에 따른 각급학교 또는 그 밖의 다른 법률에 따라 설치된 학교, ② '지방자치단체 출자·출연기관의 운영

51) 대법원 2003.12.12. 선고 2003두8050 판결.
52) 대법원 2006.1.13. 선고 2003두9459 판결.
53) 대법원 2014.12.24. 선고 2014두9349 판결.

에 관한 법률' 제2조 제1항에 따른 출자기관 및 출연기관, ③ 특별법에 따라 설립된 특수법인, ④ 사회복지사업법 제42조 제1항에 따라 국가나 지방자치단체로 부터 보조금을 받는 사회복지법인과 사회복지사업을 하는 비영리법인, ⑤ 이외에 '보조금관리에 관한 법률' 제9조 또는 지방재정법 제17조 제1항 각호 외의 부분 단서에 따라 국가나 지방자치단체로부터 연간 5천만원 이상의 보조금을 받는 기관 또는 단체(다만, 정보공개 대상 정보는 해당 연도에 보조를 받은 사업으로 한정) 등이 있다(같은 법 시행령 제2조).

이처럼 정보공개의무기관에 대한 '공공기관의 정보공개에 관한 법률' 및 같은 법 시행령 등의 규정에도 불구하고 여전히 불확실한 점이 있어서 판례의 역할이 중요하다. 각급학교는 법령상 분명히 정보공개의무기관이지만 학교법인의 경우 반드시 분명하지 않은데 대전지방법원은 학교법인을 '특별법에 의하여 설립된 특수법인'으로 보고 정보공개의무기관이라고 판시하고 있다.[54]

대법원은 '특별법에 의하여 설립된 특수법인'인지의 여부에 대하여 판단할 때에는 (1) 그 법인의 공익적 성격, (2) 특별법의 규율취지, (3) 국가나 지방자치단체의 지원여부 그리고 (4) 국가나 지방자치단체와는 별도로 그 기관에 대하여 정보공개청구를 하여야 할 필요성 등을 종합적으로 고려하여야 한다고 판시하면서 한국증권업협회는 그에 해당되지 않는다고 하였다.[55]

---

참고판례: 대법원 2010.4.29. 선고 2008두5643 판결 [정보비공개결정취소]

어느 법인이 공공기관의 정보공개에 관한 법률 제2조 제3호 등에 따라 정보를 공개할 의무가 있는 '특별법에 의하여 설립된 특수법인'에 해당하는가는, 국민의 알권리를 보장하고 국정에 대한 국민의 참여와 국정운영의 투명성을 확보하고자 하는 위 법의 입법 목적을 염두에 두고, 당해 법인에게 부여된 업무가 국가행정업무이거나, 이에 해당하지 않더라도 **그 업무 수행으로써 추구하는 이익이 당해 법인 내부의 이익에 그치지 않고 공동체 전체의 이익에 해당하는 공익적 성격을 갖는지 여부를 중심으로 개별적으로 판단하되, 당해 법인의 설립근거가 되는 법률이 법인의 조직구성과 활동에 대한 행정적 관리 · 감독 등에서 민법이나 상법 등에 의하여 설립된 일반 법인과 달리 규율한 취지, 국가나 지방자치단체의 당해 법인에 대한 재정적 지원 · 보조의 유무와 그 정도, 당해 법인의 공공적 업무와 관련하여 국가기관 · 지방자치단체 등 다른 공공기관에 대한 정보공개청구와는 별도로 당해 법인에 대하여 직접 정보공개청구를 구할 필요성이 있는지 여부 등을 종합적으로 고려하여야 한다.**

**'한국증권업협회'**는 증권회사 상호간의 업무질서를 유지하고 유가증권의 공정한 매매거래 및 투자자보호를 위하여 일정 규모 이상인 증권회사 등으로 구성된 회원조직으로서, 증권거래법 또는 그 법에 의한 명령에 대하여 특별한 규정이 있는 것을 제외하고는 **민법 중 사단법인에 관한 규정을 준용 받는 점, 그 업무가 국가기관 등에 준할 정도로 공동체 전체의 이익에 중요한 역할이나 기능에 해당하는 공공성을 갖는다고 볼 수 없는 점 등에 비추어, 공공기관의 정보공개에 관한 법률 시행령 제2조 제4호의 '특별법에 의하여 설립된 특수법인'에 해당한다고 보기 어렵다고 한 사례.**

---

54) 대전지방법원 2007.1.31. 선고 2006구합3324 판결.
55) 대법원 2010.4.29. 선고 2008두5643 판결.

## 3. 정보공개법의 적용대상이 되는 정보

'공공기관의 정보공개에 관한 법률'의 적용을 받는 정보란 공공기관이 직무상 작성 또는 취득하여 관리하고 있는 문서(전자문서 포함) 및 전자매체를 비롯한 모든 형태의 매체에 기록한 사항을 말한다(같은 법 제2조 제1호).

공공기관이 보유·관리하는 정보에 대한 입증책임은 정보공개를 구하는 자에게 있으나 보유·관리할 개연성이 있다는 점만 입증하면 족하다고 한다.[56] 공개를 구하는 정보가 담긴 문서 등이 존재하였으나 폐기되어 존재하지 않게 되면 그 정보를 더 이상 보유·관리하고 있지 아니하다는 점에 대한 증명책임은 공공기관에게 있다고 한다.[57]

같은 법 제4조 제1항은 "정보의 공개에 관하여 다른 법률에 특별한 규정이 있는 경우를 제외하고는 이 법에 따른다"라는 규정을 두고 있는데, 이에 관하여 대법원은 "정보공개에 대하여 다른 법률에 특별한 규정이 있는 경우"에 해당한다고 하여 정보공개법의 적용을 배제하기 위해서는[58] 특별한 규정이 '법률'이어야 하고 내용이 정보공개의 대상 및 범위, 정보공개의 절차, 비공개대상정보 등에 관하여 정보공개법과 달리 규정하고 있는 것이어야 한다고 한다.[59]

대법원은 소송기록의 열람·복사 등에 관한 규정인 민사소송법 제162조[60]와 재판확정기록의 열람·등사에 관한 형사소송법 제59조의2[61]는 '정보공개에 대하여 다른 법률에 특별한 규정이 있는 경우'에 해당한다고 판시하였다.

한편 '공공기관의 정보공개에 관한 법률' 제4조 제3항은 ① 국가안전보장에 관련되는 정보, ② 보안 업무를 관장하는 기관에서 국가안전보장과 관련된 정보의 분석을 목적으로 수집하거나 작성한 정보에 대해서는 이 법의 적용이 배제됨을 규정하고 있다. 그러나 이 경우에도 정보목록은 작성 비치하여야 한다. 이 조항에 규정된 정보에는 '공공기관의 정보공개에 관한 법률'의 적용이 배제될 뿐, 기본권인 알권리에 직접 근거한 정보공개청구는 가능하다고 보아야 할 것이다.

**주요판례요지**

대법원 2024.5.30. 선고 2022두65559 판결: 군사법원법 제309조의3은 군검사가 공소제기된 사건과 관련하여 보관하고 있는 서류 또는 물건의 공개 여부나 공개 범위, 불복절차 등에 관하여 '공공기관의 정보공개에 관한 법률'과 달리 규정하고 있어서 이는 같은 법 제4조 제1항에서 정한 '정보의 공개에 관하여 다른 법률에 특별한 규정이 있는 경우'에 해당한다. 따라서 군검사가 공소제기된 사건과 관련하여 보관하고 있는 서류 또는 물건에 관하여는 피고인이나 변호인의

56) 대법원 2007.6.1. 선고 2006두20587 판결.
57) 대법원 2004.12.9. 선고 2003두12707 판결.
58) 정보공개법이 적용배제된다는 것과 정보가 비공개대상이라는 것은 다르다 정보공개법이 적용배제된다는 것은 정보공개법 이외의 법령의 적용으로 정보공개가 규율된다는 의미이다.
59) 대법원 2014.4.10. 선고 2012두17384 판결.
60) *Id.*
61) 대법원 2016.12.5. 선고 2013두20882 판결.

정보공개법에 의한 정보공개청구가 허용되지 아니한다.

참고판례 1: 대법원 2022.2.11. 자 2021모3175 결정 [사건기록열람등사거부처분취소·변경기각결정에대한재항고]

(전략) 형사소송법 제59조의2는 재판이 확정된 사건의 소송기록, 즉 형사재판확정기록의 공개 여부나 공개 범위, 불복절차 등에 관하여 공공기관의 정보공개에 관한 법률(이하 '정보공개법'이라 한다)과 달리 규정하고 있는 것으로 정보공개법 제4조 제1항에서 정한 '정보의 공개에 관하여 다른 법률에 특별한 규정이 있는 경우'에 해당한다. (중략) 따라서 **형사재판확정기록에 관해서는 형사소송법 제59조의2에 따른 열람·등사신청이 허용되고 그 거부나 제한 등에 대한 불복은 준항고에 의하며, 형사재판확정기록이 아닌 불기소처분으로 종결된 기록에 관해서는 정보공개법에 따른 정보공개청구가 허용되고 그 거부나 제한 등에 대한 불복은 항고소송절차에 의한다.**

형사소송법 제59조의2의 '재판이 확정된 사건의 소송기록'이란 특정 형사사건에 관하여 법원이 작성하거나 검사, 피고인 등 소송관계인이 작성하여 법원에 제출한 서류들로서 **재판확정 후 담당 기관이 소정의 방식에 따라 보관하고 있는 서면의 총체라 할 수 있고, 위와 같은 방식과 절차에 따라 보관되고 있는 이상 해당 형사사건에서 증거로 채택되지 아니하였거나 그 범죄사실과 직접 관련되지 아니한 서류라고 하여 재판확정기록에 포함되지 않는다고 볼 것은 아니다.**

해 설 형사소송법 제59조의2에 따른 재판확정기록의 열람·등사에 대해서는 정보공개법이 적용되지 않으나 재판확정기록이 아닌 불기소처분으로 종결된 사건에는 정보공개법이 적용된다는 판시이다. 그리고 재판확정기록에는 범죄사실과 직접 관련되지 않은 서류나 증거로 채택되지 않은 자료도 포함된다고 한다.

참고판례 2: 헌법재판소 2020.6.30. 선고 2019헌마356 결정 [열람·등사신청 거부 위헌확인]

헌법재판소는 형사소송법 제266조의4에 기한 **변호인의 수사기록에 대한 열람·등사신청을 거부한 검사의 처분이 변호인의 기본권을 침해하여 위헌임을 확인한 바 있으나, 이는 당해 형사사건의 수사기록에 대한 열람·등사가 문제된 사건인 반면에, 이 사건은 별건으로 공소제기 후 확정되어 검사가 보관하고 있는 서류의 열람·등사가 문제되는 사건**이어서 차이가 있다. 또한 피청구인은 청구인에 대한 재판기록 및 수사기록에 해당 서류가 없고, **해당 서류가 편철되어 있는 형사사건이 청구인에 대한 형사사건과 별건이라는 이유로 이 사건 거부행위를 하였는바, 이와 같은 침해행위가 반복될 가능성이 크다. 따라서 이 사건 심판청구에 있어서는 심판청구의 이익이 여전히 존재한다.**

해 설 형사소송법 제266조의4에 의하고 법원의 결정에 따라 인정되는 변호인의 수사기록에 대한 열람·등사신청권이 당해 사건에만 미치지 아니하고 별건의 관련자료에도 미칠 수 있음을 보여준 판례이다.

## 4. 정보공개의 방법

정보공개의 방법은 특별한 사정이 없는 한 청구인이 선택한 방법에 따라야 하고 정보공개청구를 받은 공공기관에게 공개방법을 선택할 재량권은 없다고 한다.[62] 따라서 인터넷에 공개되어

62) 대법원 2003.12.12. 선고 2003두8050 판결.

있는 정보라도 정보공개를 거부할 수 없다.[63] 또한, 대법원은 청구인이 소송과정에서 공공기관이 법원에 제출한 정보의 사본을 송달받았다 하더라도 이것은 정보공개법이 예정하지 아니한 방법이므로, 그 정보의 비공개결정의 취소를 구할 소의 이익이 소멸하지 않는다고 한다.[64]

그런데 대법원은 만약 공공기관이 공개청구의 대상이 된 정보를 공개는 하되, 청구인이 신청한 공개방법 이외의 방법으로 공개하기로 하는 결정을 하였다면, 이는 정보공개청구 중 정보공개방법에 관한 부분에 대하여 일부 거부처분을 한 것이고, 청구인은 그에 대하여 항고소송으로 다툴 수 있다고 한다.[65]

공개방식에 대하여 다음과 같은 원칙이 있다.

① **부분공개**: 정보가 분리 가능할 때에는 부분공개도 가능하다(같은 법 제14조). 대법원은 대상정보에 비공개대상 정보에 해당하는 부분과 공개가 가능한 부분이 혼합되어 있고, 두 부분을 분리할 수 있음을 인정할 수 있을 때에는 청구취지의 변경이 없더라도 공개가 가능한 정보 부분에 대한 정보공개 거부처분만의 일부취소를 명할 수 있다[66]고 한다. 이처럼 부분공개를 할 경우에는 판결의 주문에 행정청의 위 거부처분 중 공개가 가능한 정보에 관한 부분만을 취소한다고 표시하여야 한다.[67]

② **즉시공개**: 즉시 또는 말로 처리가 가능한 정보는 다른 절차 없이 공개하여야 한다(같은 법 제16조).

③ **전자적 공개**: 청구인이 전자적 형태로 공개하여 줄 것을 요청하는 경우에는 그 정보의 성질상 현저히 곤란한 경우를 제외하고는 청구인의 요청에 따라야 한다(같은 법 제15조 제1항). 전자적 형태로 보유·관리하지 아니하는 정보에 대하여 청구인이 전자적 형태로 공개하여 줄 것을 요청한 경우에는 정상적인 업무수행에 현저한 지장을 초래하거나 그 정보의 성질이 훼손될 우려가 없으면 그 정보를 전자적 형태로 변환하여 공개할 수 있다(같은 법 제15조 제2항). 대법원은 정보가 전자적 형태로 존재하는 이상, 청구인이 원하는 대로 기초자료를 검색·편집하는 것은 새로운 정보의 생산 또는 가공에 해당한다고 할 수 없고 따라서 청구인의 요구대로 검색·편집하여 공개하여야 한다고 한다.[68]

참고판례: 대법원 2010.2.11. 선고 2009두6001 판결 [정보공개거부처분취소]

공공기관의 정보공개에 관한 법률에 의한 정보공개제도는 공공기관이 보유·관리하는 정보를 그 상태대로 공개하는 제도이지만, **전자적 형태로 보유·관리되는 정보의 경우에는, 그 정보가 청구인이 구하는 대로는 되어 있지 않다고 하더라도, 공개청구를 받은 공공기관이 공개청구대상정보의 기초자료를 전자적**

63) 대법원 2010.12.23. 선고 2008두13101 판결.
64) 대법원 2016.12.15. 선고 2012두11409, 11416(병합) 판결.
65) 대법원 2016.11.10. 선고 2016두44674 판결.
66) 대법원 2004.12.9. 선고 2003두12707 판결.
67) 대법원 2003.3.11. 선고 2001두6425 판결.
68) 대법원 2010.2.11. 선고 2009두6001 판결.

**형태로 보유 · 관리하고 있고, 당해 기관에서 통상 사용되는 컴퓨터 하드웨어 및 소프트웨어와 기술적 전문지식을 사용하여 그 기초자료를 검색하여 청구인이 구하는 대로 편집할 수 있으며, 그러한 작업이 당해 기관의 컴퓨터 시스템 운용에 별다른 지장을 초래하지 아니한다면,** 그 공공기관이 공개청구대상정보를 보유·관리하고 있는 것으로 볼 수 있고, 이러한 경우에 **기초자료를 검색 · 편집하는 것은 새로운 정보의 생산 또는 가공에 해당한다고 할 수 없다.**

## 제3관 비공개대상정보

### 1. 정보공개의 원칙

'공공기관의 정보공개에 관한 법률' 제3조는 "공공기관이 보유·관리하는 정보는 국민의 알권리 보장 등을 위하여 이 법에서 정하는 바에 따라 적극적으로 공개하여야 한다."라고 규정하고 있고 같은 법 제8조의2는 "공공기관 중 중앙행정기관 및 대통령령으로 정하는 기관은 전자적 형태로 보유·관리하는 정보 중 공개대상으로 분류된 정보를 국민의 정보공개 청구가 없더라도 정보통신망을 활용한 정보공개시스템을 통하여 공개하여야 한다."고 규정함으로써 적극적인 정보공개의 원칙을 선언하고 있다.

### 2. 비공개대상정보

정보공개의 원칙에도 불구하고 '공공기관의 정보공개에 관한 법률' 제9조 제1항 각호에서 정하는 사유에 해당되면 정보를 공개하지 아니할 수 있다.

'공공기관의 정보공개에 관한 법률'은 비공개대상정보의 축소를 위하여 제9조 제1항 제1호에서 법률이나 법률의 위임에 의한 명령(대통령령, 조례 등)에 의하여만 비공개대상정보를 규정할 수 있도록 하고 있으며, 또한 공공기관은 공공기관의 업무의 성격을 고려하여 비공개대상정보의 범위에 관한 세부기준을 수립하고 이를 공개하여야 한다고 규정하고 있다(같은 법 제9조 제3항).

그리고 공공기관(국회, 법원, 헌법재판소, 중앙선거관리위원회는 제외)은 그러한 비공개 세부기준이 제1항 각호의 비공개 요건에 부합하는지 3년 마다 점검하고 개선하며 그 점검 및 개선 결과를 행정안전부장관에게 제출하여야 한다(같은 법 제9조 제4항).

대법원은 공개청구대상정보가 이미 널리 공개되어 알려져 있거나 인터넷 검색만으로 쉽게 알 수 있다 하더라도 그것만으로 비공개결정이 정당화될 수 없다고 한다.[69]

이하 '공공기관의 정보공개에 관한 법률' 제9조 제1항 제1호에서 제8호가 규정하고 있는 비공개대상정보의 범위는 다음과 같다.

(1) 다른 법률 또는 법률이 위임한 명령(국회규칙 · 대법원규칙 · 헌법재판소규칙 · 중앙선거관리위원회규칙 · 대통령령 및 조례로 한정한다)에 의하여 비밀이나 비공개 사항으로 규정된 정보

대법원은 그것이 검찰보존사무규칙 등과 같이 단순한 행정규칙이라면 효력 있는 비공개규정

69) 대법원 2010.12.23. 선고 2008두13101 판결.

으로 인정할 수 없다고 한다.[70)]

또한 다른 법률로 비공개로 정하여진 정보라 하더라도 그 정보와 관련된 사법심사를 위하여 필요한 경우에 법원에 대한 정보의 제출을 거부할 수 없다고 한다(참고판례 참조).

참고판례: 대법원 2025.1.19. 선고 2019두35763 판결 [정보비공개처분취소등]

대통령기록물 관리에 관한 법률(이하 '대통령기록물법'이라 한다) 제17조 제4항은 보호기간이 정해진 대통령지정기록물의 경우 보호기간 동안 다른 법률에 따른 자료제출의 요구 대상에 포함되지 않는다고 규정하고 있다. **그러나 대통령이 특정 정보를 대통령지정기록물로 지정하여 보호기간을 정한 행위(이하 '보호기간 설정행위'라 한다)에 대한 사법심사 과정에서 적법성을 의심할 만한 상당한 이유가 있음에도 행정청이 법원에 대하여 그 정보의 제출을 거부할 수 있다고 한다면, 보호기간 설정행위의 적법성에 관한 실질적인 재판이 이루어질 수 없어 헌법 제27조 제1항이 보장한 국민의 재판청구권이 침해될 수 있다.** 더구나 법원이 공공기관의 정보공개에 관한 법률(이하 '정보공개법'이라 한다) 제20조 제2항에 따라 보호기간이 정해진 대통령지정기록물을 비공개로 열람·심사할 경우 대통령지정기록물이 공개됨으로써 초래되는 외교적·정치적 혼란을 피할 수 있으므로 법원의 심사과정에서 공익에 대한 위해가 발생한다고 보기도 어렵다.

(2) 국가안전보장·국방·통일·외교관계 등에 관한 사항으로서 공개될 경우 국가의 중대한 이익을 현저히 해칠 우려가 있다고 인정되는 정보

주요판례요지

대법원 2023.6.1. 선고 2019두41324 판결: '2015. 12. 28. 일본군위안부 피해자 합의와 관련하여 한일 외교장관 공동 발표문의 문안을 도출하기 위하여 진행한 협의 협상에서 일본군과 관헌에 의한 위안부 강제연행의 존부 및 사실인정 문제에 대해 협의한 협상 관련 외교부장관 생산 문서'에 대한 공개를 청구하였으나, 외교부장관이 갑에게 '공개 청구 정보가 공공기관의 정보공개에 관한 법률 제9조 제1항 제2호에 해당한다.'는 이유로 비공개 결정을 한 것은 적법하다.

참고판례: 서울행정법원 2008.4.16. 선고 2007구합31478 판결 [정보비공개처분취소]

외교통상부장관에게 한·미 FTA에 관련된 대외경제장관회의 회의록의 정보공개청구를 요구한 사안에서, **회의록 작성의 주무부서가 재정경제부라 하더라도 외교통상부장관이 회의가 개최된 후 그 회의록을 받아 직무상 소지하고 있으므로, 그 회의록은 외교통상부장관이 직무상 보유·관리하고 있는 문서로서** 공공기관의 정보공개에 관한 법률 제2조 제1호에 정한 '정보'에 해당한다고 본 사례.

**한·미 FTA 추가협상 과정에서 작성·교환된 문서는 외교관계에 관한 사항으로서 공개될 경우 국가의 중대한 이익을 현저히 해할 우려가 있다고 인정되므로, 공공기관의 정보공개에 관한 법률 제9조 제1항**

70) 대법원 2004.3.18. 선고 2001두8254 전원합의체 판결.

**제2호에 정한 비공개대상정보에 해당한다**고 한 사례.

해 설 확정된 하급법원 판례로서 한·미 FTA 추가협상에서 작성, 교환된 문서가 공개될 경우 국가의 중대한 이익을 현저히 해할 우려가 있다고 보고 비공개대상정보로 판시하였다. 또한 자신이 작성하지 않더라도 직무상 소지하면 공개대상정보가 된다고 한다.

(3) 국민의 생명·신체 및 재산의 보호에 현저한 지장을 초래할 우려가 있다고 인정되는 정보

대법원은 보안관찰 관련 통계자료는 법 제9조 제1항 제2호의 공개될 경우 국가안전보장·국방·통일·외교관계 등 국가의 중대한 이익을 해할 우려가 있는 정보, 또는 제3호의 공개될 경우 국민의 생명·신체 및 재산의 보호 기타 공공의 안전과 이익을 현저히 해할 우려가 있다고 인정되는 정보에 해당한다고 한다.[71)]

(4) 진행 중인 재판에 관련된 정보와 범죄의 예방, 수사, 공소의 제기 및 유지, 형의 집행, 교정, 보안처분에 관한 사항으로서 공개될 경우 그 직무수행을 현저히 곤란하게 하거나 형사피고인의 공정한 재판을 받을 권리를 침해한다고 인정할 만한 상당한 이유가 있는 정보

대법원은 여기서의 '진행중인 재판에 관련된 정보'는 재판에 관련된 일체의 정보가 아니라 진행 중인 재판의 심리 또는 재판결과에 구체적으로 영향을 미칠 위험이 있는 정보에 한정된다고 한다.[72)]

참고판례 1: 대법원 2011.11.24. 선고 2009두19021 판결 [정보공개거부처분취소]

공공기관의 정보공개에 관한 법률(이하 '정보공개법'이라 한다)의 입법 목적, 정보공개의 원칙, 비공개대상정보의 규정 형식과 취지 등을 고려하면, 법원 이외의 공공기관이 정보공개법 제9조 제1항 제4호에서 정한 **'진행 중인 재판에 관련된 정보'에 해당한다는 사유로 정보공개를 거부하기 위하여는 반드시 그 정보가 진행 중인 재판의 소송기록 자체에 포함된 내용일 필요는 없다.** 그러나 **재판에 관련된 일체의 정보가 그에 해당하는 것은 아니고 진행 중인 재판의 심리 또는 재판결과에 구체적으로 영향을 미칠 위험이 있는 정보에 한정**된다고 보는 것이 타당하다.

참고판례 2: 헌법재판소 2017.12.28. 선고 2015헌마632 결정[열람·등사신청 거부행위 위헌확인]

피청구인은 법원의 수사서류 열람·등사 허용 결정 이후 해당 수사서류에 대한 열람은 허용하고 등사만을 거부하였는데, **변호인이 수사서류를 열람은 하였지만 등사가 허용되지 않는다면, 변호인은 형사소송절차에서 청구인들에게 유리한 수사서류의 내용을 법원에 현출할 수 있는 방법이 없어 불리한 지위에 놓이게 되고,** 그 결과 청구인들을 충분히 조력할 수 없음이 명백하므로, **피청구인이 수사서류에 대한 등사만을 거부하였다 하더라도 청구인들의 신속·공정한 재판을 받을 권리 및 변호인의 조력을 받을 권리가 침해되었다고 보아야 한다.** (중략) 신속하고 실효적인 구제절차를 형사소송절차 내에 마련하고자 열람·등사에 관한 규정을 신설한 입법취지와, 검사의 열람·등사 거부처분에 대한 정당성 여부가 법원에 의하여

71) 대법원 2003.12.26. 선고 2001두1342 판결.
72) 대법원 2011.11.24. 선고 2009두19021 판결; 대법원 2018.9.28. 선고 2017두69892 판결.

심사된 마당에 헌법재판소가 다시 열람·등사 제한의 정당성 여부를 심사하게 된다면 이는 법원의 결정에 대한 당부의 통제가 되는 측면이 있는 점 등을 고려하여 볼 때, **수사서류에 대한 법원의 열람·등사 허용 결정이 있음에도 검사가 열람·등사를 거부하는 경우 수사서류 각각에 대하여 검사가 열람·등사를 거부할 정당한 사유가 있는지를 심사할 필요 없이 그 거부행위 자체로써 청구인들의 기본권을 침해하는 것이 되고,** 이는 법원의 수사서류에 대한 열람·등사 허용 결정이 있음에도 검사인 피청구인이 해당 서류에 대한 열람만을 허용하고 등사를 거부하는 경우에도 마찬가지이다.

**해 설** 검찰의 수사자료에 대한 열람·등사 신청이 법원에 의해 받아들여졌는데, 검찰이 열람은 허용하였으나 등사를 거부한 경우 거부의 정당한 이유가 있는지 살펴볼 필요도 없이 이는 재판을 받을 권리와 변호인의 조력을 받을 권리를 침해한 것이라고 판시하였다. 서울고등법원 2017.4.14. 선고 2016누41844 판결에서도 검찰 수사상 영상녹화자료에 대한 열람만 허용하고 등사를 거부한 경우 '공개될 경우 사생활의 비밀 또는 자유를 침해할 우려가 있다고 인정되는 정보'에 해당한다고 보기 어려워서 정보공개거부가 위법하다고 판시한 바 있다.

(5) 감사·감독·검사·시험·규제·입찰계약·기술개발·인사관리에 관한 사항이나 의사결정과정 또는 내부검토과정에 있는 사항 등으로서 공개될 경우 업무의 공정한 수행이나 연구·개발에 현저한 지장을 초래한다고 인정할 만한 상당한 이유가 있는 정보, 다만 의사결정과정 또는 내부검토과정을 이유로 비공개할 경우에는 제13조 제5항에 따라 통지를 할 때 의사결정과정 또는 내부검토과정의 단계 및 종료예정일을 함께 안내하여야 하며 의사결정과정 및 내부검토과정이 종료되면 제10조에 따른 청구인에게 이를 통지하여야 한다.

서울고등법원은 '감사'의 경우 반드시 계속 중인 감사만을 의미하지 않고 종료된 감사에 대한 사항도 비공개대상정보가 될 수 있다고 한다.[73]

회의자료 등에 대한 정보공개의 경우 그것이 의사결정과정이 종료되면 제5호의 비공개대상정보에 해당된다고 할 수 없으나 대법원은 이를 의사결정과정에 있는 사항에 준하는 사항으로서 비공개대상정보에 포함될 수 있다고 한다. 특히 회의록에서 발언자의 인적사항 부분 정보는 비공개대상정보라고 한다.[74] 한편 답안지와 문제지에 대한 정보공개청구에서 대법원은 답안지의 열람은 인정하는 편이고[75] 문제지와 정답지는 경우에 따라 업무에 지장을 주는 정도를 판단하여 정보공개를 인정하기도 하고 부인하기도 한다.[76]

### 참고판례 1: 대법원 2003.8.22. 선고 2002두12946 판결 [정보공개거부처분취소]

공공기관의 정보공개에 관한 법률상 비공개대상정보의 입법 취지에 비추어 살펴보면, 같은 법 제7조(개정 후 제9조) 제1항 제5호에서의 '감사·감독·검사·시험·규제·입찰계약·기술개발·인사관리·의사결

73) 서울고등법원 2008.8.7. 선고 2008누3281 판결.
74) 대법원 2003.8.22. 선고 2002두12946 판결.
75) 대법원 2003.3.14. 선고 2000두6114 판결.
76) 대법원 2007.6.15. 선고 2006두15936 판결.

정과정 또는 내부검토과정에 있는 사항'은 비공개대상정보를 예시적으로 열거한 것이라고 할 것이므로 **의사결정과정에 제공된 회의관련자료나 의사결정과정이 기록된 회의록 등은 의사가 결정되거나 의사가 집행된 경우에는 더 이상 의사결정과정에 있는 사항 그 자체라고는 할 수 없으나, 의사결정과정에 있는 사항에 준하는 사항으로서 비공개대상정보에 포함될 수 있다.**

학교환경위생구역 내 금지행위(숙박시설) 해제결정에 관한 **학교환경위생정화위원회의 회의록에 기재된 발언내용에 대한 해당 발언자의 인적사항 부분에 관한 정보는 공공기관의정보공개에관한법률 제7조(개정후 제9조) 제1항 제5호 소정의 비공개대상에 해당한다고 한 사례.**

### 참고판례 2: 대법원 2003.3.14. 선고 2000두6114 판결 [답안지열람거부처분취소]

답안지는 응시자의 시험문제에 대한 답안이 기재되어 있을 뿐 평가자의 평가기준이나 평가 결과가 반영되어 있는 것은 아니므로 응시자가 자신의 답안지를 열람한다고 하더라도 시험문항에 대한 채점위원별 채점 결과가 열람되는 경우와 달리 평가자가 시험에 대한 평가업무를 수행함에 있어서 지장을 초래할 가능성이 적은 점, 답안지에 대한 열람이 허용된다고 하더라도 답안지를 상호비교함으로써 생기는 부작용이 생길 가능성이 희박하고, 열람업무의 폭증이 예상된다고 볼만한 자료도 없는 점 등을 종합적으로 고려하면, **답안지의 열람으로 인하여 시험업무의 수행에 현저한 지장을 초래한다고 볼 수 없다.**

### 참고판례 3: 대법원 2007.6.15. 선고 2006두15936 판결 [정보공개거부처분취소]

공공기관의 정보공개에 관한 법률 제9조 제1항 제5호는 시험에 관한 사항으로서 공개될 경우 업무의 공정한 수행에 현저한 지장을 초래한다고 인정할 만한 상당한 이유가 있는 정보는 공개하지 아니할 수 있도록 하고 있는바, **여기에서 시험정보로서 공개될 경우 업무의 공정한 수행에 현저한 지장을 초래하는지 여부는 같은 법 및 시험정보를 공개하지 아니할 수 있도록 하고 있는 입법 취지, 당해 시험 및 그에 대한 평가행위의 성격과 내용, 공개의 내용과 공개로 인한 업무의 증가, 공개로 인한 파급효과 등을 종합하여 개별적으로** 판단되어야 한다.

치과의사 국가시험에서 채택하고 있는 문제은행 출제방식이 출제의 시간·비용을 줄이면서도 양질의 문항을 확보할 수 있는 등 많은 장점을 가지고 있는 점, 그 시험문제를 공개할 경우 발생하게 될 결과와 시험업무에 초래될 부작용 등을 감안하면, **위 시험의 문제지와 그 정답지를 공개하는 것은 시험업무의 공정한 수행이나 연구·개발에 현저한 지장을 초래한다고 인정할 만한 상당한 이유가 있는 경우에 해당하므로,** 공공기관의 정보공개에 관한 법률 제9조 제1항 제5호에 따라 이를 공개하지 않을 수 있다고 한 사례.

**해 설** 대법원은 사법시험 답안지를 공개대상으로 한 것과는 달리 치과의사 국가시험의 경우, 문제지와 정답지 공개를 하지 않을 수 있다고 판시하였다. 그 시험관리의 차이점 등이 이러한 판단에 작용한 것으로 보인다.

### 참고판례 4: 대법원 2009.12.10. 선고 2009두12785 판결 [정보공개거부처분취소]

교도소에 수용 중이던 재소자가 담당 **교도관들을 상대로 가혹행위를 이유로 형사고소 및 민사소송을 제기하면서 그 증명자료 확보를 위해 '근무보고서'와 '징벌위원회 회의록' 등의 정보공개를 요청**하였으나 교도소장이 이를 거부한 사안에서, 근무보고서는 공공기관의 정보공개에 관한 법률 제9조 제1항 제4호에 정한 비공개대상정보에 해당한다고 볼 수 없고, 징벌위원회 회의록 중 **비공개 심사·의결 부분은 위 법 제9조 제1항 제5호의 비공개사유에 해당하지만 재소자의 진술, 위원장 및 위원들과 재소자 사이의 문답**

**등 징벌절차 진행 부분은 비공개사유에 해당하지 않는다**고 보아 분리 공개가 허용된다고 한 사례.

해 설 정보공개신청된 사항 중 비공개대상정보와 공개대상정보를 구별하고 있는 판례로서 공개가 가능한 정보만의 분리공개를 허용하고 있다.

---

(6) 해당 정보에 포함되어 있는 성명·주민등록번호 등 개인정보보호법 제2조 제1호에 따른 개인정보로서 공개될 경우 사생활의 비밀 또는 자유를 침해할 우려가 있다고 인정되는 정보

다만, 다음 각목에 열거한 사항은 제외한다.

가. 법령이 정하는 바에 따라 열람할 수 있는 정보

나. 공공기관이 공표를 목적으로 작성하거나 취득한 정보로서 개인의 사생활의 비밀 또는 자유를 부당하게 침해하지 않는 정보

다. 공공기관이 작성하거나 취득한 정보로서 공개하는 것이 공익 또는 개인의 권리구제를 위하여 필요하다고 인정되는 정보

라. 직무를 수행한 공무원의 성명·직위

마. 공개하는 것이 공익을 위하여 필요한 경우로써 법령에 의하여 국가 또는 지방자치단체가 업무의 일부를 위탁 또는 위촉한 개인의 성명·직업

개인정보의 공개 제외에 대한 입법방식에는 개인식별형과 프라이버시형이 있는데 우리나라는 개인식별에 관한 정보인 개인정보 가운데 그것이 공개될 경우 사생활의 비밀과 자유를 침해할 우려가 있다고 인정되는 정보를 정보비공개의 대상으로 규정하고 있다. 대법원은 종래 개인식별정보가 아니라도 공개될 경우 사생활의 비밀과 자유를 침해할 우려가 인정되는 정보도 비공개대상정보에 포함시켰으나[77] 정보공개법의 개정으로 개인정보보호법이 규정하는 개인정보에 해당하는 개인식별정보라야 비공개대상정보에 속하게 되었다. 대법원은 사생활의 보호 등의 이익과 국민의 알권리의 보장과 국정에 대한 국민의 참여나 투명성 확보 등의 공익을 비교, 교량하여 공개여부를 결정하여야 한다고 하면서 지방자치단체의 업무추진비 세부항목별 집행내역 및 그에 관한 증빙서류에 포함된 개인정보는 "공개하는 것이 공익을 위하여 필요한 경우"에 해당되지 않는다고 한다. 따라서 개인정보 부분을 삭제하고 부분공개가 가능하다는 입장이다.[78]

---

참고판례 1: 대법원 2006.12.7. 선고 2005두241 판결 [정보공개청구거부처분취소]

구 공공기관의 정보공개에 관한 법률(2004. 1. 29. 법률 제7127호로 전문 개정되기 전의 것) 제7조 제1항 제6호 단서 (다)목에서 정한 **'공개하는 것이 공익을 위하여 필요하다고 인정되는 정보'에 해당하는지 여부는** 비공개에 의하여 보호되는 개인의 사생활 보호 등의 이익과 공개에 의하여 보호되는 국정운영의 투명성 확보 등의 공익을 비교·교량하여 구체적 사안에 따라 신중히 판단하여야 한다.

---

77) 대법원 2012.6.18. 선고 2011두2361 판결.

78) 대법원 2003.3.11. 선고 2001두6425 판결.

**사면대상자들의 사면실시건의서와 그와 관련된 국무회의 안건자료에 관한 정보는** 그 공개로 얻는 이익이 그로 인하여 침해되는 당사자들의 사생활의 비밀에 관한 이익보다 더욱 크므로 구 공공기관의 정보공개에 관한 법률(2004. 1. 29. 법률 제7127호로 전문 개정되기 전의 것) 제7조 제1항 제6호에서 정한 **비공개사유에 해당하지 않는다.**

### 참고판례 2: 서울행정법원 2016.1.14. 선고 2015구합11035 판결

(전략) 이 법원이 이 사건 영장을 비공개로 열람·심사한 결과에 의하면, **이 사건 영장에 기재된 정보 중 피의자들 및 위장가맹점 대표자들의 각 성명, 주민등록번호, 직업, 주거, 계좌번호 등 인적사항은 개인식별정보로서 공개될 경우 개인의 사생활의 비밀 또는 자유를 침해할 우려가 있는 반면, 위 정보의 공개로 인하여 원고가 얻는 이익이 그로 인하여 침해되는 이익보다 크다고 보이지 아니한다.**

그러나 위 인적사항을 제외한 나머지 부분인 **피의자들의 범죄사실, 압수수색 검증을 필요로 하는 사유 등은 개인에 관한 사항의 공개로 인하여 개인의 내밀한 내용의 비밀이 알려지게 되고, 그 결과 인격적·정신적 내면생활에 지장을 초래하거나 자유로운 사생활을 영위할 수 없게 될 위험성이 있는 정보에 해당한다고 보이지 않고,** 그 반면 **원고가 이 사건 영장이 발부되어 자신의 신용카드 결제내역이 수사기관에 제공된 경위 등을 확인하기 위하여 공개할 필요가 있는 정보라고 판단된다.**

**해 설** 원고가 이 사건 영장이 발부되어 자신의 신용카드 결제내역이 수사기관에 제공된 경위를 알기 위하여 피의자에 대한 압수·수색 영장에 대하여 정보공개청구를 한 사건에서 서울행정법원은 타인의 인적사항 등이 담겨있는 부분을 제외하고 이를 공개하여야 한다고 판시하였다.

### 참고판례 3: 대법원 2025.12.11. 선고 2024도8121 판결 [개인정보보호법 위반]

구 정보공개법과 구 개인정보 보호법의 각 입법 목적과 규정 내용, 구 정보공개법 제9조 제1항 제6호의 문언과 취지 등에 비추어 보면, 구 **정보공개법 제9조 제1항 제6호는 공공기관이 보유·관리하고 있는 개인정보의 공개 과정에서의 개인정보를 보호하기 위한 규정으로서 이때에는 구 개인정보 보호법 제6조에서 말하는 '개인정보 보호에 관하여 다른 법률에 특별한 규정이 있는 경우'에 해당한다.** 그러므로 공공기관이 보유·관리하고 있는 개인정보의 공개에 관하여는 구 정보공개법 제9조 제1항 제6호가 구 개인정보 보호법에 우선하여 적용된다(대법원 2021.11.11. 선고 2015두53770 판결 참조).

따라서 공공기관이 보유·관리하고 있는 타인에 관한 **개인정보의 정보공개법에 따른 공개가 구 개인정보 보호법 제17조에서 말하는 개인정보 제3자 제공에 해당하더라도, 그에 관하여는 구 개인정보 보호법 제17조의 규정이 적용되지는 않으므로,** 구 개인정보 보호법 제17조 위반을 전제로 하는 구 개인정보 보호법 제71조 제1호도 적용될 수 없다.

**해 설** 대법원은 자신에 대한 제3자의 개인정보보호법 위반 등의 행위를 확인하기 위하여 검찰청과 통신사 대리점에 설치된 CCTV 영상을 제공받은 사건에서 정보공개법에 의한 정보공개는 정보공개법이 개인정보보호법에 우선하여 적용되므로 개인정보보호법의 규율을 받지 않는다고 판시하였다.

---

(7) 법인·단체 또는 개인(이하 "법인 등"이라 한다)의 경영·영업상 비밀에 관한 사항으로서 공개될 경우 법인 등의 정당한 이익을 현저히 해칠 우려가 있다고 인정되는 정보

다만, 다음 각목에 열거한 정보를 제외한다.

가. 사업활동에 의하여 발생하는 위해로부터 사람의 생명·신체 또는 건강을 보호하기 위하여 공개할 필요가 있는 정보

나. 위법·부당한 사업활동으로부터 국민의 재산 또는 생활을 보호하기 위하여 공개할 필요가 있는 정보

대법원은 '법인 등의 경영·영업상 비밀'은 '타인에게 알려지지 아니함이 유리한 사업활동에 관한 일체의 정보' 또는 '사업활동에 관한 일체의 비밀사항'을 의미한다고 한다.[79] 그리고 비공개대상에 해당하는지의 여부는 공개를 거부할 만한 정당한 이익이 있는지 여부에 따라 결정되어야 하고 그 정당한 이익이 있는지 여부는 이를 엄격하게 판단하여야 할 뿐만 아니라, 국민에 의한 감시의 필요성이 크고 이를 감수하여야 하는 면이 강한 공익법인에 대하여는 보다 소극적으로 판단하여야 한다고 한다.[80]

### 참고판례 1: 대법원 2010.12.23. 선고 2008두13101 판결 [정보공개거부처분취소]

공공기관의 정보공개에 관한 법률은 공공기관이 보유·관리하는 정보에 대한 국민의 공개청구 및 공공기관의 공개의무에 관하여 필요한 사항을 정함으로써 국민의 알 권리를 보장하고 국정에 대한 국민의 참여와 국정운영의 투명성을 확보함을 목적으로 공공기관이 보유·관리하는 모든 정보를 원칙적 공개대상으로 하면서, 사업체인 법인 등의 사업활동에 관한 비밀의 유출을 방지하여 정당한 이익을 보호하고자 하는 취지에서, 위 법 제9조 제1항 제7호로 "법인·단체 또는 개인의 경영·영업상 비밀로서 공개될 경우 법인 등의 정당한 이익을 현저히 해할 우려가 있다고 인정되는 정보"를 비공개대상정보로 규정하고 있다. 이와 같은 공공기관의 정보공개에 관한 법률의 입법 목적 등을 고려하여 보면, **제9조 제1항 제7호에서 정한 '법인 등의 경영·영업상 비밀'은 '타인에게 알려지지 아니함이 유리한 사업활동에 관한 일체의 정보' 또는 '사업활동에 관한 일체의 비밀사항'을 의미하는 것이고, 그 공개 여부는 공개를 거부할 만한 정당한 이익이 있는지 여부에 따라 결정되어야 하는바, 그 정당한 이익이 있는지 여부는 앞서 본 공공기관의 정보공개에 관한 법률의 입법 취지에 비추어 이를 엄격하게 판단하여야 할 뿐만 아니라, 국민에 의한 감시의 필요성이 크고 이를 감수하여야 하는 면이 강한 공익법인에 대하여는 보다 소극적으로 판단하여야 한다.**

한국방송공사(KBS)가 황우석 교수의 논문조작 사건에 관한 사실관계의 진실 여부를 밝히기 위하여 제작한 **'추적 60분' 가제 "새튼은 특허를 노렸나"인 방송용 60분 분량의 편집원본 테이프 1개에** 대하여 정보공개청구를 하였으나, 한국방송공사가 정보공개청구접수를 받은 날로부터 20일 이내에 공개 여부결정을 하지 않아 비공개결정을 한 것으로 간주된 사안에서, 위 정보는 방송프로그램의 기획·편성·제작 등에 관한 정보로서, 공공기관의 정보공개에 관한 법률 제9조 제1항 제7호에서 비공개대상정보로 규정하고 있는 '법인 등의 경영·영업상 비밀에 관한 사항으로서 **공개될 경우 법인 등의 정당한 이익을 현저히 해할 우려가 있다고 인정되는 정보'에 해당함**에도 이와 달리 판단한 원심판결에 법리를 오해한 위법이 있다고 한 사례.

79) 대법원 2018.4.12. 선고 2014두5477 판결.
80) 대법원 2010.12.23. 선고 2008두13101 판결.

**참고판례 2: 서울행정법원 2008.11.6. 선고 2008구합26466 판결: 확정 [정보비공개결정처분취소]**

공공기관의 정보공개에 관한 법률 제9조 제1항 단서 제6호는 '당해 정보에 포함되어 있는 이름·주민등록번호 등 개인에 관한 사항으로서 공개될 경우 개인의 사생활의 비밀 또는 자유를 침해할 우려가 있다고 인정되는 정보'를 비공개대상으로 정하여 정보공개로 인하여 발생할 수 있는 개인의 사생활의 비밀과 자유, 자신에 대한 정보통제권 등 제3자의 법익침해를 방지하고 있다. 다만, 위 제6호 단서 (다)목은 '공공기관이 작성하거나 취득한 정보로서 공개하는 것이 공익 또는 개인의 권리구제를 위하여 필요하다고 인정되는 정보'는 비공개대상에서 제외하고 있으며, **'공개하는 것이 개인의 권리구제를 위하여 필요하다고 인정되는 정보'에 해당하는지 여부는 비공개에 의하여 보호되는 개인의 사생활의 비밀 등의 이익과 공개에 의하여 보호되는 개인의 권리구제 등의 이익을 비교·교량하여 구체적 사안에 따라 개별적으로 판단하여야 한다.**

**특정업체의 영업비밀이 경쟁업체에 유출되었다는 제보에 따라 압수수색을 받은 회사가 국가정보원에 제보자의 신원정보에 관한 정보공개를 청구**한 사안에서, **정보공개로 인해 제보자의 사생활의 비밀이 침해되는 정도보다 피제보자의 권리구제를 위해 정보가 공개되어야 할 필요성이 크다고 보아 제보자의 성명, 주소는 공개대상 정보에 해당한다고 한 사례.**

**해 설** 특정 업체의 영업비밀을 경쟁업체에 유출하였다는 제보에 따라 압수수색을 받은 회사가 제보자의 신원정보를 요청하였을 때 공개하는 것이 개인의 권리구제를 위하여 필요한 사항으로 보아 공개하도록 판시하였다.

(8) 공개될 경우 부동산 투기·매점매석 등으로 특정인에게 이익 또는 불이익을 줄 우려가 있다고 인정되는 정보

## 제4관 공공기관의 정보공개의무 및 정보공개촉진을 위한 제도

### 1. 공공기관의 정보공개의무

'공공기관의 정보공개에 관한 법률'은 공공기관이 적극적으로 정보를 공개하고 정보공개에 적절한 행정시스템을 갖추도록 할 것을 의무화하고 있다. 같은 법 제6조는 공공기관으로 하여금 정보의 공개를 청구하는 국민의 권리가 존중될 수 있도록 이 법을 운영하고 소관 관계 법률을 정비하게 하는 등의 의무를 부과하고 있다. 또한, 정보관리체계를 정비하고 정보공개 업무를 주관하는 부서 및 담당하는 인력을 적정하게 두어야 하며 정보통신망을 활용한 정보공개시스템을 구축하도록 노력하여야 하는 등의 의무를 부과하고 있다.

그리고 행정안전부장관은 통합정보공개시스템을 운영하도록 하였으며 공공기관(국회, 법원, 헌법재판소, 중앙선거관리위원회는 제외)이 정보공개시스템을 구축하지 아니한 경우에 이 통합정보공개시스템을 통하여 정보공개청구 등을 처리하도록 하였다(제6조 제3항, 4항).

또한 이 법은 공공기관의 정보공개 담당자로 하여금 자의적인 결정, 고의적인 처리지연이나 위법한 공개 거부 및 회피 등의 부당행위를 할 수 없도록 하고 있다(제6조의2).

나아가서 이 법은 공공기관은 국민생활에 큰 영향을 미치는 정책정보 등에 대하여 공개의 청구가 없어도 공개의 범위, 주기, 시기, 방법 등을 미리 정하여 공표하고 이에 따라 정기적으로 사전 공개하도록 하고 있다(같은 법 제7조). 그리고 공공기관은 당해 기관이 보유·관리하는 정보의 목록을 작성·비치하고 그 목록을 정보통신망을 활용한 정보공개시스템을 통하여 제공하도록 하여 국민이 정보공개청구에 필요한 정보의 소재를 쉽게 알 수 있도록 하고 있다(같은 법 제8조 제1항).

그리고 공공기관은 비공개대상정보를 규정한 제9조 제1항 각호의 범위에서 해당 공공기관의 성격을 고려하여 비공개대상 정보의 범위에 관한 세부기준을 수립하고 이를 정보통신망을 활용한 정보공개시스템 등을 통하여 공개하여야 한다(같은 법 제9조 제3항). 또한 공공기관(국회, 법원, 헌법재판소 및 중앙선거관리위원회는 제외)은 제9조 제3항에 따라 수립된 비공개 세부기준이 제9조 제1항 각호의 비공개요건에 부합하는지 3년 마다 점검하고 필요한 경우 개선하고 그 결과를 행정안전부장관에게 제출하여야 한다(같은 법 제9조 제4항).

### 2. 정보공개위원회 등

공공기관의 정보공개에 관한 법률은 또한 정보공개의 촉진을 위하여 행정안전부 장관 소속하에 정보공개위원회(정보공개심의회와 달리 정책기구임)를 두어 정보공개에 관한 정책의 수립과 제도개선, 정보공개기준의 수립 및 정보공개제도의 운영실태의 평가 등에 관한 사항을 심의·조정하도록 하고 있으며(같은 법 제22조), 행정안전부장관은 정보공개 운영에 관한 보고서를 매년 정기국회 개회 전까지 국회에 제출하도록 하고 있다(같은 법 제26조 제1항).

## 제5관 정보공개청구절차

### 1. 정보공개심의회

국가기관, 지방자치단체 및 '공공기관의 운영에 관한 법률' 제5조에 따른 공기업 및 준정부기관, 지방공기업법에 따른 지방공사 및 지방공단은 정보공개 여부 등을 심의하기 위하여 정보공개심의회를 두어야 한다(같은 법 제12조 제1항). 정보공개심의회는 위원장을 포함하여 5명 이상 7명 이하의 위원으로 구성하며 원칙적으로 위원 중 3분의2는 외부전문가로 위촉한다(같은 법 제12조 제2,3항). 또한 심의의 공정을 위하여 위원에 대한 제척·기피·회피가 인정된다(같은 법 제12조의2).

### 2. 정보공개의 청구방법

정보공개의 청구는 정보공개청구서를 제출하거나 말로써 청구할 수 있다(같은 법 제10조 제1항).

대법원은 정보공개청구를 할 때에는 청구대상정보의 내용과 범위를 특정하여야 한다고 하고, '자료일체' 식의 정보공개청구에는 응하지 않아도 된다고 한다.[81] 그런데 "청구인이 공개를 청구

81) 대법원 2007.6.1. 선고 2007두2555 판결.

한 정보의 내용 중 너무 포괄적이거나 막연하여 사회일반인의 관점에서 그 내용과 범위를 확정할 수 있을 정도로 특정되었다고 볼 수 없는 부분이 포함되어 있다면", 법원은 "공공기관에 그가 보유·관리하고 있는 청구대상정보를 제출하도록 하여, 이를 비공개로 열람·심사하는 등의 방법으로 청구대상정보의 내용과 범위를 특정시켜야 한다."고 한다.[82)]

또한 분리공개가 가능한 때에 원고가 일부취소로 청구취지 변경을 하지 않더라도 법원은 일부취소를 명할 수 있다고 한다.

한편, 공공기관은 정보공개청구가 공공기관이 보유·관리하지 아니하는 정보인 경우이거나 공개청구의 내용이 진정·질의 등으로 정보공개청구로 보기 어려운 경우에는 이를 "민원처리에 관한 법률"에 따른 민원으로 처리할 수 있다.

### 3. 정보공개여부의 결정

공공기관은 정보공개의 청구를 받으면 청구를 받은 날로부터 10일 이내에 공개여부를 결정하여야 한다(같은 법 제11조 제1항). 다만 부득이한 경우에는 10일의 범위 안에서 결정기간을 연장할 수 있다(같은 법 제11조 제2항). 공공기관이 비공개 결정을 할 때에는 비공개사유를 정한 법 제9조 제1항 각호 중 어디에 해당하는지를 포함하여 그 이유를 구체적으로 명시하여야 하고, 불복의 방법과 절차를 구체적으로 밝혀야 한다(같은 법 제13조 제5항). 따라서 대법원은 정보공개를 요구받은 공공기관이 비공개사유에 해당하는지를 주장·증명하지 아니한 채 개괄적인 사유만을 들어 정보공개를 거부할 수는 없다고 한다.[83)] 그리고 어느 부분이 어떠한 법익 또는 기본권과 충돌하여 어느 법조항에 해당되는 비공개사유인지를 밝혀야 한다고 한다.[84)]

또한 공공기관은 공개 청구된 공개대상 정보의 전부 또는 일부가 제3자와 관련이 있다고 인정할 때에는 그 사실을 제3자에게 통지하여야 한다. 필요하다면 제3자의 의견을 들을 수도 있다(같은 법 제11조 제3항).

공공기관이 다른 공공기관이 보유·관리하는 정보에 대해 정보공개 청구를 받았을 때에는 이를 소관기관으로 이송하여야 한다(같은 법 제11조 제4항).

### 4. 정보공개여부 결정의 통지

공공기관은 정보공개를 결정한 경우에는 공개의 일시와 장소 등을 분명히 밝혀 청구인에게 통지하여야 한다(같은 법 제13조 제1항). 비공개를 결정한 경우에도 청구인에게 이를 문서로 통지하여야 한다. 이 경우 제9조 제1항 각 호 중 어느 규정에 해당하는 비공개대상정보인지를 포함한 비공개 이유와 불복의 방법 및 절차를 구체적으로 밝혀야 한다(같은 법 제13조 제5항).

---

82) 대법원 2018.4.12. 선고 2014두5477 판결.
83) 대법원 2018.4.12. 선고 2014두5477 판결.
84) 대법원 2003.12.11. 선고 2001두8827 판결.

## 제6관 불복절차

### 1. 이의신청

공공기관의 비공개결정이나 부분공개결정에 불복이 있거나, 정보공개 청구 후 20일이 경과하도록 정보공개결정이 없는 경우에는 정보공개청구인은 결정통지를 받은 날 또는 청구 후 20일이 경과한 날로부터 30일 이내에 공공기관에 문서로 이의신청을 할 수 있다('공공기관의 정보공개에 관한 법률' 제18조 제1항). 국가기관 등은 이의신청이 있은 후에 정보공개심의회를 개최하여야 한다. 다만 심의를 이미 거쳤거나 단순 반복청구이거나 법령에 따라 비밀로 규정된 정보에 대한 청구에 대해서는 정보공개심의회를 개최하지 않아도 된다(같은 법 제18조 제2항).

공공기관은 이의신청을 받은 날로부터 7일 이내에 그 이의신청에 대해 결정하고 그 결과를 지체없이 문서로 청구인에게 통지하여야 한다(같은 법 제18조 제3항). 또 이의신청을 각하 또는 기각한 때에는 청구인에게 행정심판이나 행정소송을 제기할 수 있다는 사실을 결정통지와 함께 알려야 한다(같은 법 제18조 제4항).

주요판례요지

대법원 2023.7.27. 선고 2022두52980 판결: 공공기관의 정보공개에 관한 법률 제18조 제1항, 제3항, 제4항, 제20조 제1항, 행정소송법 제20조 제1항의 규정 내용과 그 취지 등을 종합하여 보면, **청구인이 공공기관의 비공개 결정 또는 부분 공개 결정에 대한 이의신청을 하여 공공기관으로부터 이의신청에 대한 결과를 통지받은 후 취소소송을 제기하는 경우 그 제소기간은 이의신청에 대한 결과를 통지받은 날부터 기산한다고 봄이 타당하다.**

### 2. 행정심판과 행정소송

청구인이 정보공개와 관련한 공공기관의 결정에 대하여 불복이 있거나 정보공개 청구 후 20일이 경과하도록 정보공개 결정이 없는 때에는 행정심판법에 따라 행정심판을 제기할 수 있다(같은 법 제19조 제1항). 행정심판은 이의신청을 거치지 않고도 제기할 수 있다(같은 법 제19조 제2항).

또한 청구인이 정보공개와 관련한 공공기관의 결정에 대하여 불복이 있거나 정보공개 청구 후 20일이 경과하도록 정보공개 결정이 없는 때에는 행정심판을 제기하지 않고 바로 행정소송을 제기할 수 있다(같은 법 제20조 제1항).

결국 이의신청, 행정심판, 행정소송은 필요적 전치의 관계에 있지 않고, 비공개결정이 있을 때 이의신청, 행정심판, 행정소송 등 어느 불복절차도 바로 활용할 수 있다.

### 3. 제3자의 비공개요청

정보공개 청구된 공개대상정보의 전부 또는 일부와 관련이 있어서 공공기관으로부터 정보공개 청구된 사실을 통지 받은 제3자는 통지받은 날로부터 3일 이내에 해당 공공기관에 대하여 자신과 관련된 정보를 공개하지 아니할 것을 요청할 수 있다(같은 법 제21조 제1항). 이러한 요청에도 불구하고 공공기관이 정보를 공개할 때에는 공개 결정이유와 공개 실시일을 분명히 밝혀 지체 없이 문서로 통지하여야 한다. 또한 이러한 결정에 대해서는 제3자는 문서로 이의신청을 하거나 행정심판 또는 행정소송을 제기할 수 있다. 이의신청은 결정통지를 받은 날로부터 7일 이내에 하여야 한다(같은 법 제21조 제2항).

# 제3절 개인정보 보호제도

## 제1관 개 설

### 1. 개 관

오늘날 인간은 수많은 개인정보가 행정적·상업적으로 사용되는 시대에 살고 있다. 이러한 시대에 개인은 정보주체로서 독자적인 자기정보에 대한 결정권을 가진 법적 주체가 되도록 보호받아야 한다.

이러한 개인정보보호제도는 헌법상의 개인정보자기결정권에 근거를 두고 있다.

개인정보는 법적 보호의 대상이 되지만 오늘날과 같이 개인정보를 활용하는 산업이 발전하는 빅데이터의 시대에서는 개인정보의 보호와 아울러 정보의 건전한 유통과 이용이 함께 중요하기 때문에 개인정보 보호에서의 상호 충돌되는 이익의 형량이 중요하고도 어려운 문제로 대두되고 있다.

### 2. 개인정보자기결정권

#### (1) 개인정보자기결정권의 의의와 법적 성격

개인정보자기결정권은 자신에 관한 정보가 언제 누구에게 어느 범위까지 알려지고 또 이용되도록 할 것인지를 정보주체가 스스로 결정할 수 있는 권리로서,[85] 헌법상 인정되는 기본권이다. 헌법재판소는 개인정보자기결정권이 헌법 제10조 제1문에 근거를 둔 일반적 인격권, 헌법 제17조의 사생활의 비밀과 자유,[86] 자유민주적 기본질서규정 또는 국민주권원리와 민주주의 원리 등을 이념적 기초로 하는 것이라고 볼 수 있으나 하나의 독자적 기본권으로서 헌법에 명시되지 않은 기본권으로 보고 있다.[87]

한편 대법원은 개인정보자기결정권이 인간의 존엄과 가치, 행복추구권을 규정한 헌법 제10조 제1문에서 도출되는 일반적 인격권 및 헌법 제17조의 사생활의 비밀과 자유에 의해 보장된다고 한다.[88]

---

85) 헌법재판소 2005.5.26. 선고 99헌마513·2004헌마190 결정; 대법원 2016.8.17. 선고 2014다235080 판결.
86) 헌법재판소 2005.7.21. 선고 2003헌마282 결정.
87) 헌법재판소 2005.5.26. 선고 99헌마513·2004헌마190(병합) 결정.
88) 대법원 2016.8.17. 선고 2014다235080 판결.

### (2) 개인정보자기결정권과 이익형량

헌법재판소는 개인정보자기결정권의 보호에 있어서 개인정보자기결정권에 대한 제한의 양상이나 이익형량이 매우 중요한 요소임을 판시하고 있다. 그래서 "개인정보의 종류 및 성격, 수집목적, 이용형태, 정보처리방식 등에 따라 개인정보자기결정권의 제한이 인격권 또는 사생활의 자유에 미치는 영향이나 침해의 정도는 달라지므로 개인정보자기결정권의 제한이 정당한지 여부를 판단함에 있어서는" 이러한 요소들과 추구하는 공익의 중요성을 고려한 이익형량이 필요하다고 한다(참고판례 참조).

이러한 이익형량에 대한 판시에서 헌법재판소는 지문정보의 수집과 관련하여 주민등록법 시행령에 의한 지문날인제도는 이 제도로 인한 개인정보결정권에 대한 침해보다 그를 통하여 달성할 수 있는 공익이 더 크다고 하여 개인정보자기결정권을 과도하게 침해하는 규정이라고 할 수 없다고 하였다(주요판례요지② 참고). 또한 헌법재판소는 "법무부장관은 변호사시험 합격자가 결정되면 즉시 명단을 공고하여야 한다"고 규정한 변호사시험법 규정도 개인정보자기결정권을 침해하는 것이 아니라고 판시하였다.[89]

한편 일정한 공익적 목적으로 개인정보에 대한 자료를 행정청 등으로부터 넘겨 받도록 하는 법규정 등도 개인정보자기결정권을 침해하지 않는다고 한다. 예컨대 헌법재판소는 대한적십자사가 적십자 회원모집 및 회비모금, 기부금 영수증 발급 등을 위하여 필요한 자료를 국가와 지방자치단체로부터 요청할 수 있고 특별한 사유가 없으면 국가나 지방자치단체가 그 자료를 제공하도록 규정한 것[90]과 구치소장이 미결수용자에게 징벌을 부과한 뒤 그 규율위반 내용 및 징벌처분 결과 등을 관할 법원에 양형 참고자료로 통보한 행위[91]는 개인정보자기결정권을 침해하지 않는다고 판시하였다.

**주요판례요지**

헌법재판소 2025.6.27. 선고 2020헌바514 결정: 재개발, 재건축 등을 위한 조합의 조합원이 조합 임원에게 '조합원 명부'의 복사 요청을 한 경우 15일 이내에 그 요청에 따르도록 하고 그 위반행위를 처벌하는 구 '도시 및 주거환경정비법' 제124조 제4항 제2호, 제138조 제6호는 조합원의 개인정보자기결정권을 침해하지 않는다.

### (3) 개인정보자기결정권과 정보주체의 동의

흔히 정보주체의 동의권이 확보되면 개인정보자기결정권이 침해되지 않는 것으로 생각하기 쉽다. 그러나 개인정보자기결정권의 확보를 동의권에 지나치게 의존하는 것은 바람직하지 않다.

89) 헌법재판소 2020.3.26. 선고 2018헌마77·283·1024(병합) 결정.
90) 헌법재판소 2023.2.23. 선고 2019헌마1404 등(병합) 결정.
91) 헌법재판소 2023.9.26. 선고 2022헌마926 결정.

개인정보처리자들이 여러 가지 방법으로 실질적으로 동의권을 형해화할 수 있기 때문이다. 정보주체의 동의로 모든 개인정보의 수집과 처리를 정당화할 수 있다는 생각은 위험한 것이며 개인정보처리자들에게 정보의 정당한 수집과 처리에 대한 입증(증명)책임을 지우는 것이 개인정보자기결정권의 보장에 더 핵심적인 방안일 수 있다고 본다.

주요판례요지

① 헌법재판소 2015.12.23. 선고 2013헌바68·2014헌마449(병합) 결정: 국가가 개인정보보호법 등으로 정보보호를 위한 조치를 취하고 있더라도, 국민의 개인정보를 충분히 보호하고 있다고 보기 어려운데도 주민등록번호 유출 또는 오·남용으로 인하여 발생할 수 있는 피해 등에 대한 아무런 고려 없이 주민등록번호 변경을 일체 허용하지 않는 것은 그 자체로 과잉금지원칙을 위반한 개인정보자기결정권에 대한 과도한 침해가 될 수 있다.

② 헌법재판소 2005.5.26. 선고 99헌마513등 결정: 주민등록법 시행령에 의한 지문날인제도는 그로 인하여 정보주체가 현실적으로 입게 되는 불이익에 비하여 경찰청장이 보관·전산화하고 있는 지문정보를 범죄수사활동, 대형사건사고나 변사자가 발생한 경우의 신원확인, 타인의 인적사항 도용 방지 등 각종 신원확인의 목적을 위하여 이용함으로써 달성할 수 있게 되는 공익이 더 크다고 보아야 할 것이므로 과잉금지원칙에 위반되어 개인정보자기결정권을 과도하게 침해한다고 할 수 없다. 후속 판례(헌법재판소 2024.4.25. 선고 2020헌마542 결정)에서는 동일한 취지가 유지되었으나 위헌의견이 다수였고 위헌결정 정족수에 미치지 못할 뿐이었다.

③ 헌법재판소 2020.5.27. 선고 2017헌마1326 결정: 형법 제284조의 특수협박죄를 저질러 형의 선고를 받고 확정된 사람의 디엔에이신원확인정보를 채취대상자가 사망할 때 까지 데이터베이스에 수록, 관리할 수 있도록 규정한 구 "디엔에이신원확인정보의 이용 및 보호에 관한 법률"이 청구인의 개인정보자기결정권을 침해한다고 볼 수 없다.

④ 헌법재판소 2020.8.28. 선고 2018헌마927 결정: "가족관계의 등록 등에 관한 법률" 제14조 제1항이 불완전·불충분하게 규정하여 가정폭력 가해자에 대한 별도의 제한 없이 직계혈족이기만 하면 사실상 자유롭게 그 자녀의 가족관계증명서와 기본증명서의 교부를 청구하여 발급받을 수 있도록 함으로써, 가정폭력 피해자의 개인정보를 보호하기 위한 구체적 방안을 마련하지 아니한 것은 청구인의 개인정보자기결정권을 침해한다.

⑤ 헌법재판소 2020.11.26. 선고 2016헌마738 결정: 이동통신사업자가 청소년 유해매체물 차단수단이 삭제되거나 15일 이상 작동하지 않을 때에 청소년의 법정대리인에게 그 사실을 통지하도록 규정한 것은 청소년들의 개인정보자기결정권을 침해하지 않는다.

⑥ 헌법재판소 2021.1.28. 2018헌마456 등(병합) 결정: 인터넷홈페이지의 게시판 등에서 이루어지는 모든 정치적 익명표현을 사전적·포괄적으로 규율하는 것은 표현의 자유보다 행정편의와 단속편의를 우선함으로써 익명표현의 자유와 개인정보자기결정권 등을 지나치게 제한한다.

참고판례 1: 헌법재판소 2005.7.21. 선고 2003헌마282등 결정 [개인정보수집 등 위헌확인]

**개인정보의 종류 및 성격, 수집목적, 이용형태, 정보처리방식 등에 따라 개인정보자기결정권의 제한이 인격권 또는 사생활의 자유에 미치는 영향이나 침해의 정도는 달라지므로 개인정보자기결정권의 제한이 정당한지 여부를 판단함에 있어서는 위와 같은 요소들과 추구하는 공익의 중요성을 헤아려야 하는바,** 피청구인들이 졸업증명서 발급업무에 관한 민원인의 편의 도모, 행정효율성의 제고를 위하여 개인의 존엄과 인격권에 심대한 영향을 미칠 수 있는 민감한 정보라고 보기 어려운 **성명, 생년월일, 졸업일자 정보만을 NEIS에 보유하고 있는 것은 목적의 달성에 필요한 최소한의 정보만을 보유하는 것이라 할 수 있다.**

참고판례 2: 헌법재판소 2012.8.23. 선고 2010헌마47 · 252(병합) 결정

**인터넷게시판을 설치 · 운영하는 정보통신서비스 제공자에게 본인확인조치의무를 부과하여 게시판 이용자로 하여금 본인확인절차를 거쳐야만 게시판을 이용할 수 있도록 하는 본인확인제를 규정한 '구 정보통신망 이용촉진 및 정보보호 등에 관한 법률', 같은 법 시행령 조항들은 과잉금지원칙에 위배하여 인터넷 게시판 이용자의 표현의 자유, 개인정보자기결정권 및 인터넷게시판을 운영하는 정보통신서비스 제공자의 언론의 자유를 침해한다.**

이 사건 법령조항들이 표방하는 건전한 인터넷 문화의 조성 등 입법목적은, 인터넷 주소 등의 추적 및 확인, 당해 정보의 삭제 · 임시조치, 손해배상, 형사처벌 등 인터넷 이용자의 표현의 자유나 개인정보자기결정권을 제약하지 않는 다른 수단에 의해서도 충분히 달성할 수 있음에도, 인터넷의 특성을 고려하지 아니한 채 본인확인제의 적용범위를 광범위하게 정하여 법집행자에게 자의적인 집행의 여지를 부여하고, 목적 달성에 필요한 범위를 넘는 과도한 기본권 제한을 하고 있으므로 **침해의 최소성이 인정되지 아니한다.**

또한 이 사건 법령조항들은 **국내 인터넷 이용자들의 해외 사이트로의 도피, 국내 사업자와 해외 사업자 사이의 차별 내지 자의적 법집행의 시비로 인한 집행 곤란의 문제를 발생시키고 있고,** 나아가 본인확인제 시행 이후에 명예훼손, 모욕, 비방의 정보의 게시가 표현의 자유의 사전 제한을 정당화할 정도로 의미 있게 감소하였다는 증거를 찾아볼 수 없는 반면에, 게시판 이용자의 표현의 자유를 사전에 제한하여 의사표현 자체를 위축시킴으로써 자유로운 여론의 형성을 방해하고, 본인확인제의 적용을 받지 않는 정보통신망 상의 새로운 의사소통수단과 경쟁하여야 하는 게시판 운영자에게 업무상 불리한 제한을 가하며, 게시판 이용자의 개인정보가 외부로 유출되거나 부당하게 이용될 가능성이 증가하게 되었는바, 이러한 인터넷게시판 이용자 및 정보통신서비스 제공자의 불이익은 본인확인제가 달성하려는 공익보다 결코 더 작다고 할 수 없으므로, **법익의 균형성도 인정되지 않는다.**

### (4) 개인정보자기결정권과 정보취득의 사후통지

헌법재판소는 정보수사기관의 장이 전기통신사업자에게 통신자료의 제공을 요청하면 전기통신사업자가 그 요청에 따를 수 있도록 규정한 전기통신사업법 제83조 제3항이 개인정보자기결정권을 제한하는 규정이라는 점을 인정하고 정보취득 후 그 사실을 정보주체에게 사후통지하도록 하는 절차가 마련되어 있지 않은 것은 적법절차를 위반하여 위헌이라고 판시하였다. 이것은 개인정보보호법 제20조의 제1항, 제2항의 통지의무에 관한 규정과의 균형상 국가기관인 정보수사기관이 정보주체 이외로부터 수집한 개인정보를 처리하는 경우에도 통지의무가 인정되어야 한다는 점을 고려한 것이다.

**참고판례: 헌법재판소 2022.7.21. 선고 2016헌마388, 2022헌마105 · 110 · 126(병합) 결정 [통신자료 취득행위 위헌확인 등(수사기관 등에 의한 통신자료 제공요청 사건)]**

**이 사건 법률조항에 의한 통신자료 제공요청이 있는 경우 통신자료의 정보주체인 이용자에게는 통신자료 제공요청이 있었다는 점이 사전에 고지되지 아니하며, 전기통신사업자가 수사기관 등에게 통신자료를 제공한 경우에도 이러한 사실이 이용자에게 별도로 통지되지 않는다.** 그런데 당사자에 대한 통지는 당사자가 기본권 제한 사실을 확인하고 그 정당성 여부를 다툴 수 있는 전제조건이 된다는 점에서 매우 중요하다. 효율적인 수사와 정보수집의 신속성, 밀행성 등의 필요성을 고려하여 **사전에 정보주체인 이용자에게 그 내역을 통지하도록 하는 것이 적절하지 않다면 수사기관 등이 통신자료를 취득한 이후에 수사 등 정보수집의 목적에 방해가 되지 않는 범위 내에서 통신자료의 취득사실을 이용자에게 통지하는 것이 얼마든지 가능하다. 그럼에도 이 사건 법률조항은 통신자료 취득에 대한 사후통지절차를 두지 않아 적법절차원칙에 위배된다.**

## 3. 개인정보 보호의 법적 근거

### (1) 헌법

개인정보 보호의 헌법상의 근거는 개인정보자기결정권이다. 개인정보자기결정권에 대해서는 이미 앞에서 언급하였다.

### (2) 법률

헌법을 제외하고 개인정보 보호의 가장 기본적인 법적 근거는 개인정보보호법이다. 개인정보보호법은 헌법상의 개인정보자기결정권을 구체화하는 법이므로 기본적으로 공법상의 권리에 근거한 법이라고 할 수 있다. 또한 개인정보보호법은 개인정보 보호를 규정하고 있으면서도 한편으로는 공공기관 등 개인정보처리를 하고자 하는 자에 대하여 개인정보의 수집 · 이용에 대한 근거법이 되기도 한다.

2020년 2월 개인정보보호법은 '정보통신망 이용촉진 및 정보보호에 관한 법률' 및 '신용정보의 이용 및 보호에 관한 법률'과 함께 대폭 개정되었다. 이에 따라 개인정보보호법은 개인정보에 관한 기본법으로서 종래 여러 법에 산재하던 기본규율들을 종합적으로 규정하는 개인정보보호의 근간을 이루는 법이 되었다.

개인정보보호법과 '정보통신망 이용촉진 및 정보보호에 관한 법률', '신용정보의 이용 및 보호에 관한 법률' 등 데이터 3법 이외에도 개인정보보호와 관련하여 '위치정보의 보호 및 이용 등에 관한 법률', '금융실명거래 및 비밀보장에 관한 법률', '자본시장과 금융투자업에 관한 법률', 전기통신사업법, 통신비밀보호법, 형법 등이 있다.

### (3) 개인정보보유의 법적 근거

헌법재판소는 개인정보보호법 제정 이전에 "공공기관은 소관업무를 수행하기 위하여 필요한 범위 안에서 개인정보화일을 보유할 수 있다."고 규정하고 있었던 (구) '공공기관의 개인정보보호에 관한 법률' 제5조와 같은 일반적 수권조항에 근거하여 개인정보 보유행위가 이루어졌다 하더라도 법률유보원칙에 위배된다고 단정하기 어렵다고 판시한 바 있다. 따라서 헌법재판소의 판례에 따르면 현행 개인정보보호법 제15조 제1항 제3호와 같은 일반적 수권조항으로도 개인정보의 보유가 가능하다.[92)]

## 4. 비식별조치에 의한 개인정보 보호와 활용

### (1) 비식별조치의 의의와 방법

#### ① 개요

오늘날과 같은 빅데이터 산업시대에서 개인정보보호법은 개인정보의 활용에 대해서도 깊은 고려를 하지 않으면 안 된다. 개인정보 보호를 극단적으로 하게 되면 빅데이터를 이용하는 산업은 개인정보 활용을 하지 못하여 국가적 차원의 경쟁력을 상실할 우려마저 있다. 이러한 문제 때문에 개인정보에 대한 비식별조치를 하고 그것을 이용하는 방안이 전세계적으로 주목을 끌고 있다. 우리 정부도 '개인정보 비식별조치 가이드라인'을 내어 놓고 있다. 그러나 어떠한 비식별화 조치가 개인정보자기결정권을 만족시키는 개인정보 보호에 적절한 것인지에 대한 사회적 합의가 필요하다.

#### ② 익명화

비식별조치 중 가장 완전한 것으로는 익명화가 있다. 익명정보는 원래 다른 정보와 결합하여도 개인을 식별할 수 없기 때문에 익명화 정보의 활용은 개인정보 보호의 관점에서는 가장 안전한 것이다. 그러므로 익명정보는 개인정보보호법의 적용대상이 되는 개인정보가 아니라고 할 수 있어 개인정보 보호규제가 적용되지 않는다. 우리 개인정보보호법은 비식별화에 있어서 익명처리 우선의 원칙을 채택하고 있다(같은 법 제3조 제7항).

#### ③ 가명화

비식별조치 중 우리 개인정보보호법이 개인정보의 활용을 위하여 새롭게 규정하고 있는 것이 가명화이다. 원칙적으로 가명정보는 다른 정보와 결합하여 개인 식별이 가능하기 때문에 개인정보보호법의 규율대상이 되는 개인정보에 속한다. EU등 선진외국도 가명정보는 개인정보의 일종으로 개인정보보호법의 보호대상으로 삼고 있는 경우가 대부분이다. 우리 개인정보보호법도 가명정보를 일단 개인정보의 일종으로 규정하면서도(같은 법 제2조 제1호 다목) 일정한 경우 개인정보 보호규제의 적용을 배제하여 정보 활용의 여지를 만들어 두었다.

#### ④ 비식별조치와 기술발전

그런데 실제의 비식별조치는 익명화와 가명화의 두 가지 방법으로만 완전히 설명할 수가 없

92) 헌법재판소 2005.7.21. 선고 2003헌마282 · 425(병합) 전원재판부 결정.

다. 다양한 비식별조치의 방법들이 존재하고 기술의 발전에 따라 새롭게 창안되고 있다. 반면에 익명화 또는 가명화 되어 있는 개인정보를, 관련정보를 결합하고 체계화시키는 데이터 마이닝(Data Mining)과 프로파일링(Profiling)을 통해 개인식별이 가능한 정보로 만들 가능성도 상존한다. 정보기술은 끊임없이 발전하고 있으므로 개인식별을 위한 기술과 비식별화를 위한 기술은 창과 방패의 관계에서 서로 끊임없이 변화하고 발전되고 있는 상황이다. 그러므로 구체적으로 어떠한 비식별조치를 개인정보 보호의 수단으로 인정할 것인지는 각국의 제도 및 문화와 사회 환경에 따라 달리 결정될 수 있다.

### (2) 가명정보의 활용

가명정보란 개인정보를 가명처리함으로써 원래의 상태로 복원하기 위한 추가 정보의 사용·결합 없이는 특정 개인을 알아볼 수 없는 정보를 말한다(개인정보보호법 제2조 1호 다목). 식별화 기술과 비식별화 기술이 끊임없이 변화하여 불확실한 상황 하에서 우리 개인정보보호법은 익명정보와는 구별되는 가명정보라는 개념을 도입하여 이를 일정부분 개인정보 보호규제에서 벗어나[93] 활용가능하도록 하고 있다. 즉 가명정보도 원칙적으로 개인정보의 범주에 포함됨에도 불구하고 개인정보처리자는 통계작성, 과학적 연구, 공익적 기록보존을 위하여 정보주체의 동의 없이 가명정보를 처리하고 제3자에게 제공할 수 있도록 규정한 것이다(같은 법 제28조의2). 그런데 여기의 통계작성에는 상업적 목적의 통계작성이 포함되는 것으로 해석되고, '과학적 연구'에는 산업적 연구, 즉 민간투자연구가 포함되며(같은 법 제2조 제8호) 공익적 기록보존에는 민간기업 능이 일반적인 공익을 위하여 기록을 보존하는 경우도 해당되므로 민간 기업이 정보주체의 동의 없이 가명정보를 활용할 수 있게 된 것이다.

개인정보보호법은 가명정보의 활용의 기회를 열어준 것에 대한 위험을 줄이기 위해 여러 가지 안전장치를 두고 있다. 그리하여 ① 통계작성, 과학적 연구, 공익적 기록보존을 위하여 가명정보를 사용하더라도 서로 다른 개인정보처리자 사이의 가명정보의 결합은 개인정보보호위원회 또는 관계 중앙행정기관의 장이 지정하는 전문기관이 수행하도록 하고, ② 결합전문기관이 가명정보를 결합하는 경우에는 특정 개인을 알아볼 수 없도록 하여야 하며 결합한 정보를 반출하려면 가명정보나 익명정보로 처리한 뒤 결합전문기관의 장의 승인을 받도록 하였다. 또한 ③ 결합전문기관은 결합을 신청한 개인정보처리자가 결합된 정보의 반출을 신청하는 경우에는 반출심사위원회를 구성하여 결합 목적과 반출정보가 관련성이 있는지, 특정개인을 알아볼 가능성이 없는지, 반출정보에 대한 안전조치 계획이 있는지 등을 심사하고 승인하여야 하도록 하였다(같은 법 제28조의3, 같은 법 시행령 제29조의3). 그리고 ④ 개인정보처리자는 가명정보를 처리하는 경우 원래의 상태로 복원하기 위한 추가정보를 별도로 분리하여 보관·관리하는 등 대통령령이 정하는

93) 가명정보는 통계작성, 과학적 연구, 공익적 기록보존을 위하여서는 정보주체의 동의 없이 처리할 수 있을 뿐 아니라 개인정보보호법 제20조(정보주체 이외로부터 수집한 개인정보의 수집 출처 등 통지), 제21조(개인정보의 파기), 제27조(영업양도 등에 따른 개인정보의 이전 제한), 제34조 제1항(개인정보의 유출제한), 제35조(개인정보의 열람), 제36조(개인정보의 정정·삭제), 제37조(개인정보의 처리정지 등) 등의 규제의 적용을 받지 아니한다(개인정보보호법 제28조의7).

안전성 확보에 필요한 조치를 취하도록 하고 가명정보 처리에 관한 관련 기록을 작성하여 보관하도록 하였고(같은 법 제28조의4) ⑤ 특정 개인을 알아보기 위한 가명정보 처리를 금지하고 이를 위반한 자에게 과징금을 부과하도록 하고 가명정보 처리 과정에서 특정 개인을 알아볼 수 있는 정보가 생성된 경우에는 즉시 해당 정보의 처리를 중지하고 정보를 회수·파기하도록 하였다(같은 법 제28조의5, 제28조의6).

한편 위와 같이 처리된 가명정보에 대해서는 정보주체가 열람청구권, 정정·삭제청구권, 처리정지요구권 등을 행사하지 못하는 것이 원칙이다(같은 법 제28조의7 참조).

우리 대법원은 '가명처리'는 개인정보 보호법 제37조 제1항 제1문에서 처리정지 요구의 대상으로 정한 개인정보 '처리'에 해당하지 않는다고 보아야 한다고 판시하였다.[94]

가명정보의 활용을 허용한 것은 기업에게는 중요한 산업적 기회를 제공한 것이지만 정보주체의 입장에서는 개인정보의 오·남용의 위험을 떠안는 것이다. 이러한 위험의 방지를 위한 이상의 개인정보호법의 각종 안전장치가 실효적이기 위해서는 정보주체의 동의 없는 가명정보 처리의 요건과 한계를 더 자세히 설정하는 한편[95] 재식별화 방지 등 각종 안전장치의 실천에 대한 입증(증명)책임을 개인정보처리자가 지도록 하는 입증(증명)책임의 전환 등의 방안이 구체화될 필요가 있다고 본다.

## 제2관 개인정보 보호체계

### 1. 보호대상인 개인정보와 주된 수범자

#### (1) 보호대상인 개인정보

개인정보의 보호대상은 개인정보이다. 개인정보란 '살아있는 개인에 관한 정보로서 성명, 주민등록번호 및 영상 등을 통하여 개인을 알아볼 수 있는 정보'로서 해당 정보만으로는 특정 개인을 알아볼 수 없더라도 다른 정보와 쉽게 결합하여 알아 볼 수 있는 것과 가명정보를 포함한다(개인정보보호법 제2조 제1호). 여기서 다른 정보와 쉽게 결합할 수 있는지의 여부는 다른 정보의 입수 가능성 등 개인을 알아 보는데 소요되는 시간, 비용, 기술 등을 합리적으로 고려하여 판단한다. 가명정보도 개인정보보호법의 예외 사항에 해당되지 않는 한 개인정보보호법의 보호대상인 개인정보에 해당한다.

대법원은 "개인정보자기결정권의 보호대상이 되는 개인정보는 개인의 신체, 신념, 사회적 지위, 신분 등과 같이 개인의 인격주체성을 특징짓는 사항으로서 개인의 동일성을 식별할 수 있게 하는 일체의 정보이고, 반드시 개인의 내밀한 영역에 속하는 정보에 국한되지 아니하며 공적 생

94) 대법원 2025.7.18. 선고 2024다210554 판결.
95) GDPR의 경우 이러한 예외적 가명정보 처리는 그러한 처리 없이는 공익을 위한 문서보존 목적, 과학적 또는 역사적 연구 목적 또는 통계적 목적의 달성을 불가능하게 또는 심각하게 저해할 것 같아야 허용하며 예외적인 가명정보의 처리가 이들 목적의 충족에 필요한 한도 내에서 이루어져야 한다. 또한 가명정보의 종류나 내용을 고려하여 일정한 경우 정보주체에게 추가정보를 제공하고 개인정보자기결정권 행사를 할 수 있도록 하고 있다.

활에서 형성되었거나 이미 공개된 개인정보까지 포함한다."고 판시하였다.[96]

그런데 개인정보에는 그 자체로 명확히 개인정보에 해당하는 것 이외에도 '다른 정보와 결합하여 알아 볼 수 있는 것'도 포함되므로 보호대상인 개인정보가 맥락에 따라 달라질 수 있다는 모호성이 있다.

### 주요판례요지

① 대법원 2014.7.24. 선고 2012다49933 판결: 국회의원이 '각급학교 교원의 교원단체 및 교원노조 가입현황 실명자료'를 인터넷을 통하여 공개한 사안에서, 위 정보는 개인정보자기결정권의 보호대상이 되는 개인정보에 해당하므로 이를 일반 대중에게 공개하는 행위는 해당 교원들의 개인정보자기결정권과 전국교직원노동조합의 존속, 유지, 발전에 관한 권리를 침해하는 것이고, 위 정보를 공개한 표현행위로 인하여 얻을 수 있는 법적 이익이 이를 공개하지 않음으로써 보호받을 수 있는 해당 교원 등의 법적 이익에 비하여 우월하다고 할 수 없으므로, 정보 공개행위는 위법하다.

② 대법원 2015.7.16. 선고 2015도2625 판결: 많은 양의 트위터 정보처럼 개인정보와 이에 해당하지 않은 정보가 혼재된 경우 전체적으로 개인정보보호법상 개인정보에 관한 규정이 적용되어야 한다.

③ 서울중앙지방법원 2011.2.23. 선고 2010고단5343 판결: 스마트 폰 단말기의 고유한 식별자인 IMEI 및 USIM 일련번호는 휴대폰 가입신청서 등 가입자 정보에 나타난 다른 정보와 어려움 없이 쉽게 결합됨으로써 개인을 특정할 수 있게 되어 이는 개인정보에 해당한다.

④ 대전지방법원 논산지원 2013.8.9. 2013고단17 판결: 휴대전화번호 뒷자리 4자는 그것만으로도 전화번호사용자가 누구인지를 식별할 수 있는 경우가 있고 특히 그 전화번호 사용자와 일정한 인적관계를 맺어온 사람에게는 더 더욱 그러하며 다른 정보와 결합하여 식별이 가능하므로 개인정보에 해당한다.

### 참고판례: 대법원 2011.9.2. 선고 2008다42430 전원합의체 판결 [정보게시금지등]

[다수의견] **변호사 정보 제공 웹사이트 운영자가 변호사들의 개인신상정보를 기반으로 변호사들의 인맥지수를 산출하여 공개하는 서비스를 제공한 사안**에서, 인맥지수의 사적·인격적 성격, 산출과정에서 왜곡 가능성, 인맥지수 이용으로 인한 변호사들의 이익 침해와 공적 폐해의 우려, 그에 반하여 이용으로 달성될 공적인 가치의 보호 필요성 정도 등을 종합적으로 고려하면, 운영자가 **변호사들의 개인신상정보를 기반으로 한 인맥지수를 공개하는 표현행위에 의하여 얻을 수 있는 법적 이익이 이를 공개하지 않음으로써 보호받을 수 있는 변호사들의 인격적 법익에 비하여 우월하다고 볼 수 없어, 결국 운영자의 인맥지수 서비스 제공행위는 변호사들의 개인정보에 관한 인격권을 침해하는 위법한 것**이라고 한 사례.

(중략) 변호사 정보 제공 웹사이트 운영자가 대법원 홈페이지에서 제공하는 '나의 사건검색' 서비스를

96) 대법원 2014.7.24. 선고 2012다49933 판결.

통해 수집한 사건정보를 이용하여 **변호사들의 승소율이나 전문성 지수 등을 제공하는 서비스를 한 사안에서, 공적 존재인 변호사들의 지위, 사건정보의 공공성 및 공익성, 사건정보를 이용한 승소율이나 전문성 지수 등 산출 방법의 합리성 정도, 승소율이나 전문성 지수 등의 이용 필요성, 이용으로 인하여 변호사들 이익이 침해될 우려의 정도 등을 종합적으로 고려하면,** 웹사이트 운영자가 사건정보를 이용하여 승소율이나 전문성 지수 등을 제공하는 서비스를 하는 행위는 **그에 의하여 얻을 수 있는 법적 이익이 이를 공개하지 않음으로써 얻을 수 있는 정보주체의 인격적 법익에 비하여 우월한 것으로 보여 변호사들의 개인정보에 관한 인격권을 침해하는 위법한 행위로 평가할 수 없다고 한 사례.**

**해 설** 이 판례는 개인정보보호법 제정 이전에 일어난 사건에 대한 것으로서 인맥지수라는 민감정보와 관련이 있다. 대법원은 인맥지수를 일종의 개인정보로 보고 보호한 것이다. 이 사건에서 정보주체의 동의 없이 변호사에 대한 정보를 제공하는 웹사이트 운영자가 변호사들의 신상정보를 바탕으로 인맥지수를 산출하여 공개하는 서비스를 하였는데 대법원은 이것이 이익형량 결과 변호사들의 인격적 법익을 위법하게 침해한 것으로 판단하였다. 그러나 박시환대법관 등 4인의 반대의견을 피력한 대법관은 이익형량을 달리 하여 위법하지 않다고 하였다. 한편, 다수의견도 변호사들의 승소율이나 전문성지수 등을 공개하는 서비스는 이익형량 결과 위법하지 않다고 판시하였다.

#### (2) 수범자

개인정보보호법의 주된 수범자 또는 피규제자는 개인정보처리자이다. 개인정보처리자란 업무를 목적으로 개인정보파일을 운용하기 위하여 스스로 또는 다른 사람을 통하여 개인정보를 처리하는 공공기관, 법인, 단체 및 개인 등을 말한다(같은 법 제2조 제5호).

그런데 대법원은 개개의 사건에 대하여 재판사무를 담당하는 법원(수소법원)은 개인정보보호법의 수범자로서의 '개인정보처리자'에서 제외된다고 한다.[97]

개인정보보호법의 또 다른 수범자는 개인정보보호법 제59조의 의무주체이자 의무 위반시 처벌의 대상이 되는 '개인정보를 처리하거나 처리하였던 자'이다. 대법원은 여기서의 '개인정보를 처리하거나 처리하였던 자'는 개인정보처리자에 한정되지는 않으나[98] 단순히 개인정보를 처리하거나 처리하였던 모든 자를 의미하는 것이 아니라 '업무상' 개인정보를 처리하거나 처리하였던 자를 말하고, 이때 문제되는 개인정보도 '업무상 알게 된 개인정보'에 국한된다고 한다. 그러므로 업무와 무관한 사적 영역에서 처리하는 개인정보에 대한 누설, 제공, 유출행위 등은 형사처벌의 대상으로 삼을 수 없다고 한다.[99]

### 2. 개인정보 보호의 원칙

우리 개인정보보호법 제3조는 개인정보보호의 원칙에 대해서 규정하고 있다. 여기에서 규정한 개인정보보호원칙은 대체로 OECD의 개인정보보호의 원칙과 유사한 것이다. OECD의 원칙에

---

97) 대법원 2024.12.12. 선고 2021도12868 판결.
98) 대법원 2022.10.27.선고 2022도9510 판결.
99) 대법원 2025.7.3. 선고 2023도5226 판결.

맞추어 같은 법 제3조가 규정하는 원칙의 내용을 구체적으로 살펴본다. OECD의 원칙과 우리 개인정보보호법이 규정한 것은 강조점에서 다소 차이가 있지만 대체로 유사하다고 보여 진다.

① **목적 구체화의 원칙**: 개인정보보호법 제3조 제1항 전단은 개인정보의 처리목적을 명확히 하여야 한다고 규정하고 있다.

② **수집 제한의 원칙**: 같은 법 제3조 제1항 후단은 개인정보처리자가 목적에 필요한 최소한의 개인정보만을 적법하고 정당하게 수집하여야 한다고 규정하고 있다.

③ **이용 제한의 원칙**: 같은 법 제3조 제2항은 개인정보처리자로 하여금 개인정보 처리 목적에 필요한 범위에서 적합하게 개인정보를 처리하고 목적외 용도로 활용해서는 안됨을 규정하고 있다.

④ **데이터 품질의 원칙**: 같은 법 제3조 제3항은 개인정보의 처리목적에 필요한 범위에서 개인정보의 정확성, 완전성 및 최신성이 보장되도록 할 것을 규정하고 있다.

⑤ **안전성 확보의 원칙**: 같은 법 제3조 제4항은 개인정보처리자는 개인정보의 처리방법 및 종류 등에 따라 정보주체의 권리가 침해받을 가능성과 그 위험정도를 고려하여 개인정보를 안전하게 관리하여야 함을 규정하고 있으며 동조 제6항은 사생활 침해를 최소화하는 방법으로 개인정보를 처리하여야 함을 규정하고(사생활침해 최소화의 원칙), 동조 제7항은 익명처리가 가능한 경우에는 익명처리를 하여야 하고 익명처리로 목적을 달성할 수 없는 경우에는 가명처리를 하도록 규정하고 있다(익명처리의 원칙).

⑥ **공개의 원칙**: 같은 법 제3조 제5항 전단은 개인정보처리자는 제30조에 따른 개인정보 처리방침 등 개인정보의 처리에 관한 사항을 공개하도록 하고 있다.

⑦ **개인 참여의 원칙(정보주체 권리보장의 원칙)**: 같은 법 제3조 제5항 후단은 정보주체의 열람청구권 등 정보주체의 권리를 보장하도록 함으로써 개인참여의 원칙을 채택하고 있다.

⑧ **책임성의 원칙**: 같은 법 제3조 제8항은 개인정보처리자가 책임과 의무를 준수하고 정보주체의 신뢰를 얻기 위해 노력하여야 함을 규정하고 있다.

## 3. 개인정보 보호정책의 수립 및 시행 등

### (1) 개인정보보호위원회

개인정보보호법은 국가적 개인정보보호정책의 추진을 위하여 개인정보보호위원회를 두고 있다. 개인정보보호위원회는 사무를 독립적으로 수행하는 국무총리 소속의 중앙행정기관으로서(같은 법 제7조) 행정청에 해당한다. 개인정보보호위원회는 위원장, 부위원장등 상임위원 2명을 포함한 9명의 위원으로 구성된다(같은 법 제7조의2).

이 위원회는 개인정보 보호와 관련되는 법령의 개선, 정책·제도·계획 수립·집행에 관한 사항을 담당하고 정보주체의 권리침해에 대한 조사 및 이에 따른 처분, 개인정보의 처리와 관련한 고충처리·권리구제 및 개인정보에 관한 분쟁의 조정, 그리고 개인정보 보호를 위한 국제기구 및 외국의 개인정보 보호기구와의 교류·협력, 개인정보 보호에 관한 법령·정책·제도·실태 등의 조사·연구, 교육 및 홍보에 관한 사항 및 개인정보 보호에 관한 기술개발의 지원·보급, 기술의 표준화 및 전문인력의 양성에 관한 사항 등을 관장한다(같은 법 제7조의8).

#### (2) 개인정보보호지침

개인정보보호법은 개인정보보호위원회로 하여금 개인정보 보호를 위한 표준지침을 마련하여 개인정보처리자에게 준수를 권장할 수 있도록 하고 있으며 중앙행정기관의 장은 표준지침에 따라 보호지침을 마련하여 개인정보처리자에게 준수를 권장할 수 있도록 하고 있다(같은 법 제12조 제1항, 제2항). 국회, 법원, 헌법재판소, 중앙선거관리위원회는 독자적인 개인정보보호지침을 마련하여 시행할 수 있다(같은 법 제12조 제3항).

**주요판례요지**

① 대법원 2021.9.30. 선고 2020두55220 판결: 구 개인정보의 기술적·관리적 보호조치 기준 제4조 제5항의 개인정보처리시스템에 데이터베이스(DB)와 연동되어 개인정보의 처리 과정에 관여하는 응용프로그램 등이 포함되며, 같은 기준 제4조 제9항의 외부유출에 대한 보호조치에는 내부적인 부주의로 개인정보가 외부로 유출되는 사고뿐 아니라 외부로부터의 불법적인 접근에 따른 개인정보 유출 방지를 위한 보호조치의무까지 포함한다.

② 대법원 2021.8.19. 선고 2018두56404 판결: 구 개인정보의 기술적·관리적 보호조치 기준 제4조 제9항의 '개인정보처리시스템'은 개인정보의 생성, 기록, 저장, 검색, 이용과정 등 데이터베이스시스템(DBS) 전체를 의미하는 것으로, 데이터베이스(DB)와 연동되어 개인정보의 처리 과정에 관여하는 웹 서버 등을 포함한다.

#### (3) 자율규제 등

개인정보보호법은 개인정보보호위원회로 하여금 개인정보보호를 위한 자율규제를 촉진하고 지원하기 위한 시책을 마련하도록 규정하고 있으며(같은 법 제13조), 정부에게는 국제적 환경에서도 개인정보보호가 이루어지도록 시책을 마련하도록 하고 있다(같은 법 제14조).

## 제3관 개인정보의 수집, 이용, 제공 등의 제한

### 1. 정보의 수집·이용이 가능한 경우와 그 제한

#### (1) 정보의 수집·이용이 가능한 경우

개인정보처리자는 다음의 경우 개인정보를 수집하고 그 수집 목적 범위 안에서 이용할 수 있다(개인정보보호법 제15조 제1항).

① 정보주체의 동의를 받은 경우

② 법률에 특별한 규정이 있거나 법령상 의무를 준수하기 위하여 불가피한 경우

③ 공공기관이 법령 등에서 정하는 소관업무의 수행을 위하여 불가피한 경우

④ 정보주체와 체결한 계약을 이행하거나 계약을 체결하는 과정에서 정보주체의 요청에 따른 조치를 이행하기 위하여 필요한 경우

⑤ 명백히 정보주체 또는 제3자의 급박한 생명, 신체, 재산의 이익을 위하여 필요하다고 인정되는 경우

⑥ 개인정보처리자의 정당한 이익을 달성하기 위하여 필요한 경우로서 명백하게 정보주체의 권리보다 우선하는 경우. 이 경우 개인정보처리자의 정당한 이익과 상당한 관련이 있고 합리적인 범위를 초과하지 아니하는 경우에 한한다.

⑦ 공중위생 등 공공의 안전과 안녕을 위하여 긴급히 필요한 경우

그런데 위(제15조 제1항 제2호)의 '법률에 특별한 규정이 있는 경우'란 개별 법률에서 개인정보의 제공이 허용됨을 구체적으로 명시한 경우에 한정된다고 해석하여야 할 것이다.[100)]

#### (2) 개인정보의 수집제한

개인정보처리자는 개인정보를 수집할 수 있는 경우에도 다음의 제한 하에 할 수 있다.

① 정보수집은 목적에 필요한 최소한도에 그쳐야 한다(증명책임은 개인정보처리자가 부담: 같은 법 제16조 제1항).

② 동의를 받아 정보를 수집하는 경우에는 필요최소한의 정보 이외에는 개인정보 수집에 동의하지 아니할 수 있다는 사실을 구체적으로 알려야 한다(같은 법 제16조 제2항).

③ 정보주체가 필요최소한의 정보 외에는 정보수집에 동의하지 않아도 정보주체에게 재화 또는 서비스를 거부하여서는 안 된다(같은 법 제16조 제3항).

개인정보의 수집과 관련하여 헌법재판소는 사법경찰관이 대상범죄의 경중이 없이 전기통신사업자에게 범죄수사를 위한 통신사실확인자료의 열람이나 제출을 요청하도록 하고 있었던 통신비밀보호법 조항을 위헌이라고 판시한 바 있다(주요판례요지 참고).

**주요판례요지**

헌법재판소 2018.6.28. 선고 2012헌마191 등(병합) 결정 및 헌법재판소 2018.6.28. 선고 2012헌마538 결정: 검사 또는 사법경찰관이 통신비밀보호법 제13조 제1항에 따라 전기통신사업자에게 범죄수사를 위한 통신사실확인자료의 열람이나 제출을 요청하도록 하고 있는 통신비밀보호법 제13조 제1항(요청조항)은 불특정다수에 대한 위치추적이 가능하게 하고 대상범죄의 경중에 대한 고려도 없는 등 과잉금지의 원칙에 위반하여 개인정보결정권과 통신의 자유를 침해한다.[101)]

---

100) 대법원 2022.10.27. 선고 2022도9510 판결. 이 판결은 구 개인정보보호법 제18조 제2항 제2호의 '다른 법률에 특별한 규정이 있는 경우에 대한 판시를 한 것이기는 하지만 이 경우에도 같은 취지로 적용된다고 해석된다.

101) 헌법재판소 2018.6.28. 선고 2012헌마191 등(병합) 결정은 통신비밀보호법 제2조 11호 바목과 사목에 관하여 자료

### (3) 정보주체의 동의 없는 개인정보의 이용

개인정보처리자는 ① 당초 수집 목적과 합리적인 관련성이 있는지 ② 개인정보를 수집한 정황 또는 처리 관행에 비추어 볼 때 개인정보의 추가적 이용 또는 제공에 대한 예측가능성이 있는지 ③ 정보주체의 이익을 부당하게 침해하는지 ④ 가명처리 또는 암호화 등 안전성 확보에 필요한 조치를 하였는지 등의 여부를 고려하여 정보주체의 동의없이 개인정보를 이용할 수 있다(개인정보보호법 제15조 제3항, 같은 법 시행령 제14조의2 제1항).

개인정보처리자는 이러한 고려사항에 대한 판단기준을 개인정보처리방침에 미리 공개하고 개인정보 보호책임자가 해당 기준에 따라 추가적인 이용 또는 제공을 하고 있는지 여부를 점검하여야 한다(같은 법 시행령 제14조의2 제2항).

### (4) 정보수집에 대한 정보주체의 동의를 받을 때 알려야 할 사항

개인정보처리자는 정보수집을 위한 동의를 받을 때 다음의 사항을 정보주체에게 알려야 한다(같은 법 제15조 제2항).

① 개인정보의 수집·이용목적
② 수집하려는 개인정보의 항목
③ 개인정보의 보유 및 이용기간
④ 동의를 거부할 권리가 있다는 사실 및 동의거부에 따른 불이익의 경우 그 불이익의 내용

## 2. 정보주체의 동의

개인정보처리자는 개인정보보호법상 정보주체의 동의를 받을 때에는 각각의 동의사항을 구분하여 정보주체가 이를 명확히 인지하도록 하여 각각 동의를 받아야 한다(같은 법 제22조 제1항). 다만 14세 미만의 경우에는 법정대리인의 동의를 받아야 한다(같은 법 제22조의2 제1항). 다만 법정대리인의 동의를 받기 위하여 필요한 최소한의 정보로서 대통령령으로 정하는 정보는 법정대리인의 동의 없이 해당 아동으로부터 직접 수집할 수 있다(같은 법 제22조의2 제2항).

개인정보보호법은 정보주체의 동의를 받음에 있어 **사전동의의 원칙**을 취하고 있으며 각 동의사항을 분리하여 별도로 동의를 받도록 하는 **개별동의 방식**을 채택하고 있다. 또한 처리 목적에 필수적인 최소정보만을 수집하도록 하면서 그 이외의 정보는 선택적으로 동의를 받도록 하는 **선택적 동의방식**을 채택하고 있다.

그런데 특히 정보통신망을 이용하는 경우 정보통신서비스제공자는 개인정보를 수집함에 있어서 정보주체의 동의를 일종의 요식행위로 만들어버리고 실질적으로 동의권을 행사하지 못하게 교묘하게 서비스상태를 조작할 가능성이 있다. 따라서 대법원은 특히 정보통신망서비스의 경우 정보주체의 동의를 받는 방법에 대하여 서비스 이용자가 개인정보 제공에 관한 결정권을 충분히

---

요청한 경우에 대하여 판시한 것이고, 헌법재판소 2018.6.28. 선고 2012헌마538 결정은 통신비밀보호법 제2조 제11호 가목 내지 라목에 대하여 자료 요청한 경우에 대하여 판단한 것이다.

자유롭게 행사할 수 있도록, 용이하게 법정 고지사항의 구체적 내용을 알아볼 수 있을 정도로 법정 고지사항 전부를 명확하게 게재하여야 한다고 하였다. 또한 법정 고지사항을 게재하는 부분과 이용자의 동의 여부를 표시할 수 있는 부분을 밀접하게 배치하여 이용자가 법정 고지사항을 인지하여 확인할 수 있는 상태에서 개인정보의 수집·제공에 대한 동의 여부를 판단할 수 있어야 하고, 그에 따른 동의의 표시는 이용자가 개인정보의 수집·제공에 동의를 한다는 명확한 인식하에 행하여질 수 있도록 실행 방법이 마련되어야 한다고 판시하였다(참고판례 1 참조).

또한 정보주체의 동의를 '거짓이나 그밖의 부정한 수단이나 방법'으로 받는 경우에는 개인정보보호법에 의해 처벌의 대상이 되는데(개인정보보호법 제72조) 이러한 '거짓이나 그밖의 부정한 수단이나 방법'으로 정보주체의 동의를 받았는지에 대한 판단기준이 문제된다. 대법원은 이러한 판단을 할 때에는 개인정보처리자가 그에 관한 동의를 받는 행위 그 자체만을 분리하여 개별적으로 판단하여서는 안 되고, 개인정보처리자가 개인정보를 취득하거나 처리에 관한 동의를 받게 된 전 과정을 살펴보아 거기에서 드러난 개인정보 수집 등의 동기와 목적, 수집 목적과 수집 대상인 개인정보의 관련성, 수집 등을 위하여 사용한 구체적인 방법, 개인정보보호법 등 관련 법령을 준수하였는지 여부 및 취득한 개인정보의 내용과 규모, 특히 민감정보·고유식별정보 등의 포함 여부 등을 종합적으로 고려하여 사회통념에 따라 판단하여야 한다고 한다(참고판례 2 참조).

참고판례 1: 대법원 2016.6.28. 선고 2014두2638 판결 [시정조치등취소]

구 정보통신망 이용촉진 및 정보보호 등에 관한 법률(2013.3.23. 법률 제11690호로 개정되기 전의 것, 이하 '정보통신망법'이라 한다) 제22조 제1항, 제24조의2 제1항, 제26조의2, 구 정보통신망 이용촉진 및 정보보호 등에 관한 법률 시행령(2012.8.17. 대통령령 제24047호로 개정되기 전의 것) 제12조 제1항의 문언·체계·취지 등에 비추어 보면, **정보통신서비스 제공자가 이용자에게서 개인정보 수집·제공에 관하여 정보통신망법에 따라 적법한 동의를 받기 위하여는, 이용자가 개인정보 제공에 관한 결정권을 충분히 자유롭게 행사할 수 있도록,** 정보통신서비스 제공자가 미리 인터넷 사이트에 통상의 이용자라면 용이하게 '개인정보를 제공받는 자, 개인정보를 제공받는 자의 개인정보 이용 목적, 제공하는 개인정보의 항목, 개인정보를 제공받는 자의 개인정보 보유 및 이용 기간'(이하 통틀어 '법정 고지사항'이라 한다)의 **구체적 내용을 알아볼 수 있을 정도로 법정 고지사항 전부를 명확하게 게재하여야 한다. 아울러, 법정 고지사항을 게재하는 부분과 이용자의 동의 여부를 표시할 수 있는 부분을 밀접하게 배치하여 이용자가 법정 고지사항을 인지하여 확인할 수 있는 상태에서 개인정보의 수집·제공에 대한 동의 여부를 판단할 수 있어야 하고, 그에 따른 동의의 표시는 이용자가 개인정보의 수집·제공에 동의를 한다는 명확한 인식하에 행하여질 수 있도록 실행 방법이 마련되어야 한다.**

참고판례 2: 대법원 2017.4.7. 선고 2016도13263 판결 [개인정보보호법위반·정보통신망이용촉진및정보보호등에관한법률위반(개인정보누설등)][102)]

이와 같은 개인정보자기결정권의 법적 성질, 개인정보 보호법의 입법 목적, 개인정보 보호법상 개인정보 보호 원칙 및 개인정보처리자가 개인정보를 처리함에 있어서 준수하여야 할 의무의 내용 등을 고려하여 볼 때, 개인정보 보호법 제72조 제2호에 규정된 '거짓이나 그 밖의 부정한 수단이나 방법'이라 함은 개인정보를 취득하거나 또는 그 처리에 관한 동의를 받기 위하여 사용하는 위계 기타 사회통념상 부정한 방법이라고 인정되는 것으로서 개인정보 취득 또는 그 처리에 동의할지 여부에 관한 정보주체의 의사결정에 영향을 미칠 수 있는 적극적 또는 소극적 행위를 뜻한다고 봄이 타당하다. 그리고 **거짓이나 그 밖의 부정한 수단이나 방법으로 개인정보를 취득하거나 그 처리에 관한 동의를 받았는지 여부를 판단함에 있어서는 개인정보처리자가 그에 관한 동의를 받는 행위 그 자체만을 분리하여 개별적으로 판단하여서는 안 되고, 개인정보처리자가 개인정보를 취득하거나 처리에 관한 동의를 받게 된 전 과정을 살펴보아 거기에서 드러난 개인정보 수집 등의 동기와 목적, 수집 목적과 수집 대상인 개인정보의 관련성, 수집 등을 위하여 사용한 구체적인 방법, 개인정보 보호법 등 관련 법령을 준수하였는지 여부 및 취득한 개인정보의 내용과 규모, 특히 민감정보·고유식별정보 등의 포함 여부 등을 종합적으로 고려하여 사회통념에 따라 판단하여야 한다.**

(중략) 이 사건 경품행사에 응모한 고객들은 응모권 뒷면과 인터넷 응모화면에 기재되어 있는 '개인정보 수집 및 제3자 제공 동의' 등 사항이 경품행사 진행을 위하여 필요한 것으로 받아들일 가능성이 크다. 그런데 응모권에 따라서는 **경품추첨 사실을 알리는 데 필요한 개인정보와 관련 없는 '응모자의 성별, 자녀 수, 동거 여부' 등 사생활의 비밀에 관한 정보와 심지어는 주민등록번호와 같은 고유식별정보까지 수집하면서 이에 관한 동의를 하지 않을 때에는 응모가 되지 아니하거나 경품 추첨에서 제외된다고 고지하고 있다. 이는 개인정보처리자가 정당한 목적으로 개인정보를 수집하는 경우라 하더라도 그 목적에 필요한 최소한의 개인정보 수집에 그쳐야 하고 이에 동의하지 아니한다는 이유로 정보주체에게 재화 또는 서비스의 제공을 거부하여서는 안 된다는 개인정보 보호 원칙(개인정보 보호법 제3조 제1항)과 개인정보 보호법 규정에 위반되는 것이다.**

더욱이 이 사건 경품행사를 위하여 사용된 응모권에 **기재된 동의 관련 사항은 약 1mm 크기의 글씨로 기재되어 있어 소비자의 입장에서 보아 그 내용을 읽기가 쉽지 않다.** 여기에 더하여 이 사건 광고를 통하여 단순 사은행사로 오인하고 경품행사에 응모하게 된 고객들의 입장에서는 **짧은 시간 동안 응모권을 작성하거나 응모화면에 입력을 하면서 그 내용을 정확히 파악하여 잘못된 인식을 바로잡기가 어려울 것으로 보인다. 이러한 조치는 개인정보처리자가 정보주체의 동의를 받을 때에는 각각의 동의 사항을 구분하여 정보주체가 이를 명확하게 인지할 수 있도록 하여야 한다는 개인정보 보호법상의 의무를 위반한 것이다.**

### 참고판례 3: 대법원 2016.8.17. 선고 2014다235080 판결 [부당이득금반환]

**(전략)이미 공개된 개인정보를 정보주체의 동의가 있었다고 객관적으로 인정되는 범위 내에서 수집·이용·제공 등 처리를 할 때는 정보주체의 별도의 동의는 불필요하다고 보아야 하고, 별도의 동의를 받지 아니하였다고 하여 개인정보 보호법 제15조나 제17조를 위반한 것으로 볼 수 없다.** 그리고 **정보주체의 동의가 있었다고 인정되는 범위 내인지는 공개된 개인정보의 성격, 공개의 형태와 대상 범위, 그로부터 추단되는 정보주체의 공개 의도 내지 목적뿐만 아니라, 정보처리자의 정보제공 등 처리의 형태와 정보제공으로 공개의 대상 범위가 원래의 것과 달라졌는지, 정보제공이 정보주체의 원래의 공개 목적과 상당한 관련성이 있는지 등을 검토하여 객관적으로 판단하여야 한다.**

**법률정보 제공 사이트를 운영하는 갑 주식회사가 공립대학교인 을 대학교 법과대학 법학과 교수로 재직 중인 병의 사진, 성명, 성별, 출생연도, 직업, 직장, 학력, 경력 등의 개인정보를 위 법학과 홈페이지 등을 통해 수집하여 위 사이트 내 '법조인' 항목에서 유료로 제공한 사안에서,** 갑 회사가 영리 목적으로 병의 개인정보를 수집하여 제3자에게 제공하였더라도 그에 의하여 얻을 수 있는 법적 이익이 정보처리를

102) 소위 '경품 응모권 1mm 글씨 고지' 사건.

막음으로써 얻을 수 있는 정보주체의 인격적 법익에 비하여 우월하므로, 갑 회사의 행위를 병의 개인정보자기결정권을 침해하는 위법한 행위로 평가할 수 없고, 갑 회사가 병의 개인정보를 수집하여 제3자에게 제공한 행위는 병의 동의가 있었다고 객관적으로 인정되는 범위 내이고, **갑 회사에 영리 목적이 있었다고 하여 달리 볼 수 없으므로, 갑 회사가 병의 별도의 동의를 받지 아니하였다고 하여 개인정보 보호법 제15조나 제17조를 위반하였다고 볼 수 없다고 한 사례.**

**해 설** ① 정보주체의 동의 없이 개인정보를 공개함으로써 침해되는 인격적 법익과 정보주체의 동의 없이 자유롭게 개인정보를 공개하는 표현행위로서 보호받을 수 있는 법적 이익이 하나의 법률관계를 둘러싸고 충돌하는 경우에 그 행위의 위법성을 판단하는 방법: 개인이 공적인 존재인지 여부, 개인정보의 공공성 및 공익성, 개인정보 수집의 목적·절차·이용형태의 상당성, 개인정보 이용의 필요성, 개인정보 이용으로 인해 침해되는 이익의 성질 및 내용 등 여러 사정을 종합적으로 고려하여, 비공개 이익과 공개 이익을 비교 형량하여 판단(대법원 2011.9.2. 선고 2008다42430 전원합의체 판결과 같은 취지를 판시).
② 이미 공개된 개인정보를 정보주체의 동의가 있었다고 객관적으로 인정되는 범위 내에서 이를 수집·이용·제공 등 처리를 할 때는 설사 영리목적이 있다 하더라도 정보주체의 별도의 동의는 불필요하다고 판시한 것이다. 그러나 이 경우에도 정보주체는 사후적으로 개인정보자기결정권에 근거한 정지요구 등의 통제가 가능하다.

## 3. 개인정보의 제3자 제공 및 제3자의 개인정보 이용

### (1) 개인정보의 제3자 제공

개인정보처리자는 다음의 경우에는 개인정보를 제3자에게 제공할 수 있다(개인정보보호법 제17조 제1항).

① 정보주체의 동의를 받은 경우

② 법률에 특별한 규정이 있거나 법령상 의무를 준수하기 위하여 불가피한 경우(같은 법 제15조 제1항 제2호)

③ 공공기관이 법령 등에서 정하는 소관업무의 수행을 위하여 불가피한 경우(같은 법 제15조 제1항 제3호)

④ 명백히 정보주체 또는 제3자의 급박한 생명, 신체, 재산의 이익을 위하여 필요하다고 인정되는 경우

⑤ 개인정보처리자의 정당한 이익을 달성하기 위하여 필요한 경우로서 명백하게 정보주체의 권리보다 우선하는 경우. 이 경우 개인정보처리자의 정당한 이익과 상당한 관련이 있고 합리적인 범위를 초과하지 아니하는 경우에 한한다.

⑥ 공중위생 등 공공의 안전과 안녕을 위하여 긴급히 필요한 경우

그런데 제15조 제1항 제2호의 '법률에 특별한 규정이 있는 경우'란 개별 법률에서 개인정보의 제공이 허용됨을 구체적으로 명시한 경우에 한정된다고 해석하여야 할 것이다. 따라서 형사소송법 제199조 제2항과 같이 수사기관이 공무소 기타 공사단체에 조회하여 필요한 사항을 포괄적으로 요구할 수 있다고 하는 포괄적인 규정은 이에 해당하지 않는다고 보아야 한다.[103)]

103) 대법원 2022.10.27. 선고 2022도9510 판결.

그리고 대법원은 '공공기관의 정보공개에 관한 법률'에 따른 개인정보의 공개가 개인정보의 제3자 제공에 해당하더라도 '공공기관의 정보공개에 관한 법률'이 우선하여 적용되므로 정보주체의 동의를 받지 않더라도 개인정보보호법 위반이 아니라고 한다.[104)]

이처럼 개인정보를 제3자에게 제공할 때에 개인정보처리자는 정보주체에게 다음의 사항을 알려야 한다. 또한 다음의 어느 사항을 변경하는 경우에도 이를 알리고 동의를 받아야 한다(같은 법 제17조 제2항).

① 개인정보를 제공받는 자
② 개인정보를 제공받는 자의 개인정보 이용목적
③ 제공하는 개인정보의 항목
④ 개인정보를 제공받는 자의 개인정보 보유 및 이용기간
⑤ 동의를 거부할 권리가 있다는 사실 및 동의거부에 따른 불이익이 있는 경우에는 그 불이익의 내용

### (2) 정보주체의 동의없는 개인정보의 제3자 제공

개인정보처리자는 ① 당초 수집 목적과 합리적인 관련성이 있는지 ② 개인정보를 수집한 정황 또는 처리 관행에 비추어 볼 때 개인정보의 추가적 이용 또는 제공에 대한 예측가능성이 있는지 ③ 정보주체의 이익을 부당하게 침해하는지 ④ 가명처리 또는 암호화 등 안전성 확보에 필요한 조치를 하였는지 등의 여부를 고려하여 정보주체의 동의없이 개인정보를 제3자에게 제공할 수 있다(개인정보보호법 제17조 제4항, 같은 법 시행령 제14조의2 제1항).

개인정보처리자는 개인정보의 추가적인 이용 또는 제공이 지속적으로 발생하는 경우에는 이러한 고려사항에 대한 판단 기준을 개인정보 처리방침에 공개하고, 개인정보 보호책임자가 해당 기준에 따라 개인정보의 추가적인 이용 또는 제공을 하고 있는지 여부를 점검해야 한다(같은 법 시행령 제14조의2 제2항).

이처럼 정보의 유통에 길을 열어주었지만 정보주체에게 불이익이 발생하는지 그리고 안전성 확보에 필요한 조치를 하였는지에 대한 감시체계가 정상적으로 작동하지 않으면 심각한 개인 정보 침해가 발생할 수 있는 위험이 있다.

### (3) 개인정보를 제공받은 제3자의 목적외사용 및 제3자 제공 제한

개인정보를 제공받은 제3자는 정보주체로부터 별도 동의를 받거나 다른 법률에 특별한 규정이 없는 한 개인정보의 목적외 사용이나 제3자 제공을 하지 못한다(같은 법 제19조).

---

104) 대법원 2025.12.11. 선고 2024도8121 판결.

**참고판례: 대법원 2025.2.13. 선고 2020도14713 판결 [개인정보보호법위반]**

피고인이 대학수학능력시험 고사장 감독업무를 수행하면서 수험생의 개인정보가 포함된 응시원서를 제공받아 이를 각 수험생의 수험표와 대조하는 과정에서 알게 된 갑의 연락처를 이용하여 카카오톡 친구로 추가한 후 갑에게 카카오톡으로 "사실 ㅇㅇ씨가 맘에 들어서요." 등의 메시지를 발송함으로써 개인정보처리자로부터 제공받은 개인정보를 제공받은 목적 외 용도로 이용하였다는 (중략) 공소사실로 기소된 사안에서, 피고인은 서울특별시가 설립한 공립 고등학교의 교사로서 2019학년도 대학수학능력시험 감독관으로 위촉(임명)되어 대학수학능력시험 고사장 감독업무 중 일부인 수험생의 동일성 확인업무 수행을 위하여 서울특별시교육청으로부터 수험생의 성명, 주민등록번호, 연락처, 주소 등 개인정보가 포함된 응시원서를 전달받은 사실에 비추어, **피고인은 개인정보처리자인 서울특별시교육청의 지휘·감독하에 수험생들의 개인정보를 처리한 자로 개인정보취급자에 해당할 뿐, 개인정보처리자인 서울특별시교육청으로부터 '개인정보를 제공받은 자'로 보기 어렵다**는 이유로, 이와 달리 보아 공소사실을 유죄로 판단한 원심판결에 구 개인정보 보호법 제19조의 '개인정보처리자로부터 개인정보를 제공받은 자'의 의미에 관한 법리오해의 잘못이 있다고 한 사례.

**해 설** 임직원, 파견근로자, 시간제근로자 등 개인정보처리자의 지휘·감독을 받아 개인정보를 처리하는 자인 개인정보취급자(같은 법 제28조)가 개인정보처리자의 업무 수행을 위하여 개인정보를 이전받는 경우 위와 같은 개인정보취급자는 '개인정보처리자로부터 개인정보를 제공받은 자'에 해당하지 않는다는 판시이다.

### (4) 정보주체 이외로부터 수집한 개인정보의 수집출처 등 통지

개인정보처리자가 정보주체 이외로부터 수집한 개인정보를 처리하는 때에는 정보주체의 요구가 있으면 다음 사항을 정보주체에게 통지하여야 한다(같은 법 제20조 제1항).

① 개인정보의 수집 출처

② 개인정보의 처리 목적

③ 개인정보보호법 제37조에 따라 개인정보처리의 정지를 요구하거나 동의를 철회할 권리가 있다는 사실

위의 규정은 개인정보를 제3자 제공 받은 경우에만 적용되는 규정이 아니라 개인정보처리자가 독자적으로 다른 경로로 취득한 개인정보의 경우에도 마찬가지로 적용된다.

개인정보보호법과 직접 관련된 사안은 아니지만 헌법재판소는 통신비밀보호법에 의하여 사법경찰관이 범죄수사를 위한 개인정보를 제공받은 경우 공소제기가 있은 경우에만 자료를 제공받은 사실을 정보주체에게 통보하도록 한 규정은 수사가 장기간 진행되는 경우나 기소중지결정이 있은 경우의 정보주체의 개인정보결정권을 침해하는 것으로 헌법에 위반된다고 판시하였다(주요판례요지 참고).

**주요판례요지**

헌법재판소 2018.6.28. 선고 2012헌마191 등(병합) 결정: 검사나 사법경찰관이 통신비밀보호법 제13조 제1항에 의하여 범죄수사를 위한 위치추적등 확인자료를 제공받고 그에 관하여 공소제기 등에 관한 결정(기소중지결정은 제외)을 한 때에는 자료제공을 받은 사실 등을 정보주체에게 서면으로 통지하게 한 같은 법 제13조의3 제1항(통지조항)은, 수사가 장기간 진행되거나 기소중지결정이 있은 경우에는 정보주체에게 절차적 보호가 미흡하거나 없어서 적법절차 조항에 위반된다.[105]

## 4. 개인정보의 목적외 이용 · 제공의 제한

### (1) 개인정보의 목적외 이용 · 제공의 제한

개인정보처리자는 동의를 받은 범위나 개인정보 수집 목적 범위를 초과하여 개인정보를 이용하거나 이를 제3자에 제공해서는 아니 된다(같은 법 제18조 제1항). 다만 정보주체의 동의가 있거나 법률의 규정이 있는 경우, 그리고 명백히 정보주체 또는 제3자의 급박한 생명, 신체, 재산의 이익을 위하여 필요하다고 인정되는 경우 등의 특별사유가 있는 경우에는 예외이다(같은 법 제18조 제2항). 이때 '(다른) 법률에 특별한 규정이 있는 경우(제18조 제2항 제2호)'란 개별 법률에서 개인정보의 제공이 허용됨을 구체적으로 명시한 경우에 한정된다고 해석하여야 할 것이다. 따라서 형사소송법 제199조 제2항과 같이 수사기관이 공무소 기타 공사단체에 조회하여 필요한 사항을 포괄적으로 요구할 수 있다고 하는 포괄적인 규정은 이에 해당하지 않는다고 보아야 한다.[106]

**주요판례요지**

대법원 2018.7.12. 선고 2016두55117 판결: 사업자가 번호유지기간 내에 있는 선불폰 서비스 이용자들을 대상으로 개인정보를 이용하여 임의로 일정금액을 충전하는 이른바 '부활충전'은 이용자의 충전금액에 따라 서비스 사용기간이 변동되고 이용자가 더 이상 충전하지 않으면 일정기간 경과 후 자동적으로 해지되는 선불폰 서비스 이용계약의 핵심인데 이것은 서비스이용자들이 당연히 예상할 수 있는 범위 내의 서비스라 할 수 없고 이용자의 의사에 합치된다고 할 수 없어서 '이용자로부터 동의 받은 목적과 다른 목적으로 개인 정보를 이용한 것'에 해당하여 '정보통신망 이용촉진 및 정보보호 등에 관한 법률' 제24조에 위반된다.

---

105) 헌법재판소 2018.6.28. 선고 2012헌마191 등(병합) 결정; 이 결정은 통신비밀보호법 제2조 제11호 바목과 사목의 위치정보추적자료 등에 관하여 판단한 것이다.

106) 대법원 2022.10.27. 선고 2022도9510 판결.

참고판례: 대법원 2025.6.26. 선고 2023도18539 판결 [개인정보보호법위반]

**어린이집 원장인 피고인 갑이 어린이집 내부에 설치·관리 중인 폐쇄회로 텔레비전(이하 'CCTV'라 한다) 영상을 시청하여 교사 을이 근무시간 중 휴대전화를 사용한 사실을 파악한 후 이를 어린이집 사무를 수탁한 법인인 피고인 병의 보육사업 담당자인 정에게 을의 업무지시 불이행 사안으로 전달하여, 개인정보처리자인 피고인 갑은 개인정보를 수집 목적의 범위를 초과하여 이용하였다는 내용으로, 피고인 병은 사용자인 피고인 갑이 업무에 관하여 위와 같은 위반행위를 하였다는 내용으로 기소된 사안**에서, 피고인 갑이 시청한 CCTV 영상은 을의 초상, 신체의 모습 등이 촬영되어 영상을 통하여 을을 알아볼 수 있는 정보로서, 정보주체인 을의 개인정보에 해당하고, CCTV **영상에 포함된 을의 휴대전화 사용에 관한 정보를 징계심의의 자료로 사용하는 것은 전체적으로 보아 개인정보처리자가 개인정보의 지배·관리권을 이전하지 않은 채 스스로 개인정보를 쓰는 행위로서 개인정보인 CCTV 영상을 이용한 행위에 해당하며, 이러한 일련의 행위 과정에서 피고인 갑이 전달한 정보가 을의 초상, 신체의 모습 등이 촬영된 CCTV 영상 자체가 아니라 그로부터 추출한 정보라는 사정만으로 다르게 볼 이유가 없음**에 비추어, 피고인 갑이 을의 근무 태도에 관한 정보를 정에게 전달한 행위 부분만을 분리한 뒤 그 정보가 구 개인정보 보호법(2023. 3. 14. 법률 제19234호로 개정되기 전의 것)상 개인정보에 해당하지 않는다고 본 원심판단에 개인정보의 이용에 관한 법리오해 등의 잘못이 있다고 한 사례.

해 설 개인정보 보호법 제18조 제1항에 규정된 개인정보의 목적외 이용은 개인정보처리자가 개인정보의 지배·관리권을 취득하지 않은 채 개인정보를 쓰는 행위를 의미한다. 이때의 목적외 이용에는 개인정보를 수집된 형태 그대로 쓰는 행위뿐만 아니라 수집된 개인정보를 가공, 편집하여 쓰거나 그로부터 정보를 추출하여 쓰는 행위도 포함된다.

### (2) 공공기관에 대한 특례

공공기관의 경우 개인정보를 목적외로 사용할 수 있는 예외사유가 폭넓게 인정된다. 그래서 제18조 제2항의 예외사유 중 5호부터 9호까지의 예외사유는 오직 공공기관의 경우에 한정되어 인정된다(같은 법 제18조 제2항).

공공기관은 정보주체의 동의를 받은 경우와 범죄의 수사와 공소의 제기 및 유지를 위하여 필요한 경우를 제외하고는 개인정보를 목적 외의 용도로 이용하거나 이를 제3자에게 제공하는 경우에는 그 이용 또는 제공의 법적 근거, 목적 및 범위 등에 관하여 필요한 사항을 보호위원회가 고시로 정하는 바에 따라 관보 또는 인터넷 홈페이지 등에 게재하여야 한다(같은 법 제18조 제4항).

### (3) 목적외 용도의 제3자 제공시의 안전성 확보를 위한 요청

개인정보처리자는 개인정보보호법 제18조 제2항 각호의 예외에 해당하여 개인정보의 목적외 용도로 제3자 제공을 할 때에는 제공받는 자에게 목적, 이용방법 등에 대한 제한을 하거나 안전성 확보를 위한 필요한 조치를 마련하도록 요청하여야 하고 요청을 받은 자는 필요한 조치를 하여야 한다(같은 법 제18조 제5항).

## 5. 개인정보의 보유기간과 파기 등

개인정보처리자는 보유기간의 경과, 개인정보처리의 목적 달성, 가명정보의 처리기간 경과 등으로 그 개인정보가 불필요하게 되었을 때에는 지체 없이 그 개인정보를 파기하여야 한다. 다만 다른 법령에 의해 보존하여야 하는 경우는 예외이다(같은 법 제21조).

헌법재판소는 법령이 지나치게 오래 동안 개인정보를 보존·관리하도록 규정하는 것은 개인정보자기결정권을 침해한다고 판시하였다(주요판례요지 참고). 그러나 형법 제284조의 특수협박죄를 저질러 형의 선고를 받고 확정된 사람의 디엔에이신원확인정보를 채취대상자가 사망할 때 까지 데이터베이스에 수록, 관리할 수 있도록 규정한 것은 대상자의 개인정보자기결정권을 침해한다고 볼 수 없다고 한다.107)

**주요판례요지**

헌법재판소 2015.7.30. 선고 2014헌마340·672, 2015헌마99(병합) 결정: 성폭력범죄자에 대한 신상정보등록제도 자체는 합헌적이나 신상정보등록을 20년간 보존·관리하도록 한 것은 가혹한 것으로서 개인정보자기결정권을 침해한다.

## 6. 개인정보의 처리제한

개인정보보호법은 개인정보처리에 있어서 민감정보, 고유식별정보 및 주민등록번호 등에 관하여 개인정보보호를 위한 특수한 제한에 대해 규정하고 있다. 이러한 정보들은 보호의 필요성이 높아 별도의 처리기준이 필요하기 때문이다. 특히 주민등록번호는 가장 전형적인 고유식별정보에 해당하여 처리 법정주의를 채택하여 원칙적으로 법적 근거가 없이는 처리할 수 없도록 엄격히 제한하고 있다.

① **민감정보의 처리제한**: 개인정보처리자는 사상, 신념, 노동조합·정당의 가입·탈퇴, 정치적 견해, 건강, 성생활 등에 관한 정보, 유전정보, 범죄경력정보, 신체적·생리적, 행동적 특징에 관한 정보로서 개인식별을 위해 기술적으로 생성한 정보, 인종이나 민족에 관한 정보 등(민감정보)은 처리해서는 아니 된다. 다만 정보주체의 동의가 있거나 법령의 규정이 있는 경우는 예외이다(같은 법 제23조 제1항, 시행령 제18조).

② **고유식별정보의 처리제한**: 개인정보처리자는 법령에 따라 개인을 고유하게 구별하기 위하여 부여된 식별정보로서 대통령령으로 정한 정보(고유식별정보)를 처리할 수 없다. 다만 정보주체의 동의가 있거나 법령의 규정이 있는 경우는 예외이다(같은 법 제24조 제1항).

③ **주민등록번호 처리의 제한**: 개인정보처리자는 법률, 대통령령, 국회규칙, 대법원규칙, 헌법재판소규칙, 감사원규칙에 구체적인 규정이 있거나 정보주체나 제3자의 급박한 생명, 신체, 재산

107) 헌법재판소 2020.5.27. 선고 2017헌마1326 결정.

의 이익을 위하여 명백히 필요하다고 인정되는 경우와 위 두 경우에 준하여 불가피한 경우로 개인정보보호위원회의 고시로 정하는 경우를 제외하고는 주민등록번호처리를 할 수 없다(같은 법 제24조의2 제1항).

## 7. 정보수집에 정보주체의 동의를 요하지 않는 경우의 개인정보 보호

### (1) 개관

개인정보보호법은 개인정보보호법이 규정하는 개인정보의 처리와 관련하여 일반적인 기준에 따라 정보주체의 동의를 받는 것이 곤란하거나 동의를 요하는 것이 기업의 경영활동에 과도한 제한이 되는 경우로서 별도의 기준을 마련하여 개인정보를 처리하도록 하는 특수한 경우를 규정하고 있다.

### (2) 영상정보처리기기의 설치 · 운영

CCTV나 드론, 자율주행자동차 등의 영상정보처리기기에 의한 영상촬영도 일종의 개인정보의 수집에 해당한다. 이 경우 일일이 정보주체의 동의를 받도록 하기 어려우므로 개인정보보호법은 다소 설치나 운영을 제한하고 안내판, 소리 불빛 등을 통하여 촬영사실을 표시하고 알리도록 하는 등 다소 완화된 개인정보처리규제를 하고 있다(같은 법 제25조, 제25조의2). 개인정보보호법은 영상정보처리기기를 고정형과 이동형으로 나누어 규율하면서 이동형에 대하여 더 엄격한 규율을 하고 있다.

### (3) 업무위탁[108]에 따른 개인정보의 처리

개인정보보호법은 개인정보 처리업무를 제3자에 위탁하여 처리하는 것을 인정하고 있다. 개인정보가 제3자에게 이전된다는 점에서는 개인정보의 제3자 제공과 개인정보 처리업무의 제3자 위탁은 일견 동일해 보인다. 그러나 개인정보의 제3자 제공은 그 제3자의 업무를 처리할 목적 및 그 제3자의 이익을 위해서 개인정보가 이전되는 것이지만, 개인정보 처리 위탁의 경우에는 개인정보처리자의 업무를 처리할 목적으로 개인정보처리자의 이익을 위하여 개인정보가 제3자에게 이전된다는 점에서 차이가 있다(같은 법 제26조).[109]

참고판례: 대법원 2017.4.7. 선고 2016도13263 판결 [개인정보보호법위반 · 정보통신망이용촉진 및 정보보호등에 관한 법률위반(개인정보누설등)]

개인정보 보호법 제17조와 정보통신망법 제24조의2에서 말하는 **개인정보의 '제3자 제공'은 본래의 개인정보 수집 · 이용 목적의 범위를 넘어 그 정보를 제공받는 자의 업무처리와 이익을 위하여 개인정보가 이전되는 경우인 반면**, 개인정보 보호법 제26조와 정보통신망법 제25조에서 말하는 **개인정보의 '처리위탁'**

108) 개인정보처리업무를 위탁받아 처리하는 자로부터 위탁받은 업무를 재위탁받는 경우를 포함한다.
109) 대법원 2011.7.14. 선고 2011도1960 판결 참조.

**은 본래의 개인정보 수집·이용 목적과 관련된 위탁자 본인의 업무 처리와 이익을 위하여 개인정보가 이전되는 경우를 의미한다.** 개인정보 처리위탁에 있어 수탁자는 위탁자로부터 위탁사무 처리에 따른 대가를 지급받는 것 외에는 개인정보 처리에 관하여 독자적인 이익을 가지지 않고, 정보제공자의 관리·감독 아래 위탁받은 범위 내에서만 개인정보를 처리하게 되므로, 개인정보 보호법 제17조와 정보통신망법 제24조의2에 정한 '제3자'에 해당하지 않는다.

한편 어떠한 행위가 개인정보의 제공인지 아니면 처리위탁인지는 개인정보의 취득 목적과 방법, 대가 수수 여부, 수탁자에 대한 실질적인 관리·감독 여부, 정보주체 또는 이용자의 개인정보 보호 필요성에 미치는 영향 및 이러한 개인정보를 이용할 필요가 있는 자가 실질적으로 누구인지 등을 종합하여 판단하여야 한다.

**해 설** 개인정보의 제3자 제공은 원칙적으로 정보주체의 동의를 요하나 개인정보의 처리위탁의 경우에는 정보주체의 동의를 요하지 않는다. 이와 같이 양자의 취급이 달라질 수 있기 때문에 양자의 구별이 중요한데 대법원은 그 구별의 기준으로 처리자가 개인정보의 처리에서 독자적인 이익을 가지느냐를 기준으로 판단하였다. 그리하여 이 사건에서 사전필터링은 홈플러스의 임무일 뿐 아니라 보험회사의 독자적 이익과 관련되는 보험회사의 임무이므로 홈플러스의 보험회사에 대한 개인정보의 제공이 제3자 제공에 해당된다고 판단하였다.

### (4) 영업양도 등에 따른 개인정보의 이전

영업양도의 경우에 개인정보가 이전 될 때에 개인정보보호법은 정보주체의 새로운 동의를 요구하지는 않는다. 그러나 개인정보처리자는 영업의 전부 또는 일부의 양도·합병 등으로 개인정보를 다른 사람에게 이전하는 경우에는 개인정보보호법 제27조 제1항이 정하는 사항을 대통령령으로 정하는 방법에 따라 해당 정보주체에게 알려야 한다.

영업양수자 등은 개인정보를 이전받았을 때에는 지체 없이 그 사실을 대통령령으로 정하는 방법에 따라 정보주체에게 알려야 한다. 다만 개인정보처리자가 그 사실을 이미 알린 경우에는 그러하지 아니하다(같은 법 제27조 제2항).

## 제4관 개인정보의 관리와 정보주체의 권리

### 1. 개인정보의 관리

### (1) 개인정보관리의 기본적 의무

#### ① 개인정보처리자의 안전조치의무

개인정보처리자는 개인정보가 분실·도난·유출·위조·변조 또는 훼손되지 않도록 필요한 조치를 취하여야 한다(같은 법 제29조).

② 개인정보처리자의 개인정보 처리방침의 수립 및 공개

또한 개인정보처리자는 개인정보처리의 목적, 개인정보의 처리 및 보유기간, 정보의 제3자 제공, 정보의 파기절차와 파기방법 및 보존의 경우 보존의 근거와 보존하는 개인정보의 항목, 민감정보의 공개 가능성 및 비공개를 선택하는 방법, 개인정보처리의 위탁, 가명정보의 처리, 정보주체와 법정대리인의 권리·의무 및 그 행사방법, 개인정보 보호책임자의 성명 또는 개인정보 보호업무 및 관련 고충사항을 처리하는 부서의 명칭과 전화번호 등 연락처, 인터넷 접속정보파일 등 개인정보를 자동으로 수집하는 장치의 설치·운영 및 그 거부, 그 밖에 개인정보의 처리에 관하여 대통령령으로 정한 사항 등이 포함된 개인정보 처리방침을 수립하고 이를 공개하여야 한다. 이 경우 공공기관은 제32조에 따라 등록대상이 되는 개인정보파일에 대하여 개인정보 처리방침을 정한다(같은 법 제30조 제1항, 제2항).

③ 개인정보처리자의 개인정보 정보보호책임자의 지정

개인정보처리자는 개인정보의 처리에 관한 업무를 총괄해서 책임질 개인정보보호책임자를 지정하여야 한다(같은 법 제31조 제1항, 제2항). 다만, 종업원 수, 매출액 등이 대통령령으로 정하는 기준에 해당하는 개인정보처리자의 경우에는 개인정보 보호책임자를 지정하지 않을 수 있으며 이때에는 개인정보처리자의 사업주 또는 대표자가 개인정보보호책임자가 된다(같은 법 제31조 제1항, 제2항).

'정보통신망 이용촉진 및 정보보호에 관한 법률'은 일정한 기준에 해당되는 정보통신서비스제공자의 정보보호 최고책임자는 법이 정한 몇 가지의 정보보호 업무 이외에는 다른 업무를 겸직할 수 없도록 제한하고 있다(같은 법 제45조의3 제4항).

④ 공공기관의 개인정보 파일의 등록 및 공개

공공기관의 장이 개인정보파일을 운용하는 경우에는 특별한 경우(같은 법 제32조 제2항이 정한 경우)를 제외하고는 개인정보파일의 명칭 등을 개인정보보호위원회에 등록하여야 한다. 변경된 경우도 같다(같은 법 제32조 제1항). 개인정보보호위원회는 정보주체의 권리 보장 등을 위하여 필요한 경우 개인정보파일의 등록 현황을 누구든지 쉽게 열람할 수 있도록 공개할 수 있다(같은 법 제32조 제4항).

⑤ 사생활보호설계의무(privacy by design)

개인정보 보호를 위해 정보처리 프로그램의 알고리즘 자체를 규제하는 것이 세계적인 경향으로 자리잡아 나가고 있는 가운데 우리나라도 지능정보화기본법이 지능정보기술을 개발·활용하는 자와 지능서비스를 제공하는 자에게 해당 기술과 서비스를 사생활보호에 적합하게 설계하도록 의무화하는 규정을 신설하였다(지능정보화기본법 제61조 제2항).

### (2) 개인정보 보호인증과 개인정보 영향평가

① 개인정보 보호인증

개인정보보호위원회는 개인정보처리자의 개인정보 처리 및 보호와 관련된 일련의 조치가 개인정보보호법에 부합하는지 등에 관하여 3년의 유효기간으로 인증할 수 있다(같은 법 제32조의2 제1항, 제2항).

② 개인정보 영향평가

공공기관의 장은 대통령령으로 정하는 기준에 해당하는 개인정보파일의 운용으로 인하여 정보주체의 개인정보 침해가 우려되는 경우에는 그 위험요인의 분석과 개선사항 도출을 위한 평가(개인정보영향평가)를 하고 그 결과를 개인정보보호위원회에게 제출하여야 한다(같은 법 제33조 제1항). 이때 개인정보보호위원회는 이에 대하여 의견을 제시할 수 있다(같은 법 제33조 제4항).

### (3) 개인정보의 유출 · 노출 등에 대한 대책

① 개인정보의 유출 등의 통지 · 신고 등

개인정보처리자는 개인정보가 분실 · 도난 · 유출되었음을 알게 되었을 때에는 지체 없이 해당 정보주체에게 유출 등이 된 개인정보의 항목, 시점과 그 경위, 발생할 수 있는 피해를 최소화하기 위하여 정보주체가 할 수 있는 방법 등에 관한 정보, 개인정보처리자의 대응조치 및 피해 구제절차, 정보주체에게 피해가 발생한 경우 신고 등을 접수할 수 있는 담당부서 및 연락처 등에 대해 정보주체에게 알리고 그 피해를 최소화하기 위한 대책을 마련하고 필요한 조치를 하여야 한다(같은 법 제34조 제1항, 제2항).

개인정보처리자는 개인정보의 유출 등이 있음을 알게 되었을 때에는 개인정보의 유형, 유출 등의 경로 및 규모 등을 고려하여 대통령령으로 정하는 바에 따라 위의 사항을 지체 없이 개인정보보호위원회 또는 대통령령으로 정하는 전문기관에 신고하여야 한다. 이 경우 보호위원회 또는 대통령령으로 정하는 전문기관은 피해 확산방지, 피해 복구 등을 위한 기술을 지원할 수 있다(같은 법 제34조 제3항).

② 노출된 개인정보의 삭제 · 차단

고유식별정보, 계좌정보, 신용카드 정보 등 개인정보가 정보통신망을 통하여 공중에 노출된 경우에는 개인정보보호위원회나 대통령령으로 지정한 전문기관의 요청이 있으면 개인정보처리자는 노출된 개인정보의 삭제 · 차단 등 필요한 조치를 취하여야 한다(같은 법 제34조의2 제2항).

### (4) 국제적 개인정보보호

① 국제협력과 상호주의

글로벌 시대에 개인정보는 국경을 넘어 유통된다. 유럽의 개인정보보호법이라 할 수 있는

GDPR(General Data Protection Regulation)은 유럽의 개인정보보호규제의 역외적 적용에 대해서 규정하고 있다. 우리 개인정보보호법과 '정보통신망 이용촉진 및 정보보호에 관한 법률'도 역외적 적용이라 할 만한 규정을 두고 있다(개인정보보호법 제28조의11 제5항, '정보통신망 이용촉진 및 정보보호에 관한 법률' 제5조의2). 우리 개인정보보호법은 개인정보 보호의 국제협력 등을 규정하면서(같은 법 제14조) 외국의 정보통신서비스 제공자 등에 대하여 개인정보보호규제에 대한 상호주의를 채택하고 있다. 따라서 개인정보의 국외이전을 제한하는 국가의 개인정보처리자에 대해서는 조약이나 국제협정의 이행에 필요한 경우가 아니라면 해당 국가의 수준에 상응하는 제한을 할 수 있도록 규정하고 있다(같은 법 제28조의10).

한편 각국은 개인정보보호규제의 역외 적용을 규정하는 경우가 많은데 이를 위하여 국가간 협조가 이루어지고 있다.[110)]

② 국외이전 개인정보의 보호

개인정보처리자는 다음의 경우에 해당되어야 개인정보를 국외에 이전(제공,[111)] 처리, 위탁, 보존)할 수 있다(같은 법 제28조의8 제1항).

첫째, 정보주체로부터 국외 이전에 관한 별도의 동의를 받은 경우

둘째, 법률, 대한민국을 당사자로 하는 조약 또는 그 밖의 국제협정에 개인정보의 국외 이전에 관한 특별한 규정이 있는 경우

셋째, 정보주체와의 계약의 체결 및 이행을 위하여 개인정보의 처리위탁·보관이 필요한 경우로서 일정한 요건을 충족한 경우

넷째, 개인정보를 이전받는 자가 개인정보보호위원회가 정하여 고시하는 인증을 받은 경우로서 일정한 조치를 모두 한 경우,

다섯째, 개인정보가 이전되는 국가 또는 국제기구의 개인정보 보호체계, 정보주체 권리보장 범위, 피해구제 절차 등이 이 법에 따른 개인정보 보호 수준과 실질적으로 동등한 수준을 갖추었다고 보호위원회가 인정하는 경우

그리고 동의에 의한 개인정보의 국외이전의 경우 다음의 사항을 정보주체에 알려야 한다(같은 법 제28조의8 제2항).

첫째, 이전되는 개인정보 항목

둘째, 개인정보가 이전되는 국가, 시기 및 방법

셋째, 개인정보를 이전받는 자의 성명(법인인 경우에는 그 명칭과 연락처를 말한다)

넷째, 개인정보를 이전받는 자의 개인정보 이용목적 및 보유·이용 기간

다섯째, 개인정보의 이전을 거부하는 방법, 절차 및 거부의 효과

그리고 위의 어느 하나에 해당하는 사항을 변경하는 경우에는 정보주체에게 알리고 동의를 받아야 한다(같은 법 제28조의8 제3항).

---

110) 예컨대, 한국으로 이전된 개인정보의 처리와 관련한 개인정보보호법의 해석과 적용을 위한 보완규정(개인정보보호위원회 고시) 참조.

111) 조회되는 경우를 포함한다.

외국에서 개인정보를 이전받는 자가 해당 개인정보를 제3국으로 이전할 때도 유사한 규제가 적용된다(같은 법 제28조의11). 개인정보규제의 역외적 적용이 규정되고 있는 셈이지만 실효성을 어떻게 담보할 수 있을지가 문제이다.

한편 개인정보보호위원회는 개인정보처리자가 이 법을 위반하여 개인정보를 국외로 이전하는 경우 등에는 해당 개인정보처리자에게 국외이전을 중지할 것을 명할 수 있다(같은 법 제28조의9).

③ 국내대리인의 지정

국내에 주소 또는 영업소가 없는 개인정보처리자로서 매출액, 개인정보의 보유 규모 등을 고려하여 대통령령으로 정하는 자는 국내에서 개인정보 보호책임자의 업무, 개인정보 유출 등의 통지 및 신고 그리고 물품·서류 등 자료의 제출 등의 업무를 처리할 국내대리인을 지정하여야 한다(같은 법 제31조의2 제1항). 이때 '해당 개인정보처리자가 설립한 국내법인'이나 '해당 개인정보처리자가 임원 구성, 사업 운영 등에 지배적인 영향력을 행사하는 국내법인으로서 대통령령으로 정하는 법인'이 있는 경우에는 그 법인 중에서 국내대리인을 지정하여야 한다(제2항). 국내대리인은 국내에 주소 또는 영업소가 있어야 하며(제2항), 국내대리인이 그 업무와 관련하여 개인정보보호법을 위반한 경우에는 개인정보처리자가 그 행위를 한 것으로 본다(제4항).

### (5) 정보주체를 위한 개인정보관리업

개인정보보호법 제35조의3은 ① 같은 법 제35조의2에 따른 개인정보의 전송 요구권 행사 지원 ② 정보주체의 권리행사를 지원하기 위한 개인정보 전송시스템의 구축 및 표준화 ③ 정보주체의 권리행사를 지원하기 위한 개인정보의 관리·분석 ④ 그 밖에 정보주체의 권리행사를 효과적으로 지원하기 위하여 대통령령으로 정하는 업무 등을 행하려는 자는 개인정보보호위원회 또는 관계 중앙행정기관의 장으로부터 개인정보관리 전문기관의 지정을 받도록 규정하고 있다.

또한 '신용정보의 이용 및 보호에 관한 법률'은 본인신용정보관리업 제도에 대해 규정하고 있다(같은 법 제2조 제9의2호·제9의3호, 제4조 제1항·제2항, 제11조 제6항, 제11조의2 제6항, 제22조의8 및 제22조의9 등). 본인신용정보관리업이란 본인의 신용정보를 일정한 방식으로 통합하여 그 본인에게 제공하는 행위를 하는 영업으로서, 데이터 분석 및 컨설팅, 신용정보주체의 개인정보 자기결정권의 대리 행사 등을 담당한다.

## 2. 정보주체의 권리

개인정보보호법은 정보주체의 권리를 종전보다 강화하였다. 정보주체의 권리로 인정될 수 있는 것에는 다음과 같은 것들이 있다.

① **통지를 받을 권리:** 개인정보 처리에 대한 정보를 제공받을 권리(같은 법 제4조 제1호)

대통령령으로 정하는 기준에 해당되는 개인정보처리자는 이 법에 따라 수집한 개인정보의 이용·제공내역이나 이용·제공내역을 확인할 수 있는 정보시스템에 접속할 수 있는 방법을 주기적으로 정보주체에게 통지하여야 한다(같은 법 제20조의2 제1항).

② **동의권과 동의거부권:** 개인정보 처리여부 및 범위에 대한 동의 및 거부권(같은 법 제15조 제1항 제1호 등)

정보주체는 개인정보의 처리여부 및 범위에 대해 동의권 및 거부권을 가진다.

③ **동의철회권 및 처리정지요구권:** 동의철회와 처리정지의 요구(같은 법 제37조 제1항)

정보주체는 개인정보처리자에 대하여 자신의 개인정보처리의 정지를 요구하거나 개인정보 처리에 대한 동의를 철회할 수 있다. 개인정보처리자는 개인정보 처리정지 요구를 받았을 때에는 지체 없이 개인정보 처리의 전부를 정지하거나 일부를 정지하여야 한다. 다만, 다음의 경우에는 이를 거절할 수 있다(같은 법 제37조 제2항).

첫째, 법률에 특별한 규정이 있거나 법령상 의무를 준수하기 위하여 불가피한 경우

둘째, 다른 사람의 생명·신체를 해할 우려가 있거나 다른 사람의 재산과 그 밖의 이익을 부당하게 침해할 우려가 있는 경우

셋째, 공공기관이 개인정보를 처리하지 아니하면 다른 법률에서 정하는 소관 업무를 수행할 수 없는 경우

넷째, 개인정보를 처리하지 아니하면 정보주체와 약정한 서비스를 제공하지 못하는 등 계약의 이행이 곤란한 경우로서 정보주체가 그 계약의 해지 의사를 명확하게 밝히지 아니한 경우

또한 개인정보처리자는 정보주체가 동의를 철회한 때에는 지체 없이 수집된 개인정보를 복구·재생할 수 없도록 파기하는 등 필요한 조치를 하여야 한다(같은 법 제37조 제3항).

④ **확인 및 열람청구권:** 개인정보 처리여부를 확인하고 열람을 요구할 권리(사본 발급 포함)(같은 법 제35조). 다만 개인정보보호법 제35조 제4항에 규정된 일정한 경우 열람을 거절하거나 제한할 수 있다.

⑤ **정정·삭제요구권:** 정보주체의 개인정보의 정정·삭제를 요구할 권리(같은 법 제36조 제1항)

자신의 개인정보를 열람한 정보주체는 개인정보처리자에게 그 개인정보의 정정 또는 삭제를 요구할 수 있다. 다만, 다른 법령에서 그 개인정보가 수집 대상으로 명시되어 있는 경우에는 그 삭제를 요구할 수 없다.

⑥ **피해구제를 받을 권리:** 손해배상을 받을 권리, 열람청구나 정정청구에 관한 처분이나 부작위에 대한 행정쟁송을 제기할 권리 등. 자세한 것은 후술한다.

⑦ **정보전송요구권:** 개인정보의 전송을 요구할 권리(같은 법 제35조의2 등)

정보주체는 개인정보처리자에게 그가 처리하는 자신의 개인정보를 정보주체 본인, 개인정보관리 전문기관 또는 안전조치의무를 이행하고 대통령령으로 정하는 시설 및 기술기준을 충족하는 자에게 전송할 것을 요구할 수 있다. 전송요구가 가능한 정보는 컴퓨터등 정보처리장치로 처리되는 개인정보여야 하고, 동의를 받아 처리되는 개인정보이거나 계약이행과 체결의 과정에서 정보주체 요청에 따른 조치를 위해 처리되는 개인정보 또는 정보주체의 이익이나 공익을 위하여 관계 중앙행정기관의 장의 요청에 따라 개인정보보호위원회가 심의·의결한 정보여야 한다. 그러나 개인정보처리자가 수집한 개인정보를 기초로 분석·가공하여 별도 생성한 정보는 전송요구 대상 정보가 아니다. 그리고 정보주체는 전송요구로 인하여 타인의 권리나 정당한 이익을 침해

하여서는 아니 된다(같은 법 제35조의2).

또한 '신용정보의 이용 및 보호에 관한 법률'은 개인인 신용정보주체가 금융회사, 정부·공공기관 등에 대하여 본인에 관한 개인신용정보를 본인이나 본인신용정보관리회사, 다른 금융회사 등에게 전송하여 줄 것을 요구할 수 있는 개인신용정보의 전송요구권을 규정하고 있다(같은 법 제33조의2). 전자정부법도 정보주체는 해당 행정기관의 장에게 본인에 관한 행정정보를 행정기관 등, 은행, 그리고 신용정보회사, 신용정보집중기관, 신용정보검증기관, 개인신용평가회사 등에 대하여 제공하도록 요구할 수 있게 규정하고 있다(같은 법 제43조의2).

⑧ **자동화된 결정에 대한 거부 및 설명요구권**: 자동화된 결정에 대한 거부 및 설명의 요구권 (개인정보보호법 제37조의2 등)

정보주체는 인공지능 기술을 적용한 시스템을 포함하는 자동화된 시스템으로 개인정보를 처리하여 이루어지는 결정이 자신의 권리 또는 의무에 중대한 영향을 미치는 경우에는 해당 결정을 거부하거나 해당 결정에 대한 설명 등을 요구할 수 있다(같은 법 제4조 제6호, 제37조의2). 다만 개인정보보호법 제37조의2 제1항의 제외규정 및 단서규정으로 인하여 행정청의 처분 등에 이 조항이 적용될 여지는 거의 없다.

## 제5관 개인정보분쟁과 권익구제

### 1. 개인정보분쟁조정위원회

개인정보보호법은 개인정보에 관한 분쟁의 조정을 위하여 개인정보분쟁조정위원회를 두도록 하고 있다. 이 위원회는 위원장 1명을 포함한 30명 이내로 구성하고 위원은 당연직 위원과 위촉위원으로 구성한다(같은 법 제40조). 개인정보보호법은 개인정보분쟁 조정제도의 일환으로 다수의 정보주체에게 공통된 분쟁처리를 위한 집단분쟁조정절차에 대해서도 규정하고 있다(같은 법 제49조).

### 2. 개인정보단체소송

개인정보처리자가 집단분쟁조정을 거부하거나 집단분쟁조정의 결과를 수용하지 않는 경우에 권리침해행위의 금지·중지를 구하는 단체소송을 할 수 있다(같은 법 제51조).

이러한 단체소송을 제기할 수 있는 단체는 ① 소비자기본법 제29조에 따라 공정거래위원회에 등록한 소비자단체로서 일정한 요건을 갖춘 단체와 ② '비영리민간단체 지원법' 제2조에 따른 비영리민간단체로서 일정한 요건을 갖춘 단체이다(같은 법 제151조).

개인정보 단체소송은 법원으로부터 요건심사를 거쳐 허가를 받아야 한다. 법원의 허가·불허가결정에 대해서는 즉시항고할 수 있다(같은 법 제54조, 제55조).

## 3. 위반행위의 시정을 위한 법적 구제절차(행정심판 · 행정소송 · 헌법소원 · 민사소송)

### (1) 개관

개인정보보호법의 수범자의 범위가 넓기 때문에 수범자가 행정쟁송법상의 행정청인 경우와 그렇지 않은 경우의 위반행위의 시정을 위한 권리구제방법은 다르게 된다. 여기에서 위반행위의 시정을 위한 권리구제방법이라 함은 개인정보보호법 제35조~37조에서 규정한 개인정보 열람청구권, 정정 · 삭제청구권, 처리정지청구권 등에 대한 거부나 부작위 등에 관한 것이다.

### (2) 개인정보처리자가 행정청인 경우(행정심판, 행정소송 및 헌법소원)

먼저 개인정보처리자가 행정기관 소속인 경우 개인정보처리자의 행위는 행정청의 행위로 귀속될 수 있다. 이처럼 개인정보의 처리가 행정소송법 상의 행정청에 의해 이루어지는 것으로 인정되는 경우 그 처리행위가 처분에 해당하면 항고소송의 대상이 될 수 있다. 대법원은 공표행위를 처분으로 인정하고 있는 만큼 개인정보의 처리행위를 처분으로 인정할 여지가 있다. 또한 위의 개인정보 보호를 위한 각 청구권에 응하지 않는 행위는 거부처분이나 부작위가 될 수 있다. 이처럼 거부처분이나 부작위에 해당하는 행정청의 행위는 의무이행심판, 거부처분취소소송, 부작위위법확인소송의 대상이 된다. 거부처분이나 부작위에 대한 집행정지가 원칙적으로 인정되지 않으므로 가처분을 인정하지 않는 현행 제도 하에서는 거부처분이나 부작위에 대한 가구제제도가 마땅하지 않다. 그러나 행정심판의 경우 임시처분제도를 활용할 수 있다.

만약 처분성을 결여하지만 헌법소원의 요건인 공권력행사에 해당하면 헌법소원의 대상이 될 수도 있다.

한편 처분이 아닌 행정조치는 당사자소송의 대상이 될 수도 있을 것이지만 이 경우 실무상 민사소송으로 처리될 가능성이 크다.

### (3) 개인정보처리자가 행정청이 아닌 경우(민사소송)

개인정보처리자가 행정청이 아닌 경우, 그리고 개인정보처리자가 공공기관이라 하더라도 그 법률관계가 사법관계에 해당하는 경우에는 민사소송과 민사집행법상의 가구제를 통하여 권리구제를 받을 수 있다.

## 4. 손해배상

### (1) 손해배상책임과 입증책임의 전환

개인정보처리자가 개인정보보호법을 위반하는 등의 행위로 인하여 정보주체가 손해를 입으면 개인정보처리자에게 손해배상을 청구할 수 있다. 그런데 개인정보보호법 위반으로 인한 손해의 경우에는 입증책임이 전환되어 개인정보처리자가 고의 · 과실이 없음을 입증하지 않으면 책임을 면할 수 없다(같은 법 제39조 제1항).

### (2) 자료제출명령과 비밀유지명령

개인정보보호법 위반에 따른 손해배상청구소송에 관하여 법원은 당사자의 신청에 따라 손해의 증명 또는 손해액의 산정에 필요한 자료의 제출명령을 할 수 있다(같은 법 제39조의3). 또한 일정한 요건을 갖춘 경우에는 법원은 당사자의 신청에 따라 관련된 영업비밀에 관하여 비밀유지명령을 하거나 그 명령을 취소할 수 있다(제39조의4, 제39조의5).

### (3) 위자료

개인정보자기결정권의 침해로 인한 손해배상에서 실질적으로 빈번히 문제되는 것은 위자료이다. 손해삼분설에 의하여 손해배상의 대상이 되는 손해는 적극적 손해, 소극적 손해, 정신적 손해로 구분되는데 개인정보 유출 등으로 인한 소극적 손해 그리고 손해와 불법행위 사이의 인과관계를 입증하는 것이 사실상 어렵기 때문에 실질적으로는 정신적 손해에 따른 위자료만이 의미가 있는 경우가 많기 때문이다.

대법원은 개인정보 유출의 경우 후속피해와 제3자의 열람가능성을 정신적 손해의 발생요건으로 삼고 아주 제한적인 위자료만을 인정하고 있다(참고판례 참조).

그런데 개인정보자기결정권이 침해되는 경우에는 개인정보에 대한 통제권의 상실이 곧 인격적 이익의 박탈로 이해되므로 고의나 과실의 입증책임만이 아니라 정신적 손해의 입증책임도 완화하고 위자료의 인정범위도 확대하는 것이 타당할 것이다.

참고판례: 대법원 2012.12.26. 선고 2011다59834, 59858, 59841 판결 [손해배상(기)]

개인정보를 처리하는 자가 수집한 개인정보를 피용자가 정보주체의 의사에 반하여 유출한 경우, **그로 인하여 정보주체에게 위자료로 배상할 만한 정신적 손해가 발생하였는지는** 유출된 개인정보의 종류와 성격이 무엇인지, **개인정보 유출로 정보주체를 식별할 가능성이 발생하였는지, 제3자가 유출된 개인정보를 열람하였는지 또는 제3자의 열람 여부가 밝혀지지 않았다면 제3자의 열람 가능성이 있었거나 앞으로 열람 가능성이 있는지,** 유출된 개인정보가 어느 범위까지 확산되었는지, **개인정보 유출로 추가적인 법익침해 가능성이 발생하였는지,** 개인정보를 처리하는 자가 개인정보를 관리해온 실태와 개인정보가 유출된 구체적인 경위는 어떠한지, **개인정보 유출로 인한 피해 발생 및 확산을 방지하기 위하여 어떠한 조치가 취하여졌는지** 등 여러 사정을 종합적으로 고려하여 구체적 사건에 따라 개별적으로 판단하여야 한다.

주유 관련 보너스카드 회원으로 가입한 고객들의 개인정보를 데이터베이스로 구축하여 관리하면서 이를 이용하여 고객서비스센터를 운영하는 갑 주식회사로부터 고객서비스센터 운영업무 등을 위탁받아 수행하는 을 주식회사 관리팀 직원 병이, 정 등과 공모하여 무 등을 포함한 보너스카드 회원의 성명, 주민등록번호, 주소, 전화번호, 이메일 주소 등 고객정보를 빼내어 DVD 등 저장매체에 저장된 상태로 전달 또는 복제한 후 개인정보유출사실을 언론을 통하여 보도함으로써 집단소송에 활용할 목적으로 고객정보가 저장된 저장매체를 언론관계자들에게 제공한 사안에서, **개인정보가 병에 의하여 유출된 후 저장매체에 저장된 상태로 공범들과 언론관계자 등에게 유출되었지만** 언론보도 직후 개인정보가 저장된 저장매체 등을 소지하고 있던 사건 관련자들로부터 저장매체와 편집 작업 등에 **사용된 컴퓨터 등이 모두 압수, 임의제출되거나 폐기된 점, 범행을 공모한 병 등이 개인정보 판매를 위한 사전작업을 하는 과정에서 위와 같이 한정된 범위의 사람들에게 개인정보가 전달 또는 복제된 상태에서 범행이 발각되어 개인정보가 수록된 저장매체들이 모두 회수되거나 폐기되었고 그 밖에 개인정보가 유출된 흔적도 보이지 아니하여 제3자가 개인정보를 열람하거나 이용할 수는 없었다고 보이는 점, 개인정보를 유출한 범인들이나 언론관계자들이 개인정보 중 일부를 열람한 적은 있으나 개인정보의 종류 및 규모에 비추어 위와 같은 열람만으로 특정 개인정보를 식별하거나 알아내는 것은 매우 어려울 것으로 보이는 점, 개인정보 유출로 인하여 무 등에게 신원확인, 명의도용이나 추가적인 개인정보 유출 등 후속 피해가 발생하였음을 추지할 만한 상황이 발견되지 아니하는 점 등 제반 사정에 비추어 볼 때, 개인정보 유출로 인하여 무 등에게 위자료로 배상할 만한 정신적 손해가 발생하였다고 보기는 어렵다고 한 사례.**

---

#### (4) 징벌적 손해배상

개인정보보호법 제39조 제3항은 개인정보처리자의 고의 또는 중대한 과실에 대해서는 5배까지의 징벌적 손해배상을 할 수 있도록 하고 있다. 즉, 개인정보처리자의 고의 또는 중대한 과실로 인하여 개인정보가 분실·도난·유출·위조·변조 또는 훼손된 경우로서 정보주체에게 손해가 발생한 때에는 손해액의 5배를 넘지 않는 범위에서 손해배상액을 정할 수 있도록 하고 있다.

#### (5) 법정손해배상제

일반적인 개인정보보호법상의 손해배상제도(같은 법 제39조 소정)에도 불구하고 개인정보보호법은 2015년 법 개정을 통하여 개인정보처리자의 고의 또는 과실로 인하여 개인정보가 분실·도난·유출·위조·변조 또는 훼손된 경우에는 300만원 이하의 범위에서 상당한 금액을 정하여 손해배상을 청구할 수 있도록 하고 있다(법정손해배상제). 이 경우에도 고의·과실의 입증책임은 전환되어 개인정보처리자가 부담하게 된다(같은 법 제39조의2). 이처럼 법정손해배상제를 도입한 이유는 정보주체가 손해배상액을 입증하기가 어렵기 때문에 법정 손해액을 기준으로 손해배상이 이루어지도록 하기 위함이다. 따라서 법정손해배상을 청구하기 위해서는 정보주체는 개인정보가 분실·도난·유출·위조·변조 또는 훼손되었다는 사실만 주장·증명하면 되고 손해의 발생 사실을 구체적으로 주장·증명할 필요는 없다. 그러나 개인정보처리자가 손해 없음을 주장·증명하여 법정손해배상책임을 면할 수는 있다.[112]

제39조에 의해 손해배상을 청구한 정보주체도 사실심변론종결전 까지 법정손해배상청구로 변경할 수 있다(같은 법 제39조의2 제3항).

#### (6) 국가배상이 인정되는 경우

국가나 지방자치단체의 개인정보처리자가 고의 또는 과실로 개인정보보호법을 위반하는 등의

---

112) 대법원 2025.12.4. 선고 2023다11184 판결.

사유로 정보주체에게 손해가 발생한 경우에는 국가배상책임이 성립할 수 있다. 국가나 지방자치단체 자체의 일반 민사상의 불법행위책임이 문제될 수도 있다.

## 5. 개인정보자기결정권의 침해행위에 대한 제재를 통한 구제

### (1) 개설

개인정보보호법은 개인정보자기결정권 침해에 대하여 과징금, 과태료, 형벌, 시정조치 명령과 징계권고, 결과의 공표 등 다양한 시정 및 제재수단을 규정하고 있다. 개인정보보호에 관련된 법률문제는 종종 형사문제로 비화한다.

### (2) 과징금

개인정보보호위원회는 일정한 법위반행위에 대하여 개인정보처리자의 전체 매출액의 100분의 3을 초과하지 않는 범위에서 과징금을 부과할 수 있다. 매출액이 없거나 매출액 산정이 곤란한 경우로서 대통령령이 정하는 경우에는 20억원을 초과하지 아니하는 범위에서 과징금을 부과할 수 있다(같은 법 제64조의2 제1항). 이때 전체 매출액에서 위반행위와 관련이 없는 매출액을 제외한 금액을 기준으로 과징금을 산정한다(같은 법 제64조의2 제2항).

### (3) 개인정보자기결정권 침해행위에 대한 형벌 규정

개인정보보호법상의 형벌 벌칙 규정들(같은 법 제71조－73조)은 개인정보처리자인 법인 또는 개인이 그 위반행위를 방지하기 위하여 해당 업무에 관하여 상당한 주의와 감독을 게을리하지 않은 경우가 아닌 한 위반행위를 한 자에게만이 아니라 개인정보처리자인 법인 또는 단체에게도 적용된다(같은 법 제74조). 즉 양벌규정의 적용을 받게 된다(주요판례요지 참조).

그러나 GDPR의 경우 개인정보보호 규율 위반에 대해 형사제재를 가하지 아니하고 과징금 등의 행정제재를 가하는 방식으로 집행력을 확보하고 있다. 개인정보의 개념 자체가 기술발전에 따라 유동적으로 결정될 수 있음을 고려할 때 법률의 명확성에 대한 요청이 가장 강한 형벌법규로 개인정보보호법 위반을 다스리는 것은 문제가 있다고 본다. 더구나 원칙적으로 고의범을 처벌하는 형벌의 속성과 법집행력 확보를 위하여 과실의 경우도 벌하여야 하는 경우가 많은 개인정보침해사건의 성격[113]에 비추어도 형벌을 통한 개인정보보호 규율에는 한계가 있을 수밖에 없다.

**주요판례요지**

① 대법원 2016.3.10. 선고 2015도8766 판결: 개인정보보호법 제71조 제5호의 적용대상자로서 제59조 제2호의 의무주체인 '개인정보를 처리하거나 처리하였던 자'는 제2조 제5호의 '개인정보

113) 서울중앙지방법원 2016.7.15. 선고 2015고합336 판결은 이러한 문제 앞에서 개인정보보호법 제73조 제1호의 위반죄에 있어서 미필적 고의의 개념을 활용하여 문제를 해결하였다.

처리자', 즉 업무를 목적으로 개인정보파일을 운용하기 위하여 스스로 또는 다른 사람을 통하여 개인정보를 처리하는 공공기관, 법인, 단체 및 개인 등에 한정되지 않고, 업무상 알게 된 제2조 제1호의 '개인정보'를 제2조 제2호의 방법으로 '처리'하거나 '처리'하였던 자를 포함한다.

② 대법원 2024.8.23. 선고 2020도18397판결: 개인정보보호법의 벌칙적용에 있어 '개인정보를 제공받은 자'에는 개인정보인 영상이 담긴 매체를 전달받는 등 영상 형태로 개인정보를 이전받는 자만이 아니라 이를 시청하는 등의 방식으로 영상에 포함된 특정하고 식별할 수 있는 살아있는 개인에 관한 정보를 지득함(예컨대 촬영)으로써 지배·관리권을 이전받은 자도 포함된다.

**참고판례 1: 대법원 2022.11.10. 선고 2018도1966 판결 [개인정보보호법위반]**

구 '공공기관의 개인정보보호에 관한 법률' 제23조 제2항, 제11조의 **'누설'이라 함은 아직 개인정보를 알지 못하는 타인에게 알려주는 일체의 행위를 말하고**(대법원 2015.7.9. 선고 2013도13070 판결 참조), **고소·고발장에 다른 정보주체의 개인정보를 첨부하여 경찰서에 제출한 것은 그 정보주체의 동의도 받지 아니하고 관련 법령에 정한 절차를 거치지 아니한 이상 부당한 목적하에 이루어진 개인정보의 '누설'에 해당하였다**(대법원 2008.10.23. 선고 2008도5526 판결 참조). (중략) **구 '공공기관의 개인정보보호에 관한 법률'에 따른 '누설'에 관한 위의 법리는 개인정보보호법에도 그대로 적용된다.**

(중략) 앞서 본 법리에 비추어 살펴보면, **피고인이 고소·고발에 수반하여 이를 알지 못하는 수사기관에 개인정보를 알려주었다고 하더라도, 그러한 행위를 「개인정보 보호법」에 따른 개인정보 '누설'에서 제외할 수는 없다**(다만, 피고인의 위 행위가 범죄행위로서 처벌대상이 될 정도의 위법성을 갖추고 있지 않아 위법성이 조각될 수 있는지는 별개의 문제이다).

**해 설** 개인정보보호법 제59조 제2호의 금지행위가 되어 처벌대상이 되는 개인정보의 '누설'에 대하여 구 법 하의 판례가 그대로 적용된다고 판시하고 따라서 수사기관에 고소·고발에 수반하여 이를 알지 못하는 수사기관에게 개인정보를 알려주어도 이는 누설에 해당한다는 판시이다. 다만 이 경우 위법성이 조각되어 처벌대상이 되지 않을 수 있다는 가능성은 열어두었다.

**참고판례 2: 대법원 2021.10.28. 선고 2020도1942 판결 [개인정보보호법위반·부정처사후수뢰·형사사법절차전자화촉진법위반·공무상비밀누설·직무유기·위계공무집행방해·무고·성매매알선등행위의처벌에관한법률위반(성매매)]**

구 개인정보 보호법(2020. 2. 4. 법률 제16930호로 개정되기 전의 것, 이하 같다) 제71조 제2호는 같은 법 제18조 제1항을 위반하여 이용 범위를 초과하여 개인정보를 이용한 개인정보처리자를 처벌하도록 규정하고 있고, 같은 법 제74조 제2항에서는 법인의 대표자나 법인 또는 개인의 대리인, 사용인, 그 밖의 종업원이 그 법인 또는 개인의 업무에 관하여 같은 법 제71조에 해당하는 위반행위를 하면 그 행위자를 벌하는 외에 그 법인 또는 개인에게도 해당 조문의 벌금형을 과하도록 하는 양벌규정을 두고 있다.

위 법 제71조 제2호, 제18조 제1항에서 벌칙규정의 적용대상자를 개인정보처리자로 한정하고 있기는 하나, **위 양벌규정은 벌칙규정의 적용대상인 개인정보처리자가 아니면서 그러한 업무를 실제로 처리하는 자가 있을 때 벌칙규정의 실효성을 확보하기 위하여 적용대상자를 해당 업무를 실제로 처리하는 행위자까지 확장하여 그 행위자나 개인정보처리자인 법인 또는 개인을 모두 처벌하려는 데 그 취지가 있으므로,**

**위 양벌규정에 의하여 개인정보처리자 아닌 행위자도 위 벌칙규정의 적용대상이 된다.**

그러나 구 개인정보 보호법은 제2조 제5호, 제6호에서 **공공기관 중 법인격이 없는 '중앙행정기관 및 그 소속 기관' 등을 개인정보처리자 중 하나로 규정하고 있으면서도, 양벌규정에 의하여 처벌되는 개인정보처리자로는 같은 법 제74조 제2항에서 '법인 또는 개인'만을 규정하고 있을 뿐이고, 법인격 없는 공공기관에 대하여도 위 양벌규정을 적용할 것인지 여부에 대하여는 명문의 규정을 두고 있지 않으므로, 죄형법정주의의 원칙상 '법인격 없는 공공기관'을 위 양벌규정에 의하여 처벌할 수 없고, 그 경우 행위자 역시 위 양벌규정으로 처벌할 수 없다**고 봄이 타당하다.

**해 설** 개인정보보호법의 법인과 행위자에 대한 양벌규정의 적용에 관한 판시이다. 처벌조항이 개인정보처리자를 대상으로 규정하였다 하더라도 양벌규정의 취지상 개인정보처리자가 아닌 행위자도 함께 처벌하여야 하며 양벌규정은 법인과 행위자에게만 적용되므로 법인 아닌 공공기관은 양벌규정의 적용대상이 아니라고 판시한 것이다.

### (4) 개인정보의 소송상 사용과 위법성 조각

개인정보 보호법상 개인정보 누설, 제공 금지 규정에도 불구하고 재판과정에서 소송상 필요한 주장의 증명이나 범죄혐의에 대한 방어권 행사를 위하여 개인정보가 포함된 소송서류나 증거를 법원에 제출하는 경우, 그리고 고소·고발 또는 수사절차에서 범죄혐의의 소명이나 방어권의 행사를 위하여 개인정보가 포함된 증거자료를 수사기관에 제출하는 경우는 사회상규에 위배되지 않는 행위에 해당하여 형법 제20조에 따라 위법성이 조각될 수 있다.[114)]

이때 정당행위에 해당하는지 여부는 개인정보 제출자가 개인정보를 수집·보유하고 제출하게 된 경위 및 목적, 개인정보를 제출한 상대방, 제출행위의 목적 달성에 필요한 최소한의 정보 제출인지 여부, 비실명화 등 개인정보의 안전성 확보에 필요한 조치 가능성 및 조치 여부와 내용, 제출한 개인정보의 내용, 성질(민감정보 여부 등) 및 양, 침해되는 정보주체의 법익 내용, 성질 및 침해의 정도, 개인정보를 제출할 다른 수단이나 방식의 존재 여부, 다른 수단이나 방식을 취하지 않고 개인정보를 제출하게 된 불가피한 사정의 유무 등 개별적인 사안에서 나타난 여러 사정을 종합적으로 고려하여 객관적이고 합리적으로 판단하여야 한다.

114) 대법원 2025.7.18. 선고 2023도3673 판결.

제 04 장

# 행정의 실효성 확보수단

## 제1절 행정상 강제(행정강제)

### 제1관 개 관

#### 1. 행정강제의 개념과 종류

사법(私法)관계에서는 의무불이행이 있을 경우, 사법(司法)강제의 원칙에 의하여 반드시 사법부를 통한 강제집행에 의하여 의무를 이행하도록 한다. 그러나 행정법관계에서는 행정청 스스로가 자력집행을 할 수 있도록 허용한다. 이처럼 법률관계의 당사자인 행정청이 의무불이행에 대하여 자력으로 강제할 수 있도록 하는 것을 행정강제라고 한다. 행정강제에는, 미리 의무를 명하고 그 의무의 불이행을 기다려 행정청이 강제조치를 하도록 하는 통상의 행정강제 수단인 행정상 강제집행과, 미리 의무를 명할 시간적 여유가 없거나 행정목적의 실현을 위하여 미리 의무를 명할 수 없는 경우에 미리 의무를 명하지 않고 즉시 강제조치를 하는 행정상 즉시강제가 있다.

행정상 강제집행을 세부적으로 분류하면 대집행, 직접강제, 이행강제금(집행벌), 행정상 강제징수 등이 있다.

#### 2. 행정강제에 대한 법적 규율과 행정기본법

행정강제에 대하여 행정기본법이 일반적인 규정을 두고 있다. 행정강제의 여러 수단에 대한 개념을 정의하고(제30조) 이행강제금과 직접강제 및 즉시강제에 대한 기본적인 규율을 하고 있다(제31－34조). 다만 실질적으로 행정기본법은 이행강제금과 직접강제 및 즉시강제에 대해서만 일반법적 규정을 두고 있고 행정대집행에 대해서는 행정대집행법이라는 일반법이 존재한다. 그리고 강제징수에 대해서는 일반법이 존재하지 않는다.

이행강제금과 직접강제 및 즉시강제에 대한 행정기본법의 규정이 최소한에 그치고 있기 때문에 행정강제에 대한 일반법으로서의 역할을 충분히 할 수는 없다. 또한 행정기본법의 일반적 규정은 행정강제의 근거가 될 수도 없다. 행정강제의 발동은 개별법적 근거에 의하고 행정강제에 대한 최소한의 일반적 규율을 하고자 한 것이 행정기본법의 취지이다(제30조 제1항, 제2항 참조).

또한 행정기본법은 형사, 행형 및 보안처분 관계법령에 따라 행하는 사항이나 외국인의 출입국·난민인정·귀화·국적회복에 관한 사항 등 법무부 소관사항에 관해서는 행정상 강제에 관한 규정을 적용하지 아니한다고 명시하였다(제30조 제3항).

이상의 몇 가지 이유로 일반법으로서의 행정집행법의 제정 필요성이 행정기본법의 제정으로 충족되었다고 말하기는 어려울 것 같다.

## 제2관 행정상 강제집행

### 1. 행정상 강제집행 일반론

#### (1) 행정상 강제집행의 의의

행정상 강제집행이란 행정법상의 의무자가 행정법상의 의무를 스스로 이행하지 아니할 때에 행정청이 의무자의 신체나 재산에 실력을 가하여 그 의무를 이행하거나 의무를 이행한 것과 동일한 상태를 실현하는 것을 말한다. 행정상 강제집행은 다음의 개념들과 구별된다.

① **행정상 즉시강제와의 구별**: 행정상 강제집행은 미리 의무가 부과되어 있는 경우의 의무불이행에 대한 강제이고, 행정상 즉시강제는 미리 의무가 명하여져 있지 않은 경우의 강제수단이다.

② **행정벌과의 구별**: 행정상 강제집행은 불이행된 의무의 실현을 목적으로 하나 행정벌은 의무실현이 아니라 의무불이행에 대한 제재를 목적으로 하는 것이다.

③ **사법상(私法上)의 강제집행과의 구별**: 사법상의 강제집행은 사법강제(司法强制)로서 사법부의 도움을 받아 이루어지므로, 법률관계의 일방 당사자인 행정주체의 자력집행에 해당하는 행정상 강제집행과는 다르다.

대법원은 행정강제가 인정되는 경우에는 민사소송 등을 통한 사법상의 구제를 원칙적으로 허용하지 않는다. 그리하여 대법원은 공유 일반재산의 대부료와 연체료를 납부기한까지 내지 아니한 경우에 지방세 체납처분의 예에 따라 이를 징수할 수 있으므로 특별한 사정이 없는 한 민사소송으로 공유 일반재산의 대부료의 지급을 구하는 것은 허용되지 아니한다고 한다.[1)]

또한 행정대집행이 인정되는 경우 공법상 의무의 이행을 민사상의 강제집행수단을 동원해 강제할 수는 없다고 한다.[2)] 그리고 대집행은 공법상 의무위반에 대한 이행강제수단이고 사법상 의무의 불이행은 대집행의 대상이 되지 않는다고 한다.[3)] 한편 행정대집행이 인정되지 않는 경우에는 민사상 강제집행절차를 활용할 수 있다고 한다.[4)]

---

1) 대법원 2017.4.13. 선고 2013다207941 판결.
2) 대법원 2000.5.12. 선고 99다18909 판결.
3) 대법원 2006.10.13. 선고 2006두7096 판결.
4) 대법원 2005.8.19. 선고 2004다2809 판결.

참고판례 1: 대법원 2009.6.11. 선고 2009다1122 판결 [가건물철거및토지인도]

**이 사건 토지는 잡종재산(일반재산)인 국유재산으로서, (중략) 관리권자인 보령시장으로서는 행정대집행의 방법으로 이 사건 시설물을 철거할 수 있고, 이러한 행정대집행의 절차가 인정되는 경우에는 따로 민사소송의 방법으로 피고들에 대하여 이 사건 시설물의 철거를 구하는 것은 허용되지 않는다고 할 것이다**(대법원 2000.5.12. 선고 99다18909 판결 참조). 다만, **관리권자인 보령시장이 행정대집행을 실시하지 아니하는 경우 국가에 대하여 이 사건 토지 사용청구권을 가지는 원고로서는 위 청구권을 보전하기 위하여 국가를 대위하여 피고들을 상대로 민사소송의 방법으로 이 사건 시설물의 철거를 구하는 이외에는 이를 실현할 수 있는 다른 절차와 방법이 없어** 그 보전의 필요성이 인정되므로, **원고는 국가를 대위하여 피고들을 상대로 민사소송의 방법으로 이 사건 시설물의 철거를 구할 수 있다고 보아야 할 것이고,** 한편 이 사건 청구 중 이 사건 토지 인도청구 부분에 대하여는 관리권자인 보령시장으로서도 행정대집행의 방법으로 이를 실현할 수 없으므로, 원고는 당연히 국가를 대위하여 피고들을 상대로 민사소송의 방법으로 이 사건 토지의 인도를 구할 수 있다고 할 것이다.

해 설 대법원은 행정대집행이 인정되는 경우에는 민사소송에 의한 집행을 할 수 없다고 한다. 그러나 대집행권한이 있는 이 사건 보령시장이 행정대집행을 실시하지 않는 경우 국유의 일반재산(잡종재산) 사용권을 가진 원고가 국가를 대위하여 민사소송의 방법으로 시설물을 철거를 구할 수 있다고 판시하고 있다.

참고판례 2: 대법원 2006.10.13. 선고 2006두7096 판결 [건물철거대집행계고처분취소]

**행정대집행법상 대집행의 대상이 되는 대체적 작위의무는 공법상 의무여야 할 것인데,** 구 **공공용지의 취득 및 손실보상에 관한 특례법**(2002. 2. 4. 법률 제6656호 공익사업을 위한 토지 등의 취득 및 보상에 관한 법률 부칙 제2조로 폐지)**에 따른 토지 등의 협의취득은 공공사업에 필요한 토지 등을 그 소유자와의 협의에 의하여 취득하는 것으로서 공공기관이 사경제주체로서 행하는 사법상 매매 내지 사법상 계약의 실질을 가지는 것이므로,** 그 협의취득시 건물소유자가 매매대상 건물에 대한 철거의무를 부담하겠다는 취지의 약정을 하였다고 하더라도 이러한 철거의무는 공법상의 의무가 될 수 없고, 이 경우에도 행정대집행법을 준용하여 대집행을 허용하는 별도의 규정이 없는 한 **위와 같은 철거의무는 행정대집행법에 의한 대집행의 대상이 되지 않는다.**

### (2) 행정상 강제집행의 근거(법률유보)

행정상 강제집행을 위하여서는 별도의 법적 근거가 있어야 한다. 행정처분을 명할 수 있는 근거법이 별도의 강제집행의 법률유보 없이도 강제집행을 발동할 근거가 될 수는 없다.

행정상 강제집행의 근거법으로서 행정대집행법, 국세징수법, '공익사업을 위한 토지 등의 취득 및 보상에 관한 법률' 등이 있다.

### (3) 행정상 강제집행의 종류

이미 언급한 바와 같이 행정상 강제집행에는 다음의 네 가지 종류가 있다.

① **대집행**: 의무자가 행정상 의무로서 타인이 대신하여 행할 수 있는 의무를 이행하지 아니

하는 경우 법률로 정하는 다른 수단으로는 그 이행을 확보하기 곤란하고 그 불이행을 방치하면 공익을 크게 해칠 것으로 인정될 때에 행정청이 의무자가 하여야 할 행위를 스스로 하거나 제3자에게 하게 하고 그 비용을 의무자로부터 징수하는 것을 말한다(행정기본법 제30조 제1항 제2호). 각 개별법이 이를 규정하기도 하지만 일반법으로서 행정대집행법이 있다. 행정기본법은 개념 규정만 두고 있다.

② **이행강제금(집행벌)**: 의무자가 행정상 의무를 이행하지 아니하는 경우 행정청이 적절한 이행기간을 부여하고 그 기한까지 행정상 의무를 이행하지 아니하면 금전급부의무를 부과하는 것을 말한다(행정기본법 제30조 제1항 제2호). 집행을 위한 벌칙이라는 점에서 집행벌이라 하기도 한다. 행정기본법 제31조가 최소한의 일반적 규율을 하고 있으며 각 개별법이 이를 구체적으로 규정하고 있다.

③ **직접강제**: 의무자가 행정상 의무를 이행하지 아니하는 경우 행정청이 의무자의 신체나 재산에 실력을 행사하여 그 행정상 의무의 이행이 있었던 것과 같은 상태를 실현하는 것을 말한다(행정기본법 제30조 제1항 제3호). 행정기본법 제32조가 최소한의 일반적 규율을 하고 있으며 각 개별법이 이를 구체적으로 규정하고 있으나 직접강제를 규정하는 법규는 많지 않다.

④ **강제징수**: 의무자가 행정상 의무 중 금전급부의무를 이행하지 아니하는 경우 행정청이 의무자의 재산에 실력을 행사하여 그 행정상 의무가 실현된 것과 같은 상태를 실현하는 것을 말한다(행정기본법 제30조 제1항 제4호). 행정기본법에도 개념 규정 이외에는 일반적 규율이 존재하지 않고 다른 일반법도 존재하지 않는다.

## 2. 대집행

### (1) 대집행의 의의와 법적 근거

대집행이란 공법상의 의무자가 다른 사람이 대신할 수 있는 대체적 작위의무를 이행하지 않은 경우에 다른 수단으로는 그 이행을 확보하기 곤란하고 그 불이행을 방치하면 공익을 크게 해칠 것으로 인정될 때, 당해 행정청이 스스로 행하거나 또는 제3자로 하여금 의무를 이행하게 하고 그 비용을 의무자로부터 징수하는 것을 말한다.

그런데 우리 행정강제법의 모델이 되었다고 할 수 있는 프로이센 일반란트법의 대집행 제도는 우리 법제와는 달리 행정청 자신에 의한 대체적 집행을 허용하지 않고 제3자에 의한 대집행만을 허용한다. 이에 반해 우리 행정대집행법은 행정청 자신이 스스로 대집행을 할 수 있도록 규정하였다. 이로 인하여 우리 법제 하에서는 대집행과 직접강제의 구별이 다소 모호하게 되었다.

행정대집행은 질서유지를 위한 소극적 목적으로 발동될 수도 있고 사유 유휴지의 활용강제와 같이 적극적 목적을 위하여 발동될 수도 있다.

행정대집행에 관해서는 일반법으로서의 행정대집행법 이외에도, 도로교통법 제35조(주차위반에 대한 조치), '공익사업을 위한 토지 등의 취득 및 보상에 관한 법률' 제89조 등 여러 개별법 규정이 존재하고 있다.

### (2) 대집행의 주체 및 대집행 행위자

대집행의 주체는 처분청 또는 관할행정청이다. 그러나 실제로 대집행을 실행하는 대집행행위자는 행정청 또는 제3자가 될 수 있다.

대집행의무자는 행정청과 대집행실행자에 대하여 대집행을 수인할 의무를 진다. 또한 행정청에 대하여 대집행 실행에 소요된 비용을 상환할 의무를 진다. 한편, 대집행 주체인 행정청과 대집행실행자 사이에는 일종의 도급계약관계가 성립한다.

### (3) 대집행의 요건

행정대집행법 제2조에 의한 대집행의 요건은 다음과 같다. 이러한 대집행의 요건에 대한 증명책임은 행정청에게 있다.

① **공법상 의무의 불이행이 있을 것**: 공법상 의무는 법령상 의무일 수도 있고 행정행위(하명)에 의한 의무일 수도 있다. 법령상 일정한 조치를 하여야 할 의무가 있다고 인정되는 경우에도 원칙적으로 의무를 명하고 그 불이행을 기다려 대집행절차를 개시하여야 할 것이나 법령에 따라서는 일정한 경우 의무이행에 대한 명령 없이도 대집행이 가능하도록 규정하기도 한다(폐기물관리법 제49조 제2항).

② **대체적 작위의무 위반일 것**: 부작위의무나 비대체적 작위의무 또는 수인의무의 불이행에 대해서는 대집행을 할 수 없다. 대법원은 부작위의무(금지의무)에서 당연히 그 의무위반을 통하여 생긴 결과를 시정할 작위의무를 도출할 수 없다고 한다.[5] 그리하여 '장례식장 사용중지 의무'는 타인이 대신하여 할 수 없는 비대체적 부작위 의무에 대한 것이므로 그에 대한 대집행은 위법하다고 판시하였다.[6]

따라서 부작위의무는 이를 작위의무로 전환시킨 후에야 대집행의 대상으로 할 수 있다. 예컨대 공원부지를 불법으로 점거할 수 없는 부작위의무가 존재하더라도 불법점거가 이루어진 경우 바로 대집행을 할 수 없고, 공작물을 설치한 경우에는 먼저 공작물에 대한 철거명령을 내린 후에 그 불이행이 있을 때에야 대집행을 할 수 있다.

한편, 토지, 건물 등의 명도의무는 물건의 반출이 중심이 아니라 점유자의 퇴거가 중심이므로 대체적 작위의무가 아니다. 따라서 대집행의 대상이 되지 못한다.

그러나 대법원은 점유자의 퇴거가 수반되는 행위에 대한 대집행을 제한적으로 인정하고 있다. 즉, 대물적 행위가 중심이 되는 건물철거와 같은 경우에는 철거의무에 퇴거의무가 포함된 것으로 보아 "부수적으로 건물의 점유자들에 대한 퇴거 조치를 할 수 있고, 점유자들이 적법한 행정대집행을 위력을 행사하여 방해하는 경우 형법상 공무집행방해죄가 성립하므로, 필요한 경우에는 경찰관직무집행법에 근거한 위험발생 방지조치 또는 형법상 공무집행방해죄의 범행방지 내지 현행범체포의 차원에서 경찰의 도움을 받을 수도 있다"고 판시하고 있다.[7]

---

5) 대법원 1996.6.28. 선고 96누4374 판결.
6) 대법원 2005.9.28. 선고 2005두7464 판결.
7) 대법원 2017.4.28. 선고 2016다213916 판결.

**주요판례요지**

대법원 2017.4.28. 선고 2016다213916 판결: 행정청이 행정대집행의 방법으로 건물철거의무의 이행을 실현할 수 있는 경우에는 건물철거 대집행 과정에서 부수적으로 건물의 점유자들에 대한 퇴거 조치를 할 수 있다.

**참고판례: 대법원 2005.8.19. 선고 2004다2809 판결 [가처분이의]**

피수용자 등이 기업자에 대하여 부담하는 수용대상 토지의 인도의무에 관한 구 토지수용법(2002. 2. 4. 법률 제6656호 공익사업을 위한 토지 등의 취득 및 보상에 관한 법률 부칙 제2조로 폐지) 제63조, 제64조, 제77조 규정에서의 '인도'에는 명도도 포함되는 것으로 보아야 하고, **이러한 명도의무는 그것을 강제적으로 실현하면서 직접적인 실력행사가 필요한 것이지 대체적 작위의무라고 볼 수 없으므로 특별한 사정이 없는 한 행정대집행법에 의한 대집행의 대상이 될 수 있는 것이 아니다.**

**해 설** 인도는 점유를 타인에게 이전하는 것을 말하고 명도는 토지나 건물로부터 물건을 반출하고 사람을 퇴거시켜 토지나 건물을 타인에게 이전하는 것을 말한다. 따라서 명도는 다른 사람이 대신해 줄 수 있는 대체적 작위의무가 아니다.

③ **다른 방법으로는 이행을 확보하기 곤란할 것(보충성)**: 대집행에는 강제력의 행사가 따르므로 의무를 이행하게 할 다른 방법이 있을 때에는 그에 의하여야 한다.

다만 이행강제금과 대집행의 관계에 있어서 헌법재판소는 이러한 보충성 원칙을 엄격히 적용하지 않고 행정청에게 선택재량이 있는 것으로 본다.[8)]

④ **의무 불이행의 방치가 심히 공익을 해한다고 인정될 것**: 대집행은 기본권에 미치는 영향이 큰 강제력의 행사를 수반하므로 의무 불이행이 있다고 하여 당연히 대집행의 대상이 되는 것이 아니라 그 의무불이행의 방치가 심히 공익을 해할 정도여야 한다. 의무 불이행의 방치가 심히 공익을 해하는지의 여부가 대집행을 위한 법률요건이 되므로, 법률요건의 해석과 적용에 있어서도 재량을 인정하는 견해(판례)에 따르면 이에 대한 판단은 재량의 문제가 된다. 그러나 법률요건의 해석과 적용을 재량의 문제로 보지 않고 일종의 법해석의 문제로 볼 때에는 요건 해당여부의 판단은 재량문제가 아니라 법문제이며 따라서 고도의 정책적 판단 등이 요구되는 경우에는 판단여지를 인정할 수 있을 뿐이다.

대법원은 다른 수단으로서 그 이행을 확보하기 어렵고, 그 불이행을 방치함이 심히 공익을 해한다고 인정될 것이라는 요건의 충족에 관한 주장 및 입증의 책임은 그 처분을 한 행정청에게 있다고 한다.[9)]

---

8) 헌법재판소 2023.2.13. 선고 2019헌바550 결정; 헌법재판소 2004.2.26 선고 2001헌바80 결정 등; *Infra*. 제1편 제4장 제1절 제2관 4 (5) 이행강제금과 다른 의무이행확보수단과의 관계 참조.

9) 대법원 1974.10.25. 선고 74누122 판결.

한편, 행정대집행법 제2조의 문언 해석상 대집행의 요건을 다 충족하더라도 대집행을 할 것인가 하는 점에 대한 결정은 행정청의 재량에 달려있다고 보아야 할 것이다.

### (4) 대집행의 절차

대집행은 다음과 같은 4단계의 일련의 절차로 진행된다(행정대집행법 제3조, 제4조).

① **계고**: 계고란 상당한 이행기한을 정하여 그 기한까지 이행되지 아니할 때에는 대집행을 한다는 것을 문서로서 알리는 행위이다. 다만, 비상시 또는 위험이 절박한 경우에 있어서 당해 행위의 급속한 실시를 요하여 계고절차를 취할 여유가 없을 때에는 계고를 거치지 아니하고 대집행을 할 수 있다. 계고는 준법률행위적 행정행위로서 통지행위에 해당한다고 보는 것이 보통이다.

대법원은 대집행의 내용은 특정되어야 하지만 대집행계고서만으로 특정될 필요는 없고 다른 문서나 기타 사정을 종합하여 특정할 수 있으면 족하다고 한다.[10] 또한 1장의 문서에 철거명령과 대집행의 계고처분을 동시에 기재하여 처분할 수 있다고 한다.[11]

동일한 내용의 계고처분이 여러 차례 이루어진 경우 판례는 제1차 계고처분만이 처분이고 나머지는 대집행기한의 연기통지에 불과하다고 한다.[12]

참고판례: 대법원 1992.6.12. 선고 91누13564 판결 [건물철거대집행계고처분취소]

**계고서라는 명칭의 1장의 문서로서 일정기간 내에 위법건축물의 자진철거를 명함과 동시에 그 소정기한 내에 자진철거를 하지 아니할 때에는 대집행할 뜻을 미리 계고한 경우라도 건축법에 의한 철거명령과 행정대집행법에 의한 계고처분은 독립하여 있는 것으로서 각 그 요건이 충족되었다고 볼 것이다.**

계고를 함에 있어서는 의무자가 이행하여야 할 행위와 그 의무불이행시 **대집행할 행위의 내용 및 범위가 구체적으로 특정되어야 할 것이지만 그 특정여부는 실제건물의 위치, 구조, 평수 등을 계고서의 표시와 대조검토하여 대집행의무자가 그 이행의무의 범위를 알 수 있을 정도로 하면 족하다.**

② **대집행영장에 의한 통지**: 계고를 받고도 지정기한까지 의무이행을 하지 않을 때에는 대집행을 할 시기, 대집행을 시키기 위하여 파견하는 집행책임자의 성명과 대집행에 요하는 비용의 계산에 의한 견적액을 통지하는 행위이다. 이 경우에도 비상시 또는 위험이 절박한 경우에 있어서 당해 행위의 급속한 실시를 요하여 대집행영장에 의한 통지를 할 여유가 없을 때에는 이를 거치지 아니하고 대집행을 할 수 있다. 대집행 영장에 의한 통지행위도 준법률행위적 행정행위로서의 통지행위에 해당한다.

③ **대집행의 실행**: 대집행을 실제로 실행하는 행위이다. 대집행의 실행행위는 권력적 사실행위로서 처분성이 인정된다.

---

10) 대법원 1997.2.14. 선고 96누15428 판결.
11) 대법원 1992.6.12. 선고 91누13564 판결.
12) 대법원 1994.10.28. 선고 94누5144 판결.

그런데 대집행실행에 대한 항거가 있을 때 이를 배제할 수 있는지가 문제된다. 독일은 이를 명문으로 긍정하고 있으나 명문규정이 없는 우리나라의 경우는 긍정설과 부정설이 대립되고 있다. 부정설에 따르면 대집행실행에 대한 항거가 있을 때에는 경찰력의 도움이 필요하다고 한다. 다만 이러한 부정설에 대하여 경찰력을 발동하면 이미 대집행으로서의 성격을 벗어나 직접강제의 성격을 띠는 것으로 보아야 한다는 비판도 있다. 그러나 형법상의 공무집행방해죄, 경찰관직무집행법 제5조의 위험발생방지조치 등의 요건에 해당되면 경찰권을 발동할 수 있다고 보아야 할 것이다. 판례도 같은 취지로 판시하고 있다(참고판례).

참고판례: 대법원 2017.4.28. 선고 2016다213916 판결 [건물퇴거]

행정청이 행정대집행의 방법으로 건물철거의무의 이행을 실현할 수 있는 경우에는 **건물철거 대집행 과정에서 부수적으로 건물의 점유자들에 대한 퇴거 조치를 할 수 있고,** 점유자들이 적법한 행정대집행을 위력을 행사하여 **방해하는 경우 형법상 공무집행방해죄가 성립하므로, 필요한 경우에는 '경찰관 직무집행법'에 근거한 위험발생 방지조치 또는 형법상 공무집행방해죄의 범행방지 내지 현행범체포의 차원에서 경찰의 도움을 받을 수도 있다.**

④ **비용징수**: 대집행에 소요된 비용을 징수하는 행위이다. 국세징수법의 예에 의하여 징수할 수 있다(법 제6조 제1항) 비용부과처분도 역시 행정행위라고 볼 수 있어서 처분성이 인정된다.

### (5) 대집행에 대한 구제

행정대집행법 제7조는 "대집행에 대하여서는 행정심판을 제기할 수 있다"라고 규정하고 있으며 같은 법 제8조는 "전조의 규정은 법원에 대한 출소의 권리를 방해하지 아니한다"라고 규정하고 있다. 양 조문의 해석상 행정대집행법 제8조가 대집행에 대한 필요적 행정심판 전치를 규정한 것인가라는 의문이 제기될 수 있으나, 행정심판을 원칙적으로 임의적 절차로 규정하고 있는 현행 행정소송제도 하에서는 부정적으로 보는 것이 타당하다.

계고와 대집행영장에 의한 통지, 비용징수를 위한 부과처분은 모두가 처분이다. 대집행의 실행행위도 이를 권력적 사실행위로 보기 때문에 처분성이 인정된다. 다만 처분성이 인정되더라도 대집행의 실행행위는 비교적 단기간에 끝나버리기 때문에 소의 이익, 즉 권리보호의 필요가 부정되는 것이 보통이다. 따라서 대집행에 대한 쟁송 시에는 집행정지를 아울러 신청하여야 한다. 한편 대집행절차의 일련의 행위 사이에서는 하자가 승계된다고 하는 것이 통설과 판례의 입장이다. 대법원은 철거명령과 대집행절차는 별개의 법률효과를 목적으로 하는 것이므로 하자가 승계되지 않는다고 하면서도[13] 대집행절차들, 즉 대집행의 계고, 대집행실행 및 비용납부명령 사이에서는 하자가 승계된다고 한다.[14]

13) 대법원 2000.9.5. 선고 99두9889 판결.
14) 대법원 1993.11.9. 선고 93누14271 판결.

또한 행정대집행이 인정되는 경우 민사집행법상의 구제는 인정되지 않는다는 것이 판례의 입장이다.[15)]

대집행에 대해서 이론적으로는 예방적 부작위청구소송을 생각해 볼 수 있으나 대법원은 아직 이를 허용하고 있지 않다.

위법한 대집행이 이루어지고 그것이 국가배상책임의 요건을 충족시킬 경우에는 국가배상청구권이 성립할 수 있다.

### 3. 행정상 강제징수

#### (1) 의의와 근거

행정상 강제징수란 공법상의 금전급부의무가 이행되지 않은 경우에 행정청이 의무자의 재산에 실력을 행사하여 그 의무이행과 동일한 상태를 실현하는 것을 말한다.

국세징수법, 지방세징수법, '보조금 관리에 관한 법률', '지방자치단체 보조금 관리에 관한 법률' 등의 개별법들이 이에 대해 규율하고 있으며 국세징수법이 광범위하게 준용되고 있다.

#### (2) 행정상 강제징수의 절차

① **독촉**: 독촉은 일종의 납부최고 행위로서 일정기한까지 의무이행이 없을 경우 체납처분을 할 것이라는 것을 통지해 주는 준법률행위적 행정행위이다. 독촉에는 시효중단의 효력이 있다.

② **강제징수(체납처분)**[16)]: 강제징수(체납처분)는 의무자의 재산의 압류와 압류된 재산의 매각(공매), 그리고 매각대금을 배분하는 청산의 절차로 진행된다.

대법원은 납세고지 후 납세의무를 이행하지 않은 상대방에게 독촉을 하지 않고 압류하는 것은 위법하나 무효는 아니라고 한다.[17)]

매각은 공매를 원칙으로 하고 예외적으로 수의계약에 의한다. 공매의 법적 성격을 계약으로 볼 것인가 처분으로 볼 것인가가 문제되나 판례는 처분으로 본다.[18)]

또한 공매의 공고와 공매의 통지 없이 압류재산을 공매하는 것은 위법하나 공매통지 자체가 행정처분은 아니므로 공매통지를 항고소송의 대상으로 삼을 수는 없다고 한다.[19)] 대법원 2008. 11.20. 선고 2007두18154 전원합의체 판결은 공매통지는 공매처분의 절차적 요건이고 그를 결여한 공매처분은 위법이라고 판시한 바 있다. 현재 대법원은 공매통지를 결여한 공매처분은 취소사유의 흠이 있는 것으로 보고 있는 듯하다. 그러나 그것이 무효사유가 될 수 있을 것인지에 대해서는 판례가 반드시 명확하게 밝혀주고 있지는 않다.[20)]

---

15) 대법원 2000.5.12. 선고 99다18909 판결.

16) 2020년 국세징수법 개정을 통하여 체납처분이라는 용어는 강제징수로 대체되었다. 그러나 지방세징수법 등은 여전히 체납처분이라는 용어를 사용하고 있다. 국세징수법 부칙 제25조 참조.

17) 대법원 1987.9.22. 선고 87누383 판결.

18) 대법원 1984.9.25. 선고 84누201 판결.

19) 대법원 2011.3.24. 선고 2010두25527 판결.

20) 임영호, "공매통지의 흠과 공매처분의 효력", 『행정판례평선』, 2011, 424면.

체납자 등은 자신에 대한 공매통지의 하자만을 공매처분의 위법사유로 주장할 수 있을 뿐 다른 권리자에 대한 공매처분의 하자를 들어 공매처분의 위법사유로 주장하는 것은 허용되지 않는다고 한다.[21)]

**참고판례: 대법원 2011.3.24. 선고 2010두25527 판결 [양도소득세부과처분취소]**

국세징수법이 압류재산을 공매할 때에 공고와 별도로 체납자 등에게 공매통지를 하도록 한 이유는, 체납자 등으로 하여금 공매절차가 유효한 조세부과처분 및 압류처분에 근거하여 적법하게 이루어지는지 여부를 확인하고 이를 다툴 수 있는 기회를 주는 한편, 국세징수법이 정한 바에 따라 체납세액을 납부하고 공매절차를 중지 또는 취소시켜 소유권 또는 기타의 권리를 보존할 수 있는 기회를 갖도록 함으로써 체납자 등이 감수하여야 하는 강제적인 재산권 상실에 대응한 절차적인 적법성을 확보하기 위한 것으로 보아야 하고, 따라서 체납자 등에 대한 공매통지는 국가의 강제력에 의하여 진행되는 공매에서 체납자 등의 권리 내지 재산상의 이익을 보호하기 위하여 법률로 규정한 절차적 요건이라고 보아야 하며, **공매처분을 하면서 체납자 등에게 공매통지를 하지 않았거나 공매통지를 하였더라도 그것이 적법하지 아니한 경우에는 절차상의 흠이 있어 그 공매처분이 위법하게 되는 것이지만, 공매통지 자체가 그 상대방인 체납자 등의 법적 지위나 권리 · 의무에 직접적인 영향을 주는 행정처분에 해당한다고 할 것은 아니므로** 다른 특별한 사정이 없는 한 **체납자 등은 공매통지의 결여나 위법을 들어 공매처분의 취소 등을 구할 수 있는 것이지 공매통지 자체를 항고소송의 대상으로 삼아 그 취소 등을 구할 수는 없다.**

**해 설** 공매통지의 하자가 있는 경우 그로써 공매처분이 위법하게 되어 공매처분의 취소를 구할 수 있으나 공매통지 자체를 항고소송의 대상으로 삼을 수는 없다고 판시하고 있다. 공매처분의 핵심은 매각결정에 있다고 보아야 한다.

### (3) 행정상 강제징수에 대한 불복

강제징수에 대해서는 예컨대 국세에 대해서는 국세기본법이 전심절차로서 심사청구와 심판청구절차를 마련하고 이들 절차 중 어느 하나를 거친 후에 행정소송을 제기할 수 있도록 하고 있다.[22)] 이처럼 국세나 지방세 부과에 대한 불복의 경우에는 행정심판을 먼저 제기하여야 하지만 일반적인 경우에는 바로 행정소송을 제기 할 수 있다. 또 어느 경우에나 행정소송에 의한 불복은 가능하다.

행정상 강제징수에 대한 취소소송에 있어서 독촉과 강제징수(체납처분), 그리고 강제징수(체납처분)의 각 단계 사이에는 하자의 승계가 인정되나, 조세부과처분과 독촉이나 강제징수(체납처분) 사이에는 하자 승계가 부인된다. 대법원은 조세부과처분과 강제징수(체납처분) 사이[23)] 그리고 원천징수의무자인 법인에 대한 소득금액변동통지와 징수처분[24)] 사이의 하자의 승계를 인정하지 않는다.

---

21) 대법원 2008.11.20. 선고 2007두18154 전원합의체 판결.

22) 국세기본법 제56조 제2항. 다만, 심판청구에 대한 재조사 결정에 따른 처분에 대한 행정소송은 다시 심사청구나 심판청구를 거치지 않아도 무방하다. 지방세도 기본적으로 동일하다(지방세기본법 제98조 제3항).

23) 대법원 1987.9.22. 선고 87누383 판결.

24) 대법원 2012.1.26. 선고 2009두14439 판결.

대법원은 세무서장이 공매권한을 위임한 경우 공매처분에 대한 항고소송의 피고는 그 권한을 위임받은 성업공사(현재의 한국자산관리공사)가 되어야 한다고 한다.[25)]

**참고판례: 대법원 1997.2.28. 선고 96누1757 판결 [공매처분취소]**

성업공사가 체납압류된 재산을 공매하는 것은 세무서장의 공매권한 위임에 의한 것으로 보아야 할 것이므로, 성업공사가 한 그 공매처분에 대한 취소 등의 항고소송을 제기함에 있어서는 수임청으로서 실제로 공매를 행한 **성업공사를 피고로 하여야 하고, 위임청인 세무서장은 피고적격이 없다.**

## 4. 이행강제금(집행벌)

### (1) 이행강제금의 의의

이행강제금이란 비대체적 작위의무, 부작위의무, 수인의무 뿐 아니라 대체적 작위의무에 대해서 그 이행의 강제를 위하여 부과하는 급부하명에 의하여 부과되는 금전을 말한다.

이행강제금의 실례로 건축법 제80조, 농지법 제62조 등의 이행강제금을 들 수 있다.

이행강제금은 과거의 의무위반행위에 대한 제재가 아니라[26)] 의무자에게 강제금의 부과를 통하여 심리적 압박을 가하고 그로써 의무이행을 간접적으로 강제하는 행정상의 간접강제 수단이다.[27)] 이행강제금은 종래 집행벌로 지칭되어 왔다. 집행을 위한 벌칙에 해당한다는 것이다. 그러나 실상은 처벌이 아니므로 집행벌이라는 용어가 반드시 적절하지는 않다.

그런데 법령상 이행강제금이라는 표현을 하고 있어도 그것이 강학상의 이행강제금을 의미하는 것인지의 여부는 따져 보아야 한다. 대법원은 "독점규제 및 공정거래에 관한 법률" 제16조에 의한 이행강제금은 이행강제금의 성격과 아울러 과거의 위반행위에 대한 제재의 성격을 가지고 있다고 한다.[28)]

### (2) 이행강제금 부과의 근거 법률에 대한 입법지침

행정기본법 제31조 제1항은 이행강제금 부과의 근거가 되는 법률에 대한 입법지침[29)]을 규정하고 있다.

이에 따르면 그 법률에는 i) 부과·징수 주체 ii) 부과 요건 iii) 부과 금액 iv) 부과 금액 산정기준 v) 연간 부과 횟수나 횟수의 상한 등을 명확하게 규정하여야 한다. 그러나 이행강제금을 부과하게 되는 상황의 다양함을 고려하여 '부과 금액 산정기준'(제31조 제1항 제4호) 또는 '연간

25) 대법원 1997.2.28. 선고 96누1757 판결.
26) 대법원 2018.1.25. 선고 2015두35116 판결.
27) 대법원 2016.6.23. 선고 2015두36454 판결.
28) 대법원 2019.12.12. 선고 2018두63563 판결.
29) 다만 법률이 다른 법률에 구속력을 가질 수 있는지는 의문이다. 그러나 행정기본법의 주관부서가 법제처이니 만큼 법률안 심사에서 법제처가 이 기준을 가지고 심사하게 될 것이므로 이 조항은 실질적인 규범력을 가질 수는 있다고 본다.

부과 횟수나 횟수의 상한'(제31조 제1항 제5호)을 규정할 경우 입법목적이나 입법취지를 훼손할 우려가 크다고 인정되는 경우로서 시행령 제8조 제1항이 정하는 경우에는 이를 부과근거가 되는 법률에서 규정하지 않을 수 있도록 하고 있다.

### (3) 이행강제금의 부과와 징수

#### ① 이행강제금의 부과

행정기본법은 이행강제금을 부과하기 전에 미리 의무자에게 적절한 이행기간을 정하여 그 기한까지 행정상 의무를 이행하지 아니하면 이행강제금을 부과한다는 뜻을 문서로 계고하도록 하고 있다(제31조 제3항). 의무자가 계고에서 정한 기한까지 행정상 의무를 이행하지 아니한 경우, 행정청은 이행강제금의 부과금액·사유·시기를 문서로 명확하게 적어 의무자에게 통지하여야 한다. 다만 행정기본법의 일반법적 성격에 비추어 계고 및 부과와 관련하여 개별법이 특별한 규정을 두면 그에 따른다. 대법원은 이행강제금은 법령으로 정한 바에 따라 계고나 시정명령 후에 부과하여야 한다고 판시한 바 있다.[30]

이행강제금은 법령이 정하는 바에 따라 반복하여 이행할 때 까지 부과할 수 있다(행정기본법 제31조 제5항). 종래 대법원은 이행강제금은 금전의 징수가 목적이 아니라 의무이행을 촉구하기 위한 것이므로 일단 의무이행이 있으면 비록 시정명령에서 정한 기간을 지나서 이행한 경우라도 이행강제금을 부과할 수 없다고 하였다.[31] 이러한 판례의 입장을 반영하여 행정기본법은 의무자가 의무를 이행하면 이행강제금의 부과를 즉시 중지하도록 하였다. 다만 이미 부과된 이행강제금은 징수하여야 하도록 규정하였다. 이것은 기존의 개별법들의 입법경향을 반영한 것이다.

대법원은 또 이행강제금 납부의무는 상속 등에 의해 승계되지 않는 일신전속적인 것이라고 한다.[32]

#### ② 이행강제금의 징수

부과된 이행강제금을 납부하지 않을 때에는 국세강제징수의 예 또는 '지방행정제재·부과금의 징수 등에 관한 법률'에 따라 징수하도록 하고 있다(같은 법 제6항).

**참고판례 1: 대법원 2018.1.25. 선고 2015두35116 판결 [가설건축물존치기간연장신고반려처분취소등]**

**건축법상의 이행강제금은** 시정명령의 불이행이라는 **과거의 위반행위에 대한 제재가 아니라,** 의무자에게 시정명령을 받은 의무의 이행을 명하고 그 이행기간 안에 의무를 이행하지 않으면 이행강제금이 부과된다는 사실을 고지함으로써 **의무자에게 심리적 압박을 주어 의무의 이행을 간접적으로 강제하는 행정상**

30) 대법원 2010.6.24. 선고 2010두3978 판결.
31) 대법원 2018.1.25. 선고 2015두35116 판결.
32) 대법원 2006.12.8. 자 2006마470 결정.

**의 간접강제 수단에 해당한다. 이러한 이행강제금의 본질상 시정명령을 받은 의무자가 이행강제금이 부과되기 전에 그 의무를 이행한 경우에는 비록 시정명령에서 정한 기간을 지나서 이행한 경우라도 이행강제금을 부과할 수 없다.**

나아가 시정명령을 받은 의무자가 그 **시정명령의 취지에 부합하는 의무를 이행하기 위한 정당한 방법으로 행정청에 신청 또는 신고를 하였으나 행정청이 위법하게 이를 거부 또는 반려함으로써 결국 그 처분이 취소되기에 이르렀다면,** 특별한 사정이 없는 한 그 시정명령의 불이행을 이유로 **이행강제금을 부과할 수는 없다**고 보는 것이 위와 같은 이행강제금 제도의 취지에 부합한다.

참고판례 2: 대법원 2016.7.14. 선고 2015두46598 판결 [이행강제금부과처분무효확인등]

**건축주 등이 장기간 시정명령을 이행하지 아니하였으나 그 기간 중에 시정명령의 이행 기회가 제공되지 아니하였다가 뒤늦게 이행 기회가 제공된 경우, 이행 기회가 제공되지 아니한 과거의 기간에 대한 이행강제금까지 한꺼번에 부과할 수는 없다. 그리고 이를 위반하여 이루어진 이행강제금 부과처분의 하자는 중대 · 명백하여 무효이다.**

해 설 시정명령의 기회가 주어지지 않은 과거의 기간에 대한 이행강제금은 한꺼번에 부과할 수 없다는 판시이다.

### (4) 이행강제금의 가중 · 감경

행정기본법은 i) 의무 불이행의 동기, 목적 및 결과 ii) 의무 불이행의 정도 및 상습성 iii) 그 밖에 행정목적을 달성하는 데 필요하다고 인정되는 사유 등을 고려하여 이행강제금의 부과 금액을 가중하거나 감경할 수 있도록 하고 있다(제31조 제2항).

이 규정으로 인하여 이행강제금 부과행위는 재량행위로 예정되고 있다.

만약 개별법이 이행강제금 부과를 기속행위로 규정하고 있는 경우에도 이 조항이 적용되어 반드시 가중·감경을 할 수 있도록 법을 해석하여야 할 것인지가 문제이나 행정기본법 제5조 제1항이 이 법의 효력을 보충적으로 규정하고 있는 관계로 개별법의 규정을 존중하는 해석을 하여야 할 것이다.

### (5) 이행강제금과 다른 의무이행확보수단과의 관계

헌법재판소는 이행강제금은 부작위의무나 비대체적 작위의무에 대한 강제집행수단으로 이해되어 왔으나, 이는 이행강제금 제도의 본질에서 오는 제약이 아니라고 한다. 따라서 이행강제금은 대체적 작위의무 위반에 대해서도 부과될 수 있고 대집행과 선택적으로 활용될 수 있다고 하였다. 또한 무허가 건축행위에 대한 형사처벌과 건축법상의 시정명령 위반에 따른 이행강제금 부과는 그 처벌 내지 제재대상이 되는 기본적 사실관계가 다르므로 이중처벌에 해당되지 않는다고 판시하였다.[33] 요컨대 행정청은 이행강제금과 대집행 중 어느 하나를 의무이행확보수단으로 선택할 수 있는 재량을 가진다. 이때 선택재량의 행사의 정당성은 주로 비례원칙에 의하여 심사

33) 헌법재판소 2004.2.26. 선고 2001헌바80 결정 등.

하여야 할 것이다(참고판례).

### 주요판례요지

헌법재판소 2023.2.13. 선고 2019헌바550 결정: 대집행은 당사자의 의사와 무관하게 행해지고 당사자의 저항을 불러일으킬 수 있다는 점에서 당사자로 하여금 위법상태를 자발적으로 시정할 기회를 주고 그 방향으로 유도하는 이행강제금 부과를 우선 시행하는 것이 더 타당할 수 있다. 따라서 대집행이 가능한 경우 이행강제금을 부과하지 않는다는 제외규정을 두지 않았다고 하여 이행강제금 부과조항이 침해의 최소성을 위반하는 것은 아니다.

### 참고판례: 헌법재판소 2011.10.25. 선고 2009헌바140 결정 [건축법제80조제1항등위헌소원]

살피건대, 이행강제금은 부작위의무나 비대체적 작위의무 위반의 경우뿐만 아니라 대체적 작위의무 위반에 대하여도 부과될 수 있는 것이므로, 이 사건 법률조항에서 이행강제금을 규정하고 있다고 하여 이행강제금 제도의 본질에 반한다고 할 수 없다. (중략) **특히 오늘날 건축물의 대형화로 인하여 대집행에 과다한 비용이 들거나 고도의 전문기술이 요구됨으로 인하여 대집행에 의한 강제가 부적절한 경우도 발생할 수 있고, 대집행을 하는 경우 위반자의 격렬한 저항이 예상되는 경우 등에는 위반자에게 금전적인 제재를 부과하여 심리적인 압박을 가함으로써 자발적으로 의무를 이행하게 하는 이행강제금이 대집행보다 더 효과적인 강제수단이 될 수 있다.**

(중략) **따라서 개별사건에 있어서 위반내용, 위반자의 시정의지 등을 감안하여 허가권자는 행정대집행과 이행강제금을 선택적으로 활용할 수 있고, 행정대집행과 이행강제금 부과가 동시에 이루어지는 것이 아니라 허가권자의 합리적인 재량에 의해 선택하여 활용하는 이상 이를 중첩적인 제재에 해당한다고 볼 수 없다.**

청구인은, 이 사건 법률조항은 이행강제금을 부과함에 있어 연 횟수의 제한을 두고 있을 뿐 통산 부과횟수나 부과상한액에 관한 아무런 제한을 두지 않아 이행강제금의 부과가 무제한적으로 반복될 수 있고, 그 결과 이행강제금액이 무한대로 증가함으로써 건축물 소유자의 재산권이 침해된다고 주장한다.

(중략) **행정벌은 일사부재리의 원칙을 적용받게 되어 동일한 의무위반사항에 대해 반복 부과될 수 없지만 이행강제금은 이 원리가 적용되지 않아 동일한 의무위반사항에 대해 의무이행이 있을 때까지 반복·증액하여 부과할 수 있다. 그 결과 위반자가 시정명령을 이행하지 않는 동안 계속하여 이행강제금을 부과할 수 있게 되어 종국에는 이행강제금 총액이 위법건축물의 객관적 가치를 넘어설 수도 있어 이행강제금 부과가 과잉처벌이 아닌지 하는 의문이 들 수도 있다.** 그러나 이행강제금은 위법건축물의 원상회복을 궁극적인 목적으로 하고, 그 궁극적인 목적을 달성하기 위해서는 위법건축물이 존재하는 한 계속하여 부과할 수밖에 없으며, 만약 통산 부과횟수나 통산 부과상한액의 제한을 두면 위반자에게 위법건축물의 현상을 고착할 수 있는 길을 열어 주게 됨으로써 이행강제금의 본래의 취지를 달성할 수 없게 된다. 따라서 **이 사건 법률조항에서 이행강제금의 통산 부과횟수나 통산 부과상한액을 제한하는 규정을 두고 있지 않다고 하여 침해 최소성의 원칙에 반한다고 할 수는 없다.**

**해 설** 이행강제금과 대집행 사이의 선택재량의 행사에 있어서 비례의 원칙을 적용하여 심사한 대표적인 판례이다. 다만 선택재량 행사의 정당화 기준을 행정강제의 목적 달성에 둔 것인지 현실적인 집행의 어려움 등에 둔 것인지 명확하지 않아 다소 비판의 소지가 있어 보인다. 선택재량 행사의 정당화 기준은 행정강제의 목적 달성이 되어야 할 것이다.

#### (6) 이행강제금에 대한 불복

종전에는 이행강제금 부과처분은 비송사건절차법에 의하여 다루어져서 항고소송의 대상이 되는 처분이 아니었다. 그러나 건축법 등의 개정으로 이제는 비송사건절차법에 의하지 않고 체납처분의 예에 따라 항고소송의 대상이 되도록 하는 경우가 늘어나고 있다.[34)]

대법원은 이행강제금 부과처분을 받은 자가 납부 독촉에도 불구하고 이행강제금을 납부하지 않으면 체납절차에 의하여 이행강제금을 징수할 수 있는 경우에 납부의 최초[35)] 독촉은 징수처분으로서 항고소송의 대상이 되는 행정처분이라 한다.[36)]

참고판례: 대법원 2009.12.24. 선고 2009두14507 판결 [이행강제금부과처분취소]

구 건축법(2008. 3. 21. 법률 제8974호로 전부 개정되기 전의 것) 제69조의2 제6항, 지방세법 제28조, 제82조, 국세징수법 제23조의 각 규정에 의하면, **이행강제금 부과처분을 받은 자가 이행강제금을 기한 내에 납부하지 아니한 때에는 그 납부를 독촉할 수 있으며, 납부독촉에도 불구하고 이행강제금을 납부하지 않으면 체납절차에 의하여 이행강제금을 징수할 수 있고, 이때 이행강제금 납부의 최초 독촉은 징수처분으로서 항고소송의 대상이 되는 행정처분이 될 수 있다.**

해 설 최근의 법개정으로 이행강제금에 대한 불복이 비송사건절차법에 의하는 것이 아니라 항고쟁송에 의해 처리되는 예가 늘고 있다.

### 5. 직접강제

#### (1) 직접강제의 의의 및 법적 근거

직접강제는 행정청이 직접 의무자의 신체나 재산에 실력을 가하여 행정의 실효성을 확보하는 행위이다. 직접강제는 대체적 작위의무뿐 아니라 비대체적 작위의무, 부작위의무, 수인의무의 불이행에 대하여서도 행사할 수 있다. 직접강제는 기본권의 침해 가능성이 매우 큰 의무이행확보수단이므로 예외적으로 허용되어야 할 것이며 대집행 등의 절차보다 엄격하여야 한다. 직접강제에 대하여 행정기본법이 규율하고 있으나 그 근거에 대해서는 각 개별법이 이를 규정하고 있다. 식품위생법 제79조에 의한 영업장폐쇄 등이 이에 속한다.

34) 대법원 2012.3.29. 선고 2011두27919 판결; 건축법상의 이행강제금부과; 대법원 2012.2.9. 선고 2011두10935 판결; '국토의 계획 및 이용에 관한 법률'상의 이행강제금부과.
35) 두 번째 독촉은 처분이 아니다. 대법원 1999.7.13. 선고 97누119 판결 참조.
36) 대법원 2009.12.24. 선고 2009두14507 판결.

### (2) 직접강제의 한계

① 보충성의 원칙과 비례원칙

직접강제는 기본권 침해의 가능성이 가장 높은 것이므로 보충성의 원칙이 적용되어야 한다. 행정기본법은 직접강제를 행정대집행이나 이행강제금 부과에 대한 보충적인 수단으로 규정하고 있다(제32조 제1항: 직접강제의 보충성).

또한 행정강제 일반에 적용되는 비례원칙(행정기본법 제30조 제1항 본문)은 직접강제에도 당연히 적용된다.

② 절차적 한계

행정기본법은 직접강제를 실시하기 위하여 현장의 집행책임자는 그 증표를 보여주어야 함을 규정하고 있다(제32조 제2항: 증표제시의무).

직접강제도 미리 계고를 하여야 한다. 그리고 계고에서 정한 기간에 의무 이행이 없을 경우 문서로써 이유를 부기하여 시기를 정하여 명확하게 통지하여야 한다(같은 법 제32조제 3항: 계고 및 통지).

### (3) 직접강제에 대한 권리구제

① **항고소송**: 직접강제는 권력적 사실행위로서 처분성이 인정되어 항고소송의 대상이 될 수 있으나 단기간에 집행되는 경우 권리보호의 필요(소의 이익)가 부정되기 쉽다.

② **국가배상 등**: 위법한 직접강제에 대해서는 국가배상청구권이나 결과제거청구권(원상회복청구권)이 성립할 수도 있고 집행공무원에게는 징계책임, 형사책임이 문제될 수도 있다.

## 제3관 행정상 즉시강제

### 1. 행정상 즉시강제의 개념

행정상 즉시강제란 행정상 장해가 존재하거나 장해의 발생이 목전에 급박한 경우에 성질상 개인에게 의무를 명하여서는 행정목적을 달성할 수 없거나 미리 의무를 명할 시간적 여유가 없는 경우 행정기관이 직접 개인의 신체나 재산에 실력을 행사하여 필요한 상태를 실현하는 행위를 말한다(행정기본법 제30조 제1항 제5호).

행정상 즉시강제의 이론적 근거에 대하여 1930년대부터 자연법적인 일반적 긴급권이론이 제시되었으나 행정상의 즉시강제가 비록 공익을 위한 긴급피난의 성격을 가지고 있다 하더라도 그 중요성에 비추어 별도의 법적 근거를 요한다고 보아야 할 것이다. 이에 대한 일반법은 존재하지 않으며 각 개별법이 이를 규정하고 있다. 경찰관직무집행법 제4조의 보호조치, 소방기본법 제25조의 소방대상물에 대한 강제처분, '감염병의 예방 및 관리에 관한 법률' 제42조의 감염병에 관한 강제처분 등이 행정상 즉시강제에 속하는 행위들이다.

일설은 행정상 즉시강제를 직접시행과 협의의 즉시강제로 구별하기도 한다. 이 견해에 따르면 직접시행은 의무를 명하는 기본처분(하명)은 있으나 계고 등의 다른 절차가 생략된 것이고, 즉시집행(협의의 즉시강제)은 의무를 명하는 기본처분 마저 생략되는 경우라고 한다. 그러나 기본처분은 묵시적으로 이루어질 수 있으며 기본처분과 동시에 강제조치할 수 있으므로 양자를 구별할 실익이 있는지 의심스럽다.

행정상 즉시강제는 권력적 사실행위로서 항고소송의 대상이 된다.

## 2. 행정상 즉시강제의 요건과 한계

### (1) 요건과 한계

행정상 즉시강제는 ① 행정상 장해가 존재하고, ② 행정상 장해를 제거할 필요가 급박하거나 또는 성질상 의무를 미리 명하여서는 목적달성이 곤란한 경우여야 한다. 즉시강제의 대상이 되는 행정상의 위험은 명백하고 현존하는 위험(clear and present danger)일 것이 요구된다.

행정상의 즉시강제는 ① 비례의 원칙에 적합하게 행사되어야 하며, ② 의무 이행을 확보할 다른 강제수단이 존재하지 않아야 하고(보충성), ③ 행정상의 장해를 예방하거나 제거할 소극적인 목적으로만 행할 수 있다.[37)]

### (2) 행정상 즉시강제의 절차법적 한계

#### ① 행정상 즉시강제와 영장주의

행정상의 즉시강제를 통하여 사람의 신체를 구속하거나 주거에 대한 침해 등이 이루어지는 경우가 많으므로 헌법 제12조 제3항이 정하는 영장주의가 적용되는지에 대하여 논란이 있다.

i ) 영장필요설은 헌법 제12조 제3항은 명시적으로 형사사법작용과 행정작용을 구별하지 않고 체포, 구속, 압수, 수색을 할 때에는 검사의 신청에 따라 법관이 발부한 영장을 제시하여야 한다고 하고 있으므로 행정상의 즉시강제에도 영장주의가 적용된다고 한다.

ii ) 영장불요설은 헌법 제12조 제3항이 명시적으로 규정하지는 않았으나 헌법 제12조는 실질적으로 형사사법작용에 대해 규정하고 있으므로 영장주의도 형사사법작용에 국한하여 적용되고 행정상의 즉시강제에는 적용되지 않는다고 한다.

iii ) 절충설은 원칙적으로 영장이 필요하나 행정목적을 달성하기 위해 시간이 급박하여 영장을 발부받을 수 없는 등의 예외적인 상황에서는 영장이 필요하지 않다고 보아야 하는 경우도 있다고 한다. 영장이 요구되지 않는다고 인정되는 경우에는 이를 위한 엄격한 요건 규정이 필요하다고 한다.

즉시강제에 대한 영장주의에 대하여 대법원은 절충설의 입장에서 원칙적으로 영장주의가 적용되지만 (사전)영장주의를 고수하다가는 행정목적을 달성할 수 없는 때에는 예외를 인정하고 있다.[38)] 그러나 헌법재판소는 원칙적으로 불요설의 입장에서 “어떤 법률조항이 영장주의를 배제할

---

37) 행정기본법 제33조 제1항 참조.
38) 대법원 1997.6.13. 선고 96다56115 판결.

만한 합리적인 이유가 없을 정도로 급박성이 인정되지 아니함에도 행정상 즉시강제를 인정하고 있다면, 이러한 법률조항은 이미 그 자체로 과잉금지의 원칙에 위반되는 것으로서 위헌"이라고 하면서 행정상 즉시강제는 그 본질상 급박성을 요건으로 하므로 원칙적으로 영장주의가 적용되지 않는다고 한다.[39]

그런데 영장주의를 고수하는 것이 인권보호의 관점에서 늘 적절한 것만은 아니다. 영장주의의 채택은 절차의 사법화를 의미하는데 절차의 사법화가 언제나 행정목적이나 인권보호의 관점에서 긍정적으로 기능하는 것은 아니다. 예컨대 '스토킹 범죄의 처벌등에 관한 법률[40]'이나 '가정폭력 범죄의 처벌에 관한 특례법[41]'과 같은 젠더법 영역에서는 강제절차의 사법화가 결국 피해자의 구제에 걸림돌로 작용하는 경우가 허다하다. 따라서 행정강제에서 영장주의가 적용되지 않는 영역을 인정하지 않는 것보다는(영장필요설에 대한 반박) 각각의 상황에 맞는 적절한 인권보호의 방식을 수립해 나가는 것이 필요하지 않은가 한다.

② 상황별 해결방안

생각건대 행정청이 행정목적을 달성하기 위해 강제조치를 하고자 할 때 동원할 수 있는 수단에는 여러 가지가 있다. 따라서 일률적인 논의보다는 상황별 검토가 필요하다. 영장주의를 적용하여야 할 경우와 영장주의를 적용하지 못할 경우를 나누어 보고 영장주의를 적용하지 못할 경우에는 인권보호를 위한 다른 적절한 보호 방법이 무엇인지 살펴보아야 한다. 그리고 영장주의를 적용할 때에도 상황에 맞는 적용방식을 모색할 필요가 있다.

ⅰ) 당사자의 협조를 구하고 불응시 처벌 등 제재를 가하는 법규정을 두는 경우

예컨대, 음주측정의 경우가 여기에 속한다. 음주측정은 당사자의 협조가 필수적이고 협조하지 않을 때 일정한 제재가 가해진다. 이 경우는 즉시강제에 해당하지 않으므로 영장주의가 적용되지 않는다.[42]

ⅱ) 행정상 즉시강제에는 해당하나 행정목적을 달성하기 위해 영장주의를 적용할 수 없는 경우

예컨대 출입국관리법 제56조의4에 따라 강제퇴거명령을 받은 외국인을 일시 보호하고자 할 때 대상자가 이를 거부, 기피, 방해 또는 도주하려고 하는 경우에 이루어지는 강제력의 행사는 행정상 즉시강제이지만 영장주의가 적용되지는 않는다. 헌법재판소는 형식적으로는 즉시강제에 해당한다고 할 수는 없지만 실질적으로 같은 맥락이라 할 수 있는 같은 법에 의한 보호명령이라는 법적 행위에 대하여 이러한 경우에 영장주의가 적용되지 않을지라도 최소한 독립적, 중립적 기관에 의한 통제가 필요하다고 판시한 바 있다.[43] 그리고 이에 따라 출입국관리법이 개정되어 외국인보호위원회가 설치되었다(출입국관리법 제66조의4 이하).

ⅲ) 사전영장은 필요 없으나 사후영장이 필요한 경우

예컨대, 대법원은 교통사고로 의식불명의 상태에 빠진 피의자의 경우 음주측정이나 혈액채취

39) 헌법재판소 2002.10.31. 선고 2000헌가12 결정.
40) 문제되는 것은 같은 법 제3조－5조, 제8조, 제9조의 응급조치, 긴급응급조치, 잠정조치 등이다.
41) 문제되는 것은 같은 법 제5조, 제8조, 제8조의2, 제8조의3, 제29조의 응급조치, 임시조치, 긴급임시조치 등이다.
42) 헌법재판소 1997.3.27. 선고 96헌가11 결정.
43) 헌법재판소 2023.3.23. 선고 2020헌가1 등 (병합) 결정.

에 대한 동의를 할 수 없으므로, 범죄의 증적이 현저한 준현행범인의 요건이 갖추어져 있고 교통사고 발생 직후라고 볼 수 있는 예외적 상황에서의 강제채혈은 사후영장으로 가능하다고 하였다.[44)]

ⅳ) 사전영장이 요구되는 경우

예컨대 대법원은 마약범죄의 증거확보를 위한 강제채뇨는 인권침해적 요소가 강하므로 강제채혈과 동일선상에서 취급할 수 없다는 점에서 사전영장이 요구된다고 하였다.[45)]

### 참고판례 1: 대법원 2013.9.26. 선고 2013도7718 판결 [마약류관리에관한법률위반(향정)]

**우편물 통관검사절차에서 이루어지는 우편물의 개봉, 시료채취, 성분분석 등의 검사는 수출입물품에 대한 적정한 통관 등을 목적으로 한 행정조사의 성격을 가지는 것으로서** 수사기관의 강제처분이라고 할 수 없으므로, **압수·수색영장 없이 우편물의 개봉, 시료채취, 성분분석 등 검사가 진행되었다 하더라도 특별한 사정이 없는 한 위법하다고 볼 수 없다.**

**해 설** 우편물 통관검사절차에서 이루어지는 우편물 개봉이나 시료채취 등은 우편물 처리를 위한 통상적인 업무로 보고 영장주의를 배제한 것이다.

### 참고판례 2: 대법원 1997.6.13. 선고 96다56115 판결 [손해배상(기)]

사전영장주의는 인신보호를 위한 헌법상의 기속원리이기 때문에 인신의 자유를 제한하는 모든 국가작용의 영역에서 존중되어야 하지만, 헌법 제12조 제3항 단서도 사전영장주의의 예외를 인정하고 있는 것처럼 **사전영장주의를 고수하다가는 도저히 행정목적을 달성할 수 없는 지극히 예외적인 경우에는 형사절차에서와 같은 예외가 인정되므로,** 구 사회안전법(1989. 6. 16. 법률 제4132호에 의해 '보안관찰법'이란 명칭으로 전문 개정되기 전의 것) 제11조 소정의 동행보호 규정은 재범의 위험성이 현저한 자를 상대로 긴급히 보호할 필요가 있는 경우에 한하여 단기간의 동행보호를 허용한 것으로서 **그 요건을 엄격히 해석하는 한, 동 규정 자체가 사전영장주의를 규정한 헌법규정에 반한다고 볼 수는 없다.**

### 참고판례 3: 헌법재판소 2002.10.31. 선고 2000헌가12 결정 [음반·비디오물및게임물에관한법률 제24조 제3항 제4호 중 게임물에 관한 규정 부분 위헌제청]

영장주의가 행정상 즉시강제에도 적용되는지에 관하여는 논란이 있으나, **행정상 즉시강제는 상대방의 임의이행을 기다릴 시간적 여유가 없을 때 하명 없이 바로 실력을 행사하는 것으로서, 그 본질상 급박성을 요건으로 하고 있어 법관의 영장을 기다려서는 그 목적을 달성할 수 없다고 할 것이므로, 원칙적으로 영장주의가 적용되지 않는다**고 보아야 할 것이다.

만일 **어떤 법률조항이 영장주의를 배제할 만한 합리적인 이유가 없을 정도로 급박성이 인정되지 아니함에도 행정상 즉시강제를 인정하고 있다면, 이러한 법률조항은 이미 그 자체로 과잉금지의 원칙에 위반되는 것으로서 위헌이라고 할 것이다.**

---

44) 대법원 2012.1.15. 선고 2011도15258 판결.
45) 대법원 2018.7.12. 선고 2018도6219 판결.

**해 설** 행정상 즉시강제에서 영장주의를 원칙적으로 부인하는 헌법재판소의 결정이다.

③ 증표제시의무 및 고지의무

행정기본법은 즉시강제의 경우에 일반적으로 집행책임자의 증표제시의무와 즉시강제의 이유와 내용의 고지의무를 규정하고 있다(제33조 제2항). 즉시강제는 행위의 본질적 성격상 급박성을 필요로 하는데 증표제시 및 이유와 내용의 고지가 일반적으로 의무화되면 그로써 행정목적 달성이 어려운 경우가 발생하게 된다. 특히 경찰상의 즉시강제의 경우 증표제시나 고지 없이 바로 강제조치를 하여야 할 경우가 많다. 이러한 사정을 고려하여 행정기본법은 증표제시와 고지 의무의 예외에 해당하는 경우와 그를 대체하는 공고 제도를 규정하고 있다(제33조 제3항).

먼저 집행책임자는 즉시강제를 하려는 재산의 소유자 또는 점유자를 알 수 없거나 현장에서 그 소재를 즉시 확인하기 어려운 경우에는 즉시강제를 실시한 후에 집행책임자의 이름 및 그 이유와 내용을 고지할 수 있다. 다만 ① 즉시강제를 실시한 후에도 재산의 소유자 또는 점유자를 알 수 없는 경우 ② 재산의 소유자 또는 점유자가 국외에 거주하거나 행방을 알 수 없는 경우 ③ 그 밖에 대통령령으로 정하는 불가피한 사유로 고지할 수 없는 경우에는 게시판이나 인터넷 홈페이지에 게시하는 등 적절한 방법에 의한 공고로써 고지를 갈음할 수 있다.[46)]

## 3. 행정상 즉시강제의 수단

### (1) 대인적 강제

경찰관직무집행법에서는 여러 종류의 대인적 즉시강제 수단을 규정하고 있다. 보호조치(제4조 제1항), 위험발생의 방지(제5조 제1항), 범죄의 예방과 제지(제6조), 경찰장비나 경찰장구 및 무기의 사용(제10조, 제10조의2, 제10조의4) 등이 그것이다. 경찰장비나 무기를 사용할 때 반드시 미리 경고를 하여야 한다는 의미에서 이를 즉시강제라 보지 않고 직접강제라고 보는 입장도 있다.

한편, 경찰관직무집행법 제3조가 규정하는 불심검문은 행정상 즉시강제에 해당한다고 하는 학설(즉시강제설)이 있으나 불심검문의 대상자는 답변을 강요 당하지 아니하고 경찰관의 동행요구가 있는 경우에 동행을 거부할 수 있으므로 즉시강제가 아닌 다른 종류의 대인적 행정조사에 해당한다는 학설(대인적 행정조사설)이 유력하다.

이 밖에도 예컨대 '감염병의 예방 및 관리에 관한 법률'상의 감염병 유행에 대한 방역조치(같은 법 제47조)로서의 격리(같은 법 제47조 제3호) 등과 같이 여러 개별법이 대인적 강제를 규정하고 있다.

---

46) 공고에 의한 즉시강제의 고지에 대하여 상세한 것은 행정기본법 시행령 제10조의2가 이를 규정하고 있다.

**참고판례: 헌법재판소 2023.3.23. 선고 2020헌가1등 (병합) 결정 [출입국관리법 제63조 제1항 위헌제청 (강제퇴거대상자에 대한 보호기간의 상한 없는 보호 사건)]**

**행정절차상 강제처분에 의해 신체의 자유가 제한되는 경우 강제처분의 집행기관으로부터 독립된 중립적인 기관이 이를 통제하도록 하는 것은 적법절차원칙의 중요한 내용에 해당한다.** 심판대상조항에 의한 보호는 신체의 자유를 제한하는 정도가 박탈에 이르러 형사절차상 '체포 또는 구속'에 준하는 것으로 볼 수 있는 점을 고려하면, 보호의 개시 또는 연장 단계에서 그 집행기관인 출입국관리공무원으로부터 독립되고 중립적인 지위에 있는 기관이 보호의 타당성을 심사하여 이를 통제할 수 있어야 한다. **그러나 현재 출입국관리법상 보호의 개시 또는 연장 단계에서 집행기관으로부터 독립된 중립적 기관에 의한 통제절차가 마련되어 있지 아니하다. 또한 당사자에게 의견 및 자료 제출의 기회를 부여하는 것은 적법절차원칙에서 도출되는 중요한 절차적 요청이므로,** 심판대상조항에 따라 보호를 하는 경우에도 피보호자에게 위와 같은 기회가 보장되어야 하나, 심판대상조항에 따른 보호명령을 발령하기 전에 당사자에게 의견을 제출할 수 있는 절차적 기회가 마련되어 있지 아니하다. 따라서 심판대상조항은 적법절차원칙에 위배되어 피보호자의 신체의 자유를 침해한다.

**해 설** 신체의 자유를 구속하는 경우 영장주의가 적용되지 않아도 최소한 독립적이고 중립적인 기관에 의한 심사가 있어야 하고 당사자에게는 의견을 제출할 수 있는 기회가 주어져야 적법절차의 원칙에 합치한다는 판시이다.

### (2) 대물적 강제

사람이 아니라 물건에 실력을 가하는 즉시강제 행위를 대물적 강제라 한다. 소방기본법상의 강제처분(제25조), 도로교통법상의 인공구조물의 제거(제71조 제2항, 제72조 제2항) 등이 있다.

근래 문제되는 휴대전화 등 전자정보에 대한 압수·수색은 개인정보자기결정권과 정보프라이버시권을 침해할 가능성이 있으므로 영장주의가 적용됨이 원칙이라고 하여야 할 것이다.

### (3) 대가택 강제

가택이나 주거지, 영업소에 출입하여 행하는 즉시강제를 대가택 강제라 한다. 경찰관직무집행법상의 위험방지를 위한 출입(제7조 제1항), 식품위생법상의 출입·검사·수거행위(제22조) 등이 있다.

## 4. 행정상 즉시강제에 대한 구제

① 행정상 즉시강제가 적법한 경우: 경찰관직무집행법에 의한 경찰관의 적법한 직무집행으로 인한 손실에 대한 보상(같은 법 제11조의2), 소방기본법상의 강제처분(물건의 파기 등) 등에 대한 손실보상(소방기본법 제49조의2)과 같이 행정상 손실보상에 의한 구제가 가능한 경우가 있다.

② 행정상 즉시강제가 위법한 경우: 행정상 즉시강제는 권력적 사실행위로서 그에 대한 항고쟁송이 가능하다. 다만 단시간에 상황이 종료되기 쉬우므로 권리보호의 필요(소의 이익)가 결여

되는 경우가 많다. 이 밖에 국가배상, 원상회복 등이 문제될 수 있으며, 정당방위도 가능하다. 또한 위법한 즉시강제를 행한 공무원에 대해서는 형사책임 또는 징계책임이 발생할 수 있다.

대법원은 즉시강제 또는 행정대집행과 같은 사실행위는 비교적 단기간에 종료되므로 그 실행이 완료된 이후에는 손해배상이나 원상회복을 청구하는 것은 몰라도 그 사실행위의 취소를 구하는 것은 권리보호의 이익이 없다고 판시하고 있다.[47] 그러나 대법원은 즉시강제로 인한 침해가 반복될 가능성이 있는 경우에는 예외적으로 권리보호이익을 인정할 수 있다는 입장이고 헌법재판소도 그러한 경우에는 헌법소원의 심판청구의 이익을 인정하는 경우가 있음은 전술한 바와 같다.

③ **인신보호법상의 구제**: 위법한 즉시강제로 인하여 의료시설, 수용시설 등에 수용, 보호 또는 감금된 경우에는 인신보호법에 따라 구제받을 수 있다(인신보호법 제3조).

## 제4관 행정조사

### 1. 행정조사의 의의

#### (1) 행정조사의 개념

행정조사란 행정기관이 궁극적으로 행정작용을 적정하게 실행함에 있어서 필요한 정보나 자료를 수집하기 위하여 행하는 권력적 조사활동을 말한다. 실제로 행정작용을 위한 자료수집활동으로 비권력적 행정조사도 이루어지지만 비권력적 행정조사는 법학적 관점에서 논의의 실익이 거의 없다.

행정조사기본법 제2조 제1호는 "행정조사란 행정기관이 정책을 결정하거나 직무를 수행하는 데 필요한 정보나 자료를 수집하기 위하여 현장조사·문서열람·시료채취 등을 하거나 조사대상자에게 보고요구·자료제출요구 및 출석·진술요구를 행하는 활동을 말한다"라고 규정하고 있다.

대법원은 행정조사인가 아닌가를 판단함에 있어서 형식보다는 실질을 중요시하는 경향을 보이고 있다.

그래서 납세자에 대한 세무조사 과정 중에 거래상대방을 대상으로 이루어진 질문조사권의 행사라 하더라도 그를 통하여 거래상대방에 대해서까지 과세처분을 하고자 하는 과세관청의 의도가 구체화되어 나타나거나, 거래상대방이 부담한 수인의무가 납세자의 과세요건 사실을 확인하기 위하여 객관적으로 필요한 범위를 초과할 정도로까지 확대되었다거나, 거래상대방의 영업의 자유 등 권리 침해를 방지하기 위해 세무조사 과정에서 각종 절차적 권리를 보장하여 줄 필요성이 있다면 이를 세무조사로 볼 수 있다고 한다.[48]

#### (2) 행정조사의 법적 근거

위와 같은 권력적 행정조사는 법적 근거를 필요로 한다. 행정조사기본법 제5조는 "행정기관

---

47) 대법원 1965.5.31. 선고 65누25 판결.
48) 대법원 2025.8.28. 선고 2024두63830 판결.

은 법령 등에서 행정조사를 규정하고 있는 경우에 한하여 행정조사를 실시할 수 있다. 다만, 조사대상자의 자발적인 협조를 얻어 실시하는 행정조사의 경우에는 그러하지 아니하다."라고 규정하여 이를 분명히 하고 있다.

## 2. 행정조사의 종류

### (1) 조사의 대상에 따른 분류

행정조사는 조사의 대상에 따라 대인적 조사, 대물적 조사, 대가택 조사로 분류할 수 있다. 대인적 조사와 대가택 조사의 경우 인권 침해의 가능성이 크기 때문에 특히 피조사자의 인권 보호에 만전을 기하여야 한다.

### (2) 법적 성격에 따른 분류

행정조사가 자료제출요구, 출석요구 등을 하고 이에 불응하는 경우에 벌칙 등의 제재를 가하는 형식으로 이루어지는 경우에는 행정행위의 성격을 가진다. 그러나 행정조사가 실력행사를 통해 이루어지는 경우에는 즉시강제의 성격을 띨 수 있다. 그러므로 행정조사의 법적 성격을 일률적으로 말하기는 어렵고 그것이 어떠한 형식으로 이루어지는가에 따라 법적 성격을 구명하여야 할 것이다.

## 3. 행정조사의 한계

① **적법한계**: 행정조사는 법령에 위반되어서는 안 된다. 중복조사 등도 행정조사기본법에 의해 금지된다(같은 법 제15조).

② **목적한계**: 조사 목적의 범위를 벗어난 행정조사는 위법하다(목적 외 남용금지: 같은 법 제4조 제1항).

③ **조리상의 한계**: 행정조사는 조사목적에 비추어 필요한 최소한도로 이루어져야 한다(비례원칙: 같은 법 제4조 제1항). 즉시강제 등의 실력행사는 다른 방법으로 조사목적을 충족시킬 수 없을 때에만 가능하다(보충성의 원칙), 이 밖에 평등원칙 등의 행정법의 일반원칙이 적용된다.

④ **절차적 한계**: 행정조사가 처분절차로 이루어질 때에는 사전통지와 이유제시가 있어야 한다. 또한 행정조사가 즉시강제의 방식으로 이루어질 경우에는 영장주의가 적용되는 경우가 있다. 즉시강제에 의한 행정조사에 대해 영장주의가 적용되는지의 여부에 대해서는 이미 언급한 바와 같이 견해의 대립이 있다. 그러나 원칙적으로 영장주의가 적용되어야 한다고 보고 법규가 규정하는 부득이한 예외적인 경우에는 사후영장에 의할 수도 있고, 법규에 그러한 규정이 없을 때에도 경우에 따라서는 영장을 필요로 하지 않는 경우도 있다고 본다.

## 4. 행정조사의 기본원칙

행정조사기본법 제4조는 행정조사의 기본원칙을 다음과 같이 규정하고 있다.

① **필요성의 원칙 및 목적 외 남용금지**: 행정조사는 조사목적을 달성하는 데 필요한 최소한의 범위 안에서 실시하여야 하며(비례의 원칙) 다른 목적을 위하여 조사권을 남용하여서는 아니 된다(목적 외 남용금지).

② **조사대상자의 선정**: 조사대상자는 조사 목적에 적합하게 선정하여야 한다. 조사대상자의 선정은 명백하고 객관적 기준에 따라 이루어져야 한다(같은 법 제8조).

③ **중복조사의 금지**: 유사하고 동일한 사안에 대해서는 공동조사를 함으로써 중복조사가 되지 않도록 하여야 한다. 이와 관련하여 조사대상자는 공동조사신청권을 가진다.

④ **처벌 보다는 법령 준수 유도에 중점**: 행정조사는 법령 등의 위반에 대한 처벌 보다는 법령 등을 준수하도록 유도하는 데 중점을 두어야 한다.

⑤ **공표 및 비밀누설 금지**: 다른 법률에 의하지 아니하고는 행정조사의 대상자 또는 행정조사의 내용을 공표하거나 직무상 알게 된 비밀을 누설하여서는 아니 된다.

⑥ **조사목적 이외의 용도사용 및 타인제공 금지**: 행정조사를 통해 알게 된 정보는 다른 법률에 정한 바가 없으면 원래의 조사목적 이외의 용도로 이용하거나 타인에게 제공하여서는 아니 된다.

**주요판례요지**

대법원 2016.12.27. 선고 2016두47659 판결: 세무조사의 적법요건으로 객관적 필요성, 최소성, 권한남용의 금지 등을 규정한 국세기본법 제81조의4 제1항은 그 자체로서 구체적인 법규의 효력을 가지므로 이에 위반된 세무조사는 위법하다.

### 5. 조사방법

① **출석·진술요구**(행정조사기본법 제9조): 출석요구의 경우 업무 또는 생활에 지장이 있을 때 출석일시변경신청권을 인정하며, 특별한 경우를 제외하고 1회 출석으로 조사를 종결하여야 한다.

② **보고요구와 자료제출요구**(같은 법 제10조)

③ **현장조사**(같은 법 제11조): 원칙적으로 일출시부터 일몰시까지 할 수 있으며, 당사자의 동의가 있거나, 사무실이나 사업장의 영업시간이 야간인 경우, 조사목적 달성을 위해 불가피하거나 증거인멸로 인하여 조사가 힘든 경우에는 예외이다.

현장조사 시에는 증표를 제시하여야 하며 상대방이 현장조사를 거부하는 경우 행정조사를 엄격히 규율하고 있는 행정조사기본법의 정신에 비추어 원칙적으로 방해배제까지는 할 수 없고 법령에 정한 벌칙 등의 제재를 할 수 있을 뿐이라고 해석하여야 한다. 다만 예외적으로 법령이 방해배제를 인정하는 경우에는 가능하다.

④ **시료채취**(같은 법 제12조): 조사 목적 달성을 위해 시료채취를 하는 경우에는 시료의 소유자 및 관리자의 정상적인 경제활동을 방해하지 않는 범위 안에서 최소한도로 하여야 하며 조사대상자에게 손실을 입힌 때에는 대통령령으로 정한 절차와 방법으로 보상한다.

⑤ **자료 등의 영치**(같은 법 제13조) : 자료, 서류, 물건 등의 영치는 조사대상자나 또는 그 대리인의 입회하에서만 가능하다. 영치로 조사대상자의 생활이나 영업이 사실상 불가능해질 우려가 있는 경우에는 사진촬영, 사본작성 등으로 영치를 갈음할 수 있다. 다만 증거인멸의 우려가 있을 때에는 그러한 사유가 있어도 다른 것으로 갈음할 수 없다.

## 6. 행정조사의 절차

① **조사의 사전통지** : 조사개시 7일 전까지 서면으로 사전통지 하도록 되어 있다. 다만 증거인멸의 위험이 있는 등 일정한 경우에는 조사의 개시와 동시에 출석요구서 등을 조사대상자에게 제시하거나 행정조사의 목적 등을 조사대상자에게 구두로 통지할 수 있다(같은 법 제17조 제1항).

② **조사의 연기신청** : 천재지변 등의 사유로 행정조사를 받을 수 없는 때에는 조사대상자는 연기신청을 할 수 있다(같은 법 제18조 제1항).

③ **제3자에 대한 보충조사** : 조사대상자에 대한 조사만으로는 조사목적을 달성할 수 없거나 사실여부를 입증하는데 과도한 비용이 드는 때에는 다른 법률이 허용하는 경우이거나 제3자가 동의한 경우에 한하여 제3자에 대하여 보충조사를 실시할 수 있다(같은 법 제19조 제1항). 이 경우에도 원칙적으로 조사개시 7일 전에 제3자에게 서면으로 통보하고 원래의 조사대상자에게도 통보하여야 한다(같은 법 제19조 제2항, 제3항).

④ **의견제출** : 조사대상자는 제17조가 정하는 조사의 사전통지에 대해 행정기관의 장에게 의견을 제출할 수 있다(같은 법 제21조). 보충적 조사대상자인 제3자에 대한 조사의 경우 원래의 조사대상자도 의견을 제출할 수 있다(같은 법 제19조 제4항).

⑤ **조사원 교체신청** : 조사대상자는 공정한 행정조사를 기대하기 어려운 사정이 있는 때에는 행정기관의 장에게 조사원의 교체를 신청할 수 있다(같은 법 제22조 제1항).

⑥ **조사권 행사의 제한** : 조사원은 사전 통지한 사항만 조사할 수 있다. 다만 사전 통지한 사항과 관련된 추가적 조사는 필요성과 조사내용에 관한 사항을 서면이나 구두로 통보한 후 할 수 있다(같은 법 제23조 제1항). 또한 조사대상자와 조사원은 조사과정을 방해하지 않는 범위 안에서 녹음, 녹화할 수 있으나 이 경우 그 범위는 상호 협의하여 정하여야 하며 녹음, 녹화한 경우에는 당해 행정기관의 장에게 이를 통지하여야 한다(같은 법 같은 조 제3항, 제4항).

⑦ **조사결과의 통지** : 행정조사의 결과를 확정한 후 7일 이내 행정조사의 결과를 통지하여야 한다(같은 법 제24조).

## 7. 행정조사에 대한 구제

행정조사가 즉시강제의 성격을 띠는 경우에는 권력적 사실행위에 대한 구제수단이 그대로 적용된다. 이 경우 항고소송을 제기할 수 있도록 처분성이 인정되지만 권리보호의 필요(소의 이익)가 부인되는 경우가 많을 것이다. 이러한 경우 헌법소원에 있어서의 심판청구의 이익은 폭넓게 인정되므로 헌법소원을 제기할 수 있는지 살펴보아야 한다. 또한 국가배상이나 손실보상도 가능하다. 손실보상의 예로는 '공익사업을 위한 토지 등의 취득 및 보상에 관한 법률' 제27조 제3항의 규정에 따른 토지수용을 위한 출입조사에 대한 보상, 경찰관직무집행법 제11조의2에 의한 보상 등을 들 수 있다.

대법원은 세무조사의 경우에 세무조사결정행위의 처분성을 인정하였다.[49] 이것은 세무조사가 원칙적으로 사전통지 하에 이루어지는 것이므로 세무조사결정과 사전통지로 이미 조사대상자의 협력의무(국세기본법 제81조의17)가 발생하였다는 전제하에서 세무조사가 아닌 세무조사결정을 항고소송의 대상으로 인정한 것으로 보아야 할 것이다. 다만 예외적으로 세무조사 결정이 통지되지 않는 경우에는 세무조사 전체를 권력적 사실행위로 보아 처분성을 인정하는 것이 타당하다고 본다.

### 8. 위법한 행정조사와 행정행위의 효력

행정조사가 위법한 경우 그에 의해 수집된 정보에 기초하여 이루어진 행정행위도 위법해지는지가 문제된다. 이에 대하여 ① 독수독과의 원칙론[50]에 입각한 긍정설과 ② 조사와 처분을 일단 별개로 보는 부정설, ③ 행정조사의 하자를 일종의 행정절차의 하자로 보고 그에 따라 하자의 효과를 논하는 견해(절차의 하자설), ④ 행정조사가 행정행위의 전제요건인 경우 행정조사의 위법은 행정행위의 위법을 초래한다는 견해, ⑤ 행정조사와 행정행위 사이에 하자의 승계를 인정하여 행정행위의 위법성을 도출하는 견해 등이 있다. 대법원은 긍정설의 입장이다. 그래서 법령이 규정한 요건이나 절차를 위반한 행정조사에 근거한 행정처분은 위법이라고 본다.[51] 그리하여 중복조사로 인한 과세처분은 위법하다고 하고[52] 법령상 서면조사에 의하도록 한 것을 실지조사를 행하여 과세처분을 한 경우에도 이를 위법하다고 판시하였다.[53]

이처럼 위법한 행정조사에 근거하여 이루어진 처분이 위법하다고 하더라도 특별한 경우가 아닌 한 그 위법의 정도는 단순위법, 즉 취소사유에 그친다고 보아야 할 것이다. 다만 대법원은 행정조사절차의 하자가 경미한 경우에는 위법사유가 되지 않는 것으로 본 경우도 있다.[54]

### 9. 세무조사에서의 재조사가 위법한 경우

중복조사(세법상 용어는 재조사)가 가장 심각하게 법률문제가 되는 분야가 세법이다. 세무조사에 대해서는 국세기본법이, 관세조사에 대해서는 관세법이 이를 규정하고 있다. 예컨대 세무조사는 15일 전에 납세자에게 통지되어야 한다고 규정하고 있다(국세기본법 제81조의7 제1항). 또한 국세기본법 제81조의4 제2항은 특별한 몇 가지 경우가 아니면 같은 세목, 같은 과세기간[55]의 재조사를 세무조사권의 남용에 해당하는 것이라 하여 금지하고 있다. 대법원은 ① 재조사 금지로 인하여 보호되는 가치는 헌법상의 영업의 자유나 법적 안정성이라고 한다. 재조사 금지를 할 것

---

49) 대법원 2011.3.10. 선고 2009두23617 판결.
50) 독이 있는 나무에서 열린 열매는 역시 독이 있을 수밖에 없다는 것으로 하자 있는 절차나 과정을 통하여 이루어진 결정의 위법성을 인정하는 이론이다.
51) 대법원 2014.6.26. 선고 2012두911 판결.
52) 대법원 2006.6.2. 선고 2004두12070 판결.
53) 대법원 1995.12.8. 선고 94누11200 판결.
54) 대법원 2009.1.30. 선고 2006두9498 판결.
55) 이에 반해 관세법에서는 '해당 사안에 대하여'라고 규정하고 있다(관세법 제111조 제2항).

인지는 구체적·개별적으로 결정되어야 하므로 실질적으로 개별 사건마다 이익형량이 이루어져야 할 것이다.[56] 이익형량의 대항가치는 조세공평의 원칙과[57] 같은 조세정책이나 공공복리가 되어야 할 것이다. ② 세무조사가 동일기간, 동일세목에 관한 것인 한 내용이 중첩되지 않아도 재조사에 해당한다.[58] ③ 재조사 금지의 위반은 과세처분의 효력을 부정할 정도의 중대한 절차적 하자가 있고 위법한 재조사를 한 이상 실질적으로 그에 근거하지 않고 하거나 이를 배제하고서도 동일한 처분이 가능하다고 하더라도 과세처분은 위법하다.[59] ④ 현지 확인, 세무조사 등 명칭 여하에 불구하고 간단한 질문조사가 아닌 한 재조사 금지에 위반된다고 한다.[60] 그러나 ⑤ 다른 세목, 다른 과세기간에 대한 조사 도중 해당세목 및 과세기간에 대한 조사가 부분적으로 이루어진 경우 추후 이루어진 재조사, 그리고 ⑥ 단순히 당초 과세처분의 오류를 경정하는 경우에 불과한 재조사[61]는 위법한 재조사로 볼 수 없다고 한다.[62]

요컨대 상당한 시일에 걸쳐 질문조사권을 행사하여 과세요건 사실을 조사·확인하고 과세에 필요한 자료를 수집하였다면 이것은 재조사에 해당하고[63] 2차 조사에서 서면자료만 제출 요구하였다고 하여도 재조사가 아니라고 단정할 수 없다. 또 추가조사를 미리 유보하였다고 하여 재조사가 되지 않는 것은 아니다.

**주요판례요지**

대법원 2025.12.4. 선고 2023두38998 판결: 수사기관의 고발의뢰에 따라 이루어지는 세무조사라 하더라도 중복조사에 해당되면 국세기본법에 의해 금지되는 위법한 재조사에 해당히고 재조사가 허용되는 예외적 사유에 해당하지 않는다.

**참고판례 1: 대법원 2017.12.13. 선고 2015두3805 판결 [증여세부과처분취소]**

세무공무원의 조사행위가 구 국세기본법(2013. 1. 1. 법률 제11604호로 개정되기 전의 것, 이하 같다) 제81조의4 제2항이 적용되는 '세무조사'에 해당하는지는 조사의 목적과 실시경위, 질문조사의 대상과 방법 및 내용, 조사를 통하여 획득한 자료, 조사행위의 규모와 기간 등을 **종합적으로 고려하여 구체적 사안에서 개별적으로 판단하며, 납세자 등을 접촉하여 상당한 시일에 걸쳐 질문검사권을 행사하여 과세요건사실을 조사·확인하고 일정한 기간 과세에 필요한 직접·간접의 자료를 검사·조사하고 수집하는 일련의 행위를 한 경우에는 특별한 사정이 없는 한 '세무조사'로 보아야 한다.**

56) 대법원 2017.3.16. 선고 2014두8360 판결.
57) *Id.*
58) 대법원 2015.2.26. 선고 2014두12062 판결.
59) 대법원 2017.12.13. 선고 2016두55421 판결; 대법원 2020.2.13. 선고 2015두745 판결.
60) 대법원 2017.3.16. 선고 2014두8360 판결.
61) 대법원 2020.2.13. 선고 2015두745 판결.
62) 대법원 2015.2.26. 선고 2014두12062 판결.
63) 대법원 2017.12.13. 선고 2015두3805 판결.

**해 설** 재조사의 판단기준에 대한 가장 기본적인 판례이다.

### 참고판례 2: 대법원 2015.2.26. 선고 2014두12062 판결 [세무조사결정행정처분취소]

구 국세기본법(2013. 1. 1. 법률 제11604호로 개정되기 전의 것, 이하 '구 국세기본법'이라 한다) 제81조의4 제2항, 제81조의7 제1항, 제81조의9 제1항, 제81조의11의 문언과 체계, 같은 세목 및 과세기간에 대한 거듭된 세무조사는 납세자의 영업의 자유나 법적 안정성 등을 심각하게 침해할 뿐만 아니라 세무조사권의 남용으로 이어질 우려가 있으므로 조세공평의 원칙에 현저히 반하는 예외적인 경우를 제외하고는 금지될 필요가 있는 점, 재조사를 금지하는 입법 취지에는 세무조사기술의 선진화도 포함되어 있는 점 등을 종합하여 보면, **세무공무원이 어느 세목의 특정 과세기간에 대하여 모든 항목에 걸쳐 세무조사를 한 경우는 물론 그 과세기간의 특정 항목에 대하여만 세무조사를 한 경우에도 다시 그 세목의 같은 과세기간에 대하여 세무조사를 하는 것은 구 국세기본법 제81조의4 제2항에서 금지하는 재조사에 해당하고, 세무공무원이 당초 세무조사를 한 특정 항목을 제외한 다른 항목에 대하여만 다시 세무조사를 함으로써 세무조사의 내용이 중첩되지 아니하였다고 하여 달리 볼 것은 아니다. 다만 당초의 세무조사가 다른 세목이나 다른 과세기간에 대한 세무조사 도중에 해당 세목이나 과세기간에도 동일한 잘못이나 세금탈루 혐의가 있다고 인정되어 관련 항목에 대하여 세무조사 범위가 확대됨에 따라 부분적으로만 이루어진 경우와 같이 당초 세무조사 당시 모든 항목에 걸쳐 세무조사를 하는 것이 무리였다는 등의 특별한 사정이 있는 경우에는 당초 세무조사를 한 항목을 제외한 나머지 항목에 대하여 향후 다시 세무조사를 하는 것은 구 국세기본법 제81조의4 제2항에서 금지하는 재조사에 해당하지 아니한다.**

**해 설** 세무공무원이 특정 과세기간에 어느 세목에 대해서 세무조사를 한 경우 그 세목의 특정 항목을 제외하고 하였다 하더라도 동일세목 동일과세기간에 대해 조사하면 재조사가 된다. 그러나 당초 세무조사의 정황상 모든 항목에 대한 조사가 무리였다고 인정되는 경우에는 그렇지 않다고 판시한 것이다.

### 참고판례 3: 대법원 2017.3.16. 선고 2014두8360 판결 [부가가치세및종합소득세부과처분취소]

세무공무원의 조사행위가 재조사가 금지되는 '세무조사'에 해당하는지 여부는 조사의 목적과 실시경위, 질문조사의 대상과 방법 및 내용, 조사를 통하여 획득한 자료, 조사행위의 규모와 기간 등을 종합적으로 고려하여 구체적 사안에서 개별적으로 판단할 수밖에 없을 것인데, **세무공무원의 조사행위가 사업장의 현황 확인, 기장 여부의 단순 확인, 특정한 매출사실의 확인, 행정민원서류의 발급을 통한 확인, 납세자 등이 자발적으로 제출한 자료의 수령 등과 같이 단순한 사실관계의 확인이나 통상적으로 이에 수반되는 간단한 질문조사에 그치는 것이어서 납세자 등으로서도 손쉽게 응답할 수 있을 것으로 기대되거나 납세자의 영업의 자유 등에도 큰 영향이 없는 경우에는 원칙적으로 재조사가 금지되는 '세무조사'로 보기 어렵지만,** 조사행위가 실질적으로 **과세표준과 세액을 결정 또는 경정하기 위한 것으로서 납세자 등의 사무실 · 사업장 · 공장 또는 주소지 등에서 납세자 등을 직접 접촉하여 상당한 시일에 걸쳐 질문하거나 일정한 기간 동안의 장부 · 서류 · 물건 등을 검사 · 조사하는 경우에는 특별한 사정이 없는 한 재조사가 금지되는 '세무조사'로 보아야 할 것이다.**

국세청 소속 세무공무원이 옥제품 도매업체를 운영하면서 제품을 판매하는 갑이 현금매출 누락 등의 수법으로 세금을 탈루한다는 제보를 받고 먼저 현장조사(이하 '제1차 조사'라 한다)를 하고 그 결과 갑이 부가가치세에 관한 매출을 누락하였다고 보아 세무조사(이하 '제2차 조사'라 한다)를 한 후 부가가치세 부과처분을 한 사안에서, **세무공무원이 국세청 훈령인 구 조사사무처리규정(2010. 3. 30. 국세청 훈령 제1838호로 개정되기 전의 것)에서 정한 '현지확인'의 절차에 따라 제1차 조사를 하였다고 하더라도, 그것은 실질적으로 갑의 총 매출누락 금액을 확인하기 위하여 갑의 사업장에서 갑이나 직원들을 직접 접촉하여 9일간에 걸쳐 매출사실에 대하여 포괄적으로 질문조사권을 행사하고 과세자료를 획득하는 것이어서 재조사가 금지되는 '세무조사'로 보아야 하므로,** 제2차 조사는 구 국세기본법(2010. 1. 1. 법률 제9911호로 개정되기 전의 것) 제81조의4 제2항에 따라 금지되는 재조사에 해당하므로 그에 기초하여 이루어진 처분이 위법한데도 이와 달리 제1차 조사는 '현지확인'에 해당할 뿐이고 제2차 조사는 현지확인 결과를 토대로 한 최초의 세무조사로 보아야 한다는 이유로 처분이 적법하다고 본 원심판결에 법리 오해의 위법이 있다고 한 사례.

# 제2절 행 정 벌

## 제1관 개 설

### 1. 행정벌의 의의

#### (1) 행정벌의 개념과 종류

행정벌이란 공법상의 의무위반에 대한 제재로서 가해지는 일반통치권에 근거한 처벌을 말한다. 행정벌은 그 처벌 내용에 따라 행정형벌과 행정질서벌로 구분된다. 행정형벌은 형법상의 사형, 징역, 금고, 자격상실, 자격정지, 벌금, 구류, 과료, 몰수 등 9가지 종류의 처벌을 과하는 것을 말하고 행정질서벌은 과태료를 부과하는 것을 말한다. 행정벌에는 원칙적으로 형사소송법이 적용되며 행정질서벌에는 원칙적으로 질서위반행위규제법이 적용된다.

한편, 처벌로서의 행정벌의 대상이 되는 범죄행위, 또는 그 행위를 저지른 자를 행정범이라 한다.

#### (2) 의무이행확보수단으로서의 행정벌의 한계

행정벌은 행정강제와 함께 가장 전형적인 공법상의 의무이행확보수단이다. 그러나 오늘날 행정벌의 의무이행확보수단으로서의 한계가 논의되고 있다. 그리하여 ① 처벌을 통하여 궁극적인 의무이행의 확보가 쉽지 않다는 점, ② 행정벌 중 가장 보편적인 벌금형은 경제적 제재로서의 강제효과가 미미한 경우가 많다는 점, ③ 검찰, 법원 등 행정기관이 아닌 제3의 기관에 행정의무의 확보가 맡겨지기 때문에 그 제3의 기관이 의무이행확보를 위하여 최선을 다한다고 할 수 없다는 점, ④ 위반행위에 대해 벌칙을 빠짐없이 과하는 것은 불가능하다는 점, ⑤ 의무이행확보를 위하여 전과자를 양산하게 된다는 점 등이 지적되고 있다.

## 2. 행정벌과 구별하여야 할 개념

### (1) 행정벌과 형사벌

행정질서벌은 과태료를 과하는 것이기 때문에 형사벌과의 구별이 비교적 뚜렷하다. 그러나 행정형벌은 형사벌과 동일한 처벌을 과하는 것이므로 양자의 구별이 반드시 쉬운 것은 아니다. 그러므로 행정벌과 형사벌의 구별의 핵심은 행정형벌과 형사벌의 구별에 있다. 이와 관련하여 다음과 같은 학설이 있다.

① **구별 부인설**: 행정벌과 형사벌은 경미사범과 중대사범의 차이가 있을 뿐이라고 하면서 구별을 부인하는 견해이다. 그러나 양자 사이에는 다른 학설들이 지적하는 바와 같은 본질적 차이가 있다고 할 수 있다.

② **피침해이익을 기준으로 하는 설**: 행정벌은 행정위반에 대한 제재이지만 형사벌은 법익침해에 대한 제재라는 점에서 양자가 본질적으로 다르다고 하는 견해이다. 그러나 이 학설에 대해서는 행정위반(반행정행위)도 공익침해로서 법익침해에 해당한다고 할 수 있다는 비판이 있다.

③ **피침해규범을 기준으로 하는 설**: 행정벌은 법정범에 대한 것으로서 법규로 정해짐에 의해 범죄가 되는 행위에 대한 처벌이지만, 형사벌은 자연범으로서 이는 문화규범의 위반에 해당되어 법규로 정하지 않더라도 그 반사회적 범죄성이 인정되는 것에 대한 처벌이다. 그러나 이에 대해서 행정범도 윤리적 비난의 의미가 없다고 할 수 없으며 어떤 범죄행위에 대한 윤리적 판단은 상대적이라는 점이 지적되고 있다.

④ **생활질서의 차이를 기준으로 하는 설**: 행정벌은 파생적 생활질서를 위반하는 행위에 대한 처벌이지만 형사벌은 기본적 생활질서에 위반되는 행위를 처벌하는 것으로서 양자는 구별된다고 하는 견해이다. 그러나 기본적 생활질서와 파생적 생활질서의 구별 자체가 어렵다는 점에 이 학설의 난점이 있다.

이상 살펴본 바와 같이 행정벌과 형사벌의 구별은 어느 한 기준에 의해 완벽하게 이루어지기 어려우며 양자의 구별은 어느 학설에 의하더라도 상대적인 것이라고 할 수 있다. 그러나 비록 상대적일지라도 양자를 구별하는 법의식이 존재하는 한 양자의 취급이 다소간 달라야 하고 따라서 구별할 필요가 있다. 법익침해인지 행정위반인지가 결국 피침해규범의 해석과 관련하여 이루어져야 하므로 기본적으로 피침해규범을 기준으로 하는 학설이 타당하다고 본다. 이처럼 행정벌과 형사벌을 구별하게 되면 양자에 대한 법적 취급이 어떠한 형태로든 달라지게 된다.

### (2) 행정벌과 징계벌

행정벌은 국가가 일반통치권에 근거하여 보통의 국민들의 의무위반에 대한 처벌을 목적으로 하는 것이지만 징계벌은 특별행정법관계 내부에서의 질서 위반에 대한 징계로서 이루어지는 처벌이라는 점에서 양자는 구별된다. 이처럼 양자는 목적을 달리하므로 병과될 수 있고 일사부재리의 원칙이 적용되지 않는다. 예컨대, 공무원의 경우 동일한 위법행위로 벌금부과와 감봉 등 징계처분을 함께 받을 수 있다.

#### (3) 행정벌과 집행벌(이행강제금)

행정벌은 과거의 의무위반행위에 대한 제재로서 과해지는 처벌이지만 이행강제금은 장래의 이행을 촉구하기 위하여 과해지는 것이다. 이런 의미에서 이행강제금을 집행을 위한 것이라 하여 집행벌이라 하기도 한다. 양자는 이처럼 목적이 다른 것이므로 병과가 가능하다.

## 제2관 행정형벌의 특수성

### 1. 행정형벌에 대한 형법총칙 적용의 문제

행정형벌을 형사벌과 구별한다는 의미는 결국 그에 대한 법적 취급을 달리한다는 것을 말한다. 이처럼 행정형벌을 형사벌과 달리 취급한다는 것은 결국 형법총칙의 적용에 있어서 특수한 점을 인정한다는 것과 같다. 따라서 행정형벌의 특수성의 문제는 형법 제8조의 해석 문제로 귀착한다. 형법 제8조는 "본법총칙은 타법령에 정한 죄에 적용한다. 단 그 법령에 특별한 규정이 있는 때에는 예외로 한다."라고 규정하고 있다. 그런데 만약 행정형벌이 형사벌과 구별된다고 하려고 하면 특별한 규정이 없더라도 일정한 경우, 형법총칙의 적용이 배제되는 경우가 있어야 한다. 이것은 결국 형법 제8조에서 말하는 '특별한 규정'에 명문의 규정이 아닌 조리상의 특수성(즉 행정벌이라는 특수성)이 포함될 수 있는지에 달려 있다. 명문 규정이 아닌 조리를 '특별한 규정'에 해당한다고 할 수는 없다고 하는 부정설도 있으나 죄형법정주의와의 관계상 행정벌의 특수성으로 인하여 책임이나 처벌을 축소하는 경우에는 명문규정이 없어도 특수성을 인정할 수 있다고 본다(제한적 긍정설).

그런데 유념할 것은 조리상의 특수성이라는 것은 실질적으로는 법해석의 과정에서 행정목적의 달성(의무이행확보)을 고려하는 것을 의미한다. 실제의 법해석과정에서 법해석과 조리의 적용이 별도로 논의되는 것이 아니라 사실상 함께 논의되는 것이 보통이다.

### 2. 위법성인식의 가능성 및 과실범의 처벌

#### (1) 위법성 인식의 가능성

형사벌과 달리 법정범인 행정범의 경우에는 위법성인식의 가능성이 작은 경우가 많다. 형법 제16조의 규정을 그대로 적용하면 자기의 행위가 죄가 되지 아니한 것으로 오인한 경우(금지착오)에 정당한 이유가 있다면 처벌하지 않는다. 대법원은 이때의 정당한 이유는 "스스로의 행위에 대하여 위법성을 인식할 수 있는 가능성이 있었는데도 이를 다하지 못한 결과 자기 행위의 위법성을 인식하지 못한 것인지에 따라 판단하여야 한다. 이러한 위법성의 인식에 필요한 노력의 정도는 구체적인 행위정황과 행위자 개인의 인식능력 그리고 행위자가 속한 사회집단에 따라 달리 평가되어야 한다."고 판시하였다.[64)]

64) 대법원 2017.3.15. 선고 2014도12773 판결.

그러나 행정벌의 경우, 이러한 금지착오로 인한 면책의 범위를 넓게 인정하면 처벌이 광범위하게 이루어질 수 없어서 행정목적을 달성하기 어렵다. 따라서 행정형벌에 대하여 형법 제16조를 적용함에 있어서는 금지착오로 인한 불처벌범위가 형사범에 비해 좁도록 제한적으로 적용하여야 할 것이다. 형법 제16조의 적용을 배제하는 명문규정을 두는 경우도 있다.

참고판례: 대법원 1972.3.31. 선고 72도64 판결 [마약법위반]

**국민학교 교장이 도 교육위원회의 지시에 따라 교과내용으로 되어 있는 꽃 양귀비를 교과식물로 비치하기 위하여 양귀비 종자를 사서 교무실 앞 화단에 심은 것이라면 이는 죄가 되지 아니하는 것으로 오인한 행위로서 그 오인에 정당한 이유가 있는 경우에 해당한다**고 할 것이다.

해 설 행정벌에 있어서는 금지착오로 인한 불벌의 범위는 좁다. 그러나 본건의 경우 오인에 정당한 이유가 있는 것이라 하여 처벌하지 않은 사례이다.

### (2) 과실범의 처벌

행정벌의 경우, 명문규정이 없어도 과실범을 처벌할 수 있는지가 문제이다. 우선, 행정질서벌의 경우 질서위반행위규제법에서는 과실범도 처벌함을 규정하고 있다(같은 법 제7조). 형법총칙은 원래 과실범은 명문규정이 없으면 처벌하지 않도록 하고 있다(형법 제14조). 그러나 행정형벌의 경우, 명문규정 없이 과실범을 처벌한 사례[65]가 있으며 대법원은 해석상 과실범을 벌할 뜻이 명확한 경우에는 명문규정이 없어도 과실범을 처벌할 수 있다고 한다.[66] 그러나 명문규정 없이 과실범을 처벌하는 경우 그것은 결국 입법목적에 비추어 입법불비(입법불완전)로 인한 것이라고 할 수 있는 경우가 많다.[67]

참고판례 1: 대법원 1993.9.10. 선고 92도1136 판결 [대기환경보전법위반]

**위 법의 입법목적이나 제반 관계규정의 취지 등을 고려하면,** 위 법 제36조에 위반하는 행위 즉, 법정의 배출허용기준을 초과하는 배출가스를 배출하면서 자동차를 운행하는 행위를 처벌하고자 하는 위 법 제57조 제6호의 규정은 고의범 즉, 자동차의 운행자가 그 자동차에서 배출되는 배출가스가 소정의 운행 자동차 배출허용기준을 초과한다는 점을 실제로 인식하면서 운행한 경우는 물론이고, **과실범 즉, 운행자의 과실로 인하여 그러한 내용을 인식하지 못한 경우도 함께 처벌하는 규정이라고 해석함이 상당하다 할 것이다**(당원 1993.7.13. 선고 92도1139 판결 참조).

---

65) 대법원 1993.9.10. 선고 92도1136 판결.
66) 대법원 1986.7.22. 선고 85도108 판결.
67) 대법원 2012.6.28. 선고 2010두24371 판결. 한편 대법원은 행정법규 위반에 대하여 가하는 제재조치로서의 행정처분(시정명령, 영업정지, 허가취소 등)에는 특별한 경우가 아닌 한 위반자의 고의나 과실을 요하지 않는다고 한 바 있다.

**해 설** 명문규정이 없어도 과실범을 처벌할 수 있는가? 이 사례는 행정형벌의 경우 대법원이 명문규정 없이 과실범을 인정한 사례이다. 그러나 이를 입법불비에 대응한 것이라고 볼 여지도 있다.

**참고판례 2: 대법원 1986.7.22. 선고 85도108 판결 [소방법위반, 건축법위반, 업무상과실치사상, 허위공문서작성, 허위공문서작성행사, 뇌물수수]**

행정상의 단속을 주안으로 하는 법규라 하더라도 **명문규정이 있거나 해석상 과실범도 벌할 뜻이 명확한 경우를 제외하고는 형법의 원칙에 따라 고의가 있어야 벌할 수 있다.**

**해 설** 해석상 과실범을 벌할 뜻이 명확한 경우에는 명문규정이 없어도 과실범을 처벌할 수 있다는 원칙을 선언한 판결이다.

### 3. 법인의 책임

일반적으로 법인의 범죄능력은 부인되어 법인은 처벌의 대상이 되지 않는다. 그러나 일반예방적 효과를 강화하고 사회적 비난의 귀속을 위해 법인을 처벌하는 규정을 두는 경우가 있다. 다만, 법인을 처벌하는 경우에는 법인에 대한 독자적인 책임규정이 있어야 한다.

행위자와 법인 모두를 처벌하는 양벌규정을 둘 때에도 법인을 처벌할 때에는 법인의 독자적인 책임에 근거하여야 한다.[68] 그런데 양벌규정의 대상이 되는 법인에는 국가는 포함되지 않고 기관위임사무를 행하는 지방자치단체도 제외된다. 국가는 처벌의 주체이므로 동시에 처벌의 대상이 될 수는 없기 때문이다. 그러나 지방자치단체가 자신의 고유사무, 즉 자치사무를 행하는 경우에는 양벌규정의 적용대상이 된다.[69]

법인을 위해 행위하는 자가 누구냐에 따라 법인의 책임의 성격이 달라진다. 법인 대표자의 행위에 대해 법인이 책임을 지는 경우에는 법인 자신의 책임이 되고, 법인의 사용인이나 대리인의 행위에 대해 법인이 책임을 지는 경우에는 이것은 종업원 등에 대한 선임·감독의무를 해태한 책임이 된다. 처벌규정의 해석상 법인의 책임사유로 법인을 처벌한다고 볼 수 없을 때에는 그 의무불이행에 대한 책임은 자연인의 책임으로 귀속되기도 한다.

**주요판례요지**

대법원 2022.11.17. 선고 2021도701 판결: 법인에 관한 양벌규정 중 법인대표자 관련 부분에 대표자의 책임 이외에 그 구체적 처벌까지 전제조건이 되는 것은 아니므로 법인의 대표이사가 개인적 책임사유에 대해 면소판결을 선고 받았다 하더라도 해당 법인을 양벌 규정으로 처벌할 수 있다.

---

68) 헌법재판소 2019.4.11. 선고 2017헌가30 결정. 그렇지 않으면 헌법상 법치국가 원리로부터 도출되는 책임주의 원칙에 위반된다.

69) 대법원 2009.6.11. 선고 2008도6530 판결.

### 참고판례 1: 헌법재판소 2020.4.23. 선고 2019헌가25 결정 [노동조합 및 노동관계조정법 제94조 위헌제청]

심판대상조항 중 법인의 종업원 관련 부분은 종업원 등의 범죄행위에 관하여 비난할 근거가 되는 법인의 의사결정 및 행위구조, 즉 **종업원 등이 저지른 행위의 결과에 대한 법인의 독자적인 책임에 관하여 전혀 규정하지 않은 채, 단순히 법인이 고용한 종업원 등이 업무에 관하여 범죄행위를 하였다는 이유만으로 법인에 대하여 형벌을 부과하도록 정하고 있는바, 이는 다른 사람의 범죄에 대하여 그 책임 유무를 묻지 않고 형사처벌하는 것이므로 헌법상 법치국가원리로부터 도출되는 책임주의원칙에 위배된다.**

법인은 기관을 통하여 행위하므로 법인이 대표자를 선임한 이상 그의 행위로 인한 법률효과는 법인에게 귀속되어야 하고, **법인 대표자의 범죄행위에 대하여는 법인이 자신의 행위에 대한 책임을 부담하는 것이다.** 법인 대표자의 법규위반행위에 대한 법인의 책임은 법인 자신의 법규위반행위로 평가될 수 있는 행위에 대한 법인의 직접책임이므로, 대표자의 고의에 의한 위반행위에 대하여는 법인이 고의 책임을, 대표자의 과실에 의한 위반행위에 대하여는 법인이 과실 책임을 부담한다. 따라서 심판대상조항 중 법인의 대표자 관련 부분은 법인의 직접책임을 근거로 하여 법인을 처벌하므로 책임주의원칙에 위배되지 않는다.

**해 설** 법인의 대표기관의 행위는 법인 자신의 행위로 귀속되므로 법인대표자의 행위로 법인이 책임지는 것은 타당하나, 법인의 임원이 아닌 종업원의 행위는 법인의 행위로 볼 수 없으므로 종업원이 저지른 행위의 결과에 대한 법인의 독자적인 책임에 관하여 규정하지 않고 종업원의 행위를 원인으로 하여 법인을 처벌하는 것은 책임주의 원칙에 위반된다는 판시이다.

### 참고판례 2: 대법원 2005.11.10. 선고 2004도2657 판결 [도로법위반]

헌법 제117조, 지방자치법 제3조 제1항, 제9조, 제93조, 도로법 제54조, 제83조, 제86조의 각 규정을 종합하여 보면, 국가가 본래 그의 사무의 일부를 지방자치단체의 장에게 위임하여 그 사무를 처리하게 하는 기관위임사무의 경우에는 지방자치단체는 국가기관의 일부로 볼 수 있는 것이지만, 지방자치단체가 그 고유의 자치사무를 처리하는 경우에는 지방자치단체는 국가기관의 일부가 아니라 국가기관과는 별도의 독립한 공법인이므로, **지방자치단체 소속 공무원이 지방자치단체 고유의 자치사무를 수행하던 중 도로법 제81조 내지 제85조의 규정에 의한 위반행위를 한 경우에는 지방자치단체는 도로법 제86조의 양벌규정에 따라 처벌대상이 되는 법인에 해당한다.**

**해 설** 양벌규정의 대상이 되는 법인에는 자치사무를 수행하는 지방자치단체가 포함된다는 판결이다. 그러나 이에는 국가는 포함되지 않고 지방자치단체가 기관위임사무를 수행할 때에도 제외된다고 보아야 한다.

### 참고판례 3: 대법원 2025.8.14. 선고 2022도8664 판결 [산업기술의유출방지및보호에관한법률위반 · 부정경쟁방지및영업비밀보호에관한법률위반]

피해회사는 대한민국 법인이고, **피고인 회사는 외국법인으로** 서로 경쟁업체인데, 피해회사에서 근무하다가 피고인 회사에 입사한 종업원들이 피고인 회사의 업무에 관하여 피해회사의 영업비밀을 누설·취득하거나 산업기술을 유출·공개·외국사용하였다는 구 부정경쟁방지 및 영업비밀보호에 관한 법률 및 구 산업기술의 유출방지 및 보호에 관한 법률 위반행위와 관련하여 **피고인 회사가 양벌규정에 따라 기소되어 그 재판권이 문제 된 사안에서,** 피고인 회사 종업원들 사이의 영업비밀 등 누설·취득 등에 대한 의사 합치, 이에 따른 산업기술 및 영업비밀 열람·촬영과 영업비밀 무단 유출행위가 대한민국 영역 안에서 이루어진 이상, 비록 종업원들의 산업기술 유출·공개와 영업비밀 사용·누설·취득 등 행위가 대한민국 영역 밖에서 이루어졌더라도, 종업원들이 대한민국 영역 안에서 죄를 범한 것으로 볼 수 있고, 종업원들의 위반행위는 양벌규정이 적용되는 피고인 회사의 범죄 구성요건적 행위의 일부라고 할 수 있어, 종업원들이 대한민국 영역 안에서 죄를 범한 것으로 볼 수 있는 이상 피고인 회사도 대한민국 영역 안에서 죄를 범한 것이므로, 피고인 회사에 대하여 형법 제2조, 제8조에 따라 대한민국 형벌규정인 구 부정경쟁방지법 제19조, 제18조 제1항, 구 산업기술보호법 제38조, 제36조 제1항 등이 적용된다는 이유로, 피고인 회사에 대하여 **대한민국의 재판권이 있다**고 판단한 원심의 결론이 정당하다고 한 사례.

**해 설** 양벌규정에 따라 처벌대상이 되는 외국 법인에 대하여 대한민국 형벌규정이 적용되어 대한민국 법원에 재판권이 있는지 여부를 판단할 때에는 양벌규정의 적용대상이 되는 행위자가 저지른 법규위반행위가 사업주의 법규위반행위와 사실관계가 동일하거나 적어도 중요 부분을 공유한다는 점에서 내용상 불가분적 관련성을 지닌다는 점을 고려하여야 한다.

## 4. 타인의 행위에 대한 책임

영업주 또는 업무주가 종업원 등의 행위로 인한 책임을 지는 것을 업무주 책임이라 한다. 업무주 책임은 선임·감독을 게을리 한 자기책임으로 이해되며 명문의 규정이 있는 경우에 한하여 인정된다.

헌법재판소는 개인[70]이건 법인이건,[71] 책임 없는 사업주에게 형벌을 과하는 것은 책임주의 원칙에 반하므로 위헌이라고 선언하였다.

### 참고판례 1: 대법원 1984.10.10. 선고 82도2595 판결 [배임]

[다수의견] **형법 제355조 제2항의 배임죄에 있어서 타인의 사무를 처리할 의무의 주체가 법인이 되는 경우라도 법인은 다만 사법상의 의무주체가 될 뿐 범죄능력이 없는 것**이며 그 타인의 사무는 법인을 대표하는 자연인인 대표기관의 의사결정에 따른 대표행위에 의하여 실현될 수밖에 없어 그 대표기관은 마땅히 법인이 타인에 대하여 부담하고 있는 의무내용대로 사무를 처리할 임무가 있다 할 것이므로 법인이 처리할 의무를 지는 타인의 사무에 관하여는 법인이 배임죄의 주체가 될 수 없고 **그 법인을 대표하여 사무를 처리하는 자연인인 대표기관이 바로 타인의 사무를 처리하는 자 즉 배임죄의 주체가 된다.**

**해 설** 대법원은 일반적으로 법인의 범죄능력을 부인한다. 법인은 배임죄의 주체가 될 수 없고 법인의 대표기관을 구성하는 자연인이 그 배임죄의 주체가 된다고 판시하고 있다.

### 참고판례 2: 대법원 2006.2.24. 선고 2005도7673 판결 [저작권법위반]

양벌규정에 의한 영업주의 처벌은 금지위반행위자인 종업원의 처벌에 종속하는 것이 아니라 독립하여 그 자신의 종업원에 대한 선임감독상의 과실로 인하여 처벌되는 것이므로 **종업원의 범죄성립이나 처벌이**

70) 헌법재판소 2007.11.29. 선고 2005헌가10 결정.
71) 헌법재판소 2009.7.30. 선고 2008헌가14 결정.

**영업주 처벌의 전제조건이 될 필요는 없다**(대법원 1987.11.10. 선고 87도1213 판결 참조).

**해 설** 영업주의 처벌은 행위자인 종업원의 범죄에 대한 것과는 별도로 영업주 자신이 져야할 책임으로서 종업원에게 범죄가 성립하였는가 하는 문제를 영업주의 범죄성립의 전제요건으로 삼을 필요가 없다는 판결이다.

## 5. 공범, 신분범

법령에 명문규정을 별도로 두지 않는 경우, 행정형벌에 대하여 형법총칙의 공범 규정을 적용할 것인가? 통상 의무자가 일반인인 경우에는 공범규정을 적용한다. 그러나 의무자가 특정인에 국한될 때에도(신분범: 예컨대 공무원 범죄) 일반인을 공범으로 처벌할 것인지가 문제이다. 대법원은 이를 긍정한다.[72]

**참고판례: 대법원 2012.6.14. 선고 2010도14409 판결 [지방공무원법위반]**

형법 제33조 본문은 "신분관계로 인하여 성립될 범죄에 가공한 행위는 신분관계가 없는 자에게도 전3조의 규정을 적용한다."고 규정하고 있으므로, 비신분자라 하더라도 신분범의 공범으로 처벌될 수 있다. 그리고 구 지방공무원법(2011. 5. 23. 법률 제10700호로 개정되기 전의 것, 이하 같다) 제58조 제1항 본문이 주체를 지방공무원으로 제한하고 있기는 하지만, 위 법조항에 의하여 **금지되는 '노동운동이나 그 밖에 공무 외의 일을 위한 집단행위'의 태양이 행위자의 신체를 수단으로 하여야 한다거나 행위자의 인격적 요소가 중요한 의미를 가지는 것은 아니므로, 위 행위를 처벌하는 같은 법 제82조가 지방공무원이 스스로 위 행위를 한 경우만을 처벌하려는 것으로 볼 수는 없다.** 따라서 지방공무원의 신분을 가지지 아니하는 사람도 구 지방공무원법 제58조 제1항을 위반하여 같은 법 제82조에 따라 처벌되는 지방공무원의 범행에 가공한다면 형법 제33조 본문에 의해서 공범으로 처벌받을 수 있다.

**해 설** 명문규정을 별도로 두지 않는 경우, 형법총칙의 공범 규정을 적용할 것인가 하는 쟁점에 대한 판시가 주목된다. ① 지방공무원의 신분을 가지지 않은 자가 지방공무원의 범행에 가담한 경우, ② 금지규정이 직접 적용되지 않는 특수경력직공무원이 금지규정의 적용을 받는 경력직공무원의 노동운동이나 공무 외의 집단행위에 가공한 경우, 모두 공범으로 처벌할 수 있음을 밝힌 판례이다.

## 6. 기 타

행정형벌의 경우, 책임능력, 공범, 누범, 경합범, 양형 등에 관한 형법총칙의 규정이 명문으로 배제되는 경우가 있다. 예컨대, '도시 및 주거환경정비법' 제43조의2(벌금형의 분리선고)와 같은 경우가 그러하다. 명문규정이 없더라도 형사벌과 행정벌을 구별하는 입장에서는 경우에 따라 이러한 형법총칙의 규정의 적용이 제한되는 경우가 있음을 인정한다.

---

72) 대법원 2016.6.14. 선고 2010도14409 판결.

## 제3관 행정벌의 과벌절차의 특수성

### 1. 행정형벌의 과벌절차

행정형벌의 과벌절차에는 일반절차와 특별절차가 있다. 일반절차라 함은 형사소송법을 적용하는 통상의 형벌절차를 의미한다.

이에 반하여 특별절차라 함은 통고처분이나 즉결심판과 같이 별도의 법률이 적용되는 경우이다. ① 통고처분이란 조세범, 관세범, 출입국사범, 교통사범 등의 경우에 이루어지는 것인데 처벌에 갈음하여 범칙금을 내게 하고 그로써 과벌절차를 종결하는 것이다. 통고처분 불이행시에는 행정청의 고발에 의해 일반과형절차로 이행한다. 즉, 형사소송절차가 시작되는 것이다. 이처럼 통고처분에 대해서는 항고소송 이외의 방식으로 불복하도록 하고 있기 때문에, 통고처분은 실체법상 행정행위일지라도 행정쟁송법상의 처분이 아니고 항고쟁송의 대상이 아니다. ② 즉결심판이란 '즉결심판에 관한 절차법'에 의하여 20만원 이하의 벌금, 구류, 과료에 해당하는 행정형벌(즉결심판에 관한 절차법 제2조)로서 경찰서장이 집행하고(같은 법 제18조 제1항) 이에 대한 불복시 7일 이내에 경찰서장을 통하여 정식재판을 청구할 수 있도록 하는 것이다(같은 법 제14조 제1항).

참고판례: 대법원 2007.5.11. 선고 2006도1993 판결 [관세법위반]

관세법 제284조 제1항, 제311조, 제312조, 제318조의 규정에 의하면, 관세청장 또는 세관장은 관세범에 대하여 통고처분을 할 수 있고, 범죄의 정상이 징역형에 처하여질 것으로 인정되는 때에는 즉시 고발하여야 하며, 관세범인이 통고를 이행할 수 있는 자금능력이 없다고 인정되거나 주소 및 거소의 불명 기타의 사유로 인하여 통고를 하기 곤란하다고 인정되는 때에도 즉시 고발하여야 하는바, **이들 규정을 종합하여 보면, 통고처분을 할 것인지의 여부는 관세청장 또는 세관장의 재량에 맡겨져 있고, 따라서 관세청장 또는 세관장이 관세범에 대하여 통고처분을 하지 아니한 채 고발하였다는 것만으로는 그 고발 및 이에 기한 공소의 제기가 부적법하게 되는 것은 아니다.**

해 설 관세범의 경우 통상 통고처분이 선행하는데도 법령해석상 통고처분 없이 바로 고발하여도 그 공소제기가 부적법하지 않다고 판시한 것이다.

### 2. 행정질서벌의 과벌절차

이에 대하여는 본 절의 제4관 행정질서벌에서 다룬다.

## 제4관 행정질서벌(질서위반행위에 대한 과태료)

### 1. 행정질서벌의 근거와 의의

#### (1) 행정질서벌의 근거

행정질서벌에 대한 기본법은 질서위반행위규제법이다. 2007년에 제정된 이 법은 과태료부과에 대한 일반법으로서 국가와 지방자치단체의 과태료 부과절차를 일원화하였다. 질서위반행위규제법 제6조는 질서위반행위 법정주의를 규정하여 법률에 근거 없이 과태료를 부과하지 못하도록 하고 있다.

참고판례: 대법원 2012.10.11. 선고 2011두19369 판결 [추징금등부과처분취소]

**수도조례 및 하수도사용조례에 기한 과태료의 부과 여부 및 그 당부는 최종적으로 질서위반행위규제법에 의한 절차에 의하여 판단되어야 한다고 할 것이므로, 그 과태료 부과처분은 행정청을 피고로 하는 행정소송의 대상이 되는 행정처분이라고 볼 수 없다.**

해 설 과태료 부과에 대해서는 일반적으로는 질서위반행위규제법이 적용되어 그에 따른 불복절차가 따로 존재하므로 그 부과처분은 행정소송법상의 처분에 해당되지 않는다.

#### (2) 행정질서벌의 의의

행정질서벌로는 과태료를 부과한다. 과태료의 부과는 행정청이 이를 행한다. 그 불복에 대해서는 질서위반행위규제법에 의하여 비송사건절차법이 준용되어 법원이 이를 처리한다.

질서위반행위규제법은 광범위하게 종래의 판례이론을 반영하였다. 그리하여 과태료는 고의·과실이 있어야 논할 수 있음이 명문화되었고(같은 법 제7조), 그동안 대법원이 과태료는 현실적인 행위자가 아니라도 법령상 책임자에게 부과한다고 한 것[73]을 질서위반행위규제법은 명문의 규정으로 해소하여 업무에 관하여 부과된 의무를 위반한 경우에는 법인 또는 업무주에게 과태료를 부과함을 명시하고 있다(같은 법 제11조).

#### (3) 질서위반행위에 대한 법적용의 시간적 범위

질서위반행위에 대한 과태료 부과에 있어서는 행위시의 법률에 따른다(같은 법 제3조 제1항). 다만, 질서위반행위 이후에 법령이 변경되어 그 행위가 질서위반행위에 해당하지 아니하거나 과태료가 가볍게 된 때에는 특별한 규정이 없으면 변경된 법률을 적용한다(같은 법 제3조 제2항). 또한 과태료처분이나 과태료 재판 이후 집행 전에 법률변경이 있어서 그 행위가 질서위반행위에 해당하지 않게 되면 특별규정이 없는 한 그 징수 또는 집행을 면제한다(같은 법 제3조 제3항).

73) 대법원 1994.8.26. 선고 94누6949 판결.

### (4) 행정질서벌과 행정형벌의 병과

행정질서벌과 행정형벌이 병과될 경우 이중처벌금지의 원칙에 위반되거나 국가입법권의 남용으로 볼 수 있는지가 문제된다. 양자의 성질이 다르다는 점에 착안하면 병과할 수 있다고 볼 수 있으나 비록 그 성질이 다소 다르다고 인정하더라도 동일한 위반사실에 대해 행정질서벌과 행정형벌을 병과하는 것은 국가입법권력의 남용에 해당될 여지가 있다.

대법원은 과태료 후에 형사처벌을 하여도 이를 일사부재리의 원칙에 위반된다고 할 수 없고,[74] 행정질서벌과 행정형벌이 병과되어도 일사부재리원칙 위반이 아니라고 하지만,[75] 헌법재판소는 동일한 행위를 이유로 재처벌한다면 이중처벌금지의 기본정신에 배치되어 국가 입법권의 남용으로 인정될 여지가 있다고 한다. 다만 처벌의 사유가 달라서 기본적 사실관계의 동일성이 인정되지 않는 경우에는 병과해도 일사부재리원칙에 반하는 것이 아니라고 한다.[76]

참고판례 1: 헌법재판소 1994.6.30. 선고 92헌바38 결정 [구 건축법 제56조의2 제1항 위헌소원]

**헌법 제13조 제1항은 "모든 국민은 …… 동일한 범죄에 대하여 거듭 처벌받지 아니한다"**고 하여 이른바 "이중처벌금지의 원칙"을 규정하고 있는바, 이 원칙은 한번 판결이 확정되면 동일한 사건에 대해서는 다시 심판할 수 없다는 "일사부재리의 원칙"이 국가형벌권의 기속원리로 헌법상 선언된 것으로서, 동일한 범죄행위에 대하여 국가가 형벌권을 거듭 행사할 수 없도록 함으로써 국민의 기본권 특히 신체의 자유를 보장하기 위한 것이라고 할 수 있다. 이러한 점에서 **헌법 제13조 제1항에서 말하는 "처벌"은 원칙으로 범죄에 대한 국가의 형벌권 실행으로서의 과벌을 의미하는 것이고, 국가가 행하는 일체의 제재나 불이익처분을 모두 그 "처벌"에 포함시킬 수는 없다 할 것이다.**

다만, **행정질서벌로서의 과태료는 행정상 의무의 위반에 대하여 국가가 일반통치권에 기하여 과하는 제재로서 형벌(특히 행정형벌)과 목적 · 기능이 중복되는 면이 없지 않으므로, 동일한 행위를 대상으로 하여 형벌을 부과하면서 아울러 행정질서벌로서의 과태료까지 부과한다면 그것은 이중처벌금지의 기본정신에 배치되어 국가 입법권의 남용으로 인정될 여지가 있음을 부정할 수 없다.**

**이중처벌금지의 원칙은 처벌 또는 제재가 "동일한 행위"를 대상으로 행해질 때에 적용될 수 있는 것이고, 그 대상이 동일한 행위인지의 여부는 기본적 사실관계가 동일한지 여부에 의하여 가려야 할 것이다.**

참고판례 2: 대법원 1996.4.12. 선고 96도158 판결 [자동차관리법위반]

행정법상의 질서벌인 과태료의 부과처분과 형사처벌은 그 성질이나 목적을 달리하는 별개의 것이므로 **행정법상의 질서벌인 과태료를 납부한 후에 형사처벌을 한다고 하여 이를 일사부재리의 원칙에 반하는 것이라고 할 수는 없으며, 자동차의 임시운행허가를 받은 자가 그 허가 목적 및 기간의 범위 안에서 운행하지 아니한 경우에 과태료를 부과하는 것**은 당해 자동차가 무등록 자동차인지 여부와는 관계없이, 이미 등록된 자동차의 등록번호표 또는 봉인이 멸실되거나 식별하기 어렵게 되어 임시운행허가를 받은 경우까지

74) 대법원 1996.4.12. 선고 96도158 판결.
75) 대법원 1989.6.13. 선고 88도1983 판결.
76) 헌법재판소 1994.6.30. 선고 92헌바38 결정.

를 포함하여, 허가받은 목적과 기간의 범위를 벗어나 운행하는 행위 전반에 대하여 행정질서벌로써 제재를 가하고자 하는 취지라고 해석되므로, 만일 임시운행허가기간을 넘어 운행한 자가 등록된 차량에 관하여 그러한 행위를 한 경우라면 **과태료의 제재만을 받게 되겠지만, 무등록 차량에 관하여 그러한 행위를 한 경우라면 과태료와 별도로 형사처벌의 대상이 된다.**

**해 설** 자동차 임시운행허가를 받은 자가 그 임시운행기간을 넘어 운행한 경우, 임시운행기간 도과로 인하여 과태료처분을 받음과 동시에 무등록 자동차이기 때문에 형사처벌을 받은 것은 무등록차량이라는 사실과 임시운행기간을 도과하였다는 사실이 기본적 사실관계가 다르므로 행정벌을 병과하여도 일사부재리 원칙에 위반되지는 않는다.

## 2. 질서위반행위에 대한 특별규정

질서위반행위규제법이 정하고 있는 질서위반행위에 대한 과태료 부과에 대한 특별규정은 다음과 같다.

① **고의·과실을 요한다**: 과거에는 과실 없이도 과태료를 부과한 적이 있었으나 질서위반행위규제법은 과태료 부과를 위해서는 고의·과실이 있어야 한다고 한다(같은 법 제7조).

② **위법성의 착오**: 위법하지 않다고 오인한 경우 오인에 정당한 이유가 있으면 과태료를 부과하지 않는다(같은 법 제8조).

③ **책임능력**: 다른 법률에 특별규정이 없는 한 14세 미만의 자의 질서위반행위에 대해서는 과태료를 부과하지 않는다(같은 법 제9조). 심신장애자에게도 부과하지 않으며(같은 법 제10조 제1항) 심신미약자에게는 과태료를 경감한다(같은 법 제10조 제2항). 다만 스스로 심신장애 상태를 일으킨 자에게는 과태료를 부과한다(같은 법 제10조 제3항).

④ **타인의 행위에 대한 법인과 업무주의 책임**: 대표자, 법인 또는 개인의 대리인, 사용인 그 밖의 종업원이 업무에 관하여 법인 또는 그 개인에게 부과된 법률상 의무를 위반한 때 법인 또는 그 개인에게 과태료를 부과할 수 있음을 분명히 하였다(같은 법 제11조).

⑤ **다수인의 질서위반행위 가담**: 다수인이 질서위반행위에 가담한 경우 각자가 질서위반행위를 한 것으로 본다(같은 법 제12조 제1항). 신분범의 경우에 신분 없는 자가 가담해도 질서위반행위가 성립한다(같은 법 제12조 제2항).

⑥ **경합범**: 하나의 행위가 두 개 이상의 질서위반행위에 해당하면 그 중 중한 과태료를 부과한다(같은 법 제13조 제1항).

## 3. 질서위반에 대한 과태료 부과절차

질서위반행위에 대한 과태료부과절차는 다음과 같다.

① **사전통지 및 의견제출**(같은 법 제16조): 질서위반행위가 있으면 과태료부과에 대해 통지하고 10일 이상의 기간을 정하여 의견제출을 하도록 한다.

② **자진납부자에 대해서는 과태료 경감이 가능하다**(같은 법 제18조).

③ **제척기간**(같은 법 제19조 제1항): 질서위반행위 종료 후 5년(다수인의 경우 최종행위 종료 기준) 안에 부과할 수 있다.

④ **질서위반행위의 조사**(같은 법 제22조): 질서위반행위의 합리적 의심이 있을 때에 행정청은 검사개시 7일 전까지 통지하고 증표를 제시하고 난 후 필요 최소한의 범위 안에서 조사를 실시할 수 있다.

⑤ **이의제기와 과태료 재판**(같은 법 제20조, 제21조): 불복하는 당사자는 이의제기함으로써 과태료 부과처분은 효력을 잃고 법원에서 과태료 재판을 하게 된다.

⑥ **가산금 부과**(같은 법 제24조): 납부기한이 경과한 날로부터 체납된 과태료에 대해 100분의 3, 매 1개월이 경과할 때 마다 1천분의 12의 가산금이 부과된다. 다만 가산금 부과는 60개월을 초과하지는 못한다. 가산금을 납부하지 않을 때에는 체납처분의 예에 따라 징수한다.

⑦ **과태료 재판**(같은 법 제25조 이하): 과태료 재판에는 비송사건절차법이 준용된다(같은 법 제28조).

⑧ **당사자와 검사의 과태료 재판에 대한 즉시항고**(같은 법 제38조 제1항): 즉시항고에는 집행정지의 효력이 있다.

⑨ **과태료 재판**(같은 법 제36조 제1항): 과태료 재판은 이유를 붙인 결정으로 한다.

⑩ **재판비용**(같은 법 제41조 제1항): 과태료 재판의 비용은 과태료의 선고가 있는 경우 선고를 받은 자의 부담으로 한다.

⑪ **집행**: 과태료 미납시 집행은 검사의 명령에 따라 하게 되며(같은 법 제42조 제1항) 민사집행법에 따르거나 체납처분의 예에 준한다(같은 법 제42조 제2항). 부과행정청에게 집행을 위탁할 수도 있다(같은 법 제43조 제1항).

⑫ **약식재판**(같은 법 제44조): 법원이 상당하다고 인정하는 경우 심문 없이 과태료 재판을 할 수 있다. 이에 대해서는 이의신청이 가능하다(같은 법 제45조 제1항).

참고판례 1: 대법원 1998.12.23. 자 98마2866 결정 [건축법위반]

**과태료처분의 재판은** 법원이 과태료에 처하여야 할 사실이 있다고 판단되면 비송사건절차법에 의하여 직권으로 그 절차를 개시하는 것이고 **관할 관청의 통고 또는 통지는 법원의 직권발동을 촉구하는 데에 지나지 아니하므로, 후에 관할 관청으로부터 이미 행한 통고 또는 통지의 취하 내지 철회가 있다고 하더라도 그 취하·철회는 비송사건절차법에 의한 법원의 과태료 재판을 개시·진행하는 데 장애가 될 수 없다.** (중략) **법원이 비송사건절차법에 따라 과태료 재판을 함에 있어서는** 관할 관청이 부과한 과태료처분에 대한 당부를 심판하는 행정소송절차가 아니므로 **행정관청 내부의 부과 기준에 기속됨이 없이** 관계 법령에서 규정하는 과태료 상한의 범위 내에서 그 동기·위반의 정도·결과 등 여러 인자를 고려하여 재량으로 그 액수를 정할 수 있으며, **항고법원이 정한 과태료 액수가 법이 정한 범위 내에서 이루어진 이상 그것이 현저히 부당하여 재량권남용에 해당되지 않는 한 그 액수가 많다고 다투는 것은 적법한 재항고이유가 될**

**수 없다.**

**해 설** 과태료 재판은 법원이 하는 것이므로 행정청의 통고나 통지가 취하 내지 철회되어도 절차진행을 할 수 있고 행정청의 내부적인 과태료 부과기준에 구속되지도 않는다는 판시를 한 것이다.

참고판례 2: 대법원 2012.10.19. 자 2012마1163 결정 [폐기물관리법위반이의]

과태료 재판의 경우, **법원으로서는 기록상 현출되어 있는 사항에 관하여 직권으로 증거조사를 하고 이를 기초로 하여 판단할 수 있는 것이나, 그 경우 행정청의 과태료 부과처분 사유와 기본적 사실관계에서 동일성이 인정되는 한도 내에서만 과태료를 부과**할 수 있다.

**해 설** 과태료 재판은 마치 행정소송처럼 기록상 현출되어 있는 사항에 대해 직권조사를 할 수 있고 행정청의 처분사유와 기본적 사실관계의 동일성의 범위 안에서만 과태료를 부과할 수 있다 한다.

### 4. 과태료 집행의 확보수단

과태료집행을 확보하기 위하여 다음과 같은 수단이 규정되어 있다.

① **관허사업의 제한(같은 법 제52조)**: 체납자에 대한 사업의 정지 또는 허가 등의 취소가 가능하다. 주무관청이 따로 있을 경우 행정청은 주무관청에 이를 요구할 수 있다.

② **신용정보의 제공(같은 법 제53조)**: 과태료징수 기타 공익목적을 위하여 행정청은 신용정보기관에 체납 또는 결손처분자료를 제공할 수 있다.

③ **고액·상습체납자에 대한 제재(같은 법 제54조)**: 과태료의 고액·상습체납자는 일정한 경우 감치에 처할 수 있다.

④ **자동차 관련 체납자에 대해서는 자동차 등록번호판을 영치할 수 있다**(같은 법 제55조).

⑤ **자동차 관련 납부증명서 제출(같은 법 제56조)**: 자동차 관련 과태료의 체납으로 압류등록된 자동차를 소유권이전등록 하려는 자는 전자정부법에 따른 행정정보의 공동이용에 의해 확인이 가능한 경우를 제외하고는 자동차 관련 과태료의 납부증명서를 제출하여야 한다.

## 제3절 행정제재 기타의 실효성 확보수단

현대사회에 이르러 전통적인 행정의 실효성 확보수단인 행정강제와 행정벌만으로는 행정의무이행을 확보하기 어려운 상황이 나타나고 있다. 제재를 받아도 계속 위반행위를 하고자 하는 의무자가 등장하는가 하면 행정강제와 행정벌로는 의무이행을 위한 기술혁신을 저해하는 경우도 많기 때문이다. 이리하여 오늘날 다양한 행정의 실효성 확보수단이 등장하고 있다. 탄소세 또는 배출권거래제 등 새로운 행정의 실효성 확보수단에 주목하여야 하는 이유가 여기에 있다.

## 제1관 금전적 제재

### 1. 금전적 제재의 정당화 기준

금전적 제재는 행위자 뿐 아니라 사업주에게도 부과되는 경우가 있는데 사업주에게 금전적 제재가 부과될 경우 그것이 자기책임의 원리에 위반되는 것이 아닌지가 문제가 된다. 헌법재판소는 자기책임의 원리는 민사법이나 형사법에 국한된 원리가 아니라 근대법의 기본이념으로서 법치주의에 당연히 내재하는 원리로 보고 있으므로[77] 행정상의 제재에서도 적용된다고 할 것이다.

금전적 제재의 요건으로서 사업주의 고의 또는 과실이 있는 경우에는 자기책임의 원리에 위반되지 않는다. 그러나 사업주의 고의 또는 과실이 없이 금전적 제재를 부과할 경우에는 그것이 과잉금지원칙을 위반하지 않아야 한다. 물론 이때 사업주가 아닌 행위자(대개 피용인)의 고의·과실을 전제하는 경우가 일반적이다. 헌법재판소는 만약 사업주의 고의나 과실이 없음에도 과잉금지원칙에 위반될 정도의 금전적 제재가 가해지면 그것은 책임주의 원칙에 위반된다고 한다.[78]

**주요판례요지**

헌법재판소 2016.12.29. 선고 2015헌바198 결정: 사업주가 고의 또는 과실이 없이 근로자직업능력개발법에 따른 지원금을 부정수급한 경우에 부정수급액 환수에 추가 하여 징벌적으로 그에 상당하는 금액을 추가징수할 수 있도록 한 규정은 과잉금지원칙 위반이 아니다. 왜냐하면 이 경우 '정당한 사유'가 있는 경우에는 면책을 인정하고 있을 뿐 아니라 추가징수 조항의 적용은 임의적으로 할 수 있고, 추가징수액도 조정할 수 있기 때문이다.

그런데 부정수급 적발 이후 향후의 지원을 제한하는 규정은 그 자체가 침해가 아니라 수익적 입법의 시혜대상에서 제외하는 것을 규정한 것이므로 헌법이 보호하는 재산권 영역이 아니어서 과잉금지원칙 문제가 발생하지 않고 부정수급신청자 본인의 지원에 대한 제한이므로 자기책임의 원칙 위반이 아니다.

### 2. 과징금(부담금)

#### (1) 과징금의 의의

과징금이란 의무자의 의무불이행으로 인한 부당이득을 환수하는 의미에서 부과하는 금전상의 제재수단을 말한다. 그런데 행정기본법 제28조는 과징금을 '법령등에 따른 의무를 위반한 자의 위반행위에 대한 제재'로만 규정하여 종래 학설이 말하는 의무불이행으로 인한 부당이득의 환수라는 의미를 과징금의 개념에 담지 않았다. 현재 과징금제도는 일반적인 형태인 법률상의 의무위반으로 인하여 부당이득을 취한 자에 대한 부당이득의 환수, 변형과징금으로 영업정지 등을

77) 헌법재판소 2013.5.30. 선고 2011헌바360 등 결정; 헌법재판소 2015.3.26. 선고 2012헌바381 등 결정.
78) 헌법재판소 2016.12.29. 선고 2015헌바198 결정.

갈음함으로써 영업을 함으로써 얻게 되는 이익의 환수 등으로 유형화되어 있는데 제28조의 규정으로 인하여 이제는 과징금이라는 명칭으로 의무 위반으로 인하여 얻는 이익의 환수와 관련 없는 경제적 제재가 가능하여졌다고 해석할 수 있을지가 문제된다. 그러나 그렇게 해석한다면 벌금이나 과태료 등과 이론상 구별이 모호해지는 문제가 있다.

대법원[79)]이나 헌법재판소[80)]의 판례는 모두 과징금을 부당이득 환수와 연계하여 해석하고 있으므로 행정기본법의 규정에도 불구하고 과징금은 부당이득의 환수를 주목적으로 하는 것으로 이해하여야 할 것이다. 부당이득, 불법이득과 무관한 순수한 금전적 제재는 본래 의미의 과징금이라 할 수 없고 과태료나 벌금 등으로 귀속되어야 할 것이다. 대법원은 "과징금은 반드시 현실적인 행위자가 아니라도 법령상 책임자로 규정된 자에게 부과되고 원칙적으로 위반자의 고의·과실을 요하지 아니하나, 위반자의 의무 해태를 탓할 수 없는 정당한 사유가 있는 등의 특별한 사정이 있는 경우에는 이를 부과할 수 없다."고 한다.[81)]

### 참고판례 1: 대법원 2010.1.14. 선고 2009두11843 판결 [시정명령등취소]

하도급거래 공정화에 관한 **법률상의 과징금 부과가 제재적 성격을 가진 것이기는 하여도 기본적으로는 하도급거래 공정화에 관한 법률 위반행위에 의하여 얻은 불법적인 경제적 이익을 박탈하기 위하여 부과되는 것이고,** 위 법이 준용하는 독점규제 및 공정거래에 관한 법률 제55조의3 제1항에서도 이를 고려하여 과징금을 부과할 때 위반행위의 내용과 정도, 기간과 횟수 외에 위반행위로 인하여 취득한 이익의 규모 등도 아울러 참작하도록 규정하고 있으므로, **과징금의 액수는 당해 위반행위의 구체적 태양 등에 기하여 판단되는 그 위법성의 정도뿐 아니라 그로 인한 이득액의 규모와도 상호 균형을 이루어야 하고, 이러한 균형을 상실할 경우에는 비례의 원칙에 위배되어 재량권의 일탈·남용에 해당할 수가 있다.**

**해 설** 대법원은 '하도급거래 공정화에 관한 법률'상의 과징금 부과의 본질이 법률 위반행위로 인하여 얻은 불법적인 이익을 박탈하기 위한 것임을 분명히 하고 과징금의 액수 결정에도 이것이 고려되어야 한다고 판시하였다.

### 참고판례 2: 헌법재판소 2001.5.31. 선고 99헌가18등(병합) 결정 [부동산실권리자명의등기에관한법률 제10조제1항위헌제청]

각종 법률에 등장하고 있는 과징금 제도를 유형에 따라 분류하면, **첫째, 행정상 의무이행확보수단으로서 특히 경제법상의 의무위반행위로 얻은 불법적인 이익 자체를 박탈하기 위하여 부과되는 유형의 과징금**이 있는바, 독점규제및공정거래에관한법률이나 금융실명거래및비밀보장에관한법률에서 그 예를 찾아볼 수 있고, (중략), **둘째, 다수 국민이 이용하는 사업이나 국가 및 사회에 중대한 영향을 미치는 사업을 시행하는 자가 행정법규에 위반하였을 경우 그 위반자에 대하여 (중략) 허가취소·영업정지처분과 선택적으로 또는 이에 갈음하여 부과되는 과징금으로서,** 여객자동차운수사업법 제79조, 석유사업법 제14조, 주차장법 제

79) 대법원 2004.4.9. 선고 2001두6197 판결; 대법원 2010.1.14. 선고 2009두11843 판결.
80) 헌법재판소 2016.4.28. 선고 2014헌바60 등(병합) 결정; 헌법재판소 2001.5.31. 선고 99헌가18등(병합) 결정.
81) 대법원 2014.10.15. 선고 2013두5005 판결.

24조, 건설산업기본법 제82조 등이 그 예이고, (중략) **셋째, 법령에서 과징금이라는 용어를 사용하고 있지 않더라도 그 제도적 취지·성격 등에 비추어 과징금과 유사한 제도를 규정하고 있는 경우로서 (중략) 배출부과금을 부과하는 제도인데,** 현행법상 이를 규정하고 있는 법률로는 수질환경보전법 제19조, 대기환경보전법 제19조 등이 있고, **위 부과금은 과징금과 그 명칭이 다르기는 하지만 성격상 유사하며, 일정한 행정법규를 위반한 자에 대하여 그 위반행위로 야기한 사회적 해악의 정도에 비례하여 일정한 금전의 부담을 명하고 있다는 데 그 특색이 있다.**

따라서, 이를 모두 종합하면, 과징금 제도는 대체로 행정법상의 의무위반행위에 대하여 행정청이 의무위반행위로 인한 불법적인 이익을 박탈하거나 혹은 당해 법규상의 일정한 행정명령의 이행을 강제하기 위하여 의무자에게 부과·징수하는 금전이라고 그 개념 및 법적 성격을 개괄적으로 설명할 수 있을 것이다.

**해 설** 헌법재판소가 과징금을 유형별로 나누어 그 법적 성격을 분석한 판례이다. 제1유형, 제2유형, 제3유형 모두 부당이득의 환수의 성격을 가지고 있다. 개별 과징금은 경우에 따라서 제재로서의 성격이 크게 나타날 수도 있지만 그러한 특별유형이 존재한다고 하여 과징금의 이념형(ideal type)을 변형시킬 것이 아니라 그러한 특별유형은 이념형에서 다소 이탈한 것이라고 설명하는 것이 사회과학적 방법론으로는 더 적절하다. 따라서 헌법재판소가 과징금 개념을 불법적인 이익을 박탈하거나 이행강제를 위한 제재적 성격이라고 개념 정의하는 것은 본말이 전도된 것이라 본다. 이러한 헌법재판소의 결정에 터 잡아 행정기본법에서 과징금 개념에 대한 혼동할 만한 개념정의가 탄생한 것이라 본다.

### (2) 과징금의 기준

행정기본법 제28조는 과징금 부과의 근거 규정은 개별법에 맡기면서도 그러한 개별 법률이 과징금의 근거에 대하여 규정할 때의 입법기준을 제시하고 있다. 과징금의 근거가 되는 법률에는 과징금의 ① 부과·징수 주체 ② 부과사유 ③ 상한액 ④ 가산금을 징수하려는 경우 그 사항 ⑤ 과징금 또는 가산금 체납시 강제징수를 하려는 경우 그 사항을 명확히 규정하여야 한다(제28조 제2항).

### (3) 과징금과 행정벌의 병과

과징금은 처벌이 아니므로 벌금, 과태료 등의 행정벌과 구별된다. 따라서 행정벌과 병과가 가능하며 병과한다고 하더라도 이중처벌금지원칙에 위반되지 않는다. 그리고 대법원은 그 취지와 목적을 달리하면 하나의 행위에 대하여 다른 종류의 과징금을 중첩적으로 병과할 수도 있다고 한다.[82] 또한 과징금은 재정수입을 주목적으로 하면서 행정 유도적 기능을 가지는 특별공과금(특별부담금)과 구별된다. 따라서 특별공과금과의 병과도 가능하다.

### (4) 변형과징금

과징금 가운데 원래는 영업정지, 입찰참가자격제한 등 제재적 행정처분을 하여야 하지만 그로 인하여 이용자에게 심히 불편을 주거나 공익을 해하는 등의 우려가 있을 때에는 사업정지 등의

82) 대법원 2015.10.29. 선고 2013두23935 판결.

처분 대신 과징금을 부과하는 경우가 있다(변형과징금). 예컨대 여객자동차운수사업정지 등에 갈음하는 과징금(여객자동차운수사업법 제88조), 입찰참가자격제한을 갈음하는 과징금('국가를 당사자로 하는 계약에 관한 법률' 제27조의2) 등이 그것이다. 이러한 변형과징금 제도는 법규위반에 대해서 제재하되 영업은 계속하도록 하고 형사처벌로 인한 전과자의 양산을 방지하는데 일조한다는 장점이 있다.

**주요판례요지**

대법원 2015.6.24. 선고 2015두39378 판결: 법률이 어린이집 운영정지를 명하여야 하는 경우로서 그 운영정지가 영유아 및 보호자에게 심한 불편을 주거나 그 밖에 공익을 해칠 우려가 있으면 어린이집 운영정지 처분을 갈음하여 과징금을 부과할 수 있도록 정하고 있는 경우에 행정청에게는 운영정지 처분이 영유아 및 보호자에게 초래할 불편의 정도 또는 그 밖에 공익을 해칠 우려가 있는지 등을 고려하여 어린이집 운영정지 처분을 할 것인지 또는 이에 갈음하여 과징금을 부과할 것인지를 선택할 수 있는 재량이 인정된다고 보아야 한다.

**참고판례: 대법원 2023.3.16. 선고 2022두58599 판결 [과징금부과처분취소]**

갑 등이 운영하는 병원에서 부당한 방법으로 보험자 등에게 요양급여비용을 부담하게 하였다는 이유로 보건복지부장관이 갑 등에 대하여 구 국민건강보험법(2016. 2. 3. 법률 제13985호로 개정되기 전의 것) 제98조 제1항 제1호에 따라 40일의 요양기관 업무정지 처분을 하자, 갑 등이 위 업무정지 처분의 취소를 구하는 소송(전소)을 제기하였다가 패소한 뒤 항소하였는데, **보건복지부장관이 항소심 계속 중 같은 법 제99조 제1항에 따라 위 업무정지 처분을 과징금 부과처분으로 직권 변경하자,** 갑 등이 과징금 부과처분의 취소를 구하는 소송(후소)을 제기한 후 업무정지 처분의 취소를 구하는 소를 취하한 사안에서, **전소는 처분의 변경으로 인해 효력이 소멸한 '업무정지 처분'의 취소를 구하는 것이고, 후소는 후행처분인 '과징금 부과처분'의 취소를 구하는 것이므로 전소와 후소의 소송물이 같다고 볼 수 없고, 전소의 소송물인 '업무정지 처분의 위법성'이 과징금 부과처분의 위법성을 소송물로 하는 후소와의 관계에서 항상 선결적 법률관계 또는 전제에 있다고 보기도 어려워,** 결국 갑 등에게 업무정지 처분과는 별도로 과징금 부과처분의 위법성을 소송절차를 통하여 다툴 기회를 부여할 필요가 있으므로, 위 과징금 부과처분의 취소를 구하는 소의 제기는 **재소금지 원칙에 위반된다고 할 수 없음**에도 이와 달리 본 원심판결에 법리오해의 잘못이 있다고 한 사례.

**해 설** 동일한 법률 위반 행위로 영업정지를 받았다가 후에 그것이 과징금부과처분으로 변경된 경우 영업정지처분에 대한 소송과 과징금부과처분에 대한 소송은 소송물(소송상의 다툼의 대상)을 달리하는 것이므로 영업정지취소소송 후에 과징금부과처분취소소송을 제기하여도 중복제소금지에 해당되지 않는다는 판시이다.

### (5) 수회의 위반행위에 대한 과징금

위반행위가 여러 번 이루어진 경우 각 위반행위 마다 과징금이 정해져야 하지만, 하나의 처분으로 수회의 위반행위에 대해 제재할 때에 법령상의 과징금 상한액은 어떻게 정하여야 하는지 논란이 된다. 대법원은 1개의 처분으로 이루어질 경우에는 병과는 가능하나 법령상의 액면 상한액을 준수하여야 한다고 본다.[83)]

참고판례: 대법원 2021.2.4. 선고 2020두48390 판결 [부당이득금환수고지처분취소]

**관할 행정청이 여객자동차운송사업자가 범한 여러 가지 위반행위 중 일부만 인지하여 과징금 부과처분을 하였는데 그 후 과징금 부과처분 시점 이전에 이루어진 다른 위반행위를 인지하여 이에 대하여 별도의 과징금 부과처분을 하게 되는 경우에도 종전 과징금 부과처분의 대상이 된 위반행위와 추가 과징금 부과처분의 대상이 된 위반행위에 대하여 일괄하여 하나의 과징금 부과처분을 하는 경우와의 형평을 고려하여 추가 과징금 부과처분의 처분양정이 이루어져야 한다.** 다시 말해, 행정청이 전체 위반행위에 대하여 하나의 과징금 부과처분을 할 경우에 산정되었을 정당한 과징금액에서 이미 부과된 과징금액을 뺀 나머지 금액을 한도로 하여서만 추가 과징금 부과처분을 할 수 있다. 행정청이 여러 가지 위반행위를 언제 인지하였느냐는 우연한 사정에 따라 처분상대방에게 부과되는 과징금의 총액이 달라지는 것은 그 자체로 불합리하기 때문이다.

해 설 과징금 액수 산정에 대한 판시이다. 어떤 과징금 처분을 한 후 과징금 부과처분 이전에 있었던 새로운 과징금 부과 사유가 인지된 경우 2개의 처분으로 하더라도 하나의 처분으로 하는 경우의 액수를 총 한도로 하여 과징금처분을 하여야 한다는 것이다. 언제 과징금 부과의 사유를 인지하였느냐는 사정에 따라 과징금 부과가 달라지지 않게 하기 위한 것이다.

### (6) 과징금의 납부기한 연기 및 분할 납부

행정기본법 제29조와 시행령 제7조는 과징금은 한꺼번에 납부하는 것을 원칙으로 하면서도 재해나 사업여건의 악화, 과징금 일괄 납부로 인한 자금사정의 어려움 등의 일정한 사유가 있는 경우 납부기한을 연기하거나 분할 납부를 할 수 있음을 규정하고 있다. 그리고 이처럼 납부기한을 연기하거나 분할 납부를 허용할 때 필요하다고 인정하면 담보를 제공하게 할 수 있도록 하고 있다.

## 3. 가산금과 가산세

의무이행을 기한 내에 하지 못했을 때 일정한 가산금을 붙여 의무를 이행하도록 하는 경우가 있다. 행정기본법이 규정하는 과징금에 대한 가산금(행정기본법 제28조 제2항 제4호 및 제3항), '지방행정제재·부과금의 징수 등에 관한 법률' 제2조의 납부기한 경과 시의 가산금과 같은 것이 그에 속한다.

83) 대법원 2001.3.9. 선고 99두5207 판결; 대법원 1993.7.27. 선고 93누1077 판결; 대법원 1995.1.24. 선고 94누6888 판결.

이와 달리 가산세는 단순 납부기간 경과가 아니라 세법상의 일정한 의무위반에 대해 그 이행 확보를 위하여 산출한 세액에 가산하여 징수하는 세금을 말한다. 예컨대 지급명세서 제출의무 위반에 따른 가산세(소득세법 제81조) 등이 이에 해당한다.

참고판례: 대법원 2002.4.12. 선고 2000두5944 판결 [양도소득세부과처분취소]

세법상 가산세는 과세권의 행사 및 조세채권의 실현을 용이하게 하기 위하여 납세자가 정당한 이유 없이 법에 규정된 신고·납세의무 등을 위반한 경우에 법이 정하는 바에 의하여 부과하는 행정상의 제재로서 **납세자의 고의·과실은 고려되지 아니하는 것이고, 법령의 부지 또는 오인은 그 정당한 사유에 해당한다고 볼 수 없으며,** 또한 납세의무자가 세무공무원의 잘못된 설명을 믿고 그 신고납부의무를 이행하지 아니하였다 하더라도 그것이 관계 법령에 어긋나는 것임이 명백한 때에는 그러한 사유만으로는 정당한 사유가 있는 경우에 해당한다고 할 수 없다.

해 설 대법원은 가산세는 고의·과실 없이도 납세의무위반에 대해 부과되는 것이지만 납세의무자가 그 의무를 알지 못한 것이 무리가 아니었다거나 그 의무의 이행을 당사자에게 기대하는 것이 무리라고 하는 사정이 있을 때 등, 그 의무 해태를 탓할 수 없는 사유가 있는 경우에는 이를 부과할 수 없다고 하였다.[84] 대법원은 그러나 법령의 부지·오인은 정당한 사유로 인정할 수 없으므로 납세의무자가 세무공무원의 잘못된 설명만 믿고 신고납부의무를 이행하지 않은 것을 그러한 의무해태를 탓할 수 없는 사유로 인정하지 않고 있다.

### 4. 기타

과징금, 가산세, 가산금 이외에도 '온실가스 배출권 할당 및 거래에 관한 법률'에 의한 온실가스 배출권제도도 넓은 의미의 금전적 제재를 통한 의무이행확보수단이라고 할 수 있다. 오염원을 배출하려는 기업은 배출권을 구입하여야 하므로 결국 이 제도는 경제적 동기를 자극하여 의무이행을 확보하는 것이라고 할 수 있기 때문이다.

또한 '지방행정제재·부과금의 징수 등에 관한 법률' 제7조가 100만원 이상의 지방행정제재·부과금을 체납한 자에 대하여 지방자치단체가 체납자에게 지급하여야 하는 대금의 지급을 정지하게 하는 대금지급정지 제도도 넓은 의미의 금전적 제재에 의한 의무이행확보수단에 해당한다고 할 수 있다.

84) 대법원 2001.9.14. 선고 99두3324 판결; 대법원 2025.6.12. 선고 2024두66181 판결.

## 제2관 행정제재처분

### 1. 행정기본법상의 제재처분의 개념

#### (1) 행정기본법상 제재처분

행정기본법은 제재처분을 '법령등에 따른 의무를 위반하거나 이행하지 아니하였음을 이유로 당사자에게 의무를 부과하거나 권익을 제한하는 처분'이라고 규정하고(제2조 제5호) 행정대집행, 이행강제금의 부과, 직접강제, 강제징수와 즉시강제 등 법 제30조 제1항이 규정하는 행정강제는 제재처분의 개념에서 제외하였다.

#### (2) 제재처분 개념의 외연과 법적용의 범위

그러나 이 규정은 개념의 외연이 너무 넓어서 특정하기가 어렵다. 문언의 해석만으로는 벌칙도 이에 해당할 수 있음에도 적용배제나 예외에 대한 규정이 없어서 문제의 소지가 있다. 법안을 작성한 법제처는 제척기간이 적용되는 행정기본법 제23조의 인허가의 정지 · 취소 · 철회, 등록말소, 영업소 폐쇄와 정지를 갈음하는 과징금 부과 이외에도 가산금 부과, 입찰참가 등의 자격제한, 징계처분, 법위반 사실의 공표 등이 이에 해당하는 것으로 이해한다고 한다. 명시적인 배제규정이 없더라도 법무부 소관사항이 되는 행정형벌이나 행정질서벌 등이 여기에 포함되지는 않는다고 해석하는 것이 상식적인 해석이 될 것이다.

그런데 실질적으로 여기서의 제재처분의 정의가 적용되는 행정기본법의 조항은 제22조(제재처분의 기준) 밖에 없다. 제23조(제재처분의 제척기간)의 경우에는 이 조항이 적용되는 제재처분의 범위를 더욱 좁혀 '인허가의 정지 · 취소 · 철회, 등록 말소, 영업소 폐쇄와 정지를 갈음하는 과징금 부과'에 한정하고 있다.

### 2. 제재처분의 기준

#### (1) 입법지침으로서의 제재처분의 기준

행정기본법 제22조 제1항은 제재처분의 근거가 되는 법률을 제정할 때에는 제재처분의 주체, 사유, 유형 및 상한을 명확히 규정하도록 하고 제재처분의 유형 및 상한을 정할 때에는 해당 위반행위의 특수성과 유사한 위반행위와의 형평성 등을 종합적으로 고려하여야 함을 규정하고 있다.

이것은 일종의 입법지침을 규정한 것으로서 특히 '고려하여야 한다.'라는 법문언의 표현 방식때문에 어느 정도의 규범력이 인정될 수 있는가 하는 점에 논란이 있다. 행정기본법의 입법지침적 규정의 법적 효력에 대해서는 앞에서 기술한 바 있다.

#### (2) 행정기본법의 제재처분기준과 행정절차법의 처분기준

행정기본법 제22조 제1항의 규정으로 인해 이 규정이 행정절차법 제20조의 처분기준에 대한 규율의 해석에 어떠한 영향을 미칠 것인가 하는 점이 문제로 부각되었다. 그런데 행정기본법 제

22조 제1항은 처분기준에 대하여 법률을 제정할 때에 지켜야 할 입법지침에 관한 것이고 행정절차법 제20조의 경우에는 처분과 관련되는 규범해석규칙이나 재량준칙에 관하여 규정한 것이라 할 수 있다. 행정절차법 제20조가 말하는 처분기준은 부령의 형식으로 제정된 행정제재 처분기준을 행정규칙으로 보는 대법원의 입장에 따를 때에는 주로 행정규칙에 관한 것이 되기 쉽다. 그러므로 행정기본법 제22조 제1항의 기준이 직접적으로 행정절차법 제20조의 처분기준에 규범력을 미친다고 할 수는 없다. 그러나 법률의 위임을 받아 처분기준이 정해지는 경우에는 행정기본법 제22조 제1항의 효력이 미치지 않는다고 단정하기 어렵다.

대법원의 최근 판례[85]는 행정절차법 제20조 제1항의 처분기준의 사전공표의무를 위반하여 미리 공표하지 아니한 기준을 적용하여 처분을 하였다는 사정만으로 해당처분에 취소사유에 이를 정도의 흠이 존재한다고 보기 어렵다고 판시하였다. 그러나 행정기본법이 발효한 이후에는 법률의 위임을 받아 제재처분기준을 규정할 경우에 공표하지 아니한 기준을 적용하는 경우에는, 행정기본법 제22조 제1항에 위반된 것으로 판단될 가능성이 있다.

#### (3) 제재처분에 대한 재량행사 기준

행정기본법 제22조 제2항 및 시행령 제3조는 ① 위반행위의 동기, 목적 및 방법, ② 위반 행위의 결과, ③ 위반행위의 횟수, ④ 위반행위자의 귀책사유 유무와 그 정도, ⑤ 위반행위자의 법 위반상태 시정·해소를 위한 노력유무 등 재량행위인 제재처분에 대한 재량행사 기준을 규정하고 있다. 이 재량행사 기준은 비례원칙 등 법의 일반원칙의 적용을 포함하는 내용이라고 본다.

참고판례: 대법원 2021.10.28. 선고 2020두41689 판결 [과징금부과처분취소청구]

**제재적 행정처분이 재량권의 범위를 일탈하였거나 남용하였는지는, 처분사유인 위반행위의 내용과 그 위반의 정도, 그 처분에 의하여 달성하려는 공익상의 필요와 개인이 입게 될 불이익 및 이에 따르는 제반 사정 등을 객관적으로 심리하여 공익침해의 정도와 처분으로 인하여 개인이 입게 될 불이익을 비교·교량하여 판단**하여야 한다.

해 설 대법원은 제재처분의 재량행사기준을 행정기본법과는 다소 다르게 판시하고 있다. '공익침해의 정도'와 '개인이 입게 될 불이익' 등을 비교·교량하도록 하고 있는데 행정기본법 및 시행령은 '개인이 입게 될 불이익'에 대한 고려를 명시하지 않았다. 이 판결은 행정기본법 제22조 제2항이 시행된 이후에 나온 것이다.

### 3. 관허사업의 제한으로서의 제재처분

#### (1) 일반론

행정법상 의무 위반으로 인한 인·허가의 철회·정지 등의 행정제재처분은 가장 흔하게 사용

85) 대법원 2020.12.24. 선고 2018두45633 판결.

되는 행정의 실효성 확보수단이다. 이것은 행정목적 달성을 위하여 행정법규 위반이라는 객관적 사실에 근거하여 이루어지는 제재이므로 반드시 현실적인 행위자가 아니라도 법령상책임자에게 부과되고 특별한 사정이 없는 한 위반자의 고의나 과실을 묻지 않는다. 그러나 위반자의 의무 해태를 탓할 수 없는 정당한 사유가 있는 경우에는 제재조치를 할 수 없는 것이 원칙이다.[86)]

행정기본법 제23조(제재처분의 제척기간)의 제재처분은 바로 이러한 관허사업의 제한으로서의 제재처분을 의미한다고 본다. 행정기본법 제23조는 이 조항이 적용되는 제재처분의 범위를 '인허가의 정지·취소·철회, 등록 말소, 영업소 폐쇄와 정지를 갈음하는 과징금 부과'에 한정하고 있다.

참고판례 1: 대법원 2017.5.11. 선고 2014두8773 판결 [영업정지처분취소]

**행정법규 위반에 대한 제재조치는** 행정목적의 달성을 위하여 행정법규 위반이라는 객관적 사실에 착안하여 가하는 제재이므로, **반드시 현실적인 행위자가 아니라도 법령상 책임자로 규정된 자에게 부과되고, 특별한 사정이 없는 한 위반자에게 고의나 과실이 없더라도 부과할 수 있다.** 이러한 법리는 구 대부업 등의 등록 및 금융이용자 보호에 관한 법률 제13조 제1항이 정하는 대부업자 등의 불법추심행위를 이유로 한 영업정지 처분에도 마찬가지로 적용된다.

참고판례 2: 대법원 2018.7.12. 선고 2017두51365 판결 [시정명령취소]

형사처벌과 달리 **제재적 처분의 경우에는 원칙적으로 행위자에게 그 임무 해태를 정당화할 사정이 없는 이상 그 처분이 가능하다.** 따라서 불공정거래행위를 원인으로 한 **제재처분을 다투는 행정소송에서는 거래질서 전반에 미치는 영향 등 다양한 사정을 종합적으로 고려하여 부당성 내지 공정거래저해성을 판단할 수 있고, 이를 제재적 처분에 관한 엄격해석 원칙, 책임주의 원칙이나 죄형법정주의에 어긋난다고 볼 수는 없다.**

해 설 행정제재처분은 형사처벌과는 달리 고의·과실을 요건으로 하는 것이 아니므로 고의·과실이 없더라도 임무해태를 정당화할 다른 사유가 없는 한 처분이 가능하다. 따라서 법문에 불확정개념을 사용하고 이를 여러 가지 사정을 종합적으로 고려하여 법을 해석·적용하더라도 엄격해석원칙이나 책임주의, 죄형법정주의에 위반되지 않는다라고 판시하였다.

### 4. 제재처분의 법적용의 기준시

행정기본법 제14조 제2항은 법적용의 처분에 대한 기준시를 원칙적으로 처분시로 하였으나 행정기본법 제14조 제3항은 제재처분의 경우에는 법령등에 특별한 규정이 있는 경우를 제외하고는 법령등을 위반한 행위 당시의 법령등에 따른다고 규정하고 있다. 그러나 단서 조항은 개정법률에 의해 개정 전에는 법 위반행위였던 것이 법 위반행위가 아닌 것으로 되거나 제재처분 기준이 가벼워진 경우에는 해당 법령등에 특별한 규정이 없는 한 변경된 법령을 적용하여 완화된 기준을 적용하도록 하고 있다.

---

86) 대법원 1976.9.14. 선고 75누255 판결; 대법원 2003.9.2. 선고 2002두5177 판결; 대법원 2014.12.24. 선고 2010두6700 판결 등.

### 5. 제재처분의 제척기간

행정기본법 제23조는 관허사업의 제한에 해당하는 제재처분에 대하여 위반행위가 종료된 날로부터 5년이 지나면 제재처분을 할 수 없도록 하는 제재처분의 제척기간을 규정하고 그 예외등에 대하여 규정하고 있다.

자세한 것은 제1편 제1장 제7관 2. (1) ③ 제척기간 참조.

### 6. 관허사업의 제한 사례

① 위반건축물을 사업장으로 하는 관허사업의 제한(건축법 79조 제2항, 제3항) : 그러나 이것은 사후적 강제수단이라기 보다는 사전적 예방수단이라고 할 수 있다.

② 조세체납자의 관허사업의 제한(국세징수법 제112조): 관할 세무서장은 납세자가 허가·인가·면허 및 등록 등을 받은 사업과 관련된 소득세, 법인세 및 부가가치세를 체납한 경우 해당 사업의 주무관청에 그 납세자에 대하여 앞의 허가 등의 갱신과 그 허가 등의 근거 법률에 따른 신규허가 등을 하지 아니할 것을 요구할 수 있다.

또한 관할 세무서장은 허가 등을 받아 사업을 경영하는 자가 해당 사업과 관련된 소득세, 법인세 및 부가가치세를 3회 이상 체납하고 그 체납된 금액의 합계액이 500만원 이상인 경우 해당 주무관청에 사업의 정지 또는 허가 등의 취소를 요구할 수 있다.

그러나 재난, 질병 또는 사업의 현저한 손실, 그 밖에 대통령령으로 정하는 사유가 있는 경우에는 관허사업의 제한을 할 수 없다.

현행의 조세체납자에 대한 관허사업의 제한 제도는 '사업과의 관련성'이 있는 경우에만 관허사업을 제한하도록 규정하고 있다.

③ 과태료 납부위반자에 대한 관허사업의 제한(질서위반행위규제법 제52조) : 해당 사업과 관련된 질서위반행위로 부과된 과태료를 체납한 자에 대하여 일정한 경우 허가·인가·면허·등록과 그 갱신의 정지 또는 취소를 할 수 있도록 규정하고 있다.

④ '지방행정제재·부과금의 징수 등에 관한 법률'에 따른 관허사업의 제한(같은 법 제7조의2) : 지방자치단체의 장은 대통령령이 정하는 사유 없이 지방행정제재·부과금을 체납한 납부의무자가 그 지방행정제재·부과금 부과 대상 사업과 같은 종류의 사업에 대한 허가·인가·면허·등록 및 대통령령으로 정하는 신고와 그 갱신(허가등)을 신청하는 경우 그 허가 등을 하지 아니하거나 그 사업의 주무관청에 허가 등을 하지 아니할 것을 요구할 수 있다. 또한 허가 등을 받아 사업을 경영하는 납부의무자가 대통령령으로 정하는 사유 없이 해당 사업으로 인하여 부과받은 지방행정제재·부과금(과징금은 제외한다)을 3회 이상 체납한 경우로서 세 번째 체납일부터 1년이 경과하고, 총 체납액이 30만원 이상인 경우에는 지방자치단체의 장은 납부의무자가 경영하는 사업의 정지 또는 허가 등의 취소를 하거나 그 사업의 주무관청에 사업의 정지 또는 허가 등의 취소를 요구할 수 있다.

**참고판례: 대법원 2009.4.23. 선고 2008도6829 판결 [식품위생법위반]**

식품위생법과 건축법은 그 입법 목적, 규정사항, 적용범위 등을 서로 달리하고 있어 식품접객업에 관하여 식품위생법이 건축법에 우선하여 배타적으로 적용되는 관계에 있다고는 해석되지 않는다. **그러므로 식품위생법에 따른 식품접객업(일반음식점영업)의 영업신고의 요건을 갖춘 자라고 하더라도, 그 영업신고를 한 당해 건축물이 건축법 소정의 허가를 받지 아니한 무허가 건물이라면 적법한 신고를 할 수 없다.**

**해 설** 영업신고를 적법하게 하기 위해서는 그 영업을 규율하는 법 뿐 아니라 건축법 등에 따른 적법한 건물에서 영업장이 개설되어야 한다는 것을 밝힌 것이다.

### 7. 관허사업 제한의 한계

#### (1) 일반론

관허사업의 제한은 행정권한의 부당결부금지의 원칙뿐 아니라 비례의 원칙, 평등의 원칙, 신뢰보호의 원칙 및 영업의 자유 등과 관련하여 일정한 한계를 가진다.

#### (2) 관허사업의 제한과 실권의 법리

행정기본법 제23조의 적용대상이 되는 관허사업의 제한에 대해서는 5년의 제척기간이 있다. 그러나 이미 기술한 바와 같이 신뢰보호의 원칙과 그로부터 연원하는 실권의 법리는 제척기간과는 본질을 달리하는 별개의 제도일 뿐 아니라 헌법적 근거를 가지고 있다고 할 수 있으므로 행정기본법 제23조의 적용대상이 되지 않는 경우에도 적용되며 또한 행정기본법 제23조의 적용이 있는 경우에도 5년 보다 짧게 적용될 수도 있다.

#### (3) 관허사업의 제한과 부당결부금지원칙

특히 문제되는 것은 사물관련성을 굳이 따지지 않고 관허사업을 제한하는 경우이다. 특정한 의무위반 행위가 그와 사물관련성을 가진 제재조치(특정 관허사업의 제한)에 국한되지 않고 의무위반에 대해 일반적으로 관허사업을 제한하는 것(일반적 관허사업제한)은 부당결부금지원칙 위반일 가능성이 높다. 부당결부금지의 원칙의 효력에 대해서는 그것이 법률적 효력을 가지는지 아니면 헌법적 효력을 가지는지에 대해 논란이 있다. 생각건대, 부당결부금지원칙은 그 대상이 목적과 수단에 관한 부당결부라고 한다면 헌법상 비례의 원칙의 한 적용형태로 보는 것이 적절할 것이다.

## 제3관 그 밖의 의무이행확보수단

### 1. 공급 거부

공급 거부란 수도, 전기, 가스 등의 현대인의 생존에 불가결한 공적 서비스를 중단함으로써 압박을 가하여 의무이행을 확보하고자 하는 것이다. 그러나 공급 거부의 기본권 침해적 성격으로 인하여 근래 법령 정비를 통하여 공급 거부에 대한 근거규정들이 다수 삭제되었다. 공급 거부에 대해서도 행정권한의 부당결부금지원칙이 중요한 제한의 법리로 기능하고 있다. 의무위반행위와 사물관련성이 없는 공급거부는 부당결부금지원칙 위반이 될 것이다. 공급 거부는 권력적 사실행위 등이 될 것이므로 처분성이 인정되는 것이 보통이다. 예컨대 대법원은 단수처분의 처분성을 인정하고 있다.[87] 그러나 시장, 군수 구청장의 공급 거부의 요청에 대해서는 처분성이 인정되지 않는다. 최종적인 처분으로 연결될지 불확실하기 때문이다(참고판례).

참고판례: 대법원 1996.3.22. 선고 96누433 판결 [시정명령처분등취소]

건축법 제69조 제2항, 제3항의 규정에 비추어 보면, 행정청이 위법 건축물에 대한 시정명령을 하고 나서 위반자가 이를 이행하지 아니하여 **전기·전화의 공급자에게 그 위법 건축물에 대한 전기·전화공급을 하지 말아 줄 것을 요청한 행위는 권고적 성격의 행위에 불과한 것으로서** 전기·전화공급자나 특정인의 법률상 지위에 직접적인 변동을 가져오는 것은 아니므로 이를 항고소송의 대상이 되는 행정처분이라고 볼 수 없다.

해 설 행정청이 위법건축물에 대해 전기, 전화를 공급하지 말아달라고 요청한 것은 행위의 요청에 불과하고 최종적인 법률효과를 나타내지 않으므로 항고쟁송의 대상이 되는 처분이라고 할 수 없다는 판시이다.

## 2. 의무위반사실의 공표

### (1) 공표의 의의 및 법적 성질

#### ① 공표의 의의

공표란 행정법상의 의무 위반 사실에 대하여 위반자 및 위반사실을 일반에게 공개하여 그러한 위반을 하지 않도록 함으로써 의무이행을 확보하려는 행위이다.[88] 행정절차법은 그 공개의 내용을 '법령에 따른 의무를 위반한 자의 성명·법인명, 위반사실, 의무 위반을 이유로 한 처분사실 등'으로 규정하고 있으며 이러한 공표는 법률로 정하는 바에 따라 할 수 있음을 규정하고 있다(같은 법 제40조의3 제1항). 즉 행정절차법은 일반적인 절차를 규정할 뿐이어서 공표를 하기 위해서는 별도의 법률의 근거가 있어야 한다.

#### ② 공표의 법적 성질

**통지가 이루어지는 일반적인 경우**

행정절차법은 원칙적으로 공표를 할 때에는 미리 당사자에게 그 사실을 통지하도록 하고 있다. 그러나 통지 없이 공표가 이루어지는 경우도 예외적으로 존재한다(같은 법 제40조의3 제3항). 통지가 이루어진 경우 그 통지행위는 처분이라 볼 수 있으므로 그에 대한 항고쟁송이 가능하다.

---

87) 대법원 1979.12.28. 선고 79누218 판결.

88) 판례가 행정상 공표라고 지칭하여도 행정절차법과 다른 근거법에 의한 동일하지 않은 것이 있음을 유념하여야 한다. 예컨대 소비자기본법 제35조 제3항 등 대법원 2025.5.15. 선고 2020다296604 판결 참조.

**통지가 이루어지지 않는 예외적인 경우**

행정절차법 제40조의3 제3항 단서의 각호에 해당되는 예외적인 경우에는 행정청은 통지와 의견제출 없이 위반사실 등을 공표할 수 있다. 이처럼 통지가 이루어지지 않고 행해진 공표는 일종의 사실행위라 하여야 할 것이다. 이때의 공표에 대해서는 권력적 사실행위로 보는 견해(권력적 사실행위설)와 비권력적 사실행위로 보는 견해(비권력적 사실행위설)로 견해가 나뉘어져 있다. 그러나 공표를 통하여 실질적으로 프라이버시 등 기본권에 대한 침해가 이루어진다는 사실에 착안하면 이를 권력적 사실행위로 볼 수 있을 것이다. 통지가 이루어지지 않은 공표의 법적 성질을 논하는 실익은 이것이 공표에 대하여 항고소송을 제기할 수 있는지를 판단하는 준거가 되기 때문이다. 만약 권력적 사실행위라고 한다면 그 자체에 대해 항고소송을 제기할 수 있다.

그런데 대법원은 통지가 이루어지지 않은 공표의 경우 공표의 결정행위 자체에 대해서 처분성을 인정하고 있다. 그래서 병역의무기피자에 대한 인적 사항의 공개결정은 그에 대한 통지나 처분서의 작성·교부가 없었더라도 이를 처분이라 볼 수 있다고 판시하였다.[89]

### (2) 공표와 기본권 침해

공표는 국민의 알권리를 충족시키고 의무이행을 확보하는 측면이 있으나 한편 의무위반자의 프라이버시나 명예, 신용 등과 관련되는 인격권·개인정보자기결정권 등을 침해하게 된다. 따라서 공표가 정당화될 것인가의 여부는 알권리와 행정목적의 달성이라고 하는 공표를 정당화하는 이익과 프라이버시나 명예, 신용 등과 관련되는 인격권·개인정보자기결정권 침해라고 하는 공표를 위법하게 할 수 있는 침해 간의 이익형량에 의해 판단되어야 할 것이다. 이러한 이익형량은 가치관에 따라 결정이 되는 문제이므로 때때로 판단이 어려운 경우가 많다. 헌법재판소는 청소년 성매수자의 신상을 공개하도록 한 구 '청소년의 성보호에 관한 법률' 제20조 제2항 제1호 등은 위헌이 아니라고 보았으나[90] 헌법재판관 가운데에는 위헌론이 다수였고 위헌정족수에 달하지 못한 것이었다.[91] 한편 헌법재판소는 성인대상 성폭력범죄자의 신상공개·고지 명령을 소급 적용하는 규정에 대하여 합헌 결정을 내렸다.[92]

공표가 가지는 기본권침해적 요소 때문에 공표를 위해서는 별도의 법적 근거가 있어야 한다.

### (3) 공표의 행정절차

#### ① 행정청의 사전 확인의무

행정청이 위반 사실 등의 공표를 하고자 할 때에는 사전에 사실과 다른 공표로 인하여 당사자의 명예·신용 등이 훼손되지 아니하도록 객관적이고 타당한 증거와 근거가 있는지를 확인하

89) 대법원 2019.6.27. 선고 2018두49130 판결; 대법원 2018.10.25. 선고 2016두33537 판결.
90) 헌법재판소 2003.6.26. 선고 2002헌가14 결정.
91) 현재는 단순 성매수자는 신상정보를 공개하지 않는 것으로 제도가 변화되었다. '아동·청소년의 성보호에 관한 법률' 제49조는 성범죄자에 대한 신상정보 공개를 규정하고 있다.
92) 헌법재판소 2016.12.29. 선고 2015헌바196 등(병합) 결정.

여야 한다(행정절차법 제40조의3 제2항).

② 사전통지와 의견제출

행정청이 공표를 하고자 할 때에는 미리 당사자에게 그 사실을 통지하고 의견제출의 기회를 주어야 한다. 그러나 다음과 같은 예외적인 경우에는 사전통지와 의견제출을 하지 않을 수 있다(같은 법 제40조의3 제3항).

i) 공공의 안전 또는 복리를 위하여 긴급히 공표를 할 필요가 있는 경우

ii) 해당 공표의 성질상 의견청취가 현저히 곤란하거나 명백히 불필요하다고 인정될 만한 타당한 이유가 있는 경우

iii) 당사자가 의견진술의 기회를 포기한다는 뜻을 명백히 밝힌 경우

의견제출의 기회를 받은 당사자는 공표 전에 관할 행정청에 서면이나 말 또는 정보통신망을 이용하여 의견을 제출할 수 있다(같은 법 제40조의3 제4항). 의견제출의 방법과 제출의견의 반영 등에 대하여는 처분절차에 관한 행정절차법 제27조와 제27조의2를 준용한다(같은 법 제40조의3 제5항).

③ 공표의 방법과 공표하지 않을 수 있는 경우

위반사실 등의 공표는 관보, 공보, 인터넷 홈페이지 등을 통하여 한다(같은 법 제40조의3 제6항). 만약 공표를 하기 전에 당사자가 공표와 관련된 의무의 이행을 하거나 의무불이행으로 인한 침해상태에 대하여 원상회복이나 손해배상을 마친 경우에는 공표를 하지 아니할 수 있다(같은 법 제40조의3 제7항).

④ 정정 공표

행정청은 공표된 내용이 사실과 다른 것으로 밝혀지거나 공표에 포함된 처분이 취소된 경우에는 그 내용을 정정하여, 정정한 내용을 지체 없이 해당 공표와 같은 방법으로 공표된 기간 이상 공표하여야 한다. 다만 당사자가 원하지 아니하면 공표하지 아니할 수 있다.

여기서 '공표에 포함된 처분'이라 함은 의무위반의 원인이 되거나 의무위반 여부의 판정에 영향을 주는 처분을 말한다.

이와 같은 잘못된 공표의 경우에는 정정을 한다고 하더라도 손해배상의 문제가 발생할 수 있다.

### (4) 공표에 대한 권리구제

공표에 대해서 처분성이 인정되더라도 공표가 이미 이루어진 경우에는 공표를 다툴 협의의 소의 이익(권리보호의 필요)이 있는지가 문제될 수 있다. 부정설은 이미 공표가 이루어진 상태이어서 소익을 인정하기 어렵다고 한다. 그러나 이미 이루어진 공표도 취소되면 원상회복을 위한 정정공고 등을 할 수 있으므로 권리보호의 필요가 없다고 할 수 없다(긍정설). 대법원도 긍정설의 입장에 서서 협의의 소의 이익을 인정하고 있다.[93]

93) 대법원 2019.6.27. 선고 2018두49130 판결.

공표가 위법하여 취소되는 경우 대법원은 그 취소판결의 기속력으로 위법한 결과를 제거하는 조치를 할 의무가 있다고 판시하고 있다.[94] 결과제거청구권의 성립에는 그 나름의 별도의 요건이 요구되므로 일반적으로는 취소판결의 기속력에 당연히 처분청의 결과제거의 의무가 포함된다고 할 수는 없지만, 공표의 경우 정정공고 등의 결과제거조치가 수반되지 않는다면 취소판결이 의미가 없을 것이고 결과제거에 관한 다른 요건에 대한 다툼 없이도 정정공고 등에 대한 결정이 이루어질 수 있어서 공표에 대한 취소판결이 이루어지면 정정공고 등의 결과제거조치는 신의성실의 원칙에 비추어 판결의 기속력의 당연한 결과로 인정될 수 있다고 본다.

공표가 위법한 경우 피해자는 손해배상청구나 원상회복 내지 결과제거(정정공고) 등을 청구할 수 있다. 경우에 따라서는 명예훼손죄, 피의사실공표죄, 공무상비밀누설죄 등이 성립할 수 있다.

또한 행정소송법이 개정되어 예방적 부작위청구소송이 인정된다면 공표에 대해서도 예방적 항고소송을 통한 구제가 가능할 것이다.

### 참고판례 1: 대법원 2019.6.27. 선고 2018두49130 판결 [인적사항공개처분취소청구]

병무청장이 병역법 제81조의2 제1항에 따라 병역의무 기피자의 인적사항 등을 인터넷 홈페이지에 게시하는 등의 방법으로 공개한 경우 병무청장의 공개결정을 항고소송의 대상이 되는 행정처분으로 보아야 한다. 그 구체적인 이유는 다음과 같다.

① **병무청장이 하는 병역의무 기피자의 인적사항 등 공개는, 특정인을 병역의무 기피자로 판단하여 그 사실을 일반 대중에게 공표함으로써 그의 명예를 훼손하고 그에게 수치심을 느끼게 하여 병역의무 이행을 간접적으로 강제하려는 조치로서 병역법에 근거하여 이루어지는 공권력의 행사에 해당한다.**

② **병무청장이 하는 병역의무 기피자의 인적사항 등 공개조치에는 특정인을 병역의무 기피자로 판단하여 그에게 불이익을 가한다는 행정결정이 전제되어 있고, 공개라는 사실행위는 행정결정의 집행행위라고 보아야 한다.** 병무청장이 그러한 행정결정을 공개 대상자에게 미리 통보하지 않은 것이 적절한지는 본안에서 해당 처분이 적법한가를 판단하는 단계에서 고려할 요소이며, 병무청장이 **그러한 행정결정을 공개 대상자에게 미리 통보하지 않았다거나 처분서를 작성 · 교부하지 않았다는 점만으로 항고소송의 대상적격을 부정하여서는 아니 된다.**

③ 병무청 인터넷 홈페이지에 공개 대상자의 인적사항 등이 게시되는 경우 그의 명예가 훼손되므로, **공개 대상자는 자신에 대한 공개결정이 병역법령에서 정한 요건과 절차를 준수한 것인지를 다툴 법률상 이익이 있다.** 병무청장이 인터넷 홈페이지 등에 게시하는 사실행위를 함으로써 공개 대상자의 인적사항 등이 이미 공개되었더라도, 재판에서 병무청장의 공개결정이 위법함이 확인되어 취소판결이 선고되는 경우, 병무청장은 취소판결의 **기속력에 따라 위법한 결과를 제거하는 조치를 할 의무가 있으므로 공개 대상자의 실효적 권리구제를 위해 병무청장의 공개결정을 행정처분으로 인정할 필요성이 있다.** 만약 병무청장의 공개결정을 항고소송의 대상이 되는 처분으로 보지 않는다면 국가배상청구 외에는 침해된 권리 또는 법률상 이익을 구제받을 적절한 방법이 없다.

④ 관할 지방병무청장의 공개 대상자 결정의 경우 상대방에게 통보하는 등 외부에 표시하는 절차가

94) 대법원 2019.6.27. 선고 2018두49130 판결.

관계 법령에 규정되어 있지 않아, 행정실무상으로도 상대방에게 통보되지 않는 경우가 많다. 또한 관할 지방병무청장이 위원회의 심의를 거쳐 공개 대상자를 1차로 결정하기는 하지만, 병무청장에게 최종적으로 공개 여부를 결정할 권한이 있으므로, **관할 지방병무청장의 공개 대상자 결정은 병무청장의 최종적인 결정에 앞서 이루어지는 행정기관 내부의 중간적 결정에 불과하다.**

참고판례 2: 대법원 2003.2.28. 선고 2002두6170 판결 [시정조치명령]

공정거래위원회는 구 독점규제및공정거래에관한법률(1996. 12. 30. 법률 제5235호로 개정되기 전의 것) 제24조 소정의 '**법위반사실의 공표'부분이 위헌결정으로 효력을 상실하였다 하더라도 '기타 시정을 위하여 필요한 조치'로서 '법위반을 이유로 공정거래위원회로부터 시정명령을 받은 사실의 공표'명령을 할 수 있다.**

**해 설** 헌법재판소 2002.1.31. 선고 2001헌바43 결정에서 헌법재판소는 구 독점규제및공정거래에관한법률 제24조의 법위반사실공표명령이 무죄추정의 원칙과 진술거부권을 침해하는 규정으로서 위헌이라고 선언하였다. 이에 따라 내려진 대법원의 판결이 이 판결이다. 법위반사실의 공표명령은 위헌이나, 시정명령을 받았다는 사실의 공표는 적절하다는 것이다. 이에 따라 독점규제및공정거래에관한법률은 2004.12.31. 법률 제7315호로 개정되어 '법위반사실공표명령'은 '시정명령을 받은 사실의 공표명령'으로 바뀌어 규정되었다.

## 3. 행위제한과 시정명령 등

행정법상의 의무이행을 확보하기 위하여 자동차 사용정지, 출국금지,[95] 감치,[96] 취업제한 등 각종의 행위제한을 하는 경우도 있다.

또한 의무위반행위의 시정을 명하는 시정명령을 행할 수 있는 경우도 있다. 시정명령은 과거의 위반행위의 중지는 물론 장래에 반복될 우려가 있는 동일한 행위의 반복금지를 내용으로 할 수도 있다.

참고판례: 대법원 1994.8.12. 선고 94누2190 판결 [자동차운전면허정지처분취소]

운전면허 행정처분처리대장상 **벌점의 배점**은 도로교통법규 위반행위를 단속하는 기관이 도로교통법시행규칙 별표 16의 정하는 바에 의하여 도로교통법규 위반의 경중, 피해의 정도 등에 따라 배정하는 점수를 말하는 것으로 자동차운전면허의 취소·정지처분의 기초자료로 제공하기 위한 것이고 **그 배점 자체만으로는 아직 국민에 대하여 구체적으로 어떤 권리를 제한하거나 의무를 명하는 등 법률적 규제를 하는 효과를 발생하는 요건을 갖춘 것이 아니어서 그 무효확인 또는 취소를 구하는 소송의 대상이 되는 행정처분이라고 할 수 없다.**

**해 설** 운전면허 행정처분처리대장상 벌점의 배점은 그것만으로는 아직 구체적 법률효과를 가지지 않고 그것이 누적되어 면허처분이 이루어져야 하므로 항고쟁송의 대상이 되는 행정처분이 아니라고 판시한 것이다.

95) 국세징수법 제113조, 근로기준법 제43조의2.
96) 국세징수법 제115조, 고액·상습체납자에 대한 감치.

제 05 장

# 행정조직법

## 제1관 행정조직과 행정조직법

### 1. 행정조직의 유형 : 독임제와 합의제

#### (1) 개관

행정작용을 위한 조직을 어떻게 할 것인가 하는 것은 행정작용의 효율성과 질에 큰 영향을 미친다. 행정법적 관점에서 행정조직의 구성에 있어서 가장 기본적인 유형론은 독임제형과 합의제형의 구분이라 할 수 있다.

#### (2) 독임제(수장제) 행정조직

우리나라의 행정조직은 기본적으로 독일, 일본과 같이 독임제(수장제)를 채택하고 있다. 독임제 또는 수장제는 행정작용의 모든 권한을 행정조직의 수장이 가지도록 하고 다른 행정기관들은 기본적으로 수장의 의사결정과 외부표현을 돕도록 하는 제도이다. 예컨대 행정안전부에서 이루어지는 모든 행정작용은 법적인 관점에서는 특별한 권한의 위임이나 위탁이 없는 한 행정안전부장관에 의해 이루어지고 모든 권한은 원칙적으로 행정안전부장관에게 있다.

#### (3) 합의제 행정조직

① 합의제 행정조직의 개념

독임제에 반해 합의제형은 동등한 결정권을 가지는 위원들에 의한 합의에 따라 권한행사가 이루어지도록 한 조직이다. 각종의 행정위원회가 이에 해당한다. 합의제는 미국의 행정조직의 근간을 이루는 제도이다.

② 합의제 행정기관의 종류

우리나라의 합의제 행정기관은 대부분 행정위원회 형태를 취하고 있다. 우리나라의 행정위원회에는 방송미디어통신위원회, 금융위원회, 공정거래위원회, 국민권익위원회 등 행정청에 해당하는 것도 있지만 징계위원회, 규제개혁위원회, 사학분쟁조정위원회와 같이 의사결정권만을 가지는 의결기관인 경우도 있고, 단순한 심의 및 자문의 역할만을 하는 심의기관·자문기관에 해당하는 것들도 있다. 대부분의 위원회는 자문기관 내지 심의기관의 성격을 가진다. 심의기관이라 일컬어지는 기관들은 법적 의미에서는 심의에 법적 효력이 없어서 자문기관에 해당하는 경우가 대부분이다.

③ 우리나라 합의제 행정기관의 특징

그러나 우리나라의 합의제 행정기관(행정청인 합의제 기관을 말함)은 미국의 행정위원회와는 여러 면에서 차이가 있다. 우리나라의 경우 미국과는 달리 합의제 행정기관의 구성원의 지위가 동등하지만은 않다. 예컨대, 공정거래위원회의 경우 장관급인 위원장, 차관급인 부위원장 그리고 정무직이 아닌 고위직 공무원인 상임위원 그리고 비상임위원인 민간위원 등으로 구성되어 있다. 감사원이나 국가인권위원회 등도 이와 유사하다. 이러한 점에서 우리나라의 합의제 행정기관은 엄밀히 말하면 합의제와 수장제의 절충형이라고 할 수 있다.

④ 합의제 행정기관의 설치요건과 장·단점

합의제 행정기관은 행정결정에 있어서 신중한 판단 그리고 폭넓고 다양한 관점에서의 검토를 가능하게 한다는 점에서 장점이 있다. 따라서 신중한 판단과 각계·각층의 의견수렴이 요구되는 사안을 결정할 때에 적절한 행정조직이다. 그리하여 '행정기관 소속 위원회의 설치·운영에 관한 법률'은 정부조직법 제5조에 따라 합의제 행정기관을 설치할 경우에는 ① 업무의 내용이 전문적인 지식이나 경험이 있는 사람의 의견을 들어 결정할 필요가 있을 것, ② 업무의 성질상 특히 신중한 절차를 거쳐 처리할 필요가 있을 것, ③ 기존 행정기관의 업무와 중복되지 아니하고 독자성이 있을 것, ④ 업무가 계속성·상시성이 있을 것을 그 요건으로 규정하고 있다.

행정위원회와 각종 자문위원회는 존속기한을 정하여 법률에 명시하여야 하며 그 존속기한은 5년을 초과할 수 없다. 위원회의 존속기한을 연장할 필요가 있을 때에는 대통령령으로 정하는 바에 따라 미리 행정안전부장관과 협의하여야 한다('행정기관 소속 위원회의 설치·운영에 관한 법률' 제11조 제1항－제3항).

한편 '행정기관의 조직과 정원에 관한 통칙' 제21조는 합의제 행정기관으로서 규칙제정 등 준입법적 기능과 재결 등의 준사법적 기능을 가지는 기관을 둘 수 있음을 명시하고 있어서 합의제 행정기관의 중요한 기능을 보다 구체적으로 밝히고 있다.

그런데 합의제 행정기관은 합의에 의해 의사결정이 이루어지므로 신속하고 과감한 결단에 의한 행정을 하기에는 적절하지 않은 구조를 가지고 있다. 특별한 국가적 임무를 과감하고 신속하게 추진하고자 한다면 독임제를 취하도록 하여야 할 것이다.

합의제 행정기관의 의결정족수는 통상 재적위원의 과반수로 규정하는 것이 보통이다. 그런데 방송통신위원회[1]의 재적위원이 2인에 불과한 경우에도 여전히 이 규정을 적용하여 의결할 수 있는가 하는 점에 대하여 헌법재판소 재판관의 의견은 양분되었다. 따라서 이 문제는 여전히 해결되지 않은 문제로 남아있다(참고판례).

1) 현재의 방송미디어통신위원회의 전신.

참고판례: 헌법재판소 2025.1.23. 선고 2024헌나1 결정 [방송통신위원회 위원장(이진숙) 탄핵]

1. 재판관 김형두, 재판관 정형식, 재판관 김복형, 재판관 조한창의 적법의견

**법규범의 해석은 어디까지나 그 문언에 비추어 가능한 범위 내에서 이루어져야 하므로, 방통위의 의결 정족수를 '재적위원'의 과반수로 규정한 '방송통신위원회의 설치 및 운영에 관한 법률'(이하 '방통위법'이라 한다) 제13조 제2항으로부터 의결 시 위원 3인 이상의 재적 또는 위원 3인 이상의 의사정족수를 요구하는 법해석이 도출된다고 보기 어렵다.** 따라서 피청구인이 2인의 재적위원에 의하여 의결한 것이 방통위법 제13조 제2항에 위반된다고 볼 수 없다.

2. 재판관 문형배, 재판관 이미선, 재판관 정정미, 재판관 정계선의 위법의견

헌법 제21조가 보장하는 방송의 자유의 의의 및 **방통위를 합의제 기관으로 설치한 입법취지를 고려하여 방통위법 제13조 제2항을 합헌적으로 해석하면, 위 조항은 방통위가 5인의 재적위원으로 구성된 상태를 전제로 하여 재적위원 과반수의 찬성으로 의결하도록 한 규정이고, 불가피하게 5인 미만의 위원으로 의결하더라도 3인 이상의 위원이 재적하는 상태에서 재적위원 과반수의 찬성이 필요하다고 보아야 한다.** 따라서 피청구인이 2인의 위원만 재적한 상태에서 의결한 것은 헌법 제21조의 취지를 구체화한 방통위법 제13조 제2항을 위반한 것이다.

**해 설** 이 결정은 탄핵심판에 대한 것이어서 탄핵심판결정의 정족수를 채우지 못하여 기각되었으나 5인으로 구성되는 합의제 행정기관이 단 2인만으로 운영될 수 있는가에 대한 법적 판단에 대해서는 재판관이 정확히 4:4로 양분되어 결론을 내리지 못한 것이라고 할 수 있다.

### (4) 독립행정기관

#### ① 합의제 행정기관과 독립행정기관

합의제 행정기관은 직무의 독립성이라는 징표를 가지는 경우가 보통이다. 우리 정부조직법 제5조는 "행정기관에는 그 소관사무의 일부를 독립하여 수행할 필요가 있는 때에는 법률로 정하는 바에 따라 행정위원회 등 합의제 행정기관을 둘 수 있다"고 규정하고 있다. 그러나 합의제 행정기관 가운데 엄밀한 의미에서 지위와 권한이 독립된 독립행정기관을 찾아보기는 어렵다.

#### ② 중앙선거관리위원회

헌법이 명문으로 인정한 독립행정기관으로는 중앙선거관리위원회가 있다. 중앙선거관리위원회는 선거관리위원회 중 최상급 기관으로서 국가 최고기관 중 하나이므로 지위와 권한이 독립되어 있다.

참고판례: 헌법재판소 2025.2.27. 선고 2023헌라5 결정 [중앙선거관리위원회와 감사원 간의 권한쟁의]

**헌법 제97조는 피청구인에게 '국가'를 대상으로 한 회계검사권과 '행정기관'을 대상으로 한 직무감찰권**

**을 부여하고 있다. 선거관리가 그 사무의 성격상 행정작용에 해당한다고 하더라도, 선거관리위원회를 독립된 헌법기관으로 설치함으로써 선거관리에 정부가 영향력을 행사할 수 없도록 하여 선거관리의 독립성과 중립성을 보장하고자 하는 것이 헌법개정권자의 의사인 점을 고려하면, 헌법상 대통령 소속으로 행정부에 속한 피청구인의 직무감찰 대상에 청구인이 당연히 포함된다고 볼 수 없다.** (중략)

위에서 살핀 헌법 제97조를 구체화한 감사원법 제24조 제1항 제1호의 '행정기관 및 그 소속 공무원'에도 청구인과 그 소속 공무원은 제외된다고 보는 것이 합헌적 법률해석의 원칙상 명백하다. **한편 감사원법 제24조 제3항은 "제1항의 공무원에는 국회·법원 및 헌법재판소에 소속한 공무원은 제외한다."라고 규정하여 청구인 소속 공무원을 직무감찰 제외대상으로 명시하고 있지 않다. 그러나 정부와 독립된 헌법기관인 국회, 법원, 헌법재판소가 피청구인의 직무감찰 대상에 해당하지 않음은 앞서 본 바와 같으므로, 이들 헌법기관 소속 공무원을 직무감찰 대상에서 제외한 감사원법 제24조 제3항은 예시적·확인적 규정에 불과하다고 할 것이다.** 따라서 감사원법 제24조 제3항이 청구인을 직무감찰 제외대상으로 명시하지 않았다고 하더라도 청구인이 피청구인의 직무감찰 대상에 포함되지 않는다는 결론에는 아무런 차이가 없다.

**해 설** 선거관리위원회가 헌법상 독립기관이라는 점을 들어 감사원의 직무감찰권이 이에 미치지 아니한다고 판시한 것이다. 동시에 감사원법이 직무감찰 제외대상으로 국회·법원 및 헌법재판소만 언급하여도 이는 예시적·확인적 규정에 불과하다고 판시한 것이다.

### ③ 국가인권위원회

국가인권위원회는 권한과 지위의 독립성을 인정받고 있는 독립기관이다. 그러나 국가인권위원회를 본래적 의미의 행정작용을 수행하는 행정기관이라고 할 수 있는지에 대해서는 논란이 있다. 대법원[2]과 헌법재판소[3]는 국가인권위원회의 결정에 대해 처분성을 인정하였으나 그것은 국가인권위원회의 결정의 사회적 의미가 크므로 이로 인하여 실질적으로 권익 침해를 받은 사람을 구제하고자 하는 것이지 국가인권위원회의 결정에 법적 구속력을 인정하는 것은 아니다. 국가인권위원회는 구속력 있는 행정결정을 내리는 기관이 아니다.

### ④ 고위공직자범죄수사처

고위공직자범죄수사처는 합의제기관은 아니지만 '고위공직자범죄수사처 설치 및 운영에 관한 법률'에 의하면 일종의 독립적인 행정관서로 규정되어 있다. 또한 고위공직자범죄수사처는 행정업무를 수행하는 관서임에 틀림없고 법적으로 구속력있는 결정을 할 수 있는 관서이다. 따라서 그에 속한 행정청(고위공직자범죄수사처장)은 이를 독립행정기관이라고 할 수 있을 것이다. 이를 독립행정기관이라고 한다면 정부, 국회, 대법원, 헌법재판소 및 선거관리위원회 등에 소속되지 않으면서도 구속력 있는 행정결정을 내릴 수 있는 독립행정기관이 최초로 새롭게 만들어진 사례가 된다.

이런 까닭에 고위공직자범죄수사처가 위헌인지의 여부가 문제가 되었다. 이에 헌법재판소는

---

2) 대법원 2005.7.8. 선고 2005두487 판결; 국가인권위원회의 성희롱결정과 그에 따른 시정조치의 권고를 행정처분으로 인정하였다.

3) 헌법재판소 2015.3.26. 선고 2013헌마214 등(병합) 결정.

고위공직자범죄수사처에 대한 대통령의 인사권 등을 근거로 고위공직자범죄수사처는 대통령을 수반으로 하는 행정부에 소속한다고 하여 합헌판단을 하였다. 고위공직자범죄수사처가 다른 기관의 지휘나 감독을 받지 않아서 문제가 있다는 지적에 대해서는 헌법재판소는 국회의 탄핵소추권 등 헌법상의 여러 견제장치가 있음을 들어서 권력분립의 원칙에 위반되지 않는다고 판시하였다(참고판례 참조).

헌법재판소의 이러한 결정은 최소한의 대통령의 인사권만 확보되면 실질적인 독립행정기관을 설치하여도 헌법에 위반되지 않는다는 것을 확인한 것이므로 향후 고위공직자범죄수사처와 같은 독립행정기관이 또다시 만들어질 가능성을 열어둔 셈이 된다.[4)]

**참고판례: 헌법재판소 2021.1.28. 선고 2020헌마264, 2020헌마681(병합) 결정**

중앙행정기관을 반드시 국무총리의 통할을 받는 '행정각부'의 형태로 설치하거나 '행정각부'에 속하는 기관으로 두어야 하는 것이 헌법상 강제되는 것은 아니어서 법률로써 '행정각부'에 속하지 않는 독립된 형태의 행정기관을 설치하는 것이 헌법상 금지된다고 할 수 없는 점, (고위공직자범죄)수사처가 수행하는 수사와 공소제기 및 유지는 헌법상 본질적으로 행정에 속하는 사무에 해당하는 점, **수사처의 구성에 있어 대통령의 실질적인 인사권이 인정되고 수사처장이 국무회의에 출석하여 발언할 수 있으며 독자적으로 의안을 제출하는 대신 법무부장관에게 의안제출을 건의할 수 있는 점** 등을 종합하면, **수사처는 대통령을 수반으로 하는 행정부에 소속되고, 그 관할권의 범위가 전국에 미치는 중앙행정기관으로 보는 것이 타당하다.**

이처럼 수사처의 독립성이 중요한 만큼 수사처는 독립성에 따른 책임 역시 부담하여야 하는데, **수사처의 권한 행사에 대해서는 다음과 같이 여러 기관으로부터의 통제가 이루어질 수 있으므로, 수사처가 독립된 형태로 설치되었다는 이유만으로 권력분립원칙에 위반된다고 볼 수 없다.**

먼저, 수사처는 설치단계에서부터 공수처법이라는 입법을 통해 도입되었으므로 **국회는 법률의 개폐를 통하여 수사처에 대한 시원적인 통제권을 가지고,** 수사처 구성에 있어 입법부, 행정부, 사법부를 비롯한 다양한 기관이 그 권한을 나누어 가지므로 기관 간 견제와 균형이 이루어질 수 있다. 또한 **국회는 수사처장에 대하여 국회 출석 및 답변을 요구할 수 있고 탄핵소추를 의결할 수 있으며, 예산안에 대한 심의·확정권 등이 있고, 법원은 수사처의 명령·규칙·처분에 대한 위헌·위법심사권을 행사함으로써, 헌법재판소는 헌법소원심판권을 행사함으로써 각각 수사처를 통제할 수 있고, 행정부 내부적 통제를 위한 여러 장치도 마련되어 있다.**

따라서 **수사처의 설치에 관한 구 공수처법 제2조 및 공수처법 제3조 제1항은 권력분립원칙을 위반하여 청구인들의 평등권, 신체의 자유 등을 침해하지 않는다.**

**해 설** 고위공직자범죄수사처가 독립행정기관으로 설치되어 헌법 제66조 제4항이나 권력분립원칙에 위반되는지 여부가 문제된 사안에서 헌법재판소는 수사처에 대한 대통령의 인사권 등을 근거로 수사처가 대통령 소속의 행정기관이므로 헌법 제66조 제4항에 위배되지 않고 또한 국회의 탄핵소추권 등을 비롯한 견제권이 확보되어 있으므로 견제와 균형에 관한 권력분립원칙을 위반하는 것도 아니라고 판시하였다.

---

4) 헌법 제66조 제4항이 말하는 행정권은 집정권이며 행정법에서 말하는 행정권과는 다른 개념이라는 취지로 헌법재판소의 이 결정은 정당한 것이라고 하는 견해로서 유진식, "독립 행정기관의 설치와 헌법상의 규율", 『행정판례연구』 26-2, 한국행정판례연구회, 2021, 273면 이하 참조.

⑤ 감사원

감사원도 직무의 독립성을 인정받고 있어서 독립행정기관인지의 여부가 문제된다. 그러나 감사원에 대해 직무상의 독립성이 인정되기는 하지만 종합적으로 볼 때 감사원은 위의 다른 독립행정기관에 비해서는 그 지위의 독립성에 있어 불완전한 면이 있다.

## 2. 행정조직법

### (1) 행정조직법의 개념

좁은 의미에서 행정조직법은 통상 국가, 지방자치단체 및 공공단체의 조직에 관한 법을 의미한다. 그러나 넓은 의미로는 공무원법, 공물법, 영조물법도 포함한다. 또한 가장 좁은 의미(최협의)로는 직접국가행정조직법만을 뜻한다. 통상 행정조직법은 좁은 의미(협의)로 이해된다.

### (2) 행정조직법정주의

행정조직은 원칙적으로 법률로 정하도록 되어 있다. 헌법 제96조는 행정각부의 설치·조직과 직무범위는 법률로 정한다고 하고 있으며, 이외에도 헌법은 제100조(감사원의 조직, 직무범위 등), 제90조 제3항(국가원로자문회의의 조직, 직무범위 등), 제91조 3항(국가안전보장회의의 조직, 직무범위 등), 제92조 제2항(민주평화통일자문회의의 조직, 직무범위 등), 제93조 제2항(국민경제자문회의 조직, 직무범위 등), 제114조 제7항(선거관리위원회의 조직, 직무범위 등) 제117조 제2항(지방자치단체의 종류), 제118조 제2항(지방자치단체의 조직과 운영) 등을 법률사항으로 규정하고 있다. 또한 정부조직법은 중앙행정기관의 설치와 직무범위는 법률로 정하도록 규정하고 있으며(같은 법 제2조 제1항), 소관사무의 일부를 독립하여 수행할 필요가 있는 경우에는 법률로서 행정위원회 또는 합의제 행정기관을 행정기관에 둘 수 있도록 규정하고 있다(같은 법 제5조).

그러나 실제로는 행정조직에 대한 규율이 법규명령 등에 의하여 이루어지는 경우가 많다. 중앙행정기관의 '직제'는 대통령령으로 규정하도록 하고 있고('행정기관의 조직과 정원에 관한 통칙' 제4조) 그 하위기관에 대해서는 부령, 총리령의 성격을 가진 '직제시행규칙'으로 규정한다(같은 통칙 제4조의2). 경우에 따라서는 행정규칙에 의해 조직에 대한 규율이 이루어지기도 한다. 정부조직법은 중앙행정기관의 보조기관의 설치와 사무분장은 법률로 정한 것을 제외하고는 대통령령으로 정하도록 하면서 다만 과의 설치와 사무분장은 총리령 또는 부령으로 정할 수 있도록 규정하고 있다(정부조직법 제2조 제4항). 한편 보좌기관은 대통령령으로 둘 수 있고 다만 과에 상당하는 보좌기관은 총리령 또는 부령으로 정할 수 있도록 하고 있다(같은 법 제2조 제5항). 또한 중앙행정기관의 지방조직은 특히 법률로 정한 바가 아니면 대통령령으로 둘 수 있도록 하고 있고(같은 법 제3조 제1항), 시험연구기관, 교육훈련기관, 문화기관, 의료기관, 제조기관 및 자문기관은 대통령령으로 둘 수 있도록 규정하고 있다(같은 법 제4조).

이처럼 행정조직의 법정에 대해서는 다양한 규정이 존재하지만 포괄적·일률적이지 않기 때문에 실제로는 어떤 경우에 행정조직에 관한 사항을 법률로서 정하여야 하는지가 반드시 명확하지는 않다고 할 것이다. 이러한 한계상황에서는 법률유보에 있어서 중요사항유보설을 취하는 우리 판례의 입장에서는 행정조직에 관한 어떠한 규정이 국가적으로 본질적인 의미를 가지는 중요사항이라면 법률유보의 대상이 되고 그것 보다 더 본질적이라면 의회유보의 대상이 된다고 보아야 할 것이다.

## 제2관 행정주체와 행정기관

### 1. 행정주체와 행정기관의 구별

행정주체란 국가나 지방자치단체, 공법인과 같이 권리·의무의 주체로서 법인격을 가지는 것인데 반하여, 행정기관이란 장관, 차관, 국장, 과장 등 행정주체에 소속되는 기관으로서 행정조직법적으로는 사무배분 단위로서 관념된다. 이처럼 행정기관에 사무가 배분되기는 하나 권한은 모든 행정기관에 주어지는 것이 아니라 행정기관의 일종인 행정청에게 귀속된다. 그러므로 행정작용법적, 행정쟁송법적 관점에서는 행정기관 중 권한의 귀속자를 의미하는 행정청이 중요한 개념이 된다.

요컨대 행정법상의 권리나 의무는 행정주체에 귀속되며 권한은 행정기관의 일종인 행정청에 귀속된다고 할 것이다. 참고로 권한은 행정청이 가지는 관할권을 의미하는 것이므로 권리와는 다르다.

### 2. 행정청의 법주체성

독일법의 전통에 서있는 우리나라의 행정조직법은 이상과 같이 행정주체와 행정기관을 준별하여 원칙적으로 행정기관은 독자적인 법주체로 인정하지 않는다. 그러나 행정기관, 그 중에서도 행정청은 이미 기관소송이나 권한쟁의심판에서는 다툼의 주체로 인정받고 있다. 또한 항고소송에서도 행정청의 피고적격이 인정되고 있다. 따라서 전면적으로 행정청의 권리능력을 인정하는 것은 현재의 우리 법체제에서 받아들이기 어렵다 하더라도 부분적인 권리능력이나 행위능력을 인정하는 것은 입법에서나 재판에서나 긍정적으로 검토될 수 있다고 본다. 최근 우리 대법원이 항고소송에서 행정청의 원고적격을 인정하여 실질적으로 새로운 유형의 기관소송을 도입한 것[5]도 이러한 관점에서 수긍할 수 있다.

그러나 행정청의 법주체성을 인정한다고 하여도 행정청은 권한의 주체가 될 수 있을 뿐 권리의 주체는 되지 못한다.

### 3. 행정기관의 종류

행정주체의 기관이 되는 행정기관을 다음과 같이 분류해 볼 수 있다.

5) 대법원 2018.8.1. 선고 2014두35379 판결; 대법원 2013.7.25. 선고 2011두1214 판결 등 참조.

### (1) 행정청

행정청이란 행정주체의 기관으로서 행정기관의 일종이라고도 할 수 있고, 행정기관 가운데 의사결정권과 결정된 의사의 외부표시권을 가지는 행정기관을 말한다. 독임제(수장제) 하에서 행정청은 원칙적으로 장관, 시장 등 수장이 된다. 어느 행정기관이 행정청인지 아닌지가 중요한 의미를 가지는 것은 행정주체의 권한이 행정청에만 귀속되어 행사되기 때문이다. 따라서 다른 행정기관과 달리 행정청은 항고소송의 피고적격을 가진다. 또한 행정청의 행위라야 처분이나 행정행위 개념에 해당될 수 있다는 점에서 어느 행정기관이 행정청인지 아닌지의 구별은 중요한 의미가 있다.

행정위원회 등 합의제 행정기관도 의사의 결정권과 외부표시권을 가지면 행정청에 해당한다. 외부표시권은 없이 의사결정권만 가진 합의제 행정기관을 의결기관이라 한다. 외부표시권과 의사결정권이 모두 없으면 이는 자문기관에 해당한다.

용어법에 따라 중앙정부의 행정청을 특히 행정관청이라 지칭하는 경우도 있다.

### (2) 보조기관

행정청 산하에서 행정청의 의사결정과 표시를 돕는 기관을 보조기관이라 한다. 행정안전부를 예로 들면 차관, 국장, 과장 등의 거의 모든 행정기관이 이에 속한다. 행정청이 권한의 주체라고 한다면 보조기관은 권한 행사를 돕는 직무의 주체라고 할 수 있다.

### (3) 보좌기관

보좌기관 역시 수장인 행정청을 돕는 역할인 점에서는 보조기관과 같으나 보조기관과는 달리 행정 하부단위(line)가 아니라 수장이나 그 하부기관을 참모(staff)로서 돕는 행정기관이라 할 수 있다. 예컨대, 보좌관, 기획관, 홍보담당관 등이 그에 해당한다.

### (4) 자문기관

예컨대 문화재청에 소속된 문화재위원회 등 각 행정기관에 소속된 자문위원회와 같이 행정청의 결정에 자문을 해 주는 기관을 자문기관이라 한다.

### (5) 집행기관

경찰공무원이나 세무공무원과 같이 주로 의사결정이 아니라 법집행에 참여하는 행정기관을 집행기관이라 한다. 그러나 집행기관이라 하여 의사결정에 전혀 참여하지 않는 것은 아니고 업무의 특성이 법집행을 주로 하는 것이라는 점에서 차별성이 있다.

### (6) 의결기관

징계위원회와 같이 행정청의 지위를 가지지는 못하지만 의결기능을 가지는 기관을 의결기관이라 한다. 정부의 많은 위원회들은 의결을 한다고는 하지만 그것이 궁극적인 결정이 아니라 자문을 위한 의결에 불과한 경우가 많다. 이러한 기관들은 의결기관이 아니다. 심의기관이라 하여 심사와 의결을 할 수 있도록 하고 있는 경우가 있으나 그러한 심의기관이 법적 의미에서의 의결기관인지에 대해서는 따져보아야 한다. 심의결과의 결정이 그 기관 명의가 아니라 수장인 다른 행정청의 명의로 이루어지는 경우에는 그 기관은 의결기관이라고 할 수 없다.

#### (7) 감사기관

감사원이나 행정청 소속의 감사관은 감사업무를 주로 하므로 이를 감사기관이라 지칭한다.

#### (8) 공기업기관(현업기관)

수도사업소 소속 기관 등과 같이 현업에 종사하는 공기업 형태에 소속되어 그 업무를 수행하는 행정기관을 공기업기관 또는 현업기관이라 한다.

#### (9) 영조물기관

국립병원이나 국립도서관과 같이 영조물의 형태를 띠는 행정조직에 소속되어 그 업무를 수행하는 행정기관을 영조물기관이라 한다.

#### (10) 부속기관

공무원교육원과 같이 특정한 행정청에 부속된 기관에 소속된 행정기관을 부속기관이라 한다. 공무원교육원 소속 행정기관은 또한 영조물기관이기도 하다.

## 제3관 행정청의 권한

### 1. 행정청의 권한의 개념과 한계

권한이란 특정한 행정청의 공권력이 미치는 범위를 의미한다. 공권력이 미치는 범위라 함은 다른 관점에서는 공권력의 한계를 의미하는 것이기도 하다. 따라서 권한은 대개 사항적, 지역적, 인적 한계를 가진다고 한다. 이러한 사항적, 지역적, 인적 한계 안에서 행정청이 가지는 공권력의 관할범위 내지 관할권이 곧 권한인 것이다. 권한의 한계에는 이외에도 예컨대, 법제처와 같은 일정한 정부부처는 부령 형식의 입법을 할 수 없다고 하는 것과 같은 형식적 한계 등이 있다.

이러한 권한의 한계는 권한행사의 부작위나 거부에도 미친다. 행정청은 법적 의무 있는 권한행사를 거부하거나 부작위할 수 없다. 헌법재판소는 국회가 선출하도록 되어 있는 헌법재판관을 대통령 권한대행이 임명을 미룬 사건에 대하여 이를 헌법위반이라고 판시하였다(참고판례).

참고판례: 헌법재판소 2025.2.27. 선고 2025헌라1 결정 [국회와 대통령 간의 권한쟁의]

헌법 제111조 제2항과 제3항이 9인의 재판관을 대통령이 임명하되 그중 3인은 청구인이 선출하는 자를, 3인은 대법원장이 지명하는 자를 임명하도록 한 것은, 입법부·행정부·사법부가 헌법재판소 구성에 동등하게 참여하도록 함으로써 권력 상호간의 견제와 균형을 도모하고, 헌법 수호와 국민의 기본권 보장을 사명으로 하는 헌법재판소가 중립적인 지위에서 헌법재판기능을 수행하도록 하기 위한 것이다. 특히 국민의 대표기관인 청구인으로 하여금 헌법재판소의 구성에 관여하도록 한 것은 민주적 정당성을 제고하려는 데 그 근본적 의의가 있다. **이와 같은 헌법 제111조 제3항의 문언이나 그 취지에 비추어보면, 헌법이 재판관 임명과 관련하여 청구인에게 부여한 선출권은 헌법재판소 구성에 관한 독자적이고 실질적인 것으로서, 대통령은 청구인이 재판관으로 선출한 사람에 대하여 임의로 그 임명을 거부하거나 선별하여 임명하는 등 청구인이 선출한 사람을 실질적으로 심사하여 재판관 임명 여부를 결정할 재량권이 없으며, 다만 헌법 제111조 제2항과 헌법재판소법 제5조에서 정한 자격요건을 갖추지 못한 사람이 재판관으로 선출되거나 그 선출과정에 의회민주주의를 원칙으로 하는 헌법 및 국회법 등 법률을 위반한 하자가 있는 경우에 임명을 보류하고 재선출을 요구할 수 있다.**

#### (1) 권한의 사항적 한계

권한의 사항적 한계라 함은 외교에 관해서는 외교부장관이, 국방에 관해서는 국방부장관이 관할권을 가지는 것과 같이 일정한 행정사항마다 권한의 범위가 정해져 있는 것을 의미한다. 그러므로 사항적 한계는 사물관할권의 범위를 의미한다.

#### (2) 권한의 지역적 한계

권한의 지역적 한계라 함은 예컨대, 서울시장은 서울시의 범위 안에서 관할권을 가지고, 경기도지사는 경기도라는 지역적 범위 내에서 권한을 가지는 것을 의미한다. 이것은 토지관할권 또는 지역관할권에 해당한다.

#### (3) 권한의 인적 한계

권한의 인적 한계라 함은 국가배상의 경우 군인이나 군무원은 국방부장관 소속의 배상심의회의 관할 범위에 있지만, 민간인은 법무부장관 소속의 배상심의회의 관할 범위에 있는 것과 같이 어떠한 인적 요인이 관할권의 범위를 정하는 기준이 되는 경우에 그 일정 범위 안에서만 권한을 가지는 것을 의미한다.

### 2. 행정청의 권한충돌과 권한분쟁

#### (1) 개설

① 행정청의 권한의 충돌과 권한분쟁의 해결

행정청의 권한은 서로 충돌할 수 있다. 행정청 상호 간에 서로 자기 권한이라고 주장하여 충돌이 발생한 경우가 적극적 충돌이며 서로 자기 권한이 아니라고 주장하는 경우를 소극적 충돌이라고 한다. 이러한 권한 충돌의 경우, 권한충돌에 관련된 행정청들이 공통의 상급기관을 가지는 경우에는 그 공통의 상급청에 의하여 조정이 이루어진다. 그렇지 못한 경우, 상급청 사이의 협의에 의하여 문제를 해결하는 것이 좋으나 그것이 여의치 않은 경우 법적 분쟁이 발생하게 된다. 권한의 존부를 두고 분쟁이 발생하는 경우 이외에 다른 기관의 권한의 행사가 잘못되어 행정청의 권한행사에 지장이 초래되는 때에 분쟁이 생기는 경우도 이를 넓은 의미의 권한분쟁이라 할 수 있다.

이처럼 권한의 존부나 범위 그리고 그 행사에 관한 행정청 사이의 충돌이 법적 분쟁으로 비화하는 경우, 그 분쟁은 헌법재판으로서의 권한쟁의심판으로 해결되거나 기관소송이나 기타의 특별소송 그리고 항고소송 등으로 해결되기도 한다. 권한쟁의심판이나 기관소송 이외의 소송에 의한 권한분쟁의 경우, 지방자치단체 사이의 공유수면매립지 및 등록누락지에 대한 분쟁은 지방자치법에 규정된 특별절차와 대법원 제소에 의하여 문제를 해결하게 되어 있다. 이외에 대법원은 국가의 지방자치단체 자치사무에 대한 감독권 행사에 대하여 항고소송을 허용하였으며 국가기관 사이의 분쟁에 대해 항고소송을 허용하는 경우도 있다.

### ② 권한쟁의심판과 기관소송 등 여타의 권한분쟁 소송

권한쟁의심판은 권한의 유무 또는 범위에 대한 다툼이고 기관소송은 권한의 존부 또는 그 행사에 대한 다툼이므로 양자는 일응 구별된다. 기관소송에서는 권한의 존부만이 아니라 권한 행사의 적법성도 심사가 가능하기 때문이다. 다만 권한존부에 대한 다툼이 곧 권한행사에 대한 다툼인 경우가 많기 때문에 실질적으로 권한쟁의심판과 기관소송의 기능은 유사한 점이 있다.

행정청의 권한 다툼이 있지만 공통의 상급 행정기관이 존재하지 않을 때, 권한 쟁송의 원칙적 형태는 헌법재판소의 권한쟁의심판이라고 할 수 있다. 행정소송법 제3조 제4호는 기관소송을 규정하면서 헌법재판소의 관장사항은 기관소송의 대상으로 할 수 없음을 명시하였다. 따라서 권한의 다툼에 관한 한 헌법재판의 보충성의 원칙이 적용되지 않는다고 하여야 할 것이다.

그러나 권한쟁의심판에 관한 헌법규정은 헌법재판소에 권한쟁의에 대한 분쟁에 대한 배타적 관할권을 인정한 것으로 볼 수는 없다. 즉 헌법은 권한 분쟁에 대하여 헌법재판소의 일차적이고 원칙적인 관할권만을 인정한 것이라고 보아야 할 것이다.

따라서 법률로써 권한분쟁에 대한 기관소송이나 기타 특별소송의 창설이 가능한 것이다. 예컨대, 공유수면매립지 및 등록누락지의 귀속결정에 대한 분쟁은 지방자치법 제5조 제9항에 의하여 대법원의 관할사항으로 되고 있다. 매립지가 속할 지방자치단체를 정하는 문제는 지방자치단체의 관할권에 관한 문제이므로 개념적으로는 권한쟁의의 대상도 될 수 있음에도 지방자치법은 특별 소송제도를 규정한 것이다.[6)]

6) 헌법재판소 2020.7.16. 선고 2015헌라3 결정; 헌법재판소는 귀속지가 정해질 때까지는 지방자치단체가 매립지에 대하여 아직 아무런 권한도 가지지 못하므로 이에 대해서는 권한쟁의심판을 제기할 수 없다고 판시하였다.

이처럼 별도의 권한분쟁제도가 존재하여도 경우에 따라서는 그것이 헌법재판소의 권한쟁의심판의 대상이 될 가능성이 존재하므로 이러한 경우 법원의 판단과 헌법재판소의 판단이 달라질 수 있는 가능성이 있다. 이 문제의 해결을 위하여 권한의 유무 또는 범위에 관한 다툼이 생기고 그에 대해 권한쟁의심판 이외의 법원에 의한 별도의 권한 분쟁의 수단이 존재할 때에는 그것이 순수한 법률해석의 문제라면 헌법재판소는 심판청구의 이익을 부정하여 그것을 법원이 판단하도록 하고 그 권한 문제의 해결이 헌법 해석의 문제를 가지고 있다면 법원이 소의 이익을 부정하여 헌법재판소가 이를 판단하도록 하는 실질적인 조정이 필요하다고 본다.

### (2) 헌법재판소에 의한 권한쟁의심판

#### ① 권한쟁의심판의 종류 및 청구사유

헌법재판소의 권한쟁의심판은 i) 국가기관 상호간 또는 ii) 국가기관과 지방자치단체 간 그리고 iii) 지방자치단체 상호간의 권한의 유무 또는 범위에 대한 다툼이다. 국가기관 상호간이라 함은 국회와 행정부 행정기관 또는 행정부 행정기관과 중앙선거관리위원회 산하 행정기관 등 공통의 상급기관이 없는 경우를 말함이라고 할 것이다.

그리고 권한쟁의심판은 피청구인의 처분 또는 부작위가 헌법 또는 법률에 의하여 부여받은 청구인의 권한을 침해하였거나 침해할 현저한 위험이 있는 경우에만 제기할 수 있다.

#### ② 권한쟁의심판의 당사자능력과 청구인적격

**당사자능력**

헌법재판소는 권한쟁의심판을 제기할 수 있는 국가기관인지의 여부를 판단하기 위해서는 그 국가기관이 헌법에 의하여 설치되고 헌법과 법률에 의하여 독자적인 권한을 부여받고 있는지 여부, 헌법에 의하여 설치된 국가기관 상호간의 권한쟁의를 해결할 수 있는 적당한 기관이나 방법이 있는지 여부 등을 종합적으로 고려하여야 한다고 하면서 국가경찰위원회나 문화재청장은[7] 법률에 의하여 설치된 국가기관으로서 권한쟁의심판을 청구할 당사자능력이 없다고 판시하였다.[8]

또한 헌법재판소는 지방자치단체장이 국가위임 사무에서 국가기관의 지위에 있다면 권한쟁의심판의 당사자능력이 있지만 국가기관과 지방자치단체 그리고 지방자치단체와 지방자치단체 사이의 권한쟁의에서는 지방자치단체장이 아니라 지방자치단체가 당사자능력이 있다고 한다.[9]

헌법재판소법 제62조 제2항은 교육·학예에 관한 한 교육감이 당사자능력이 있는 것처럼 기술하고 있지만 이것도 당사자능력은 지방자치단체가 가지고 그 대표권이 교육감에 있는 것으로 새겨야 한다고 한다.[10]

---

7) 헌법재판소 2023.12.21. 선고 2023헌라1 결정. 문화재청은 지금은 국가유산청으로 변경되었음.
8) 헌법재판소 2022.12.22. 선고 2022헌라5 결정.
9) 헌법재판소 2006.8.31. 선고 2003헌라1 결정.
10) 헌법재판연구원(편), 주석 헌법재판소법, 2015, 899면.

**주요판례요지**

헌법재판소 2025.9.25. 선고 2024헌라7 결정: 헌법 제62조는 국회의 '위원회'를 명시하고 있으나 국회의 '소위원회'를 명시하지 않고 있고, 소위원회의 권한이 위원회로부터 독자적인 것이라고 보기 어렵다. 소위원회 위원장과 그 위원인 국회의원 사이에 권한 분쟁이 생기는 경우 위원회의 심사절차 내에서 해결할 수 있다. 결국 피청구인 국회 운영위원회 국회운영개선소위원회 소위원장은 권한쟁의심판의 당사자능력이 부정된다.

**청구인적격**

헌법 또는 법률에 의하여 부여받은 권한을 침해당하였거나 침해당할 현저한 위험이 있는 국가기관이나 지방자치단체가 권한쟁의심판의 청구인적격을 가진다. 권한쟁의심판의 청구인적격에 관하여 주로 문제가 된 것은 개별 국회의원이 국회의 권한 침해 사건에 대하여 청구인적격을 가지는가 하는 문제이었다. 이것은 국회의 권한 침해에 대해 국회의원이 제3자로서 소송담당자가 될 수 있느냐 하는 문제와 권한침해의 방식에 대한 이해의 문제라는 측면도 함께 가지고 있는 쟁점이라고 할 수 있다. 헌법재판소는 대개 국회의 권한에 대한 침해에 대하여 국회의원의 청구인적격을 부인하고 있다.

그러나 국회의원 자신의 권한이 침해된 경우에는 국회의원의 청구인적격이 허용된다.

**주요판례요지**

① 헌법재판소 1998.7.14. 선고 98헌라1 결정(국무총리서리 사건): 국무총리 서리의 임명이 국회의 국무총리 임명에서의 동의 권한을 침해한 것이라는 주장에 대해 국회의원이 권한쟁의 심판을 제기할 청구인적격이 없다는 이유로 각하하였다.

② 헌법재판소 2007.7.26. 선고 2005헌라8 결정(쌀협상 합의문 사건): 국회의 구성원인 국회의원이 국회의 조약에 대한 체결, 비준·동의권이 침해되었다고 주장하여 권한쟁의심판을 제기할 청구인적격이 없다. 국회의원의 심의·표결권은 국회의 대내적 관계에서 행사되고 침해되는 것이므로 대통령이 국회의 동의 없이 조약을 체결 비준·동의하였다 하더라도 국회의원의 심의·표결권은 침해되지 않는다(동의권과 심의·표결권을 동일시할 수 없음).

③ 헌법재판소 2025.9.25. 선고 2024헌라7 결정: 국회의원의 특별검사후보추천위원회 위원 추천과정 참여 및 추천권의 경우, '특별검사의 임명 등에 관한 법률' 제4조 제4항 제4호는 '국회에서 추천한 4명'으로 규정하고 있어 추천권은 법률상 국회의 권한이라고 할 것이고, 위 추천과정 참여권은 헌법과 법률이 특별히 국회의원에게 부여한 독자적인 권능이라고 보기 어려우므로 이와 관련하여서는 청구인적격이 부정된다.

③ 권한쟁의심판의 심판청구의 이익

권한쟁의심판에서의 심판청구의 이익에 관한 문제도 주로 국회에서 이루어지는 정치적 활동과 관련하여 문제되고 있다. 그리하여 예컨대 국무총리서리 사건과 같이 정치적 해결가능성 등 자신의 법적 견해를 관철할 수 있는 방어수단을 가지고 있는 경우에는 심판청구의 이익이 부정될 수 있다. 이처럼 정치적 해결가능성이 있을 때 심판청구의 이익을 부정하는 것은 정치의 사법화를 방지하는 의미도 가지고 있다.

그리고 심판 청구 이후 사실관계가 종료되어 권한 침해행위가 종료된 경우에도 심판청구의 이익을 인정할 수 있다. 헌법재판이 객관적 헌법질서의 수호와 유지를 목적으로 하기 때문이다.

주요판례요지

헌법재판소 2003.10.30. 선고 2002헌라1 결정(국회상임위 강제사임사건): 국회의원인 청구인이 국회 보건복지위원회 위원의 자리에서 강제사임 당하였으나 다시 보건복지위원회에 배정되어 심판청구의 이익이 없는가가 문제되었으나 객관적 헌법질서의 수호를 위하여 심판청구의 이익을 인정하였다.

④ 권한쟁의심판의 대상적격

**처분 또는 부작위**

권한쟁의심판의 대상이 되는 것은 피청구인의 처분 또는 부작위이다. 다만 이때의 처분은 행정쟁송법상의 처분 개념보다 훨씬 넓은 것으로서 입법행위를 포함하는 것이다.

**장래처분**

헌법재판소는 피청구인의 장래처분이 확실히 예정되어 있고 그로 인해 청구인의 권한이 침해될 위험성이 있어서 청구인의 권한을 사전에 보호해 주어야 할 필요성이 큰 예외적인 경우에는 장래처분에 대한 권한쟁의심판도 가능하다고 판시하였다.[11] 다만 이에 대해서는 법률해석의 범위를 넘었다는 비판이 있다.

**법률에 의한 권한 침해에 대한 권한쟁의**

헌법재판소는 청구인의 권한을 침해하는 법률의 제정행위에 대한 권한쟁의는 인정하지만 법률의 규정이 청구인의 권한을 침해하는 것은 권한쟁의 사항이 아니라 위헌법률심판 등의 대상이 된다고 한다.

주요판례요지

① 헌법재판소 2005.12.22. 선고 2004헌라3 결정(서울시와 정부·국회간 권한쟁의): 교육경비를 국가와 지방자치단체에 부담시키는 지방교육자치에 관한 법률 등의 개정안이 자치권한을 침해하는가에 대하여 정부의 법안제출은 권한쟁의의 대상이 되는 처분이 아니라고 하고 국회의 법

11) 헌법재판소 2022.10.27. 선고 2020헌라4 결정; 헌법재판소 2024.8.29. 선고 2022헌라1 결정.

률제정행위를 권한쟁의의 대상이 되는 처분이라고 보았다.

② 헌법재판소 2006.5.25. 선고 2005헌라4 결정(강남구 등과 국회간의 권한쟁의): 권한쟁의심판의 대상은 법률 자체가 아니라 법률제정행위이고 법률은 위헌법률심판의 대상이 된다.

③ 헌법재판소 2008.5.25. 선고 2005헌라7 결정(지방선거비용사건): 지방선거는 자치사무이므로 그 비용을 자치단체에 부담시키는 법률의 제정이 자치권을 침해한다고 할 수 없다.

**지방자치단체 내부의 문제에 대한 권한쟁의**

헌법재판소는 어느 지방자치단체 내부의 권한 분쟁은 권한쟁의심판의 대상이 될 수 없음을 분명히 하였다. 그리하여 경상남도 교육청과 경상남도 간의 권한쟁의는 지방자치단체 내부의 문제이므로 권한쟁의 대상이 되지 않는다고 판시하였다.[12]

**소극적 권한쟁의 인정여부**

현행 헌법재판소법은 권한쟁의심판의 청구사유로서 권한의 침해 또는 그 위험성을 요구하고 있으므로 그 해석상 청구인이 권한이나 의무 없음을 주장하여 다투는 소극적 권한쟁의를 인정하기 어렵다. 헌법재판소는 이러한 소극적 권한쟁의에 대해서 과거에는 기각하는 경우도 있었지만[13] 근래에는 각하로 처리한다.[14]

그런데 행정권한의 부작위를 통해서는 권한의 침해가 이루어질 수 없으나 행정권한 행사의 거부는 그 자체가 행정권한의 행사가 되므로 이에 대해서도 권한쟁의를 허용할 수 없다고 하고 각하를 할 것인지가 문제된다. 최근 헌법재판소는 경기도가 남양주시의 특별조정교부금 신청에 대해 교부금 배분대상에서 제외한 조치를 한 것에 대하여 이를 각하하지 않고 본안심리를 진행하였다.[15] 이것이 부작위와 거부를 구별하여 달리 취급한 사례에 해당한다고 볼 수 있는지 앞으로의 판례의 귀추가 주목된다.

**⑤ 청구기간 등**

권한쟁의심판은 그 사유가 있음을 안 날로부터 60일 이내, 그 사유가 있은 날로부터 180일 이내에 청구하여야 한다.

한편 권한쟁의심판의 결정은 재판관 단순 과반수로 한다.

### (3) 기관소송과 감독불복소송

행정소송법은 기관소송을 개별 법률의 규정사항으로 하고 있으므로 기관소송 법정주의를 채택하고 있다고 할 수 있다. 현행법상 인정되는 기관소송에는,

① 지방자치법상의 지방의회 의결의 법령위반 그리고 조례에 대한 재의요구와 재의결시 법령위반(재량권의 일탈과 남용 포함)을 이유로 지방자치단체장이나 감독청(주무부장관과 시·도지사)이

12) 헌법재판소 2016.6.30. 선고 2014헌라1 결정.
13) 헌법재판소 1998.8.27. 선고 96헌라1 결정.
14) 헌법재판소 2014.3.27. 선고 2012헌라4 결정 등.
15) 헌법재판소 2022.12.22. 선고 2020헌라3 결정.

대법원에 제기하는 기관소송(지방자치법 제120조 제4항, 제192조 제5항, 제8항).

② 지방자치단체장이 자치사무에 대하여 행한 명령이나 처분에 대하여 감독청(주무부장관과 시·도지사)이 취소·정지한 경우에 지방자치단체장이 대법원에 제기하는 감독불복소송(지방자치법 제188조 제6항): 이 소송은 취소·정지 등 제2차적 감독처분에 대하여 제기할 수 있고 시정명령 등 제1차적 감독처분에 대해서는 제기할 수 없음.

③ 지방자치단체장이 감독청(주무부장관과 시·도지사)의 직무이행명령에 대하여 대법원에 제기하는 감독불복소송(지방자치법 제189조 제6항)

등이 있다.

그런데 감독불복소송을 일종의 기관소송으로 이해할 것인지 특수한 항고소송으로 이해할 것인지에 대해서는 논란이 있을 수 있다. 감독불복사건은 권한에 대한 침해가 관련될 가능성이 큰 점과 원고가 행정청이 된다는 점을 생각하면 이를 일종의 기관소송으로 볼 수 있을 것이다.

기관소송 및 감독불복소송에 대하여 자세한 것은 제3편 제1장 제6절 제4관 지방자치에 관한 쟁송 참조.

#### (4) 지방자치단체의 토지 관할권과 관련된 소송

##### ① 지방자치단체 사이의 경계변경 소송

지방자치단체 사이의 경계와 관련된 관할권 결정은 기본적으로 지방자치법 제6조에 의하여 지방자치단체중앙분쟁조정위원회의 심의·의결에 따라 행정안전부장관이 조정하고 그 결과를 대통령령에 반영하여 해결하도록 되어 있다. 그러나 헌법재판소는 장래처분에 대한 권한쟁의심판을 허용하고 권한쟁의심판의 대상이 되는 처분에는 행정입법행위도 당연히 포함되므로 장래 입법될 대통령령의 근거가 될 지방자치단체중앙분쟁조정위원회의 의결의 내용이 권한쟁의심판의 대상이 될 수 있다고 본다. 이러한 가능성을 뒷받침 하듯이 지방자치법도 경계변경 분쟁에 대해서는 대법원 제소 규정을 두고 있지 않다.

##### ② 공유수면 매립지 및 등록누락지 소송

지방자치법은 '공유수면관리 및 매립에 관한 법률'에 따른 매립지와 '공간정보의 구축 및 관리 등에 관한 법률'에 의한 지적공부에 등록이 되어 있지 않은 토지의 귀속은 지방자치단체중앙분쟁조정위원회의 심의·의결에 따라 행정안전부장관이 정하고 이에 대해 불복하기 위해서는 대법원에 제소하도록 규정하고 있다(지방자치법 제5조). 지방자치단체의 토지관할권은 본질적으로 지방자치단체의 권한에 속하므로 이러한 소송은 일종의 권한쟁송의 요소를 가진 것이라 할 수 있다. 논리적으로는 이를 권한쟁의심판의 대상으로 할 가능성이 있지만 헌법재판소는 이와 같은 분쟁은 권한쟁의심판 대상이 아니라고 판시하였다.

**주요판례요지**

헌법재판소 2020.7.16. 선고 2015헌라3 결정(충청남도 등과 행정자치부장관 등의 권한쟁의사건): 공유수면매립지는 행정안전부장관의 결정 이전에는 관할권이 정해지지 않은 상태이므로 매립전 공유수면에 대한 관할권을 가진 지방자치단체는 새로이 형성된 매립지에 대하여 어떠한 권한을 소유하고 있다고 할 수 없으므로 이에 대하여 권한쟁의심판을 청구할 수 없다.

공유수면매립지 및 등록누락지소송에 대하여 자세한 것은 제3편 제1장 제1절 제2관 3. (3) 공유수면매립지 및 등록누락지의 귀속 결정 참조.

### (5) 해상경계소송

지방자치단체의 구역이 되는 토지의 귀속에 관하여는 지방자치법에 이에 대한 쟁송제도가 규정되어 있으나 지방자치단체의 해상경계와 공유수면의 귀속에 대해서는 지방자치법에 별다른 규정이 없다. 따라서 이에 대해서는 헌법재판소의 권한쟁의심판이 유일한 분쟁 해결 수단으로 제시되고 있다. 헌법재판소는 공유수면에 대한 지방자치단체 사이의 경계에 대하여 명시적인 법령상 경계가 있으면 그에 따르고 그것이 없으면 불문법상 해상경계에 따른다고 하고 그것도 없으면 헌법재판소의 권한쟁의로 다룬다고 판시하였다. 그러한 경계의 설정에서 헌법재판소는 등거리 중간선을 기준으로 하되 지리조건이나 생활 편익, 행정권한 행사의 내용과 실상 등을 고려하도록 하였다.[16]

### (6) 지방자치단체의 자치사무에 대한 국가의 감독권 행사에 대한 지방자치단체의 항고소송

대법원은 항고소송에서 지방자치단체의 원고적격을 인정하고 있으므로 국가의 처분에 대해 지방자치단체가 항고소송을 제기하는 것은 전혀 새로운 것이 아니다.[17] 그런데 최근에는 국가기관이 지방자치단체의 사무에 관하여 감독권을 행사한 처분에 대하여 지방자치단체의 항고소송을 허용하고 있어서 일종의 권한분쟁의 해결을 위하여 항고소송이 활용될 수 있음을 보여주었다. 그러나 대법원은 역으로 감독청이 기관위임사무 처리에 관하여 지방자치단체장에 대하여 항고소송을 제기하는 것은 허용되지 않는다고 판시하였다.[18]

참고판례: 대법원 2017.9.21. 선고 2014두43073 판결 [2013년도지방교부세감액결정취소청구의소]

**기초 지방자치단체가 학교법인을 설립하고 사립 고등학교의 형태로 외국어고등학교를 설립한 후 학교법인에 348억여 원을 출연금으로 지출한 데 대하여, 행정자치부장관이 위 출연행위가 '법령위반 지출'에 해당한다는 이유로 지방교부세 161억여 원을 감액한다고 결정 · 통지한 사안**에서, 위 출연행위는 지방재정

16) 헌법재판소 2019.4.11. 선고 2016헌라8 등 결정.
17) 대법원 2013.2.28. 선고 2012두22904 판결.
18) 대법원 2007.9.20. 선고 2005두6935 판결.

법 제17조 제1항을 위반한 지출행위이고, 구 지방교부세법 제11조 제2항 등에 따라 '법령을 위반하여 지출한 금액' 이내에서 지방교부세의 감액 또는 반환을 명할 수 있으며, 위 처분이 재량의 범위를 일탈·남용한 것이 아니라고 본 원심판단에 위법이 없다고 한 사례

### (7) 대법원 판례법에 의한 권한쟁송

대법원은 근래 행정청 사이의 권한 행사와 관련된 다툼에서 행정청에게 예외적인 당사자능력과 원고적격을 인정하여 항고소송으로 이를 다툴 수 있도록 허용하는 판례를 내놓았다. 이러한 예외적인 소송은 실질적으로 기관소송의 기능을 하는 것이다. 대법원 자신도 이러한 소송을 인정하는 근거의 하나로 기관소송 법정주의를 채택하고 있는 현행법 질서를 들었다.

대법원은 처음으로 이런 소송을 허용하던 2013년의 판례에서는[19] 국민권익위원회와 경기도 선거관리위원회 위원장 사이의 분쟁에 대하여 이를 허용해 주었는데 양 기관은 공통의 상급기관도 존재하지 않고 권한쟁의심판을 제기할 수 있는 기관도 아니었다. 그러나 2018년에는 공통의 상급기관이 존재한다고 할 수 있는 국민권익위원회와 소방청장 사이에서도 이러한 소송을 허용하였다.

대법원은 법령이 특정한 행정기관 등으로 하여금 다른 행정기관을 상대로 제재적 조치를 취할 수 있도록 하면서, 그에 따르지 않으면 그 행정기관에 대하여 과태료를 부과하거나 형사처벌을 할 수 있도록 정하는 경우에는 단순히 국가기관이나 행정기관의 내부적 문제라거나 권한 분장에 관한 분쟁으로만 볼 수 없기 때문에 기관소송 법정주의를 취하면서 제한적으로만 기관소송을 인정하고 있는 현행 법령의 체계에 비추어, 이 경우에는 항고소송을 통한 구제의 길을 열어주는 것이 타당하다고 판시하였다.

참고판례: 대법원 2018.8.1. 선고 2014두35379 판결 [징계처분등]

국가기관 등 행정기관(이하 '행정기관 등'이라 한다) 사이에 그 권한의 존부와 범위에 관하여 다툼이 있는 경우에 이는 통상 내부적 분쟁이라는 성격을 띠고 있어 상급관청의 결정에 따라 해결되거나 법령이 정하는 바에 따라 '기관소송'이나 '권한쟁의심판'으로 다루어진다.

그런데 **법령이 특정한 행정기관 등으로 하여금 다른 행정기관을 상대로 제재적 조치를 취할 수 있도록 하면서, 그에 따르지 않으면 그 행정기관에 대하여 과태료를 부과하거나 형사처벌을 할 수 있도록 정하는 경우가 있다. 이러한 경우에는 단순히 국가기관이나 행정기관의 내부적 문제라거나 권한 분장에 관한 분쟁으로만 볼 수 없다.** 행정기관의 제재적 조치의 내용에 따라 '구체적 사실에 대한 법집행으로서 공권력의 행사'에 해당할 수 있고, 그러한 조치의 상대방인 행정기관이 입게 될 불이익도 명확하다. 그런데도 **그러한 제재적 조치를 기관소송이나 권한쟁의심판을 통하여 다툴 수 없다면, 제재적 조치는 그 성격상 단순히 행정기관 등 내부의 권한 행사에 머무는 것이 아니라 상대방에 대한 공권력 행사로서 항고소송을**

19) 대법원 2013.7.25. 선고 2011두1214 판결.

**통한 주관적 구제대상이 될 수 있다고 보아야 한다.** 기관소송 법정주의를 취하면서 제한적으로만 이를 인정하고 있는 현행 법령의 체계에 비추어 보면, 이 경우 항고소송을 통한 구제의 길을 열어주는 것이 법치국가 원리에도 부합한다. 따라서 **이러한 권리구제나 권리보호의 필요성이 인정된다면 예외적으로 그 제재적 조치의 상대방인 행정기관 등에게 항고소송 원고로서의 당사자능력과 원고적격을 인정할 수 있다.**

## 3. 행정청의 권한의 대리

### (1) 권한의 대리의 개념

권한의 대리란 특정한 행정청의 권한을 다른 행정기관이 원래의 행정청을 대신하여 행사함을 밝혀 그 권한을 자신의 명의로 대신하여 행사하고 그 권한의 법적 효과는 피대리관청의 행위로 발생하게 하는 것을 의미한다. 권한의 대리가 이루어지더라도 법령상의 권한 분배에는 영향이 없다. 여기서 말하는 권한의 대리는 행정조직법상의 것으로서 행정행위론에서 말하는 행정작용법상의 대리행위와는 구별하여야 한다.

권한의 대리는 ① 권한의 위임과 달리 권한의 귀속변경을 초래하지 않으며, ② 권한의 위임과 달리 반드시 법적 근거를 요하지 않고, ③ 권한의 위임에서 수임자는 보통 하급 행정청 등인데 반하여 권한의 대리자는 보통 보조기관이라는 점 등에서 권한의 위임과 구별된다.

또한 권한의 대리에서는 대리기관이 자기명의로 행위 한다는 점에서 위임자의 명의로 행하는 권한의 내부위임, 전결, 대결과 구별된다.

---

참고판례: 대법원 2006.2.23. 자 2005부4 결정 [산재보험료부과처분취소]

행정소송법 제14조에 의한 **피고경정은 사실심 변론종결에 이르기까지 허용**되는 것으로 해석하여야 할 것이고, 굳이 제1심 단계에서만 허용되는 것으로 해석할 근거는 없다.

대리권을 수여받은 데 불과하여 그 자신의 명의로는 행정처분을 할 권한이 없는 행정청의 경우 대리관계를 밝힘이 없이 그 자신의 명의로 행정처분을 하였다면 그에 대하여는 처분명의자인 당해 행정청이 항고소송의 피고가 되어야 하는 것이 원칙이지만, **비록 대리관계를 명시적으로 밝히지는 아니하였다 하더라도 처분명의자가 피대리 행정청 산하의 행정기관으로서 실제로 피대리 행정청으로부터 대리권한을 수여받아 피대리 행정청을 대리한다는 의사로 행정처분을 하였고 처분명의자는 물론 그 상대방도 그 행정처분이 피대리 행정청을 대리하여 한 것임을 알고서 이를 받아들인 예외적인 경우에는 피대리 행정청이 피고가 되어야 한다.**

해 설 대리관계를 현명하지 않고 자신의 명의로 대리자가 처분을 한 경우 원칙적으로 처분명의자가 피고가 되지만 이 사건은 실질적으로 대리관계가 알려진 예외적인 경우이므로 피대리청이 항고소송의 피고가 된다.

---

### (2) 권한의 대리의 종류

① 임의대리

임의대리는 수권대리 또는 위임대리라고도 한다. 법령의 근거규정이 있는 경우 훈령으로 하는 것이 보통이다. 그러나 근거규정이 없어도 권한의 일부에 대한 임의대리가 가능하다는 것이 정부 내 관행이다.

그러나 임의대리에는 그 수권에 제한이 있다. ① 일반적 제한으로서, 특별부여된 권한에 대하여 임의대리를 세우는 것은 불가능하다. ② 피대리청 권한의 일부수권(일부대리)만 가능하지 전부수권은 허용되지 않는다.

임의대리가 이루어진 경우에 피대리청은 대리권자에 대해 지휘·감독권을 가진다.

② 법정대리

법정대리는 법령의 규정에 따라 피대리청의 부재나 유고 등 법정사실의 발생 시에 인정되는 대리이다. 법정대리를 규정하고 있는 관계법령에는 헌법 제71조, 정부조직법 제7조 제2항, 제12조 제2항, 제22조, 직무대리규정 제3조, 지방자치법 제111조 등이 있으며 이때 대리기관은 통상 피대리청의 보조기관이나 하급행정청이 된다.

법정대리에는 대리권자가 법령에 규정되어 있는 협의의 법정대리(예컨대, 헌법 제71조, 정부조직법 제7조 제2항, 제12조 제2항)와, 지명권자의 지명에 의해 대리자가 되는 지정대리(정부조직법 제22조)가 있다.

중앙행정기관과 그 소속기관의 직무대리에 대하여 규율하고 있는 직무대리규정은 기관장과 부기관장의 직무대리에 대해서는 이를 협의의 법정대리로 규정하고 있고 기관장과 부기관장 이외의 직무대리는 이를 지정대리로 규정하고 있다(같은 규정 제4조, 제5조). 또한 직무대리자는 원칙적으로 본래 담당한 직위의 업무를 수행하면서 직무대리의 업무를 수행한다(같은 규정 제6조 제5항).

법정대리 가운데 피대리청의 궐위시에 대리가 되는 서리(署理)가 있다. 피대리청이 궐위되어 존재하지 않는다는 점에서 서리는 법정대리와는 다르다는 견해도 있다. 그러나 서리는 인격의 대리가 아니고 권한의 대리이므로 피대리의 대상이 되는 자연인의 존재유무는 법정대리의 성립에 별 문제가 되지 않는다고 봄이 타당하다.

종전의 관행처럼 그 직위에 임명되기 위한 자격요건을 갖추지 못한 자를 사실상 그 직위에 임명하기 위한 서리임명은 허용될 수 없다. 이러한 맥락에서 과거 국회의 동의 이전에 국무총리서리를 임명하는 관행은 위헌의 소지가 있는 것으로 판명되어 역사의 뒤안길로 사라졌다.

③ 복대리

대리의 대리, 즉 복대리가 허용되는지가 문제이다. 임의대리는 권한 일부를 대리함에 그치므로 복대리가 불가하다고 보아야 할 것이나, 법정대리는 권한의 전부에 대한 대리이므로 권한 일부에 대한 복대리가 가능하다고 하여야 할 것이다.

## 4. 행정청의 권한의 위임

### (1) 의의

#### ① 권한의 위임의 개념

넓은 의미에서 권한의 위임이란 행정청이 권한의 일부를 다른 행정기관(하급행정청 또는 보조기관)에 이전하여 그 기관으로 하여금 그 권한과 책임 및 명의로 업무를 수행하도록 하는 것을 의미한다.

이러한 광의의 위임에는 협의의 권한의 위임과 권한의 위탁이 포함된다. 협의의 권한의 위임은 지휘감독관계에서의 권한의 위임을 의미하고 권한의 위탁이라 하면 원래 지휘감독관계가 존재하지 않는 대등관계에서의 위임을 말한다. 특히 민간에게 권한을 위임할 때 이를 민간위탁이라 하기도 한다.

대법원은 권한의 위임이 이루어지면 수임청이 자기 명의로 권한을 행사하고 위임청은 그 권한을 잃는다고 한다.[20]

#### ② 다른 개념과의 구별

권한의 위임은 권한의 이양이나 사실상의 위임, 촉탁, 권한의 대리 그리고 민법상의 위임과 구별된다.

첫째로, 권한의 위임은 권한의 법적 근거는 위임청에 그대로 남겨두고 권한만 이전하는데 반하여 권한의 이양(이관)은 권한의 근거 자체를 이전하는 것을 말한다. 따라서 권한의 위임을 위해서는 정부조직법 제6조와 '행정권한의 위임 및 위탁에 관한 규정'[21]만으로도 가능하다는 것이 대법원의 입장이지만[22] 권한의 이양을 위해서는 구체적인 법개정이 요구된다.

둘째로, 권한의 위임은 법적 근거를 가지고 수임청이 자신의 이름으로 권한을 행사하지만 내부위임이나 위임전결, 대결 등의 사실상의 위임의 경우 수임청은 위임청의 명의로 사실상 권한을 대신 행사하는 것에 불과하다. 내부위임이란 하급행정청이 상급행정청의 명의로 사실상 권한을 행사하는 것을 말하고 위임전결은 행정규칙인 위임전결규정 등에 의거하여 보조기관이 행정청의 명의로 권한을 행사하는 것을 말한다. 대결이란 위임청 담당자의 출장 등으로 인한 일시부재 시에 보조기관이 위임청의 명의로 권한을 행사하여 대신 결재하고 후에 위임청의 추인을 받는 것을 말하며 후열이라고도 한다.

셋째로, 등기, 소송에 관한 사무처리를 위탁하는 경우를 특히 촉탁이라 하는데 이는 권한이전은 아니므로 위임과는 다른 것이다.

넷째로, 권한의 대리는 권한이전의 문제가 아니라 권한의 대리행사이므로 위임과는 구별된다.

다섯째로, 민법상의 위임은 권리주체 사이의 문제이고 권한이 아닌 권리의 위임이라는 점에

20) 대법원 1992.9.22. 선고 91누11292 판결.
21) 경우에 따라 제3조 또는 제4조.
22) 대법원 1995.7.11. 선고 94누4615 전원합의체 판결.

서 권한의 위임과는 구별된다.

대법원은 내부위임은 권한의 위임과 달리 사실상의 권한 행사이므로 수임관청이 자기이름으로 권한을 행사할 수 없고 그렇게 권한을 행사하였다면 위법무효라고 한다.[23] 그러나 위임전결규정에 위반하여 처분이 이루어져도 그 처분이 권한 없는 자에 의하여 행하여진 무효의 처분이라고 할 수 없다고 한다.[24]

참고판례: 대법원 1998.2.27. 선고 97누1105 판결 [공유재산대부신청반려처분무효확인]

**전결과 같은 행정권한의 내부위임은 법령상 처분권자인 행정관청이 내부적인 사무처리의 편의를 도모하기 위하여 그의 보조기관 또는 하급 행정관청으로 하여금 그의 권한을 사실상 행사하게 하는 것으로서 법률이 위임을 허용하지 않는 경우에도 인정되는 것이므로,** 설사 행정관청 내부의 사무처리규정에 불과한 **전결규정에 위반하여 원래의 전결권자 아닌 보조기관 등이 처분권자인 행정관청의 이름으로 행정처분을 하였다고 하더라도 그 처분이 권한 없는 자에 의하여 행하여진 무효의 처분이라고는 할 수 없다.**

### (2) 위임의 법적 근거

권한의 위임은 권한분배의 대외적 변경이므로 법적 근거를 요한다. 그런데 권한의 위임은 개별적 근거를 가져야 하는지 아니면 일반적 근거만을 가짐으로 족한지가 문제이다. 권한의 위임의 개별적 근거라 함은 구체적으로 어떠한 권리를 누구에게 위임하는지에 대한 규정을 말하며 대통령령인 '행정권한의 위임 및 위탁에 관한 규정'이 그에 대해 다양한 규정을 두고 있다. 한편 행정권한의 위임(또는 재위임)의 일반적 근거라 함은 그러한 구체적 적시 없이 권한을 위임할 수 있음을 규정한 것이다. 정부조직법 제6조, 지방자치법 제115조 및 제117조, '행정권한의 위임 및 위탁에 관한 규정' 제3조, 제4조 등이 이에 해당한다. 정부조직법 제6조, '행정권한의 위임 및 위탁에 관한 규정' 제3조, 제4조 등의 성격에 대해서 학설은 견해가 반드시 일치하지 않고 있다. 쟁점은 정부조직법 제6조, '행정권한의 위임 및 위탁에 관한 규정' 제3조, 제4조 등이 행정권한의 위임이 가능하다는 일반원칙의 선언인가 아니면 독자적인 위임의 근거가 되는 규정인가 하는 것인데 이미 언급한 바와 같이 대법원은 정부조직법 제6조 등을 위임과 재위임의 독자적 근거규정으로 본 바 있다. 그리고 지방자치단체의 기관위임사무를 재위임할 때에는 조례가 아니라 규칙으로 하여야 한다고 한다.[25]

---

23) 대법원 1989.9.12. 선고 89누671 판결; 대법원 1993.5.27. 선고 93누6621 판결.
24) 대법원 1998.2.27. 선고 97누1105 판결.
25) 대법원 1995.8.22. 선고 94누5694 전원합의체 판결.

참고판례 1: 대법원 1995.7.11. 선고 94누4615 전원합의체 판결 [건설업영업정지처분무효확인]

구 건설업법(1994.1.7. 법률 제4724호로 개정되기 전의 것) 제57조 제1항, 같은 법 시행령 제53조 제1항 제1호에 의하면 건설부장관의 권한에 속하는 같은 법 제50조 제2항 제3호 소정의 영업정지 등 처분권한은 서울특별시장·직할시장 또는 도지사에게 위임되었을 뿐 시·도지사가 이를 구청장·시장·군수에게 재위임할 수 있는 근거규정은 없으나, **정부조직법 제5조 제1항과 이에 기한 행정권한의위임및위탁에관한규정 제4조에 재위임에 관한 일반적인 근거규정이 있으므로 시·도지사는 그 재위임에 관한 일반적인 규정에 따라 위임받은 위 처분권한을 구청장 등에게 재위임할 수 있다.**

**해 설** 이 판례에서 말하는 정부조직법 제5조 제1항은 현재의 정부조직법 제6조 제1항에 해당하는 것이다.

참고판례 2: 대법원 1995.8.22. 선고 94누5694 전원합의체 판결 [관리처분계획인가처분취소]

**관리처분계획의 인가 등에 관한 사무는 국가사무로서 지방자치단체의 장에게 위임된 이른바 기관위임사무에 해당하므로,** 시·도지사가 지방자치단체의 조례에 의하여 이를 구청장 등에게 재위임할 수는 없고, 행정권한의위임및위탁에관한규정 제4조에 의하여 **위임기관의 장의 승인을 얻은 후 지방자치단체의 장이 제정한 규칙이 정하는 바에 따라 재위임하는 것만이 가능하다.**

서울특별시장이 건설부장관으로부터 위임받은 관리처분계획의 인가 등 처분권한을 행정권한의위임및위탁에관한규정 제4조에 의하여 **규칙을 제정해서 구청장에게 재위임하지 아니하고, 서울특별시행정권한위임조례(1990.10.8. 서울특별시 조례 제2654호) 제5조 제1항 [별표]에 의하여 구청장에게 재위임하였다면, 서울특별시행정권한위임조례 중 위 처분권한의 재위임에 관한 부분은 조례제정권의 범위를 벗어난 국가사무(기관위임사무)를 대상으로 한 것이어서 무효이다.**

**해 설** 기관위임사무는 국가사무이므로 국가로부터 위임받은 사무를 다시 재위임할 때에는 조례가 아닌 규칙으로 하여야 하고 조례로 한 경우 그것은 무효라고 판시하였다.

### (3) 위임의 한계

권한의 위임은 언제나 일부위임만이 가능할 뿐이다.

재위임은 특히 필요한 때, 법령이 정하는 바에 의하여 가능하다(정부조직법 제6조 1항 후단).

한편 지방자치법은 지방자치단체의 장이 위임, 위탁받은 사무의 일부를 재위임·재위탁 하고자 할 때에는 위임·위탁한 기관의 장의 승인을 얻어야 한다고 규정하고 있다(지방자치법 제117조 제4항).

### (4) 위임의 형태

① 보조기관, 하급행정기관에 대한 위임의 경우 위임청은 지휘·감독권 및 취소·정지권을 보유한다.

② 대등행정관청 기타 행정기관에 대한 위임은 이를 권한의 위탁이라 한다. 이러한 경우에도 '행정권한의 위임 및 위탁에 관한 규정'은 위임청의 지휘·감독권과 취소·정지권을 규정하고 있

다. 특히 업무가 등기·소송에 관한 것일 때에는 이를 촉탁이라 한다.

③ 단체위임은 국가나 상급자치단체나 그 소속 행정청이 지방자치단체 자체에 대하여 권한을 위임하는 것을 말하며 기관위임은 지방자치단체 소속의 행정청에게 권한을 위임하는 것을 의미한다. 지방자치법은 지방자치단체의 관할구역 내에서 시행하는 국가 행정사무는 법령에 다른 규정이 없으면 당해 지방자치단체의 장에게 위임하여 행하도록 하고 있으므로 기관위임을 원칙적으로 하고 있으며(지방자치법 제115조) 실제로 단체위임의 사례는 흔하지 않다.

④ 민간위탁은 행정청의 권한을 민간에게 위임하는 것을 말하며 수임민간인은 공무수탁사인이 된다. 공무수탁사인에게 항고소송의 피고적격이 인정되는지가 문제인데 대법원은 대체로 이를 인정하지 않으려는 경향이다. 그러나 예컨대, 민영교도소 소장 등의 공무수탁사인에게 항고소송의 피고적격을 인정하여야 할 부득이한 경우도 있을 것이다.

### (5) 권한의 위임의 효과

① 수임기관의 지위

권한의 위임이 이루어진 경우, 그 위임에 따라 그 권한은 수임기관의 권한이 되어 수임기관은 자기의 명의와 책임으로 권한을 행사하게 된다. 또한 수임기관은 항고소송의 피고적격도 가지게 된다.

그런데 대법원은 권한의 위임의 경우뿐만 아니라, 내부위임이나 대리의 경우에도 처분의 명의자가 항고소송의 피고가 되어야 한다고 한다.[26] 다만 대리의 관계를 밝혀 누구에게 권한이 있는지가 현명되었다면 피대리청이 피고가 되어야 한다.[27]

**참고판례 1: 대법원 1994.6.14. 선고 94누1197 판결 [농지조성비등부과처분취소]**

항고소송은 원칙적으로 소송의 대상인 행정처분 등을 외부적으로 그의 명의로 행한 행정청을 피고로 하여야 하는 것으로서, 그 행정처분을 하게 된 연유가 상급행정청이나 타행정청의 지시나 통보에 의한 것이라 하여 다르지 않으며, **권한의 위임이나 위탁**을 받아 수임행정청이 정당한 권한에 기하여 수임행정청 명의로 한 처분에 대하여는 말할 것도 없고, **내부위임이나 대리권을 수여받은 데 불과하여 원행정청 명의나 대리관계를 밝히지 아니하고는 그의 명의로 처분 등을 할 권한이 없는 행정청이 권한 없이 그의 명의로 한 처분에 대하여도 처분명의자인 행정청이 피고가** 되어야 한다.

**참고판례 2: 대법원 2018.10.25. 선고 2018두43095 판결 [농지보전부담금부과처분취소]**

**항고소송은** 다른 법률에 특별한 규정이 없는 한 **원칙적으로 소송의 대상인 행정처분을 외부적으로 행한 행정청을 피고로 하여야 하고**(행정소송법 제13조 제1항 본문), **다만 대리기관이 대리관계를 표시하고 피대리 행정청을 대리하여 행정처분을 한 때에는 피대리 행정청이 피고로 되어야 한다.**

---

26) 대법원 1994.6.14. 선고 94누1197 판결.
27) 대법원 2018.10.25. 선고 2018두43095 판결.

② 위임기관의 지위

하급청이나 보조기관에 대한 위임의 경우 위임청은 지휘·감독권을 보유하게 된다. 하급청이나 보조기관이 아닌 경우에도 '행정권한의 위임 및 위탁에 관한 규정'은 위임청에게 지휘·감독권과 취소·정지권이 있음을 규정하고 있다(같은 규정 제6조). 그러나 수임 및 수탁기관에 대하여 사전승인을 받거나 협의를 할 것을 요구할 수는 없다(같은 규정 제7조).

대법원은 위임기관의 취소·정지권의 행사는 재량행위이며 광범위한 재량이 인정되지만 이해관계 있는 제3자가 있거나 이미 형성된 법률관계가 있는 경우에는 상대적으로 엄격한 재량통제의 대상이 된다고 한다(참고판례).

참고판례: 대법원 2017.9.21. 선고 2016두55629 판결 [임용취소처분취소]

정부조직법 제6조 등에 따른 행정권한의 위임 및 위탁에 관한 규정 제6조는 "위임 및 위탁기관은 수임 및 수탁기관의 수임 및 수탁사무 처리에 대하여 지휘·감독하고, 그 처리가 위법하거나 부당하다고 인정될 때에는 이를 취소하거나 정지시킬 수 있다."라고 규정하고 있다.

**수임 및 수탁사무의 처리가 부당한지 여부의 판단은 위법성 판단과 달리 합목적적·정책적 고려도 포함되므로, 위임 및 위탁기관이 그 사무처리에 관하여 일반적인 지휘·감독을 하는 경우는 물론이고 나아가 수임 및 수탁사무의 처리가 부당하다는 이유로 그 사무처리를 취소하는 경우에도 광범위한 재량이 허용된다고 보아야 한다. 다만 그 사무처리로 인하여 이해관계 있는 제3자나 이미 형성된 법률관계가 존재하는 경우에는 위임 및 위탁기관이 일반적인 지휘·감독을 하는 경우와 비교하여 그 사무처리가 부당하다는 이유로 이를 취소할 때 상대적으로 엄격한 재량통제의 필요성이 인정된다.** 따라서 위임 및 위탁기관이 이러한 취소 여부를 결정할 때에는 위임 및 위탁의 취지, 수임 및 수탁기관 사무처리의 부당한 정도, 취소되는 사무의 성격과 내용, 취소로 이익이 제한·침해되는 제3자의 존재 여부 및 제한·침해의 정도 등을 종합적으로 고려하여야 하고, 이러한 취소에 재량권 일탈·남용이 인정된다면 취소처분은 위법하다고 판단할 수 있다.

③ 비용부담

위임기관은 수임기관에 필요한 인력과 예산을 이관하여야 한다('행정권한의 위임위탁에 관한 규정' 제3조 제2항). 지방재정법도 국가가 지방자치단체나 그 장에게 사무를 위임하는 경우 그 소요되는 경비 전부를 교부하여야 함을 규정하고 있다(지방재정법 제21조 제2항). 그러나 이러한 규율들은 국가와 지방자치단체 사이에서 잘 실천되지 않고 있다.

## 제4관 행정청 상호 간의 관계

### 1. 동일 행정주체 내에서 동일한 사무영역 내의 상하 행정청 간의 관계

동일 행정주체 내에서 동일한 사무영역 내에서의 상하 행정청 사이에서는 상급 행정청의 하급행정청에 대한 권한의 감독관계 그리고 하급행정청에 의한 상급행정청 권한의 대행관계가 핵심적인 관계를 형성한다.

### (1) 권한의 감독관계

#### ① 감독권의 근거

상급행정청의 하급행정청에 대한 권한감독의 법적 근거는 개별적일 것을 요하지 않으며 일반적 근거로 족하다. 정부조직법 제11조, 제18조 등, '공공감사에 관한 법률', '지방자치단체에 대한 행정감사규정', '행정업무의 운영 및 혁신에 관한 규정', 지방자치법 제184조, 제185조(기관 위임사무에 대해서는 감독, 자치사무에 대해서는 지도와 지원) 등의 규정이 존재한다.

상급 행정청의 권한 감독은 하급행정청에 대한 상급행정청의 명령권, 징계권에 의해 담보된다.

#### ② 감독의 종류

상급행정청의 하급행정청에 대한 감독은 시간의 전후에 따라, 행위 이전에 승인을 받도록 하는 등 사전에 행하는 예방적 감독과 행위 이후에 행하는 교정적 감독으로 나누어 볼 수 있으며, 감독의 범위와 관련하여 합법성감독과 합목적성 감독 등으로 나누어 볼 수 있다.

#### ③ 감독의 방법

i ) 감시권

감사를 하거나 보고를 받는 등(보고징수) 권한 행사를 감시할 수 있다.

ii ) 훈령권

**훈령의 개념(훈령과 직무명령)**

훈령이라 함은 하급행정청 또는 보조기관의 권한행사를 일반적으로 지휘하기 위하여 사전에 발하는 명령(광의의 훈령)을 의미한다. 이때 훈령은 직무명령의 성질도 아울러 가진다. 직무명령이란 상관(반드시 행정청이 아니어도 상관없음)의 부하직원에 대한 명령을 말하는데 직무명령은 훈령과 달리 기관구성자의 교체가 있으면 효력이 없다. 훈령은 기관구성자가 교체되어도 여전히 효력을 가진다.

**훈령의 근거**

훈령은 감독권의 일환으로 발해지는 것이므로 별도의 법적 근거를 요하지 않는다.

**훈령의 종류**

'행정업무의 운영 및 혁신에 관한 규정' 제4조 제2호는 지시문서를 훈령, 지시, 예규, 일일명령으로 분류하고 있다. 이것은 대체로 광의의 훈령에 해당한다고 할 수 있다. 이 가운데

첫째, 협의의 훈령은 장기간에 걸쳐 그 권한의 행사를 일반적으로 지시하기 위하여 발하는 것이며

둘째, 지시란 상급기관이 직권 또는 신청에 의해 개별·구체적으로 발하는 명령이고

셋째, 예규는 행정사무의 통일을 기하기 위해 반복적 행정사무의 기준을 제시하는 것이며

넷째, 일일명령이란 당직, 출장 등 일일업무에 관한 명령을 의미한다.

**훈령의 법적 성질**

훈령은 명령이므로 이에 위반하면 징계사유는 되지만 위법하지는 않다.

**훈령의 요건**

훈령이 적법하기 위해서 다음과 같은 형식적 요건 및 실질적 요건을 갖추어야 한다.

형식적 요건은 다음과 같다.

첫째, 권한있는 상급행정청이 발하여야 한다.

둘째, 훈령의 상대방은 훈령권 있는 관청의 지휘를 받는 행정기관이어야 한다.

셋째, 훈령사항은 하급기관의 권한에 속하는 사항으로서 직무상 하급기관의 독립적인 권한에 속하는 사항이 아니어야 한다.

실질적 요건은 적법, 가능, 명확, 타당하여야 된다는 것이다.

**훈령의 하자**

훈령의 형식적 요건에 대하여 하급기관에게 심사권이 있다. 형식적 요건을 갖추지 못하면 복종할 필요가 없으며 실질적 요건에 하자가 있는 경우에는 중대·명백한 하자가 있는 경우에는 복종의무가 없다는 설, 명백한 경우에는 복종의무가 없다는 설 등이 있다.

**훈령의 경합**

훈령이 경합할 때 처리기준은 다음과 같다.

첫째, 훈령기관이 모두 주관상급기관이 아닌 경우 주관쟁의의 결정에 따른다.

둘째, 훈령기관 중 주관상급기관이 있으면 그 기관의 훈령에 따른다.

셋째, 훈령기관이 모두 주관 상급기관이면 직근 상급기관의 훈령에 따른다.

iii) 인가·승인권

인가·승인권은 사전감독수단으로서 때로는 인가가 행위의 유효요건인 경우도 있다(법령상 인가가 요구되는 경우).

iv) 취소·정지권

취소·정지권은 사후감독수단이다. 취소·정지를 위해 어떠한 법적 근거가 요구되는지가 다투어진다. 다수설은 법적 근거 없어도 취소·정지를 할 수 있다고 한다. 다만 정부조직법 제11조 제2항, 제18조 제2항, 지방자치법 제188조 제1항 등과 같이, 이에 대한 일반적 근거규정이 존재한다.

v) 주관쟁의결정권

상급행정청은 하급 행정청 상호간의 주관쟁의에 대하여 결정권을 가진다. 행정 각부간 주관쟁의는 국무회의 심의를 거쳐 대통령이 결정한다.

#### (2) 권한의 대행관계

하급행정청은 상급행정청의 권한을 대행하여 상호간에 권한의 위임 및 대리관계가 발생할 수 있다. 이에 대해서는 이미 앞에서 살펴보았다. 다만 권한의 대행관계는 반드시 상하 행정청 간의 관계에서만 존재할 수 있는 것은 아니다.

### 2. 동일 행정주체 내에서 상이한 업무영역에 있는 상하 행정청 간의 관계

동일 행정주체 내에 있으나 상이한 업무영역에 있는 상하 행정청 상호 간에는 업무상의 상하관계가 발생하지 않는다. 예컨대 법무부장관과 지방국세청장 사이에는 상하관계가 존재하지 않는다.

### 3. 대등 행정청 간의 관계

대등 행정청 상호간에는 권한을 상호 존중하여야 하며 상호 협력하여야 한다.

#### (1) 권한의 상호 존중 관계

대등 행정청 사이에서는 상호 권한을 존중하여야 한다. 그러므로 다른 행정청이 한 행위의 효력을 부인할 수 없다(행정행위의 구성요건적 효력). 이러한 상호 존중관계가 상실되었을 때 주관쟁의 문제가 발생하게 된다.

#### (2) 권한의 상호협력관계

대등 행정청 상호간의 협력관계의 방식은 다음과 같다.

① **협의**: 공동관할인 경우 협의는 필수적이다. 이 경우 협의 없는 결정은 무효라고 보아야 한다. 그러나 주관행정청이 다른 관계행정청과 단순히 업무상 관련을 가지는 경우에 불과할 때에는 다른 관계행정청의 협의가 없어도 반드시 무효가 되는 것은 아니다.

② **사무위탁**: 앞에서 본 바와 같이 대등행정청 사이에서는 사무위탁이 발생할 수 있다.

③ **행정응원**: 법에 정한 사유가 있을 때에는 행정청은 다른 행정청의 행정응원 요구에 응하여야 한다. 원래 행정응원은 좁은 의미로 천재지변 등의 비상시 다른 행정청의 청구에 의해 또는 자발적으로 지원하는 것을 의미하였다(협의의 행정응원). 그러나 오늘날 행정응원의 개념은 비상시만이 아니라 평시에도 응원을 하는 것으로 그 의미가 확대되었다(광의의 행정응원). 행정절차법 제8조는 이러한 광의의 행정응원에 대해 규정하고 있다.

### 4. 상이한 행정주체 소속의 행정청 간의 관계

상이한 행정주체 소속의 행정청 사이에서는 상호존중과 협력관계가 기본을 이룬다. 다만 지방자치의 영역에서는 국가나 상급 지방자치단체 소속의 행정청이 소관사무인 기관위임사무에 관하여 지방자치단체나 하급 지방자치단체 소속의 행정청에 대하여 감독권을 가진다.

## 제5관 국가행정조직

### 1. 국가의 중앙행정조직

국가의 중앙행정조직의 구성은 다음과 같다.

#### (1) 대통령소속기관

감사원, 방송미디어통신위원회, 대통령비서실, 국가안보실, 대통령경호처, 국가정보원, 국가교육위원회.

#### (2) 국무총리소속기관

부총리(재정경제부장관, 과학기술정보통신부장관), 국무조정실, 국무총리 비서실, 기획예산처, 인사혁신처, 법제처, 식품의약품안전처, 국가데이터처, 지식재산처, 공정거래위원회, 금융위원회, 국민권익위원회, 원자력안전위원회, 개인정보보호위원회.

#### (3) 행정각부

재정경제부(소속기관: 국세청, 관세청, 조달청), 과학기술정보통신부(소속기관: 우주항공청), 교육부, 외교부(소속기관: 재외동포청), 통일부, 법무부(소속기관: 공소청), 국방부(소속기관: 병무청, 방위사업청), 행정안전부(소속기관: 경찰청, 소방청, 중대범죄수사청), 국가보훈부, 문화체육관광부(소속기관: 국가유산청), 농림축산식품부(소속기관: 농촌진흥청, 산림청), 산업통상부(소속기관: 특허청), 보건복지부(소속기관: 질병관리청), 기후에너지환경부(소속기관: 기상청), 고용노동부, 성평등가족부, 국토교통부(소속기관: 행정중심복합도시건설청, 새만금개발청), 해양수산부(소속기관: 해양경찰청), 중소벤처기업부(19부).

#### (4) 독립기관

중앙선거관리위원회, 국가인권위원회, 고위공직자범죄수사처[28]

### 2. 국가의 지방행정조직

우리나라는 국가의 지방행정을 일반적으로 수행하는 보통지방행정기관은 따로 설치하지 않고 있다. 국가의 지방행정 가운데 특별영역만을 위한 국가의 지방행정조직은 다수가 설치되어 있다. 이를 특별지방행정기관이라 하는데 예컨대, 지방조달사무소, 지방국세청, 지방세무서, 세관, 지방보훈지청, 지방경찰청, 경찰서, 지방출입국관리사무소, 지방병무청, 병무지청, 국립농산물검사소, 지방산림관리청, 지방우정청, 지방국토관리청, 건설사무소, 지방항공관리국, 국립수산물검사소와

---

28) 헌법재판소 2021.1.28. 선고 2020헌마264, 2020헌마681(병합) 결정에 따르면 고위공직자범죄수사처는 대통령을 수반으로 하는 행정부에 소속되지만 독립성을 가지는 독립행정기관으로 보는 것이 타당하다.

그 지소 등이 있다.

### 3. 간접행정조직

#### (1) 개설

행정을 국가나 지방자치단체의 행정조직에 의하지 아니하고 각종 공법상 법인(공공조합, 영조물법인, 공법상 재단법인 등)을 통하여 수행하는 경우가 있다. 각종 공기업과 공사 등이 이에 속하는데 이 가운데 국가의 행정을 수행하는 것을 간접국가행정조직이라 하고 지방자치단체의 행정을 수행하는 것을 간접지방행정조직이라 한다.

#### (2) 간접국가행정조직

간접국가행정조직을 규율하는 중요한 법으로는 '공공기관의 운영에 관한 법률'이 있다. '공공기관의 운영에 관한 법률'은 공공기관이라는 개념 하에 이러한 행정조직을 규율하고 있는데, 이 법은 공공기관의 개념을 법리적 관점에서 정의하지 않고 국가가 일정한 경제적 지분을 가지는 기관 중에서 기획재정부장관이 지정하는 것으로 하고 있다(같은 법 제4조). 그런데 법적 관점에서 간접국가행정조직은 국가의 권한을 위임받아 행사하는 조직이라 하여야 할 것이다.

따라서 '공공기관의 운영에 관한 법률'의 공공기관 개념은 포괄적이고 일관성 있는 법개념으로 이해하기에는 커다란 한계를 가지고 있다. 예컨대, 이 법이 규율하는 공공기관에는 한국방송공사와 한국교육방송공사가 제외되어 있어서 이 개념은 법적 개념으로서의 일관성을 결여하고 있다. 이 법의 공공기관 개념에는 오히려 국가경제적 관점에서의 기관 관리를 위한 정책적 고려가 강하게 반영되어 있다.

한편 '공공기관의 운영에 관한 법률'은 공공기관을 ① 공기업, ② 준정부기관, ③ 기타 공공기관으로 분류하고 있다. 이 중 공기업과 준정부기관은 직원의 정원이나 총수입액 그리고 자산규모가 일정 수준을 넘어서는 기관을 그에 지정·분류하고(같은 법 제5조 제1항 제1호, 같은 법 시행령 제7조 제1항[29]) 그에 미달하는 기관은 기타 공공기관으로 분류한다(같은 법 제5조 제1항 제2호). 또한 공기업과 준정부기관 사이에서는 총수입액 중 중 자체수입액이 일정 기준 이상인 기관은 공기업으로 나머지 기관은 준정부기관으로 지정한다(같은 법 제5조 제3항).

이처럼 '공공기관의 운영에 관한 법률'은 공공기관을 경제적 관점에서 분류하지만 이 분류법으로 인하여 공기업·준정부기관과 기타 공공기관의 입찰참가자격제한행위의 법적 성격이 달라지는 등 법적 의미가 부여되고 있다.[30] 이러한 현상에 대해서는 법리적 측면에서 비판이 제기되고 있다.

---

29) 이러한 기준은 대통령령의 개정으로 변화될 수 있다.
30) 본서 제1편 제1장 제2절 제1관 3. (3) 공법관계와 사법관계의 구별기준 참조.

**참고판례: 대법원 1988.9.27. 선고 86누827 판결 [사업소세부과처분취소]**

구 지방세법(1986.12.31. 법률 제3878호로 개정되기 전의 것) 제245조 제1항 제5호 및 같은 법 시행령 제207조, 제79조 규정에 의한 사업소세 비과세대상인 비영리 공익법인에는 제사, 종교, 자선, 학술, 기예 또는 의료 등 사업목적을 가진 이른바 전형적 공익법인뿐만 아니라 위에서 예시한 각 사업목적 외에 기타 공익을 목적으로 한 법인도 포함되는 것인 바, **일반적으로 국가 또는 공공단체가 자신이 행할 행정적인 업무의 일부를 비영리법인을 설립하여 이를 대행케 하고 그 업무집행을 감독하는 경우에 그 법인은 이른바 행정보완적인 기능을 갖는 공익법인으로서** 위 지방세법에 규정한 사업소세 비과세대상에 해당한다고 보아야 한다.

**사단법인 부산항부두관리협회가 부산항만내의 관유시설 및 국유물의 보관, 관리 및 경비, 부두내 질서유지와 청소 및 부산항부두발전과 근대화를 위한 시책의 건의등 본래 국가 또는 공공단체가 행할 행정적인 업무에 속하는 일을 감독관청의 감독아래 대행케 하기 위하여 설립된 것이라면 이는 비영리법인으로서 이른바 행정보완적 기능을 가진 공익법인이다.**

해 설 부산항 부두관리협회는 역사적 변천을 거쳐 현재는 부산항시설관리센터로 변경되었으며 현재 항만법 제23조에 의하여 국가와 지방자치단체가 위임하는 업무를 처리하는 기관이다.

### (3) 간접지방행정조직

지방자치단체가 설립하는 공기업 등에 대한 준거법으로서는 지방공기업법, '지방자치단체 출자·출연기관의 운영에 관한 법률'이 있다. 그런데 '공공기관 운영에 관한 법률'이 정하는 공공기관 개념처럼 지방공기업법의 지방공사, 지방공단 등의 개념[31]도 역시 법리적인 관점에서 채택된 것이 아니어서 행정법의 적용에 주의를 요한다.

31) 지방공기업법은 지방직영기업, 지방공사, 지방공단으로 나누어 규율하고 있는데 이 가운데 간접지방행정조직이라 할 수 있는 것은 지방공사와 지방공단이다.

제02편

# 행정 구제법

제1장 행정쟁송 일반
제2장 행정소송
제3장 행정심판
제4장 행정상 손해전보제도 일반
제5장 행정상 손해배상
제6장 행정상 손실보상

제 01 장

# 행정쟁송 일반

## 제1절 행정쟁송의 개념

### 1. 광의의 행정쟁송

넓은 의미(광의)에서 행정쟁송이란 행정상의 분쟁에 대한 유권적 판정절차를 총칭한다. 따라서 광의의 행정쟁송 개념에 따르면 심판기관이 어디인지(법원 또는 행정청), 심판절차가 어떠한지(정식 혹은 약식절차)를 가리지 않고 행정상 분쟁에 대한 유권적 판정절차는 모두 행정쟁송이라 한다. 광의의 행정쟁송은 통상 행정소송과 행정심판으로 분류할 수 있다.

### 2. 협의의 행정쟁송

좁은 의미(협의)에서 행정쟁송이란 행정기관(행정부 소속의 행정재판소 또는 행정청)에 의한 행정상의 분쟁에 대한 유권적 판정절차를 의미한다. 협의의 행정쟁송 특히 행정부 소속의 행정재판소에 의한 행정소송은 역사적으로 대륙법계 행정법의 성립과 발전의 계기가 되었다. 대륙법계 국가에 있어서 행정법은 협의의 행정쟁송의 개념이 형성되고 민사소송과 구별되면서 성립·발전한 것이라 할 수 있다. 종래의 행정쟁송은 대륙법계 특유의 것으로서 행정분쟁에 대해서도 사법심사를 고수하는 영미법계와는 다른 분쟁해결의 구조를 가지는 것이다. 그러나 오늘날 대륙법계 국가 중에서도 행정부 소속으로 행정소송을 관장하는 행정재판소를 두는 나라는 많지 않다. 따라서 오늘날 대체로 대륙법계 국가에서도 협의의 행정쟁송은 행정심판을 의미하는 것으로 인식된다.

종래 협의의 행정쟁송 제도, 즉 행정부 소속의 행정재판소 제도를 가진 국가를 행정제도국가라 하고 일반 사법부가 행정작용을 심사하는 제도(사법심사 제도)를 가진 국가를 사법제도국가라 지칭하였는데, 해방 이전 한반도는 행정제도국가의 전통에 서있는 일본의 지배하에 있었으나 해방 이후 우리나라는 미국의 예를 좇아 기본적으로 사법제도국가의 모델을 취하였다. 그리하여 행정소송도 일반 사법부가 취급하게 되었다. 1998년 3월 1일 우리나라에도 행정법원이 설립되었으나 행정법원은 대법원의 하급법원에 불과하므로 이를 행정제도의 일환으로 보기는 어렵다.

## 제2절 행정쟁송의 이념(기능)

### 1. 권익구제

행정쟁송은 행정청의 처분 또는 부작위 등으로 인하여 권익을 침해받은 국민을 구제하는 것을 기본적인 목표로 하는 제도이다. 그리하여 행정쟁송의 발전은 개인적 공권 개념의 발전과 더불어 이루어졌다.

### 2. 행정통제

행정쟁송이 일차적으로 개인의 권익구제를 목표로 하는 것은 사실이지만 부차적으로 행정쟁송을 통해 행정의 적법성과 타당성을 확보할 수 있다. 이러한 측면에서 행정쟁송은 행정통제의 기능을 가진다. 때때로 행정쟁송에서 행정통제가 중요한 의미를 가지게 되는 경우가 있음을 부인하기 어렵다.

만약 행정쟁송에 있어서 주관적인 쟁송제기요건을 약화시키면 결과적으로 행정쟁송의 성격에 변화가 초래될 수 있음을 유의하여야 한다. 예컨대 권익침해가 없더라도 쟁송제기를 허용해 주는 객관적 쟁송의 비중이 커진다든가, 원고적격의 인정에 있어서 주관적 권리나 이익의 침해를 엄격하게 요구하지 않게 되면, 행정쟁송은 개인의 권익구제라는 주관적 요소가 약화되고 행정통제를 중심기능으로 하는 새로운 객관적 성격이 강화된 제도로 그 의미가 바뀌게 된다.

## 제3절 행정쟁송의 종류

### 1. 항고쟁송과 당사자쟁송

항고쟁송이란 행정청이 이미 내린 결정 또는 결정행위의 부작위에 대해 불복하는 행정쟁송절차를 말한다. 그러므로 항고쟁송의 대상은 행정청의 처분 또는 부작위이다.

이에 반하여 당사자쟁송은 행정청의 어떠한 결정이나 그 부작위를 전제로 하지 아니하고 법률상의 권리관계를 바로 다투는 행정쟁송을 말한다. 요컨대 행정청의 결정이나 그에 대한 부작위를 전제함 없이 원시적으로 공법상의 권리·의무를 다투는 절차이다.

### 2. 행정심판과 행정소송

행정쟁송에 대한 가장 보편적이고 중요한 구분은 행정심판과 행정소송으로 나누는 것이다.

#### (1) 행정심판

행정심판은 행정기관에 의하여 심리와 판단이 이루어지는 행정쟁송절차를 말한다. 넓은 의미

의 행정심판에는 이의신청, 좁은 의미의 행정심판, 특별행정심판 등이 포함된다. 이 가운데,

① 이의신청이란 처분청에 대해 불복을 제기하는 절차를 말한다.

② 가장 좁은 의미의 행정심판이란 행정심판법에 의한 행정심판을 의미한다. 행정심판법에 의한 행정심판은 모두 처분 또는 부작위에 대한 불복의 의미를 가지는 항고쟁송의 성격을 가지며 권리관계를 직접 다투는 당사자쟁송적인 절차는 존재하지 않는다.

③ 특별행정심판이란 행정심판법이 아닌 특별법에 의거한 행정심판을 말한다. 해난심판, 국세심판 등은 모두 별도의 근거법을 가지는 특별행정심판이다.

이 가운데 국세심판은 행정심판법에 의한 행정심판 못지않게 중요한 행정쟁송절차이다. 국세사건의 경우 일반적인 행정심판과는 달리 행정심판전치주의가 적용되어 행정소송을 제기하기 위하여서는 심사청구 또는 심판청구를 거쳐야 한다(국세기본법 제56조 제2항). 국세심판에는 이의신청, 심사청구, 심판청구 등이 있다.

① 이의신청이란 세무서장이나 지방국세청장에게 신청하는 임의절차이다. 이의신청을 거친 후에도 심사청구나 심판청구를 제기할 수 있다.

② 심사청구란 국세청장을 대상으로 하는 국세에 대한 불복절차이다. 이의신청의 경우와 마찬가지로 국세청장은 국세심사위원회의 심의를 거쳐 심사청구에 대한 결정을 한다.

③ 심판청구란 국무총리 소속의 조세심판원에서 이루어지는 국세에 대한 불복절차이다. 심판청구는 국세청장에 대한 심사청구 및 감사원에 대한 심사청구 등과 선택적으로 행정소송 제기를 위한 행정심판전치의 요건을 충족시킨다.

지방세에 대한 불복에도 행정심판전치주의가 적용된다(지방세기본법 제98조 제3항).

#### (2) 행정소송

행정소송이란 처분이나 부작위에 대한 불복에 대하여 법원에 의한 심리·판단을 통하여 분쟁을 해결하는 절차를 말한다. 행정심판법에 의한 행정심판절차가 전적으로 항고쟁송절차로 되어 있는 것과 달리 행정소송에는 항고소송 이외에 당사자소송도 포함된다. 일반적인 항고소송이나 당사자소송 이외에 '공익사업을 위한 토지 등의 취득 및 보상에 관한 법률'상의 보상금증감청구소송, 공직선거법상의 선거소송, 또는 지방자치법에 의한 지방자치단체장과 지방의회 간의 소송, 주민소송 등 특별법상의 특별행정소송 절차도 존재한다. 이처럼 특별법상의 특별행정소송이라도 상당부분 행정소송법상의 일반적 규율의 적용을 받는다.

행정심판 중 항고심판의 경우에는 행정소송 중 항고소송과 유사하게 규율되는 경우가 많다. 예컨대 쟁송제기요건으로서의 '처분성'의 판단이나 원고적격이나 청구인적격 인정을 위한 '법률상 이익'의 판단은 양 절차에서 서로 다르지 않다.

### 3. 정식쟁송과 약식쟁송

행정쟁송은 정식쟁송과 약식쟁송으로 구별할 수 있다. 어떤 행정쟁송절차가 정식쟁송으로 인정되기 위해서는 다음의 두 가지 기준이 충족되어야 한다.

① 판단기관이 독립한 지위를 가진 제3자일 것

② 당사자에게 구술변론의 기회가 주어질 것

위 두 가지 요건 중 어느 하나를 충족하지 못한 행정쟁송은 약식쟁송이라고 하여야 할 것이다. 이밖에도 약식쟁송은 증거조사에 있어서도 다소 철저하지 못한 측면이 있다. 이상의 기준에서 볼 때 행정소송은 정식쟁송, 행정심판은 약식쟁송이라 할 수 있다.

### 4. 시심적 쟁송과 복심적 쟁송

행정쟁송절차가 원시적 법판단을 위한 절차인가 아니면 이미 행하여진 행정작용에 대한 평가적 법판단을 위한 절차인가에 따라 행정쟁송을 시심적 쟁송과 복심적 쟁송으로 구분할 수 있다. 당사자쟁송은 행정청의 어떠한 결정을 전제로 하지 않고 권리나 의무를 바로 다투는 것이므로 시심적 쟁송이라 할 수 있고, 항고쟁송은 이미 행하여진 행정청의 처분 또는 그 처분의 부작위에 대해 다투는 것이므로 복심적 쟁송이라고 할 수 있다.

### 5. 주관적 쟁송과 객관적 쟁송

주관적 쟁송이라 함은 개인의 권리·이익 침해를 전제로 그를 구제하는 것을 주목적으로 하는 쟁송절차를 말한다. 이에 반하여 객관적 쟁송이라 함은 개인의 권익구제보다 행정의 적법성을 확보하는데 초점을 두어 행정통제와 법질서유지를 목적으로 하는 쟁송형태를 의미한다. 민중쟁송(선거쟁송: 선거소청, 선거소송)이나 기관쟁송(지방자치법 제192조 제4항, 지방교육자치에 관한 법률 제28조 제3항: 지방자치단체의 장 등의 지방의회의 재의결에 대한 대법원에의 제소, 교육감의 지방의회 재의결에 대한 대법원에의 제소 등) 등이 이에 속한다. 객관적 쟁송의 경우에는 쟁송제기자격이 주관적 권리·이익이 침해되지 않은 자에게도 주어진다.

오늘날의 쟁송제도는 주관적 쟁송제도를 원칙으로 하고 있다. 그러나 예외적으로 객관적 법질서의 유지가 중요한 의미를 가지는 선거소송 등에서는 객관적 쟁송제도를 두고 있으며 종래 주관적 쟁송으로 관념되는 쟁송절차를 객관화하려는 시도도 없지 않다. 원고적격을 개인의 주관적 법률상 이익 침해와 무관하게 널리 인정하려는 경향 등이 이러한 시도에 해당한다.

## 제4절 행정쟁송과 다른 유형의 소송제도

행정쟁송과 관계있는 다른 유형의 소송제도로서 민사소송, 헌법소원 등을 들 수 있다.

① 민사소송의 경우 실무적으로 행정소송 중 공법상의 당사자소송과의 관계가 반드시 명확하게 구별되고 있지만은 않다. 항고소송의 경우 행정청의 처분이나 부작위를 대상으로 하는 것이므로 민사소송과 확연하게 구분되지만, 당사자소송의 경우 권리관계를 직접 다투는 것이니 만큼 민사소송과 당사자소송의 구분은 사법과 공법의 구별만큼이나 애매한 점이 있다. 이에 대한 판례도 변화하고 있다.

② 헌법소원의 경우 공권력의 행사 또는 불행사를 다투는 것이므로 그 대상의 측면에서 행정소송 중 항고소송과 중복되는 측면이 있다. 그러나 헌법소원의 보충성 때문에 행정소송의 대상이 되는 공권력의 행사 또는 불행사에 대해서는 원칙적으로 헌법소원의 제기가 불가능하다. 그런데 헌법소원의 제기요건이 항고소송의 제기요건과 다소 달라서 항고소송의 소송요건을 충족시키지 못하였으나 헌법소원의 제기요건을 충족시키는 경우가 발생하게 되며 이러한 경우에는 헌법소원이 매우 의미있는 행정구제수단이 된다.

제 02 장

# 행정소송

## 제1절 행정소송법 개설

### 제1관 행정소송의 본질과 특수성

#### 1. 행정소송의 본질

대륙법계 국가의 경우 행정소송이 역사적으로 행정부 소속의 행정재판소의 관할로 되어 있었기 때문에 행정소송의 본질이 행정작용인가 사법작용인가에 대한 논란이 과거에 존재하였다. 그러나 오늘날 행정재판소가 여전히 행정부 소속으로 있는 프랑스에서도 행정소송은 사법작용으로 이해되고 있어서 이러한 논란은 이미 해소되었다(사법작용설). 행정소송을 사법작용으로 이해하는 헌법상의 근거로는 헌법 제101조 제1항, 제107조 제2항, 제3항 등을 들 수 있다.

#### 2. 행정소송법의 성문법원

행정소송법의 성문법원을 이루는 것으로 헌법, 행정소송법 그리고 지방자치법, 공직선거법, 국민투표법, '공익사업을 위한 토지 등의 취득 및 보상에 관한 법률', 특허법 등의 약간의 특별법이 있다.

이 가운데 행정소송법이 행정소송에 관한 일반법임은 물론이다(같은 법 제8조 제1항). 그런데 행정소송법 제8조 제2항은 "행정소송에 관하여 이 법에 특별한 규정이 없는 사항에 대하여는 법원조직법과 민사소송법 및 민사집행법의 규정을 준용한다."라고 하고 있어서 행정소송절차의 운용에 있어서 민사소송법이 여전히 중요한 의미를 가진다.

행정소송법의 법원에 대한 이러한 규정들을 종합적으로 검토하여 볼 때, 행정소송법은 행정소송에 관한 일반법이며 따라서 특별행정소송에 대하여도 보충적으로 적용된다. 그러나 민사소송법 등을 준용하여 다소 불완전한 자족성을 가지고 있다고 할 수 있다.

#### 3. 행정소송(항고소송)의 특수성

행정소송은 민사소송에 비해 특수한 소송이다. 행정소송 중에서도 당사자소송은 민사소송과 유사한 점이 많으나 항고소송은 민사소송에 비해 특수한 규율을 많이 가지고 있다. 따라서 행정소송이 특수하다는 것은 주로 항고소송이 민사소송에 비해 특수하다는 것을 일컫는다. 이하에서 자세히 살펴본다.

① 피고적격의 특수성(항고소송에만 해당)

행정소송법 제13조 등에 의하여 항고소송의 피고는 행정청이 된다. 이것은 민사소송의 경우와 대비할 때 파격적인 것이다. 민사소송의 경우 권리능력이 없으면 원칙적으로 당사자능력이 없고 따라서 피고가 될 수 없으나, 항고소송에서는 권리능력이 없는 행정청에 대하여 피고적격이 인정되기 때문이다.

② 단기제소기간(취소소송, 부작위위법확인소송에만 해당)

행정소송법 제20조 등에 의해 취소소송 및 부작위위법확인소송[1]에 대해서는 단기제소기간의 제한이 있다. 그러나 민사소송에서는 권리가 소멸시효에 의하여 소멸되지 않는 한 소제기기간의 제한이 원칙적으로 없다.

③ 집행부정지의 원칙(취소소송과 무효등확인소송에만 해당)

우리나라는 독일과 달리 항고소송이 제기되었다 하더라도 처분의 집행을 정지하지 않음이 원칙이다. 물론 예외적으로 일정한 요건을 갖춘 경우에는 집행정지가 인정된다.

④ 관련청구의 병합

민사소송에서는 원칙적으로 소의 종류를 달리하는 청구 사이의 병합을 인정하지 않는다. 그러나 행정소송에 있어서는 처분 등에 대한 항고소송과 그와 관련되는 손해배상, 부당이득반환, 원상회복 등의 소를 병합할 수 있도록 하고 있다(행정소송법 제10조). 이와 같은 행정소송법상의 소의 병합의 경우 피고를 달리하는 소의 병합이 이루어질 수 있으므로(예컨대 항고소송은 행정청을 피고로 하나, 당사자소송은 국가나 지방자치단체 등을 피고로 하게 된다), 이러한 경우에 해당하여 피고 외의 자에 대한 관련청구소송을 병합할 경우에는 취소소송이 계속된 법원에 병합·제기하여야 한다.

⑤ 직권심리주의

행정소송법 제26조는 취소소송의 심리에 있어서 직권심리주의를 채택하고 있다. 이것은 미미하나마 변론주의에 대한 예외를 인정하는 것이어서 민사소송의 경우와는 다르다고 할 수 있다.

⑥ 사정판결

취소소송의 경우 무효사유가 아닌 단순위법인 경우에 원고의 청구가 이유있다 하더라도 공공복리를 위하여 원고 패소 판결을 할 수 있다(행정소송법 제28조). 이러한 제도는 민사소송에서는 찾아볼 수 없다.

---

1) 부작위위법확인소송의 경우 부작위상태가 계속되는 한 그 위법의 확인을 구할 이익이 있으므로 원칙적으로 제소기간의 제한을 받지 않는다. 그러나 행정심판을 거친 경우에는 행정소송법 제20조가 정한 제소기간 내에 부작위위법확인소송을 제기하여야 한다(행정소송법 제38조 제2항).

⑦ 판결의 효력

행정소송의 판결의 효력은 민사소송에 비해 특수한 점이 있다. 즉 통상적인 민사소송의 판결과 달리 항고소송의 판결은 제3자효를 가질 뿐만 아니라, 당사자인 행정청과 관계 행정청을 기속한다(기속력: 이러한 기속력은 당사자소송의 판결에서도 인정된다). 또한 거부처분취소판결 및 부작위위법확인판결의 경우 행정청에 대한 재처분의무가 부여되며 이를 이행하지 않을 때에는 손해배상을 하게 하는 간접강제제도가 채택되고 있다.

## 4. 행정소송법의 문제점과 개정의 방향

현행의 행정소송제도는 1984년에 대폭 개정된 것이다. 당시에 학계에서는 여러 진전된 개정안을 내어 놓았으나 입법에 반영되지 않은 것이 많았다. 또한 수십 년간의 행정소송제도 운영결과 개선하여야 할 필요성을 느끼는 사안도 적지 않다. 그리하여 오래 전부터 행정소송법 개정이 논의되어 왔다. 현행 행정소송제도가 어떠한 문제점을 가지고 있으며 그를 개선하기 위해 어떠한 방안들이 모색되고 있는지에 대해 간략하게 살펴본다.

① 행정소송의 종류의 재정비 필요성

현행 행정소송법은 항고소송을 법정화하여 취소소송, 무효등확인소송, 부작위위법확인소송만을 인정하고 있다. 이외의 다른 형태의 항고소송을 무명항고소송의 형태로 도입하자는 학계의 주장은 법원에 의해 받아들여지지 않고 있다. 그러나 부작위위법확인소송이 권리구제에 지극히 우회적인 제도라는 점이 지적되고 있어 의무이행소송이 도입되어야 할 필요성에 대하여 법학계와 법조계는 이미 합의에 도달하고 있다. 또한 행정청이 어떠한 처분을 하려고 할 때 그를 사전에 막을 소송수단은 현재까지 존재하지 않았다. 이러한 경우의 권리구제를 위하여 예방적 부작위청구소송(예방적 금지소송)의 도입에 대해서도 거의 합의가 이루어진 상태이다.

② 가구제절차

우리 행정소송법은 원칙적으로 가구제를 인정하지 않는 구조이고 더구나 허가의 갱신거부나 부작위 등에 대해서는 아예 가구제를 인정할 수 있는 기반이 없었다. 따라서 항고소송에서도 가처분제도를 도입하고자 하는 논의가 힘을 얻고 있다. 또한 이미 존재하는 가구제제도로서의 집행정지의 경우에도 그 요건을 "회복하기 어려운 손해"를 방지하기 위한 것에서 "중대한 손해"를 방지하기 위한 것으로 수정하자는 의견이 힘을 얻고 있다.

③ 자료제출요구제도

행정소송을 통한 권익구제를 위하여서는 행정청이 가진 기록을 원고가 볼 수 있도록 하는 것이 긴요하다. 따라서 기존의 행정심판기록제출명령신청권에 그치지 않고 행정청에 대한 자료제출요구권을 도입하여야 한다는 것이 대세를 이루고 있다.

④ 판결의 효력

취소판결의 효력으로서의 결과제거의무를 명기하는 것이 논의되었다. 그러나 신의성실의 원칙상 당연히 인정되는 것이라면 몰라도 취소판결의 효력으로 다투어지지 않은 결과제거의무를 당연히 인정할 수는 없다.

⑤ 원고적격

원고적격을 인정하는 범위를 확대하여야 한다는 논의가 계속되었으며 그 일환으로 현재 원고적격의 인정기준인 '법률상 이익'을 '법적 이익'으로 변화시키려는 노력이 힘을 얻었다.

⑥ 소송상 화해

오늘날의 분쟁상황 하에서 '재판 외의 분쟁해결수단'(ADR)이 활성화될 필요성이 있다는 데에 모두가 공감하고 있다. 이에 따라 소송상 화해 등의 '재판 외의 분쟁해결수단'의 명문화에 대해 의견이 모아지고 있다.

⑦ 당사자소송의 활성화

권리구제의 사각지대를 없애기 위하여 처분개념의 확대만으로는 부족하고 당사자소송을 활성화하여야 한다는 점에 학계와 법조계의 의견이 모아지고 있다. 그리하여 손해배상청구소송, 손실보상청구소송, 부당이득반환청구소송, 원상회복청구소송, 기타의 행정상 급부이행청구소송 등을 당사자소송으로 포섭하고자 하는 것에 의견이 모아지고 있다.

⑧ 소변경의 허용성

행정소송과 민사소송이 매우 밀접하게 관련되고 때로는 이론적 구별이 어려운 점도 있어서 이미 실무에서 허용되고 있는 행정소송과 민사소송 사이에 소변경을 명문으로 규정하고자 하는 움직임이 힘을 얻고 있다.

이상의 개선사항은 대체로 학계와 법조계의 동의를 얻고 있는 사항이다.

그러나 아직 합의에 접근하지 못한 다음과 같은 사항도 지속적인 개선과제로 검토될 필요가 있다고 본다.

① 처분개념

1984년 행정심판법, 행정소송법 개정 시에 도입된 처분개념은 권익구제의 폭을 확대하고자 하는 의도가 있었지만, 실제로 법원은 새롭게 처분개념의 확대를 위해 도입된 처분개념의 '그 밖에 이에 준하는 행정작용'이라는 카테고리를 그다지 활용하지 않았다고 평가된다. 이에 반해 '그 밖에 이에 준하는 행정작용'이 가지는 이론적 문제점은 심각하다고 생각한다(행정행위와 처분개념의 이원화 등). 따라서 새로운 소송유형을 많이 도입하여 권익구제의 실을 꾀하는 대신 처분개념은 행정행위 개념과 가깝게 조정하는 것이 필요하다고 본다. 일본의 경우 처분 개념은 행정행위 개념과 그다지 다르게 해석되지 않도록 규정되고 있으며 독일의 경우 행정행위가 바로 항고소송의 대상 개념으로 규정되어 있다. 우리나라의 경우 처분 개념의 불명확성으로 인하여 실무적으로 처분성이 인정될지의 여부를 확신할 수 없는 사례가 많다. 이러한 경우에 항고소송과 민사소송을 동시에 제기하는 경우가 발생하고, 이때 민사법원과 행정법원의 결론이 다르게 나오는 경우도 있다고 한다. 이러한 혼란을 수습하기 위하여 처분 개념의 개정이 긴요하다.

② 행정소송법 제12조

현행 행정소송법 제12조의 제1문과 제2문에는 '법률상 이익'이라는 표현이 나오지만 그 의미는 전혀 다르다. 전자의 경우에는 원고적격 인정에 대한 것이고 후자의 경우에는 권리보호의 필요에 관한 것이다. 행정소송법을 개정할 때에는 양자의 용어를 달리 표현하는 것이 바람직하다.

③ 사정판결제도

현재 사정판결제도를 유지하고 있는 나라는 극소수이다. 사정판결제도를 통해 재판에서 청구가 이유 있어도 기각할 수 있다고 하는 것은 지나치게 국가우월적 사고에서 비롯된 것이라고 생각된다. 문제가 되는 공익보호 문제는 취소권의 제한이론 등의 실체적 이론을 통하여 해결할 수 있으므로 사정판결제도의 폐지를 논의할 필요가 있다.

④ 집단분쟁의 해결을 위한 소송제도

행정결정에 대한 집단분쟁이 빈발하고 있는 상황에서 집단분쟁의 해결을 위한 소송제도를 보다 잘 정비할 필요가 있다고 생각된다.

## 제2관 행정소송의 종류

### 1. 일반 소송법이론상의 분류

#### (1) 형성의 소

법률관계의 변동(발생 · 변경 · 소멸)을 가져오는 형성판결을 구하는 소송을 형성의 소라 한다. 예컨대 취소소송이 대표적인 예에 해당하고 당사자소송 중 형성적 소송이 이에 속한다.

형성의 소에는 ① 취소소송과 같은 실체법상의 형성소송, ② 재심의 소와 같은 소송법상의 형성소송이 있다.

#### (2) 이행의 소

일정한 행위(작위, 부작위, 수인, 급부 등)를 하라고 명하는 이행명령을 발하여 줄 것을 구하는 소송을 이행의 소라 한다.

우리나라의 경우 현행법상 당사자소송 가운데에는 이행소송적 성격을 가지는 것이 있을 수 있다. 즉 어떠한 행정처분을 할 이행명령을 발해주는 소송은 현행법상 인정되지 않고 있으나 행정처분 이외의 행위를 구하는 일반이행소송은 당사자소송의 형태로 가능하다. 이러한 일반이행의 소로 가능한 것은 원상회복, 금전급부, 정보제공, 명예훼손에 관한 의견표시 등의 청구 등이다.

한편, 현재까지 행정처분의 작위, 부작위를 의무화하는 의무이행소송이나 부작위청구소송 등은 인정되지 않고 있어서 권익구제에 심각한 문제가 되고 있다. 1984년 행정심판법과 행정소송법 전면개정시에 의무이행소송은 권력분립원칙에 위반된다는 이유로 도입되지 못하였으나, 법률상 처분의무가 있는 경우의 의무이행을 명하는 사법적 판단조차 권력분립원칙에 위반된다고 보는 것은 지나친 것이다.

다만 행정소송법 개정 논의과정에서 이러한 새로운 종류의 이행의 소가 필요하다는 점에 대해서 법학계와 법조계가 이미 공감하고 있다는 점은 고무적이다.

#### (3) 확인의 소

특정한 권리 또는 법률관계의 존부 또는 정부를 확인하는 소송을 확인의 소라 한다. 일반적으로 확인의 소는 법률관계 등을 확인하는 데 그치는 것이므로 원칙적인 권리구제수단이 될 수 없고 부득이하게 당장 확인할 필요(확인의 이익)가 있는 경우에만 인정되는 보충적인 소송으로 이해된다. 부작위위법확인소송이나 당사자소송 중 확인적 소송이 이에 해당된다.

확인의 소에는 ① 일반적 확인소송, ② 속행확인소송 또는 사후적 확인소송(Fortsetzungs-feststellungsklage: 처음에는 취소소송으로 시작하였으나 시간의 경과 등으로 행정처분의 효력이 소멸한 경우에 행정처분의 효력소멸을 위하여서가 아니라 처분의 위법성 등 법률관계 등의 확인을 위하여 속행되는 소송), ③ 예방적 확인소송 등이 있다.

### 2. 현행 행정소송법상의 분류

#### (1) 개설

현행 행정소송법은 항고소송, 당사자소송, 민중소송, 기관소송 등을 규정하고 있다. 이 가운데 민중소송과 기관소송에 대한 행정소송법의 규율은 소송제도의 창설 자체는 개별법에 맡기고 개별법에서 인정되는 민중소송과 기관소송에 대한 극히 간략한 통일적 규율을 함에 그치고 있다. 따라서 행정소송법의 주된 규율의 대상은 항고소송과 당사자소송이라 할 수 있다. 행정소송법상의 당사자소송은 그 안에 여러 유형의 소송제도를 배태할 수 있는 가능성이 있으나, 항고소송의 경우, 취소소송, 무효등확인소송, 부작위위법확인소송만을 인정하여 사실상 소송에 정원개념을 도입하고 있다고 비판 받는다. 이처럼 소송제도에 정원개념을 도입하면 실체법 발전에 부응하는 다양한 소송제도의 발전의 길을 막는 결과를 가져오게 되어 법발전에 장애가 된다.

#### (2) 항고소송

##### ① 취소소송

**취소소송의 의의**

취소소송은 행정청의 위법한 처분 등을 취소 또는 변경하는 소송을 말한다. 현행 행정소송법은 취소소송에 대하여 비교적 자세히 규율한 다음에 그것을 다른 소송절차에 준용하도록 하고 있다. 행정소송에서 취소소송이 가장 중요한 비중을 차지하고 있기 때문이다.

통설과 판례는 취소소송이 형성소송의 본질을 가진다고 본다.

**무효선언적 의미의 취소소송**

형식적으로는 취소소송의 형태를 취하나 사실은 무효를 확인하는 의미를 가지는 취소소송이 있다. 원고가 취소를 청구하였으나 법원이 심리결과 무효로 판단하는 경우가 바로 그것이다. 이를 무효선언적 의미의 취소소송이라고 한다. 대법원은 무효선언적 의미의 취소소송도 취소소송인 이상 전치절차나 제소기간 등의 취소소송으로서의 소송요건을 갖추어야 한다고 한다.[2)]

**취소소송의 소송물(다툼의 대상)**

우리나라의 경우 취소소송의 소송물을 처분의 위법성 또는 위법처분으로 인하여 발생한 위법상태의 배제 등으로 설명하는 견해가 대부분이다. 그러나 이 견해는 소송물(Streitgegenstand)이란 객관적인 위법만이 문제가 아니라 원고가 무엇을 주장하는가 하는 원고의 주관적 차원의 고려가 함께 반영되어야 하는 개념이라는 점에서 문제점을 가지고 있다. 우리나라의 경우 취소소송의 소송물 개념을 위와 같이 포괄적으로 인식하고 있기 때문에 실질적으로 '기본적 사실관계의 동일성'이라는 개념이 소송상 다툼의 범위를 결정하는데 중요한 의의를 가진다. 즉 취소소송의 소송물을 처분의 위법성 일반으로 하였다 하더라도, 소송 계속 중에 피고인 행정청의 처분사유의 추가·변경을 무한정 인정할 수 없어서 대법원은 기본적 사실관계의 동일성의 범위 안에서 그를 인정하고 있다. 따라서 행정청의 입장에서는 기본적 사실관계의 동일성이 인정되지 않는다면 새로운 처분사유를 소송 계속 중에 처분사유의 추가·변경을 통하여 주장할 수 없지만, 대신에 그러한 처음의 처분사유와 기본적 사실관계의 동일성이 인정되지 않는 새로운 처분사유에 대해서는 판결의 기속력이 미치지 않으므로, 판결 확정 이후에도 그 사유를 들어 판결에 의해 취소된 처분을 반복할 수 있게 된다. 그러나 이에 반해 원고는 판결 확정 이후에는 처분 당시 존재하였으나 주장하지 못하였던 다른 위법사유를 들어 제소할 수 없게 되는 문제가 있다. 이것은 물론 원고로서는 소송 수행 시 모든 위법사유를 다 주장하는 것이 보통이고 행정청이 취소된 처분과 동일한 처분을 반복할 때에는 원고가 다시 소송을 제기할 수 있다는 점을 고려하면 이해할 수 있기는 하지만, 일단 원고의 입장에서는 피고 행정청에 비해 분쟁해결에 있어서 불평등한 입장에 있다는 점을 부인할 수 없다. 이러한 불평등을 제거하기 위해서는 소송물 개념에서 객관적인 위법만이 아니라 원고의 주장을 함께 고려하여 '처분이 위법하며 자기의 권리영역이 침해되었다는 원고의 주장'을 소송물로 보는 것이 타당하지 않은가 한다. 이렇게 되면 원고 입장에서는 판결 확정 후에 소송 계속 중에 주장하지 않은 새로운 처분의 위법사유를 발견하였을 때에 기판력의 구속을 받지 않고 소를 제기할 수 있게 되어 취소판결 확정 후에도 기본적 사실관계가 동일하지 않은 새로운 처분사유를 근거로 취소된 처분을 반복할 수 있는 행정청의 입장과 균형이 맞게 된다.

---

2) 대법원 1987.6.9. 선고 87누219 판결.

**참고판례: 대법원 2002.9.24. 선고 2000두6657 판결 [법인세부과처분취소]**

**과세처분취소소송의 소송물은 정당한 세액의 객관적 존부이므로** 과세관청으로서는 소송 도중이라도 사실심 변론종결시까지는 당해 처분에서 인정한 과세표준 또는 세액의 정당성을 뒷받침할 수 있는 새로운 자료를 제출하거나 처분의 동일성이 유지되는 범위 내에서 그 사유를 교환·변경할 수 있는 것이고, 반드시 처분 당시의 자료만에 의하여 처분의 적법 여부를 판단하여야 하거나 당초의 처분사유만을 주장할 수 있는 것은 아니다.

**해 설** 대법원은 소송물에 대하여 위법성 일반이라는 입장을 취하면서도 과세처분의 소송물은 '정당한 세액의 객관적 존부'라고 판시한다(대법원 2022.2.10. 선고 2019두50946 판결도 동일한 판시를 함). 이것이 '원고의 주관적 주장이 정당한 세액의 객관적 존부에 대한 것이었다.'라는 의미인지 아니면 '실질적으로 문제되는 것이 정당한 세액의 객관적 존부'라는 것인지가 불분명하기는 하지만 취소소송의 소송물에 대한 이해를 달리할 수 있는 단초가 될 수 있는지 주목할 필요가 있다. 만약 전자의 의미라면 소송물을 처분의 위법성 일반이라고 보는 입장과는 달라지는 것이다. 과세처분은 반드시 세액의 판단 잘못만이 아니라 절차적 위법에 의해서도 취소판결을 받을 수 있다.

### ② 무효등확인소송

무효등확인소송은 행정청의 처분 등의 효력 유무 또는 존재 여부를 확인하는 소송으로서 구체적으로 무효, 유효, 부존재, 존재, 실효를 확인하는 소송이다.

무효등확인소송의 본질에 대하여 종래 ① 확인소송설, ② 항고소송설(무효, 취소의 상대화론에 입각, 취소소송과 본질적으로 같은 것으로 봄), ③ 준항고소송설(실질적으로는 확인소송이지만 형식적으로는 처분의 효력 유무를 직접 대상으로 하는 것인 만큼 항고소송의 성질을 아울러 가지는 것으로 봄) 등의 대립이 있었으나, 대법원 2008.3.20. 선고 2007두6342 전원합의체 판결이 무효등확인소송에서 확인의 이익이 소송요건이 아니라고 판시하여 무효등확인소송의 보충성을 부정함으로써 학설·판례 공히 항고소송설에 수렴하고 있다.

무효등확인소송의 소송물은 '특정한 처분 또는 재결의 무효, 유효, 존재, 부존재 또는 실효 여부의 확인을 구하는 원고의 소송상 청구'라고 하여야 할 것이다.

### ③ 부작위위법확인소송

부작위위법확인소송은 행정청의 부작위가 위법하다는 것을 확인하는 소송으로서 부작위는 처분의 부작위를 의미한다. 부작위위법확인소송은 의무이행소송이 인정되지 않음으로 인하여 그 대용물로서의 의미를 가진다.

부작위위법확인소송은 일종의 확인소송이지만, 공권력 행사에 해당하는 처분을 할 의무에 대한 것이므로 항고소송의 일종으로 분류된다.

부작위위법확인소송의 소송물은 부작위의 위법성이나 작위의무의 존재 등이 아니라 '부작위의 위법확인을 구하는 원고의 소송상 청구'라고 보는 것이 타당하다.

### (3) 당사자소송

**당사자소송의 의의**

당사자소송이란 행정청의 처분등을 원인으로 하는 법률관계에 관한 소송, 그 밖에 공법상의 법률관계에 관한 소송으로서 그 법률관계의 한쪽 당사자를 피고로 하는 소송을 말한다. 항고소송과 달리 행정청의 작위·부작위를 다투는 것이 아니라 공법상의 법률관계를 직접 다투는 소송유형이다. 대법원은 공무원의 보수나 연금지급청구소송,[3] 공법상 계약에 관한 소송[4] 등을 당사자소송의 대상으로 보고 있다.

**실질적 당사자소송과 형식적 당사자소송**

당사자소송을 통상 실질적 당사자소송과 형식적 당사자소송으로 구분한다. 실질적 당사자소송이란 보통의 전형적인 당사자소송을 의미하고 형식적 당사자소송이란 외형적으로는 당사자소송의 형식을 갖추었으나 실질적으로는 항고소송처럼 행정청의 처분이나 부작위를 다투는 소송유형을 말한다. 즉 권리청구를 하여 당사자소송의 형식을 취하고 있으나 그 권리청구의 실질은 행정청의 결정에 대한 불복의 의미가 있는 경우이다. 예컨대 토지수용의 보상금에 대한 불복은 보상금을 청구하는 형태로 이루어지므로 당사자소송의 형식을 취하나, 실질적으로는 토지수용 당시의 토지수용위원회의 재결에 만족하지 못하고 이에 불복하는 의미를 가지는 것이다. 따라서 보상금증감청구소송은 전형적인 형식적 당사자소송에 해당한다.

**형식적 당사자소송의 문제점**

그런데 처분이 아직 유효하게 존재하는데도 형식적 당사자소송으로 실질적으로 처분의 의미를 상실시키는 경우에는 법체계상 문제가 있다. 즉, 처분의 단순위법의 경우, 취소소송이 아니라 당사자소송으로 다투면 아직 공정력으로 인하여 유효한 행정행위가 존재함에도 실제의 권리관계에서 그 행정행위를 부정하는 판결이 나올 수 있다. 이렇게 되면 항고소송을 통하지 않고 실질적으로 행정행위의 효력을 상실시키는 것이 되어 실질적으로 공정력이 부정되는 등의 혼란이 발생할 가능성이 있다.

**형식적 당사자소송의 허용성**

따라서 당사자소송의 일반적 근거규정만으로 형식적 당사자소송을 인정할 수 있는가에 대해 논란이 있다.

① 부정설은 형식적 당사자 소송의 허용으로 인하여 재결의 효력, 당사자소송 판결의 효력 두 가지 효력이 병존할 수 있게 되고 이것이 서로 모순되면 법질서에 혼란을 초래하므로 별도의 법적 근거 없이는 이를 인정할 수 없다고 한다.

② 긍정설은 재결이 취소되지 않을지라도 법원의 판결이 재결의 효력에 우선되는 것이므로 특별히 문제될 것이 없다고 한다.

---

3) 대법원 2004.7.8. 선고 2004두244 판결.
4) 대법원 1996.5.31. 선고 95누10617 판결.

이러한 문제 때문에 특별법적 근거 하에서만 형식적 당사자소송을 인정하는 견해가 대두하였다. 현재 대법원도 이러한 입장을 취하고 있는 것으로 보인다.

### (4) 민중소송

민중소송이란 국가 또는 공공단체의 기관이 법률에 위반되는 행위를 한 때에 국민이나 주민이 직접 자기의 법률상 이익과 관계없이 그 시정을 구하기 위해 제기하는 소송(행정소송법 제3조 제3호)이다. 이는 객관적 소송의 일종으로서 행정소송법에 규정은 되어 있으나 다른 법률이 정한 경우에만 인정된다. 또한 행정소송법은 민중소송을 직접 규율하는 규정을 두지 않고 그 성질에 반하지 않는 한 행정소송법상의 취소소송, 무효등확인소송, 부작위위법확인소송 및 당사자소송에 관한 규정을 준용한다는 규정을 두고 있을 뿐이다. 민중소송의 예로 국민투표법 제92조의 국민투표무효소송, 공직선거법상의 선거소송, 당선소송, 지방자치법상의 주민소송 등이 있다.

### (5) 기관소송

기관소송이란 국가 또는 공공단체의 기관 상호간에 권한의 존부 또는 그 행사에 관한 다툼이 있을 때에 이에 대하여 제기하는 소송(행정소송법 제3조 제4호)을 말한다. 기관소송은 헌법 제111조 제1항 제4호의 권한쟁의심판과 유사해 보이나 기능이나 요건에서 차이가 있다.

기관소송 역시 행정소송법이 규정은 두고 있으나, 다른 법률이 인정하는 경우에만 허용된다. 따라서 국가 또는 공공단체의 기관 상호간의 분쟁은 특별법상 근거규정이 없는 한, 기관 상호간의 협의나 공통의 상급기관의 판단에 의해 처리된다. 현재 인정되고 있는 기관소송의 예로서는 지방자치법 제192조 제4항(지방자치단체의 장의 지방의회 재의결에 대한 제소)·제5항(주무부장관의 제소지시 및 직접 제소), '지방교육자치에 관한 법률' 제28조 제3항, 제4항(교육감과 교육부장관의 지방의회 재의결에 대한 제소) 등을 들 수 있다.

### (6) 무명항고소송(법정외 항고소송)의 인정 여부

우리 행정소송법이 항고소송에 대해 매우 제한적인 규정을 두고 있기 때문에 행정소송법이 규정하지 않는 항고소송을 법해석상 도입할 수 있는지가 다투어지고 있다. 행정소송법이 명문으로 규정하지 않고 있는 잠재적으로 가능한 소송을 무명항고소송 또는 법정외 항고소송이라고 한다. 무명항고소송을 인정할 것인가의 여부는 행정소송법 제3조(행정소송의 종류), 제4조(항고소송), 그 중에서 특히 제4조의 규정을 예시규정으로 보느냐 제한적 열거규정으로 보느냐에 달려있다. 학계에서는 이를 예시규정으로 보고 무명항고소송의 도입에 적극적인 입장이 다수이다. 현재 논의되고 있는 무명항고소송에는 의무이행소송, (예방적)부작위청구소송(소극적 의무이행소송) 등이 있지만, 대법원은 현행법 하에서는 법정외 항고소송으로서 의무이행소송이나[5] 예방적 부작위소송

5) 대법원 1997.9.30. 선고 97누3200 판결.

을[6] 허용하지 않는다. 또한 부작위의무확인소송[7]이나 작위의무확인소송[8]도 허용하지 않고 있다.

① 의무이행소송의 인정여부

**소극설**

소극설은 ① 현행 행정소송법이 행정심판에서와 달리 의무이행소송을 규정하지 아니하고 부작위위법확인소송만을 규정하고 있는 취지를 의무이행소송을 인정하지 않겠다는 입법자의 의지로 해석할 수 있다는 점, ② 행정소송법 제4조의 규정을 제한적 열거규정으로 해석하는 한 해석론으로서 의무이행소송을 도입할 수는 없다는 점, ③ 의무이행소송은 권력분립의 원칙에 반한다는 점 등을 근거로 한다. 이러한 소극설의 논거 중 권력분립원칙에 위반된다는 주장은 학계와 법조계에서 점점 소멸되어가고 추세이다.

소극설은 행정소송법 제4조 제1호의 '변경'은 소극적 변경, 즉 일부취소로 이해한다.

**적극설**

국민의 권익구제를 위하여 해석론으로 의무이행소송을 인정하여야 한다는 견해이다. 이 견해는 소극설의 논거를 다음과 같이 비판한다.

① 법해석에서 객관적 해석론을 따를 때 입법자의 입법취지가 언제나 법해석을 지배한다고 할 수 없다. 더구나 행정소송법이 전부 개정된 지 40년 이상이 지났으므로 입법자의 의사를 중시하는 주관적 해석론은 타당성이 현저히 약화되었다. ② 소송제도의 발전은 법원의 판례에 의해서 이루어지는 것이 원칙이라는 점을 고려하면 행정소송법 제4조를 예시규정으로 보는 것이 타당하다. ③ 법률상 처분의무가 있는 경우에 대한 의무의 이행을 명하는 사법적 판단조차 권력분립원칙에 위반된다고 보는 것은 지나친 것이다.

적극설은 행정소송법 제4조 제1호의 변경에 적극적 변경도 포함된다고 새긴다. 다만 여기에서의 적극적 변경은 의무이행소송에 준하여 일부 의무이행명령의 의미로 새겨야 할 것이다.

**제한적 허용설(절충설)**

의무이행소송을 인정하되 국민권익구제를 위하여 부득이할 때 보충적으로 인정하자는 견해이다. 이러한 제한적 허용설에 따르면 의무이행소송은 다음의 요건이 충족되었을 때 인정된다고 한다.

첫째, 행정청에게 일차적 판단권을 행사하게 할 필요도 없을 정도로 처분요건이 일의적으로 정하여져 있을 것

둘째, 사전에 구제하지 않으면 회복할 수 없는 손해가 있을 것

셋째, 다른 구제방법이 없을 것

---

6) 대법원 1987.3.24. 선고 86누182 판결.
7) 대법원 1987.3.24. 선고 86누182 판결.
8) 대법원 1989.3.24. 선고 88누3314 판결.

② (예방적)부작위청구소송

**소극설**

소극설의 논거는 다음과 같다. ① 현행 법정소송으로도 권리구제가 가능하다. 즉 공권력 행사가 있을 때 그에 대하여 취소를 구하고 집행정지를 신청하면 된다. ② 행정소송법 제4조의 규정을 제한적 열거규정으로 해석하는 한 해석론으로서 부작위청구소송을 도입할 수는 없다. ③ (예방적)부작위청구소송은 행정청의 제1차적 판단이 이루어지지 않은 상태에서 행정청의 행위를 막는 소송이므로 권력분립의 원칙이나 사법권의 본질에 반한다.

**적극설**

적극설은 소극설을 다음과 같이 비판하면서 (예방적)부작위청구소송을 해석론으로 도입할 수 있다고 한다. ① 공권력의 행사가 단시간에 이루어지는 경우에는 취소소송의 소의 이익이 부인되어 권익구제를 기하기 어렵고 집행정지도 예외적으로만 인정되고 있을 뿐이므로 (예방적)부작위청구소송을 통하여 권익구제의 실을 기할 필요가 크다. ② 소송제도의 발전은 법원의 판례에 의해서 이루어지는 것이 원칙이라는 점을 고려하면 행정소송법 제4조를 예시규정으로 보는 것이 타당하다. ③ (예방적)부작위청구소송으로 권익구제가 이루어지는 경우는 권익침해가 충분히 예상되고 또한 침해가 임박한 경우일 것이므로 사건의 성숙성을 갖추었다고 볼 수 있고 이것이 권력분립에 반한다거나 사법권의 본질을 침해한다고 보기 어렵다.

부작위청구소송에 대해서는 그 요건이 구체적으로 제시되기도 한다. 그리하여

첫째, 위험이 구체적이고 개별적일 것

둘째, 침해가 심각하며 개연성이 있을 것

셋째, 침해가 직접적이며 절박할 것

넷째, 소송을 통해 피하고자 하는 위험 내지 손해가 중대할 것

등의 요건이 제시된다.

## 제3관 행정재판권의 한계

우리나라는 행정소송에 있어서 개괄주의를 채택하고 있다. 요컨대, 항고소송의 경우 처분이나 부작위에 해당하는 한 어떤 행정작용도 소송의 대상이 되며(처분개괄주의) 당사자소송의 경우에는 소송의 유형에 있어서도 개괄주의가 채택되어 다양한 소송유형이 발전될 수 있는 여건이 마련되어 있다. 이처럼 행정소송법이 소송대상에 대하여 개괄주의를 채택하고 있음에도 불구하고 행정소송에는 사법의 본질 및 권력분립으로부터 나오는 한계가 존재하여 재판으로 분쟁을 해결할 수 없는 경우가 있다.

### 1. 사법 본질상의 한계

법원조직법 제2조는 법원의 임무를 '법률상 쟁송'의 심판이라고 규정하고 있다. 여기서 '법률

상 쟁송(legal controversy)'이란 '당사자 사이의 권리·의무에 관한 다툼으로서 법령의 적용에 의하여 해결될 수 있는 분쟁'을 의미한다. 따라서 법률상 쟁송에 해당되지 않는 분쟁은 행정소송의 대상이 될 수 없다. 법률상 쟁송이 되려면 구체적 사건성과 법적 해결가능성이 인정되어야 한다. 이하에서 구체적으로 검토한다.

#### (1) 구체적 사건성

구체적 사건성의 결여로 인하여 법률상 쟁송에 해당되지 않아서 행정소송의 대상이 될 수 없는 것으로서 다음과 같은 유형의 분쟁이 있다.

① 학술·예술상의 문제 또는 단순한 사실상의 문제

학술적인 논쟁, 예술상의 분쟁이나 법적 판단과 무관한 단순한 사실확인에 관련된 분쟁 등 법적 의미 없는 분쟁은 구체적 사건성을 결여하는 것으로서 법률상 쟁송에 해당되지 않는다.

② 반사적 이익

법률상 이익에 해당되지 않고 법질서로 인하여 이익이 주어지지만 그 이익을 법질서가 보호하여 주지 않는 반사적 이익의 경우 그에 대한 행정소송은 허용되지 않는다. 이 경우 역시 구체적 사건성을 결하고, 행정소송법적 개념으로는 원고적격이 부정되기 때문이다. 법률상 이익의 의미에 대해서는 현재 '법률상 보호되는 이익'으로 해석하는 견해가 통설과 판례의 입장이다.

③ 추상적 법령의 효력과 해석

추상적 법령의 효력과 해석에 대한 행정소송의 허용 여부는 사법본질상의 한계 문제라고 볼 수도 있으나 실상 헌법정책의 문제일 수도 있다. 특히 법규명령의 경우 추상적 규범통제제도를 허용하여 추상적 법령의 효력과 해석에 대해 행정소송을 허용한다고 하더라도 그것이 반드시 사법본질에 반한다고 할 수 있을지는 의문이다.

추상적 법령에 대하여서는 소송을 제기할 수 없지만, 처분법규에 대해서는 항고소송을 제기할 수 있다. 대법원은 법령의 효력을 가진 명령이라도 그 효력이 다른 행정행위를 기다릴 것 없이 직접적으로 또 현실이 그 자체로서 국민의 권리훼손 기타 이익침해의 효과를 발생케 하는 성질의 것이라면 행정소송법상 처분이라고 보아야 한다(대법원 1954.8.19. 선고 4286행상37 판결)고 한다.

④ 민중소송, 기관소송

민중소송이나 기관소송은 권리나 이익의 침해 없이도 행정소송을 제기할 수 있는 예외적인 형태의 소송이다. 주관적 소송관에 입각한 근대 이후의 행정소송제도는 주관적인 권리나 이익의 침해가 없는 경우에는 구체적 사건성을 인정하지 않는 것이 원칙이다. 따라서 주관적 권리나 이익의 침해가 없는데도 소송이 인정되는 민중소송과 기관소송은 법률에 특별한 규정이 있는 경우에만 허용된다. 이것은 주관적 소송관에 입각한 행정소송의 한계라고 할 수 있다.

### (2) 법적 해결가능성

법률상 쟁송이란 법률의 적용에 의하여 해결 가능한 분쟁을 의미한다. 따라서 법률을 적용하여 해결하기 어려운 분쟁은 행정소송의 한계영역에 있다고 하여야 한다. 다음의 사항이 그와 관련되어 논의된다.

① 통치행위

통치행위는 행정상의 법률분쟁임에도 법률을 적용하여 해결하기 어려운 고도의 정치적 행위이기에 재판의 대상에서 제외되는 행위이다. 통치행위의 인정근거에 대해 학설 대립이 있지만 오늘날 선험적·실체적으로 결정되어 있는 통치행위 관념은 인정하기 어렵고, 재판기관이 구체적인 상황에서 재판을 통한 분쟁해결이 어렵다고 판단한 때에만 통치행위 관념을 인정할 수 있다고 하여야 한다.

한편 법적 해결의 가능성이 없다는 의미를 사법부에 의한 해결이 가능하지 않다는 의미로 해석하면 통치행위는 행정소송의 권력분립적 한계영역에 있다고 말할 수도 있다.

② 재량행위

제2차 세계대전 이전에는 재량행위는 사법심사의 대상에서 제외되었기 때문에 재량행위가 행정소송의 한계영역에 있다고 생각되었다. 그러나 제2차 대전 이후에는 재량행위일지라도 재량권의 일탈·남용의 경우에는 법적 판단의 대상이 되므로 재량행위는 행정소송의 각하사유가 아닌 것으로 되었다. 따라서 재량행위는 이제 더 이상 행정소송의 한계영역에 있다고 할 수 없다. 다만 재량의 하자가 위법에 이르지 않고 부당에 그칠 경우에는 행정소송의 대상으로는 되지 않는다.

③ 특별행정법관계에서의 행위

종래의 특별권력관계이론에 의하면 특별권력관계는 행정소송의 한계영역에 있기 때문에 그 내부의 법률관계는 행정소송의 대상이 되지 않는 것으로 관념되었다. 그러나 오늘날은 종래의 특별권력관계를 대체하는 특별행정법관계에 있어서 전면적으로 행정소송이 긍정되고 있다. 다만 특별행정법관계는 내부관계이므로 특별행정법관계에 있어서의 항고소송의 경우, 일반적인 권력관계에 비하여 처분성과 원고적격이 부인되어 실질적으로 소송상 구제가 어려운 경우가 있다.

④ 방침규정

방침규정이나 훈시규정 위반행위는 위법행위라 할 수 없으므로 이에 대한 행정소송은 법률상 쟁송이라 할 수 없다.

이 밖에 학술, 예술상의 분쟁도 구체적 사건성이 없어서 법률상 쟁송이 아니라 할 수도 있지만 법적 해결가능성이 없어서 법률상 쟁송에 포함되지 않는다고 할 수도 있다.

### 2. 권력분립상의 한계

#### (1) 의무이행소송 등

의무이행소송과 부작위청구소송 및 취소소송에서의 적극적 변경 등은 1984년의 행정소송법 개정에서 반영되지 않았고, 대법원도 무명항고소송 등의 형태로 도입하는 것을 허용하지 않았다. 종래 그것은 권력분립원칙으로 인하여 사법부가 행정청에게 의무이행 등을 명하는 것이 용납되지 않는다고 믿었기 때문이다. 그러나 오늘날 의무이행소송과 부작위청구소송의 도입이 권력분립원칙에 위반된다고 보는 견해는 거의 없다. 법원이 행정청에게 의무이행이나 부작위를 명한다 하더라도 그것은 법률상 명하여지고 있는 의무를 구체적 사건에서 선언하는 것이므로 그것을 권력분립원칙 위반이라고 할 수는 없기 때문이다.

#### (2) 국회의원의 징계, 자격심사

헌법 제64조 제4항은 국회의원에 대한 자격심사와 징계, 그리고 국회의원의 제명에 대한 처분에 대하여서는 법원에 제소할 수 없도록 하고 있다. 이것은 국회의 자율권을 보호하기 위한 것으로 권력분립원칙의 한 표현으로 이해된다.

#### (3) 헌법재판소의 관장사항

헌법 제111조 제1항은 헌법재판소의 관장사항을 규정하고 있다. 여기에 규정된 헌법재판소의 관장사항은 행정소송의 대상이 될 수 없다. 권력분립원칙의 당연한 논리적 귀결이다.

이 밖에 통치행위의 인정이 권력분립적 고려에서 나온 것임을 인정하는 입장(권력분립설)에서는 통치행위의 인정을 권력분립원칙에 따른 행정소송의 한계로 이해할 수도 있다.

# 제2절 취소소송

## 제1관 취소소송의 당사자 등

### 1. 취소소송의 당사자

#### (1) 당사자능력

당사자능력은 소송에서 당사자가 될 수 있는 일반적 능력을 말한다. 이것은 특정 소송사건을 전제로 하지 않고 일반적으로 소송의 당사자가 될 수 있는지를 분별하는 개념이다. 그러므로 자연인이나 법인, 법인 아닌 사단이나 재단 등[9]은 당사자능력을 가지나, 인간이 아닌 동물은 당사

9) 법인 아닌 사단이나 재단은 대표자나 관리인이 있을 때 당사자능력을 가진다. 민사소송법 제52조.

자능력을 가지지 못한다. 한편 행정소송법 제1조는 이 법이 '국민'의 권리 또는 이익의 침해를 구제하는 것을 목적으로 한다고 함으로써 국민이 아닌 외국인, 무국적자, 그리고 국가나 지방자치단체 및 그 행정기관의 행정소송에 있어서의 당사자능력(원고능력)을 부인하는 듯한 표현을 쓰고 있다. 그러나 외국인, 무국적자, 국가, 지방자치단체가 원고가 된 사례는 이미 존재하며 극히 예외적으로 행정기관이 원고가 되도록 인정한 사례 까지 존재한다.[10] 행정기관이 원고가 된 예외적인 사례에 대해서는 원고적격 부분에서 상술한다.

한편 취소소송의 특성상 피고가 될 수 있는 당사자능력(피고능력)은 처분을 발할 수 있는 행정청 또는 그 권한을 위임·위탁받은 자만이 가진다.

#### (2) 당사자적격

당사자적격은 특정한 소송사건을 전제로 그 사건의 원고나 피고가 될 수 있는 자격을 말한다. 다만 취소소송의 경우 원고와 피고의 법적 지위가 서로 다르므로 당사자적격이라는 용어를 잘 사용하지 않고 원고적격, 피고적격이라는 용어를 사용한다. 원고가 될 수 있는 자격, 즉 원고적격에 대해 행정소송법 제12조는 '법률상 이익이 있는 자'라고 규정하고 있으며 피고적격은 처분등을 행한 행정청에게 인정된다. 이에 대해서는 소송요건 부분에서 상술한다.

#### (3) 공동소송

공동소송은 소의 주관적 병합이라고도 하는데 원고나 피고의 어느 한쪽 또는 양쪽의 당사자가 2인 이상이 되는 경우를 말한다. 공동소송인은 각자가 자신의 명의로 판결을 받으며 상소 등에서도 서로 독립적이다. 처음부터 공동소송을 제기할 수 있으나 소송참가에 의하여 공동소송이 될 수도 있다.

그런데 행정소송법 제15조는 "수인의 청구 또는 수인에 대한 청구가 처분 등의 취소청구와 관련되는 청구인 경우에 한하여 그 수인은 공동소송인이 될 수 있다."고 규정하고 있는데 이것은 민사소송의 공동소송과는 다른 특칙을 규정한 것이다. 즉 민사소송은 소송의 목적이 되는 권리·의무관계가 공통되어야 하는 등 공동소송에 있어서 제약이 있으나 취소소송의 경우 반드시 공통성이 없어도 관련 청구인 한 공동소송, 즉 소의 주관적 병합이 인정된다.

### 2. 소송참가

#### (1) 개설

취소소송에서 원고 승소판결은 대세적 효력이 있으므로 제3자의 권익보호를 위하여 취소소송에서 소송참가는 매우 중요한 의미를 가진다. 행정소송법은 취소소송에서 제3자의 소송참가(같은 법 제16조)와 행정청의 소송참가(같은 법 제17조)를 규정하고 있고 이 규정은 취소소송 이외의 항고소송과 당사자소송 및 민중소송과 기관소송에 준용된다.

---

10) 대법원 2013.7.25. 선고 2011두1214 판결.

그리고 이러한 행정소송법상의 소송참가 이외에 민사소송법이 규정하고 있는 소송참가가 취소소송에서 어느 범위로 인정되는지가 문제이다.

### (2) 행정소송법 제16조에 의한 제3자의 소송참가

#### ① 법률의 규정과 해석상 고려할 점

행정소송법 제16조는 "법원은 소송의 결과에 따라 권리 또는 이익의 침해를 받을 제3자가 있는 경우에는 당사자 또는 제3자의 신청 또는 직권에 의하여 결정으로서 그 제3자를 소송에 참가시킬 수 있다."라고 규정하고 있다.

행정소송법 제16조의 '권리 또는 이익의 침해를 받을 제3자'를 해석함에 있어서 반드시 고려하여야 할 것은 같은 법 제31조 제1항의 재심청구의 적격에 관한 '권리 또는 이익의 침해를 받은 제3자'와의 연계 해석이다. 소송참가자에게는 판결의 효력이 미치므로 입법자는 재심청구의 적격에 관한 제31조 제1항과 소송참가의 적격에 관한 제16조의 규정을 연계하여 동일한 입법문언을 사용하였다고 보는 것이 합리적이다. 그러므로 소송참가적격을 지나치게 확장적으로 인정할 수 없고 재심청구의 적격의 부여가 타당한 자에게만 이를 인정하는 것이 타당하다고 본다.

#### ② '권리 또는 이익의 침해를 받을 제3자'의 의미

여기서 '소송의 결과에 따라 권리 또는 이익의 침해를 받을 제3자'를 민사소송법 제71조의 '소송결과에 이해관계가 있는 제3자'와 동일하게 이해할 것인지 아니면 행정소송법 제12조의 '법률상 이익'의 침해를 받는 제3자와 동일하게 해석할 것인지가 문제이다.

제1설: '소송의 결과에 따라 권리 또는 이익의 침해를 받을 제3자'를 행정소송법 제12조의 '법률상 이익'의 침해를 받는 제3자와 동일시 하는 견해

'소송의 결과에 따라 권리 또는 이익의 침해를 받을 제3자'를 '법률상 이익'의 침해를 받는 제3자와 동일한 의미로 해석하는 견해는 행정소송법 제16조 제1항과 제31조 제1항(제3자에 의한 재심청구)의 연관해석상 법률상 이익이 없는 자에게 제3자에 의한 재심청구의 길을 열어주어서는 안 된다는 점을 강조한다. 입법 문언상 행정소송법은 제3자의 소송참가에 관한 이 법 제16조 제1항에서와 동일하게 제3자에 의한 재심청구를 할 수 있는 자를 규정하고 있다. 즉, 행정소송법 제31조 제1항은 '판결에 의하여 권리·또는 이익을 침해받은 제3자'에게 재심청구를 허용하고 있어 행정소송법 제16조의 소송참가 요건과 동일한 표현을 하고 있다. 그리고 제3자에 의한 소송참가가 이루어지면 나중에 그 제3자는 제3자에 의한 재심청구를 할 수 없게 되므로 양자는 상호 관련된 조항이다. 그러므로 행정소송법 제16조 제1항의 '권리 또는 이익의 침해를 받을 제3자'를 '법률상 이익'의 침해를 받는 제3자 보다 넓은 의미로 해석하게 되면 법률관계를 불안정하게 하는 재심의 소의 인정범위가 원고적격 인정 범위보다 넓어지게 되는 모순을 초래한다. 따라서 '권리 또는 이익의 침해를 받을 제3자'를 '법률상 이익을 침해받는 제3자'로 해석할 필요가 있다는 것이다. 그러나 이 학설은 해석론으로서 완벽하지는 않다. 왜냐하면 서로 연관되는 행정소송법 제16조 제1항과 제31조 제1항이 중복적으로 '권리 또는 이익을 침해받을(은) 제3자'라는 입법문

언을 행정소송법 제12조의 '법률상 이익'과 확연히 다르게 사용한 것을 무시하고 이를 '법률상 이익을 침해받는 제3자'로 해석하는 것은 다소 문제가 있기 때문이다.

제2설: '소송의 결과에 따라 권리 또는 이익의 침해를 받을 제3자'를 민사소송법 제71조의 '소송결과에 이해관계가 있는 제3자'와 동일시 하는 견해

이 견해는 민사소송법 제71조의 '소송결과에 이해관계가 있는 제3자'에서 이해관계란 사실상의 이해관계가 아니라 법률상의 이해관계로 파악하는 대법원의 판례[11]이론과 관련이 있다. 이 견해는 제3자의 소송참가의 허용범위를 확대하여 법률상 이익이 없지만 판결의 결과로 다른 법적 이익을 침해받을 제3자도 제3자의 소송참가를 통한 소송참가를 가능하게 한다는 장점이 있다. 따라서 이 견해에 따르면 '소송의 결과에 따라 권리 또는 이익의 침해를 받을 제3자'는 대체로 행정소송법 제12조의 '법률상 이익을 침해받는 자'보다는 넓은 의미로 해석된다. 그러나 이 견해에 따르면 행정소송법 제16조 제1항과 제31조 제1항의 연관해석상 제3자에 의한 재심의 소의 인정 범위를 원고적격이 없는 자에게까지 확대하게 된다는 점에서 문제이다.

제3설: '소송의 결과에 따라 권리 또는 이익의 침해를 받을 제3자'를 민사소송법 제71조의 '소송결과에 이해관계 있는 제3자'와 동일시함과 동시에 이를 '법률상 이익을 침해받는 제3자'와도 동일시하는 견해

그러나 민사소송법에서의 법률상의 이해관계를 행정소송법 제12조의 법률상 이익과 동일한 범위로 파악하는 것은 다소 무리이다.

결론: 제2설은 주관적 해석론에 입각한 입법문언에 충실한 해석이기는 하나 제3자에 의한 재심의 소의 인정 범위를 지나치게 확대한다는 점이 문제이다. 제3설은 서로 상이한 제도적 배경을 가지는 민사소송의 개념과 취소소송의 개념을 무리하게 동일시한 점이 문제이다. 제1설은 제3자에 의한 재심의 소의 인정 범위를 합리적으로 조정할 수 있다는 장점이 있는데 반해 제3자에 의한 소송참가의 범위를 법률상 이익을 가진 자로 제한한다는 점이 다소 문제이다. 그런데 제3자에 의한 소송참가의 범위가 제한된다 하더라도 민사소송법상의 보조참가를 허용하면 법률상 이익이 없는 자에게도 소송참가의 기회를 줄 수 있게 되므로 큰 문제가 없다. 결국 현재로서는 제1설을 채택함이 입법문언 자체에는 충실하지 않으나 현실문제를 해결하는 데는 가장 적절한 것으로 생각된다.

대법원도 "행정소송법 제16조 소정의 제3자의 소송참가가 허용되기 위하여는 당해 소송의 결과에 따라 제3자의 권리 또는 이익이 침해되어야 하고, 이때의 이익은 법률상 이익을 말한다"고 한다.[12]

③ 법원의 참가결정 이전의 소송행위의 허부

소송참가를 신청하고 그에 대한 법원의 결정이 있기 이전에 참가인이 소송행위를 할 수 있는지가 문제된다. 민사소송법 제75조가 준용되므로 소송행위를 할 수 있다는 긍정설과 민사소송법

11) 대법원 1964.9.22. 고지 63두12 결정; 대법원 1979.8.28. 선고 79누74 판결.
12) 대법원 2008.5.29. 선고 2007두23873 판결.

상의 보조참가와 달리 행정소송법 제16조에 의한 소송참가는 법원의 결정에 의하여 비로소 참가가 허용되는 점을 들어 소극적으로 해석하는 부정설이 있다. 법 규정의 취지상 부정설이 타당하다고 본다.

④ 참가인의 지위

제3자의 소송참가가 있는 경우, 참가인에 대하여 필수적 공동소송에 관한 민사소송법 제67조가 준용된다(행정소송법 제16조 제4항). 이에 따라 참가인에게는 필수적 공동소송에 있어서의 공동소송인에 준하는 지위가 인정되지만 당사자로서 독자적인 청구를 하는 것은 아니기 때문에 공동소송적 보조참가인과 유사한 지위를 가진다고 보아야 할 것이다.

그러므로 참가인은 통상의 보조참가인에 비하여 다소 독립적인 지위가 인정된다. 그리하여 유리한 행위는 1인이 하여도 전원을 위하여 효력이 발생하지만 불리한 행위는 전원이 동의하지 않는 한 효력이 없다.

⑤ 소송참가인에 대한 판결의 효력

참가인은 실제 소송행위를 하였는지를 불문하고 판결의 형성력, 기판력 등 판결의 효력을 받게 된다. 참가인은 판결 확정 후 행정소송법 제31조의 제3자에 의한 재심청구를 할 수 없다.

주요판례요지

대법원 2023.10.26. 선고 2018두55272 판결: 사립학교 등(공공단체의 성격을 띤 대구경북과학기술원 포함)의 교원이 자신에게 불리한 교원소청심사위원회의 결정에 대하여 행정소송을 제기한 경우에는 인사 관련 업무에 대해 독자적 업무를 수행하는 기관인 학교장은 행정소송법 제16조에 의한 소송참가 또는 민사소송법 제71조에 의한 보조참가를 할 수 있다.

해 설 사립학교나 공공단체의 교원의 경우 징계처분은 사법적 성격의 행위이고 그 징계처분에 대한 소청심사위원회의 결정이 처분이 된다. 그러므로 소청심사위원회의 결정에 대하여 취소소송을 제기하는 경우 원고는 교원, 피고는 소청심사위원회가 되므로 인사권자는 행정소송법 제16조의 보조참가 또는 민사소송법 제71조의 보조참가를 할 수 있다는 것이다.

### (3) 행정청의 소송참가

법원이 피고가 아닌 다른 행정청을 소송에 참가시킬 필요가 있다고 인정할 때에는 당사자 또는 당해 행정청의 신청 또는 직권에 의하여 결정으로서 그 행정청을 소송에 참가시킬 수 있다(행정소송법 제17조 제1항). 이 제도는 다른 행정청이 가진 자료를 활용하여 소송의 적정한 해결을 도모하고자 하는 것으로서 이해관계인의 권익보호를 위한 제3자의 소송참가와 그 목적을 달리한다. 오히려 행정소송법 제26조의 직권심리제도와 그 취지를 같이하는 것이다.

행정소송법 제17조에 의한 행정청의 소송참가에서 참가행정청은 피고행정청을 위해서만 참가할 수 있다. 또한 행정소송법 제17조의 행정청의 소송참가에는 민사소송법 제76조가 준용되므로 참가행정청의 지위는 보조참가인에 준한다고 하여야 할 것이다.

참고판례: 대법원 2002.9.24. 선고 99두1519 판결 [건설업면허취소처분취소]

타인 사이의 항고소송에서 소송의 결과에 관하여 이해관계가 있다고 주장하면서 **민사소송법**(2002. 1. 26. 법률 제6626호로 전문 개정된 것) **제71조에 의한 보조참가를 할 수 있는 제3자는 민사소송법상의 당사자능력 및 소송능력을 갖춘 자이어야 하므로 그러한 당사자능력 및 소송능력이 없는 행정청으로서는 민사소송법상의 보조참가를 할 수는 없고 다만 행정소송법 제17조 제1항에 의한 소송참가를 할 수 있을 뿐이다**(행정청에 불과한 서울특별시장의 보조참가신청을 부적법하다고 한 사례).

**법원은 다른 행정청을 소송에 참가시킬 필요가 있다고 인정되는 때에 그 행정청을 소송에 참가시킬 수 있고, 여기에서 참가의 필요성은 관계되는 다른 행정청을 소송에 참가시킴으로써 소송자료 및 증거자료가 풍부하게 되어 그 결과 사건의 적정한 심리와 재판을 하기 위하여 필요한 경우를 가리킨다.**

### (4) 민사소송법상의 소송참가

① 보조참가

민사소송법상의 보조참가가 가능한가에 대해서 긍정설과 부정설이 있다.

긍정설은 판례[13]와 전통적인 실무관행의 입장으로, 행정소송법 제16조의 '소송의 결과에 따라 권리 또는 이익의 침해를 받을 제3자'가 민사소송법 제71조의 '소송결과에 이해관계가 있는 제3자'와 차이가 있을 수 있음을 전제로 한다. 부정설은 행정소송법 제16조의 '소송의 결과에 따라 권리 또는 이익의 침해를 받을 제3자'가 민사소송법 제71조의 '소송결과에 이해관계가 있는 제3자'와 동일하게 해석되기 때문에[14] 민사소송법상의 보조참가를 따로 인정할 실익이 없음을 주장한다.

생각건대, 전술한 바와 같이 행정소송법 제16조 제1항과 제3자에 의한 재심에 관한 규정인 같은 법 제31조 제1항의 체계해석상 행정소송법 제16조 제1항의 '소송의 결과에 따라 권리 또는 이익의 침해를 받을 제3자'를 '법률상 이익의 침해를 받을 자'로 해석하는 것이 타당하다면 이것은 민사소송법 제71조의 '소송결과에 이해관계있는 제3자'와는 다른 것으로 해석하여야 할 것이고 이런 해석론 하에서는 민사소송법상의 보조참가를 허용하는 것이 타당하다고 본다.

대법원은 취소소송의 판결의 효력이 참가인에게도 미치는 점을 고려하여 취소소송에서의 보조참가는 그것이 행정소송법 제16조의 제3자의 소송참가에 해당하지 않아도 민사소송법 제78조에 규정된 공동소송적 보조참가로 이해하고 필수적 공동소송에 관한 민사소송법 제67조가 준용

13) 대법원 2017.10.12. 선고 2015두36836 판결.

14) 대법원은 민사소송에서의 보조참가의 요건으로서 소송의 결과에 대한 이해관계라 함은 사실상의 이해관계로는 부족하고, "법률상의 이해관계를 말하고 이는 당해소송의 판결의 기판력이나 집행력을 당연히 받는 경우 또는 당해 소송의 판결의 효력이 직접 미치지 아니한다고 하더라도, 적어도 그 판결을 전제로 하여 보조참가를 하려는 자의 법률상의 지위가 결정되는 관계에 있는 경우를 말한다"고 함으로써 민사소송법 제71조의 이해관계와 행정소송법 제16조의 이해관계가 별반 다르지 않다고 해석될 여지를 남겼다. 대법원 1964.9.22. 고지 63두12 결정; 대법원 1979.8.28. 선고 79누74 판결.

된다고 한다(참고판례). 그러므로 이러한 경우 보조참가인이나 피참가인의 소송행위는 모두(보조참가인과 피참가인)의 이익을 위하여서만 효력을 가진다.

그런데 행정청은 권리·의무의 주체가 아니기 때문에 행정소송법 제17조의 참가 이외에 민사소송법상의 소송참가는 할 수 없다.

참고판례: 대법원 2017.10.12. 선고 2015두36836 판결 [개발행위불허가처분취소]

**행정소송 사건에서 참가인이 한 보조참가가 행정소송법 제16조가 규정한 제3자의 소송참가에 해당하지 않는 경우에도, 판결의 효력이 참가인에게까지 미치는 점 등 행정소송의 성질에 비추어 보면 그 참가는 민사소송법 제78조에 규정된 공동소송적 보조참가라고 볼 수 있다.** 민사소송법 제78조의 공동소송적 보조참가에는 필수적 공동소송에 관한 민사소송법 제67조 제1항, 즉 "소송목적이 공동소송인 모두에게 합일적으로 확정되어야 할 공동소송의 경우에 공동소송인 가운데 한 사람의 소송행위는 모두의 이익을 위하여서만 효력을 가진다."라고 한 규정이 준용되므로, **피참가인의 소송행위는 모두의 이익을 위하여서만 효력을 가지고, 공동소송적 보조참가인에게 불이익이 되는 것은 효력이 없으므로, 참가인이 상소를 할 경우에 피참가인이 상소취하나 상소포기를 할 수는 없다.**

**한편 민사소송법상 보조참가신청에 대하여 당사자가 이의를 신청한 때에는 수소법원은 참가를 허가할 것인지 여부를 결정하여야 하지만, 당사자가 이의를 신청하지 아니한 채 변론하거나 변론준비기일에서 진술을 한 경우에는 이의를 신청할 권리를 잃게 되고(민사소송법 제73조 제1항, 제74조) 수소법원의 보조참가 허가 결정 없이도 계속 소송행위를 할 수 있다.**

해 설 한국농어촌공사가 피고 고흥군수 측에 보조참가한 사건에서 대법원은 이것이 행정소송법 제16조의 제3자의 소송참가에 해당되지 않음에도 불구하고 판결의 효력이 참가인에게 미치는 등의 사유를 들어 공동소송적 보조참가에 해당한다고 판시하였다.

#### ② 공동소송참가

민사소송법상의 공동소송참가는 취소소송에서 이를 부인할 아무런 이유가 없으므로 취소소송에서도 인정된다고 할 것이다.

#### ③ 독립당사자참가

독립당사자참가는 취소소송의 특성상 행정청이 아닌 원고에 대해 참가인이 독자적 청구를 할 수 없다는 것을 전제로 취소소송에서는 인정할 수 없다는 부정설이 우세하나 청구병합의 경우, 행정청에 대해서는 처분의 취소를 구하고 원고에 대해서는 민사상 청구를 하는 것이 가능하므로 그 필요성이 있다고 본다(긍정설).

### 3. 취소소송의 소송대리인에 대한 특칙 등

취소소송의 소송대리에도 민사소송법의 규정이 그대로 적용된다. 그러나 취소소송을 포함한 항고소송의 경우 행정청의 장은 그 소속직원 등을 소송수행자로 지정하여 소송을 수행할 수 있다(국가를 당사자로 하는 소송에 관한 법률 제5조). 행정소송을 수행할 때에는 행정청의 장은 법무부장관의 지휘를 받아야 하며(같은 법 제6조 제1항) 경우에 따라 법무부의 직원, 검사 또는 공익법무관을 지정하여 그 소송을 수행하게 할 수도 있고 행정청의 장이 선임한 소송대리인을 해임할 수도 있다(같은 법 제6조 제2항). 취소소송이 아닌 당사자소송, 민사소송 등의 경우에 국가를 당사자로 하면 법무부장관이 국가를 대표하고(같은 법 제2조) 법무부의 직원이나 검사, 공익법무관, 소관행정청의 직원을 소송수행자로 지정할 수 있다(같은 법 제3조).

## 제2관 취소소송의 제기

### 1. 취소소송 제기의 효과

취소소송을 제기하게 되면 법원 및 원고·피고에 대하여, 그리고 일반적으로 다음과 같은 법적 효과가 발생한다.

① 주관적 효과로서 소송이 법원에 계속하게 되고, 당사자에게 중복제소금지의무가 발생하며, 법원의 심리·판결의무가 성립한다.

② 또한 소송대상이 객관적으로 확정되나, 행정처분 자체는 원칙적으로 집행이 정지되지 않는다(집행부정지의 원칙).

### 2. 취소소송의 제기요건(소송요건) 개관

#### (1) 개설

취소소송의 제기요건은 취소소송을 적법하게 만드는 요건이다. 취소소송의 제기요건을 갖추지 못하면 소는 부적법하게 되고 본안 판단의 대상이 되지 않아 각하하게 된다. 따라서 원칙적으로 취소소송의 제기요건은 직권조사사항이다. 그리하여 원칙적으로 이에 관한 당사자의 주장은 직권발동을 촉구하는 의미밖에 없으므로, 원심법원이 이에 관하여 판단하지 않았다고 하여 판단유탈의 상고이유로 삼을 수 없다.[15] 그러나 필요한 경우에는 취소소송의 제기요건이 변론의 대상이 되는 경우도 있다. 예컨대 환경영향평가대상지역 밖의 주민이 환경상 이익에 대한 침해나 침해 우려가 있다는 것을 입증하여 원고적격을 인정받는 경우[16]가 그러하다.

일반적으로 소송유형과 관계없이 논하여지는 소송요건을 일반적 소송요건이라 하고 취소소송 등 개별적 소송유형에 한하여 적용되는 소송요건을 특별소송요건이라 한다.

#### (2) 일반적 소송요건

일반적 소송요건으로 다음과 같은 것들이 있다. 이러한 일반적 소송요건들은 취소소송 제기시에도 갖추어져야 한다.

---

15) 대법원 2017.3.9. 선고 2013두16852 판결.
16) 대법원 2006.3.16. 선고 2006두330 전원합의체 판결.

① 대한민국의 재판권
② 행정소송사항
③ 법원의 관할권
④ 당사자능력
⑤ 소송능력: 소송행위능력
⑥ 소송대리인의 자격
⑦ 소제기의 형식
⑧ 재소금지: 확정판결이 없을 것
⑨ 중복제소금지: 동일 사안에 대한 소송이 다른 법원에 계속되지 않을 것
⑩ 소의 이익

### (3) 취소소송의 특별소송요건

이상의 일반적 소송요건이 취소소송에 적용되고 구체화되며 그 외에 필요한 요건이 추가되어 취소소송에는 대체로 다음의 특별소송요건들이 중요한 의미를 가진다.

① 당사자: 피고적격, 원고적격
② 법원: 관할법원
③ 소송물: 처분등의 위법을 주장하여 그 취소를 구하는 것
④ 전심절차 경유: 행정심판전치주의가 적용되는 경우
⑤ 소제기의 형식: 소장의 방식으로 일정한 제소기간 내에 소제기

이상의 취소소송의 특별소송요건을 설명의 편의를 위하여 쟁점이 되는 것 중심으로 구체적으로 나누어 설명하면

① 행정청의 위법한 처분에 대하여
② 그 취소·변경을 구할 법률상 이익이 있는 자가
③ 처분등을 행한 행정청을 피고로 하여
④ 행정심판을 거쳐야 하는 경우에는 행정심판을 거쳐서(원칙은 행정심판을 거치지 않음)
⑤ 제소기간 내에
⑥ 소장으로
⑦ 관할법원에

소를 제기하여야 한다는 정도로 요약할 수 있다.

## 제3관 취소소송의 대상적격(처분성)

### 1. 취소소송의 대상적격으로서의 처분성 개념

#### (1) 광의의 소의 이익과 처분성

소송요건 중에 가장 빈번히 문제가 되는 것은 광의의 소의 이익이라 할 수 있다. 취소소송에서의 광의의 소의 이익은 처분성, 원고적격, 권리보호의 필요(협의의 소의 이익)를 포함한다. 처분성이란 객관적인 취소소송의 대상적격을 말하는 것이고, 원고적격이란 문제되는 소송물과 원고와의 주관적 관계를 감안할 때 인정할 수 있는 원고로서의 자격요건을 말한다. 또한 권리보호의 필요란 취소소송을 통해 궁극적으로 분쟁이 해결될 가능성이 있는지, 또는 그를 통해 실질적으로 원고가 원하는 결과를 가져올 수 있는지를 따지는 요건이다.

개념적으로 이 3개념은 상호 구별되지만 엄밀히는 구별하기 힘든 경우도 많다. 예컨대 처분성 개념은 행위의 성격에 대한 객관적 판단의 대상인 것 같으나, 거부처분의 경우 대법원은 거부로 인하여 주관적으로 권익침해를 받지 않는 경우에는 처분성을 인정하지 않는다.

그리하여 우리 판례는 때때로 이들 3개념을 엄밀히 구별하지 않는 경우가 있다. 이들 3개념을 엄밀히 구별하지 않는다고 하여 결과적으로 문제가 되는 것은 아니다. 마치 세 개의 다리를 가진 솥이 어느 한 다리가 부서지면 무너지듯이 이들 세 가지 소송요건 중 어느 하나를 충족시키지 못하면 소송은 부적법하게 되기 때문이다.

#### (2) 취소소송의 대상으로서의 처분과 행정소송법상의 처분등의 개념

행정소송법 제19조는 "취소소송은 처분등을 대상으로 한다. 다만 재결취소소송의 경우에는 재결자체의 고유한 위법이 있음을 이유로 하는 경우에 한한다."라고 규정하고 있고 같은 법 제2조 제1항 제1호는 처분등을 '처분과 행정심판에 대한 재결'이라고 분명히 밝히고 있다. 그러나 개념적으로는 재결도 처분의 일종이기 때문에 '처분등'이라는 용어를 처분으로 바꾸어 사용하여도 무방하다.

요컨대 행정소송법이 취소소송의 대상으로서 '처분등'이라는 용어를 사용하고 있지만 개념적으로는 이것은 처분 개념과 동일시 할 수 있으므로, 취소소송의 대상은 처분이라고 할 수 있다.

그런데 행정소송법 제2조 제1항 제1호는 행정심판법 제2조 제1호와 동일하게, 처분을 '행정청이 행하는 구체적 사실에 관한 법집행으로서의 공권력의 행사 또는 그 거부와 그 밖에 이에 준하는 행정작용'으로 정의하고 있다.

행정소송법과 행정심판법이 이처럼 '그 밖에 이에 준하는 행정작용'이라는 불확정한 개념을 사용하면서까지 처분개념을 확장시키려고 한 것은, 항고쟁송을 제기할 수 있는 행정작용의 범위를 확대하여 국민의 권익구제의 폭을 넓히고자 함이다. 그러나 이론적으로는 이러한 새로운 개념규정은 종래 동일시되었던 행정행위와 처분개념 사이에 간극을 발생시킬 수도 있는 것이어서 논란의 대상이 될 수밖에 없었다.

### (3) 처분과 행정행위 개념의 관계

① 문제의 발단

1984년에 행정소송법이 전면개정되기 전에는 학설과 판례에 의해 처분과 행정행위는 동일한 개념으로 이해되고 있었다. 그러나 1984년 법개정으로 처분에 대한 입법적 개념규정이 이루어지고 그 개념규정 안에 '그 밖에 이에 준하는 행정작용'이라는 표현이 들어가자 실체법상의 행정행위 개념과 쟁송법상의 처분개념을 동일시 할 수 있는가에 대한 논란이 일어났다. 이원설(쟁송법상 개념설)과 일원설(실체법상 개념설)의 대립이 그것이다.

② 쟁송법상 개념설(이원설) : 다수설

이 학설은 1984년 행정쟁송법 개정으로 도입된 처분개념은 실체법적 개념이 아니라 쟁송법상 정립된 개념이라고 본다. 특히 개념규정 중에 '그 밖에 이에 준하는 행정작용'이라는 입법문언에 의미를 부여하여 이로써 더 이상 쟁송법상의 처분개념은 실체법적인 행정행위 개념과 동일시 할 수 없고 그보다 넓게 해석할 수밖에 없다고 한다.

쟁송법상 개념설의 배경을 이루는 것으로서 '형식적 행정행위' 개념이 있다. 형식적 행정행위 개념은 독일 및 일본에서도 주장되었던 것으로서, 우리나라의 형식적 행정행위 개념은 주로 일본에서의 논의에 영향을 받았다. 이에 따르면 보조금의 지급결정, 급부결정, 공공시설의 설치결정행위, 행정내부적 행위 등 행위 자체는 공권력의 실체를 가지지 않지만 그 행위의 형식이 처분과 같아 국민에게 사실상 지배력을 미치는 행위를 쟁송법상 처분으로 인정하여 권리구제의 기회를 확대하고자 한다. 이러한 형식적 행정행위에는 입법상의 형식적 행정행위(예컨대 국민연금법 제50조 이하의 급여금의 지급)와 법해석상의 형식적 행정행위가 있다. 우리 대법원은 군인연금의 결정·통지에 대하여 최초연금지급의 결정은 처분이라 보고, 사후 법령개정으로 연금지급액이 변경되고 이를 통지한 것은 처분이 아니라고 판시하고 있는데,[17] 최초연금지급의 결정이 형식적 행정행위에 해당한다고 볼 수 있다.

③ 실체법적 개념설(일원설)

이 학설은 1984년의 법개정에도 불구하고 행정행위와 처분을 동일하게 이해하여 처분 개념을 실체법적 개념인 행정행위 개념과 동일시 하고자 한다. 만약 그렇게 하지 않고 행정행위 개념과 처분 개념을 이원적으로 이해하게 되면 사실상 행정행위 개념의 학문적 의의가 대폭 상실되어 행정행위를 중심으로 하는 행정법 이론체계가 큰 타격을 입게 될 것을 우려한다. 또한 쟁송법상 개념설은 국민의 권익구제의 확대를 법개정의 큰 가치로 내세우지만, 국민의 권익구제의 확대는 처분 개념을 확대하여 취소소송에 지나친 권익구제의 부담을 지우는 것에 의해서보다는 다양한 항고소송 유형의 인정 그리고 당사자소송 활용 등 쟁송수단의 다양화를 통해 달성하는 것이 원칙임을 지적한다. 요컨대 쟁송법상 개념설이 처분 개괄주의에 의한 국민권익구제 확대를

17) 대법원 2003.9.5. 선고 2002두3522 판결.

모색한다고 하면, 실체법상 개념설은 소송유형 개괄주의를 통하여 국민의 권익구제를 확대하여야 한다는 입장이다.

④ 대법원 판례의 입장

1984년 행정소송법 전부개정이 이루어진 이후 오늘에 이르기까지 대법원 판례는 처분성 개념을 지속적으로 확장시켜 왔다. 그러나 대법원이 일원설의 입장에서 행정행위 개념요소의 해석을 확장하여 처분 개념이 확장된 것인지, 아니면 '그 밖에 이에 준하는 행정작용'에 해당하는 것으로 보는 경우를 널리 인정하여 처분 개념을 확장한 것인지에 대해서는 대법원의 분명한 입장을 확인하기 어렵다. 분명한 것은 개정법에 도입된 '그 밖에 이에 준하는 행정작용'에 해당된다고 명시적으로 인정하여 처분성이 인정된 사례는 아직 찾아보기 어렵다는 점이다.

이렇게 볼 때, 대법원 판례의 입장은 일원설적 관점에서도 해명할 수 있고 이원설적 관점에서도 설명할 수 있다고 본다.

⑤ 결론

법해석론으로서는 쟁송법상 개념설이 타당하다고 본다. 왜냐하면 처분 개념에 '그 밖에 이에 준하는 행정작용'이라는 개념범주가 설정된 이상 이를 무시하고 처분개념과 행정행위 개념이 동일하다고 말하기는 쉽지 않기 때문이다. 또한 현실적으로 법정 항고소송 이외에 다른 소송형태가 별로 발전하지 못한 우리나라의 경우 처분성을 확대해석하여 권리구제의 폭을 넓힐 수밖에 없다.

그러나 장기적으로 볼 때, 쟁송법상 개념설은 ① 처분개념의 무리한 확대를 통한 권익구제에 집착하여 소송유형의 다양화와 당사자소송의 활성화를 통한 권익구제의 확대라는 근본적인 해결책의 발전을 지연시킬 수 있고, ② '그 밖에 이에 준하는 행정작용'이라는 입법문언을 매개로, 행위의 법적 성질이나 효과와 같은 실체법적 의미관련을 완전히 떠나 쟁송법 자체의 목적에 의해 처분성을 인정하게 될 가능성이 있고, 그에 따라 행위형식 구분에 대한 학문적 노력을 무위로 만들 위험이 있으며, ③ 실체적 의미관련을 떠나 처분성을 인정하게 되면 동일한 법률관계에 항고소송 이외에 다른 종류의 소송도 인정될 가능성이 있어서, 하나의 법률관계에 여러 가지 소송형태가 허용되는 것과 같은 혼란이 발생할 가능성이 있다.

따라서 해석론으로서는 쟁송법상 개념설을 따를 수밖에 없으나 입법론적으로는 실체법상 개념설(일원설)에 찬동한다. 처분개념과 행정행위 개념의 동일성을 유지함으로써 그동안의 행정행위론의 학문적 성과를 흠 없이 유지할 수 있을 뿐 아니라, 국민의 권익구제의 확대를 위하여 취소소송의 문호를 확대하는 방법에만 집착할 것이 아니라 다양한 소송유형의 창출을 통하여 실체법의 변화에 소송법이 적응해 나가는 것이 필요하다고 생각되기 때문이다.

**(4) 행정행위가 아닌 처분의 절차법적, 실체법적 효과**

쟁송법상 개념설에 따른다 하더라도, 행정쟁송법상의 필요에 의해 확대된 처분(행정행위가 아닌 경우)에 행정절차법상의 보호를 부여하거나 행정기본법상의 공정력 등 법적 효력을 부여할 수 있을 것인가 하는 점은 별도의 문제로 보아야 한다. 1984년 국민의 권익구제의 확대를 위하여 채택된 행정쟁송법상의 처분 개념은 1996년의 행정절차법과 2021년의 행정기본법에 동일하게 채택되었다. 그러나 대법원은 이러한 처분에 대해서는 절차법적 보호를 인정하지 않고 있다.[18] 또한 독일의 판례이론도 쟁송법적 필요에 의하여 항고소송의 대상적격이 인정된 행위에 대해서는 행정행위에 대해 인정하는 절차법적 보호와 실체법적 효력을 부인하고 있다.[19]

이미 1987년에 학계의 주도로 만들어져서 입법예고까지 거친 바 있었던 행정절차법안에서 1984년의 처분 개념을 그대로 채택하지 않고 축소된 형태로 처분 개념을 규정하였던 바 있었음에도 불구하고 1996년의 행정절차법과 2021년의 행정기본법이 이 점에 유의하지 않은 입법을 한 것은 잘못된 일이다.

## 2. 처분성 판단의 일반적 기준

### (1) 개요

처분성 인정여부는 행정소송법에 있어서 핵심적인 문제이다. 처분성의 인정여부는 항고소송 대상 여부를 결정할 뿐 아니라 법치주의와 행정절차에까지 영향을 미치며, 행정기본법이 기본적으로 행정소송법과 동일한 처분 개념을 채택한 이상 실체법적으로도 영향을 미치는 개념이 되었다.

대법원은 처분 개념의 판단에 있어서 개별적 개념요소의 판단에 앞서 일반적인 판단기준을 제시하고 있다. 이러한 대법원의 입론에는 충분히 수긍할 점이 없지 않지만 한편 우려되는 측면도 없지 않다. 이하에서 대법원이 처분성 판단에 대하여 적용하는 일반적 기준을 살펴본다.

### (2) 구체적 · 종합적 판단사항으로서의 처분성

대법원은 처분성 여부의 판단을 구체적·개별적 판단사항으로서 여러 상황을 종합적으로 검토하여 할 사항으로 보고 있는 듯 하다. 그리하여 "행정청의 행위가 항고소송의 대상이 될 수 있는지는 추상적·일반적으로 결정할 수 없고, 구체적인 경우에 관련 법령의 내용과 취지, 그 행위의 주체·내용·형식·절차, 그 행위와 상대방 등 이해관계인이 입는 불이익 사이의 실질적 견련성, 법치행정의 원리와 그 행위에 관련된 행정청이나 이해관계인의 태도 등을 고려하여 개별적으로 결정하여야 한다"고 하였다.[20]

이것은 결과적으로 판례가 처분성을 판단함에 있어서 획일적인 이론적 기준에 의하기 보다는 구체적 타당성을 존중하는 것으로 나타난다.

### (3) 불복방법 선택에서의 상대방의 인식가능성과 예측가능성의 검토

대법원은 "행정청의 행위가 '처분'에 해당하는지가 불분명한 경우에는 그에 대한 불복방법 선택에 중요한 이해관계를 가지는 상대방의 인식가능성과 예측가능성을 중요하게 고려하여 규범적

18) 대법원 2001.1.28. 선고 99두5443 판결.
19) 독일의 경우 BSG 2014.8.13. B 6 KA 6/14 R. BSGE 116. S, 280 Rn.26.
20) 대법원 2010.11.18. 선고 2008두167 전원합의체 판결.

으로 판단하여야 한다"라고 판시하고[21] 이러한 맥락에서 피고 행정청이 '행정심판이나 취소소송을 제기할 수 있다.'는 취지의 불복방법 안내를 하고 나서는 그에 대해 소가 제기되자 '처분성'이 인정되지 않는다고 본안전 항변을 하는 것은 신의성실원칙(행정절차법 제4조)에 어긋난다고 판시하고 있다.[22]

**논평: 객관적 판단의 대상으로서의 처분 개념**

최근의 대법원의 처분성 판단기준은 일응 수긍할 면도 있다. 그러나 대법원의 이러한 기준을 자칫 잘못 해석하면 처분성의 판단은 행위의 성질이라고 하는 객관적 요소에 대한 판단만이 아니라 행위와 관련되는 법주체들의 주관적 입장까지 고려하여 판단하여야 하는 주관적 요소에 대한 판단이 될 수 있다는 의미로 받아들일 수 있을 것 같아서 우려스럽다. 이러한 우려는 대법원 2018.10.25. 선고 2016두33537 판결에 이르러 더욱 증폭된다. 이 판결에서는 처분성 판단에서 처분에 대한 "불복방법 선택에 중대한 이해관계를 가지는 상대방의 인식가능성과 예측가능성을 중요하게 고려하여야" 한다고 하였을 뿐 아니라 "계약 상대방에 대한 입찰참가자격제한 조치가 법령에 근거한 행정처분인지 아니면 계약에 근거한 권리행사인지는 원칙적으로 의사표시의 해석 문제이다."라고 판시하고 있다.

처분인지 아닌지가 의사표시의 해석에 달려 있도록 한다는 것은 국가공권력 행사인지 아닌지가 당사자의 의사표시 해석 여하에 의해 결정된다는 의미이다. 그러나 이것은 행정법의 근본이념에 대한 오해에서 비롯된 생각이다. 행정법은 법치행정을 이념으로 하며 당사자의 의사자치를 원칙적으로 인정하지 아니한다. 법치주의 이념과 모순되기 때문이다. 공권력행사로서의 처분인지의 여부 자체가 당사자의 의사표시의 해석여부에 달려 있다고 한다면 행정청의 고권적 행위와 관련된 법적 안정성의 훼손을 어떻게 할 것인지 걱정이 된다.

대법원이 이렇게 까지 처분성 판단에 주관적 사정을 고려하여야 한다는 이론을 제시하게 된 것은 물론 국민의 권익구제의 편의의 측면을 고려한 점이 크다고 할 것이다.

그러나 대법원의 의도와는 달리 이러한 처분성 판단기준에 대한 주관적 측면의 강조가 엉뚱한 결과를 가져올 가능성이 있음에 유의하여야 한다. 사법상계약에 근거한 제재조치와 관련하여 대법원이 잇따라 처분성을 인정하는 일련의 판례를 내어 놓음으로 인하여 이미 다소간의 혼란이 발생하고 있다. 이해당사자들은 도대체 무슨 소송을 제기하여야 할지 갈팡질팡하여 민사소송과 항고소송을 동시에 제기하는 것이 보통이다. 경우에 따라서는 민사소송에서 법원의 판단과 항고소송에서의 법원의 판단이 다른 경우도 발생한다.

### (4) 법령상 근거 및 절차준수 여부와 처분성 판단

대법원은 "어떠한 처분에 법령상 근거가 있는지, 행정절차법에서 정한 처분 절차를 준수하였는지는 본안에서 해당 처분이 적법한가를 판단하는 단계에서 고려할 요소이지, 소송요건 심사단계에서 고려할 요소가 아니다."라는 처분성 판단기준을 제시하고 있다.[23] 그러므로 단순히 법규

21) 대법원 2020.4.9. 선고 2019두61137 판결.
22) 대법원 2021.1.14. 선고 2020두50324 판결; 대법원 2020.4.9. 선고 2019두61137 판결.
23) 대법원 2021.12.30. 선고 2018다241458 판결 등.

적 근거가 없다고 하더라도 그것이 법집행행위로 이루어진 것이라면 처분성을 인정할 수 있고 따라서 행정규칙에 근거한 것이라도 그것이 법집행작용인 한 처분성이 인정된다. 이 기준은 예컨대 법규적 근거를 가지 못하는 불문경고 조치와 같은 행정청의 행위를 처분으로 판단하는데 유용하다.[24] 요컨대 이 기준은 법규적 근거가 없이 행정규칙에 근거한 행정작용의 처분성 인정 또는 법적 위임의 범위를 벗어난 행정청의 행위에 대한 처분성의 인정, 그리고 행정절차를 준수하지 못한 처분청의 행위에 대한 처분성의 인정 등을 가능하게 하기 위하여 제시한 것이라고 본다.

**논평: 법집행행위로서의 처분**

대법원의 이러한 기준은 중요한 의미를 가진 기준으로 존중되어야 한다. 그러나 이 기준이 단순히 직접적인 법규적 근거가 없는 행위의 처분성을 인정하는 데 그치는 것이 아니라 법집행행위로 볼 수 없는 행위에 대해서까지 처분성을 인정하는 것으로 그 외연을 확장한다면 그것은 문제라고 할 것이다. 그러한 해석은 행정소송법의 처분개념에 대한 명문규정에 위배된다. 또한 대법원 2010.11.18. 선고 2008두167 전원합의체 판결은 분명히 처분성 판단 기준의 하나로 법치행정의 원리를 들고 있다.

그러므로 예컨대 법집행행위로 볼 수 없는 사법상 계약이나 공공기관의 내부조치에 의한 행위의 처분성을 인정하는 것[25]은 법치주의와 행정절차법의 취지를 잠탈할 가능성이 있다. 따라서 직접적인 법적 근거를 결여하였더라도 그것이 넓은 의미의 법집행행위로 이루어진 것이라면 처분성을 인정할 수 있지만 법집행행위로 인정하기 어려운 계약상의 행위를 처분으로 인정하는 것은 곤란하다고 본다.

참고판례 1: 대법원 2018.10.25. 선고 2016두33537 판결 [입찰참가자격제한처분취소청구]

**공기업·준정부기관이 법령 또는 계약에 근거하여 선택적으로 입찰참가자격 제한 조치를 할 수 있는 경우, 계약상대방에 대한 입찰참가자격 제한 조치가 법령에 근거한 행정처분인지 아니면 계약에 근거한 권리행사인지는 원칙적으로 의사표시의 해석 문제이다.** 이때에는 공기업·준정부기관이 계약상대방에게 통지한 문서의 내용과 해당 조치에 이르기까지의 과정을 객관적·종합적으로 고찰하여 판단하여야 한다. 그럼에도 불구하고 **공기업·준정부기관이 법령에 근거를 둔 행정처분으로서의 입찰참가자격 제한 조치를 한 것인지 아니면 계약에 근거한 권리행사로서의 입찰참가자격 제한 조치를 한 것인지가 여전히 불분명한 경우에는, 그에 대한 불복방법 선택에 중대한 이해관계를 가지는 그 조치 상대방의 인식가능성 내지 예측가능성을 중요하게 고려하여 규범적으로 이를 확정함이 타당하다.**

해 설 처분인지 아닌지가 불분명할 때에 불복방법 선택에 대한 이해관계를 가지는 행정조치의 상대방의 인식가능성과 예측가능성을 고려하여 판단하여야 한다는 판시이다(같은 취지의 판결 대법원 2020.4.9. 선고 2019두61137 판결). 입찰참가자격 제한이 계약상의 행위로 볼 소지도 있지만 이루어진 입찰참가자격 제한의 형식과 내용 및 상대방의 인식 등을 고려하여 이를 처분으로 본다는 판시이다.

24) 대법원 2002.7.26. 선고 2001두3532 판결.

25) 예컨대 대법원 2020.5.28. 선고 2017두66541 판결 등.

참고판례 2: 대법원 2020.4.9. 선고 2019두61137 판결 [사업종류변경처분등취소청구의소]

**피고의 내부규정은 행정절차법이 규정한 것보다 더욱 상세한 내용으로 사전통지 및 의견청취절차를 규정하고, 그 처리결과까지 문서로 통보하도록 규정하고 있다.** 또한 기록에 의하면, 피고는 이러한 내부규정에 따른 사전통지 및 의견청취절차를 거친 후 원고에게 그 처리결과인 이 사건 사업종류 변경결정을 알리는 통지서(갑 제4호증)를 작성하여 교부하였는데, 거기에는 사업종류 변경결정의 내용과 이유, 근거 법령이 기재되어 있을 뿐만 아니라, "동 결정에 이의가 있을 경우에는 처분이 있음을 안 날로부터 90일 이내에 행정심판법 제28조에 따른 행정심판 또는 행정소송법에 따른 행정소송을 제기할 수 있음을 알려드립니다."라는 불복방법 안내문구가 기재되어 있음을 알 수 있다. **이러한 피고의 내부규정과 실제 사업종류 변경결정 과정을 살펴보면, 피고 스스로도 사업종류 변경결정을 행정절차법과 행정소송법이 적용되는 처분으로 인식하고 있음을 알 수 있고, 그 상대방 사업주로서도 피고의 사업종류 변경결정을 항고소송의 대상인 처분으로 인식하였을 수밖에 없다. 이와 같이 불복방법을 안내한 피고가 이 사건 소가 제기되자 '처분성'이 인정되지 않는다는 본안전항변을 하는 것은 신의성실원칙(행정절차법 제4조)에도 어긋난다.**

### 3. 처분 개념의 구체적 의미분석

#### (1) 개요

① 처분 개념의 범주와 개념요소(개념징표)

행정소송법상의 처분 개념은 다음의 3개의 개념범주로 구성되어 있다.

첫째, 행정청이 행하는 구체적 사실에 관한 법집행으로서의 공권력의 행사

둘째, 행정청이 행하는 구체적 사실에 관한 법집행으로서의 공권력의 행사의 거부

셋째, 그 밖에 이에 준하는 행정작용

이 가운데 첫째의 개념범주는 실체법상의 행정행위와 동일시하여도 무방할 만한 개념요소 들을 가지고 있다고 생각한다. 즉 첫째의 개념범주는 행정행위를 지칭한다고 하여도 좋을 것이다. 첫째의 개념범주가 가지는 개념요소와 전통적인 행정법학이 발전시켜온 행정행위론에서 행정행위의 개념요소로 다루어지고 있는 것을 대비하면 다음과 같다.

① 행정청의 행위(공통)

② 구체적 사실에 관한 법집행행위(독일 행정행위론의 개별사안성)

③ 국민의 권리·의무에 직접 영향이 있는 법적 행위(독일 행정행위론의 직접효, 외부효, 법적 규율성)

④ 공권력행위(독일 행정행위론의 고권성)

물론 행정소송법상의 처분 개념의 제1범주를 굳이 행정행위 개념과 달리 보고자 하면 그러한 해석이 불가능한 것은 아니다. 왜냐하면 행정소송법상의 처분개념에는 법적행위성, 외부효과성, 직접효과성에 대한 직접적인 시사를 찾아 볼 수 없기 때문이다.

그러나 첫째로, 취소소송이 처분등을 취소 또는 변경하는 소송이라는 본질론에서 보면 처분은 원칙적으로 법적행위로 보아야 할 것이고 둘째로, 외부효과성을 행위의 태양에 관련되는 문

제로 보아 공권력의 행사라는 입법문언에 함축된 것이라고 볼 수 있고 셋째로, 직접효과성은 법집행의 구체성과 관련이 많으므로 '구체적 사실에 관한 법집행행위'라는 입법문언에서 함축된 것으로 볼 수 있으므로, 행정소송법상의 처분개념의 첫 번째 개념범주를 행정행위와 동일하게 보는 해석이 충분히 가능하다.

두 번째의 개념범주는 첫 번째의 개념범주에 해당하는 행위의 거부이므로 행정행위의 거부로 볼 수 있다. 그런데 행정행위의 거부도 역시 행정행위의 일종이므로 두 번째의 개념범주까지는 행정행위와 동일시 할 수 있다.

세 번째의 개념범주는 반드시 행정행위는 아니라 할지라도 행정행위에 준하는 것으로 볼 수 있는 행정작용으로 이해하는 것이 타당할 것이다. 세 번째의 개념범주에 속하는 대표적인 행정작용이 형식적 행정행위이다.

이렇게 볼 때 행정소송법상의 처분 개념은 '행정행위와 그 밖에 이에 준하는 행정작용'으로 구성된다고 보아도 무방하다.

이상의 논의를 종합하고 대법원 판례상 처분 개념인지의 여부가 다투어지는 쟁점을 고려하여 볼 때, 처분 개념을 분석하기 위하여 위의 4가지 개념요소 이외에 다음의 1가지 개념요소(⑤) 및 3가지 개념범주(⑥⑦⑧)를 더 추가할 수 있다.

① 행정청의 행위(공통)
② 구체적 사실에 관한 법집행행위(독일 행정행위론의 개별사안성)
③ 국민의 권리·의무에 직접 영향이 있는 법적 행위(독일 행정행위론의 직접적 외부효과성, 법적 규율성)
④ 공권력행위(독일 행정행위론의 고권성)
⑤ 행정소송 이외의 특별 불복절차가 마련되어 있지 않은 행위
⑥ 그 밖에 이에 준하는 행정작용
⑦ 거부 등 특수한 처분
⑧ 재결

이하에서는 ①-⑧의 처분 개념의 범주 및 개념요소를 중심으로 행정소송법상의 처분 개념을 분설하기로 한다.

### (2) 행정청의 행위

처분은 행정청의 행위이어야 한다. 행정소송법 제2조 제2항은 행정청에는 본래 의미의 행정청 개념에 해당되는 '처분 등을 할 수 있는 권한이 있는 국가 또는 지방자치단체 소속의 행정청' 뿐만 아니라 법령에 의하여 행정권한의 위임 또는 위탁을 받은 행정기관, 공공단체 및 그 기관 또는 사인이 포함된다고 규정하고 있다. 법령에 의해 권한의 위임을 받은 기관이란 위임전결 등의 사실상의 위임이 아니라 법률적 근거를 가지고 행정청의 위임을 받은 행정기관을 말한다(예컨대 장관으로부터 법령의 근거를 가지고 권한 일부를 위임받은 차관).

행정청이란 행정기관 가운데 의사결정권과 결정된 의사의 외부표시권을 가지는 기관을 말하

는데 수장제적 행정조직을 원칙으로 하고 있는 우리나라에서 대부분 행정청은 행정기관의 장이 된다(장관, 시장, 군수 등).

이러한 기준에 따르면 입법기관이나 사법기관도 행정적인 처분을 하는 범위 안에서는 행정청에 속한다. 따라서 법원행정처장, 국회사무처장은 행정청이다. 그러나 헌법 제64조 제4항이 국회의원의 징계, 자격심사에 대해서는 법원에 제소를 금하고 있으므로 국회의원의 징계, 자격심사에 대해서는 행정소송의 처분성을 인정하지 않는다.

또한 지방의회 등의 합의제기관도 행정청이다. 따라서 지방의회 의원에 대한 징계처분, 의장 선출, 불신임의결 등은 항고소송의 대상이 된다.[26] 그러나 합의제기관으로서 징계위원회 등과 같이 의결권만을 가지고 의사의 외부표시권이 없어 행정청이 아닌 기관도 있음을 유의하여야 한다.

한편 공공조합이나 공공단체 등도 법령에 따라 행정청의 권한을 위임받은 범위 내에서 행정청의 지위에 설 수 있고 이들의 행위는 처분이 될 수 있다. 대법원은 한국수력원자력 주식회사,[27] 근로복지공단,[28] 도시개발사업조합, 대한주택공사, 농업기반공사,[29] 한국토지공사, 한국자산관리공사,[30] 의료보험조합,[31] 교통안전공단의 공권력적 작용은 처분이라고 판시하였으나,[32] 징계 등 공공단체 내부문제에 대해서는 원칙적으로 처분성을 부인하고 있다.[33] 공공단체의 경우 법령으로부터 권한이 위임되지 않은 영역의 법률관계는 사법관계라고 보아야 할 것이기 때문이다. 그러나 협의의 공공단체의 경우와는 달리 지방자치단체나 국가기관 내부의 징계는 이를 처분으로 본다.

또한 대법원은 종래 한국전력공사, 한국토지공사 등의 입찰참가자격제한행위에 대해 처분성을 부인하였으나,[34] 공공기관의 운영에 관한 법률이 새롭게 공기업과 준정부기관도 입찰참가자격을 할 수 있도록 규정함으로써(제39조 제2항) 이와 같은 기관들의 입찰참가자격제한도 처분으로서 항고소송의 대상이 될 수 있게 되었다.[35][36]

그런데 대법원이 계약상의 조치로 할 수 있는 입찰참가자격제한에 대해서는 원칙적으로 처분성을 인정하지 않으면서,[37] 법령에 근거한 입찰참가자격 제한에 대하여서는 처분성을 인정하는

---

26) 대법원 1994.10.11. 자 94두23 결정, 대법원 1995.1.12. 선고 94누2602 판결.
27) 대법원 2020.5.28. 선고 2017두66541 판결; 입찰참가자격제한 행위의 처분성을 인정하면서 한국수력원자력 주식회사가 행정청임을 인정한 판례.
28) 대법원 2020.4.9. 선고 2019두61137 판결; 근로복지공단의 사업종류변경을 처분으로 봄(참고판례 4 참조).
29) 현재는 한국농어촌공사이다.
30) 과거의 성업공사에 해당한다.
31) 현재의 국민건강보험공단에 해당한다.
32) 사법연수원, 전게서, 87면.
33) 대법원 2008.1.31. 선고 2005두8269 판결.
34) 사법연수원, 전게서, 88－89면.
35) 대법원 1998.12.24. 자 98무10 결정 참조.
36) 그런데 이 규정에 의거한 입찰참가자격의 제한의 경우 그 제한기준을 '국가를 당사자로 하는 계약에 관한 법률 시행규칙' 등의 부령이 정하고 있으나, 판례는 이 기준은 대외적인 구속력이 없다고 보고 입찰참가자격제한처분이 적법한지 여부의 판단은 '공공기관의 운영에 관한 법률'상의 입찰참가자격제한 규정과 그 취지에 적합한지 판단하되, 행정관행이 있으면 행정의 자기구속이 이루어지므로 그것을 존중하여야 한다고 판시하고 있다. 대법원 2014.11.27. 선고 2013두18964 판결.
37) 다만 대법원이 계약상의 근거만으로 이루어진 거래제한행위에 대하여 처분성을 인정하는 경우가 발생하고 있다. 예

것은 그 입찰참가자격 제한행위가 직접 입찰참가자격을 제한한 해당 기관 뿐 아니라 다른 기관으로까지 확장된 효력을 가지는 것 때문만은 아니다. 대법원은 해당기관 이외에 다른 기관으로 거래정지효력이 확장되지 않는 경우에도 거래정지의 처분성을 인정하였다.[38)]

### 주요판례요지

대법원 2023.2.23. 선고 2021두44548 판결: 보조금 지급의 처분권한이 광명시장에게 있는 이상 경기도지사의 통보가 실질적으로 영향력이 있다고 하더라도 경기도지사의 통보는 처분성이 없다.

### 참고판례 1: 대법원 2010.11.26. 자 2010무137 결정 [부정당업자제재처분효력정지]

수도권매립지관리공사가 갑에게 입찰참가자격을 제한하는 내용의 부정당업자제재처분을 하자, 갑이 제재처분의 무효확인 또는 취소를 구하는 행정소송을 제기하면서 제재처분의 효력정지신청을 한 사안에서, **수도권매립지관리공사는 행정소송법에서 정한 행정청 또는 그 소속기관이거나 그로부터 제재처분의 권한을 위임받은 공공기관에 해당하지 않으므로,** 수도권매립지관리공사가 한 위 제재처분은 행정소송의 대상이 되는 행정처분이 아니라 단지 갑을 자신이 시행하는 입찰에 참가시키지 않겠다는 뜻의 사법상의 효력을 가지는 통지에 불과하므로, 갑이 수도권매립지관리공사를 상대로 하여 제기한 위 효력정지신청은 부적법함에도 그 신청을 받아들인 원심결정은 집행정지의 요건에 관한 법리를 오해한 위법이 있다고 한 사례.

그런데 관계 법령과 기록에 의하면, 재항고인은 수도권매립지관리공사의 설립 및 운영 등에 관한 법률의 규정에 의하여 설립된 공공기관(법인)으로서 **공공기관의 운영에 관한 법률 제5조 제4항에 의한 '기타 공공기관'에 불과하여 같은 법 제39조에 의한 입찰참가자격 제한 조치를 할 수 없을 뿐만 아니라, 재항고인의 대표자는 국가를 당사자로 하는 계약에 관한 법률 제27조 제1항에 의하여 입찰참가자격 제한 조치를 할 수 있는 '각 중앙관서의 장'에 해당하지 아니함이 명백하다.**

**해 설** '국가를 당사자로 하는 계약에 관한 법률' 제27조는 각 중앙관서의 장이 입찰참가자격제한행위를 할 수 있다고 하고 있고, 공공기관의 운영에 관한 법률 제39조 제2항은 공기업과 준정부기관도 입찰참가자격제한행위를 할 수 있도록 하고 있다. 이 판례에서 수도권매립지관리공사는 중앙관서의 장도 아니며 '공공기관의 운영에 관한 법률'상의 공기업이나 준정부기관에도 해당되지 않는 '기타 공공기관'이므로 입찰참가자격제한행위를 할 수 없고 따라서 그러한 제한행위는 처분성이 없다.

### 참고판례 2: 대법원 2020.5.28. 선고 2017두66541 판결 [공급자등록취소무효확인등청구]

(중략) 공공기관의 운영에 관한 법률(이하 '공공기관운영법'이라 한다)이나 그 하위법령은 공기업이 거래상대방 업체에 대하여 공공기관운영법 제39조 제2항 및 공기업·준정부기관 계약사무규칙 제15조에서 정한 범위를 뛰어넘어 추가적인 제재조치를 취할 수 있도록 위임한 바 없다. 따라서 **한국수력원자력 주식회사가** 조달하는 기자재, 용역 및 정비공사, 기기수리의 공급자에 대한 관리업무 절차를 규정함을 목적으로 **제정 · 운용하고 있는 '공급자관리지침' 중 등록취소 및 그에 따른 일정 기간의 거래제한조치에 관한 규**

---

컨대, 나라장터 종합쇼핑몰 거래정지조치 대법원 2018.11.29. 선고 2015두52395 판결.

38) 대법원 2020.5.28. 선고 2017두66541 판결.

**정들은 공공기관으로서 행정청에 해당하는 한국수력원자력 주식회사가 상위법령의 구체적 위임 없이 정한 것이어서 대외적 구속력이 없는 행정규칙이다.**

한국수력원자력 주식회사가 자신의 **'공급자관리지침'에 근거하여 등록된 공급업체에 대하여 하는 '등록취소 및 그에 따른 일정 기간의 거래제한조치'는 행정청이 행하는 구체적 사실에 관한 법집행으로서의 공권력의 행사인 '처분'에 해당한다.**

**해 설** 한국수력원자력주식회사가 사법상 계약과 내부규정을 통해 거래제한조치를 한 것을 그 권력성을 보고 처분으로 인정한 판례이다. 그러나 대법원이 인정하듯 근거법이 없으므로 이를 법집행행위인 처분으로 볼 수 있는지 의문의 여지가 있다.

### 참고판례 3: 대법원 2008.1.31. 선고 2005두8269 판결 [해고무효등확인청구]

행정소송의 대상이 되는 행정처분이란 행정청 또는 그 소속기관이나 법령에 의하여 행정권한의 위임 또는 위탁을 받은 공공단체 등이 국민의 권리·의무에 관계되는 사항에 관하여 직접 효력을 미치는 공권력의 발동으로서 하는 공법상의 행위를 말하며, 그것이 상대방의 권리를 제한하는 행위라 하더라도 행정청 또는 그 소속기관이나 권한을 위임받은 공공단체 등의 행위가 아닌 한 이를 행정처분이라고 할 수 없다.

**한국마사회**가 조교사 또는 기수의 면허를 부여하거나 취소하는 것은 경마를 독점적으로 개최할 수 있는 지위에서 우수한 능력을 갖추었다고 인정되는 사람에게 **경마에서의 일정한 기능과 역할을 수행할 수 있는 자격을 부여하거나 이를 박탈하는 것에 지나지 아니하므로, 이는 국가 기타 행정기관으로부터 위탁받은 행정권한의 행사가 아니라 일반 사법상의 법률관계에서 이루어지는 단체 내부에서의 징계 내지 제재처분이다.**

**해 설** 한국마사회가 기수의 면허를 부여하거나 취소하는 것은 국가 기타 행정기관으로부터 위탁받은 권한행사가 아니라 일반 사법상의 단체 내부의 제재처분이므로 항고소송의 대상이 되는 처분이 아니라는 판시이다. 그러나 한국마사회법 제14조에 의한 권한의 위임이 있었고 조교사나 기수의 면허를 부여하거나 박탈하는 것은 직업선택의 자유와 관련이 있으므로 처분성을 인정하는 것이 타당하였을 것이다.

### 참고판례 4: 대법원 2020.4.9. 선고 2019두61137 판결 [사업종류변경처분등취소청구의소]

**행정청의 행위가 '처분'에 해당하는지가 불분명한 경우에는 그에 대한 불복방법 선택에 중대한 이해관계를 가지는 상대방의 인식가능성과 예측가능성을 중요하게 고려하여 규범적으로 판단하여야 한다.**

항고소송의 대상인 처분에 관한 법리에 비추어 고용보험 및 산업재해보상보험의 보험료징수 등에 관한 법률(이하 '고용산재보험료징수법'이라 한다) 제11조 제1항, 제12조 제1항, 제13조 제5항, 제14조 제3항, 제16조의2, 제16조의6 제1항, 제16조의9 제2항, 제3항, 제19조의2, 고용보험 및 산업재해보상보험의 보험료징수 등에 관한 법률 시행령 제9조 제3호, 고용보험 및 산업재해보상보험의 보험료징수 등에 관한 법률 시행규칙 제12조 및 근로복지공단이 고용산재보험료징수법령 등에서 **위임된 사항과 그 시행을 위하여 필요한 사항을 규정할 목적으로 제정한 '적용 및 부과업무 처리 규정' 등 관련 규정들의 내용과 체계 등을 살펴보면, 근로복지공단이 사업주에 대하여 하는 '개별 사업장의 사업종류 변경결정'은 행정청이 행하는 구체적 사실에 관한 법집행으로서의 공권력의 행사인 '처분'에 해당한다.**

참고판례 5: 대법원 2009.9.24. 자 2009마168,169 결정 [가처분이의 · 직무집행정지가처분]

구 도시 및 주거환경정비법(2007. 12. 21. 법률 제8785호로 개정되기 전의 것)상 **재개발조합이 공법인이라는 사정만으로 재개발조합과 조합장 또는 조합임원 사이의 선임 · 해임 등을 둘러싼 법률관계가 공법상의 법률관계에 해당한다거나 그 조합장 또는 조합임원의 지위를 다투는 소송이 당연히 공법상 당사자소송에 해당한다고 볼 수는 없고, 구 도시 및 주거환경정비법의 규정들이 재개발조합과 조합장 및 조합임원과의 관계를 특별히 공법상의 근무관계로 설정하고 있다고 볼 수도 없으므로, 재개발조합과 조합장 또는 조합임원 사이의 선임 · 해임 등을 둘러싼 법률관계는 사법상의 법률관계로서 그 조합장 또는 조합임원의 지위를 다투는 소송은 민사소송에 의하여야 할 것이다.**

해 설 재개발조합은 공법인으로서 공법인은 법령에서 권한을 위임받은 범위 안에서 행정청의 지위를 가진다. 그런데 권한의 위임이 없는 조합임원의 선임 · 해임의 법률관계는 사법관계로 보아야 한다는 판시이다. 재개발 조합임원의 해임은 처분이 아니다.

### (3) 구체적 사실에 관한 법집행행위(개별사안성)

처분은 원칙적으로 구체적 사실에 대한 법집행행위이어야 한다. 구체적 사실에 대한 법집행행위인가의 여부의 판단에 있어서 가장 기본적인 것은 그것이 법집행행위인가 하는 것이다. 대법원은 사법상계약이나 공공기관의 내부규정에 근거하여 이루어진 공공기관의 거래제한조치(공급자등록제한조치, 종합쇼핑몰 거래정지 등)를 그 권력성에 주목하여 처분이라고 판단한 바 있다.[39] 그러나 대법원의 이러한 판단은 문제되는 거래제한조치가 법집행행위라고 보기 어려운 점이 있어서 행정소송법상의 처분 개념에 해당된다고 하기에는 난점이 있다는 것을 간과한 것이다.

법집행행위인가의 여부의 판단에 있어 또 다른 핵심적인 사항은 개별사안성이 있는가 하는 것이다. 개별사안성의 인정 여부와 관련하여 법적 규율을 다음과 같이 4가지로 분류할 수 있다.

① **일반 · 추상적 규율**: 불특정 다수의 사람(일반) 및 불특정 다수의 사례(추상)에 적용되는 규율로서 법령 등이 대표적이다.

② **일반 · 구체적 규율**: 불특정 다수의 사람(일반)에게 적용되나 특정 사례(구체)에 적용되는 것으로서 통상 이를 일반처분이라 한다. 도로표지 등 대물적 행정행위도 일반처분에 해당한다.

③ **개별 · 추상적 규율**: 특정인에게 적용되나(개별) 불특정 다수의 사례(추상)에 적용되는 것으로서 특정인에게 눈이 올 때마다 제설작업을 하도록 하는 명령 등이 이에 속한다.

④ **개별 · 구체적 규율**: 특정인(개별)과 특정사례(구체)에 적용되는 규율로서 통상적인 행정행위가 이에 속한다.

이상의 4가지 규율 중 개별사안성이 인정되어 처분으로 되는 경우는 ②, ③, ④의 경우이다. ①의 경우는 개별사안성을 결여하여 처분이 될 수 없다. 다만 외관상 일반 · 추상적인 규율 같지만 집행행위의 매개 없이 직접 법적 효과를 발생하는 처분법규와 같은 경우는 개별사안성이 있

39) 대법원 2020.5.28. 선고 2017두66541 판결; 대법원 2018.11.29. 선고 2015두52395 판결.

는 것으로 보아 처분성이 인정된다. 개별사안성이 있는지 여부를 판단하는 것은 직접효과성 여부의 판단과 유사한 점이 있어서 경우에 따라서는 양자를 구별하기 어려운 때도 있다.

대법원은 법령, 조례, 고시 등이 처분법규의 양상을 띠어 집행행위의 매개없이 그 자체로써 직접 국민의 권리의무나 법률관계를 규율하는 효력을 가질 때 처분성을 인정하고 있다.[40] 다만 고시 등이 처분법규가 되기 위해서는 그것이 상위법령과 결합하여 법규적 성질을 띠는 법령보충규칙에 해당하여야 한다.

대법원은 학교를 폐지하는 조례,[41] 급여상한금액표에 관한 보건복지부고시,[42] 향정신성치료제의 요양급여에 관한 보건복지부고시,[43] 구청소년보호법에 따른 청소년유해매체물결정고시[44]의 처분성을 인정하고 있다.

또한 물적 행정행위로서 일반처분이라 할 수 있는 도로구역결정행위,[45] 공용폐지,[46] 환지예정지 지정처분[47]의 처분성을 인정하고 행정계획인 도시·군관리계획의 처분성을 인정하였으나,[48] 행정계획에 속하는 것으로서 도시기본계획[49]이나 4대강살리기 마스터플랜[50]의 처분성은 부인하였다.

대법원이 말하는 '집행행위의 매개 없는 직접효'는 헌법재판소가 말하는 기본권 침해의 직접성 보다는 좁은 개념으로 이해된다. 헌법재판소는 금지를 규정하고 그 금지의무를 위반하면 형벌이나 행정제재를 가하는 경우 그 금지의무를 명하는 규정 자체가 기본권 침해의 직접성이 있는 것으로 보는 등 침해의 직접성 판단에 있어 대법원 보다는 완화된 기준을 적용하고 있다.[51]

참고판례 1: 대법원 1996.9.20. 선고 95누8003 판결 [조례무효확인]

**조례가 집행행위의 개입 없이도 그 자체로서 직접 국민의 구체적인 권리의무나 법적 이익에 영향을**

40) 대법원 1996.9.20. 선고 95누8003 판결.

41) 대법원 1996.9.20. 선고 95누8003 판결(두밀분교 폐지 사건): 학교를 폐지하는 것을 규정한 조례의 처분성을 인정한 것이다(처분적 조례).

42) 대법원 2006.9.22. 선고 2005두2506 판결: 보건복지부의 약제에 대한 금액 지급에 대한 급여상한을 정한 고시의 처분성을 인정한 것이다. 마치 입법과 비슷한 면이 있는 것인데 그것이 그대로 직접 적용된다는 점에서 처분성을 인정한 것이다.

43) 대법원 2003.10.9. 자 2003무23 결정: 향정신성 치료제에 대한 금액지급에 대한 보건복지부 고시 역시 가감없이 그대로 적용되므로 처분성을 인정한 것이다.

44) 대법원 2007.6.14. 선고 2004두619 판결: 청소년 유해매체물로 지정되는 것에 의해 매체활동이 제한되므로 지정 자체에 법적 효과가 있다고 하여 처분성을 인정한 것이다. 청소년 유해매체물의 경우 결정기관과 그를 고시하는 기관이 상이함을 유의할 필요가 있다.

45) 대법원 2009.4.23. 선고 2007두13159 판결: 어디까지를 도로구역으로 한다고 결정되는 것 자체가 법적 효과가 있다고 보고 처분성을 인정한 것이다.

46) 대법원 1992.9.22. 선고 91누13212 판결: 도로 등 공물은 폐지되면 도로로서는 법적 제한 등이 사라지게 되므로 도로로서의 용도를 폐지하는 것 자체가 법적 효과가 있다고 본 것이다.

47) 대법원 2002.4.12. 선고 2000두5982 판결: 환지(토지 교환)예정지로 지정되면 그로써 일정한 법적 제한이 가해지기 때문에 처분성을 인정한 것이다.

48) 대법원 1982.3.9. 선고 80누105 판결.

49) 대법원 2007.4.12. 선고 2005두1893 판결. 도시기본계획은 20년 단위로 설정되는 것으로서 법적 구속력이 없다.

50) 대법원 2011.4.21. 자 2010무111 전원합의체 결정; 이 계획 역시 기본방향을 제시하는 계획일 뿐 국민의 권리·의무에 직접 영향을 미치는 것이 아니어서 처분성을 인정하지 않았다.

51) 헌법재판소 2012.5.31. 선고 2009헌마705 결정.

**미치는 등의 법률상 효과를 발생하는 경우 그 조례는 항고소송의 대상이 되는 행정처분에 해당하고, 이러한 조례에 대한 무효확인소송을 제기함에 있어서** 행정소송법 제38조 제1항, 제13조에 의하여 **피고적격이 있는 처분 등을 행한 행정청은,** 행정주체인 지방자치단체 또는 지방자치단체의 내부적 의결기관으로서 지방자치단체의 의사를 외부에 표시할 권한이 없는 **지방의회가 아니라,** 구 지방자치법(1994. 3. 16. 법률 제4741호로 개정되기 전의 것) 제19조 제2항, 제92조에 의하여 **지방자치단체의 집행기관으로서 조례로서의 효력을 발생시키는 공포권이 있는 지방자치단체의 장이다.**

구 지방교육자치에관한법률(1995. 7. 26. 법률 제4951호로 개정되기 전의 것) 제14조 제5항, 제25조에 의하면 시·도의 교육·학예에 관한 사무의 집행기관은 시·도 교육감이고 시·도 교육감에게 지방교육에 관한 조례안의 공포권이 있다고 규정되어 있으므로, **교육에 관한 조례의 무효확인소송을 제기함에 있어서는 그 집행기관인 시·도 교육감을 피고로 하여야 한다.**

해 설 조례가 집행행위의 개입 없이도 그 자체로서 직접 국민의 구체적인 권리의무나 법적 이익에 영향을 미치는 등의 법률상 효과를 발생하는 경우, 그 조례의 처분성을 인정한 판례이다. 조례에 대한 항고소송의 피고는 지방자치단체장이어야 하는데 본건은 교육·학예에 관한 것이므로 시·도교육감이 피고가 된다고 판시하고 있다(두밀 분교 폐지조례의 처분성 인정).

참고판례 2: 대법원 2004.4.28. 선고 2003두1806 판결 [도시계획시설변경입안의제안거부처분취소]

구 도시계획법(2002. 2. 4. 법률 제6655호 국토의계획및이용에관한법률 부칙 제2조로 폐지)은 도시계획의 수립 및 집행에 관하여 필요한 사항을 규정함으로써 공공의 안녕질서를 보장하고 공공복리를 증진하며 주민의 삶의 질을 향상하게 함을 목적으로 하면서도 도시계획시설결정으로 인한 개인의 재산권행사의 제한을 줄이기 위하여, 도시계획시설부지의 매수청구권, 도시계획시설결정의 실효에 관한 규정과 아울러 도시계획 입안권자인 특별시장·광역시장·시장 또는 군수로 하여금 5년마다 관할 도시계획구역 안의 도시계획에 대하여 그 타당성 여부를 전반적으로 재검토하여 정비하여야 할 의무를 지우고, 도시계획입안제안과 관련하여서는 주민이 입안권자에게 '1. 도시계획시설의 설치·정비 또는 개량에 관한 사항, 2. 지구단위계획구역의 지정 및 변경과 지구단위계획의 수립 및 변경에 관한 사항'에 관하여 '도시계획도서와 계획설명서를 첨부'하여 **도시계획의 입안을 제안할 수 있고, 위 입안제안을 받은 입안권자는 그 처리결과를 제안자에게 통보하도록 규정하고 있는 점 등과 헌법상 개인의 재산권 보장의 취지에 비추어 보면, 도시계획구역 내 토지 등을 소유하고 있는 주민으로서는 입안권자에게 도시계획입안을 요구할 수 있는 법규상 또는 조리상의 신청권이 있다고 할 것이고,** 이러한 신청에 대한 거부행위는 항고소송의 대상이 되는 행정처분에 해당한다.

해 설 도시계획구역 내에 토지를 소유하고 있는 주민의 도시계획입안을 요구할 수 있는 법규상 또는 조리상의 신청권을 인정하고 그를 거부한 것의 처분성을 인정한 판례이다.

### (4) 국민의 권리·의무에 직접 영향이 있는 법적 행위(외부효과성과 직접효과성, 법적 규율성)

처분은 원칙적으로 국민의 권리·의무에 직접 영향이 있는 법적 행위이어야 한다. 그 구체적 의미는 외부효과성과 직접효과성, 법적 규율성이 있는 행위여야 한다는 것이다.

그런데 대법원은 근래 권리·의무에 직접적 변동을 초래하여야 한다는 처분의 개념징표를 실질적으로 '직접적으로 영향을 미쳐야 한다'의 의미로 약화시키는 경향이 있다.

첫째, 외부효과성이란 처분이 단순히 행정내부적으로만 효력이 있는 것이 아니라 외부적으로 효력을 가지는 것이어야 한다는 것이다.

둘째, 직접효과성이란 처분은 이차적·간접적으로가 아니라 그 자체로서 바로 법적 효과를 가지는 것이어야 한다는 것이다. 집행행위나 다른 어떤 것을 매개로 효력이 발생하는 행위는 원칙적으로 처분이라 할 수 없다. 처분성 판단에 있어서 직접효과성은 매우 중요한 의미가 있다. 대법원은 국민의 권리·의무에 직접적인 효과가 있는지의 여부를 처분성 인정의 보편적인 기준으로 적용하는 때가 많다.

---

참고판례: 대법원 2016.2.18. 선고 2013다206610 판결 [부당이득금 반환]

구 법인세법(2006. 12. 30. 법률 제8141호로 개정되기 전의 것) 제72조의 **결손금 소급공제에 의하여 법인세를 환급받은 법인이 후에 결손금 소급공제 대상 법인이 아닌 것으로 밝혀진 경우 납세지 관할 세무서장은 착오환급한 환급세액을** 구 국세기본법 제51조 제7항(2006. 12. 30. 법률 제8139호로 개정되기 전의 것)에 따라 **강제징수할 수 있을 뿐이고, 민사소송의 방법으로 부당이득반환을 구할 수는 없다.**

구 법인세법(2006. 12. 30. 법률 제8141호로 개정되기 전의 것)상 **결손금 소급공제는 일정한 중소기업을 대상으로 특별히 조세정책적 목적에서 인정된 제도로서** 납세자의 신청에 기하여 관할 세무서장이 이월결손금의 발생 등 실체적 요건 및 절차적 요건의 충족 여부를 판단하여 환급세액을 결정함으로써 납세자의 환급청구권이 비로소 확정되므로, **결손금 소급공제 환급결정은 납세자의 권리·의무에 직접 영향을 미치는 과세관청의 행위로서 행정처분에 해당한다. 따라서 과세관청은 결손금 소급공제 환급결정을 직권으로 취소한 이후에야 비로소 납세자를 상대로 착오환급 내지 과다환급한 환급세액을 강제징수할 수 있다.**

**해 설** 대법원은 법인세법상 결손금 소급공제 환급결정이 처분이라고 판단하면서 그 핵심 논거로 그것이 부당이득반환이 아니라 조세정책적 목적에서 인정되는 것이고 납세자의 권리·의무에 직접 영향을 미치는 것임을 제시하고 있다. 이러한 판시에서 보듯이 대법원은 직접효과성의 한계에 있어 직접효과성의 인정여부가 처분성 판단의 핵심요소가 되는 경우만이 아니라 일반적으로 처분성을 인정하기 위한 요건으로서 직접효에 대한 판단을 한다고 본다.

---

셋째, 법적 규율성이란 법적으로 효력있는 의미있는 결정이 있어야 한다는 뜻이다. 단순히 법령의 기계적 적용을 하는 것은 처분이라고 말하기 어렵다.

이처럼 외부효과성, 직접효과성, 법적 규율성은 모두 나름의 개념지표를 가지는 것이지만 구체적으로 외부효과가 있는 것인지, 직접효과성을 가지는 것인지, 법적 규율성이 있다고 볼 것인지 하는 판단은 반드시 명백하지만은 않다. 이들 모두가 상호 깊이 관련되어 있기 때문이다. 어쨌든 그동안 이와 관련된 대법원의 처분성 인정의 폭은 지속적으로 넓혀져 왔다.

이하에서는 외부효과성, 직접효과성 및 법적 규율성이 문제되는 구체적인 경우들을 살펴보도록 한다.

### ① 내부행위나 중간처분

#### 원칙

대법원은 원칙적으로 행정청의 내부행위나 중간처분의 처분성을 부인하고 있다. 그리하여 세무서장이 내부적으로 행하는 과세표준결정,[52] 법인세법상의 익금가산결정,[53][54] 제2차 납세의무자 지정·통지,[55] 해양안전심판원의 재결 중 사고원인규명의 재결,[56] 감사원의 징계요구와 그 불복에 대한 감사원의 재심의 결정,[57] 징계위원회의 의결,[58] 병역법상 신체등위판정,[59] 횡단보도존치결정,[60] 공매대행기관인 한국자산관리공사(과거의 성업공사)의 (재)공매결정 및 통지,[61] 운전면허 행정처분대장상 벌점의 배정[62]의 처분성을 부정하였다.

#### 예외

그러나 대법원은 다음의 경우에는 내부행위나 중간처분이어도 예외적으로 처분성을 인정하고 있다.

i) 최종적이고 종국적인 의미가 있는 경우

예컨대 상이등급재분류판정은 그 자체가 어떠한 법적 효과를 가져 오는 것이 아니라 상이등급 결정 및 그에 따른 지급액의 차등결정 등이 최종적인 의미가 있는 것이므로 그 처분성이 부정되지만[63] 상이등급재분류신청에 대한 지방보훈지청장의 거부[64]는 최종적으로 상이등급재분류를 통한 지급액 변경을 불가능하게 만드는 결과를 초래하므로 처분성을 인정하였다.[65]

---

52) 대법원 1986.1.21. 선고 82누236 판결.

53) 대법원 1985.7.23. 선고 85누335 판결.

54) 과세표준결정이나 익금가산결정은 과세처분에 이르기까지의 내부적 중간처분이므로 아직 최종적으로 법적 효과를 가져오는 과세처분이라 할 수 없으므로 처분성을 부인한 것이다.

55) 대법원 1995.9.15. 선고 95누6632 판결. 제2차 납세의무자는 제1차 납세의무자가 납세의무를 이행하지 않았을 때 납세의무를 지는 것이므로 제2차 납세의무자로 지정되었다고 하여 궁극적으로 납세의무가 있다고 할 수 없어서 처분성이 부정된 것이다.

56) 대법원 1994.6.24. 선고 93추182 판결. 사고원인규명의 재결은 최종적인 재결을 내리는데 기초가 되는 것이기는 하나 그것만으로는 권리·의무에 직접 영향을 주는 것이라고 할 수 없어서 처분성이 부인된다.

57) 대법원 2016.12.27. 선고 2014두5637 판결. 감사원의 변상판정에 대한 재심의 결정(또는 재심의 판결: 감사원법 제40조 제2항)은 처분성이 있으나 징계요구에 대한 재심의결정은 처분성이 없다는 것이다.

58) 대법원 1983.2.8. 선고 81누314 판결. 징계위원회의 의결은 결정의 구속력이 있으나 아직은 내부행위이고 상대방에게는 인사권자의 처분으로 외부적으로 표시되어야 하므로 의결 자체의 처분성은 부인된다.

59) 대법원 1993.8.27. 선고 93누3356 판결. 신체등위결정은 징소집 처분의 전제가 되는 것일 뿐 최종적인 법적 효과를 가져오는 것이 아니므로 처분성이 인정되지 않는다.

60) 대법원 2000.10.24. 선고 99두1144 판결. 횡단보도의 존치가 어떠한 새로운 법적 효과를 발생하지는 않기 때문에 처분성이 부인된 것으로 보인다. 그러나 횡단보도 설치 및 폐지결정은 처분성이 인정된다.

61) 대법원 2007.7.27. 선고 2006두8464 판결. 성업공사는 공매대행의 과정에서 금액을 조정하여 재공매를 할 수 있다. 이것은 최초의 압류에 따른 공매결정과는 달리 내부적인 판단에 불과하므로 처분성을 인정하지 않는 것이다.

62) 대법원 1994.8.12. 선고 94누2190 판결. 운전면허 행정처분대장 상의 벌점이 누적되어 일정 점수 이상이 되면 행정처분을 할 수 있지만 벌점을 받았다는 것만으로 바로 어떤 불이익처분이 이루어지지는 않으므로 그 처분성을 부정한 것이다.

63) 대법원 1998.4.28. 선고 97누13023 판결.

64) 주의할 것은 헌법재판소는 상이등급 판정기준 자체의 침해의 직접성을 인정하여 헌법소원의 대상으로 삼고 있다는 점이다. 헌법재판소 2015.6.25. 선고 2013헌마128 결정. 다만 이 결정에서 김창종 재판관은 반대의견을 내어 상이등급기준은 그 기준에 따른 상이등급 판정이라는 집행행위가 예정되어 있으므로 기준 자체를 통해 기본권이 직접 침해되는 것은 아니라고 하였다.

ii) 내부행위나 중간처분으로 보이지만 실질적으로 그 자체가 별도의 법적 효과를 가져오는 경우

대법원은 내부행위나 중간처분이라도 그로써 개별·구체적 처분권자가 중간결정에 구속될 수 밖에 없고 또한 그로써 실질적으로 국민의 권리가 제한되거나 의무가 부과되면(법적 규율성 인정) 처분성을 인정하고 있다.

이런 관점에서 대법원은 공정거래위원회의 과징금 감면불인정 통지,[66] 도지사의 공공의료원 폐업결정,[67] 공익사업의 인정,[68] 농지법상의 농지처분의무통지,[69] 친일반민족행위재산조사위원회의 재산조사개시결정,[70] 토지거래허가구역지정[71] 등의 처분성을 인정하였다.

또한 전보발령도 내부행위라고 볼 여지가 있음에도 불구하고 서울고등법원은 그 처분성을 인정한 바 있다.[72] 이와 관련하여 헌법재판소는 전보발령[73]이나 공로연수파견명령[74] 등의 인사처분도 모두 행정소송의 대상인 처분임을 전제로 판시한 바 있다.

iii) 분쟁의 조기, 실효적 해결 등 국민의 권익보호를 위해 처분성을 인정할 필요가 있는 경우

대법원은 표준지공시지가결정[75]·개별공시지가결정,[76][77] 법인세 결손금 감액경정처분[78] 등의

65) 대법원 1998.4.28. 선고 97누13023 판결.

66) 대법원 2012.9.27. 선고 2010두3541 판결; 불인정통지가 자진신고자 지위확인을 받지 못한 결과가 되므로 그로 인한 혜택을 받을 수 있는 지위를 상실하게 된다. 따라서 처분성을 인정한 것이다.

67) 대법원 2016.8.30. 선고 2015두60617 판결; 도지사의 의료원 폐업결정은 조례로 규정되어야 효력이 있는 것이지만 폐업결정으로 폐업을 위한 조치를 취할 수 있게 된다는 점에서 처분성을 인정하였다.

68) 대법원 1994.5.24. 선고 93누4230 판결. 토지수용을 할 수 있도록 공익사업으로 인정되는 것을 말한다. 공익사업 인정을 받으면 토지수용 이전에 이미 관계 토지 등에 출입할 수 있는 등의 법적 지위를 인정받으므로 공익사업인정은 처분이 된다.

69) 대법원 2003.11.14. 선고 2001두8742 판결. 농지를 소유하면서 농사를 짓지 않을 때 농지처분의무통지가 이루어지고 기간 내에 이에 따르지 않으면 농지처분명령이 이루어지므로 이를 처분이라고 볼 소지가 있다.

70) 대법원 2009.10.15. 선고 2009두6513 판결. 재산조사개시결정이 있으면 위원회의 보전처분 신청을 통하여 재산권행사에 실질적인 제한을 받게 되고, 위 위원회의 자료제출요구나 출석요구 등의 조사행위에 응하여야 하는 법적 의무를 부담하게 되는 점과 권익구제의 편의성 등을 고려하여 처분성을 인정하였다.

71) 대법원 2006.12.22. 선고 2006두12883 판결. 토지거래허가구역 지정이 있게 되면 그 구역 안의 토지거래 당사자는 공동으로 행정관청으로부터 허가를 받아야 하는 등 일정한 제한을 받게 되고, 허가를 받지 아니하고 체결한 토지거래계약은 그 효력이 발생하지 아니하며, 토지거래계약 허가를 받은 자는 5년의 범위 이내에서 대통령령이 정하는 기간 동안 그 토지를 허가받은 목적대로 이용하여야 하는 의무도 부담하며, 같은 법에 따른 토지이용의무를 이행하지 아니하는 경우 이행강제금을 부과당하게 되는 등 개인의 권리 내지 법률상의 이익을 구체적으로 규제하는 효과를 가져오므로 그 처분성을 인정하였다.

72) 서울고등법원 1994.10.25. 선고 94구1496 판결. 전보발령이 대상 공무원의 일반 국민으로서의 법적 지위에 영향을 미칠 정도라면 처분성을 인정할 수도 있다고 본다. 그러나 근무환경이 크게 달라지지 않고 그 밖에 불이익도 인정할 수 있는 사정이 없다면 그 전보발령은 내부행위로서 처분성을 인정하기는 어렵다고 본다.

73) 헌법재판소 1993.12.23. 선고 92헌마247 결정.

74) 헌법재판소 1992.12.24. 선고 92헌마204 전원재판부 결정.

75) 대법원 2008.8.21. 선고 2007두13845 판결.

76) 대법원 1993.1.15. 선고 92누12407 판결.

77) 먼저 표준지공시지가가 결정되고 그에 근거하여 개별공시지가가 결정되면 이에 근거하여 과세처분 등의 처분이 이루어진다. 따라서 표준지공시지가의 결정이나 개별공시지가의 결정은 종국적인 것이 아니라 할 것이나 후술하듯이 이들의 처분성을 부인하면 이해관계자가 공시지가가 잘못된 것을 이유로 소송을 제기하여 권익구제를 도모하는 것이 사실상 힘들어지기 때문에 처분성을 인정하여 권익구제의 편의를 도모한 것이라고 할 수 있다.

78) 대법원 2020.7.9. 선고 2017두63788 판결.

경우 이는 중간처분에 불과하지만 제때 다투지 못하면 권리구제의 실익을 기하기 어렵다는 이유로 처분성을 인정하였다. 또한 대법원은 공정거래위원회가 '하도급 거래 공정화에 관한 법률'에 근거하여 한 입찰참가자격 제한 등 요청결정의 처분성을 인정하였다.[79)]

다만 이러한 이유로 내부행위나 중간처분의 처분성을 인정하는 경우, 비일관성과 불가예측성의 문제가 발생한다는 점이 문제이다. 예컨대 대법원 2009.12.10. 선고 2009두14231 판결(주요판례요지④)과 대법원 2018.6.15 선고 2016두57564 판결(참고판례 1)은 사안의 논리구조는 비슷함에도 결론은 반대가 되고 있다.

주요판례요지

① 대법원 2011.3.10. 선고 2009두23617 판결: 부과처분을 위한 과세관청의 질문조사권이 행해지는 세무조사결정이 있는 경우 납세의무자는 세무공무원의 과세자료 수집을 위한 질문에 대답하고 검사를 수인하여야 할 법적 의무를 부담하게 되는 점, (중략) 납세의무자로 하여금 개개의 과태료처분에 대하여 불복하거나 조사 종료 후의 과세처분에 대하여만 다툴 수 있게 하는 것보다는 그에 앞서 세무조사결정에 대하여 다툼으로써 분쟁을 조기에 근본적으로 해결할 수 있는 점 등을 종합하면, 세무조사결정은 납세의무자의 권리·의무에 직접 영향을 미치는 공권력의 행사에 따른 행정작용으로서 항고소송의 대상이 된다.

② 대법원 2010.10.14. 선고 2008두23184 판결: 공정위의 표준약관 사용권장행위는 그 통지를 받은 해당 사업자 등에게 표준약관과 다른 약관을 사용할 경우 표준약관과 다르게 정한 주요내용을 고객이 알기 쉽게 표시하여야 할 의무를 부과하고 그 불이행에 대해서는 과태료에 처하도록 되어 있으므로, 이는 사업자 등의 권리·의무에 직접 영향을 미치는 행정처분으로서 항고소송의 대상이 된다.

③ 대법원 2011.1.27. 선고 2008두2200 판결: 과세관청이 사업자등록을 관리하는 과정에서 위장사업자의 사업자명의를 직권으로 실사업자 명의로 정정하는 행위 또한 당해 사업사실 중 주체에 관한 정정기재일 뿐 그에 의하여 사업자로서의 지위에 변동을 가져오는 것이 아니므로 항고소송의 대상이 되는 행정처분으로 볼 수 없다.

④ 대법원 2009.12.10. 선고 2009두14231 판결: 각 군 참모총장이 명예전역 수당지급대상자 결정절차에 대하여 수당지급대상자를 추천하거나 신청자 중 일부를 추천하지 아니하는 행위는 행정기관 상호간의 내부적인 의사결정과정의 하나일 뿐 그 자체만으로는 직접적으로 국민의 권리·의무가 설정, 변경, 박탈되거나 그 범위가 확정되는 등 기존의 권리상태에 어떤 변동을 가져오는 것이 아니므로 이를 항고소송의 대상이 되는 처분이라고 할 수는 없다.

참고판례 1: 대법원 2018.6.15. 선고 2016두57564 판결

**교육부장관이 자의적으로 대학에서 추천한 복수의 총장 후보자들 전부 또는 일부를 임용제청하지 않**

79) 대법원 2023.4.27. 선고 2020두47892 판결.

**는다면 대통령으로부터 임용을 받을 기회를 박탈하는 효과가 있다.** 이를 항고소송의 대상이 되는 처분으로 보지 않는다면, 침해된 권리 또는 법률상 이익을 구제받을 방법이 없다. **따라서 교육부장관이 대학에서 추천한 복수의 총장 후보자들 전부 또는 일부를 임용제청에서 제외하는 행위는 제외된 후보자들에 대한 불이익처분으로서 항고소송의 대상이 되는 처분에 해당한다.**

**해 설** 이 판례는 전통적인 대법원의 입장에 따른 주요판례요지 ④ 2009두14231 판결과 유사한 내용을 다루었지만 결론은 반대로 내고 있다. 임용제청행위는 아직 최종적인 임용행위가 아님에도 불구하고 그를 처분으로 보았다. 대법원은 근래 처분성의 인정범위를 넓혀 권리구제의 폭을 확대하고 있다.

### 참고판례 2: 대법원 2008.8.21. 선고 2007두13845 판결 [토지보상금]

표준지공시지가결정은 이를 기초로 한 수용재결 등과는 별개의 독립된 처분으로서 (중략) 인근 토지 소유자가 표준지의 공시지가가 확정되기 전에 이를 다투는 것은 불가능하다. (중략) **인근 토지소유자 등으로 하여금 (중략) 항상 토지의 가격을 주시하고 표준지공시지가결정이 잘못된 경우 정해진 시정절차를 통하여 이를 시정하도록 요구하는 것은 부당하게 높은 주의의무를 지우는 것이고,** 위법한 표준지공시지가결정에 대하여 그 정해진 시정절차를 통하여 시정하도록 요구하지 않았다는 이유로 위법한 표준지공시지가를 기초로 한 수용재결 등 후행 행정처분에서 표준지공시지가결정의 위법을 주장할 수 없도록 하는 것은 수인한도를 넘는 불이익을 강요하는 것으로서 국민의 재산권과 재판받을 권리를 보장한 헌법의 이념에도 부합하는 것이 아니다. **따라서 표준지공시지가결정이 위법한 경우에는 그 자체를 행정소송의 대상이 되는 행정처분으로 보아 그 위법 여부를 다툴 수 있음은 물론, 수용보상금의 증액을 구하는 소송에서도 선행처분으로서 그 수용대상 토지 가격 산정의 기초가 된 비교표준지공시지가결정의 위법을 독립한 사유로 주장할 수 있다.**

**해 설** 표준지공시지가는 추후의 행정처분의 전제가 되는 것이지만 그 자체를 행정소송의 대상인 처분으로 보면서도, 한편 표준지공시지가 자체에 대해 주의를 기울이고 있는 것을 기대하기 어려우므로, 향후 수용보상금 증액을 요구하는 소송에서 표준지공시지가결정의 위법을 독립한 사유로 주장할 수 있도록 한 판결이다.

### 참고판례 3: 대법원 2012.9.27. 선고 2010두3541 판결 [감면불인정처분등취소]

(전략) **어떠한 처분의 근거가 행정규칙에 규정되어 있다고 하더라도,** (중략) **상대방의 권리의무에 직접 영향을 미치는 행위라면, 이 경우에도 항고소송의 대상이 되는 행정처분에 해당한다고 보아야 한다.** (중략) 관련 법령의 내용, 형식, 체제 및 취지를 종합하면, 부당한 공동행위 자진신고자 등에 대한 시정조치 또는 과징금 감면 신청인이 고시 제11조 제1항에 따라 **자진신고자 등 지위확인을 받는 경우에는** 시정조치 및 과징금 감경 또는 면제, 형사고발 면제 등의 법률상 이익을 누리게 되지만, **그 지위확인을 받지 못하고 고시 제14조 제1항에 따라 감면불인정 통지를 받는 경우에는 위와 같은 법률상 이익**을 누릴 수 없게 되므로, **감면불인정 통지가 이루어진 단계에서 신청인에게 그 적법성을 다투어 법적 불안을 해소한 다음 조사협조행위에 나아가도록 함으로써 장차 있을지도 모르는 위험에서 벗어날 수 있도록 하는 것이 법치행정의 원리에도 부합한다.** 따라서 부당한 공동행위 자진신고자 등의 시정조치 또는 과징금 감면신청에 대한 **감면불인정 통지는 항고소송의 대상이 되는 행정처분에 해당한다고 보아야 한다.**

**해 설** ① 처분의 직접 근거가 행정규칙일지라도 상대방의 권리나 의무에 영향을 미치는 행위면 처분성이 인정될 수 있다고 판시하고 있다. ② 과징금 감면불인정통지는 실질적으로 자진신고자로서의 지위확인을 받지 못한 것으로서 여러 가지 법률상 이익을 누리지 못하는 원인이 되므로 처분성을 인정한 것이다.

② 부분허가 및 확약

대법원은 원자력부지사전승인의 처분성을 인정함으로써 부분허가의 처분성을 인정하였다.[80] 그런데 부분허가에 대한 항고소송 중 본허가가 나오면 부분허가에 대한 취소소송은 소의 이익이 없다고 한다.[81]

한편 대법원은 어업면허에 선행하는 우선순위 결정에 대한 처분성은 부인하였으나,[82] 어업면허우선순위결정대상 탈락자결정의 처분성은 인정하였다.[83] 그것은 결정과정에서 탈락은 최종적인 법적 효과를 가져오는 것이나, 결정과정의 하나로서의 우선순위결정은 최종적인 법적 효과를 가져오는 것은 아니기 때문이다. 또한 대법원은 항공노선면허의 전단계인 운수권배분처분의 처분성을 인정하였다.[84]

**주요판례요지**

① 대법원 1991.6.28. 선고 90누4402 판결: 내인가의 법적 성질이 행정행위의 일종으로 볼 수 있든 아니든 그것이 행정청의 상대방에 대한 의사표시임이 분명하고, 피고가 위 내인가를 취소함으로써 다시 본인가에 대하여 따로이 인가 여부의 처분을 한다는 사정이 보이지 않는다면 위 내인가취소를 인가신청을 거부하는 처분으로 보아야 할 것이다.

② 대법원 1998.4.28. 선고 97누21086 판결: 폐기물 처리의 허가를 받기 위해서는 먼저 사업계획서를 제출하여 허가권자로부터 사업계획에 대한 적정통보를 받아야 하는 경우 그에 대한 부적정통보는 행정처분에 해당한다.

**참고판례: 대법원 2004.11.26. 선고 2003두10251 판결 [노선배분취소처분취소 · 국제선정기항공운송사업노선면허거부처분취소]**

노선을 배분받은 항공사는 중국 항공당국에 통보됨으로써 이 사건 잠정협정 및 비밀양해각서에 의한 지정항공사로서의 지위를 취득하고, 중국의 지정항공사와 상무협정을 체결하는 등 노선면허를 취득하기 위한 후속절차를 밟아 중국 항공당국으로부터 운항허가를 받을 수 있게 되며, 추후 당해 노선상의 합의된 업무를 운영함에 있어 중국의 영역 내에서 무착륙비행, 비운수목적의 착륙 등 제 권리를 가지게 되는 반면, **노선배분을 받지 못한 항공사는 상대국 지정항공사와의 상무협정 체결 등 노선면허 취득을 위한 후속절차를 밟을 수 없을 뿐만 아니라 중국 항공당국으로부터 운항허가를 받을 수도 없는 지위에 놓이게 된다.**

위에서 본 법리에 비추어 보면, 이 사건 **각 노선에 대한 운수권배분처분은 이 사건 잠정협정 등과 행정규칙인 이 사건 지침에 근거하는 것으로서** 상대방에게 권리의 설정 또는 의무의 부담을 명하거나 기타 법적 효과를 발생하게 하는 등으로 **원고의 권리의무에 직접 영향을 미치는 행위로서 항고소송의 대상이**

80) 대법원 1998.9.4. 선고 97누19588 판결.
81) *Id.*
82) 대법원 1995.1.20. 선고 94누6529 판결.
83) 대법원 1994.4.12. 선고 93누10804 판결.
84) 대법원 2004.11.26. 선고 2003두10251 판결.

**되는 행정처분에 해당한다**고 할 것이다.

해 설 항공노선면허의 전단계라 하지만 운수권배분이 이루어지면 지정항공사로서의 지위를 취득하는 등 여러 가지 권리를 가지게 되므로 노선배분을 처분이라고 판시하였다.

③ 국민의 권리의무와 직접 관련 없는 장부기재행위

대법원은 종래 행정사무의 편의나 사실증명의 자료를 얻기 위한 장부기재행위나 그 기재내용의 수정요구를 거부하는 것에 대해서 처분성을 인정하지 아니하였다. 그러나 헌법재판소를 통해 이러한 행위에 대해서도 법적 구제가 허용됨에 따라 대법원의 태도도 변화되기 시작하였다. 그리하여 지적소관청의 토지분할신청 거부행위,[85] 건축주명의변경 신고거부,[86] 건축물대장용도변경신청 거부,[87] 지목변경신청 거부행위,[88] 토지대장의 직권 말소[89]의 처분성을 인정하고 있다. 그런데 판례가 처분성을 인정하는 경우는 장부기재 및 변경행위가 토지 등의 소유권 행사의 전제요건이 된 것이다. 그리하여 대법원은 소유권 행사 등의 전제요건성이 결여된 토지대장상의 소유자명의변경신청 거부[90]나 자동차운전경력증명서상의 기록삭제신청 거부,[91] 그리고 지적공부의 기재사항인 지적도의 경계를 정정해 달라는 지적정리 요청 거부[92]의 처분성은 부인하고 있다.

주요판례요지

대법원 2015.10.29. 선고 2014두2362 판결: 상표권의 말소등록이 이루어져도 법령에 따라 회복등록의 신청이 가능하고 회복신청이 거부된 경우에는 거부처분에 대한 항고소송이 가능하므로 상표권자인 법인에게 청산종결등기가 되었음을 이유로 한 상표권의 말소등록행위는 항고소송의 대상이 될 수 없다.

**참고판례: 대법원 2010.5.27. 선고 2008두22655 판결 [건축물관리대장말소처분취소]**

건축물대장은 건축물에 대한 공법상의 규제, 지방세의 과세대상, 손실보상가액의 산정 등 건축행정의

85) 대법원 1992.12.8. 선고 92누7542 판결.
86) 대법원 1992.3.31. 선고 91누4911 판결.
87) 대법원 2009.1.30. 선고 2007두7277 판결.
88) 대법원 2004.4.22. 선고 2003두9015 전원합의체 판결.
89) 대법원 2013.10.24. 선고 2011두13286 판결.
90) 대법원 2012.1.12. 선고 2010두12354 판결. 소유자 명의는 등기부 기재가 종국적인 것이기 때문에 토지대장상의 소유자 명의가 잘못되었다 하여 소유권 행사를 하지 못하는 것은 아니라고 본 것이다.
91) 대법원 1991.9.24. 선고 91누1400 판결; 자동차운전경력증명서의 기재사항은 자동차운전면허대장의 기록을 옮겨 적는 것이므로 그 기재는 권리의 변동이나 상실과는 무관하여 그 기재행위나 그 거부행위의 처분성을 인정할 수 없다는 판시이다.
92) 대법원 2002.4.26. 선고 2000두7612 판결. 지적공부에 기재된 일정한 사항을 변경하는 행위는 행정사무집행의 편의와 사실증명의 자료로 삼기 위한 것으로, 이로 인하여 당해 토지에 대한 실체상의 권리관계에 변동을 가져오는 것이 아니고, 토지 소유권의 범위가 지적공부의 기재만에 의하여 증명되는 것도 아니므로 처분성을 부인하였다.

기초자료로서 공법상의 법률관계에 영향을 미칠 뿐만 아니라, 건축물에 관한 소유권보존등기 또는 소유권 이전등기를 신청하려면 이를 등기소에 제출하여야 하는 점 등을 종합해 보면, **건축물대장은 건축물의 소유권을 제대로 행사하기 위한 전제요건으로서 건축물 소유자의 실체적 권리관계에 밀접하게 관련되어 있으므로, 이러한 건축물대장을 직권말소한 행위는 국민의 권리관계에 영향을 미치는 것으로서 항고소송의 대상이 되는 행정처분에 해당한다.**

**해 설** 역시 과거에는 권리관계 자체를 증명하는 것이 아니라고 하여 처분성을 부인하였던 건축물대장말소처분에 대하여 소유권 행사의 전제요건으로서 국민의 권리관계에 영향을 미친다고 재해석하여 처분성을 인정하고 있다. 동일한 논리에서 건축물대장 작성신청거부에 대해서도 처분성을 인정하였다.[93)]

④ 경고

행정청의 경고에 대해서는 대법원은 때로는 처분성을 부인하기도 하고[94)] 인정하기도 한다. 대법원은 경고를 받은 자에게 실질적으로 불이익이 있으면 처분성을 긍정하고 있다. 따라서 공무원징계를 감경할 때 하는 불문[95)]경고는 인사기록카드에 등재되고 표창대상자에서 제외되는 등의 실질적인 인사상의 불이익이 있다는 이유로 처분성을 인정한다.[96)] 그러므로 판례의 입장에 따르면 법령상 흔한 가중제재처분의 전 단계로서의 경고도 처분성이 인정된다고 할 것이다. 경고 그 자체는 큰 의미가 없어도 위반행위가 누적되면 제재처분을 받게 되기 때문이다.

**주요판례요지**

① 대법원 2004.4.23. 선고 2003두13687 판결: 구 '서울특별시 교육·학예에 관한 감사규칙' 제11조, '서울특별시 교육청 감사결과 지적사항 및 법률위반 공무원처분기준'에 정해진 경고는, 교육공무원의 신분에 영향을 미치는 교육공무원법령상의 징계의 종류에 해당하지 아니하고, 인사기록카드에 등재되지도 않으며 — (중략) 교육공무원으로서의 신분에 불이익을 초래하는 법률상의 효과를 발생시키는 것은 아니라 할 것이다. 따라서 위와 같은 경고는, (중략) 항고소송의 대상이 되는 행정처분에 해당하지 않는다고 할 것이다.

② 대법원 2013.12.26. 선고 2011두4930 판결: 구 '표시·광고의 공정화에 관한 법률' 위반을 이유로 한 공정거래위원회의 경고의결은 당해 표시·광고의 위법을 확인하되 구체적인 조치까지는 명하지 않는 것으로 사업자가 장래 다시 '표시·광고의 공정화에 관한 법률' 위반행위를 할 경우 과징금 부과 여부나 그 정도에 영향을 주는 고려사항이 되어 사업자의 자유와 권리를 제한하는 행정처분에 해당한다.

③ 대법원 2005.2.17. 선고 2003두14765 판결: 금융기관의 임원에 대한 금융감독원장의 문책

93) 대법원 2009.2.12. 선고 2007두17359 판결.
94) 대법원 2004.4.23. 선고 2003두13687 판결.
95) 징계안건을 불문에 붙인다는 불문의결(통지)은 처분성도 인정되지 않고 헌법소원의 대상이 되는 공권력행사에 해당하지 않는다. 헌법재판소 2023.10.26. 선고 2022헌마178 결정.
96) 대법원 2002.7.26. 선고 2001두3532 판결.

경고는 그 상대방에 대한 직업선택의 자유를 직접 제한하는 효과를 발생하게 하는 등 상대방의 권리의무에 직접 영향을 미치는 행위로서 항고소송의 대상이 되는 행정처분에 해당한다.

참고판례: 대법원 2021.2.10. 선고 2020두47564 판결 [경고처분취소]

항고소송의 대상이 되는 행정처분이란 원칙적으로 행정청의 공법상 행위로서 특정 사항에 대하여 법규에 의한 권리의 설정 또는 의무의 부담을 명하거나 기타 법률상 효과를 발생하게 하는 등으로 일반 국민의 권리 의무에 직접 영향을 미치는 행위를 가리키는 것이지만, **어떠한 처분의 근거나 법적인 효과가 행정규칙에 규정되어 있다고 하더라도, 그 처분이 행정규칙의 내부적 구속력에 의하여 상대방에게 권리의 설정 또는 의무의 부담을 명하거나 기타 법적인 효과를 발생하게 하는 등으로 그 상대방의 권리 의무에 직접 영향을 미치는 행위라면, 이 경우에도 항고소송의 대상이 되는 행정처분에 해당한다고 보아야 한다.**

검사에 대한 경고조치 관련 규정을 위 법리에 비추어 살펴보면, 검찰총장이 사무검사 및 사건평정을 기초로 대검찰청 자체감사규정 제23조 제3항, 검찰공무원의 범죄 및 비위 처리지침 제4조 제2항 제2호 등에 근거하여 **검사에 대하여 하는 '경고조치'는 일정한 서식에 따라 검사에게 개별 통지를 하고 이의신청을 할 수 있으며, 검사가 검찰총장의 경고를 받으면 1년 이상 감찰관리 대상자로 선정되어 특별관리를 받을 수 있고, 경고를 받은 사실이 인사자료로 활용되어 복무평정, 직무성과금 지급, 승진 · 전보인사에서도 불이익을 받게 될 가능성이 높아지며, 향후 다른 징계사유로 징계처분을 받게 될 경우에 징계양정에서 불이익을 받게 될 가능성이 높아지므로, 검사의 권리 의무에 영향을 미치는 행위로서 항고소송의 대상이 되는 처분이라고 보아야 한다.**

**해 설** 대법원은 이 판결에서 검찰총장의 검사에 대한 경고조치가 실질적으로 불이익을 초래하므로 처분으로 인정하였다. 이 판결에서 대법원은 행정규칙에 근거한 고권적 행위도 처분일 수 있다는 식으로 판시하였으나 실상 이 행정규칙이 검찰청법 제7조 제1항과 제12조 제2항을 집행하기 위한 것이라는 것을 밝혔기 때문에 행정규칙만에 근거한 고권행위의 처분성을 인정한 사례라고 할 수는 없다.

⑤ 벌점부과

건설기술진흥법 제53조 제1항이나 '하도급거래공정화에 관한 법률' 제26조 제2항 등 법률이 사업자 등에게 벌점을 부과하는 처분을 할 경우 이러한 벌점부과의 처분성을 인정할 것인가 하는 것은 개별 법률의 규정 여하에 달려 있다. 대법원은 운전면허 행정처분대장 상의 벌점의 배정의 처분성은 부정하였으나[97] 부실공사 등을 유발하는 등의 행위를 한 건설사업자 등에 대한 벌점부과에 대하여는 처분성을 인정하였다.[98] 이것은 이 경우에 벌점을 부과받은 자에 대해서는 기속적으로 불이익을 주도록 건설기술진흥법 제53조가 규정하고 있기 때문이라고 할 것이다. 한편, '하도급거래공정화에 관한 법률' 제26조 제2항에 따른 벌점부과에 대해서는 그 벌점의 누적에 따라 일정한 기준을 초과하면 입찰참가자격의 제한 등을 요청할 수 있도록 하고 있어서 대법원은 공정거래위원회가 관계 행정기관에게 한 입찰참가자격제한 및 영업정지 요청 결정의 처분

97) 대법원 1994.8.12. 선고 94누2190 판결.
98) 대법원 2024.4.25. 선고 2023두54242 판결.

성을 인정한 바 있다.[99] 그러나 입찰참가자격 제한이나 영업정지의 요청이 이루어진다고 하더라도 입찰참가자격 제한이나 영업정지가 실제로 있기 전에는 그것이 권리·의무에 직접 영향을 미치지는 않는다는 점에서 이러한 판시는 이론상 논란의 여지가 있다.

**⑥ 권리·의무와 관계가 없는 결정이나 관념의 통지(법적 규율성의 결여)**

대법원은 권리, 의무와 관계가 없는 결정이나 관념의 통지는 법적효과가 없어 법적 규율성을 결여하기 때문에 원칙적으로 그에 대하여 처분성을 부인하고 있다. 그리하여 국세환급금결정, 환급거부결정이나 가산금결정,[100] 당연퇴직의 통지,[101] 공무원의 보수나 연가보상비지급청구의 거부,[102] 법개정으로 인한 공무원연금액의 변경통지[103] 등은 처분성을 부인하고 있다. 이들 행위는 모두 법률의 규정에 의하여 당연히 이루어지는 것이고 행정청이 법적 규율을 새롭게 한 것이 없기 때문이다. 그러나 과오급된 퇴직연금의 환수결정은 법상 당연한 것임에도 처분성을 인정하고 있어서[104] 논리의 일관성의 측면에서 혼란을 초래하고 있다.

한편 대법원은 납부기한 이후 과세관청이 독촉장에 의하여 납부를 독촉함으로써 가산금을 징수하는 행위를 징수처분으로 보고 처분성을 인정하였다.[105] 가산금 결정은 법률상 당연히 발생하므로 처분이 아니지만 가산금의 징수는 당연히 이루어진다기보다는 납부가 이루어지지 않은데다가 독촉장을 발부하여 독촉함으로써 징수가 이루어지기 때문에 독촉행위를 징수를 목적으로 하는 별도의 처분으로 본 것이다. 한편 가산금과 달리 가산세부과는 그 자체가 처분이다.[106]

또한 원천징수의무자인 법인에 대한 과세관청의 원천징수대상자에 대한 소득처분에 따른 소득금액변동통지는 그에 따라 원천징수의무자에게 원천징수세액납부의무 등 일정한 의무를 발생시키므로 이를 처분이라고 하고,[107] 소득의 귀속자에 대한 소득금액변동통지는 그에 따라 최종적인 법적 효과가 별도로 발생하지 않고 과세처분의 기준이 달라질 뿐이므로 이는 처분이 아니라고 한다.[108]

---

99) 대법원 2023.4.27. 선고 2020두47892 판결.

100) 대법원 1989.6.15. 선고 88누6436 전원합의체 판결; 대법원 1994.12.2. 선고 92누14250 판결; 대법원 1997.10.10. 선고 97다26432 판결.

101) 대법원 1995.2.10. 선고 94누3148 판결; 법률상 당연히 퇴직하여야 할 시기에 시기가 도래하였음을 알리는 통지는 새로운 법적 효과가 없는 단순한 사실행위이다.

102) 대법원 1999.7.23. 선고 97누10857 판결; 공무원의 보수 등은 법령이 정하는 바에 따라 지급하는 것이므로 그 청구에 대한 거부는 새로운 법적 규율을 정하는 것이 아니어서 처분이 아니다.

103) 대법원 2003.9.5. 선고 2002두3522 판결. 그러나 대법원은 최초의 연금지급결정은 권리를 확정하는 것으로 보아 처분이라고 한다. 대법원 2017.2.9. 선고 2014두43264 판결. 그러므로 최초의 연금지급결정에 대해서는 항고소송으로, 추후의 연금액변경에 대해서는 당사자소송으로 다투어야 한다고 한다.

104) 대법원 2000.1.28. 선고 99두5443 판결. 그러나 대법원은 이 판결에서 퇴직연금의 환수결정은 법령에서 당연히 환수금액이 정하여지는 것이므로 당사자에게 의견진술의 기회를 주지 않아도 행정절차법에 위반되지 않는다고 하여 논리적 모순을 노정하였다.

105) 대법원 1990.5.8. 선고 90누1168 판결.

106) 대법원 1997.8.22. 선고 96누15404 판결.

107) 대법원 2006.4.20. 선고 2002두1878 전원합의체 판결.

108) 대법원 2015.3.26. 선고 2013두9267 판결.

### 주요판례요지

① 대법원 2019.2.14. 선고 2016두41729 판결: 국민건강보험공단의 직장가입자 자격 상실 및 자격변동 안내 통보는 사실상의 통지행위에 불과하고 처분이 아니다. 건강보험공단 가입자의 자격 변동은 법령이 정하는 사유가 생기면 별도 처분 등의 개입 없이 사유가 발생한 날부터 효력이 당연히 발생하므로, 통보에 의하여 가입자 자격이 변동되는 효력이 발생한다고 볼 수 없다.

② 대법원 2002.2.5. 선고 2000두5043 판결: 행정청이 개별토지가격을 직권정정하는 것은 행정청의 직무상의 문제일 뿐 토지소유자에게 신청권이 부여된 것이 아니므로 정정불가 결정 통지는 항고소송의 대상이 되는 처분이 아니라고 판시하였다.

③ 헌법재판소 2015.3.26. 선고 2013헌마214 등(병합) 결정: 국가인권위원회의 각하 및 기각결정은 피해자인 진정인의 권리행사에 중대한 지장을 초래하는 것으로서 항고소송의 대상이 되는 처분에 해당하여 헌법소원의 보충성 요건을 충족하지 못한다.

④ 대법원 2005.7.8. 선고 2005두487 판결: 국가인권위원회의 결정과 시정조치의 권고는 원칙적으로 법적 구속력이 없지만 국가인권위원회의 성희롱결정과 시정조치의 권고는 실제로 성희롱행위자로 결정된 사람의 인격권을 침해하고 공공기관의 장이나 사용자에게 법률상 의무를 부담시키는 것으로 보아 처분성을 인정하였다. 대법원은 근래 법적 효과 발생 여부를 판단함에 있어 형식적인 면 보다는 실질적 결과를 중요시하는 경향을 띠고 있다.

⑤ 대법원 2004.4.22. 선고 2000두7735 전원합의체 판결: 기간제로 임용되어 임용기간이 만료된 국·공립대학의 조교수는 교원으로서의 능력과 자질에 관하여 합리적인 기준에 의한 공정한 심사를 받아 위 기준에 부합되면 특별한 사정이 없는 한 재임용되리라는 기대를 가지고 재임용 여부에 관하여 합리적인 기준에 의한 공정한 심사를 요구할 법규상 또는 조리상 신청권을 가진다고 할 것이니, 임용권자가 임용기간이 만료된 조교수에 대하여 재임용을 거부하는 취지로 한 임용기간만료의 통지는 위와 같은 대학교원의 법률관계에 영향을 주는 것으로서 행정소송의 대상이 되는 처분에 해당한다.

⑥ 대법원 2010.10.14. 선고 2008두23184 판결: 공정거래위원회의 표준약관 사용권장행위는 그에 따르지 않을 경우 일정한 의무가 부과되고 그 의무 불이행시에는 과태료에 처하게 되어 있으므로 행정처분으로서 항고소송의 대상이 된다.

### 참고판례 1: 대법원 2018.6.28. 선고 2016두50990 판결 [가산금반환]

**기반시설부담금 부과처분을 할 당시에 이미 납부의무자에게 구 기반시설부담금에 관한 법률 제8조 제4항과 제5항에서 정한 공제사유가 있었음에도 행정청이 해당 금액을 공제하지 않은 채 기반시설부담금 부과처분을 하였다면,** 그 부과처분의 상대방인 납부의무자는 행정청의 공제의무 불이행을 위법사유로 주장하면서 취소소송을 제기하여 권리구제를 받을 수 있다. **납부의무자가 적법하게 부과된 기반시설부담금을 납부한 후에 법 제8조 제4항, 제5항, 제17조 제1항에서 정한 환급사유가 발생한 경우에는 증명자료를 첨부하여 행정청에 환급신청을 할 수 있고 이에 대하여 행정청이 전부 또는 일부 환급을 거부하는 경우에, 납부의무자가 환급액에 관하여 불복이 있으면 환급 거부결정에 대하여 취소소송을 제기하여 권리구제를**

**받을 수 있게 하는 것이 행정소송법 및 기반시설부담금 환급 제도의 입법 취지에도 부합한다.** 따라서 납부의무자의 환급신청에 대하여 행정청이 전부 또는 일부 환급을 거부하는 결정은 행정청이 공권력의 주체로서 행하는 구체적 사실에 관한 법집행으로서 **납부의무자의 권리·의무에 직접 영향을 미치므로 항고소송의 대상인 처분에 해당한다**고 보아야 한다.

**해 설** 대법원은 (구법 상의) 기반시설부담금을 부과한 후 법률에 정한 공제사유가 발생하여 공제사유에 해당하는 금액의 일부 환급을 신청하였으나 그를 거부하는 행위를 행정처분으로 보았다. 이러한 대법원의 입장은 국세환급금 결정과 그 거부를 처분으로 보지 않은 종래의 입장과 대비된다. 대법원은 기반시설부담금의 환급은 정책적 관점에서 법의 특별한 규정에 의하여 인정되는 것이기 때문에 국세환급금에 적용되는 부당이득반환과는 다른 의미로 파악한 것이다.

### 참고판례 2: 대법원 2006.4.20. 선고 2002두1878 전원합의체 판결 [경정결정신청거부처분취소]

[다수의견] **과세관청의 소득처분과 그에 따른 소득금액변동통지가 있는 경우 원천징수의무자인 법인은 소득금액변동통지서를 받은 날에 그 통지서에 기재된 소득의 귀속자에게 당해 소득금액을 지급한 것으로 의제되어 그 때 원천징수하는 소득세의 납세의무가 성립함과 동시에 확정되고, 원천징수의무자인 법인으로서는 소득금액변동통지서에 기재된 소득처분의 내용에 따라 원천징수세액을 그 다음달 10일까지 관할 세무서장 등에게 납부하여야 할 의무를 부담하며, 만일 이를 이행하지 아니하는 경우에는 가산세의 제재를 받게 됨은 물론이고 형사처벌까지 받도록 규정되어 있는 점에 비추어 보면, 소득금액변동통지는 원천징수의무자인 법인의 납세의무에 직접 영향을 미치는 과세관청의 행위로서, 항고소송의 대상이 되는 조세행정처분이라고 봄이 상당하다.**

**해 설** 과세관청의 원천징수의무자에 대한 소득금액변동통지를 단순히 조세징수절차로 보던 종래의 판례를 변경하여 소득귀속자에게는 최종적인 처분이라 할 수 없지만 그것이 있으면 원천징수의무자에게 일정한 의무가 발생한다는 점을 들어 이를 처분이라 판시하였다. 그러나 반대의견은 소득금액변동통지로 소득귀속자에게 아직 최종적인 법적 효과가 발생하지 않았다는 이유로 이에 반대하고 있다. 다수의견은 원천징수의무자에게 발생한 의무에 주목하였다고 할 수 있다.

### 참고판례 3: 대법원 1990.5.8. 선고 90누1168 판결 [양도소득세부과처분취소]

국세징수법 제21조가 규정하는 가산금은 국세가 납부기한까지 납부되지 않는 경우, 미납분에 관한 지연이자의 의미로 부과되는 부대세의 일종으로서 과세권자의 가산금확정절차없이 국세를 납부기한까지 납부하지 아니하면 **위 법규정에 의하여 가산금이 당연히 발생하고 그 액수도 확정된다고 할 것이고, 다만 그에 관한 징수절차를 개시하려면 독촉장에 의하여 그 납부를 독촉함으로써 가능한 것이고 그 가산금납부 독촉이 부당하거나 그 절차에 하자가 있는 경우에는 그 징수처분에 대하여 취소소송에 의한 불복이 가능할 뿐이**라 할 것이므로 **과세관청인 피고가 이 사건 가산금을 확정하는 어떤 행위를 한 바가 없고,** 다만 원고에게 양도소득세 등의 납세고지를 하면서 납기일까지 납부하지 아니하면 **납기후 1개월까지는 가산금 563,520원을 징수하게 된다는 취지를 고지하였을 뿐, 납부기한 경과후에 그 납부를 독촉한 사실이 없다면 원고가 취소를 구하는 이 사건 가산금 부과처분은 존재하지 않는다고 할 것이므로 이 부분의 취소청구는 부적법하다.**

**해 설** 가산금은 법률상 당연히 정해지는 것이므로 행정청에 의한 법적 규율성이 없어 처분이라고 할 수 없고 따라서 그에 대해 항고소송을 제기할 수 없으므로 그 독촉행위를 징수처분으로 보아 그에 대한 항고소송을 하도록 판시한 것이다.

### 참고판례 4: 대법원 1989.6.15. 선고 88누6436 전원합의체 판결 [국세환급거부처분취소]

[다수의견] 국세기본법 제51조 및 제52조 국세환급금 및 국세가산금결정에 관한 규정은 **이미 납세의무자의 환급청구권이 확정된 국세환급금 및 가산금에 대하여 내부적 사무처리절차로서 과세관청의 환급절차를 규정한 것에 지나지 않고 그 규정에 의한 국세환급금(가산금 포함)결정에 의하여 비로소 환급청구권이 확정되는 것은 아니므로,** 국세환급금결정이나 이 결정을 구하는 신청에 대한 환급거부결정 등은 납세의무자가 갖는 환급청구권의 존부나 범위에 구체적이고 직접적인 영향을 미치는 처분이 아니어서 항고소송의 대상이 되는 처분이라고 볼 수 없다.

[소수의견] 납세자의 신청에 대한 세무서장의 환급거부결정이 직접 환급청구권을 발생하게 하는 형성적 효과가 있는 것이 아니고 확인적 의미밖에 없다고 하더라도 국세기본법 제51조의 규정을 위반하여 납세자에게 환급할 돈을 환급하지 아니하므로 손해를 끼치고 있는 것이라면 납세자가 행정소송으로 그 결정이 부당하다는 것을 다툴 수 있다.

**해 설** 국세환급금결정은 그로 인해 환급청구권이 확정되는 것이 아니라 법률의 규정에 따라 환급이 결정된 것이므로 결정행위 자체는 법적 규율성을 결여한 것이므로, 그 처분성을 인정하지 않고 있다.

### 참고판례 5: 대법원 2003.9.5. 선고 2002두3522 판결 [임금]

구 군인연금법(2000. 12. 30. 법률 제6327호로 개정되기 전의 것)과 같은 법 시행령(2000. 12. 30. 대통령령 제17099호로 개정되기 전의 것)의 관계 규정을 종합하면, 같은 법에 의한 퇴역**연금 등의 급여를 받을 권리는 법령의 규정에 의하여 직접 발생하는 것이 아니라 각 군 참모총장의 확인을 거쳐 국방부장관이 인정함으로써 비로소 구체적인 권리가 발생하고,** 위와 같은 급여를 받으려고 하는 자는 우선 관계 법령에 따라 국방부장관에게 그 권리의 인정을 청구하여 **국방부장관이 그 인정 청구를 거부하거나 청구 중의 일부만을 인정하는 처분을 하는 경우 그 처분을 대상으로 항고소송을 제기하는 등으로 구체적 권리를 인정받은 다음 비로소 당사자소송으로 그 급여의 지급을 구하여야 할 것이고, 구체적인 권리가 발생하지 않은 상태에서 곧바로 국가를 상대로 한 당사자소송으로 그 권리의 확인이나 급여의 지급을 소구하는 것은 허용되지 아니한다.**

국방부장관의 인정에 의하여 **퇴역연금을 지급받아 오던 중 군인보수법 및 공무원보수규정에 의한 호봉이나 봉급액의 개정 등으로 퇴역연금액이 변경된 경우에는 법령의 개정에 따라 당연히 개정규정에 따른 퇴역연금액이 확정되는 것이지** 구 군인연금법(2000. 12. 30. 법률 제6327호로 개정되기 전의 것) 제18조 제1항 및 제2항에 정해진 국방부장관의 퇴역연금액 결정과 통지에 의하여 비로소 그 금액이 확정되는 것이 아니므로, **법령의 개정에 따른 국방부장관의 퇴역연금액 감액조치에 대하여 이의가 있는 퇴역연금수급권자는 항고소송을 제기하는 방법으로 감액조치의 효력을 다툴 것이 아니라 직접 국가를 상대로 정당한 퇴역연금액과 결정, 통지된 퇴역연금액과의 차액의 지급을 구하는 공법상 당사자소송을 제기하는 방법으로 다툴 수 있다** 할 것이고, 같은 법 제5조 제1항에 그 법에 의한 급여에 관하여 이의가 있는 자는 군인연금급여재심위원회에 그 심사를 청구할 수 있다는 규정이 있다 하여 달리 볼 것은 아니다.

**해 설** 대법원은 연금액의 결정에 대하여 최초 연금지급의 결정과 사후 법령의 변경으로 인한 지급액의 변경을 달리 취급하고 있다. 최초의 연금급여를 받을 권리는 법률의 규정상 당연히 생기는 것이 아니라 행정청의 인정에 따라 발생한다는 것이다. 따라서 최초의 연금지급결정은 처분이고 항고소송의 대상이라고 한다. 그러나 추후 법령의 변경에 따라 연금지급액이 변경되고 이것이 통지되면 그 통지에 따라 연금액이 결정된 것이 아니라 법률의 규정에 의해 연금액이 결정된 것이므로 이에 대해서는 처분성을 인정할 수 없고 따라서 이것은 항고소송이 아닌 당사자소송의 대상이 된다.

### 참고판례 6: 대법원 2019.12.27. 선고 2018두46780 판결 [유족연금수급권이전대상자불가통보처분취소청구의소]

**선순위 유족이 유족연금수급권을 상실함에 따라 동순위 또는 차순위 유족이 상실 시점에서 유족연금수급권을 법률상 이전받더라도 동순위 또는 차순위 유족은** 구 군인연금법 시행령(2010. 11. 2. 대통령령 제22467호로 개정되기 전의 것) 제56조에서 정한 바에 따라 **국방부장관에게 '유족연금수급권 이전 청구서'를 제출하여 심사 · 판단받는 절차를 거쳐야 비로소 유족연금을 수령할 수 있게 된다. 이에 관한 국방부장관의 결정은 선순위 유족의 수급권 상실로 청구인에게 유족연금수급권 이전이라는 법률효과가 발생하였는지를 '확인'하는 행정행위에 해당하고,** 이는 월별 유족연금액 지급이라는 후속 집행행위의 기초가 되므로, '행정청이 행하는 구체적 사실에 관한 법 집행으로서의 공권력의 행사 또는 그 거부'(행정소송법 제2조 제1항 제1호)로서 항고소송의 대상인 처분에 해당한다고 보아야 한다.

**해 설** 선순위 유족이 유족연금수급권을 상실하면 차순위 유족에게 연금수급권이 돌아가도록 되어 있는 것은 법으로 당연히 정해져 있는 것이어서 법적 규율성이 없어 보이지만 실제로는 구체적으로 누가 후순위 유족인지가 불분명하므로 그것을 확인하는 행정청의 결정이 필요하고 그러한 확인은 법적 규율성이 있는 처분에 해당하므로 이에 대한 소송은 항고소송으로 처리한다는 것이다.

#### ⑦ 행정청 내부 결정의 발표

실질적으로 사실행위에 해당하는 행위에 대한 항고소송을 가능하게 하기 위하여, 대법원은 행정상 사실행위를 하기로 한 내부결정, 즉 내부적 의사표시 요소를 추출 또는 의제하여 이를 처분으로 보아 항고소송의 대상으로 삼고 있다.[109] 이러한 판례이론은 세무조사결정의 처분성을 인정한 대법원 2011.3.10. 선고 2009두23617, 23624(병합) 판결에서부터 시작되었는데[110] 이후 대법원은 도지사의 지방의료원 폐업 발표와 일련의 폐업조치에 내재된 도지사의 폐업결정의 처분성을 인정하고,[111] 병무청장이 병역기피자 명단을 인터넷 홈페이지에 게시하여 공표한 경우에 그 조치에 내재되어 있는 공개결정의 처분성을 인정하였다.[112]

이와 같은 판례이론이 현실적인 권리구제의 필요에 부응하고 있다는 점은 부인할 수 없으나 이론적인 측면에서 유의할 점이 있다. 내부적 의사표시요소가 외부에 적절하게 알려지지 않은 상태에서 그것을 처분으로 인정하기는 어려운 점 때문이다. 세무조사결정이나 공표는 관련법률

---

109) 사법연수원, 『법원실무제요: 행정 Ⅰ』, 2024, 240면 참조.

110) 김찬희, 『행정상 사실행위에 대한 권리구제에 관한 연구－항고소송과 헌법소원의 대상 및 관할을 중심으로－』, 헌법재판소 헌법재판연구원, 2024, 29면.

111) 대법원 2016.8.30. 선고 2015두60617 판결.

112) 대법원 2019.6.27. 선고 2018두49130 판결.

에 따라 원칙적으로 통지하게 되어 있다. 폐업결정도 통지가 이루어지는 것이 원칙이라 할 것이다. 이처럼 통지가 이루어지는 일반적인 경우에는 이를 처분으로 인정하는 것을 일응 수긍할 수 있으나 국세기본법 제81조의7 제1항 그리고 행정절차법 제40조의3 제3항이 규정하는 바와 같이 세무조사결정이나 공표에서 예외적으로 통지 없이 할 수 있는 경우를 허용하고 있기 때문에 이처럼 통지가 이루어지지 않는 예외적인 경우에도 내부적인 의사표시만을 추출하여 그 결정행위만을 처분으로 인정할 수 있을지는 의문이라 할 것이다. 다만 통지없이 이루어지는 세무조사결정이나 공표는 이를 전체적으로 권력적 사실행위에 해당하는 것으로 보아 처분성을 인정할 수 있을 것이다.

한편 대법원은 '하도급거래 공정화에 관한 법률' 제26조 제2항에 의한 입찰참가자격제한 등 요청 결정에 대해서도 처분성을 인정하고 있으나[113] 이는 다소 이론적으로 문제가 있다. 입찰참가자격이 제한되는 당사자에게 통지가 이루어지지 않는 것을 처분으로 인정하기는 어렵고 최종적인 법적 효과인 입찰참가자격 제한이 이루어지지 않은 상태이기 때문에 기존의 판례이론과 맞지 않는 측면이 있기 때문이다. 법원이 적절한 시기에 권익구제가 이루어지도록 하는 것을 중요시한다 하더라도 이 부분에서 논리가 어그러지는 점에 대해서는 주의를 기울일 필요가 있다.

⑧ 공고

대법원은 보조금 지급을 위한 사업체 선정을 공고 형태로 한 경우 이 공고를 처분으로 보고 항고소송의 대상으로 하였다. 공고가 개별 통지없이 이루어지는 것으로 일반적인 처분의 형식을 띠지 않음에도 그 처분성을 인정한 것이다(참고판례).

참고판례: 대법원 2021.2.4. 선고 2020두48772 판결 [시공업체선정처분취소]

피고가 선정한 시공업체들과 시공계약을 체결할 것을 이 사건 사업의 사업대상자(농가)에 대한 보조금 교부조건으로 정함으로써, 원고들을 포함한 업체들은 공모공고에 따라 응모를 하여 피고의 일정한 심사를 받아 시공업체로 선정되는 경우에만 사업대상자(농가)와 시공계약을 체결할 가능성이 발생하고, 그렇지 않은 경우에는 사업대상자(농가)가 보조금 수령을 포기하지 않는 한 해당 사업대상자(농가)와 시공계약을 체결할 가능성이 제한되는 효과가 있으며, 만약 **이 사건 선정결과 공고를 항고소송의 대상인 '처분'으로 보지 않는다면 이에 대하여 불복하여 침해된 권리 또는 이익을 구제받을 방법이 없는 불합리한 결과가 발생한다는 등의 이유로, 이 사건 선정결과 공고는 항고소송의 대상인 '처분'이라고 보는 것이 타당하다.**

⑨ 사실행위

사실행위는 법적 효력이 발생하지 않는 행위이므로 원칙적으로 항고소송의 대상이 될 수 없다. 그리하여 대법원은 법적 구속력이 없는 징계요구[114] 그리고 질의·회신이나 진정에 대한 답변[115]에 대해서는 처분성을 부인하고 있다.

113) 대법원 2023.2.2. 선고 2020두48260 판결; 대법원 2023.4.27. 선고 2020두47892 판결.
114) 대법원 2014.12.11. 선고 2012두28704 판결.

그러나 권력적 사실행위는 현재 그에 대한 다른 소송수단이 마땅하지 않을 뿐 아니라 행위 자체에 수인의무가 결부되어 있다고 볼 수 있기 때문에 대법원은 이를 처분으로 보고 항고소송을 허용한다. 대법원은 단수처분,[116] 미결수용자의 이송, 유치, 예치,[117] 영업소폐쇄, 대집행의 실행행위 등 권력적 사실행위에 대하여 처분성을 인정하였다.

**참고판례 1: 대법원 2014.12.11. 선고 2012두28704 판결 [2단계 BK21사업처분취소]**

재단법인 **한국연구재단이 갑 대학교 총장에게 연구개발비의 부당집행을 이유로** '해양생물유래 고부가 식품·향장·한약 기초소재 개발 인력양성사업에 대한 **2단계 두뇌한국(BK)21 사업' 협약을 해지하고 연구팀장 을에 대한 대학자체 징계요구 등을 통보한 사안에서,** 재단법인 한국연구재단이 갑 대학교 총장에게 을에 대한 **대학 자체징계를 요구한 것은 법률상 구속력이 없는 권유 또는 사실상의 통지로서** 을의 권리, 의무 등 법률상 지위에 직접적인 법률적 변동을 일으키지 않는 행위에 해당하므로, **항고소송의 대상인 행정처분에 해당하지 않는다**고 본 원심판단은 정당하다.

**참고판례 2: 대법원 2019.5.10. 선고 2015두46987 판결 [경쟁입찰참여자격제한처분등취소]**

**조달청장이** '중소기업제품 구매촉진 및 판로지원에 관한 법률 제8조의2 제1항에 해당하는 자는 **입찰참여를 제한하고, 계약체결 후 해당 기업으로 확인될 경우 계약해지 및 기 배정한 물량을 회수한다'는 내용의 레미콘 연간 단가계약을 위한 입찰공고를 하고** 입찰에 참가하여 낙찰받은 갑 주식회사 등과 레미콘 연간 단가계약을 각 체결하였는데, **갑 회사 등으로부터 중소기업청장이 발행한 참여제한 문구가 기재된 중소기업 확인서를 제출받고 갑 회사 등에 '중소기업자 간 경쟁입찰 참여제한 대상기업에 해당하는 경우 물량 배정을 중지하겠다'는 내용의 통보를 한 사안**에서 … (관련) 법률 조항에 의한 집행행위로서 통보를 한 점, 갑 회사 등은 위 통보로 구 판로지원법 제8조의2 제1항, 같은 법 시행령 제9조의3에 따라 중소기업자 간 경쟁입찰에 참여할 수 있는 자격을 획득할 때까지 물량 배정을 받을 수 없게 되고 이는 갑 회사 등의 권리·의무에 직접적인 영향을 미치는 법적 불이익에 해당하는 점 등을 종합하면, **위 통보가 중소기업청장의 확인처분과 구 판로지원법 제8조의2 제1항 등에 근거한 후속 집행행위로서 상대방인 갑 회사 등의 권리·의무에도 직접 영향을 미치므로, 행정청인 조달청장이 행하는 구체적 사실에 관한 법 집행으로서의 공권력의 행사이고 따라서 항고소송의 대상이 된다**고 한 사례.

**해 설** 조달청장이 '중소기업제품 구매촉진 및 판로지원에 관한 법률'의 취지에 따라 입찰공고에서 경쟁입찰 참여제한 대상기업에 해당하면 물량배정을 중지할 수 있다고 하였고 중소기업청장이 발행한 중소기업확인서를 제출받고 물량배정을 중지하겠다는 통보를 한 경우에 이 통보가 처분성이 있는가에 대한 판단에서 대법원은 이 통보는 관련 법령의 집행행위로서 당사자의 권리·의무에 영향을 미치는 것으로서 처분성이 있다고 판시하였다. 물량배정의 중지는 사경제적 지위에서 행한 행위이거나 사실행위로 보일 수 있지만 그 통보는 공권력행위이고 법적 효력이 있는 것으로 보고 처분성을 인정한 것이다.

115) 대법원 1992.10.13. 선고 91누2441 판결.
116) 대법원 1979.12.28. 선고 79누218 판결.
117) 대법원 1992.8.7. 자 92두30 결정.

### (5) 공권력행위(고권성)

처분은 공권력행사 작용으로서 성질상 단독행위임이 원칙이다. 요컨대, 공권력성이 처분 개념의 핵심요소라고 할 수 있다. 그러나 공권력성의 인정 여부에 대해 대법원의 입장은 매우 탄력적이다.

① 사법상 계약에 근거한 행위에 대한 공권력성 및 처분성 인정 사례

대법원은 이례적으로 사법상계약의 법률관계에 근거한 경우에도 공권력성이 인정되는 조치에 대해서 처분성을 인정한 바 있다. 즉 나라장터(국가종합전자조달시스템) 종합쇼핑몰거래정지 조치는 사법상계약에 근거한 것임에도 그 처분성을 인정하였다.[118] 또한 한국수력원자력 주식회사가 자신의 '공급자관리지침'에 근거하여 등록된 공급업체에 대하여 하는 '등록취소 및 그에 따른 일정 기간의 거래제한조치'는 행정청이 행하는 구체적 사실에 관한 법집행으로서의 공권력의 행사인 '처분'에 해당한다고 판시하였다.[119] 또한 조달청장이 사법상계약의 입찰공고에서 명시한 바에 따라 물량배정을 중지하겠다는 통보도 처분으로서의 외양을 갖추지 않았음에도 이를 공권력적 행위로 보고 처분성을 인정한 바 있다.[120]

그러나 법령의 집행행위라 볼 수 없는 행위를 처분이라고 보는 것은 법률유보의 원칙이나 행정절차법의 실질적 회피를 가져올 수 있다는 점에서 자제되어야 한다. 위의 사례 중 일부는 논란이 있겠지만 법령의 집행행위라고 볼 수 있는 요소가 없지는 않다. 다만 공공기관인 한국수력원자력주식회사가 법적근거 없이 사법상 계약과 자신의 내부규정에 근거한 공급자등록제한조치를 한 것은 법집행행위가 아니었다.[121] 그럼에도 불구하고 이를 법집행행위인 처분으로 판단한 것은 문제가 있다.

사법상계약에 근거한 행위의 처분성을 인정하는 대법원의 처분성 확장은 행정소송법 제2조의 처분 개념에 합당하게 적어도 법집행행위의 범주 안에서만 이루어져야 할 것이다.

② 공법상 계약에 근거한 행위에 대한 공권력성 및 처분성의 인정 등

대법원은 공법상 계약의 법률관계에 기한다 하더라도 행정청의 공권력적 행위에 대해서 처분성을 인정한다.[122] 그래서 ① 산업단지입주계약해지[123]통보나 민간투자사업자지정[124] 등 공법상 계약의 체결여부의 결정이나 계약 상대방의 결정에 대해서 처분성을 인정하고, ② 아래 참고판례 2에서 보는 바와 같이 단순히 계약상의 규정이 아니라 법령의 근거를 가진 공권력적 행위는 계

118) 대법원 2018.11.29. 선고 2015두52395 판결; 대법원 2018.11.29. 선고 2017두34940 판결.
119) 대법원 2020.5.28. 선고 2017두66541 판결.
120) 대법원 2019.5.10. 선고 2015두46987 판결.
121) 대법원 2020.5.28. 선고 2017두66541 판결.
122) *Supra*. 제1편 행정법일반이론 제2장 행정의 행위형식론 제3절 그 밖의 행정의 행위형식 제6관 공법상계약 2. 구별되는 개념 (2) 공법상계약과 행정처분 참조.
123) 대법원 2011.6.30. 선고 2010두23859 판결. 대법원은 산업단지 입주변경계약의 취소에 대해서도 처분성을 인정하였다. 대법원 2017.6.15. 선고 2014두46843 판결.
124) 대법원 2009.4.23. 선고 2007두13159 판결.

약관계에서 이루어지는 것일지라도 처분성을 인정한다. 또한 ③ 공법상계약에 기초한 근무관계에 있어서 징계 등 불이익을 주는 행위도 처분성을 인정한다. 그래서 계약직공무원에 대한 채용계약해지는 원칙적으로 처분이 아니지만 징계적 성격의 행위에 대해서는 처분성을 인정하고 있다. 그리하여 국가나 지자체에 근무하는 청원경찰에 대한 징계처분,[125] 교육부장관의 권한을 재위임 받은 공립교육기관의 장에 의하여 공립유치원의 기간제 전임강사에 대한 임용기간 만료전 해임,[126] 지방계약직공무원의 감봉처분[127] 등의 처분성을 인정하였다.

그러나 공무에 종사하는 자에 대한 임용행위가 단독행위와 유사하게 이루어져도 공무원법상의 신분상 공무원이 아닌 경우, 처분성을 부인하려는 경향을 가지고 있다.[128] 그리하여 이장에 대한 면직행위의 처분성을 부인[129] 하였는데 이것은 논쟁의 대상이 되고 있다. 처분성 인정여부를 행정작용의 공권력적 성질에 대해 판단하는 것이 아니라 행정작용의 대상인 자의 신분에 따라 결정하는 것은 문제가 있다.

### 참고판례 1: 대법원 2008.6.12. 선고 2006두16328 판결 [전임계약직공무원(나급)재계약거부처분및 감봉처분취소]

근로기준법 등의 입법 취지, 지방공무원법과 지방공무원징계및소청규정의 여러 규정에 비추어 볼 때, **채용계약상 특별한 약정이 없는 한, 지방계약직공무원에 대하여 지방공무원법, 지방공무원징계및소청규정에 정한 징계절차에 의하지 않고서는 보수를 삭감할 수 없다고 봄이 상당하다.**

지방계약직공무원규정의 시행에 필요한 사항을 규정하기 위한 '서울특별시 지방계약직공무원 인사관리규칙' 제8조 제3항은 근무실적 평가 결과 근무실적이 불량한 사람에 대하여 봉급을 삭감할 수 있도록 규정하고 있는바, 보수의 삭감은 이를 당하는 공무원의 입장에서는 징계처분의 일종인 감봉과 다를 바 없음에도 징계처분에 있어서와 같이 자기에게 이익이 되는 사실을 진술하거나 증거를 제출할 수 있는 등(지방공무원징계및소청규정 제5조)의 절차적 권리가 보장되지 않고 소청(지방공무원징계및소청규정 제16조) 등의 구제수단도 인정되지 아니한 채 이를 감수하도록 하는 위 규정은, 그 자체 부당할 뿐만 아니라 지방공무원법이나 지방계약직공무원규정에 아무런 위임의 근거도 없는 것이거나 위임의 범위를 벗어난 것으로서 무효이다.

지방공무원법 제73조의3과 지방공무원징계및소청규정 제13조 제4항에 의하여 **지방계약직공무원에게도** 지방공무원법 제69조 제1항 각 호의 징계사유가 있는 때에는 **징계처분을 할 수 있다.**

**해 설** 계약관계에 기초하여 공무에 종사하는 자와 관련된 법률관계는 공법상 계약이라고 봄이 보통이지만, 대법원은 계약관계에 기초하였다 하더라도 징계적 성격이 있는 경우에는, 그 징계적 성격의 행위의 처분성을 인정하고 있다. 이 판결도 그러한 취지에서 계약관계에 있는 자에 대한 감봉처분이 행정처분이라고 판시한 것이다.

125) 대법원 1993.7.13. 선고 92다47564 판결.
126) 대법원 1991.5.10. 선고 90다10766 판결.
127) 대법원 2008.6.12. 선고 2006두16328 판결.
128) 대법원 2001.12.11. 선고 2001두7794 판결.
129) 대법원 2012.10.25. 선고 2010두18963 판결.

### 참고판례 2: 대법원 2015.12.24. 선고 2015두264 판결 [환경기술개발사업중단처분취소]

국가연구개발사업규정 제17조 제1항 제2호, 제11조 제2항에 따른 연구개발 중단 조치와 연구비의 집행중지 조치는 행정청이 최종적으로 협약의 해약 여부를 결정하기 전까지 일단 주관연구기관의 연구개발과 연구비 사용을 중지시킴으로써 연구비 환수 등 해약에 따른 후속 조치의 실효성을 확보하기 위한 잠정적·임시적인 조치이므로 이러한 조치를 할 수 있는 권한은 협약을 체결한 행정청에 부여되는 것이 성질에 부합한다. 따라서 국가연구개발사업규정 제9조 제2항에 따라 전문기관의 장인 한국환경산업기술원장이 환경부장관의 승인을 얻어 직접 주관연구기관과 협약을 체결한 국가연구개발과제에 관하여, **환경부훈령인 환경기술개발사업 운영규정 제33조 제1항 제1호, 제24조 제2항, 제1항 제5호, 제29조 제6항(이하 '훈령조항'이라 한다)에서 한국환경산업기술원장에게 연구개발 중단 조치와 연구비 집행중지 조치를 할 수 있는 권한을 부여한 것은 국가연구개발사업규정의 해석상 가능한 것을 명시하거나 위임받은 범위 내에서 세부적인 내용을 정한 것으로 볼 수 있고, 이와 달리 훈령조항이 국가연구개발사업규정 제34조에 반하여 규정에 저촉되는 내용을 규정하였다고 볼 것은 아니다.**

**한국환경산업기술원장이 환경기술개발사업 협약을 체결한 갑 주식회사 등에게 연차평가 실시 결과 절대평가 60점 미만으로 평가되었다는 이유로 연구개발 중단 조치 및 연구비 집행중지 조치**(이하 '각 조치'라 한다)를 한 사안에서, 각 조치는 갑 회사 등에게 연구개발을 중단하고 이미 지급된 연구비를 더 이상 사용하지 말아야 할 공법상 의무를 부과하는 것이고, 연구개발 중단 조치는 협약의 해약 요건에도 해당하며, 조치가 있은 후에는 주관연구기관이 연구개발을 계속하더라도 그에 사용된 연구비는 환수 또는 반환 대상이 되므로, **각 조치는 갑 회사 등의 권리·의무에 직접적인 영향을 미치는 행위로서 항고소송의 대상이 되는 행정처분에 해당한다.**

**해 설** 대법원은 공법상 계약관계에 있더라도 공권력적 성격을 가지는 행위의 처분성을 인정한다. 그러한 처분성의 인정요건의 하나로서 관련 법령에 근거규정이 있는지를 중요하게 평가한다. 이 사건의 원심은 해당 조치의 근거가 훈령이었다는 이유로 관련법령의 근거가 없고 따라서 처분성을 인정할 수 없다고 하였으나 대법원은 훈령이 상위법의 규정에 의해 가능한 것을 명시하거나 위임받은 범위 내에 세부적인 것을 규정한 것으로서 문제되는 조치가 법령의 근거가 없다고 할 수 없다 하여 처분성을 인정하였다.

### 참고판례 3: 대법원 2001.12.11. 선고 2001두7794 판결 [합창단재위촉거부처분취소]

지방자치법 제9조 제2항 제5호 (라)목 및 (마)목 등의 규정에 의하면, 광주광역시립합창단의 활동은 지방문화 및 예술을 진흥시키고자 하는 광주광역시의 공공적 업무수행의 일환으로 이루어진다고 해석될 뿐 아니라, 그 단원으로 위촉되기 위하여는 공개전형을 거쳐야 하고 지방공무원법 제31조의 규정에 해당하는 자는 단원의 직에서 해촉될 수 있는 등 단원은 일정한 능력요건과 자격요건을 갖추어야 하며, 상임단원은 일반공무원에 준하여 매일 상근하고 단원의 복무규율이 정하여져 있으며, 일정한 해촉사유가 있는 경우에만 해촉되고, 단원의 보수에 대하여 지방공무원의 보수에 관한 규정을 준용하는 점 등에서는 **단원의 지위가 지방공무원과 유사한 면이 있으나, 한편 단원의 위촉기간이 정하여져 있고 재위촉이 보장되지 아니하며, 단원에 대하여는 지방공무원의 보수에 관한 규정을 준용하는 이외에는 지방공무원법 기타 관계 법령상의 지방공무원의 자격, 임용, 복무, 신분보장, 권익의 보장, 징계 기타 불이익처분에 대한 행정심판 등의 불복절차에 관한 규정이 준용되지도 아니하는 점 등을 종합하여 보면,** 광주광역시문화예술회관장의 단원 위촉은 광주광역시문화예술회관장이 행정청으로서 공권력을 행사하여 행하는 행정처분이 아니라 공법상의 근무관계의 설정을 목적으로 하여 광주광역시와 단원이 되고자 하는 자 사이에 **대등한 지위에서 의사가 합치되어 성립하는 공법상 근로계약에 해당한다고 보아야 할 것이므로,** 광주광역시립합창단원으로서 위촉기간이 만료되는 자들의 재위촉 신청에 대하여 광주광역시문화예술회관장이 실기와 근무성적에 대한 평정을 실시하여 **재위촉을 하지 아니한 것을 항고소송의 대상이 되는 불합격처분이라고 할 수는 없다.**

**해 설** 광주광역시립합창단원 위촉의 경우 실질적으로 계약의 청약과 승낙이 존재하였는지가 불확실함에도 불구하고 대법원은 단원의 지위가 공무원에 준하지 않는다는 측면을 중요시하여 단원의 위촉이 공권력 행사가 아니라고 보아 공법상 계약관계로 파악하고 처분성을 부인하고 있다.

### ③ 국·공유 재산관리행위에 대한 공권력성 및 처분성 인정 여부

대법원은 또한 국·공유 일반재산의 처분에 대한 법률관계를 사법관계로 보고 일반재산에 대한 사용료 납입고지는 처분이 아니라고 판시하였으나,[130] 공권력적 성질을 인정할 수 있는, 국공유 일반재산에 대한 무단점유에 따른 변상금부과처분,[131] 행정재산의 사용허가(목적 외 사용) 및 그에 따른 사용료 부과처분(도로점용허가와 도로점용료부과처분)[132]에 대한 처분성을 인정하였다.

### ④ 행정청의 금전 납부 통지의 공권력성 및 처분성 인정 여부

행정청이 금전 납부를 통지하는 행위가 처분인가에 대하여 대법원은 그러한 금전납부 통지의 근거가 사법관계에 근거하였는지 공법관계에 근거하였는지를 보고 권력성이 있는지에 따라서 판단한다. 그리하여

i) 공기업 이용관계라는 사법상 관계에 근거한 급수공사비 통지행위에 대해서는 처분성을 부인하였다.[133]

ii) 법적 근거가 없이 상대방의 협조에 기하여 이루어지도록 되어 있는 요양기관 지정취소에 갈음하는 금전대체부담금 납부안내에 대해서는 처분성을 부인하였다(참고판례 1).

iii) 명시적인 법적 근거는 없지만 공법상의 부담금이라고 볼 수 있는 총포·화약안전기술협회의 회비납부통지는 이를 처분으로 보았다(참고판례 2).

iv) 교육부가 국공립대학 감사 결과를 바탕으로 국립대학교 총장에게 소속 교원등에 대한 교육·연구 및 학생지도 비용 환수 및 신분상 조치를 하도록 요구함에 따라, 총장이 교내 이메일을 통해 환수금을 납부해 달라는 요청을 통지한 것이 처분에 해당한다고 보았다.[134]

**참고판례 1: 대법원 1993.12.10. 선고 93누12619 판결 [부당이득금환수처분취소]**

행정청의 어떤 행위를 행정처분으로 볼 것이냐의 문제는 추상적 일반적으로 결정할 수 없고, 구체적인

130) 대법원 1995.5.12. 선고 94누5281 판결.
131) 대법원 1988.2.23. 선고 87누1046 판결; 대법원 2000.1.14. 선고 99두9735 판결.
132) 대법원 1996.2.13. 선고 95누11023 판결.
133) 대법원 1993.10.26. 선고 93누6331 판결.
134) 대법원 2025.5.15. 선고 2024두35989 판결.

경우 행정처분은 행정청이 공권력의 주체로서 행하는 구체적 사실에 관한 법집행으로서 국민의 권리의무에 직접 영향을 미치는 행위라는 점을 고려하고 행정처분이 그 주체, 내용, 절차, 형식에 있어서 어느 정도 성립 내지 효력요건을 충족하느냐에 따라 개별적으로 결정하여야 하며, **행정청의 어떤 행위가 법적 근거도 없이 객관적으로 국민에게 불이익을 주는 행정처분과 같은 외형을 갖추고 있고, 그 행위의 상대방이 이를 행정처분으로 인식할 정도라면 그로 인하여 파생되는 국민의 불이익 내지 불안감을 제거시켜 주기 위한 구제수단이 필요한 점에 비추어 볼 때 행정청의 행위로 인하여 그 상대방이 입는 불이익 내지 불안이 있는지 여부도 그 당시에 있어서의 법치행정의 정도와 국민의 권리의식 수준 등은 물론 행위에 관련한 당해 행정청의 태도 등도 고려하여 판단하여야 한다.**

**의료보험연합회의 요양기관 지정취소에 갈음하는 금전대체부담금 납부안내라는 공문은 비록 행정청의 행위라 해도 그것이 아무런 법적 근거가 없어 국민의 권리의무에 직접 어떤 영향을 미치는 행정처분으로서의 효력을 발생할 수 없고, 그 내용도 상대방에게 공법상 어떤 의무를 부과하는 것으로 보이지 아니하며, 그것을 행정처분으로 볼 수 있느냐 하는 문제에 대한 불안도 존재하지 아니한다고 볼 것이므로 이를 행정소송의 대상이 되는 처분이라고 볼 수 없다.**

**해 설** 일종의 부당이득을 한 기관에 대하여 요양기관 지정취소를 할 수 있는데도 금전대체부담금을 납부하면 지정취소를 하지 않겠다는 안내를 한 사안에서 지정취소를 대체하여 금전대체부담금 납부를 할 수 있도록 하는 법적 근거가 없어 사실상 상대방의 의사에 납부 여부가 달려있다는 뜻에서 금전대체부담금 납부안내의 권력성을 부정하여 처분성을 부인한 판례이다. 이 판결은 법적 근거가 없다는 점에 크게 주목하고 있으나 법적 근거가 없는 경우에도 처분성을 인정하고 있는 오늘날의 판례이론 아래에서도 이 판결의 취지가 유지될 수 있을지는 의문이다(참고판례 2와 판결 내용 참조).

### 참고판례 2: 대법원 2021.12.30. 선고 2018다241458 판결 [채무부존재확인]

**어떤 공과금이 부담금에 해당하는지 여부는 명칭이 아니라 실질적인 내용을 기준으로 판단하여야 한다. 부담금 부과에 관한 명확한 법률 규정이 존재한다면 반드시 별도로 부담금관리 기본법 별표에 그 부담금이 포함되어야만 부담금 부과가 유효하게 되는 것은 아니다.** (중략)

총포·도검·화약류 등의 안전관리에 관한 법률 제58조 제1항 제3호에 따른 회비는 부담금관리 기본법 별표에 포함되어 있지는 않으나, 공법상 재단법인으로서 총포·화약안전기술협회의 법적 성질과 회비의 조성방법과 사용용도 등을 위 법리에 비추어 살펴보면, 국가 또는 공공단체가 일정한 공행정활동과 특별한 관계에 있는 자에 대하여 그 활동에 필요한 경비를 조달하기 위하여 부담시키는 조세 외의 금전지급의무로서 공법상 부담금에 해당한다고 보아야 한다.

(중략) **어떠한 처분에 법령상 근거가 있는지, 행정절차법에서 정한 처분 절차를 준수하였는지는 본안에서 해당 처분이 적법한가를 판단하는 단계에서 고려할 요소이지, 소송요건 심사단계에서 고려할 요소가 아니다. 행정청의 행위가 '처분'에 해당하는지가 불분명한 경우에는 그에 대한 불복방법 선택에 중대한 이해관계를 가지는 상대방의 인식가능성과 예측가능성을 중요하게 고려해서 규범적으로 판단해야 한다.**

총포·도검·화약류 등의 안전관리에 관한 법률 시행령 제78조 제1항 제3호, 제79조 및 총포·화약안전기술협회(이하 '협회'라 한다) 정관의 관련 규정의 내용을 위 법리에 비추어 살펴보면, **공법인인 협회가 자신의 공행정활동에 필요한 재원을 마련하기 위하여 회비납부의무자에 대하여 한 '회비납부통지'는 납부의무자의 구체적인 부담금액을 산정·고지하는 '부담금 부과처분'으로서 항고소송의 대상이 된다고 보아야 한다.**

### (6) 행정소송 이외의 특별불복절차가 마련되어 있지 않은 행위

행정소송 이외의 특별절차를 통해 불복할 것이 예정되어 있는 경우에는 그 처분은 항고소송의 대상이 될 수 없다. 이러한 경우에는 취소소송 등 항고소송의 소의 이익을 인정할 수 없기 때문이다.

그리하여 도로교통법상 과태료처분에 이의가 있는 자는 비송사건절차법이 준용되는 과태료재판을 받고, 통고처분에 이의가 있으면 '즉결심판에 관한 절차법'에 의하여 법원의 판단을 받아야 한다.[135] 또한 사법경찰관의 구금, 압수물의 가환부, 환부에 관한 처분에 대해서는 형사소송법에 따라 준항고를 제기하여야 한다. 또한 검사의 기소처분이나 불기소처분, 고등검찰청의 항고기각결정도 재정신청이나 헌법소원으로 불복할 수 있을 뿐, 항고소송의 대상은 되지 못한다.[136] 공탁관의 처분이나 등기관의 처분에 대해서도 법원에 항고하거나 이의신청을 하는 방법 이외에 항고소송으로 불복할 수는 없다.

### (7) 그 밖에 이에 준하는 행정작용

행정소송법과 행정심판법의 처분 개념에 '그 밖에 이에 준하는 행정작용'이라는 범주가 존재하지만 그동안의 처분 개념의 확장은 대부분 기존의 행정행위 개념의 개념요소의 확장으로도 설명될 수가 있어서 무엇을 '그 밖에 이에 준하는 행정작용'으로 볼 것인가 하는 것은 포섭의 관점에 관한 문제라고 할 것이다.

종래 구속적 행정계획, 권력적 사실행위, 추상적 법령, 행정지도, 일반처분, 알선, 권유행위, 경고행위, 일정한 내부조치, 비권력적 행정조사, 공공시설설치행위, 보조금교부결정, 급부결정 등이 논의된 바 있으나, 이들 가운데 상당수는 행정행위 개념요소의 확장으로도 처분성을 인정할 수 있는 것이기 때문에 그 밖에 이에 준하는 행정작용이라는 개념에 반드시 포함시켜야 처분성을 인정할 수 있는 경우는 형식적 행정행위에 해당하는 경우 이외에는 찾아보기가 쉽지 않다.

---

참고판례: 대법원 1991.10.11. 선고 90누9926 판결 [해임처분무효확인등]

**군수가 비법인 임의단체인 양식계의 계장인 갑을 해임하고 을을 새로 임명한 행위가 농수산부고시 등에 근거하여 통상의 행정처분의 방식으로 이루어진 점에 비추어** 행정청이 법규에 의한 공권력의 발동으로서 행한 것이어서 **행정처분이라고 본 사례.**

**해 설** 군수는 비법인 임의단체의 계장을 임명할 권한이 없음에도 행정처분의 방식으로 임명하였다 하여 처분성을 인정한 것이다. 무효인 행위이고 아무런 공권력적 효과를 가져오지 않는데도 처분성을 인정한 것은 권익구제의 편의를 위한 것이므로 전형적인 형식적 행정행위로서 처분성을 인정한 것이다. 이것이야말로 '그밖에 이에 준하는 행정작용'에 해당하여 처분성을 인정한 사례라고 할 것이다.

---

135) 대법원 1995.6.29. 선고 95누4674 판결.

136) 대법원 1989.10.10. 선고 89누2271 판결; 대법원 1990.1.23. 선고 89누3014 판결; 대법원 2000.3.28. 선고 99두11264 판결 등.

### (8) 거부 등 특수한 처분

#### ① 거부처분

거부처분에는 절차적·형식적 이유로 거부하는 절차적 거부처분(각하)과 실체적 요건심사 결과에 따라 거부하는 실체적 거부처분(기각)이 있다.

대법원은 거부행위가 처분이기 위해서는 ① 그 신청한 행위가 공권력의 행사 또는 이에 준하는 행정작용이어야 하고, ② 그 거부행위가 신청인의 법률관계에 어떤 변동을 일으키는 것이어야 하며, ③ 국민에게 그 행위발동을 요구할 법규상 또는 조리상의 신청권이 있어야만 한다고 한다.[137] 대법원은 "여기에서 '신청인의 법률관계에 어떤 변동을 일으키는 것'의 의미는 신청인의 실체상의 권리관계에 직접적인 변동을 일으키는 것은 물론 그렇지 않다 하더라도 신청인이 실체상의 권리자로서 권리를 행사함에 중대한 지장을 초래하는 것도 포함한다"고 한다.[138]

또한, 여기서 법규상·조리상의 신청권은 만족적 결과를 얻을 궁극적 권리를 말하는 것은 아니다. 그것은 본안 판단사항일 따름이다. 그러나 대법원의 이러한 신청권 이론에 대해서는 학계에서 비판론이 있다. 먼저 행정소송법 제2조의 처분 개념에는 '공권력행사의 거부'가 처분임을 분명히 밝히고 있음에도 처분성이 인정되는 것은 '신청권 있는 자의 신청에 대한 거부'뿐이라고 해석하는 것은 문제가 있다는 견해가 있다.[139] 또한 처분성 판단은 행위의 성질에 관한 객관적인 것이고 신청권이라는 권리의 존재여부 판단은 원고적격의 판단과 관련될 수 있을 뿐임에도 권리개념을 처분성 판단에 결부시킨 것은 문제가 있다(신청권의 이론체계상의 지위 문제[140]).

대법원은 반복적 신청에 따른 거부도 그것이 새로운 신청에 대한 것이라고 볼 수 있으면 새로운 거부처분으로 본다.[141]

대법원은 또한, 국유임야의 무상양여신청거부,[142] 국유재산매각신청 반려행위[143] 등은 사경제적 활동에서의 거부이기 때문에, 그리고 등기부상 소유자가 한 토지대장소유자 기재 정정신청을 거부한 경우[144]는 권리관계에 변동을 초래할 수 없기 때문에 처분이 아니라고 한다.

그러나 건축계획심의신청의 반려,[145] 건축물대장의 용도변경신청거부,[146] 생활대책대상자선정기준에 해당하는 자에 대한 선정거부,[147] 유일한 면접심사대상자로 선정된 대학교원임용지원자

---

137) 대법원 1998.7.10. 선고 96누14036 판결; 대법원 2003.9.23. 선고 2001두10936 판결.
138) 대법원 2002.11.22. 선고 2000두9229 판결.
139) 박정훈, "거부처분과 행정소송 ― 도그마틱의 분별력·체계성과 다원적 비교법의 돌파력 ―", 『행정법연구』, 63호, 2020. 참조.
140) 판례는 이를 대상적격에 관한 것과 본안판단 사항으로 나누어서 보고 있으나 이를 원고적격의 차원에서 보아야 한다는 입장도 있다.
141) 대법원 2019.4.3. 선고 2017두52764 판결.
142) 대법원 1984.12.11. 선고 83누291 판결.
143) 대법원 1986.6.24. 선고 86누171 판결.
144) 대법원 2012.1.12. 선고 2010두12354 판결.
145) 대법원 2007.10.11. 선고 2007두1316 판결. 건축계획심의신청이 반려되면 건축허가를 받을 수 없음.
146) 대법원 2009.1.30. 선고 2007두7277 판결. 이를 거부당하면 원하는 용도에 따른 사용·수익을 할 수 없음.
147) 대법원 2011.10.13. 선고 2008두17905 판결.

에 대한 신규채용중단조치,[148] 이주대책에 따라 (공공사업에 협력한 자에 대한) 특별분양신청거부,[149] 기간제교원에 대하여 재임용거부의 취지로 한 임용기간 만료통지,[150] 주민등록변경신청의 거부[151] 등은 처분성을 인정하였다. 대법원은 이들 처분성을 인정받은 거부행위는 모두 거부당한 자의 권리를 침해하거나 그 변동을 초래할 수 있는 것으로 본 것이다.

### 주요판례요지

① 대법원 1991.2.12. 선고 90누5825 판결: 임용대상자에 대한 임용의 의사표시는 그에 제외된 경원자의 신청에 대한 거부이다.

② 대법원 1996.6.11. 선고 95누12460 판결: 거부처분에 있어서 요구되는 신청권은 만족적 결과를 얻을 궁극적 권리를 의미하는 것은 아니다 그것은 본안판단사항이다.

③ 대법원 1997.12.26. 선고 96누17745 판결: 지방자치단체장의 건축회사에 대한 공사중지명령에 있어서 그 명령의 내용 자체 또는 그 성질상 그 원인사유가 해소되는 경우, 건축회사에게 조리상 당해 공사중지명령의 해제를 요구할 수 있는 권리가 인정된다. 따라서 그 해제신청에 대한 거부는 거부처분이 된다.

④ 대법원 2003.9.23. 선고 2001두10936 판결: 원칙적으로는 그 계획이 일단 확정된 후에 어떤 사정의 변동이 있다고 하여 그러한 사유만으로는 지역주민이나 일반 이해관계인에게 일일이 그 계획의 변경을 신청할 권리를 인정하여 줄 수는 없을 것이지만, 장래 일정한 기간 내에 관계법령이 규정하는 시설 등을 갖추어 일정한 행정처분을 구하는 신청을 할 수 있는 법률상 지위에 있는 자(폐기물사업적정통보를 받은 자)의 국토이용계획변경신청을 거부하는 것이 실질적으로 당해 행정처분 자체를 거부하는 결과가 되는 경우(사업장이 준도시지역으로 변경되지 않으면 폐기물처리업 허가를 받을 수 없음)에는 예외적으로 그 신청인에게 국토이용계획변경을 신청할 권리가 인정된다고 봄이 상당하므로, 이러한 신청에 대한 거부행위는 항고소송의 대상이 되는 행정처분에 해당한다.

### 참고판례 1: 대법원 2004.4.28. 선고 2003두1806 판결 [도시계획시설변경입안의제안거부처분취소]

구 도시계획법(2002. 2. 4. 법률 제6655호 국토의계획및이용에관한법률 부칙 제2조로 폐지)은 도시계획의 수립 및 집행에 관하여 필요한 사항을 규정함으로써 공공의 안녕질서를 보장하고 공공복리를 증진하며 주민의 삶의 질을 향상하게 함을 목적으로 하면서도 도시계획시설결정으로 인한 개인의 재산권행사의 제한을 줄이기 위하여, 도시계획시설부지의 매수청구권, 도시계획시설결정의 실효에 관한 규정과 아울러 도시계획 입안권자인 특별시장·광역시장·시장 또는 군수로 하여금 5년마다 관할 도시계획구역 안의 도시계획에 대하여 그 타당성 여부를 전반적으로 재검토하여 정비하여야 할 의무를 지우고, **도시계획입안제안**

148) 대법원 2004.6.11. 선고 2001두7053 판결.
149) 대법원 1992.11.27. 선고 92누3618 판결.
150) 대법원 2004.4.22. 선고 2000두7735 전원합의체 판결.
151) 대법원 2017.6.15. 선고 2013두2945 판결.

**과 관련하여서는 주민이 입안권자에게** '1. 도시계획시설의 설치 · 정비 또는 개량에 관한 사항, 2. 지구단위계획구역의 지정 및 변경과 지구단위계획의 수립 및 변경에 관한 사항'에 관하여 '도시계획도서와 계획설명서를 첨부'하여 **도시계획의 입안을 제안할 수 있고, 위 입안제안을 받은 입안권자는 그 처리결과를 제안자에게 통보하도록 규정하고 있는 점 등과 헌법상 개인의 재산권 보장의 취지에 비추어 보면, 도시계획구역 내 토지 등을 소유하고 있는 주민으로서는 입안권자에게 도시계획입안을 요구할 수 있는 법규상 또는 조리상의 신청권이 있다고 할 것이고, 이러한 신청에 대한 거부행위는 항고소송의 대상이 되는 행정처분에 해당한다.**

**해 설** 도시계획 구역 내에 토지를 소유하고 있는 주민의 도시계획입안을 요구할 수 있는 법규상 또는 조리상의 신청권을 인정하고 그에 대한 거부의 처분성을 인정한 판례이다.

### 참고판례 2: 대법원 2011.9.29. 선고 2010두26339 판결 [지원금지급신청반려처분취소]

**수도권 소재 갑 주식회사가 본사와 공장을 광주광역시로 이전하는 계획하에 광주광역시장에게** 구 '지방자치단체의 지방이전기업유치에 대한 국가의 재정자금지원기준'(2010. 1. 4. 지식경제부 고시 제2009-335호로 개정되기 전의 것) 제7조에 따라 **입지보조금 등 지급을 신청하였고 이에 따라 광주광역시장이 지식경제부장관에게 지급신청을 하였는데, 이후 지식경제부장관이 광주광역시장에게 갑 회사가 지원대상요건을 충족하지 못한다는 이유로 반려하자 광주광역시장이 다시 갑 회사에 같은 이유로 반려한 사안**에서, 국가균형발전 특별법 제19조 제1항, 제3항, 국가균형발전 특별법 시행령 제17조 제2항, 제3항 등 관련 규정들의 형식 및 내용에 의하면, 지식경제부장관에 대한 국가 보조금 지급신청권은 해당 지방자치단체장에게 있고, 지방이전기업은 해당 지방자치단체장에게 국가 보조금 지급신청을 할 수 있을 뿐 지식경제부장관에게 국가 보조금 지급을 요구할 법규상 또는 조리상 신청권이 있다고 볼 수 없다는 이유로, **지식경제부장관의 반려회신은 항고소송 대상이 되는 행정처분에 해당하지 않고, 광주광역시장의 반려처분은 항고소송의 대상이 되는 행정처분에 해당한다고 한 사례.**

**해 설** 사인 또는 사기업이 정부에 법령에 정한 바에 따른 보조금을 신청한 경우 그것을 거부하는 것은 처분이지만 최종적인 것이라 할 수 없는 행정내부 간의 회신인 지식경제부장관의 반려는 처분이 아니며 최종적으로 신청인에게 통지되는 광주광역시장의 반려행위가 처분이라고 판시하였다.

### 참고판례 3: 대법원 2021.1.14. 선고 2020두50324 판결 [이주대책대상자제외처분취소]

수익적 행정처분을 구하는 신청에 대한 거부처분은 당사자의 신청에 대하여 관할 행정청이 이를 거절하는 의사를 대외적으로 명백히 표시함으로써 성립된다. **거부처분이 있은 후 당사자가 다시 신청을 한 경우에는 신청의 제목 여하에 불구하고 그 내용이 새로운 신청을 하는 취지라면 관할 행정청이 이를 다시 거절하는 것은 새로운 거부처분이라고 보아야 한다.** 관계 법령이나 행정청이 사전에 공표한 처분기준에 신청기간을 제한하는 특별한 규정이 없는 이상 재신청을 불허할 법적 근거가 없으며, 설령 신청기간을 제한하는 특별한 규정이 있더라도 재신청이 신청기간을 도과하였는지는 본안에서 재신청에 대한 거부처분이 적법한가를 판단하는 단계에서 고려할 요소이지, 소송요건 심사단계에서 고려할 요소가 아니다.

#### ② 경정처분

경정처분이란 잘못된 처분을 바로잡는 처분을 의미한다. 따라서 경정처분은 원처분을 변경하는 것이지만 단순한 변경처분과는 구별할 수 있다. 경정처분이 특히 문제되는 것은 조세처분, 과징금처분, 공무원에 대한 징계처분 등이다.

조세경정처분에 있어 증액경정의 경우 흡수설에 따라 증액처분이 취소소송의 대상이 되고[152] 감액경정의 경우 역흡수설에 따라 당초처분(처음의 과세처분이 감액된 범위 내에 존속하여 경정처분을 흡수함)이 취소소송의 대상이 된다.[153] 이는 과징금,[154] 공무원징계 사례 등에 모두 적용되는 원칙이라 할 수 있다. 요컨대 보다 큰 금액, 큰 징계가 취소소송의 대상이 된다는 것이다. 같은 이치에서 신고확정과 증액결정 사이에서도 증액결정이 취소소송의 대상이 된다.

* **관련 학설**: ① 병존설(당초처분과 경정처분 모두 처분성 인정), ② 흡수설(경정처분에 당초처분이 흡수됨), ③ 역흡수설(당초처분에 경정처분이 흡수됨), ④ 병존적 흡수설(효력은 둘 다 유지하나 경정처분만 취소소송대상), ⑤ 역흡수 병존설(효력은 둘 다 유지하나 당초처분만 소송의 대상)

**주요판례요지**

대법원 2017.8.23. 선고 2017두38812 판결: (조세)경정청구기간이 도과한 후에 제기된 경정청구는 부적법하여 과세관청이 과세표준 및 세액을 결정 또는 경정하거나 거부처분을 할 의무가 없으므로, 과세관청이 경정을 거절하였다고 하더라도 이를 항고소송의 대상이 되는 거부처분으로 볼 수 없다.

**참고판례: 대법원 2011.4.14. 선고 2008두22280 판결 [취득세등부과처분취소]**

구 **국세기본법(2010. 1. 1. 법률 제9911호로 개정되기 전의 것, 이하 같다) 제22조의2 제1항은 "세법의 규정에 의하여 당초 확정된 세액을 증가시키는 경정은 당초 확정된 세액에 관한 이 법 또는 세법에서 규정하는 권리 · 의무관계에 영향을 미치지 아니한다."고 규정하고 있다.**

위 규정의 문언 내용 및 그 주된 입법 취지가 **증액경정처분이 있더라도 불복기간의 경과 등으로 확정된 당초 신고나 결정에서의 세액에 대한 불복은 제한하려는 데 있는 점을 종합하면**, 증액경정처분이 있는 경우 당초 신고나 결정은 증액경정처분에 흡수됨으로써 독립한 존재가치를 잃게 되어 원칙적으로는 당초 신고나 결정에 대한 불복기간의 경과 여부 등에 관계없이 **증액경정처분만이 항고소송의 심판대상이 되고, 납세자는 그 항고소송에서 당초 신고나 결정에 대한 위법사유도 함께 주장할 수 있으나(대법원 2009.5.14. 선고 2006두17390 판결 참조), 확정된 당초 신고나 결정에서의 세액에 관하여는 취소를 구할 수 없고 증액경정처분에 의하여 증액된 세액을 한도로 취소를 구할 수 있다 할 것이다.**

**해 설** 증액경정처분에 대한 소송에서 납세자는 당초처분의 위법사유도 주장할 수 있으나 원처분이 쟁송제기기간의 도과로 확정된 경우에는 증액된 세액에 한해서 취소를 구할 수 있음을 법해석상 분명히 한 판례이다.

152) 대법원 2009.5.14. 선고 2006두17390 판결.
153) 대법원 1987.12.22. 선고 85누599 판결.
154) 대법원 2008.2.15. 선고 2006두3957 판결.

③ 부관

대법원은 부관 중 부담의 독자적 처분성은 인정하고, 부담 이외의 다른 부관의 독자적 처분성은 인정하지 않고 있다.[155)]

④ 반복처분과 변경처분

대법원은 반복된 거부처분에 대해 처분성을 인정하고 쟁송제기기간도 각 처분을 기준으로 진행된다고 한다.[156)] 그러나 거부처분이 아닌 경우 반복처분의 처분성은 부인한다. 그리하여 반복된 계고처분,[157)] 반복된 공익근무요원 소집통지,[158)] 반복된 의료보험금납부통지[159)]에 대해서는 처분성을 부인하고 최초의 것에 대해서만 처분성을 인정한다.

대법원은 변경처분이 있더라도 소송의 대상이 되는 것은 원처분이라고 한다.[160)] 그리고 후속처분의 내용이 종전처분의 유효를 전제로 하여 내용 중 일부만을 추가·철회·변경하는 것이고 추가·철회·변경된 부분이 내용과 성질상 나머지 부분과 불가분적인 것이 아닌 경우에는, 후속처분에도 불구하고 종전처분도 여전히 항고소송의 대상이 된다고 한다.[161)]

그러나 후속처분이 종전처분 전체를 대체하거나 주요부분을 실질적으로 변경하면 선행처분은 특별한 사정이 없는 한 효력을 상실하고[162)] 후속처분이 소송의 대상이 된다고 한다.

참고판례: 대법원 2007.4.27. 선고 2004두9302 판결 [식품위생법위반과징금부과처분취소]

행정청이 식품위생법령에 따라 **영업자에게 행정제재처분을 한 후 그 처분을 영업자에게 유리하게 변경하는 처분을 한 경우, 변경처분에 의하여 당초 처분은 소멸하는 것이 아니고 당초부터 유리하게 변경된 내용의 처분으로 존재하는 것이므로,** 변경처분에 의하여 유리하게 변경된 내용의 행정제재가 위법하다 하여 그 취소를 구하는 경우 **그 취소소송의 대상은 변경된 내용의 당초 처분이지 변경처분은 아니고, 제소기간의 준수 여부도 변경처분이 아닌 변경된 내용의 당초 처분을 기준으로 판단하여야 한다.**

해 설 변경처분에 의해 원처분이 일부취소 되거나 유리하게 변경되었다 하더라도 원처분은 소멸되는 것이 아니므로 항고소송에서는 변경처분에 의해 변화된 원처분이 그 대상이 되고 제소기간의 준수도 원처분을 기준으로 한다고 판시한 것이다.

⑤ 수리행위

별도의 법적 효력을 가지는 수리를 요하는 신고의 경우에는 처분성을 인정한다.[163)] 그리고

155) 대법원 1992.1.21. 선고 91누1264 판결.
156) 대법원 1992.12.8. 선고 92누7542 판결.
157) 대법원 2000.2.22. 선고 98두4665 판결.
158) 대법원 2005.10.28. 선고 2003두14550 판결.
159) 대법원 1999.7.13. 선고 97누119 판결.
160) 대법원 2007.4.27. 선고 2004두9302 판결.
161) 대법원 2015.11.19. 선고 2015두295 전원합의체 판결.
162) 대법원 2022.7.28. 선고 2021두60748 판결.
163) 대법원 1993.6.8. 선고 91누11544 판결 등.

그 거부의 처분성도 인정한다.[164)]

참고판례: 대법원 2011.1.20. 선고 2010두14954 전원합의체 판결 [건축(신축)신고불가취소]

[다수의견] 건축법에서 인·허가의제 제도를 둔 취지는, 인·허가의제사항과 관련하여 건축허가 또는 건축신고의 관할 행정청으로 그 창구를 단일화하고 절차를 간소화하며 비용과 시간을 절감함으로써 국민의 권익을 보호하려는 것이지, 인·허가의제사항 관련 법률에 따른 각각의 인·허가 요건에 관한 일체의 심사를 배제하려는 것으로 보기는 어렵다. 왜냐하면, 건축법과 인·허가의제사항 관련 법률은 각기 고유한 목적이 있고, 건축신고와 인·허가의제사항도 각각 별개의 제도적 취지가 있으며 그 요건 또한 달리하기 때문이다. 나아가 인·허가의제사항 관련 법률에 규정된 요건 중 상당수는 공익에 관한 것으로서 행정청의 전문적이고 종합적인 심사가 요구되는데, **만약 건축신고만으로 인·허가의제사항에 관한 일체의 요건 심사가 배제된다고 한다면, 중대한 공익상의 침해나 이해관계인의 피해를 야기하고 관련 법률에서 인·허가 제도를 통하여 사인의 행위를 사전에 감독하고자 하는 규율체계 전반을 무너뜨릴 우려가 있다.** 또한 무엇보다도 건축신고를 하려는 자는 인·허가의제사항 관련 법령에서 제출하도록 의무화하고 있는 신청서와 구비서류를 제출하여야 하는데, 이는 건축신고를 수리하는 행정청으로 하여금 인·허가의제사항 관련 법률에 규정된 요건에 관하여도 심사를 하도록 하기 위한 것으로 볼 수밖에 없다. **따라서 인·허가의제 효과를 수반하는 건축신고는 일반적인 건축신고와는 달리, 특별한 사정이 없는 한 행정청이 그 실체적 요건에 관한 심사를 한 후 수리하여야 하는 이른바 '수리를 요하는 신고'로 보는 것이 옳다.**

해 설 인·허가의제가 되는 건축신고의 수리는 일반적인 건축신고와 달리 이에 대한 요건심사가 있어야 하므로 수리를 요하는 신고로서 그 거부는 처분이라고 판시하였다.

⑥ 자진신고납세(확인적 부과처분)

자진신고납세의 경우 이른바 확인적 부과처분이 있는 것으로 볼 것인가가 문제인데 대법원은 이를 인정하지 않고 부과처분이 없는 것으로 본다.[165)] 왜냐하면 자진신고납세에 대해 확인적 부과처분이 있는 것으로 인정하게 되면, 오히려 납세자가 처분이 없는 것으로 오인하여 쟁송제기 기간을 놓치게 될 가능성이 있고, 법적으로는 일단 과세처분이 있는 것으로 되어 처분 취소 전에는 과오납된 세금의 반환청구를 할 수 없는 등의 불이익을 받을 염려가 있기 때문이다.

⑦ 다른 행정주체에 대한 처분

행정청이 다른 행정주체에 대하여 한 처분에 대해서도 처분성을 인정할 수 있다.

참고판례: 대법원 2014.2.27. 선고 2012두22980 판결 [건축협의취소처분취소]

구 건축법(2011. 5. 30. 법률 제10755호로 개정되기 전의 것) 제29조 제1항, 제2항, 제11조 제1항 등

164) 대법원 1992.3.31. 선고 91누4911 판결.
165) 대법원 1990.4.13. 선고 87누642 판결.

의 규정 내용에 의하면, 건축협의의 실질은 지방자치단체 등에 대한 건축허가와 다르지 않으므로, **지방자치단체 등이 건축물을 건축하려는 경우 등에는 미리 건축물의 소재지를 관할하는 허가권자인 지방자치단체의 장과 건축협의를 하지 않으면, 지방자치단체라 하더라도 건축물을 건축할 수 없다.** 그리고 구 지방자치법 등 관련 법령을 살펴보아도 지방자치단체의 장이 다른 지방자치단체를 상대로 한 건축협의 취소에 관하여 다툼이 있는 경우에 법적 분쟁을 실효적으로 해결할 구제수단을 찾기도 어렵다. 따라서 **건축협의 취소는 상대방이 다른 지방자치단체 등 행정주체라 하더라도 '행정청이 행하는 구체적 사실에 관한 법집행으로서의 공권력 행사'(행정소송법 제2조 제1항 제1호)로서 처분에 해당한다고 볼 수 있고,** 지방자치단체인 원고가 이를 다툴 실효적 해결 수단이 없는 이상, 원고는 건축물 소재지 관할 허가권자인 지방자치단체의 장을 상대로 항고소송을 통해 건축협의 취소의 취소를 구할 수 있다.

해 설 서울시가 양양군수로부터 건축허가에 해당하는 건축협의를 하였으나 양양군수가 이를 취소한 사건에서 건축협의의 처분성을 인정한 것이다.

### (9) 재결

#### ① 개관

우리 행정소송법은 항고소송의 대상이 되는 처분등에 행정심판의 재결이 포함됨을 명문으로 밝히고 있다(행정소송법 제2조 제1항 제1호). 이러한 재결에 행정심판과는 성질을 달리 하는 이의신청의 결정은 포함되지 않는 것이 원칙이었다.[166)]

처분에 대한 행정심판의 재결이 있는 경우, 우리 행정소송법은 원처분주의를 채택하여 원칙적으로 재결이 아니라 원처분을 취소소송의 대상으로 하고 있다. 헌법소원에 있어서도 원처분주의가 적용된다.

이러한 원처분주의는 이의신청에 대한 결정이 있은 경우에도 적용될 것인지가 문제이다. 행정기본법은 명문 규정을 두어 이 문제를 해결하였다. 이의신청에 불복할 경우 원처분에 대하여 행정심판이나 행정소송을 제기하는 것이 원칙이지만, 이의신청 결과 처분이 변경되면 변경된 처분에 대하여 행정심판이나 행정소송을 제기하여야 한다(행정기본법 제36조 제4항).

그러나 원처분에 대한 취소소송만을 허용하는 것으로 일관하는 경우 복효적 행정행위에서의 경우와 같이 원처분을 다툴 수 없거나 다툴 필요가 없는 자가 재결에 의하여 권익을 침해받은 경우 등에 있어서 행정구제의 길이 막히게 된다. 그러므로 우리 행정소송법은 재결에 고유한 위법이 있는 경우에 예외적으로 재결을 취소소송의 대상으로 할 수 있도록 하고 있다(행정소송법 제19조).

#### ② 재결에 고유한 위법이 있는 경우

재결에 고유한 위법이 있는 경우라고 함은 우선 행정심판위원회 구성원에 결격사유가 있는 경우, 그리고 행정심판에서 실체심리를 하여야 하는데 각하한 경우 등을 말한다. 대법원은 위법

166) 대법원 2012.11.15. 선고 2010두8676 판결. 다만 그 이의신청이 새로운 신청이고 그에 대한 결정이 새로운 거부로 볼 수 있을 때에는 그 거부에 대한 처분성을 인정하였다. 대법원 2021.1.14. 선고 2020두50324 판결.

한 각하재결은 실체심리를 받을 권리를 박탈한 것이므로 이에 대한 취소소송을 허용한다.[167] 기각재결은 원칙적으로 이에 대한 취소소송을 허용하지 않으나 불고불리의 원칙, 불이익변경금지 원칙을 위반하는 등 재결자체의 고유의 위법이 있으면 취소소송의 대상이 될 수 있다.

이런 경우 이외에도 제3자효 행정행위의 경우, 원처분에 대해 불만이 없는 제3자는 행정심판의 인용재결에 대해 재결에 고유한 위법이 있음을 주장하여 취소소송을 제기할 수 있다고 한다.[168] 그리고 재결 자체에 고유한 위법이 없는 재결에 대한 항고소송은 각하할 것이 아니라 기각할 것이라고 한다.[169]

③ 형성재결과 이행재결

대법원은 행정처분을 취소하는 형성재결의 경우 그 재결의 취지에 따른 취소처분은 규율력이 없는 관념의 통지에 불과하다고 한다.[170] 그러나 처분청에게 취소 등을 명하는 이행재결의 경우 취소처분 자체를 항고소송의 대상으로 할 수 있으나, 취소를 명하는 재결도 항고소송의 대상이 될 수 있다고 함이 대법원의 입장이다.

④ 일부인용재결과 수정재결

일부인용재결이 있는 경우(정직3월의 징계처분이 1월로 줄어든 경우 등) 항고소송의 대상이 되는 것은 원처분 중 재결에 의해 취소되고 남은 부분이 된다. 대법원은 같은 취지에서 수정재결에서도 변경처분에 의해 유리하게 된 경우 취소소송의 대상은 변경된 내용의 원처분이라고 한다.[171]

⑤ 중앙해난심판원의 원인규명재결

대법원은 중앙해난심판원의 재결은 취소소송의 대상이 되지만, 원인규명재결은 그 자체로 국민의 권리의무에 영향을 주는 것이 아니므로 행정처분이라고 볼 수 없어 행정소송의 대상이 되지 않는다고 한다.[172]

⑥ 특별법에 의한 원처분주의에 대한 예외

특별법에 의하여 다음과 같은 원처분주의에 대한 예외가 인정된다.

i) 노동위원회(지방노동위원회, 특별노동위원회)의 처분에 대한 중앙노동위원회의 재심판정이 있으면 중앙노동위원회 위원장을 피고로 하여 재심판정에 대하여 소를 제기하여야 한다(노동위원회법 제26조 제1항, 제27조 제1항).

ii) 감사원의 변상판정에 대한 감사원의 재심의 판결에 대해서는, 징계요구에 대한 재심의 결정[173]과 달리 처분성이 인정된다. 그러나 변상판정에 대해서는 소송을 제기할 수 없다(감사원법

167) 대법원 2001.7.27. 선고 99두2970 판결.
168) 대법원 2001.5.29. 선고 99두10292 판결.
169) 대법원 1994.1.25. 선고 93누16901 판결.
170) 대법원 1998.4.24. 선고 97누17131 판결.
171) 대법원 2007.4.27. 선고 2004두9302 판결.
172) 대법원 1993.6.11. 선고 92추55 판결.
173) 대법원 2016.12.27. 선고 2014두5637 판결.

제40조 제2항).[174)]

iii) 특허법에 의하여 특허심판을 청구할 수 있는 사항에 관한 소는 심결에 대한 것이 아니면 제기할 수 없다. 따라서 예컨대 특허출원의 거절결정과 같이 특허심판을 청구할 수 있는 사항에 대해서는 필요적 행정심판전치와 아울러 원처분주의의 예외가 되어 거절결정이 아니라 거절결정에 대한 심결에 대하여 행정소송을 제기하여야 한다(특허법 제186조 제6항).

iv) 교원의 징계에 대하여 교원소청심사위원회의 결정이 있는 경우 국공립학교 교원의 경우에는 원처분주의가 적용되어 원징계처분이 항고소송의 대상이 되지만, 사립학교교원의 징계에 관한 교원소청심사위원회의 결정이 있는 경우에는 그 결정에 대해서 항고소송을 제기하여야 한다('교원의 지위 향상 및 교육활동 보호를 위한 특별법' 제10조 제3항). 이 경우 사립학교는 행정주체가 아니므로 사립학교가 내린 징계는 처분이 아니어서 교원소청심사위원회의 결정이 원처분이 되므로 엄밀히 말하면 원처분주의의 예외가 아니라고 할 수 있다.

**주요판례요지**

① 대법원 2001.5.29. 선고 99두10292 판결: 제3자효 행정처분의 경우 제3자의 신청에 의해 재결에 의하여 처분이 취소되면 수익자인 행정처분의 상대방은 재결에 고유한 위법이 있는 경우로 되어 재결에 대한 취소소송을 제기할 수 있다.

② 대법원 1998.4.24. 선고 97누17131 판결: 재결청의 형성적 취소재결이 있은 경우, 그에 따른 처분청의 취소처분은 단순한 관념의 통지일 뿐 항고소송의 대상인 처분이 아니다.

③ 대법원 1994.1.25. 선고 93누16901 판결: 재결 자체에 고유한 위법이 없는 재결을 항고소송의 대상으로 하는 경우 이는 각하사유가 아니라 기각사유이다.

④ 대법원 2016.12.27. 선고 2016두43282 판결: 공정거래위원회의 부당한 공동행위에 대한 과징금 부과처분과 자진신고 등에 따른 감면신청에 대한 감면기각처분은 근거조항이 구별되고 요건이 다른 별개의 처분이므로 과징금처분을 다투는 것과 별개로 감면신청 기각처분의 취소를 구할 소의 이익이 인정된다(다만 감면처분이 이루어진 경우에는 원처분을 가행정행위로 봄[175)]).

## 제4관 취소소송의 원고적격

### 1. 행정소송법 제12조 제1문의 '법률상 이익'

취소소송의 원고적격에 대해 규정하고 있는 행정소송법 제12조 제1문은 원고적격을 법률상 이익이 있는 자에게 부여하고 있다. 따라서 법해석론으로는 본조가 규정하고 있는 '법률상 이익'이 무엇을 의미하는지가 해명되어야 한다. 그러나 해석론의 범주를 넘어서서 생각해 보면 취소소송의 원고적격의 문제는 '누구에게 취소소송을 제기할 자격을 부여하는 것이 적절한가'의 문제이다. 이에 대하여 종래 다음과 같은 학설들이 주장되어 왔으나 현재는 법률상보호이익설이 지

174) 대법원 1984.4.10. 선고 84누91 판결.
175) 대법원 2015.2.12. 선고 2013두987 판결.

배적 학설이며 판례도 원칙적으로 이에 따르고 있다.

### (1) 권리향수회복설

이 학설은 취소소송은 공권을 침해하는 처분의 효력을 상실시킴으로써 공권을 다시 향수할 수 있도록 하는 소송이라는 것이다. 따라서 침해의 대상이 되는 공권을 가진 자에게 원고적격을 부여함이 타당하다는 것이다.

그런데 오늘날 전통적인 의미의 공권이 아니라 하더라도 법령이 보호하고자 하는 이익을 소송제도로써 보호하는 것이 타당하다는 견해가 지배적이다. 따라서 공권을 전통적인 의미의 것으로 이해하는 한, 권리향수회복설에 따르면 원고적격의 인정범위가 지나치게 좁다.

### (2) 법률상보호이익설

법령이 공익을 보호하는 것을 주된 목적으로 하더라도 개인의 이익 보호를 아울러 고려하고 있는 등의 경우와 같이, 오늘날 법령이 개인의 이익보호에 관여하는 유형이 다양화되고 있다. 따라서 전통적인 의미의 공권을 가진 자에게만 원고적격을 부여하는 것은 적절하지 않게 되었다. 그리하여 법률상보호이익설은 법령이 개인의 이익을 보호하고 있다고 해석되는 한, 그 보호되는 이익이 전통적 의미의 공권에 해당되는지의 여부에 관계없이 법률적으로 보호되어야 하고 따라서 그를 가진 자에 대해 원고적격이 부여되어야 한다고 한다.

법률상보호이익설에 따를 때 원고적격의 인정 여부에서 개인의 이익에 대해 보호규범이 존재하느냐를 핵심적 고려사항으로 하게 된다. 따라서 법률상보호이익설의 입장을 보호규범론으로 지칭하기도 한다.

### (3) 법률상보호가치이익설

법령의 해석상 법령이 보호하고 있는 이익이 아니라 하더라도 전체 법질서의 취지상 보호할 가치가 있다고 판단되는 경우에는 그것이 사실적·경제적 이익일지라도 그러한 보호가치이익을 가진 자에게 원고적격을 인정할 수 있다는 견해이다.

이 견해에 따를 때 원고적격의 인정범위는 법률상보호이익설보다 넓어지며 보호가치가 있는지에 대해서는 법원이 판단하게 되므로 원고적격 인정 여부에 대해 법원의 재량권이 확장된다.

### (4) 처분의 적법성 보장설

취소소송을 행정의 적법성을 확보하기 위한 것으로 보고, 공권이나 법률상보호이익을 가지고 있는지의 여부에 관계없이 처분의 적법성을 보장하는데 있어 가장 적절한 위치에 있는 자에게 원고적격을 인정하고자 하는 견해이다. 이 견해는 취소소송을 사실상 객관소송으로 변화시키는 것으로서 현행법의 해석론으로서는 적절하지 않다.

### (5) 결론

취소소송의 원고적격이 문제되는 것은 제3자의 경우이다. 처분의 상대방은 특별한 사정이 없는 한 당연히 원고적격이 인정된다. 그러므로 취소소송의 원고적격에 대한 학설이 문제삼는 상황은 주로 제3자의 경우 어디까지 소송을 제기할 자격을 인정할 것인가 하는 것이다.

현행법의 해석론으로서 주목할 만한 가치가 있는 학설은 법률상보호이익설과 법률상보호가치이익설이다. 그러나 법률상보호이익설이 다수설이다.

대법원은 행정소송법 제12조의 '법률상 이익'은 당해 처분의 근거 법률에 의하여 보호되는 직접적이고 구체적인 이익이 있는 경우를 말하고 간접적이거나 사실적, 경제적 이해관계를 가지는데 불과한 경우는 여기에 해당되지 아니한다고 하여[176] 법률상보호이익설을 취하고 있다.

그러나 법률상보호이익설과 이 학설의 이론적 배경을 이루고 있는 보호규범이론은 현실의 법률문제를 해결함에 있어서 여러 가지 한계를 노정하고 있으며 대법원도 보호규범이 없는 경우에 법률상 이익을 인정하는 경우가 늘어나고 있다.

보호규범과 무관하게 법률상 이익이 인정되는 경우로서 먼저 공법상 계약 등 공법상의 법률행위로 인하여 공권이 성립하는 경우를 들 수 있다. 처분이 아닌 법률행위, 즉 공법상 계약이나 공법상 합동행위는 반드시 법적 근거를 필요로 한다고 할 수 없으므로 이에 근거하여 발생하는 공권은 보호규범에 근거한 것이라고 할 수 없다.

한편 최근의 대법원 판례의 경향을 보면 반드시 보호규범이 있다고 볼 수 없는 경우에도 원고적격을 인정하고 있어서 판례이론이 보호규범론의 범위를 벗어난 것 같은 경우도 없지 않다. 예컨대, 대법원 2006.3.26. 선고 2006두330 전원합의체 판결의 경우 환경영향평가대상지역 밖의 주민이 당해 처분으로 인하여 침해를 받을 수 있다는 것을 입증하면 원고적격을 인정한다고 하고 있는데, 보호규범의 존재와는 직접적인 관계없이 침해가능성의 입증만으로 원고적격을 인정하는 셈이다. 또한 예외적으로 인정되는 단체의 구성원에 대한 원고적격의 인정(예컨대 법인에 대한 처분에 있어서 주주의 원고적격의 예외적 인정[177]) 그리고 처분의 당사자가 아닌 직접적 이해관계자에 대한 원고적격의 인정에 있어서도 처분과 관련되는 규범 가운데 보호규범을 발견하기는 어려울 것이다.

이처럼 보호규범론의 한계적인 상황에까지 원고적격을 인정하고 있는 대법원의 입장을 전통적인 관점에서처럼 여전히 법률상보호이익설에 입각하고 있다고 하여야 할지 아니면 이미 법률상보호가치이익설로 옮겨 가고 있다고 하여야 할 것인지 재검토가 필요하다고 본다.

이런 관점에서 행정소송법 개정안에서 원고적격의 인정범위를 '법률상 이익'에서 '법적 이익'으로 확대 하고자 하는 것은 중요한 의미가 있다.

---

176) 대법원 1995.10.17. 선고 94누14148 전원합의체 판결.
177) 대법원 2004.12.23. 선고 2000두2648 판결.

## 2. 보호규범의 범위

학설의 다수의견과 판례의 주류적 입장에 따라 행정소송법 제12조 제1문의 '법률상 이익'을 법률상보호이익으로 이해할 때, 원고적격의 인정여부는 결국 개인의 이익에 대한 보호규범의 존재 여부 그리고 그로 인한 사익보호성의 존재 여부에 귀착한다.

그런데 보호규범으로서 인정될 수 있는 것으로 문제되는 것은

① 처분의 근거법규(아래 참고판례 2 참조)

② 근거법규가 인용하고 있는 다른 법규로서 처분과 관련 있는 것(아래 주요판례요지 ④ 참조)

③ 근거법규는 아니나 근거법규에 의한 처분과 단계적인 관계에 있는 처분의 근거법규

④ 근거법규나 관련법규에 명시적인 보호가 규정되어 있지 않으나 해석상 개별적·구체적·직접적 이익이 보호되고 있다고 볼 수 있는 경우(아래 참고판례 1 참조)

⑤ 헌법상의 기본권규정(아래 참고판례 3 참조): 추상적 권리가 아닌 구체적 권리로서의 기본권 규정은 보충적으로 보호규범이 될 수 있다고 본다. 특히 침익적 행정행위의 상대방은 침해받은 구체적 기본권에 관한 헌법규정을 보호규범으로 삼을 수 있고 또한 자유권의 방어권적 성격에 입각하여 다른 보호규범이 존재하지 않을 때 헌법을 보호규범으로 가진다고 본다.

⑥ 처분에 관련된 절차적 권리를 보호하는 절차법규

등이다.

현재 대법원은 ①－④까지의 경우는 법률상 이익의 보호규범으로 인정하여 왔고, 헌법재판소는 ⑤에 대해서도 보충적으로 보호규범으로 인정한 전례가 있다. 대법원은 명시적으로 헌법을 보호규범으로 인정한 사례는 없지만 묵시적으로 헌법을 보호규범으로 인정한 듯한 판시는 다소 있다. 예컨대 주요판례요지 ②나 ③의 판례는 평등보호(equal protection)라는 헌법상의 평등 개념이 매개가 되어 원고적격을 인정한 사례로 볼 수 있기 때문이다. 그러나 ⑥에 대해서는 아직 대법원이나 헌법재판소가 보호규범으로 인정한 사례가 없다. 우리 판례가 절차규정을 보호규범으로 인정하고 있다고 이해하는 견해도 있는데, 이 견해는 대법원 2014.1.23. 선고 2012두6629 판결이나 대법원 2020.4.9. 선고 2015다34444 판결을 그 예로 들고 있다. 그러나 이 견해가 제시하는 판례들은 절차권 침해가능성만으로 원고적격을 인정한 사례가 아니다.[178] 다만 절차규정의 존재로 원고적격을 인정할 수 있는 실체적 권리를 추정한 것이라고 할 수 있다(참고판례 4).

문제가 될 수 있는 것은 '당해 법 전체의 취지' 또는 '목적을 공통으로 하는 관계법률의 취지' 만을 가지고도 보호규범이 있다고 인정할 수 있을 것인가 하는 점이다.

---

178) 이 견해는 2012두6629 판결이 이해관계인에게 어떠한 청구권 또는 의견진술권을 인정하고 있지 않으므로 법률상이익을 인정할 수 없다고 한 것을 반대해석하여 의견진술권이 있는 이해관계인은 법률상이익이 있다고 할 수 있다는 결론을 내렸는데 반대해석 자체의 타당성도 문제이거니와 법률상이익을 부인한 판례를 절차권 침해로 인한 법률상이익 인정사례라 해석하는 것은 논리상 무리이다. 또한 2015다34444판결은 이의신청 절차의 존재로 법률상이익의 존재를 추단하는 해석을 한 것일 뿐 절차권 자체를 법률상이익으로 인정한 사례는 아니다(참고판례 4 해설 참조).

### 주요판례요지

① 대법원 1998.4.24. 선고 97누3286 판결: 환경영향평가법령이 처분의 근거법규와는 별도로 규정되었다 하더라도 환경영향평가대상사업에 대한 처분 등에 대해서는 환경영향평가법령을 처분의 근거법규로서 보호규범으로 인정할 수 있고 따라서 환경영향평가대상 지역 안의 주민에 대하여 원고적격을 인정할 수 있다.

② 대법원 2006.3.16. 선고 2006두330 전원합의체 판결: 환경영향평가대상지역 밖의 주민이라도 당해 처분으로 인하여 환경상 이익에 대한 침해 또는 침해 우려가 있다는 것을 입증하면 원고적격을 인정받을 수 있다.

③ 대법원 2010.4.15. 선고 2007두16127 판결: 환경상 침해를 받으리라고 예상되는 영향권의 범위가 구체적으로 규정된 경우에 그 영향권 밖의 주민들이 원고적격을 인정받기 위해서는 수인한도를 넘는 환경상의 침해 또는 침해우려가 있음을 입증하여야 한다.

공장설립으로 수질오염 등이 발생할 우려가 있는 물금취수장에서 취수된 물을 공급받는 취수장에서 떨어져 있는 부산광역시 또는 양산시에 거주하는 주민들도 거주지역을 불문하고 환경상의 침해를 받으리라고 예상되는 영향권 안에 있다고 할 수 있다.

④ 대법원 1995.9.26. 선고 94누14544 판결: 도시계획법이 화장장설치에 관해서 매장 및 묘지에 관한 법률 및 시행령을 인용하여 규정하고 있을 때 매장 및 묘지에 관한 법률 및 시행령도 근거법률이 되어 보호규범이 될 수 있다.

### 참고판례 1: 대법원 2013.9.12. 선고 2011두33044 판결 [이사선임처분취소]

행정처분의 직접 상대방이 아닌 **제3자라 하더라도 당해 행정처분으로 인하여 법률상 보호되는 이익을 침해당한 경우에는** 취소소송을 제기하여 그 당부의 판단을 받을 자격이 있다.

여기에서 말하는 법률상 보호되는 이익은 당해 처분의 근거 법규 및 관련 법규에 의하여 보호되는 **개별적 · 직접적 · 구체적 이익이 있는 경우를 말하고,** 공익보호의 결과로 국민 일반이 공통적으로 가지는 **일반적 · 간접적 · 추상적 이익과 같이 사실적 · 경제적 이해관계를 갖는 데 불과한 경우는 여기에 포함되지 아니한다.**

또 **당해 처분의 근거 법규 및 관련 법규에 의하여 보호되는 법률상 이익은 당해 처분의 근거 법규의 명문 규정에 의하여 보호받는 법률상 이익, 당해 처분의 근거 법규에 의하여 보호되지는 아니하나 당해 처분의 행정목적을 달성하기 위한 일련의 단계적인 관련 처분들의 근거 법규에 의하여 명시적으로 보호받는 법률상 이익, 당해 처분의 근거 법규 또는 관련 법규에서 명시적으로 당해 이익을 보호하는 명문의 규정이 없더라도 근거 법규 및 관련 법규의 합리적 해석상 그 법규에서 행정청을 제약하는 이유가 순수한 공익의 보호만이 아닌 개별적 · 직접적 · 구체적 이익을 보호하는 취지가 포함되어 있다고 해석되는 경우까지를 말한다**(대법원 2004.8.16. 선고 2003두2175 판결 등 참조).

**해 설** 행정처분의 직접 상대방이 아닌 제3자도 법률상 이익이 침해된 경우에는 원고적격이 인정될 수 있음을 명시하고 있다. 또한 법률상 이익은 개별적 · 직접적 · 구체적 이익이어야 하고 일반적 · 간접적 · 추상적 이익과 같이 사실적 · 경제적 이해관계를 갖는데 불과한 경우에는 법률상 이익이 인정되지 않음을 분명히 하고 있다.

또한 이 판결은 앞에서 설명한 보호규범의 범위를 명시하고 있다. 아울러 근거법령이 명시적으로 법률상이익의 인정범위를 분명히 하지 않았음에도 관련법령들의 해석을 통하여 법률상 이익을 인정할 수 있음에 대해 판시하고 있다.

### 참고판례 2: 대법원 2002.10.25. 선고 2001두4450 판결 [시외버스운송사업계획변경인가처분취소]

구 여객자동차운수사업법(2000. 1. 28. 법률 제6240호로 개정되기 전의 것) 제6조 제1항 제1호에서 '**사업계획이 당해 노선 또는 사업구역의 수송수요와 수송력공급에 적합할 것**'을 **여객자동차운송사업의 면허기준으로 정한 것은 여객자동차운송사업에 관한 질서를 확립하고 여객자동차운송사업의 종합적인 발달을 도모하여 공공의 복리를 증진함과 동시에 업자 간의 경쟁으로 인한 경영의 불합리를 미리 방지하자는 데 그 목적이 있다 할 것이고,** (중략) **시외버스운송사업계획변경인가처분으로 인하여 기존의 시내버스운송사업자의 노선 및 운행계통과 시외버스운송사업자들의 그것들이 일부 중복되게 되고 기존업자의 수익감소가 예상된다면, 기존의 시내버스운송사업자와 시외버스운송사업자들은 경업관계에 있는 것으로 봄이 상당하다 할 것이어서 기존의 시내버스운송사업자에게 시외버스운송사업계획변경인가처분의 취소를 구할 법률상의 이익이 있다.**

**해 설** 처분기준에서 경쟁으로 인한 경영불합리를 방지하는 입법문언이 있기 때문에 이것이 보호규범이 되어 기존의 시내버스운송사업자에게 시외버스운송사업계획 변경인가처분의 취소를 구할 법률상 이익이 있다고 판시한 것이다.

### 참고판례 3: 헌법재판소 1998.4.30. 선고 97헌마141 결정 [특별소비세법시행령 제37조 제3항 등 위헌확인]

행정처분의 상대방이 아닌 제3자라도 당해처분의 취소를 구할 법률상 이익이 있는 경우에는 행정소송을 제기할 수 있다. 이 사건에서 보건대 설사 국세청장의 (납세병마개제조자) 지정행위의 근거규범인 이 사건 조항들이 단지 공익만을 추구할 뿐 청구인 개인의 이익을 보호하려는 것이 아니라는 이유로 청구인에게 취소소송을 제기할 법률상 이익을 부정한다고 하더라도 **청구인의 기본권인 경쟁의 자유가 바로 행정청의 지정행위의 취소를 구할 법률상 이익이 된다고 할 것이다.**

**해 설** 헌법상의 기본권인 경쟁의 자유가 보충적인 보호규범이 되어 취소소송의 법률상 이익이 인정될 수 있다고 하는 헌법재판소의 판시이다. 그러나 대법원은 아직 기본권에 근거하여 법률상 이익을 인정한 명시적인 전례가 없다.

### 참고판례 4: 대법원 2020.4.9. 선고 2015다34444 판결 [법무사사무원승인취소처분무효확인등]

지방법무사회가 법무사의 사무원 채용승인 신청을 거부하거나 채용 승인을 얻어 채용 중인 사람에 대한 채용승인을 취소하면 상대방인 법무사로서도 그 사람을 사무원으로 채용할 수 없게 되는 불이익을 입게 될 뿐만 아니라 그 사람도 법무사 사무원으로 채용되어 근무할 수 없게 되는 불이익을 입게 된다. **법무사규칙 제37조 제4항이 이의신청절차를 규정한 것은 채용승인을 신청한 법무사뿐만 아니라 사무원이 되려는 사람의 이익도 보호하려는 취지로 볼 수 있다. 따라서 지방법무사회의 사무원 채용 승인 거부처분 또는 채용승인 취소처분에 대해서는 그 처분 상대방인 법무사뿐만 아니라 그 때문에 사무원이 될 수 없게 된 사람도 이를 다툴 원고적격이 인정된다.**

**해 설** 이 판례를 절차규정을 보호규범으로 보아 원고적격이 인정된 사례로 이해하는 견해도 있으나[179] 이 판례는 단지 이의신청 절차규정의 존재로 실체적 권리를 보호하고 있다는 결론을 추정하였을 뿐이지 절차규정 자체를 보호규범으로 인정하고 절차권 침해 가능성만으로 원고적격을 인정한 사례는 아니라고 본다. 절차규정의 존재로 인해 추정되는 사무원이 되려는 사람의 실체적 이익을 보호하려는 법의 취지(실체적 보호규범)를 인정하고 그를 근거로 원고적격을 인정한 것이다. 이것은 사무원의 절차적 권리를 보호하는 절차법규를 보호규범으로 인정한 사례라고 할 수는 없다.

## 3. 구체적으로 원고적격이 문제되는 경우

처분의 상대방의 경우에는 당연히 원고적격이 인정되는 경우가 보통이므로 원고적격이 문제되는 경우는 주로 경업자,[180] 경원자,[181] 인인(隣人: 이웃사람) 등 제3자가 관련될 때이다. 또한 현대형 분쟁인 환경소송, 소비자소송 등에서 원고적격이 문제되는 경우가 많다. 그리고 문화유산 지정행위 등 대물적 행정행위의 경우에도 문제되는 경우가 있다.

### (1) 경업자 및 경원자

경업자와 관련하여 특허기업의 경우 기존업자가 특허로 받은 이익은 법률상 이익이라고 하여 신규업자에 대한 특허처분(예컨대, 자동차운송사업의 노선연장 인가처분)에 대한 취소에 대하여 원고적격을 인정하였다.[182] 또한 법규가 과당경쟁으로 인한 경영불합리를 방지하는 것도 목적으로 하는 경우에도 기존업자는 신규참입자에 대한 인·허가에 대한 원고적격을 가진다고 판시하였다.[183]

이에 반해 허가영업의 경우 경업자의 원고적격을 인정하지 않는 것이 일반적인 경향이다(예컨대, 공중목욕장 영업허가처분에 대한 경쟁업자의 취소소송).[184]

그러나 특허와 허가의 구별이 상대화되고 있는 만큼, 기본적으로 원고적격 인정문제는 법해석의 문제이고 특허나 허가 등 행정행위의 성질에 의해 전적으로 좌우된다고 할 수는 없다.

최근 판례가 약사법이 금지하고 있는 의료기관 시설 안이나 구내의 약국개설등록을 행정청이 허용한 경우 인근 약국개설자의 원고적격을 인정한 사례도 약사법 규정의 해석을 통해 종래 사실적, 경제적 이익이라고 이해되던 것을 법률상이익으로 해석함으로써 이루어진 것이다(참고판례 5 참조).[185]

경원자에 대한 처분에 대해서도 대법원은 "인·허가 등의 수익적 행정처분을 신청한 여러 사람이 서로 경쟁관계에 있어 일방에 대한 허가 등의 처분이 타방에 대한 불허가 등으로 될 수밖

179) 박균성, 행정법강의, 2021, 764면.
180) 동종의 영업에 종사하는 경쟁업자를 의미한다.
181) 인·허가 등이 제한적으로 이루어질 때 동종의 인·허가 등에 지원한 경쟁지원자를 의미한다.
182) 대법원 2002.10.25. 선고 2001두4450 판결.
183) 대법원 2018.4.26. 선고 2015두53824 판결.
184) 대법원 1963.8.31. 선고 63누101 판결.
185) 대법원 2020.1.16. 선고 2019두53273 판결(심리불속행); 부산고등법원 2019.9.4. 선고 (창원)2019누10057 판결을 확정. 이원우, "원고적격 확대를 위한 방법론의 전환, 『행정법연구』, 제66호, 2021, 5면.

에 없는 때에는 허가 등의 처분을 받지 못한 사람은 처분의 상대방이 아니라 하더라도 당해 처분의 취소를 구할" 원고적격이 있다고 판시하였다.[186] 이런 맥락에서 대법원은 특허사업의 경원자[187]에 대하여 원고적격을 인정하였다.

대법원은 근래에는 인·허가 등 수익적 처분을 신청한 경원자로서 처분을 받지 못한 자에 대해서 자신에 대한 거부처분 취소의 법률상 이익을 인정하였다.[188]

경원자 소송에서는 경원자에 대한 인·허가가 자신에 대한 거부처분으로 귀결되므로 거부처분에 대하여 취소소송을 제기하는 것이 보통이다.[189]

### 주요판례요지

① 대법원 1998.3.10. 선고 97누4289 판결: 한의사 면허는 경찰금지를 해제하는 명령적 행위(강학상 허가)에 해당하고, 한약조제시험을 통하여 약사에게 한약조제권을 인정함으로써 한의사들의 영업상 이익이 감소되었다고 하더라도 이러한 이익은 사실상의 이익에 불과하고 약사법이나 의료법 등의 법률에 의하여 보호되는 이익이라고는 볼 수 없으므로, 한의사들이 한약조제시험을 통하여 한약조제권을 인정받은 약사들에 대한 합격처분의 무효확인을 구하는 당해 소는 원고적격이 없는 자들이 제기한 소로서 부적법하다.

② 대법원 2020.4.9. 선고 2019두49953 판결: 일반적으로 면허나 인허가 등의 수익적 행정처분의 근거가 되는 법률이 해당 업자들 사이의 과당경쟁으로 인한 경영의 불합리를 방지하는 것도 목적으로 하고 있는 경우, 기존의 업자는 경업자에 대하여 이루어진 면허나 인허가 등 행정처분의 상대방이 아니라고 하더라도 당해 행정처분의 무효확인 또는 취소를 구할 이익이 있다. 그러나 경업자에 대한 행정처분이 경업자에게 불리한 내용이라면 그와 경쟁관계에 있는 기존의 업자에게는 특별한 사정이 없는 한 유리할 것이므로 기존의 업자가 그 행정처분의 무효확인 또는 취소를 구할 이익은 없다.

### 참고판례 1: 대법원 2015.10.29. 선고 2013두27517 판결 [주유소운영사업자불선정처분취소]

인가·허가 등 수익적 행정처분을 신청한 여러 사람이 서로 경원관계에 있어서 한 사람에 대한 허가 등 처분이 다른 사람에 대한 불허가 등으로 귀결될 수밖에 없을 때 **허가 등 처분을 받지 못한 사람은 신청에 대한 거부처분의 직접 상대방으로서 원칙적으로 자신에 대한 거부처분의 취소를 구할 원고적격이 있고, 취소판결이 확정되는 경우 판결의 직접적인 효과로 경원자에 대한 허가 등 처분이 취소되거나 효력이 소멸되는 것은 아니더라도 행정청은 취소판결의 기속력에 따라 판결에서 확인된 위법사유를 배제한 상태**

186) 대법원 1998.9.8. 선고 98두6272 판결. 다만 구체적인 경우 그 처분이 취소된다 하더라도 허가 등의 처분을 받지 못한 불이익이 회복된다고 볼 수 없을 때에는 당해 처분의 취소를 구할 권리보호의 필요가 없다고 한다.

187) 대법원 1998.9.8. 선고 98두6272 판결: 타인에 대한 인·허가와 본인에 대한 인·허가가 표리관계에 있을 때, 이때에는 타인에 대한 처분의 취소를 구하거나 본인에 대한 거부의 취소를 구하면 된다.

188) 대법원 2015.10.29. 선고 2013두27517 판결.

189) 대법원 2018.3.27. 선고 2015두47492 판결(승진임용제외처분취소); 대법원 2018.6.15. 선고 2016두57564 판결(임용제청거부처분 취소) 등.

**에서 취소판결의 원고와 경원자의 각 신청에 관하여 처분요건의 구비 여부와 우열을 다시 심사하여야 할 의무가 있으며,** 재심사 결과 경원자에 대한 수익적 처분이 직권취소되고 취소판결의 원고에게 수익적 처분이 이루어질 가능성을 완전히 배제할 수는 없으므로, **특별한 사정이 없는 한 경원관계에서 허가 등 처분을 받지 못한 사람은 자신에 대한 거부처분의 취소를 구할 소의 이익이 있다.**

**해 설** 종래 특허의 경원관계에 있는 자에게는 특허거부에 대한 원고적격을 인정해 왔다. 그런데 이 판례는 거기에서 한걸음 나아가 인·허가의 경원관계에 있는 자도 누군가에게 인·허가가 이루어지면 실질적으로 거부를 받은 것이라고 하고, 그 거부가 취소되면 인·허가 자체가 효력을 잃지 않는다 하더라도 행정청은 신청에 대하여 다시 심사하여 우열을 가려야 한다고 하면서 특별한 사정이 없는 한, 인·허가를 받지 못한 경원자에게 원고적격과 소의 이익이 인정된다고 판시하고 있다.

### 참고판례 2: 대법원 2006.7.28. 선고 2004두6716 판결 [분뇨등관련영업허가처분취소]

일반적으로 면허나 인·허가 등의 **수익적 행정처분의 근거가 되는 법률이 해당 업자들 사이의 과당경쟁으로 인한 경영의 불합리를 방지하는 것도 그 목적으로 하고 있는 경우,** 다른 업자에 대한 면허나 인·허가 등의 수익적 행정처분에 대하여 이미 같은 종류의 면허나 인·허가 등의 수익적 행정처분을 받아 영업을 하고 있는 **기존의 업자는 경업자에 대하여 이루어진 면허나 인·허가 등 행정처분의 상대방이 아니라 하더라도 당해 행정처분의 취소를 구할 원고적격이 있다.**

**해 설** 종래 판례에 따르면 경업자에게 원고적격을 인정하는 경우는 경업자와 원고가 누구에게 인·허가가 부여되면 상대방에게는 인·허가가 거부되는 것과 같은 이해관계가 있는 경우였다. 이 판례는 그러한 경우만이 아니라 법규가 과당경쟁으로 인한 경영불합리를 방지하는 것도 목적으로 하는 경우에는 기존업자는 신규참입자에 대한 인허가에 대한 원고적격을 가진다고 판시하고 있는 것이다.

### 참고판례 3: 대법원 2008.3.27. 선고 2007두23811 판결 [담배소매인지정처분취소]

위와 같은 규정들을 종합해 보면, 담배일반소매인의 지정기준으로서 일반소매인의 영업소 간에 일정한 거리제한을 두고 있는 것은 담배유통구조의 확립을 통하여 국민의 건강과 관련되고 국가 등의 주요 세원이 되는 **담배산업 전반의 건전한 발전 도모 및 국민경제에의 이바지라는 공익목적을 달성하고자 함과 동시에 일반소매인 간의 과당경쟁으로 인한 불합리한 경영을 방지함으로써 일반소매인의 경영상 이익을 보호하는 데에도 그 목적이 있다고 보이므로,** 일반소매인으로 지정되어 영업을 하고 있는 **기존업자의 신규 일반소매인에 대한 이익은** 단순한 사실상의 반사적 이익이 아니라 **법률상 보호되는 이익이라고 해석함이 상당하다.**

**해 설** 대법원은 담배일반소매인 간의 거리제한규정을 둔 것은 공익목적 이외에 담배소매인의 경영상 이익이라는 사익보호에도 목적이 있으므로 경업자간의 법률상 이익을 인정하였다.

### 참고판례 4: 대법원 2008.4.10. 선고 2008두402 판결 [담배소매인지정처분취소]

**구내소매인과 일반소매인 사이에서는 구내소매인의 영업소와 일반소매인의 영업소 간에 거리제한을 두지 아니할 뿐 아니라** 건축물 또는 시설물의 구조·상주인원 및 이용인원 등을 고려하여 동일 시설물 내 2개소 이상의 장소에 구내소매인을 지정할 수 있으며, 이 경우 일반소매인이 지정된 장소가 구내소매인 지정대상이 된 때에는 동일 건축물 또는 시설물 안에 지정된 일반소매인은 구내소매인으로 보고, 구내소매인이 지정된 건축물 등에는 일반소매인을 지정할 수 없으며, 구내소매인은 담배진열장 및 담배소매점 표시판을 건물 또는 시설물의 외부에 설치하여서는 아니 된다고 규정하는 등 **일반소매인의 입장에서 구내소매인과의 과당경쟁으로 인한 경영의 불합리를 방지하는 것을 그 목적으로 할 수 있다고 보기 어려우므로,** 일반소매인으로 지정되어 영업을 하고 있는 **기존업자의 신규 구내소매인에 대한 이익은 법률상 보호되는 이익이 아니라 단순한 사실상의 반사적 이익이라고 해석함이 상당하므로,** 기존 일반소매인은 신규 구내소매인 지정처분의 취소를 구할 원고적격이 없다.

해 설 담배일반소매인 간의 경우와 달리 일반소매인과 구내소매인 사이에는 거리제한이 없는 것으로 보아 일반소매인의 구내소매인에 대한 이익은 법률상 보호되고 있지 않다고 판시한 것이다.

#### 참고판례 5: 대법원 2025.9.11. 선고 2024두34276 판결 [약국개설등록처분취소]

약국개설등록과 관련하여 약사법 제20조 제5항 제2호, 제3호, 제4호는 의료기관과 약국 사이에 일정한 장소적 관련성이 있는 경우 약국을 개설하지 못하도록 하고 있다. 이는 약사법 제23조, 제23조의2, 제24조, 제24조의2, 제26조 등 **관련 규정의 체계나 내용 등에 비추어, 의료기관과 담합행위를 할 가능성이 큰 약국의 개설을 금지함으로써 의료기관의 처방전에 대한 인근 약국개설자들의 접근 기회가 공정하게 배분되도록 하고, 나아가 인근 약국개설자가 약사법이 정하는 바에 따라 의료기관으로부터 독립하여 조제업무를 수행할 수 있도록 하는 취지도 있다.** 따라서 '의료기관의 처방약 조제 기회를 공정하게 배분받을 기존 약국개설자의 이익'은 약국개설등록처분의 근거 법규 및 관련 법규에 의하여 보호되는 개별적·직접적·구체적 이익이라고 할 수 있다. 그러므로 **다른 약사에 대한 약국개설등록처분으로 인하여 조제 기회를 전부 또는 일부라도 상실하게 된 기존 약국개설자는 특별한 사정이 없는 한 해당 처분의 취소를 구할 법률상 이익이 있다.**

(중략) 만약 기존 약국개설자가 운영하는 약국이, 약사법 제20조 제5항 제2호, 제3호, 제4호 위반이 문제 되는 **신규 약국개설등록처분 당시를 전후하여 기준이 되는 개별 의료기관이 발행한 처방전에 따라 의약품을 조제한 적이 있다면, 그 약국은 신규 약국개설등록처분으로 인하여 해당 의료기관이 발행한 처방전에 대한 조제 기회가 감소할 것이라고 충분히 예상할 수 있다. 이러한 경우 기존 약국개설자는 특별한 사정이 없는 한 해당 처분의 취소를 구할 원고적격이 있다.**

해 설 어느 개별 의료기관이 발행한 처방전에 따른 의약품을 조제한 적이 있는 약국은 신규 약국의 개설로 조제기회가 감소할 것이므로 신규약국개설등록처분의 취소를 구할 원고적격이 있다는 판시이다. 이것은 법원이 약사법의 해석과 의약분업제도의 취지를 고려하여 법이 기존 약국개설자의 이익을 보호한다고 해석한 것에 따른 것이다.

### (2) 단체에 있어서 그 구성원

대법원은 단체에 대한 처분에 있어서 그 구성원에게는 원칙적으로 원고적격을 인정하지 않는다.[190] 그러나 예외적으로 성질상 법인인 단체가 다툴 수 없고 그 구성원의 지위를 보전할 다른 방법이 없어 권익구제를 위하여 불가피한 경우에는 단체의 처분에 대하여 그 구성원의 원고적격을 인정한 경우도 있다.[191]

---

190) 대법원 1993.7.27. 선고 93누1381 판결.
191) 대법원 2004.12.23. 선고 2000두2648 판결.

또한 대법원은 법인에 대한 행정처분이 당해 법인의 존속 자체를 직접 좌우하는 처분인 경우에는 그 주주나 임원이라 할지라도 당해 처분에 관하여 직접적이고 구체적인 법률상 이해관계를 가진다고 할 것이므로 그 취소를 구할 원고적격이 있다고 한다.[192]

참고판례: 대법원 2004.12.23. 선고 2000두2648 판결 [부실금융기관결정등처분취소]

일반적으로 법인의 주주는 당해 법인에 대한 행정처분에 관하여 사실상이나 간접적인 이해관계를 가질 뿐이어서 스스로 그 처분의 취소를 구할 원고적격이 없는 것이 원칙이라고 할 것이지만, **그 처분으로 인하여 궁극적으로 주식이 소각되거나 주주의 법인에 대한 권리가 소멸하는 등 주주의 지위에 중대한 영향을 초래하게 되는데도 그 처분의 성질상 당해 법인이 이를 다툴 것을 기대할 수 없고 달리 주주의 지위를 보전할 구제방법이 없는 경우에는 주주도** 그 처분에 관하여 직접적이고 구체적인 법률상 이해관계를 가진다고 보이므로 **그 취소를 구할 원고적격이 있다.**

해 설 법인에 대한 처분에 있어서 그 법인의 구성원은 원칙적으로 원고적격을 인정받지 못한다. 그러나 이 사례에서와 같이 그 처분의 성질상 법인이 이를 다툴 것을 기대할 수 없고 달리 그 구성원의 지위를 보전할 구제방법이 없는 경우에 대법원은 예외적으로 법인의 구성원에 대해서도 법인에 대한 처분에 있어서 법률상 이익이 있다고 인정한 것이다.

### (3) 승계인

대법원은 다른 공동상속인의 상속세에 대해 상속세 연대납부의무를 지는 공동상속인,[193] 피상속인에 대한 과세처분 등에 대한 상속인[194] 등에 대하여 취소소송의 원고적격을 인정하였다.

참고판례: 대법원 2003.7.11. 선고 2001두6289 판결 [채석허가취소처분취소]

산림법 제90조의2 제1항, 제118조 제1항, 같은 법 시행규칙 제95조의2 등 산림법령이 수허가자의 명의변경제도를 두고 있는 취지는, **채석허가가 일반적·상대적 금지를 해제하여 줌으로써 채석행위를 자유롭게 할 수 있는 자유를 회복시켜 주는 것일 뿐 권리를 설정하는 것이 아니어서** 관할 행정청과의 관계에서 수허가자의 지위의 승계를 직접 주장할 수는 없다 하더라도, 채석허가가 대물적 허가의 성질을 아울러 가지고 있고 수허가자의 지위가 사실상 양도·양수되는 점을 고려하여 수허가자의 지위를 사실상 양수한 양수인의 이익을 보호하고자 하는 데 있는 것으로 해석되므로, **수허가자의 지위를 양수받아 명의변경신고를 할 수 있는 양수인의 지위는 단순한 반사적 이익이나 사실상의 이익이 아니라 산림법령에 의하여 보호되는 직접적이고 구체적인 이익으로서 법률상 이익이라고 할 것이고,** 채석허가가 유효하게 존속하고 있다는 것이 양수인의 명의변경신고의 전제가 된다는 의미에서 관할 행정청이 **양도인에 대하여 채석허가를 취소하는 처분을 하였다면 이는 양수인의 지위에 대한 직접적 침해가 된다고 할 것이므로 양수인은 채석허**

192) 대법원 1997.12.12. 선고 96누4602 판결.
193) 대법원 2001.11.27. 선고 98두9530 판결.
194) 대법원 1998.11.27. 선고 97누2337 판결.

**가를 취소하는 처분의 취소를 구할 법률상 이익을 가진다.**

해 설 채석허가가 일반적, 상대적 금지를 해제하여 자연적 자유를 회복하여 주는 것이기는 하나 양수인은 양도인에 대한 채석허가가 유효하여야 명의변경을 할 수 있으므로 양도인에 대한 허가취소에 대해 법률상이익이 있다고 판시한 것이다.

### (4) 직접적 이해관계자

대법원은 설사 당사자가 아니라 하여도 직접적 이해관계자라면 원고적격을 인정한다.[195] 그러나 간접적 이해관계인에게는 이를 인정하지 않는다.[196] 대법원이 직접적 이해관계자로 인정한 사례로 임대주택의 분양전환과 관련하여 임차인대표회의,[197] 대학에 대한 국가연구개발사업의 협약해지통보에 있어서 그 연구개발사업의 팀장[198] 등이 있다.

또한 헌법재판소는 특허청장이 상표권에 대한 압류기입등록 촉탁을 거부한 처분에 대하여 상표권의 압류채권자는 항고소송의 원고적격이 인정되므로 헌법소원을 제기할 수 없다고 판시하였다.[199]

주요판례요지

① 대법원 2015.7.23. 선고 2012두19496 판결: 교육부장관이 사학분쟁조정위원회 심의를 거쳐 대학의 학교법인의 임시이사를 선임한데 대하여 그 선임처분의 취소를 구하는 소송에서 그 대학의 교수협의회와 학생총회는 법률상 이익을 가지지만 노동조합은 그 취소를 구할 법률상 이익이 없다.

② 대법원 2014.1.23. 선고 2012두6629 판결: 교육부장관이 사학분쟁조정위원회 심의를 거쳐 대학의 학교법인의 임시이사를 선임한데 대하여 그 선임처분의 취소를 구하는 소송에서 종전이사나 설립자도 역시 그에 대해 취소를 구할 원고적격이 없다.

③ 대법원 2020.4.9. 선고 2015다34444 판결: 법무사규칙 제37조 제4항이 이의신청 절차를 규정한 것은 채용승인을 신청한 법무사뿐만 아니라 사무원이 되려는 사람의 이익도 보호하려는 취지로 볼 수 있다. 따라서 지방법무사회의 사무원 채용승인에 대한 거부처분 또는 채용승인 취소처분에 대해서는 처분 상대방인 법무사뿐만 아니라 그 때문에 사무원이 될 수 없게 된 사람도

195) 대법원 2010.5.13. 선고 2009두19168 판결.
196) 대법원 1983.8.23. 선고 82누506 판결: 동업자 관계에 의한 상호 연대납세의무자 관계에 있는 동업자에 대한 과세처분에 대하여 타동업자.
197) 대법원 2010.5.13. 선고 2009두19168 판결.
198) 대법원 2014.12.11. 선고 2012두28704 판결. 이와 유사하게 대법원은 교육부장관이 대학의 산학협력단을 학술지원 대상자로 선정하고 학술지원 사업비를 지원하였다가, 참여교수가 사업비를 용도 외로 사용했다는 이유로 산학협력단에 대하여 학술지원 사업비 전부 또는 일부에 대한 환수처분을 한 경우, 해당 비위를 저지른 것으로 지목된 참여교수가 환수처분의 취소를 구할 원고적격이 있다고 판시하였다(대법원 2025.2.13. 선고 2024두57996 판결).
199) 헌법재판소 2021.10.28. 선고 2020헌마229 결정.

이를 다툴 원고적격이 인정되어야 한다.

참고판례 1: 대법원 2010.5.13. 선고 2009두19168 판결 [분양전환승인의 취소]

구 임대주택법(2009. 12. 29. 법률 제9863호로 개정되기 전의 것) 제21조 제5항, 제9항, 제34조, 제35조는 **임차인대표회의는 건설임대주택의 임대사업자가 임대의무기간 경과 후 또는 부도, 파산, 그 밖에 대통령령으로 정하는 경우가 발생한 후 각각 1년 이상 분양전환승인을 신청하지 아니하는 경우 임차인 3분의 2 이상의 동의를 받아 직접 분양전환승인을 신청할 수 있고, 분양전환가격 산정을 위한 감정평가시 감정평가에 대하여 대통령령으로 정하는 사항에 해당하는 경우 임차인 과반수의 동의를 받아 이의신청을 할 수 있으며, 분양전환가격 등에 대하여 임대주택분쟁조정위원회에 분쟁의 조정신청을 할 수 있고,** 임대사업자와 임차인대표회의가 위 조정위원회의 조정안을 받아들이면 당사자 간에 조정조서와 같은 내용의 합의가 성립된 것으로 본다고 규정하고 있는바, 위 각 **규정의 내용과 입법 경위 및 취지 등에 비추어 보면, 임차인대표회의도 당해 주택에 거주하는 임차인과 마찬가지로 임대주택의 분양전환과 관련하여 그 승인의 근거 법률인 구 임대주택법에 의하여 보호되는 구체적이고 직접적인 이익이 있다고 봄이 상당하다. 따라서 임차인대표회의는 행정청의 분양전환승인처분이 승인의 요건을 갖추지 못하였음을 주장하여 그 취소소송을 제기할 원고적격이 있다고 보아야 한다.**

**해 설** 구 임대주택법상 임차인대표회의의 권한 등에 비추어 임대주택분양전환 승인처분에 대하여 법률상이익이 있다고 판시하였다.

참고판례 2: 대법원 2014.12.11. 선고 2012두28704 판결 [2단계BK21사업처분취소]

**재단법인 한국연구재단이 갑 대학교 총장에게 연구개발비의 부당집행을 이유로** '해양생물유래 고부가식품·향장·한약 기초소재 개발 인력양성사업에 대한 **2단계 두뇌한국(BK)21 사업' 협약을 해지하고 연구팀장 을에 대한 국가연구개발사업의 3년간 참여제한 등을 명하는 통보를 하자 을이 통보의 취소를 청구한 사안에서,** (중략) 제반 사정에 비추어 보면, **을은 위 사업에 관한 협약의 해지 통보의 효력을 다툴 법률상 이익이 있다고 한 사례.**

**재단법인 한국연구재단이 갑 대학교 총장에게** 연구개발비의 부당집행을 이유로 '해양생물유래 고부가식품·향장·한약 기초소재 개발 인력양성사업에 대한 2단계 두뇌한국(BK)21 사업' 협약을 해지하고 **연구팀장 을에 대한 대학자체 징계 요구 등을 통보한 사안에서,** 재단법인 한국연구재단이 갑 대학교 총장에게 을에 대한 **대학 자체징계를 요구한 것은 법률상 구속력이 없는 권유 또는 사실상의 통지로서 을의 권리, 의무 등 법률상 지위에 직접적인 법률적 변동을 일으키지 않는 행위에 해당하므로, 항고소송의 대상인 행정처분에 해당하지 않는다**고 본 원심판단을 정당하다고 한 사례.

**해 설** 국가개발연구사업의 계약당사자인 대학총장에게 한 개발사업협약해지 통보에 대하여 계약당사자가 아닌 담당 연구개발팀장에게 원고적격을 인정한 사례로서 처분의 상대방이 아니지만 직접적 이해관계가 있는 자에게 원고적격을 인정해 준 것이다.

한편, 같은 사건에서 연구비를 준 한국연구재단이 연구자가 소속한 대학총장에게 자체징계를 요구한 것은 구속력이 없는 권유 내지 사실상의 통지라고 보고 처분성을 인정하지 않았다.

### (5) 인인(隣人)소송의 경우

대법원은 연탄공장이나 공설화장장의 인근주민 등 근거법률 등에 의하여 보호되는 쾌적한 생활환경 등을 침해받은 주민[200]에 대하여 원고적격을 인정하였다. 또한, 공유수면 점용·사용허가로 인접한 토지를 적정하게 이용할 수 없게 되는 등의 피해를 받을 우려가 있는 인접 토지 소유자에게도 공유수면 점용·사용허가처분의 취소 또는 무효확인을 구할 원고적격을 인정하였다.[201]

그런데 인인소송(인근주민에 의한 소송)의 경우, 환경소송의 성격을 가지는 경우가 많다. 대법원은 "행정처분의 상대방이 아닌 자로서 처분에 의하여 자신의 환경상 이익을 침해받거나 침해받을 우려가 있다는 이유로 취소소송을 제기하는 제3자는, 자신의 환경상 이익이 처분의 근거법규 또는 관련 법규에 의하여 개별적·직접적·구체적으로 보호되는 이익, 즉 법률상 보호되는 이익임을 증명하여야 원고적격이 인정된다"고 한다.[202]

한편 대법원은 인인소송의 경우 보호규범이 분명하지 않더라도 수인한도를 넘는 환경상 침해를 입증하는 자에게도 원고적격을 인정한 경우가 있다. 그래서 환경영향평가규범이라는 보호규범이 존재하는 환경영향평가대상지역 안의 주민이 아니라 환경영향평가 대상지역 밖의 주민 이라도 수인한도를 넘는 환경침해가 있음을 입증하면 원고적격이 인정된다.[203] 또한 대법원은 광업권설정으로 인한 광산개발로 환경상 피해를 입은 이해관계인이나 주민도 그로 인한 수인한도를 넘는 재산상·환경상 이익의 침해를 받거나 받을 우려가 있다는 것을 증명하면 원고적격을 인정받을 수 있다고 한다.[204]

그리고 대법원은 자연인이 아닌 법인에게는 환경침해와 관련하여 법률상 이익을 인정하지 않는다.[205]

한편 새로운 건축물에 대한 건축허가의 경우, 행정청이 인근주민의 이익을 고려하는 부관을 붙이는 경우가 많다. 이러한 부관을 근거로 원고적격을 인정할 수 있을지가 문제이다. 독일의 경우 이와 유사한 경우에 고려의 명령이론을 통하여 일정한 경우 원고적격을 인정하는 이론이 있다. 법률행위(예컨대 행정행위)를 통한 공권이나 법률상이익의 창설을 인정할 수 있으므로 처분의 부관을 근거로 하는 이러한 원고적격 인정의 이론은 타당성이 있다고 본다. 다만 이러한 이론이 아직 받아들여지지 않고 있는 우리나라의 경우에는 일반론으로 판단하여야 할 것이다. 즉, 처분의 근거법규나 관련법규 등이 수인한도를 넘는 인근주민에 대한 침해를 받지 않도록 개별적 이익을 보호하려는 목적과 취지를 가지고 있고 실제로 그러한 침해나 침해의 우려가 입증 등을 통하여 확인된다면 인근주민의 원고적격을 인정하는 것이 타당할 것이다.[206]

---

200) 대법원 1975.5.13. 선고 73누96, 97 판결; 대법원 1995.9.26. 선고 94누14544 판결; 연탄공장, 공설화장장 설치 등에 대한 인근주민.
201) 대법원 2014.9.4. 선고 2014두2164 판결.
202) 대법원 2018.7.12. 선고 2015두3485 판결.
203) 대법원 2006.3.16. 선고 2006두330 전원합의체 판결.
204) 대법원 2008.9.11. 선고 2006두7577 판결.
205) 대법원 2016.6.28. 선고 2010두2005 판결.
206) 대법원 2011.1.20. 선고 2010두14954 전원합의체 판결 중 대법관 박시환, 이홍훈의 반대의견 참조. 다만 이 부분에 대한 두 대법관의 의견은 다수의견에 대한 반대의견으로서가 아니라 건축허가에서의 인근주민에 대한 원고적격 인

한편 행정청은 법령이 규정하는 거부사유가 아니더라도 중대한 공익을 이유로 인근주민의 이익을 침해하는 건축허가를 거부할 수 있다.[207)]

### 참고판례 1: 대법원 1975.5.13. 선고 73누96 판결 [건축허가처분취소]

주거지역 안에서는 **도시계획법 19조 1항과 개정전 건축법 32조 1항에 의하여 공익상 부득이 하다고 인정될 경우를 제외하고는 거주의 안녕과 건전한 생활환경의 보호를 해치는 모든 건축이 금지되고 있을뿐 아니라 주거지역내에 거주하는 사람이 받는 위와 같은 보호이익은 법률에 의하여 보호되는 이익이라고 할 것이므로** 주거지역내에 위 법조 소정 제한면적을 초과한 **연탄공장 건축허가처분으로 불이익을 받고 있는 제3거주자는 비록 당해 행정처분의 상대자가 아니라 하더라도 그 행정처분으로 말미암아 위와 같은 법률에 의하여 보호되는 이익을 침해받고 있다면 당해행정 처분의 취소를 소구하여 그 당부의 판단을 받을 법률상의 자격이 있다.**

해 설 깨끗한 환경과 관련하여 연탄공장 건축허가처분에 대하여 인인(이웃사람)에게 원고적격을 인정한 대표적인 판례이다.

### 참고판례 2: 대법원 2012.6.28. 선고 2010두2005 판결 [수정지구공유수면매립목적변경승인처분무효]

**재단법인 갑 수녀원이, 매립목적을 택지조성에서 조선시설용지로 변경하는 내용의 공유수면매립목적 변경 승인처분으로 인하여 법률상 보호되는 환경상 이익을 침해받았다면서 행정청을 상대로 처분의 무효 확인을 구하는 소송을 제기한 사안에서, 공유수면매립목적 변경 승인처분으로 갑 수녀원에 소속된 수녀 등이 쾌적한 환경에서 생활할 수 있는 환경상 이익을 침해받는다고 하더라도 이를 가리켜 곧바로 갑 수녀원의 법률상 이익이 침해된다고 볼 수 없고, 자연인이 아닌 갑 수녀원은 쾌적한 환경에서 생활할 수 있는 이익을 향수할 수 있는 주체가 아니므로 위 처분으로 위와 같은 생활상의 이익이 직접적으로 침해되는 관계에 있다고 볼 수도 없으며,** 위 처분으로 환경에 영향을 주어 갑 수녀원이 운영하는 잼 공장에 직접적이고 구체적인 재산적 피해가 발생한다거나 갑 수녀원이 폐쇄되고 이전해야 하는 등의 피해를 받거나 받을 우려가 있다는 점 등에 관한 증명도 부족하다는 이유로, 갑 수녀원에 처분의 무효 확인을 구할 원고적격이 없다고 한 사례.

해 설 환경상 이익의 주체는 자연인이라는 점에서 재단법인인 수녀원의 환경상 이익 침해에 대한 원고적격을 부인한 판례이다.

#### (6) 입국사증발급 거부처분의 원고적격

근래 외국인이 대한민국 입국을 위하여 발급받아야 하는 입국사증발급 거부처분에 대한 쟁송이 증가하고 있다. 외국인에 대하여는 대한민국에 입국할 권리가 보장되는 것이 아니고 사증발급이 된다고 하더라도 사증발급은 입국허가의 예비조건 내지 입국허가 추천일 뿐 종국적 입국허가가 아니라는 관점에서 외국인의 사증발급 거부처분에 대한 원고적격은 원칙적으로 부인된다.

---

정에 관한 소견이다.

207) 부산지방법원 2017.11.3. 선고 2017구합20515 판결.

그러나 대법원은 외국인이더라도 대한민국과의 실질적 관련성 내지 법적 보호가치가 있는 이해관계를 형성한 경우[208]에는 법률상 이익을 인정하여 원고적격을 인정하고 있다.[209] 이와 관련하여 외국인 배우자에 대한 사증발급 거부에 대하여 국민인 배우자에게 원고적격이나 행정심판의 청구인적격이 인정될 것인지 여부와 외국인을 초청한 국민인 초청인에게 피초청인인 외국인에 대한 사증발급 거부처분을 다투는 행정소송의 원고적격이나 행정심판의 청구인적격을 인정할 것인지 여부가 법적 쟁점으로 부각되었는데, 중앙행정심판위원회는 이들의 청구인적격을 인정한 바 있다.[210]

대법원은 사증발급 거부에 있어서 외국인에게 원고적격을 인정할 것인지에 대한 판단요소로 ① 사증발급의 법적 성질, ② 출입국관리법의 입법 목적, ③ 사증발급 신청인의 대한민국과의 실질적 관련성, ④ 상호주의 원칙 등을 들고 있다.[211] 여기서 국제법상의 상호주의 원칙을 판단요소라 한다는 것은 상대국이 우리 국민에게도 사증발급 거부를 다툴 수 있도록 하고 있는지 여부를 고려한다는 뜻이다.

이처럼 원고적격 인정에 있어서 보호규범의 존재 여부 보다는 사증발급 신청인의 대한민국과의 실질적 관련성, 상호주의 원칙 등을 깊이 고려하였다는 점에서 이 판례는 주류적 판례이론인 보호규범론과 법률상보호이익설의 범주를 벗어나고 있다고 판단된다.

### 참고판례 1: 대법원 2019.7.11. 선고 2017두38874 판결 [사증발급거부처분취소]

**원고는 대한민국에서 출생하여 오랜 기간 대한민국 국적을 보유하면서 거주한 사람이므로 이미 대한민국과 실질적 관련성이 있거나 대한민국에서 법적으로 보호가치 있는 이해관계를 형성하였다고 볼 수 있다.** 또한 재외동포의 대한민국 출입국과 대한민국 안에서의 법적 지위를 보장함을 목적으로 「재외동포의 출입국과 법적 지위에 관한 법률」(이하 '재외동포법'이라 한다)이 특별히 제정되어 시행 중이다. **따라서 원고는 이 사건 사증발급 거부처분의 취소를 구할 법률상 이익이 인정되므로,** 원고적격 또는 소의 이익이 없어 이 사건 소가 부적법하다는 피고의 주장은 이유 없다.

### 참고판례 2: 대법원 2018.5.15. 선고 2014두42506 판결 [사증발급거부처분취소]

우리 출입국관리법의 입법 목적은 "대한민국에 입국하거나 대한민국에서 출국하는 모든 국민 및 외국인의 출입국관리를 통한 안전한 국경관리와 대한민국에 체류하는 외국인의 체류관리 및 난민(난민)의 인정절차 등에 관한 사항을 규정"하는 것이다(제1조). 체류자격 및 사증발급의 기준과 절차에 관한 **출입국관리법과 그 하위법령의 위와 같은 규정들은, 대한민국의 출입국 질서와 국경관리라는 공익을 보호하려는 취지일 뿐, 외국인에게 대한민국에 입국할 권리를 보장하거나 대한민국에 입국하고자 하는 외국인의 사익까지 보호하려는 취지로 해석하기는 어렵다.**

사증발급 거부처분을 다투는 외국인은, 아직 대한민국에 입국하지 않은 상태에서 대한민국에 입국하게 해달라고 주장하는 것으로, 대한민국과의 실질적 관련성 내지 대한민국에서 법적으로 보호가치 있는 이해

---

208) 예컨대 귀화불허가처분, 출입국관리법상 체류자격 변경 불허가처분, 강제퇴거명령 등을 다투는 외국인.
209) 원고적격 인정사례: 대법원 2019.7.11. 선고 2017두38874 판결(유○○ 사건).
210) 중앙행정심판위원회 2017.3.24. 201614205 재결, 중앙행정심판위원회 2017.3.24. 201623490 재결.
211) 대법원 2018.5.15. 선고 2014두42506 판결.

관계를 형성한 경우는 아니어서, 해당 처분의 취소를 구할 법률상 이익을 인정하여야 할 법정책적 필요성도 크지 않다. **반면, 국적법상 귀화불허가처분이나 출입국관리법상 체류자격변경 불허가처분, 강제퇴거명령 등을 다투는 외국인은 대한민국에 적법하게 입국하여 상당한 기간을 체류한 사람이므로, 이미 대한민국과의 실질적 관련성 내지 대한민국에서 법적으로 보호가치 있는 이해관계를 형성한 경우이어서, 해당 처분의 취소를 구할 법률상 이익이 인정된다고 보아야 한다.**

나아가 **중화인민공화국(이하 '중국'이라 한다) 출입경관리법 제36조 등은 외국인이 사증발급 거부 등 출입국 관련 제반 결정에 대하여 불복하지 못하도록 명문의 규정을 두고 있으므로, 국제법의 상호주의원칙상 대한민국이 중국 국적자에게 우리 출입국관리 행정청의 사증발급 거부에 대하여 행정소송 제기를 허용할 책무를 부담한다고 볼 수는 없다.**

이와 같은 사증발급의 법적 성질, 출입국관리법의 입법 목적, 사증발급 신청인의 대한민국과의 실질적 관련성, 상호주의원칙 등을 고려하면, 우리 출입국관리법의 해석상 외국인에게는 사증발급 거부처분의 취소를 구할 법률상 이익이 인정되지 않는다고 봄이 타당하다.

---

#### (7) 그 밖의 경우

① 소비자소송

제조업자나 서비스제공자에 대한 처분에 대하여 소비자에게 원고적격을 인정할 것인가 하는 것이 문제되지만 우리나라에서는 아직 이에 대한 뚜렷한 판례가 없다.

② 대물적 일반처분[212)]

보안림지정해제처분이나 문화재지정행위와 같이 대물적 일반처분에 있어서 인근주민이나 그 이익의 향수자에게 원고적격이 인정될 것인지가 문제된다. 일본의 경우 보안림지정해제처분에 대하여 인근주민의 원고적격을 인정한 바 있다.[213)] 대법원은 문화유산지정행위와 같이 물(物)에 관한 처분은 그것이 일정지역에 존재하고 있더라도 국민일반의 이익을 공익으로 보호하는 것이므로 개인이나 개별 주체(종중)의 원고적격이 인정되지 않는다고 판시하였다.[214)]

그러나 도로의 용도폐지에 대하여 대법원은 그 공공용 재산(도로)의 성질상 그 재산이 특정개인의 생활에 개별성이 강한 직접적이고 구체적인 이익을 부여하고 있어서 그에게 그로 인한 이익을 가지게 하는 것이 법률적인 관점으로도 이유가 있다고 인정되는 특별한 사정이 있는 경우에는 그 취소를 구할 법률상의 이익이 있다고 한다.[215)]

③ 공공부조로 받는 이익

대법원은 반사적 이익을 침해받은 자에 대해서는 원고적격을 인정하지 않는다.[216)] 그러나 공

---

212) '물(物)에 대한 일반처분', 즉 물건에 대한 일반처분.
213) 日本 最高裁判所 昭和57年 9月 9日 第1小法庭 判決: 昭和52年 (行ッ) 第56號 保安林解除處分取消請求事件.
214) 대법원 2001.9.28. 선고 99두8565 판결.
215) 대법원 1992.9.22. 선고 91누13212 판결.
216) 대법원 1992.9.22. 선고 91누13212 판결; 다만 이 판결에서 도로폐지에 대하여 직접적이고 구체적인 이익을 가지는 자의 법률상 이익이 인정될 가능성을 판시하였다.

공부조로 받는 이익은 더 이상 반사적 이익이라고 볼 수 없으므로 원고적격을 인정하여야 할 것이다.

④ 기타

이외에 대법원은 제1차 납세의무자에 대한 과세처분에 대한 소송에서 제2차 납세의무자의 원고적격을 인정하였고, 납세의무자에 대한 과세처분에 대한 소송에서 납세보증인의 원고적격을 인정하였다. 그러나 압류처분에 대한 소송에서 압류부동산을 매수한자,[217] 법인의 주류제조업면허처분에 대한 소송에 있어서 주주[218]의 원고적격은 부인하였다.

### (8) 국가기관의 원고적격과 당사자능력

2013년 대법원은 행정기관에게 원고적격을 인정하는 예외적인 판례를 내놓았다. 행정기관에 대해서는 원고가 될 수 있는 당사자능력도 부인하여 왔던 종전의 대법원 입장에 비추어 매우 파격적인 판례이지만 현실적으로 기관소송의 사각지대에서 새로운 유형의 기관소송을 인정하여 문제를 해결하려는 적극적 의지는 평가할 만하다고 본다. 헌법재판소는 헌법에 의하여 설치된 국가기관 사이에서만 권한쟁의심판을 허용하고 있으므로[219] 헌법기관이 아닌 기관이 상대방이 되는 기관간 분쟁에는 마땅한 소송제도가 없었다.

그리고 근래 대법원은 국민권익위원회와 소방청장 사이의 다툼에서 소방청장의 원고적격과 당사자능력을 인정하여 이와 같은 취지를 다시 한번 확인하였다. 그런데 이 사건에서는 국민권익위원회와 소방청장 모두에게 공통된 상급기관이 있음에도 불구하고 이러한 소송을 허용하였다는 점에서 앞서 2013년의 판례와는 다른 점이 있다. 대법원은 법령이 특정한 행정기관 등으로 하여금 다른 행정기관을 상대로 제재적 조치를 취할 수 있도록 하면서, 그에 따르지 않으면 그 행정기관에 대하여 과태료를 부과하거나 형사처벌을 할 수 있도록 정하는 경우에는 항고소송을 통한 주관적 구제대상이 될 수 있도록 하여야 한다고 하여 이를 정당화하였다.[220]

참고판례: 대법원 2013.7.25. 선고 2011두1214 판결 [불이익처분원상회복등요구처분취소]

갑이 국민권익위원회에 부패방지 및 국민권익위원회의 설치와 운영에 관한 법률(이하 '국민권익위원회법'이라 한다)에 따른 신고와 신분보장조치를 요구하였고, **국민권익위원회**가 갑의 소속기관 장인 **을 시·도선거관리위원회 위원장에게 '갑에 대한 중징계요구를 취소하고 향후 신고로 인한 신분상 불이익처분 및**

217) 대법원 1985.2.8. 선고 82누524 판결; 대법원 1985.5.14. 선고 83누700 판결; 대법원 1989.10.10. 선고 89누2080 판결; 제2차 납세의무자나 납세보증인은 원래의 납세자가 납세하지 않으면 세금을 내야 할 의무를 지므로 납세자에 대한 부과처분 등에 대하여 원고적격이 인정되는 것이며 압류부동산을 매수한 자는 원래의 압류처분과 아무런 관계가 없으므로 원고적격이 부정되고 주류제조업면허처분에서의 주주도 원칙적으로 직접적인 법률상 이익이 없다고 본 것이다.

218) 대법원 1971.12.28. 선고 71누109 판결.

219) 헌법재판소 2010.10.28. 선고 2009헌라6 전원재판부 결정.

220) 대법원 2018.8.1. 선고 2014두35379 판결.

**근무조건상의 차별을 하지 말 것을 요구'하는 내용의 조치요구를 한 사안에서,** 국가기관 일방의 조치요구에 불응한 상대방 국가기관에 국민권익위원회법상의 제재규정과 같은 중대한 불이익을 직접적으로 규정한 다른 법령의 사례를 찾아보기 어려운 점, 그럼에도 을이 **국민권익위원회의 조치요구를 다툴 별다른 방법이 없는 점 등에 비추어 보면,** 처분성이 인정되는 위 조치요구에 불복하고자 하는 **을로서는 조치요구의 취소를 구하는 항고소송을 제기하는 것이 유효 · 적절한 수단이므로 비록 을이 국가기관이더라도 당사자능력 및 원고적격을 가진다고 보는 것이 타당하고,** 을이 위 조치요구 후 갑을 파면하였다고 하더라도 조치요구가 곧바로 실효된다고 할 수 없고 을은 여전히 조치요구를 따라야 할 의무를 부담하므로 을에게는 위 조치요구의 취소를 구할 법률상 이익도 있다고 본 원심판단을 정당하다고 한 사례.

**해 설** 행정청인 경기도선거관리위원회 위원장이 원고가 되어 국민권익위원회의 조치요구(원고에게 일정한 의무를 부과한 것임)에 대해 항고소송을 제기한 사건이다. 국가기관이 다른 국가기관의 처분에 대해 항고소송을 제기할 수 있는가 하는 것인데, 사실은 이와 같은 경우는 국가기관 내부의 권한 행사에 관한 것이어서 기관소송의 대상으로 하는 것이 적절하지만 기관소송은 법률이 정한 경우에만 인정되는 것이고, 또한 중앙선거관리위원회는 헌법상 독립기관이므로 정부 조직 내에서 그 처분의 당부에 대한 심사·조정을 할 수 있는 다른 방도가 없고, 국민권익위원회는 헌법 제111조 제1항 제4호 소정의 '헌법에 의하여 설치된 국가기관'이라고 할 수 없으므로(헌법재판소 2010.10.28. 선고 2009헌라6 전원재판부 결정 참조), 원고와 피고 위원회 사이에 헌법 제111조 및 헌법재판소법 제62조 제1항에서 정한 권한쟁의심판이 가능하지도 않다는 이유로, 양 행정청의 항고소송의 당사자능력과 당사자적격을 인정하였다. 국가가 원고가 되어 지방자치단체의 행정청의 처분에 대해 항고소송을 제기한 것을 용인한 전례는 없지 않으나, 행정청 자신을 원고로 인정한 것은 새로운 판례법의 전개라 생각된다.

## 제5관 취소소송에서의 권리보호의 필요(협의의 소의 이익)

### 1. '권리보호의 필요'와 행정소송법 제12조 제2문

소송요건으로서 '권리보호의 필요'는 '이익 없으면 소송 없다'라는 법언으로 설명이 된다. 즉 승소판결이 나도 원고가 원하는 권익구제가 실현될 수 없다면 굳이 소송을 할 필요가 없고 따라서 원고의 소권은 부정된다는 것이다. 이러한 '권리보호의 필요' 요건은 신의성실의 원칙에서 연원하는 소송상 권리의 제도적 남용금지에서 그 근거를 찾아 볼 수 있다.

그러나 우리 행정소송법은 권리보호의 필요에 대하여 일반적인 규정을 두지는 않고 있다. 다만 행정소송법 제12조 제2문은 처분의 효력이 소멸된 경우에는 협의의 소의 이익이 존재하지 않는다는 전제 하에 그러한 경우에도 예외적으로 권리보호의 필요가 인정되는 경우를 규정하고 있다. 그러므로 행정소송법 제12조 제2문의 '법률상 이익'은 원고적격이라는 조문의 제목에도 불구하고 권리보호의 필요에 대한 규정이라고 보아야 할 것이다.

### 2. '권리보호의 필요' 존재 여부에 대한 판단기준

행정소송법 제12조 제2문의 경우를 포함하여 취소소송에서 권리보호의 필요(협의의 소익)가 문제되는 경우 개괄적으로 다음의 기준으로 그 존재여부를 판단할 수 있다.

① 계쟁처분의 취소를 통하여 현실의 분쟁이 해결되고 원고가 소송을 제기할 목적을 달성할 수 있는지(그렇지 않다면 권리보호의 필요 부인)

② 취소를 통하여 명예나 신용 등의 이익이 아닌 현실적인 법적 이익이 회복되는지(그렇지 않다면 권리보호의 필요 부인)

③ 계쟁처분의 취소보다 더 실효적인 구제수단은 없는지(더 실효적인 구제수단이 있다면 권리보호의 필요 부인)

이상의 판단기준에 의거하여 이하 권리보호 필요의 존부가 문제되는 경우를 구체적으로 살펴보기로 한다.

## 3. 처분등의 효과가 소멸된 경우

### (1) 일반론

취소소송은 처분의 효력을 배제하기 위한 소송이다. 따라서 정해진 효력기간의 경과 등으로 위법한 처분의 효력이 소멸된 뒤(예: 영업정지기간 도과 후 영업정지처분 취소소송)에는 원고가 취소소송에서 승소하더라도 원고의 권익구제에 아무런 도움이 되지 않는 것이 보통이다. 따라서 일반적으로 처분등의 효과가 소멸된 뒤에는 취소소송의 소의 이익, 즉 권리보호의 필요는 부정된다.

처분이 취소되어 존재하지 않는 경우에도 마찬가지이다.[221]

### (2) 행정소송법 제12조 제2문의 경우

#### ① 행정소송법 제12조 제2문의 소송의 본질

행정소송법 제12조 제2문이 규정하는 바와 같이 처분등의 효과가 기간의 경과, 처분등의 집행 기타의 사유로 소멸된 뒤에도 그 처분등의 취소로 인하여 회복되는 법률상 이익이 있을 때에는 예외적으로 권리보호의 필요가 긍정된다.

그런데 취소소송의 본질은 행정처분의 효력을 소멸시키는 것인데 처분등의 효과가 소멸된 뒤에 유지되는 소송의 본질은 무엇인지가 문제가 된다. 더 이상 취소할 처분의 효력이 존재하지 않고 있으므로 이를 계속하여 취소소송이라고 말하기는 어렵다.

종래 판례는 행정처분의 효력상실 후에는 그 처분이 '외형상 잔존'함으로 인하여 어떠한 법률상 이익이 침해되고 있다고 볼만한 별다른 사정이 없는 한 그 처분의 취소 또는 무효확인을 구할 법률상의 이익이 없다고[222] 보고 예외적으로 처분의 효력 상실 이후에도 처분에 대한 취소소송의 소의 이익이 인정되는 경우는 "완전한 원상회복이 이루어지지 않아 무효확인 또는 취소로써 회복할 수 있는 다른 권리나 이익이 남아 있거나 또는 동일한 소송 당사자 사이에서 그 행정처분과 동일한 사유로 위법한 처분이 반복될 위험성이 있어 행정처분의 위법성 확인 내지 불분

221) 대법원 2023.4.27. 선고 2018두62928 판결.
222) 대법원 2005.3.25. 선고 2004두14106 판결.

명한 법률문제에 대한 해명이 필요한 경우"라고 보았다.[223] 그런데 '외형상 잔존'이나 '완전한 원상회복이 이루어지지 않은 경우'라는 것의 실체는 구체적으로 무엇을 의미하는가?

생각건대, 그것은 과거의 위법한 처분으로 인한 현재의 침해 및 그 위법처분의 존재로 인한 장래의 법적 불안이라고 보아야 할 것이다. 과거에 효력이 있었던 위법한 처분이 그 존재로 인하여 이미 발생한 침해와 발생할 가능성이 있는 법적 위험을 제거하기 위하여 이 소송이 필요한 것이다. 따라서 이 소송의 실체는 위법확인을 통하여 이미 발생한 침해에 대해 권익을 회복할 수 있는 기반을 마련하고 장래 발생이 가능한 법적 위험을 제거하는 소송이다. 즉 과거의 처분이 위법하였음을 확인하는 소송이다. 독일의 경우에도 이에 해당하는 소송을 확인소송의 일종인 속행확인소송(Fortsetzungsfeststellungsklage)으로 이해하고 있다. 이러한 관점에서 볼 때 우리 행정소송법 제12조 제2문에 대하여, 법문언(원고적격, 법률상 이익 등)의 선택이나 소송의 성격구명 등에서 입법론적으로 비판의 여지가 있다.

**② 행정소송법 제12조 제2문의 '처분등의 취소로 인하여 회복되는 법률상의 이익'**

행정소송법 제12조 제2문의 '처분등의 취소로 인하여 회복되는 법률상의 이익'이란 무엇을 의미하는가? 종래 이에 대하여는 취소 자체로 인한 법률상 이익의 회복에 관한 것이 아니고 그에 관련되는 부수적인 이익이라는 데에 대해서는 의견이 일치하였다. 구체적으로는 ① 명예, 신용 등에 관한 이익도 포함하는 것으로 이해하는 견해, ② 경제적 이익, 문화적, 종교적 이익 까지 포함하는 것으로서 '그 처분등이 위법이었음을 확인할 정당한 이익'으로 새기는 것이 타당하다는 견해 등이 있었다. 그러나 앞에서 검토한 바와 같이 행정소송법 제12조 제2문의 소송을 일종의 확인소송으로 이해하게 되면 여기서 말하는 '처분등의 취소로 인하여 회복되는 법률상의 이익'이란 확인소송의 일반적인 경우와 같이 '확인의 법적 이익'으로 새겨야 할 것이다. 법적 의미가 없는 이익의 경우에까지 권리보호의 필요를 인정할 필요는 없다고 본다.

**③ 행정소송법 제12조 제2문의 소송의 요건**

이 소송을 확인소송으로 이해한다면 이 소송이 허용되기 위해서는

첫째, 처분등이 위법이었음을 확인할 법적 이익, 즉 확인의 이익이 있어야 한다.

둘째, 과거의 위법한 처분으로 인한 여타의 권익침해가 있거나 장래의 법적 불안이 있어야 한다.

셋째, 다른 유효적절한 권익구제수단이 없어야 한다: 확인소송의 보충성.

넷째, 특히 예방적 의미를 가지는 경우 예방적 구제의 필요성이 있는가가 검토되어야 한다.

**④ 효력이 소멸된 제재적 행정처분이 사후의 가중적 제재요건이 되는 경우**

건축사법 제28조 제1항은 건축사사무소 개설자나 그 소속 건축사가 업무정지명령을 연2회 이상 받고 그 정지기간이 통틀어 1년 이상이 된 때에는 가중된 제재처분인 건축사사무소 개설신고의 효력상실처분을 받도록 하고 있다.

---

223) 대법원 2019.6.27. 선고 2018두49130 판결.

이때 최초의 업무정지처분이 기간 경과 등으로 효력을 상실하였다 하더라도, 만약 추후에 또 한 번의 업무정지처분을 받으면 가중제재인 건축사사무소 개설신고의 효력상실처분을 받을 수 있게 된다. 이와 같은 경우가 전형적으로 효력이 소멸된 제재적 행정처분이 사후의 가중적 제재요건이 되는 경우라고 할 수 있다. 이 경우에는 기간이 경과된 최초의 업무정지처분에 대하여 행정소송법 제2문의 권리보호의 필요(법령 및 판례의 용어로는 법률상 이익)가 인정되어 기간 경과를 이유로 소각하를 하지 않게 된다.

그런데 가중적 제재요건규정이 행정규칙으로 규정된 경우가 문제이다. 대법원은 2006년 종전 태도를 변경하여[224] 이 경우에도 법률상 이익(권리보호의 필요)을 인정하였다(참고판례 2).

### 참고판례 1: 대법원 2019.6.27. 선고 2018두49130 판결 [인적사항공개처분취소청구]

행정처분의 무효확인 또는 취소를 구하는 소가 제소 당시에는 소의 이익이 있어 적법하였더라도, 소송계속 중 처분청이 다툼의 대상이 되는 행정처분을 직권으로 취소하면 그 처분은 효력을 상실하여 더 이상 존재하지 않는 것이므로, 존재하지 않는 그 처분을 대상으로 한 항고소송은 원칙적으로 소의 이익이 소멸하여 부적법하다.

다만 **처분청의 직권취소에도 불구하고 완전한 원상회복이 이루어지지 않아 무효확인 또는 취소로써 회복할 수 있는 다른 권리나 이익이 남아 있거나 또는 동일한 소송 당사자 사이에서 그 행정처분과 동일한 사유로 위법한 처분이 반복될 위험성이 있어 행정처분의 위법성 확인 내지 불분명한 법률문제에 대한 해명이 필요한 경우** 행정의 적법성 확보와 그에 대한 사법통제, 국민의 권리구제의 확대 등의 측면에서 **예외적으로 그 처분의 취소를 구할 소의 이익을 인정할 수 있을 뿐이다.**

### 참고판례 2: 대법원 2006.6.22. 선고 2003두1684 전원합의체 판결 [영업정지처분취소]

[다수의견] 제재적 행정처분이 그 처분에서 정한 제재기간의 경과로 인하여 그 효과가 소멸되었으나, 부령인 시행규칙 또는 지방자치단체의 규칙(이하 이들을 '규칙'이라고 한다)의 형식으로 정한 처분기준에서 제재적 행정처분(이하 '선행처분'이라고 한다)을 받은 것을 가중사유나 전제요건으로 삼아 장래의 제재적 행정처분(이하 '후행처분'이라고 한다)을 하도록 정하고 있는 경우, **제재적 행정처분의 가중사유나 전제요건에 관한 규정이 법령이 아니라 규칙의 형식으로 되어 있다고 하더라도, 그러한 규칙이 법령에 근거를 두고 있는 이상 그 법적 성질이 대외적·일반적 구속력을 갖는 법규명령인지 여부와는 상관없이,** (중략) **이들이 그 규칙에 정해진 바에 따라 행정작용을 할 것이 당연히 예견되고,** 그 결과 행정작용의 상대방인 국민으로서는 그 규칙의 영향을 받을 수밖에 없다. 따라서 그러한 규칙이 정한 바에 따라 선행처분을 받은 상대방이 그 처분의 존재로 인하여 장래에 받을 불이익, **즉 후행처분의 위험은 구체적이고 현실적인 것이므로, 상대방에게는 선행처분의 취소소송을 통하여 그 불이익을 제거할 필요가 있다.** (중략) 이러한 선행처분으로 인한 불이익을 선행처분 자체에 대한 소송에서 사전에 제거할 수 있도록 해 주는 것이 **상대방의 법률상 지위에 대한 불안을 해소하는 데 가장 유효적절한 수단**이 된다고 할 것이고, (중략) **권익침해의 구체적·현실적 위험이 있는 경우에도 이를 구제하는 소송이 허용되어야 한다는 요청을 고려하면,** 규칙이 정한 바에 따라 선행처분을 가중사유 또는 전제요건으로 하는 후행처분을 받을 우려가 현실적으로

224) 대법원 2006.6.22. 선고 2003두1684 전원합의체 판결.

존재하는 경우에는, 선행처분을 받은 상대방은 비록 그 처분에서 정한 제재기간이 경과하였다 하더라도 그 처분의 취소소송을 통하여 그러한 불이익을 제거할 권리보호의 필요성이 충분히 인정된다고 할 것이므로, 선행처분의 취소를 구할 법률상 이익이 있다고 보아야 한다.

**해 설** 3개월 영업정지 등과 같은 한시적 제재처분은 그 기간이 경과하면 효력이 소멸하므로 그에 대한 취소소송은 원칙적으로 그 기간의 경과로 권리보호의 필요를 결여하게 된다. 그러나 선행 제재처분이 기록으로 남아 한번 더 제재처분을 받게 되어 가중된 제재를 받을 경우, 원고로서는 선행 제재처분의 기간이 경과해도 이를 취소할 소의 이익을 계속 가지는 것이다. 다만 중복된 제재처분 시에 가중적 제재가 가해진다는 것이 행정규칙으로 정해진 경우에는 행정규칙은 법적 구속력이 없어 가중적 제재가 확실하지 않으므로 선행 제재처분의 기간경과 시에 소의 이익이 소멸한다고 보는 것이 종래의 대법원 판례였다. 이 판결은 그러한 종래의 대법원의 입장을 변경하여 가중제재규정이 행정규칙일지라도 기간이 경과한 선행 제재처분에 대한 소의 이익을 인정하고 있다.

#### ⑤ 동일한 사유로 위법처분이 반복될 위험성이 있거나 하자승계의 경우

대법원은 "기간 경과 등으로 소송의 대상이 되는 처분의 효력이 소멸하여도 ① 동일 당사자 사이에 동일한 사유로 위법한 처분이 반복될 위험이 있어 행정처분의 위법성 확인 내지 불분명한 법률문제에 대한 해명이 필요하다고 판단되는 경우, ② 선행처분과 후행처분이 단계적인 일련의 절차로 연속하여 이루어져 선행처분의 하자가 후행처분에 승계된다고 볼 수 있어 이미 소를 제기하여 다투고 있는 선행처분의 위법성을 확인하여 줄 필요가 있는 경우 등에는 소의 이익을 인정할 수 있다"고 판시하였다.

이러한 취지에서 대법원은 이미 기간이 종료한 처분이라도 동일한 소송 당사자 사이에서 동일한 사유로 위법한 처분이 되풀이될 염려가 있을 때에는 소의 이익(권리보호의 필요)을 인정하였다(참고판례 1). 또한, 임기만료된 대학의 임시이사에 대한 취임승인처분과 같이 형식적으로 볼 때, 권리보호의 필요가 없는 것 같아도 무익한 처분과 소송의 방지를 위해 이미 제기된 소송을 통한 구제가 필요한 경우에도 소의 이익(권리보호의 필요)을 인정하였다(참고판례 2).[225]

그러나 최근 대법원은 거듭하여 "여기에서 '그 행정처분과 동일한 사유로 위법한 처분이 반복될 위험성이 있는 경우'란 불분명한 법률문제에 대한 해명이 필요한 상황에 대한 대표적인 예시일 뿐이며, 반드시 '해당 사건의 동일한 소송 당사자 사이에서' 반복될 위험이 있는 경우만을 의미하는 것은 아니다."라는 판시를 한 바 있다.[226] 이 판결이 전원합의체 판결은 아니지만 대법원이 동일하게 같은 취지를 반복하는 판결을 지속적으로 내어 놓고 있으므로 실질적인 관점에서는 판례변경이 이루어졌다고 보아야 하지 않을까 한다.

225) 대법원 2007.7.19. 선고 2006두19297 전원합의체 판결.
226) 대법원 2020.12.24. 선고 2020두30450 판결; 대법원 2024.4.16. 선고 2022두57138 판결.

**참고판례 1: 대법원 2019.5.10. 선고 2015두46987 판결 [경쟁입찰참여자격제한처분등취소]**

행정처분의 취소를 구하는 소는 그 처분에 의하여 발생한 위법상태를 배제하여 원상으로 회복시키고 그 처분으로 침해되거나 방해받은 권리와 이익을 보호·구제하고자 하는 소송이므로, **비록 처분을 취소한다 하더라도 원상회복이 불가능한 경우에는 그 처분의 취소를 구할 이익이 없는 것이 원칙이다.** 그러나 **원상회복이 불가능하게 보이는 경우라 하더라도, 동일한 소송 당사자 사이에서 그 행정처분과 동일한 사유로 위법한 처분이 반복될 위험성이 있어 행정처분의 위법성 확인 내지 불분명한 법률문제에 대한 해명이 필요하다고 판단되는 경우 등에는** 행정의 적법성 확보와 그에 대한 사법통제, 국민의 권리구제의 확대 등의 측면에서 **여전히 그 처분의 취소를 구할 이익이 있다고 보아야 한다**(대법원 2007.7.19. 선고 2006두19297 전원합의체 판결, 대법원 2008.2.14. 선고 2007두13203 판결 등 참조).

**이 사건 확인처분에 있어 중소기업 확인서의 유효기간은 2014.3.31.까지로 이미 그 유효기간이 경과하였다. 그러나 원고들은 위 유효기간 경과 후에도 공공기관이 발주하는 중소기업자 간 경쟁입찰에 참여하려면 항상 피고 중소기업청장으로부터 중소기업 확인서를 발급받아야 하고, 원고들의 발행주식총수 또는 출자총액과 대기업으로부터 임차한 자산가치가 변동되어 전자가 후자 이상이 되지 않는 한 피고 중소기업청장은 원고들의 중소기업 확인서 발급 신청에 대하여 동일한 처분을 반복할 가능성이 높다. 따라서 이 사건 확인처분의 위법성 확인 내지 불분명한 법률문제에 대한 해명이 필요하므로 원고들은 여전히 위 처분의 취소를 구할 법률상 이익이 있다.**

**참고판례 2: 대법원 2007.7.19. 선고 2006두19297 전원합의체 판결 [임원취임승인취소처분]**

**제소 당시에는 권리보호의 이익을 갖추었는데 제소 후 취소 대상 행정처분이 기간의 경과 등으로 그 효과가 소멸한 때, 동일한 소송 당사자 사이에서 동일한 사유로 위법한 처분이 반복될 위험성이 있어 행정처분의 위법성 확인 내지 불분명한 법률문제에 대한 해명이 필요하다고 판단되는 경우, 그리고 선행처분과 후행처분이 단계적인 일련의 절차로 연속하여 행하여져 후행처분이 선행처분의 적법함을 전제로 이루어짐에 따라 선행처분의 하자가 후행처분에 승계된다고 볼 수 있어 이미 소를 제기하여 다투고 있는 선행처분의 위법성을 확인하여 줄 필요가 있는 경우 등**에는 행정의 적법성 확보와 그에 대한 사법통제, 국민의 권리구제의 확대 등의 측면에서 여전히 그 처분의 취소를 구할 법률상 이익이 있다.

임시이사 선임처분에 대하여 취소를 구하는 소송의 계속중 임기만료 등의 사유로 새로운 임시이사들로 교체된 경우, **선행 임시이사 선임처분의 효과가 소멸하였다는 이유로 그 취소를 구할 법률상 이익이 없다고 보게 되면, 원래의 정식이사들로서는 계속중인 소를 취하하고 후행 임시이사 선임처분을 별개의 소로 다툴 수밖에 없게 되며, 그 별소 진행 도중 다시 임시이사가 교체되면 또 새로운 별소를 제기하여야 하는 등 무익한 처분과 소송이 반복될 가능성이 있으므로,** 이러한 경우 법원이 선행 임시이사 선임처분의 취소를 구할 법률상 이익을 긍정하여 그 위법성 내지 하자의 존재를 판결로 명확히 해명하고 확인하여 준다면 위와 같은 구체적인 침해의 반복 위험을 방지할 수 있을 뿐 아니라, 후행 임시이사 선임처분의 효력을 다투는 소송에서 기판력에 의하여 최초 내지 선행 임시이사 선임처분의 위법성을 다투지 못하게 함으로써 그 선임처분을 전제로 이루어진 후행 임시이사 선임처분의 효력을 쉽게 배제할 수 있어 국민의 권리구제에 도움이 된다.

**해 설** 위에서 설명한 것과 같이 위법처분이 반복될 위험이 있거나 하자승계의 경우에 선행처분이 효력을 잃어도 그에 대한 취소소송의 권리보호의 필요를 인정한 판례이다.

⑥ 행위 자체의 효력은 소멸하였으나 남은 법률관계가 존재하거나 행위의 위법성 확인이 필요한 경우

예컨대 위법한 징계처분 등 효력이 소멸한 처분이 공무원의 봉급청구권 등 현재의 권리를 침해하고 있는 경우에도 권리보호의 필요가 예외적으로 인정된다.

또한 조례안 의결 무효확인 소송에서 판단대상이 되었던 조례안이 개정되었다 하더라도 그 내용이 사실상 변경된 바 없는 경우에는 소의 이익이 여전히 유지된다.

그리고 대법원은 조례안의 개정으로 조례안의 위법성을 직접 논할 여지가 없어도 개정 전 조례안에 의하여 형성된 법률관계가 남아 있거나 다른 지방자치단체에서 해당 조례안과 유사한 내용으로의 조례로 제·개정될 가능성이 있거나 그러한 조례안과 유사한 내용으로 다른 지방의회에서 의결된 바 있어 해당 조례안의 위법성 확인에 대한 해명이 필요한 경우에는 예외적으로 소의 이익을 인정할 수 있다고 한다.[227)]

---

참고판례: 대법원 2009.1.30. 선고 2007두13487 판결 [본회의개의및본회의제명의결처분취소]

지방의회 의원에 대한 **제명의결 취소소송 계속중 의원의 임기가 만료된 사안**에서, 제명의결의 취소로 의원의 지위를 회복할 수는 없다 하더라도 **제명의결시부터 임기만료일까지의 기간에 대한 월정수당의 지급을 구할 수 있는 등** 여전히 그 제명의결의 취소를 구할 법률상 이익이 있다고 본 사례.

해 설 처분의 효력이 소멸하였기 때문에 원처분의 취소로 원래의 법상태로 회복할 수 없음에도 불구하고 다른 회복할 이익이 있는 전형적인 경우이다.

---

## 4. 경원자소송에서의 소의 이익

대법원은 경원자소송에서 경원자가 다른 경원자에 대한 수익처분에 대하여 소송을 제기할 소익이 있다고 하고(참고판례 1) 자기 자신에 대한 거부처분에 대한 취소를 구할 소의 이익도 여전히 인정된다고 판시하고 있다(참고판례 2). 다만 경원자 소송에서는 다른 경원자에 대한 수익처분이 취소된다 하더라도 본인의 이익이 회복될 가능성이 없는 경우에는 소의 이익이 부정된다고 한다(참고판례 1).

---

참고판례 1: 대법원 1992.5.8. 선고 91누13274 판결 [엘피지충전소허가처분취소]

행정소송법 제12조는 취소소송은 처분 등의 취소를 구할 법률상의 이익이 있는 자가 제기할 수 있다고 규정하고 있는 바, **인·허가 등의 수익적행정처분을 신청한 수인이 서로 경쟁관계에 있어서 일방에 대한 허가 등의 처분이 타방에 대한 불허가 등으로 귀결될 수 밖에 없는 때**(이른바 경원관계에 있는 경우로

227) 대법원 2024.7.25. 선고 2023추5177 판결.

서 동일대상지역에 대한 공유수면매립면허나 도로점용허가 혹은 일정지역에 있어서의 영업허가등에 관하여 거리제한 규정이나 업소개수제한규정 등이 있는 경우를 그 예로 들 수 있다) **허가 등의 처분을 받지 못한 자는 비록 경원자에 대하여 이루어진 허가 등 처분의 상대방이 아니라 하더라도 당해처분의 취소를 구할 당사자적격이 있다 할 것이고, 다만 구체적인 경우에 있어서 그 처분이 취소된다 하더라도 허가 등의 처분을 받지 못한 불이익이 회복된다고 볼 수 없을 때에는 당해 처분의 취소를 구할 정당한 이익이 없다고 할 것이다.**

해 설 경원관계에서 다른 사람에게 행한 수익처분에 대하여 다툴 소의 이익을 경원자에게 인정하지만 그 처분이 취소되더라도 본인이 그 수익처분을 받는 등 불이익 회복의 가능성이 없을 때에는 소의 이익이 부인된다는 판시이다.

참고판례 2: 대법원 2015.10.29. 선고 2013두27517 판결 [주유소운영사업자불선정처분취소]

인가·허가 등 수익적 행정처분을 신청한 여러 사람이 서로 **경원관계에 있어서 한 사람에 대한 허가 등 처분이 다른 사람에 대한 불허가 등으로 귀결될 수밖에 없을 때** 허가 등 처분을 받지 못한 사람은 신청에 대한 거부처분의 직접 상대방으로서 원칙적으로 자신에 대한 거부처분의 취소를 구할 원고적격이 있고, 취소판결이 확정되는 경우 판결의 직접적인 효과로 경원자에 대한 허가 등 처분이 취소되거나 효력이 소멸되는 것은 아니더라도 행정청은 취소판결의 기속력에 따라 판결에서 확인된 위법사유를 배제한 상태에서 취소판결의 원고와 경원자의 각 신청에 관하여 처분요건의 구비 여부와 우열을 다시 심사하여야 할 의무가 있으며, 재심사 결과 경원자에 대한 수익적 처분이 직권취소되고 취소판결의 원고에게 수익적 처분이 이루어질 가능성을 완전히 배제할 수는 없으므로, **특별한 사정이 없는 한 경원관계에서 허가 등 처분을 받지 못한 사람은 자신에 대한 거부처분의 취소를 구할 소의 이익이 있다.**

해 설 경원관계에서 다른 사람에게 수익처분을 하고 자신에 대하여 거부처분을 한 경우 소의 이익이 인정되는 근거는 거부처분 취소 확정판결의 기속력에 의하여 부여되는 행정청의 재심사의무와 이에 따른 기존 수익적 처분의 직권취소 가능성이라고 판시하고 있다.

## 5. 기타 권리보호의 필요가 문제되는 경우

### (1) 권리보호의 필요가 인정되는 경우

대법원은 형식적으로 보면 권리보호의 필요가 인정될 것 같지 않아도 그를 인정하지 않으면 권익구제가 불가능한 경우에는 권리보호의 필요를 인정하고 있다. 예컨대 현역병입영통지는 현역병 입영 후에는 그 목적을 달성하여 실효되었다고 볼 수 있으나 그에 대해 취소를 인정하지 않으면 잘못된 입영조치를 되돌릴 방법이 없으므로 현역병입영통지에 대한 취소소송의 권리보호의 필요를 인정하였다.[228]

대법원은 또한 개발제한구역 안에서의 공장설립을 승인한 처분이 취소되었다고 하더라도 그 승인처분에 기초한 공장건축허가처분이 잔존하는 이상, 인근 주민들은 여전히 공장건축허가처분

228) 대법원 2003.12.26. 선고 2003두1875 판결.

의 취소를 구할 권리보호의 필요가 있다고 한다.[229)]

### 주요판례요지

대법원 2025.11.6. 선고 2023추5160 판결: 판단대상이 되었던 조례안이 개정되거나 폐지되었다고 하더라도 개정 또는 폐지되기 전의 조례안의 내용이 사실상 변경된 바 없이 동일하게 유지되고 있을 경우에는 해당 조례안에 대한 소의 이익은 소멸되지 아니한다. 나아가 조례안의 개정 등으로 조례안의 위법성을 직접적으로 논할 여지가 소멸하게 되었더라도, 개정 또는 폐지되기 전의 조례안에 의하여 형성된 법률관계가 남아 있거나 또는 다른 지방자치단체에서 해당 조례안과 유사한 내용으로의 조례로 제·개정될 가능성이 있거나 실제 그러한 조례가 여러 지방의회에서 의결된 바 있어 해당 조례안의 위법성 확인에 대한 해명이 필요한 경우에는 예외적으로 소의 이익을 인정할 수 있다.

### 참고판례: 대법원 2016.12.27. 선고 2016두43282 판결 [과징금부과처분등취소]

공정거래위원회의 시정명령 및 과징금 부과처분(이하 통칭하여 '과징금 등 처분'이라 한다)과 자진신고 등에 따른 감면신청에 대한 감면기각처분은 근거조항이 엄격히 구분되고, 자진신고 감면인정 여부에 대한 결정은 공정거래법령이 정한 시정조치의 내용과 과징금산정 과정에 따른 과징금액이 결정된 이후, 자진신고 요건 충족 여부에 따라 결정되므로, 과징금 등 처분과 자진신고 감면요건이 구별되는 점, 이에 따라 공정거래위원회로서는 자진신고가 있는 사건에서 시정명령 및 과징금 부과의 요건과 자진신고 감면 요건 모두에 대하여 심리·의결할 의무를 부담하는 점, 감면기각처분은 자진신고 사업자의 감면신청에 대한 거부처분의 성격을 가지는 점 등을 종합하면, **공정거래위원회가 시정명령 및 과징금 부과와 감면 여부를 분리 심리하여 별개로 의결한 후 과징금 등 처분과 별도의 처분서로 감면기각처분을 하였다면, 원칙적으로 2개의 처분, 즉 과징금 등 처분과 감면기각처분이 각각 성립한 것이고, 처분의 상대방으로서는 각각의 처분에 대하여 함께 또는 별도로 불복할 수 있다. 따라서 과징금 등 처분과 동시에 감면기각처분의 취소를 구하는 소를 함께 제기했더라도, 특별한 사정이 없는 한 감면기각처분의 취소를 구할 소의 이익이 부정된다고 볼 수 없다.**

**해 설** 공정거래위원회의 과징금부과와 그 과징금에 대한 감면신청에 대한 거부는 별개의 요건을 가지고 별도로 심사되는 것이므로 관련되는 처분이지만 같이 소가 제기되어도 그중 어느 하나의 권리보호필요를 부정할 수 없다고 판시한 것이다. 다만 대법원은 감면처분이 이루어진 경우에는 선행 부과처분을 가행정행위로 보아 선행처분에 대한 소의 이익을 부정한다(대법원 2015.2.12. 선고 2013두987 판결).

---

229) 대법원 2018.7.12. 선고 2015두3485 판결.

### (2) 권리보호의 필요가 부정되는 경우

#### ① 원상회복이 불가능한 경우

행정처분을 취소해도 그 취지에 따른 원상회복이 불가능하면 소의 이익을 인정할 수 없다. 예컨대 건축물이 이미 완성된 후에는 건축허가처분이 취소되어도 원상회복이 불가능하므로 권리보호의 필요가 부인되며[230] 철거처분이 완료된 이후의 대집행계고처분 취소소송도 소의 이익이 부정된다. 그러나 원상회복은 불가능하더라도 다른 법적 이익이 있을 때, 그리고 동일한 사유로 위법한 처분이 반복될 위험이 있어 행정처분의 위법성 확인 또는 불분명한 법률문제에 대한 해명이 필요하다고 판단되는 경우에는 예외적으로 소의 이익이 인정될 수도 있다.[231]

**참고판례 1: 대법원 2012.3.22. 선고 2011두6400 전원합의체 판결 [관리처분계획무효확인]**

[다수의견] **이전고시의 효력 발생으로 이미 대다수 조합원 등에 대하여 획일적 · 일률적으로 처리된 권리귀속 관계를 모두 무효화하고 다시 처음부터 관리처분계획을 수립하여 이전고시 절차를 거치도록 하는 것은 정비사업의 공익적 · 단체법적 성격에 배치되므로, 이전고시가 효력을 발생하게 된 이후에는 조합원 등이 관리처분계획의 취소 또는 무효확인을 구할 법률상 이익이 없다고 봄이 타당하다.**

**해 설** 대법원은 '도시 및 주거환경정비법'상 이전고시가 효력을 발생하면 이를 무효화하고 다시 관리처분계획을 수립하여 이전고시 절차를 거치게 하는 것은 공익과 단체법적 성격에 배치되어 불가능하다 할 수 있으므로 그 이후에는 관리처분계획을 다툴 소의 이익을 부인하고 있다.

**참고판례 2: 대법원 2005.9.9. 선고 2003두5402, 5419 판결 [도시계획변경결정처분등취소 · 건축허가처분취소]**

**도시개발사업의 시행에 따른 도시계획변경 결정처분과 도시개발구역 지정처분 및 도시개발사업실시계획 인가처분은** 도시개발사업의 시행자에게 단순히 도시개발에 관련된 공사의 시공권한을 부여하는 데 그치지 않고 당해 도시개발사업을 시행할 수 있는 권한을 설정하여 주는 처분으로서 위 각 처분 자체로 그 처분의 목적이 종료되는 것이 아니고 위 각 처분이 유효하게 존재하는 것을 전제로 하여 당해 도시개발사업에 따른 일련의 절차 및 처분이 행해지기 때문에 **위 각 처분이 취소된다면 그것이 유효하게 존재하는 것을 전제로 하여 이루어진 토지수용이나 환지 등에 따른 각종의 처분이나 공공시설의 귀속 등에 관한 법적 효력은 영향을 받게 되므로, 도시개발사업의 공사 등이 완료되고 원상회복이 사회통념상 불가능하게 되었더라도 위 각 처분의 취소를 구할 법률상 이익은 소멸한다고 할 수 없다.**

**해 설** 도시계획변경 결정처분과 도시개발구역 지정처분 및 도시개발사업실시계획 인가처분 등은 공사 등이 완료되어 원상회복이 불가능하게 된다 하더라도 그를 취소함으로써 토지수용, 환지, 공공시설의 귀속 등이 영향을 받을 수 있으므로 예외적으로 소의 이익을 인정한 판결이다.

---

230) 대법원 2025.3.27. 선고 2024두61018 판결; 대법원 1992.4.24. 선고 91누11131 판결.
231) 대법원 2005.9.9. 선고 2003두5402, 5419 판결; 대법원 2020.2.27. 선고 2018두67152 판결.

참고판례 3: 대법원 2016.8.30. 선고 2015두60617 판결 [폐업처분무효확인등]

갑 도지사가 도에서 설치·운영하는 을 지방의료원을 폐업하겠다는 결정을 발표하고 그에 따라 폐업을 위한 일련의 조치가 이루어진 후 **을 지방의료원을 해산한다는 내용의 조례를 공포하고 을 지방의료원의 청산절차가 마쳐진 사안에서, 지방의료원의 설립·통합·해산은 지방자치단체의 조례로 결정할 사항이므로, 도가 설치·운영하는 을 지방의료원의 폐업·해산은 도의 조례로 결정할 사항인 점 등을 종합하면, 갑 도지사의 폐업결정은 행정청이 행하는 구체적 사실에 관한 법집행으로서의 공권력 행사로서 입원환자들과 소속 직원들의 권리·의무에 직접 영향을 미치는 것이므로 항고소송의 대상에 해당하지만, 폐업결정 후 을 지방의료원을 해산한다는 내용의 조례가 제정·시행되었고 조례가 무효라고 볼 사정도 없어 을 지방의료원을 폐업 전의 상태로 되돌리는 원상회복은 불가능하므로** 법원이 폐업결정을 취소하더라도 단지 폐업결정이 위법함을 확인하는 의미밖에 없고, 폐업결정의 취소로 회복할 수 있는 다른 권리나 이익이 남아있다고 보기도 어려우므로, 갑 도지사의 폐업결정이 법적으로 권한 없는 자에 의하여 이루어진 것으로서 **위법하더라도 취소를 구할 소의 이익을 인정하기 어렵다고 한 사례.**

② 처분 후의 사정변경으로 이익침해가 해소된 경우

처분 후의 사정에 의하여 이익침해가 해소된 경우(예: 의사국가시험에 불합격한 후 새로 실시된 시험에 합격했을 때 불합격처분에 대한 취소소송)에는 원칙적으로 소의 이익이 부인된다. 그러나 앞에서 살펴 본 바와 같이 외형상 이익침해가 해소된 것처럼 보여도 그 의미에 차이가 있는 경우에는(예: 고교퇴학처분을 받은 후 퇴학처분 취소소송을 제기하였으나 검정고시에 합격한 경우)[232] 소의 이익이 인정된다.

③ 기본행위의 하자를 이유로 하는 인가처분에 대한 취소소송

기본행위의 불성립이나 하자를 이유로 하는 인가처분의 취소의 경우 대법원은 인가는 보충행위에 불과하므로 소의 이익을 부인하여 왔다.[233] 그러나 재건축, 재개발조합설립인가에 관한 한 대법원은 종래의 견해를 바꾸어 이를 강학상 인가가 아니라 설권행위로 보고 그 조합설립인가처분에 대한 취소소송의 소의 이익을 인정하고 있다.[234]

참고판례 1: 대법원 2009.9.24. 선고 2008다60568 판결 [재건축결의부존재확인]

행정청이 도시 및 주거환경정비법 등 관련 법령에 근거하여 행하는 조합설립인가처분은 단순히 사인들의 조합설립행위에 대한 **보충행위로서의 성질을 갖는 것에 그치는 것이 아니라 법령상 요건을 갖출 경우 도시 및 주거환경정비법상 주택재건축사업을 시행할 수 있는 권한을 갖는 행정주체(공법인)로서의 지위를 부여하는 일종의 설권적 처분의 성격을 갖는다고 보아야 한다.** 그리고 그와 같이 보는 이상 조합설립결의는 조합설립인가처분이라는 행정처분을 하는 데 필요한 요건 중 하나에 불과한 것이어서, 조합설립

232) 대법원 1992.7.14. 선고 91누4737 판결.
233) 대법원 1993.4.23. 선고 92누15482 판결; 대법원 2002.5.24. 선고 2000두3641 판결 등.
234) 대법원 2009.9.24. 선고 2008다60568 판결; 대법원 2009.9.24. 자 2009마168, 169 결정.

결의에 하자가 있다면 그 하자를 이유로 직접 항고소송의 방법으로 조합설립인가처분의 취소 또는 무효확인을 구하여야 하고, 이와는 별도로 조합설립결의 부분만을 따로 떼어내어 그 효력 유무를 다투는 확인의 소를 제기하는 것은 원고의 권리 또는 법률상의 지위에 현존하는 불안·위험을 제거하는 데 가장 유효·적절한 수단이라 할 수 없어 특별한 사정이 없는 한 확인의 이익은 인정되지 아니한다.

**도시 및 주거환경정비법상 주택재건축정비사업조합에 대한 행정청의 조합설립인가처분이 있은 후에 조합설립결의의 하자를 이유로 민사소송으로 그 결의의 무효 등 확인을 구한 사안**에서, 그 소가 확인의 이익이 없는 부적법한 소에 해당하다고 볼 여지가 있으나, 재건축조합에 관한 설립인가처분을 보충행위로 보았던 종래의 실무관행 등에 비추어 그 소의 실질이 조합설립인가처분의 효력을 다투는 취지라고 못 볼 바 아니고, 여기에 소의 상대방이 행정주체로서의 지위를 갖는 재건축조합이라는 점을 고려하면, 그 소가 공법상 법률행위에 관한 것으로서 **행정소송의 일종인 당사자소송으로 제기된 것으로 봄이 상당하고, 그 소는 이송 후 관할법원의 허가를 얻어 조합설립인가처분에 대한 항고소송으로 변경될 수 있어 관할법원인 행정법원으로 이송함이 마땅하다고 한 사례.**

**해 설** 종래의 실무관행처럼 재건축조합설립인가처분을 강학상 인가로 보지 않고 이를 일종의 설권행위로 보고 이에 대한 항고소송을 제기할 소의 이익이 있다는 전제하에, 조합설립결의의 하자를 이유로 민사소송으로 그 결의 무효의 확인을 구한 소송은 적절한 소송방법이 아니므로 이를 당사자소송을 제기한 것으로 보고 향후 항고소송으로 변경할 수 있도록 행정법원으로 이송하도록 한 사례이다.

### 참고판례 2: 대법원 2009.9.24. 자 2009마168, 169 결정 [가처분이의·직무집행정지가처분]

재개발조합설립 인가신청에 대한 **행정청의 조합설립인가처분은 단순히 사인들의 조합설립행위에 대한 보충행위로서의 성질을 갖는 것이 아니라 법령상 일정한 요건을 갖출 경우 행정주체(공법인)의 지위를 부여하는 일종의 설권적 처분의 성격**을 갖는 것이라고 봄이 상당하다.

따라서, 구 도시정비법상 재개발조합설립 인가신청에 대하여 행정청의 조합설립인가처분이 있은 이후에 조합설립결의에 하자가 있음을 이유로 재개발조합 설립의 효력을 부정하기 위해서는 항고소송으로 조합설립인가처분의 효력을 다투어야 하고, 특별한 사정이 없는 한 이와는 별도로 민사소송으로 행정청으로부터 조합설립인가처분을 하는 데 필요한 요건 중의 하나에 불과한 조합설립결의에 대하여 무효확인을 구할 확인의 이익은 없다고 보아야 한다.

**해 설** 재개발조합의 경우에도 조합설립인가처분은 보충행위인 인가가 아니라 행정주체의 지위를 부여하는 설권행위로 보고, 그에 대해 항고소송을 제기할 소의 이익이 있으므로 그를 위한 조합설립결의 무효확인을 구할 민사소송의 소의 이익은 없다고 한 판결이다.

#### ④ 더 유효한 권리구제수단이 있는 경우

대법원은 거부처분이 재결에서 취소된 경우 후속처분이 없는 상태에서는 제3자의 권리·이익에 변동이 없으므로 다툴 것이 없고, 후속처분이 있으면 재결의 취소를 구하는 것보다 후속처분을 다투는 것이 유효적절한 구제수단이 되므로 제3자가 거부처분을 취소한 재결의 취소를 구하는 것은 권리보호의 필요가 없다고 한다.[235]

---

235) 대법원 2017.10.31. 선고 2015두45045 판결.

⑤ 처분의 효과가 다른 처분으로 흡수된 경우

본 처분이 발령되고 나면 그의 부분허가에 대한 소송을 계속할 실익이 없어 소를 각하함이 원칙이다.

또한 대법원은 입학시험의 면접일정 변경을 위한 이의신청에 대한 거부는 결국 불합격처분에 흡수되는 것이므로 거부행위의 취소를 구하는 부분은 그와 관련된 불합격처분으로 인해 소의 이익이 없어 부적법하다고 판시하였다.[236)]

**주요판례요지**

대법원 1998.9.4. 선고 97누19588 판결: 원자로와 관계시설의 부지사전승인처분 후에 그 건설허가처분이 이루어진 경우 부지사전승인처분에 대한 취소소송의 소의 이익은 인정되지 않는다. 최종결정이 이루어지면 사전결정은 이에 흡수되는 것이 원칙이므로 사전결정에 대한 소의 이익이 소멸하기 때문이다.

⑥ 기타

이 밖에 권리보호의 필요가 부인되는 경우로서 취소소송 보다 더 용이한 방법으로 권리보호의 목적을 달성할 수 있는 경우, 소권의 남용, 소권이 실효되었다고 인정되는 경우, 기타 소송이 원고에게 아무런 실익이 없는 경우 등이 있다.

## 제6관 기타의 취소소송의 소송요건

### 1. 취소소송의 재판관할

#### (1) 취소소송의 재판관할권

취소소송은 적법한 관할권이 있는 법원에 제기하여야 한다. 취소소송의 관할권이 있는 법원은 다음과 같다.

① 심급관할

취소소송의 제1심 심급관할은 지방법원급인 행정법원이다(행정소송법 제9조 제1항). 현재 서울행정법원 이외에는 행정법원이 따로 설치되어 있지 않다. 행정법원이 설치되지 않은 지역의 경우 지방법원 합의부(원칙적으로 본원 합의부)[237)]에서 행정사건을 관장한다. 항소심은 관할 고등법원이, 상고심은 대법원이 관장한다.

대법원은 당사자소송에 속하는 것을 민사소송에 속하는 것으로 알고 판사가 잘못 판결한

---

236) 대법원 2024.4.4. 선고 2022두56661 판결.

237) 지원 합의부가 행정사건을 처리하는 경우로 춘천지방법원 강릉지원 합의부가 있다('각급법원의 설치와 관할구역에 관한 법률' 별표9 참조).

경우라 하더라도 항소심은 당사자소송으로 취급하여 고등법원의 전속관할로 하여야 한다고 한다.[238)]

② 토지관할

취소소송의 토지관할은 피고인 행정청의 소재지를 관할하는 행정법원이다. 그러나 중앙행정기관, 중앙행정기관의 부속기관과 합의제행정기관 또는 그 장, 그리고 국가의 사무를 위임 또는 위탁받은 공공단체 또는 그 장이 피고일 때에는 서울행정법원(대법원소재지를 관할하는 행정법원)에 소를 제기할 수 있다(행정소송법 제9조 제2항). 따라서 세종시에 소재하고 있는 중앙행정기관 등을 피고로 하는 취소소송은 대전지방법원 합의부 또는 서울행정법원에 취소소송을 제기할 수 있다.

한편, 토지의 수용 기타 부동산 또는 특정의 장소에 관계되는 처분등에 대한 취소소송은 그 부동산이나 장소의 소재지를 관할하는 행정법원에 이를 제기할 수 있다(같은 법 제9조 제3항).

③ 합의관할, 변론관할

민사소송법상의 합의관할,[239)] 변론관할[240)]은 행정소송에도 준용 가능하다.

### (2) 관할법원에의 이송

관할에 위반하여 소송이 제기된 경우에 법원은 소송의 전부 또는 일부가 그 관할에 속하지 아니함을 인정한 때에는 결정으로 관할법원에 이송한다(민사소송법 제34조 제1항).

또한, 원고의 고의 또는 중대한 과실 없이 행정소송을 심급을 달리하는 법원에 잘못 제기한 경우에도 법원은 관할법원에 이송하도록 하고 있다(행정소송법 제7조).

이송을 받은 법원은 다시 이를 이송한 법원으로 반송하거나 다른 법원으로 전송할 수 없다(민사소송법 제38조 제1항, 제2항: 행정소송법 제8조 제2항에 의한 준용). 그리고 이송 전의 소송행위도 효력을 유지한다고 보는 것이 소송경제에 적합하다.

---

참고판례: 대법원 2017.11.9. 선고 2015다215526 판결 [정산금청구]

**원고가 고의 또는 중대한 과실 없이 행정소송으로 제기하여야 할 사건을 민사소송으로 잘못 제기한 경우, 수소법원으로서는 만약 행정소송에 대한 관할도 동시에 가지고 있다면 이를 행정소송으로 심리·판단하여야 하고, 행정소송에 대한 관할을 가지고 있지 아니하다면** 당해 소송이 이미 행정소송으로서의 전심절차 및 제소기간을 도과하였거나 행정소송의 대상이 되는 처분 등이 존재하지도 아니한 상태에 있는 등 **행정소송으로서의 소송요건을 결하고 있음이 명백하여 행정소송으로 제기되었더라도 어차피 부적법하게 되는 경우가 아닌 이상 이를 부적법한 소라고 하여 각하할 것이 아니라 관할법원에 이송하여야 한다.**

---

238) 대법원 2022.1.27. 선고 2021다219161 판결.

239) 민사소송법 제29조 제1항: 당사자는 합의로 제1심 관할법원을 정할 수 있다.

240) 민사소송법 제30조: 피고가 제1심 법원에서 관할 위반이라고 항변하지 아니하고 본안에 대하여 변론하거나 변론준비기일에서 진술하면 그 법원은 관할권을 가진다.

### (3) 관련청구소송의 이송

관련청구소송의 계속법원은 상당하다고 인정하는 때에는 당사자의 신청이나 직권에 의해, 취소소송에 관련되는 다음과 같은 관련청구소송(피고를 달리하는 경우가 많다)을 취소소송의 계속법원에 이송할 수 있다(행정소송법 제10조 제1항).

〈관련청구소송〉

① **당해 처분등과 관련되는 손해배상, 부당이득, 원상회복 등의 청구소송**: 처분등이 원인이 되어 발생한 청구(예컨대, 손해배상청구)나 그 처분등의 취소를 선결문제로 하는 청구(부당이득반환, 재산권의 반환, 명도, 등기, 등록말소청구 등)

② **당해 처분등과 관련되는 취소소송**: 당해 처분과 함께 하나의 절차를 구성하는 다른 처분의 취소를 구하는 소송, 당해 처분에 관한 재결의 취소소송 또는 당해 재결의 대상인 처분의 취소소송, 당해 처분 등의 취소를 구하는 다른 자의 취소소송(일반처분이나 고시 등)

### (4) 관련청구소송의 병합

사실심의 변론종결시까지 취소소송에 관련청구소송을 병합(객관적 병합)하거나 피고 이외의 자를 상대로 하는 관련청구소송을 취소소송이 계속된 법원에 병합(주관적 병합)하여 제기할 수 있다(행정소송법 제10조 제2항). 민사소송에서의 소의 병합은 수개의 청구가 동일한 소송절차에 의하는 경우에만 인정되나 행정소송법은 관련청구라면 이종(異種)의 소송절차도 병합이 인정되는 것이다.

특히 행정소송법 제10조 제2항은 피고 이외의 자를 상대로 한 관련청구소송의 병합제기를 허용하여 주관적 병합을 규정하고 있는데, 피고 이외의 자에 대한 주관적·예비적 병합[241]과 주관적·추가적 병합[242]도 인정된다.

한편 행정처분에 대한 무효확인청구와 취소청구는 서로 양립할 수 없는 청구이므로 선택적 병합[243]이나 단순병합[244]은 허용되지 않고 오직 주위적·예비적 병합[245]만 허용된다.[246]

**주요판례요지**

① 대법원 2011.9.29. 선고 2009두10963 판결: 관련청구소송이 병합된 경우 본래의 소송(항고소송)이 부적법하여 각하되면 그에 병합된 관련청구소송도 각하된다.

241) 1차적 피고로 지정된 자에 대한 청구가 받아들여지지 않을 경우 예비적으로 2차적 피고로 지정한 자에 대한 청구를 받아들여 줄 것을 구하는 것.
242) 소송계속 중에 제3자가 새로 당사자로 추가되어 공동소송의 형태가 되는 것.
243) 원고가 여러 청구를 동시에 제기하면서 법원이 그 중 하나만 인용하면 나머지 청구에 대한 판단은 필요 없도록 하는 것.
244) 서로 다른 청구를 독립적으로 병합하여 함께 심리하는 하도록 하는 것.
245) 주위적 청구가 기각될 경우를 대비해 예비적으로 다른 청구를 제기하는 것.
246) 대법원 1999.8.20. 선고 97누6889 판결.

② 대법원 1999.8.20. 선고 97누6889 판결: 취소소송과 무효확인소송은 서로 양립할 수 없으므로 단순병합이나 선택적 병합은 불가능하고 예비적 병합만 가능하다.

③ 대법원 2005.12.23. 선고 2005두3554 판결: 무효확인소송에 취소소송을 추가적으로 병합하여도 주된 청구인 무효확인소송이 적법한 제소기간 내에 제기되었다면 추가 병합된 취소청구의 소도 적법하게 제기된 것으로 본다.

## 2. 행정심판전치

### (1) 의의

취소소송은 법령의 규정에 의하여 당해 처분에 대한 행정심판을 제기할 수 있는 경우에도 이를 거치지 않고 제기할 수 있다. 그러나 다른 법률이 행정심판의 재결을 거치지 않으면 제기할 수 없다고 규정하는 경우에는 행정심판을 거쳐야만 적법한 제소가 된다(행정소송법 제18조 제1항). 이때 전심절차를 거쳤느냐의 여부는 소송요건이므로 직권조사사항이다.[247)]

행정심판전치주의가 적용되는 대표적인 경우는 국세와 지방세 부과처분과 관련된 소송이다.

### (2) 행정심판전치주의가 적용되는 경우 그 적용의 범위

① **무효확인소송**: 무효확인소송의 경우 행정심판전치가 법률에 규정되어 있다 하더라도 행정심판을 거칠 필요가 없다.

② **무효선언을 구하는 취소소송과 행정심판전치**: 학설 대립이 있으나 판례는 무효선언을 구하는 취소소송이라도 소송요건에 관하여는 취소소송에 준하여 처리하여야 한다고 한다.

③ **행정심판전치를 법률이 요구할 때 제3자에 의한 제소의 경우에도 행정심판을 거쳐야 하는가?**: 제3자의 경우에는 행정처분이 있다는 사실을 알기가 곤란하다. 따라서 ① 이 경우 행정심판전치주의의 적용이 없다는 견해도 있다(소극설). ② 그러나 행정소송법 제18조 제2항 제4호가 정당한 사유가 있어도 행정심판을 제기할 것을 요구(재결은 거치지 않아도 좋지만)하고 있는 것으로 보아 적극적으로 해석하여야 할 것이다(적극설: 다수설). 또한 ③ 전심절차를 거칠 경우 신속하게 권리구제를 받을 수 없다고 하는 정당한 사유가 없는 한 행정심판전치주의가 적용된다는 절충설도 있다.

대법원은 제3자가 취소소송을 제기할 때에도 법률이 행정심판을 거치도록 하고 있는 경우에는 행정심판전치주의가 적용된다고 한다.[248)]

247) 대법원 1986.4.8. 선고 82누242 판결.
248) 대법원 1989.5.9. 선고 88누5150 판결.

### (3) 행정심판전치가 소송요건이 되는 경우, 행정심판전치의 내용

① 행정심판의 의미

여기서 말하는 행정심판이란 법령이 특별히 규정하지 않는 한 소원, 심사청구, 이의신청 기타 명칭 여하에 불구하고 행정심판의 실질을 갖춘 넓은 의미의 것이라고 본다.249)

또한 감사원법은 감사원의 심사청구 및 결정을 거친 행정기관의 장의 처분에 대해서는 행정심판을 거친 것으로 보고 바로 행정소송을 제기할 수 있도록 규정하고 있다(같은 법 제46조의2).

② 둘 이상의 행정심판절차가 인정된 경우

둘 이상을 거쳐야 한다는 명문규정이 없는 경우 한번만 거치면 출소할 수 있다고 보아야 할 것이다.

③ 행정심판의 제기 및 재결

행정심판전치가 소송요건이 되는 경우 소송이 적법하기 위하여는 행정심판을 거쳐서 행정소송이 제기되어야 한다. 이때 행정심판의 제기는 적법하게 이루어져야 한다. 그러므로 부적법한 행정심판제기를 각하하지 않고 본안재결을 한 경우 부적법은 치유되지 아니한다.

적법한 행정심판을 각하 재결하여도 행정심판전치의 요건을 충족한 것으로 본다.

④ 행정심판과 행정소송의 관련도

인적 관련: 행정심판의 청구인과 행정소송의 원고는 반드시 동일인임을 요하지 않는다. 공동소송인 중 1인이 행정심판을 거치거나, 피승계인이 행정심판을 거친 경우에도 행정심판전치 요건은 충족된 것이다.

물적 관련: 행정심판에서 취소·변경을 구하는 처분과 행정소송에서 취소·변경을 구하는 처분은 동일하여야 한다. 그러나 청구원인은 기본적인 면에서 동일하면 되고 반드시 일치할 필요는 없다.

⑤ 흠의 치유

행정심판전치요건은 그 때까지 소가 각하되지 않은 한, 사실심변론종결시까지 갖추면 된다.

### (4) 행정심판전치가 소송요건이 되는 경우 그 예외

다른 법률의 규정에 의하여 행정심판전치가 취소소송의 요건이 되는 경우에도 다음의 사항을 소명하면 행정심판을 제기함이 없이 또는 행정심판을 제기하되 재결을 거치지 아니하고 취소소송을 제기할 수 있다.

① 행정소송법 제18조 제2항: 행정심판은 제기하여야 하되 재결을 거치지 않고 행정소송을 제기할 수 있는 경우

---

249) 대법원 1992.6.9. 선고 92누565 판결 등.

첫째, 행정심판청구가 있은 날로부터 60일이 지나도 재결이 없는 때
둘째, 처분의 집행 또는 절차의 속행으로 생길 중대한 손해를 예방하여야 할 긴급한 필요가 있는 때
셋째, 법령의 규정에 의한 행정심판기관이 의결 또는 재결을 하지 못할 사유가 있는 때
넷째, 그 밖의 정당한 사유가 있는 때

주요판례요지

(구법시대 판례)

대법원 1953.4.15. 선고 4285행상11 판결: "그 밖의 정당한 사유"란 시기 기타 사유로 인하여 행정심판을 경유함으로써는 그 청구의 목적을 달성치 못하겠거나 또는 현저히 그 목적을 달성키 곤란한 경우를 말한다.

② **행정소송법 제18조 제3항**: 행정심판을 제기함이 없이 행정소송을 제기할 수 있는 경우
첫째, 동종사건에 관하여 이미 행정심판의 기각재결이 있은 때
둘째, 서로 내용상 관련되는 처분 또는 같은 목적을 위하여 단계적으로 진행되는 처분 중 어느 하나가 이미 행정심판의 재결을 거친 때
셋째, 행정청이 사실심의 변론종결 후에 소송의 대상인 처분을 변경하여 당해 변경된 처분에 관하여 소를 제기하는 때
넷째, 처분을 행한 행정청이 행정심판을 거칠 필요가 없다고 잘못 알린 때

### (5) 행정심판전치 요건의 충족 여부의 판단

행정심판전치 요건의 충족 여부의 판단은 직권조사사항이다. 그 판단시점은 사실심변론종결시이다. 다만 행정심판전치가 소송요건으로 다른 법령에 규정되어 있지만 행정소송법 제18조 제2항 및 제3항의 예외사유에 해당하는 경우에는 이를 소명하여야 한다(행정심판법 제18조 제4항).

주요판례요지

① 대법원 1987.4.28. 선고 86누29 판결: 행정심판을 거치지 않은 하자는 사실심변론종결시까지 갖추면 된다.

② 대법원 1986.7.22. 선고 85누297 판결: 국세의 납세고지처분에 대해 전심절차를 거친 경우에는 그 국세에 대한 가산금, 중가산금 부과처분에 대해서는 별도로 전심절차를 거칠 필요가 없다.

③ 대법원 1984.10.23. 선고 84누406 판결: 과세처분에 대한 쟁송이 진행중에 납세고지서에 세액산출근거를 기재하지 아니한 절차상 하자를 발견한 경우에 그 과세처분을 취소하고 절차상 하자를 보완하여 다시 동일한 내용의 과세처분을 할 수 있고, 이 경우에 새로운 과세처분에 대하여 별도로 전심절차를 거쳐야 한다.

## 3. 제소기간

제소기간 역시 원칙적으로 직권조사사항이다. 제소기간에 대하여 특별규정이 존재하는 경우 외에는 행정소송법의 규정에 따른다.

### (1) 행정심판이나 이의신청을 거친 경우

행정심판전치주의가 적용되거나 그렇지 않더라도 행정심판을 거친 경우에는 재결서 정본의 송달을 받은 날로부터 90일 이내에 취소소송을 제기하여야 한다(행정소송법 제20조 제1항). 행정청이 행정심판청구를 할 수 있다고 잘못 알린 경우에도 마찬가지이다. 그리고 행정기본법의 이의신청에 대한 규정은 이의신청에 대한 결과를 통지받은 날(행정기본법 제36조 제2항의 통지기간 내에 통지를 받지 못한 경우에는 통지기간이 만료되는 날의 다음 날)로부터 90일 내에 소송을 제기하면 된다고 하고 있다.

이 기간은 불변기간이므로 신축할 수 없고 다만 원격지에 주소 또는 거소를 둔 자를 위하여 부가기간을 정하거나(민사소송법 제172조 제2항), 당사자에게 책임 없는 사유로 이 기간을 준수할 수 없을 때에는 소송행위의 추완(추후보완)이 인정될 뿐이다. 추후보완기간은 통상의 경우 2주일이며 사유가 없어질 당시 외국에 있던 당사자에게는 30일이 허용된다(민사소송법 제173조 제1항).

취소소송은 처분등이 있은 날로부터 1년이 지나면 제기할 수 없다는 행정소송법 제20조 제2항은 행정심판을 거친 경우에도 적용되지만 실질적으로는 거의 의미가 없다.

**주요판례요지**

① 대법원 2009.7.23. 선고 2008두10560 판결: 부작위위법확인소송은 제소기간의 제한이 없으나 행정심판을 거친 경우에는 행정소송법 제20조가 정한 기간 안에 제기하여야 한다.

② 대법원 2011. 11. 24. 선고 2011두18786 판결: 처분이 있음을 안 날부터 90일을 넘겨 청구한 부적법한 행정심판청구에 대한 재결이 있은 후 재결서를 송달받은 날부터 90일 이내에 원래의 처분에 대하여 취소소송을 제기하였다고 하여 취소소송이 다시 제소기간을 준수한 것으로 되는 것은 아니다.

### (2) 행정심판이나 이의신청을 거치지 않은 일반적인 경우

행정심판이나 이의신청을 제기하지 않거나 재결을 거치지 않은 경우에는 처분등이 있음을 안 날로부터 90일 이내, 처분등이 있은 날로부터 1년 내에 취소소송을 제기하여야 한다(행정소송법 제20조 제1항, 제2항). 이 두 기간은 선택적인 것이 아니라 어느 하나가 만료하면 제소기간이 경료된다.

'처분등이 있음을 안 날'이란 처분의 위법성을 판단한 날이 아니라 처분이 있음을 현실적으로 안 날이며, 처분의 통지가 주소지에 송달되는 등 사회통념상 당사자가 알 수 있는 상태에 놓여진 때를 말한다.[250] 이 기간은 불변기간이다.

한편 '처분등이 있은 날'이란 처분의 효력발생일을 뜻하고[251] 상대방이 있는 처분인 경우 상대방에게 도달되어야 한다.[252] 이 기간은 불변기간이 아니다. 정당한 사유가 있는 경우에는 예외가 인정된다. 통상 행정처분의 존재를 알 수 없는 제3자의 경우에는 대개 이러한 정당한 사유가 인정된다.

대법원은 또한 헌법재판소의 위헌결정으로 취소소송이 가능해진 경우, 객관적으로는 위헌결정이 있은 날, 주관적으로는 위헌결정이 있음을 안 날을 제소기간의 기산점으로 삼아야 한다고 한다.[253]

**주요판례요지**

① 대법원 1999.12.28. 선고 99두9742 판결: 송달을 통하여 사회통념상 처분이 있음을 당사자가 알 수 있는 상태에 놓여진 때에는 반증이 없는 한 그 처분이 있음을 알았다고 추정한다.

② 대법원 2002.8.27. 선고 2002두3850 판결: 아파트경비원이 과징금부과처분의 납부고지서를 수령한 날이 부과처분이 있음을 안 날은 아니다.

③ 대법원 2007.6.14. 선고 2004두619 판결: 고시 또는 공고에 의하여 행정처분을 하여야 하는 경우에는 불특정다수인에 대한 것이므로 현실적으로 고시 또는 공고가 있었음을 알았는지의 여부에 상관없이 고시가 효력을 발생한 날 행정처분이 있음을 알았다고 본다(일반처분의 경우에 대한 판시임).

④ 대법원 2006.4.28. 선고 2005두14851 판결: 특정인에 대한 행정처분을 송달할 수 없어 공고한 경우 그 공고일이 상대방이 처분이 있음을 안 날로 볼 수는 없고 현실적으로 안 날이라야 그 처분이 있음을 안 날로 볼 수 있다.

⑤ 대법원 1984.5.29. 선고 84누175 판결: 무효선언적 의미의 취소소송의 경우 취소소송과 같은 제소기간의 제한이 적용된다.

⑥ 대법원 2001.5.8. 선고 2000두6916 판결: 행정심판과 달리 행정청이 행정소송기간을 잘못 알렸더라도 법정기간 내에 소송을 제기하여야 한다.

**참고판례: 대법원 1991.6.28. 선고 90누6521 판결 [개별용달운송사업면허취소]**

**행정소송법 제20조 제2항 소정의 "정당한 사유"란** 불확정 개념으로서 그 존부는 사안에 따라 개별적, 구체적으로 판단하여야 하나 **민사소송법 제160조의 "당사자가 그 책임을 질 수 없는 사유"나 행정심판법 제18조 제2항**(현재의 제27조 제2항) **소정의 "천재, 지변, 전재, 사변 그 밖에 불가항력적인 사유"보다는 넓은 개념이라고 풀이되므로,** 제소기간도과의 원인 등 여러 사정을 종합하여 지연된 제소를 허용하는 것

250) 대법원 2002.8.27. 선고 2002두3850 판결.
251) 대법원 2019.8.9. 선고 2019두38656 판결.
252) 대법원 1990.7.13. 선고 90누2284 판결.
253) 대법원 2008.2.1. 선고 2007두20997 판결.

이 사회통념상 상당하다고 할 수 있는가에 의하여 판단하여야 한다.

**해 설** 행정소송법 제20조 제2항의 정당한 사유가 "당사자가 책임을 질 수 없는 사유"나 "천재, 지변, 전쟁, 사변 그 밖에 불가항력적 사유"보다는 넓은 개념이라고 판시하고 있다.

### (3) 특별한 경우의 제소기간의 기산점

행정처분은 연속적으로 이루어지기도 하고 원처분을 변경하거나 경정이 이루어지기도 하며 소송 중에 1차처분에 대한 소송이 2차처분에 대한 소송으로 변경되기도 한다. 이러한 특별한 경우에 제소기간의 기산점을 언제로 하여야 하는가 하는 것은 소제기에 있어 중요한 의미가 있다.

원칙적으로 처분이 연속적으로 이루어져도 각 처분은 각 처분이 효력을 발생한 날을 기준으로 하여 제소기간을 기산한다.

그러나 경정처분과 변경처분의 경우 무엇을 항고소송의 대상적격으로 인정하는가에 대한 판단에 따라 달라진다. 경정처분의 경우, 증액경정이 이루어지면 증액경정처분, 감액경정의 경우 당초처분이, 변경처분의 경우 원처분이 취소소송의 대상적격을 가지는 처분이 되므로 그를 기준으로 제소기간을 기산한다. 또한 선행처분을 후행처분이 대체하는 의미가 있으면 후행처분이 대상적격이 있고, 선행처분에 여전히 후행처분에 흡수되지 않은 요소가 있으면 둘 다 대상적격을 가지므로 각기 대상적격을 가지는 처분을 기준으로 제소기간이 기산된다.

그리고 조세부과에 있어서 이의신청 등에 대한 결정의 한 유형으로 실무상 이루어지고 있는 재조사결정이 있은 경우에는 중요한 것은 재조사 이후 후속처분의 내용이므로 심사청구기간이나 심판청구기간 또는 행정소송의 제소기간은 재조사결정을 통지받은 날이 아니라 이의신청인 등이 후속 처분의 통지를 받은 날부터 기산된다.[254)]

**주요판례요지**

대법원 2004.12.10. 선고 2003두12257 판결: 단계적으로 이루어진 행정처분일지라도 각각 별개의 법률효과를 가지고 있으면 제소기간은 각기 별도로 진행되며 따라서 소의 병합이 이루어졌더라도 제소기간 준수 여부는 청구취지의 추가·변경이 있은 때를 기준으로 하여야 한다.

**참고판례: 대법원 2007.4.27. 선고 2004두9302 판결 [식품위생법위반과징금부과처분취소]**

행정청이 식품위생법령에 따라 영업자에게 **행정제재처분을 한 후 그 처분을 영업자에게 유리하게 변경하는 처분을 한 경우,** 변경처분에 의하여 당초 처분은 소멸하는 것이 아니고 당초부터 유리하게 변경된 내용의 처분으로 존재하는 것이므로, **변경처분에 의하여 유리하게 변경된 내용의 행정제재가 위법하다 하**

254) 대법원 2010.6.25. 선고 2007두12514 전원합의체 판결.

**여 그 취소를 구하는 경우 그 취소소송의 대상은 변경된 내용의 당초 처분이지 변경처분은 아니고, 제소기간의 준수 여부도 변경처분이 아닌 변경된 내용의 당초 처분을 기준으로 판단하여야 한다.**

### (4) 소변경시 제소기간 준수여부의 판단

선·후행처분에 대하여 소송이 진행되는 도중 소의 교환적 변경이나 추가적 변경이 있을 때 원칙적으로 각기 따로 제소기간을 따진다. 그러나 대법원은 선행처분에 대한 제소와 후행처분에 대한 제소가 내용적으로 포함관계에 있을 때(참고판례 3 참조) 그것을 고려하여 제소기간 여부를 판단한다.[255)]

소의 종류의 변경과 관련하여 대법원은 원고가 행정소송법상 항고소송으로 제기하여야 할 사건을 민사소송으로 잘못 제기한 경우에 수소법원이 그 항고소송에 대한 관할을 가지고 있지 아니하여 관할법원에 이송하는 결정을 하였고, 그 이송결정이 확정된 후 원고가 항고소송으로 소 변경을 하였다면, 그 항고소송에 대한 제소기간의 준수 여부는 원칙적으로 처음에 소를 제기한 때(민사소송을 제기한 때)를 기준으로 판단하여야 한다[256)]고 한다.

#### 참고판례 1: 대법원 2013.7.11. 선고 2011두27544 판결

행정소송법상 취소소송은 처분 등이 있음을 안 날부터 90일 이내에 제기하여야 하고, 처분 등이 있은 날부터 1년을 경과하면 제기하지 못한다(행정소송법 제20조 제1항, 제2항). 한편 청구취지를 교환적으로 변경하여 종전의 소가 취하되고 새로운 소가 제기된 것으로 보게 되는 경우에 새로운 소에 대한 제소기간의 준수 등은 원칙적으로 소의 변경이 있은 때를 기준으로 하여 판단된다. **그러나 선행처분의 취소를 구하는 소가 그 후속처분의 취소를 구하는 소로 교환적으로 변경되었다가 다시 선행처분의 취소를 구하는 소로 변경된 경우 후속처분의 취소를 구하는 소에 선행처분의 취소를 구하는 취지가 그대로 남아 있었던 것으로 볼 수 있다면 선행처분의 취소를 구하는 소의 제소기간은 최초의 소가 제기된 때를 기준으로 정하여야 한다.**

**해 설** 선행처분 취소의 소가 후행처분 취소의 소로 교환적으로 변경되었다가 다시 선행처분취소의 소로 변경하고자 하는 경우에 후속처분의 취소를 구하는 소에 선행처분의 취소를 구하는 취지가 그대로 남아 있었다면 처음의 선행처분 취소의 소를 제기한 때 제소한 것으로 보아야 한다는 것이다.

#### 참고판례 2: 대법원 2004.11.25. 선고 2004두7023 판결 [사도개설허가취소신청거부처분취소]

원심판결 이유에 의하면 원심은, 그 채용 증거들에 의하여 판시와 같은 사실을 인정한 다음, 원고가 2002. 6. 26.자 처분인 판시 **이 사건 제2처분의 취소를 구하는 소를 제소기간 내에 제기하였다가 2002. 9. 9. 제1심에서 2000. 8. 5.자 처분인 판시 이 사건 제1처분의 취소를 구하는 것으로 청구취지를 교환적으로 변경하였고, 2003. 9. 23. 원심에서 다시 청구취지를 교환적으로 변경하여 이 사건 제2처분의 취**

---

255) 대법원 2019.7.4. 선고 2018두58431 판결.
256) 대법원 2022.11.17. 선고 2021두44425 판결. 이 판례의 취지는 행정소송법 개정시안에도 포함되었던 내용이다.

**소청구를 선택적 청구 중의 하나로 하고 있으나, 위 2003. 9. 23.자 청구취지의 변경은 원고가 이 사건 제2처분이 있음을 안 날로부터 90일, 그 처분이 있은 날로부터 1년을 경과한 후에 이루어진 것임이 역수상 명백하므로 이 사건 소 중 이 사건 제2처분에 관한 취소청구 부분의 소는 제소기간을 준수하지 못하여 부적법하다**고 판단하였는바, 이는 위의 법리에 따른 것으로서 옳고, 거기에 상고이유의 주장과 같은 행정소송의 제소기간에 관한 법리를 오해한 위법이 있다고 할 수 없다. 또한 이 사건 제1처분의 취소를 구하는 소에 이 사건 제2처분의 취소를 구하는 취지까지 그대로 남아 있다고 볼 수도 없다.

**해 설** 관련되는 처분 중 제2처분의 취소를 구하는 소를 제소기간 내에 제기하였으나 이를 제1처분으로 교환적으로 변경하고 후에 다시 청구취지를 교환적으로 변경하여 제2처분의 취소를 선택적 청구로 한 경우, 제2처분에 대한 취소는 제소기간의 도과 후에 이루어져 부적법하다고 판시하였다. 제1처분과 제2처분의 청구취지가 서로 다른 일반적인 경우에 대한 것이다.

참고판례 3: 대법원 2005.12.23. 선고 2005두3554 판결 [채석허가수허가자변경신고수리처분취소]

하자 있는 행정처분을 놓고 이를 무효로 볼 것인지 아니면 단순히 취소할 수 있는 처분으로 볼 것인지는 동일한 사실관계를 토대로 한 법률적 평가의 문제에 불과하고, **행정처분의 무효확인을 구하는 소에는 특단의 사정이 없는 한 그 취소를 구하는 취지도 포함되어 있다고 보아야 하는 점 등에 비추어 볼 때,** 동일한 행정처분에 대하여 **무효확인의 소를 제기하였다가 그 후 그 처분의 취소를 구하는 소를 추가적으로 병합한 경우, 주된 청구인 무효확인의 소가 적법한 제소기간 내에 제기되었다면 추가로 병합된 취소청구의 소도 적법하게 제기된 것으로 봄이 상당하다.**

**해 설** 동일한 처분을 두고 무효확인소송을 제기하였다가 후에 취소소송을 추가적으로 병합한 경우 취소청구의 취지가 무효확인청구의 취지에 포함된 것으로 보고 무효확인소송을 제기한 시점에 제소한 것으로 보아 제소기간을 계산하도록 한 판시이다.

## 4. 피고적격

### (1) 일반론

취소소송의 피고는 처분이나 재결을 행한 행정청이 된다(행정소송법 제13조 제1항). 민사소송이나 당사자소송의 경우 국가나 지방자치단체와 같이 법인격을 가진 권리·의무의 주체가 되어야 피고가 될 수 있으나, 취소소송은 행정청의 처분의 취소를 구하는 소송이므로 권리주체가 아닌 행정청이 피고가 될 수 있도록 하였다.

### (2) 권한 승계의 경우

처분을 행한 후 권한의 승계가 이루어진 경우에는 그 권한을 승계한 행정청이 피고가 되고, 행정청이 없게 된 때에는 사무가 귀속하는 국가 또는 공공단체가 피고가 된다(행정소송법 제13조 제1항, 제2항). 이러한 권한승계의 경우 법원은 당사자의 신청이나 직권으로 피고를 경정한다. 물론 타법에 특례가 있는 경우에는 그에 따른다.

### (3) 권한의 위임과 대리의 경우

법령에 의거하여 권한의 위임을 받으면 수임청이 피고가 된다. 그러나 위임전결규정에 의한 내부위임 등 사실상의 위임의 경우에는 정식으로 권한이 위임된 것이 아니므로 위임청이 피고가 된다. 한편 권한의 대리의 경우에는 피대리청이 피고가 된다. 다만 대법원은 처분이 누구 명의로 이루어졌는가를 중요시한다. 그리하여 명의자를 피고로 하는 것이 원칙이다.[257] 그러나 대리인이 자기 명의로 처분을 하였더라도 대리관계를 현명하여 피대리청을 표시하였다면 그 피대리청이 피고가 된다고 한다.[258] 또한 대법원은 설사 명시적으로 대리관계를 현명하지 않았더라도 실질적으로 대리관계가 밝혀진 경우에도 피대리청이 피고가 되어야 한다고 판시하였다.[259]

공공단체와 공공단체장 중 누구를 피고로 할 것인가가 문제되는 경우 법령의 규정을 구체적으로 살펴야 한다. 일반적으로는 공공단체 자체에 권한을 위임하는 경우가 대부분이다.

### (4) 특별한 경우

합의제 행정청의 처분에 대해서는 그 합의제 행정청이 피고가 된다. 합의제 행정청이라 할지라도 직원인사에 대한 처분 등 합의에 의한 처분이 아닌 경우에는 합의제 기관의 수장이 처분청이 되는 경우도 있다.

또한 일반적인 원칙론과 다르게 노동위원회법은 중앙노동위원회의 처분에 대한 취소소송의 경우 중앙노동위원회위원장이 피고가 되도록 규정하고 있다(같은 법 제27조 제1항).

그리고 대통령이 공무원에 대하여 징계처분이나 강임, 휴직, 직위해제 또는 면직처분 등의 본인의사에 반한 불리한 처분이나 부작위를 한 경우의 피고는 소속장관이 되고 그러한 처분이나 부작위를 중앙선거관리위원장이 한 경우 피고는 중앙선거관리위원회 사무총장이 된다(국가공무원법 제16조 제2항). 이는 처분청과 피고가 달라지는 특별한 경우이다.

### (5) 피고경정

원고가 피고를 잘못 지정한 때에는 법원은 원고의 신청에 의하여 결정으로 피고의 경정을 허가할 수 있다(행정소송법 제14조 제1항). 이 신청이 각하된 때에는 즉시항고를 할 수 있다. 피고경정이 있는 때에는 새로운 피고에 대한 소송은 처음에 소를 제기한 때에 제기된 것으로 본다. 이것은 권한승계에 의한 피고경정의 경우에도 동일하다.

취소소송에서의 피고경정은 민사소송법 제260조 제1항에 의한 피고경정과는 달리 제1심 변론종결 때까지 할 수 있는 것이 아니라 사실심 변론종결시까지 할 수 있다[260](행정소송규칙 제6조).

---

257) 대법원 1995.12.22. 선고 95누14688 판결.
258) 대법원 2018.10.25. 선고 2018두43095 판결.
259) 대법원 2006.2.23. 자 2005부4 결정.
260) 대법원 2006.2.23. 자 2005부4 결정.

**주요판례요지**

① 대법원 1996.9.20. 선고 95누8003 판결: 조례가 항고소송의 대상이 되면 지방자치단체장이 피고가 되며 교육·학예에 대한 조례의 경우에는 교육감이 피고가 된다.

② 대법원 1993.11.26. 선고 93누7341 판결: 지방의회 의원에 대한 징계의결이나 지방의회의장 선거의 처분청은 지방의회이므로 그 취소소송의 피고는 지방의회가 된다.

③ 대법원 1994.8.12. 선고 94누2763 판결: 내부위임을 받은 데 불과한 하급행정청이 권한없이 행정처분을 행한 경우에도 실제로 그 처분을 행한 명의자인 하급행정청을 피고로 하여야 한다.

**참고판례: 대법원 2013.2.28. 선고 2012두22904 판결 [고용보험료부과처분무효확인및취소]**

**항고소송은 원칙적으로 소송의 대상인 행정처분 등을 외부적으로 그의 명의로 행한 행정청을 피고로 하여야 하는 것으로서,** 그 행정처분을 하게 된 연유가 상급행정청이나 타행정청의 지시나 통보에 의한 것이라 하여 다르지 않고, 권한의 위임이나 위탁을 받아 수임행정청이 자신의 명의로 한 처분에 관하여도 마찬가지이다. 그리고 위와 같은 지시나 통보, 권한의 위임이나 위탁은 행정기관 내부의 문제일 뿐 국민의 권리의무에 직접 영향을 미치는 것이 아니어서 항고소송의 대상이 되는 행정처분에 해당하지 않는다.

**근로복지공단이 갑 지방자치단체에 고용보험료 부과처분을 하자,** 갑 지방자치단체가 구 고용보험 및 산업재해보상보험의 보험료징수 등에 관한 법률(2010. 1. 27. 법률 제9989호로 개정되어 2011. 1. 1.부터 시행된 것) 제4조 등에 따라 국민건강보험공단을 상대로 위 처분의 무효확인 및 취소를 구한 사안에서, 근로복지공단이 갑 지방자치단체에 대하여 고용보험료를 부과·고지하는 처분을 한 후, 국민건강보험공단이 위 법 제4조에 따라 종전 근로복지공단이 수행하던 보험료의 고지 및 수납 등의 업무를 수행하게 되었고, **위 법 부칙 제5조가 '위 법 시행 전에 종전의 규정에 따른 근로복지공단의 행위는 국민건강보험공단의 행위로 본다'고 규정하고 있어,** 갑 지방자치단체에 대한 근로복지공단의 고용보험료 부과처분에 관계되는 권한 중 적어도 **보험료의 고지에 관한 업무는 국민건강보험공단이 그 명의로 고용노동부장관의 위탁을 받아서 한 것으로 보아야 하므로,** 위 처분의 무효확인 및 취소소송의 피고는 국민건강보험공단이 되어야 함에도, 이와 달리 위 처분의 주체는 여전히 근로복지공단이라고 본 원심판결에 고용보험료 부과고지권자와 항고소송의 피고적격에 관한 법리를 오해한 위법이 있다고 한 사례.

**해 설** 대법원은 항고소송의 피고는 원칙적으로 소송의 대상인 행정처분 등을 외부적으로 그의 명의로 행한 행정청이라고 하고, 권한의 위임이나 위탁을 받아 수임행정청이 자신의 명의로 한 처분에 관하여도 마찬가지라고 한다. 그러나 법령이 종전의 근로복지공단의 행위를 국민건강보험공단이 한 것으로 본다고 하는 부칙 조항을 두고 있는 본 사례의 경우에는 근로복지공단이 행한 고용보험료부과처분에 대해 국민건강보험공단이 피고가 되어야 한다고 판시하고 있다. 또한 이 판결에서도 지방자치단체에 대하여 항고소송의 당사자능력을 인정하여 원고적격을 부여하고 있다.

### 5. 위법성 주장, 법률상 이익 침해 주장

취소소송이 적법하기 위해서는 행정처분이 위법하다는 주장 그리고 법률상 이익이 침해되었다는 주장이 있어야 한다. 이는 위법성 자체, 법률상 이익 침해 자체가 실제로 이루어져야 하는 것이 아니라 그를 주장하면 족하고(위법의 가능성, 법률상 이익의 침해의 가능성의 문제), 위법성 판단이나 법률상 이익 침해 여부의 판단은 본안판단사항이다.

### 6. 소장으로 제소

취소소송은 소장을 제출함으로써 제기한다. 소장에 관하여는 민사소송법을 준용한다.

## 제7관 소의 변경

### 1. 소의 종류의 변경

#### (1) 소의 종류의 변경의 허용범위와 특징

행정소송법 제21조는 취소소송을 처분등에 관계되는 사무가 귀속하는 국가나 공공단체에 대한 당사자소송이나 취소소송 이외의 항고소송으로 변경할 수 있도록 하고 있다. 문제는 취소소송을 국가배상소송과 같은 민사소송으로 변경을 할 수 있는가 하는 것이다. 명문의 규정은 없다. 그러나 국가배상소송으로 변경함으로써 피고가 행정청에서 국가나 지방자치단체와 같은 행정주체로 변경이 이루어지지만 변경되는 당사자는 실체적 동일성이 있으므로 소변경이 가능하다고 보아야 할 것이다.

또한, 역시 행정소송법상에는 명문의 규정이 없으나 민사소송을 행정소송으로 변경할 수 있는지가 문제인데, 이와 관련하여 대법원은 수소법원이 민사소송의 관할권과 행정소송의 관할권을 아울러 가지고 있을 때에는 원고가 고의나 중과실로 그러한 경우가 아닌 한, 행정소송을 제기할 것을 민사소송으로 제기하였다 하더라도 부적법 각하하지 말고 석명권을 행사하여 원고로 하여금 소변경을 하도록 하여 심리하여야 한다고 판시하였다.[261]

이와 같은 취소소송과 관련되는 소의 종류의 변경은 피고의 변경을 가져올 수 있다는 점에서 민사소송의 청구의 변경과 다르다.

#### (2) 소의 종류의 변경의 요건

법원이 행정소송법 제21조의 소의 종류의 변경을 허가하기 위해서는 ① 청구의 기초에 변경이 없어야 하며(청구의 기초의 동일성), ② 사실심 변론종결시까지 원고가 신청하여야 하며, ③ 소변경으로 피고가 달라질 경우에는 새로이 피고가 될 자의 의견을 들어야 한다.

법원의 소변경 허가결정에 대하여는 즉시항고를 할 수 있다. 소의 종류의 변경은 교환적 변경만 가능하지 추가적 변경은 허용되지 않는다.

청구의 기초의 동일성의 의미에 대해서는 이익설, 사실설, 병용설 등의 학설 대립이 있다.

① 이익설: 청구 기초의 동일성이 있는 경우란, 청구를 특정한 권리의 주장으로 구성하기 전의 사실적 분쟁이익이 공통한 경우라고 한다.

---

261) 대법원 1999.11.26. 선고 97다42250 판결.

② **사실설:** 소의 목적인 권리관계의 발생원인인 근본적인 사회현상인 사실이 공통인 경우, 청구기초의 동일성이 있다고 한다. 또는 신청구와 구청구의 사실자료 사이에 심리를 계속할 수 있는 공통성이 있는 경우를 청구의 기초의 동일성이 있는 경우라고 하기도 한다(사실자료공통설: 이시윤).

③ **병용설:** 신청구와 구청구의 재판자료의 공통만이 아니라 신·구청구의 이익관계도 서로 공통인 경우가 청구기초의 동일성이 있는 경우라고 한다.

대법원은 다음의 4가지 경우를 청구의 기초에 변경이 없는 경우라고 한다.

① 청구원인은 동일한데 청구취지만 변경하는 경우

② 신·구 청구 중 어느 하나가 다른 쪽의 변형물이거나 부수물인 경우

③ 동일내용의 급부나 법률관계의 형성을 목적으로 하지만 법률적 구성만 달리하는 경우

④ 동일한 생활사실이나 경제적 이익에 관한 분쟁인데 해결방법만 달리하는 경우[262)]

#### (3) 소의 종류의 변경의 효과

소의 종류가 변경되면 신소는 구소가 제기된 때 제기된 것으로 보고 구소는 취하된 것으로 본다(행정소송법 제21조 제4항, 제14조 제4항, 제5항).

### 2. 민사소송법상의 청구의 변경

취소소송에서도 민사소송법상의 청구의 변경(민사소송법 제262조)에 해당하는 소의 변경이 허용된다. 대법원은 민사소송법의 청구의 변경의 규정은 행정소송에 준용된다고 한다.[263)] 예컨대 처분의 일부취소만 구하다가 전부취소를 구하는 소송으로 변경하는 것과 같은 것이 민사소송법상의 청구의 변경이 적용된 예이다.

그런데 처분성 없는 행정청의 행위를 취소대상으로 한 것을 처분성 있는 행위를 대상으로 청구취지를 변경하거나[264)] 청구원인의 사리에 맞게 청구취지를 변경하는 것[265)]은 청구취지의 변경이지 새로운 제소라고 할 수는 없다는 것이 대법원의 입장이다.

### 3. 처분변경으로 인한 소의 변경

#### (1) 처분변경으로 인한 소의 변경의 가능성

행정청이 소송의 대상인 처분을 소가 제기된 후에 변경한 때에는 법원은 원고의 신청에 의하여 결정으로써 소변경을 허가할 수 있다(행정소송법 제22조 제1항). 이때, 원고는 처분변경의 사실을 안 날로부터 60일 이내에 청구의 취지 또는 원인의 변경을 신청하여야 한다(같은 법 제22조 제2항).

---

262) 대법원 1987.7.7. 선고 87다카225 판결.
263) 대법원 1999.11.26. 선고 99두9407 판결.
264) 대법원 2003.11.14. 선고 2001두8742 판결; 대법원 2000.9.26. 선고 99두646 판결.
265) 대법원 1989.8.8. 선고 88누10251 판결.

이러한 처분변경으로 인한 소의 변경은 실질적인 처분변경 이외에도, 처분내용의 동일성이 유지되지만 형식상 새로 한 처분 등 형식적 처분변경의 경우에도 가능하다.

#### (2) 처분변경으로 인한 소의 변경의 효과

소변경이 허가된 경우 ① 신소는 구소가 제기된 때에 제기된 것으로 보고 구소는 취하된 것으로 보며, ② 새로운 소에 대한 행정심판은 이미 거친 것으로 본다.

#### (3) 부작위위법확인소송의 진행 중 처분이 이루어진 경우

부작위위법확인소송의 경우 소송이 진행 중 원하지 않는 내용의 처분이 행해진 경우 처분변경으로 인한 소의 변경이 가능할 것인가? 명문의 규정은 없으나 가능하다고 보아야 할 것이다. 대법원은 부작위위법확인소송 중 그 후 소극적 처분이 있다고 보아 부작위위법확인소송을 거부처분취소소송으로 교환적으로 변경한 후 부작위위법확인소송을 추가적으로 병합한 경우, 최초의 부작위위법확인소송을 제기한 때 소제기가 있었다고 보아 제소기간을 준수한 것으로 본다.[266] 대법원의 이러한 판시는 부작위위법확인소송과 거부처분취소소송은 소송의 실제에 있어서 실질적으로 다툼의 대상이 같고 그것을 부작위로 볼 것인지 거부처분으로 볼 것인지 해석에 따라 다르게 파악되는 경우가 많다는 점을 고려한 때문이라고 보여진다.

참고판례: 대법원 2009.7.23. 선고 2008두10560 판결 [부작위위법확인의소]

부작위위법확인의 소는 부작위상태가 계속되는 한 그 위법의 확인을 구할 이익이 있다고 보아야 하므로 원칙적으로 제소기간의 제한을 받지 않으나, 행정소송법 제38조 제2항이 제소기간을 규정한 같은 법 제20조를 부작위위법확인소송에 준용하고 있는 점에 비추어 보면, 행정심판 등 전심절차를 거친 경우에는 행정소송법 제20조가 정한 제소기간 내에 부작위위법확인의 소를 제기하여야 할 것이다. 하지만, 당사자의 법규상 또는 조리상의 권리에 기한 신청에 대하여 행정청이 부작위의 상태에 있는지 아니면 소극적 처분을 하였는지는 동일한 사실관계를 토대로 한 법률적 평가의 문제가 개입되어 분명하지 않은 경우가 있을 수 있고, **부작위위법확인소송의 계속중 소극적 처분이 있게 되면 부작위위법확인의 소는 소의 이익을 잃어 부적법하게 되고 이 경우 소극적 처분에 대한 취소소송을 제기하여야 하는 등 부작위위법확인의 소는 취소소송의 보충적 성격을 지니고 있으며, 부작위위법확인소송의 이러한 보충적 성격에 비추어 동일한 신청에 대한 거부처분의 취소를 구하는 취소소송에는 특단의 사정이 없는 한 그 신청에 대한 부작위위법의 확인을 구하는 취지도 포함되어 있다고 볼 수 있다.** 이러한 사정을 종합하여 보면, **당사자가 동일한 신청에 대하여 부작위위법확인의 소를 제기하였으나 그 후 소극적 처분이 있다고 보아 처분취소소송으로 소를 교환적으로 변경한 후 여기에 부작위위법확인의 소를 추가적으로 병합한 경우 최초의 부작위위법확인의 소가 적법한 제소기간 내에 제기된 이상 그 후 처분취소소송으로의 교환적 변경과 처분취소소송에의 추가적 변경 등의 과정을 거쳤다고 하더라도 여전히 제소기간을 준수한 것으로 봄이 상당하다.**

(중략) **부작위위법확인소송은 제소기간의 제한을 받지 않는다는 취지의 원심 판단에는 부작위위법확인소**

266) 대법원 2009.7.23. 선고 2008두10560 판결.

**송의 제소기간에 대한 법리 오해가 있으나 이 사건 부작위위법확인소송이 제소기간을 준수하지 아니하여 부적법하다는 피고의 주장을 배척한 결론에 있어서는 정당하므로 결국 판결 결과에 영향을 미친 위법은 없다.**

## 제8관 처분사유의 추가 · 변경

### 1. 처분사유의 추가 · 변경의 개념

처분시에 존재하였으나 행정청이 당시에는 제시하지 못한 처분의 적법성의 근거가 되는 사유를 소송 도중에 추가 · 변경하는 것을 처분사유의 추가 · 변경이라고 한다. 처분사유의 추가는 기존의 사유에 덧붙이는 것을 말하고 처분사유의 변경이란 기존의 처분사유를 교환하여 새로운 사유를 제시하는 것을 말한다. 예컨대, 건축허가를 소방법상 이유로 거부하였다가 취소소송 제기 후 건축법상 이유로 거부하는 것으로 변경하는 경우가 이에 해당한다.

처분사유의 추가 · 변경은 이유부기의 흠결의 치유와는 다른 것이고 처분시에 이유부기가 적법하게 이루어져 있음을 전제하는 것이다.

따라서 이유부기가 결여되어 있는 경우에는 처분사유의 추가 · 변경이 허용되지 않는다.[267)]

처분사유의 추가 · 변경은 처분사유의 보완 또는 구체화와는 구별된다. 대법원은 처분사유가 충분히 제시되지 못한 경우 피고인 처분청은 취소소송절차에서 이를 보완하여야 한다고 하고 원고도 처분사유의 보완에 대하여 추가적인 주장을 하고 자료를 제출할 필요가 있다고 한다.[268)]

**주요판례요지**

① 대법원 2017.8.29. 선고 2016두44186 판결: 당초 처분의 근거로 제시한 사유가 실질적인 내용이 없으면, 처분사유의 추가는 그와 기본적 사실관계가 동일한지 여부를 판단할 대상조차 없는 것이므로, 결국 소송단계에서 처분사유를 추가하여 주장할 수 없다.

② 대법원 1989.7.25. 선고 2007두13791 판결: 허가반려의 처분사유로 '허가기준에 맞지 않는다'라는 것을 '이격거리 기준위배'로 주장하는 것은 처분사유를 구체화한 것이지 기본적 사실관계의 동일성이 없는 처분사유의 추가 · 변경에 해당하지 않는다.

**참고판례 1: 대법원 2020.7.23. 선고 2020두36007 판결 [폐기물처리사업계획부적합통보처분취소]**

**행정청이 폐기물처리사업계획서 부적합 통보를 하면서 처분서에 불확정개념으로 규정된 법령상의 허가기준 등을 충족하지 못하였다는 취지만을 간략히 기재하였다면, 부적합 통보에 대한 취소소송절차에서 행정청은 처분을 하게 된 판단 근거나 자료 등을 제시하여 구체적 불허가사유를 분명히 하여야 한다.** 이러한 경우 재량행위인 폐기물처리사업계획서 부적합 통보의 효력을 다투는 **원고로서는 행정청이 제시한 구**

267) 대법원 2017.8.29. 선고 2016두44186 판결.
268) 대법원 2020.7.23. 선고 2020두36007 판결.

**체적인 불허가사유에 관한 판단과 근거에 재량권 일탈·남용의 위법이 있음을 밝히기 위하여 소송절차에서 추가적인 주장을 하고 자료를 제출할 필요가 있다.**

참고판례 2: 대법원 2020.6.11. 선고 2019두49359 판결 [과징금부과처분취소]

폐기물 중간처분업체인 갑 주식회사가 **소각시설을 허가받은 내용과 달리 설치하거나 증설한 후 허가받은 처분능력의 100분의 30을 초과하여 폐기물을 과다소각하였다는 이유**로 한강유역환경청장으로부터 과징금 부과처분을 받았는데, 갑 회사가 이를 취소해 달라고 제기한 소송에서 한강유역환경청장이 **'갑 회사는 변경허가를 받지 않은 채 소각시설을 무단 증설하여 과다소각하였으므로 구 폐기물관리법 시행규칙 제29조 제1항 제2호 (마)목 등 위반에 해당한다'**고 주장하자 갑 회사가 이는 허용되지 않는 처분사유의 추가·변경에 해당한다고 주장한 사안에서, 한강유역환경청장의 **위 주장은 소송에서 새로운 처분사유를 추가로 주장한 것이 아니라, 처분서에 다소 불명확하게 기재하였던 '당초 처분사유'를 좀 더 구체적으로 설명한 것이라고 한 사례.**

## 2. 처분사유의 추가·변경의 허용성

처분사유의 추가·변경을 인정하게 되면, 소송물의 객관적 범위와 소송당사자의 공격방어권의 보장에 부정적 영향을 미칠 수 있다. 따라서 특히 소송물의 객관적 범위를 개개의 위법사유에 한정되는 것으로 이해하는 입장에서는 이를 허용할 수 없다고 한다(부정설). 그러나 이를 인정하지 않으면 행정청은 사후에 새로운 사유를 근거로 하는 부정적 처분을 할 것이기 때문에 차라리 이를 인정하는 것이 소송경제의 관점에서는 긍정적인 측면이 있다. 또한 법원의 직권심리를 인정하는 행정소송법의 취지에 비추어 보아도 처분사유의 추가·변경을 허용하는 것이 타당하다는 주장이 유력하다(긍정설). 다수설은 처분의 근거사유와 기본적 사실관계의 동일성이 인정되는 범위 안에서 제한적으로 이를 인정한다(제한적 긍정설).

대법원은 취소소송의 소송물을 취소원인이 되는 위법성 일반으로 보고 원고의 주관적인 권리주장은 소송물 범위 판단의 기준으로 삼지 않는다. 따라서 다수설과 같이 기본적 사실관계의 동일성이 인정되는 범위 안에서 처분사유의 추가·변경을 허용한다고 한다(행정소송규칙 제9조).

대법원은 "기본적 사실관계의 동일성 유무는 처분사유를 법률적으로 평가하기 이전의 구체적인 사실에 착안하여 그 기초가 되는 사회적 사실관계가 기본적인 점에서 동일한지 여부에 따라 결정된다"고 한다.[269)]

## 3. 처분사유의 추가·변경의 요건

처분사유의 추가·변경이 적법하기 위하여서는 다음의 요건을 갖추어야 한다.

① 추가·변경하는 처분사유는 처분시에 이미 객관적으로 존재하였지만 당사자에 의하여 주장되지 않았던 사실이어야 한다.

② 새로운 처분사유는 당초 처분이 기초로 삼았던 법 및 사실상태에서 벗어나면 안 된다(기본

---

269) 대법원 1993.3.9. 선고 98두18565 판결.

적 사실관계의 동일성). 즉 처분사유의 추가·변경으로 인하여 처분의 요건, 내용, 효과에 본질적 변경이 없어야 하고, 처분사유의 추가·변경으로 처분이 당초처분에 대한 소송물의 범위를 벗어나서는 안 된다. 대법원은 취소소송의 소송물을 취소원인이 되는 위법성 일반으로 보고[270] 기본적 사실관계의 동일성을 처분사유의 추가·변경의 인정 범위를 획정하는 기준으로 삼는다. 즉, 객관적 위법성만을 소송물 판단의 기준으로 삼고 주관적인 권리주장은 소송물 범위 판단의 기준으로 삼지 않지만 피고측 주장의 추가·변경의 인정기준으로 기본적 사실관계의 동일성을 제시하고 있는 것이다. 이러한 이유로 판례이론에서 실질적으로 다툼의 대상범위를 획정하기 위하여 기본적 사실관계의 동일성이 결정적인 의미를 가진다.

이처럼 기본적 사실관계의 동일성이 인정되지 않는 별개의 사실을 들어 처분사유로 주장하는 것이 허용되지 않는다고 해석하는 이유에 대해 대법원은 행정처분의 상대방의 방어권을 보장함으로써 실질적 법치주의를 구현하고 행정처분의 상대방에 대한 신뢰를 보호하고자 함에 그 취지가 있다고 한다.[271]

③ 기본적 사실관계의 동일성이 인정되는 경우라고 하더라도 처분사유의 추가·변경으로 인하여 처분에 대한 규범적 평가와 내용이 달라지지 않아야 한다. 즉, 규범적 평가가 달라지거나 처분의 근거법령의 변경 등으로, 예컨대, 기속행위가 재량행위로 변경되는 경우와 같이, 당초 처분의 내용을 변경할 필요성이 제기되는 경우에는, 해당 처분을 취소한 후 처분청으로 하여금 다시 처분절차를 거쳐 새로운 처분을 하도록 하여야 할 것이지 당초 처분의 내용을 그대로 유지한 채 근거법령만 추가·변경하는 것은 허용될 수 없다.[272]

④ 원고의 권리방어가 침해되지 않아야 한다.

⑤ 처분사유의 추가·변경으로 재량하자를 치유하여 재량을 정당화하는 것이 아니어야 한다. 재량하자는 처분사유의 추가·변경으로 치유되지 않는다. 그러나 이것은 재량행위에서 처분사유의 추가·변경은 일체 허용될 수 없다는 의미라고 받아들여서는 안 된다. 원고의 방어권을 침해하지 아니하고 처분의 상대방의 신뢰를 배반하지 않는 경우라면 재량행위에서의 처분사유의 추가·변경을 일률적으로 금지할 필요는 없다고 본다.

**주요판례요지**

* 처분사유의 추가·변경이 아니라고 한 경우

① 대법원 1987.12.8. 선고 87누632 판결: 처분청이 처분 당시에 적시한 구체적 사실을 변경하지 아니하고 단지 그 처분의 근거법령만 추가·변경하는 것은 새로운 처분사유의 추가라고 할 수 없다.[273]

270) 대법원 1990.3.23. 선고 89누5386 판결.

271) 대법원 2003.12.11. 선고 2001두8827 판결; 대법원 2021.7.29. 선고 2021두34756 판결.

272) 대법원 2011.5.26. 선고 2010두28106 판결; 대법원 2020.12.24. 선고 2019두55675 판결; 대법원 2023.11.30. 선고 2019두38465 판결.

273) 다만 대법원은 근거법령의 보완이 아니라 근본적 변경은 종전 처분과의 동일성을 인정할 수 없는 별개의 처분으로 허용되지 않는다고 한다. 대법원 2011.5.26. 선고 2010두28106 판결.

② 대법원 2018.12.13. 선고 2016두31616 판결: 법무부장관이 귀화신청거부사유로 '품행 미단정'을 제시하였는데 그 판단의 근거로 자동차관리법위반죄로 기소된 전력을 들었다가 불법체류 전력을 추가한 것은 처분사유의 추가가 아니라 근거되는 기초사실 내지 평가요소에 지나지 않음

*** 기본적 사실관계의 동일성이 긍정된 경우**

① 대법원 2004.11.26. 선고 2004두4482 판결: 산림형질변경불허가처분(거부처분)에서 준농림지역의 행위제한이라는 사유와 자연경관 및 생태계의 교란, 국토 및 자연의 유지와 환경보전 등 중대한 공익상의 필요라는 사유는 그 내용이 모두 이 사건 임야가 준농림지역에 위치하고 있다는 점을 공통으로 하고 있고 그 취지 또한 개발행위제한으로 공통이므로 기본적 사실관계의 동일성이 인정된다.

② 대법원 2002.3.12. 선고 2000두2181 판결: 과세관청이 과세처분의 사유로 이자소득이라고 하였던 것을 대금업에 의한 사업소득이라고 처분사유를 변경한 것은 처분의 동일성의 범위 안에서 이루어진 것으로서 허용된다.

③ 대법원 2008.2.28. 선고 2007두13791 판결: 국가를 당사자로 하는 계약에 관한 법률 시행령 제76조 제1항 제12호 소정의 '담합을 주도하거나 담합하여 입찰을 방해하였다'는 처분 사유를 동항 제7호 소정의 '특정인의 낙찰을 위하여 담합한 자'로 변경한 것은 같은 행위에 대한 법률적 평가만을 달리하였을 뿐이므로 기본적 사실관계를 같이하는 것이다.

④ 대법원 2019.10.31. 선고 2017두74320 판결: 건축물이 들어설 '토지가 건축법상 도로에 해당하여 건축을 허용할 수 없다'는 처분사유가 제1심에서 받아들여지지 않자 항소심에서 처분청이 '위 토지가 인근 주민들의 통행에 제공된 사실상의 도로인데, 주택을 건축하여 주민들의 통행을 막는 것은 사회공동체와 인근 주민들의 이익에 반하므로 甲의 주택 건축을 허용할 수 없다'는 처분사유를 추가한 것은 당초 처분사유와 기본적 사실관계가 동일하다.

*** 기본적 사실관계의 동일성이 부정되거나 그 밖의 사유로 처분사유의 추가·변경이 부정된 경우**

① 대법원 2011.5.26. 선고 2010두28106 판결: 단지 처분의 근거 법령만을 추가·변경하는 것은 새로운 처분사유의 추가라고 볼 수 없으므로 원칙적으로 허용되나 처분의 근거 법령을 변경하는 것이 종전 처분과 동일성을 인정할 수 없는 별개의 처분을 하는 것과 다름 없는 경우에는 허용될 수 없다.

② 대법원 2021.7.29. 선고 2021두34756 판결: 원고가 컨테이너를 설치하여 사무실 등으로 사용하려는 것에 대하여 처분청이 원상복구명령 및 계고처분을 하면서 '건축법 제11조 위반'을 처분사유로 하였다가 '건축법 제20조 제3항 위반'을 추가하였는데 이것은 위반행위의 내용이 다르고 위법상태를 해소하기 위하여 거쳐야 하는 절차, 건축기준 및 허용가능성이 달라지므로 그 기초인 사회적 사실관계가 동일하다고 볼 수 없어 처분사유의 추가·변경이 허용되지 않는다.

③ 대법원 1999.3.9. 선고 98두18565 판결: 입찰참가자격제한행위의 경우 정당한 이유없이 계약을 이행하지 않은 사실과 계약이행과 관련하여 관계 공무원에게 뇌물을 준 사실은 기본적 사실관계의 동일성이 없다.

④ 대법원 1992.5.8. 선고 91누13274 판결: 엘피지충전소허가거부처분에서 인근주민의 동의가 없다는 사실과 위치상 교통사고로 충전소 폭발의 위험이 있다는 사실은 기본적 사실관계의 동일성이 없다.

⑤ 대법원 1992.8.18. 선고 91누3659 판결: 토석채취허가신청반려처분에서 '인근 주민들의 동의서를 제출하지 않았다'는 처분 사유에 '자연경관의 훼손, 소음, 농경지 훼손 등 공익에 미치는 영향이 지대하고 이는 산림 내 토석채취사무취급요령 제11호 소정의 제한사유에 해당한다'라는 것을 추가한 것은 기본적 사실관계의 동일성이 인정되지 않는다.

⑥ 대법원 2011.11.24. 선고 2009두19021 판결: 정보공개거부처분의 사유로 '대법원에 계속 중인 사건의 관련정보'를 들었다가 다시 이 정보가 '서울중앙지방법원에 계속 중인 다른 사건의 관련 정보'라는 처분사유를 추가한 경우, 기본적 사실관계의 동일성이 없다.

⑦ 대법원 2011.5.26. 선고 2010두28106 판결: 행정청이 점용허가를 받지 않고 도로를 점용한 사람에 대하여 도로법 제94조에 의한 변상금 부과처분을 하였다가 처분에 대한 취소소송이 제기된 후 해당 도로가 도로법의 적용을 받는 도로에 해당하지 않을 경우를 대비하여 처분의 근거 법령을 국유재산법 제51조 등으로 변경한 것은, 변경한 법령의 입법 취지가 다르고, 변상금의 징수 목적, 산정 기준금액, 징수 재량 유무, 징수절차 등이 서로 달라 종전 도로법 제94조에 의한 변상금 부과처분과 동일성을 인정할 수 없는 별개의 처분을 하는 것과 다름 없어 허용될 수 없다.

⑧ 대법원 2023.11.30. 선고 2019두38465 판결: 시외버스(공항버스) 운송사업을 하는 갑 주식회사가 청소년요금 할인에 따른 결손 보조금의 지원 대상이 아님에도 청소년 할인 보조금을 지급받음으로써 '부정한 방법으로 보조금을 지급받은 경우'에 해당한다는 이유로, 관할 시장이 보조금을 환수하고 구 경기도 여객자동차 운수사업 관리 조례 제18조 제4항을 근거로 보조금 지원 대상 제외처분을 하였다가 구 지방재정법 제32조의8 제7항을 처분사유로 추가한 사안에서, 근거 법령의 추가를 통하여 위 제외 처분의 성질이 기속행위에서 재량행위로 변경되고, 그로 인하여 위법사유와 당사자들의 공격방어방법 내용, 법원의 사법심사방식 등이 달라지며, 특히 종래의 법 위반 사실뿐만 아니라 처분의 적정성을 확보하기 위한 양정사실까지 새로 고려되어야 하므로, 이는 기본적 사실관계의 동일성이 인정되지 않는 별개의 사실을 들어 주장하는 것으로서 처분사유 추가·변경이 허용되지 않는다고 판시하였다.

참고판례 1: 대법원 1998.4.24. 선고 96누13286 판결 [정기간행물등록신청거부처분취소]

**다른 법령에 의하여 금지·처벌되는 명칭이 제호에 사용되어 있다는 주장은 당초 처분시에 불법단체인 전국교직원노동조합의 약칭(전교조)이 제호에 사용되었다고 적시한 것과 비교하여 볼 때 당초에 적시한 구체적 사실을 변경하지 아니한 채 단순히 근거 법조만을 추가·변경한 주장으로서 이를 새로운 처분사유의 추가·변경이라고 할 수 없고**(대법원 1987.12.8. 선고 87누632 판결 참조), 또한 **정간법령 소정의 첨부서류가 제출되지 아니하였다는 주장은 발행주체가 불법단체라는 당초의 처분사유와 비교하여 볼 때 발행주체가 단체라는 점을 공통으로 하고 있어 기본적 사실관계에 동일성이 있는 주장으로서** 소송에서 처분사유로 추가·변경할 수 있다고 보아야 할 것이므로, 이와 다른 전제에 서서 피고의 위 두 가지 주장의 적법 여부를 판단하지 아니한 원심판결에는 처분사유의 추가·변경에 관한 법리를 오해하여 심리를 다하지 아니한 위법이 있다고 할 것이다.

해 설 이 판결에서 대법원은 "다른 법령에 의하여 금지·처벌되는 명칭이 제호에 사용되고 있다는 주장"이 "불법단체인 전교조의 약칭이 제호에 사용되고 있다고 적시한" 처분 당시의 사유에 비해 근거법조만을 추가한 것이므로 처분사유를 추가 또는 변경한 것이 아니라고 판시하였다. 한편 "정기간행물법령 소정의 첨부서류가 제출되지 않았다"는 주장은 "정기간행물의 발행주체가 불법단체"라는 당초의 처분사유와 비교해 볼 때 "발행주체가 단체"라는 기본적 사실관계를 공통으로 하고 있으므로 처분사유의 추가·변경이 가능하다고 보았다(전교조는 현재는 불법단체가 아님).

### 참고판례 2: 대법원 2008.10.23. 선고 2007두1798 판결 [정보비공개결정처분취소]

행정처분의 취소를 구하는 항고소송에 있어서, 처분청은 당초 처분의 근거로 삼은 사유와 기본적 사실관계가 동일성이 있다고 인정되는 한도 내에서만 다른 사유를 추가하거나 변경할 수 있고, 여기서 기본적 사실관계의 동일성 유무는 처분사유를 법률적으로 평가하기 이전의 구체적인 사실에 착안하여 **그 기초인 사회적 사실관계가 기본적인 점에서 동일한지 여부에 따라 결정되며,** 이와 같이 기본적 사실관계와 동일성이 인정되지 않는 별개의 사실을 들어 처분사유로 주장하는 것이 허용되지 않는다고 해석하는 이유는 행정처분의 상대방의 방어권을 보장함으로써 실질적 법치주의를 구현하고 행정처분의 상대방에 대한 신뢰를 보호하고자 함에 그 취지가 있고, **추가 또는 변경된 사유가 당초의 처분시 그 사유를 명기하지 않았을 뿐 처분시에 이미 존재하고 있었고 당사자도 그 사실을 알고 있었다 하여 당초의 처분사유와 동일성이 있는 것이라 할 수 없다고 할 것이다**(대법원 2006.1.13. 선고 2004두12629 판결 등 참조).

(중략) 정보공개법 제9조 제1항 제1호의 입법 취지는 비밀 또는 비공개사항으로 다른 법률 등에 규정되어 있는 경우는 이를 존중함으로써 법률 간의 마찰을 피하기 위한 것이고, 제7호의 입법 취지는 사업체인 법인 등의 사업활동에 관한 비밀의 유출을 방지하여 정당한 이익을 보호하고자 함에 있으므로, (중략) **피고가 처분사유로 추가한 정보공개법 제9조 제1항 제1호에서 주장하는 사유는 당초의 처분사유인 제7호에서 주장하는 사유와는 기본적 사실관계가 동일하다고 할 수 없다고 할 것이고,** 추가로 주장하는 위 제1호에서 규정하고 있는 사유가 이 사건 처분 후에 새로 발생한 사실을 토대로 한 것이 아니라 당초의 처분 당시에 이미 존재한 사실에 기초한 것이라 하여 달리 볼 것은 아니라 할 것이다.

해 설 추가 또는 변경된 사유가 당초의 처분시 그 사유를 명기하지 않았을 뿐 처분시에 이미 존재하고 있었고 당사자도 그 사실을 알고 있었다 하여 당초의 처분사유와 기본적 사실관계에 있어서 동일성이 있는 것이라 할 수 없다고 판시하고 있다. 또한 정보공개법 제9조 제1항 제1호의 사유와 제7호의 사유는 기본적 사실관계가 동일한 것이 아니라고 판시하고 있다.

## 4. 당사자의 동의에 의한 처분사유의 추가·변경

대법원은 최근 판례를 통하여 기본적 사실관계의 동일성이 없는 경우라도 당사자가 동의하면 예외적으로 처분사유의 추가·변경을 허용할 수 있다고 한다. 그리고 이렇게 예외적으로 처분사유의 추가·변경이 허용된 경우에는 추가·변경된 거부처분사유에 관한 법원의 판단에 대해서까지 취소판결의 기속력이 미친다고 한다.

또한 처분청이 거부처분에 대한 항고소송에서 당초 거부처분사유와 기본적 사실관계의 동일성이 인정되지 않는 다른 거부처분사유를 주장한 것에 대하여 처분상대방이 아무런 의견을 밝히지 않고 있다면 법원은 적절하게 석명권을 행사하여 처분상대방에게 처분사유 추가·변경 제한 법리의 원칙이 그대로 적용될 것을 주장하는지, 아니면 추가·변경된 거부처분사유의 실체적 당부에 관한 법원의 판단을 구하는지에 관하여 의견을 진술할 수 있도록 기회를 주어야 한다고 한다(참고판례 참조).

참고판례: 대법원 2024.11.28 선고 2023두61349 판결 [건축허가신청반려처분취소]

**사회적 사실관계의 기본적 동일성이 인정되는 경우라고 하더라도 그에 대한 규범적 평가와 처분의 근거법령의 변경으로, 예를 들어 기속행위가 재량행위로 변경되는 경우와 같이, 당초 처분의 내용을 변경할 필요성이 제기되는 경우에는 해당 처분을 취소한 후 처분청으로 하여금 다시 처분절차를 거쳐 새로운 처분을 하도록 하여야 할 것이지 당초 처분의 내용을 그대로 유지한 채 근거법령만 추가·변경하는 것은 허용될 수 없다고 보아야 한다.**

(중략) **처분청이 거부처분에 대한 항고소송에서 기존의 처분사유와 기본적 사실관계가 동일하지 않은 사유를 처분사유로 추가·변경한 것에 대하여 처분상대방이 추가·변경된 처분사유의 실체적 당부에 관하여 해당 소송 과정에서 심리·판단하는 것에 명시적으로 동의하는 경우에는, 법원으로서는 그 처분사유가 기존의 처분사유와 기본적 사실관계가 동일한지와 무관하게 예외적으로 이를 허용할 수 있다.** 처분상대방으로서는 처분청이 별개의 사실을 바탕으로 새롭게 주장하는 처분사유까지 동일 소송절차 내에서 판단을 받음으로써 분쟁을 한꺼번에 해결하는 것을 유효·적절한 수단으로서 선택할 수도 있으므로, 처분상대방의 그러한 절차적 선택을 존중하는 것이 처분사유 추가·변경 제한 법리의 기본취지와도 부합하기 때문이다.

(중략) **그 결과 추가·변경된 거부처분사유도 실체적으로 위법하여 처분을 취소하는 판결이 선고·확정되는 경우 추가·변경된 거부처분사유에 관한 법원의 판단에 대해서까지 취소판결의 기속력이 미친다고 보아야 한다.** 이와 달리 처분상대방의 명시적인 동의가 없다면, 법원으로서는 처분사유 추가·변경 제한 법리의 원칙으로 돌아가 처분청의 거부처분사유 추가·변경을 허용하여서는 아니 된다.

**따라서 처분청이 거부처분에 대한 항고소송에서 당초 거부처분사유와 기본적 사실관계의 동일성이 인정되지 않는 다른 거부처분사유를 주장한 것에 대하여 처분상대방이 아무런 의견을 밝히지 않고 있다면 법원은 적절하게 석명권을 행사하여 처분상대방에게 처분사유 추가변경 제한 법리의 원칙이 그대로 적용될 것을 주장하는지, 아니면 추가·변경된 거부처분사유의 실체적 당부에 관한 법원의 판단을 구하는지에 관하여 의견을 진술할 수 있도록 기회를 주어야 한다.**

## 제9관 취소소송에 있어서의 가구제제도

### 1. 개 설

취소소송에 있어서도 판결이 종결되기까지 상당한 시일이 소요되는 것이 보통이므로 원고가 승소판결을 얻는다 하여도 그 사이에 계쟁처분이 집행되거나 효력이 완성되어 버리면 권익구제의 목적 달성이 불가능하게 된다. 그러므로 본안판결이 있기까지 잠정적인 권리구제를 도모할 필요가 있다. 즉 가구제제도가 필요하다. 이러한 가구제제도는 ① 본안소송에 부종하는 것이고, ② 잠정성, ③ 긴급성 등의 특징을 가지고 있다.

그러나 행정소송법은 원칙적으로 집행부정지를 선언하고 있으며 예외적으로 집행정지를 통한 가구제를 인정하고 있을 뿐이다. 그러나 예외적으로 인정되는 집행정지도 이미 행하여진 침해적 처분에 대한 가구제제도일 뿐, 장래 행하여질 예정인 침해적 처분 그리고 수익적처분의 거부 및 부작위에 대한 가구제 제도는 현행 행정소송법상 존재하지 않는다.

그런데 민사소송의 경우 가압류, 가처분제도 등의 가구제제도가 있으며, 특히 가처분제도의 경우 ① 현상이 바뀌면 당사자가 권리를 실행하지 못하거나 이를 실행하는 것이 매우 곤란할 염려가 있는 경우(민사집행법 제300조 제1항), ② 다툼이 있는 권리관계에 대하여 임시의 지위를 정하기 위하여(민사집행법 제300조 제2항) 할 수 있도록 하고 있다. 따라서 이러한 규정을 취소소송에 준용할 수 있는지가 논란의 대상이 되고 있다.

## 2. 집행정지제도

### (1) 집행부정지의 원칙

독일의 경우 취소소송이 제기되면 그 대상이 되는 처분은 집행이 정지되는 것이 원칙이며 다만 개별법이 집행부정지의 예외를 인정하는 경우가 있다. 그러나 우리나라의 경우 일본, 프랑스 등과 같이 원칙적으로 처분의 집행은 정지되지 않는 것이고(행정소송법 제23조 제1항) 다만 예외적으로 집행정지를 인정하는 경우가 있을 뿐이다. 집행부정지의 원칙이 채택되고 있는 것이다.

집행정지의 원칙이나 집행부정지의 원칙을 채택하는 것은 하나의 입법정책의 문제라고 할 수 있으나 우리나라의 경우 쟁송제기가 가능한 시점인 불가쟁력이 발생하기 이전에도 대집행, 직접강제 등의 집행력이 인정되는 셈이 되어 사실상 권익구제에 문제점이 있다. 따라서 집행부정지의 원칙을 유지하더라도 집행력은 불가쟁력 발생 이후에 생기는 것으로 하는 것이 타당하다고 하는 견해가 있다(박윤흔).

우리나라의 경우 집행부정지의 원칙으로 인하여 권익구제의 사각지대가 발생하는 것은 틀림없는 사실이므로 앞으로 입법론적 차원에서의 제도 보완이 필요하다.

### (2) 집행정지의 결정

#### ① 의의

현행법상 예외적으로 인정되는 집행정지는 당사자의 신청 또는 직권에 의하여 처분 등의 효력이나 그 집행 또는 절차의 속행의 전부 또는 일부의 정지를 내용으로 한다(행정소송법 제23조).

이러한 집행정지제도는 침해적 처분에 대한 가구제제도로서 어느 정도 의미를 가지지만 침해적 처분의 예방적 가구제나 수익적 처분의 거부나 부작위에 대한 가구제로서는 기능할 수 없는 한계를 가지고 있어 매우 소극적인 권익구제제도라고 할 수 있다.

집행정지는 공익과 사익의 형량을 통해 결정되지만 복효적 행정행위의 경우, 행정행위의 상대방과 제3자의 이익이 상호 충돌하는 경우가 있고, 또한 제3자의 이익이 행정행위가 추구하는 것과는 다른 공익적 근거를 가지는 때에는 공익과 공익이 충돌하는 경우도 있으므로 각기 이에 따른 이익형량에 의해 결정되어야 할 때도 있을 것이다.

② 집행정지의 요건(같은 법 제23조 제2항)

i) 처분등의 존재

집행정지가 인정되기 위하여서는 처분등이 존재하여야 한다. 따라서 처분이 이루어지기 전이나 부작위, 거부처분에 대해서 그리고 처분의 소멸 시에는 집행정지가 허용되지 않는다.

대법원은 거부처분은 원칙적으로 집행정지의 대상으로 보지 아니한다. 그 이유는 거부처분의 효력을 정지하더라도 거부처분 이전의 상태로 돌아갈 뿐 신청인에게 생길 손해를 방지하는데 도움이 되지 않기 때문이라고 한다.[274] 그리하여 인허가 갱신거부처분 취소소송의 경우 집행정지가 인정되면 권익구제에 도움이 되는데도 판례는 집행정지를 인정하지 않고 있다.[275] 그러나 서울고등법원,[276] 서울행정법원[277]의 경우 이를 인정한 사례가 있다.

**주요판례요지**

대법원 1995.6.21. 자 95두26 결정: 거부처분에 대한 효력정지는 인정되지 않는다(효력정지를 구할 이익이 없다).

ii) 본안소송의 계속

집행정지가 가능하기 위해서는 본안소송이 계속되어야 한다. 물론 본안소송의 제기와 동시에 집행정지 신청을 할 수 있다. 이 본안소송의 청구는 적법한 것이어야 한다.[278]

그러므로 대법원은 만약 본안소송이 취하되면 집행정지결정은 별도의 조치가 없어도 당연히 효력을 잃는다고 한다.[279]

집행정지의 본안소송으로는 취소소송과 무효등확인소송 등이 있다. 거부처분 취소소송이나 부작위위법확인소송 등은 원칙적으로 집행정지가 가능한 본안소송이 아니다.

iii) '회복하기 어려운 손해발생의 우려'와 '긴급한 필요의 존재'

다수설은 '회복하기 어려운 손해발생의 우려'와 '긴급한 필요의 존재'는 합일적·포괄적으로 판단할 문제라고 한다. 판례도 같은 입장이다. 대법원은 '처분 등이나 그 집행 또는 절차의 속행으로 인하여 생길 회복하기 어려운 손해를 예방하기 위하여 긴급한 필요'가 있는지는 처분의 성질, 양태와 내용, 처분 상대방이 입는 손해의 성질·내용과 정도, 원상회복, 금전배상의 방법과

274) 대법원 1995.6.21. 자 95두26 결정.
275) 대법원 1992.2.13. 자 91두47 결정.
276) 서울고등법원 1991.10.10. 자 91부45 결정.
277) 서울행정법원 2000.2.18. 자 2000아120 결정.
278) 대법원 2010.11.26. 자 2010무137 결정.
279) 대법원 1975.11.11. 선고 75누97 판결.

난이도 등은 물론 본안청구의 승소가능성 정도 등을 종합적으로 고려하여 구체적·개별적으로 판단하여야 할 사항으로 보고 있다.[280)]

먼저 "회복하기 어려운 손해발생의 우려"에 대하여 대법원은 "사회통념상 원상회복이나 금전보상이 불가능한 경우만 아니라 금전보상 등으로는 수인하기가 곤란한[281)] 유형·무형의 손해 발생도 이에 해당된다"고 판시하고 있다.[282)] 대체로 비재산적 처분의 경우 회복하기 어려운 손해발생의 우려가 인정되기 쉽고 재산적 침해의 경우에는 이를 인정하기 어려운 경우가 많으나, 대법원은 재산적 처분(과징금 부과)의 경우에도 사업의 자금사정이나 경영전반에 미치는 파급효과가 매우 중대한 경우에는 '회복하기 어려운 손해'가 인정된다고 한 사례가 있다.[283)]

다음으로 '긴급한 필요의 존재'라는 요건은 손해발생가능성과 시간적 절박성을 포괄하는 개념이라고 할 수 있다.

### 참고판례 1: 대법원 2011.4.21. 자 2010무111 전원합의체 결정 [집행정지]

**행정소송법 제23조 제2항에서 정하고 있는 효력정지 요건인 '회복하기 어려운 손해'란, 특별한 사정이 없는 한 금전으로 보상할 수 없는 손해로서 금전보상이 불가능한 경우 내지는 금전보상으로는 사회관념상 행정처분을 받은 당사자가 참고 견딜 수 없거나 참고 견디기가 현저히 곤란한 경우의 유형, 무형의 손해를 일컫는다.** 그리고 '처분 등이나 그 집행 또는 절차의 속행으로 인하여 생길 회복하기 어려운 손해를 예방하기 위하여 **긴급한 필요'가 있는지는 처분의 성질과 태양 및 내용, 처분상대방이 입는 손해의 성질·내용 및 정도, 원상회복·금전배상의 방법 및 난이 등은 물론 본안청구의 승소가능성 정도 등을 종합적으로 고려하여 구체적·개별적으로 판단하여야 한다.**

[다수의견] **행정처분의 효력정지나 집행정지를 구하는 신청사건에서는 행정처분 자체의 적법 여부를 판단할 것이 아니고 행정처분의 효력이나 집행 등을 정지시킬 필요가 있는지 여부, 즉 행정소송법 제23조 제2항에서 정한 요건의 존부만이 판단대상이 된다.** 나아가 '처분 등이나 그 집행 또는 절차의 속행으로 인한 손해발생의 우려' 등 적극적 요건에 관한 주장·소명 책임은 원칙적으로 신청인 측에 있으며, 이러한 요건을 결여하였다는 이유로 효력정지 신청을 기각한 결정에 대하여 행정처분 자체의 적법 여부를 가지고 불복사유로 삼을 수 없다.

**해 설** 집행정지 요건인 '회복하기 어려운 손해' 및 '긴급한 필요'에 대한 판단기준을 설시하고 집행정지 사건에서는 행정처분 자체의 적법 여부가 아니라 집행정지요건의 존부만이 판단 대상이 된다는 것 그리고 그 적극적 요건의 주장·소명책임이 신청인에게 있다는 것을 밝히고 있다.

### 참고판례 2: 대법원 2003.4.25. 자 2003무2 결정 [집행정지]

행정소송법 제23조 제2항에 정하고 있는 **행정처분 등의 집행정지 요건인 '회복하기 어려운 손해'라 함은 특별한 사정이 없는 한 금전으로 보상할 수 없는 손해로서 이는 금전보상이 불능인 경우 내지는 금전**

280) 대법원 2018.7.12. 자 2018무600 결정.

281) 이 표현은 최근 법률문장 쉽게 쓰기의 일환으로 "참고 견딜 수 없거나 참고 견디기가 곤란한 경우"라는 표현으로 대체되고 있다. 대법원 2018.7.12. 자 2018무600 결정 등 참조.

282) 대법원 1992.8.7. 자 92두30 결정.

283) 대법원 2001.10.10. 자 2001무29 결정 등.

**보상으로는 사회관념상 행정처분을 받은 당사자가 참고 견딜 수 없거나 또는 참고 견디기가 곤란한 경우의 유형, 무형의 손해를 일컫는다.**

(중략) 당사자가 행정처분 등이나 그 집행 또는 절차의 속행으로 인하여 **재산상의 손해를 입거나 기업 이미지 및 신용이 훼손당하였다고 주장하는 경우에 그 손해가 금전으로 보상할 수 없어 '회복하기 어려운 손해'에 해당한다고 하기 위해서는,** 그 경제적 손실이나 기업 이미지 및 신용의 훼손으로 인하여 사업자의 자금사정이나 경영 전반에 미치는 파급효과가 매우 중대하여 **사업 자체를 계속할 수 없거나 중대한 경영상의 위기를 맞게 될 것으로 보이는 등의 사정이 존재하여야 한다.**

### 참고판례 3: 대법원 2008.12.29. 자 2008무107 결정 [집행정지]

이 사건 해임처분의 경과 및 그 성질과 내용 및 정도, 이 사건에서 효력정지 이외의 구제수단으로 상정될 수 있는 원상회복·금전배상의 방법 및 난이, **신청인의 잔여임기**가 **이 사건 신청과 관련하여 가지는 양면적 성격 (즉, 잔여임기가 단기간이라는 사정은 효력정지의 긴급한 필요가 있는지의 판단에 참작될 수 있는 사정이기는 하나 이와 동시에 만족적인 성질을 가지는 이 사건 효력정지로 말미암아 이 사건 해임처분이 그 위법 여부에 관한 본안판단 이전에 이미 사실상 무의미하게 될 수도 있다)"등 제반사정을 종합**하여 보면(하략)

**해 설** 특히 임기제 공무원의 징계처분에 대한 취소소송에 따른 집행정지신청의 경우 취소소송에 걸리는 시간을 고려할 때 집행정지결정이 실질적으로 궁극적인 의미를 가지는 경우가 있다(즉, 취소소송 판결이 나오기 이전에 임기가 만료되는 경우 등). 이 판례는 이러한 경우에는 이러한 집행정지 결정의 양면적 성질(한편으로 잔여임기가 단기간이라 구제의 긴급성이 인정되지만 다른 한편으로는 실질적으로 집행정지결정이 본안판단을 의미없게 만드는 점)을 고려하여 집행정지의 요건(회복하기 어려운 손해를 예방하기 위하여 긴급한 필요)을 판단하여야 함을 설시하고 있다. 검찰총장 징계처분 집행정지 결정(참고판례 4)에서 이러한 점이 판단에서 고려되었다.

### 참고판례 4: 서울행정법원 2020.12.24. 자 2020아13601 결정 [집행정지]

**신청인은 이 사건 징계처분으로 인하여 2개월 동안 검찰총장으로서의 직무를 수행할 수 없는 손해를 입게 된다. 검찰총장의 법적 지위, 신청인의 검찰총장 임기 등을 고려하면, 이 손해는 특별한 사정이 없는 한 금전으로 보상할 수 없는 손해로서** 금전보상이 불가능한 경우 또는 금전보상으로는 사회관념상 행정처분을 받는 **당사자가 참고 견딜 수 없거나 참고 견디기가 현저히 곤란한 경우의 유형·무형의 손해에 해당한다.**

**해 설** 검찰총장의 법적 지위, 신청인인 검찰총장의 임기(잔여임기 1년 이하) 등을 고려하여 2개월 정직의 징계처분으로 인하여 검찰총장인 신청인이 받는 손해는 회복하기 어려운 손해에 해당한다고 판시한 것이다.

---

iv) 소극적 요건: 공공복리에 중대한 영향을 미칠 우려가 없을 때

집행정지의 장애사유로서의 '공공복리에 중대한 영향을 미칠 우려'라 함은 일반적·추상적인 공익에 대한 침해의 가능성이 아니라 당해 처분의 집행과 관련된 구체적·개별적인 공익에 중대한 해를 입힐 개연성을 말하는 것이라고 한다.[284] 또한 공공복리에 미칠 영향이 중대한지의 여부

284) 대법원 2004.5.17. 자 2004무6 결정.

는 절대적 기준에 의하여 판단할 것이 아니라, 신청인의 '회복하기 어려운 손해'와 '공공복리' 양자를 비교·교량하여, 전자를 희생하더라도 후자를 옹호하여야 할 필요가 있는지 여부에 따라 상대적·개별적으로 판단되어야 한다고 한다.[285] 이와 같은 집행정지의 소극적 요건에 대한 주장·소명책임은 행정청에게 있다.[286]

ⅴ) "본안청구에 이유 없음 또는 있음이 명백한 경우"와 집행정지

가구제는 본안소송에 부종하는 것인데 본안청구의 이유 없음이 명백한 경우에도 가구제를 허용할 수 있을 것인가? 일본과 달리 이에 대한 명문의 규정을 두고 있지 않은 우리나라의 경우 학설의 대립이 있다. 대법원은 본안청구의 이유 없음이 명백할 때에는 집행정지를 인정하지 않는다. 즉 대법원은 행정처분의 효력정지나 집행정지의 경우 신청인의 본안 청구가 이유 없음이 명백하지 않아야 한다는 것도 그 요건에 포함시켜야 한다는 입장이다.[287]

한편 본안청구의 이유 있음이 명백한 경우에는 집행정지의 요건이 다소 미비하여도 집행정지를 인정할 수 있는가? 이에 대해서도 본안과의 완전한 분리를 할 수는 없다는 견해(적극설)와 본안심리의 선취는 곤란하다는 견해(소극설)의 대립이 있다. 그러나 판례는 소극설의 입장이다.

③ 집행정지결정의 내용

집행정지결정은 다음을 그 내용으로 한다.

첫째, 효력의 전부 또는 일부의 정지: 효력정지는 처분의 집행 또는 절차의 속행을 정지함으로써 그 목적을 달성할 수 있을 때에는 허용되지 아니한다(행정소송법 제23조 제2항 단서).

둘째, 처분의 집행의 전부 또는 일부의 정지: 처분의 효력은 유지하되 그 집행을 정지한다.

셋째, 절차의 속행의 전부 또는 일부의 정지

〈집행정지 결정 주문의 예〉

피신청인이 ○○○○.○○.○○[288] 신청인에게 한 ○○처분은 위 사건의 본안 사건 판결 선고시까지 그 집행을 정지한다.

④ 집행정지의 절차

집행정지는 이유를 소명한 당사자의 신청에 의하거나 법원의 직권으로 한다(같은 법 제23조 제2항, 제4항). 집행정지결정 또는 집행정지결정의 취소결정에 대해서는 즉시항고로 불복할 수 있다. 즉시항고에는 집행정지의 효력이 없다(같은 법 제23조 제5항).

⑤ 집행정지결정의 효력

**형성력**: 집행정지결정으로 처분에 대한 집행을 할 수 없게 되는 소극적 형성력이 발생한다. 이러한 효력은 기왕에 소급하지 않고 장래효만 가지며 제3자에게도 효력이 있다(같은 법 제29조

285) 대법원 2001.2.28. 자 2000무45 결정; 대법원 2024.6.19. 자 2024무689 결정.
286) 대법원 1999.12.20. 자 99무42 결정.
287) 대법원 1999.11.26. 자 99부3 결정; 대법원 1992.6.8. 자 92두14 결정.
288) 날짜를 뜻함.

제2항).

기속력: 집행정지결정은 신청인과 피신청인뿐 아니라 당사자인 행정청과 그 밖의 관계행정청을 기속한다(같은 법 제23조 제6항에 의한 제30조 제1항의 준용).

대법원은 제재처분에 대한 집행정지가 이루어졌으나 본안에서 원고가 패소한 때에는 집행정지로 인하여 원고가 부당한 이득을 받지 않도록 하여야 하며, 반대로 원고가 집행정지결정을 받지 못하였으나 본안에서 승소한 경우에도 제재처분의 불이익을 제거하여야 한다고 한다(참고판례 2).[289] 이는 집행정지제도의 잠정적 성격과 신의성실의 원칙에 비추어서 도출되는 결론이라고 할 수 있다.

시간적 효력: 집행정지결정은 결정 주문에 표시된 시기까지 잠정적으로 효력이 있다.

### 주요판례요지

대법원 2022.2.11. 선고 2021두40720 판결: 처분의 효력기간이 정해져서 소송 진행중 처분의 효력기간이 종료되었다 하더라도 집행정지결정의 주문에서 정한 집행정지결정의 효력의 종기가 도래하면 처분의 효력이 발생하여 그 기간이 다시 진행된다. 이러한 법리는 행정심판위원회가 행정심판법 제30조에 따라 집행정지결정을 한 경우에도 그대로 적용된다.

### 참고판례 1: 대법원 2017.7.11. 선고 2013두25498 판결 [부당이득금반환결정처분취소]

행정소송법 제23조에 의한 **효력정지결정의 효력은 결정주문에서 정한 시기까지 존속하고 그 시기의 도래와 동시에 효력이 당연히 소멸하므로,** 보조금 교부결정의 일부를 취소한 행정청의 처분에 대하여 법원이 효력정지결정을 하면서 **주문에서 그 법원에 계속 중인 본안소송의 판결 선고 시까지 처분의 효력을 정지한다고 선언**하였을 경우, **본안소송의 판결 선고에 의하여 정지결정의 효력은 소멸하고 이와 동시에 당초의 보조금 교부결정 취소처분의 효력이 당연히 되살아난다.**

따라서 **효력정지결정의 효력이 소멸하여 보조금 교부결정 취소처분의 효력이 되살아난 경우, 특별한 사정이 없는 한 행정청으로서는 보조금법 제31조 제1항에 따라 취소처분에 의하여 취소된 부분의 보조사업에 대하여 효력정지기간 동안 교부된 보조금의 반환을 명하여야 한다.**

**해 설** 보조금 교부결정이 취소되었으나 그에 대하여 취소소송이 제기되면서 효력정지결정이 있었으나 추후 본안판결에 의해 보조금교부결정취소에 대한 취소청구가 기각된 경우 교부결정취소에 대한 효력정지기간 중 지급되었던 보조금은 부당이득이 되어 반환되어야 한다는 것이다.

### 참고판례 2: 대법원 2020.9.3. 선고 2020두34070 판결 [직접생산확인취소처분취소]

**집행정지결정의 효력은 결정 주문에서 정한 기간까지 존속하다가 그 기간이 만료되면 장래에 향하여 소멸한다. (중략) 항고소송을 제기한 원고가 본안소송에서 패소확정판결을 받았더라도 집행정지결정의 효력이 소급하여 소멸하지 않는다.**

**그러나 제재처분에 대한 행정쟁송절차에서** 처분에 대해 집행정지결정이 이루어졌더라도 본안에서 해당

289) 국민건강보험법 제101조의2는 이러한 취지를 명문규정으로 정하고 있다.

처분이 최종적으로 적법한 것으로 확정되어 집행정지결정이 실효되고 제재처분을 다시 집행할 수 있게 되면, **처분청으로서는 당초 집행정지결정이 없었던 경우와 동등한 수준으로 해당 제재처분이 집행되도록 필요한 조치를 취하여야 한다.** 집행정지는 행정쟁송절차에서 실효적 권리구제를 확보하기 위한 잠정적 조치일 뿐이므로, **본안 확정판결로 해당 제재처분이 적법하다는 점이 확인되었다면 제재처분의 상대방이 잠정적 집행정지를 통해 집행정지가 이루어지지 않은 경우와 비교하여 제재를 덜 받게 되는 결과가 초래되도록 해서는 안 된다. 반대로, 처분상대방이 집행정지결정을 받지 못했으나 본안소송에서 해당 제재처분이 위법하다는 것이 확인되어 취소하는 판결이 확정되면, 처분청은 그 제재처분으로 처분상대방에게 초래된 불이익한 결과를 제거하기 위하여 필요한 조치를 취하여야 한다.**

**해 설** 제재처분의 경우 집행정지 이후에 본안에서 원고가 패소한 경우에 집행정지로 인하여 원고가 부당한 이득을 받지 않도록 하여야 하며, 반대로 원고가 집행정지결정을 받지 못하였으나 본안에서 승소한 경우에도 제재처분의 불이익을 제거하여야 한다는 판시이다. 집행정지가 잠정적 효력을 가지는 것이니 만큼 특별히 제재처분과 관련해서는 집행정지로 인한 본안 판단에서 인정되지 않는 궁극적 이익이나 불이익을 없애야 한다는 의미이다.

⑥ 집행정지의 종기

법원이 집행정지를 결정하는 경우 그 종기는 본안판결 선고일로부터 30일 이내의 범위에서 정한다. 다만, 법원이 당사자의 의사, 회복하기 어려운 손해의 내용 및 그 성질, 본안청구의 승소가능성 등을 고려하여 달리 정할 수 있다(행정소송규칙 제10조).

⑦ 집행정지결정의 취소(같은 법 제24조)

집행정지의 결정이 확정된 후에 집행정지가 공공복리에 중대한 영향을 미치거나 그 정지사유가 없어진 때에는 당사자의 신청(사유 소명 필요) 또는 직권으로 집행정지결정을 취소할 수 있다. 집행정지결정의 취소는 제3자도 신청할 수 있다고 하여야 할 것이다. 집행정지결정의 취소에 대해서는 즉시항고로 불복할 수 있다.

참고판례: 대법원 2004.5.17. 자 2004무6 결정 [집행정지]

행정처분의 효력정지나 집행정지제도는 신청인이 본안 소송에서 승소판결을 받을 때까지 그 지위를 보호함과 동시에 후에 받을 승소판결을 무의미하게 하는 것을 방지하려는 것이어서 **본안 소송에서 처분의 취소가능성이 없음에도 처분의 효력이나 집행의 정지를 인정한다는 것은 제도의 취지에 반하므로 효력정지나 집행정지사건 자체에 의하여도 신청인의 본안 청구가 이유 없음이 명백하지 않아야 한다는 것도 효력정지나 집행정지의 요건에 포함시켜야 한다**(대법원 1999.11.26. 자 99부3 결정, 1992.6.8. 자 92두14 결정 등 참조).

(중략) 행정소송법 제23조 제2항에서 정하고 있는 집행정지 요건인 **'회복하기 어려운 손해'라 함은 특별한 사정이 없는 한 금전으로 보상할 수 없는 손해로서 이는 금전보상이 불능인 경우 내지는 금전보상으로는 사회관념상 행정처분을 받은 당사자가 참고 견딜수 없거나 또는 참고 견디기가 현저히 곤란한 경우**

**의 유형, 무형의 손해를 일컫는다**할 것이고(대법원 1986.3.21. 자 86두5 결정, 2003.4.25. 자 2003무2 결정 등 참조), '처분등이나 그 집행 또는 절차의 속행으로 인하여 생길 **회복하기 어려운 손해를 예방하기 위하여 긴급한 필요'가 있는지 여부는 처분의 성질과 태양 및 내용, 처분상대방이 입는 손해의 성질·내용 및 정도, 원상회복·금전배상의 방법 및 난이 등은 물론 본안 청구의 승소가능성의 정도 등을 종합적으로 고려하여 구체적·개별적으로 판단하여야** 하며, 한편, 같은 조 제3항에서 규정하고 있는 집행정지의 장애사유로서의 **'공공복리에 중대한 영향을 미칠 우려'라 함은 일반적·추상적인 공익에 대한 침해의 가능성이 아니라 당해 처분의 집행과 관련된 구체적·개별적인 공익에 중대한 해를 입힐 개연성을 말하는 것**으로서 이러한 **집행정지의 소극적 요건에 대한 주장·소명책임은 행정청에게 있다**(대법원 2004.5.12. 자 2003무41 결정 참조).

**해 설** 이 판례는 집행정지제도에 대해서 다음의 몇 가지를 밝히고 있는 점이 주목된다.

① 효력정지나 집행정지사건에서 신청인의 본안청구가 이유 없음이 명백하지 않아야 한다는 것도 요건에 포함시켜야 한다.

② '긴급한 필요'가 있는지 여부는 처분의 성질과 태양 및 내용, 처분 상대방이 입는 손해의 성질·내용 및 정도, 원상회복·금전배상의 방법 및 난이 등은 물론 본안청구의 승소가능성의 정도 등을 종합적으로 고려하여 구체적·개별적으로 판단하여야 한다.

③ '공공복리에 중대한 영향을 미칠 우려'라 함은 일반적·추상적인 공익에 대한 침해의 가능성이 아니라 당해 처분의 집행과 관련된 구체적·개별적인 공익에 중대한 해를 입힐 개연성을 말하는 것이다.

④ 집행정지의 소극적 요건에 대한 주장·소명책임은 행정청에게 있다.

## 3. 가처분

### (1) 의의

행정소송법에는 명문의 규정이 없으나 민사집행법은 금전 이외의 특정한 급부를 목적으로 하는 청구권의 집행보전을 도모하거나 다툼 있는 법률관계에 관하여 임시의 지위를 정함을 목적으로 하는 보전처분(민사집행법 제300조)으로 가처분을 인정하고 있다.

독일의 경우 행정법원법이 가명령제도를 규정하고 있는데 그 입법문언은 우리나라 민사집행법 제300조 제1항 및 제2항의 문언과 거의 같다. 우리 민사집행법 제300조 제1항에 해당하는 것을 보전명령(Sicherungsanordnung)이라 하는데 그 본안소송은 예방적 부작위청구소송이지만 소제기 전에도 가명령을 발할 수 있다. 제300조 제2항에 해당하는 것은 규율명령(Regelungsanordnung)이라고 하는 것으로 그 본안소송은 의무이행소송이고 그 대상은 거부처분과 부작위이다.

그런데 행정소송법은 이 법에 특별한 규정이 없는 경우에는 민사집행법의 규정을 준용할 수 있도록 하고 있으므로 이러한 민사집행법상의 가처분제도의 준용으로 집행정지제도로서는 해결할 수 없는 문제를 해결할 수 있다. 즉, 수익적 처분을 임시로 명하거나 그와 같은 상태를 창출하거나 예상되는 침익적 처분을 미리 예방하는 형태의 가구제 효과를 얻을 수 있다.

따라서 민사집행법상의 가처분에 관한 규정을 취소소송에 준용하여 취소소송에도 가처분을 인정할 수 있는가 하는 점이 문제된다. 학설은 긍정설이 다수설이지만 판례는 이를 인정하지 않고 있다.

### (2) 행정소송에서의 준용가능성

#### ① 소극설

민사집행법상의 가처분 규정을 행정소송에 준용할 수 없다는 소극설의 근거는 다음의 세 가지이다.

첫째로, 권력분립에서 오는 사법권의 한계로 인하여 이를 인정할 수 없다는 견해가 과거에 존재하였다 가처분이 의무이행소송이나 예방적 부작위청구소송에 대응하는 것이라는 점에서 단순히 행정처분의 위법성이 아니라 행정청의 1차적 판단권에 관련되는 가처분을 명하는 것은 사법권의 한계라고 보는 입장이다. 그러나 가처분의 인정으로 새로운 질서를 정하는 것이 아니라 법이 규정하고 있는 질서를 회복한다는 점을 생각하면 이러한 입장에는 찬동하기 어렵다.

둘째로, 집행정지결정에 대한 우리 행정소송법의 규정은 민사집행법의 가처분규정의 준용을 배제하는 특별규정이라고 이해하는 입장이다. 그러나 이러한 해석만이 가능한 것은 아니고 반대해석도 가능하다는 점에서 이 논거는 유력하지 못하다.

셋째로, 가처분이 의무이행소송이나 예방적 부작위청구소송에 대응한다는 점에서 이러한 소송들이 허용되고 있지 않은 한 그 가구제로서의 가처분도 허용될 수 없다고 보는 견해이다. 그러나 거부처분취소소송이 인정되고 있는 이상 가처분에 대한 현실적 필요성을 부인하기는 어렵다.

#### ② 적극설

적극설은 첫째, 의무이행소송, 예방적 부작위청구소송을 권력분립원칙 위반이 아니라고 본다면 당연히 가처분도 권력분립원칙 위반이라고 할 수 없다고 하고, 둘째, 가처분의 준용을 배제하는 명문규정이 없으므로 행정소송법 제8조 제2항에 따라 당연히 민사집행법의 가처분 규정을 행정소송법에 준용할 수 있다고 한다. 셋째, 수익적 처분의 신청에 대한 거부처분에 대한 마땅한 가구제제도가 존재하지 않는다는 점에서 가처분 제도를 인정할 현실적인 필요가 있다고 한다.

#### ③ 결론

헌법상 재판청구권 및 권리구제의 관점에서 적극설이 타당하다고 본다. 의무이행소송이나 예방적 부작위청구소송이 인정되지 않는다 하더라도 거부처분취소소송의 가구제로서 규율명령적 가처분이 요구된다고 생각된다. 또한 행정소송법상 명문의 규정이 없어도 의무이행소송이나 예방적 부작위청구소송 등의 무명항고소송이 가능하다는 입장에서는 가처분제도는 당연히 인정되어야 한다고 본다.

그러나 대법원은 민사집행법상의 가처분에 관한 규정은 항고소송에 준용될 수 없다는 입장이다.[290]

---

290) 대법원 1980.12.22. 선고 80두5 판결.

## 제10관 취소소송의 심리

### 1. 심리의 내용

취소소송의 심리는 소송요건심리와 본안심리로 구분된다. 소송요건을 갖추지 못하면 각하판결의 대상이 되며 소송요건을 갖추면 본안심리에 들어가게 된다. 본안심리 결과 원고의 청구가 이유 있어서 처분이 위법하다고 판단되면 인용판결을 하고 원고의 청구가 이유 없고 처분이 위법하지 않다고 판단되면 기각판결을 하게 된다.

#### (1) 요건심리

소송요건은 본안판단의 전제요건으로서 법원의 직권조사사항에 속한다. 예외적으로 소송요건이 변론의 대상이 되는 경우도 있다. 소송요건은 사실심변론종결시까지 갖추어야 한다. 그런데 어떤 사항이 본안사항 또는 소송요건이 되는지는 원고의 청구가 어떠한가에 의해 결정되는 것으로서 그 내용과 소송의 종류에 따라 상대적으로 판단된다. 예컨대, 행정처분의 존재는 취소소송의 소송요건이지만 부존재확인소송에서는 본안판단의 대상이 된다.

#### (2) 본안심리

소송요건을 갖춘 경우에 한하여 원고와 피고의 공격·방어와 증거조사 등에 의하여 재판부가 심리하고 판단하게 된다. 심리과정에서는 행정소송법이 직권심리주의를 규정하고 있음에도 불구하고 실질적으로는 변론주의가 지배한다.

### 2. 심리의 범위

#### (1) 불고불리의 원칙

법원은 소송제기가 없는 사건에 대하여 심리할 수 없음은 물론 소송제기가 있어도 원고의 청구범위를 넘어서 심리할 수 없다. 행정소송법 제26조의 직권심리의 인정이 불고불리의 원칙을 벗어날 수 있다는 의미는 아니다.

#### (2) 재량문제의 심리

행정소송법 제27조는 재량권의 일탈·남용의 경우 심리가 가능함을 규정하고 있다. 재량의 불행사 등의 재량하자도 재량권의 일탈·남용에 해당된다고 보아 심리할 수 있다.

재량행위에 대한 심리방식은 기속행위와 달리 법원이 자신의 판단을 가지고 심사하는 것이 아니라 행정청이 재량을 행사함에 있어서 의무에 합당하지 않은 판단을 하였는지를 심사하는 방식으로 진행한다.

### (3) 사실문제의 심리

행정청의 사실인정이 실질적 증거(substantial evidence)에 의해 뒷받침되면 행정청의 사실인정을 법원이 소송상 받아들여야 한다고 하는 영미법상의 실질적 증거의 법칙은 우리 행정소송제도 하에서는 인정되지 않는다. 이러한 실질적 증거의 법칙은 행정절차 제도의 발전을 전제로 하는 것이라고 할 수 있다.

따라서 법원은 전면적·독자적으로 사실문제를 심리할 수 있고 행정청이 어떠한 판단을 하여도 그에 개의치 않고 독자적인 사실판단을 할 수 있다. 그러나 법원이 사실문제의 인정에 있어서 행정청의 재량을 인정한다든가 또는 불확정개념의 포섭과정에서 판단여지를 인정하게 되면 사실상 행정청의 사실판단을 존중한다는 의미가 될 수 있다.

## 3. 심리의 절차

### (1) 심리절차의 기본원칙

① 당사자처분권주의

소송물에 관한 결정, 재판절차의 개시, 종료 여부를 소송당사자(주로 원고)의 의사에 맡기는 것을 당사자처분권주의라고 한다. 당사자처분권주의는 형사소송상의 직권주의와 대립하는 민사소송의 원칙이지만 행정소송에도 원칙적으로 타당하다고 할 것이다. 구체적으로는 소송의 개시, 소의 변경, 소의 취하에 대한 원고의 결정권 등이 그 내용을 이룬다.

② 구술심리주의

취소소송에서도 구술심리를 원칙으로 한다(구술심리주의). 구술심리주의란 당사자 및 법원의 소송행위 특히 변론과 증거조사를 구술로 행하도록 하는 절차상 원칙을 의미한다. 서류만 제출하는 경우보다 구술심리를 진행하는 것이 법관의 심증형성에 중요한 의미를 가지기 때문이다.

③ 공개주의

헌법 제109조가 원칙적으로 재판의 심리와 판결을 공개하도록 규정하고 있기 때문에 재판의 심리와 판결은 공개된다. 다만 심리는 국가의 안전보장 또는 안녕질서를 방해하거나 선량한 풍속을 해할 염려가 있으면 법원이 결정으로 이를 공개하지 않을 수 있다(헌법 제109조, 법원조직법 제57조).

④ 변론주의와 직권심리주의

민사소송은 변론주의를 채택하고 있다. 변론주의는 민사소송을 지배하는 대원칙이다. 변론주의란 재판의 기초가 되는 사실의 조사를 위한 소송자료의 수집책임을 당사자가 부담하도록 하는 것이다. 이에 반대되는 입법주의가 직권탐지주의인데 직권탐지주의는 재판의 기초가 되는 사실의 조사를 위한 소송자료의 수집책임을 법원이 부담하도록 하는 것을 말한다.

그런데 행정소송법 제26조는 “법원은 필요하다고 인정할 때에는 직권으로 증거조사를 할 수 있고, 당사자가 주장하지 아니한 사실에 대하여도 판단할 수 있다."고 하여 직권심리가 가능함을 규정하고 있는데 이것이 무엇을 의미하는지가 문제된다.

우선 민사소송법 제292조도 직권에 의한 증거조사를 규정하고 있는데 민사소송법상의 직권증거조사와 행정소송법 제26조의 직권심리주의는 어떻게 다른가 하는 것이 문제된다. 민사소송법 제292조는 "법원은 당사자가 신청한 증거에 의하여 심증을 얻을 수 없거나 그 밖에 필요하다고 인정한 때에는 직권으로 증거조사를 할 수 있다."라고 규정하고 있다. 이 규정은 법원에 대하여 보충적인 직권증거조사권을 인정하고 있는 것이다. 이와 대비해 볼 때, 행정소송법 제26조의 직권심리주의의 규정은 증거조사뿐 아니라 당사자가 주장하지 아니한 사실에 대한 판단까지도 법원이 직권으로 할 수 있다고 규정하여 민사소송법의 규정과는 다소 다르다.

이처럼 민사소송법 제292조의 규정과 행정소송법 제26조의 규정방식이 다소 다르기 때문에 행정소송법 제26조의 의미에 대해서 다음과 같이 학설이 대립되고 있다.

i ) 직권탐지설

직권탐지설은 행정소송법 제26조는 민사소송의 보충적인 직권증거조사의 범위를 넘어 제한적인 직권탐지주의를 규정한 것이며 법원은 직권심리의 권능만을 가지는 것이 아니라 직권심리의 의무를 부담한다고 하는 견해이다. 이러한 견해는 행정소송의 공익성을 심각히 고려한 것이다.

그러나 직권탐지설을 취하더라도 법관에게 직권탐지의 책임을 모두 맡기는 것은 법관의 업무량이 많은 소송 현실에 비추어 적절하지 않다. 따라서 직권탐지설의 입장에 서더라도 직권탐지의 의무는 일정범위로 제한하는 것이 타당하다. 이렇게 직권탐지의 의무를 제한하게 되면 결국 변론보충설과의 차이는 상대적인 것에 불과한 것이 된다.

ii ) 절충설(직권심사가미설)

이 학설은 행정소송법 제26조 전단은 "법원은 필요하다고 인정할 때에는 직권으로 증거조사를 할 수 있고"라고 규정하여 변론보충설에 가까운 표현을 하고 있지만 후단은 "당사자가 주장하지 아니한 사실에 대해서도 판단할 수 있다."라고 규정함으로써 단순히 보충적 증거조사를 넘어서는 직권탐지주의의 의미가 반영되어 있다는 취지로 파악한다. 즉 당사자가 주장하지 아니한 사실 부분에서는 변론주의를 넘어서는 직권조사가 요구된다고 보는 것이다.

iii) 변론보충설

행정소송법 제26조의 직권심리는 변론을 보충하기 위해 필요한 예외적인 경우에만 가능한 것으로 보는 견해이다. 변론보충설은 법관의 직권탐지의무는 기본적으로 당사자의 변론을 반드시 보충하여야 할 필요가 있는 부득이한 경우에 한정하여 인정한다.

iv) 판례

현재의 대법원은 기본적으로 변론보충설의 입장에 서있는 것으로 이해되며[291] 법관의 직권탐지의 의무를 일정 범위로 제한하고 있다.[292]

대법원은 기록상 자료에 나타나 있다면 당사자가 주장하지 않아도 판단할 수 있다고 하

291) 대법원은 처분청의 처분 권한의 유무 조차 직권조사사항이 아니라고 한다. 대법원 1997.6.19. 선고 95누8669 판결.
292) 대법원 1986.6.24. 선고 85누321 판결; 대법원 2000.3.23. 선고 98두2768 판결 참조.

여,[293] 법원의 심리의 범위를 "일건기록에 나타난 사실"로 한정하고 그 소송기록으로부터 명백한 의심이 유발될 때에만 법원의 진실확인의무가 발생하여 석명의무나 직권증거조사의무가 미친다고 한다. 따라서 소송기록상 의심이 유발되지 않으면 법원에게 더 이상의 심리의무는 발생하지 않는다. 한편 행정소송법 제26조의 해석상 당사자는 민사소송상의 주장의무나 증거제출의무를 이행하지 않더라도 그 주장과 증거가 소송기록으로 현출되면 그 의무를 이행한 것이 된다고 한다. 따라서 당사자의 취소소송에서의 이러한 의무를 주장의무, 증거제출의무라고 하기보다 협력의무라고 부르는 것이 타당하다는 견해가 있다.

요컨대, 대법원의 견해에 따르면 법원은 명백한 의심이 있는 경우에는 일건기록에 현출된 사실의 범위 안에서 종국적인 직권탐지의무를 지게 되는 것이다. 물론 행정소송법 제26조의 직권심리가 원고의 청구범위를 벗어날 수 없다는 것은 불고불리의 원칙이나 당사자처분권주의에 비추어 명백하고 판례도 이를 확인하고 있다.[294]

행정소송법 제26조의 직권심리를 이렇게 이해할 때, 취소소송의 직권심리는 민사소송의 직권증거조사의 경우와 다음의 점이 다르다.[295]

첫째, 명시적으로 주장하지 않은 사항도 일건기록에 현출되어 있는 한 소송기록상 합리적 의심이 유발될 때에는 법원이 궁극적으로 확인할 의무를 진다.

둘째, 주장을 뒷받침할 증거가 명백히 제출되지 않았더라도 그 증거가 소송기록에 현출되어 있고 소송기록상 합리적 의심이 유발될 때에는 법원은 이를 직권으로 조사하여야 할 의무를 진다.

### 참고판례 1: 대법원 2013.8.22. 선고 2011두26589 판결 [국가유공자비해당결정처분취소]

같은 국가유공자 비해당결정이라도 그 사유가 공무수행과 상이 사이에 인과관계가 없다는 것과 본인 과실이 경합되어 있어 지원대상자에 해당할 뿐이라는 것은 기본적 사실관계의 동일성이 없다고 보아야 한다. 따라서 **처분청이 공무수행과 사이에 인과관계가 없다는 이유로 국가유공자 비해당결정을 한 데 대하여 법원이 그 인과관계의 존재는 인정하면서 직권으로 본인 과실이 경합된 사유가 있다는 이유로 그 처분이 정당하다고 판단하는 것은 행정소송법이 허용하는 직권심사주의의 한계를 벗어난 것으로서 위법하다.**

**해 설** 취소소송에서의 직권심사는 기본적 사실관계의 동일성이 인정되는 범위 내에서만 허용되며 기본적 사실관계의 동일성이 없는 사유에 대한 직권심사는 허용될 수 없다는 판시이다.

### 참고판례 2: 대법원 2011.2.10. 선고 2010두20980 판결 [여객자동차운송사업계획변경인가처분취소]

**행정소송에서 기록상 자료가 나타나 있다면 당사자가 주장하지 않았더라도 판단할 수 있고,** 당사자가 제출한 소송자료에 의하여 법원이 처분의 적법 여부에 관한 **합리적인 의심을 품을 수 있음에도 단지 구체적 사실에 관한 주장을 하지 아니하였다는 이유만으로 당사자에게 석명을 하거나 직권으로 심리·판단하지 아니함으로써 구체적 타당성이 없는 판결을 하는 것은 행정소송법 제26조의 규정과 행정소송의 특수성**

293) 대법원 2011.2.10. 선고 2010두20980 판결.
294) 대법원 1956.3.30. 선고 4289행상18 판결.
295) 대법원 2011.2.10. 선고 2010두20980 판결.

**에 반하므로 허용될 수 없다**(대법원 2006.9.22. 선고 2006두7430 판결; 대법원 2010.2.11. 선고 2009두18035 판결 참조).

### (2) 법관의 석명의무(석명권)

취소소송에서도 법관의 석명권이 인정된다. 이것은 행정소송법 제8조 제2항에 의하여 민사소송법 제136조가 준용되기 때문이다. 그런데 민사소송법 제136조의 규정 자체는 법관의 석명권을 규정한 듯이 보이지만 이것은 법관의 의무라는 것이 통설이자 판례이다.[296] 이때 석명이란 당사자의 진술에 모순, 흠결이 있거나 애매하여 그 진술의 취지를 알 수 없을 때 법관이 질문 또는 시사 등의 방법으로 당사자의 진술을 보완하거나 입증책임 있는 당사자에게 그 입증을 촉구하는 변론보조적 활동을 말한다.

주요판례요지

① 대법원 1992.3.10. 선고 91누6030 판결: 법원의 석명권은 당사자에게 새로운 청구를 할 것을 권유하는 데까지 이르지는 않는다.

② 대법원 2001.1.16. 선고 99두8107 판결: 당사자가 주장하지도 아니한 법률효과에 관한 요건사실이나 독립된 공격방어방법을 시사하여 그 제출을 권유함과 같은 행위를 하는 것은 석명권 행사의 한계를 일탈하는 것이 된다.

③ 대법원 2020.4.9. 선고 2015다34444 판결: 행정소송법상 항고소송으로 제기하여야 할 사건을 민사소송으로 잘못 제기한 경우에 수소법원이 그 항고소송에 대한 관할도 동시에 가지고 있다면, 원고로 하여금 항고소송으로 소 변경을 하도록 석명권을 행사하여 행정소송법이 정하는 절차에 따라 심리·판단하여야 한다(같은 취지의 판결: 대법원 2020.1.16. 선고 2019다264700 판결).

### (3) 행정심판기록제출명령

행정소송법 제25조는 법원은 당사자의 신청이 있는 때에는 결정으로써 재결을 행한 행정청에 대하여 행정심판에 관한 기록의 제출을 명할 수 있다고 규정하고 있다. 여기서 행정심판기록이라 함은 심판청구서, 답변서, 재결서는 물론 행정심판위원회 회의록 그 밖에 위원회의 심리를 위하여 제출된 증거 등 모든 자료를 포함하는 것이다.

그러나 취소소송에서의 당사자의 변론을 더 충실하게 하기 위해서는 여기에서 한걸음 더 나아가 당사자(주로 원고)에게 행정청에 대한 관련자료 열람 및 복사청구권을 인정하는 것이 바람직할 것이라고 본다.

296) 대법원 2024.12.12. 선고 2021다300173 판결.

### (4) 주장책임 · 증명책임(입증책임)

① 주장책임

변론주의 하에서는 법원은 당사자가 주장하지 아니한 사실을 판결의 기초로 삼을 수 없다. 물론 이때의 사실은 모든 사실이 아니라 주요사실[297]을 말한다. 그런데 행정소송법 제26조는 직권심리를 인정하고 이것에 대해 판례는 나름대로 독특한 의미부여를 하고 있으므로 행정소송의 당사자는 일건기록에 주요사실을 현출할 책임만을 진다고 하여야 할 것이다. 주장책임의 분배는 증명책임의 분배와 동일한 원칙으로 이루어진다.

한편 행정심판을 거쳐 행정소송을 제기하는 경우 행정심판에서 주장하는 내용과 행정소송에서 주장하는 내용이 어느 정도 일치하여야 하는지에 대해서는 기본적인 점에서 동일하면 족하다고 한다. 또한 앞서 살펴 본 바와 같이 피고 행정청은 처분의 근거로 삼은 사유와 사실관계가 기본적으로 동일하다고 인정되는 한도(기본적 사실관계의 동일성) 내에서만 다른 처분사유를 추가 또는 변경할 수 있다고 하여야 할 것이다.

② 증명책임(입증책임)

주장책임이 변론주의의 특유한 현상인데 반하여 증명책임은 변론주의에만 특유한 문제는 아니다. 증명책임이란 입증불능에 따른 결과를 누구에게 부담시킬 것인가 하는 문제이기 때문이다.

다만 여기서 증명책임이라는 용어를 사용할 때에는 객관적 증명책임(종국적 증명책임)과 주관적 증명책임(수시 증명책임)을 구분하여야 할 때가 있다. 객관적 증명책임은 본래의 증명책임으로서 이를 부담하는 자가 처음부터 정해져 있고, 심리의 최종단계에서 사실관계의 진위불명 상태에 빠진 경우에만 문제되므로, 직권탐지주의에 의하는 절차에서도 문제가 된다. 그러나 주관적 증명책임은 심리 개시단계에서부터 문제되어 소송의 진행에 따라 책임을 지는 자가 바뀔 수 있으며, 변론주의의 산물인바 직권탐지주의에 의하는 절차에서는 적용이 없다.

증명책임에 대한 판례를 검토할 때에, 주관적 증명책임에 관한 것인지 객관적 증명책임에 관한 것인지를 구별하지 않으면 혼란에 빠질 수 있으니 유의하여야 한다. 다음의 판결문 인용 부분은 주관적 증명책임에 대한 것들이다.

참고판례 1: 대법원 1984.7.24. 선고 84누124 판결 [법인세부과처분취소]

민사소송법의 규정이 준용되는 **행정소송에 있어서 입증책임은 원칙적으로 민사소송의 일반원칙에 따라 당사자 간에 분배되고 항고소송의 경우에는 그 특성에 따라 당해 처분의 적법을 주장하는 피고에게 그 적법사유에 대한 입증책임이 있다 할 것**인바 **피고가 주장하는 당해 처분의 적법성이 합리적으로 수긍할 수**

297) 주요사실이란 법률효과 발생에 직접 영향을 주는 법규의 구성요건에 해당하는 사실로서 소송의 승패와 직접 관련된 사실을 말한다. 이에 반하여 간접사실은 주요사실의 존부를 간접적으로 추인하게 하는 사실(예컨대 알리바이)을 말하며 보조사실은 증거의 증명력에 영향을 미치는 사실(예컨대, 문서에 찍힌 도장의 진정성)을 말한다.

**있는 일응의 입증이 있는 경우에는 그 처분은 정당하다 할 것이며 이와 상반되는 주장과 입증은 그 상대방인 원고에게 그 책임이 돌아간다고 할 것이다.**

주주가 지급금계정, 받을 어음계정, 대여금계정, 미결산금계정에 계상된 금액에 대하여 세무조사당시 근거와 증빙을 제시하지 못하였고 부사장이 사채이자를 변태기장한 것이라는 확인서까지 제출한 사실이 입증된 이상 그와 반대되는 부과처분의 위법사유는 원고에게 입증책임이 있다.

참고판례 2: 대법원 2016.6.10. 선고 2015두60341 판결 [법인세부과처분취소]

일반적으로 세금부과처분 취소소송에서 과세요건사실에 관한 증명책임은 과세권자에게 있다. 그렇지만 **구체적인 소송과정에서 경험칙에 비추어 과세요건사실이 추정되는 사실이 밝혀진 경우에는, 납세의무자가 문제로 된 사실이 경험칙을 적용하기에 적절하지 아니하다거나 사건에서 경험칙의 적용을 배제하여야 할 만한 특별한 사정이 있다는 점 등을 증명하지 못하는 한, 과세처분이 과세요건을 충족시키지 못한 위법한 처분이라고 단정할 수 없다.**

③ 증명책임(입증책임)에 대한 학설

i ) 원고책임설

행정행위에 공정력이 있고 그것을 적법성 추정의 의미로 보는 견해는 증명책임을 원고에게 부담시킨다. 그러나 이 견해는 과거의 국가권위적 사고에서 비롯된 것이므로 오늘날 이에 따르는 학자는 없다.

ii ) 법률요건분류설(규범설)

법률요건분류설은 민사소송법상의 증명책임 배분방법이라 할 수 있다. 증명책임은 명문의 규정이 있으면 그 규정에 의하고 명문의 규정이 없으면 법률요건분류에 따른다고 한다. 즉, 새로운 권리 성립을 주장하는 자는 권리근거사실에 대한 증명책임을 지며, 발생한 권리의 권리소멸을 주장하는 자도 권리소멸의 증명책임을 진다. 한편, 발생한 법률효과의 장애를 주장하는 자 역시 그 증명책임을 진다. 또한 재량권의 일탈·남용의 경우 권리장애규정으로서의 조리법 위반이므로 원고가 증명책임을 부담한다고 한다.

이러한 법률요건분류설은 권리발생, 소멸 및 장애 등의 사유에 의해 증명책임을 분류하는 것으로써 민사소송에서 타당한 것이지 취소소송에는 타당하지 않은 측면이 있다. 왜냐하면 취소소송의 경우 권리발생 등의 여부보다 처분등의 위법성이 주로 문제되는 등, 상황이 다르므로 법률요건분류설의 적용이 적절하지 않은 경우가 많이 있기 때문이다.

iii) 권리제한·확장구분설(처분성질 분배설: 헌법질서설)

이 학설은 기본적으로 국민의 자유권적 기본권의 관점에서 국민의 권리·자유를 제한하거나 의무를 부과하는 불이익처분의 취소를 구하는 경우에는 항상 피고 행정청이 증명책임을 지고 국민이 국가에 대하여 자신의 권리·이익 영역의 확장을 구하는 경우에는 원고가 증명책임을 진다는 학설이다.

따라서 예컨대 자연적 자유의 회복과 관련되어 있다고 할 수 있는 허가신청거부처분의 경우

허가거부를 통하여 국민의 권익이 제한되는 것이므로 피고인 행정청이 증명책임을 지고,[298] 새로운 권익의 부여와 관련되었다고 할 수 있는 급부신청거부나 특허처분거부처분의 취소소송의 경우에는 국민이 권익을 확장하려는 경우에 해당하므로 원고에게 증명책임이 있다고 한다.

이 학설에 의할 때

① 침익적 처분이나 과세처분, ② 강학상 허가의 거부와 같이 자유권적 기본권을 침해하는 처분에 대한 증명책임, ③ 처분의 절차적 적법성, ④ 정보공개의 거부, ⑤ 수익적 처분의 직권취소 등에 대해서는 피고인 행정청이 증명책임을 진다. 그러나 ⑥ 강학상 특허의 거부, ⑦ 요양급여 등 급부거부나 사회보장처분의 거부 등과 같이 원고의 권리영역 확대를 위한 처분, ⑧ 재량권의 일탈·남용이나 ⑨ 무효 증명을 위한 하자의 중대·명백성 등에 대해서는 원고가 증명책임을 진다.

그러나 이 학설은 급부행정과 사회보장행정이 만연한 현대 국가에서 자유권적 기본권의 관점만을 강조한 점이 근본적으로 문제가 있다. 사회보장급부의 경우에 언제나 원고에게 증명책임을 지우는 것은 타당하지 못한 경우가 있기 때문이다.

ⅳ) 개별구체설

민사법은 재판규범, 행정실체법은 행위규범으로서의 성격이 강하므로 취소소송에서의 증명책임을 민사소송에서 타당한 법률요건분류설에 따라 결정할 수 없으니 당사자 간의 공평, 사안의 성질, 증명의 난이 등에 의하여 구체적인 사안에 따라 증명책임을 정하여야 한다는 견해이다.

ⅴ) 피고책임설

법치행정의 원리에서 보면 행정청은 처분등의 적법성을 담보하여야 하므로 취소소송, 무효등 확인소송에서 항상 피고가 증명책임을 부담한다고 하는 견해이다.

이 학설에 대해서는 법치행정의 원리가 바로 증명책임 분배를 결정하는 원리가 될 수는 없으며 실제로도 소송의 현실에 맞지 않은 경우가 많다는 비판이 있다.

ⅵ) 조사의무반영설

행정청은 행정처분을 함에 있어서 일종의 조사의무를 가지는데 그 조사의무의 범위 내에서 피고인 행정청이 증명책임을 진다는 것이다. 물론 그 조사의무의 범위는 헌법이나 법률 그리고 사물의 본성에 따라 달리 파악된다. 이 학설은 종래의 항고소송에서의 증명책임론에서 권리나 권한을 중심으로 증명책임의 존부를 파악하고자 한 것에 비하여 처분 자체로 눈을 돌리게 했다는 점에는 큰 의의가 있으나 조사의무의 해명이 새로운 문제로 대두된다는 점에서 한계를 가지고 있다.

#### ④ 증명책임에 대한 판례

대법원은 기본적으로 취소소송에서 처분의 적법성에 대한 증명책임은 특별한 사정이 없는 한 피고인 행정청에게 있다고 한다.[299] 다만 '특별한 사정'이 있는 경우에는 증명책임이 원고에게 귀속될 수도 있다. 이러한 특별한 사정으로 판례가 인정하고 있는 것은 증명이 원고의 지배영역에 있는 경우라 할 수 있다. 아무리 피고가 원칙적인 증명책임을 진다 하더라도 자기의 지배영

298) 대법원 1986.4.8. 선고 86누107 판결.

299) 대법원 1981.6.23. 선고 80누510 판결; 대법원 2016.10.27. 선고 2015두42817 판결 등.

역에 없는 증거를 내세우기는 어렵다. 따라서 대법원은 증명이 원고의 지배영역에 있는 경우에는 원고에게 증명의 책임이 있는 것으로 보는 것 같다.[300)]

그러나 이러한 특수한 경우만이 아니라 '특별한 사정'에 대한 포괄적인 해명을 위해 대법원이 어떠한 이론적 입장을 가지고 있는지는 분명하지 않다. 대법원의 포괄적 해명은 처음에는 법률요건분류설에 입각하였으나 후에는 권리제한·확장구분설을 취하는 듯이 보이기도 하였다. 지금도 다수의 판례는 이 학설로 설명이 가능하다. 그러나 대법원 2019.7.4. 선고 2018두66869 판결 등의 경우 권리제한·확장구분설의 결론과는 다른 결론을 낸 것이어서 이러한 기존 학설로 해명이 불가능한 여러 판례의 이론적 해명을 둘러싸고 증명책임론에 새로운 논의가 이루어졌다.[301)]

### 주요판례요지

① 대법원 1992.8.14. 선고 91누13229 판결: 행정소송에도 자백법칙이 적용되어 자백을 사실판단의 기초로 삼을 수 있다. 다만 법률문제나 보조사실, 간접사실에 대한 자백의 구속력은 인정되지 않는다. 서증의 진정성립에 대한 자백은 구속력이 인정(민사소송과 동일)된다. 그러나 소송요건 등 공익적 사항은 자백의 대상이 되지 못한다.

② 대법원 2017.7.11. 선고 2015두2864 판결: 행정청이 현장조사를 실시하는 과정에서 조사상대방으로부터 구체적인 위반사실을 자인하는 내용의 확인서를 작성 받았다면, 그 확인서가 작성자의 의사에 반하여 강제로 작성되었거나 또는 내용의 미비 등으로 구체적인 사실에 대한 증명자료로 삼기 어렵다는 등의 특별한 사정이 없는 한 그 확인서의 증거가치를 쉽게 부정할 수 없다.

③ 대법원 2016.10.27. 선고 2015두42817 판결: 행정소송에서의 증명책임은 원칙적으로 민사소송 일반원칙에 따라 당사자 간에 분배되고, 항고소송의 경우에는 그 특성에 따라 처분의 적법성을 주장하는 피고에게 적법사유에 대한 증명책임이 있다. 피고가 주장하는 일정한 처분의 적법성에 관하여 합리적으로 수긍할 수 있는 일응의 증명이 있는 경우에 처분은 정당하며, 이와 상반되는 주장과 증명은 상대방인 원고에게 책임이 돌아간다.

### 참고판례 1: 대법원 1981.6.23. 선고 80누510 판결 [갑종근로소득세등부과처분취소]

행정소송에 있어서 특별한 사정이 있는 경우를 제외하면 당해 행정처분의 적법성에 관하여는 당해 처분청이 이를 주장 입증하여야 할 것이나 행정처분의 위법을 들어 그 취소를 청구함에 있어서는 그 위법된 구체적인 사실을 먼저 주장하여야 한다.

**해 설** 항고소송에서는 특별한 사정이 있는 경우를 제외하고는 처분의 적법성에 대해서는 피고인 행정청이 증명(입증)책임을 진다고 하는 현재도 유효한 대법원의 원칙적인 입장을 선언한 판례이다. 다만 '특별한 사정'이 무엇을 의미하는가를 해명하기 위하여 항고소송의 입증책임에 관한 여러 학설이 동원되고 있다.

---

300) 대법원 2023.12.21. 선고 2023두42904 판결 등 참조.
301) 김유환, "항고소송에서의 증명책임론의 재검토와 판례의 이론적 해명", 『행정법연구』 제70호, 2023 참조.

참고판례 2: 대법원 2013.8.22. 선고 2011두26589 판결 [국가유공자비해당결정처분취소]

**국가유공자 인정 요건, 즉 공무수행으로 상이를 입었다는 점이나 그로 인한 신체장애의 정도가 법령에 정한 등급 이상에 해당한다는 점은 국가유공자 등록신청인이 증명할 책임이 있지만, 그 상이가 '불가피한 사유 없이 본인의 과실이나 본인의 과실이 경합된 사유로 입은 것'이라는 사정, 즉 지원대상자 요건에 해당한다는 사정은 국가유공자 등록신청에 대하여 지원대상자로 등록하는 처분을 하는 처분청이 증명책임을 진다**고 보아야 한다.

해 설 전형적으로 권리제한·확장구분설에 입각한 판시이다. 국가유공자 인정을 받기 위한 요건은 원고의 권익 영역을 확장하기 위한 요건이므로 원고가 입증책임을 지고, 국가유공자로 인정할 수 없어서 단순히 지원대상자에 해당한다는 요건(즉 원고의 과실 등)은 원고의 권익을 제한하기 위한 것이므로 피고 행정청이 입증책임을 진다는 것이다. 이 판례는 법률요건분류설로도 해명이 가능하다.

참고판례 3: 대법원 2019.12.24. 선고 2019두45579 판결 [폐기물처리종합재활용업사업계획서부적합통보처분취소]

**행정청이 폐기물처리사업계획서 부적합 통보를 하면서 처분서에 불확정개념으로 규정된 법령상의 허가기준 등을 충족하지 못하였다는 취지만을 간략히 기재하였다면,** 부적합 통보에 대한 **취소소송절차에서 행정청은 그 처분을 하게 된 판단 근거나 자료 등을 제시하여 구체적 불허가사유를 분명히 하여야 한다.** 이러한 경우 재량행위인 폐기물처리사업계획서 부적합 통보의 효력을 다투는 **원고로서는 행정청이 제시한 구체적인 불허가사유에 관한 판단과 근거에 재량권 일탈·남용의 위법이 있음을 밝히기 위하여 소송절차에서 추가적인 주장을 하고 자료를 제출할 필요가 있다.**

해 설 주장과 증명은 상대적인 것이므로 소송의 진행 상황에 따라 주장이나 증명의 필요가 달라질 수 있다. 이 판결은 피고 행정청의 처분사유가 불충실하였으므로 소송과정에서 그를 보완하게 되고 그렇게 된 경우 원고는 그 보완된 처분사유에 대하여 추가적인 주장과 증명을 할 수 있다고 판시한 것이다.

⑤ 결론: 처분요건 해석설

취소소송에서 판단의 대상이 되고 증명의 대상이 되는 것은 기본적으로 권리나 권한이 아니라 처분의 요건이다. 그런데 종래의 학설과 판례는 증명책임의 분배에 있어서 처분의 요건보다는 원고의 권리나 이익을 판단의 기준으로 삼았다. 그러므로 취소소송에서의 증명책임론은 언제나 적확한 이론적 배경을 가지지 못하였다.

한편 증명책임을 논함에 있어서 늘 주의하여야 하는 것은 주관적 증명책임과 객관적 증명책임을 구별하는 일이다. 주관적 증명책임은 소송의 진행과 입증의 상황에 따라 얼마든지 변화될 수 있는 것이다. 본래 의미의 증명책임(객관적 증명책임)은 궁극적으로 증명이 불가능할 때 누구를 승소하도록 하여야 하는가 하는 문제이다.

취소소송의 객관적 증명책임의 분배를 위해서는 먼저 처분요건에 대한 검토가 있어야 할 것으로 본다. 처분요건에 대한 증명책임은 원칙적으로 피고인 행정청이 지는 것으로 하여야 하지만 처분요건 존부 불명인 경우의 처리가 전체적인 법의 취지에 비추어 어떻게 되어야 하는지에 따라 달리 해석될 수 있다고 보는 것이 타당하다고 본다. 예컨대 앞에서 소개한 대법원 2019. 7.4. 선고 2018두66869 판결(참고판례 1)에서 문제되는 요증사실인 결혼이민자에 대한 체류기간 연장의 처분요건, 즉 '**혼인파탄의 주된 귀책사유가 국민인 배우자에게 있지 않다**'에 대한 증명책임의 경우 귀책사유가 불명이거나 귀책사유의 귀속이 판단하기 곤란한 경우에 관련 법이 이를 어떻게 처리할 것으로 해석할 것인지에 따라 증명책임의 귀속 여부를 정하여야 할 것이다. 그러므로 혼인파탄의 귀책사유가 불명일 때에는 결혼이민자의 체류기간연장을 해주는 것이 법의 취지에 맞다고 하면 증명책임은 처분청에게 지워야 하고(즉 원고승소), 법의 취지가 그런 경우에도 체류기간 연장을 해주지 않는 것이라면 원고에게 증명책임을 지워야 할 것인데(즉 피고 승소) 우리 대법원은 전자의 법해석을 한 것이라고 할 수 있다.

요컨대 취소소송의 증명책임은 처분요건의 취지에 대한 법해석에 따라 배분되어야 할 것이다. 다만 처분요건이 아닌 소송요건이나 재량권의 일탈·남용[302] 그리고 무효입증에서의 하자의 중대·명백성의 입증[303]은 존부불명일 때 원칙적으로 원고가 증명책임을 진다고 하여야 한다. 그런데 소송요건의 경우 원칙적으로는 요증사항이 아니라 직권조사사항이지만 존부불명일 때 그 증명책임은 원고가 지는 것이다.

이처럼 처분요건의 해석에 따라 증명책임을 분배할 때 대부분 권리제한·확장구분설과 결론을 같이하나 다만 ① 강학상 특허의 거부, ② 요양급여 등 급부거부나 사회보장처분의 거부 등과 같이 원고의 권리영역 확대를 위한 처분에 대한 증명책임은 일률적으로 원고에 귀속시키지 않고 법해석의 결과에 따라 피고 행정청에게 귀속될 수도 있게 하는 합리적인 결과를 도출할 수 있다. 요컨대 이러한 입장에 설 때, 대법원 2019.7.4. 선고 2018두66869 판결(참고판례 2)에서 나타나는 한계적 상황에 대해서도 이론적인 설명을 할 수 있다.

결국 취소소송의 증명책임은 원칙적으로 처분청이 부담하도록 하고 다만 '특별한 사정'이 있는 경우에는 처분요건 등의 취지에 대한 법해석에 따라 최종적으로 판단하여야 할 것이다.

대법원은 여전히 원칙적으로 항고소송의 증명책임이 처분의 적법성을 주장하는 행정청에게 있다는 전제에 서 있지만[304] 증명책임의 소재를 밝히는 것이 처분요건의 해석에 관련된다는 것을 보다 분명한 어법으로 표현한 바 있다.[305]

참고판례 1: 대법원 2019.7.4. 선고 2018두66869 판결 [체류기간연장등불허가처분취소]

**결혼이민[F-6 (다)목] 체류자격을 신청한 외국인에 대하여 행정청이 그 요건을 충족하지 못하였다는 이유로 거부처분을 하는 경우에는 '그 요건을 갖추지 못하였다는 판단', 다시 말해 '혼인파탄의 주된 귀책사유가 국민인 배우자에게 있지 않다는 판단' 자체가 처분사유가 된다.** 부부가 혼인파탄에 이르게 된 여러

302) 대법원 1987.12.8. 선고 87누861 판결.
303) 대법원 1984.2.28. 선고 82누154 판결.
304) 대법원 2025.10.16. 선고 2025두33477 판결.
305) 대법원 2020.6.26. 선고 2024두64000 판결.

사정들은 그와 같은 판단의 근거가 되는 기초 사실 내지 평가요소에 해당한다. 결혼이민[F-6 (다)목] 체류자격 거부처분 취소소송에서 원고와 피고 행정청은 각자 자신에게 유리한 평가요소들을 적극적으로 주장·증명하여야 하며, 수소법원은 증명된 평가요소들을 종합하여 혼인파탄의 주된 귀책사유가 누구에게 있는지를 판단하여야 한다. 수소법원이 '혼인파탄의 주된 귀책사유가 국민인 배우자에게 있다'고 판단하게 되는 경우에는, 해당 결혼이민[F-6 (다)목] 체류자격 거부처분은 위법하여 취소되어야 하므로, 이러한 의미에서 **결혼이민[F-6 (다)목] 체류자격 거부처분 취소소송에서도 그 처분사유에 관한 증명책임은 피고 행정청에 있다.** 일반적으로 혼인파탄의 귀책사유에 관한 사정들이 혼인관계 당사자의 지배영역에 있는 것이어서 피고 행정청이 구체적으로 파악하기 곤란한 반면, 혼인관계의 당사자인 원고는 상대적으로 쉽게 증명할 수 있는 측면이 있음을 고려하더라도 달리 볼 것은 아니다. 피고 행정청은 처분 전에 실태조사를 통해 혼인관계 쌍방 당사자의 진술을 청취하는 방식으로 혼인파탄의 귀책사유에 관한 사정들을 파악할 수 있고, 원고의 경우에도 한국의 제도나 문화에 대한 이해나 한국어 능력이 부족하여 평소 혼인파탄의 귀책사유에 관하여 자신에게 유리한 사정들을 증명할 수 있는 증거를 제대로 수집·확보하지 못한 상황에서 별거나 이혼을 하게 되는 경우가 있기 때문이다.

**해 설** 대법원은 처분의 적법성 입증책임은 기본적으로 행정청에 있다고 보는 입장이다. 그러나 이러한 입장이 언제나 관철되는 것은 아니기 때문에 그나마 권리·제한확장구분설이 판례의 입장을 설명하는 가장 적절한 학설로 이해되어 왔다. 다만 이 사건 대법원의 판시는 대법원이 언제나 권리제한·확장구분설에 의하지는 않음을 보여준다. 외국인의 체류자격의 인정은 일종의 특허에 해당되는 것이므로 권익확장에 관한 것임에도 처분사유의 입증책임이 행정청에게 있다고 판시한 것이다. 이 판례는 다른 학설로는 해명이 어렵고 처분요건해석설에 의하면 명쾌한 해명이 가능하다.

### 참고판례 2: 대법원 2023.6.29. 선고 2020두46073 판결 [조세부과처분무효확인청구]

민사소송법이 준용되는 행정소송에서 증명책임은 원칙적으로 민사소송의 일반원칙에 따라 당사자 간에 분배되고, 항고소송은 그 특성에 따라 해당 처분의 적법성을 주장하는 피고에게 적법사유에 대한 증명책임이 있으나, **예외적으로 행정처분의 당연무효를 주장하여 무효 확인을 구하는 행정소송에서는 원고에게 행정처분이 무효인 사유를 주장·증명할 책임이 있고, 이는 무효 확인을 구하는 뜻에서 행정처분의 취소를 구하는 소송에 있어서도 마찬가지이다.**

한편 행정처분의 무효 확인을 구하는 소에는 특단의 사정이 없는 한 취소를 구하는 취지도 포함되어 있다고 보아야 하므로, 해당 행정처분의 취소를 구할 수 있는 경우라면 무효사유가 증명되지 아니한 때에 법원으로서는 취소사유에 해당하는 위법이 있는지 여부까지 심리하여야 한다. 나아가 과세처분에 대한 취소소송과 무효확인소송은 모두 소송물이 객관적인 조세채무의 존부확인으로 동일하다. **결국 과세처분의 위법을 다투는 조세행정소송의 형식이 취소소송인지 아니면 무효확인소송인지에 따라 증명책임이 달리 분배되는 것이라기보다는 위법사유로 취소사유와 무효사유 중 무엇을 주장하는지 또는 무효사유의 주장에 취소사유를 주장하는 취지가 포함되어 있는지 여부에 따라 증명책임이 분배된다.**

**해 설** 항고소송의 경우 원칙적으로 처분청에게 처분의 적법성에 대한 증명책임이 있음을 확인하면서 그것은 취소사유의 경우에 그러한 것이고 무효사유의 입증책임은 원고에게 있음을 밝히고 있다. 따라서 무효사유에 대한 입증인 한 소송의 형식이 취소소송으로 이루어졌다고 하더라도(무효선언적 취소소송) 그 무효사유의 증명책임은 원고에게 있다고 한다.

## 제11관 취소소송의 종료

### 1. 개설: 취소소송 종료의 사유

#### (1) 법원의 종국판결

취소소송의 가장 일반적인 종료 사유는 법원의 종국판결이라고 할 수 있다. 법원의 판결에 대해서는 뒤에서 상술하기로 한다.

#### (2) 소의 취하

취소소송은 소의 취하에 의해 종료될 수 있다. 소의 취하란 원고가 제기한 소의 전부 또는 일부를 철회한다는 일방적 의사표시를 법원에 대하여 하는 것을 말한다. 소의 취하는 당사자처분권주의에 따라 당연히 인정된다. 다만 행정소송법 제8조 제2항에 의거 준용되는 민사소송법 제266조 제2항에 따라 피고가 본안에 대하여 준비서면을 제출하거나 변론준비기일에 진술하거나, 변론을 한 후에는 피고의 동의가 있어야 한다.

#### (3) 청구의 포기 · 인락 · 재판상 화해

① 청구의 포기·인락의 의의

취소소송은 원고가 청구를 포기하거나, 피고가 청구를 인락하거나, 당사자가 화해하는 경우에도 종료된다. 여기서 청구의 포기란 원고가 자기의 소송상 청구가 이유없음을 자인하는 법원에 대한 일방적 의사표시이며, 청구의 인락은 피고가 원고의 청구가 이유있음을 자인하는 법원에 대한 일방적 의사표시이다.

② 청구의 포기·인락의 가능성

당사자처분권주의나 변론주의의 취지에 비추어 취소소송에서도 청구의 포기나 인락이 가능하다는 견해가 있으나 당사자의 포기·인락으로 행정처분의 위법성 여부가 판가름 나게 할 수 있다는 점에서 이를 쉽게 허용할 수는 없다고 본다. 왜냐하면 청구의 포기나 인락은 소의 취하와는 달리 기판력 등의 판결의 효력이 발생하기 때문이다. 소의 취하에는 판결의 효력이 발생하지 않기 때문에 원고가 소를 취하한다 하더라도 그에 따른 법률효과는 새롭게 발생하지 아니하지만 청구의 포기와 인락은 그에 따른 판결이 이루어지고 이에 따라 판결로 인한 법률효과가 발생할 수 있는 것이다. 취소소송은 공익에 관련된 것이므로 원고나 피고의 의사에 의하여 법률관계를 좌우하게 할 수는 없다.

대법원은 취소소송에서 부제소특약도 사인의 국가에 대한 공권인 소권을 당사자의 합의로 포기하는 것으로서 허용될 수 없다고 한다.[306)]

306) 대법원 1998.8.21. 선고 98두8919 판결.

③ 청구의 포기·인락의 허용의 범위

그러나 i) 공공복리에 저촉되지 아니하고 ii) 법치주의의 가치를 훼손하지 않으며 iii) 처분의 성질에 반하지 않고 iv) 당사자의 권리나 권한의 범위 안에 있는 사항의 경우에는 청구의 포기·인락을 허용할 수 있다고 본다.

이 가운데 당사자의 권리나 권한의 범위 안에 있는 사항이란 당사자가 자유롭게 처분할 수 있는 사항을 의미하는 것인데 법률적 쟁점에 대한 것은 원칙적으로 이에 해당하지 않고[307] ① 사실관계 확정에 이견이 있지만 명백한 증거가 없는 경우 ② 행정청의 재량이나 판단여지(법원은 불확정개념에 대한 해석과 적용의 문제를 재량으로 보므로 이것 역시 재량으로 봄), 그리고 법률로부터 자유로운 행위의 영역에서, 재량의 범위를 벗어나지 않고 행정법의 일반원칙에 어긋나지 않는 사항 등에 국한되는 것이라고 이해하여야 할 것이다.

④ 취소소송에서의 재판상 화해

청구의 포기나 인락과 유사한 문제점은 재판상 화해에 있어서도 발생한다. 재판상 화해 중 제소전 화해는 취소소송이 공공복리나 법치주의에 관한 것이라는 점에서 허용될 수 없다는데 학설이 대체로 일치한다. 그러나 소송상 화해의 경우에는 부정설과 긍정설이 대립하고 있다.

부정설은 전통적인 입장으로서, ① 소송상 화해는 취소소송이 공공복리나 법치주의와 관련되는 것임에도 당사자가 합의하여 결정하는 것을 허용할 수 없고, ② 소송상 화해가 성립하면 이에는 확정판결과 같은 효력이 발생하는데 당사자의 합의에 의한 화해에 대하여 기속력이나 대세적 효력을 인정하기는 곤란하다는 것이다.

긍정설은 ① 실질적으로 이미 사실상 화해가 실무적으로 이루어지고 있고, ② 행정심판법이 이미 조정제도를 도입하여 이 문제에 대하여 우리 법질서가 새로운 방향을 제시하였으며, ③ 법치주의나 공공복리의 가치를 훼손하지 않는 범위로 소송상 화해의 인정범위를 제한할 수 있다는 점을 근거로 제시한다.

긍정설을 따르게 되면 행정소송법에는 소송상 화해나 화해권고결정에 대한 명문규정이 존재하지 않으므로 민사소송법의 관련 규정을 준용하여야 한다.

그러나 이미 언급한 청구의 포기·인락의 법리와 유사하게 제한적으로나마 취소소송에도 소송상 화해를 인정하는 것이 현실적이라고 본다. 그 인정범위는 청구의 포기·인락이 인정되는 범위 그리고 행정심판법상 조정이 허용되는 범위와 대체로 같다고 본다.

소송상 화해와 달리 취소소송에서 사실상의 화해가 이루어지는 경우는 이미 상당하다. 이것은 법원의 권고에 따라 당사자가 합의하고 피고인 처분청이 계쟁처분을 취소하거나 변경하면 원고가 소를 취하하는 형식으로 이루어진다(행정소송규칙 제15조).

한편 당사자소송에서의 소송상화해는 공공복리나 법치주의의 가치를 저해하지 않는 범위 안

307) 법적 상태가 분명하지 않은 경우에도 청구의 포기·인락이나 소송상 화해를 인정할 것인지가 문제이다. 그런데 법적 상태 불명이 구체적으로 사실관계의 불명 때문이라면 그것은 사실관계의 불명에 준하여 보아야 할 것이고 법적용을 어떻게 하여야 할 것인지가 애매한 경우라면 이것은 궁극적으로 법원의 판단대상이지 당사자가 임의로 포기나 인락 또는 합의하여 해결할 문제가 아니라고 본다.

에서 취소소송보다 넓은 범위에서 인정된다고 할 수 있다.

대법원은 법률관계의 변경·형성을 목적으로 하는 형성의 소의 판결의 효력을 개인 사이의 합의로 창설할 수는 없으므로, 형성소송의 판결과 같은 내용으로 재판상 화해를 하더라도 판결을 받은 것과 같은 효력은 생기지 않는다고 판시한 바 있다.[308] 이 판시의 취지를 형성소송인 취소소송에 적용하면 취소소송에서 재판상 화해에 대해서는 판결을 받은 것과 같은 효력을 인정할 수 없다는 결론이 도출된다. 그러나 취소소송에서 화해를 하는 경우, 법원이 아닌 당사자인 행정청이 화해의 내용에 따른 새로운 처분을 할 수 있으므로 당사자의 화해를 통하여 형성판결의 효력을 얻어 화해의 실효성을 담보하는 것이 아니라 당사자인 행정청의 새로운 행위를 통해 화해의 실효를 담보할 수 있게 된다.

#### (4) 당사자의 소멸

원고가 사망하고 소송물을 승계할 자가 없는 경우에도 취소소송은 종료된다. 그러나 피고 행정청이 없게 된 경우에는 그 사무가 귀속하는 국가 또는 공공단체가 피고가 된다(행정소송법 제13조 제2항).

### 2. 판결의 종류

#### (1) 종국판결과 중간판결

종국판결이란 사건의 전부 또는 일부를 종료시키는 판결을 말한다. 이에 대하여 중간판결이란 종국판결을 하기 전에 소송의 진행 중에 생긴 쟁점을 해결하기 위한 확인적 성격의 판결을 의미한다. 예컨대, 소송의 대상이 행정사건이 아니라는 피고의 항변을 이유없다고 하는 판결 등이 이에 속한다.

#### (2) 소송판결과 본안판결

원고의 소제기가 소송요건을 갖추지 못하였을 때, 소각하의 소송판결을 하게 된다. 소가 소송요건을 갖추었을 때 본안심리를 하고 그 결과 원고의 청구가 이유 있으면 청구인용, 원고의 청구가 이유 없으면 청구기각의 본안판결을 하게 된다. 취소소송에서의 인용판결은 처분취소판결이 원칙이나 처분변경판결이 있을 수 있다. 판례는 처분변경판결은 일부취소의 판결을 말하는 것으로 보고 있다.

#### (3) 확인판결, 형성판결, 이행판결

소의 종류의 성격에 따라 확인의 소에 대한 판결은 확인판결, 형성의 소에 대한 판결은 형성판결, 이행의 소에 대한 판결은 이행판결을 할 수 있다. 다만 취소소송의 경우에는 청구인용의 경우 원칙적으로 형성판결만 할 수 있을 뿐이다.

---

308) 대법원 2022.6.7. 자 2022그534 결정; 대법원 2012.9.13. 선고 2010다97846 판결 참조.

〈판결주문의 예〉[309]

① 취소판결(형성판결): 피고가 ○○○○.○○.○○.[310] 원고에 대하여 한 자동차운전면허(서울 1종 대형 ○○○○-○○○○○○○-10호) 취소처분을 취소한다.

② 무효확인판결: 피고가 ○○○○.○○.○○. 원고에 대하여 한 직위해제처분은 무효임을 확인한다.

③ 부작위위법확인판결(확인판결): 원고가 ○○○○.○○.○○ 피고에 대하여 한 ○○신청에 관한 피고의 부작위가 위법임을 확인한다.

④ 이행판결: 피고는 원고가 ○○○○.○○.○○. 피고에 대하여 한 ○○ 신청에 따르는 처분을 이행하라.[311]

### (4) 사정판결

① 의의

처분이 위법하여 인용판결을 하여야 함에도 불구하고 그 인용이 현저히 공공복리에 적합하지 않다고 인정하는 경우에 하는 기각판결을 사정판결이라고 한다(행정소송법 제28조).

사정판결제도는 우리나라와 일본 등 극소수의 국가에만 있는 제도로서 법치행정의 원리와 권익구제의 관점에서 다음과 같은 문제가 제기되고 있다.

첫째로, 사정판결의 인정과 결과제거 등 원상회복의 불능은 별개의 문제로서, 원상회복이 불가능하다고 하여 위법한 처분을 취소하지 못하도록 하는 것이 반드시 정의에 부합하는지는 의문이다.

둘째로, 취소단계에서 이익형량이 고려되어 취소권이 제한될 수 있으므로 사정판결제도가 반드시 필요한지도 의문이다. 다만 이에 대해서는 사정판결을 극히 예외적인 제도로 활용한다면 오히려 이익형량 단계에서 원고의 청구를 묵살하는 것보다 긍정적 기능을 할 수도 있다는 반론이 있다.

이처럼 사정판결이 가지는 문제점과 그 극도의 예외성을 고려하면 일부의 학자들이 사정판결을 취소소송이 아닌 무효확인소송에도 인정하는 것이 좋다고 하는 견해에는 찬동하기 어렵다. 극히 예외적인 제도를 확장해석할 이유가 없기 때문이다. 행정소송법도 사정판결에 관한 규정을 무효등확인소송과 부작위위법확인소송에 준용하지 않았다.

② 요건

첫째, 처분등이 위법하여야 한다. 다만 위법성 인정의 기준시에 대하여 견해의 대립이 있다. 통상의 경우와 달리 판결시라는 설이 있지만 처분시를 기준으로 하되 그 이후의 사정은 공공복리와 관련되는 이익형량에서 고려하는 것이 타당하다(처분시설).

---

309) 비교를 위하여 취소소송이 아닌 항고소송에 대한 판결주문을 같이 예시하였다.
310) 날짜의 표기이다.
311) 현재 대법원은 의무이행소송 등을 인정하지 않으므로 이 판결주문은 의무이행소송이 인정되는 경우를 가상한 것이다.

둘째, 처분등을 취소하는 것이 현저히 공공복리에 반하는 것이어야 한다. 사정판결은 공공 복리가 압도적으로 우세한 경우에만 인정된다. 공공복리에 반하는지 여부는 사실심 변론을 종결할 때를 기준으로 판단한다(행정소송규칙 제14조).

셋째, 당사자의 주장이 있어야 하는지에 대하여 대법원은 일건기록에 나타난 사실을 기초로 하여 당사자의 명시적인 주장이 없어도 직권으로 사정판결을 할 수 있다고 한다.[312]

참고판례 1: 대법원 1998.5.8. 선고 98두4061 판결 [폐기물처리업허가신청에대한불허가처분취소]

행정처분이 위법한 때에는 이를 취소함이 원칙이고 그 위법한 처분을 취소·변경함이 도리어 현저히 공공의 복리에 적합하지 않은 경우에 극히 예외적으로 위법한 행정처분의 취소를 허용하지 않는다는 사정판결을 할 수 있으므로 **사정판결의 적용은 극히 엄격한 요건 아래 제한적으로 하여야 하고, 그 요건인 현저히 공공복리에 적합하지 아니한가의 여부를 판단함에 있어서는 위법·부당한 행정처분을 취소·변경하여야 할 필요와 그 취소·변경으로 인하여 발생할 수 있는 공공복리에 반하는 사태 등을 비교·교량하여 그 적용 여부를 판단하여야 한다.**

참고판례 2: 대법원 1995.7.28. 선고 95누4629 판결 [주택개량재개발조합설립및사업시행인가처분무효확인]

행정소송법 제26조, 제28조 제1항 전단의 각 규정에 비추어 보면, 법원은 행정소송에 있어서 행정처분이 위법하여 운전자의 청구가 이유 있다고 인정하는 경우에도 그 처분 등을 취소하는 것이 현저히 공공복리에 적합하지 아니하다고 인정하는 때에는 원고의 청구를 기각하는 사정판결을 할 수 있고, **이러한 사정판결을 할 필요가 있다고 인정하는 때에는 당사자의 명백한 주장이 없는 경우에도 일건 기록에 나타난 사실을 기초로 하여 직권으로 사정판결을 할 수 있다.**

③ 사정판결의 절차 및 효과

**청구기각**

사정판결은 청구가 이유 있어도 이를 기각한다.

**판결 주문에 위법명시**

사정판결을 할 때에는 판결주문에 처분이 위법함을 명시하여야 한다. 당해 처분을 전제로 한 후속처분의 저지나 후에 있을 국가배상소송 등을 고려하여야 하기 때문이다(같은 법 제28조 제1항).

**사정조사**

법원은 사정판결이 필요하다고 인정하면 원고가 사정판결로 인해 입게 될 손해의 정도와 배상방법 그 밖의 사정을 조사하여야 한다(같은 법 제28조 제2항).

**소송비용**

사정판결의 경우 원래는 원고가 승소하여야 하는 경우이므로 통상의 경우와 달리 소송비용은

312) 대법원 1992.2.14. 선고 90누9032 판결.

승소자인 피고가 부담한다.

**원고의 권익구제 및 불복**

원고는 피고인 행정청이 속하는 국가 또는 공공단체에 대하여 손해배상, 제해시설의 설치 그 밖의 적당한 구제방법을 청구하는 소송을 당해 취소소송 등이 계속된 법원에 병합하여 제기할 수 있다. 그리고 사정판결에 대하여는 원고가 불복, 상소할 수 있다(같은 법 제28조 제3항).

〈판결주문의 예〉

원고의 청구를 기각한다.

피고가 ○○○○.○○.○○ 원고에 대하여 한 ○○처분은 위법하다.

소송비용은 피고가 부담한다.

### (5) 일부취소판결

앞에서 살펴본 바와 같이 대법원은 처분변경의 의미를 일부취소로 이해하고 있다. 그리하여 개발부담금취소처분이나 조세부과처분과 같은 기속행위에 대한 취소의 경우 정당한 부과금액을 초과하는 금액에 대한 일부취소가 가능하다는 것이 대법원의 입장이다.[313] 다만 이때 처분청이 처분시를 기준으로 정당한 부과금액이 얼마인지 주장·증명하지 않고 있는 경우에는 법원이 적극적으로 정당한 부과금액을 산출할 의무까지 부담하는 것은 아니다.[314] 정당한 세액을 산출할 수 없을 때에는 전부취소 판결을 하여야 한다고 한다.[315]

그러나 대법원은 재량행위의 경우 본질상 전부취소를 하여야 한다고 한다.[316]

**참고판례 1: 대법원 2009.6.23. 선고 2007두18062 판결 [시정명령등취소]**

처분을 할 것인지 여부와 처분의 정도에 관하여 재량이 인정되는 과징금 납부명령에 대하여 그 명령이 **재량권을 일탈하였을 경우, 법원으로서는 재량권의 일탈 여부만 판단할 수 있을 뿐이지 재량권의 범위 내에서 어느 정도가 적정한 것인지에 관하여는 판단할 수 없어 그 전부를 취소할 수밖에 없고, 법원이 적정하다고 인정하는 부분을 초과한 부분만 취소할 수는 없다.**

해 설 재량행위의 경우 법원은 재량의 일탈, 또는 남용이 있었는지 여부만 판단할 수 있을 뿐 그 이상의 판단은 재량권을 침해하게 되므로 일부취소로 자기의 견해를 밝혀서는 안되고 전부 취소하고 행정청이 다시 재량을 행사하도록 하여야 한다.

**참고판례 2: 대법원 2016.8.30. 선고 2014두46034 판결 [국가유공자비해당결정처분취소]**

국가유공자 등 예우 및 지원에 관한 법률 제4조 제1항 제6호, 제6조의3 제1항, 제6조의4 등 관련 법령

313) 대법원 2004.7.22. 선고 2002두868 판결; 대법원 2001.6.12. 선고 99두8930 판결.
314) 대법원 2016.7.14. 선고 2015두4167 판결.
315) 대법원 1995.4.28. 선고 94누13527 판결.
316) 대법원 2009.6.23. 선고 2007두18062 판결.

의 해석상, 여러 개의 상이에 대한 국가유공자 요건 비해당결정처분에 대한 취소소송에서 그중 일부 상이에 대해서만 국가유공자 요건이 인정될 경우에는 **비해당결정처분 중 요건이 인정되는 상이에 대한 부분만을 취소하여야 하고, 비해당결정처분 전부를 취소할 것은 아니다.**

## 3. 위법판단의 기준시

소송요건은 변론종결시까지만 갖추면 되므로 사실심변론종결시가 그에 대한 위법판단의 기준시가 된다. 그러므로 행정심판전치가 필요적으로 요구되는 경우에는 변론종결시까지 전심절차를 거치거나 재결을 거치지 않고 제소할 수 있는 요건을 갖추면 된다.

그러나 본안사항에 대한 위법판단의 기준시에 대해서는 다음과 같이 학설이 대립되고 있다.

### (1) 처분시설: 통설, 판례

취소소송에서 처분의 위법에 대한 판단의 기준시점은 처분당시가 되어야 한다는 학설이다. 그 이유는 취소소송의 본질은 사법적 사후심사이기 때문이다. 만약 위법 판단의 기준시를 판결시로 하면 행위시의 위법한 행위가 판결의 지연 등에 의하여 적법하게 될 수 있고 그 반대로 행위시의 적법행위가 판결의 지연 등으로 인해 위법행위로 될 수도 있어 부당할 뿐 아니라 궁극적으로 법원에 행정감독적 기능을 인정하는 것이 될 수 있어 권력분립의 원칙에 반한다.

### (2) 판결시설: 사실심변론종결시

취소소송의 목적은 처분이 현행법규에 비추어 그 효력을 유지할 수 있는지를 판단하는 것이라는 점에서 처분의 위법에 대한 판단의 기준시점을 사실심변론종결시로 하여야 한다는 견해이다.

### (3) 결론

원칙적으로 처분시설이 타당하다. 다만 제재처분이나 과세처분 등은 처분시가 아니라 제재의 원인이 되는 행위를 한 때(행위시)나 과세의 의무가 성립된 시점(의무성립시)을 기준으로 한다. 또한 처분시설에 의할지라도 법원은 처분 당시 행정청이 알고 있었던 자료만이 아니라 처분당시 존재하였던 모든 자료를 사실심변론종결 당시까지 수집하여 위법 판단에 활용할 수 있다.[317] 그러나 처분 이후에 발생한 새로운 사유를 보탤 수는 없는 것이 원칙이다.[318]

그런데 거부처분 취소소송에도 이 원칙을 적용할 수 있는지에 대해서는 논란이 있다. 거부처분 취소판결이 있는 경우, 거부처분 이후 변론 종결 전이라도 다른 위법한 사정이 발생하면 판결 이후에 다시 거부할 수 있고 이것은 판결의 기속력에도 저촉되지 않으니,[319] 만약 거부처분

317) 대법원 2010.1.14. 선고 2009두11843 판결.
318) 대법원 1996.12.20. 선고 96누9799 판결.
319) 대법원 1998.1.7. 자 97두22 결정.

취소판결 이후 다시 신청이 거부된다면 소송경제상 적절하지 않기 때문이다. 따라서 거부처분 취소소송의 경우 처분 이후에 발생한 사정을 당사자가 주장할 수 있게 하고 위법판단의 기준시점을 판결시로 할 것을 주장하는 견해가 있다.

한편 부작위위법확인소송에 있어서는 취소소송이나 무효확인소송의 경우와 달리 성질상 판결시를 기준으로 하여야 할 것이다.

### 주요판례요지

① 대법원 1998.1.7. 자 97두22 결정: 거부처분 취소소송의 경우 사실심변론종결 전 발생한 새로운 사정을 이유(법령의 개정·시행)로 거부처분 취소판결이 확정된 후에 다시 재처분으로서 거부를 하여도 판결의 기속력에 저촉되지 않는다.

② 대법원 1982.12.28. 선고 82누1 판결: 위법행위를 이유로 하는 제재적 처분의 위법여부는 원칙상 처분시가 아닌 위법행위시의 법령에 의해 판단한다.

③ 대법원 1997.10.14. 선고 97누9253 판결: 과세처분의 위법여부도 처분 당시가 아니라 원칙적으로 과세의무 성립시의 법령을 기준으로 판단하여야 한다.

### 참고판례 1: 대법원 2010.1.14. 선고 2009두11843 판결 [시정명령등취소]

항고소송에서 **행정처분의 위법 여부는 행정처분이 있을 때의 법령과 사실 상태를 기준으로 판단**하여야 하며, **법원은 행정처분 당시 행정청이 알고 있었던 자료뿐만 아니라 사실심 변론종결 당시까지 제출된 모든 자료를 종합하여 처분 당시 존재하였던 객관적 사실을 확정**하고 그 사실에 기초하여 처분의 위법 여부를 판단할 수 있다.

### 참고판례 2: 대법원 1996.12.20. 선고 96누9799 판결 [징병검사명령처분취소]

행정처분의 적법 여부는 특별한 사정이 없는 한 그 처분 당시를 기준으로 하여 판단하여야 하고, **처분청이 처분 이후에 추가한 새로운 사유를 보태어 처분 당시의 흠을 치유시킬 수는 없다 할 것이다**(대법원 1987.8.18. 선고 87누235 판결 참조).

따라서 피고의 1994. 5. 12.자 원고에 대한 **이 사건 징병검사명령은 그 병역의무 부과의 전제가 되는 국외여행허가가 취소되어 원고에게 고지되지 않은 상태에서 발하여진 것이므로 위법하다 할 것**이고, 비록 위 징병검사명령 후에 위 국외여행허가 취소처분의 통지가 원고에게 적법하게 고지되었다 하더라도 이미 위법하게 된 이 사건 징병검사명령이 적법하게 되는 것은 아니라 할 것이어서, 원심이 피고의 원고에 대한 이 사건 징병검사명령을 취소한 조치는 옳다고 여겨지고, 거기에 상고이유의 주장과 같은 위법이 있다고 할 수 없다.

**해 설** 국외여행허가가 취소된 이유로 징병검사명령이 발해진 경우, 국외여행허가취소가 고지되지 않고 있다가 징병검사명령 후에 고지되었다면 징병검사명령의 하자가 치유될 수 없다고 판시한 것이다. 국외여행허가 취소가 고지되었다고 하는 처분 이후의 사정을 고려하지 않고 국외여행허가 취소가 고지되지 않았던 처분시의 사정으로 위법성을 판단한 것이다.

## 제12관 취소판결의 효력

### 1. 자박력(불가변력 : 선고법원을 구속)

판결은 선고법원 자신을 구속한다. 따라서 법원은 상소 절차에 의하지 아니하고는 한번 내린 판결을 번복할 수 없다. 이처럼 선고법원 자신을 구속하는 판결의 효력을 자박력(불가변력)이라 한다. 이러한 자박력은 확정판결에만 인정되는 것이 아니라 판결 일반의 효력이다. 다만 판결의 명백한 오류를 고치는 판결의 경정은 자박력과 무관하게 허용된다.

### 2. 형성력(원고승소시)

#### (1) 의의

취소소송의 인용판결이 확정되면 판결의 형성력으로 인하여 처분등의 효력을 소멸시킨다. 따라서 행정청이 판결에 따르는 별도 행위를 하지 않더라도 처분등은 효력을 상실하게 된다. 그러나 기각판결은 현상에 아무런 변경을 초래하지 않으므로 형성력이 발생하지 않는다.

#### (2) 소급효

형성력은 소급효를 가지므로 취소판결이 확정되면 처분은 처분 당시부터 효력이 없는 것으로 된다. 대법원은 침익적 행정행위에 대한 취소 판결에 대해서는 대부분 소급효를 인정하나[320] 수익적 행정행위인 경우 특별한 사정이 있으면 소급효가 인정되지 않을 수 있음을 시사하고 있다.[321] 판례가 말하는 '특별한 사정'이란 취소된 처분을 근거로 하여 이루어진 사법(私法)형성적 행위 등을 무효화하는 것이 법적 안정성을 해하는 경우라고 할 것이다.[322]

#### (3) 제3자효

취소소송의 확정판결은 행정행위의 효력을 소멸시키는 형성력이 있기 때문에, 그 효력은 제3자에게도 미친다. 이를 대세효라고도 한다. 이러한 제3자효는 집행정지의 결정이나 집행정지의 취소결정 및 무효등확인소송, 부작위위법확인소송에 준용되고 있다(제3자효의 확장).

제3자효에 대하여 구법 하에서는 명문규정이 없었으나 현행법은 제29조 제1항에서 제3자효를 명문으로 인정하고 있다.

따라서 제3자는 취소판결의 효력을 부인할 수 없다. 그러나 제3자가 취소판결의 효력을 소송상 원용하고 향수할 수 있는지에 대해서는 학설이 대립되고 있다.

① 적극설은 특히 일반처분이나 처분법규의 경우 취소판결의 효력을 제3자가 적극적으로 향

---

320) 대법원 1993.6.25. 선고 93도277 판결; 대법원 1999.2.5. 선고 98도4239 판결 등.

321) 대법원 2012.3.29. 선고 2008다95885 판결.

322) 이런 취지에서 서울지방법원 1999.4.1. 선고 98가합73829 판결은 "법원의 선임결정에 의하여 선임된 임시이사들이 그 선임결정이 취소되기 전에 개최한 총회에서의 결의는 그 후에 법원의 선임결정이 취소되었다고 하여 당연 무효가 된다고 할 수 없고 (중략) 그 총회의 결의 역시 유효하다."라고 판시하고 있다.

수할 수 있도록 하여야 한다고 주장한다. 이에 반해 ② 소극설은 취소소송은 주관적 소송이라는 점을 강조한다.

취소소송은 민사소송과 달리 객관적 공익과 관련되는 부분이 크므로 일반처분이나 처분법규의 경우에 한하여 적극설의 논지가 타당하다고 생각한다.

취소소송의 제3자효로 인하여 제3자에게 예측하지 못한 불이익이 발생하는 것을 방지하기 위하여, 행정소송법은 제3자 보호를 위하여 제3자의 소송참가, 제3자에 의한 재심의 소 등을 인정하고 있다.

## 3. 형식적 확정력(당사자에 대한 구속)

판결이 확정되어 더 이상 다툴 수 없는 상황이 되었을 때 당사자를 구속하는 효력을 형식적 확정력 또는 불가쟁력이라 한다. 불가쟁력은 더 이상 다툴 수 없는 효력으로서 상소기간이 도과하거나 최종심 판결이 선고된 경우에 발생하는 것이다. 그러나 형식적 확정력이 발생하여도 재심사유가 있으면 다시 이를 뒤집을 수 있다.

## 4. 실질적 확정력(기판력, 소송법적 효력 : 법원과 당사자를 구속)

### (1) 의의

동일한 소송물에 대해서는 다시 소를 제기할 수 없고, 그에 대해 소가 제기되어도 당사자는 기판력의 항변을 할 수 있으며, 법원은 일사부재리에 따라 확정판결과 내용적으로 모순되는 판단을 하지 못하는 효력을 기판력(실질적 확정력)이라 한다. 실질적 확정력(기판력)은 형식적 확정력을 전제로 하여 발생하는 판결의 효력이다.

### (2) 기판력의 범위

#### ① 주관적 범위

기판력이 미치는 인적 범위를 기판력의 주관적 범위라 한다. 기판력은 당사자 및 당사자와 동일시 할 수 있는 그 승계인에게 미친다. 그러므로 피고의 경우에는 피고 행정청이 소속하는 국가 또는 공공단체에도 미친다고 보아야 할 것이다. 따라서 취소판결이 있은 경우, 처분청이 소속한 행정주체는 국가배상소송에서 처분의 적법성을 주장하지 못한다. 그러나 기판력은 제3자에게는 미치지 않는다.

#### ② 객관적 범위

기판력이 미치는 판단의 대상범위를 기판력의 객관적 범위라 한다. 기판력은 판결주문에 포함된 판단에 미치는 것이 원칙이다. 기판력의 객관적 범위에 대한 논의는 소송물이론과 밀접한 관련을 가진다. 우리 대법원은 소송물을 처분의 위법성 일반으로 이해하고 있기 때문에 기판력의 객관적 범위도 처분의 위법성에 대한 판단에 미치는 것으로 보아야 할 것이다. 즉 인용판결과 사정판결의 경우에는 당해 처분이 위법하다는 점에 기판력이 미치며, 기각판결의 경우에는 당해 처분이 적법하다는 점에 기판력이 미친다. 따라서 기각판결이 난 경우에는 원고는 후소에서 다른 위법사유를 들어 당해 처분의 효력을 다툴 수 없다.

청구기각판결의 경우, 처분이 적법함이 판단되었음에도 불구하고 후소에서 국가배상소송을 허용할 수 있는지가 문제이다. 국가배상에 있어서의 위법성과 취소소송의 위법성을 다르게 이해하면 설사 처분에 대한 취소소송에서 청구기각판결이 있어도 그 처분행위에 기인한 손해에 대하여 배상청구를 할 수 있을 것이다.

③ 시간적 범위

판결의 기판력은 권리 또는 법률관계의 존부가 확정되는 시점인 사실심변론종결시를 기준으로 발생한다.

**주요판례요지**

① 대법원 2003.5.16. 선고 2002두3669 판결: 취소소송이 기각된 경우 그에 대한 무효확인소송에도 그 기판력이 미친다.

② 대법원 1987.6.9. 선고 86다카2756 판결: 기판력의 객관적 범위는 소송물로 주장된 법률관계의 존부에 관한 판단의 결론 그 자체에만 미치는 것이고 판결이유에 설시된 그 전제가 되는 법률관계에까지 미치지 않는다.

### (3) 내용

기판력은 법원에 대하여는 모순금지(내용적 구속)의 효력이 있다. 즉, 후소법원은 전소법원의 판결과 모순되는 판결을 하지 못한다. 또한 기판력은 당사자에 대해서는 중복제소금지의 효력을 가진다. 동일 소송물에 대해서는 중복제소가 불가능하다(일사부재리). 만약 동일 소송물에 대해 다시 소송한다면 부적법 각하의 대상이 된다.

## 5. 기속력(구속력: 원고승소시 처분청과 관계행정청을 구속)

### (1) 의의 및 성질

① 개요

취소소송에서의 판결의 기속력은 당사자인 행정청과 그 밖의 관계행정청이 판결의 취지에 따라 행하여야 할 의무를 지도록 하는 효력이다. 취소소송이 행정청의 처분의 취소를 구하는 소송이고, 행정청은 취소판결 이후에도 새로운 처분을 할 수 있기 때문에, 취소소송의 판결에 대해, 판결에 저촉되는 다른 처분등을 하지 못하도록 기판력 이외에 효력을 인정할 필요가 있다. 행정소송법 제30조 제1항은 처분등을 취소하는 확정판결은 그 사건에 관하여 당사자인 행정청과 그 밖의 관계행정청을 기속한다고 하여 기속력에 대한 근거를 규정하고 있다.

그런데 이와 같은 기속력의 본질에 대하여 이것이 기판력의 일종이라고 이해하는 견해와 기판력과는 본질을 달리한다는 견해가 대립되고 있다. 기판력과는 본질을 달리한다고 보는 견해가 타당하다.

② 기판력설

기판력의 효력을 넓게 인정하는 견해에 있어서는 기판력의 주관적 범위와 객관적 범위의 측면에서 행정소송법 제30조 제1항의 효력을 기판력으로 흡수할 수 있다고 한다.

우선 기판력의 주관적 범위의 측면에서 보면 행정주체도 기판력의 구속을 받으므로 판결이 관계행정청을 구속하는 것은 기판력으로도 설명 가능하다고 한다. 또한 기판력의 객관적 범위의 측면에서도, 취소소송의 목적 내지 대상을 행정활동의 위법상태를 배제하는 것이라고 한다면, 행정소송법 제30조 제1항이 규정하는바 판결의 효력도 기판력에 흡수시킬 수 있다고 한다.

③ 특수효력설

기판력을 엄격하게 이해하는 입장에서는 행정소송법 제30조 제1항에서 규정하는 효력은 통상적인 기판력과는 다르다고 이해한다. 즉, 기속력은 동일처분의 반복을 금지하거나 판결의 취지에 맞도록 재처분하도록 하는 것이므로 법원에 대하여 모순되는 판결을 금하고 당사자에게 중복제소를 금하는 기판력과는 다르다고 본다.

**(2) 내용**

① 반복금지효

행정청은 판결에 의해 취소된 처분과 동일한 내용의 처분을 반복해서는 안 된다. 또한 동일한 내용의 처분이 유효하다는 것을 전제로 하는 처분도 할 수 없다. 다만 형식, 절차상의 위법을 이유로 취소된 경우에는 그렇지 않다. 또한 행정청은 취소된 처분의 사유와 기본적 사실관계의 동일성이 없는 사유를 근거로 판결에 의하여 취소된 처분과 같은 효과를 가지는 처분을 할 수 있다.

② 적극적 처분의무(재처분의무)

판결에 의하여 취소되는 처분이 당사자의 신청을 거부하는 것을 내용으로 하거나 절차나 형식을 갖추지 못하여 취소되는 것이라면 행정청은 판결의 취지에 따라 다시 이전의 신청에 대한 처분을 하여야 한다.

이러한 행정청의 재처분의무는 간접강제제도에 의해 뒷받침되며 부작위위법확인소송에도 준용된다.

ⅰ) 실체적 하자로 취소되는 경우

실체적 하자로 인하여 거부처분의 취소판결이 확정되면 판결의 취지에 따라 원래의 신청에 대한 처분을 하여야 한다(재처분). 그러나 대법원은 새로운 사유를 들어 다시 거부처분을 할 수 있다고 한다.[323] 그리고 이러한 재거부처분도 재처분의무에 따른 것이 된다.

---

323) 대법원 1998.1.7. 자 97두22 결정.

한편, 새로운 사유인지의 여부는 "종전 처분에 관하여 위법한 것으로 판결에서 판단된 사유와 기본적 사실관계의 동일성이 인정되는 사유인지에 따라 판단되어야 하고 기본적 사실관계의 동일성 유무는 처분사유를 법률적으로 평가하기 이전의 구체적인 사실에 착안하여 그 기초인 사회적 사실관계가 기본적인 점에서 동일한지에 따라 결정된다"고 한다.[324)]

ii) 형식·절차적 하자로 취소되는 경우

재처분의무는 신청에 따른 처분이 절차상 위법으로 취소된 경우에도 준용된다. 즉 행정청은 다시 절차 요건을 갖추어 재처분하여야 한다. 여기서 절차란 좁은 의미의 것이 아니라 처분주체에 관한 요건(합의제기관의 구성, 권한유무), 형식 요건 그리고 처분 절차도 포함하는 것이다.

iii) 교원소청심사위원회의 재처분의무

교원소청심사위원회는 국·공립학교의 징계사건만이 아니라 사립학교의 징계사건도 관할한다. 그런데 사립학교의 징계처분은 사법상의 행위이지만 교원소청심사위원회는 행정청이므로 교원소청심사위원회의 결정은 처분이다. 이러한 이유로 사립학교의 징계처분의 위법여부가 교원소청심사위원회에서 다루어지고 그 결정에 대해 취소소송이 제기되어 판결에 이른 경우 판결의 기속력에 대해 복잡한 문제가 발생할 수 있다. 대법원은 교원소청심사위원회의 결정이 판결에 의하여 취소된 경우, 만약 그 취소판결의 취지가 교원소청심사 결정과 결론은 같이 하지만(징계처분 취소) 징계사유에 대한 법적 판단을 달리할 경우, 교원소청심사위원회에 재처분의무가 부과될 수 있는가 하는 점에 대해서 판단하면서, 원고인 사립학교의 청구를 인용하여 교원소청심사위원회의 결정을 취소하면서 한편으로 교원소청심사위원회에 재처분의무를 부과하는 것은 판결의 기속력의 법리에 위배되지 않는다고 판시하였다.[325)] 이는 행정소송법이 예상하지 못한 재처분의무를 대법원이 인정한 것으로 이론적으로 논란의 여지를 남기고 있다.

### 참고판례 1: 대법원 1998.1.7. 자 97두22 결정 [간접강제]

행정소송법 제30조 제2항의 규정에 의하면 행정청의 거부처분을 취소하는 판결이 확정된 때에는 그 처분을 행한 행정청이 판결의 취지에 따라 이전의 신청에 대하여 재처분할 의무가 있으나, 이 때 확정판결의 당사자인 처분 행정청은 그 확정판결에서 적시된 위법사유를 보완하여 새로운 처분을 할 수 있다.

행정처분의 적법 여부는 그 행정처분이 행하여진 때의 법령과 사실을 기준으로 하여 판단하는 것이므로 **거부처분 후에 법령이 개정·시행된 경우에는 개정된 법령 및 허가기준을 새로운 사유로 들어 다시 이전의 신청에 대한 거부처분을 할 수 있으며 그러한 처분도 행정소송법 제30조 제2항에 규정된 재처분에 해당된다.**

건축불허가처분을 취소하는 판결이 확정된 후 국토이용관리법시행령이 준농림지역 안에서의 행위제한에 관하여 지방자치단체의 조례로써 일정 지역에서 숙박업을 영위하기 위한 시설의 설치를 제한할 수 있도록 개정된 경우, 당해 지방자치단체장이 위 처분 후에 개정된 신법령에서 정한 사유를 들어 새로운 거부처분

---

324) 대법원 2011.10.27. 선고 2011두14401 판결.
325) 대법원 2013.7.25. 선고 2012두12297 판결.

을 한 것이 행정소송법 제30조 제2항 소정의 확정판결의 취지에 따라 이전의 신청에 대한 처분을 한 경우에 해당한다.

### 참고판례 2: 대법원 2011.10.27. 선고 2011두14401 판결 [건축불허가처분취소]

행정소송법 제30조 제2항에 의하면, 행정청의 거부처분을 취소하는 판결이 확정된 경우에는 처분을 행한 행정청이 판결의 취지에 따라 이전 신청에 대하여 재처분을 할 의무가 있다. 행정처분의 적법 여부는 행정처분이 행하여진 때의 법령과 사실을 기준으로 판단하는 것이므로 **확정판결의 당사자인 처분 행정청은 종전 처분 후에 발생한 새로운 사유를 내세워 다시 거부처분을 할 수 있고, 그러한 처분도 위 조항에 규정된 재처분에 해당한다.** 여기에서 **'새로운 사유'인지는 종전 처분에 관하여 위법한 것으로 판결에서 판단된 사유와 기본적 사실관계의 동일성이 인정되는 사유인지에 따라 판단되어야 하고, 기본적 사실관계의 동일성 유무는 처분사유를 법률적으로 평가하기 이전의 구체적인 사실에 착안하여 그 기초인 사회적 사실관계가 기본적인 점에서 동일한지에 따라 결정되며,** 추가 또는 변경된 사유가 **처분 당시에 그 사유를 명기하지 않았을 뿐 이미 존재하고 있었고 당사자도 그 사실을 알고 있었다고 하여 당초 처분사유와 동일성이 있는 것이라고 할 수는 없다.**

고양시장이 갑 주식회사의 공동주택 건립을 위한 주택건설사업계획승인 신청에 대하여 미디어밸리 조성을 위한 시가화예정 지역이라는 이유로 거부하자, 갑 회사가 거부처분의 취소를 구하는 소송을 제기하여 승소판결을 받았고 위 판결이 그대로 확정되었는데, 이후 고양시장이 해당 토지 일대가 개발행위허가 제한지역으로 지정되었다는 이유로 다시 거부하는 처분을 한 사안에서, **재거부처분은 종전 거부처분 후 해당 토지 일대가 개발행위허가 제한지역으로 지정되었다는 새로운 사실을 사유로 하는 것으로, 이는 종전 거부처분 사유와 내용상 기초가 되는 구체적인 사실관계가 달라 기본적 사실관계가 동일하다고 볼 수 없다는 이유로,** 행정소송법 제30조 제2항에서 정한 재처분에 해당하고 종전 거부처분을 취소한 확정판결의 기속력에 반하는 것은 아니라고 본 원심판단을 수긍한 사례.

### 참고판례 3: 대법원 2015.10.29. 선고 2013두27517 판결 [주유소운영사업자불선정처분취소]

인가·허가 등 수익적 행정처분을 신청한 여러 사람이 서로 경원관계에 있어서 한 사람에 대한 허가 등 처분이 다른 사람에 대한 불허가 등으로 귀결될 수밖에 없을 때 허가 등 처분을 받지 못한 사람은 신청에 대한 거부처분의 직접 상대방으로서 원칙적으로 자신에 대한 거부처분의 취소를 구할 원고적격이 있고, **취소판결이 확정되는 경우 판결의 직접적인 효과로 경원자에 대한 허가 등 처분이 취소되거나 효력이 소멸되는 것은 아니더라도 행정청은 취소판결의 기속력에 따라 판결에서 확인된 위법사유를 배제한 상태에서 취소판결의 원고와 경원자의 각 신청에 관하여 처분요건의 구비 여부와 우열을 다시 심사하여야 할 의무가 있으며, 재심사 결과 경원자에 대한 수익적 처분이 직권취소되고 취소판결의 원고에게 수익적 처분이 이루어질 가능성을 완전히 배제할 수는 없으므로,** 특별한 사정이 없는 한 경원관계에서 허가 등 처분을 받지 못한 사람은 자신에 대한 거부처분의 취소를 구할 소의 이익이 있다.

**해 설** 경원자 소송에서 자신에 대한 거부처분이 취소되면 그 판결의 기속력으로 경원자에 대한 수익적 처분이 재심사되고 그 결과에 따라 경원자와 자신에 대한 재처분의무가 발생할 수 있다는 판시이다.

### 참고판례 4: 대법원 2018.7.12. 선고 2017두65821 판결 [교원소청심사위원회결정취소]

교원소청심사위원회가 사립학교 교원의 소청심사청구를 인용하여 불리한 처분 등을 취소한 데 대하여 행정소송이 제기되지 아니하거나 그에 대하여 학교법인 등이 제기한 행정소송에서 법원이 교원소청심사위원회 결정의 취소를 구하는 청구를 기각하여 그 결정이 그대로 확정되면, 결정의 주문과 그 전제가 되는 이유에 관한 판단만이 학교법인 등을 기속하게 되고, 설령 판결 이유에서 교원소청심사위원회의 결정과 달리 판단된 부분이 있더라도 이는 기속력을 가질 수 없다. **그러므로 사립학교 교원이 어떠한 불리한 처분을 받아 교원소청심사위원회에 소청심사청구를 하였고, 이에 대하여 교원소청심사위원회가 그 사유 자체가 인정되지 않는다는 이유로 양정의 당부에 대해서는 나아가 판단하지 않은 채 처분을 취소하는 결정을 한 경우, 그에 대하여 학교법인 등이 제기한 행정소송 절차에서 심리한 결과 처분사유 중 일부 사유는 인정된다고 판단되면 법원으로서는 교원소청심사위원회의 결정을 취소하여야 한다. 법원이 교원소청심사위원회 결정의 결론이 타당하다고 하여 학교법인 등의 청구를 기각하게 되면 결국 행정소송의 대상이 된 교원소청심사위원회의 결정이 유효한 것으로 확정되어 학교법인 등이 이에 기속되므로, 그 결정의 잘못을 바로잡을 길이 없게 되고 학교법인 등도 해당 교원에 대하여 적절한 재처분을 할 수 없게 되기 때문이다.**

교원소청심사위원회가 학교법인 등이 교원에 대하여 불리한 처분을 한 근거인 내부규칙이 위법하여 효력이 없다는 이유로 학교법인 등의 처분을 취소하는 결정을 하였고 그에 대하여 학교법인 등이 제기한 행정소송 절차에서 심리한 결과 내부규칙은 적법하지만 교원이 그 내부규칙을 위반하였다고 볼 증거가 없다고 판단한 경우에는, **비록 교원소청심사위원회가 내린 결정의 전제가 되는 이유와 판결 이유가 다르다고 하더라도 법원은 교원소청심사위원회의 결정을 취소할 필요 없이 학교법인 등의 청구를 기각할 수 있다고 보아야 한다. 왜냐하면 교원의 내부규칙 위반사실이 인정되지 않는 이상 학교법인 등이 해당 교원에 대하여 다시 불리한 처분을 하지 못하게 되더라도 이것이 교원소청심사위원회 결정의 기속력으로 인한 부당한 결과라고 볼 수 없기 때문이다.**

해 설 교원소청심사위원회는 사립학교 교원의 소청사건도 담당하므로 원징계처분이 사법상의 행위에 해당하는 사립학교 교원 징계사건의 경우 원처분은 교원소청심사위원회의 결정이 된다는 특수성이 있다. 따라서 징계사유 등에 대하여 법원이 교원소청심사위원회와 결론을 달리할 때에는 법원 판결을 통하여 재처분의무를 부과할 기속력을 발생시키기 위하여 원징계처분이 취소되어야 한다는 입장이 동일하더라도 교원소청심사위원회의 결정에 대하여 취소판결을 하여야 한다는 것이다. 다만 결과적으로 징계사건에 대하여 정당한 결론을 가져와서 재처분을 고려할 필요가 없을 때에는 굳이 취소를 할 필요가 없다고 한다.

### ③ 원상회복의무(위법한 결과제거의무)

**개요**

대법원은 "어떤 행정처분을 위법하다고 판단하여 취소하는 판결이 확정되면 행정청은 취소판결의 기속력에 따라 그 판결에서 확인된 위법사유를 배제한 상태에서 다시 처분을 하거나 그 밖에 위법한 결과를 제거하는 조치를 할 의무가 있다.[326]"고 한다. 재처분의무 이외에 원상회복의무를 판결의 기속력으로 인정하고 있는 것이다.

그러나 취소판결의 기속력에 당연히 원상회복의무가 인정되는 것은 아니라고 보아야 한다. 왜냐하면 다투어지지 않은 사항에는 원칙적으로 판결의 효력이 미칠 수 없기 때문이고 취소소송에서 원상회복은 보통 다투어지지 않는 것이 보통이다. 특히 원상회복의 다른 법적 요건이 검토

326) 대법원 2020.4.9. 선고 2019두49953 판결.

되어야 하는 경우에 판결의 기속력이 당연히 원상회복에 미친다고 하면 큰 문제가 발생한다.

기속력으로서의 원상회복의무는 넓은 의미에서 판결과 모순된 행정작용의 시정을 모두 칭하기도 하고 협의의 원상회복의무를 의미한다. 이런 관점에서 넓은 의미의 원상회복의무를 부정합처분의 취소·변경의무와 협의의 원상회복의무로 나누어 볼 수 있다.

예컨대, 과세처분이 확정판결에 따라 취소되면, 행정청은 이미 납부한 세액을 환급하거나(이를 협의의 원상회복의무라고 부른다) 발급된 압류처분을 취소할(이를 광의의 원상회복의무 또는 부정합처분 취소의무라고 부른다) 의무를 진다.

**부정합처분의 취소·변경의무**

처분에 대한 취소판결이 있으면 그와 모순되는 다른 처분들도 취소판결의 취지에 따라서 정리되는 것이 원칙이다. 그러나 각각의 처분은 나름대로의 독자성이 있으므로 언제나 모순되는 모든 처분이 취소·변경되어야 한다고 말할 수 없다. 행정청에게 재량이 있거나 다툼의 여지가 있는 경우에는 판결의 효력으로 당연히 취소·변경할 수는 없다고 하여야 한다. 또한 이미 불가쟁력이 발생한 처분의 경우에는 처분의 재심사 등의 방법에 의하지 않고서는 판결의 효력으로 당연히 취소·변경할 수는 없다.

다만 신의성실의 원칙상 다른 다툼의 여지도 없고 부정합처분에 대하여 행정청에게 재량도 없는 경우에는 그러한 부정합처분의 취소가 정당화될 수 있는 경우가 있다. 예컨대 경원자 소송에서 다른 경원자에 대한 수익처분의 취소를 구하여 승소하면 승소한 당사자에 대한 거부처분은 당연히 취소되어야 한다. 한편 거부처분의 취소를 구한 경우에는 거부처분이 취소되면 그 취지에 따라 다른 경원자에게 한 수익처분을 다시 심사하여야 할 의무가 있고 그에 따라 그 수익처분을 취소하여야 할 경우도 있다.

그러나 원칙적으로 다투어지지 않은 처분의 취소나 변경을 인정하는 것이 예외적인 것이라는 점을 주의하여야 한다. 부정합처분에 당해 소송에서 다투어지지 않은 쟁점이 있거나 처분에 대하여 행정청에게 재량이 있는 경우 당해 소송의 판결의 효력만으로 부정합처분을 취소할 수는 없다.

**협의의 원상회복의무**

원칙적으로 취소소송을 제기하면서 원상회복을 구하는 청구를 병합하여야 원상회복의 결과를 얻을 수 있다. 그러나 그렇게 하지 않은 경우 원상회복청구는 다투어지지 않았으므로 일반적으로 이를 인정할 수 없다. 다만 신의성실의 원칙상 그러한 취소판결에는 당연히 그러한 원상회복이나 결과제거가 따라야 한다고 인정되고 그러한 원상회복이나 결과제거에 대한 판단에서 취소판결에서 다투어진 내용과는 다른 쟁점이 없는 경우에는 취소판결의 기속력만으로 원상회복이나 결과제거가 인정되는 경우가 있다고 할 것이다. 예컨대 현역병 입영통지의 취소[327]나 위법한 공표의 취소[328] 등이 이러한 경우에 속한다.

---

327) 대법원 2003.12.26. 선고 2003두1875 판결; 입영통지 취소의 결과로서 당연히 입영한 병사를 집으로 돌려보내야 하지만 이것은 신의성실의 원칙상 인정된 것이라고 보아야 한다. 이 사건에서 판결의 기속력이 쟁점이 된 바는 없다.

328) 대법원 2019.6.27. 선고 2018두49130 판결. 공표의 취소로 그에 따른 정정공고 등의 조치가 당연히 이루어져야 한다.

참고판례 1: 대법원 2019.1.31. 선고 2016두52019 판결 [환급금일부부지급처분취소]

(전략) 제한처분에 대한 쟁송절차에서 해당 제한처분이 위법한 것으로 판단되어 취소되거나 당연무효로 확인된 경우에는, **예외적으로 사업주가 해당 제한처분 때문에 관계 법령이 정한 기한 내에 하지 못했던 훈련과정 인정신청과 훈련비용 지원신청을 사후적으로 할 수 있는 기회를 주는 것이 취소판결과 무효확인판결의 기속력을 규정한 행정소송법 제30조 제1항, 제2항, 제38조 제1항의 입법 취지와 법치행정 원리에 부합한다**

관할관청이 위법한 **직업능력개발훈련과정 인정제한처분을 하여 사업주로 하여금 제때 훈련과정 인정신청을 할 수 없도록 하였음에도, 인정제한처분에 대한 취소판결 확정 후 사업주가 인정제한 기간 내에 실제로 실시하였던 훈련에 관하여 비용지원신청을 한 경우에,** 관할관청은 단지 해당 훈련과정에 관하여 사전에 훈련과정 인정을 받지 않았다는 이유만을 들어 훈련비용 지원을 거부할 수는 없음이 원칙이다. 이러한 거부행위는 위법한 훈련과정 인정제한처분을 함으로써 **사업주로 하여금 제때 훈련과정 인정신청을 할 수 없게 한 장애사유를 만든 행정청이 사업주에 대하여 사전에 훈련과정 인정신청을 하지 않았음을 탓하는 것과 다름없으므로 신의성실의 원칙에 반하여 허용될 수 없다.**

해 설 기속력은 단순히 동일처분의 반복금지나 재처분의무의 발생에 그치는 것이 아니라 판결과 모순되는 행정작용의 시정에까지도 미칠 수 있음을 판시한 것이다. 쟁송절차에서 취소되거나 당연무효로 확인된 직업능력개발훈련과정 인정제한 처분으로 인하여 사업주가 훈련과정 인정신청을 하지 못하여 훈련비용지원을 받지 못하였다면, 사전에 훈련과정 인정을 받지 않았음을 이유로 훈련비용지원을 거부하는 것은 신의성실의 원칙에 위반된다는 것이다.

참고판례 2: 대법원 2020.4.9. 선고 2019두49953 판결 [도선사업면허변경처분취소]

어떤 행정처분을 위법하다고 판단하여 취소하는 판결이 확정되면 행정청은 **취소판결의 기속력에 따라 그 판결에서 확인된 위법사유를 배제한 상태에서 다시 처분을 하거나 그 밖에 위법한 결과를 제거하는 조치를 할 의무가 있다.**

해 설 판결의 효력은 소송물의 범위를 넘어서서 미칠 수 없으므로 이 판결의 판시는 일반적으로 적용할 수 없고 소송물의 범위 안에서 신의성실의 원칙이 적용되는 경우에 한하여 타당하다고 할 수 있다.

④ 동일 위법사유를 가진 관련처분들에 대한 기속력

취소청구가 인용되면 취소되는 처분과 동일한 위법사유를 갖는 관련처분에도 기속력이 미치는지가 문제이다. 그러나 판결은 입법이 아니므로 그렇다고 볼 수는 없으며 관련소송으로 다투어야 한다.

---

이처럼 그동안 판례법으로 인정되어 온 위법한 공표에 대한 취소판결의 기속력으로서의 원상회복의무는 행정절차법 제40조의3 제8항(정정공표)으로 입법적으로 수용되었다고 볼 수 있다.

### (3) 기속력의 효력범위

① 주관적 범위

기속력은 당사자인 행정청 및 모든 관계 행정청에 미친다. 여기서 관계 행정청이라 함은 반드시 처분청과 동일한 행정주체에 속하는 행정청에만 국한하지 않고 취소된 행정처분과 관련하여 처분권한을 가지는 모든 행정청을 의미한다.

② 객관적 범위

기속력은 판결에서 다투어진 계쟁사실에 국한되어 미친다. 즉, 소송물의 범위를 벗어난 사항에 대해서는 기속력이 미치지 않는다.[329)]

그리고 기속력은 판결주문 및 그 전제가 된 요건사실의 인정과 효력의 판단에 미친다. 즉, 기속력은 기판력과는 달리 위법성 일반에 대하여 발생하지 않는다. 오히려 개개의 처분사유와 기본적 사실관계의 동일성의 범위 안에서 그 효력이 미친다.

그러기 때문에 당초의 위법사유 이외에 그 사유와 기본적 사실관계의 동일성이 인정되지 않는 다른 사유를 들어 다시 동일한 처분을 할 수 있다.

③ 시간적 범위

그리고 기속력은 처분시까지의 법관계 및 사실관계에 미친다. 따라서 처분시 이후에 발생한 사유를 들어 행정청과 관계행정청은 취소된 처분과 같은 처분을 할 수 있다. 다만 거부처분의 경우, 거부처분이 취소된 이후에 처분 이후 사실심변론 종결시까지 발생한 새로운 사유로 다시 거부처분할 수 있다고 한다면 소송경제상 문제가 발생한다. 이 문제를 해결하기 위하여 거부처분의 경우에는 위법판단의 기준시를 판결시로 보아야 한다는 소수 의견이 있다.

④ 판례이론

판결의 기속력에 대한 대법원 판례이론은 아직 외견상 선명해 보이지 않는다. 그러나 판례의 전체적인 경향을 정리해보면, 일단 처분의 위법성 판단의 기준시는 처분시이므로 취소된 처분 이후에 새로운 사유가 발생하면 그를 근거로 취소된 처분과 동일한 재처분을 할 수 있다. 그러나 처분 당시에 존재하였던 것으로서 취소소송의 사실심 변론종결시까지 처분사유의 추가·변경을 통하여 주장할 수 있었던 사유로 동일한 재처분을 하는 것은 판결의 기속력에 저촉되어 무효라 할 것이다. 반면 종전 처분의 처분사유와 기본적 사실관계에 동일성이 없어 처분사유의 추가·변경을 할 수 없었던 새로운 처분사유를 들어 동일한 재처분을 하는 것은 무방하다고 할 것이다.[330)]

---

329) 이러한 점에서 별도의 원상회복의 요건 충족 여부에 대한 다툼이 이루어지지 않은 사항에 대하여 판결의 기속력을 인정한 대법원 2019.10.17. 선고 2018두104 판결은 문제가 있다. 자세한 것은 김유환, "사회적 공공성 개념과 쟁송취소에서의 신뢰보호", 『행정판례연구』, 25－1, 한국행정판례연구회, 2020, 23면 이하 참조.

330) 김영현, "판결의 기속력의 효과", 『행정판례평선』, 2011, 915면.

주요판례요지

대법원 2011.10.27. 선고 2011두14401 판결: 거부처분 취소판결이 있어도 처분 이후의 새로운 사유로 다시 거부처분을 할 수 있고 새로운 사유인지의 여부는 그 사유가 종전 처분의 거부사유와 기본적 사실관계의 동일성의 범위 안에 있는지의 여부에 달려있다.

참고판례 1: 대법원 2002.7.23. 선고 2000두6237 판결 [종합소득세부과처분취소]

**과세처분을 취소하는 확정판결의 기판력은 확정판결에 나온 위법사유에 대하여만 미치므로 과세처분권자가 확정판결에 나온 위법사유를 보완하여 한 새로운 과세처분은 확정판결에 의하여 취소된 종전의 과세처분과는 별개의 처분으로서 확정판결의 기판력에 저촉되지 아니한다.**

과세대상 소득이 부동산임대소득이 아니라 이자소득이라는 이유로 종합소득세 등 부과처분이 확정판결에 의하여 전부 취소된 후 과세관청이 그 소득을 이자소득으로 보고 종전처분의 부과세액을 한도로 하여 다시 종합소득세 등 부과처분을 한 경우, 그 처분은 종전처분에 대한 확정판결에서 나온 위법사유를 보완하여 한 새로운 과세처분으로서 종전처분과 그 과세원인을 달리하여 확정판결의 기속력 내지 기판력에 어긋나지 아니한다고 한 사례.

해 설 판결문에서 기판력과 기속력이라는 두 가지 용어가 혼용되고 있으나 기속력을 의미하는 것으로 보아야 한다. 기판력은 소송상의 주장에 대한 효력이고 기속력은 행정청의 재처분 등 행위에 대한 효력이기 때문이다.

참고판례 2: 대법원 2002.12.11. 자 2002무22 결정 [간접강제]

**거부처분에 대한 취소의 확정판결이 있음에도 행정청이 아무런 재처분을 하지 아니하거나, 재처분을 하였다 하더라도 그것이 종전 거부처분에 대한 취소의 확정판결의 기속력에 반하는 등으로 당연무효라면 이는 아무런 재처분을 하지 아니한 때와 마찬가지라 할 것이므로 이러한 경우에는 행정소송법 제30조 제2항, 제34조 제1항 등에 의한 간접강제신청에 필요한 요건을 갖춘 것으로 보아야 한다.**

주택건설사업 승인신청 거부처분의 취소를 명하는 판결이 확정되었음에도 행정청이 그에 따른 재처분을 하지 않은 채 위 취소소송 계속중에 **도시계획법령이 개정되었다는 이유를 들어 다시 거부처분을 한 사안에서, 개정된 도시계획법령에 그 시행 당시 이미 개발행위허가를 신청중인 경우에는 종전 규정에 따른다는 경과규정을 두고 있으므로 위 사업승인신청에 대하여는 종전 규정에 따른 재처분을 하여야 함에도 불구하고 개정 법령을 적용하여 새로운 거부처분을 한 것은 확정된 종전 거부처분 취소판결의 기속력에 저촉되어 당연무효라고 한 사례.**

해 설 처분청이 거부처분 취소의 확정판결 이후 재처분을 하였으나 그것이 그 확정판결의 기속력에 반하여 무효이면 재처분이 없는 것과 같으므로 간접강제 신청을 할 수 있다고 판시하였다. 또한 거부처분 취소 이후 재처분은 재처분 당시의 법령에 의하면 되지만 이 사건에서처럼 관련 법령이 경과규정을 두어 종전규정에 의하라고 한 경우에는 개정법령을 적용하면 재처분의 원인이 된 거부처분 취소판결의 기속력에 반하는 것이 된다고 판시하고 있다.

### (4) 기속력 위반행위의 효과

기속력을 기판력의 일종으로 보면 이에 위반된 행정청의 행위는 위법한 행위로 무효이다. 그러나 이를 일종의 특수한 효력으로서 실체적 효력으로 보면 이에 위반한 것은 실체법위반의 일종이므로 무효·취소의 구별론에 따라 중대·명백한 하자이면 무효이고 단순위법이면 취소로 보아야 할 것이다. 판례는 이를 중대·명백한 하자로 보고 무효로 보는 경향에 있다.331)

## 6. 집행력(간접강제: 거부처분 취소판결 등의 경우 처분청을 구속)

판결의 기속력에 따라 처분청에 재처분의무가 발생하더라도 처분청이 이를 이행하지 않는 경우 취소소송은 이행소송이 아니므로 집행력이 인정되지 않는다. 따라서 행정소송법 제34조는 이러한 경우에 판결의 효력으로서 집행력에 갈음하여 간접강제를 인정하고 있다.

그리하여 행정청이 재처분의무를 이행하지 아니하는 때에는 제1심 수소법원은 상당한 기간을 정하고 그 기간 내에 이행하지 않을 때에는 그 지연기간에 따라 일정한 배상을 명하거나 즉시 손해배상을 명할 수 있다(제34조). 이러한 간접강제는 처분이 절차의 위법을 이유로 취소된 경우에도 적용된다고 보아야 하며(제30조 제3항), 부작위위법확인소송에도 준용된다(제38조 제2항).

간접강제 규정이 적용 내지 준용되는 경우, 행정소송법 제33조를 준용하여 배상명령의 효력이 피고인 행정청이 소속하는 행정주체에도 미치게 하여 집행의 실효성을 담보하여야 할 것이다. 또한 민사집행법 제262조(채무자의 심문)를 준용하여 행정청을 심문할 수 있도록 하여야 할 것이다.

**주요판례요지**

① 대법원 2004.1.15. 선고 2002두2444 판결: 간접강제 배상금은 재처분의 지연에 대한 심리적 강제수단이므로 의무기간 경과 후에라도 재처분이 있으면 간접강제배상금의 추징을 할 수 없다.

② 대법원 1998.12.24. 자 98무37 결정: 직접 준용규정이 없으므로 간접강제에 대한 규정은 무효확인판결에는 적용되지 않는다. 따라서 거부처분에 대한 무효확인판결의 경우 재처분의무는 인정되나 간접강제는 인정되지 않는다.332)

# 제13관 취소소송 판결에 대한 상소와 재심 등

## 1. 상소(항소와 상고)

취소소송에 대한 제1심 법원의 판결에 대해서는 항소할 수 있고 항소법원의 종국판결에 대해서는 대법원에 상고할 수 있다. 다만 행정소송에도 '상고심절차에 관한 특례법'이 적용되어 상고

331) 대법원 1990.12.11. 선고 90누3560 판결.

332) 2017년 행정심판법 개정을 통하여 무효확인심판에 간접강제가 허용되고 있다. 이러한 상황에서 이 판례의 취지가 계속 유지될 수 있을지는 의문이다.

심사제(심리불속행제)가 적용된다. 따라서 '상고심절차에 관한 특례법' 제4조가 규정하는 심리불속행사유에 해당하면 심리를 하지 않고 판결로 상고를 기각할 수 있다.

## 2. 항고와 재항고

판결 이외의 재판인 결정·명령에 대해서 하는 독립된 상소를 항고라 한다. 항고법원·고등법원 또는 항소법원의 결정 및 명령에 대하여 재판에 영향을 미친 헌법·법률·명령 또는 규칙의 위반이 있는 때에는 대법원에 재항고할 수 있다(민사소송법 제442조). 또한 법률에 규정이 있을 때에는 즉시항고 할 수 있다. 즉시항고는 재판의 고지가 있는 날부터 1주일 이내에 하고 원재판의 집행을 정지하는 효력이 있다.

## 3. 재 심

### (1) 당사자에 의한 재심

취소소송의 판결 등에 대해서도 민사소송법이 정하는 바에 따라 재심(민사소송법 제451조 제1항) 또는 준재심(결정이나 명령에 대한 재심: 같은 법 제461조)이 인정된다.

### (2) 제3자에 의한 재심

취소소송의 판결이 제3자에게도 효력이 미치는 관계상, 행정소송법 제31조는 '판결에 의하여 권리 또는 이익의 침해를 받은 제3자'가 자기에게 책임없는 사유로 소송에 참가하지 못함으로써 판결에 영향을 미칠 공격 또는 방어방법을 제출하지 못한 때에는 재심청구를 할 수 있도록 하고 있다.

이때 제3자에 의한 재심을 청구할 수 있는 '판결에 의하여 권리 또는 이익의 침해를 받은 제3자'는 '제3자의 소송참가'가 가능한 '소송의 결과에 따라 권리 또는 이익의 침해를 받을 제3자'와 동일한 것인지가 문제되는데 양자를 동일한 것으로 보는 견해와 재심의 인정범위를 줄이기 위해 달리 보아야 한다는 견해가 있다. 그러나 전술한 바와 같이 이를 '법률상 이익을 침해받을(은)자'로 해석하면 재심의 인정범위도 합리적으로 조정하면서 양자를 동일한 것으로 해석하여도 제3자 권리보호에 문제가 없다.[333)]

## 4. 명령·규칙에 대한 위헌판결의 공고

행정소송법 제6조는 행정소송에 대한 대법원 판결에 의하여 명령·규칙이 헌법 또는 법률에 위반된다는 것이 확정된 경우에는 대법원은 이를 지체없이 행정안전부장관에게 통보하고 행정안전부장관은 지체없이 이를 관보에 게재하도록 하고 있다.

---

333) '판결에 의하여 권리 또는 이익의 침해를 받은 제3자'의 의미를 '법률상 보호되는 이익을 침해받은' 제3자로 해석한 하급법원 판례; 광주고등법원 2011.3.18. 선고 2010재누21 판결.

# 제3절 취소소송 이외의 법정항고소송

## 제1관 무효등확인소송

### 1. 일반론

#### (1) 의의와 종류

무효등확인소송이란 행정청의 처분 등의 효력유무 또는 존재여부를 확인하는 소송(행정소송법 제4조 제2호)을 말한다. 그러나 무효등확인소송이라 공통적으로 지칭된다 하더라도 구체적으로는 소송물이 한결같지 않아서, 각기 처분등의 무효, 유효, 존재, 부존재, 실효를 확인하는 등 그 소송물의 태양은 다양하다. 이 가운데 무효, 부존재, 실효의 확인을 구하는 것을 소극적인 무효등확인소송이라 하고, 존재와 유효의 확인을 구하는 것을 적극적인 무효등확인소송이라고 한다. 대개 문제되는 것은 소극적인 무효등확인소송이다.

① 무효확인소송

처분등이 중대·명백한 하자가 있어 당연무효임을 확인하는 소송이다.

그런데 원고는 입증이 어려운 무효확인소송을 제기할 필요없이 취소소송을 제기하여 처분등의 위법사유를 다툴 수 있다. 무효사유를 이유로 취소를 청구하는 소송을 무효선언적 취소소송이라 하는데, 판례이론에 의하면 비록 무효사유를 다투는 소송이라도 취소소송으로 제기된 이상, 제소기간의 제한, 행정심판전치요건 등의 제한이 있다고 한다. 또한 대법원은 무효확인소송의 청구취지에는 취소를 구하는 청구취지가 포함되어 있다고 본다. 따라서 무효확인소송을 제기하였으나 무효는 아니고 취소사유로 인정된 경우 제소기간 등 취소소송의 요건을 갖춘 때에는 취소청구의 인용판결을 받을 수 있다(주요판례요지 참조).

행정소송규칙 제16조는 특별히 무효확인소송이 취소소송의 제소기간 안에 제기된 경우에는 원고에게 처분등의 취소를 구하지 않고 무효확인만을 구하는 취지인지를 명확히 하도록 석명권을 행사할 수 있음을 명시하고 있다.

또한 처분등이 무효이면 처분등은 당연히 효력이 없는 것이므로 처분등 자체에 대한 쟁송없이 바로 처분등의 무효를 전제로 하는 당사자소송이나 민사소송에서 선결문제로서 처분등의 무효를 다툴 수 있다.

**주요판례요지**

대법원 1986.9.23. 선고 85누838 판결: 행정처분의 무효확인을 구하는 청구에는 특별한 사정이 없는 한 그 처분의 취소를 구하는 취지까지도 포함되어 있다고 볼 수는 있으나 위와 같은 경우에 취소청구를 인용하려면 먼저 취소를 구하는 항고소송으로서의 제소요건을 구비한 경우에 한한다(같은 취지의 판례: 대법원 1994.12.23. 선고 94누477 판결).

② 부존재확인소송

처분등의 부존재를 확인하는 소송의 결과, 원고가 승소하여도 처분의 무효를 구하는 소송에서 승소한 것과 그 법적 효과가 다르다고 볼 수는 없다. 무효나 부존재 모두 법적으로는 아무런 의미가 없는 것이기 때문이다. 따라서 무효확인과 부존재확인을 구별할 실익이 있는지가 문제된다. 법적 효과만이 아니라 적용법조도 동일하기 때문에 실제로는 구별실익이 없다고 본다. 다만 우리 실정법이 이를 구별하는 것은 부존재를 넓은 의미의 무효의 특별유형으로 분류한 것으로 이해할 수 있다.

③ 실효확인소송

실효확인소송에서는 실효를 유발한 객관적 사정이 존재하는지가 본질적인 다툼의 대상이 된다. 그런데 실효는 소급효가 없으므로 무효, 부존재와는 다소 다르다.

### (2) 성질

현행 행정소송법은 무효등확인소송을 항고소송의 일종으로 하고 있으나 종래 그 본질에 대해서는 견해가 갈렸다. ① 확인소송설, ② 항고소송설(무효, 취소의 상대화론을 논거로 취소소송과 본질이 같다고 봄), ③ 준항고소송설(확인소송의 일종이나 항고소송의 측면도 있다고 봄) 등의 견해가 존재하였다. 핵심적인 쟁점사항은 무효확인소송이 통상적인 확인소송과 같이 보충적인 소송형태인가의 여부인데 대법원 판례는 이를 부인하고 있으므로(이하에서 상술함) 판례이론에 따른다면 무효등확인소송을 확인소송으로 보기는 어렵다. 따라서 현재로서는 항고소송설이 타당하다. 그러나 유효확인소송, 존재확인소송 등의 경우에는 성질상 이를 무효확인소송과 동일시하여 보충적인 소송이 아니라고 할 수 있는지 확신하기 어렵다. 다만 대법원은 이들의 경우에도 무효확인소송과 동일하게 이해하고 있다.[334)]

### (3) 소송물

무효등확인소송의 소송물은 '특정한 처분등의 무효, 유효, 존재, 부존재 또는 실효여부'로 보는 것이 일반적이다. 그러나 앞서 취소소송의 소송물이론에서 검토한 바와 같은 문제점 때문에 '특정한 처분등의 무효, 유효, 존재, 부존재 또는 실효 여부의 확인을 구하는 원고의 소송상 청구'라고 보아야 할 것이다.

취소소송과 무효확인소송은 소송물이 같고 다만 하자의 경중에 차이가 있을 뿐이라는 견해도 있다. 그러나 양자는 권리보호방식이 다르므로 소송물이 동일하다고 볼 수는 없다.

---

334) 대법원 2019.2.14. 선고 2017두62587 판결; 대법원 2025.11.20. 선고 2025두33652 판결.

### (4) 적용법규

무효등확인소송에는 대부분 취소소송에 관한 규정이 준용되지만 행정심판전치, 제소기간, 재량처분의 취소(행정소송법 제27조), 사정판결에 관한 규정은 준용되지 않는다.

## 2. 취소소송에 비한 특이점

### (1) 협의의 부존재와 소각하의 대상이 되는 부존재

개념상 처분의 부존재에 해당하는 것처럼 보일지라도 그를 다툴 실익이 없을 정도의 경우에는 각하의 대상이 된다. 그러므로 개념상 부존재를 협의의 부존재와 각하의 대상이 되는 부존재로 분류할 수 있다. ① 협의의 부존재는 본래 처분 개념에 해당하기는 하나 아직 성립하지 못하였거나 취소, 철회된 경우 등이다. 취소, 철회된 경우와 실효된 경우를 구별하기 어려운 때도 있다. ② 처분의 부존재처럼 보일지라도 원래 법적 효과도 없고 처분개념에 해당하지 않는 것은 그 처분성이 인정될 수 없는 경우도 있고, 처분성이 인정되어도 소의 이익(권리보호의 필요)이 인정되지 않는 경우도 있다.

판례도 부존재확인소송에 대하여 어떤 때에는 각하판결을 하는 경우가 있는데, 이는 처분성이 부정되는 부존재에 해당하거나 소송을 인정할 권리보호필요가 부정되어 소송을 수행하는 것이 무의미하다고 판단되는 때라 할 것이다.

### (2) 권리보호의 필요

행정소송법 제35조는 무효등확인소송의 원고적격이라는 제목 아래에 "무효등확인소송은 처분등의 효력유무 또는 존재 여부의 확인을 구할 법률상 이익이 있는 자가 제기할 수 있다"라고 규정하고 있다.

이를 통상의 원고적격에 관한 규정만이 아니라 권리보호필요에 관한 규정으로 보아 확인소송의 보충성을 인정할 것인지가 문제이다. 요컨대, 무효등확인소송을 통상적인 확인소송의 예를 따라 "즉시확정의 이익", 즉 "확인의 이익"이 있어야 하는 소송형태로 이해하느냐의 문제이다. 대법원은 그동안의 태도를 바꾸어 그 보충성을 부인하였다.[335] 이는 종래의 다수설의 취지에 따른 것이라 할 수 있다.

다수설은 다음과 같은 이유로 행정소송법 제35조의 규정을 권리보호의 필요에 관한 규정으로 볼 필요가 없고, 따라서 무효확인소송은 보충적 소송이 아니며, 이 소송유형에 별도로 '확인의 이익'을 소송요건으로 추가할 필요가 없다고 보아왔다.

① 우리나라의 경우 명문으로 보충성의 제한을 두고 있지 않다.

② 행정소송은 민사소송과 달리 공익 관련이므로 확인의 이익을 반드시 요구할 필요가 없다.

③ 무효확인소송은 항고소송으로서의 성격이 있으므로 단순히 확인소송으로 취급할 수 없다.

---

335) 대법원 2008.3.20. 선고 2007두6342 전원합의체 판결.

④ 행정소송법은 취소판결의 기속력을 무효등확인소송에도 준용하고 있으므로 무효확인판결만으로도 판결의 실효성을 확보할 수 있다.

따라서 민사소송과 같이 분쟁의 궁극적 해결을 위한 확인의 이익이 반드시 필요하지 않다.

### 참고판례 1: 대법원 2019.2.14. 선고 2017두62587 판결 [퇴역대상자지위확인등]

**행정처분의 근거 법률에 의하여 보호되는 직접적이고 구체적인 이익이 있는 경우에는 행정소송법 제35조에 규정된 '무효 등 확인을 구할 법률상 이익'이 있다고 보아야 한다.** 이와 별도로 무효 등 **확인소송의 보충성이 요구되는 것은 아니므로 행정처분의 유·무효를 전제로 한 이행소송 등과 같은 직접적인 구제수단이 있는지 여부를 따질 필요가 없다.**

**해 설** 이 사건은 원고에 대한 하사관 임용의 유효성에 관한 사건으로서 일종의 유효확인소송인데도 무효확인소송과 같이 확인의 이익이 요구되지 않고 보충성이 요구되지 않는다고 판시하였다.

### 참고판례 2: 대법원 2008.3.20. 선고 2007두6342 전원합의체 판결 [하수도원인자부담금부과처분취소]

행정소송은 행정청의 위법한 처분 등을 취소·변경하거나 그 효력 유무 또는 존재 여부를 확인함으로써 국민의 권리 또는 이익의 침해를 구제하고 공법상의 권리관계 또는 법 적용에 관한 다툼을 적정하게 해결함을 목적으로 하므로, 대등한 주체 사이의 사법상 생활관계에 관한 분쟁을 심판대상으로 하는 민사소송과는 목적, 취지 및 기능 등을 달리한다. **또한 행정소송법 제4조에서는 무효확인소송을 항고소송의 일종으로 규정하고 있고, 행정소송법 제38조 제1항에서는 처분 등을 취소하는 확정판결의 기속력 및 행정청의 재처분 의무에 관한 행정소송법 제30조를 무효확인소송에도 준용하고 있으므로 무효확인판결 자체만으로도 실효성을 확보할 수 있다.** 그리고 무효확인소송의 보충성을 규정하고 있는 외국의 일부 입법례와는 달리 우리나라 행정소송법에는 명문의 규정이 없어 이로 인한 명시적 제한이 존재하지 않는다. 이와 같은 사정을 비롯하여 행정에 대한 사법통제, 권익구제의 확대와 같은 행정소송의 기능 등을 종합하여 보면, 행정처분의 근거 법률에 의하여 보호되는 직접적이고 구체적인 이익이 있는 경우에는 행정소송법 제35조에 규정된 '무효확인을 구할 법률상 이익'이 있다고 보아야 하고, 이와 별도로 **무효확인소송의 보충성이 요구되는 것은 아니므로 행정처분의 무효를 전제로 한 이행소송 등과 같은 직접적인 구제수단이 있는지 여부를 따질 필요가 없다고 해석함이 상당하다.**

### 참고판례 3: 대법원 2008.6.12. 선고 2008두3685 판결 [압류처분등무효확인]

원심은 이 사건 압류처분 및 매각처분의 당연무효 확인을 구하고, 예비적으로 이 사건 매각처분의 취소를 구하는 원고의 청구에 대하여, 이 사건 매각처분에 의하여 매각대금이 완납되고 매수인에게 이 사건 토지에 관한 소유권이전등기까지 경료된 이상, 원고로서는 직접 민사소송으로 매각처분에 의하여 충당된 세액에 대하여 국가를 상대로 부당이득 반환을 구하거나 소외인을 상대로 매각처분에 의하여 경료된 소유권이전등기의 말소를 구하는 것이 분쟁해결에 있어 직접적이고도 유효·적절한 방법이고, 이는 공매절차에 하자가 있다 하더라도 마찬가지라는 이유로, 원고는 이 사건 압류처분 및 매각처분에 대하여 무효확인을 구하거나, 이 사건 매각처분의 취소를 구할 소의 이익이 없다고 판단하여, 원고의 피고들에 대한 소를 모두 각하한 제1심판결을 그대로 유지하였다.

그러나 앞서 본 법리에 비추어 살펴보면, **원고로서는 부당이득반환청구의 소나 소유권이전등기말소청**

**구의 소로써 직접 원고가 주장하는 위법상태의 제거를 구할 수 있는지 여부에 관계없이, 이 사건 압류처분 및 매각처분의 근거 법률에 의하여 보호되는 직접적이고 구체적인 이익을 가지고 있어 행정소송법 제35조에 규정된 '무효확인을 구할 법률상 이익'을 가지는 자에 해당하고,** 따라서 이 사건 압류처분 및 매각처분에 대하여 무효확인을 구할 수 있으며, 나아가 이 사건 매각처분이 위법하지만 당연 무효는 아닌 경우에 대비하여 그 취소를 구할 수도 있으므로, 이 사건 소는 모두 적법하다.

해 설 압류와 매각에 따라 소유권이전등기까지 경료된 상황에서도 압류처분과 매각처분의 무효확인의 소의 이익이 있다고 판시하고 있다. 즉, 원고가 부당이득반환청구나 소유권이전말소등기청구로 직접 구제를 받을 수 있는 방법이 있는지의 여부와 관계없이 원고에게 압류처분과 매각처분의 무효확인의 소의 이익이 있다고 본 것이다. 이것은 무효확인소송의 보충성을 인정하고 확인의 이익이 요구된다고 하던 구 대법원 판례의 입장에서는 용인될 수 없는 것이다. 판례변경의 입장이 분명히 나타나고 있다.

#### (3) 무효등확인소송에 있어서의 가구제

① 집행정지

취소소송의 집행정지에 관한 규정은 무효등확인소송에도 준용된다(행정소송법 제23조, 제38조 제1항).

② 가처분

취소소송에서의 가처분에 관한 논의가 무효등확인소송의 경우에도 타당할 것이다. 다만, 취소소송에 가처분을 허용하지 않더라도 무효등확인소송의 경우 무효인 행정행위는 공정력이 없으므로 취소소송과 반드시 동일하게 취급할 필요가 없어서 가처분을 인정할 수 있다고 하는 견해도 있다. 그러나 가처분의 인정 여부와 공정력은 직접 관계가 없으므로 이러한 견해에는 찬성하기 어렵다.

#### (4) 증명책임(입증책임)

무효등확인소송에 있어서의 증명책임에 대해 다음의 3가지 견해가 대립되고 있다.

① 문제되는 것이 처분등의 위법 여부임에는 변함이 없고 하자의 경중은 증명책임과는 직접 관계가 없다는 이유로 취소소송의 경우와 다를 것이 없다는 견해

② 하자의 예외적 중대성에 비추어 취소소송의 경우와는 달리 원고가 증명책임을 진다는 견해

③ 소극적 확인소송의 경우와 적극적 확인소송의 경우는 원·피고의 입장이 다르므로 달리 이해하여야 할 것이라는 견해: 이 견해에 따르면 소극적 확인소송의 경우 권리장애사실에 대해서는 원고, 존재·유효성에 대해서는 피고가, 적극적확인소송의 경우 권리발생요건사실(적법·존재)에 대해서는 원고가, 무효·부존재에 대해서는 피고가 증명책임을 진다고 한다.[336]

대법원은 하자의 중대·명백성에 대하여는 원고가 증명책임을 진다고 한다.[337] 또한 무효사유

336) 구체적인 실례에 대해서는 취소소송의 입증책임 부분 참조.

337) 대법원 1984.2.28. 선고 82누154 판결.

에 관한 한 무효선언적 의미의 취소소송에서도 원고가 증명책임을 진다고 한다.[338)]

#### (5) 사정판결

사정판결 규정은 무효등확인소송에는 준용되지 않는다. 그러나 ① 무효·취소의 구별이 상대적이라는 점, ② 사정판결제도가 반드시 원고에게 불리하지만은 않다는 점(위법하지만 이익형량을 통해 아예 무효·취소사유가 아니라는 판결보다는 낫다), ③ 무효인 경우에도 기성사실이 존중될 필요가 있는 경우가 있다는 점 등을 들어 무효등확인소송에도 사정판결 규정이 준용되어야 할 것이라는 견해가 있다.

그러나 무효의 경우 존치할 유효한 처분이 없으며, 실정법도 사정판결 규정의 준용을 허용하고 있지 않으므로 예외적인 사정판결제도를 확대 인정하기는 어렵다(판례,[339)] 다수설).

#### (6) 선결문제의 심리

행정소송법 제11조는 처분등의 효력유무 또는 존재여부가 민사소송의 선결문제가 되는 경우에는 취소소송에 관한 행정청의 소송참가(같은 법 제17조), 행정심판기록의 제출명령(같은 법 제25조), 직권심리(같은 법 제26조), 소송비용에 관한 재판의 효력(같은 법 제33조) 등의 규정을 준용하고 행정청에게 선결문제로 된 사실을 통지하도록 하고 있다.

그러나 이 조항은 무효나 부존재인 행정처분이 선결문제가 된 경우에 적용되는 것이고 단순위법인 경우의 처분이 선결문제가 된 경우의 판단에 대해서는 침묵을 지키고 있다. 따라서 단순위법인 처분이 선결문제가 된 경우에는 종래의 학설, 판례에 맡긴 것이라고 해석된다. 그런데 학설·판례의 해석에 따라 단순위법인 경우에도 수소법원의 심리가 인정되는 경우에는 행정소송법 제11조의 규정이 그 심리에 준용된다고 하여야 할 것이다.

한편, 행정소송법 제11조가 공법상의 당사자소송이나 형사소송에서의 선결문제에 대해 침묵하는 이유는, 당사자소송의 경우 취소소송의 규정이 이미 준용되고 있고 형사소송은 원래 직권심리주의이므로 취소소송의 규정을 준용할 필요가 없기 때문이다.

## 제2관 부작위위법확인소송

### 1. 개 설

#### (1) 의의

부작위위법확인소송이란 행정청의 부작위가 위법하다는 것을 확인하는 소송을 말한다. 그러나 이러한 소송유형은 거부처분 취소소송과 마찬가지로 원고가 승소한다 하더라도 그가 원하는 것을 바로 얻을 수 없다는 점에서 권익구제에 있어서 우회적이라는 비판을 면하기 어렵다.

---

338) 대법원 2023.6.29. 선고 2020두46073 판결.
339) 대법원 1996.3.22. 선고 95누5509 판결; 대법원 1991.10.11. 선고 90누9926 판결.

부작위위법확인소송은 권익구제에 있어서 거부처분 취소소송보다 더욱 우회적이다. 왜냐하면 현재 판례에 따르면, 이 소송을 통해서는 승소하더라도 응답의무만이 확인될 뿐이기 때문이다. 행정청의 부작위는 거부처분에 비해서 행정청으로서는 더욱 성의가 없는 경우라고 할 수 있다. 즉 부작위위법확인소송을 통하여 그 부작위의 위법성이 확인되어도 신청에 대한 인용 또는 거부라는 응답을 할 의무 이외에 행정청에 대하여 아무런 법적 구속도 주어지지 않는다. 제도의 균형을 위하여 그리고 국민의 권익구제의 충실을 위하여 의무이행소송을 인정하여야 할 것이다.

### (2) 성질

부작위위법확인소송은 확인소송의 일종이다. 다만 여기서 확인되는 부작위는 처분등의 부작위이므로 이 소송은 항고소송의 일종으로서의 성격을 가진다.

또한 부작위위법확인소송은 행정청의 응답의무 위반에 대한 위법성을 확인하는 것이지, 원고가 원하는 처분등을 하지 않은 것의 위법성에 대한 청구가 아니라고 보는 것이 판례의 입장이다.[340)]

### (3) 소송물

부작위위법확인소송의 소송물은 '당해 소송의 대상인 부작위의 위법확인'이라고 보는 것이 보통이나, 앞에서 살펴본 바와 같이 '당해 소송의 대상인 부작위의 위법확인을 구하는 원고의 소송상 청구'라 보는 것이 타당할 것이다.

### (4) 적용법규

부작위위법확인소송에는 취소소송의 규정이 대부분 준용되며 준용되지 않는 것에는, 제소기간의 제한, 처분변경으로 인한 소의 변경, 집행정지, 사정판결, 사정판결의 경우 피고의 소송비용부담 규정뿐이다. 이들 규정이 준용되지 않는 이유는 부작위위법확인소송이 행정청의 적극적 처분이 있음을 전제로 하지 않는 것이기 때문이다.

## 2. 부작위의 개념

부작위위법확인소송의 대상은 부작위이다. 이러한 부작위가 성립하기 위해서는 다음의 요건을 충족하여야 한다.

#### ① 당사자의 신청

부작위가 성립하려면 당사자의 신청이 있어야 한다. 다만 신청권이 있는 자의 신청을 요한다. 즉, 원고에게 법령상 신청권이 명시되었거나 또는 법령해석상의 신청권이 있어야 한다는 것이 다수설의 입장이다. 판례도 같은 취지이지만 그 용어법에 유의하여야 한다. 판례는 법규상 또는 조리상의 신청권이 있는 자의 신청이 있어야 된다고 한다.[341)]

---

340) 대법원 1993.4.23. 선고 92누17099 판결.
341) *Id.*

그러나 이에 대하여 당사자의 신청권의 존재 여부는 부작위 개념 보다는 원고적격 개념으로 다루어지거나 본안판단의 문제가 되어야 할 것이라는 견해도 있다.[342)]

② 상당한 기간의 경과

부작위가 성립하기 위해서는 원고가 처분을 신청한 후 상당한 기간이 경과하여야 한다. 여기서 상당한 기간은 사회통념상 그 신청을 처리하는데 소요될 것으로 판단되는 기간을 의미한다. 민원사무신청에 대해 법령이나 훈령 등으로 처리기간을 정해 놓은 경우 그 기간이 상당한 기간이 될 것이다.

③ 처분을 할 법률상 의무의 존재

부작위가 성립하기 위해서는 행정청에게 신청에 대한 처분을 할 법률상 의무가 존재하여야 한다. 그러나 판례는 이를 응답의무로 이해한다.[343)] 이것을 처분의무의 존재가능성으로 이해하기도 한다. 그러나 판례가 부작위위법확인소송을 응답의무의 존재여부를 확인하는 소송으로 이해하는 한, 정확히는 이를 응답의무의 존재가능성으로 이해하여야 할 것이다. 요컨대, 응답의무가 배제될 특별사유가 없는 한 응답의무가 인정되는 그러한 상황을 말한다. 구체적인 응답의무의 존재, 즉 불응답의 위법성의 판단은 본안판단사항이라 할 것이다.

물론 기속행위라든가, 재량행위일지라도 재량권의 수축이 있는 경우 등의 응답은 곧 특정처분을 의미할 수도 있다.

④ 처분의 부존재

부작위가 성립하기 위해서는 처분이 존재하지 않아야 한다. 따라서 의제거부나 간주거부는 부작위가 아니라 거부처분이 있은 것으로 보아야 한다. 그리고 처분의 무효는 처분이 존재하는 것을 전제하므로 부작위와는 구별된다고 보아야 한다.

**주요판례요지**

대법원 1995.3.10. 선고 94누14018 판결: 위법한 압수행위에 따른 압수물환부의 부작위는 부작위위법확인소송의 대상이 아니라 민사소송의 대상이다.[344)]

### 3. 부작위위법확인소송의 특이점

#### (1) 원고적격

부작위위법확인소송의 원고적격은 처분의 신청을 한 자로서 부작위의 위법의 확인을 구할 법

342) 이러한 가능성을 인정한 판례로 대법원 1999.12.7. 선고 97누17568 판결 참조.
343) *Id.*
344) 압수물의 환부는 처분이 아니라 사실행위이기 때문이다. 부작위위법확인소송의 대상은 처분의 부작위이고 사실행위의 부작위는 그에 포함되지 않는다.

률상 이익이 있는 자가 가진다. 이에 대하여 신청권 문제를 본안판단사항으로 보는 입장에서는 '신청권 없이도 현실적으로 신청을 한 자'에게 원고적격을 부여하여야 한다고 한다. 그러나 대법원은 "부작위위법확인소송은 처분의 신청을 한 자로서 부작위의 위법의 확인을 구할 법률상 이익이 있는 자만이 제기할 수 있는 것으로서 당사자가 행정청에 대하여 어떤 행정행위를 하여 줄 것을 신청하지 아니하였거나 당사자가 그러한 행정행위를 하여 줄 것을 요구할 수 있는 법규상 또는 조리상의 권리를 가지고 있지 아니하는 등의 경우에는 원고적격이 없거나 항고소송의 대상인 위법한 부작위가 있다고 할 수 없어 그 부작위위법확인의 소는 부적법하다"하고 있다.[345] 다수설도 대체로 동일한 의견이다. 요컨대, 다수설과 판례는 원고적격과 부작위 개념을 엄밀히 구별하지 않는다고 이해된다.

그러나 이론상으로나 법령상으로는 엄연히 원고적격 개념과 부작위개념은 구별되는 것이므로 개념문제를 조화롭게 이해하기 위해서는, 부작위의 개념에서가 아니라 원고적격 개념에서 신청권의 존부를 문제 삼고, 본안에서 위법한 부작위로 그 신청권이 침해되었는가 하는 문제를 검토하는 것으로 논리구성하는 것이 타당할 것이다.

#### (2) 제소기간

부작위위법확인소송은 부작위상태가 계속되는 한 그 위법의 확인을 구할 이익이 있으므로 제소기간의 제한을 받지 않음이 원칙이다. 그러나 행정심판 등 전심절차를 거친 경우에는 재결서 정본을 송달받은 날로부터 90일 이내에 소를 제기하여야 한다.

---

참고판례: 대법원 2009.7.23. 선고 2008두10560 판결 [부작위위법확인의소]

**부작위위법확인의 소는** 부작위상태가 계속되는 한 그 위법의 확인을 구할 이익이 있다고 보아야 하므로 **원칙적으로 제소기간의 제한을 받지 않는다.** 그러나 행정소송법 제38조 제2항이 제소기간을 규정한 같은 법 제20조를 부작위위법확인소송에 준용하고 있는 점에 비추어 보면, **행정심판 등 전심절차를 거친 경우에는 행정소송법 제20조가 정한 제소기간 내에 부작위위법확인의 소를 제기하여야 한다.**

당사자가 동일한 신청에 대하여 **부작위위법확인의 소를 제기하였으나 그 후 소극적 처분이 있다고 보아 처분취소소송으로 소를 교환적으로 변경한 후 여기에 부작위위법확인의 소를 추가적으로 병합한 경우, 최초의 부작위위법확인의 소가 적법한 제소기간 내에 제기된 이상 그 후 처분취소소송으로의 교환적 변경과 처분취소소송에의 추가적 변경 등의 과정을 거쳤다고 하더라도 여전히 제소기간을 준수한 것으로 봄이 상당하다.**

해 설 부작위위법확인소송은 제소기간의 제한이 없으나 행정심판을 거친 경우에는 제소기간의 적용이 있다고 판시하였다. 또한, 부작위위법확인소송을 제기하고 그것을 나중에 거부처분취소소송으로 바꾼 경우 최초의 부작위위법확인소송을 제기한 때 제소기간의 준수가 있었다고 보아야 한다고 판시하였다.

---

345) 대법원 2007.10.26. 선고 2005두7853 판결; 대법원 1993.4.23. 선고 92누17099 판결.

### (3) 소의 변경

부작위위법확인소송을 제기한 후 피고인 행정청이 응답의무에 기하여 처분을 한 경우, 원고는 취소소송 등으로 소변경을 할 수 있다.

처분변경으로 인한 소의 변경은 성질상 허용되지 않으나 부작위위법확인소송 도중 원하지 않는 처분을 한 경우에는 사실상 '처분변경으로 인한 소변경'에 가까운 소변경이 이루어지게 된다.

### (4) 증명책임(입증책임)

부작위위법확인소송에 있어서는 피고 행정청의 부작위가 위법이라는 점에 대해서는 원고가, 상당한 기간이 경과하였음에도 처분을 하지 않을 정당한 사유가 있음에 대해서는 피고가 증명책임을 진다. 그리고 부작위 해당여부와 신청권의 존부에 대해서는 이를 소송요건으로 본다면 원칙적으로 법원의 직권조사사항이 된다.

### (5) 심리범위

① 문제의 제기

부작위위법확인소송에서 법원은 원고가 실체법상의 청구권을 가지고 있는지에 대한 실체적 문제를 심리할 수 있는지 아니면 단순히 행정청이 원고의 신청에 응답할 의무를 가지는지의 여부라는 절차적 문제에 대해서만 심리할 수 있는지가 문제된다.

② 실체적 심리설

실체적심리설은 법원은 부작위의 위법 여부만이 아니라 신청의 실체적인 내용까지 심리하여 이에 대한 행정청의 처리방향을 제시하여야 한다고 한다. 판결주문에서는 실체적 판단을 밝힐 수 없으나 판결이유 중에 처리방향을 시사함으로써 의무이행소송에 가까운 운영을 하는 것이 바람직하다는 것이다.

③ 절차적 심리설

이에 대하여 현재 대법원은 부작위위법확인소송을 응답의무의 확인을 위한 소송으로 이해하여 부작위위법확인소송의 심리는 절차적 심리에 국한하여야 한다고 이해하고 있다(절차적 심리설).[346] 그리하여 법원은 부작위의 위법여부만을 심리할 수 있다고 한다. 왜냐하면 실체적 내용까지 심리하면 의무이행소송을 인정한 것과 실질적으로 동일한 효과를 낼 수 있으므로, 의무이행소송을 도입하지 않고 부작위위법확인소송만을 인정한 입법취지에 위배된다는 것이다.

④ 논평

그러나 절차적심리설에 따르면 부작위위법확인소송에 의하면 거부처분 취소소송에 비해서도 더욱 우회적인 권익구제만이 가능할 뿐이어서 현저히 균형에 맞지 않다. 이러한 불균형을 해소

---

346) 대법원 1992.7.28. 선고 91누7361 판결.

하기 위해서는 실체적 심리설을 취하는 것이 타당하다고 본다.

### (6) 위법판단의 기준시

이미 살펴본 바와 같이 부작위위법확인소송의 위법판단의 기준시는 통상의 경우와 달리 판결시라고 하여야 할 것이다. 절차적 심리설을 취하는 판례도 "부작위위법확인소송은 판결시를 기준으로 그 부작위의 위법을 확인함으로써 행정청의 응답을 신속하게 하여 부작위 내지 무응답이라고 하는 소극적 위법상태를 제거하는 것을 목적으로 하는 것"이라고 판시하고 있다.[347)]

### (7) 사정판결 적용배제

부작위의 성질상 사정판결은 부작위위법확인소송에서 인정되지 않는다.

### (8) 부작위위법확인판결의 제3자효

부작위위법확인소송이 절차적 심리설을 따라 응답의무를 확인하는 것이라고 한다면 제3자효의 실질적인 의의는 없다.

### (9) 부작위위법확인소송에서의 권리보호의 필요

부작위위법확인소송도 확인소송인 이상 확인의 이익이 있어야 한다. 따라서 부작위상태가 해소되었다거나 부작위상태의 해소가 원고의 법률상 이익의 보호에 의미가 없을 때에는 각하된다.

**주요판례요지**

대법원 1990.9.25. 선고 89누4758 판결: 사실심변론종결시까지 처분청이 처분을 한 경우에는 부작위 상태가 해소되므로 부작위위법확인소송의 소의 이익이 인정되지 않는다.

참고판례: 대법원 2002.6.28. 선고 2000두4750 판결 [조례제정부작위위법확인]

(전략) **당사자의 신청이 있은 이후 당사자에게 생긴 사정의 변화로 인하여 위 부작위가 위법하다는 확인을 받는다고 하더라도 종국적으로 침해되거나 방해받은 권리와 이익을 보호·구제받는 것이 불가능하게 되었다면 그 부작위가 위법하다는 확인을 구할 이익은 없다.**

지방자치단체가 조례를 통하여 **노동운동이 허용되는 사실상의 노무에 종사하는 공무원의 구체적 범위를 규정하지 않고 있는 것에 대하여 버스전용차로 통행위반 단속업무에 종사하는 자가 부작위위법확인의 소를 제기하였으나 상고심 계속중에 정년퇴직한 경우,** 위 조례를 제정하지 아니한 부작위가 위법하다는 확인을 구할 소의 이익이 상실되었다고 한 사례.

347) 대법원 1990.9.25. 선고 89누4758 판결.

### (10) 재처분의무와 간접강제

부작위위법확인소송에는 재처분의무와 간접강제에 대한 취소소송의 규정이 준용된다. 다만 재처분의무에 관한 행정소송법 제30조 제2항은 "판결의 취지에 따라 다시 이전의 신청에 대한 처분을 하여야 한다"고 규정함으로써 부작위위법확인소송에서도 판결이유에서 행정청의 재처분방침에 대하여 밝히고 그에 대하여 행정청이 구속된다는 견해가 있다. 그러나 이 문제는 심리범위의 논쟁과 그 맥을 같이 하는 것으로 앞에서 살펴 본 바와 같이 논란의 여지가 있는 문제이다.

### (11) 행정청이 추후에 처분등을 함으로써 소를 각하하는 경우의 소송비용부담

부작위확인위법소송 계속 중에 행정청이 당사자의 신청에 대하여 상당한 기간이 지난 후에 처분 등을 함으로써 법원이 부작위위법확인의 소를 각하하게 되는 경우에는 소송비용의 전부 또는 일부를 피고가 부담하게 할 수 있다(행정소송규칙 제17조).

## 4. 헌법소원의 대상인 행정부작위와 부작위위법확인소송

### (1) 헌법소원의 대상이 되는 행정부작위의 개념

행정청의 부작위에 대한 구제절차에는 부작위위법확인소송이 인정되는 외에 행정부작위에 대한 헌법소원절차가 존재한다.

헌법소원의 대상으로서의 행정부작위는 "공권력의 주체에게 헌법에서 유래하는 작위의무가 특별히 구체적으로 규정되어, 이에 의거하여 기본권의 주체가 행정행위를 청구할 수 있음에도 공권력의 주체가 그 의무를 해태하는 경우"라고 할 수 있다.[348)]

이때 여기서 말하는 "공권력의 주체에게 헌법에서 유래하는 작위의무가 특별히 구체적으로 규정되어"가 의미하는 바는 "첫째, 헌법상 명문으로 공권력 주체의 작위의무가 규정되어 있는 경우 둘째, 헌법의 해석상 공권력 주체의 작위의무가 도출되는 경우 셋째, 공권력 주체의 작위의무가 법령에 구체적으로 규정되어 있는 경우 등을 포괄하고 있는 것으로 볼 수 있다."[349)] 그리고 여기서 말하는 행정행위가 반드시 강학상의 행정행위에 국한되는 것은 아니다.

### (2) 헌법소원의 대상이 되는 행정부작위의 성립요건

헌법학자들 사이에 논란이 있으나[350)] 헌법재판소는 헌법소원의 대상이 되는 행정부작위가 성립하기 위해서는 ① 행정권력에 헌법상의 작위의무가 존재하여야 하며[351)] ② 청구인에게 구체적인 청구권이 존재하여야 하며[352)] ③ 그로 인하여 청구인의 기본권의 침해가 문제되어야 하는[353)]

348) 헌법재판소 1991.9.16. 선고 89헌마163 결정.
349) 헌법재판소 2004.10.28. 선고 2003헌마898 결정.
350) 헌법재판연구원, 전게서 1035-1036면 참조.
351) 이 의무는 구체적인 작위의무여야 한다고 한다. 헌법재판소 2018.3.29. 선고 2016헌마795 결정.
352) 헌법재판소 1996.2.29. 선고 93헌마186 결정; 헌법재판소 1999.11.25. 선고 99헌마198 결정 등.
353) 헌법재판소 1996.11.28. 선고 92헌마237 결정.

것으로 이해하는 것으로 보인다.

이 가운데 두 번째의 요건인 구체적 청구권이 있어야 행정부작위가 성립하는가에 대해서는 ① 헌법재판소의 견해를 받아들이는 긍정설과, ② 헌법상 작위의무로 족하다는 부정설, 그리고 ③ 행정청이 하여야 할 구체적인 작위 내용을 특정할 수 있으면 족하다는 헌법연역설 등이 대립하고 있다.[354)]

물론 헌법소원의 보충성 때문에 의무이행심판이나 부작위위법확인소송이 인정되는 부작위(처분의 부작위)에 대해서는 헌법소원을 제기할 수 없다. 그러나 처분에 대한 부작위라도 당사자에게 신청권이 인정되지 않아 의무이행심판이나 부작위위법확인소송을 제기할 수 없는 부작위에 대해서는 헌법소원이 허용된다.

헌법재판소는 토지조사부 등에 대한 열람·복사 신청에 대하여 거부도 하지 않고 방치해 버린 사실상의 부작위를 알권리를 침해한 것으로 본 것에서부터[355)] 시작하여 공정거래위원회의 고발권 불행사를 재판절차진술권을 침해한 것으로 본 사례[356)] 등 몇몇 사례에서 행정부작위를 인정하였다.

**주요판례요지**

헌법재판소 1995.7.21. 선고 94헌마136 결정: 공정거래위원회는 심사의 결과 인정되는 공정거래법위반행위에 대하여 일응 고발을 할 것인가의 여부를 결정할 재량권을 갖는다고 보아야 할 것이나, 공정거래법이 추구하는 법목적에 비추어 행위의 위법성과 가벌성이 중대하고 피해의 정도가 현저하여 형벌을 적용하지 아니하면 법목적의 실현이 불가능하다고 봄이 객관적으로 상당한 사안에 있어서는 공정거래위원회로서는 그에 대하여 당연히 고발을 하여야 할 의무가 있고 이러한 작위의무에 위반한 고발권의 불행사는 명백히 자의적인 것으로서 당해 위반행위로 인한 피해자의 평등권과 재판절차진술권을 침해하는 것이라고 보아야 한다.

### (3) 헌법소원의 대상이 되는 행정부작위와 부작위위법확인소송의 관계

부작위위법확인소송은 처분의 부작위에 대한 것이지만 헌법소원의 대상인 행정부작위는 반드시 처분에 대한 부작위가 아니라도 공권력 행사의 부작위이면 되므로 행정부작위의 인정범위가 헌법소원의 경우 더 넓을 수 있다. 그리고 처분의 부작위라도 신청권을 전제로 하지 않는 것이어서 의무이행심판이나 부작위위법확인소송의 대상이 되지 않는 부작위는 헌법소원의 대상이 된다. 그러므로 신청권을 전제하지 않는 처분, 행정지도나 사실행위, 공법상계약 등 다른 행위형식에 의한 행위도 헌법소원의 대상이 되는 공권력 행사에 해당되면 그 부작위는 헌법소원의 대상이 될 수 있다.

354) 헌법재판연구원, 『주석 헌법재판소법』, 2015, 1034－1037면.
355) 헌법재판소 1989.9.4. 선고 88헌마22 결정.
356) 헌법재판소 1995.7.21. 선고 94헌마136 결정.

# 제4절 당사자소송 기타 특별소송 등

## 제1관 당사자소송

### 1. 의의와 종류

#### (1) 의의

당사자소송은 ① 행정청의 처분등을 원인으로 하는 법률관계에 관한 소송, ② 그 밖에 공법상의 법률관계에 관한 소송으로서 그 법률관계의 한쪽 당사자를 피고로 하는 소송을 말한다. 이처럼 당사자소송이 법률관계, 즉 권리와 의무를 직접 소송물로 하는 소송의 유형이기 때문에 당사자소송의 피고는 취소소송과는 달리 행정청이 아니라 권리·의무의 주체인 국가나 지방자치단체, 공공단체 등의 행정주체로 된다. 공권이나 공의무를 가진 행정주체가 피고가 되기 때문에, 경우에 따라서는 공권이나 공의무를 가지는 사인이 피고가 되는 당사자소송도 있을 수 있다.[357] 당사자소송은 항고소송중심주의, 민사소송 위주의 실무운영 등으로 그동안 활성화되지 못하다가 최근 들어 그 범위가 조금씩 확장되고 있는 추세에 있다.

#### (2) 종류

① 실질적 당사자소송

형식적으로 처분을 다툼의 대상으로 하지 않을 뿐 아니라 실질적으로도 처분을 다투지 않고, 권리·의무 등의 법률관계를 직접 다투는 당사자소송을 실질적 당사자소송이라 한다. 여기에는 다음과 같은 소송들이 있다.

ⅰ) 처분등을 원인으로 하는 법률관계에 관한 소송

처분등과 관련된 부당이득반환청구소송이나 국가배상청구소송 등이 이에 속한다. 그러나 판례는 이들 대부분을 민사소송으로 본다.

ⅱ) 공법상의 신분·지위 등의 확인소송

재개발·재건축의 경우 조합원 지위확인은 당사자소송의 대상이 된다.[358] 재개발조합·재건축조합은 행정주체이면서 행정청의 법적 지위를 가지기 때문에 재개발조합·재건축조합의 구성원은 공법상의 지위를 가지기 때문이다. 그러나 재개발조합 등의 관리처분계획과 분양거부는 처분이 되므로 이에 대해서는 항고소송으로 다투게 된다.

ⅲ) 공법상 권리·의무의 확인

공법상의 권리·의무의 존부에 대한 확인도 당사자소송에 해당한다. 대법원은 '국토의 계획 및 이용에 관한 법률' 제130조 제3항에서 정한 토지 소유자 등이 사업시행자의 토지의 일시 사

357) 대법원 2019.9.9. 선고 2016다262550 판결.
358) 대법원 2025.2.20. 선고 2024두52427 판결.

용에 대하여 정당한 사유 없이 동의를 거부하는 경우, 토지의 일시 사용에 대한 동의의 의사표시를 할 의무의 존부에 관한 소송은 당사자소송이라고 판시한 바 있다.[359)]

ⅳ) 공법상 금전지급청구소송

행정청이 보수에 대한 결정을 한 이후에 그 이행을 해 주지 않을 때에는 당사자소송으로 다투지만 보수에 대한 결정 자체를 다툴 때에는 항고소송의 대상이 된다. 급여결정 없이 구체적 청구권이 바로 발생하는 경우는 당사자소송의 대상이 된다.[360)] 보조금 등의 경우에 그 지급결정이 처분으로 이루어지더라도 처분 이후의 지급청구나 반환청구는 당사자소송의 대상이 된다.[361)]

또한 손실보상금청구도 행정청의 결정에 의해 보상의무가 성립되면 항고소송의 대상이 되고 그렇지 않으면 당사자소송의 대상이 된다. 대법원은 토지구획정리조합으로부터 조합원에 대한 청산금채권을 양수한 사람도 당사자소송에 의하여 양수금의 지급을 구할 수 있다고 판시한 바 있다.[362)] 대법원은 종래 손실보상사건을 민사소송으로 처리하는 경우가 많았으나 이에 대하여 조금씩 당사자소송을 인정하는 범위를 넓혀 가고 있다.

ⅴ) 공법상 계약에 관한 소송

판례이론에 의하면 계약직 공무원에 대한 채용계약의 해지통고의 효력을 다투는 소송이나 서울시 시립무용단원 해촉의 효력을 다투는 소송 그리고 공중보건의사 채용계약해지에 관한 소송 등은 공법상계약에 관한 소송으로[363)] 실질적 당사자소송의 일종이라고 할 수 있다.

② 형식적 당사자소송

형식적 당사자소송이란 당사자소송의 형식을 취하고 있으나 실질적으로는 처분에 대한 불복의 의미를 가지는 소송을 말한다. 처분에 대한 불복을 당사자소송으로 하는 것은 예외적인 상황이라 하여야 할 것이므로 특별법의 근거가 있어야 한다.

형식적 당사자소송의 예로서는 '공익사업을 위한 토지 등의 취득 및 보상에 관한 법률' 상 인정된 손실보상금증감청구소송을 들 수 있다. 이 소송은 실질적으로는 토지수용위원회의 손실보상금 결정을 다투는 의미를 가지지만 형식적으로는 보상금을 직접 청구하는 방식으로 당사자소송을 제기하게 되므로 형식적인 의미에서만 당사자소송이라고 하는 것이다. 이외에도 특허법상의 특허관계소송 등이 있다. 이 소송은 특허심판이나 그 재심의 심결을 대상으로 하면서도 특허권자와 심판청구인 사이 등에서 분쟁이 이루어져 당사자소송의 형식을 취하게 된다.

이러한 소송이 허용되고 그에 따라 판결이 있게 되면, 경우에 따라서는 행정처분 또는 재결의 효력과 당사자소송의 판결의 효력이 모순될 수 있다. 따라서 국가 법질서상 혼란이 초래될 수 있다. 다만 이 점에 대해서 처분이나 재결이 취소되지 않아도 판결의 효력이 우선한다는 점에서 문제가 없다는 견해도 있다.

---

359) 대법원 2019.9.9. 선고 2016다262550 판결.
360) 대법원 2013.3.28. 선고 2012다102629 판결.
361) 대법원 2011.6.9. 선고 2011다2951 판결 참조.
362) 대법원 2021.4.15. 선고 2019다244980, 244997 판결.
363) 대법원 1995.12.22. 선고 95누4636 판결; 대법원 1996.5.31. 선고 95누10617 판결.

## 2. 당사자소송의 특성

### (1) 포괄소송

당사자소송은 여러 가지 소송유형의 근원이 될 수 있다. 그리하여 이행의 소, 형성의 소, 확인의 소 등 어떠한 소송유형도 포괄할 수 있으며, 새로운 소송 유형을 창출할 수 있는 시원적인 소송유형이라 할 수 있다.

당사자소송이 확인의 소의 성격을 가질 경우에는 그 소송요건으로 확인의 이익이 요구된다.[364)]

### (2) 항고소송과의 구별

당사자소송은 항고소송과 달리, 처분이라는 형태로 이루어진 행정청의 결정을 다투는 것이 아니라 법령의 규정상 당연히 발생한 권리·의무, 또는 처분 등으로 인하여 발생한 권리·의무 자체를 다투는데 인정되는 소송이다.

대법원은 '광주 민주화운동 관련자 보상에 관한 법률'[365)]에 의거한 손실보상청구권에 관한 분쟁은 당사자소송의 대상으로 보면서도[366)] '민주화운동 관련자 명예회복 및 보상에 관한 법률'에 의한 보상금의 지급을 구하는 소송의 형태는 취소소송으로 보고 있다.[367)] 이렇게 유사해 보이는 사안에 대해 어떤 경우에는 항고소송의 대상으로, 어떤 경우에는 당사자소송의 대상으로 엇갈리게 판시하고 있는 것은 그러한 법률관계를 다툼에 있어서 행정청의 결정이 어느 정도로 중요한 의미를 가지고 있는가 하는데 대한 판단에 따른 것이다. 행정청의 결정이 분쟁의 핵심이 될 만큼 중요한 의미를 가지고 있다면 처분성을 인정하여 항고소송의 대상으로 하고, 그렇지 않고 법률에 규정된 것을 행정청이 단순 집행하는 것이라고 볼 때에는 처분성을 부인하고 이를 당사자소송의 대상이라고 판시한다.

따라서 보상금 등의 지급에서 행정청의 결정을 중요시하여 이를 항고소송의 대상으로 판시하였지만, 행정청의 인용결정이 있은 후에 미지급을 이유로 지급을 구하는 소송은 당사자소송이 되어야 한다고 한다.[368)]

또한, 공무원연금의 최초결정은 처분으로서 항고소송으로 다투지만 그 후 법개정으로 연금지급액이 달라진 경우 그것은 법령의 규정에 의하여 당연히 법률효과가 발생하므로 그에 대해서는 당사자소송을 제기하여야 한다고 한다.[369)]

대법원은 시립무용단원의 해촉은 공법상계약관계로 볼 수 있으므로 당사자소송으로 그 무효확인을 구하여야 한다고 하고[370)] '공중보건의 전문직공무원 채용계약'의 해지도 공법상계약의 해

---

364) 당사자소송의 확인의 이익에 대한 판례로서, 대법원 2002.11.26. 선고 2002두1496 판결, 대법원 2008.6.12. 선고 2006두16328 판결 등 참조.
365) 현재는 '5.18민주화운동 관련자 보상 등에 관한 법률'이다.
366) 대법원 1992.12.24. 선고 92누3335 판결.
367) 대법원 2008.4.17. 선고 2005두16185 전원합의체 판결.
368) 대법원 2010.5.27. 선고 2008두5636 판결.
369) 대법원 2004.12.24. 선고 2003두15195 판결.
370) 대법원 1995.12.22. 선고 95누4636 판결.

지이므로 당사자소송으로 다투어야 한다고 한다.[371)]

당사자소송과 항고소송은 종래 법률관계의 종류(권력관계, 단순고권관계)에 따라서 구분해 왔으나 오늘날 법률관계의 종류와 관계없이 소송법 독자적인 입장 또는 기능적 견지에서 양자의 구별에 접근하려는 경향이 등장하고 있다. 이러한 입장은 법률관계의 성질에 관계없이 그 분쟁을 어떠한 소송절차로 다루게 하는 것이 가장 타당한가 하는 견지에서 소송의 종류를 결정하고자 한다. 그러나 이것은 소송의 선택에 있어서 혼란을 야기할 소지가 있어 신중을 요한다.

이와 관련하여, 국민의 권익구제의 편의를 위하여 당사자소송과 항고소송과의 병용을 인정할 것인지가 문제된다. 특히 무효확인소송의 경우 당사자소송과의 선택적 허용가능성이 문제된다. 일본최고재판소는 과세처분 무효확인소송과 조세채무 부존재확인소송을 선택적으로 허용한다. 취소소송과의 관계에서는 취소소송의 공정력 등을 이유로 취소소송을 우선시키고 당사자소송을 사실상 보충적으로 허용할 필요성이 있으나, 무효등확인소송의 경우 병용에 따른 문제점이 별로 두드러지지 않는다고 한다.

### 주요판례요지

① 대법원 1992.12.24. 선고 92누3335 판결: (구) '광주 민주화운동관련자보상 등에 관한 법률'에 기한 보상금청구: 보상심의회결정을 전치요건에 불과한 것으로 보아 당사자소송사항이라고 판시하였다.

② 대법원 1998.12.23. 선고 97누5046 판결 등: 구 석탄산업법에 의한 석탄가격안정지원금, 재해위로금 등 석탄산업합리화사업단이 지급하는 자금에 관한 소송: 사업단의 결정을 처분으로 보지 않고 단순한 의견개진으로 보아 당사자소송사항이라고 판시하였다.

③ 대법원 2008.4.17. 선고 2005두16185 전원합의체 판결: '민주화운동관련자 명예회복 및 보상 등에 관한 법률'에 따른 보상에 관한 소송: 항고소송적 요소와 당사자소송적 요소가 모두 있으나 구제의 편의성, 행정기관의 1차적 판단권 등을 존중하여 항고소송사항이라고 판시하였다.

### 참고판례 1: 대법원 2021.12.16. 선고 2019두45944 판결 [보훈급여지급정지처분등무효확인]

구 군인연금법에 의한 **사망보상금 등의 급여를 받을 권리는 법령의 규정에 따라 직접 발생하는 것이 아니라 급여를 받으려고 하는 사람이 소속하였던 군의 참모총장의 확인을 얻어 청구함에 따라 국방부장관 등이 지급결정을 함으로써 구체적인 권리가 발생한다.**

(중략) 구 군인연금법령상 급여를 받으려고 하는 사람은 우선 관계 법령에 따라 국방부장관 등에게 급여지급을 청구하여 국방부장관 등이 이를 거부하거나 일부 금액만 인정하는 급여지급결정을 하는 경우 그 결정을 대상으로 항고소송을 제기하는 등으로 구체적 권리를 인정받은 다음 비로소 당사자소송으로 그 급여의 지급을 구해야 한다. **이러한 구체적인 권리가 발생하지 않은 상태에서 곧바로 국가를 상대로 한 당**

371) 대법원 1996.5.31. 선고 95누10617 판결.

**사자소송으로 급여의 지급을 소구하는 것은 허용되지 않는다.**

### 참고판례 2: 대법원 1996.2.15. 선고 94다31235 전원합의체 판결 [수분양권존재확인등]

구 도시재개발법(1995. 12. 29. 법률 제5116호로 전문 개정되기 전의 것)에 의한 **재개발조합은 조합원에 대한 법률관계에서 적어도 특수한 존립목적을 부여받은 특수한 행정주체로서 국가의 감독하에 그 존립목적인 특정한 공공사무를 행하고 있다고 볼 수 있는 범위 내에서는 공법상의 권리의무 관계에 서 있다.** 따라서 조합을 상대로 한 쟁송에 있어서 **강제가입제를 특색으로 한 조합원의 자격 인정 여부에 관하여 다툼이 있는 경우에는 그 단계에서는 아직 조합의 어떠한 처분 등이 개입될 여지는 없으므로 공법상의 당사자소송에 의하여 그 조합원 자격의 확인을 구할 수 있고,** 한편 분양신청 후에 정하여진 관리처분계획의 내용에 관하여 다툼이 있는 경우에는 그 관리처분계획은 토지 등의 소유자에게 구체적이고 결정적인 영향을 미치는 것으로서 조합이 행한 처분에 해당하므로 항고소송에 의하여 관리처분계획 또는 그 내용인 분양거부처분 등의 취소를 구할 수 있으나, (이하 생략)

**해 설** 재개발조합이 특수한 행정주체로서 행한 일부 행위는 처분성이 인정되지만 재개발조합원의 자격 인정여부에 대한 다툼은 당사자소송의 대상이라고 판시하고 있다.

### 참고판례 3: 대법원 2015.8.21. 자 2015무26 결정 [관리처분계획안]

도시 및 주거환경정비법(이하 '도시정비법'이라 한다)상 행정주체인 주택재건축정비사업조합을 상대로 **관리처분계획안에 대한 조합 총회결의의 효력을 다투는 소송은 행정처분에 이르는 절차적 요건의 존부나 효력 유무에 관한 소송으로서 소송결과에 따라 행정처분의 위법 여부에 직접 영향을 미치는 공법상 법률관계에 관한 것이므로, 이는 행정소송법상 당사자소송에 해당한다.** 그리고 이러한 **당사자소송에 대하여는 행정소송법 제23조 제2항의 집행정지에 관한 규정이 준용되지 아니하므로(행정소송법 제44조 제1항 참조), 이를 본안으로 하는 가처분에 대하여는 행정소송법 제8조 제2항에 따라 민사집행법상 가처분에 관한 규정이 준용되어야 한다.**

**해 설** 인가를 받은 관리처분계획은 처분으로서 항고소송의 대상이 되지만 인가이전에 조합총회 의결을 거친 관리처분계획안에 대해서 다투고자 하면 당사자소송을 제기하여야 한다. 당사자소송에는 집행정지 규정이 준용되지 않으므로 가구제제도로서 민사집행법상의 가처분 규정이 준용된다고 판시하고 있다.

### 참고판례 4: 대법원 2016.5.24. 선고 2013두14863 판결 [명예퇴직수당지급거부처분취소]

**원고가 고의 또는 중대한 과실 없이 당사자소송으로 제기하여야 할 것을 항고소송으로 잘못 제기한 경우에, 당사자소송으로서의 소송요건을 결하고 있음이 명백하여 당사자소송으로 제기되었더라도 어차피 부적법하게 되는 경우가 아닌 이상, 법원으로서는 원고가 당사자소송으로 소 변경을 하도록 하여 심리·판단하여야 한다.**

(중략) 명예퇴직수당은 명예퇴직수당 지급신청자 중에서 일정한 심사를 거쳐 피고가 명예퇴직수당 지급대상자로 결정한 경우에 비로소 지급될 수 있지만, **명예퇴직수당 지급대상자로 결정된 법관에 대하여 지급할 수당액은 명예퇴직수당규칙 제4조 [별표 1]에 산정 기준이 정해져 있으므로, 위 법관은 위 규정에서 정한 정당한 산정 기준에 따라 산정된 명예퇴직수당액을 수령할 구체적인 권리를 가진다.** 따라서 위 법관이 이미 수령한 수당액이 위 규정에서 정한 정당한 명예퇴직수당액에 미치지 못한다고 주장하며 차액

의 지급을 신청함에 대하여 **법원행정처장이 거부하는 의사를 표시했더라도, 그 의사표시는 명예퇴직수당액을 형성·확정하는 행정처분이 아니라 공법상의 법률관계의 한쪽 당사자로서 지급의무의 존부 및 범위에 관하여 자신의 의견을 밝힌 것에 불과하므로 행정처분으로 볼 수 없다. 결국 명예퇴직한 법관이 미지급 명예퇴직수당액에 대하여 가지는 권리는** 명예퇴직수당 지급대상자 결정 절차를 거쳐 명예퇴직수당규칙에 의하여 확정된 **공법상 법률관계에 관한 권리로서, 그 지급을 구하는 소송은 행정소송법의 당사자소송에 해당하며, 그 법률관계의 당사자인 국가를 상대로 제기하여야 한다.**

**해 설** 대법원은 원고가 고의 또는 중대한 과실 없이 당사자소송으로 제기하여야 할 것을 항고소송으로 제기한 경우 법원은 당사자소송으로 소변경하도록 하여 심리·판단하여야 한다고 판시하였다. 항고소송의 관할법원이 당사자소송의 관할법원이 되기 때문이다. 또한 대법원은 명예퇴직수당은 법규에 규정된 대로 지급되는 것이므로 그에 대한 행정청의 지급 또는 부지급의 의사는 행정처분이 아니라고 하고 그를 다투고자 하면 당사자소송으로 다투어야 한다고 한다.

### (3) 민사소송과의 구별

민사소송과 당사자소송을 구별함에 있어서 무엇을 그 기준으로 삼을 것인지에 대해 다음과 같은 두 가지 견해가 대립되고 있다.

① 소송물에 따른 구별

소송물이 공권인지 사권인지에 따라 공권은 당사자소송, 사권은 민사소송의 대상으로 하는 입장이다. 따라서 공무원지위확인소송은 공권에 관련되므로 당사자소송의 대상이 되고 소유권확인이나 부당이득반환청구사건은 사권의 문제이므로 민사소송의 대상이라고 한다. 소송물에 따라 구별하고자 하는 것은 대법원의 입장이기도 하다.

② 소송물의 전제가 되는 법률관계에 따른 구별

소송물 자체보다는 소송물의 전제가 되는 법률관계의 성질에 따라 민사소송의 대상인지 당사자소송의 대상인지를 정하고자 하는 입장이다. 예컨대, 부동산 소유권확인이라 하더라도 농지매수 처분과 관련되면 행정소송, 매매계약과 관련되면 민사소송이라는 식이다. 이것은 일반적인 학설의 입장이다.

③ 판례

종래 대법원은 과세처분무효 등을 원인으로 하는 조세환급청구는 부당이득반환청구권에 근거하여 민사소송을 제기하여야 할 것이라 하고,[372] 국세가산금 결정이나 환급거부결정에 대한 취소소송으로 처리할 문제가 아니라고 하였다.[373] 무효확인소송의 보충성을 부인하는 현재의 대법원 판례의 입장에 따르면 세금을 납부한 후에도 과세처분의 무효확인소송을 제기할 수 있다.[374]

372) 대법원 2009.9.10. 선고 2009다11808 판결 등.
373) 대법원 1989.6.15. 선고 88누6436 전원합의체 판결.
374) 대법원 2008.6.12. 선고 2008두3685 판결.

한편, 석탄가격안정지원금의 지급[375]과 부가가치세환급 지급청구[376]는 공법상의 권리·의무에 관한 것이므로 민사소송이 아니라 당사자소송의 절차에 따라야 한다고 판시하고 있다. 또한 국가유공자로서의 보상 등 예우를 받기 위하여 훈장수여를 받은 사실을 확인하는 소송,[377] 공익사업법상 주거이전비 보상청구소송[378] 등도 당사자소송이라고 판시하였다.

대법원은 영조물이용관계[379]나 행정조달계약,[380] 행정주체상호간의 비용부담청구[381]는 사법상계약으로 보아 민사소송의 대상으로 하고, 공법상 권리범위의 확인[382]은 당사자소송의 대상으로 보고 있다.

대법원은 당사자소송의 인정범위를 넓혀가고 있는 추세이다. 민사소송과 당사자소송이 그다지 많은 차이가 없기 때문에 당사자소송 활용론이 다소 약점을 가지는 것이 사실이지만 몇 가지 일지라도 그 차이점을 간과할 수 없고 행정법규의 해석은 행정사건 전문법원이 다루는 것이 타당하기 때문에 당사자소송의 인정범위를 넓혀가는 대법원의 경향이 옳다고 생각한다.

**주요판례요지**

① 대법원 2012.3.15. 선고 2011다17328 판결: 보조금의 예산에 관한 법률(현행 보조금 관리에 관한 법률)에 의하여 보조금의 반환을 하는 경우 국세징수의 예에 따라 징수할 수 있으므로 이는 공법상 권리라 할 수 있고 따라서 그 반환에 관한 소송은 당사자소송으로 하여야 한다.

② 대법원 2016.10.13. 선고 2016다221658 판결: 사업주가 당연가입자가 되는 고용보험 및 산재보험에서 보험료 납부의무 부존재확인의 소는 공법상의 법률관계 자체를 다투는 소송으로서 공법상 당사자소송이다.

**참고판례 1: 대법원 2013.3.21. 선고 2011다95564 전원합의체 판결 [양수금]**

(전략) **따라서 이와 같은 부가가치세법령의 내용, 형식 및 입법 취지 등에 비추어 보면, 납세의무자에 대한 국가의 부가가치세 환급세액 지급의무는 그 납세의무자로부터 어느 과세기간에 과다하게 거래징수된 세액 상당을 국가가 실제로 납부받았는지와 관계없이 부가가치세법령의 규정에 의하여 직접 발생하는 것으로서,** 그 법적 성질은 정의와 공평의 관념에서 수익자와 손실자 사이의 재산상태 조정을 위해 인정되는 **부당이득 반환의무가 아니라 부가가치세법령에 의하여 그 존부나 범위가 구체적으로 확정되고 조세 정책적 관점에서 특별히 인정되는 공법상 의무라고 봄이 타당하다.** 그렇다면 납세의무자에 대한 국가의 부가가치세 환급세액 지급의무에 대응하는 국가에 대한 납세의무자의 부가가치세 환급세액 지급청구는 민사소

375) 대법원 1997.5.30. 선고 95다28960 판결.
376) 대법원 2013.3.21. 선고 2011다95564 전원합의체 판결.
377) 대법원 1990.1.23. 선고 90누4440 판결.
378) 대법원 2008.5.29. 선고 2007다8129 판결.
379) 대법원 1978.9.12. 선고 77누132 판결.
380) 대법원 2001.12.11. 선고 2001다33604 판결.
381) 국가배상 사건에서 법령이 비용부담주체와 관리주체를 달리 정한 경우 궁극적 배상책임자에 대한 구상금청구소송; 대법원 1998.7.10. 선고 96다42819 판결.
382) 대법원 2001.8.24. 선고 2001두2485 판결.

송이 아니라 행정소송법 제3조 제2호에 규정된 **당사자소송의 절차에 따라야 한다.**

해 설 부가가치세환급은 부당이득반환이 아니라 특별한 조세정책상 인정되는 공법상의무에 따른 것이므로 민사소송이 아니라 당사자소송으로 다투어야 한다고 판시하고 있다.

참고판례 2: 대법원 2008.7.24. 선고 2007다25261 판결 [방송수신료통합징수권한부존재확인]

**수신료의 법적 성격, 피고 보조참가인의 수신료 강제징수권의 내용**[구 방송법(2008. 2. 29. 법률 제8867호로 개정되기 전의 것) 제66조 제3항] **등에 비추어 보면 수신료 부과행위는 공권력의 행사에 해당하므로,** 피고가 피고 보조참가인으로부터 **수신료의 징수업무를 위탁받아 자신의 고유업무와 관련된 고지행위와 결합하여 수신료를 징수할 권한이 있는지 여부를 다투는 이 사건 쟁송은 민사소송이 아니라 공법상의 법률관계를 대상으로 하는 것으로서 행정소송법 제3조 제2호에 규정된 당사자소송에 의하여야 한다고 봄이 상당하다.**

해 설 방송수신료 징수를 위탁받은 자가 수신료를 징수할 권한이 있는지를 다툼에 있어 수신료징수가 공권력행사이므로 징수업무를 위탁받아 수신료를 징수할 권한이 있는지를 다투는 소송은 당사자소송으로 하여야 한다고 판시하였다.

### 3. 기타 특이점

#### (1) 취소소송의 규정이 준용되지 않는 경우

행정소송법상 제소기간(다만 개별법에 의한 제한가능성은 인정: 제41조), 선결문제, 원고적격, 피고적격, 행정심판과의 관련, 소송대상, 집행정지, 재량취소, 사정판결, 취소판결의 제3자효, 처분의무, 제3자에 의한 재심, 간접강제 등의 규정은 처분등을 전제로 한 것들이므로 당사자소송에 준용되지 않는다.

그러나 판결의 기속력에 관한 법 제30조 제1항은 준용된다.

참고판례: 대법원 2021.4.29. 선고 2016두39856 판결 [국회의원지위확인]

원래 **확인의 소는 현재의 권리 또는 법률상 지위에 관한 위험이나 불안을 제거하기 위하여 허용되는 것이고, 다만 과거의 법률관계라 할지라도 현재의 권리 또는 법률상 지위에 영향을 미치고 있고 현재의 권리 또는 법률상 지위에 대한 위험이나 불안을 제거하기 위하여 그 법률관계에 관한 확인판결을 받는 것이 유효적절한 수단이라고 인정될 때에는 확인의 이익이 있다.**

해 설 당사자소송으로서의 확인소송은 항고소송의 무효등확인소송과 달리 확인의 이익을 요하는 보충적인 소송이다. 이 판결에서 대법원은 과거의 법률관계라 할지라도 현재의 권리 또는 법률상 지위에 위험이나 불안을 제거하기 위하여 필요할 때에는 확인의 이익이 인정된다고 하였다.

### (2) 소의 변경

당사자소송의 소 변경에 관하여 행정소송법은, ① 당사자소송을 항고소송으로 변경하는 경우(행정소송법 제42조, 제21조) 또는 ② 관련되는 처분변경으로 인하여 소를 변경하는 경우(행정소송법 제44조 제1항, 제22조)에 관하여만 규정하고 있으나, 대법원은 ③ 당사자소송을 민사소송으로도 변경할 수 있다고 한다.[383)]

### (3) 가구제

행정소송법 제43조는 국가를 상대로 하는 당사자소송에서 가집행선고를 할 수 없도록 규정하고 있었으나 이 규정에 대해서는 헌법재판소가 위헌을 선언하였다.[384)]

대법원은 당사자소송에 대해서는 행정소송법 제23조 제2항의 집행정지에 관한 규정이 준용되지 아니하므로 이를 본안으로 하는 가처분에 대하여는 민사집행법상의 가처분에 관한 규정이 준용되어야 한다고 한다.[385)] 당사자소송은 현행법상의 항고소송과는 달리 다양한 이행소송을 포괄할 수 있는 포괄소송이므로 민사집행법상의 가처분을 준용하는 것이 당연한 일이라고 본다.

### (4) 사정판결

당사자소송에 사정판결은 인정되지 않는다.

### (5) 증명책임

당사자소송은 권리관계를 직접 다투는 소송이므로 처분의 위법성 여부를 증명의 대상으로 하는 항고소송에서의 증명책임론이 여기에 적용될 수는 없다. 오히려 민사소송의 입증책임분배론인 법률요건분류설이 원칙적으로 당사자소송에 적용될 수 있다. 그러나 행정소송의 공익성에 비추어 이에 대한 예외가 있을 수 있음을 배제할 수 없다.

## 제2관 기타 특수한 행정소송

### 1. 민중소송과 기관소송

민중소송과 기관소송은 행정소송법에 규정되어 있기는 하나(같은 법 제45조, 제46조) 그것이 인정되기 위해서는 특별법의 규정이 존재하여야 한다. 민중소송의 예는 공직선거법상의 선거관련소송을 들 수 있고 기관소송의 예로는 지방자치법상의 지방의회 의결에 대한 지방자치단체장의 제소에 따른 소송 등을 들 수 있다.

헌법재판소 관장사항은 기관소송의 대상이 되지 아니한다(행정소송법 제3조 제4호). 헌법재판

---

383) 대법원 2023.6.29. 선고 2022두44262 판결.
384) 헌법재판소 2022.2.24. 선고 2020헌가12 결정.
385) 대법원 2015.8.21. 자 2015무26 결정; 대법원 2019.9.9. 선고 2016다262550 판결.

소에 의한 권한쟁의심판과 기관소송은 형식적으로는 그 다툼의 내용을 달리하나 실질적으로는 유사한 기능을 가진다. 권한쟁의심판은 국가기관 상호간, 국가기관과 지방자치단체간 및 지방자치단체 상호간에 권한의 유무 또는 범위에 관한 다툼에 대한 쟁송이지만, 기관소송은 특별히 법률상 규정된 국가 또는 공공단체의 기관 상호간에 있어서의 권한의 존부 또는 그 행사에 대한 다툼에 대한 쟁송이다. 또한, 기관소송은 권한쟁의심판과 달리 권한의 존부만이 아니라 권한행사의 적법성도 다툴 수 있기 때문에 형식상 양자는 구별된다. 그러나 권한존부의 다툼이 곧 권한행사에 대한 다툼이 되는 경우가 많다.

〈행정소송법 제45조 규정에 따라 대법원이 담당하는 조례무효소송의 판결주문의 예〉

"피고가 ○○○○.○○.○○에 한 조례안에 대한 재의결(또는 의결)은 효력이 없다."

(소송의 대상이 조례나 조례안이 아니라 조례안의 재의결 또는 의결임)

한편 대법원은 권한쟁의심판이나 기관소송의 대상이 되지 아니하고 기관소송이 불가능한 경우에 행정기관 사이의 다툼이 있는 경우 행정청에게 예외적으로 당사자능력과 원고적격을 인정하여 항고소송으로 다툴 수 있도록 하는 판례법을 구축해 가고 있다.[386] 입법론적으로 이를 수용하여 기관소송을 특별법의 규정없이도 일반적으로 인정하는 것이 바람직하겠으나(기관소송 법정주의의 폐지) 그러한 입법이 이루어지지 않고 있는 현재의 입법상황에서 달리 분쟁의 해결방법이 없으므로 부득이한 판례이론이라 하겠다. 그러나 이러한 판례이론은 항고소송의 일반이론과의 괴리가 크므로 조속히 입법적 해결을 보아야 할 것으로 생각한다.

## 2. 보론: 원행정처분에 대한 확정판결이 있은 경우 그 위헌성을 다투는 헌법소원

원행정처분에 대한 확정판결이 있은 경우 원행정처분의 위헌성을 다투는 헌법소원은 원칙적으로 부인된다. 그러나 예외적으로 위헌[387] 또는 한정위헌[388]으로 선언된 법령을 적용하여 국민의 기본권을 침해하는 판결이 이루어진 경우에는 그에 대한 헌법소원이 인정된다. 요컨대 판결 자체가 위헌으로 선언된 법령을 적용하여 국민의 기본권을 침해한 경우에만 원행정처분이나 그 판결에 대한 헌법소원이 인정된다.

참고판례: 헌법재판소 1997.12.24. 선고 96헌마172 등 결정 [헌법재판소법 제68조 제1항 위헌확인 등]

헌법재판소법 제68조 제1항이 원칙적으로 헌법에 위반되지 아니한다고 하더라도, **법원이 헌법재판소가 위헌으로 결정하여 그 효력을 전부 또는 일부 상실하거나 위헌으로 확인된 법률을 적용함으로써 국민의 기본권을 침해한 경우에도 법원의 재판에 대한 헌법소원이 허용되지 않는 것으로 해석한다면, 위 법률조**

386) 대법원 2013.7.25. 선고 2011두1214 판결; 대법원 2018.8.1. 선고 2014두35379 판결.

387) 헌법재판소 1997.12.24. 선고 96헌마172 등 결정.

388) 헌법재판소 2022.7.21. 선고 2013헌마242 결정.

**항은 그러한 한도내에서 헌법에 위반된다.**

(중략) **따라서 헌법재판소가 위헌으로 결정하여 그 효력을 상실한 법률을 적용하여 한 법원의 재판은 헌법재판소 결정의 기속력에 반하는 것일 뿐 아니라, 법률에 대한 위헌심사권을 헌법재판소에 부여한 헌법의 결단(헌법 제107조 및 제111조)에 정면으로 위배된다.**

(중략) 행정처분이 헌법에 위반되는 것이라는 이유로 그 취소를 구하는 행정소송을 제기하였으나 법원에 의하여 그 청구가 받아들여지지 아니한 후 다시 원래의 행정처분에 대하여 헌법소원심판을 청구하는 것이 원칙적으로 허용될 수 있는지의 여부에 관계없이, 이 사건의 경우와 같이 **행정소송으로 행정처분의 취소를 구한 청구인의 청구를 받아들이지 아니한 법원의 판결에 대한 헌법소원심판의 청구가 예외적으로 허용되어 그 재판이 헌법재판소법 제75조 제3항에 따라 취소되는 경우에는 원래의 행정처분에 대한 헌법소원심판의 청구도 이를 인용하는 것이 상당하다.**

# 제 03 장

# 행정심판

## 제1절 행정심판의 의의와 종류

### 제1관 행정심판의 의의

#### 1. 행정심판의 개념

행정심판이란 행정에 관한 법적 분쟁을 행정청의 판단으로 해결하는 절차를 말한다. 행정심판은 제도적으로는 일반법인 행정심판법상의 행정심판과 특별법상의 행정심판(특별행정심판)으로 대별할 수 있다.

행정심판법에 의한 행정심판절차를 대개 일반행정심판으로 지칭하는데 행정심판법은 행정청의 처분 또는 부작위(대통령의 처분 또는 부작위는 특별규정이 없는 한 대상에서 제외)를 행정심판의 대상으로 하고 있다(행정심판법 제3조).

행정심판법의 적용이 일부 또는 전부 제한되는 행정심판이 특별행정심판이다. 특별행정심판을 지칭하는 용어는 행정심판 이외에도 이의신청, 심사청구, 재심요구 등 다양하다. 이러한 특별행정심판 절차를 신설 또는 변경할 때는 중앙행정심판위원회와 협의하여야 한다(같은 법 제4조).

#### 2. 행정심판과 유사한 개념과의 구별

**(1) 이의신청**

이의신청이란 처분청 자신에게 제기하는 이의를 말한다. 이에 반해 행정심판은 처분청에 제기하는 것이 아니라 중앙행정심판위원회나 시·도행정심판위원회 또는 처분청의 직근 상급행정청에 두는 행정심판위원회에 제기하게 되어 있어서 이의신청과 구별된다.

대법원은 이의신청이라는 용어를 사용하더라도 그것이 준사법적 절차의 성격을 띠어 실질적으로 행정심판의 성질을 가지면 행정심판으로 보고 행정심판법이 적용된다고 한다.[1] 이에 반해 별도의 행정심판 및 행정소송절차가 존재하고 그것을 실질적으로 행정심판으로 보기 어려운 경우의 이의신청은 행정심판절차와는 다른 것으로 본다.[2] 또한 이의신청이라는 용어를 사용하여도

---

1) 대법원 1992.6.9. 선고 92누565 판결. 이 판례이론은 행정기본법에 의하여 이의신청 제도가 일반적으로 도입되기 전에 형성된 것이다. 행정기본법 제정 이후에 이 법리가 변화될 가능성이 없다고 할 수는 없다.

2) 대법원 2012.11.15. 선고 2010두8676 판결.

그것이 거부처분에 대하여 새로운 신청을 한 것으로 볼 수 있으면 명칭 여하에 불구하고 이를 기각하는 것은 새로운 거부처분이라고 본다.[3)]

한편 개별법률에 이의신청 제도를 두면서 행정심판에 대해 침묵한 경우, 이의신청과는 별도로 행정심판이나 행정소송을 제기할 수 있는가에 대하여 대법원은 이를 긍정하였다.[4)]

### (2) 청원 또는 진정과의 구별

청원은 문서(전자문서 포함)에 의하여 행정청에 대한 요청을 하는 것이며 진정은 법정의 형식과 절차에 의하지 않고 행정청에 대해 희망을 진술하는 것을 말한다. 양자를 엄밀히 구별하기는 어렵다. 청원과 진정은 행정심판과는 달리 반드시 법적 판단을 요구하는 것이라고는 할 수 없다.

그러나 대법원은 이의신청과 행정심판, 행정심판과 진정, 청원 등의 관계에 있어서 민원인이 그를 무엇이라 하였든 실질에 따라서 판단하고 있다. 따라서 행정심판이라는 표제를 붙여도 그 실질이 이의신청이면 이의신청으로 보고,[5)] 진정서라는 표제를 붙여도 그것이 행정심판의 실질을 가지고 있다면 행정심판으로 다루어야 한다[6)]고 한다.

**주요판례요지**

① 대법원 1992.6.9. 선고 92누565 판결: 이의신청이라 하더라도 그것이 준사법적 절차의 성격을 띠어 실질적으로 행정심판의 성질을 가지면 행정심판으로 본다(예컨대 토지수용위원회의 수용재결에 대한 이의절차).

② 대법원 2012.11.15. 선고 2010두8676 판결: 별도의 행정심판 절차가 존재하고 그것을 실질적으로 행정심판으로 보기 어려운 경우 이의신청은 행정심판과는 다른 것으로 본다(예컨대 '민원처리에 관한 법률' 상의 민원이의신청).

③ 대법원 2010.1.28. 선고 2008두19987 판결: 개별법률에 이의신청제도를 두면서 행정심판에 대해 침묵한 경우, 이의신청과는 별도로 행정심판, 행정소송을 제기할 수 있다.

④ 대법원 2000.6.9. 선고 98두2621 판결: 진정이라는 표현을 사용해도 그것이 실제로 행정심판의 실체를 가진다면 행정심판으로 다룬다.

⑤ 대법원 2012.3.29. 선고 2011두26886 판결: 행정심판이라는 표제를 붙여도 그 실질이 이의신청이면 이의신청으로 본다.

참고판례 1: 대법원 1995.9.29. 선고 95누5332 판결 [건물철거대집행계고처분등취소]

행정규제및민원사무기본법의 관계 규정을 종합하여 보면, **국민고충처리제도는** 국무총리 소속하에 설치

---

3) 대법원 2019.4.3. 선고 2017두52764 판결.
4) 대법원 2010.1.28. 선고 2008두19987 판결.
5) 대법원 2012.3.29. 선고 2011두26886 판결.
6) 대법원 2000.6.9. 선고 98두2621 판결.

된 국민고충처리위원회로 하여금 행정과 관련된 국민의 고충민원을 상담·조사하여 행정기관의 처분 등이 위법·부당하다고 인정할 만한 상당한 이유가 있는 경우에 관계 행정기관의 장에게 적절한 시정조치를 권고하도록 함으로써 국민의 불편과 부담을 시정하기 위한 제도로서 **행정심판법에 의한 행정심판 내지 다른 특별법에 따른 이의신청, 심사청구, 재결의 신청 등의 불복구제절차와는 제도의 취지나 성격을 달리하고 있으므로 국민고충처리위원회에 대한 고충민원의 신청이 행정소송의 전치절차로서 요구되는 행정심판청구에 해당하는 것으로 볼 수는 없다.**

다만 국민고충처리위원회에 접수된 **신청서가 행정기관의 처분에 대하여 시정을 구하는 취지임이 내용상 분명한 것으로서 국민고충처리위원회가 이를 당해 처분청 또는 그 재결청에 송부한 경우에 한하여 행정심판법 제17조 제2항, 제7항의 규정에 의하여 그 신청서가 국민고충처리위원회에 접수된 때에 행정심판청구가 제기된 것으로 볼 수 있다.**

**해 설** 고충민원의 신청은 행정심판으로 볼 수 없지만 그 실질이 행정기관의 처분에 대하여 시정을 구하는 취지임이 분명하여 당해 처분청이나 재결청에 송부된 때에는 행정심판청구가 제기된 것으로 볼 수 있다는 판시이다.

참고판례 2: 대법원 2019.4.3. 선고 2017두52764 판결 [예방접종피해보상거부처분취소]

수익적 행정행위 신청에 대한 거부처분은 당사자의 신청에 대하여 관할 행정청이 거절하는 의사를 대외적으로 명백히 표시함으로써 성립되고, **거부처분이 있은 후 당사자가 다시 신청을 한 경우에는 신청의 제목 여하에 불구하고 그 내용이 새로운 신청을 하는 취지라면 관할 행정청이 이를 다시 거절하는 것은 새로운 거부처분으로 봄이 원칙이다.**

**해 설** 당사자가 이의신청이라는 명목으로 거부처분에 대하여 이의를 제기하였지만 그것은 명칭 여하에 불구하고 새로운 신청이라 보아 그에 대한 기각을 거부처분으로 본 판례이다.

## 제2관 행정심판의 대상과 종류

### 1. 행정심판의 대상

행정심판법상의 행정심판절차는 모두 항고쟁송절차이므로 그 대상은 행정청의 처분과 부작위이다. 그런데 행정심판법상의 처분 개념과 부작위 개념은 행정소송법상의 그것과 동일하므로 자세한 설명을 생략한다.

### 2. 행정심판의 종류

행정심판법상의 행정심판은 모두 항고쟁송적 성격을 가지는 것으로서 이에는 취소심판, 무효등확인심판 및 의무이행심판이 있다(같은 법 제5조).

#### (1) 취소심판

행정청의 처분을 취소·변경할 것을 청구하는 행정심판절차가 취소심판절차이다. 행정심판위원회는 스스로 취소·변경할 수도 있고(형성재결), 처분청에게 변경을 명할 수도 있다(이행재결:

명령적 재결). 취소심판에서의 처분변경은 행정소송과는 달리 적극적 변경도 가능하다고 보는데 별다른 이견이 없다.

취소심판에는 청구기간의 제한이 있다. 또한 집행부정지의 원칙이 적용된다.

#### (2) 무효등확인심판

행정청의 처분의 무효, 유효, 존재, 부존재, 실효 등을 확인하는 심판절차이다. 무효등확인심판에는 심판청구기간이 없다. 또한 사정재결도 허용되지 않는다. 무효확인심판에서도 집행정지신청이 허용된다. 한편, 행정심판절차에서는 거부처분에 대한 무효확인심판, 부존재확인심판에도 간접강제가 명문규정에 의하여 허용된다.

#### (3) 의무이행심판

행정청의 거부처분이나 부작위에 대한 구제절차로서 행정심판위원회 스스로 청구인이 원하는 처분을 하거나(형성재결), 그러한 처분을 할 것을 처분청에게 명하는 재결을 할 수 있다(명령적 재결: 이행재결). 특히 처분청의 재량권 행사가 필요한 경우에는 형성재결 보다는 이행재결(명령적 재결)에 의하는 것이 타당하다.

거부처분에 대해서는 거부처분의 취소심판도 불가능한 것은 아니지만 그것은 권리구제에 지나치게 우회적이므로 거부처분에 대한 더 적절한 행정심판절차는 의무이행심판이라고 하여야 할 것이다.

거부처분에 대한 의무이행심판에는 청구기간이 있으나 부작위에 대한 의무이행심판에는 청구기간이 없다. 의무이행심판에는 성질상 집행정지에 대한 규정이 적용되지 않으며 임시처분이 가구제 제도로 활용될 수 있다.

## 제2절 행정심판기관 및 당사자

### 제1관 행정심판기관

#### 1. 행정심판의 관할

2008년 이후 행정심판의 심리와 재결이 일원화 되어 중앙행정심판위원회 등 각급 행정심판위원회가 심리와 재결을 모두 담당하고 있다. 종전에는 행정심판위원회와 재결청의 이원구조로 되어 있어서 심리는 행정심판위원회가 하고 재결은 재결청이 하도록 되어 있었다.

구체적으로 살펴보면 다음과 같다.

#### (1) 해당 행정청 소속 행정심판위원회가 관할 행정심판위원회가 되는 경우

감사원, 국가정보원장 그 밖에 대통령령으로 정하는 대통령 소속기관의 장, 국회 사무총장,

법원행정처장, 헌법재판소 사무처장, 중앙선거관리위원회 사무총장, 국가인권위원회 기타 독립성과 특수성이 인정되어 대통령령으로 정하는 행정청에 대한 행정심판사건(행정심판법 제6조 제1항)

#### (2) 중앙행정심판위원회가 관할 행정심판위원회가 되는 경우

행정심판법 제6조 제1항의 행정청 이외의 국가행정기관의 장 또는 소속 행정청의 사건, 광역자치단체장(교육감 포함), 광역자치단체 의회 및 소속기관, 지방자치단체조합 등 국가, 지방자치단체, 공공법인이 공동으로 설립한 행정청에 대한 행정심판사건(같은 법 제6조 제2항)

#### (3) 시 · 도지사소속의 행정심판위원회가 관할 행정심판위원회가 되는 경우

시 · 도 소속 행정청, 시 · 도의 관할 아래에 있는 기초자치단체(의회포함)의 행정청, 시 · 도의 관할구역 안에 있는 둘 이상의 지자체, 공공법인 등이 공동으로 설립한 행정청에 대한 행정심판사건(같은 법 제6조 제3항)

#### (4) 행정청의 직근상급행정기관 소속 행정심판위원회가 관할 행정심판위원회가 되는 경우

대통령령으로 정하는 국가행정기관 소속의 특별지방행정기관의 장에 대한 행정심판 청구사건(같은 법 제6조 제4항) 법무부 및 대검찰청 소속 특별지방행정기관이 이에 속한다(같은법 시행령 제3조). 다만 직근 상급행정기관이나 소관 감독행정기관이 중앙행정기관인 경우는 예외이다(같은 법 시행령 제3조).

### 2. 행정심판위원회의 구성

#### (1) 행정심판위원회의 구성

중앙행정심판위원회를 제외한 행정심판위원회는 위원장 1명을 포함한 50명 이내의 위원으로 구성한다(같은 법 제7조 제1항). 행정심판위원회의 위원장은 그 행정심판위원회가 소속된 행정청이 된다. 위원장이 없거나 부득이한 사유로 직무를 수행할 수 없거나 위원장이 필요하다고 인정하는 경우에는 위원이 행정심판위원회 위원장의 직무를 대행한다(같은 법 제7조 제2항).

다만 시 · 도지사소속 행정심판위원회의 경우 해당 지방자치단체의 조례에 따라 공무원이 아닌 위원을 비상임의 위원장으로 할 수 있다(같은 법 제7조 제3항).

행정심판위원회의 회의는 위원장과 위원장이 회의마다 지명하는 8명(그중 위촉위원은 6명 이상)의 위원으로 구성한다. 다만, 국회규칙, 대법원규칙, 헌법재판소규칙, 중앙선거관리위원회규칙 또는 대통령령이나 조례로 정하는 바에 따라 위원장과 위원장이 지명하는 6명의 위원(그중 위촉위원은 5명 이상으로 하되 공무원이 아닌 위원이 위원장인 경우에는 4명 이상)으로 구성할 수 있다(같은 법 제7조 제5항).

행정심판위원회는 과반수 출석 및 과반수 찬성으로 의결한다(같은 법 제7조 제6항).

#### (2) 중앙행정심판위원회의 구성(법 제8조)

중앙행정심판위원회는 위원장 1명을 포함한 70명 이내의 위원으로 구성하되 위원 중 상임위원은 4인 이내로 한다.

중앙행정심판위원회는 국민권익위원회 소속으로 되어 있다. 그래서 중앙행정심판위원회의 위원장은 국민권익위원회의 부위원장 중 1명이 된다(행정심판법 제8조 제2항).

위원장이 없거나 부득이한 사유로 직무를 수행할 수 없을 때, 그리고 위원장이 필요하다고 인정하는 경우에는 상임위원이 위원장의 직무를 대행한다.

중앙행정심판위원회의 회의는 위원장, 상임위원 및 위원장이 회의 때마다 지명하는 비상임위원을 포함하여 총 9인으로 구성한다.

다만 자동차운전면허 행정처분에 관한 사건을 심리·의결하게 하기 위하여 4인으로 구성되는 소위원회를 둘 수 있다.

중앙행정심판위원회와 소위원회는 각각 구성원 과반수의 출석과 출석위원 과반수의 찬성으로 의결한다.

#### (3) 권한

행정심판위원회는 구법과 달리 심리권과 재결권을 모두 가지며 증거조사권, 심판참가허가권 및 요구권 등 심리권에 부수된 권한을 가진다.

#### (4) 제척, 기피, 회피

행정심판위원회 위원에 대해서도 제척·기피·회피 제도가 존재한다(같은 법 제10조).

## 제2관 행정심판의 당사자와 관계인

### 1. 청구인

행정심판을 제기할 수 있는 자는 당해 처분의 취소나 변경, 무효등 확인을 구할 수 있는 법률상 이익이 있거나 거부처분이나 부작위에 대해 처분을 신청할 법률상 이익이 있는 자이다(같은 법 제13조). 이처럼 행정심판법은 행정심판의 청구인적격을 항고소송의 원고적격과 동일하게 규정하고 있기 때문에 이것이 입법과오에 해당하는지에 대해 논란이 있다.

입법과오설은 행정심판은 위법한 처분만이 아니라 부당한 처분도 그 대상으로 하는 것이므로 행정심판을 제기할 수 있는 자의 범위도 법률상 이익보다 넓어야 한다고 하고, 독일의 경우 권리의 침해(verletzen)와 권리가 아닌 이익의 침해(beeinträchtigen)를 구별한다는 점을 지적하고 있다. 그러나 비과오설은 심판기준의 범위의 확장(위법에서 부당으로)이 반드시 청구인적격 개념의 확장을 가져올 필요는 없다는 입장이다. 비과오설이 현재의 다수설이다.

### 2. 피청구인

행정심판의 피청구인은 처분을 한 행정청(의무이행심판의 경우 청구인의 신청을 받은 행정청)으로 하는 것이 원칙이다(같은 법 제17조 제1항).

### 3. 참가인 · 대리인

행정소송절차와 유사하게 행정심판절차에서도 일정한 경우 심판참가가 가능하고 대리인을 선임할 수 있다.

행정심판에서도 청구인이 경제적 능력으로 인해 대리인을 선임할 수 없는 경우에는 위원회에 국선대리인 선임을 신청할 수 있다(같은 법 제18조의2).

# 제3절 행정심판의 제기와 심리

## 제1관 행정심판의 제기

### 1. 심판청구기간

#### (1) 원칙

행정심판은 처분이 있음을 안 날로부터 90일, 처분이 있은 날로부터 180일 이내에 제기하여야 한다(행정심판법 제27조 제1항, 제3항). 이 가운데 어느 하나의 기간도 도과하면 안 된다.

#### (2) 예외

① 90일에 대한 예외

그러나 천재, 지변이나 전쟁 사변 등 불가항력의 경우, 처분이 있음을 안 날로부터 90일이 지나더라도 그 사유 소멸이나 종료 후 14일 이내에 행정심판을 제기할 수 있다. 다만 국외에서의 심판청구의 경우에 이러한 불가항력적 사유가 발생하면 90일이 지나도 그 사유 소멸이나 종료 후 30일 이내에 행정심판을 제기할 수 있다(같은 법 제27조 제2항).

② 180일에 대한 예외(법 제27조 제3항 단서)

또한 정당한 사유가 있을 경우에는 처분이 있은 날로 부터 180일이 경과하여도 행정심판을 제기할 수 있다(180일에 대한 예외). 여기서 정당한 사유란 처분이 있은 날로부터 180일 이내에 심판을 청구하지 못한 것을 정당화할 수 있는 객관적 사정을 의미한다.

예컨대 행정처분의 상대방이 아닌 제3자의 경우 처분의 존재를 확인하는 것이 어려우므로 처분이 있은 날로부터 180일 규정의 적용을 면할 수 있는 정당한 사유가 있는 것으로 인정된다. 그러므로 제3자에 대해서는 사실상 처분이 있음을 안 날로부터 90일 규정만 적용된다고 볼 수 있다.

③ 청구기간의 불고지 등의 경우(법 제27조 제5항, 제6항)

행정청이 행정심판청구기간에 대해 알려주지 않거나(불고지) 잘못 알려준 경우(오고지)의 경우가 문제이다. 불고지의 경우 90일 기간제한은 적용되지 않으므로 처분이 있은 날로부터 180일 이내에 행정심판을 제기하면 된다. 오고지의 경우 법정기간 보다 장기간으로 고지한 때에는 그 오고지된 기간 내에 심판청구를 할 수 있다.

### (3) 판례

대법원은 행정심판청구기간의 기산점 중의 하나인 '처분이 있음을 안 날'이라 함은 당사자가 통지·공고 기타의 방법에 의하여 당해 처분이 있었다는 사실을 현실적으로 안 날을 의미하고, 추상적으로 알 수 있었던 날을 의미하는 것은 아니며 사회통념상 처분이 있음을 당사자가 알 수 있는 상태에 놓여진 때에는 반증이 없는 한 그 처분이 있음을 알았다고 추정할 수 있다고 한다.[7]

대법원은 제3자효 행정행위의 경우, 제3자는 처분이 있음을 곧 알 수 없는 처지이므로 처분이 있었던 날로부터 180일이 경과된 뒤에도 그 기간 내에 행정심판의 제기가 가능한 특별한 사정이 없는 한, 행정심판법 제27조 제3항 단서의 '정당한 사유'에 해당된다고 보아 행정심판을 제기할 수 있다고 본다.[8] 그러나 제3자가 처분이 있음을 알았을 경우에는 그날로부터 90일이 적용되고 행정심판법 제27조 제3항 단서의 '정당한 사유'는 문제되지 아니한다.[9]

참고판례 1: 대법원 2002.5.24. 선고 2000두3641 판결 [임시이사선임처분등취소]

**행정처분의 상대방이 아닌 제3자는** 일반적으로 처분이 있는 것을 바로 알 수 없는 처지에 있으므로 **처분이 있은 날로부터 180일이 경과하더라도 특별한 사유가 없는 한 구 행정심판법(1995. 12. 6. 법률 제5000호로 개정되기 전의 것) 제18조 제3항 단서 소정의 정당한 사유가 있는 것으로 보아 심판청구가 가능하나,** 그 제3자가 **어떤 경위로든 행정처분이 있음을 알았거나 쉽게 알 수 있는 등 같은 법 제18조 제1항 소정의 심판청구기간 내에 심판청구가 가능하였다는 사정이 있는 경우에는 그 때로부터 60일(현재는 90일) 이내에 심판청구를 하여야 하고, 이 경우 제3자가 그 청구기간을 지키지 못하였음에 정당한 사유가 있는지 여부는 문제가 되지 아니한다.**

참고판례 2: 대법원 2002.8.27. 선고 2002두3850 판결 [과징금부과처분취소]

국세기본법의 적용을 받는 처분과 달리 행정심판법의 적용을 받는 처분인 과징금부과처분에 대한 심판청구기간의 기산점인 행정심판법 제18조 제1항 소정의 **'처분이 있음을 안 날'이라 함은 당사자가 통지·공고 기타의 방법에 의하여 당해 처분이 있었다는 사실을 현실적으로 안 날을 의미하고, 추상적으로 알 수 있었던 날을 의미하는 것은 아니라 할 것이며, 다만 처분을 기재한 서류가 당사자의 주소에 송달되는 등으로 사회통념상 처분이 있음을 당사자가 알 수 있는 상태에 놓여진 때에는 반증이 없는 한 그 처분이**

7) 대법원 2002.8.27. 선고 2002두3850 판결.
8) 대법원 1992.7.28. 선고 91누12844 판결.
9) 대법원 2002.5.24. 선고 2000두3641 판결.

**있음을 알았다고 추정할 수는 있다.**

**아파트 경비원**이 관례에 따라 부재중인 납부의무자에게 배달되는 과징금부과처분의 납부고지서를 수령한 경우, 납부의무자가 아파트 경비원에게 우편물 등의 수령권한을 위임한 것으로 볼 수는 있을지언정, 과징금부과처분의 대상으로 된 사항에 관하여 납부의무자를 대신하여 처리할 권한까지 위임한 것으로 볼 수는 없고, **설사 위 경비원이 위 납부고지서를 수령한 때에 위 부과처분이 있음을 알았다고 하더라도 이로써 납부의무자 자신이 그 부과처분이 있음을 안 것과 동일하게 볼 수는 없다고 한 사례.**

해 설 행정심판제기기간의 기산점인 '처분이 있음을 안 날'은 현실적으로 안 날을 의미하는 것으로서 아파트경비원에게 납부고지서가 전달되었다고 하여 납부의무자가 처분이 있음을 알았다고 할 수는 없다고 판시하였다.

## 2. 제출기관: 피청구인이나 행정심판위원회

행정심판청구는 피청구인이나 행정심판위원회에 하면 된다(같은 법 제23조 제1항). 구법상의 처분청 경유주의는 폐지되었다. 행정심판청구는 서면으로 하여야 한다(같은 법 제28조 제1항).

피청구인인 처분청에 행정심판청구서가 제출되는 경우 처분청은 청구내용을 인용하여 신청에 따른 처분을 할 수 있다(같은 법 제28조 제1항). 그러나 청구내용을 인용할 수 없는 경우, 답변서를 첨부하여 행정심판위원회에 송부한다(같은 법 제24조 제1항). 피청구인인 처분청이 행정심판위원회에 심판청구서와 답변서를 송부할 때 지체없이 청구인에게 통지하여야 한다(같은 법 제24조 제5항).

한편 청구인은 전자문서를 통하여 정보통신망을 이용하여 행정심판위원회에서 운영하는 전자정보처리조직을 통하여 심판청구서 등의 서류를 제출할 수 있다(같은 법 제52조).

## 3. 심판청구의 변경(법 제29조)

행정심판의 청구인은 청구의 기초에 변경이 없는 범위에서 청구취지나 청구이유를 변경할 수 있다. 행정심판 제기 이후에 피청구인이 새로운 처분을 하거나 심판청구의 대상인 처분을 변경한 경우에도 그 새로운 처분이나 변경된 처분에 맞추어 심판청구를 변경할 수 있다(처분변경 등으로 인한 청구변경).

## 4. 심판제기의 효과와 가구제

### (1) 피청구인의 답변서 제출

피청구인이 심판청구서를 접수하거나 송부받은 경우에는 10일 이내에 심판청구서와 답변서를 위원회에 보내야 한다(같은 법 제24조 제1항).

그러나 심판청구가 그 내용이 특정되지 아니하는 등 명백히 부적법하다고 판단되는 경우에 피청구인은 답변서를 위원회에 보내지 아니할 수 있다. 이 경우 심판청구서를 접수하거나 송부받은 날부터 10일 이내에 그 사유를 위원회에 문서로 통보하여야 한다(같은 법 제24조 제2항). 다만, 위원장이 심판청구에 대하여 답변서 제출을 요구하면 피청구인은 위원장으로부터 답변서 제출을 요구받은 날부터 10일 이내에 위원회에 답변서를 제출하여야 한다(같은 법 제24조 제3항).

### (2) 집행부정지의 원칙

행정심판청구는 처분의 효력이나 그 집행 또는 절차의 속행에 영향을 주지 않음이 원칙이다(같은 법 제30조 제1항). 그러나 행정심판위원회는 처분, 처분의 집행 또는 절차의 속행 때문에 중대한 손해가 생기는 것을 예방할 필요성이 긴급하다고 인정할 때에는 직권으로 또는 당사자의 신청에 의하여 처분의 효력, 처분의 집행 또는 절차의 속행의 전부 또는 일부의 정지를 결정할 수 있다(같은 법 제30조 제2항).

행정심판에서의 집행정지의 법령상의 요건은 대개 행정소송의 경우와 동일하나 행정소송의 경우 "회복하기 어려운 손해를 예방하기 위하여"라는 요건이지만 행정심판에서는 "회복하기 어려운 손해" 대신 "중대한 손해"를 요건으로 하고 있다. 행정심판법에서도 원래는 "회복하기 어려운 손해를 예방하기 위하여"가 요건으로 되어 있었으나 이를 개정한 것이다. "중대한 손해"는 "회복하기 어려운 손해"보다는 약한 정도의 손해를 의미하는 것으로 종래 판례가 "회복하기 어려운 손해"를 주로 금전상 보상할 수 없는 손해로 보고 있어서 금전상 손해에 대해서는 중대한 손해의 발생이 예상되어도 집행정지를 인정하기 어려웠기 때문에 이러한 개정을 하게 된 것이다.

### (3) 행정심판에서의 집행정지와 행정소송에서의 권익구제

행정심판에서 집행정지를 받았으나 본안에서 기각재결을 받는 경우 청구인이 행정소송으로 권익구제를 받으려 하더라도 실질적으로 행정소송을 통한 권익구제가 무의미하게 되는 경우가 있다. 예컨대, 업무정지 처분을 받은 요양기관이 행정심판을 청구하여 집행정지 결정을 받았더라도 본안에서 기각되면 업무정지 처분의 효력이 즉시 발생하여 업무를 정지하여야 한다. 이때에는 이후에 행정소송을 제기하더라도 곧바로 법원의 집행정지 결정을 받지 못하는 한 요양병원 환자를 다른 병원에 분산·배정하여야 하므로 행정소송에서 승소하더라도 별로 실익이 없다.

이러한 문제점을 해결하기 위하여 중앙행정심판위원회는 집행정지 결정을 받고 본안에서 기각 재결을 받았더라도 집행정지 효력을 바로 종료시키지 않고 재결일로부터 30일까지로 연장하여 시행하는 방안을 마련한 바 있다.

### (4) 임시처분

#### ① 임시처분의 개념 및 의의

행정심판위원회는 처분 또는 부작위가 위법, 부당하다고 상당히 의심되는 경우로서 처분 또는 부작위 때문에 당사자가 받을 우려가 있는 중대한 불이익이나 당사자에게 생길 급박한 위험을 막기 위하여 임시지위를 정하여야 할 필요가 있는 경우에 그러한 임시지위를 정하는 임시처분을 할 수 있다(같은 법 제31조 제1항). 이는 마치 행정소송에서의 가처분 중 규율명령적 가처분과 같은 목적을 가지는 가구제 수단이다. 행정심판에서 이처럼 항고소송에서와는 달리 규율명령적 가처분과 같은 목적을 달성할 수 있는 임시처분이 인정되는 것은 행정심판에서는 의무이행심판이 인정되기 때문에 그에 따르는 당연한 일이라고 할 수 있다. 임시처분은 특히 거부처분과 부작위에 대한 가구제로서는 유일한 구제제도로서의 의미가 있다.

② 임시처분의 요건

임시처분을 하기 위한 적극적 요건은 다음과 같다.

첫째, 심판청구의 계속

둘째, 처분 또는 부작위가 위법·부당하다고 상당히 의심되는 경우일 것

셋째, 당사자에게 생길 중대한 불이익이나 급박한 위험을 방지할 필요가 있을 것

임시처분은 공공복리에 중대한 영향을 미칠 우려가 있는 경우에는 허용하지 않는다(소극적 요건).

임시처분은 집행정지로 목적을 달성할 수 있는 경우에는 허용되지 아니한다(임시처분의 보충성).

임시처분은 행정심판위원회의 직권으로 또는 당사자의 신청에 의하여 할 수 있다.

③ 임시처분 결정의 취소

공공복리에 중대한 영향을 미치거나 그 사유가 없어진 경우에는 직권이나 당사자의 신청에 의하여 임시처분 결정을 취소할 수 있다.

## 제2관 행정심판의 심리

### 1. 전반적 특성

행정심판의 심리절차는 완전하지 못한 대심구조화를 그 특징으로 하고 있다. 이러한 특성과 아울러 상당한 정도의 직권주의가 용인된다. 그리하여 행정심판위원회는 필요하면 당사자가 주장하지 아니한 사실에 대해서도 심리할 수 있다(직권심리주의: 같은 법 제39조).

행정심판의 심리에서도 행정소송과 유사하게 요건심리와 본안심리를 행한다.

### 2. 심리범위

#### (1) 불고불리 및 불이익변경금지의 원칙

행정소송에서 적용되었던 불고불리의 원칙과 불이익변경금지의 원칙은 행정심판의 심리범위에 대해서도 여전히 적용된다.

#### (2) 처분의 부당성에 대한 심리

행정심판에서는 행정소송에서와 달리 처분의 위법성뿐만 아니라 처분의 부당성에 대해서도 심리·판단할 수 있다(같은 법 제1조). 따라서 행정심판에서는 행정처분이 재량에 속하는 것이고

재량권을 일탈·남용하지 않았다 하더라도 재량권 행사의 타당성에 대해서 심판할 수 있다.[10)]

## 3. 심리절차의 원칙

### (1) 대심주의

행정심판법은 행정심판절차를 원칙적으로 당사자주의적인 대심구조로 하고자 한다. 그리하여 행정심판위원회는 청구인과 피청구인이 제출하는 공격방어방법에 대해 중립적 입장에서 심리를 진행하도록 하고 있다.

### (2) 서면심리주의와 구술심리

행정심판의 심리는 일반적으로 서면심리로 한다. 다만 당사자의 구술심리신청이 있으면 특별한 사정이 없는 한 이에 응하여야 한다(같은 법 제40조).

### (3) 직권심리주의

행정심판위원회는 필요하면 직권으로 증거조사를 할 수 있고 당사자가 주장하지 않은 사실에 대해서도 심리할 수 있다(같은 법 제39조). 이는 직권탐지를 가미한 것이다. 그러나 직권탐지의 권한이 있지 의무가 있는 것은 아니다.

### (4) 비공개주의

행정심판은 공개하지 않는 것이 보통이다. 그러나 공개주의를 원칙으로 한다는 주장도 있다. 행정심판법 제41조는 발언내용 등을 비공개할 수 있음을 규정하고 있다.

참고판례 1: 대법원 2001.7.27. 선고 99두5092 판결 [공원사업시행허가처분취소재결취소]

**행정심판에 있어서 행정처분의 위법 · 부당 여부는 원칙적으로 처분시를 기준으로 판단하여야 할 것**이나, 재결청은 처분 당시 존재하였거나 행정청에 제출되었던 자료뿐만 아니라, 재결 당시까지 제출된 모든 자료를 종합하여 처분 당시 존재하였던 객관적 사실을 확정하고 그 사실에 기초하여 처분의 위법·부당 여부를 판단할 수 있다.

참고판례 2: 대법원 2014.5.16. 선고 2013두26118 판결 [기타(시장정비사업추진계획)]

행정처분의 취소를 구하는 항고소송에서 처분청은 당초 처분의 근거로 삼은 사유와 기본적 사실관계가 동일성이 있다고 인정되는 한도 내에서만 다른 사유를 추가 또는 변경할 수 있고, 이러한 **기본적 사실관계의 동일성 유무는 처분사유를 법률적으로 평가하기 이전의 구체적 사실에 착안하여 그 기초인 사회적 사실관계가 기본적인 점에서 동일한지에 따라 결정되므로, 추가 또는 변경된 사유가 처분 당시에 이미 존**

10) 실제의 사례로, 중앙행정심판위원회, 2022.8.17. 2022-소상공인 손실보전금 지급거부처분 취소청구 재결. 『법제소식』, 129, 2023.2, 41면 이하 참조.

**재하고 있었다거나 당사자가 그 사실을 알고 있었다고 하여 당초의 처분사유와 동일성이 있다고 할 수 없다. 그리고 이러한 법리는 행정심판 단계에서도 그대로 적용된다.**

해 설 행정심판에 있어서도 처분사유의 추가·변경은 기본적 사실관계의 동일성이 있는 경우에만 인정된다는 법리를 분명히 한 것이다. 행정심판의 성격에 비추어 이러한 법리가 그대로 적용되는 것이 논리필연적인 것은 아니다.

#### (5) 행정심판법상의 특별 각하사유

심판청구서에 타인을 비방하거나 모욕하는 내용 등이 기재되어 청구 내용을 특정할 수 없고 그 흠을 보정할 수 없다고 인정되는 경우에는 행정심판위원회는 보정요구 없이 그 심판청구를 각하할 수 있다(같은 법 제32조의2).

### 4. 당사자의 권리

행정심판의 당사자는 ① 위원, 직원의 기피신청권, ② 보충서면제출권, ③ 구술심리신청권, ④ 물적증거제출권, ⑤ 증거조사신청권 등을 가진다.

# 제4절 행정심판의 재결과 불복고지

## 제1관 행정심판의 재결

### 1. 행정심판의 재결의 종류

#### (1) 행정심판의 재결

행정소송에서의 판결과 같이 행정심판에도 각하재결, 기각재결, 사정재결, 인용재결 등이 있다. 앞서 언급한 대로 인용재결의 경우 적극적 변경재결도 가능하다. 행정심판의 재결은 행정심판위원회가 심판청구서를 받은 날로부터 60일 내에 하여야 함이 원칙이다. 그러나 부득이한 사정이 있는 때에는 위원장이 직권으로 30일을 연장할 수 있다(행정심판법 제45조 제1항).

#### (2) 형성적 재결과 명령적 재결

행정심판위원회 스스로가 법률관계를 변화시키는 취소 등의 재결을 하거나 직접 처분을 하는 경우 이는 형성적 재결이 된다. 그러나 행정심판위원회가 직접 처분을 하지 않고 처분명령을 하는 재결을 할 경우 이는 명령적 재결이 된다. 우리 행정심판법은 명령적 재결은 의무이행심판의 경우, 그리고 변경재결의 경우에만 인정하고 있다.

### (3) 의무이행심판의 경우의 인용재결

의무이행심판의 경우 인용재결에는 처분재결(형성적 재결), 처분명령재결(명령적 재결: 이행재결)이 있다. 문제는 처분재결을 할 것인가 처분명령재결을 할 것인가에 대해 행정심판위원회가 선택재량을 가지는가 하는 점이다. 학설로서는 ① 선택재량인정설, ② 처분명령재결원칙설(처분청 권한존중의 차원에서), ③ 처분재결원칙설(신속한 권리보호를 위해 충분한 심사 가능한 경우 처분재결이 원칙) 등이 있다. 행정심판위원회가 직접 처분할 수 있는 상황이면 신속한 권리보호를 위해 처분재결을 할 것이다. 그러나 예컨대, 재량행위에서 처분청의 재량을 존중할 필요가 있는 경우 등 행정심판위원회가 직접 처분하기 어려운 경우에는 처분명령재결을 하여야 할 것이다. 요컨대, 선택재량을 인정하되 그 재량은 의무에 합당하게 행사하여야 한다고 이해하는 것이 타당한 것이 아닌가 한다.

## 2. 행정심판절차상의 조정

### (1) 개설

행정심판의 재결에 의하지 아니하고 행정심판의 목적을 달성하고 절차를 종료할 수 있는 것으로서 조정절차가 있다(같은 법 제43조의2). 조정은 대안적 분쟁해결수단(Alternative Dispute Resolution)의 하나로 기본적으로 당사자의 합의에 의해 분쟁을 해결하는 것이다. 그런데 행정심판절차는 공익과 법치주의와 깊은 관련이 있어서 당사자가 합의에 의해 공익과 법치주의의 가치를 결정할 수 있는지에 대해 의문이 있다. 그러므로 행정소송에서의 청구의 포기·인락이나 화해가 제한되듯이 행정심판의 조정에도 일정한 제한이 있다.

### (2) 조정의 요건

행정심판에서의 조정은 민사조정과 달리 공익과 법치주의를 다루게 되므로 이를 자유롭게 인정할 수 없다. 그리하여 행정심판법은 다음과 같은 요건을 규정하고 있다.

① 당사자의 동의: 조정은 기본적으로 당사자 합의에 의한 분쟁해결이므로 당사자의 동의가 있어야 한다.

② 당사자의 권리 및 권한의 범위 안에서 합의가 이루어질 것: 조정은 행정심판의 청구인의 권리 그리고 피청구인인 행정청의 권한의 범위 안에서 이루어져야 한다. 특히 행정청의 권한의 범위를 넘는 조정합의는 부적법하다. 이러한 관점에서 원칙적으로 조정은 법률적 쟁점에 대해서는 허용될 수 없고[11] ① 사실관계 확정에 이견이 있지만 명백한 증거가 없는 경우 ② 행정청의 재량이나 판단여지(법원은 불확정개념에 대한 해석과 적용의 문제를 재량으로 보므로 이것 역시 재량으로 봄), 그리고 법률로부터 자유로운 행위의 영역에서, 재량의 범위를 벗어나지 않고 행정법의

---

11) 법적 상태가 분명하지 않은 경우에도 조정을 허용할 것인지가 문제이다. 그런데 법적 상태 불명이 구체적으로 사실관계의 불명 때문이라면 그것은 사실관계의 불명에 준하여 보아야 할 것이고 법적용을 어떻게 하여야 할 것인지가 애매한 경우라면 이것은 궁극적으로 법원의 판단대상이지 당사자가 임의로 합의하여 해결할 문제가 아니라고 본다.

일반원칙에 어긋나지 않는 사항 등에 국한되어 허용된다고 이해하여야 할 것이다.

③ **공공복리에 적합할 것:** 당사자의 권리나 권한의 범위 안에 속하는 합의일지라도 그것이 법령에 위반되거나 공익을 저해하는 것이라면 허용될 수 없다. 공익과 법치주의를 훼손하는 합의는 어떠한 경우에도 정당화될 수 없다.

④ **처분의 성질에 반하지 않을 것:** 기속행위의 경우 원칙적으로 조정으로 분쟁을 해결할 수 없다. 기타 처분의 성질상 공익과 법치주의의 관점에서 합의에 의한 분쟁해결이 허용될 수 없는 처분의 경우에는 조정이 불가능하다.

#### (3) 조정과정과 조정의 성립

조정은 심판청구의 신속하고 공정한 해결을 위하여 당사자의 동의를 받아 행정심판위원회가 행한다(제43조의2 제1항). 조정절차에서 행정심판위원회는 심판 청구된 사건의 법적·사실적 상태와 당사자 및 이해관계인의 이익 등 모든 사정을 참작하고, 조정의 이유와 취지를 설명하여야 한다(제43조의2 제2항).

조정은 당사자가 합의한 사항을 조정서에 기재한 후 당사자가 서명 또는 날인하고 행정심판위원회가 이를 확인함으로써 성립한다(같은 법 제43조의2 제3항).

#### (4) 조정성립의 효력

조정이 성립하면 행정심판의 재결의 경우에 인정되는 기속력이 인정된다(같은 법 제49조). 또한 조정의 이행을 위한 강제력의 일환으로 직접처분(같은 법 제50조) 간접강제(같은 법 제50조의2)가 인정되며, 불가쟁력으로서의 행정심판 재청구의 금지규정(같은 법 제51조)도 준용된다.

### 3. 재결의 효력

#### (1) 개관

행정심판의 재결의 효력으로서 취소소송의 판결의 효력에서 인정되었던 형성력, 불가변력, 기속력 등이 인정된다. 한편 재결의 실효성을 담보하기 위해 행정심판법은 직접처분제도와 간접강제제도 등을 규정하고 있다.

#### (2) 재결의 기속력(법 제49조)

행정심판의 재결은 관계행정청을 기속한다. 따라서 관계행정청은 동일처분을 반복하여서는 안된다(동일처분의 반복금지). 예컨대 취소심판의 인용이 있은 경우에는 그 인용재결에 따라 취소 또는 변경하여야 한다(행정청의 취소·변경의무). 또한 행정청은 일정한 경우 재결의 취지에 따라 원상회복을 하여야 할 의무를 지며(원상회복의무), 절차가 위법하여 처분이 취소된 경우에는 제대로 된 절차를 밟아 재처분을 할 의무를 진다.

이러한 재결의 기속력으로 인하여 행정심판의 인용재결이 있는 경우 행정청은 재결에 대한 불복을 할 수 없다.

의무이행재결이 있은 경우에는 그에 따른 처분의무가 발생하는데 그 의무는 거부처분에 대해서는 재처분의무가 된다(처분의무 및 재처분의무). 또한 처분청이 의무이행재결을 따르지 않고 처분 또는 재처분을 하지 않는 경우에는 그 재결의 기속력을 확보하기 위하여 행정심판위원회가 간접강제에 따른 배상을 명할 수 있고 직접처분을 할 수도 있다.

한편 거부처분에 대한 취소심판이나 무효 또는 부존재확인심판에서 인용재결이 있은 경우에도 피청구인에게 재처분의무가 발생한다. 이때에 피청구인이 재처분을 하지 않으면 간접강제를 통해 재결의 기속력을 확보할 수 있다. 의무이행재결이 있은 경우에도 처분이나 재처분을 하지 않으면 직접처분 이외에 간접강제를 신청할 수 있다.

### (3) 직접처분(법 제50조)

행정심판법은 의무이행재결의 실효성을 확보하기 위하여 직접처분제도를 규정하고 있다. 그리하여 처분청이 의무이행재결에 따르지 않을 때에는 당사자의 신청에 의하여 기간을 정하여 시정을 명하고 이행하지 아니하면 직접 처분을 할 수 있다. 그런데 거부처분에 대해 취소나 무효확인 또는 부존재확인이 있은 경우, 이에 대해 행정심판법은 명문으로 직접처분의 대상으로 하는 규정을 두고 있지 않다. 그래서 거부처분 취소 등이 있는데도 피청구인인 처분청이 재처분의무를 이행하지 않을 때에도 당사자의 신청에 의하여 직접처분을 할 수 있다고 볼 것인지가 문제된다. 그러나 간접강제라는 실효성을 확보하기 위한 별도의 제도가 있음에도 불구하고 명문의 규정이 없는 상태에서 거부처분에 대해서 직접처분을 인정하기에는 난점이 있다.

그런데 대법원은 의무이행심판에 따라 행정청이 어떠한 처분이든 처분을 하였다면 그것이 재결의 취지에 따르지 않았다고 하더라도 위원회가 직접처분을 할 수는 없다고 한다.[12)]

참고판례 1: 대법원 2002.7.23. 선고 2000두9151 판결 [인용재결직접처분신청거부처분취소]

행정심판법 제37조 제2항, 같은 법 시행령 제27조의2 제1항의 규정에 따라 재결청이 직접 처분을 하기 위하여는 처분의 이행을 명하는 재결이 있었음에도 당해 행정청이 아무런 처분을 하지 아니하였어야 하므로, **당해 행정청이 어떠한 처분을 하였다면 그 처분이 재결의 내용에 따르지 아니하였다고 하더라도 재결청이 직접 처분을 할 수는 없다.**

참고판례 2: 대법원 2003.4.25. 선고 2002두3201 판결 [건축불허가처분취소]

행정심판법 제37조가 정하고 있는 재결은 당해 처분에 관하여 재결 주문 및 그 전제가 된 요건사실의 인정과 판단에 대하여 처분청을 기속하므로, 당해 처분에 관하여 위법한 것으로 **재결에서 판단된 사유와 기본적 사실관계에 있어서 동일성이 인정되는 사유를 내세워 다시 동일한 내용의 처분을 하는 것은 허용되지 않는다.**

12) 대법원 2002.7.23. 선고 2000두9151 판결.

**해 설** 건축허가신청에 대해 불허가처분을 한 경우 이에 대한 행정심판을 제기하여 불허가처분 취소재결이 이루어졌으나 행정청이 다른 사유를 들어 재차 거부처분을 한 경우이다. 대법원은 2차 거부처분의 이유가 재결에서 판단된 기본적 사실관계에 있어 동일성이 인정되는 사유이므로 재결의 기속력에 반하는 것이라고 하여 불허가처분은 취소됨이 마땅하다고 판시하였다. 기본적 사실관계가 동일하지 않은 사유라면 2차 거부처분을 하여도 무방하다고 할 것이다.

### (4) 간접강제(법 제50조의2)

행정심판법은 새로이 행정소송법에서와 같은 간접강제제도를 도입하였다. 따라서 거부처분이나 부작위에 대한 행정심판 결과 거부처분이 취소되거나 무효 또는 부존재 확인이 된 경우와 행정심판위원회가 처분의 이행을 명한 경우 그리고 처분이 절차의 위법 또는 부당을 이유로 취소된 때에, 피청구인이 새로이 처분을 하여야 함에도 불구하고 이를 행하지 않는다면 청구인의 신청에 의하여 결정으로 상당한 기간을 정하고 피청구인이 그 기간 내에 이행하지 아니하는 경우에는 그 지연기간에 따라 일정한 배상을 하도록 명하거나 즉시 배상을 할 것을 명할 수 있다.

청구인은 간접강제에 대한 행정심판위원회의 결정(변경결정 포함)에 대하여는 행정소송을 제기할 수 있다. 간접강제 결정의 효력은 피청구인이 속한 행정주체에 미치며 결정서 정본은 소송제기와 관계없이 민사집행법에 따른 강제집행에 관한 집행권원과 같은 효력을 가진다. 또 이 결정의 집행에 관해서는 민사집행법의 규정이 준용된다.

### (5) 행정심판의 재결의 효력과 항고소송

행정심판의 인용재결이 있는 경우, 행정청은 기속력과 불가쟁력의 구속을 받아 소송을 제기할 수 없다. 그러나 이에 대해서는 반론이 있다. 특히 지방자치단체의 자치사무에 대한 중앙행정심판위원회의 재결에 대해 지방자치단체 측의 불복을 허용하지 않는 것은 지방자치에 대한 헌법규정에 위반될 수도 있다는 것이다.[13)]

쟁송의 실제에서는 행정심판과 항고소송을 동시에 진행하는 경우가 적지 않은데 이런 경우에 인용재결이 내려진다면 명문의 규정은 없으나 항고소송의 수소법원은 소의 이익이 없는 것으로 보아 소각하 판결을 하는 것이 보통이다. 이와 마찬가지로 항고소송절차에서 인용판결이 내려지면 행정심판절차에서 청구각하재결을 하여야 할 것이다. 그러나 기각재결이나 각하재결 그리고 기각판결과 각하판결은 다른 절차의 진행에 원칙적으로 영향을 미치지 못한다. 특히 행정심판은 위법뿐 아니라 부당도 심사하게 되므로 항고소송에서 기각이 되었다 하더라도 행정심판에서 인용될 가능성이 있으므로 항고소송의 효력이 행정심판절차에 미치지 못한다.

한편 행정심판의 재결과 항고소송의 판결이 모순되는 경우 원처분주의에 따라 원칙적으로 재결이 판결에 의해 취소되지는 않으므로 당연히 판결이 우선적인 효력을 가지는 것은 아니다.

13) 조성규, "행정심판 재결의 기속력과 피청구인인 행정청의 불복가능성", 『행정법연구』, 제54호, 2018, 165면.

먼저 각하재결이나 각하판결은 기속력이나 형성력을 가지 못하므로 모순되는 다른 판결이나 재결의 효력에 간섭하지 못한다.

다음으로 행정심판의 인용재결이 있고 항고소송의 기각판결이 있는 경우 재결의 기속력에 의하여 피청구인인 행정청은 불복을 하지 못하는 반면 청구기각 판결은 아무런 형성력도 기속력도 가지지 못하므로 결국 재결의 기속력에 의하여 처분은 취소된다. 즉 이때에 행정심판의 재결이 궁극적인 의미를 가지는 것이다. 따라서 행정심판의 인용재결시에는 신중한 판단이 요구된다.

그리고 항고소송의 인용판결이 있고 행정심판의 기각판결이 있는 경우에는 당연히 인용판결의 효력이 지배하게 된다.

행정심판의 재결과 행정소송과의 관계에 대한 이와 같은 여러 가지 문제점을 해결하기 위해 행정심판법이 명문의 규정을 두는 것도 고려해 볼 만하다.

## 제2관 불복고지 제도

### 1. 개 관

행정청이 처분을 할 때에는 그에 대해 행정심판으로 불복할 수 있는지, 행정심판으로 불복할 때에는 어떠한 절차를 거쳐야 하며 그 심판청구기간은 언제까지인지에 대해 고지하여야 한다(같은 법 제58조).

이러한 불복고지는 비권력적 사실행위이다. 그런데 이러한 고지의무의 적용범위에 대해 행정심판법의 적용대상에 국한된다는 견해와 모든 행정심판에 다 적용된다는 견해가 대립되고 있다. 대법원은 후자의 입장에 서는 듯하다.[14]

### 2. 직권고지(법 제58조 제1항)

#### (1) 고지의 대상

행정청은 처분을 서면으로 하는 경우에는 ① 처분의 상대방에게 해당 처분에 대해 행정심판을 청구할 수 있는지와 ② 행정심판을 청구하는 경우의 심판청구 절차 및 심판청구 기간에 대하여 고지하여야 한다(원칙).

그러나 행정심판을 제기할 필요가 없는 경우나 제기할 수 없는 경우 예컨대, 신청에 의한 처분의 경우 신청대로 한 경우 그리고 처분이 일방적인 것이더라도 상대방에게 어떠한 부담도 주지 않는 경우 등에 대해서는 고지를 하지 않을 수 있다(예외).

#### (2) 고지의 상대방

고지의 상대방은 처분의 직접 상대방이다.

14) 대법원 1990.7.10. 선고 89누6839 판결 참조.

### (3) 고지의 내용과 방법

불복고지의 내용은 ① 행정심판을 제기할 수 있는지의 여부, ② 심판청구절차, ③ 청구기간 등이다.

한편, 고지의 방법에는 제한이 없다. 그러나 서면고지가 원칙이라고 할 것이다. 고지는 처분시에 하는 것이 원칙이다.

## 3. 신청에 의한 고지(법 제58조 제2항)

고지를 청구할 수 있는 자는 당해 처분의 이해관계인(이해관계의 소명 필요) 또는 처분시에 고지를 받지 못한 처분의 상대방이다.

신청에 의한 고지의 내용은 ① 해당처분이 행정심판의 대상이 되는 처분인지와 ② 행정심판의 대상이 되는 경우 소관 위원회 및 심판청구기간 등이다.

## 4. 불고지·오고지의 효과(법 제27조 제5항, 제6항)

### (1) 개관

행정심판법은 불복고지를 하지 않거나 잘못한 경우의 법적 효과에 대해 규정하고 있다. 대법원은 이러한 규정은 "행정처분의 상대방이 그 처분에 대한 행정심판의 절차를 밟는데 있어 편의를 제공하려는데 있으며 처분청이 위 규정에 따른 고지의무를 이행하지 아니하였다고 하더라도" 그 규정에 따라 예컨대 행정심판의 제기기간이 연장되는 등의 효과가 있을 뿐이고 "이로 인하여 심판의 대상이 되는 행정처분에 어떤 하자가 수반된다고 할 수 없다."라고 판시하고 있다.[15]

### (2) 불고지

행정청이 처분을 하면서 불복에 대하여 고지하지 않은 경우, 아무 기관에 대해서 제출해도 청구인은 항변가능하며 청구기간은 처분이 있은 날로부터 180일이 된다.

참고판례: 대법원 1990.7.10. 선고 89누6839 판결 [도로부당이득금부과처분취소]

**도로점용료 상당 부당이득금의 징수 및 이의절차를 규정한 지방자치법에서 이의제출기간을 행정심판법 제18조 제3항 소정기간 보다 짧게 정하였다고 하여도** 같은법 제42조 제1항 소정의 고지의무에 관하여 달리 정하고 있지 아니한 이상 도로관리청인 피고가 이 사건 도로점용료 상당 부당이득금의 징수고지서를 발부함에 있어서 **원고들에게 이의제출기간 등을 알려주지 아니하였다면 원고들은 지방자치법상의 이의제출기간에 구애됨이 없이 행정심판법 제18조 제6항, 제3항의 규정에 의하여 징수고지처분이 있은 날로부터**

15) 대법원 1987.11.24. 선고 87누529 판결.

**180일 이내에 이의를 제출할 수 있다고 보아야 할 것이다.**

해 설 행정 내부의 이의절차에서 지방자치법상의 이의제출기간을 알려주지 않은 경우 지방자치법이 아니라 행정심판법의 규정을 적용하여 처분이 있은 날로부터 180일 이내에 이의를 제출하면 된다고 판시하였다. 행정기본법이 시행되고 있는 오늘날에도 이 판례의 취지는 유지될 수 있는 여지가 있다. 왜냐하면 행정기본법 제36조는 이의신청에 대해 규정하면서도 이의신청 제기기간을 상대방에게 알려주지 않은 경우에는 어떻게 하여야 하는지에 대한 규율에 대해서는 침묵하고 있기 때문이다.

### (3) 오고지

행정청이 처분을 하면서 불복에 대하여 잘못 알린 경우, 행정심판을 제기한 자는 제출기관을 잘못한 경우에 그 책임을 면하며 청구기간에 대해 단기 고지를 하였다면 그 기간이 적용되지 아니하고 장기로 잘못 알렸다면 그 장기의 청구기간이 적용된다.

참고판례: 대법원 2012.9.27. 선고 2011두27247 판결 [부당이득금부과처분취소]

**이미 제소기간이 지남으로써 불가쟁력이 발생하여 불복청구를 할 수 없었던 경우라면 그 이후에 행정청이 행정심판청구를 할 수 있다고 잘못 알렸다고 하더라도 그 때문에 처분 상대방이 적법한 제소기간 내에 취소소송을 제기할 수 있는 기회를 상실하게 된 것은 아니므로 이러한 경우에 잘못된 안내에 따라 청구된 행정심판 재결서 정본을 송달받은 날부터 다시 취소소송의 제소기간이 기산되는 것은 아니다.** 불가쟁력이 발생하여 더 이상 불복청구를 할 수 없는 처분에 대하여 행정청의 잘못된 안내가 있었다고 하여 처분 상대방의 불복청구 권리가 새로이 생겨나거나 부활한다고 볼 수는 없기 때문이다.

해 설 이미 제소기간이 지난 후라면 행정청의 잘못된 고지로 행정심판을 제기하였다 하더라도 행정심판 재결서 정본을 송달받은 날로부터 제소기간이 기산되는 것이 아니라 더 이상 제소할 수 없다는 판시이다.

## 5. 불복고지와 처분성의 인정

대법원은 행정청이 행위를 하면서 그에 대한 불복방법을 안내한 후에 그에 대한 소송과정에서 그 행위의 처분성이 인정되지 않는다고 항변을 하는 것은 신의성실의 원칙에 위반된다고 한다(참고판례).

참고판례 1: 대법원 2021.1.14. 선고 2020두50324 판결 [이주대책대상자제외처분취소]

이 사건에서 **피고 공사가 원고에게 2차 결정을 통보하면서 '2차 결정에 대하여 이의가 있는 경우 2차 결정 통보일부터 90일 이내에 행정심판이나 취소소송을 제기할 수 있다.'는 취지의 불복방법 안내를 하였던 점을 보면, 피고 공사 스스로도 2차 결정이 행정절차법과 행정소송법이 적용되는 처분에 해당한다고**

**인식하고 있었음을 알 수 있고, 그 상대방인 원고로서도 2차 결정이 행정쟁송의 대상인 처분이라고 인식하였을 수밖에 없다고 보인다. 이와 같이 불복방법을 안내한 피고 공사가 이 사건 소가 제기되자 '처분성'이 인정되지 않는다고 본안전항변을 하는 것은 신의성실원칙(행정절차법 제4조)에도 어긋난다**(대법원 2020.4.9. 선고 2019두61137 판결 참조).

참고판례 2: 대법원 2020.4.9. 선고 2019두61137 판결 [사업종류변경처분등취소청구의소]

앞서 본 바와 같이 **피고의 내부규정은 행정절차법이 규정한 것보다 더욱 상세한 내용으로 사전통지 및 의견청취절차를 규정하고, 그 처리결과까지 문서로 통보하도록 규정하고 있다. 또한 기록에 의하면, 피고는 이러한 내부규정에 따른 사전통지 및 의견청취절차를 거친 후 원고에게 그 처리결과인 이 사건 사업종류 변경결정을 알리는 통지서(갑 제4호증)를 작성하여 교부하였는데,** 거기에는 사업종류 변경결정의 내용과 이유, 근거 법령이 기재되어 있을 뿐만 아니라, **"동 결정에 이의가 있을 경우에는 처분이 있음을 안 날로부터 90일 이내에 행정심판법 제28조에 따른 행정심판 또는 행정소송법에 따른 행정소송을 제기할 수 있음을 알려드립니다."라는 불복방법 안내문구가 기재되어 있음을 알 수 있다. 이러한 피고의 내부규정과 실제 사업종류 변경결정 과정을 살펴보면, 피고 스스로도 사업종류 변경결정을 행정절차법과 행정소송법이 적용되는 처분으로 인식하고 있음을 알 수 있고, 그 상대방 사업주로서도 피고의 사업종류 변경결정을 항고소송의 대상인 처분으로 인식하였을 수밖에 없다. 이와 같이 불복방법을 안내한 피고가 이 사건 소가 제기되자 '처분성'이 인정되지 않는다는 본안전항변을 하는 것은 신의성실원칙(행정절차법 제4조)에도 어긋난다.**

제 04 장

# 행정상 손해전보 제도 일반

## 1. 행정상 손해전보 제도의 의의

행정상 손해전보라 함은 행정활동으로 인한 손해를 입은 자에게 그 손해를 전보해 주는 제도를 말한다. 이에는 크게 위법한 행정활동으로 인한 침해에 의해 발생한 손해에 대한 전보제도인 행정상의 손해배상과, 적법한 공익적 활동으로 희생을 입은 피해자의 손실을 보상해 주는 행정상의 손실보상이 있다. 종래 행정상 손해전보제도를 이렇게 양자로 구별해 왔으나 이를 구별하는 것이 반드시 타당한지에 대해서는 회의론이 존재하여 왔다.

## 2. 행정상 손해배상과 행정상 손실보상의 구별

행정상 손해배상은 국가나 지방자치단체의 위법한 행정작용에 대한 책임, 즉 불법행위책임에 대한 것이다. 따라서 행정상의 손해배상은 민법상의 손해배상과 같이 평균적 정의 관념에 입각하고 과실책임주의의 원칙에 따르는 일종의 개인주의적 책임이라 할 수 있다.

이에 반하여 행정상 손실보상은 적법한 공권력작용에 의한 특별한 희생에 대한 조절적 보상이다. 이것은 행정상 손해배상과는 달리 공동체적 관점에서의 배분적 정의 관념에 입각한 단체주의적 책임에 따른 것이라 할 수 있다. 행정상 손실보상을 인정하는 것은 행정주체의 공익적 활동에 의한 공적부담 앞에서 누구나 평등하여야 한다는 "공적부담 앞의 평등원칙"에 따른 것이다. 이 원칙은 재산권의 보장과 평등원칙이 결부된 것으로서 1789년 프랑스 인권선언 제14조에서 유래된 것이며 우리 헌법 제11조의 일부를 이루고 있는 내용이라고 할 수 있다. 오늘날에 이르러서는 이 원칙이 단순히 행정상 손실보상의 이념이 아니라 행정상 손해전보제도 전체의 공통적 이념으로 인식되고 있다.

## 3. 오늘날의 문제 상황과 양자의 접근 경향

그런데 행정상 손해배상제도와 행정상 손실보상제도는 오늘날 점차 이론적 구별이 난해해 지는 경향을 보이면서 상호 접근 및 융합현상을 보이고 있다. 양자의 구별을 어렵게 하는 요인으로 다음과 같은 것들이 있다.

첫째로, 사법 분야에서 과실책임주의 원칙에 대한 수정이론이 등장하고 있다. 예컨대, 오늘날의 위험사회에 대응하여 위험책임의 법리가 등장하는 등 불법행위법의 영역에서 과실책임주의가 수정됨으로써 행정상 손해배상과 행정상 손실보상의 구별에도 난점이 제기되고 있다.

둘째로, 행정상의 손실보상에서는 적법한 국가작용으로 인한 재산권 침해가 문제되고, 행정상의 손해배상에서는 공무원의 고의나 과실에 의한 위법한 국가작용이 문제되는 것이 보통인데, 오늘날 행정상의 손해전보에서는 위법·무과실의 국가작용에 대한 손해전보책임이 문제되고 있다. 이처럼 위법·무과실의 국가작용에 대한 책임은 전통적인 행정상 손해배상과 행정상 손실보상 구분론의 관점에서 해결되기 어려운 것이다. 예컨대, 공무원이 위헌 선언되기 이전의 위헌의 법률을 집행한 경우, 공무원의 과실이 인정되기 어려워 행정상 손해배상의 대상이 되기에 난점이 있는 것이다.

이처럼 위법·무과실의 문제와 같이 행정상 손해배상과 행정상 손실보상의 준별에 따른 국가책임의 귀속이 어려운 경우가 나타나자, 국가배상책임의 귀속에 있어서도 주관적·도의적 과실책임 구조로부터 객관적으로 누구에게 전보책임을 지우는 것이 공평할 것인가 하는 손해부담의 배분적 정의가 추구되는 경향이 나타나면서 행정상 손해배상책임론에서 과실의 객관화와 입증책임의 전환을 통한 무과실책임으로의 접근현상이 나타나고 있다.

이렇게 손해배상법리가 무과실책임, 위험책임으로 접근함에 따라 손해배상 법리와 손실보상 법리의 접근 경향이 나타나고 양자를 통합하여 국가보상법 또는 국가책임법이라는 체계를 형성하려는 움직임이 일찍부터 존재하여 왔다. 예컨대, 독일의 수용적침해이론과 수용유사적침해이론은 위법한 공용침해에 대한 손해전보의 문제이므로 손실보상과 손해배상의 접점에 존재한다고 할 수 있는 것이다. 이처럼 양자를 통합하려는 이론적 경향은 양자의 공통적인 이념으로서 '공적부담 앞의 평등원칙'을 들고 있다.

독일에서는 이러한 통합 노력이 1981년 국가책임법 입법추진으로 진전되었으나 불행히도 이 법안은 주와 연방의 권한배분문제로 위헌무효화되고 말았다.

**행정상 손해배상과 행정상 손실보상의 비교**

| | 행정상 손해배상 | 행정상 손실보상 |
|---|---|---|
| 기초이념 | 개인주의 사상, 과실책임주의 | 단체주의사상, 사회적 공평 |
| 성립요건<br>(발생원인) | 공무원의 직무상 불법행위,<br>영조물 설치·관리상의 하자,<br>위법한 행정작용 | 특별희생,<br>적법한 행정작용 |
| 전보의 범위 | 가해행위와 상당인과관계에 있는 모든 손해<br>(재산적·정신적 손해) 불법행위시 기준 | 재산상 손실, 협의시, 재결시 기준<br>정신적 손해에 대한 보상은 없음<br>→ cf) 생활보상 |
| 책임자 | 국가, 지방자치단체<br>공무원(고의·중과실): 구상책임 및 선택적 청구에 따른 책임 | 공익사업자 |
| 전보의 방법 | 금전배상 | 금전배상원칙<br>예외: 현물보상, 매수보상, 채권 |
| 보상청구절차 | 배상심의회<br>민사소송절차, 행정소송에 병합가능 | 당사자소송 또는 민사소송, 행정심판(재결) |

제 05 장

# 행정상 손해배상

## 제1절 행정상 손해배상(국가배상)책임 일반론

### 제1관 국가배상책임의 의의와 연혁

행정상 손해배상책임은 흔히 국가배상책임이라고 지칭되기도 한다. 그러나 엄밀히 말하면 행정상 손해배상책임이라는 말이 더 정확한 표현이다. 왜냐하면 행정상 손해배상책임에는 국가의 책임만이 아니라 지방자치단체의 책임도 포함되기 때문이다(국가배상법 제1조 참조). 한편 지방자치단체가 아닌 공공단체의 불법행위책임은 현행법상 행정상 손해배상책임으로 다루어지지 않고 민법상의 불법행위책임으로 다루어지고 있다.

현행 국가배상법은 공무원의 직무상의 불법행위만이 아니라 공공영조물의 설치·관리상의 하자에 따른 배상책임도 함께 다루고 있다. 그러나 역사적으로 국가나 지방자치단체 등의 행정주체에 의한 배상책임 제도는 공무원의 직무상 불법행위 책임으로부터 발전하여 왔다. 요컨대, 공무원의 직무상 불법행위 책임의 귀속을 어떻게 할 것인지의 문제가 국가배상책임 제도 발전의 단초였다고 할 수 있다.

원래 근대 초기까지 주권면책 또는 국가무책임이론(국가는 불법행위를 행할 수 없다. The king can do no wrong.)과 공무원의 불법행위의 효과를 국가에 귀속시킬 수 없다는 사상으로 인하여 국가의 배상책임은 인정되지 않고 공무원의 개인적 책임만 인정되었다.

그러나 이러한 국가무책임의 원칙은 19세기에 이르러 행정기능의 확대·강화로 인한 공무원의 직무상 불법행위 피해의 증대, 국민의 권익구제 요청의 강화 및 공무원의 자력 불충분 등으로 인하여 무너지기 시작하여 19세기 후반 경 프랑스는 결국 국가책임을 인정하기에 이른다.

공무원의 불법행위에 따른 국가의 책임은 처음에는 공무원의 책임을 국가가 대신 부담한다는 의미에서 대위책임으로 이해되어 왔으나 점차 국가 자신의 책임으로 이해되어 가는 경향에 있다.

## 제2관 우리나라의 행정상 손해배상 제도

### 1. 헌법적 근거

#### (1) 국가배상책임에 대한 헌법규정

우리나라의 국가배상책임제도의 근거를 이루는 헌법 제29조 제1항은 "공무원의 직무상 불법행위로 손해를 받은 국민은 법률이 정하는 바에 의하여 국가 또는 공공단체에 정당한 배상을 청구할 수 있다. 이 경우 공무원 자신의 책임은 면제되지 아니한다."라고 규정하고 있다.

한편 헌법 제29조 제2항은 군인, 군무원, 경찰공무원 기타 법률이 정하는 자가 전투·훈련 등 직무집행과 관련하여 받은 손해에 대하여는 법률이 정하는 보상 이외에 공무원의 직무상 불법행위로 인한 국가배상을 청구할 수 없도록 하는 이중배상금지를 규정하고 있다.

이처럼 헌법이 국가배상제도의 골격을 정하고 있기 때문에 그 의미 내용이 무엇인지 그리고 그것이 국가배상법에 어떻게 구현되어 있는지 구체적으로 검토해 볼 필요가 있다.

#### (2) 헌법규정의 내용분석

① 법률이 정하는 바에 의하여

헌법 제29조 제1항이 말하는 법률에는 국가배상법, 민법, 자동차손해배상보장법, '환경오염피해 배상책임 및 구제에 관한 법률', 원자력손해배상법 등의 특별법이 포함된다. 문제되는 불법행위와 관련하여 다른 특별법이 존재하지 않고 국가배상법의 적용범위에 해당되지 않으면 민법 제750조 이하의 불법행위에 관한 규정이 적용된다.

② 국가 또는 공공단체

헌법은 국가 또는 공공단체의 배상책임을 규정하고 있으나 국가배상법은 국가와 지방자치단체의 배상책임만을 규정하고 있다. 그러므로 국가나 지방자치단체에 속하지 않는 공공단체의 경우, 그 배상책임에 대해서는 원칙적으로 민법이 적용된다. 물론 특별법이 존재하면 그 법이 적용된다.

③ 공무원 자신의 책임

헌법이 공무원 자신의 책임이 면제되지 아니함을 규정한 것의 구체적 의미는 입법과 판례에 의해 구명되었다.

첫째로 국가배상법 제2조 제1항은 공무원에게 고의·중과실이 있는 경우, 국가가 피해자에게 배상책임을 지지만 그 배상액에 대해 공무원에게 구상권을 행사할 수 있도록 규정하고 있다. 경과실의 경우에는 공무원 자신의 책임이 부인되지만 고의·중과실의 경우 국가 등의 구상권 행사에 응하여야 할 구상책임을 지는 것이다.

둘째로 대법원 1996.2.15. 선고 95다38677 전원합의체 판결은 공무원의 경과실에 의한 국가배상책임과는 달리 고의·중과실에 의한 국가배상책임에 대해서는 피해자가 국가(또는 지방자치단체)나 가해공무원에게 선택적 청구를 할 수 있도록 하여 가해공무원이 선택적 청구에 따른 책임을 공무원 자신의 책임으로 부담하도록 하였다.

참고판례: 대법원 1996.2.15. 선고 95다38677 전원합의체 판결 [손해배상(자)]

[다수의견] 헌법 제29조 제1항 단서는 공무원이 한 직무상 불법행위로 인하여 국가 등이 배상책임을 진다고 할지라도 그 때문에 **공무원 자신의 민·형사책임이나 징계책임이 면제되지 아니한다는 원칙을 규정한 것이나, 그 조항 자체로 공무원 개인의 구체적인 손해배상책임의 범위까지 규정한 것으로 보기는 어렵다.**

국가배상법 제2조 제1항 본문 및 제2항의 입법 취지는 공무원의 직무상 위법행위로 타인에게 손해를 끼친 경우에는 변제자력이 충분한 국가 등에게 선임감독상 과실 여부에 불구하고 손해배상책임을 부담시켜 국민의 재산권을 보장하되, **공무원이 직무를 수행함에 있어 경과실로 타인에게 손해를 입힌 경우에는 그 직무수행상 통상 예기할 수 있는 흠이 있는 것에 불과하므로, 이러한 공무원의 행위는 여전히 국가 등의 기관의 행위로 보아 그로 인하여 발생한 손해에 대한 배상책임도 전적으로 국가 등에만 귀속시키고** 공무원 개인에게는 그로 인한 책임을 부담시키지 아니하여 공무원의 공무집행의 안정성을 확보하고, 반면에 공무원의 위법행위가 **고의·중과실에 기한 경우에는 비록 그 행위가 그의 직무와 관련된 것이라고 하더라도 그와 같은 행위는 그 본질에 있어서 기관행위로서의 품격을 상실하여 국가 등에게 그 책임을 귀속시킬 수 없으므로 공무원 개인에게 불법행위로 인한 손해배상책임을 부담시키되,** 다만 이러한 경우에도 그 행위의 외관을 객관적으로 관찰하여 공무원의 직무집행으로 보여질 때에는 피해자인 국민을 두텁게 보호하기 위하여 **국가 등이 공무원 개인과 중첩적으로 배상책임을 부담하되 국가 등이 배상책임을 지는 경우에는 공무원 개인에게 구상할 수 있도록 함으로써** 궁극적으로 그 책임이 공무원 개인에게 귀속되도록 하려는 것이라고 봄이 합당하다.

공무원이 직무수행 중 불법행위로 타인에게 손해를 입힌 경우에 국가 등이 국가배상책임을 부담하는 외에 공무원 개인도 고의 또는 중과실이 있는 경우에는 불법행위로 인한 손해배상책임을 진다고 할 것이지만, **공무원에게 경과실뿐인 경우에는 공무원 개인은 손해배상책임을 부담하지 아니한다고 해석하는 것이** 헌법 제29조 제1항 본문과 단서 및 국가배상법 제2조의 입법취지에 조화되는 올바른 해석이다.

(위의) **법리는 피해자가 헌법 제29조 제2항, 국가배상법 제2조 제1항 단서 소정의 공무원으로서 위 단서 조항에 의하여 법률에 정해진 보상 외에는 국가배상법에 의한 배상을 청구할 수 없는 경우라고 하여 달리 볼 것은 아니다.** 왜냐하면 헌법 제29조 제2항은 군인, 군무원, 경찰공무원, 기타 법률이 정한 공무원의 경우 전투, 훈련 등 직무집행과 관련하여 받은 손해에 대하여 법률이 정하는 보상 외에 국가 등에 대하여 공무원의 직무상 불법행위로 인한 배상을 청구할 수 없도록 규정하고 있고 국가배상법 제2조 제1항 단서도 이를 이어 받아 이를 구체화하고 있지만, 이는 군인 등이 전투, 훈련 등과 관련하여 받는 손해에 한하여는 국가의 손해배상을 인정하지 아니하고 법률이 정한 보상만을 인정함이 타당하다는 헌법적 결단에 의한 것이기 때문이다.

④ 이중배상금지

**의의**

헌법 제29조 제2항은 군인·군무원·경찰공무원 기타 법률이 정하는 자가 전투·훈련 등 직무집행과 관련하여 받은 손해에 대해서는 별도의 보상금 이외에 불법행위에 기한 손해배상을 청구할 수 없도록 규정하고 있다. 그런데 이 규정에 따라 제정된 국가배상법 제2조는 군인·군무원·경찰공무원 이외에 예비군 대원을 이중배상금지규정을 적용받는 자에 포함시키고 있는데 헌법재판소는 이를 합헌으로 보고 있다.[1] 또한 국가배상법은 헌법이 규정하고 있는 직무집행과 관련하여 받은 손해의 유형을 전사·순직하거나 공상을 입은 경우로 구체화하고 있다.

**연혁**

이중배상금지규정은 원래 1967년 3월 3일 국가배상법 개정 법률에 의해 도입되었다. 그러나 이 규정은 1971년에 당시 위헌심판권을 가지고 있던 대법원의 전원합의체 판결에 의해 위헌으로 선언되어 무효화된 바 있다.[2] 그러나 정부는 1972년의 제4공화국 헌법 제26조 제2항에 이중배상금지의 헌법적 근거를 마련함으로써 위헌시비를 불식하였고, 이 헌법 규정은 현행헌법 제29조 제2항에 계승되어 오늘에 이르고 있다. 헌법재판소는 헌법 제29조 제2항에 대한 위헌소원에 대해 헌법의 개별규정 자체는 헌법소원의 대상이 되지 않는다고 하여 청구를 각하하였지만 이중배상금지를 헌법에 최초로 도입하였던 1972년에 비해 "현재에는 국가의 재정이 당시와 비할 수 없을 정도로 나아졌고, 따라서 주요 입법목적이 소멸되었다고도 볼 수 있으므로 다음에 있을 헌법 개정시에는 위 헌법조항의 존치여부에 대한 고려가 필요하다"라고 판시하였다.[3]

그런데 2025년 국가배상법 개정으로 전사하거나 순직한 군인·군무원·경찰공무원 또는 예비군 대원의 유족이 가지는 위자료 청구권은 본인의 청구권과는 별개의 독립적 청구권이므로 유족이 자신의 정신적 고통에 대한 위자료를 청구할 수는 있도록 하였다.

**법적 성격과 적용범위**

국가배상은 불법행위책임인데 반해 공무원연금법상의 유족급여 등 기타 법령상의 보상규정은 사회보장적 의미를 가진다는 점에서 양자의 성격이 다른데도 이중배상금지의 원칙을 채택함은 논리상 문제가 있다.

대법원은 이중배상금지가 가지는 문제점을 일찍부터 인지하고 있는 듯하다. 따라서 이중배상금지의 적용의 범위를 되도록 줄이려고 하는 노력이 엿보인다.

대법원은 군인·경찰공무원이 공상을 입고 전역·퇴직하였으나 그 장애의 정도가 '국가유공자 예우 등에 관한 법률' 또는 군인연금법의 적용 대상 등급에 해당되지 않는 경우, 이중배상금지에 해당하지 않는다고 판시하였다.[4]

그러나 다른 법령에 따른 보상의 권리가 발생한 이상, 시효소멸 등의 사정이 있어도 이중배상금지가 적용된다.[5]

한편 직무집행과 관련하여 공상을 입은 군인 등이 먼저 국가배상법에 따라 손해배상금을 지

1) 헌법재판소 1996.6.13. 선고 94헌바20 결정.
2) 대법원 1971.6.22. 선고 70다1010 전원합의체 판결.
3) 헌법재판소 2018.5.31. 선고 2013헌바22 등 결정.
4) 대법원 1997.2.14. 선고 96다28066 판결.
5) 대법원 2002.5.10. 선고 2000다39735 판결.

급받은 다음 '보훈보상대상자 지원에 관한 법률'이 정한 보상금 등 보훈급여금의 지급을 청구하는 경우, 국가배상법에 따라 손해배상을 받았다는 이유로 그 지급을 거부'할 수 없다고 하였다.[6)]

또한 대법원은 경찰공무원이 숙직실에서 취침중 연탄가스로 사망한 경우 전투, 훈련과 관련된 시설이 아니라는 이유로 이중배상금지의 적용대상이 아니라고 하였고[7)] 현역병으로 입영하여 경비교도로 전임된 자,[8)] 그리고 공익근무요원[9)]도 이중배상금지에 해당되지 않는다고 하였다.

그러나 이러한 주류적 판례와는 달리 경찰공무원이 주변 교통정리를 위하여 사고 현장으로 이동하던 중 낙석사고를 당한 경우에 전투, 훈련 등과 관련없는 일반직무집행일지라도 이중배상금지의 적용을 인정한 사례도 있다.[10)]

**유족의 위자료에 대한 배상청구의 허용**

2025년 국가배상법이 개정되어 전사하거나 순직한 군인·군무원·경찰공무원 또는 예비군대원의 유족은 자신의 정신적 고통에 대한 위자료를 국가배상으로 청구할 수 있게 되었다. 이러한 청구권은 피해자 본인의 청구권과는 다른 별개의 독립적인 청구권이라고 하여야 할 것이기 때문에 이에 대해서는 이중배상금지가 적용되지 않도록 한 것이다(국가배상법 제2조 제3항).

**민간인과의 공동불법행위의 경우의 문제점**

이중배상금지의 대상인 피해자에 대하여 공무원과 민간인이 공동불법행위를 저지른 경우, 종래에는 국가는 이중배상금지의 대상인 피해자에 대해 별도로 정하는 보상금 등만을 지급할 의무밖에 없으므로 결국 피해자가 민간인에게 손해배상을 청구하면 민간인이 연대책임의 법리에 따라 100% 배상할 수밖에 없었다. 이와 같은 부조리한 상황에 대하여 헌법재판소 1994.12.29. 선고 93헌바21 결정은 이와 같은 경우에 연대책임을 진 민간인의 국가에 대한 구상권을 인정하여야 한다고 판시하였다.

그러나 헌법재판소의 이 판시를 대법원은 실질적으로 다소 달리 적용하였다. 즉, 대법원은 이중배상금지로 인한 손해를 피해자에게 부담시키는 것이 헌법의 취지라는 의미에서 민간인과 공무원이 공동불법행위를 한 경우 이중배상금지가 적용되는 피해자인 군인·군무원·경찰공무원 등은 가해자인 민간인에게 그의 책임부분에 대해서만 청구할 수 있고 민간인은 자신의 부담부분만을 배상하면 되고 국가에 대하여는 구상권을 가지지 못한다고 판시하여 종전 판례를 변경하였다.[11)] 그러나 공동불법행위를 하였는데도 군인·군무원·경찰공무원 등에 해당하는 피해자가 별도의 사회보장적 보상금을 받으면 불법행위에 대해서 민간인만이 책임을 지게 된다는 구조는 여전히 문제라고 생각된다.

---

6) 대법원 2017.2.3. 선고 2015두60075 판결.
7) 대법원 1979.1.30. 선고 77다2389 전원합의체 판결.
8) 대법원 1998.2.10. 선고 97다45914 판결.
9) 대법원 1997.3.28. 선고 97다4036 판결.
10) 대법원 2011.3.10. 선고 2010다85942 판결.
11) 대법원 2001.2.15. 선고 96다42420 전원합의체 판결.

### 주요판례요지

대법원 2019.5.30. 선고 2017다16174 판결: 업무용 자동차 보험의 관용차 면책약관에 "군인, 군무원, 경찰공무원 또는 향토예비군대원이 전투, 훈련 등 직무 집행과 관련하여 전사, 순직 또는 공상을 입은 경우, 이들에 대하여 대인배상Ⅰ 및 대인배상Ⅱ에 대하여는 보상하지 않는다."라고 규정한 것은 별도의 보상금을 받아 이중배상에 해당하는 것을 전제로 하는 것이므로 요건을 충족시키지 못하여 보상금을 받지 못하게 되는 경우에는 면책약관이 적용되지 않는다.

### 참고판례: 대법원 2001.2.15. 선고 96다42420 전원합의체 판결 [구상금]

[다수의견] 헌법 제29조 제2항, 국가배상법 제2조 제1항 단서의 입법 취지를 관철하기 위하여는, **국가배상법 제2조 제1항 단서가 적용되는 공무원의 직무상 불법행위**로 인하여 직무집행과 관련하여 피해를 입은 군인 등에 대하여 위 **불법행위에 관련된 일반국민(법인을 포함한다. 이하 '민간인'이라 한다)이 공동불법행위책임, 사용자책임, 자동차운행자책임 등에 의하여 그 손해를 자신의 귀책부분을 넘어서 배상한 경우에도, 국가 등은 피해 군인 등에 대한 국가배상책임을 면할 뿐만 아니라, 나아가 민간인에 대한 국가의 귀책비율에 따른 구상의무도 부담하지 않는다고 하여야 할 것이다.** 그러나 위와 같은 경우, 민간인은 여전히 공동불법행위자 등이라는 이유로 피해 군인 등의 손해 전부를 배상할 책임을 부담하도록 하면서 국가 등에 대하여는 귀책비율에 따른 구상을 청구할 수 없도록 한다면, 공무원의 직무활동으로 빚어지는 이익의 귀속주체인 국가 등과 민간인과의 관계에서 원래는 국가 등이 부담하여야 할 손해까지 민간인이 부담하는 부당한 결과가 될 것이고(가해 공무원에게 경과실이 있는 경우에는 그 공무원은 손해배상책임을 부담하지 아니하므로 민간인으로서는 자신이 손해발생에 기여한 귀책부분을 넘는 손해까지 종국적으로 부담하는 불이익을 받게 될 것이고, 가해 공무원에게 고의 또는 중과실이 있는 경우에도 그 무자력 위험을 사용관계에 있는 국가 등이 부담하는 것이 아니라 오히려 민간인이 감수하게 되는 결과가 된다) 이는 위 헌법과 국가배상법의 규정에 의하여도 정당화될 수 없다고 할 것이다. 이러한 부당한 결과를 방지하면서 위 헌법 및 국가배상법 규정의 입법 취지를 관철하기 위하여는, 피해 군인 등은 위 헌법 및 국가배상법 규정에 의하여 국가 등에 대한 배상청구권을 상실한 대신에 자신의 과실 유무나 그 정도와 관계 없이 무자력의 위험부담이 없는 확실한 국가보상의 혜택을 받을 수 있는 지위에 있게 되는 특별한 이익을 누리고 있음에 반하여 민간인으로서는 손해 전부를 배상할 의무를 부담하면서도 국가 등에 대한 구상권을 행사할 수 없다고 한다면 부당하게 권리침해를 당하게 되는 결과가 되는 것과 같은 각 당사자의 이해관계의 실질을 고려하여, **위와 같은 경우에는 공동불법행위자 등이 부진정연대채무자로서 각자 피해자의 손해 전부를 배상할 의무를 부담하는 공동불법행위의 일반적인 경우와 달리 예외적으로 민간인은 피해 군인 등에 대하여 그 손해 중 국가 등이 민간인에 대한 구상의무를 부담한다면 그 내부적인 관계에서 부담하여야 할 부분을 제외한 나머지 자신의 부담부분에 한하여 손해배상의무를 부담하고, 한편 국가 등에 대하여는 그 귀책부분의 구상을 청구할 수 없다고 해석함이 상당하다** 할 것이고, 이러한 해석이 손해의 공평·타당한 부담을 그 지도원리로 하는 손해배상제도의 이상에도 맞는다 할 것이다.

## 2. 국가배상법의 지위와 성격

### (1) 국가배상법의 지위

국가배상법은 국가나 지방자치단체의 행정상 손해배상책임에 대한 일반법이다. 그러나 국가배상법에 규정된 사항 이외에는 민법에 따르며 민법 이외의 특별법에 규정이 있을 때에는 그에 따른다(국가배상법 제8조).

### (2) 국가배상법의 성격(국가배상청구권의 성격)

국가배상법이 공법인지 사법인지 그리고 국가배상청구권이 공권인지 사권인지에 대하여 학설과 판례가 상이한 입장을 보이고 있다. 지배적인 학설은 공법설을 지지하고 있으며 판례는 사법설에 입각하고 있다.

① 공법설(공권설)의 논거

첫째로, 우리나라는 공·사법 이원의 법체계를 가지고 있다.

둘째로, 국가배상법은 국가배상책임에 대해서 민법의 불법행위편과는 다른 특수성을 인정하고 있다. 즉, 국가배상법 제2조의 공무원의 위법한 직무행위로 인한 국가배상책임에 대해서는 민법 제756조의 사용자책임에서 인정되는 사용자 면책과 같은 면책조항을 두고 있지 않으며 국가배상법 제5조의 공공영조물의 설치·관리상의 하자로 인한 국가배상책임에 대해서는 민법 제758조의 공작물책임에서 인정되는 점유자면책조항과 같은 규정을 두고 있지 않다. 또한, 동조항의 국가배상책임은 민법 제758조에 의한 손해배상책임과 달리 배상책임을 공작물의 설치·보존의 하자에 국한시키지 않고 공물로 인한 손해 전반에 대한 배상책임을 인정하고 있다.

셋째로, 국가배상법 제2조의 적용에 있어 직무행위의 범위를 공법적 성격에 국한하는 취지도 국가의 배상책임에 있어 공·사법을 구별한다는 뜻으로 이해할 수 있다.

위와 같은 관점에서 국가배상소송은 민사소송으로 처리할 것이 아니라 당사자소송의 대상으로 하여야 할 것이다.

② 사법설(사권설)의 논거

첫째로, 현대국가는 주권면책의 포기로 국가배상책임도 일반적인 불법행위책임의 하나로 볼 수 있다.

둘째로, 국가배상법 제8조는 이 법에 규정된 사항 이외에는 "민법에 따른다."라고 규정하고 있다.

셋째로, 행정소송법 제10조 제1항이 손해배상소송을 취소소송에 병합시킬 수 있다는 규정을 둔 것은 손해배상소송이 행정소송의 일종이 아닌 이질적 소송이라는 점을 전제로 한 것이다.

③ 공법인의 불법행위책임

공법인의 직원에 의한 불법행위책임 등에 대해서는 민법이 적용된다. 다만 한국도로공사의 도로의 설치관리상의 하자 등은 국가배상법 제5조의 배상책임의 경우와 유사하게 해석되기도 한다.

### 3. 국가배상책임의 유형

국가배상법상의 배상책임의 유형은 국가배상법 제2조의 공무원의 위법한 직무행위로 인한 국가배상책임과 국가배상법 제5조의 공공영조물의 설치·관리상의 하자로 인한 국가배상책임의 두 가지 유형이 있다. 비교법적으로 볼 때 국가배상법 제5조의 배상책임유형이 별도로 존재하는 것은 다소 특이한 점이 있다. 국가배상법 제5조의 규정이 없다 하더라도 발생한 손해에 대하여 같은 법 제2조의 규정에 따른 국가배상책임이 성립할 수 있다. 그럼에도 불구하고 국가배상법 제5조의 배상책임 제도가 존재하는 의의는 배상책임의 성립에 있어서 공무원의 고의·과실요건이 필요하지 않은 것으로 보거나 그것을 요건으로 보더라도 배상책임의 성립이 보다 용이하도록 해석할 수 있다는 점에 있다.

# 제2절 공무원의 위법한 직무행위로 인한 국가배상

## 제1관 공무원의 위법한 직무행위로 인한 국가배상책임의 의의

### 1. 개 관

국가배상법 제2조는 공무원의 위법한 직무행위(공무원의 불법행위)로 인한 국가배상책임에 대해 규정하고 있다. 동조는 민법 제756조의 사용자책임과 대비되는데 민법 제756조의 규정과는 달리 국가배상법 제2조에서는 사용자가 선임 및 사무감독에 상당한 주의의무를 다하였다 하더라도 면책이 인정되지 않는다.

### 2. 국가배상책임의 본질

#### (1) 대위책임설

공무원의 불법행위에 대하여 국가무책임의 원칙이 포기되고 국가배상책임이 처음으로 인정될 때에는 국가배상책임은 공무원의 책임을 국가가 대위한다는 의미로 이해되었다. 아직도 독일 등의 국가는 이러한 대위책임설에 입각하고 있다.

이러한 대위책임설의 이론적 배경을 이루는 것은 위임의 한계이론이다. 국가는 공무원에게 적법행위만 위임했을 뿐 위법행위를 위임한 것이 아니기 때문에 공무원의 위법행위 및 그로 인한 손해배상도 기본적으로 공무원 자신의 책임이다. 다만, 공무원의 지불능력의 부족 등을 고려하여 피해자 구제와 공무원의 직무수행활동의 위축 방지를 위해 국가배상책임을 인정한다는 것이다. 대위책임설에서는 국가배상법 제2조의 과실을 공무원의 주관적 책임요소로 파악하며, 선택적 청구권을 부인하는 것이 보통이다.

이러한 대위책임설의 구체적 논거는 다음과 같다.

첫째, 국가배상법 제2조가 공무원의 주관적 고의·과실을 배상책임의 성립요건으로 하고 있다.

둘째, 사용자의 선임·감독책임규정이 존재하지 않는다. 이것은 공무원에게 주관적으로 발생한 책임을 국가가 대신 부담한다는 것을 의미한다.

셋째, 국가의 공무원에 대한 구상권 규정이 존재한다. 구상권 규정이 있다는 것은 국가가 자신의 책임으로 배상책임을 지는 것이 아니라는 것을 반증하는 것이다.

넷째, 우리나라 국가배상법의 입법에 있어서 독일법과 일본법이 참조되었으므로 그 입법취지는 역시 국가배상책임의 본질을 대위책임으로 인정한 것이라 할 수 있다.

### (2) 자기책임설

그러나 오늘날 국가배상책임을 국가 자신의 책임으로 이해하는 자기책임설의 견해가 점차 유력해지고 있는 추세이다. 이러한 자기책임설의 배경을 이루는 것에는 기관이론과 위험책임설이 있다.

먼저 기관이론에 따르면 공무원은 국가의 기관으로 행위하기 때문에 공무원의 불법행위는 국가 기관행위이므로 국가배상책임은 국가 자신의 책임으로 보아야 한다는 것이다.

한편 위험책임설은 위험을 야기한 자가 책임을 지는 것으로 이해한다. 그런데 공무원의 불법행위는 궁극적으로 국가가 원인을 제공한 것이므로 국가배상책임은 국가 자신의 책임으로 이해되어야 한다는 것이다.

우리나라의 자기책임설은 기관이론에 입각한 프랑스이론의 영향을 많이 받았다. 그런데 프랑스에서는 기관이론의 입장에서 공무원의 과실을 객관화하고 있다. 이에 따를 때 공무원의 과실은 국가작용으로서 요구되는 일정한 수준에 미달했다는 의미로 객관화하여 해석한다. 물론 직무수행과 분리할 수 있는 행위자의 개인과실과 직무과실[12]은 구별된다. 이러한 자기책임설의 입장에서는 국가책임과 공무원의 개인책임이 병존하므로 피해자로서는 선택적 청구가 가능하다는 논리가 자연스럽다.

문제는 국가배상책임의 성립에 있어서 공무원의 고의·과실요건을 분명히 규정하고 있는 현행 국가배상법의 해석론으로서 자기책임설이 가능한지 하는 점이다. 이 점에서 자기책임설은 다음과 같은 논거를 제시하고 있다.

첫째, 자기책임설에 의하지 아니하고는 위법·무과실로 인한 손해에 대한 국가배상책임을 지울 수 없다.

둘째, 우리 국가배상법의 규정은 독일과 달리 "공무원에 갈음하여"라는 대위책임설을 연상시키는 문구가 없다.

셋째, 자기책임설은 민법 제35조가 법인의 불법행위능력을 인정한 것과 궤를 같이하는 것이다.

---

12) 프랑스식 표현은 역무과실.

넷째, 헌법 제29조가 "공무원의 책임은 면제되지 아니한다"라고 규정하고 있는 것은 공무원의 개인책임을 별도로 규정함으로써 공무원의 개인책임과는 구별되는 국가의 자기책임이 존재함을 전제한 것이라고 볼 수 있다.

### (3) 중간설

중간설은 대위책임설과 자기책임설의 중간적인 입장에서 국가배상법 제2조 제2항이 국가의 구상권의 존재를 공무원의 고의·중과실이 인정되는지의 여부에 달려있도록 규정하고 있는 점에 착안한다. 그리하여 공무원의 경과실에 의한 불법행위에 대해서는 국가가 피해자에게 배상하여도 가해공무원에 대한 국가의 구상권이 인정되지 않으므로 국가의 자기책임으로 본다. 이에 반해 공무원의 고의·중과실로 인한 불법행위에 대하여 국가가 배상한 경우 국가가 가해공무원에게 구상권을 행사할 수 있으므로 이를 국가의 대위책임으로 본다.

이러한 해석에 대하여 국가배상법 제2조 제2항은 공무원의 근무의욕을 고려하여 구상권 인정의 범위를 정한 것에 불과한 것이지 그것을 근거로 국가배상책임의 본질을 논하기에는 근거가 박약하다고 하는 비판이 있다.

### (4) 대법원 판례의 이론(절충설)

대법원은 1996.2.15. 선고 95다38677 전원합의체 판결에서 기본적으로 경과실에 따른 배상책임은 기관이론에 따라 자기책임으로 보며, 고의 중과실에 의한 불법행위는 기관행위로서의 품격은 상실한 것이지만 외관법리상 국가가 책임을 질 수 있다고 이해한다. 그러나 고의·중과실의 경우에는 기본적으로 공무원 개인이 책임을 져야할 사항이므로 피해자에게 국가를 상대로 하거나 가해공무원을 상대로 배상을 청구할 수 있는 선택적 청구권을 인정하고, 경과실의 경우에는 선택적 청구권을 인정하지 아니함으로써 자기책임설과 입장을 다소 달리한다. 경과실의 경우 선택적 청구권이 부인된 것은 자기책임설적 요소라고 할 수 없다.

이처럼 공무원의 고의·중과실에 의한 직무행위로 인한 국가배상에 대한 대법원의 이해가 자기책임설적 이해와는 다르고 경과실의 경우에 대한 통상의 자기책임설적 이해와는 다르게 선택적 청구권을 부정하는 점 등을 고려하여 대법원의 판례이론을 절충설이라고 부르기도 한다.

### (5) 결론

국가배상법 제2조의 입법문언에 의하면 국가배상책임의 본질을 자기책임설로 설명하기에는 무리가 있다. 무엇 보다도 공무원의 고의·과실이 국가배상책임의 요건으로 존재하는 한 국가배상법의 국가배상책임을 완전한 자기책임설로 이해하기가 쉽지 않다. 그러나 이미 대법원은 국가배상책임을 국가의 자기책임으로 이해하는 데로 나아가고 있다. 시대적 사조가 그것을 요구하고 있다고 할 것이다. 입법론적으로는 국가배상법 제2조의 문언을 오늘날의 경향에 맞추어 자기책임설을 수용할 수 있도록 개정하는 것이 바람직하다고 본다. 그러나 현재의 입법문언으로는 완전한 의미의 자기책임설을 수용하기는 어렵다고 본다.

## 제2관 공무원의 위법한 직무행위로 인한 국가배상책임의 요건

국가배상법 제2조의 배상책임이 성립하기 위해서는 공무원이 직무를 집행하면서 고의 또는 과실로 법령에 위반하여 타인에게 손해를 발생시켜야 한다. 이하 국가배상책임의 성립요건을 분설하기로 한다.

### 1. 공무원

국가배상법 제2조의 공무원은 '공무원 또는 공무를 위탁받은 사인'을 의미하므로 통설·판례는 이를 '널리 공무를 위탁받아 실질적으로 공무에 종사하는 모든 자'라고 보고 있다. 이런 의미에서 국가배상법상의 공무원은 최광의의 기능적 의미의 공무원을 의미한다. 따라서 지방자치단체의 교통할아버지 봉사활동프로그램에 참여한 교통할아버지도 공무원에 해당한다고 한다.[13] 또한 임시공무원, 집달관, 시청소차운전원, 동원 중인 예비군, 통장 등도 국가배상법상의 공무원 개념에 포함된다. 그러나 대법원은 의용소방대원[14]과 구 '부동산소유권 이전 등기에 관한 특별조치법'상의 보증인(참고판례 1)을 공무원 개념에 포함시키지 않는다.

한편 대법원은 가해공무원은 반드시 특정될 필요가 없다고 본다.[15] 그리고 자연인이 아닌 행정주체를 공무원으로 보지 않는다. 그리하여 법령에 의하여 대집행권한을 위탁받은 한국토지공사는 국가배상법상 공무원이 아니라 행정주체라고 판시하고 있다.[16]

**참고판례 1: 대법원 2019.1.31. 선고 2013다14217 판결 [대여금등]**

**구 부동산소유권 이전등기 등에 관한 특별조치법**(1992.11.30. 법률 제4502호, 실효, 이하 '구 특별조치법'이라 한다) 제7조 제1항, 제2항, 제10조 제2항, 제3항, 제11조, 구 부동산소유권 이전등기 등에 관한 특별조치법 시행령(1994.8.25. 대통령령 제14369호로 개정되기 전의 것) 제5조 내지 제9조, 제11조, 제12조 내지 제15조의 규정들을 종합하면, **구 특별조치법상 보증인은 공무를 위탁받아 실질적으로 공무를 수행한다고 보기는 어렵다. 보증인을 위촉하는 관청은 소정 요건을 갖춘 주민을 보증인으로 위촉하는 데 그치고** 대장소관청은 보증서의 진위를 확인하기 위한 일련의 절차를 거쳐 확인서를 발급할 뿐 **행정관청이 보증인의 직무수행을 지휘·감독할 수 있는 법령상 근거가 없으며, 보증인은 보증서를 작성할 의무를 일방적으로 부과받으면서도 어떠한 경제적 이익도 제공받지 못하는 반면 재량을 가지고 발급신청의 진위를 확인하며 그 내용에 관하여 행정관청으로부터 아무런 간섭을 받지 않기 때문이다.**

**참고판례 2: 대법원 1997.12.12. 선고 95다29895 판결 [손해배상(기)]**

대한민국과아메리카합중국간의상호방위조약제4조에의한시설과구역및대한민국에서의합중국군대의지위에

13) 대법원 2001.1.5. 선고 98다39060 판결.
14) 대법원 1975.11.25. 선고 73다1896 판결.
15) 대법원 1995.11.10. 선고 95다23897 판결.
16) 대법원 2010.1.28. 선고 2007다82950, 82967 판결.

관한협정(이하 '**한미행정협정**'이라고 한다) 제23조 제5항은 **공무집행중인 미합중국 군대의 구성원이나 고용원의 작위나 부작위 또는 미합중국 군대가 법률상 책임을 지는 기타의 작위나 부작위 또는 사고로서 대한민국 안에서 대한민국 정부 이외의 제3자에게 손해를 가한 것으로부터 발생하는 청구권은 대한민국이 이를 처리하도록 규정하고 있으므로 위 청구권의 실현을 위한 소송은 대한민국을 상대로 제기**하는 것이 원칙이고, 대한민국을 상대로 위와 같은 소송을 제기하기 위하여는 대한민국과아메리카합중국간의상호방위조약제4조에의한시설과구역및대한민국에서의합중국군대의지위에관한협정의시행에관한민사특별법 제2조, 제4조에 따라 국가배상법이 규정하고 있는 전치절차를 거쳐야 하지만 한편, 위 한미행정협정 제23조 제5항은 위와 같은 청구권이라고 하더라도 그것이 '**계약에 의한 청구권(contractual claim)'인 경우에는 대한민국이 처리할 대상에서 제외하도록 규정하고 있으므로 위 '계약에 의한 청구권'의 실현을 위한 소송은 계약 당사자인 미합중국을 상대로 제기할 수 있다.**

**해 설** 한미행정협정에 따라 공무집행중인 미합중국 군대의 구성원이나 고용원의 작위나 부작위 또는 미합중국 군대가 법률상 책임을 지는 기타의 작위나 부작위 또는 사고에 대해서는 대한민국이 책임을 지게 되어 있으므로 이 역시 국가배상의 문제로 된다. 그러나 그 책임이 계약상의 청구권으로 처리되면 그러하지 아니하다.

### 2. 사익보호성

사익보호성 요건은 국가배상법에 명문으로 규정되어 있는 것은 아니나 판례에 의해 인정된 국가배상책임의 성립요건이라 할 수 있다. 대법원은 공무원의 직무상의 의무가 단순히 공익의 보호의 대상일 뿐 국민 개개인의 이익을 보호하는 것을 목적으로 하지 않을 때에는 국가배상의 대상이 되지 아니하며 공무원의 직무상 의무가 국민의 사적 이익을 보호하는 것을 목적으로 할 때에만 그 의무위반행위로 인한 손해가 국가배상의 대상이 된다고 한다.[17] 이러한 사익보호성을 별도의 독자적인 국가배상책임요건으로 인식할 것인지 또는 위법성 판단의 한 요소로 할 것인지 아니면 인과관계의 판단의 요소로 할 것인지가 반드시 명확하지는 않다.

다만 대법원은 이러한 사익보호성을 상당인과관계의 판단요소로 보고 있다.[18]

**주요판례요지**

① 대법원 2015.5.28. 선고 2013다41431 판결: 법령이 공공기관에 대해 인증 신제품을 구매하도록 규정한 구매의무는 신기술 개발의 촉진을 위한 공공일반의 이익을 도모한 것이지 인증을 받은 자의 사익을 보호하려는 것이 아니므로 신제품 구매의무를 위반한 것에 대해 공공기관 등이 손해배상책임을 지는 것은 아니다.

② 대법원 2015.12.23. 선고 2015다210194 판결: 공무원이 법령에서 부과된 직무상 의무를 위반한 것을 계기로 제3자가 손해를 입은 경우에 제3자에게 손해배상청구권이 인정되기 위하여는

17) 대법원 2001.10.23. 선고 99다36280 판결; 대법원 2025.6.12. 선고 2022다279788 판결.
18) 대법원 2011.9.8. 선고 2011다34521 판결.

공무원에게 직무상 의무를 부과한 법령의 목적이 단순히 공공일반의 이익이나 행정기관 내부의 질서를 규율하기 위한 것이어서는 안되고, 사회 구성원 개인의 이익과 안전을 보호하기 위한 것이어야 공무원의 직무상 의무를 위반한 행위와 제3자가 입은 손해 사이에 상당인과관계가 있다고 할 수 있다.

### 참고판례 1: 대법원 2001.10.23. 선고 99다36280 판결 [손해배상(기)]

일반적으로 국가 또는 지방자치단체가 권한을 행사할 때에는 국민에 대한 손해를 방지하여야 하고, 국민의 안전을 배려하여야 하며, 소속 공무원이 전적으로 또는 부수적으로라도 국민 개개인의 안전과 이익을 보호하기 위하여 법령에서 정한 직무상의 의무에 위반하여 국민에게 손해를 가하면 상당인과관계가 인정되는 범위 안에서 국가 또는 지방자치단체가 배상책임을 부담하는 것이지만, **공무원이 직무를 수행하면서 그 근거되는 법령의 규정에 따라 구체적으로 의무를 부여받았어도 그것이 국민의 이익과는 관계없이 순전히 행정기관 내부의 질서를 유지하기 위한 것이거나, 또는 국민의 이익과 관련된 것이라도 직접 국민 개개인의 이익을 위한 것이 아니라 전체적으로 공공 일반의 이익을 도모하기 위한 것이라면 그 의무에 위반하여 국민에게 손해를 가하여도 국가 또는 지방자치단체는 배상책임을 부담하지 아니한다.**

상수원수의 수질을 환경기준에 따라 유지하도록 규정하고 있는 관련 법령의 취지·목적·내용과 그 법령에 따라 국가 또는 지방자치단체가 부담하는 의무의 성질 등을 고려할 때, 국가 등에게 일정한 기준에 따라 상수원수의 수질을 유지하여야 할 의무를 부과하고 있는 **법령의 규정은 국민에게 양질의 수돗물이 공급되게 함으로써 국민 일반의 건강을 보호하여 공공 일반의 전체적인 이익을 도모하기 위한 것이지, 국민 개개인의 안전과 이익을 직접적으로 보호하기 위한 규정이 아니므로,** 국민에게 공급된 수돗물의 상수원의 수질이 수질기준에 미달한 경우가 있고, 이로 말미암아 **국민이 법령에 정하여진 수질기준에 미달한 상수원수로 생산된 수돗물을 마심으로써 건강상의 위해 발생에 대한 염려 등에 따른 정신적 고통을 받았다고 하더라도, 이러한 사정만으로는 국가 또는 지방자치단체가 국민에게 손해배상책임을 부담하지 아니한다.**

**해 설** 상수원수의 수질을 유지하여야 할 의무를 부과하고 있는 법령의 규정은 공공 일반의 전체적인 이익을 도모하기 위한 것이지, 국민 개개인의 안전과 이익을 직접적으로 보호하기 위한 규정이 아니어서 사익보호성이 부정되므로 그 의무를 위반하였다고 하더라도 국가배상책임을 부담하지 아니한다고 판시한 것이다.

### 참고판례 2: 대법원 2011.9.8. 선고 2011다34521 판결 [손해배상(기)]

(전략) **공직선거법이 위와 같이 후보자가 되고자 하는 자와 그 소속 정당에게 전과기록을 조회할 권리를 부여하고 수사기관에 회보의무를 부과한 것은 단순히 유권자의 알권리 보호 등 공공 일반의 이익만을 위한 것이 아니라, 그와 함께 후보자가 되고자 하는 자가** 자신의 피선거권 유무를 정확하게 확인할 수 있게 하고, 정당이 후보자가 되고자 하는 자의 범죄경력을 파악함으로써 부적격자를 공천함으로 인하여 생길 수 있는 정당의 신뢰도 하락을 방지할 수 있게 하는 등 **개별적인 이익도 보호하기 위한 것이다.**

**해 설** 공직선거법상 전과기록의 회보의무가 후보자나 정당의 사익(개별적 이익)도 보호하기 위함이라고 하여 사익보호성을 인정한 사례이다.

## 3. 직무행위

### (1) 직무행위의 범위: 민법의 적용영역과의 경계

국가배상책임은 공무원의 직무행위로 인한 불법행위에 대한 것이다. 그런데 공무원의 직무행위 가운데 어느 범위까지가 국가배상법의 적용범위에 속하는지에 대해서 학설이 대립된다. 국가배상법의 적용범위에 들지 않으면 민법의 불법행위편의 적용범위에 들게 되므로 이 문제는 국가배상법과 민법의 적용범위의 경계를 정하는 것과 같은 의미를 가진다.

① 협의설은 공무원의 직무행위 중 처분 등의 행위를 하는 것과 같은 권력작용만 국가배상법의 적용대상이 되고 그 외의 직무행위는 민법의 규율을 받는다고 한다.

② 광의설은 공법의 적용범위와 같이 권력작용과 단순공행정작용에 해당하는 공무원의 직무행위는 국가배상법의 적용범위에 속하지만, 사경제적 활동과 관련되는 공무원의 직무행위로 인한 불법행위에 대해서는 민법의 불법행위편이 적용된다고 한다. 광의설은 국가배상법을 공법이라고 보면서 그에 따라 민법과의 적절한 역할분담이 필요하다고 하는 입장이다.

③ 최광의설은 공무원의 직무행위에 속하는 한, 사경제적작용까지도 국가배상법의 적용대상이 된다고 한다. 그 이유로서 첫째, 국가배상법이 민법보다 피해자에 유리하며, 둘째, 헌법 제29조는 국가작용의 구별 없이 국가배상책임에 대해 규정하고 있고, 셋째, 국가배상법을 사법이라 볼 때, 국가배상법은 민법의 특별법으로서 공무원에 의한 사경제활동에도 당연히 적용되어야 한다는 점을 들고 있다.

국가배상법의 적용대상이 되는 직무행위의 범위에 대하여 대법원은 권력작용과 단순공행정작용 또는 관리작용을 포함하고 사경제작용은 포함시키지 않는 광의설의 입장에 서있다.[19]

### (2) 직무행위의 내용

#### ① 대통령의 고도의 정치적 행위

통치행위에 해당되는 행위에 대해서도 국가배상이 인정된다. 통치행위는 항고소송이나 헌법소원의 대상에서 배제될 뿐 손해배상소송까지 배제하는 개념이라고 할 수는 없다. 대법원은 유신헌법 당시의 긴급조치는 통치행위라고 하여 사법심사를 자제하였으나[20] 후에 형사보상청구사건에 대한 결정에서 긴급조치는 위헌·무효라고 판시한 바 있다.[21] 이와 관련된 국가배상사건에서 대법원은 처음에는 대통령의 긴급조치 9호는 국가긴급권의 행사로 사후적으로 법원에서 위헌·무효로 선언되었다고 하더라도, 이는 고도의 정치성을 띤 국가행위로서 대통령은 국민 전체에 대한 관계에서 정치적 책임을 질 뿐 국민 개개인의 권리에 대응하여 법적 의무를 지는 것은 아니므로, 대통령의 이러한 권력행사가 국민 개개인에 대한 관계에서 민사상 불법행위를 구성한다고는 볼 수 없다고 하여 이에 대한 국가배상을 부인하였으나[22] 후에 판례를 변경하여 대통령의

19) 대법원 2004.4.9. 선고 2002다10691 판결.
20) 대법원 1978.5.23. 선고 78도813 판결.
21) 대법원 2013.4.18. 자 2011초기689 전원합의체 결정.
22) 대법원 2015.3.26. 선고 2012다48824 판결.

긴급조치 제9호 발령 및 적용·집행행위에 대한 국가배상책임을 인정하였다.[23]

② 입법작용(입법부작위 포함)

법률이 위헌으로 결정된 경우에 국가배상책임이 성립하는지의 문제는 여러 가지 법이론적 쟁점을 가지고 있으나, 그 가운데 가장 핵심적인 것이 입법행위의 위법성 판단이다. 모든 위헌적인 입법에 대한 입법행위를 모두 위법이라고 하면 위헌선언이 있을 때 마다 국가배상소송이 문제될 수 있다. 따라서 국가배상과 관련하여 입법행위에 있어서 위법이 인정되는 범위를 축소시키려는 이론적 노력이 있을 수밖에 없다.

입법행위의 위법성 판단에 대하여 ① 위헌이면 위법이라는 설과 ② 국회의 국민에 대한 직무상 의무위반이 위법이라는 설 등이 존재한다. 이에 대해 대법원은 "국회의원의 입법행위는 그 입법 내용이 헌법의 문언에 명백히 위배됨에도 불구하고 국회가 굳이 당해 입법을 한 것과 같은 특수한 경우가 아닌 한" 위법행위에 해당한다고 볼 수 없다고 하고 "헌법에 의하여 부과되는 구체적인 입법의무를 부담하고 있지 않는" 경우에는 애당초 부작위로 인한 불법행위가 성립할 여지가 없다"라고 판시하였다.[24] 이를 통해 대법원은 입법행위에 있어서 위법성 인정범위를 축소시켰으며, 입법부작위의 경우에 구체적인 입법의무가 존재하지 않는 경우에는 부작위로 인한 불법행위가 성립할 여지가 없다고 선언하였다.[25]

만약 위법성 판단을 국회의 직무상 의무위반과 결부시켜 보게 되면 사실상 위법과 과실을 구별하기 어려워진다. 즉, 위법성 판단은 객관적 판단사항이지만, 과실판단은 원칙적으로 주관적 판단사항인데, 위법성 판단을 주관적 의무위반과 결부하거나 과실을 객관화하면 위법과 과실을 구별하기 어려워지는 것이다.

대법원은 위법한 행정입법 및 행정입법부작위에 대해서는 적극적으로 국가의 손해배상책임을 인정하는 편이다. 특히 최근 대법원은 부진정 입법부작위로 장애인의 접근권이 침해되었다는 이유로 제기된 국가배상소송에서, 장애인차별금지법의 제정으로 말미암아 '장애인·노인·임산부 등의 편의증진 보장에 관한 법률 시행령'이 정하는 장애인편의시설 설치의무에서 제외되는 소규모 소매점의 범위를 축소하는 개선입법이 이루어졌어야 함에도 불구하고 이를 십수년간 방치한 것은 입법개선의무를 위반한 것이라고 판단하고 이에 대한 국가배상책임을 인정하였다(참고판례 2).

참고판례 1: 대법원 2007.11.29. 선고 2006다3561 판결 [임금]〈군법무관 보수청구 사건〉

**입법부가 법률로써 행정부에게 특정한 사항을 위임했음에도 불구하고 행정부가 정당한 이유 없이 이를 이행하지 않는다면 권력분립의 원칙과 법치국가 내지 법치행정의 원칙에 위배되는 것으로서 위법함과 동시에 위헌적인 것이 되는바,** 구 군법무관임용법(1967. 3. 3. 법률 제1904호로 개정되어 2000. 12. 26. 법률 제6291호로 전문 개정되기 전의 것) 제5조 제3항과 군법무관임용 등에 관한 법률(2000. 12. 26. 법

23) 대법원 2022.8.30. 선고 2018다212610 전원합의체 판결.
24) 대법원 2008.5.29. 선고 2004다33469 판결.
25) *Id.*

률 제6291호로 개정된 것) 제6조가 군법무관의 보수를 법관 및 검사의 예에 준하도록 규정하면서 **그 구체적 내용을 시행령에 위임하고 있는 이상, 위 법률의 규정들은 군법무관의 보수의 내용을 법률로써 일차적으로 형성한 것이고, 위 법률들에 의해 상당한 수준의 보수청구권이 인정되는 것이므로, 위 보수청구권은 단순한 기대이익을 넘어서는 것으로서 법률의 규정에 의해 인정된 재산권의 한 내용이 되는 것으로 봄이 상당하고, 따라서 행정부가 정당한 이유 없이 시행령을 제정하지 않은 것은 위 보수청구권을 침해하는 불법행위에 해당한다.**

**해 설** 행정입법부작위에 대해 불법행위의 성립을 인정한 사례이다.

### 참고판례 2: 대법원 2024.12.19. 선고 2022다289051 전원합의체 판결 [차별구제청구등]

**국회가 법률로 행정청에 특정한 사항을 위임했음에도 불구하고 행정청이 정당한 이유 없이 이를 이행하지 않는다면 권력분립의 원칙과 법치국가 또는 법치행정의 원칙에 위배되는 것**으로서 위법함과 동시에 위헌적인 것이 되고(대법원 2007.11.29. 선고 2006다3561 판결 참조), **이는 행정청이 법률에서 대통령령으로 정하도록 위임받은 사항을 전혀 입법하지 않은 경우는 물론 그 법률이 위임한 사항을 불충분하게 규정함으로써 법률이 위임한 행정입법의무를 제대로 이행하지 않은 경우도 마찬가지이다.**

(중략) 결국, 피고가 14년이 넘도록 이 사건 쟁점규정에 대한 **행정입법의무를 불이행한 부작위로 인해 장애인이 비장애인과 동등하게 시설과 설비를 이용할 수 있도록 하는 장애인등편의증진법과 장애인차별금지법의 입법 취지와 내용이 장기간 실현되지 못하였고, 그 불이행의 정도가 매우 커서 법률이 보장하고자 한 지체장애인의 접근권이 유명무실해졌다고 할 것이므로, 이러한 부작위는 위법하다.**

(중략) 법률이 행정청에 대하여 행정입법을 할 **재량을 부여하였다 하더라도, 그 재량을 부여한 취지와 목적에 비추어 행정청이 행정입법의 권한을 행사하지 아니한 것이 현저하게 합리성을 잃어 사회적 타당성이 없는 경우에는 그 부작위가 객관적 정당성을 상실하였다고 볼 수 있고, 객관적 정당성을 상실하였다고 볼 수 있는 경우에는 특별한 사정이 없으면 국가배상법 제2조 제1항에서 정한 공무원의 과실도 인정된다**(대법원 2010.9.9. 선고 2008다77795 판결 참조).

(중략) 원심판결 이유와 기록에 의해 인정되는 다음 사정들에 비추어 보면, 이 사건 쟁점규정에 대한 개선입법의무를 14년 넘게 불이행한 피고의 부작위는 행정입법을 통해 장애인 편의시설 설치의무 대상시설의 범위를 정하도록 **재량을 부여한 장애인등편의증진법과 장애인차별금지법의 취지와 목적 및 내용에서 현저하게 벗어나 합리성을 잃어 사회적 타당성이 없는 행위로서 객관적 정당성을 상실하였다고 볼 수 있으므로, 국가배상법 제2조 제1항이 정한 공무원의 '고의 또는 과실로 법령에 위반'한 행위에 해당한다.**

**해 설** 이 판례는 위법하다고 할 수 있는 부진정 입법부작위에 대해서 위자료의 손해배상책임을 인정하였는데 개선입법의무를 타법상의 규정에서 도출하였다는 점에서 특이한 점이 있다. 또한 손해배상책임 인정의 근거를 주로 객관적 정당성을 결여한 점에서 찾고 있다는 것도 주목할 만하다.

---

#### ③ 사법작용

사법행정작용에 대해서는 국가배상책임을 인정하는데 어려움이 없다. 그러나 재판행위와 같이 고유의 사법작용의 경우에는 기판력이나 심급 등의 제도가 존재하므로 그에 대한 국가배상을 인정할 수 있는지가 문제된다.

**확정판결에 대한 국가배상청구와 기판력**

판결이 확정된 사안에 대해 그 판결이 불법행위라는 이유로 국가배상청구를 하게 되면 이것이 기판력을 침해하게 되는지에 대해서 논란이 있다. ① 형식적으로 보면 국가배상제도와 기판력제도는 별개의 제도이므로 기판력을 가진 재판행위에 대해 손해배상을 청구하는 것이 기판력에 반하는 것이라고 할 수 없다는 견해가 있다. 그러나 ② 형식적으로는 기판력이 부인되지 아니하나 국가배상소송에서 결국 판결의 위법성에 대해 판단하므로 실질적 관점에서는 기판력에 대한 침해가 이루어진다고 보는 견해도 있다.

그러나 국가배상청구소송에서 기판력 자체는 부인되지 아니하는 것이 사실이므로 기판력에 대한 실질적인 관점에서 침해가 이루어지더라도 국가배상책임의 성립을 방해한다고 보기는 어렵다고 할 것이다.

**국가배상책임과 심급제도**

다음으로 심급제도가 재판작용에 대한 국가배상책임을 방해하는가의 문제를 살펴본다.

심급제도를 활용하지 못한 사람에게 판결의 위법으로 인한 국가배상을 허용할 것인지가 문제이다. 대법원은 재판에 대한 불복절차로서의 심급제도를 활용하지 못하여 자신의 권리·이익을 회복하지 못한 사람은 원칙적으로 국가배상에 의한 권리구제를 받을 수 없음이 상당하다고 판시하여,[26] 심급제도를 국가배상책임의 제한사유로 보고 있다. 그리하여 가압류취소결정에 대하여 효력정지를 신청하지 않은 것과 같이 보전재판에 관한 것이라도 불복절차를 거치지 않았다면 역시 잘못된 재판에 대한 국가배상청구를 인정할 수 없다고 한다.[27]

다만 헌법소원의 경우 헌법재판소가 청구기간을 오인하여 헌법소원 각하결정을 내린 것에 대해 헌법소원은 단심이고 이에 대한 불복절차나 시정절차가 없음을 이유로 대법원은 국가배상책임을 인정하였다. 그리고 이러한 경우 본안에서 결국 기각될 것이었다 하더라도 위자료를 지급하여야 한다고 한다.[28]

**국가배상책임과 법관의 독립**

법관의 독립 또는 법관의 직무의 특수성이 국가배상책임에 어떠한 영향을 미치는지 검토할 필요가 있다.

대법원은 재판작용에 대한 배상책임의 요건으로 "당해 법관이 위법 또는 부당한 목적을 가지고 재판을 하였다거나 법이 법관의 직무수행상 준수할 것을 요구하고 있는 기준을 현저하게 위반하는 등 법관이 그에게 부여된 권한의 취지에 명백히 어긋나게 이를 행사하였다고 인정할 만한 특별한 사정이 있어야 한다"고 하고 있다.[29] 독일의 경우에도 판사의 직무상 의무위반이 고의적인 권한남용과 수뢰 행위 등으로 인하여 동시에 형사상의 가벌적 행위를 이루는 경우에만 국가배상책임을 인정한다. 사법작용에 대해 일반적인 손해배상법리를 적용할 경우 법관들의 업

26) 대법원 2003.7.11. 선고 99다24218 판결 등.
27) 대법원 2022.3.17. 선고 2019다226975 판결.
28) 대법원 2003.7.11. 선고 99다24218 판결.
29) *Id.*

무 수행의 위축이나 광범위한 손해배상책임의 성립가능성을 경계하지 않을 수 없기 때문에 이러한 국가배상책임의 제한이 인정되는 것이다.

**판례이론에 대한 논평**

판례이론의 큰 틀은 무리가 없지만 대법원이 그 이론을 구체적인 사례에 적용함에 있어서는 문제점이 나타나고 있다. 예컨대 아래의 대법원 2001다47290 판결(참고판례 2)이나 2000다16114 판결(참고판례 3)의 경우 법관의 법해석이나 법적용상의 견해 차이 등을 전제로 하는 것이 아닌 법관의 명백한 직무상 오인이나 직무유기 등에 대해서도 국가배상책임을 제한하는 법리를 적용한 것은 선뜻 납득이 가지 않는다고 할 것이다.[30]

또한, 사법작용은 아니나 검사의 공소제기나 불기소처분에 있어서도 대법원은 위법성 인정범위를 축소시키는 판시를 하고 있다. 즉, 검사의 판단이 "그 당시의 자료에 비추어 경험칙이나 논리칙상 도저히 합리성을 긍정할 수 없는 정도에 이른 경우에만 그 위법성을 인정할 수 있다"는 것이다.[31]

**주요판례요지**

① 대법원 2025.2.27. 선고 2023다233895 판결: 문제되는 당사자는 이미 방송에 출연한 바 있고 관련 사건(가수 조영남 사건)과 관련된 언론 인터뷰에도 응하면서 자신의 얼굴과 함께 매니저의 지위를 스스로 널리 알렸던 점 등의 사정을 고려하면, 공개변론을 중계방송하고 녹화 결과물을 게시하도록 하였던 재판장의 명령에는 위법 또는 부당한 목적을 가지고 있었다거나 법관이 직무수행상 준수할 것을 요구하는 기준을 현저하게 위반한 위법이 없으므로 이에 대한 국가배상책임이 인정될 수 없고 녹화결과물을 게시할 때 당사자의 얼굴에 모자이크 처리를 하지 않은 게시 담당 공무원의 직무행위는 재판장의 명령에 따른 것에 불과하여 위법성이 인정되지 않음.

② 대법원 2022.8.30. 선고 2018다212610 전원합의체 판결: 대통령의 긴급조치 9호 발령 및 적용·집행행위와 관련하여 이루어진 위헌적 법령에 따라 이루어진 수사기관의 체포·구금과 그 수사에 기초한 공소제기에 따른 유죄의 확정판결에 중대한 하자가 있다고 보면서 법관의 재판상 직무행위등 개별행위에 대하여 직접 판단하지 않고 재판상 직무행위를 포함한 긴급조치의 발령 및 적용·집행이라는 일련의 국가작용이 전체적으로 객관적 정당성을 상실한 것으로 보아 국가배상책임의 성립을 인정함.

**참고판례 1: 대법원 2003.7.11. 선고 99다24218 판결 [손해배상(기)]**

법관의 재판에 법령의 규정을 따르지 아니한 잘못이 있다 하더라도 이로써 바로 그 재판상 직무행위

30) 그러나 2019년 서울고등법원은 법관의 실수로 가압류 취소 결정이 이루어져 배당을 받지 못하여 국가배상을 청구한 사건에서 국가배상책임을 인정한 바 있다.

31) 대법원 2002.2.22. 선고 2001다23447 판결.

가 국가배상법 제2조 제1항에서 말하는 위법한 행위로 되어 국가의 손해배상책임이 발생하는 것은 아니고, 그 국가배상책임이 인정되려면 **당해 법관이 위법 또는 부당한 목적을 가지고 재판을 하였다거나 법이 법관의 직무수행상 준수할 것을 요구하고 있는 기준을 현저하게 위반하는 등 법관이 그에게 부여된 권한의 취지에 명백히 어긋나게 이를 행사하였다고 인정할 만한 특별한 사정이 있어야 한다.**

재판에 대하여 따로 불복절차 또는 시정절차가 마련되어 있는 경우에는 재판의 결과로 불이익 내지 손해를 입었다고 여기는 사람은 그 절차에 따라 자신의 권리 내지 이익을 회복하도록 함이 법이 예정하는 바이므로, 불복에 의한 시정을 구할 수 없었던 것 자체가 법관이나 다른 공무원의 귀책사유로 인한 것이라거나 그와 같은 시정을 구할 수 없었던 부득이한 사정이 있었다는 등의 특별한 사정이 없는 한, 스스로 그와 같은 시정을 구하지 아니한 결과 권리 내지 이익을 회복하지 못한 사람은 원칙적으로 국가배상에 의한 권리구제를 받을 수 없다고 봄이 상당하다고 하겠으나, 재판에 대하여 불복절차 내지 시정절차 자체가 없는 경우에는 부당한 재판으로 인하여 불이익 내지 손해를 입은 사람은 **국가배상 이외의 방법으로는 자신의 권리 내지 이익을 회복할 방법이 없으므로, 이와 같은 경우에는 배상책임의 요건이 충족되는 한 국가배상책임을 인정하지 않을 수 없다.**

**헌법재판소 재판관이 청구기간 내에 제기된 헌법소원심판청구 사건에서 청구기간을 오인하여 각하결정을 한 경우, 이에 대한 불복절차 내지 시정절차가 없는 때에는 국가배상책임(위법성)을 인정할 수 있다고 한 사례.**

헌법소원심판을 청구한 자로서는 헌법재판소 재판관이 일자 계산을 정확하게 하여 본안판단을 할 것으로 기대하는 것이 당연하고, 따라서 헌법재판소 재판관의 위법한 직무집행의 결과 잘못된 각하결정을 함으로써 청구인으로 하여금 본안판단을 받을 기회를 상실하게 한 이상, **설령 본안판단을 하였더라도 어차피 청구가 기각되었을 것이라는 사정이 있다고 하더라도** 잘못된 판단으로 인하여 헌법소원심판 청구인의 위와 같은 합리적인 기대를 침해한 것이고 이러한 기대는 인격적 이익으로서 보호할 가치가 있다고 할 것이므로 **그 침해로 인한 정신상 고통에 대하여는 위자료를 지급할 의무가 있다.**

참고판례 2: 대법원 2001.10.12. 선고 2001다47290 판결 [손해배상(기)]

**압수수색 대상물의 기재가 누락된 압수수색영장에 기하여 물건을 압수하고, 일부 압수물에 대하여는 압수조서 · 압수목록을 작성하지 아니하고 보관한 일련의 조치가 불법행위를 구성한다고 본 사례.**

법관의 재판에 법령의 규정을 따르지 아니한 잘못이 있다 하더라도 이로써 바로 그 재판상 직무행위가 국가배상법 제2조 제1항에서 말하는 위법한 행위로 되어 국가의 손해배상책임이 발생하는 것은 아니고, 당해 법관이 위법 또는 부당한 목적을 가지고 재판을 하는 등 법관이 그에게 부여된 권한의 취지에 명백히 어긋나게 이를 행사하였다고 인정할 만한 특별한 사정이 있어야 위법한 행위가 되어 국가배상책임이 인정된다고 할 것인바, **압수수색할 물건의 기재가 누락된 압수수색영장을 발부한 법관이 위법 · 부당한 목적을 가지고 있었다거나 법이 직무수행상 준수할 것을 요구하고 있는 기준을 현저히 위반하였다는 등의 자료를 찾아볼 수 없다면 그와 같은 압수수색영장의 발부행위는 불법행위를 구성하지 않는다고 본 사례.**

참고판례 3: 대법원 2001.4.24. 선고 2000다16114 판결 [손해배상(기)]

법관이 행하는 재판사무의 특수성과 그 재판과정의 잘못에 대하여는 따로 불복절차에 의하여 시정될 수 있는 제도적 장치가 마련되어 있는 점 등에 비추어 보면, 법관의 재판에 법령의 규정을 따르지 아니한 잘못이 있다 하더라도 이로써 바로 그 재판상 직무행위가 국가배상법 제2조 제1항에서 말하는 위법한 행

**위로 되어 국가의 손해배상책임이 발생하는 것은 아니고, 그 국가배상책임이 인정되려면 당해 법관이 위법 또는 부당한 목적을 가지고 재판을 하는 등 법관이 그에게 부여된 권한의 취지에 명백히 어긋나게 이를 행사하였다고 인정할 만한 특별한 사정이 있어야 한다고 해석함이 상당하다.**

**임의경매절차에서 경매담당 법관의 오인에 의해 배당표 원안이 잘못 작성되고 그에 대해 불복절차가 제기되지 않아 실체적 권리관계와 다른 배당표가 확정된 경우, 경매담당 법관이 위법 · 부당한 목적을 가지고 있었다거나 법이 법관의 직무수행상 준수할 것을 요구하고 있는 기준을 현저히 위반하였다는 등의 자료를 찾아볼 수 없어 국가배상법상의 위법한 행위가 아니라고 한 사례.**

④ 부작위

부작위로 인한 국가배상청구권이 성립하기 위해서는 작위의무가 있어야 한다. 그러므로 만약 재량행위라면 재량권이 영으로 수축되어야만 한다고 할 수 있다.[32] 대법원은 조리에 의한 작위의무 위반도 부작위가 될 수 있는 가능성을 인정하였다.[33] 다만 명문의 작위의무 규정이 없을 때에는 작위의무 위반이 있는지를 판단하기 위하여 부작위로 인해 침해되는 법익과 손해, 그리고 공무원이 그 결과를 회피할 수 있는 조치를 취할 수 있는 가능성 등을 종합적으로 고려하여 판단하여야 한다고 한다.[34]

이미 앞에서 살펴본 바와 같이 대법원은 사익보호성을 국가배상책임의 요건으로 도입하고 있지만, 특히 부작위로 인한 손해의 범위를 정해주기 위해 사익보호성 개념의 필요성이 부각된다. 그리하여 부작위로 인한 국가배상책임의 경우 그 부작위로 법이 보호하고 있는 배상청구인의 주관적 법적 보호이익이 침해되어야만 부작위로 인한 국가배상책임이 성립하는 것으로 이해된다.[35]

대법원은 공무원의 작위의무에 대한 법령상 명문의 규정이 없을 때에도 "국민의 생명 · 신체 · 재산 등에 대하여 절박하고 중대한 위험상태가 발생하였거나 발생할 상당한 우려가 있어서 국가가 초법규적 · 일차적으로 그 위험의 배제에 나서지 아니하면 국민의 생명 등을 보호할 수 없는 경우"에는 그러한 위험을 배제할 (조리상) 작위의무를 인정할 수 있다고 한다.[36]

또한 대법원은 행정입법 부작위에 대해서도 국가배상책임을 인정하고 있다. 특히 최근 개선입법의무를 위반한 부진정 입법부작위에 대해서도 국가배상책임을 인정한 바 있음은 전술한 바와 같다.[37]

주요판례요지

① 대법원 2003.4.25. 선고 2001다59842 판결: 주민등록사무를 담당하는 공무원은 개명과 같은 사유로 주민등록상의 성명을 정정한 경우에는 법령의 규정에 따라 반드시 본적지의 관할관청

32) 대법원 1998.8.25. 선고 98다16890 판결.
33) 대법원 2001.4.24. 선고 2000다57856 판결.
34) 대법원 2021.7.21. 선고 2021두33838 판결.
35) 대법원 1993.2.12. 선고 91다43466 판결 등.
36) 대법원 2012.7.26. 선고 2010다95666 판결.
37) 대법원 2024.12.19. 선고 2022다289051 전원합의체 판결.

에 대하여 그 변경사항을 통보하여 본적지의 호적관서로 하여금 그 정정사항의 진위를 재확인할 수 있도록 할 직무상의 의무가 있다고 할 것이고, 이러한 직무상 의무는 단순히 공공 일반의 이익을 위한 것이거나 행정기관 내부의 질서를 규율하기 위한 것이 아니고 전적으로 또는 부수적으로 사회구성원 개인의 안전과 이익을 보호하기 위하여 설정된 것이다.

② 대법원 2022.7.14. 선고 2017다290538 판결: 다수의 성폭력범죄로 여러 차례 처벌을 받은 뒤 위치추적 전자장치를 부착하고 보호관찰을 받고 있던 자가 피해자를 강간하고 그후 다시 강간하려다 살해한 사건에서 경찰관과 보호관찰관이 가해자의 높은 재범의 위험성과 반사회성을 인식하였음에도 적극적 대면조치 등 이를 억제할 실질적인 조치를 하지 않은 것은 위험을 배제할 공무원의 작위의무를 위반한 것으로 보고 경찰관과 보호관찰관의 직무상 의무 위반은 피해자의 사망 사이에서 상당인과관계를 인정할 여지가 크다고 보아 원심 판결을 파기환송함.

참고판례 1: 대법원 2021.7.21. 선고 2021두33838 판결 [건축허가신청반려처분취소]

공무원의 부작위로 인한 국가배상책임을 인정하기 위해서는 공무원의 작위로 인한 국가배상책임을 인정하는 경우와 마찬가지로 '공무원이 직무를 집행하면서 고의 또는 과실로 법령을 위반하여 타인에게 손해를 입힌 때'라고 하는 국가배상법 제2조 제1항의 요건이 충족되어야 한다. **여기서 '법령을 위반하여'란 엄격하게 형식적 의미의 법령에 명시적으로 공무원의 작위의무가 정하여져 있음에도 이를 위반하는 경우만을 의미하는 것은 아니고, 인권존중 · 권력남용금지 · 신의성실과 같이 공무원으로서 마땅히 지켜야 할 준칙이나 규범을 지키지 아니하고 위반한 경우를 포함하여 널리 그 행위가 객관적인 정당성을 결여하고 있는 경우도 포함한다.** 따라서 국민의 생명 · 신체 · 재산 등에 대하여 절박하고 중대한 위험상태가 발생하였거나 발생할 상당한 우려가 있어서 국민의 생명 등을 보호하는 것을 본래적 사명으로 하는 **국가가 초법규적 · 일차적으로 그 위험의 배제에 나서지 아니하면 국민의 생명 등을 보호할 수 없는 경우에는 형식적 의미의 법령에 근거가 없더라도 국가나 관련 공무원에 대하여 그러한 위험을 배제할 작위의무를 인정할 수 있다.** 그러나 **그와 같은 절박하고 중대한 위험상태가 발생하였거나 발생할 상당한 우려가 있는 경우가 아닌 한, 원칙적으로 공무원이 관련 법령에서 정하여진 대로 직무를 수행하였다면 그와 같은 공무원의 부작위를 가지고 '고의 또는 과실로 법령을 위반'하였다고 할 수는 없다.** 따라서 공무원의 부작위로 인한 국가배상책임을 인정할 것인지가 문제되는 경우에 관련 공무원에 대하여 **작위의무를 명하는 법령의 규정이 없는 때라면 공무원의 부작위로 인하여 침해되는 국민의 법익 또는 국민에게 발생하는 손해가 어느 정도 심각하고 절박한 것인지, 관련 공무원이 그와 같은 결과를 예견하여 그 결과를 회피하기 위한 조치를 취할 수 있는 가능성이 있는지 등을 종합적으로 고려하여 판단하여야 한다.**

참고판례 2: 대법원 1998.8.25. 선고 98다16890 판결 [손해배상(자)]

경찰관직무집행법 제5조는 경찰관은 인명 또는 신체에 위해를 미치거나 재산에 중대한 손해를 끼칠 우려가 있는 위험한 사태가 있을 때에는 그 각 호의 조치를 취할 수 있다고 규정하여 형식상 **경찰관에게 재량에 의한 직무수행권한을 부여한 것처럼 되어 있으나, 경찰관에게 그러한 권한을 부여한 취지와 목적에 비추어 볼 때 구체적인 사정에 따라 경찰관이 그 권한을 행사하여 필요한 조치를 취하지 아니하는 것이 현저하게 불합리하다고 인정되는 경우에는 그러한 권한의 불행사는 직무상의 의무를 위반한 것이 되어**

**위법하게 된다.**

경찰관이 농민들의 시위를 진압하고 시위과정에 도로 상에 방치된 트랙터 1대에 대하여 이를 도로 밖으로 옮기거나 후방에 안전표지판을 설치하는 것과 같은 위험발생방지조치를 취하지 아니한 채 그대로 방치하고 철수하여 버린 결과, 야간에 그 도로를 진행하던 운전자가 위 방치된 트랙터를 피하려다가 다른 트랙터에 부딪혀 상해를 입은 사안에서 국가배상책임을 인정한 사례.

**해 설** 재량권의 영으로의 수축에 의한 특정행위의 작위의무 위반으로 국가배상책임을 인정한 사례이다.

### 참고판례 3: 대법원 2016.8.25. 선고 2014다225083 판결 [손해배상(기)]

**주점에서 발생한 화재로 사망한 갑 등의 유족들이** 을 광역시를 상대로 손해배상을 구한 사안에서, **소방공무원들이 소방검사에서 비상구 중 1개가 폐쇄되고 그곳으로 대피하도록 유도하는 피난구유도등, 피난안내도 등과 일치하지 아니하게 됨으로써 화재 시 피난에 혼란과 장애를 유발할 수 있는 상태임을 발견하지 못하여 업주들에 대한 시정명령이나 행정지도, 소방안전교육 등 적절한 지도·감독을 하지 아니한 것은 구체적인 소방검사 방법 등이 소방공무원의 재량에 맡겨져 있음을 감안하더라도 현저하게 합리성을 잃어 사회적 타당성이 없는 경우에 해당하고, 다른 비상구 중 1개와 그곳으로 연결된 통로가 사실상 폐쇄된 사실을 발견하지 못한 것도 주점에 설치된 피난통로 등에 대한 전반적인 점검을 소홀히 한 직무상 의무 위반의 연장선에 있어 위법성을 인정할 수 있고,** 소방공무원들이 업주들에 대하여 필요한 지도·감독을 제대로 수행하였더라면 화재 당시 손님들에 대한 대피조치가 보다 신속히 이루어지고 피난통로 안내가 적절히 이루어지는 등으로 갑 등이 대피할 수 있었을 것이고, 갑 등이 대피방향을 찾지 못하다가 복도를 따라 급속히 퍼진 유독가스와 연기로 인하여 단시간에 사망하게 되는 결과는 피할 수 있었을 것인 점 등 화재 당시의 구체적 상황과 갑 등의 사망 경위 등에 비추어 **소방공무원들의 직무상 의무 위반과 갑 등의 사망 사이에 상당인과관계가 인정된다**고 한 사례.

**해 설** 소방공무원들이 소방점검시 비상구 폐쇄 등에 대한 지적을 제대로 못해주어 건물의 대피시설이 불완전한 가운데 화재가 나서 대피하지 못하여 사망한 경우 소방공무원들의 작위의무 위반을 인정한 것이다.

### 참고판례 4: 대법원 2020.5.28. 선고 2017다211559 판결 [손해배상(기)]

각급 부대의 관계자가 위와 같은 **자살예방 관련 규정에 따라 필요한 조치를 취하지 않은 상황에서** 소속 장병의 자살 사고가 발생한 경우, **자살 사고가 발생할 수 있음을 예견할 수 있었고 그러한 조치를 취했을 경우 자살 사고의 결과를 회피할 수 있었다면, 특별한 사정이 없는 한 해당 관계자의 직무상 의무 위반과 이에 대한 과실이 인정되고, 국가는 국가배상법 제2조 제1항에 따라 배상책임을 진다.**

## 4. 직무를 집행함에 당하여

'직무를 집행함에 당하여'를 해석함에 있어서 판례는 통설과 같이 외형설에 입각하고 있다. 즉, 이에는 직무행위 자체는 물론 객관적으로 직무의 범위에 속한다고 볼 수 있는 행위 및 직무와 밀접한 관련이 있는 행위가 포함되며, 직무집행의 의사 여부는 불문하고 객관적으로 직무행위의 외형을 갖추면 되는 것이다.[38]

---

38) 대법원 1966.6.28. 선고 66다781 판결.

'직무를 집행함에 당하여'를 해석하면서 외형적 직무관련과 실질적 직무관련(직무가 불법행위의 원인을 제공한 경우: 예컨대, 경찰관의 고문행위 등)을 구별하면서 양자 모두를 직무를 집행함에 당하여로 인정하기도 한다.

**주요판례요지**

① 대법원 1967.11.21. 선고 67다1304 판결: 운전을 임무로 하지 않는 군인이 군복을 입고 군용차량을 불법운전한 경우에 국가배상법 제2조의 직무행위에 해당한다(외형설).

② 대법원 1966.7.19. 선고 66다316 판결: 피해자가 직무행위가 아니라는 사실을 알아도 국가배상책임이 인정된다.

## 5. 위법성(법령에 위반하여)

### (1) 일반론

#### ① 문제제기

공무원의 위법한 직무행위로 인한 손해배상책임이 성립하기 위해서는 공무원의 직무행위가 법령에 위반되어야 한다. 그런데 국가배상소송에서의 위법성 판단은 행위가치만 고려하는 것이 아니라 결과가치도 고려하는 것이 되기 쉽기 때문에 취소소송의 위법성 판단과 반드시 같다고 할 수 있을지가 문제된다.

#### ② 공무원의 위법한 직무행위에 대한 국가배상소송에서의 위법성에 관한 학설

공무원의 위법한 직무행위에 대한 국가배상소송의 위법성 인정에 대해 다음과 같은 학설들이 주장되고 있다.

ⅰ) **결과불법설**: 손해배상소송은 손해전보를 목적으로 하는 것이므로 위법성 판단은 국민이 받은 손해가 결과적으로 시민법의 원리상 수인되어야 하는가를 기준으로 한다.

ⅱ) **행위위법설**: 위법성 판단을 행위규범에의 적합여부로 판정한다.

- 협의의 행위위법설: 공무원의 직무행위의 위법을 원칙적으로 행위의 근거법규 위반으로 보고 항고소송의 위법성과 거의 동일시함.
- 광의의 행위위법설: 공무원의 직무행위의 위법은 근거법규 위반 및 공무원의 일반적 손해방지의무위반을 의미하는 것으로 본다.

ⅲ) **상대적 위법성설**: 손해배상제도는 손해전보를 목적으로 하므로 그 위법성 인정은 행위 자체의 위법·적법 뿐 아니라 피침해이익의 성격과 정도, 가해행위의 태양 등을 고려하여야 한다.

#### ③ 통설과 판례의 입장

통설과 판례는 국가배상법상의 법령위반은 인권존중, 권력남용금지, 신의성실의 원칙 및 사회질서 위반도 포함하여 행위가 객관적으로 부정당함을 의미한다고 한다.[39] 요컨대, 행위의 객관적

39) 대법원 2009.12.24. 선고 2009다70180 판결.

정당성 여부가 위법성 판단의 기준이 되는 셈이다.

그런데 최근의 대법원 판례이론은 국가배상책임에 있어서의 위법성이나 고의·과실을 개별적으로 세밀히 살피기보다는 객관적 정당성이라는 기준을 충족하면 국가배상책임이 성립하는 것으로 보는 경향을 나타내고 있다. 국가배상책임의 성립에 행위의 위법성과 행위자의 고의·과실을 요구하는 실정법의 명문 규정을 사실상 형해화하는 이러한 법적용이 정당한 것인지에 대해서는 의문이 있지만 일련의 판례들[40]은 이러한 경향을 강하게 드러내고 있다.

대법원은 지나치게 좁은 수용시설에 교정시설 수용자를 수용한 행위로 인하여 수용자의 인간으로서의 존엄과 가치가 침해된 경우(기본권 침해의 경우),[41] 그리고 헌법상 과잉금지의 원칙 내지 비례의 원칙을 위반하여 국민의 기본권을 침해한 국가작용(헌법원칙 위반의 경우)[42]을 모두 국가배상책임에 있어 위법성이 인정되는 행위가 될 수 있다고 판시하였다.

대법원은 객관적 정당성 상실여부에 대하여는 "피침해이익의 종류 및 성질, 침해행위가 되는 행정처분의 태양 및 그 원인, 행정처분의 발동에 대한 피해자측의 관여의 유무, 정도 및 손해의 정도 등 제반 사정을 종합하여" 판단하여야 한다고 함으로써[43] 국가배상법상의 위법성을 광의의 행위위법성설 내지 상대적 위법성설의 입장에서 판단하고 있다. 따라서 우리 대법원의 국가배상법상의 위법성 판단은 항고소송에서의 위법성 판단과 반드시 동일하다고 할 수 없다.

**주요판례요지**

① 대법원 2000.11.10. 선고 2000다26807, 26814 판결: 국가배상책임은 공무원의 직무집행이 법령에 위반한 것임을 요건으로 하는 것으로서, 공무원의 직무집행이 법령이 정한 요건과 절차에 따라 이루어진 것이라면 특별한 사정이 없는 한 이는 법령에 적합한 것이고 그 과정에서 개인의 권리가 침해되는 일이 생긴다고 하여 그 법령적합성이 곧바로 부정되는 것은 아니다. 경찰관이 교통법규 등을 위반하고 도주하는 차량을 순찰차로 추적하는 직무를 집행하는 중에 그 도주 차량의 주행에 의하여 제3자가 손해를 입은 경우, 경찰관의 추적행위는 특별한 사정이 없는 한 위법하지 않다.

② 대법원 2020.4.29. 선고 2015다224797 판결: 경찰관은 피의자의 진술을 조서화 하는 과정에서 조서의 객관성을 유지하여야 하고, 고의 또는 과실로 위 직무상 의무를 위반하여 피의자신문조서를 작성함으로써 피의자의 방어권이 실질적으로 침해되었다고 인정된다면, 국가는 그로 인하여 피의자가 입은 손해를 배상하여야 한다.

---

40) 대법원 2022.8.30. 선고 2018다212610 전원합의체 판결; 대법원 2024.12.19. 선고 2022다289051 전원합의체 판결 등.
41) 대법원 2022.7.14. 선고 2017다266771 판결.
42) 대법원 2022.9.29. 선고 2018다224408 판결.
43) 대법원 2000.5.12. 선고 99다70600 판결.

### (2) 항고소송의 판결의 기판력과 국가배상소송에서의 위법성 판단

① 학설과 판례

취소소송 등 항고소송에서 행정처분에 대한 위법성 판단이 이루어지고 판결이 확정된 경우 항고소송의 기판력이 후소에서의 국가배상 책임의 성립에 미치는가가 문제된다. 이에 대하여 i) 취소소송의 기판력이 처분청만이 아니라 그가 속한 행정주체에도 미치고, 취소소송의 소송물은 행정처분의 위법성 일반이므로 국가배상소송에도 취소소송 판결의 기판력이 미친다고 하는 긍정설, ii) 취소소송의 인용판결은 처분이 위법하다는 것이므로 이는 국가배상소송에도 미치지만 기각판결의 경우 국가배상소송의 위법성 판단의 범위가 넓으므로 그 판결의 효력이 국가배상소송에 미치지 않는다는 제한적 긍정설, iii) 취소소송의 소송물과 국가배상소송의 소송물이 서로 다를 뿐 아니라 그 위법성의 인정근거도 서로 다르므로 취소소송 판결의 기판력은 국가배상소송에 미치지 않는다는 부정설 등이 대립하고 있다.

판례는 부정설의 입장이다. 항고소송에서의 위법성 판단은 '처분' 자체의 위법성에 대한 판단이지만 국가배상소송에서의 위법성 판단은 '처분' 자체에 대한 것이 아니라 공무원의 '처분행위'의 위법성에 대한 판단이므로 대법원의 이러한 입장이 타당하다고 본다. 다만 '처분' 자체에 대한 항고소송의 위법성에 대한 판단은 후소인 국가배상소송에서도 존중되어야 한다고 본다.

② 항고소송에서 청구기각 판결이 있은 경우

일반적으로 항고소송의 확정판결에서 원고의 청구가 기각된 경우에 이 판결에서 처분은 적법하다는 법적 판단은 협의의 행위위법설을 취하지 않는 한,[44] 국가배상소송에서는 별로 영향을 미치지 않는다고 보아야 한다. 처분이 근거규범 등에 비추어 적법하더라도 공무원의 처분행위는 인권존중, 신의성실의 원칙, 손해방지의무위반 등에 저촉될 수 있기 때문이다. 또한 대법원은 취소소송과 국가배상소송의 소송물이 다르다는 점을 시사하면서 국가배상소송의 위법성판단에서 궁극적으로 객관적 정당성이라는 기준을 제시하고 있으므로 그러한 기준 없이 근거 법령 위반 여부 중심으로 위법성을 판단하는 취소소송에서의 위법성 판단과는 다른 판단을 하고 있다고 보아야 한다.

③ 항고소송에서 청구인용 판결이 있은 경우

한편 항고소송 판결에서 원고의 청구가 인용되어 처분이 위법하다고 확정판결된 경우에는 '처분'의 위법성에 관한 한 취소소송의 확정판결이 국가배상소송에도 효력을 미친다고 할 것이다. 그러나 어디까지나 처분 자체에 대한 위법성 판단에 대한 것이지 국가배상소송에서 문제되는 '공무원의 처분행위'에 대한 법적 판단에까지 효력을 미친다고 할 것은 아니다. '공무원의 처분행위'에 고의나 과실이 있어야만 국가배상책임이 성립한다는 점을 유념하여야 한다.

---

44) 협의의 행위위법설을 취하더라도 항고소송의 판결에서 쟁점이 되지 않았던 새로운 위법사유를 근거로 손해배상청구를 할 수 있다는 점을 유념하여야 한다.

### 참고판례 1: 대법원 2022.4.28. 선고 2017다233061 판결 [손해배상]

어떠한 **행정처분이 항고소송에서 취소되었다고 할지라도 그 기판력으로 곧바로 국가배상책임이 인정될 수는 없고**, '공무원이 직무를 집행하면서 고의 또는 과실로 법령을 위반하여 타인에게 손해를 입힌 때'라고 하는 국가배상법 제2조 제1항의 요건이 충족되어야 한다. **보통 일반의 공무원을 표준으로 공무원이 객관적 주의의무를 소홀히 하고 그로 말미암아 객관적 정당성을 잃었다고 볼 수 있으면 국가배상법 제2조가 정한 국가배상책임이 성립할 수 있다.** 객관적 정당성을 잃었는지는 침해행위가 되는 행정처분의 양태와 목적, 피해자의 관여 여부와 정도, 침해된 이익의 종류와 손해의 정도 등 여러 사정을 종합하여 판단하여야 한다.

**해 설** 대법원은 항고소송의 기판력이 곧바로 국가배상소송에 미치지 않으며 국가배상소송에서는 위법성 판단에서도 객관적 정당성의 상실 여부가 중요함을 지적함으로써 항고소송에서와 국가배상소송에서의 위법성 판단이 다르다는 점을 시사하고 있다.

### 참고판례 2: 대법원 2000.5.12. 선고 99다70600 판결 [손해배상(기)]

**어떠한 행정처분이 후에 항고소송에서 취소되었다고 할지라도 그 기판력에 의하여 당해 행정처분이 곧바로 공무원의 고의 또는 과실로 인한 것으로서 불법행위를 구성한다고 단정할 수는 없는 것이고,** 그 행정처분의 담당공무원이 보통 일반의 공무원을 표준으로 하여 볼 때 객관적 주의의무를 결하여 그 행정처분이 객관적 정당성을 상실하였다고 인정될 정도에 이른 경우에 국가배상법 제2조 소정의 국가배상책임의 요건을 충족하였다고 봄이 상당할 것이며, 이 때에 **객관적 정당성을 상실하였는지 여부는 피침해이익의 종류 및 성질, 침해행위가 되는 행정처분의 태양 및 그 원인, 행정처분의 발동에 대한 피해자측의 관여의 유무, 정도 및 손해의 정도 등 제반 사정을 종합하여 손해의 전보책임을 국가 또는 지방자치단체에게 부담시켜야 할 실질적인 이유가 있는지 여부에 의하여 판단하여야 한다.**

**해 설** 이 판결은 먼저 전소인 항고소송의 기판력이 원칙적으로 후소인 국가배상소송에 미치지 않음을 시사하고 있다. 또한 국가배상소송의 위법성 판단에 있어서 객관적 정당성 상실여부에 대하여 "피침해이익의 종류 및 성질, 침해행위가 되는 행정처분의 태양 및 그 원인, 행정처분의 발동에 대한 피해자측의 관여의 유무, 정도 및 손해의 정도 등 제반 사정을 종합하여" 판단하여야 한다고 함으로써 상대적 위법성설에 접근하고 있는 판결이다.

### 참고판례 3: 대법원 2021.6.30. 선고 2017다249219 판결 [손해배상(기)]

**행정처분이 나중에 항고소송에서 위법하다고 판단되어 취소되더라도 그것만으로 행정처분이 공무원의 고의나 과실로 인한 불법행위를 구성한다고 단정할 수 없다. 보통 일반의 공무원을 표준으로 하여 볼 때 위법한 행정처분의 담당 공무원이 객관적 주의의무를 소홀히 하고 그로 인해 행정처분이 객관적 정당성을 잃었다고 볼 수 있는 경우에 국가배상법 제2조가 정한 국가배상책임이 성립할 수 있다.** 이때 객관적 정당성을 잃었는지는 행위의 양태와 목적, 피해자의 관여 여부와 정도, 침해된 이익의 종류와 손해의 정도 등 여러 사정을 종합하여 판단하되, 손해의 전보책임을 국가 또는 지방자치단체가 부담할 만한 실질적 이유가 있는지도 살펴보아야 한다.

**해 설** 처분의 위법만으로 국가배상소송에서의 불법행위가 구성되지 않고 공무원의 처분행위가 객관적 정당성을 잃었다고 볼 수 있는 경우에만 국가배상책임이 성립할 수 있다는 판시이다.

### (3) 구체적 검토

대법원은 행정규칙 위반 자체로는 국가배상책임의 위법성을 충족시키지 못하는 것으로 보는 듯 하나[45] 그 행정규칙의 위반이 객관적으로 부정당한 것으로 판정된다면 위법한 것으로 보아 국가배상책임을 인정한다.[46]

부당한 재량처분은 그것만으로는 위법하다고 할 수 없지만, 대법원은 재량권의 일탈·남용의 경우에는 그것이 행위로서의 객관적 정당성을 상실하여 위법한 것이 될 수 있음을 판시하고 있다.[47]

**참고판례 1: 대법원 2009.5.28. 선고 2006다16215 판결 [손해배상(기)]**

공무원에 대한 전보인사가 법령이 정한 기준과 원칙에 위배되거나 인사권을 다소 부적절하게 행사한 것으로 볼 여지가 있다 하더라도 그러한 사유만으로 그 전보인사가 당연히 불법행위를 구성한다고 볼 수는 없고, **인사권자가 당해 공무원에 대한 보복감정 등 다른 의도를 가지고 인사재량권을 일탈·남용하여 객관적 정당성을 상실하였음이 명백한 경우 등 전보인사가 우리의 건전한 사회통념이나 사회상규상 도저히 용인될 수 없음이 분명한 경우에, 그 전보인사는 위법하게 상대방에게 정신적 고통을 가하는 것이 되어 당해 공무원에 대한 관계에서 불법행위를 구성한다.** 그리고 이러한 법리는 구 부패방지법(2001. 7. 24. 법률 제6494호)에 따라 다른 공직자의 부패행위를 부패방지위원회에 신고한 공무원에 대하여 위 신고행위를 이유로 불이익한 전보인사가 행하여진 경우에도 마찬가지이다.

**참고판례 2: 대법원 1997.9.9. 선고 97다12907 판결 [손해배상(기)]**

태풍경보가 발령되는 등으로 기상 상태가 악화되었으나 시 산하기관인 오동도 관리사무소 당직근무자가 재해시를 대비하여 마련되어 있는 지침에 따른 조치를 취하지 아니하고 방치하다가 상급기관의 지적을 받고서야 비로소 오동도 내로 들어오는 사람 및 차량의 통행은 금지시켰으나, 오동도 안에서 밖으로 나가려는 사람 및 차량의 통행을 금지시키지 아니한 채 만연히 철수하라는 방송만을 함으로써, 피해자들이 차량을 타고 진행하다가 파도가 차량을 덮치는 바람에 바닷물로 추락하여 사망한 사안에서, **오동도 관리사무소의 '95재해대책업무세부추진실천계획'은 국민의 신체 및 재산의 안전을 위하여 공무원에게 직무의무를 부과하는 행동규범임이 명백하고, 그 계획이 단순히 훈시규정에 불과하다거나 시 재해대책본부의 '95재해대책업무지침'에 규정한 내용보다 강화된 내용을 담고 있다고 하여 이를 무효라고 볼 수 없으며, 당직근무자가 위 계획에 위배하여 차량의 통제를 하지 아니한 과실과 사고 사이에는 상당인과관계가 있다**고 하여 시의 손해배상책임을 인정한 사례.

**해 설** 법규성을 인정하기 어려운 하위실천계획을 위반한 경우도 객관적 정당성을 상실하면 손해배상책임을 지게 된다는 판시이다.

---

45) 대법원 1973.1.30. 선고 72다2062 판결.
46) 대법원 1997.9.9. 선고 97다12907 판결.
47) 대법원 2009.5.28. 선고 2006다16215 판결.

## 6. 고의·과실

### (1) 국가배상책임의 본질과 공무원의 고의·과실

공무원의 고의·과실에 대해서는 국가배상책임의 본질을 어떻게 이해하는지에 따라 그 인정범위를 달리 보는 경향이 있다. ① 대위책임설적 입장에서는 과실요건은 공무원의 주관적 책임요소로서 과실은 통상적으로 갖추어야 할 주의의무를 게을리 한 것을 의미한다. 그러나 ② 자기책임설적 입장에서는 국가배상책임을 국가 자신의 책임으로 보기 때문에 공무원의 과실요건을 객관화하여 이를 공무원의 순수한 주관적 책임요소로 보지 않으려 한다.

### (2) 과실의 객관화

오늘날 통설과 판례는 순수한 대위책임설적 이해에서 벗어나는 경향을 띠기 때문에 과실을 단순히 공무원의 주관적 심리상태로 보지 않고 고도화된 객관적 주의의무위반으로 본다. 이에 의하면 과실 판단의 기준은 당해 공무원의 주의력이 아닌 동일 직종의 평균적 공무원의 주의력이 된다. 또한 가해공무원을 특정할 필요 없이 조직과실을 인정하고 있다.

그러나 자기책임설의 일단에서는 이러한 통설과 판례의 입장을 넘어서는 입론이 이루어지고 있다. 그리하여 과실을 공무원의 위법행위로 인한 국가작용의 흠 정도로 이해하기도 한다. 그러나 지나친 과실개념의 객관화는 국가배상책임의 성립에 있어서 공무원의 고의·과실을 요구하고 있는 국가배상법의 해석론의 한계를 넘을 위험성이 있다.

### (3) 위법과 과실의 구별론과 과실의 객관화

독일이론을 도입한 우리나라는 위법성과 과실을 엄격히 구분하지만 프랑스, 영국, 미국 등 다른 나라에서는 반드시 그러하지 않다는 점에서 국가배상책임에서의 과실요건에 대해 좀 더 새로운 법해석이 필요하다고 본다. 과실을 객관화하면 위법성과 과실개념은 접근할 수밖에 없다.

우리 대법원도 국가배상책임의 요건에 대한 판단에서 '객관적 주의의무 위반과 그로 말미암은 객관적 정당성의 상실'을 기준으로 삼는 경우가 많으므로 실제의 법적 판단에서 고의·과실 요건과 위법성 요건을 반드시 분리하여 판단하는 것 같지만은 않다.[48] 특히 최근 대법원은 긴급조치 제9호의 발령과 적용·집행에 관한 국가배상사건에서 일련의 가해행위에 관여한 다수 공무원들의 직무수행은 법치국가 원리에 반하여 유신헌법 제8조가 정하는 국가의 기본권 보장의무를 다하지 못한 것으로서 전체적으로 보아 객관적 주의의무를 소홀히 하여 그 정당성을 결여하였다고 하여 국가배상책임을 인정하였는데[49] 이것은 개별 공무원의 행위의 위법성과 고의·과실에 대한 구체적인 평가를 하지 아니하고 전체적으로 그 위법성과 고의·과실을 한꺼번에 평가한 것이어서 논란의 대상이 되고 있다.

---

48) 대법원 2022.4.28. 선고 2017다233061 판결; 대법원 2022.8.30. 선고 2018다212610 전원합의체 판결.
49) 대법원 2022.8.30. 선고 2018다212610 전원합의체 판결.

참고판례: 대법원 2021.10.28. 선고 2017다219218 판결 [손해배상(기)]

공무원의 행위를 원인으로 한 국가배상책임을 인정하려면 '공무원이 직무를 집행하면서 고의 또는 과실로 법령을 위반하여 타인에게 손해를 입힌 때'라고 하는 국가배상법 제2조 제1항의 요건이 충족되어야 한다. **보통 일반의 공무원을 표준으로 공무원이 객관적 주의의무를 소홀히 하고 그로 말미암아 객관적 정당성을 잃었다고 볼 수 있으면 국가배상법 제2조가 정한 국가배상책임이 성립할 수 있다. 객관적 정당성을 잃었는지는 행위의 양태와 목적, 피해자의 관여 여부와 정도, 침해된 이익의 종류와 손해의 정도 등 여러 사정을 종합하여 판단하되, 손해의 전보책임을 국가가 부담할 만한 실질적 이유가 있는지도 살펴보아야 한다**(대법원 2000.5.12. 선고 99다70600 판결, 대법원 2004.12.9. 선고 2003다50184 판결, 대법원 2021.6.30. 선고 2017다249219 판결 참조).

### (4) 고의 · 과실의 입증책임

한편, 국가배상소송에서 피해자의 구제를 위하여 입증책임의 추정이 필요하다는 견해가 유력하게 주장된다. 즉 일응추정의 법리를 도입하여 위법하면 과실이 일응추정되는 것으로 하여야 한다는 것이다. 이러한 일응추정의 법리는 과실 개념을 유지하면서도 과실개념의 적용에서 실질적으로 이를 객관화하는 효과를 가져올 것이다.

### (5) 고의 · 과실에 대한 판례이론

대법원은 공무원의 과실이라 함은 "보통 일반의 공무원을 표준으로 하여 볼 때 객관적 주의의무를 결"한 경우를 말한다[50]고 한다. 법령을 집행하는 공무원이 법령의 해석 · 적용을 그르치면 과실이 인정되지만 "법령에 대한 해석이 그 문언 자체만으로는 명백하지 아니하여 여러 견해가 있을 수 있는데다가 이에 대한 선례나 학설, 판례 등도 귀일된 바 없어 의의(疑義: 의문의 여지)가 있는 경우에 관계 공무원이 그 나름대로 신중을 다하여 합리적인 근거를 찾아 그 중 어느 한 견해를 따라 내린 해석"에 의한 경우 과실이 인정되지 않는다고 한다.[51] 그러나 공무원이 법령을 모르고 한 일이라는 것은 면책사유가 될 수 없다.

또한 헌법재판소는 헌법재판소의 위헌결정이 있기 전에는 법률이 헌법에 위반됨에도 불구하고 그 법률조항을 적용한 공무원에게 고의 · 과실이 있다고 할 수 없어서 국가배상책임이 성립되지 않는다고 한다.[52] 그러나 대법원이 위헌 · 무효임이 명백하다고 판단한 1975. 5. 13.의 대통령 긴급조치 제9호의 경우에는 위헌선언이 이루어지기 이전에 그에 근거하여 행한 공무원의 행위에 따른 국가배상책임이 성립한다고 판시하였다.[53]

우리 대법원은 근래 객관적 정당성을 상실하였다고 볼 수 있는 경우에는 특별한 사정이 없으

50) 대법원 2003.11.27. 선고 2001다33789 판결.
51) 대법원 1995.10.13. 선고 95다32747 판결.
52) 헌법재판소 2014.4.24. 선고 2011헌바56 결정.
53) 대법원 2022.8.30. 선고 2018다212610 전원합의체 판결.

면 국가배상법 제2조 제1항에서 정한 공무원의 과실도 인정된다[54]는 입장이어서 실질적으로 국가배상법의 위법성 요건만이 아니라 고의·과실 요건 역시 객관적 정당성의 기준을 중심으로 판단하는 셈이다.

**주요판례요지**

① 대법원 2002.5.10. 선고 2001다62312 판결: 재량행위의 경우 재량권의 일탈·남용이 있었다 하더라도 그 행위가 행정청의 내부 기준에 따른 것이라면 공무원의 과실로 인정되지 않는다.

② 대법원 2010.9.9. 선고 2008다77795 판결: 재량행위라 하더라도 재량권의 불행사가 현저히 합리성을 잃어 사회적 타당성이 없는 경우 과실이 인정될 수 있다.

**참고판례 1: 대법원 2008.2.1. 선고 2006다6713 판결 [손해배상(기)]**

불법행위에 따른 형사책임은 사회의 법질서를 위반한 행위에 대한 책임을 묻는 것으로서 행위자에 대한 공적인 제재(형벌)를 그 내용으로 함에 비하여, 민사책임은 타인의 법익을 침해한 데 대하여 행위자의 개인적 책임을 묻는 것으로서 피해자에게 발생한 손해의 전보를 그 내용으로 하는 것이고, **손해배상제도는 손해의 공평·타당한 부담을 그 지도원리로 하는 것이므로, 형사상 범죄를 구성하지 아니하는 침해행위라고 하더라도 그것이 민사상 불법행위를 구성하는지 여부는 형사책임과 별개의 관점에서 검토하여야 한다.**

**참고판례 2: 대법원 2022.8.30. 선고 2018다212610 전원합의체 판결 [손해배상(기)]**

[다수의견] **보통 일반의 공무원을 표준으로 공무원이 직무를 집행하면서 객관적 주의의무를 소홀히 하고 그로 말미암아 그 직무행위가 객관적 정당성을 잃었다고 볼 수 있는 때에 국가배상법 제2조가 정한 국가배상책임이 성립할 수 있다. 공무원의 직무행위가 객관적 정당성을 잃었는지는** 행위의 양태와 목적, 피해자의 관여 여부와 정도, 침해된 이익의 종류와 손해의 정도 등 **여러 사정을 종합하여 판단하되, 손해의 전보책임을 국가가 부담할 만한 실질적 이유가 있는지도 살펴보아야 한다.**

구 국가안전과 공공질서의 수호를 위한 **대통령긴급조치(1975. 5. 13. 대통령긴급조치 제9호,** 이하 '긴급조치 제9호'라고 한다)**는 위헌·무효임이 명백**하고 긴급조치 제9호 발령으로 인한 국민의 기본권 침해는 그에 따른 강제수사와 공소제기, 유죄판결의 선고를 통하여 현실화되었다. 이러한 경우 **긴급조치 제9호의 발령부터 적용·집행에 이르는 일련의 국가작용은, 전체적으로 보아 공무원이 직무를 집행하면서 객관적 주의의무**를 소홀히 하여 **그 직무행위가 객관적 정당성을 상실한 것으로서 위법하다고 평가되고, 긴급조치 제9호의 적용·집행으로 강제수사를 받거나 유죄판결을 선고받고 복역함으로써 개별 국민이 입은 손해에 대해서는 국가배상책임이 인정될 수 있다.**

[대법관 김재형의 별개의견] 긴급조치 제9호의 발령·적용·집행은 공무원의 고의 또는 과실에 의한 불법행위로서 국가배상법 제2조 제1항에 따른 국가배상책임이 인정되고, 대통령의 긴급조치 제9호 발령행위에 대해서 대통령이 국민에 대한 정치적 책임을 질 뿐 법적 책임을 지지 않는다는 대법원 2015.3.26. 선고 2012다48824 판결은 변경되어야 한다. 이때 긴급조치 제9호에 따라 수사와 재판, 그리고 그 집행으로

54) 대법원 2010.9.9. 선고 2008다77795 판결; 대법원 2024.12.19. 선고 2022다289051 전원합의체 판결.

발생한 손해도 상당한 인과관계가 있는 손해로서 손해배상의 범위에 포함된다고 볼 수 있다. 한편 이 경우 법관의 재판작용으로 인한 국가배상책임을 독자적으로 인정할 필요는 없고, 위와 같이 재판으로 인해 발생한 손해를 배상하도록 하는 것이 법관의 재판작용으로 인한 국가배상책임을 엄격히 제한하는 판례와 모순되지 않는다.

**[대법관 안철상의 별개의견]** 헌법 제29조의 국가배상청구권은 헌법상 보장된 기본권으로서 국가와 개인의 관계를 규율하는 공권이고, 국가가 공무원 개인의 불법행위에 대한 대위책임이 아니라 국가 자신의 불법행위에 대하여 직접 책임을 부담하는 자기책임으로 국가배상책임을 이해하는 것이 법치국가 원칙에 부합한다.

국가배상을 자기책임으로 이해하는 이상 국가배상책임의 성립 요건인 공무원의 고의·과실에는 공무원 개인의 고의·과실뿐만 아니라 공무원의 공적 직무수행상 과실, 즉 국가의 직무상 과실이 포함된다고 보는 것이 국가배상법을 헌법합치적으로 해석하는 방법이다.

**[대법관 김선수, 대법관 오경미의 별개의견]** 긴급조치 제9호는 대통령이 국가원수로서 발령하고 행정부의 수반으로서 집행한 것이므로, 대통령의 국가긴급권 행사로서 이루어진 긴급조치 제9호의 발령과 강제수사 및 공소제기라는 불가분적인 일련의 국가작용은 대통령의 고의 또는 과실에 의한 위법한 직무행위로서 국가배상책임이 인정된다.

긴급조치 제9호에 대한 위헌성의 심사 없이 이를 적용하여 유죄판결을 선고한 법관의 재판상 직무행위는 대통령의 위법한 직무행위와 구별되는 독립적인 불법행위로서 국가배상책임을 구성하고, 이를 대통령의 국가긴급권 행사와 그 집행에 포섭된 일련의 국가작용으로 평가할 수는 없다.

**해 설** 이 판결은 1975년의 대통령 긴급조치의 위헌성을 인정하면서 그로 인한 수사와 재판 그리고 그 집행으로 발생한 손해에 대하여 국가배상책임을 인정하고 있다. 이 판결이 국가배상책임과 공법질서에 대해 가지는 시사점은 여러 가지가 있지만 그 가운데 다수의견만을 검토할 때 다음의 것이 중요하다.

① 종전 판례를 변경하여 과거에 통치행위라고 하였던 대통령의 고도의 정치적 행위에 대하여서도 국가배상책임을 인정하였다.

② 위헌결정이 있기 이전에는 그 위헌 법령을 적용한 공무원의 고의·과실을 인정할 수 없다고 하던 입장을 변경하여 긴급조치 제9호와 같이 위헌·무효임이 명백한 경우에는 국가배상책임을 인정할 수 있다는 선례를 남겼다. 위헌선언이 있기 전에 위헌·무효임이 명백한 경우가 있다는 점을 인정하였으므로 앞으로 위헌선언 이전에 위헌법령을 적용한 처분의 무효가능성을 열어둔 것이라고 해석될 여지도 있다.

③ 수사와 재판 그리고 그 집행행위에서의 위법성과 고의·과실을 구체적으로 검토하지 않고 전체적으로 객관적 정당성을 상실한 것으로 보아 국가배상책임의 성립을 인정하였다. 이 과정에서 논란이 된 긴급조치 9호에 따른 재판행위가 어떻게 불법행위가 되는지에 대한 구체적인 설시는 이루어지지 않았다.

### 7. 타인에게 손해 발생

공무원의 위법한 직무행위로 인한 손해배상책임이 성립하기 위해서는 그 위법한 직무행위로 타인에게 손해가 발생하여야 한다.

여기서 타인이란 가해행위에 가담한 자와 그가 소속한 행정주체를 제외한 자를 의미한다.

또한 여기서 손해라 함은 재산, 생명, 신체, 정신적 손해를 망라하며 소극적 손해와 적극적 손해를 모두 포함하되 위법한 직무행위와 상당인과관계에 있는 것이어야 한다.

상당인과관계라 함은 사회생활의 경험법칙상 어떤 원인이 있으면 어떤 결과가 발생하는 것이 일반적이라고 생각되는 인과관계를 말한다.

대법원은 "상당인과관계의 유무를 판단함에 있어서 일반적인 결과발생의 개연성은 물론 직무상 의무를 부과하는 법령 기타 행동규범의 목적, 그 수행하는 직무의 목적 내지 기능으로부터 예견가능한 행위 후의 사정, 가해행위의 태양 및 피해의 정도 등을 종합적으로 고려하여야 한다"[55]고 한다.

그런데 앞서 언급한 바와 같이 대법원은 사익보호성이 없는 손해에 대해서는 상당인과관계를 부정하고 있다.

그리고 대법원은 이러한 상당인과관계는 반드시 의학적·자연과학적으로 명백히 증명되어야 하는 것은 아니고, 규범적 관점에서 상당인과관계가 인정되는 경우에는 증명이 있다고 보아야 한다고 한다.[56]

**주요판례요지**

① 대법원 2020.10.15. 선고 2017다278446 판결: 행정처분이 있은 후 행정처분을 이행하기 어려운 장애사유가 있어 오랫동안 이행이 이루어지지 않았고 행정관청에서도 이러한 사정을 참작하여 이행을 강제하기 위한 조치를 취하지 않고 불이행된 상태를 방치하는 등 특별한 사정이 있는 경우, 행정처분의 이행을 전제로 그에 필요한 비용 상당의 손해가 현실적·확정적으로 발생하였다고 보기 위해서는 행정처분의 존재뿐만이 아니라 행정처분의 이행가능성과 이행필요성이 인정되어야 한다.

② 대법원 2024.2.8. 선고 2020다209938 판결: 아파트에서 화재가 발생하였고 당시 계단실 방화문이 열려 있어 이를 통해 화재가 건물 내부와 상층부로 확산됨에 따라 아파트 거주자들이 다수 사망하였는데, 화재가 발생하기 전 갑 지방자치단체 소속 소방공무원인 을 등은 위 아파트에 관한 소방특별조사를 실시하였으나 방화문에 도어클로저가 설치되었는지를 조사하지 아니하였다. 그러나 이는 소방조사시에 반드시 조사하여야 하는 항목이 아니라 필요한 경우에 실시할 수 있는 조사항목이므로 소방특별 조사시에 이를 확인하지 않았다고 하더라도 직무상 과실이 있다고 보기는 어렵다.

참고판례 1: 대법원 2010.7.22. 선고 2010다13527 판결 [손해배상(기)]

개별공시지가 산정업무 담당공무원 등이 **잘못 산정·공시한 개별공시지가를 신뢰한 나머지 토지의 담보가치가 충분하다고 믿고 그 토지에 관하여 근저당권설정등기를 경료한 후 물품을 추가로 공급함으로써 손해를 입었음을 이유로** 그 담당공무원이 속한 지방자치단체에 손해배상을 구한 사안에서, 그 담당공

55) 대법원 2008.1.31. 선고 2006다913 판결; 대법원 2007.12.27. 선고 2005다62747 판결.
56) 대법원 2018.6.28. 선고 2017두53941 판결.

무원 등의 개별공시지가 산정에 관한 직무상 위반행위와 위 손해 사이에 **상당인과관계가 있다고 보기 어렵다고 한 사례.**

**해 설** 개별공시지가는 그 산정 목적인 개발부담금의 부과, 토지 관련 조세 부과 등 다른 법령이 정하는 목적을 위해 지가를 산정하는 경우에 그 산정 기준이 되는 범위 내에서는 납세자인 국민 등의 재산상 권리·의무에 직접적인 영향을 미칠 수 있다. 그러나 이에 더 나아가 개별공시지가가 당해 토지의 거래 또는 담보제공을 받음에 있어 그 실제 거래가액 또는 담보가치를 보장한다거나 어떠한 구속력을 미친다고 할 수는 없기 때문에 그 산정이 잘못된 것과 담보가치를 오인하여 한 행위로 인한 손해 사이의 상당인과관계를 부정하였다.

### 참고판례 2: 대법원 2008.4.10. 선고 2005다48994 판결 [손해배상(기)]

(전략) 유흥주점에 감금된 채 윤락을 강요받으며 생활하던 여종업원들이 유흥주점에 화재가 났을 때 미처 피신하지 못하고 유독가스에 질식해 사망한 사안에서, **지방자치단체의 담당 공무원이 위 유흥주점의 용도변경, 무허가 영업 및 시설기준에 위배된 개축에 대하여 시정명령 등 식품위생법상 취하여야 할 조치를 게을리 한 직무상 의무위반행위와 위 종업원들의 사망 사이에 상당인과관계가 존재하지 않는다**고 한 사례.

(중략) 소방법의 규정들은 단순히 전체로서의 공공 일반의 안전을 도모하기 위한 것에서 더 나아가 국민 개개인의 인명과 재화의 안전보장을 목적으로 하여 둔 것이므로, 소방공무원이 소방법 규정에서 정하여진 직무상의 의무를 게을리 한 경우 그 의무 위반이 직무에 충실한 보통 일반의 공무원을 표준으로 할 때 객관적 정당성을 상실하였다고 인정될 정도에 이른 경우에는 국가배상법 제2조에서 말하는 위법의 요건을 충족하게 된다. 그리고 **소방공무원의 행정권한 행사가 관계 법률의 규정 형식상 소방공무원의 재량에 맡겨져 있다고 하더라도 소방공무원에게 그러한 권한을 부여한 취지와 목적에 비추어 볼 때 구체적인 상황 아래에서 소방공무원이 그 권한을 행사하지 않은 것이 현저하게 합리성을 잃어 사회적 타당성이 없는 경우에는 소방공무원의 직무상 의무를 위반한 것으로서 위법하게 된다.**

유흥주점에 감금된 채 윤락을 강요받으며 생활하던 여종업원들이 유흥주점에 화재가 났을 때 미처 피신하지 못하고 유독가스에 질식해 사망한 사안에서, **소방공무원이 위 유흥주점에 대하여 화재 발생 전 실시한 소방점검 등에서 구 소방법상 방염 규정 위반에 대한 시정조치 및 화재 발생시 대피에 장애가 되는 잠금장치의 제거 등 시정조치를 명하지 않은 직무상 의무 위반은 현저히 불합리한 경우에 해당하여 위법하고, 이러한 직무상 의무 위반과 위 사망의 결과 사이에 상당인과관계가 존재한다**고 한 사례.

**해 설** 대법원은 공무원에게 어떠한 직무행위를 할 것인지에 대해 재량이 주어져 있다 하더라도 구체적인 상황하에서 공무원의 행위가 현저하게 합리성을 잃어 사회적 타당성이 없는 경우에는 공무원의 직무상 의무를 위반한 것이라고 보아야 한다고 한다.

그리하여 유흥주점에 감금되어 윤락행위를 강요받던 여종업원들이 화재가 나도 피하지 못하고 사망한 사건에서 지방자치단체의 담당 공무원이 위 유흥주점의 용도변경, 무허가 영업 및 시설기준에 위배된 개축에 대하여 시정명령 등 식품위생법상 취하여야 할 조치를 게을리 한 직무상 의무위반행위와 위 종업원들의 사망 사이에 상당인과관계가 존재하지 않는다고 하면서도, 소방공무원이 위 유흥주점에 대하여 화재 발생 전 실시한 소방점검 등에서 구 소방법상 방염 규정 위반에 대한 시정조치 및 화재 발생시 대피에 장애가 되는 잠금장치의 제거 등 시정조치를 명하지 않은 직무상 의무 위반은 현저히 불합리한 경우에 해당하여 위법하고, 이러한 직무상 의무 위반과 위 사망의 결과 사이에 상당인과관계가 존재한다고 판시하였다.

참고판례 3: 대법원 2021.7.29. 선고 2015다221668 판결 [손해배상(기)]

법령에서 주민들의 행정절차 참여에 관하여 정하는 것은 어디까지나 주민들에게 자신의 의사와 이익을 반영할 기회를 보장하고 행정의 공정성, 투명성과 신뢰성을 확보하며 국민의 권익을 보호하기 위한 것일 뿐, 행정절차에 참여할 권리 그 자체가 사적 권리로서의 성질을 가지는 것은 아니다. **이와 같이 행정절차는 그 자체가 독립적으로 의미를 가지는 것이라기보다는 행정의 공정성과 적정성을 보장하는 공법적 수단으로서의 의미가 크므로, 관련 행정처분의 성립이나 무효 · 취소 여부 등을 따지지 않은 채 주민들이 일시적으로 행정절차에 참여할 권리를 침해받았다는 사정만으로 곧바로 국가나 지방자치단체가 주민들에게 정신적 손해에 대한 배상의무를 부담한다고 단정할 수 없다.**

(중략) 국가나 지방자치단체가 행정절차를 진행하는 과정에서 주민들의 의견제출 등 절차적 권리를 보장하지 않은 위법이 있다고 하더라도 **그 후 이를 시정하여 절차를 다시 진행한 경우, 종국적으로 행정처분 단계까지 이르지 않거나 처분을 직권으로 취소하거나 철회한 경우, 행정소송을 통하여 처분이 취소되거나 처분의 무효를 확인하는 판결이 확정된 경우 등에는 주민들이 절차적 권리의 행사를 통하여 환경권이나 재산권 등 사적 이익을 보호하려던 목적이 실질적으로 달성된 것이므로 특별한 사정이 없는 한 절차적 권리 침해로 인한 정신적 고통에 대한 배상은 인정되지 않는다. 다만** 이러한 조치로도 주민들의 절차적 권리 침해로 인한 정신적 고통이 여전히 남아 있다고 볼 **특별한 사정이 있는 경우에 국가나 지방자치단체는 그 정신적 고통으로 인한 손해를 배상할 책임이 있다.** 이때 특별한 사정이 있다는 사실에 대한 주장·증명책임은 이를 청구하는 주민들에게 있고, 특별한 사정이 있는지는 주민들에게 행정절차 참여권을 보장하는 취지, 행정절차 참여권이 침해된 경위와 정도, 해당 행정절차 대상사업의 시행경과 등을 종합적으로 고려해서 판단해야 한다.

해 설 의견제출 절차 등의 절차에 참여할 권리가 침해받은 경우 정신적 손해에 따른 위자료 배상청구가 가능하다. 그러나 이 경우 절차적 권리의 침해로 인하여 손해가 발생하여야 하는데 대법원은 단순히 절차적 권리의 침해만으로 정신적 손해가 발생한다고 보지는 않는다. 나중에 절차가 추완되었거나 절차위반을 이유로 처분이 취소되는 경우에는 정신적 손해가 발생하지 않는다고 본다.

## 제3관 공무원의 개인 책임

### 1. 개 관

헌법 제29조 제1항은 공무원의 위법한 직무행위로 인한 국가의 배상책임을 인정하면서도 "공무원 자신의 책임은 면제되지 아니한다."라고 규정하고 있다. 이러한 헌법의 규정에 근거하여 국가배상법 제2조 제2항은 공무원에게 고의 또는 중대한 과실이 있을 때에는 국가나 지방자치단체가 불법행위를 저지른 공무원에게 구상권을 행사할 수 있도록 하고 있으며 또한 앞서 살펴본 대법원 1996.2.15. 선고 95다38677 전원합의체 판결은 공무원에게 고의 또는 중과실이 있는 경우에는 피해자는 가해자인 공무원에게도 선택적으로 배상청구권을 행사할 수 있다고 판시하였다.

그러나 대법원은 역으로 경과실의 불법행위를 저지른 공무원이 피해자에게 직접 배상한 경우

공무원은 국가에 대하여 구상권을 취득한다고 판시하였다.[57)]

## 2. 구상권

국가배상법 제2조 제2항이 규정하고 있는 구상권의 본질을 이해함에 있어서도 국가배상책임의 본질론이 그 논의의 기반을 이룬다.

국가배상책임의 본질에 관한 대위책임설의 입장에서는 구상권은 부당이득반환청구권의 행사가 되며, 자기책임설의 입장에서는 공무원이 국가에 대한 의무를 충실히 이행하지 못하여 불법행위가 발생하였다는 점에서 구상권에 따른 책임은 채무불이행에 따른 행정 내부의 변상책임이 된다. 자기책임설에 의하면 소송비용도 구상권의 대상에 포함될 수 있다.

그러나 판례는 지급한 배상금과 그 이자만이 구상권의 대상이라 하고, 구상권의 범위의 결정에 있어서 손해발생에 대한 공무원의 기여정도, 불법행위의 예방이나 손실분산에 대한 국가 또는 지방자치단체의 배려의 정도, 당해 공무원의 평소 근무태도 등을 고려하여 손해의 공평한 분담이라는 견지에서 신의칙상 상당하다고 인정하는 한도 내에서만 구상권을 행사하도록 하고 있다.[58)]

따라서 국가의 구상권 행사가 재량으로 인정되는 국가배상법 제2조 제2항의 해석과 위 판례이론을 종합하면 구상권 행사는 징계적 성격을 가지고 있다고 할 수 있다.

한편, 국가가 공동불법행위자인 공무원들에게 구상권을 행사하는 경우, 공동불법행위자인 공무원 사이에서의 연대책임은 부인된다.

---

### 참고판례 1: 대법원 1991.5.10. 선고 91다6764 판결 [구상금]

국가 또는 지방자치단체의 산하 공무원이 그 직무를 집행함에 당하여 중대한 과실로 인하여 법령에 위반하여 타인에게 손해를 가함으로써 국가 또는 지방자치단체가 손해배상책임을 부담하고, 그 결과로 손해를 입게 된 경우에는 국가 등은 **당해 공무원의 직무내용, 당해 불법행위의 상황, 손해발생에 대한 당해 공무원의 기여정도, 당해 공무원의 평소 근무태도, 불법행위의 예방이나 손실분산에 관한 국가 또는 지방자치단체의 배려의 정도 등 제반 사정을 참작하여 손해의 공평한 분담이라는 견지에서 신의칙상 상당하다고 인정되는 한도 내에서만 당해 공무원에 대하여 구상권을 행사할 수 있다**고 봄이 상당하다.

### 참고판례 2: 대법원 2016.6.10. 선고 2015다217843 판결 [구상금]

공무원의 불법행위로 손해를 입은 **피해자의 국가배상청구권의 소멸시효 기간이 지났으나 국가가 소멸시효 완성을 주장하는 것이 신의성실의 원칙에 반하는 권리남용으로 허용될 수 없어 배상책임을 이행한 경우에는,** 그 소멸시효 완성 주장이 권리남용에 해당하게 된 원인행위와 관련하여 해당 공무원이 그 원인이 되는 행위를 적극적으로 주도하였다는 등의 **특별한 사정이 없는 한, 국가가 해당 공무원에게 구상권을 행사하는 것은 신의칙상 허용되지 않는다고 봄이 상당하다.**

---

57) 대법원 2014.8.20. 선고 2012다54478 판결.
58) 대법원 1991.5.10. 선고 91다6764 판결.

### 3. 선택적 청구권의 인정문제

공무원이 위법한 직무행위로 가해한 경우 피해자는 국가배상책임을 국가에 추궁하는 이외에 이와 선택적으로 가해자인 공무원 개인의 책임을 물어 손해배상청구를 할 수 있는지가 문제이다. 종래 행정법학계에서는 이러한 선택적 청구권의 인정 문제를 국가배상책임의 본질론과 결부시켜 국가배상책임을 자기책임으로 이해할 경우에는 개인책임 이외에 국가책임이 별도로 성립하므로 선택적 청구가 가능하고(긍정설) 이를 대위책임으로 이해할 때에는 개인의 책임을 국가가 대신 지는 것이므로 선택적 청구권을 인정할 수 없다(부정설)고 하였다. 그러나 오늘날에 이르러 선택적 청구권의 인정 문제는 피해자 보호와 동시에 가해 공무원의 책임의식과 직무수행상의 사기 등을 고려한 정책적 판단의 문제로 인식되어 반드시 이를 국가배상책임의 본질론에만 연계시키지는 않는 경향을 보이고 있다.

한편 대법원은 이 문제를 헌법 제29조 제1항의 해석론과 국가배상책임의 본질론을 연계하여 해결하고 있다. 선택적 청구권에 대한 리딩케이스라 할 수 있는 대법원 1996.2.15. 선고 95다38677 전원합의체 판결은 헌법 제29조 제1항 단서가 공무원 개인의 구체적인 손해배상책임의 범위까지 규정한 것으로 보기 어렵다고 하면서 공무원의 고의·중과실에 기한 손해를 야기한 행위는 그 본질에 있어서 기관행위로서의 품격을 상실하여 공무원 개인의 배상책임이 면제되지 않는 것이고 다만 외관법리상 피해자 보호를 위하여 국가도 배상책임을 부담하고 가해 공무원에게 구상하도록 한 것이라는 입장을 취하였다. 결국 선택적 청구권은 공무원의 고의·중과실이 있는 경우에만 인정한다는 입장이다(절충설: 다수의견).[59)]

## 제3절 영조물의 설치·관리의 하자로 인한 국가배상책임

## 제1관 국가배상법 제5조의 배상책임제도의 의의

### 1. 국가배상법 제5조의 배상책임제도의 성격과 의의

#### (1) 국가배상법 제5조의 책임규정의 성격

국가배상법 제5조의 영조물의 설치·관리의 하자로 인한 국가배상책임에 대한 규정은 배상책임의 창설규정이 아니라 포괄적 책임규정이라고 보아야 한다. 왜냐하면 국가배상법 제5조의 규정이 없더라도 국가배상법 제2조를 적용하여 영조물의 설치·관리의 하자를 초래한 공무원의 불법행위에 따른 국가배상책임이 성립하기 때문이다.

---

59) 그러나 이 판결의 별개의견은 헌법 제29조 제1항 단서의 공무원의 개인책임은 공무원 개인의 불법행위 책임이므로 경과실과 중과실을 구별하지 않고 선택적 청구권이 인정되어야 한다고 하였고(긍정설), 반대의견은 헌법 제29조 제1항 제2문의 규정에서 공무원의 개인책임은 국가나 공공단체 내부적 책임이 면제되지 않는다는 것이지 불법행위 책임이 면제되지 않는다고 해석할 수 없다고 하여 선택적 청구권을 전면 부정하였다(부정설).

#### (2) 국가배상법 제5조의 책임규정의 입법취지

그런데 국가배상법 제5조가 규정하는 영조물의 설치·관리의 하자로 인한 국가배상책임에 대한 규정은 독일의 법제에서는 찾아볼 수가 없다. 이러한 형태의 포괄적 책임규정은 일본 국가배상법에서 유래하는 것으로 알려져 있다.

생각건대, 국가배상법 제5조의 독립적 규정의 의의는 본조의 배상책임을 무과실책임에 가깝게 함으로써 국가배상법 제2조에 비해 피해자의 주장·입증을 용이하게 하였다는 점, 그리고 민법에 비해서는 배상책임의 범위를 넓게 하고 점유자의 면책이 인정되지 않도록 하였다는 점 등에 있다.

#### (3) 국가배상법 제5조의 규정과 국가배상법 제2조의 규정이 경합하는 경우

한편 국가배상법 제2조의 책임규정과 제5조의 책임규정이 경합하는 경우에는 어떻게 할 것인지가 문제이다. 예컨대 소방자동차의 기계적 하자와 운전사의 조작과실이 경합한 때와 같이 영조물 관리행위의 하자에 공무원의 직무상 위법행위가 가미되는 경우인데 이때에는 어느 규정을 적용하여도 무방하다고 할 것이다. 이럴 경우 피해자의 입장에서는 국가배상법 제5조를 적용하는 것이 유리하다.

그러나 공무원의 순수한 영조물 사용행위로 인한 손해는 공무원의 순수 직무행위이고 영조물 하자와 무관하므로 국가배상법 제2조의 문제라고 할 것이다.

### 2. 민법 제758조의 공작물책임과의 관계

#### (1) 민법 제758조의 공작물책임과의 차이점

국가배상법 제5조의 국가배상책임은 민법 제758조에 의한 공작물책임과 비교될 수 있는데, 그 차이점은 다음과 같다.

① 민법 제758조와 달리 책임의 대상이 공작물 등에 한정되지 않고 학문상의 공물 전반에 미쳐 동산, 동물도 그 대상이 된다.

② 민법 제758조는 공작물의 점유자가 주의의무를 다하였을 때에는 면책을 인정하지만 국가배상법 제5조에 의하면 국가·지방자치단체가 점유자의 입장에 서있고 주의의무를 다하였더라도 국가·지방자치단체는 면책되지 아니한다.

#### (2) 고속국도의 경우

그런데 고속국도는 국가배상법 제5조가 규정하는 영조물에 해당되지만 설치·관리의 주체가 점유자인 한국도로공사라고 할 수 있다. 따라서 그 하자로 인한 손해에 대해서는 한국도로공사가 손해배상책임을 지는데 여기에는 국가배상법이 적용되지 않고 민법 제758조의 책임규정이 적용되는 것이 원칙이다. 그러나 고속국도도 광의의 국가의 관리 하에 있는 공물인데 이에 대해 민법을 적용하는 것이 타당한 것인지에 대해서 논란의 여지가 있다. 이러한 이유로 대법원은 고속국도의 하자로 인한 손해배상책임에 대해 국가배상법을 적용한 경우도 있다.[60] 고속국도에 민법을 적용한다고 하여도 대구지방법원은 국가배상법 제5조의 규정을 유추적용하여 민법 제758조 제1항의 단서를 원용하는 면책항변을 허용하지 아니함이 옳다고 한다.[61]

## 제2관 국가배상법 제5조의 배상책임의 성질

국가배상법 제5조의 배상책임에 대해 종래 다수설은 그 성질을 무과실책임으로 보고 있었다(객관설). 즉, 본조의 배상책임의 성립에 있어서 설치·관리자의 고의나 과실을 요하지 않는다는 것이다. 이렇게 해석할 때 국가배상법 제5조의 입법취지를 가장 잘 살릴 수 있다고 본다.

그러나 본조의 배상책임의 요건이 되는 '영조물의 설치 또는 관리상의 하자'를 이해하는 방식에 따라 본조의 배상책임을 객관화되거나 완화된 과실책임으로 이론 구성할 여지가 있다. 즉 본조의 설치·관리상의 하자는 순수하게 물건의 객관적 상태를 보고 판단하는 것이 아니라 설치·관리자의 주관적 의무위반이나 과실이 있는지의 여부도 함께 고려하여야 한다는 입장에서는 본조의 배상책임은 무과실책임이 아니라 일종의 과실책임으로서의 성격을 띨 수 있는 것이다(주관설 및 절충설). 이처럼 주관설 및 절충설이 주장되는 이유는 아무리 객관설적인 입장에서 본조의 배상책임을 이해한다 하더라도 불가항력인 경우에는 책임을 물을 수 없는 등 책임의 성립에 있어서 주관적 요소를 완전히 배제하기 어렵고 또한 '하자'에는 공무원의 행위가 개입하므로 행위에 대한 가치판단이 필요한 경우가 있기 때문이다.

국가배상법 제5조의 배상책임의 성질에 대해서는 제3관 2. 설치나 관리에 하자에서 부연 설명한다.

## 제3관 배상책임의 요건

### 1. 도로·하천 그 밖의 공공의 영조물

국가배상법 제5조는 도로·하천 그 밖의 영조물의 설치나 관리에 하자가 있어서 손해가 발생한 경우의 국가배상책임을 규정하고 있다.

그런데 본조에서 말하는 영조물이라는 용어는 일본 국가배상법에서 유래된 것으로서 입법용어로서 적절하게 선택된 것이라고 할 수 없다. 왜냐하면 해석상 본조의 영조물은 통상의 의미의 영조물이 아니라 널리 학문상의 공물을 의미하는 것으로 이해되기 때문이다. 따라서 본조의 영조물에는 도로·하천이나 건물 등 부동산만이 아니라 동물이나 동산도 포함된다. 이점에서 민법 제758조가 공작물에 한하여 책임을 규정하고 있는 점과 다르다.

60) 대법원 2002.8.23. 선고 2002다9158 판결.
61) 대구지방법원 1995.1.26. 선고 94가합4985 판결.

다만 전기와 같이 관리할 수 있는 자연력이 본조의 영조물에 포함되는지의 여부에 대해서는 학설이 대립하고 있다. 그러나 문제되는 것은 언제나 자연력 자체보다 전선과 같은 관리시설의 하자이므로 자연력을 본조의 영조물에 포함시킬 필요는 없다고 본다.

또한 국가나 지방자치단체 소유(국유나 공유)일지라도 행정재산이 아닌 일반재산의 설치·관리상의 하자에 대해서는 민법 제758조가 적용될 뿐 국가배상법이 적용되지 않는다. 반면, 국·공유가 아니더라도(사유공물, 타유공물) 국가 또는 지방자치단체의 관리 하에 있는 공물이라면 국가배상법 제5조가 적용된다.

그리고 국가배상법 제5조가 적용되는 영조물에는 인공공물뿐 아니라 자연공물도 포함된다. 그러나 자연공물에 대해서는 설치행위가 없으므로 안전확보의무가 다소 완화되는 것으로 보아야 할 것이다.

**주요판례요지**

대법원 1998.10.23. 선고 98다17381 판결: 국가배상법 제5조 제1항 소정의 '공공의 영조물'에는 국가 또는 지방자치단체가 소유권, 임차권 그 밖의 권한에 기하여 관리하고 있는 경우뿐만 아니라 사실상의 관리를 하고 있는 경우도 포함된다. 완성도 되지 않고 일반 공공의 이용에 제공되지도 않은 시설은 국가배상법 제5조의 '공공의 영조물'에 해당되지 않는다.

## 2. 설치나 관리에 하자

국가배상법 제5조의 배상책임이 성립하기 위해서는 도로·하천 그 밖의 공공의 영조물의 설치나 관리에 하자가 있어야 한다. 여기서 말하는 설치나 관리상의 하자는 민법 제758조의 공작물의 설치 또는 보존의 하자와 대동소이하다고 생각된다. 본조의 관리에는 자연공물의 적합한 유지 등의 의미가 포함된다고 해석된다.

그러나 앞에서 살펴본 바와 같이 본조의 배상책임의 본질과 관련하여 설치 또는 관리의 하자를 판단함에 있어서 설치·관리자의 귀책사유가 고려되어야 할지 여부가 다투어지고 있다.

### (1) 객관설

객관설은 설치 또는 관리의 하자는 무과실책임으로서 관리의무위반이나 관리주체의 재정력과는 무관한 물적 하자라고 보는 견해이다. 이 견해에 의하면 설치 또는 관리상의 하자란 영조물의 통상의 용법에 따른 이용에 있어 객관적으로 갖추어야 할 물적 안전성의 결여를 의미한다.

### (2) 주관설: 의무위반설

주관설은 객관설과 달리 국가배상법 제5조의 배상책임은 단순한 객관적인 물적 상태에 따른 책임이 아니라 설치·관리자의 주관적 책임사유인 안전확보의무 또는 위험방지의무위반에 대한 책임이라고 이해하는 학설이다.

주관설은 ① 국가배상법 제5조는 순수 결과책임을 묻는 것이 아니라 설치·관리의 하자에 따르는 책임을 추궁하는 것이라는 점, ② 불법행위책임은 의무위반을 전제로 한다는 점 및 ③ 국가배상책임의 지나친 확장을 막을 필요가 있다는 점 등을 그 중요한 논거로 제시하고 있다.

주관설의 계열에 속하는 학설 중에는 ① 국가배상책임을 자기책임으로 이해함과 동시에 국가배상법 제2조의 책임에서의 과실개념도 공무원의 주관적 과실이 아니라 객관화된 국가작용의 흠으로 이해하면서 동시에 국가배상법 제5조의 설치·관리의 하자도 이와 동일한 의미의 객관화된 과실로 이해하려고 하는 견해, ② 주의의무위반을 객관화하여 관리자의 행위에 객관적으로 하자가 있으면 관리자의 주관적 과실이 없어도 책임을 인정하려는 견해(이를 안전의무위반설이라 지칭하기도 한다) 등도 있다.

이러한 주관설에 대하여는 ① 국가배상법 제5조의 입법문언상 과실 요건이 존재하지 않는다는 점, ② 의무위반의 입증책임이 어렵기 때문에 주관설에 의하면 국가배상법 제5조의 배상책임을 제2조의 배상책임과 별도로 규정한 국가배상법의 취지에 부응할 수 없다는 점 등을 이유로 비판론이 전개되고 있다.

그러나 이러한 비판에 대해서는 ① 입법 문언상 과실요건이 없다고 하더라도 해석상 과실요건이 부여되어 있는 것으로 보는 것이 타당하고, ② 문제되는 의무위반을 고도화·객관화된 의무로 파악하면 결론에 있어서 객관설과 큰 차이가 없으며, ③ 설치·관리의 하자가 있을 때에는 입증책임을 전환하여 의무위반이 없음을 설치·관리자가 입증하도록 하면 본조의 입법취지를 충분히 살릴 수 있다는 등의 재반론이 있다.

#### (3) 절충설

이 학설은 영조물의 하자에는 영조물 자체의 안전성과 관리자의 의무위반이 포함된다는 입장 또는 국가배상법 제5조의 설치·관리의 하자 유무의 판정에 있어서 영조물 자체의 하자뿐 아니라 관리자의 의무위반까지도 고려하여야 한다는 입장에 서 있다. 이 학설에 따르면 설치·관리자인 공무원의 관리작용상의 의무위반까지 국가배상법 제5조로 해결할 수 있다. 예컨대, 댐 관리의 하자와 댐 관리상의 하수방류와 같은 행위가 결합하여 손해를 발생시킨 경우에는 국가배상법 제5조를 적용할 수 있는 것이다.

그러나 순수한 의미의 관리자의 의무위반에 대해서는 국가배상법 제2조를 적용하는 것이 타당하다.

이 학설에 따를 때, 주관적 의무위반이 없는 경우에도 설치·관리의 하자가 문제될 수 있다는 점에서 주관설보다 책임인정범위가 넓지만, 반드시 천재지변 등의 불가항력적인 사유가 아니어도 결과에 대한 예견가능성과 회피가능성이 없어서 주관적 책임을 물을 수 없는 경우에는 객관적 물적 안전성이 결여되어 있어도 국가배상책임이 성립되지 않을 수 있다.

### (4) 판례이론

① 예견가능성과 회피가능성

대법원은 절충설의 입장으로 이해된다. 따라서 천재지변 등의 불가항력적 사유가 있는 경우가 아니라도 영조물의 설치·관리자에게 손해발생의 예견가능성과 회피가능성이 없는 경우에는 본조의 국가배상책임을 인정하지 아니한다.[62)]

② 예산과 영조물의 하자

한편 예산문제가 설치·관리상의 하자의 여부에 대한 판단에 어느 정도의 영향을 미치는가 하는 것이 문제인데, 판례는 예산부족은 참작사유 정도로 이해하고 있는 듯하다.[63)] 따라서 자연공물의 경우 합리적인 예산투입계획이 있는 것으로 족하다고 보아야 할 것이다.

③ 기능적 하자(이용상 하자)

또한 대법원은 통상적인 하자 개념에 해당하지 않는 영조물의 이용상태 및 정도가 수인한도를 넘는 경우의 인근주민의 손해에 대한 책임을 설명하기 위하여 '기능적 하자(이용상 하자)'의 개념을 제시하고 있다(주요판례요지 ④ 참조).[64)]

**주요판례요지**

① 대법원 1994.11.22. 선고 94다32924 판결: 국가배상법 제5조의 국가배상책임은 무과실책임이다(원래의 대법원 입장).

② 대법원 2000.2.25. 선고 99다54004 판결: 국가배상법 제5조의 배상책임이 성립하기 위해서는 영조물설치자의 방호조치의무에 대한 위반이 있어야 하고 손해발생의 회피가능성과 예견가능성이 있어야 한다(주관적 요소와 의무위반을 고려한 판례).

③ 대법원 2000.4.25. 선고 99다54998 판결: 국가배상법 제5조의 국가배상책임의 성립을 판단함에 있어서 관리자의 재정적 제약도 고려하여야 한다.

④ 대법원 2005.1.27. 선고 2003다49566 판결: 과다한 비행기 이착륙으로 인하여 김포공항에서 발생한 소음 등으로 인한 손해배상사건에서 영조물의 이용상태 및 정도가 수인한도를 초과하는 피해를 입힌 경우에 "기능적 하자"라는 개념 하에 설치 또는 관리의 하자를 인정하였다.

⑤ 대법원 2022.7.28. 선고 2022다225910 판결: 국가배상법 제5조 제1항에 규정된 '영조물 설치·관리상의 하자'는 그 영조물의 위험성에 비례하여 사회통념상 일반적으로 요구되는 정도의 방호조치의무를 다하였는지를 기준으로 판단하여야 하고, 그 설치자 또는 관리자의 재정적·인적·물적 제약 등도 고려하여야 한다. 따라서 영조물이 그 설치 및 관리에 있어 완전무결한 상태

---

62) 대법원 2000.2.25. 선고 99다54004 판결.
63) 대법원 1967.2.21. 선고 66다1723 판결.
64) 대법원 2005.1.27. 선고 2003다49566 판결; 대법원 2004.3.12. 선고 2002다14242 판결; 대법원 2010.11.25. 선고 2007다20112 판결.

를 유지할 정도의 고도의 안전성을 갖추지 아니하였다고 하여 하자가 있다고 단정할 수는 없고, 영조물 이용자의 상식적이고 질서 있는 이용 방법을 기대한 상대적인 안전성을 갖추는 것으로 족하다. 도로의 보조표지가 신호체계 및 교차로의 도로구조와 맞지 않는 부분이 있어도 거기에 통상 갖추어야 할 안전성이 결여된 설치·관리상의 하자가 있다고 보기 어렵다.

### 참고판례 1: 대법원 2001.7.27. 선고 2000다56822 판결 [손해배상(자)]

국가배상법 제5조 제1항에 정해진 영조물의 설치 또는 관리의 하자라 함은 영조물이 그 용도에 따라 통상 갖추어야 할 안전성을 갖추지 못한 상태에 있음을 말하는 것이며, 다만 영조물이 완전무결한 상태에 있지 아니하고 그 기능상 어떠한 결함이 있다는 것만으로 영조물의 설치 또는 관리에 하자가 있다고 할 수 없는 것이고, (중략) 제반 사정을 종합적으로 고려하여 설치·관리자가 그 영조물의 위험성에 비례하여 사회통념상 일반적으로 요구되는 정도의 방호조치의무를 다하였는지 여부를 그 기준으로 삼아야 하며, 만일 객관적으로 보아 시간적·장소적으로 영조물의 기능상 결함으로 인한 **손해발생의 예견가능성과 회피가능성이 없는 경우 즉 그 영조물의 결함이 영조물의 설치·관리자의 관리행위가 미칠 수 없는 상황 아래에 있는 경우임이 입증되는 경우라면 영조물의 설치·관리상의 하자를 인정할 수 없다.**

가변차로에 설치된 신호등의 용도와 오작동시에 발생하는 사고의 위험성과 심각성을 감안할 때, 만일 가변차로에 설치된 두 개의 신호기에서 서로 모순되는 신호가 들어오는 **고장을 예방할 방법이 없음에도 그와 같은 신호기를 설치하여 그와 같은 고장을 발생하게 한 것이라면,** (중략) 설령 적정전압보다 낮은 저전압이 원인이 되어 위와 같은 오작동이 발생하였고 **그 고장은 현재의 기술수준상 부득이한 것이라고 가정하더라도 그와 같은 사정만으로 손해발생의 예견가능성이나 회피가능성이 없어 영조물의 하자를 인정할 수 없는 경우라고 단정할 수 없다고 한 사례.**

**해 설** 신호기의 설치여부에 대한 결정에서 손해발생의 회피가능성이나 예견가능성, 즉 관리가능성이 있다면 설치된 신호기의 오작동을 현재 기술수준으로 회피할 수 없다 하더라도 영조물의 하자가 있다고 판시한 것이다.

### 참고판례 2: 대법원 2000.4.25. 선고 99다54998 판결 [손해배상(자)]

국가배상법 제5조 제1항 소정의 '영조물의 설치·관리상의 하자'라 함은 공공의 목적에 공여된 영조물이 그 용도에 따라 통상 갖추어야 할 안전성을 갖추지 못한 상태에 있음을 말하고, 영조물의 설치 및 관리에 있어서 항상 완전무결한 상태를 유지할 정도의 고도의 안전성을 갖추지 아니하였다고 하여 영조물의 설치 또는 관리에 하자가 있는 것으로는 할 수 없는 것으로서, **영조물의 설치자 또는 관리자에게 부과되는 방호조치의무의 정도는 영조물의 위험성에 비례하여 사회통념상 일반적으로 요구되는 정도의 것을 말하므로,** 영조물인 도로의 경우도 다른 생활필수시설과의 관계나 **그것을 설치하고 관리하는 주체의 재정적, 인적, 물적 제약 등을 고려하여 그것을 이용하는 자의 상식적이고 질서 있는 이용 방법을 기대한 상대적인 안전성**을 갖추는 것으로 족하다.

강설의 특성·기상적 요인과 지리적 요인, 이에 따른 도로의 상대적 안전성을 고려하면 **겨울철 산간지역에 위치한 도로에 강설로 생긴 빙판을 그대로 방치하고 도로상황에 대한 경고나 위험표지판을 설치하지 않았다는 사정만으로** 도로관리상의 하자가 있다고 할 수 없다.

### (5) 하자의 입증책임

국가배상법 제5조의 설치·관리상의 하자의 입증책임은 통상 원고에게 있다고 보는 것이 보통이다. 그런데 주관설에 따르면 하자만이 아니라 의무위반에 대한 입증문제도 발생하게 된다. 그리하여 주관설에서는 일응추정의 이론을 원용하여 의무위반의 입증의 곤란을 덜고자 한다. 따라서 하자 있음이 입증된 이상 그 하자가 의무위반이 아니라는 점은 설치·관리자가 입증하여야 한다고 한다. 절충설을 따르는 대법원도 입증책임에 관하여 이와 동일한 입장이다.

**주요판례요지**

① 대법원 1998.2.10. 선고 97다32536 판결: 손해발생의 예견가능성과 회피가능성은 설치·관리자가 입증하여야 한다.

② 대법원 1988.11.8. 선고 86다카775 판결: 고속국도의 보존상의 하자의 입증책임은 피해자에게 있으나 일단 하자있음이 인정된 이상 고속도로의 점유관리자는 그 하자가 불가항력에 인한 것이거나 손해방지에 필요한 주의를 해태하지 않았다는 점을 주장 입증하여야 책임을 면할 수 있다.

### (6) 시설운영 등으로 인한 환경오염이나 환경훼손에 대한 무과실책임

환경정책기본법 제44조는 환경오염이나 환경훼손으로 인한 피해에 대해 무과실책임을 규정하고 있으며, 원자력손해배상법 제3조나 '환경오염피해 배상책임 및 구제에 관한 법률' 제6조 등도 일정한 경우 시설운영과 관련하여 무과실책임을 인정하고 있다. 이는 일종의 위험책임을 인정한 것인데 해당시설 등이 국가배상법의 '영조물'에 해당하는 경우 '영조물의 설치·관리의 하자'가 없더라도 시설운영자 등이 피해 배상의 책임을 진다. 다만 그 피해가 전쟁·내란·반란 등 관련 법들이 규정하는 불가항력인 사유로 인한 것인 경우에는 면책을 규정하는 경우가 보통이다. 그리고 통상 이러한 무과실책임에 대한 배상책임에는 일정한 한도[65]가 설정된다. 손해액이 한도액을 초과하는 경우에는 국가배상법상의 고의·과실요건에 해당되면 국가배상책임을 물을 수 있다.

## 3. 손해의 발생

국가배상법 제5조의 배상책임의 요건으로서의 손해의 발생도 국가배상법 제2조의 배상책임요건의 경우와 마찬가지로 설치·관리상의 하자와 상당인과관계에 있는 손해의 발생을 의미한다.

65) 예컨대, '환경오염피해 배상책임 및 구제에 관한 법률'의 경우 2,000억원(같은 법 제7조).

### 4. 면책사유

#### (1) 개관

국가배상법 제5조의 배상책임을 주관설이나 절충설의 입장에 따라 이해하게 되면 국가배상책임의 성립은 일정한 의무위반이나 예견가능성 및 회피가능성을 요건으로 하기 때문에 그러한 의무위반이나 예견가능성 및 회피가능성이 없으면 면책이 된다. 그러나 객관설의 입장에서는 의무위반이나 예견가능성 및 회피가능성이 없어도 손해배상책임이 성립하는 경우를 상정할 수 있기 때문에 일정한 면책사유를 인정할 필요가 있다. 객관설에 의할지라도 천재지변 등 회피할 수 없는 외부의 힘에 의한 불가항력의 경우에는 국가배상책임이 성립하지 않는다.

#### (2) 제3자에 의한 불가항력 인정 여부

이러한 면책사유로서의 불가항력에 자연력에 의한 불가항력 이외에 제3자에 의한 불가항력도 포함될 수 있는지가 문제이다. 예컨대, 선행 자동차가 도로안전표지판을 쓰러뜨린 경우 후행 자동차가 도로의 설치·관리의 하자를 이유로 손해배상을 청구할 수 있는지의 문제이다.

그런데 주관설이나 절충설의 입장에서는 이러한 경우에 설치·관리자의 의무위반이나 예견가능성 및 회피가능성을 인정할 수 없으므로 국가배상법 제5조의 배상책임이 성립하지 않는다고 보아야 할 것이다. 우리 대법원도 결과의 예견가능성과 회피가능성을 책임성립요건으로 요구하므로 대법원 판례이론에 따를 때 이 문제를 검토할 실익이 없다.

결국 제3자에 의한 불가항력을 인정한다는 것은 객관설을 따를 때에만 의미가 있는 것이다.

참고판례: 대법원 1997.4.22. 선고 97다3194 판결 [손해배상(자)]

도로의 설치 후 제3자의 행위에 의하여 그 본래 목적인 통행상의 안전에 결함이 발생한 경우에는 **도로에 그와 같은 결함이 있다는 것만으로 성급하게 도로의 보존상 하자를 인정하여서는 안되고,** 당해 도로의 구조, 장소적 환경과 이용상황 등 제반 사정을 종합하여 **그와 같은 결함을 제거하여 원상으로 복구할 수 있는데도 이를 방치한 것인지 여부를 개별적, 구체적으로 심리하여 하자의 유무를 판단하여야 한다.**

해 설 대법원은 제3자의 행위로 인하여 도로의 안전성에 문제가 발생하였다고 하더라도 도로관리청이 그것을 관리할 수 있는 가능성이 없다면 하자를 인정할 수 없다고 판시하고 있다. 그러므로 대법원은 객관설을 취하지 않고 있고 따라서 불가항력 개념은 우리 대법원의 입장에서는 큰 의미가 없다.

### 5. 영조물의 하자와 제3자의 행위 또는 불가항력적 사유의 경합

영조물의 설치·관리상의 하자와 제3자의 행위가 경합된 경우에는 국가배상주체와 제3자는 부진정연대채무를 지게 된다.

한편 영조물의 설치·관리상의 하자에 불가항력적 요소가 결부되었을 때에는 불가항력적 요소의 기여분은 배상범위에서 제외된다.

# 제4절 손해배상책임

## 제1관 배상책임자

### 1. 국가배상청구의 대상자(국가배상책임을 부담하는 자)

국가배상책임을 부담하는 자는 국가 또는 지방자치단체이다. 그런데 국가배상법 제6조는 국가배상책임이 성립한 경우에, 공무원의 선임·감독 또는 영조물의 설치·관리를 맡은 자와 공무원의 봉급·급여, 그 밖의 비용 또는 영조물의 설치·관리비용을 부담하는 자가 동일하지 않은 경우에는 그 비용을 부담하는 자도 손해를 배상하도록 규정하고, 이 조항에 의해 손해를 배상한 자는 궁극적으로 손해배상책임을 지는 자에게 구상권을 행사할 수 있도록 규정하고 있다.

요컨대 피해자의 입장에서는 공무원의 선임, 감독자나 영조물의 설치·관리를 맡은 자와 비용부담자가 다른 경우에 양자를 택일하여 선택청구가 가능하다. 대법원은 양자는 부진정연대채무의 관계에 있게 된다고 한다.[66] 여기서 비용부담자는 실질적 부담자와 형식적 부담자를 모두 의미하는 것으로 이해되고 있다(병존설).[67] 이처럼 공무원의 선임·감독자나 영조물의 설치·관리를 맡은 자와 비용부담자가 다른 전형적인 경우는 국영공비사업이나 국비공영사업과 같은 경우이다. 지방자치단체의 기관위임사무의 경우 사무의 귀속 주체인 국가가 손해배상책임을 진다.[68] 물론 이 경우 지방자치단체가 비용을 부담하면 지방자치단체에게도 책임이 있다.[69] 한편, 단체위임사무의 경우 그 사무의 관리주체를 국가와 지방자치단체 중 어느 것으로 볼 것인지에 대해서는 논란이 있다.

**주요판례요지**

① 대법원 1993.1.26. 선고 92다2684 판결: 기관위임사무의 관리주체는 국가이므로 국가에게도 배상책임이 있다.

② 대법원 1994.12.9. 선고 94다38137 판결: 국가배상법 제6조 제1항 소정의 '공무원의 봉급·급여 기타의 비용'이란 공무원의 인건비만을 가리키는 것이 아니라 당해사무에 필요한 일체의 경비를 의미한다고 할 것이고, 적어도 대외적으로 그러한 경비를 지출하는 자는 경비의 실질적·궁극적 부담자가 아니더라도 그러한 경비를 부담하는 자에 포함된다.

---

66) 대법원 1998.9.22. 선고 97다42502·42519 판결.
67) 대법원 1994.12.9. 선고 94다38137 판결.
68) 대법원 2000.5.12. 선고 99다70600 판결.
69) *Id.*

## 2. 종국적 배상책임자

사무의 관리주체와 그 사무의 비용부담주체가 상이할 경우 종국적 국가배상책임자는 누가 될 것인지에 대해서 ① 관리주체설(사무귀속자설), ② 비용부담주체설, ③ 기여도설, ④ 종합설 등이 주장되고 있다. 대법원은 종합설 내지 기여도설의 입장이라고 보여진다.[70)]

생각건대, 원칙적으로는 손해의 원인에 대해 책임을 져야 할 자인 사무귀속자가 종국적 배상책임을 진다고 보는 것이 타당하나(사무귀속자설). 국가배상책임에 위험책임적 성격이 있는 경우에는 비용부담주체가 종국적 배상책임을 져야 할 것이다(비용부담주체설). 그러나 실제로는 비용부담관계나 관리관계에 국가나 지방자치단체의 관여 부분이 복잡하게 얽혀 있는 경우도 많으므로 이러한 경우에는 기여도설 내지 종합설에 의하는 것이 타당하다고 본다.

### 참고판례 1: 대법원 1999.6.25. 선고 99다11120 판결 [손해배상(자)]

따라서 권한을 위임받은 기관 소속의 공무원이 위임사무처리에 있어 고의 또는 과실로 타인에게 손해를 가하였거나 위임사무로 설치·관리하는 영조물의 하자로 타인에게 손해를 발생하게 한 경우에는 **권한을 위임한 관청이 소속된 지방자치단체가 국가배상법 제2조 또는 제5조에 의한 배상책임을 부담하고, 권한을 위임받은 관청이 속하는 지방자치단체 또는 국가가 국가배상법 제2조 또는 제5조에 의한 배상책임을 부담하는 것이 아니므로,** 지방자치단체장이 교통신호기를 설치하여 그 관리권한이 도로교통법 제71조의2 제1항의 규정에 의하여 관할 지방경찰청장에게 위임되어 지방자치단체 소속 공무원과 지방경찰청 소속 공무원이 합동근무하는 교통종합관제센터에서 그 관리업무를 담당하던 중 위 신호기가 고장난 채 방치되어 교통사고가 발생한 경우, 국가배상법 제2조 또는 제5조에 의한 배상책임을 부담하는 것은 지방경찰청장이 소속된 국가가 아니라, 그 권한을 위임한 지방자치단체장이 소속된 지방자치단체라고 할 것이나, 한편 국가배상법 제6조 제1항은 같은 법 제2조, 제3조 및 제5조의 규정에 의하여 국가 또는 지방자치단체가 손해를 배상할 책임이 있는 경우에 **공무원의 선임 · 감독 또는 영조물의 설치 · 관리를 맡은 자와 공무원의 봉급 · 급여 기타의 비용 또는 영조물의 설치 · 관리의 비용을 부담하는 자가 동일하지 아니한 경우에는 그 비용을 부담하는 자도 손해를 배상하여야 한다고 규정하고 있으므로 교통신호기를 관리하는 지방경찰청장 산하 경찰관들에 대한 봉급을 부담하는 국가도 국가배상법 제6조 제1항에 의한 배상책임을 부담한다.**

**해 설** 지방자치단체의 업무가 국가기관에 위임된 경우 일단 지방자치단체의 책임을 인정한다. 그러나 국가기관이 관련 공무원의 봉급, 급여 기타 비용을 부담하므로 국가도 비용부담자로서 손해배상책임이 있다고 판시하였다.

### 참고판례 2: 대법원 1998.7.10. 선고 96다42819 판결 [구상금]

원래 광역시가 점유·관리하던 일반국도 중 일부 구간의 포장공사를 국가가 대행하여 광역시에 도로의 관리를 이관하기 전에 교통사고가 발생한 경우, 광역시는 그 도로의 점유자 및 관리자, 도로법 제56조, 제55조, 도로법시행령 제30조에 의한 도로관리비용 등의 부담자로서의 책임이 있고, 국가는 그 도로의 점유

70) 대법원 1998.7.10. 선고 96다42819 판결.

자 및 관리자, 관리사무귀속자, 포장공사비용 부담자로서의 책임이 있다고 할 것이며, **이와 같이 광역시와 국가 모두가 도로의 점유자 및 관리자, 비용부담자로서의 책임을 중첩적으로 지는 경우에는, 광역시와 국가 모두가 국가배상법 제6조 제2항 소정의 궁극적으로 손해를 배상할 책임이 있는 자라고 할 것이고, 결국 광역시와 국가의 내부적인 부담 부분은, 그 도로의 인계·인수 경위, 사고의 발생 경위, 광역시와 국가의 그 도로에 관한 분담비용 등 제반 사정을 종합하여 결정함이 상당하다.**

## 제2관 손해배상의 기준과 절차

### 1. 손해배상의 기준

국가배상법 제3조 및 제3조의2는 국가배상에 있어서의 손해액 산정의 기준에 대해 규정하고 있다. 이러한 국가배상법상의 손해배상의 기준을 기준액으로 볼 것인지(기준액설) 그에 의한 계산액에 한정되는 것으로 볼 것인지(한정액설)가 논란의 대상이 되나 판례와 통설은 이를 기준액으로 보고 있다.

국가배상법 제3조의2는 일시청구의 경우 중간이자 공제에 대해서 규정하고 있는데, 이때 중간이자 공제방식은 대통령령에 위임하고 있다. 이에 대해 국가배상법 시행령 제6조 제3항은 명문으로 단할인법인 호프만식을 규정하고 있다. 과거에 복할인법(라이프니쯔식)을 규정하고 있을 때에도 판례는 이를 훈시규정으로 보고 단할인법(호프만식)을 적용해 왔다. 구 규정 하에서 대법원은 국가배상액산정기준을 정한 국가배상법의 규정은 법원을 구속하지 못한다고 한 바 있다.[71]

한편, 국가배상법 제13조 제5항은 국가배상법에 따른 배상신청사건을 심의하기 위한 배상심의회의 배상액 결정은 위의 국가배상법의 기준에 따르도록 규정하고 있다. 그러나 이 기준에 따르는 것이 의무적인가에 대해서는 논란이 있다.

### 2. 배상심의회에 의한 손해배상

국가나 지방자치단체에 대한 배상사건을 심의하기 위하여 설치한 것이 배상심의회이다. 배상심의회는 일반 사건을 위하여 법무부에 본부심의회를 두고, 군인이나 군무원이 입힌 손해배상사건을 위하여 국방부에 특별심의회를 두고 있다. 그리고 본부심의회와 특별심의회는 각기 지구심의회를 두고 있다(국가배상법 제10조 제1항, 제2항).

배상심의회에 의한 손해배상절차는 2000년 국가배상법 개정으로 임의절차화하였다.

또한 배상심의회의 결정이 있고 피해자가 그에 대해 동의하였다 하더라도 그 사실은 피해자가 법원에 제소하는 것을 방해하지 못한다. 구 국가배상법 제16조는 배상심의회의 배상결정의 효력은 신청인이 동의하면 재판상 화해의 효력을 가진다고 규정하고 있었으나 이 규정은 헌법재판소에 의해 위헌으로 선언되어 무효화되었다. 헌법재판소는 배상결정에 대한 동의에 재판청구권을 포기할 의사까지 포함되는 것으로 볼 수 없다고 판시하였다.[72] 따라서 배상심의회의 결정

71) 대법원 1970.1.29. 선고 69다1203 전원합의체 판결.
72) 헌법재판소 1995.5.25. 선고 91헌가7 결정.

에 당사자가 동의하여도 민법상 화해의 효력만이 인정될 뿐이다. 그러므로 설사 국가나 지방자치단체가 배상금을 지급해도 피해자는 법원에 국가배상청구소송을 제기할 수 있다.

참고판례: 헌법재판소 1995.5.25. 선고 91헌가7 결정 [국가배상법 제16조에 관한 위헌심판]

그러나 불항소합의, 부제소합의, 소취하합의 등이 있을 경우 재판청구권을 제한하는 것은 재판을 하지 아니하기로 하는 당사자의 명백한 의사에 따른 것이라는 점에서 **재판청구권을 포기할 의사가 명백하지도 아니한 동의된 배상결정에 재판상 화해와 같은 효력을 부여하여 재판청구권을 제한하는 것과는 근본적으로 같지 않고(위 합의에는 기판력이 있는 것도 아니다), 또한 재판상 화해와 같은 효력을 부여한 각종 분쟁조정위원회의 중재 · 조정절차는 그 기관의 중립성 · 독립성이나 심의절차의 공정성 · 신중성이 거의 사법절차에 준할 정도로 보장되어 있고, 중재 · 조정의 성질이나 그 절차에 비추어 그것을 수락한 당사자의 의사에는 분쟁을 중재 · 조정에 의하여 최종적으로 해결하고 재판을 하지 않겠다는 의사가 포함된 것으로 볼 수도 있는 데 반하여 배상절차는 중재 · 조정절차에 비하여 그렇지 못하고, 당사자의 동의에 재판을 하지 않겠다는 의사까지 포함된 것으로 볼 수 없으므로 위 주장도 받아들일 수 없다.**

(중략) 그렇다면 국가배상법 제16조 중 "심의회의 배상결정은 신청인이 동의한 때에는 민사소송법의 규정에 의한 재판상의 화해가 성립된 것으로 본다"라는 부분은 헌법에 위반된다 할 것이므로 관여재판관 전원의 일치된 의견으로 주문과 같이 결정한다.

### 3. 사법절차에 의한 국가배상

국가배상청구소송은 실무상 민사소송으로 처리되고 있다. 국가배상법의 성질을 공법으로 보고 국가배상청구권을 공권으로 보면 당사자소송으로 국가배상사건을 처리하여야 하나 아직까지 법원은 이를 민사소송으로 처리하고 있다.

한편, 국가배상소송에서의 위법성을 상대적 위법성설이나 결과불법설의 입장에서 파악하게 되면 국가배상소송에서의 위법성 판단과 취소소송의 위법성 판단은 반드시 일치하지는 않는 것이라고 보아야 할 것이다.

또한 민사소송으로서의 국가배상에서 처분의 위법성 판단이 선결문제가 되어도 수소법원은 이를 판단할 수 있다고 보는 것이 판례와 통설의 입장이므로, 처분 등의 위법이 문제될 때 처분에 대한 취소소송 없이 바로 국가배상소송이 가능하다. 또한 처분에 대하여 취소소송 등의 항고소송이 제기된 경우 이를 국가배상소송과 병합하는 것도 가능하다(행정소송법 제10조).

## 제3관 기타 국가배상책임과 관련된 문제

### 1. 소멸시효

국가배상청구권의 소멸시효는 피해자나 법정대리인이 손해 및 가해자를 안 날로부터 3년, 불법행위가 있은 날로부터 5년이다. 소멸시효는 객관적으로 권리가 발생하여 그 권리를 행사할 수 있는 때로부터 진행하고 그 권리를 행사할 수 없는 동안은 진행하지 않는다. '권리를 행사할 수 없는' 경우란 권리행사에 법률상의 장애사유가 있는 경우를 의미하고 사실상 권리의 존재나 권리행사 가능성을 알지 못하였고 알지 못함에 과실이 없다고 하여도 이에 해당하지 않는다.[73] 다만 '진실·화해를 위한 과거사정리기본법' 제2조 제1항 제3호(민간인집단희생사건), 제4호(중대한 인권침해·조작의혹사건)에 규정된 사건에 대해 객관적 소멸시효의 기산점을 적용하는 것은 헌법에 위반된다는 헌법재판소의 결정이 있었기 때문에 이런 경우에는 5년의 객관적 소멸시효는 적용되지 않고 3년의 주관적 소멸시효 기간만이 적용된다.[74]

대법원은 헌법재판소의 이러한 결정을 적용하는 과정에서 과거사정리법에 의한 진실규명결정이 이루어진 경우가 아닌 '거창사건 등 관련자의 명예회복에 관한 특별조치법'에 의하여 사망자 및 유족결정이 이루어진 경우에도 이를 과거사정리법 제2조 제1항 제3호에 해당하는 것으로 보아 국가배상청구의 5년의 객관적 소멸시효가 적용되지 않는 것으로 판시하였다.[75]

그리고 소멸시효에 대한 주장에는 변론주의가 적용되지 않으므로 법원이 직권으로 판단할 수 있다.[76]

**주요판례요지**

① 대법원 2023.1.12. 선고 2021다201184 판결: 국가배상청구권에 관한 3년의 단기시효기간 기산에는 민법 제766조 제1항 외에 소멸시효의 기산점에 관한 일반규정인 민법 제166조 제1항이 적용된다. 따라서 3년의 단기시효기간은 그 '손해 및 가해자를 안 날'에 더하여 그 '권리를 행사할 수 있는 때'가 도래하여야 비로소 시효가 진행한다.

② 대법원 2022.1.4. 선고 2019다282197 판결: 형사재판에서 유죄인 경우에는 몰수할 수 있는 압수물을 위법하게 폐기하였으나 후에 형사재판에서 무죄가 확정되었다면 압수물 폐기에 대한 손해배상청구권의 장기 소멸시효(5년)의 기산점은 압수물 폐기시가 아니라 무죄확정시이다.

참고판례: 헌법재판소 2018.8.30. 선고 2014헌바148 등 전원재판부결정 [민법 제166조 제1항 등 위헌소원(과거사 국가배상청구 '소멸시효' 사건)]

**민법 제166조 제1항, 제766조 제2항의 객관적 기산점을 과거사정리법 제2조 제1항 제3, 4호의 민간인 집단희생사건, 중대한 인권침해·조작의혹사건에 적용하도록 규정하는 것은,** 소멸시효제도를 통한 **법적 안정성과 가해자 보호만을 지나치게 중시한 나머지 합리적 이유 없이 위 사건 유형에 관한 국가배상청구권 보장 필요성을 외면한 것으로서 입법형성의 한계를 일탈하여 청구인들의 국가배상청구권을 침해한다.**

소멸시효에 대한 기산점에 관한 민법 제166조 제1항, 제766조 제2항 중 '진실·화해를 위한 과거사정리기

73) 대법원 2023.12.14. 선고 2023다248903 판결.
74) 대법원 2021.7.29. 선고 2016다259363 판결; 대법원 2022.9.29. 선고 2018다224408 판결.
75) 대법원 2022.11.30. 선고 2019다216879 판결.
76) 대법원 2023.12.14. 선고 2023다248903 판결.

**해 설** 본법 제2조 제1항 제3호(민간인집단희생사건), 제4호(중대한 인권침해 · 조작의혹사건)에 규정된 사건에 적용하는 부분은 헌법에 위반된다는 판시이다. 이로 인하여 이러한 사건에 대해서는 5년이나 10년이라는 객관적 시효규정은 적용되지 않는다.

## 2. 국가배상과 관련된 구상권의 행사

### (1) 공무원에 대한 구상권(고의 · 중과실의 경우)

불법행위를 저지른 공무원에게 고의나 중과실이 있는 경우, 배상을 한 국가나 지방자치단체는 그 공무원에게 구상권을 행사할 수 있다(국가배상법 제2조 제2항 : 전술 공무원의 개인책임 부분 참조).

**주요판례요지**

대법원 2021.1.28. 선고 2019다260197 판결: 공무원의 중과실이란 공무원에게 통상 요구되는 정도의 상당한 주의를 하지 않더라도 약간의 주의를 한다면 손쉽게 위법 · 유해한 결과를 예견할 수 있는 경우임에도 만연히 이를 간과한 경우와 같이, 거의 고의에 가까운 현저한 주의를 결여한 상태를 의미한다.

### (2) 손해원인의 책임자에 대한 구상권

국가나 지방자치단체가 공공의 영조물의 설치 · 관리상의 하자로 인한 손해배상책임을 부담한 경우, 손해의 원인에 대하여 책임을 질 자가 따로 있으면 국가나 지방자치단체는 그에게 구상권을 행사할 수 있다(국가배상법 제5조 제2항). 손해의 원인에 대하여 책임을 질 자가 원인행위를 한 공무원이라면 그 공무원에게 고의 또는 중과실이 인정되지 아니하는 한 그에 대해 구상권을 행사할 수 없다고 보아야 할 것이다.

### (3) 사무귀속주체와 비용부담자가 다른 경우

사무귀속주체와 비용부담자가 다른 경우 실제 비용을 부담한 자는 궁극적 책임자에 대한 구상권을 가진다(국가배상법 제6조 제2항 : 전술 배상책임자 부분 참조).

## 3. 정신적 침해에 대한 국가배상

국가배상은 정신적 침해에 대한 배상(위자료)을 포함한다.

특기할 점은 전사하거나 순직한 군인 · 군무원 · 경찰공무원 또는 예비군대원의 유족은 피해당사자가 이중배상금지의 적용 대상이라 하더라도 이중배상금지의 적용을 받지 않고 자신의 정신적 고통에 대한 위자료를 국가배상으로 청구할 수 있다는 점이다. 이러한 청구권은 피해자 본인의 청구권과는 다른 별개의 독립적인 청구권이라고 하여야 할 것이기 때문이다(국가배상법 제2조

제3항).

한편 대법원은 국가배상법 제3조 제5항이 생명, 신체의 침해에 따른 위자료의 지급을 규정하고 있을 뿐이라 하더라도, 이는 생명, 신체 외의 다른 권리의 침해에 따른 위자료의 지급의무를 배제하는 것이라고 볼 수 없다고 하면서 행정입법부작위로 장애인의 접근권이 침해된 경우에도 그로 인하여 장애인이 입게 되는 정신적 손해에 대한 국가의 위자료 지급의무가 배제되지 않는다고 한다(참고판례).

참고판례: 대법원 2024.12.19. 선고 2022다289051 전원합의체 판결 [차별구제청구등] 〈위법한 부진정 행정입법 부작위로 인해 장애인 접근권이 침해되었다고 주장하면서 국가배상으로 위자료를 청구한 사건〉

**입법부가 행정청에 행정입법의무를 부과하였음에도 행정청이 정당한 사유 없이 이를 이행하지 아니하거나 그 이행을 장기간 지연함으로써 개인의 권리가 침해된 경우 그로 인해 개인에게 위자료로 배상할 만한 정신적 손해가 발생하였는지는 법률이 행정입법을 위임한 목적과 취지, 위법한 행정입법 부작위로 침해된 권리의 헌법상 지위 또는 중요성, 그 침해의 정도와 지속 기간, 행정입법의무가 이행되지 않은 경위, 행정입법의무가 사후적으로나마 이행되었다면 그 행정입법의무의 뒤늦은 이행으로도 회복되지 않은 정신적 손해가 여전히 남았다고 평가할 수 있는지 여부 등을 종합적으로 고려하여 판단하여야 하고,** 행정입법의무의 불이행에 대한 손쉬운 사법적 권리구제 수단이 마련되어 있지 않은 우리 법제에서 국가배상청구가 가장 유효한 규범통제 수단이자 실질적으로 유일한 구제수단으로서의 의의가 있다는 점도 아울러 참작하여야 한다.

**행정입법의무의 불이행으로 인한 국가배상의 경우 위자료 산정에 고려하여야 할 다음과 같은 특수한 사정이 있다. 즉, 행정입법은 별도의 집행행위가 개입되지 않는 이상 그 자체로 국민의 권리의무에 직접적인 변동을 일으키지 않으므로 행정입법의무의 불이행으로 인한 권리 침해는 추상적인 수준에 머물게 된다. 또한 행정입법은 다른 행정행위와 달리 상대방이 구체적으로 특정되어 있지 않고 전체 국민을 수범자로 하므로 특정 집단 또는 개인을 구체적인 대상으로 하는 행정행위에 비해 사회구성원 개인의 안전과 이익을 보호할 직무상 의무 위반에 대한 비난가능성은 상대적으로 크지 않은 반면, 국가배상책임이 인정되는 상대방의 인적 범위는 과도하게 확대될 수 있다. 나아가, 행정입법의무의 불이행이 위법함을 선언하는 판결을 통해 피해자의 정신적 손해가 상당 부분 회복될 수 있음은 물론 국가의 위법한 행위에 대한 사법통제도 충분히 이루어질 수 있다는 점도 고려되어야 한다.**

## 4. 자동차손해배상보장법에 따른 국가배상

### (1) 개관

국가배상법 제2조 제1항 본문 후단은 국가 또는 지방자치단체가 자동차손해배상보장법상의 책임주체가 될 때 국가배상법이 정하는 바에 따르도록 규정하고 있다. 그러므로 국가나 지방자치단체는 공무원이나 공무수탁자가 자동차손해배상보장법에 따라 손해배상의 책임을 질 때에는 국가배상법에 따라야 한다.

따라서 공무원이 직무와 관련하여 관용차로 인사사고를 낸 경우에는 물론 공무원이 무단으로 관용차량을 운전하여 사고를 내었더라도 그 운행지배와 운행이익이 여전히 국가나 지방자치단체에 있는 때에는 자동차손해배상보장법에 의한 국가배상책임이 인정된다.[77]

또한 공무원이 자기소유 차량으로 공무를 집행함에 당하여 인사사고를 낸 경우에도 공무원 개인이 자동차손해배상보장법의 무과실책임을 지는 것은 별론으로 하고 공무원에게 고의·과실이 있는 경우, 국가나 지방자치단체가 국가배상책임을 지게 된다.[78] 그리하여 피해자는 공무원 또는 국가·지방자치단체에 대해 선택적으로 손해배상을 청구할 수 있다.

#### (2) 자동차손해배상보장법상의 책임 성립요건(자동차손배상보장법 제3조)

① 자기를 위하여 자동차를 운행하여야 한다

자기를 위하여 자동차를 운행한다는 것은 자동차에 대한 운행을 지배하는 것을 의미한다. 예컨대, 공무원이 공무를 위해 관용차를 운행하는 경우에는 국가 또는 지방자치단체가 운행을 지배한다고 볼 수 있다.[79] 여기서 운행지배는 현실적인 지배에 한하지 않고 사회통념상 간접지배 또는 지배가능성이 있는 경우를 포함한다.[80] 그러므로 자동차 소유주가 아닌 제3자가 무단으로 자동차를 운행하여도 특별한 사정이 없는 한 자동차 소유자의 운행지배가 상실되었다고 볼 수 없다.[81] 그러나 공무원이 공무원 소유 차량을 운행한 경우, 운행지배자는 공무원이 되어 원칙적으로 공무원이 책임을 지고 국가배상법이 적용되지 않는다. 다만 공무원이 자기 소유차량을 운전하여 공무를 수행하면서 발생한 사고에 대해서는 국가배상법이 적용될 수 있다.

② 자동차운행으로 인적 손해(사망 또는 부상)가 발생하여야 한다

③ 자동차손해배상보장법 제3조 제1호 및 제2호의 면책사유가 없어야 한다(운행자의 고의·과실은 요하지 않음)

자동차손해배상보장법 제3조는 ① 승객이 아닌 자가 사망하거나 부상한 경우에 자기와 운전자가 자동차의 운행에 주의를 게을리 하지 아니하였고, 피해자 또는 자기 및 운전자 외의 제3자에게 고의 또는 과실이 있으며, 자동차의 구조상 결함이나 기능상의 장해가 없었다는 것을 증명한 경우, ② 승객이 고의나 자살행위로 사망하거나 부상한 경우 등의 면책사유를 규정하고 있다.

**참고판례: 대법원 1997.11.14. 선고 95다37391 판결 [손해배상(자)]**

차량 소유자의 피용자가 사고 차에 대해 **업무 수행을 위한 운행 허락을 받아 사고 차를 운행하여 업**

---

77) 대법원 1997.11.14. 선고 95다37391 판결.
78) 대법원 1994.5.27. 선고 94다6741 판결.
79) 대법원 1994.12.27. 선고 94다31860 판결.
80) 대법원 2024.10.31. 선고 2023다310198 판결.
81) 대법원 1997.11.14. 선고 95다37391 판결.

**무를 마친 후 일시 운행경로를 이탈하여 술을 마시고 숙소로 돌아오던 중에 사고가 발생한 것이라고 하더라도, 사고 차의 소유자가 여전히 그에 대한 운행지배와 운행이익을 가지는 것이지,** 피용자 등이 사고 차에 대한 운행지배와 운행이익을 가지게 되는 것은 아니므로 사고 당시 소유자가 사고 차에 대한 운행자의 지위를 상실하였다거나 그 피용자가 자동차종합보험약관에서 정하고 있는 배상책임의무 있는 피보험자에 해당한다고 할 수 없다고 한 사례.

자동차손해배상보장법 제3조 소정의 '자기를 위하여 자동차를 운행하는 자'는 자동차에 대한 운행을 지배하여 그 이익을 향수하는 책임주체로서의 지위에 있는 자를 의미하므로 통상적으로 그러한 지위에 있다고 인정되는 **자동차의 소유자는 비록 제3자가 무단히 그 자동차를 운전하다가 사고를 내었다고 하더라도 그 운행에 소유자의 운행지배와 운행이익이 완전히 상실되었다고 볼 특별한 사정이 없는 경우에는 그 사고에 대하여 이 법조 소정의 운행자로서 책임을 부담하게 되고,** 그 운행지배와 운행이익의 상실 여부는 평소 자동차와 그 열쇠의 보관 및 관리 상태, 소유자의 의사와 관계없이 운행이 가능하게 된 경위, 소유자와 운전자의 인적 관계, 운전자의 차량의 반환 의사 유무, 무단운행 후 소유자의 승낙 가능성, 무단운행에 대한 피해자의 주관적 인식 유무 등 객관적이고 외형적인 여러 사정을 사회통념에 따라 종합적으로 평가하여 이를 판단하여야 한다.

# 제 06 장

# 행정상 손실보상

## 제1절 행정상 손실보상의 의의와 헌법상 규정

### 제1관 행정상 손실보상의 의의

#### 1. 행정상 손실보상의 개념

행정상 손실보상이란 공공필요에 따른 적법한 공권력 행사로 인해 국민의 재산에 특별한 희생이 가해진 경우에 국민의 재산권 보장과 평등부담의 견지에서 행해지는 조절적 보상을 말한다. 이하에서 행정상 손실보상의 개념요소들을 자세히 검토해 본다.

**(1) 공공필요에 의한 적법한 공권력 행사로 인한 침해**

① 개관

행정상 손실보상은 공공필요에 의한 적법한 공권력으로 인한 침해에 대한 보상이다. '공공필요에 의한 적법한 공권력으로 인한 침해'를 약칭하여 공용침해[1]라고 부르기도 한다. 헌법 제23조 제3항에 따르면 공용침해의 양상은 공공필요에 의한 재산권의 수용, 사용, 제한으로 나타나므로 공용침해는 재산권의 수용, 사용 및 제한을 통칭하는 개념이라 할 수 있다.

여기서 재산권의 수용이란 재산권의 박탈을 의미한다. 또한 재산권의 사용이란 재산권의 박탈에 이르지 않는 일시적 사용을 뜻하고 재산권의 제한이란 소유권 박탈이나 사용권의 일시박탈을 하지는 않으면서 사용, 수익을 제한하는 것을 의미한다. 그러나 헌법 제23조 제3항의 재산권의 제한이 모두 손실보상이 되는 공용침해에 해당하는 것이라고 볼 수는 없다. 이에 대해서는 후술한다.

② 공공필요에 의한 침해: 공익실현을 위함

행정상 손실보상의 원인이 되는 행위는 공공필요에 의한 침해이다. 이론상 공공필요는 무릇 공익을 위한 경우라고 한다. 따라서 불법행위에 대한 책임인 행정상 손해배상과 본질적으로 구별된다. 공익은 불확정개념이므로 어떠한 침해가 공익을 위한 침해인지에 대한 판단이 필요하다.

---

1) 독일어의 Enteignung 개념이 고전적 의미의 klassische Enteignung에서부터 재산권에 대한 일체의 보상부침해라는 의미로 확장되어, 협의의 공용수용 뿐 아니라 공용사용, 공용제한 등을 포함하는 광의의 개념으로 사용되고 있는 점에 착안한 우리 말 조어(김남진).

따라서 '공익사업을 위한 토지 등의 취득 및 보상에 관한 법률' 제4조는 토지를 수용, 사용할 수 있는 공익사업을 구체적으로 규정하고 있다. 이 법에 따르면 이러한 공익사업에 해당하는 것으로 판단되어 공익사업의 인정을 받지 못하면 토지를 수용·사용할 수 없다. 그러나 공용제한에는 이러한 사업인정 요건이 존재하지 않는다.

공공필요와 무관한 토지의 취득 등에 대한 보상은 행정상 손실보상의 개념에 해당되지 않는다.

③ 적법행위에 의한 침해

행정상 손실보상의 원인이 되는 행위는 공공필요를 위한 적법행위이다. 이 점에서 행정상 손해배상이 위법행위에 따른 책임이라는 것과 다르다.

행정상 손실보상이 적법행위에 대한 보상이라는 점에서 공공필요에 의한 위법행위는 원칙적으로 행정상의 손실보상의 범주에 해당되지 않는다. 그러나 공공필요에 의한 위법행위를 행정상 손실보상에 준하여 취급하려는 이론이 있다.

대법원은 손실보상절차가 위법하게 진행된 경우[2] 또는 유추적용을 통한 손실보상을 해주어야 하는데도 보상규정이 없다는 이유로 손실보상을 하지 못한 경우[3] 등에 대하여 불법행위 책임을 인정하여 행정상 손해배상을 인정하고 있다.

참고판례: 대법원 2021.11.11. 선고 2018다204022 판결 [손해배상(기)]

공익사업의 시행자는 해당 공익사업을 위한 공사에 착수하기 이전에 토지소유자와 관계인에게 보상액 전액을 지급하여야 한다(공익사업을 위한 토지 등의 취득 및 보상에 관한 법률 제62조 본문). **공익사업의 시행자가 토지소유자와 관계인에게 보상액을 지급하지 않고 승낙도 받지 않은 채 공사에 착수함으로써 토지소유자와 관계인이 손해를 입은 경우, 토지소유자와 관계인에 대하여 불법행위가 성립할 수 있고, 사업시행자는 그로 인한 손해를 배상할 책임을 진다.**

**공익사업의 시행자가 사전보상을 하지 않은 채 공사에 착수함으로써 토지소유자와 관계인이 손해를 입은 경우, 토지소유자와 관계인이 입은 손해는 손실보상청구권이 침해된 데에 따른 손해이므로, 사업시행자가 배상해야 할 손해액은 원칙적으로 손실보상금이다.** 다만 그 과정에서 토지소유자와 관계인에게 손**실보상금에 해당하는 손해 외에 별도의 손해가 발생하였다면, 사업시행자는 그 손해를 배상할 책임이 있으나, 이와 같은 손해배상책임의 발생과 범위는 이를 주장하는 사람에게 증명책임이 있다.**

해 설 공익사업의 시행자는 사전에 보상금을 지급하고 토지소유자의 승낙 하에 공사를 시작하여야 한다. 그렇게 하지 않고 사업을 시행한 경우 불법행위가 성립하여 손실보상금에 해당하는 금액을 배상하여야 하며 그로 인한 별도의 손해가 입증되면 그에 대해서도 배상하여야 한다. 별도의 손해는 그를 주장하는 사람에게 증명책임이 있다.

2) 대법원 2013.11.14. 선고 2011다27103 판결.
3) 대법원 1999.11.23. 선고 98다11529 판결.

④ 공권력행사로 인한 침해(공권력적 침해)

행정상 손실보상의 원인이 되는 행위는 공권력행사에 해당하는 공권력적 침해이다. 재산권의 수용, 사용, 제한은 모두 공권력 행사이다. 따라서 공권력에 의하지 아니한 공공필요에 의한 토지매수 등은 행정상 손실보상 개념에 해당되지 않는다. 예컨대, 합의에 의한 매수에 따른 보상금 지급은 사법상의 반대급부 내지 보상이므로 행정상 손실보상의 범주에 포함시킬 수 없다.

### (2) 재산권 침해에 따른 특별한 희생에 대한 조절적 보상

① 재산권에 대한 침해

행정상 손실보상은 재산권 침해에 대한 보상이다. 따라서 정신적 침해에 대해서는 행정상 손실보상의 법리가 적용되지 않는다. 행정상 손실보상의 대상이 되는 재산권에는 소유권뿐 아니라 물권, 채권, 광업권, 어업권, 공업소유권, 저작권 등도 이론상 포함된다. 또한 공법상의 권리, 사법상의 권리를 불문한다.

생명, 신체, 자유, 명예에 대한 침해에 대한 보상은 희생보상이라는 이름하에 행정상 손실보상과 유사한 차원에서 논의되기도 한다. 그러나 이를 행정상 손실보상의 범주에 포함시킬 수는 없다.

한편 보상대상이 되는 재산권의 개념과 관련하여, 헌법재판소는 재산권의 구체적인 사용·수익 및 처분권한을 제한 받는 것이 아니라 단순한 이익이나 재화의 획득을 위한 기회를 제한받는 것은 보상을 요하는 재산권 침해가 아니라고 판시하면서 감염병으로 인한 집합제한조치로 영업이익이 감소되었다 하더라도 보상규정의 부재가 청구인들의 재산권을 제한한다고 볼 수 없다고 하였다.[4)]

행정상 손실보상은 전통적 관념 하에 재산권에 대한 보상이지만 오늘날 대규모 공공사업에 따라 생활의 터전을 잃은 사람들에 대한 보상에 있어서 단순히 재산권에 대한 보상만으로 충분한 보상이 주어졌다고 할 수 없다. 그래서 오늘날의 손실보상에서는 생활상태의 회복이라는 관점에서 생존권, 생활권에 대한 고려도 이루어지고 있다. 이러한 관점에서 보면 행정상 손실보상은 원칙적으로 재산권에 대한 보상이지만 반드시 그에 국한된 것이라고 한정지을 수는 없다.

② 특별한 희생에 대한 조절적 보상

행정상 손실보상은 모든 공용침해에 다 주어지는 것이 아니라 공공필요에 대한 특별한 희생을 야기하였을 때에만 주어진다. 재산권의 수용이나 사용은 거의 예외 없이 특별한 희생이라고 하여야 하겠지만 재산권의 제한 가운데에는 재산권의 내재적 제약에 따른 제한, 일반적인 부담, 재산권에 대한 통상적인 사회적 제약의 범위 안에 속하는 제한 등이 포함되어 있다. 따라서 모든 재산권의 제한이 행정상 손실보상의 대상이 된다고 할 수는 없다. 행정상 손실보상의 대상이 되는 재산권에 대한 제한과 손실보상이 되지 않는 재산권의 제한을 구분하는 개념표지가 ‘특별

4) 헌법재판소 2023.6.29. 선고 2020헌마1669 결정.

한 희생'인 것이다. 특별한 희생의 구체적인 의미는 후술한다.

또한 피해자에게 손해를 감수하여야 할 원인이 있는 경우에도 손실보상청구권은 성립하지 않는다. 예컨대 건축물의 안전성이 의심스러워 사용금지된 건물의 경우 보상의 대상이 되지 않는다.

## 2. 유사제도와의 구별

### (1) 행정상 손해배상(국가배상)과의 구별

행정상 손실보상은 공공필요에 의한 적법한 공권력 행사에 의한 침해이지만 국가배상은 불법행위에 의한 침해에 대한 것으로서 ① 공공필요와는 무관한 침해에 대한 것이고, ② 위법한 침해에 대한 것이고, ③ 인적, 물적, 정신적 손해를 가리지 않고 배상의 대상이 될 수 있다는 점에서 행정상 손실보상과는 구별된다.

**주요판례요지**

대법원 2021.12.30. 선고 2018다284608 판결: 토지가 구 소하천정비법에 의하여 소하천구역으로 적법하게 편입된 경우 그로 인하여 그 토지의 소유자가 사용·수익에 관한 권리행사에 제한을 받아 손해를 입고 있다고 하더라도 구 소하천정비법 제24조에서 정한 절차에 따라 손실보상을 청구할 수 있음은 별론으로 하고, 관리청의 제방 부지에 대한 점유를 권원 없는 점유와 같이 보아 손해배상이나 부당이득의 반환을 청구할 수 없다.

### (2) 희생보상과의 구별

행정상 손실보상은 재산권에 대한 침해에 대한 보상이지만 희생보상은 생명, 신체, 명예 등에 대한 침해에 대한 보상이라는 점에서 양자는 다르다. 그러나 공공필요에 의한 적법행위로 인한 침해로서 특별한 희생에 대한 조절적 보상이라는 점에서는 양자가 같다. '감염병의 예방 및 관리에 관한 법률' 제71조가 규정하는 예방접종 등에 따른 피해의 보상이나 경찰관직무집행법 제11조의2에 따른 생명·신체의 손실에 대한 보상 등이 이러한 희생보상의 범주에 속한 것이라고 할 수 있다.[5)]

참고판례: 대법원 2019.4.3. 선고 2017두52764 판결 [예방접종피해보상거부처분취소]

감염병의 예방 및 관리에 관한 법률에 따르면, 국가는 일정한 **예방접종을 받은 사람이 그 예방접종으로 질병에 걸리거나 장애인이 되거나 사망하였을 때에는 대통령령으로 정하는 기준과 절차에 따라 보상을 하여야 하고(제71조), 법에 따른 보건복지부장관의 권한은 대통령령으로 정하는 바에 따라 일부를 질병관**

5) 대법원 2014.5.16. 선고 2014두274 판결.

**리본부장에게 위임할 수 있다**(제76조 제1항).

그 위임에 따른 구 감염병의 예방 및 관리에 관한 법률 시행령에 따르면, (중략) 이러한 예방접종피해 보상 업무에 관한 보건복지부장관의 권한은 질병관리본부장에게 위임되어 있다(제32조 제1항 제20호).

위 규정에 따르면 법령상 보상금 지급에 대한 처분 권한은, 국가사무인 예방접종피해보상에 관한 보건복지부장관의 위임을 받아 보상금 지급 여부를 결정하고, 보상금을 지급함으로써 **대외적으로 보상금 지급 여부에 관한 의사를 표시할 수 있는 질병관리본부장에게 있다.**

**해 설** '감염병의 예방 및 관리에 관한 법률'에 따른 예방접종으로 인한 피해의 보상을 신청하였으나 거부되었을 경우, 보건복지부장관의 권한을 위임받은 질병관리본부장(현재는 질병관리청장)을 상대로 거부처분 취소소송을 제기하여 불복할 수 있다는 판례이다.

### (3) 수용유사적 침해에 대한 보상과의 구별

수용유사적 침해에 대한 보상이론은 독일에서 발전한 것으로서 우리 대법원은 아직 이를 인정하지 않고 학설상으로만 논의되고 있다.

수용유사적 침해에 대한 보상이론에 따르면, 행정상 손실보상은 적법행위로 인한 침해에 대한 보상이지만, 수용유사적 침해의 보상은 침해의 법적 근거가 없거나 보상 근거가 없어서 헌법에 위반되거나, 침해가 법적 근거의 범위를 벗어나는 등의 이유로 위법한 침해에 대한 보상이라는 점에서 양자는 구별된다. 수용유사적 침해에 대한 보상의 전형적인 경우로서, 특별한 희생을 야기하는 공권적 침해를 규정하면서 보상규정을 결여한 경우에 대한 보상을 들 수 있다.

다만 수용유사적 침해에 대한 보상은 공공필요에 따른 침해로서 특별한 희생에 대한 조절적 보상이라는 점에서 행정상 손실보상과 같으며 행정상 손해배상과 다르다.

요컨대 행정상 손실보상과 수용유사적 침해에 대한 보상은 침해행위가 위법한가 적법한가 하는 점에서만 차이가 있을 뿐 다른 청구권의 성립요건은 동일하다.

### (4) 수용적 침해에 대한 보상과의 구별

수용적 침해에 대한 보상이론 역시 독일로부터 소개된 것으로서 대법원은 아직 이를 인정하지 않고 있다. 이 이론에 따르면 행정상 손실보상의 대상이 되는 침해는 직접적·의도적 침해이다. 그러나 수용적 침해의 경우 비의도적·부수적 침해로서 그 침해가 직접 의도되지 않은 것이다.

예컨대 지하철 공사로 인하여 인근 주민이 입는 피해는 통상 특별한 희생에 해당되지 않으나 비의도적·부수적 사정으로 공사가 수인한도를 넘어서 장기화됨에 따라 특별한 희생에 해당하게 된 경우에는 보상의 대상이 될 수 있다는 이론이다. 보상청구권 성립의 다른 요건에 있어서 수용적 침해에 대한 보상과 행정상 손실보상은 동일하다.

## 제2관 행정상 손실보상에 대한 헌법규정 개관

> 헌법 제23조 제3항: 공공필요에 의한 재산권의 수용, 사용 또는 제한 및 그에 대한 보상은 법률로써 하되 정당한 보상을 지급하여야 한다.

헌법 제23조 제3항은 행정상 손실보상에 대한 헌법적 근거규정이다. 이 규정의 해석상 다음과 같은 쟁점이 있다.

### 1. 보상은 법률로써 하되 … 보상을 지급하여야 한다.

헌법 제23조 제3항은 공용침해에 대한 보상을 규정하면서 그 '보상은 법률로써 하되 보상을 지급하여야 한다'라고 규정하고 있다. 이와 관련하여 몇 가지 해석상의 쟁점이 발생한다.

#### (1) 이 조항을 불가분조항으로 보아야 하는가?

'보상은 법률로써 하되 … 보상을 지급하여야 한다.'라고 규정한 취지는 침해를 규정하면서 반드시 보상규정을 두어야 한다는 의미인가? 즉 헌법 제23조 제3항은 공용침해에 대한 규정과 그에 대한 보상규정을 반드시 동일 법률에 결부하여 입법하여야 하고 불가분적인 것이어야 함을 선언한 불가분조항(Junktimklausel)인지가 문제된다.

**긍정설**

독일과 달리 우리의 공용침해 개념이 포괄적인 점 때문에 헌법 제23조 제3항을 불가분조항으로 해석하기에 난점이 있으나, 공용수용과 공용사용의 경우에는 우리나라에서도 보상규정이 빠짐없이 존재하므로 공용제한의 개념을 좁게 해석하여 통상적인 재산권 제약의 범위를 벗어나서 공용수용이나 사용에 준할 정도의 재산권 침해가 있는 경우에만 공용침해의 대상이 되는 공용제한으로 보고 헌법 제23조 제3항은 그러한 경우에만 법률로 보상에 대하여 규정하도록 한 것이라고 해석함으로써 헌법 제23조 제3항을 불가분조항으로 볼 수 있다고 한다.

**부정설**

긍정설은 공용제한 개념을 축소함으로써 헌법 제23조 제3항을 불가분조항으로 볼 수 있다고 하지만 부정설은 이러한 해석을 무리한 것이라고 본다. 우리나라의 경우 공용수용과 공용사용의 경우에는 대개 보상규정이 존재하지만, 공용제한의 경우에는 이를 규정하면서 보상에 대한 규정을 결여하는 경우가 대부분이기 때문에 헌법 제23조 제3항을 불가분조항으로 해석하게 되면 우리나라의 많은 공용제한 법률들이 위헌으로 된다. 동시에 이 조항을 불가분조항으로 해석하기 위해서는 먼저 공용침해에 대해서 언제나 보상을 지급하도록 입법을 정비하여야 한다고 한다.

### (2) 재산권의 내용규정과 재산권에 대한 공용침해 규정은 분리되어 있는 것인가?

① 개관

만약 헌법 제23조 제3항을 불가분조항으로 보게 되면, 공용제한을 규정하면서 그에 대한 보상을 규정하지 않고 있으면 그 규정은 공용침해에 대한 규정이라기 보다는 당해 법률이 정한 제한을 재산권의 속성으로 한다고 하는 재산권의 내용규정(헌법 제23조 제1항)이 된다. 따라서 헌법 제23조 제1항이 말하는 재산권에 대한 내용규정과 헌법 제23조 제3항의 재산권에 대한 공용침해의 규정은 보상규정의 유무에 따라 확연히 분리된다(분리이론). 그러나 헌법 제23조 제3항의 규정을 불가분조항으로 보지 않게 되면 공용제한은 특별한 희생을 초래하여 보상의 대상이 되는 경우와 특별한 희생에 해당하지 않아 보상의 대상이 되지 않는 경우로 나누어질 수 있으며 그러한 구분의 표지 내지 경계는 '특별한 희생'이 된다(경계이론).

② 분리이론

분리이론은 공용침해 규정과 재산권의 내용 규정을 분리하여 공용침해에 대해서는 불가분적으로 보상규정이 존재하여야 하는데 반하여, 설사 법률이 재산권에 대한 사회적 제약을 규정한다 하더라도 보상규정을 두고 있지 않으면 그것은 공용침해에 관한 것이라 할 수 없고 재산권의 내용을 다시 규정한 것이라고 한다. 요컨대 분리이론에 따르면 재산권에 대한 사회적 제약이 있을 때 그에 대한 보상규정이 존재하면 이것은 공용침해에 해당하여 가치보장의 대상이 되지만 보상규정이 존재하지 않으면 그 재산권은 원칙적으로 존속보장(침해행위의 억제)의 대상이 될 뿐 가치보장(보상)의 대상은 되지 아니한다는 것이다. 헌법재판소는 재산권 내용규정을 "입법자가 장래에 있어서 추상적이고 일반적인 형식으로 재산권의 내용을 형성하고 확정하는 것"이라 하고 공용침해규정을 "국가가 구체적인 공적 과제를 수행하기 위하여 이미 형성된 구체적인 재산적 권리를 전면적 또는 부분적으로 박탈하거나 제한하는 것"이라고 한다.[6] 따라서 재산권의 내용규정과 공용침해 규정의 구별은 입법의 목적과 형식에 의해 행한다. 헌법 제23조 제3항을 불가분조항으로 보게 되면 공용제한규정을 두면서 보상규정을 두지 않은 경우는 그 규정을 재산권의 내용규정으로 이해하게 되며, 보상규정을 두고 있는 경우에는 이를 공용침해규정이라고 볼 수 있다.

다만 보상 없는 재산권 내용규정이 한계를 일탈하여 재산권의 본질적 부분을 침해할 경우에는 보상규정이 있어야 한다. 이처럼 조절적인 의미에서 보상규정이 있어야 하는 내용규정을 '조정적 보상부 내용규정' 또는 '(조정적)보상의무 있는 내용규정'이라 한다. 이때 보상규정이 없으면 이를 위헌이라 보고, 그러한 보상 없는 제한행위에 대한 입법부작위에 대하여 헌법소원을 제기할 수 있고 여기서 승소한다면 보상입법이 이루어져 그 위헌성 제거가 가능하다.

헌법재판소는 개발제한구역(그린벨트)지정에 대한 (구)도시계획법 제21조에 대한 위헌소원에서 헌법 제23조 제1항(재산권의 내용과 한계)의 규율대상과 헌법 제23조 제3항의 규율대상(공용침

6) 헌법재판소 1999.4.29. 선고 94헌바37 외 66건(병합) 결정.

해)을 분리하는 이론을 채택하여 재산권의 내용에 대한 규정은 기본적으로 손실보상을 전제로 하지 않고 다만 수인한도를 넘는 경우에는 예외적으로 보상규정을 두어야 한다고 하고 그 보상규정은 반드시 금전보상 만이 아니라 매수청구권 제도 등이 될 수 있다고 한다.[7)]

이러한 판례이론에 따르면 보상규정이 없는 재산권에 대한 제약에 관한 규정은 이를 공용침해에 대한 규정이라고 보기보다는 재산권의 내용을 그렇게 규정한 것이라고 해석하여야 하고 원칙적으로 보상의 문제는 발생하지 않는다. 다만 수인한도를 넘는 경우에는 관련규정은 보상규정을 결하여 위헌이라고 한다. 헌법재판소는 이 경우 그 제약행위의 효력을 다툴 수는 없다고 판시하여 항고소송 등으로 개발제한구역 등의 공용제한의 폐지를 청구할 수는 없음을 밝히고 있다.[8)]

그러나 이러한 분리이론은 불가분조항, 공용수용을 중심으로 하는 공용침해개념 등 독일법의 여러 전제를 비판 없이 받아들이고 있는 것이어서, 이를 우리나라에 받아들일 수 있는지에 대해 논란이 있다.

참고판례: 헌법재판소 1998.12.24. 선고 89헌마214 등 결정 [도시계획법 제21조에 대한 위헌소원]

개발제한구역을 지정하여 그 안에서는 건축물의 건축 등을 할 수 없도록 하고 있는 도시계획법 제21조는 헌법 제23조 제1항, 제2항에 따라 토지재산권에 관한 권리와 의무를 일반·추상적으로 확정하는 규정으로서 재산권을 형성하는 규정인 동시에 공익적 요청에 따른 재산권의 사회적 제약을 구체화하는 규정인바, 토지재산권은 강한 사회성, 공공성을 지니고 있어 이에 대하여는 다른 재산권에 비하여 보다 강한 제한과 의무를 부과할 수 있으나, 그렇다고 하더라도 **다른 기본권을 제한하는 입법과 마찬가지로 비례성원칙을 준수하여야 하고, 재산권의 본질적 내용인 사용 · 수익권과 처분권을 부인하여서는 아니된다.**

개발제한구역 지정으로 인하여 **토지를 종래의 목적으로도 사용할 수 없거나 또는 더 이상 법적으로 허용된 토지이용의 방법이 없기 때문에 실질적으로 토지의 사용 · 수익의 길이 없는 경우에는 토지소유자가 수인해야 하는 사회적 제약의 한계를 넘는 것으로 보아야 한다.**

개발제한구역의 지정으로 인한 **개발가능성의 소멸과 그에 따른 지가의 하락이나 지가상승률의 상대적 감소는 토지소유자가 감수해야 하는 사회적 제약의 범주에 속하는 것으로 보아야 한다.** 자신의 토지를 장래에 건축이나 개발목적으로 사용할 수 있으리라는 기대가능성이나 신뢰 및 이에 따른 지가상승의 기회는 원칙적으로 재산권의 보호범위에 속하지 않는다. 구역지정 당시의 상태대로 토지를 사용·수익·처분할 수 있는 이상, 구역지정에 따른 단순한 토지이용의 제한은 원칙적으로 재산권에 내재하는 사회적 제약의 범주를 넘지 않는다.

도시계획법 제21조에 의한 재산권의 제한은 개발제한구역으로 지정된 토지를 원칙적으로 지정 당시의 지목과 토지현황에 의한 이용방법에 따라 사용할 수 있는 한, 재산권에 내재하는 사회적 제약을 비례의 원칙에 합치하게 합헌적으로 구체화한 것이라고 할 것이나, **종래의 지목과 토지현황에 의한 이용방법에**

7) 헌법재판소 1998.12.24. 선고 89헌마214 등 (병합) 결정; 이러한 분리이론에 입각한 재산권의 구조 등을 밝힌 헌법재판소의 판례로 이 밖에도 헌법재판소 1999.4.29. 선고 94헌바37 등 (병합) 결정, 헌법재판소 1999.10.21. 선고 97헌바26 결정 등이 있다.

8) 그러나 독일연방헌법재판소의 분리이론에 따르면 이 경우 공용침해처분에 대한 항고쟁송으로 다툴 수 있다.

**따른 토지의 사용도 할 수 없거나 실질적으로 사용 · 수익을 전혀 할 수 없는 예외적인 경우에도 아무런 보상없이 이를 감수하도록 하고 있는 한, 비례의 원칙에 위반되어 당해 토지소유자의 재산권을 과도하게 침해하는 것으로서 헌법에 위반된다.**

도시계획법 제21조에 규정된 개발제한구역제도 그 자체는 원칙적으로 합헌적인 규정인데, 다만 개발제한구역의 지정으로 말미암아 **일부 토지소유자에게 사회적 제약의 범위를 넘는 가혹한 부담이 발생하는 예외적인 경우에 대하여 보상규정을 두지 않은 것에 위헌성이 있는 것이고, 보상의 구체적 기준과 방법은 헌법재판소가 결정할 성질의 것이 아니라 광범위한 입법형성권을 가진 입법자가 입법정책적으로 정할 사항이므로,** 입법자가 보상입법을 마련함으로써 위헌적인 상태를 제거할 때까지 위 조항을 형식적으로 존속케 하기 위하여 헌법불합치결정을 하는 것인바, 입법자는 되도록 빠른 시일내에 보상입법을 하여 위헌적 상태를 제거할 의무가 있고, 행정청은 보상입법이 마련되기 전에는 새로 개발제한구역을 지정하여서는 아니되며, **토지소유자는 보상입법을 기다려 그에 따른 권리행사를 할 수 있을 뿐 개발제한구역의 지정이나 그에 따른 토지재산권의 제한 그 자체의 효력을 다투거나 위 조항에 위반하여 행한 자신들의 행위의 정당성을 주장할 수는 없다.**

입법자가 도시계획법 제21조를 통하여 국민의 재산권을 비례의 원칙에 부합하게 합헌적으로 제한하기 위해서는, **수인의 한계를 넘어 가혹한 부담이 발생하는 예외적인 경우에는 이를 완화하는 보상규정을 두어야 한다.** 이러한 보상규정은 입법자가 헌법 제23조 제1항 및 제2항에 의하여 재산권의 내용을 구체적으로 형성하고 공공의 이익을 위하여 재산권을 제한하는 과정에서 이를 합헌적으로 규율하기 위하여 두어야 하는 규정이다. 재산권의 침해와 공익간의 비례성을 다시 회복하기 위한 방법은 **헌법상 반드시 금전보상만을 해야 하는 것은 아니다. 입법자는 지정의 해제 또는 토지매수청구권 제도와 같이 금전보상에 갈음하거나 기타 손실을 완화할 수 있는 제도를 보완하는 등 여러 가지 다른 방법을 사용할 수 있다.**

**해 설** 이 결정의 중요 취지는 다음과 같다.

그린벨트설정행위는 재산권 내용규정으로서 보상규정이 없다고 하여 위헌이라 할 수 없다. 다만 그 재산권에 대한 제한이 수인의 범위를 초과하여 보상의무 있는 구체적인 경우에도 보상하지 아니한 것은 위헌이다. 따라서 보상 기타의 방법으로 위헌성을 제거하여야 할 것이다. 즉 토지를 종전 용도로 사용할 수 있는 경우 보상을 하지 않아도 무방하나 개발제한구역설정으로 "종래의 지목과 토지현황에 의한 이용방법에 따른 토지의 사용도 할 수 없거나 실질적으로 사용·수익을 전혀 할 수 없는 예외적인 경우"에는 수인한도를 넘는 것이 되어 보상을 해주어야 한다. 이 경우에는 국가에게 보상입법의무가 있다.

이 판례는 이미 설명한 바와 같이 분리이론에 입각한 헌법재판소 판례이다. 이 판례는 또한 보상규정이 없는 재산권 제한에 대하여 보상입법부작위에 대한 헌법소원으로 권익구제를 하도록 시사하고 있다.

### ③ 경계이론

경계이론은 전통적인 이론으로서 재산권에 대한 사회적 제약에 관한 내용규정과 공용침해규정이 본질적으로 분리된다고 하기보다는 그것이 '특별한 희생'을 초래하는지의 여부에 따라 달리 파악되는 경계설정의 문제로 파악한다. 따라서 재산권에 대한 제약이 일정범위를 벗어나 특별한 희생에 해당하게 되면 이를 공용침해로 본다.

#### (3) 공용제한이 있어도 보상규정이 없으면 보상할 수 없는가?

헌법 제23조 제3항을 불가분조항으로 보게 되면 헌법 제23조 제3항의 공용침해와 재산권의 내용규정은 확연히 구분되므로 공용침해에 대해서는 반드시 보상규정을 두어야 하고 보상규정이 없으면 그것은 이미 공용침해라고 할 수 없다. 즉 보상규정이 없는 재산권 제약은 헌법 제23조 제1항 규정에 있는 재산권의 내용상 제한에 해당한다. 따라서 보상규정이 없으면 원칙적으로 손실보상을 하지 않는다.

그러나 헌법 제23조 제3항의 규정을 불가분조항으로 보지 않으면, 공용제한으로 인하여 특별한 희생에 해당하는 손실이 있는데 그에 대하여 보상에 관한 법률의 규정이 없는 경우에 그 손실에 대하여 보상을 할 수 있는지가 문제된다. 이에 대해서는 후술한다.

### 2. 정당한 보상을 지급하여야 한다 : 보상의 기준

헌법 제23조 제3항은 정당한 보상을 지급할 것을 명하고 있는데 그렇다면 무엇이 정당한 보상인지가 문제이다. 이에 대해서는 완전보상설과 상당보상설의 대립이 있다. 그러나 사실 완전보상이냐 상당보상이냐 하는 것은 전쟁시와 같은 특별한 경우가 아니라면 실제로는 실무적 논의의 가치는 별로 없다. 관련법이 시가보상을 원칙으로 하면서 공시가격을 중심으로 보상을 하도록 하고 있기 때문에 실제로는 공시가격을 어떻게 책정하는가 하는 것이 중요한 법률적 문제가 되고 있기 때문이다.

## 제2절 손실보상의 근거

### 제1관 손실보상의 이론적 근거 : 학설사

#### (1) 기득권설

기득권설은 가장 오래된 학설로서 손실보상청구권을 자연법적인 기득권불가침의 원칙에서 도출한다. 즉 기득권은 원칙적으로 침해될 수 없는 것이지만 예외적으로 긴급권에 의한 침해는 허용하되 그에 대한 경제적 가치의 보상이 이루어져야 한다는 것이다. 그러나 이러한 기득권 불가침의 원리는 근대적 주권관념에 의해 부정되었다.

#### (2) 은혜설

근대적 주권개념의 대두로 인하여 공익 우선 및 국가권력의 절대 사상이 나타나고 이에 따라 기득권이라는 개념이 힘을 잃고 공공필요에 의한 침해에 대한 보상은 일종의 국가의 은혜에 불과하다고 보는 사상이 등장하였다. 그러나 이러한 은혜설은 오늘날의 관점에서는 지나치게 국가우월적인 것으로서 받아들이기 힘들다.

#### (3) 평등부담설 : 공적부담 앞의 평등원칙(프랑스 인권선언 제13조)

행정상의 손실보상은 공공필요에 의한 부담을 공동체 전체가 평등하게 부담하여야 한다는 원칙에서 나온 조절적 제도라고 보는 입장이다. 이러한 입장은 오늘날의 행정상 손실보상에 대한 이해에 직접적인 영향을 미쳤다.

#### (4) 특별희생설

근대 주권 관념에 의해 기득권 개념 자체의 존립의 근거가 약화되었으나 이러한 자연법적 기득권 존중의 관념이 평등부담의 원칙과 결부되고 이것이 더욱 발전하여 오토 마이어에 의해 희생설 또는 특별희생설로 발전하였다. 그리하여 정의, 공평 원칙에 입각하여 공익을 위하여 개인에게 부과된 특별한 희생은 이를 전체의 부담으로 하여야 한다는 것이다. 이러한 특별희생설은 오늘날의 손실보상이론에도 여전히 영향을 미치고 있다. 따라서 특별한 희생은 손실보상의 대상이 되고 특별한 희생이 아닌 공적 부담은 손실보상의 대상이 되지 않는다고 한다.

#### (5) 오늘날의 경향

오늘날 손실보상의 이론적 근거는 재산권보장과 공적부담 앞의 평등원칙에서 찾을 수 있다. 그러나 때로는 행정상의 손실보상의 이념으로서 생존권 또는 생활권의 보장이라는 측면이 거론되기도 한다.

그런데 이러한 손실보상제도가 추구하는 기본가치들은 재산권의 사회적 구속성이라는 관념과 관련하여 일정한 한계를 가지며, 그 한계의 설정은 전통적인 특별희생이라는 관념의 해석과 결부되어 있다. 그러나 재산권보장(헌법 제23조 제1항), 공적부담 앞의 평등원칙(헌법 제11조의 평등원칙에서 도출), 재산권의 사회적 구속성(헌법 제23조 제2항) 등은 오늘날의 입헌주의 체제 하에서는 모두 헌법에 규정된 내용들이다. 따라서 오늘날 손실보상의 이론적 근거라고 하는 논점은 헌법해석론의 차원으로 해소되고 있다고 하여야 할 것이다.

## 제2관 손실보상의 실정법적 근거

### 1. 문제의 제기

손실보상에 대한 헌법적 근거는 이미 살펴본 바와 같이 헌법 제23조 제3항이다. 그러나 행정상 손실보상에 대한 일반법은 아직 존재하지 않는다. '공익사업을 위한 토지 등의 취득 및 보상에 관한 법률', 도로법, 하천법 등 각 개별법이 산발적으로 행정상 손실보상에 대해 규정하고 있을 뿐이다. 다만 그 가운데 '공익사업을 위한 토지 등의 취득 및 보상에 관한 법률'은 일반법은 아니지만 준용범위가 광범위하다.

그런데 앞에서 검토한 바와 같이 헌법 제23조 제3항을 불가분조항으로 보든지 또는 그렇게 보지 않든지 간에 '보상은 법률로써 하되 … 정당한 보상을 지급하여야 한다'라는 법문언을 어떻게 해석할 것인지가 여전히 문제이다. 분리이론에 있어서는 보상규정이 없으면 입법부작위를 따질 수 있을 뿐 보상은 원칙적으로 불가능하다고 하지만 경계이론에 있어서는 법률이 공공필요에 의한 제한을 규정하면서도 그에 대한 보상규정을 결여하고 있는 경우 그러한 제한 또는 침해를 받은 자가 보상을 청구할 수 있는지가 문제된다.

헌법 제23조 제3항의 표현이 보상은 '법률'로써 하도록 하고 있으나 정당한 보상을 지급'하여야 한다'라고 하여 보상을 의무화하고 있는 듯한 표현을 하고 있기 때문에 '법률로써 하되'라는 말의 의미와 관련하여 헌법해석론이 엇갈리고 있다. 요컨대 법률상의 보상의 근거규정이 존재하지 않을 때 보상을 할 수 있는지가 문제이다.

## 2. 헌법규정 및 해석론의 변천

현행헌법의 합리적 해석을 위하여 우리 헌정사상 제3공화국 이후의 손실보상에 관한 헌법규정의 변천과 해석론의 변천을 살펴볼 필요가 있다.

### (1) 제3공화국 헌법

제3공화국 헌법은 "공공필요에 의한 재산권의 수용, 사용 또는 제한은 법률로써 하되 정당한 보상을 지급하여야 한다."(제20조 제3항)라고 규정하고 있었다. 이에 대해 재산권의 침해에는 법률의 근거를 요하나 보상은 직접 헌법에 근거하여 청구할 수 있다는 직접효력설이 주장되었고 판례도 이를 지지한 바 있다.

### (2) 제4공화국 헌법

1972년의 제4공화국 헌법(유신헌법)은 "공공필요에 의한 재산권의 수용, 사용 또는 제한 및 그 보상의 기준과 방법은 법률로 정한다."(제20조 제3항)라고 규정하고 있었는데 이에 대해 해석론이 다양하게 있었으나, 판례는 헌법을 직접 근거로 하는 손실보상을 허용하지 않았다.

### (3) 제5공화국 헌법

제5공화국 헌법은 "재산권의 수용, 사용 또는 제한은 법률로써 하되 보상을 지급하여야 한다. 보상은 공익 및 관계자의 이익을 정당하게 형량하여 법률로 정한다."라고 규정하고 있었는데 이에 대해 역시 여러 학설이 존재하였고 판례는 직접효력설을 받아들이지 않았다.

### (4) 현행헌법의 입법취지

1987년 제정된 현행 헌법은 일견 국가의 책임을 강화하는 듯한 표현을 사용하였으나 직접효력설적 해석이 가져올 현실적 문제점을 피하기 위하여 제3공화국과 같은 규정방식을 의도적으로 피하였다고 한다. 따라서 현행 헌법 하에서도 다양한 학설이 제기되지만 판례는 직접효력설을 취하지는 않고 있다.

### 3. 경계이론에 따를 때 보상법률이 없는 경우에 대한 현행 헌법규정의 해석론

헌법 제23조 제3항을 불가분조항으로 보지 않고 재산권의 제한 가운데에는 특별한 희생에 해당되어 보상의 대상이 되는 경우와 그렇지 않은 경우가 있다고 보는 경계이론의 입장에서는 특별한 희생에 해당되지 않으면 문제가 되지 않으나 특별한 희생에 해당되는데도 보상법률이 없는 경우에 보상을 할 수 있는지에 대해서 종래 학설이 대립하여 왔다.

#### (1) 방침규정설

방침규정설은 입법지침설 또는 프로그램규정설이라고 하기도 한다. 이 학설은 헌법 제23조 제3항은 일종의 입법지침을 규정한 것일 뿐 법적 구속력은 없으므로 보상법률을 두지 않았다 하여 위헌은 아니라고 한다. 그리고 보상을 법률로써 하도록 한 것은 보상의 실정법적 근거가 법률이어야 한다는 의미도 포함한다고 해석한다. 또한 '정당한 보상을 지급하여야 한다'는 규정도 보상이 주어질 경우의 기준에 불과하다고 해석한다. 그러나 이 학설을 취하는 학자는 거의 없다.

#### (2) 직접효력설

직접효력설은 제3공화국 헌법의 해석론으로서 유력하였고, 대법원은 제3공화국 헌법 하에서는 직접효력설을 취하였다.[9] 그러나 현행헌법의 해석론으로는 적절하지 않다는 것이 다수설의 입장이다. 이 학설은 헌법 제23조 제1항의 재산권보장원칙에 비추어 제23조 제3항을 직접효력규정으로 이해하여야 한다는 것을 그 내용으로 하고 있다. 그러므로 보상을 법률로써 하도록 한 것은 정당한 보상을 지급하여야 한다는 원칙에 부합되는 한도 안에서 보상의 구체적인 내용과 방법을 법률로 규정한다는 의미라고 한다. 따라서 보상을 법률로써 하라고 한 것은 보상의 내용과 방법에 관한 규정일 뿐 보상여부까지 법률에 맡긴 것은 아니라고 본다. 즉 '보상을 지급하여야 한다'라는 것은 반드시 법률에 근거하지 않더라도 보상은 주어져야 한다는 헌법적 판단을 말해주는 것이라고 보는 것이다. 그러나 이러한 입법문언이 곧 헌법규정에 직접 근거하는 보상청구권의 인정을 도출할 수 있도록 하는 것인가에 대해서는 의문이 제기되고 있다. 특히 헌정사적 고찰에서 제3공화국 당시의 헌법규정과는 다른 입법문언을 채택한 현행 헌법 하에서 입법자의 취지는 분명히 직접효력설적인 것이 아니고 오히려 직접효력설을 회피하고자 하였다는 주장이 있다. 판례도 직접효력설을 따르지는 않고 있다.

#### (3) 위헌무효설(입법자에 대한 직접효력설 : 대법원)

① 개관

위헌무효설은 보상을 법률로써 하라는 것은 보상의 절차와 내용을 법률로 정하라는 것이지 보상여부까지 법률에 맡긴 것은 아니라는 점에서는 직접효력설과 의견을 같이 한다. 즉, '보상을 지급하여야 한다'라는 것은 어떻게 하든 보상은 주어져야 한다는 것이다. 그러나 법률이 없으면

9) 대법원 1967.11.2. 선고 67다1334 판결.

보상은 불가능하다고 해석되므로 보상 없는 공용침해 규정은 위헌·위법이 되는 것이다. 즉, 헌법 제23조 제3항은 직접적·구체적 손실보상청구권을 규정하고 있는 것이 아니라 입법자를 구속하는 의미에서의 헌법적 판단을 규정하고 있다고 한다(다수설).

그리고 이 학설은 위헌이면 무효라는 전제 하에서 위헌무효설로 불리우고 있으나, 위헌선언 이전에 이루어진 국가작용에 명백한 하자가 있다고 볼 수는 없으므로 추후에 위헌선언이 있다 하여도 이를 무효라 할 수 없다는 것이 헌법재판소와 대법원의 원칙적인 입장이다.

② 항고소송을 통한 구제

위헌무효설에 의할 때 분명한 것은 보상 없는 공용침해는 위법이므로 이에 대한 항고소송을 통한 구제가 가능하다는 점이다. 항고소송에 의한 구제방법이 이 학설에 의한 원칙적인 권익구제방법이라고 본다. 다만, 분리이론을 취한 것으로 알려져 있는 우리 헌법재판소 판례는 개발제한구역의 지정이나 그에 대한 토지재산권의 제한이 그에 대한 보상 등의 조치를 결여하여 위헌적인 상태에 있다 하더라도 제한행위 그 자체의 효력을 다툴 수는 없다고 하여 이러한 항고소송의 가능성을 부정하고 있다.[10] 그러나 이러한 판례이론의 논리적 근거가 무엇인지는 분명하지 않다.

③ 손해배상을 통한 구제

위헌무효설에 의하면 보상 없는 공용침해는 위법한 것이므로 손해배상을 청구할 수 있다는 견해가 있다. 그러나 이때 국가배상법을 적용할 경우에는 손해배상의 고의·과실요건을 공무원의 주관적 책임요소로 이해하는 한 집행행위의 경우 과실책임을 묻기 어려울 것이며, 입법상의 과실을 묻는 경우에도 입법에 참여한 국회 또는 상임위원회 등 회의체의 과실을 인정한다는 것은 과실을 주관적 책임요소로 이해하는 한 여전히 쉽지 않을 것이다(위법·무과실). 다만 과실의 객관화이론을 채택하면 이러한 논리구성이 반드시 불가능하지는 않다.

판례는 손실보상 규정이 없는 경우에 이를 손해배상 문제로 해결한 경우가 있으며 이때 국가배상법을 적용하지 않고 민법 제750조를 적용하였다.[11] 민법 제750조가 적용됨으로써 입법기관이나 관계 공무원 또는 피용자의 고의·과실이 아니라 지방자치단체 등 손실보상주체의 고의·과실을 직접 물음으로써 공무원의 고의·과실요건의 적용을 우회하였다.

**어업권 보상의 문제**

어업권 보상의 경우 어업권의 인정 형태가 면허어업, 허가어업, 신고어업, 관습법상의 어업 등으로 다양하여 손실보상의 대상을 법령으로 특정하지 못하는 경우가 있기 때문에 손실보상에 대한 명문 규정을 두지 못하는 경우가 있다. 그러나 명문 규정이 없음에도 다른 경우와 동등하게 손실보상을 해주어야 마땅할 때 대법원은 유추적용을 통하여 보상을 하여야 한다고 판시하고,[12] 그러한 보상을 하지 못한 경우에 민법상의 불법행위에 기한 손해배상을 인정하였다.[13] 그

10) 헌법재판소 1998.12.24. 선고 89헌마214 등(병합) 결정.
11) 대법원 1999.11.23. 선고 98다11529 판결.
12) 대법원 2002.1.22. 선고 2000다2511 판결.
13) 대법원 1999.11.23. 선고 98다11529 판결.

러나 이 경우 책임을 지는 주체가 국가나 지방자치단체가 아닌 경우에는 국가배상법이 적용되지 아니하므로 민법 적용이 불가피하다 하더라도, 국가나 지방자치단체에 대해서도 민법상 불법행위책임을 묻는 것은 적절하지 않다고 본다. 이러한 경우 차라리 위험책임의 법리에 의거하여 행위자의 고의나 과실을 묻지 않고 손해배상에 이르는 판례이론을 구성하는 것이 타당하다고 생각한다. 어업권에 대한 침해는 대개 환경오염이나 환경훼손과 관련되어 있는데, 환경정책기본법은 환경오염이나 환경훼손에 대한 피해에 대하여 무과실책임을 인정하고 있으며, 원자력시설이나 환경시설 운영 등의 경우에도 원자력손해배상법이나 '환경오염피해 배상책임 및 구제에 관한 법률'에 의하여 위험책임의 법리에 따른 무과실책임이 근래에 도입되었기 때문이다.

**주요판례요지**

① 대법원 2000.5.26. 선고 99다37382 판결: 보상규정을 두어야 하나 보상규정이 없어 보상을 받지 못한 경우 이는 불법행위를 구성하고 그에 대한 손해배상액은 손실보상금 상당액이라고 판시하였다. 다만 이 경우 피고가 농업진흥공사로서 국가배상법을 적용하지 않고 민법 750조를 적용하고 있다. 이는 입법자가 아닌 보상책임주체의 고의·과실 요건에 입각한 것이며, 농업진흥공사의 고의·과실을 직접 물었으므로 국가배상법상 공무원의 과실요건에 상당하는 법적 판단 없이 불법행위 성립을 인정하게 된 것으로 본다.

② 대법원 1999.11.23. 선고 98다11529 판결: 보상규정이 없는 경우 유추적용을 통한 보상이 가능함에도 보상하지 않은 특별한 희생에 대해 사후에 손실보상금액 상당의 손해배상을 인정하였다. 이 판례는 피고가 지방자치단체인 당진군이었음에도 민법 제750조를 적용하였다.

③ 대법원 2019.11.28. 선고 2018두227 판결: '공익사업을 위한 토지 등의 취득 및 보상에 관한 법률' 제79조 제2항(그 밖의 토지에 관한 비용보상 등)에 따른 손실보상과 환경정책기본법 제44조 제1항(환경오염의 피해에 대한 무과실책임)에 따른 손해배상은 근거 규정과 요건·효과를 달리하는 것으로서, 각 요건이 충족되면 성립하는 별개의 청구권이다. 실질적으로 같은 내용의 손해에 관하여 양자의 청구권이 동시에 성립하더라도 권리자는 어느 하나만을 선택적으로 행사할 수 있을 뿐이고, 양자의 청구권을 동시에 행사할 수는 없다(청구권 경합).

#### (4) 보상입법부작위위헌설(헌법재판소)

대법원과 헌법재판소의 판례에 따르면, 원칙적으로 위헌선언이 있기 전까지는 중대명백설에 따를 때 무효라고 하기 어렵다. 그러나 보상입법을 하지 않은 것이 위헌인 것은 틀림없다. 따라서 공용침해를 규정하면서 보상규정을 두지 않았을 때에는 보상입법을 부작위한 것이고 이것은 헌법에 위반되는 것으로써 보상입법 부작위에 대한 헌법소원으로 권익구제가 가능하다는 학설이 등장하였다. 이 학설은 그린벨트제한에 대한 헌법재판소 1998.12.24. 선고 89헌마214 등 결정도 보상입법부작위위헌을 선언한 것임을 지적하고 있다. 대법원이 유추적용설과 위헌무효설에 따른 권익구제방안을 제시하고 있다면 분리이론을 취하고 있는 헌법재판소는 보상입법부작위에 대한 헌법소원을 권익구제방안으로 제시하고 있다고 할 수 있다.

#### (5) 유추적용설(간접효력규정설 : 대법원)

유추적용설에 의하면 공용침해에 대한 보상규정이 없더라도 헌법 제23조 제1항(재산권보장조항)과 제11조(평등원칙)에 근거하여 헌법 제23조 제3항 및 관계규정을 유추적용할 수 있다고 한다. 따라서 헌법 제23조 제3항은 보상규정이 없는 경우에도 보상의 근거로서 간접적으로 효력을 가지는 것이라 할 수 있다. 그러나 이에 대해서는 ① 적법행위에 대한 보상규정을 위법행위에 유추적용할 수 없다고 하거나 ② 보상규정이 없는 경우에 유추적용으로 문제를 해결하는 것은 법해석론의 범위를 벗어난 것이라는 비판이 있다.

대법원은 유추적용설의 입장에 서있는 것으로 보인다. 예컨대, 공익사업으로 인하여 발생한 사업지역 바깥의 간접손실에 대하여 그 보상에 관한 명문의 법령이 없는 경우, 피해자는 손실보상에 관한 유사 규정을 유추적용하여 사업시행자에게 보상을 청구할 수 있다고 판시하였다.[14] 이처럼 직접적인 보상규정이 없는 상태에서 손실보상을 청구할 때에는 수용이 이루어질 수 없어서 재결절차를 거치기 어려우므로 바로 손실보상을 청구할 수 있다고 보아야 할 것이다. 그러나 보상규정이 있는 손실에 대한 보상청구는 먼저 수용 등을 위한 재결절차를 거쳐야 하는 것이 원칙이다.[15]

앞에서 살펴보았듯이 대법원은 이처럼 유추적용을 통해 손실보상이 가능한 경우에 손실보상을 하지 않으면 불법행위가 성립하여 손해배상책임이 발생한다고 한다.

**참고판례 1: 대법원 2002.1.22. 선고 2000다2511 판결 [손해배상(기)]**

(전략) 수산업법 제81조 제1항 제1호 등 규정의 취지를 종합하여 보면, **적법한 절차에 의하여 신고를 하고 신고어업에 종사하던 중 공유수면매립사업의 시행으로 피해를 입게 되는 어민들이 있는 경우 그 공유수면매립사업의 시행자로서는 수산업법의 위 규정 및 신고어업자의 손실보상액 산정에 관한 수산업법시행령 제62조의 규정을 유추적용하여 손실보상을 하여 줄 의무가 있다.**

**해 설** 명문의 보상근거규정이 없는 경우에도 반드시 보상을 해주어야 할 사항이라고 판단되는 경우 대법원은 유추적용에 의한 보상을 인정하고 있다. 같은 취지의 판례로 대법원 1999.11.23. 선고 98다11529 판결이 있다.

**참고판례 2: 대법원 1987.7.21. 선고 84누126 판결 [하천구역손실보상재결처분취소]**

하천법(1971. 1. 19. 법률 제2292호로 개정된 것) 제2조 제1항 제2호, 제3조에 의하면 제외지는 하천구역에 속하는 토지로서 법률의 규정에 의하여 당연히 그 소유권이 국가에 귀속된다고 할 것인바 **한편 같은 법에서는 위 법의 시행으로 인하여 국유화가 된 제외지의 소유자에 대하여 그 손실을 보상한다는 직접**

14) 대법원 1999.10.8. 선고 99다27231 판결.
15) 대법원 2018.7.20. 선고 2015두4044 판결.

**적인 보상규정을 둔 바가 없으나 같은 법 제74조의 손실보상요건에 관한 규정은 보상사유를 제한적으로 열거한 것이라기 보다는 예시적으로 열거하고 있으므로 국유로 된 제외지의 소유자에 대하여는 위 법조를 유추적용하여 관리청은 그 손실을 보상하여야 한다.**

해 설 이 판례도 유추적용설을 취한 듯 보이지만, 결론에 접근함에 있어서 보상사유 규정을 제한적 열거규정으로 볼 것인지 예시규정으로 볼 것인지에 관한 법률해석론에 의지하고 있다.

### 4. 분리이론에 따를 때 보상법률이 없는 경우에 대한 헌법해석

분리이론은 헌법 제23조 제3항을 불가분조항으로 보고 재산권의 제한으로 보이는 법령규정 중에 ① 불가분적으로 침해규정과 함께 손실보상규정도 존재하는 재산권에 대한 공용침해와 ② 원칙적으로 보상규정이 필요없는 재산권 내용규정이 구분되어 존재한다고 한다.

이러한 헌법 해석상의 분리이론에 따를 때 보상규정이 없으면 보상을 할 수 없다. 침해규정과 불가분적으로 규정되어야 할 보상규정이 없다는 것은 입법자가 그러한 공용제한을 공용침해로 인식하지 않고 재산권의 내용규정으로 보았기 때문에 보상이 불필요한 것이다. 그러나 재산권의 내용규정이라 하더라도 재산권에 대한 제한이 한계를 넘어서 재산권의 본질적 부분을 침해하여 수인한도를 넘는 경우에는 국가는 보상의무를 진다. 다만 우리 헌법재판소에 따르면 이 경우에도 보상법률이 없는 상태에서는 보상문제는 발생하지 않고 보상관련 법률을 제정하여 추후에 보상 또는 보상에 상당하는 조치를 하게 된다. 따라서 보상법률의 입법 이전에는 보상문제는 발생하지 않는다. 또한 우리 헌법재판소는 이러한 경우에 침해행위에 대한 항고소송도 제기할 수 없다고 한다.

그러므로 이러한 분리이론의 입장에서 보상 법률이 없는 상태에 대해 가장 적절한 해결책을 제시하고 있는 학설은 앞에서 소개한 보상입법부작위위헌설이라고 할 것이다.

## 제3절 손실보상청구권의 성질과 성립요건

## 제1관 손실보상청구권의 성질

### 1. 공권설

공권설은 ① 원인행위와 보상행위를 일체적으로 파악하여 원인행위가 공권력행사라는 공법적 원인에 의한 것이므로 보상청구권도 공권으로 본다. ② 또한 행정청의 처분 등을 원인으로 하는 법률관계에 관한 소송을 당사자소송으로 보고 있는 우리 행정소송법의 입법취지에 비추어 보아도 보상청구권을 공권으로 보는 것이 타당하다고 한다. ③ 실정법이 손실보상 청구와 관련하여 토지수용위원회의 이의재결 등 여러 가지 행정심판절차를 마련하고 있는 것도 공권설을 뒷받침한다고 한다. 이 견해에 따르면 행정상 손실보상청구권에 관한 소송은 당사자소송으로 처리하여야 한다.

이러한 공권설에 의하지 않는다고 하더라도, 손실보상의 주된 근거법률인 '공익사업을 위한 토지등의 취득 및 보상에 관한 법률'은 손실보상금증감청구소송을 당사자소송으로 하고 있어서 이 소송절차가 적용되는 경우의 손실보상청구권은 공권으로 보아야 한다.

대법원은 주로 문제가 되는 보상금증감청구소송을 형식적 당사자소송으로 파악하고 있으며 아래 참고판례에서 보듯이 법률의 규정에 의하여 권리가 설정되어 공권이라고 해석되는 손실보상청구권은 당사자소송으로 처리한다. 이것은 대법원 전원합의체의 판례변경으로 이루어진 것이다.[16]

---

참고판례: 대법원 2006.5.18. 선고 2004다6207 전원합의체 판결 [보상청구권확인]

위 각 규정들에 의한 손실보상청구권은 모두 종전의 하천법 규정 자체에 의하여 하천구역으로 편입되어 국유로 되었으나 그에 대한 보상규정이 없었거나 보상청구권이 시효로 소멸되어 보상을 받지 못한 토지들에 대하여, 국가가 반성적 고려와 국민의 권리구제 차원에서 그 손실을 보상하기 위하여 규정한 것으로서, 그 법적 성질은 **하천법 본칙이 원래부터 규정하고 있던 하천구역에의 편입에 의한 손실보상청구권과 하등 다를 바가 없는 것이어서 공법상의 권리임이 분명하므로 그에 관한 쟁송도 행정소송절차에 의하여야 한다.**

하천법 부칙(1984. 12. 31.) 제2조와 '법률 제3782호 하천법 중 개정법률 부칙 제2조의 규정에 의한 보상청구권의 소멸시효가 만료된 하천구역 편입토지 보상에 관한 특별조치법' 제2조, 제6조의 각 규정들을 종합하면, **위 규정들에 의한 손실보상청구권은 1984. 12. 31. 전에 토지가 하천구역으로 된 경우에는 당연히 발생되는 것이지, 관리청의 보상금지급결정에 의하여 비로소 발생하는 것은 아니므로, 위 규정들에 의한 손실보상금의 지급을 구하거나 손실보상청구권의 확인을 구하는 소송은 행정소송법 제3조 제2호 소정의 당사자소송에 의하여야 한다.**

해 설 대법원은 구 하천법상 자연적인 하천의 변경에 의하여 하천구역으로 편입된 토지의 손실보상청구권은 공법상의 권리라고 보아 왔다. 이 판례는 하천구역편입 토지보상에 관한 특별조치법에 의한 손실보상청구권도 역시 공법상의 권리로 판시한 것이다. 공법상의 권리에 근거한 손실보상청구권은 당사자소송의 대상이 된다.

---

## 2. 사권설

사권설은 원인행위와 보상행위를 구별하여 보상관계의 원인이 되는 행위가 공권력행사라고 하더라도 그와 관계없이 보상의 문제는 사법상의 채권채무관계로 본다. 따라서 행정상 손실보상은 민사소송의 대상이 된다. 이것은 종래 판례의 일반적 입장으로서 대법원은 손실보상의 원인이 공법적일지라도 손실의 내용이 사권이면 이를 사법관계로 보는 입장이다. 그리하여 어업권은 사권이므로 어업권에 대한 손실보상청구권은 사권이고 따라서 민사소송의 대상이라고 하였다.[17]

16) 대법원 2006.5.18. 선고 2004다6207 판결.
17) 대법원 1998.2.27. 선고 97다46450 판결.

## 제2관 행정상의 손실보상청구권의 성립요건

재산권의 인격적 관련성을 고려해 볼 때 재산권 보장에 있어서 가치보장보다는 존속보장이 우선적이다. 따라서 헌법상의 재산권 보장을 위하여서는 손실보상을 논하기에 앞서 적법한 공용침해의 요건에 대한 검토가 이루어져야 한다.

손실보상청구권의 성립요건에 대한 논의는 공용침해의 요건 및 개념 논의와 상당부분 중복되므로 이하에서 중복된 설명은 생략하기로 한다.

### 1. 공공필요

행정상의 손실보상의 대상이 되는 공용침해가 되기 위해서는 그 침해(재산권의 수용, 사용, 제한)가 공공필요에 의한 것이어야 한다. 전술한 바와 같이 '공익사업을 위한 토지 등의 취득 및 보상에 관한 법률'은 그러한 공공필요를 인정하여 재산권의 수용, 사용을 할 수 있는 사업에 대한 사업인정에 관해 규정하고 있다.

### 2. 적법행위 및 보상규정의 존재

행정상의 손실보상의 대상이 되는 공용침해가 되기 위해서는 공용침해 행위가 법적 근거를 가진 적법한 것이어야 한다. 또한 원칙적으로 보상규정이 있어야 한다. 다만 대법원은 보상규정이 없는 경우에도 유추적용을 통하여 보상을 하도록 명하는 판결을 한 바 있다. 그러나 대법원이 유추적용을 통한 보상을 명한 경우는 입법부작위가 비교적 명확해 보이는 경우였다는 점을 주목할 필요가 있다.

한편, 침해의 법률적 근거도 있고 보상규정도 있으나 단순히 부수적 법집행작용의 잘못으로 공용침해가 위법하게 된 경우에 보상이 가능한가 하는 것이 문제인데, 이 경우에 적용되는 법이론이 수용유사적 침해이론이라고 할 수 있다. 헌법상의 재산권 보장의 원칙에 충실하기 위해서는 수용유사적 침해나 수용적 침해에 대해서도 적법행위에 준하여 보상하는 것이 바람직하다. 이 경우 위법으로 인하여 발생한 손해의 증가분은 국가배상으로 해결하는 것이 타당하다. 다만 판례는 수용유사적 침해에 따른 보상은 인정하지 않는다.

### 3. 공권력 행사

손실보상의 대상이 되는 공용침해가 되기 위해서는 침해행위가 공권력작용이어야 한다. 사법상의 매수 등에 의한 공익사업을 위한 토지의 취득 등은 손실보상과는 개념을 달리하는 것이다.

### 4. 재산권에 대한 침해

손실보상의 대상이 되는 공용침해는 재산권에 대한 침해여야 한다. 사회정책적 견지에서 그 손해가 영업상 손실 등 간접손실에서 비롯된 것이라도 손실보상의 대상이 될 수 있도록 하고 있다.

또한 그 침해의 태양에 있어서 직접성과 의도성을 결여한 경우에는 현재로서는 손실보상의 길은 없지만 수용적 침해이론에 따르면 이 경우에도 행정상 손실보상에 준하는 손실보상이 이루어져야 한다고 한다. 그러나 우리 판례는 수용적 침해에 따른 보상을 인정하지 않는다.

그런데 토지의 상공에 고압전선이 통과하게 됨으로써 토지소유자가 그 토지의 사용·수익권을 제한받는 토지인 선하지에 대해서도 보상이 주어져야 한다.

참고판례: 대법원 2022.11.30. 선고 2017다257043 판결 [청구이의]

**토지의 상공에 고압전선이 통과하게 됨으로써 토지소유자가 토지 상공의 사용·수익을 제한받게 되는 경우, 특별한 사정이 없는 한 고압전선의 소유자는 토지소유자의 사용·수익이 제한되는 상공 부분에 대한 차임 상당의 부당이득을 얻고 있으므로, 토지소유자는 이에 대한 반환을 구할 수 있다.** 이때 **토지소유자의 사용·수익이 제한되는 상공의 범위에는 고압전선이 통과하는 부분뿐만 아니라 관계 법령에서 고압전선과 건조물 사이에 일정한 거리를 유지하도록 규정하고 있는 경우 그 거리 내의 부분도 포함된다.** 한편 고압전선의 소유자가 해당 토지 상공에 관하여 일정한 사용권원을 취득한 경우, 그 양적 범위가 토지소유자의 사용·수익이 제한되는 상공의 범위에 미치지 못한다면, **사용·수익이 제한되는 상공 중 사용권원을 취득하지 못한 부분에 대해서 고압전선의 소유자는 특별한 사정이 없는 한 차임 상당의 부당이득을 토지소유자에게 반환할 의무를 부담한다.**

해 설 선하지로서 손실보상의 대상이 되는 토지의 범위(고압전선이 통과하는 부분뿐만 아니라 관계법령에서 고압전선과 건조물 사이에 일정한 거리를 유지하도록 규정하고 있는 경우 그 거리 내의 부분)에 대하여 판시하면서 고압전선의 소유자가 그러한 토지의 범위에 미치지 못하는 범위에 대해서만 사용권원을 획득한 경우에는 나머지 범위에 대하여 차임 상당의 부당이득이 발생함을 밝혔다.

## 5. 특별한 희생: 손실보상의 원인

### (1) 문제의 제기

공용침해는 그것이 재산권에 대한 보통의 사회적 제약을 넘는 특별한 희생일 때 보상의 원인이 된다. 우리 헌법 제23조 제1항은 재산권의 내용과 한계는 법률로 정하도록 하고 있고, 제2항은 재산권의 행사는 공공복리에 적합하도록 하여야 한다고 규정함으로써 재산권에 대한 사회적 제약을 전제하고 있다. 따라서 예컨대 ① 법령위반 등 스스로 자초한 행위(청소년보호법 제44조: 청소년 유해매체물이나 유해약물의 수거·파기), ② 위험방지 및 제거를 위한 경우(건축법 제81조), ③ 검사, 시험을 위한 필요최소한의 견품수거 등(식품위생법 제16조), ④ 공익목적을 위한 재산권의 효용의 제한('문화유산의 보존 및 활용에 관한 법률' 제42조 제1항) 등의 경우는 당연히 수인하여야 할 재산권의 내용 및 한계에 따른 제약이므로 보상규정을 두지 않는다.

그러므로 수인하여야 할 재산권의 제약의 범위를 벗어난 희생, 즉 특별한 희생에 대해서만 행정상 손실보상이 주어지는 것이다. 그러나 모든 특별한 희생에 대하여 보상규정이 존재하지는 않기 때문에 특별한 희생에 해당하더라도 그에 대해 현실적으로 어떠한 법적 구제가 가능한지에 대해서는 학설과 판례가 반드시 일치된 결론을 내리지는 못하고 있다.

### (2) 손실보상의 원인에 대한 학설 개관

① '특별한 희생'에 대한 두 가지 접근방식

손실보상의 원인이 되는 '특별한 희생'의 판단에 있어서, 침해나 희생의 성격과 태양이라는 측면에서 이론적으로 접근하는 방법과, 재산권에 대한 사회적 구속성이 어느 정도까지인가를 밝히는 법해석론의 방식의 두 가지 접근방법이 있을 수 있다. 재산권을 법률규정을 떠난 자연법적 의미로 받아들인다면 전자의 방식이 타당하겠으나 오늘날과 같이 재산권의 공적 성격이 강조되고 있는 현실에 비추어 본다면 재산권을 실정법규를 떠난 자연법적 존재로 이해하는 데에는 다소 문제가 있다. 우리 헌법 제23조 제1항도 재산권의 내용과 한계를 실정법적인 규율사항으로 보고 있다.

요컨대 특별한 희생인가의 여부에 대한 판단은 궁극적으로 법해석론의 하나로 이루어지는 것이지 시·공간적으로 보편적이라는 의미에서의 이론적 기준에 의해 결정되는 것은 아니다. 이런 관점에서 보면 현재 소개되고 있는 독일의 각 학설은 우리 실정제도 하에서 특별한 희생을 판단하는 데 있어서의 개념적 징표의 의미 이상을 가지지는 못한다. 실제로 우리나라의 학자들은 특별한 희생을 판단함에 있어서 종합설, 즉 모든 요소를 골고루 고려하여야 한다는 입장에 서 있다. 이런 입장에 선다면, 이하의 개개의 학설을 하나의 완결된 학설로서가 아니라 '특별한 희생'인지를 판단하는 각각의 고려 요소로 이해하는 것이 적절할 것이다.

② '특별한 희생'에 대한 이론적 접근

'특별한 희생'에 해당하는지에 대한 판단은 본질적으로 법해석론이라고 하더라도 그 판단에 있어서 그동안의 이론적 성과를 반영하여야 할 것이다. 이론적으로 '특별한 희생'인지의 판단에 있어서는, ① 피해자 중심의 관점에서 희생의 특별성에 중점을 두는 경우(특별희생설)와 ② 가해행위의 태양이라는 점에서 침해의 중대성과 범위에 중점을 두는 경우(중대설) 등 다양한 방식이 있다. 또한 이들 이론을 ① 침해행위나 희생이 인적범위의 측면에서 한정되어 있는지의 여부에 따라 특별한 희생인지 여부를 가리려고 하는 경향(형식적 표준설)과 ② 침해행위나 희생 자체의 본질적 중대성을 기준으로 특별한 희생인지의 여부를 가리려는 경향(실질적 표준설)으로 분류할 수도 있다.

### (3) 형식적 표준(설)

형식적 표준설은 평등원칙과의 관련 하에서 재산권의 침해가 인적 범위의 측면에서 일정범위로 한정되어 있거나 특정되어 있는지의 여부에 따라 특별한 희생인가의 여부를 판단하고자 한다. 그리하여 침해가 특정한 인적 범위로 한정되는 경우를 '특별한 희생'이라고 한다.

그런데 앞에서 살펴본 바와 같이 특별한 희생 해당 여부의 판정을 법해석의 문제로 보면, 인적범위가 제한되어 있다는 것만으로 재산권의 사회적 제약의 범위를 벗어난 것이라고 단정할 수 없다. 그러나 침해의 인적 범위가 광범하다는 것은 그 침해로 보여지는 것이 재산권의 일반적인 사회적 제약의 범위 안에 속한 것으로 해석될 수 있다는 가능성을 증대시킨다고 볼 수 있다.

### (4) 실질적 표준(설)

실질적 표준설은 침해나 희생의 인적 범위가 어떠한지를 불문하고 그 침해나 희생의 정도에 따라 '특별한 희생' 여부를 판단하고자 하는 학설이다.

이 가운데 ① 침해의 중대성과 범위를 기준으로 제시하는 학설이 독일연방행정재판소의 입장에 가까운 중대설이고, ② 희생의 수인가능성, 즉 희생의 정도와 평등원칙의 관점에서의 집단 간의 비교 등에 의해 판단하는 학설이 독일통상재판소의 입장에 가까운 특별희생설이라 할 수 있다. 특별희생설은 평등원칙의 관점에서 형식적 표준을 아울러 제시하고 있다.

한편 ③ 상황구속성설은 토지의 위치, 상황 등에 따라 '특별한 희생' 해당 여부를 판단한다. 그리하여 도시지역의 토지에는 강한 사회적 구속이 따르므로 특별한 희생의 인정범위가 줄어든다. 요컨대, 특별한 상황에 따라 재산권의 사회적 구속성이 도출될 수 있고 강화될 수 있기 때문에 '특별한 희생'에의 해당 여부는 해당 토지의 상황에 따라 결정된다는 것이다. ④ 보호가치성설은 보호가치 있는 부분에 대한 침해나 희생이 있으면 '특별한 희생'이라고 보며, ⑤ 수인기대가능성설은 배타적 지배성 침해여부에 따라 '특별한 희생' 여부를 판단한다. 또한, ⑥ 사적효용설은 재산권의 본래의 효용의 본질적 침해, 즉 재산권의 박탈이나 재산권의 경제적 형성권의 제한이 있으면 '특별한 희생'에 해당한다고 한다. 이외에 ⑦ 목적위배설은 본래적 기능의 박탈이 있으면 '특별한 희생'이라고 한다. 즉, 본래적 기능을 증진시키기 위한 것은 보상대상이 아니고 본래적 기능을 박탈, 제한하는 경우에는 보상대상이 된다고 한다. 따라서 주택난 해결을 위한 임대강제는 목적위배가 아니므로 보상대상이 되지 않는다고 한다. 헌법재판소는 "토지를 종래의 목적으로도 사용할 수 없거나 더 이상 법적으로 허용된 토지이용방법이 없어서 실질적으로 사용·수익을 할 수 없는 경우에 해당하지 않는 제약은 토지소유자가 수인하여야 하는 사회적 제약의 범주 내에 있는 것이고, 그러하지 아니한 제약은 손실을 완화하는 보상적 조치가 있어야 비로소 허용되는 범주 내에 있다."[18]라고 함으로써 목적위배설에 가까운 판시를 하고 있다.

### (5) 결론 및 판례의 태도

우리나라의 통설은 종합설[19]로서 형식적 표준과 실질적 표준을 모두 고려하여 특별한 희생 여부를 판단한다고 한다.

그러나 이미 언급한 바와 같이 기본적으로 이 문제는 재산권의 내용과 한계에 관한 헌법 및 관계법규의 해석의 문제라고 보아야 할 것이다. 즉, 보상규정을 두지 않은 것이 재산권의 내용과 한계에 대한 입법정책의 표현인지 아니면 특별한 희생임에도 보상을 간과한 입법적 과오인지를 법해석을 통하여 판단하여야 할 것이고 그 결과로서 나타나는 것이 특별한 희생에 해당되는지에 대한 판단이라고 하여야 할 것이다.

다만 관계법규 해석이 간단하지 않을 경우에 다양한 실질적 표준을 동원할 수 있을 것이며

18) 헌법재판소 2005.9.29. 선고 2002헌바84 결정.

19) 종래 이를 절충설로 지칭하여 왔으나 그 내용을 검토해 볼 때 종합설로 지칭하는 것이 타당하다.

실질적 표준으로 해결되지 않을 경우에는 형식적 표준이 참고가 될 수도 있을 것이다. 그러나 형식적 표준의 적용은 매우 제한된다. 즉, 실질적 표준에 의해 보상대상이 될 수 없는 사회적 구속성 하의 재산권 제약은 그것이 한정된 인적 범위에 미치는 것이라도 보상대상이 되지 않으며, 또한 실질적 표준 하에 보상의 대상이 된다면 그것이 일반적 범위에 미치는 침해라 하더라도 보상의 대상이 되는 것이 원칙이고 다만 일반적인 재산권의 사회적 구속성의 범위 내에서의 재산권의 내용과 한계설정에 해당한다면 보상의 대상이 되지 않는다고 볼 것이기 때문이다.

그리고 손실보상의 문제인 한, 침해행위만을 고려할 수는 없고 희생에 대한 고려가 있어야 할 것이다. 다만 보상규정이 없어서 침해행위를 취소할 경우에는 침해행위에 초점이 맞추어 질 수도 있을 것이다. 독일의 연방통상(사법)재판소와 연방행정재판소의 입장 차이는 이처럼 다루어지는 소송물의 차이에서 나온 것이라고 보아야 할 것이다.

우리 헌법재판소는 "종래의 지목과 토지현황에 의한 이용방법에 따른 토지의 사용도 할 수 없거나 실질적으로 사용·수익을 전혀 할 수 없는" 경우 재산권에 대한 제약이 수인한도를 넘은 것으로 판단하였다.[20] 그러나 개발제한구역의 지정으로 인한 "개발가능성의 소멸과 그에 따른 지가의 하락이나 지가상승률의 상대적 감소"는 토지소유자가 감수해야 하는 사회적 제약의 범주에 속하는 것으로 보았다.[21]

대법원도 개발행위로 인하여 도로, 하천 등의 공공용물의 일반사용이 제한되는 것은 손실보상의 대상이 되는 '특별한 손실'에 해당되지 않는다고 하였다.[22] 그리고 도로의 공용개시로 사인 소유의 도로부지에 사권의 행사가 제한되는 것은 부당이득이나 손해배상의 문제일지언정 손실보상의 대상은 되지 않는다고 한다.[23]

참고판례: 대법원 2016.5.12. 선고 2013다62261 판결 [손실보상등]

구 수산업법(2007. 4. 11. 법률 제8377호로 전부 개정되기 전의 것, 이하 '구 수산업법'이라 한다) 제34조 제1항 제1호, 제2호, 제3호, 제4호, 제5호, 제2항, 제45조 제1항, 제3항, 제81조 제1항 제1호, 구 수산업법 시행령(2007. 10. 31. 대통령령 제20351호로 전부 개정되기 전의 것) 제19조 제5호의 문언·체제·취지 등에 더하여 다음과 같은 사정, 즉 **어업허가를 받거나 어업신고가 수리된 자가 갖는 어업에 대한 재산적 이익은 공유수면에서 자유로이 생존하는 수산동식물을 포획할 수 있는 지위로서 어업허가취득이나 수산동식물의 포획에 어떤 대가를 지불하는 것이 아니어서 일반 재산권처럼 보호가치가 확고하다고 보기 어려운 점**, 한편 어업권의 특성과 행사 방식 등에 비추어 **재산권의 행사가 사회적 연관성과 사회적 기능이 크므로 입법자에 의한 보다 광범위한 제한이 허용되는 점**, 구 수산업법이 손실보상 없이 **어업을 제한할 수 있는 사유를 수산자원의 보존 또는 국방상 필요 등 사회적 연관성과 사회적 기능이 큰 경우로 제한적으로 규정하고 있는 점**, 허가 또는 신고 어업과는 달리 **면허어업은 해조류양식어업 등을 주요대상으로**

20) 헌법재판소 1998.12.24. 선고 89헌마214 등 (병합) 결정.
21) *Id.*
22) 대법원 2002.2.26. 선고 99다35300 판결.
23) 대법원 2006.9.28. 선고 2004두13639 판결.

**하여 조업이 제한되는 해역 이외의 장소에서는 조업이 불가능한 사정을 고려하여 보상제외사유로 삼지 않**는 등 제한되는 어업의 종류와 특성 및 내용에 따라 보상 여부를 달리 정하고 있는 점 등을 종합하면, 구 수산업법 제81조 제1항 제1호 단서에서 **허가·신고 어업에 대하여 '국방상 필요하다고 인정하여 국방부장관으로부터 요청이 있을 때'(구 수산업법 제34조 제1항 제3호)에는 '공익사업을 위한 토지 등의 취득 및 보상에 관한 법률 제4조의 공익사업상 필요한 때'(구 수산업법 제34조 제1항 제5호)와 달리 손실보상 없이 이를 제한할 수 있도록 정한 것이 재산권자가 수인하여야 하는 사회적 제약의 한계를 넘어 가혹한 부담을 발생시키는 등 비례의 원칙을 위반하였다고 보기 어려우므로 위 단서 조항이 헌법에 위배된다고 볼 수 없다.**

**해 설** 대법원은 면허어업의 경우와 달리 허가어업이나 신고어업의 경우 '국방상 필요하다고 인정하여 국방부장관으로부터 요청이 있을 때' 어업을 제한한 것은 손실보상의 대상이 되지 않도록 규정하고 있는 구 수산업법(현행법도 동일) 제81조 제1항 제1호 단서가 위헌이 아니라고 판시하였다. 실질적으로 '특별한 희생'에 해당하는지에 대한 판례라고 볼 수 있는데 판단에 있어서 형식적 표준, 실질적 표준 등 이론적인 기준 보다는 실정법 해석을 논증의 주된 수단으로 사용하고 있다는 점이 주목된다.

# 제4절 행정상 손실보상의 기준

행정상 손실보상의 기준은 각국의 입법정책과 재산권에 대한 사회적 가치관에 따라 달라질 수 있다. 우리 헌법은 '정당한 보상'을 기준으로 제시하고 있는데 이것이 무엇을 의미하며 법령상 어떻게 구현되고 있는지 검토해 보기로 한다.

## 제1관 헌법상의 보상기준

### 1. 개 관

우리 헌법 제23조 제3항은 행정상 손실보상에 있어서 '정당한 보상을 지급하여야 한다.'라고 규정하고 있으나, 정당한 보상이 어떠한 의미인지는 문리해석만으로는 밝히기 어렵다. 보상의 기준에 관한 헌법규정은 '상당한 보상'(1·2공), '법률로 정한다'(4공), '정당하게 형량하여 법률로 정한다'(5공), '정당한 보상'(3공·현행) 등 여러 형태로 변화되어 왔으나 이러한 헌법상의 입법문언의 변화가 실제 보상의 기준이 되는 실정법 구조에는 별 영향을 미치지 못하였다. 그러나 '정당한 보상'이라는 헌법상의 규정은 손실보상의 헌법적 보장에 있어서 '상당한 보상' 등의 문언보다는 강한 의미를 가지고 있다고 볼 수 있다.

보상의 기준에 대한 헌법해석론으로서 다음과 같은 학설대립이 있다.

### 2. 완전보상설

우리 헌법상의 '정당한 보상'이란 완전보상을 의미한다고 하는 학설이다. 이 학설은 미국 헌법 제5조의 정당한 보상의 해석론으로 발전한 것이다. 우리 헌법재판소도 헌법 제23조 제3항에서 규정하고 있는 정당한 보상은 원칙적으로 피수용재산의 객관적인 재산가치를 완전하게 보상하는 것이어야 한다고 판시하고 있다.[24)]

완전보상이라 하더라도 그것이 구체적으로 어떠한 의미를 가지는지는 따져보아야 한다. ① 손실전부보상설에 따르면 완전보상이란 부대적 손실의 보상을 포함하는 의미에서의 손실 전부의 보상이라고 한다. 그러나 ② 객관적가치보상설은 부대적 손실은 보상할 필요가 없고 피침해재산의 객관적 가치를 보상하는 것이 완전한 보상이라고 한다.

'공익사업을 위한 토지 등의 취득 및 보상에 관한 법률' 등 우리 실정법은 부대적 손실에 대한 보상을 규정하고 있어서 우리나라는 제도적으로 손실전부보상설에 접근하고 있다고 보여진다.

### 3. 상당보상설

상당보상설은 공용침해에 대한 보상이 반드시 완전보상일 필요는 없다는 학설이다. 이 학설은 재산권의 공의무를 선언한 바이마르 헌법 제153조의 해석과 관련하여 제기된 것으로서 독일 기본법 제14조가 이를 계승하였다. 상당보상설이 공용침해에 대한 보상이 반드시 완전보상일 필요는 없다고 한다 하더라도 실질적으로 완전보상을 지향한다고 보아야 할 것이다.

상당보상설에도 어떤 경우에 완전보상보다 작은 보상을 줄 수 있는지(하회할 수 있는지)에 대해 다음의 두 가지 상이한 입장이 존재한다. ① 합리적상당보상설은 보상은 그때그때의 사회적 통념에 비추어 객관적으로 공정·타당하면 된다고 한다. ② 완전보상원칙설은 원칙적으로 완전한 보상이 주어져야 하지만 합리적인 이유가 있으면 그보다 하회할 수 있다고 한다.

### 4. 절충설

절충설은 경우에 따라 완전보상 또는 상당보상을 한다고 한다. 그리하여 예컨대 작은 재산에 대해서는 완전보상을 해주지만 큰 재산에 대해서는 상당보상도 가능하다고 한다. 특히 농지개혁을 위한 농지매수조치 등과 같이 권리관계의 변혁을 목적으로 하는 재산권 침해는 상당보상이 가능하며, 전쟁 기타 국가의 위난 시에도 상당보상이 가능하다고 한다. 이러한 절충설은 넓은 의미에서의 상당보상설의 일종이라고 볼 수 있을 것이다.

### 5. 결 론

이론적으로나 정책적으로나 상당보상설이 현실에 맞고 사회국가 원리에도 부합한다. 이러한 사회국가원리에 따르면 때로는 완전보상을 하회할 수도 있으나 경우에 따라서는 적극적으로 생활권보상에까지 나아가야 할 때도 있다.

그러나 우리 헌법재판소는 헌법 제23조 제3항에서 규정하고 있는 정당한 보상은 원칙적으로 피수용재산의 객관적인 재산가치를 완전하게 보상하는 것이어야 한다고 한다(완전보상설).[25)]

---

24) 헌법재판소 1990.6.25. 선고 89헌마107 결정.
25) 헌법재판소 1990.6.25. 선고 89헌마107 결정.

하지만 실제로는 보상의 기준은 헌법해석론보다는 보상근거법률과 같은 구체적 제도에 의해 좌우된다.

현재의 손실보상의 기준에 대한 구체적 제도는 형식적으로는 완전보상설에 입각하여 있으나 실질적으로도 헌법상의 정당한 보상이라는 기준에 완전히 부합한다고 할 수 있을지에 대해서 확신하기 어렵다.

**주요판례요지**

대법원 2012.12.13. 선고 2010두12842 판결: 법령이 위법한 영업은 보상대상에서 제외한다고 규정한다고 하여 그것이 헌법상의 정당한 보상의 원칙에 위배되는 것이 아니다. 또한 신고영업의 경우 관련규정이 신고하도록 한 목적이나 관련규정의 체재나 내용 등에 비추어 보아 신고하지 않았다 하여 반드시 그를 위법한 영업이라고 할 수는 없다.

## 제2관 구체적인 보상기준

### 1. 토지에 대한 보상기준

#### (1) 시가보상의 원칙

'공익사업을 위한 토지 등의 취득 및 보상에 관한 법률' 제67조 제1항은 보상액은 협의성립 당시 또는 재결당시의 가격을 기준으로 하되 공익사업으로 인하여 토지 등의 가격이 변동되었을 때에는 이를 고려하지 않는다고 하여 개발이익을 배제하고 있다. 이것은 개발이익을 배제한 시가보상의 원칙을 선언한 것이라고 할 수 있다.

#### (2) 공시지가와 보상금의 산정

보상금은 '부동산 가격공시에 관한 법률'에 따른 공시지가를 기준으로 하되 공시기준일부터 가격시점까지의 토지의 이용계획, 해당 공익사업으로 인한 지가의 영향을 받지 않는 지역의 지가변동율, 생산자물가상승률, 그 밖에 당해 토지의 위치, 형상, 환경, 이용상황 등을 고려하여 평가한 적정가격으로 보상한다('공익사업을 위한 토지 등의 취득 및 보상에 관한 법률' 제70조 제1항).

#### (3) 가격시점

① 사업인정 전에는 가격시점 당시 공시지가 중 가격시점에 가장 가까운 시점의 공시지가로 한다(같은 법 제70조 제3항).

② 사업인정 후에는 사업인정고시일 전의 것으로서 협의의 성립이나 재결 당시와 가장 가까운 시점의 공시지가로 한다(같은 법 제70조 제4항).

그러나 공익사업의 계획 또는 시행의 공고, 고시 등으로 가격변동이 있는 경우, 즉 개발이익이 지가에 반영된 경우에는 그러한 공고 또는 고시일 이전의 것으로서 가격시점에 가장 가까운 공시지가를 기준으로 한다(같은 법 제70조 제5항).

이처럼 개발이익을 배제하도록 하고 있으나 대법원은 당해 공익사업과 관련 없는 다른 사업의 시행으로 인한 개발이익은 배제하지 말아야 한다고 한다.[26)]

## 2. 토지 이외의 재산권 보상, 부대적 손실, 간접손실의 보상 등

### (1) 개관

토지에 대한 보상에 있어서는 공시지가제도가 적용되어 공시지가를 기준으로 보상금이 산정되지만, 토지 이외의 재산권이나 부대적 손실, 간접손실에 대해서는 공시지가제도가 적용되지 않는다. 따라서 이에 대해서는 처음부터 개별적 평가에 의하여 보상금이 산정된다. 평가의 방법과 기준은 '공익사업을 위한 토지 등의 취득 및 보상에 관한 법률 시행규칙'이 정하고 있다.

### (2) 토지 이외의 재산권 보상

토지 이외의 재산권으로서 건축물, 입목, 공작물, 기타 토지에 정착한 물건(같은 법 제75조), 그리고 토지재산권 이외의 권리에 대한 보상의 대상으로서 광업권, 어업권, 물(용수시설 포함)의 사용에 관한 권리[27)] 등(같은 법 제76조)을 들 수 있다.

**주요판례요지**

① 대법원 2000.3.10. 선고 99두10896 판결: 건축물의 경우 무허가건축물이라도 사업인정 전에 건축된 건물이면 보상의 대상이 될 수 있다.

② 대법원 2001.4.13. 선고 2000두6411 판결: 주거용이 아닌 위법건축물의 경우 그 위법의 정도가 크면 보상의 대상이 되지 않을 수도 있다.

### (3) 부대적 손실의 보상

① 개관

부대적 손실에 대한 보상은 실비변상적 보상과 일실손실의 보상 등으로 분류해 볼 수 있다. 실비변상적 보상이라 함은 공용침해로 말미암아 발생한 부대적 손실에 대한 실비를 변상하는 의미를 가지는 보상이며 일실손실의 보상은 공용침해로 인하여 얻을 수 있었던 이익을 얻지 못한 것에 대한 보상이다.

② 실비변상적 보상

'공익사업을 위한 토지 등의 취득 및 보상에 관한 법률'이 규정하고 있는 실비변상적 보상으

26) 대법원 1992.2.11. 선고 91누7774 판결.

27) 대법원 2018.12.27. 선고 2014두11601 판결.

로서 이전료보상(같은 법 제75조)과 잔여지의 손실, 가격감소와 공사비(같은 법 제73조) 및 잔여건축물의 손실(같은 법 제75조의2)에 대한 보상과 매수청구 등을 들 수 있다.

### ③ 일실손실의 보상

일실손실의 보상으로서는 영업의 폐지, 휴업, 이전에 따르는 보상(같은 법 제77조 제1항)과 농업의 손실에 따르는 보상(같은 법 제77조 제2항) 및 실직·휴직 근로자에 대한 보상(같은 법 제77조 제3항) 등을 들 수 있다.

**주요판례요지**

대법원 2001.11.13. 선고 2000두1003 판결: 영업손실에 대한 보상의 경우 영업의 폐지인지 휴업인지의 구별은 그 영업을 인근의 다른 장소로 이전할 수 있는지의 여부에 달려있다.

**참고판례: 대법원 2025.12.11. 선고 2024두66136 판결 [손실보상금]**

허가 대상 가설건축물의 소유자는 도시계획시설사업이 시행되지 않는 한 허가받은 존치기간 내에는 그 가설건축물을 사용할 수 있고, 도시계획시설사업이 아닌 다른 공익사업이 시행되더라도 곧바로 허가 대상 가설건축물을 철거할 의무를 부담한다고 볼 수 없다. (중략) **이러한 점에서 허가 대상 가설건축물의 소유자나 임차인 등인 영업자는 도시계획시설사업이 시행되지 않는 한 허가받은 존치기간 내에는 그 가설건축물을 사용할 수 있다는 정당한 기대를 가지고 있고, 이러한 기대는 단순한 사실상의 기대를 넘어 법적으로 보호받아야 할 이익에 해당한다.**

따라서 **적법하게 건축된 허가 대상 가설건축물에서 인적·물적시설을 갖추고 계속적으로 영업을 행하고 있던 영업자가 다른 공익사업의 시행으로 인하여 허가받은 존치기간까지 영업을 계속할 수 없게 되었다면, 원칙적으로 그 영업자는 특별한 희생 또는 손실을 입었다고 볼 수 있다.**

그러나 한편으로, 허가 대상 가설건축물은 한시적 이용 및 원상회복을 전제하여 예외적으로 건축이 허용되는 것으로서 필연적으로 존치기간이 정해져 있고, 그 존치기간 연장허가는 행정청의 재량행위에 해당한다.

(중략) 따라서 적법하게 건축된 허가 대상 가설건축물에서 인적·물적시설을 갖추고 계속적으로 영업을 행하고 있던 **영업자가 기존의 허가에 따른 존치기간 만료일 이후에 도시계획시설사업과 무관한 다른 공익사업으로 인하여 가설건축물에서 영업을 할 수 없게 되었다고 하더라도, 그 공익사업의 사업인정고시 당시에 영업자에게 해당 가설건축물에서 존치기간 만료일 이후의 시점에도 계속해서 영업을 할 수 있으리라는 정당한 기대가 있었다는 등의 특별한 사정이 없는 한, 그 영업자는 특별한 희생 또는 손실을 입었다고 볼 수 없어 영업손실보상을 청구할 수 없다.**

**해 설** 도시계획시설의 설치 장소로 결정된 토지에서 허가 대상 가설건축물을 건축한 토지소유자는 도시계획시설사업이 시행될 때까지 허가 대상 가설건축물을 건축하여 한시적으로 사용할 수 있으므로 다른 공익사업으로 가설건축물을 허가된 시기까지 사용하지 못할 때에는 영업손실 보상청구권이 인정된다. 이것은 소유자만이 아니라 임차인에게도 인정되는 권리이다. 그러나 가설건축물의 사용기한이 만료되었다면 다시 사용허가를 받는다는 보장은 없는 만큼 손실보상청구권도 상실된다고 한다.

### (4) 간접손실의 보상

간접손실 또는 제3자 손실에 대한 보상이라 함은 공공사업의 시공 또는 완성 후의 시설이 취득하는 토지 이외의 주변 토지에 미치는 손실의 보상을 말한다. 예컨대 공익사업 이후 모두가 이전한 가운데 잔존하는 소수자에 대한 소수잔존자보상이 이에 해당한다.

종래 잔여지보상 그리고 잔여지 이외에 도랑이나 울타리가 필요한 경우 그에 대한 공사비용 등 실비변상적 보상이 허용되어 왔다. 그러나 실제로 발생하는 손실은 수용대상지에 인접한 토지와 물권적 청구권에 한정된 것은 아니다.

이러한 간접손실에 대한 보상은 경우에 따라서 생활권보상과 깊은 관련을 맺지만 이를 반드시 생활권보상이라고 단정할 수는 없다. 재산권에 관련되는 한 그것이 간접손실이라도 재산권보상으로 관념될 수 있기 때문이다.

간접손실에는 ① 기술적 손실(일조권, 전파에 대한 장해 등 넓은 의미의 공해)과 ② 경제적·사회적 손실(지역사회변동 등으로 인한 손해) 등이 포함된다.

대법원은 이러한 간접손실이 성립하기 위한 요건으로 ① 공공사업의 시행으로 취득하는 토지 이외의 토지소유자가 입은 손실일 것 ② 공공사업의 시행에 따라 손실발생이 예견되어야 할 것(예견가능성) ③ 손실의 범위가 구체적으로 특정할 수 있는 경우(특정가능성)일 것 등을 들고 있다.[28)]

대법원은 간접손실도 헌법 제23조 제3항에 따른 손실보상의 대상이 되어야 한다고 하고[29)] 과거 간접손실에 대한 보상규정을 두지 않고 있던 구 토지수용법 시절부터 유추적용을 통한 손실보상을 인정해 오고 있었다.[30)]

그리하여 대법원은 간접손실에 대한 보상규정이 없다면 관련 규정을 유추적용하여 손실보상을 해 주어야 하고 유추적용에 의한 손실보상이 가능함에도 손실보상을 해주지 않으면 불법행위가 성립하여 민법상의 손해배상청구권이 발생한다고 판시하여 왔다.[31)]

---

**참고판례: 대법원 2002.11.26. 선고 2001다44352 판결 [손해배상(기)]**

**공공사업의 시행 결과 그로 인하여 기업지 밖에 미치는 간접손실**에 관하여 피해자와 사업시행자 사이에 협의가 이루어지지 아니하고 그 보상에 관한 명문의 근거 법령이 없는 경우라고 하더라도, 헌법 제23조 제3항은 "공공필요에 의한 재산권의 수용·사용 또는 제한 및 그에 대한 보상은 법률로써 하되, 정당한 보상을 지급하여야 한다."고 규정하고 있고, 이에 따라 국민의 재산권을 침해하는 행위 그 자체는 반드시 형식적 법률에 근거하여야 하며, 토지수용법 등의 개별 법률에서 공익사업에 필요한 재산권 침해의 근거와 아울러 그로 인한 손실보상 규정을 두고 있는 점, 공공용지의취득및손실보상에관한특례법 제3조 제1항

---

28) 대법원 1999.12.24. 선고 98다57419 판결.
29) 대법원 1999.10.8. 선고 99다27231 판결.
30) 대법원 1999.10.8. 선고 99다27231 판결; 대법원 2002.11.26. 선고 2001다44352 판결.
31) 대법원 2000.5.26. 선고 99다37382 판결; 대법원 1999.11.23. 선고 98다11529 판결.

은 "공공사업을 위한 토지 등의 취득 또는 사용으로 인하여 토지 등의 소유자가 입은 손실은 사업시행자가 이를 보상하여야 한다."고 규정하고, 같은 법 시행규칙 제23조의2 내지 7에서 공공사업시행지구 밖에 있는 영업과 공작물 등에 대한 간접손실에 대하여도 일정한 조건하에서 이를 보상하도록 규정하고 있는 점 등에 비추어, 공공사업의 시행으로 인하여 **그러한 손실이 발생하리라는 것을 쉽게 예견할 수 있고 그 손실의 범위도 구체적으로 이를 특정할 수 있는 경우라면,** 그 손실의 보상에 관하여 공공용지의취득및손실보상에관한특례법시행규칙의 관련 규정 등을 **유추적용할 수 있다고 해석함이 상당하다.**

**해 설** 이 판례는 보상규정이 없는데도 유추적용에 의한 손실보상을 인정하였다는 점, 간접손실에 대한 손실보상의 요건을 명시하고 있는 점 등이 주목할 만하다.

### 3. 공용사용의 보상

공용사용에 대한 보상에 있어서도 공시지가제도가 없으므로, '공익사업을 위한 토지 등의 취득 및 보상에 관한 법률'과 관련 법령에 따라 평가하여 보상한다(같은 법 제71조).

대법원은 공용사용에 대한 재결을 할 때에는 토지소유자의 토지 중 '어느 부분에 어떠한 내용의 사용제한을 언제까지 받아야 하는지 등, 제한받는 권리의 구체적인 내용이나 범위'를 재결서에 명시하여야 한다고 한다.[32)]

또한 손실보상은 아니지만 보상과 동일한 의미를 가진 것으로서 공공필요에 의한 사용의 대상이 되는 토지에 대해 매수를 청구할 수 있도록 하는 매수청구제도가 존재하고 있다(같은 법 제72조).

### 4. 공용제한의 보상

공용제한의 보상은 극히 드물지만 개별법이 인정하는 경우에 가능하다. 개별법의 보상규정이 없는 경우에는 헌법 제23조 제3항의 해석상 보상이 가능한지에 대하여 학설이 대립한다. 앞에서 살펴 본 바와 같이 대법원은 개별법 규정이 없어도 일정한 경우 관련규정을 유추적용하여 보상할 수 있다고 한다.

보상의 근거와 기준에 대하여 ① 지가저락설, ② 상당인과관계설, ③ 실비전보설(이용제한에 따른 현실적 손실), ④ 지대설(지대상당액을 보상), ⑤ 공공지역권설정설(지역권의 대가를 보상) 등이 있다.

### 5. 재산권보상기준의 문제점

우리 헌법상의 재산권 보상기준인 정당한 보상과 관련하여 종래 정상적인 시장가격에 의한 재산권의 객관적 가치에 대한 보상에 실비변상적 보상과 일실손실보상을 덧붙이면 정당보상이 되는 것으로 관념하였으나 이에 대해서는 다음과 같은 비판론이 제기되고 있다. ① 시장기능이 시장가격을 통한 보상을 완전한 보상으로 만들지 못하는 경우가 있다. 예컨대 집단이농시 농토구입이 반드시 용이하지 않다. ② 공용침해로 인한 보상을 재산권만 독립적으로 다루어 그에 대한 보상으로 모든 것이 끝났다고 볼 수 없다. 즉 재산권 이외의 경제적 손실을 완전하게 보상하

---

32) 대법원 2019.6.13. 선고 2018두42641 판결.

지 못하므로 재산권만 독립적으로 보상하는 것으로 충분한 보상이 되지 못한다. 요컨대 현재의 재산권 보상기준의 근거가 되는 시장기능의 타당성이라는 가정과 재산권 독립의 가정은 모두 문제가 있다는 것이다.

이러한 이유로 대단위 공익사업의 경우 이주대상자 등에 대해서는 단순한 재산권 보상만으로 충분하지 않고 생활보상 또는 생활권보상이 이루어져야 한다.

# 제5절 생활보상과 생활권보상

## 제1관 손실보상의 대상의 변천과 생활권보상

### 1. 재산권보상에서 생활보상으로

행정상손실보상은 원칙적으로 재산권에 대한 보상이지만 대규모 공공사업의 경우 생활의 터전을 잃고 이주를 하여야 할 상황에서 단순히 재산권만을 보상하는 것은 정당한 보상이라고 할 수 없다. 따라서 이러한 상황에 대응하여 행정상 손실보상의 이념이 변화되기에 이르렀다. 즉, 선적 개념의 토지수용(도로 등)이 아니라 면적 개념의 토지수용(댐, 공업단지, 대규모 택지단지의 건설)을 초래하는 대규모 공공사업으로 인하여 토지수용 등을 당한 사람들이 생활의 터전을 잃거나 기존의 생활상 큰 장애가 초래된 경우에는 행정상 손실보상은 단순히 재산권을 보상할 뿐 아니라 과거의 생활을 회복할 수 있도록 하는 생활권보상에까지 이르러야 한다는 것이다.

### 2. 손실보상의 대상의 변천

역사상 손실보상의 대상은 대인적 보상에서 대물적 보상 그리고 대물적 보상에서 생활보상으로 변천되어 왔다.

#### (1) 대인적 보상에서 대물적 보상으로

1845년의 영국의 토지조항정리법(Land Clause Consolidation Act)은 토지의 객관적 가치만이 아니라 토지의 주관적 이용가치를 보상의 대상으로 하였다. 그러나 이 제도 하에서는 보상액이 상승하고 보상의 기준이 일정치 않아서 많은 문제점이 지적되었고 이에 따라 대물적 보상으로의 전환이 이루어졌다.

#### (2) 대물적 보상에서 생활보상으로

그리하여 1919년 토지취득법(Acquisition of Land Act) 이후 영국도 대물적 보상을 원칙으로 하게 되었다. 즉, 보상은 팔려는 자에게 있어서의 시장가격을 기준으로 하게 되었다.

그러나 공공사업의 목적이 점점 넓어짐에 따라 철저한 대물적 보상이 정당한 보상이 되지 않는 경우가 발생하게 되었다. 특히 도로나 철도의 건설과 같은 경우의 선적 공용수용이 아니라 댐이나 공업단지 또는 대규모 택지단지의 건설을 위한 면적 공용수용의 경우, 이전료보상, 잔여지 보상, 영업보상 등 대물적 보상의 범위를 벗어나는 부대적 손실의 보상이 요구되었기 때문에 자연히 재산권보상의 범주를 뛰어넘는 생활보상 또는 생활권보상이라는 개념이 등장하게 되었다.

생활보상 또는 생활권보상이란 공용침해로 인해 생활의 근거를 상실한 재산권의 피수용자 등에 대해 생활재건에 필요한 비용을 보상하는 것으로서 단순한 재산권보상의 범주를 넘어서는 것이고 다소간 대인적 보상의 성격을 가지는 것이라 할 수 있다.

## 제2관 생활권보상의 개념과 종류

### 1. 생활보상과 생활권보상

종래 생활보상과 생활권보상에 대해서는 학설이 일관된 설명을 하지 못하고 개념이 혼란스러웠다. 그리하여 본서에서는 생활보상이란 '피수용자 등이 종전과 같은 생활을 유지할 수 있도록 하는 것으로서 재산권보상과 생활권보상을 포괄하는 개념'으로 이해하고 생활권보상이란 생활보상 가운데 재산권보상으로 포섭할 수 없는 보상의 범위를 뜻하는 것으로 보기로 한다.

이와 같은 개념설정에 따르면 재산권보상의 범위를 넓게 설정하면 생활권보상의 범위는 좁게 되고 재산권보상의 개념의 범위를 좁히면 생활권보상의 범위는 넓혀진다. 그러나 양자의 경계를 설정하는 것은 개념적으로 쉬운 문제가 아니다.

### 2. 생활권보상의 개념

#### (1) 광의설

광의설은 대물적 침해의 부대적손실의 보상으로서 실비변상적 보상과 일실손실에 대한 보상을 생활권보상의 하나로 본다. 구체적으로 생활권보상은 ① 주거의 총체가치의 보상, ② 영업상 손실의 보상, ③ 이전료보상, ④ 소수잔존자보상 등을 그 내용으로 한다.

#### (2) 협의설

협의설은 실비변상적 보상과 일실손실에 대한 보상은 재산권보상으로 보고 이를 생활권보상 개념에서 제외한다. 따라서 광의설의 4가지 범주 중, 실비변상적 보상의 하나인 이전료보상과 일실손실보상의 하나인 영업상 손실보상은 생활권보상으로 볼 수 없다고 한다.

#### (3) 최협의설

최협의설은 소수잔존자보상, 이직자보상 등도 그것이 개별적으로 구체화할 수 있는 재산상의 권리에 대한 침해이고 단순한 생활상의 불편이 아닌 한 재산권보상이라고 한다. 즉, 생활권보상이란 그 대상을 구체적, 개별적으로 특정할 수 있는 유형·무형의 재산이나 재산적 이익을 대상으로 하는 보상을 제외하고, 상대방이 당해 지역에서 생활을 함으로써 사실상 누렸던 이익에 대한 보상이라고 한다. 이러한 견해에 따르면 광의설의 4가지 범주 중, 주거의 총체 가치의 보상만이 생활권 보상에 해당된다.

생활권보상이 완전한 보상의 대상이 되지 않고 있는 상황 하에서, 공용침해의 대상자에게 두터운 보호를 하기 위해서는 재산권 보상의 인정 범위를 확대할 필요가 있다는 점에서 생활권보상을 가장 좁게 보는 최협의설이 타당성이 있다고 본다.

## 3. 생활재건조치

### (1) 손실보상의 확장으로서의 생활재건조치

행정상의 손실보상은 금전으로서 특별한 희생을 전보하는 것으로서 권리로서의 보상청구권을 전제로 하는 것이 원칙이다. 그러나 그러한 좁은 의미의 손실보상의 개념에 해당되지 않는다 하더라도 실질적·기능적으로 보상의 효과를 가져오는 것들이 있다. 그 가운데 생활권보상과 관련하여 가장 의의가 큰 것이 생활재건조치라고 할 수 있다.

생활재건조치는 공공사업을 일으켜서 토지수용의 주체가 된 자가 피수용자의 생활재건을 돕는 각종 조치를 의미한다. 이것은 보상권 개념에 해당된다고 할 수는 없지만 보상개념의 확장이라는 관점에서 보상의 일종으로 다루는 견해도 있다.

### (2) 이주대책, 이주정착금, 생활대책 등

'공익사업을 위한 토지 등의 취득 및 보상에 관한 법률' 제78조는 공익사업의 시행으로 인하여 주거용 건축물을 제공함에 따라 생활의 근거를 상실하게 되는 자를 위하여 대통령령이 정하는 바에 따라 이주대책을 수립·실시하거나 이주정착금을 지급하도록 하고 있다. 또한 공익사업으로 인하여 공장부지를 제공하여 공장을 가동할 수 없게 된 자에 대해서도 공장의 이주대책(같은 법 제78조의2)을 수립하도록 하고 있다.

이러한 생활재건조치는 기능적으로 손실보상과 유사하지만 엄밀히 말하면 그것이 피수용자 등에게 권리로 주어진 것이 아닌 이상 진정한 의미에서 보상청구권에 따른 보상이라 할 수 없을 것이다.

헌법재판소는 이주대책은 헌법 제23조 제3항이 정하는 정당한 보상의 내용이라고 할 수 없고 생활보상의 일환으로서 인간다운 생활을 할 권리의 문제이지 재산권을 제한하는 내용과는 무관하다고 하였다.[33] 그런 이유로 국가가 사업시행자에게 특정조치를 일률적으로 강제할 수 없고, 그 내용은 여러 가지 사정을 고려하여 사업시행자가 정할 사항이라고 판시하였다.[34] 또한 헌법재판소는 법령이 세입자를 이주대책 대상자에서 제외하고 있어도 이것이 세입자의 재산권을 침해하는 것은 아니라고 판시하였다.[35]

이주대책대상자와 관련된 법률문제에서 흔히 이주대책대상자의 수분양권 등의 권리취득이 문

33) 헌법재판소 2015.10.21. 선고 2013헌바10 결정; 헌법재판소 2006.2.23. 선고 2004헌마19 결정.
34) 헌법재판소 2006.2.23. 선고 2004헌마19 결정.
35) 헌법재판소 2006.2.23. 선고 2004헌마19 전원재판부 결정.

제가 된다. 그런데 이주대책대상자는 언제 그러한 권리를 취득 하는지가 문제이다. 대법원은 이주대책대상자가 되고자 하여 신청하고 그 신청에 따라 대상자로 선정됨으로써 수분양권이 발생한다고 한다.

대법원은 그 대상자가 이주대책에서 배제되어 대상자 선정신청이 거부된 경우 항고소송으로 다툴 수 있음을 판시하여 왔다.[36] 그런데 근래에 와서는 법적 근거가 없더라도 사업시행자 스스로가 내부규정을 두고 생활대책을 수립·실시할 수 있도록 한다면 사업시행자의 내부규정이 정한 기준에 해당하는 자는 그 선정 여부를 확인·결정할 것을 신청할 수 있는 권리를 가지는 것이고 그 선정을 거부하면 사업시행자를 대상으로 항고소송을 제기할 수 있다고 한다.[37] 또한 이처럼 사업시행자가 의무적이지 않은 생활대책을 스스로 시행하는 경우에는 생활기본시설을 설치하고 비용을 부담하도록 강제한 '공익사업을 위한 토지 등의 취득 및 보상에 관한 법률' 제78조 제4항이 규정은 적용되지 않는다고 한다.[38]

참고판례: 대법원 1994.5.24. 선고 92다35783 전원합의체 판결 [지장물세목조서명의변경]

같은 법 제8조 제1항이 사업시행자에게 이주대책의 수립·실시의무를 부과하고 있다고 하여 그 규정 자체만에 의하여 이주자에게 사업시행자가 수립한 이주대책상의 택지분양권이나 아파트 입주권 등을 받을 수 있는 구체적인 권리(수분양권)가 직접 발생하는 것이라고는 도저히 볼 수 없으며, **사업시행자가 이주대책에 관한 구체적인 계획을 수립하여 이를 해당자에게 통지 내지 공고한 후, 이주자가 수분양권을 취득하기를 희망하여 이주대책에 정한 절차에 따라 사업시행자에게 이주대책대상자 선정신청을 하고 사업시행자가 이를 받아들여 이주대책대상자로 확인·결정하여야만 비로소 구체적인 수분양권이 발생하게 된다.**

**위와 같은 사업시행자가 하는 확인·결정은 곧 구체적인 이주대책상의 수분양권을 취득하기 위한 요건이 되는 행정작용으로서의 처분인 것이지,** 결코 이를 단순히 절차상의 필요에 따른 사실행위에 불과한 것으로 평가할 수는 없다. 따라서 수분양권의 취득을 희망하는 이주자가 소정의 절차에 따라 이주대책대상자 선정신청을 한 데 대하여 사업시행자가 이주대책대상자가 아니라고 하여 위 확인·결정 등의 처분을 하지 않고 이를 제외시키거나 또는 거부조치한 경우에는, 이주자로서는 당연히 사업시행자를 상대로 항고소송에 의하여 그 제외처분 또는 거부처분의 취소를 구할 수 있다고 보아야 한다.

**사업시행자가 국가 또는 지방자치단체와 같은 행정기관이 아니고 이와는 독립하여 법률에 의하여 특수한 존립목적을 부여받아 국가의 특별감독하에 그 존립목적인 공공사무를 행하는 공법인이 관계법령에 따라 공공사업을 시행하면서 그에 따른 이주대책을 실시하는 경우에도,** 그 이주대책에 관한 처분은 법률상 부여받은 행정작용권한을 행사하는 것으로서 **항고소송의 대상이 되는 공법상 처분이 되므로,** 그 처분이 위법부당한 것이라면 사업시행자인 당해 공법인을 상대로 그 취소소송을 제기할 수 있다.

해 설 이주대책에 대한 리딩케이스라 할 수 있는 판례이다. 이주대책상의 수분양권은 구체적인 절차를 밟아 선정신청을 하고 사업시행자가 확인·결정하여야 발생하고, 이러한 확인·결정은 행정쟁송법상의 처

36) 대법원 1994.5.24. 선고 92다35783 전원합의체 판결.
37) 대법원 2011.10.13. 선고 2008두17905 판결.
38) 대법원 2015.7.23. 선고 2012두22911 판결.

분이며, 선정신청을 하였는데 제외된 경우에는 거부처분을 받은 것으로 보아 사업시행자를 상대로 항고소송을 제기할 수 있다는 것이다.

## 제3관 생활보상의 근거와 성질

### 1. 생활보상의 근거

#### (1) 헌법적 근거

생활보상의 근거로는 모든 국민은 인간다운 생활을 할 권리를 가진다고 규정한 헌법 제34조를 제시하거나 헌법 제34조와 헌법 제23조 제3항을 아울러 제시하는 경우도 있다. 헌법 제34조와 제23조 제3항을 아울러 제시하는 편이 재산권보상과 생활권보상을 아우르는 생활보상의 근거로서 적절하다고 본다. 그렇지 않으면 손실보상의 체계를 재산권보상과 생활권보상으로 이원화하게 되는 폐단이 있다.

#### (2) 법률적 근거

재산권보상에 대해서는 여러 조항들이 존재하나 생활권보상과 관련하여서는 '공익사업을 위한 토지 등의 취득 및 보상에 관한 법률' 제4조 제7호와 제77조, 제78조, 제78조의2, 제79조 등이 있다.

### 2. 생활보상의 성질

생활보상은 재산권보상과 생활권보상을 포괄하는 개념으로서 생존권적 기본권과 관련을 가지며, 대물적 보상에 비해 보상의 범위를 확대시켜서 수용 전의 생활상태의 회복이라는 목표를 가진다는 점에서 원상회복의 의미를 가진다.

### 3. 정신적 보상의 가능성

생활보상으로서 공공사업으로 인하여 파괴된 공동체로 인한 정신적 손해 등 정신적 보상이 인정될 필요성을 긍정하는 견해가 있다. 그러나 현재로서는 이러한 주장은 받아들여지지 않고 있다.

# 제6절 행정상 손실보상의 방법과 절차

## 제1관 행정상 손실보상의 방법

### 1. 사업시행자 보상의 원칙

행정상 손실보상에 있어서 보상의무자는 사업시행자가 된다('공익사업을 위한 토지 등의 취득 및 보상에 관한 법률' 제61조). 침해자와 수익자가 일치하는 경우도 많겠지만 침해자와 수익자가 일치하지 않는 경우에는 수익자가 이를 보상하게 된다.

### 2. 손실보상의 지급수단

#### (1) 현금보상의 원칙

행정상의 손실보상은 원칙적으로 현금으로 지급하여야 한다(같은 법 제63조 제1항 참조). 그러나 경우에 따라서 현물보상, 증권보상 및 채권보상이 가능하다.

#### (2) 현물보상

현금보상의 예외로서 환지의 제공이나, 입체환지의 경우 건축물로 보상하는 경우(도시개발법 제28조, 제32조, 및 제32조의3에 의한 도시개발사업의 경우)에는 현물보상이 이루어진다.

또한 '공익사업을 위한 토지 등의 취득 및 보상에 관한 법률' 제63조 제1항은 토지 소유자가 원할 경우 해당 공익사업의 토지이용계획 및 사업계획을 고려하여 공익사업의 시행으로 조성된 토지로 보상할 수 있도록 하고 있다(대토보상).

#### (3) 증권 및 채권보상

특별한 경우에는 증권이나 채권으로 보상할 수도 있다. 예컨대 징발법상의 징발보상증권이 대표적인 경우이다. 그리고 '공익사업을 위한 토지 등의 취득 및 보상에 관한 법률' 제63조 제7항은 토지소유자가 원하는 경우나 사업인정을 받은 사업으로서 부재부동산소유자[39]의 보상금이 일정액을 초과한 경우 그 초과금액에 대해서는 채권보상이 가능하도록 규정하고 있다. 그리고 동조 제8항은 토지투기가 우려되는 지역에서 동 조항에서 규정하는 공익사업과 관련하여 지급되는 부재부동산소유자에 대한 토지보상금 중 1억원 이상의 일정금액을 초과하는 부분에 대해서는 채권으로 지급하도록 하고 있다. 이들 조항에 대해서는 부재부동산소유자의 토지 등에 대한 불평등이라는 이유로 정당한 보상이 아니라는 위헌론이 제기되기도 하였다.

---

39) 부재부동산소유자란 공익사업 고시 지역 내에서 매수나 수용 또는 철거되는 부동산 소유자로서 당해 지역에 주민등록이 되어 있지 않거나 주민등록이 되어 있어도 당해 지역에 거주하지 않는 자를 말한다.

### 3. 손실보상의 지급방법

첫째, 선불이 원칙이다. 다만, 천재지변이나 급시행을 요하는 경우 또는 토지소유자의 동의가 있는 경우에는 예외가 인정된다.

둘째, 일시불로 보상금을 지급하여야 한다. 분할불은 원칙적으로 허용되지 않는다.

셋째, 다수 토지소유자들에 대한 일괄적 보상금지급은 원칙적으로 허용되지 않는다. 즉, 개별불이 원칙이다.

## 제2관 보상액의 결정방법 및 불복절차

### 1. 토지수용의 절차

손실보상액의 지급은 공익사업을 위한 토지의 취득의 과정에서 이루어진다. 토지취득은 협의에 의해 이루어질 수도 있고 수용재결에 의해서도 이루어질 수 있으므로 토지수용의 전 과정을 검토해 볼 필요가 있다.

토지수용의 절차가 어느 경우에나 동일하다고 할 수는 없지만 대부분의 토지수용 관련법들은 '공익사업을 위한 토지 등의 취득 및 보상에 관한 법률'을 상당부분 준용하고 있으므로 이 법의 절차가 가장 표준이 되는 절차라고 할 수 있다. 이 법상 토지수용과 그에 대한 불복의 절차를 그 흐름에 따라 적시하면 다음과 같다.

사업인정 전 협의(법 제14조 이하) — 공익사업인정 — 사업인정 후 협의(법 제26조: 생략가능[40])
— (화해권고) — 수용재결 — (이의재결) — 행정소송

토지수용권은 국토교통부장관의 사업인정으로부터 발생하므로 사업인정이 토지취득에 있어서 중요한 의미가 있다. 사업인정은 항고소송의 대상이 되는 행정처분이다.[41] 사업인정과 관련하여 판례이론이 다양하게 발전하여 왔다. 사기업에 대해서도 공익사업이 인정될 수 있지만 최근의 헌법재판소 판례는 그에 대해 일정한 한계를 설정한 바 있다. 대법원은 토지수용권을 취득할 공익사업인정을 위한 요건으로 ① 공익성, ② 공익과 사익, 공익 상호간 및 사익상호간의 비교교량, 비례의 원칙에 적합, ③ 사업시행자가 해당 공익사업을 수행할 의사와 능력 등을 들고 있다.[42]

협의는 사업인정전이나 후나 모두 사법상계약으로 보는 것이 원칙이지만 사업인정 후의 협의에 대해서는 관할 토지수용위원회의 확인절차가 존재한다. 토지수용위원회의 확인을 거친 협의는 공법상계약으로 이해하여야 할 것이다. 이러한 확인절차를 거칠 경우의 협의대상자는 등기부상의 소유자만이 아니라 진정한 소유자라고 하여야 한다.[43]

---

40) 다만 사업시행자나 토지소유자 및 관계인이 협의를 요구하는 경우에는 협의를 하여야 함.
41) 대법원 1994.5.24. 선고 93누24230 판결.
42) 대법원 2011.1.27. 선고 2009두1051 판결; 대법원 2019.2.28. 선고 2017두71031 판결.
43) 대법원 2018.12.13. 선고 2016두51719 판결.

### 주요판례요지

① 헌법재판소 2014.10.30. 선고 2011헌바129·172(병합) 전원재판부 결정: 골프장과 같이 공익성이 낮은 사업의 경우 민간개발업자에게 수용권한을 부여하는 것은 헌법에 합치되지 아니한다.

② 헌법재판소 2019.11.28. 선고 2017헌바241 결정: 주택재개발사업의 사업시행자에게 토지수용권을 부여한 것은 헌법에 위반되지 아니한다.

③ 대법원 2019.12.12. 선고 2019두47629 판결: 사업인정은 수용권을 설정해 주는 행정처분으로서, 이에 따라 수용할 목적물의 범위가 확정되고, 수용권자가 목적물에 대한 현재 및 장래의 권리자에게 대항할 수 있는 공법상 권한이 생긴다.

### 참고판례 1: 대법원 2011.1.27. 선고 2009두1051 판결 [토지수용재결처분취소]

**사업인정이란** 공익사업을 토지 등을 수용 또는 사용할 사업으로 결정하는 것으로서 공익사업의 시행자에게 그 후 일정한 절차를 거칠 것을 조건으로 일정한 내용의 **수용권을 설정하여 주는 형성행위이므로,** 해당 사업이 외형상 토지 등을 수용 또는 사용할 수 있는 사업에 해당한다고 하더라도 사업인정기관으로서는 그 사업이 **공용수용을 할 만한 공익성이 있는지의 여부**와 공익성이 있는 경우에도 그 사업의 내용과 방법에 관하여 사업인정에 관련된 자들의 이익을 **공익과 사익 사이에서는 물론, 공익 상호간 및 사익 상호간에도 정당하게 비교·교량하여야 하고, 그 비교·교량은 비례의 원칙에 적합하도록 하여야 한다.** 그뿐만 아니라 해당 공익사업을 수행하여 공익을 실현할 의사나 능력이 없는 자에게 타인의 재산권을 공권력적·강제적으로 박탈할 수 있는 수용권을 설정하여 줄 수는 없으므로, **사업시행자에게 해당 공익사업을 수행할 의사와 능력이 있어야 한다는 것도 사업인정의 한 요건이라고 보아야 한다.**

**해 설** 공익 사업인정은 토지수용권을 설정해 주는 형성적 행위라고 판시하고 있으며 토지수용권을 취득할 공익사업인정을 위한 요건으로 ① 공익성, ② 공익과 사익, 공익 상호간 및 사익상호간의 비교교량, 비례의 원칙에 적합, ③ 사업시행자가 해당 공익사업을 수행할 의사와 능력 등을 들고 있다.

### 참고판례 2: 대법원 2000.10.13. 선고 2000두5142 판결 [토지수용재결무효확인]

구 토지수용법(1990. 4. 7. 법률 제4231호로 개정되기 전의 것) 제16조 제1항에서는 **건설부장관이 사업인정을 하는 때에는 지체 없이 그 뜻을 기업자·토지소유자·관계인 및 관계도지사에게 통보하고 기업자의 성명 또는 명칭, 사업의 종류, 기업지 및 수용 또는 사용할 토지의 세목을 관보에 공시하여야 한다고 규정하고 있는바,** 가령 건설부장관이 **위와 같은 절차를 누락한 경우 이는 절차상의 위법으로서 수용재결 단계 전의 사업인정 단계에서 다툴 수 있는 취소사유에 해당하기는 하나, 더 나아가 그 사업인정 자체를 무효로 할 중대하고 명백한 하자라고 보기는 어렵고,** 따라서 이러한 위법을 들어 수용재결처분의 취소를 구하거나 무효확인을 구할 수는 없다.

**해 설** 사업인정은 고시한 날로부터 효력을 발생하고 사업인정의 관계자에 대한 통지나 고시를 결한 것은 사업인정의 취소사유라고 판시하였다. 공익사업의 인정에 따른 관계자에 대한 통지나 고시가 결여된 경우, 위법하나 무효사유는 아니라는 것이다. 그러니 이미 제소기간이 지난 사업인정에 대해서는 따질 수 없으므로 이를 이유로 수용재결처분에 대한 취소나 무효확인을 구할 수 없다는 것이다.

## 2. 보상액의 결정방법

### (1) 개관

손실보상액을 결정함에 있어서 통칙적 규정은 없고 개별법에 따른다. 그러나 실질적으로는 주로 '공익사업을 위한 토지 등의 취득 및 보상에 관한 법률'이 중요 준거법이 된다. 이하에서는 이 법의 규정을 중심으로 설명하고자 한다.

### (2) 보상협의회의 설치

'공익사업을 위한 토지 등의 취득 및 보상에 관한 법률'은 토지소유자 등이 보상과정에 적극적으로 참여할 수 있도록 하기 위하여 일정규모 이상의 공익사업에 대해서는 보상협의회를 의무적으로 설치하도록 하고 그 밖의 사업은 필요한 때에 이를 임의적으로 설치할 수 있도록 규정하고 있다. 보상협의회를 설치하는 것은 주민참여를 통하여 토지소유자의 불만을 해소하고 공익사업을 효율적으로 추진하기 위함이다.

### (3) 당사자 사이의 협의에 의하는 경우

당사자의 협의에 의한 토지의 취득은 사업인정 전의 협의에 의한 취득과 사업인정 후의 협의에 의한 취득으로 구분하여 볼 수 있다. 사업인정 전과 후가 다른 것은 사업인정을 받으면 토지취득자에게 토지수용권이 발생하기 때문에 협의에서의 협상력이 달라지기 때문이다.

앞에서 서술한 대로 공익사업의 인정 전의 협의에 의한 토지취득은 대등한 당사자 간의 매매로서 사법상 계약의 성질을 가진다.

사업인정 후의 토지취득을 위한 협의의 법적 성질에 대해서도 대법원은 이를 사법상계약으로 보고[44] 그에 대한 보상금 지급에 관한 소송은 민사소송의 대상으로 본다.[45] 또한 매도인인 건물소유자가 건물에 대한 철거의무를 이행하겠다고 약정하여도 그 의무는 사법상의 의무이므로 행정대집행의 대상은 되지 않는다고 하였다.[46] 그러나 사업인정 후의 협의가 성립되면 사업시행자는 관할 토지수용위원회에 협의성립의 확인을 신청할 수 있다. 이렇게 해서 확인된 협의는 재결로 보므로 사업인정 후의 협의가 토지수용위원회의 확인절차를 거친 때에는 공법상계약으로서의 성격을 가진다고 볼 것이다.

협의가 성립되지 않거나 협의를 할 수 없을 때에는 사업시행자는 관할 토지수용위원회에 재결 신청을 할 수 있다. 한편 토지소유자 및 관계인은 사업시행자에게 재결신청을 할 것을 청구할 권리를 가진다. 만약 토지소유자나 관계인의 재결신청 청구에도 사업시행자가 재결신청을 하지 않을 때 토지소유자나 관계인은 사업시행자를 상대로 거부처분 취소소송 또는 부작위 위법확인소송의 방법으로 다툴 수 있다.[47]

---

44) 대법원 2004.9.24. 선고 2002다68713 판결.
45) 대법원 1969.5.19. 선고 67다2038 판결.
46) 대법원 2006.10.13. 선고 2006두7096 판결.

그런데 대법원은 "토지수용위원회의 수용재결이 있은 후라고 하더라도 토지소유자 등과 사업시행자가 다시 협의하여 토지 등의 취득이나 사용 및 그에 대한 보상에 관하여 임의로 계약을 체결할 수 있다."라고 함으로써 수용재결 이후에도 협의에 의한 보상이 가능함을 판시하였다.[48]

### (4) 행정청의 재결 · 결정에 의하는 경우

사업시행자와 토지소유자 사이에서 협의가 성립하지 않으면 행정청의 재결이나 처분 등 행정청의 행위에 의하여 토지수용 및 보상액에 대한 결정이 이루어지게 된다.

행정청의 재결이나 처분 등에 의한 보상액 결정에 대한 일반법은 없다. 따라서 각 개별법이 정하는 바에 따르나 '공익사업을 위한 토지 등의 취득 및 보상에 관한 법률'이 광범위하게 준용된다.

대체로 행정청의 재결 등의 결정에 의해 보상액이 결정되는 경우는 ① 수용결정과 보상결정을 동시에 하는 경우('공익사업을 위한 토지 등의 취득 및 보상에 관한 법률')와 ② 보상액만을 결정하는 경우로 구분된다.

이때, ① 사업주체가 행정청인 경우에는, 협의 불성립시 토지수용위원회의 재결을 거치게 하는 경우와 행정청이 일방적으로 결정하거나 다른 합의제기관의 결정에 의하도록 하는 경우 등이 있고, ② 사업주체가 행정청이 아닌 경우에는 협의 불성립시 감독행정청이 재결하는 것이 원칙이다.

'공익사업을 위한 토지 등의 취득 및 보상에 관한 법률'은 재결이 있기 전에 화해를 권고 할 수 있도록 규정하고 있다(같은 법 제33조).

## 3. 보상액결정에 대한 불복절차

### (1) 수용과 보상결정에 대한 별도의 불복절차를 두고 있지 않을 때

수용은 처분으로서 항고소송의 대상이다. 따라서 수용결정과 보상결정이 재결의 형태로 동시에 이루어지면 항고소송이 가능하다. 그러나 보상액결정 그 자체만을 처분이라고 보지는 않는 것이 판례의 일반적 태도이다. 그러므로 보상액 결정에 대해서만 불만이 있더라도 재결 전체를 다투어야 한다.

### (2) 수용과 보상결정에 별도의 불복절차를 두고 있는 경우

수용과 보상결정에 별도의 불복절차를 두고 있는 경우에 수용은 항고소송의 대상인 처분에 해당되므로 항고소송으로 다투게 된다.

한편, 보상액결정에 대한 불복이 있을 때에는 이것은 민사소송이나 당사자소송의 대상이 된다. 우리 판례는 대체로 이를 민사소송으로 처리하여왔다. 다만 '공익사업을 위한 토지 등의 취득 및 보상에 관한 법률'에 의하여 보상액 결정을 다툴 때에는 당사자소송으로 하도록 되어 있다. 판례는 손실보상청구사건에서 당사자소송의 활용범위를 확대시키고 있다.

---

47) 대법원 2019.8.29. 선고 2018두57865 판결.
48) 대법원 2017.4.13. 선고 2016두64241 판결.

'공익사업을 위한 토지 등의 취득 및 보상에 관한 법률'에 따르면 토지수용의 재결이나 보상액에 대해서는 중앙토지수용위원회에 이의신청을 할 수 있고, 이의신청에 대하여 소송을 제기하지 않는 등의 사유로 인하여 이의신청에 대한 재결이 확정되면 민사소송의 확정판결이 있은 것으로 본다(같은 법 제86조 제1항).

### (3) '공익사업을 위한 토지 등의 취득 및 보상에 관한 법률'에 의한 보상액결정에 대한 행정소송

보상액 결정에 있어 가장 빈번히 적용되는 '공익사업을 위한 토지 등의 취득 및 보상에 관한 법률'에 따르면, 토지수용에 대해 불복이 있을 때에는 토지수용위원회를 피고로 하여 항고소송을 제기할 수 있다. 이 경우 이의신청에 따른 재결을 거친 경우에도 원처분주의에 따라 원칙적으로 원래의 수용재결을 대상으로 항고소송을 제기하여야 한다.[49)]

그러나 손실보상금에 대해 불복이 있을 때에는 사업시행자 또는 토지소유자나 관계인을 피고로 하여 일종의 형식적 당사자소송인 보상금증감청구소송을 제기하여야 한다(같은 법 제85조 제2항). 보상금증감청구소송도 토지수용에 대한 항고소송과 마찬가지로 재결서를 받은 날로부터 90일 또는 이의재결서를 받은 날로부터 60일 이내에 제기하여야 한다(같은 법 제85조 제1항). 그러나 행정소송을 제기하기 위하여 이의재결을 거칠 필요는 없다.

그런데 대법원은 잔여지 수용청구권 등 형성권 행사가 받아들여지지 않은 경우에도 형성권의 본질에 비추어 보상금증감청구소송으로 다투어야 한다고 한다.[50)]

그러나 형성권이 인정된다고 할 수 없는 경우인 (간접손실에 해당하는) 휴업에 대한 손실보상을 받기 위해서는 먼저 재결절차를 거쳐야 하고 곧바로 사업시행자를 대상으로 손실보상을 청구할 수는 없다고 한다.[51)]

**주요판례요지**

① 대법원 2008.8.21. 선고 2007두13845 판결: 손실보상금증감청구소송은 형식적당사자소송이며 선행처분으로서 그 토지가격산정의 기초가 된 비교표준지공시지가결정의 위법을 독립한 사유로 주장할 수 있다(하자승계인정).

② 대법원 2015.4.9. 선고 2014두46669 판결: '공익사업을 위한 토지 등의 취득 및 보상에 관한 법률' 제72조는 사업인정고시가 된 후 '토지를 사용하는 기간이 3년 이상인 때' 등의 경우 당해 토지소유자는 사업시행자에게 그 토지의 매수를 청구하거나 관할 토지수용위원회에 그 토지의 수용을 청구할 수 있도록 정하고 있는데, 이 때의 수용청구권은 형성권이므로, 수용청구를 받아들이지 아니한 토지수용위원회의 재결에 대한 불복은 같은 법 제85조 제2항에 규정되어 있는 '보상금의 증감에 관한 소송'에 해당한다.

49) 대법원 2010.1.28. 선고 2008두1504 판결.
50) 대법원 2015.4.9. 선고 2014두46669 판결.
51) 대법원 2019.11.28. 선고 2018두227 판결.

### 참고판례 1: 대법원 2010.8.19. 선고 2008두822 판결 [토지수용이의재결처분취소등]

구 '공익사업을 위한 토지 등의 취득 및 보상에 관한 법률'(2007. 10. 17. 법률 제8665호로 개정되기 전의 것) 제74조 제1항에 규정되어 있는 **잔여지 수용청구권은 손실보상의 일환으로 토지소유자에게 부여되는 권리로서 그 요건을 구비한 때에는 잔여지를 수용하는 토지수용위원회의 재결이 없더라도 그 청구에 의하여 수용의 효과가 발생하는 형성권적 성질을 가지므로,** 잔여지 수용청구를 받아들이지 않은 토지수용위원회의 재결에 대하여 토지소유자가 불복하여 제기하는 소송은 위 법 제85조 제2항에 규정되어 있는 **'보상금의 증감에 관한 소송'에 해당하여 사업시행자를 피고로 하여야 한다.**

**해 설** 대법원은 잔여지수용청구권을 형성권으로 보아 토지수용위원회의 재결을 요하지 않는 것으로 판시하고 토지수용위원회가 이를 받아들이지 않는 경우 보상금증감청구소송에 따라 다투어야 한다고 한다.

### 참고판례 2: 대법원 2004.9.24. 선고 2002다68713 판결 [매매대금]

① 구 토지수용법(2002. 2. 4. 법률 제6656호로 폐지되기 전의 것) 제48조 제1항은 공익사업을 위해 기업자에 의한 토지의 강제취득에 따라 남게 된 일단의 토지의 일부를 종래의 목적에 사용하는 것이 현저히 곤란한 경우에는 당해 토지소유자에게 형성권으로서 잔여지 수용청구권을 인정하고 있고, 이에 따라 **잔여지에 대한 수용청구를 하려면 우선 기업자에게 잔여지매수에 관한 협의를 요청하여 협의가 성립되지 아니한 경우에 한하여 그 일단의 토지의 일부 수용에 대한 토지수용위원회의 재결이 있기 전까지 관할 토지수용위원회에 잔여지를 포함한 일단의 토지 전부의 수용을 청구할 수 있고, 그 수용재결 및 이의재결에 불복이 있으면** --(중략)-- **그 이의재결의 취소 및 보상금의 증액을 구하는 행정소송을 제기하여야 하며,** 곧바로 기업자를 상대로 하여 민사소송으로 잔여지에 대한 보상금의 지급을 구할 수는 없다.

② 구 공공용지의취득및손실보상에관한특례법(2002. 2. 4. 법률 제6656호로 폐지되기 전의 것)은 사업시행자가 토지 등의 소유자로부터 토지 등의 협의취득 및 그 손실보상의 기준과 방법을 정한 법으로서, **이에 의한 협의취득 또는 보상합의는 공공기관이 사경제주체로서 행하는 사법상 매매 내지 사법상 계약의 실질을 가진다.**

③ 구 토지수용법(2002. 2. 4. 법률 제6656호로 폐지되기 전의 것)이 제25조에서 기업자의 협의취득을 규정하고 있지만 관할 토지수용위원회의 **그 협의성립확인은 재결로 간주되는 점에서 구 공공용지의취득및손실보상에관한특례법(2002. 2. 4. 법률 제6656호로 폐지되기 전의 것)에 의한 협의취득과 다르며,** 위 특례법은 잔여지에 관하여 제4조(보상시기·방법 및 기준) 제6항에서 '사업시행자는 잔여지 소유자의 청구에 의하여 이를 취득할 수 있다.'고 규정한 후 그 시행규칙 제26조에서 잔여지에 대한 평가방법을 규정하고 있을 뿐인바, 이와 같은 위 특례법과 구 토지수용법의 관계, 공공용지의 사법상 매수취득절차 및 그 보상기준과 방법을 규정하고 있는 위 특례법의 특질, --(중략)--, 잔여지에 관한 위 특례법의 규정형식, 이른바 형성권의 의의와 특질을 종합하면, **위 특례법이 토지소유자에게 그 일방적인 의사표시에 의하여 매매계약을 성립시키는 형성권으로서 잔여지 매수청구권을 인정하고 있다고 볼 수는 없고, 위 특례법에 의한 협의취득절차에서도 토지소유자가 사업시행자에게 잔여지 매수청구를 할 수 있음은 의문이 없으나, 이는 어디까지나 사법상의 매매계약에 있어 청약에 불과하다고 할 것이므로** 사업시행자가 이를 승낙하여 매매계약이 성립하지 아니한 이상, 토지소유자의 일방적 의사표시에 의하여 잔여지에 대한 매매계약이 성립한다고 볼 수 없다.

**해 설** 이 판결은 판결 당시의 입법상황이 오늘날과 다름에도 불구하고 선례로서의 의미가 있다. 구 토지수용법과 구 '공공용지의 취득 및 손실보상에 관한 특례법'은 '공익사업을 위한 토지 등의 취득 및 보상에 관한 법률'로 통합되었으나 이 판결의 판시사항은 여전히 유의미한 것이다.

우선 협의의 경우 협의성립의 확인이 있는 경우에는 이를 재결로 보고 그렇지 않은 경우 단순한 사법상계약으로 본다는 점을 밝히고 있다.

또한 대법원은 잔여지 수용청구와 잔여지 매수청구의 경우 양 청구의 법적 성격이 다름을 분명히 한다. 수용청구의 경우 이것은 형성권이고 수용처분 등에 대한 불복이 있을 경우 행정소송(수용처분에 대해서는 항고소송, 보상금증감에 대해서는 당사자소송)을 제기하여야 한다. 또한 잔여지 매수청구권은 일방적 의사표시로서 성립되는 형성권은 아니므로 사법상의 권리이고 따라서 그에 대한 다툼은 민사소송에 의하여야 한다고 한다.

## 4. 손실보상의 완료: 주거이전비 등의 지급과 부동산의 인도

대법원은 사업시행자가 주거이전비를 지급하도록 된 경우, 수용재결에 따른 보상금을 지급하거나 공탁하고 토지보상법 제43조에 따라 부동산의 인도를 청구하는 때에는, 현금청산대상자나 임차인 등이 주거이전비 등을 보상받기 전에는 특별한 사정이 없는 한 구 도시정비법 제49조 제6항 단서에 따라 주거이전비 등의 미지급을 이유로 부동산의 인도를 거절할 수 있다고 한다.

### 참고판례 1: 대법원 2021.7.29. 선고 2019다300477 판결 [부당이득금]

구 도시정비법 제49조 제6항 단서에서 정한 **토지보상법에 따른 손실보상이 완료되려면 협의나 수용재결에서 정해진 토지나 건축물 등에 대한 보상금의 지급 또는 공탁뿐만 아니라 주거이전비 등에 대한 지급절차까지 이루어져야 한다.** 만일 협의나 재결절차 등에 따라 주거이전비 등의 지급절차가 이루어지지 않았다면 관리처분계획의 인가·고시가 있더라도 분양신청을 하지 않거나 철회하여 현금청산대상자가 된 자는 종전의 토지나 건축물을 사용·수익할 수 있다. **위와 같이 주거이전비 등을 지급할 의무가 있는 주택재개발정비사업의 시행자가 종전 토지나 건축물을 사용·수익하고 있는 현금청산대상자를 상대로 부당이득반환을 청구하는 것은 허용되지 않는다.**

### 참고판례 2: 대법원 2021.7.29. 선고 2019도13010 판결 [공익사업을위한토지등의취득및보상에관한법률위반]

사업시행자가 수용재결에 따른 보상금을 지급하거나 공탁하고 토지보상법 제43조에 따라 부동산의 인도를 청구하는 경우 **현금청산대상자나 임차인 등이 주거이전비 등을 보상받기 전에는 특별한 사정이 없는 한 구 도시정비법 제49조 제6항 단서에 따라 주거이전비 등의 미지급을 이유로 부동산의 인도를 거절할 수 있다.** 따라서 **이러한 경우 현금청산대상자나 임차인 등이 수용개시일까지 수용대상 부동산을 인도하지 않았다고 해서 토지보상법 제43조, 제95조의2 제2호 위반죄로 처벌해서는 안 된다.**

**해 설** 대법원은 토지소유자 등이 수용 개시일 이후 토지 또는 물건을 인도·이전하지 않는 경우에도, 토지소유자 등이 공익사업의 시행으로 인하여 상실하게 되는 권리의 내용, 특히 주거용 건축물을 제공함에 따라 생활의 근거를 상실하게 되는지 여부, 그 경우 토지보상법 제78조에 따른 이주대책의 수립·실시가 이루어지거나 이주정착금 등이 지급되었는지 여부, 토지소유자 등이 인도·이전의 대상인 토지 또는 물건을 보유한 기간과 그 기간 동안 해당 토지 또는 물건에 관하여 형성하여 온 생활환경, 그에 따른 이주의 용이성, 토지 또는 물건의 인도·이전거절행위가 공익사업의 시행에 미친 영향 등을 종합하여, 토지소유자 등의 인도·이전거절행위가 법질서 전체의 정신이나 그 배후의 지배적인 사회윤리 또는 사회통념에 비추어 용인될 수 있는 행위로 볼 수 있는 때에는 형법 제20조의 정당행위에 해당하여 위법성이 조각된다고 보아야 한다고 한다(대법원 2025.9.11. 선고 2022도493 판결).

## 제7절 감염병으로 인한 방역조치 등에 따른 손실의 보상

### 제1관 개 관

최근의 메르스, 코비드19 등의 감염병의 창궐로 인하여 감염병에 대한 방역조치 등으로 인해 의료기관과 예방접종으로 인한 피해자, 사업자 등에 대한 손실보상이 국가적 문제로 대두되고 있다.

종래 감염병의 방역조치 등으로 인한 손실보상에 대해서는 '감염병의 예방 및 관리에 관한 법률'이 규정하고 있었으나 방역조치 등으로 인한 소상공인의 피해가 눈덩이처럼 불어나자 이들을 보호하기 위하여 '소상공인 보호 및 지원에 관한 법률'에 새로운 손실보상 제도를 마련하였다.

이러한 감염병으로 인한 방역조치 등으로 인한 국가보상 제도는 전통적인 손실보상제도와 그 법적 성격이 다른 점이 있다. 예컨대 예방접종으로 인한 피해에 대한 보상은 이를 희생보상이라 할 수 있을지언정 손실보상이라 할 수 없고, 또한 '소상공인 보호 및 지원에 관한 법률'에 의한 손실보상 제도는 그를 손실보상이라 부른다고 하더라도 그것을 진정한 의미의 손실보상이라 할 수 있는지 의문이 있다.

이하 감염병으로 인한 방역조치 등으로 인한 손실보상 제도를 '감염병의 예방 및 관리에 관한 법률'에 의한 것과 '소상공인 보호 및 지원에 관한 법률'에 의한 것으로 나누어 간략히 검토해 보기로 한다. 전자와 후자는 보상 주체를 달리하는 상이한 제도이다.

### 제2관 '감염병의 예방 및 관리에 관한 법률'에 의한 손실보상 제도

#### 1. 의 의

'감염병의 예방 및 관리에 관한 법률'에 의한 국가보상 제도는 크게 두 가지로 나누어 볼 수 있다. 우선 이 법 제70조는 의료기관이 이 법에 따른 방역조치 등으로 인하여 손실을 입은 경우에 대한 보상을 규정하고 있다(손실보상). 또한 이 법 제71조는 방역을 위하여 예방접종이나 예방·치료의약품으로 인하여 질병에 걸리거나 장애인이 되거나 사망한 경우의 국가보상을 규정하고 있다(희생보상). 전자는 재산권에 대한 침해를 대상으로 하나 후자는 생명, 신체에 대한 침해를 대상으로 하므로 그 법적 성격이 다르다. 이하에서는 전자의 손실보상 제도에 대해서만 검토하기로 한다.

## 2. 손실보상의 주체

'감염병의 예방 및 관리에 관한 법률'은 보건복지부장관, 시·도지사 및 시장·군수·구청장이 보상 대상이 되는 손실을 입은 자에게 손실보상심의위원회의 심의·의결에 따라 그 손실을 보상하도록 하고 있다(같은 법 제70조 제1항).

## 3. 보상의 대상이 되는 손실

이 법상의 손실보상의 대상이 되는 손실은 다음과 같다(같은 법 제70조 제1항 각호).

① 감염병관리기관의 지정 또는 격리소 등의 설치·운영으로 발생한 손실

② 감염병의심자 격리시설의 설치·운영으로 발생한 손실

③ 이 법에 따른 조치에 따라 감염병환자, 감염병의사환자 등을 진료한 의료기관의 손실

④ 이 법에 따른 의료기관의 폐쇄 또는 업무 정지 등으로 의료기관에 발생한 손실

⑤ 감염병환자등이 있는 장소나 감염병병원체에 오염되었다고 인정되는 장소에 대한 일시적 폐쇄, 일반 공중의 출입금지, 해당 장소 내 이동제한, 그 밖에 통행차단을 위하여 필요한 조치로 인하여 발생한 손실

⑥ 감염병병원체에 오염되었거나 오염되었다고 의심되는 물건을 사용·접수·이동하거나 버리는 행위 또는 해당 물건의 세척을 금지하거나 태우거나 폐기처분하는 것으로 인하여 발생한 손실

⑦ 감염병병원체에 오염된 장소에 대한 소독이나 그 밖에 필요한 조치를 명하는 것으로 인하여 발생한 손실

⑧ 오염장소 등의 소독 조치로 인하여 발생한 손실(같은 법 제48조 제1항)

⑨ 다음의 감염병 예방조치로 발생한 손실(같은 법 제49조)

ⅰ) 감염병 전파의 위험성이 있는 음식물의 판매·수령을 금지하거나 그 음식물의 폐기나 그 밖에 필요한 처분을 명하는 것

ⅱ) 감염병 전파의 매개가 되는 물건의 소지·이동을 제한·금지하거나 그 물건에 대하여 폐기, 소각 또는 그 밖에 필요한 처분을 명하는 것

ⅲ) 선박·항공기·열차 등 운송 수단, 사업장 또는 그 밖에 여러 사람이 모이는 장소에 의사를 배치하거나 감염병 예방에 필요한 시설의 설치를 명하는 것

ⅳ) 공중위생에 관계있는 시설 또는 장소에 대한 소독이나 그 밖에 필요한 조치를 명하거나 상수도·하수도·우물·쓰레기장·화장실의 신설·개조·변경·폐지 또는 사용을 금지하는 것

ⅴ) 쥐, 위생해충 또는 그 밖의 감염병 매개동물의 구제(驅除) 또는 구제시설의 설치를 명하는 것

vi) 일정한 장소에서의 어로(漁撈)·수영 또는 일정한 우물의 사용을 제한하거나 금지하는 것

vii) 감염병 유행기간 중 의료인·의료업자 및 그 밖에 필요한 의료관계요원을 동원하는 것

viii) 감염병 유행기간 중 의료기관 병상, 연수원·숙박시설 등 시설을 동원하는 것

ix) 감염병병원체에 오염되었거나 오염되었을 것으로 의심되는 시설 또는 장소에 대한 소독이나 그 밖에 필요한 조치를 명하는 것

## 4. 손실보상심의위원회

손실보상은 손실보상심의위원회의 심의·의결을 거쳐 이루어진다. 따라서 보건복지부 및 시·도에 손실보상심의위원회를 다음과 같이 설치한다(같은 법 제70조의2).

위원회는 위원장 2인을 포함한 20인 이내의 위원으로 구성하되, 보건복지부에 설치된 심의위원회의 위원장은 보건복지부차관과 민간위원이 공동으로 되며, 시·도에 설치된 심의위원회의 위원장은 부시장 또는 부지사와 민간위원이 공동으로 된다. 또한 심의위원회 위원은 관련 분야에 대한 학식과 경험이 풍부한 사람과 관계 공무원 중에서 대통령령으로 정하는 바에 따라 보건복지부장관 또는 시·도지사가 임명하거나 위촉한다.

## 5. 손실보상의 절차와 기준

### (1) 손실보상의 청구

손실보상금을 받으려는 자는 보건복지부령으로 정하는 바에 따라 손실보상 청구서에 관련 서류를 첨부하여 보건복지부장관, 시·도지사 또는 시장·군수·구청장에게 청구하여야 한다(같은 법 제70조 제2항).

### (2) 손실보상의 기준

손실보상의 대상·범위와 보상액의 산정, 지급제외 및 감액기준 등에 관하여 필요한 사항은 '감염병의 예방 및 관리에 관한 법률 시행령'으로 정하고 있다(같은 법 제70조 제4항, 시행령 제28조, 제28조의2).

이에 따르면 손실보상심의위원회는 보상금을 산정하는 경우에 해당 의료기관의 연평균수입 및 영업이익을 고려하여야 한다(같은 법 시행령 제28조 제3항). 그리고 구체적인 손실보상의 대상 및 범위에 대해서는 이 법 시행령 별표2의2가 규정하고 있다. 다만 이러한 규정들이 손실보상의 기준을 명확히 하고 있는지에 대해서는 의문이 있다.

### (3) 손실보상액의 지급제외 및 감액

이 법에 따른 손실보상액을 산정함에 있어 손실을 입은 자가 이 법 또는 관련 법령에 따른 조치의무를 위반하여 그 손실을 발생시켰거나 확대시킨 경우에는 보상금을 지급하지 아니하거나 보상금을 감액하여 지급할 수 있다(같은 법 제70조 제3항).

#### (4) 손실보상금의 긴급지원

보건복지부장관, 시·도지사 및 시장·군수·구청장은 손실보상심의위원회의 심의·의결에 따라 경제적 어려움으로 자금의 긴급한 지원이 필요한 자에게 이 법에 따른 손실보상금의 일부를 우선 지급할 수 있다(같은 법 제70조의5).

#### (5) 보상 받을 권리의 양도금지

이 법에 따른 손실보상을 받을 권리는 양도하거나 압류할 수 없다(같은 법 제73조).

### 6. 손실보상결정에 대한 불복

손실보상결정의 불복절차에 대해서는 '감염병의 예방 및 관리에 관한 법률'이 규정하지 않고 있으므로 일반적인 원칙에 따라 처리하여야 할 것이다. 우선 이의신청이 가능할 것이다. 또한 손실보상에 대한 결정은 보건복지부장관, 시·도지사 및 시장·군수·구청장에 의하여 이루어지므로 이를 처분으로 보고 그에 대한 항고쟁송이 가능하다. 대법원도 예방접종 피해보상거부 등의 경우를 항고소송의 대상으로 보고 있다.[52] 그런데 이처럼 부지급 결정이나 신청거부처분은 당연히 항고쟁송의 대상이 되겠지만 보상액을 다투고자 할 때 어떠한 소송을 택하여야 하는 점에 대해서는 다소 불확실한 측면이 있다. 그러나 이 법상의 손실보상은 법상으로나 경험칙상으로나 명확한 보상기준이 없어 정부의 정책적 판단이 크게 좌우하는 측면이 있기 때문에 손실보상액의 결정에서도 1차적인 처분을 기준으로 심리하는 것이 타당하지 않은가 한다. 즉 항고쟁송으로 다투는 것이 적절할 것이다. 서울행정법원이 이러한 결론에 유사한 판례를 남긴 바 있다.[53]

## 제3관 '소상공인 보호 및 지원에 관한 법률'에 의한 손실보상 제도

### 1. 의 의

'소상공인 보호 및 지원에 관한 법률'은 '감염병의 예방 및 관리에 관한 법률' 제49조 제1항 제2호에 따른 집합금지·제한으로 인하여 사업자들의 손실이 늘어남에 따라 소상공인이 이로 인하여 경영상 심각한 손실을 본 경우에 해당 소상공인에게 손실보상을 하도록 규정하였다('소상공인 보호 및 지원에 관한 법률' 제12조의2 제1항).

'감염병의 예방 및 관리에 관한 법률' 제49조 제1항 제2호에 따른 집합금지·제한은 원래 '감염병의 예방 및 관리에 관한 법률'에 의한 손실보상의 대상에 해당되지 않는 것이었으나 방역조치 등으로 인한 소상공인의 피해가 기하급수적으로 늘어남에 따라 국가가 그 피해에 대한 보상제도를 따로 마련한 것이다.

---

52) 대법원 2019.4.3. 선고 2017두52764 판결 등.

53) 서울행정법원은 예방주사로 인하여 기면병이 발생한 사람에게 진료비와 정액 간병비는 지급하였으나 일시보상금을 지급하지 않은 사건을 취소소송으로 다룬 바 있다. 서울행정법원 2013.11.19. 선고 2013구합53929 판결.

그런데 이 손실보상 제도는 실제로는 신청인의 범위가 확정되어 있지 않고 그 목적도 소상공인의 부담을 완화시키려는 데 두고 있는 등, 감염병 예방 및 관리로 인한 손실보상이라고 하지만 실제로는 소상공인 보호에 초점이 있는 제도로서 손실보상의 법리적 측면보다 소상공인 보호라는 정책적 측면이 부각되어 있는 제도이다. 따라서 법리적 관점에서는 논쟁의 대상이 될 수 있는 측면이 많다.

## 2. 손실보상을 받을 수 있는 자

손실보상은 '소상공인 보호 및 지원에 관한 법률'에 의한 소상공인이 받을 수 있다. 이 법상의 소상공인이란 중소기업기본법 제2조 제2항과 같은 법 시행령 제8조에 따른 소기업(매출액 기준으로 업종 별로 정함) 중에서 상시 근로자의 수가 10명 미만이어야 하고 특히 광업·제조업·건설업 및 운수업이 아니라면 상시 근로자의 수가 5명 미만인 기업을 말한다('소상공인 보호 및 지원에 관한 법률' 제2조, 소상공인기본법 제2조 제1항, 같은 법 시행령 제3조 제1항).

그러나 중소벤처기업부장관은 위의 소상공인에 해당되지 않는 자로서 중소기업기본법상의 중소기업에 해당하는 자에 대해서도 손실보상심의위원회의 심의를 거쳐서 손실보상을 할 수 있다('소상공인 보호 및 지원에 관한 법률' 제12조의2 제2항).

## 3. 보상의무자와 보상의 목적

### (1) 보상의무자

이 법에 의한 손실보상의무자는 중소벤처기업부장관이다(같은 법 제12조의2 제1항). 중소벤처기업부장관은 손실보상심의위원회의 심의를 거쳐 손실보상금의 지급 여부와 금액을 결정하여 손실보상금을 지급한다(같은 법 제4항).

중소벤처기업부장관은 손실보상의 전문기관이나 전문가의 조사, 평가 또는 감정을 거쳐 손실보상업무를 처리할 수 있다(같은 법 시행령 제4조의5 제2항).

### (2) 손실보상심의위원회

이 법에 따른 손실보상을 심의하기 위하여 중소벤처기업부에 설치하는 손실보상심의위원회는 위원장을 포함하여 15명 내외로 구성되며 위원장은 중소벤처기업부 차관이 된다(같은 법 제12조의4). 손실보상의 지급 여부, 지급액의 결정, 감액, 환수, 기준 결정 등을 함에 있어서는 반드시 손실보상심의위원회의 심의를 거쳐야 한다.

### (3) 손실보상의 목적

손실보상을 하는 목적은 헌법상의 이념인 완전보상과는 달리 '감염병 예방 및 관리에 관한 법률' 제49조 제1항 제2호에 따른 조치로 인하여 경영상 심각한 손실이 발생한 경우 그 부담을 완화하기 위한 것이다('소상공인 보호 및 지원에 관한 법률' 제12조의2 제1항).

## 4. 손실보상의 대상이 되는 조치

손실보상의 대상이 되는 조치는 '감염병 예방 및 관리에 관한 법률' 제49조 제1항 제2호에 따른 조치로서의 영업장소 내의 집합을 금지하여 운영시간의 전부 또는 일부를 제한하는 조치와 영업장소 내에서 이용자의 밀집도를 낮추기 위한 조치로서 손실보상심의위원회가 심의·의결한 조치를 말한다(같은 법 시행령 제4조의4 제1항). 다만 지방자치단체장이 행한 조치는 감염병 예방 및 관리에 관한 법률' 제49조 제1항 제2호에 따른 조치를 하는 중앙행정기관의 장과 미리 협의하여 행한 조치로 한정한다('소상공인 보호 및 지원에 관한 법률 시행령' 제 4조의4 제1항). 이러한 협의에 응하는 중앙행정기관의 장은 협의를 마치기 전에 미리 중소벤처기업부장관의 의견을 들어야 한다(같은 법 시행령 제4조의4 제2항).

## 5. 손실보상의 절차와 기준

### (1) 손실보상의 신청

손실보상을 받으려고 하는 자는 사업자등록번호, 대표자 인적사항 등을 적은 손실보상신청서를 제출하여 중소벤처기업부장관에게 손실보상을 신청하여야 한다(같은 법 제3항, 시행령 제4조의5 제1항). 실제로는 업무위임에 의하여 사업장 소재지의 시·군·구청에 신청서를 제출하도록 되어 있다.

### (2) 정보제공요청

중소벤처기업부장관은 손실보상의 업무를 위하여 필요한 경우 관계 중앙행정기관의 장, 지방자치단체의 장, '공공기관의 운영에 관한 법률' 제4조에 따른 공공기관의 장, 법인·단체의 장, 개인에 대하여 손실보상에 대한 개인정보와 과세정보 등을 요청할 수 있으며 요청을 받은 자는 정당한 사유가 없으면 이에 따라야 한다. 중소벤처기업부장관은 이 정보들이 포함된 자료를 처리하거나 제3자 제공을 할 수 있다('소상공인 보호 및 지원에 관한 법률' 제12조의5).

### (3) 손실보상의 기준

손실보상의 기준, 금액 및 시기 등에 대한 구체적인 사항은 손실보상심의위원회의 심의를 거쳐 중소벤처업부장관이 고시하도록 하고 있다. 이 고시에 따르면 손실보상의 기준은 일평균손실액×방역조치 이행일수×보정률로 산정하도록 하고 있으며 보정률은 일률적으로 80%를 적용하고 있다.[54]

### (4) 손실보상금액의 감액과 부지급, 환수

신청인이 '감염병 예방 및 관리에 관한 법률' 제49조 제1항 제2호에 따른 조치를 위반한 경

---

54) 구체적인 것은 중소벤처기업부 고시 제2021-74호 참조.

우에는 손실보상을 감액하거나 지급하지 아니할 수 있다('소상공인 보호 및 지원에 관한 법률' 제12조의2 제4항).

또한 손실보상을 지급받은 자가 '감염병의 예방 및 관리에 관한 법률' 제49조 제1항 제2호에 따른 조치를 위반하거나, 거짓이나 기타 부정한 방법으로 손실보상금을 지급받은 경우 그리고 착오 등의 사유로 잘못 지급받은 경우에는 손실보상금을 환수할 수 있다('소상공인 보호 및 지원에 관한 법률 제12조의4 제5항, 시행령 제4조의7 제1항). 환수할 때에도 손실보상 심의위원회의 심의를 거쳐야 한다(같은 법 시행령 제4조의7 제2항).

## 6. 손실보상액 결정에 대한 불복

### (1) 이의신청

손실보상액의 결정 및 지급, 부지급, 감액, 환수 등에 관한 처분에 대하여 이의가 있는 신청인은 그 결정 및 처분의 통지를 받은 날부터 30일 이내에 중소벤처기업부장관에게 이의를 신청할 수 있다. 중소벤처기업부장관은 이의신청을 받은 날 부터 90일 이내에 손실보상심의위원회의 심의를 거쳐 그 결과를 이의신청을 한 자에게 통지할 수 있다. 부득이 한 경우에는 90일 이내의 범위에서 한 차례 연장할 수 있다(같은 법 제12조의3, 같은 법 시행령 제4조의8).

### (2) 행정심판 및 행정소송

손실보상액의 결정이나 부지급, 감액, 환수 등의 결정은 항고쟁송의 대상이 되는 처분이므로 행정심판이나 행정소송의 대상이 된다.

부지급결정이나 환수, 감액처분을 다투는 것이 아니라 손실보상 금액의 다과를 다투는 경우에 어떠한 유형의 쟁송을 택하여야 하는 문제에 있어서는 앞서 살펴본 '감염병 예방 및 관리에 관한 법률'의 보상제도와 맥을 같이하여 역시 항고쟁송으로 하도록 하는 것이 적절하다고 본다.

'소상공인의 보호 및 지원에 관한 법률'에 의한 손실보상은 법리적으로 여러 가지 문제점을 가지고 있는 제도이다. 이 제도를 순수한 손실보상의 법리에서 바라보면 여러 가지 문제점이 있으나 이 제도가 천재지변에 해당하는 감염병 사태에 대응하는 제도라는 점을 감안하여 구체적인 쟁송에서 그러한 보상 법리에서의 문제점을 극복하는 지혜가 필요하다.

제03편

# 지방자치법 및 특별행정법

제 01 장

# 지방자치법

## 제1절 지방자치법 서론

### 제1관 지방자치의 개념과 헌법적 보장

1. 지방자치의 개념과 기능

#### (1) 지방자치의 개념

지방자치제도는 연방제와는 구별되며 지방행정의 자치를 내용으로 하는 것이다. 따라서 지방자치단체는 주권이나 통치권을 가지는 것이 아니라 자치행정권을 가지는 것에 불과하다. 이러한 맥락에서 조례를 행정입법의 일종으로 이해하며 지방의회는 행정기관의 일종으로 본다.

역사적으로 지방자치는 주민자치와 단체자치의 형태로 발전하여 왔다. 주민자치란 그 지역 주민이 자치행정에 참여하는 것을 의미하며 단체자치란 별도의 법인격을 가지는 지방자치단체를 구성하여 그에 일정한 자치권을 부여하는 것을 의미한다. 주민자치는 정치적 의미의 자치라 할 수 있고 단체자치는 법적 의미의 자치라 할 수 있다. 우리나라의 경우 두 가지 요소가 결합되어 있다. 그리하여 주민에게만 피선거권을 부여하고[1] 주민참여의 실질화를 위하여 읍·면·동에 주민자치회를 설치·운영하도록 하는(주민자치적 요소)[2] 한편 지방자치단체는 국가와는 별도의 독립한 법인격을 가지도록 하였다(단체자치적 요소).[3]

#### (2) 지방자치의 본질

지방자치에 대한 큰 시각 차이는 지방자치권을 국가로부터 전래된 것으로 보는 입장(전래권설: 자치위임설)과 지방자치권을 국가와는 별개의 고유권으로 보는 입장(고유권설)에서 나타난다. 고유권설에 따르면 지방자치는 국가 이전의 제도이므로 더 강한 보장을 받아야 한다.

#### (3) 지방자치의 기능

지방자치는 다음과 같은 기능을 가진다. ① 민주주의를 신장한다(국가정책적 의미). 지방자치는

---

1) 공직선거법 제16조 제3항.
2) '지방자치분권 및 지역균형발전에 관한 특별법' 제40조.
3) 지방자치법 제3조 제1항.

단계화된 민주주의를 실현하고 풀뿌리 민주주의의 온상으로서 민주주의의 학교로서 기능한다. ② 지방자치는 권력분립을 실현한다(국가구성정책적 의미). 지방자치에 의해 수직적인 행정권의 분권이 이루어진다. ③ 지방자치는 행정에 있어서 지역적 특성을 살릴 수 있게 한다(행정정책적 의미). 그리하여 특정 지역에서 그 지역의 특수성을 살리는 지역정책을 국가의 일률적 정책에 앞서 실현할 수 있도록 한다(보충성의 원리). ④ 지방자치는 사회통합에 기여한다(사회정책적 의미). 지방자치단체가 하나의 단위가 되어 사회를 구성하고 통합할 수 있는 계기를 마련해 준다.

#### (4) 지방자치의 위기요인

지방자치는 이상과 같은 기능을 가진 국가적으로 필요한 제도이지만 한편으로는 21세기의 사회에서 다양한 한계상황과 위기요인에 봉착하고 있다. ① 우선 지방재정이 독립하지 못함으로 인하여 실질적으로 지방자치가 제약되고 있다. ② 오늘날 도시지역의 광역화 현상에 따라 지방자치가 때로는 광역행정의 필요와 모순을 일으키기도 한다. ③ 오늘날과 같은 교통과 통신의 발달은 지방적 특성을 감소시키는 경향이 있기 때문에 지방자치의 기반을 무너뜨리게 된다. ④ 국가 중심의 사상과 그로 인한 중앙집권화의 경향이 지방자치의 한계상황을 연출하기도 한다. ⑤ 지방자치단체 내에서의 지역 유력인사들 사이의 부패와 유착은 지속적으로 지방자치를 위협하는 요인이다.

### 2. 지방자치의 헌법적 보장과 제한

#### (1) 지방자치제의 헌법적 보장의 의의

헌법 제117조와 제118조는 지방자치단체에 대해 규정하고 있다. 헌법은 지방자치제를 보장하고 있는 것이다. 특히 헌법 제117조 제1항은 "지방자치단체는 주민의 복리에 관한 사무를 처리하고 재산을 관리하며 법령의 범위 안에서 자치에 관한 규정을 제정할 수 있다."고 규정하여 지방자치의 내용을 보장하고 있다. 그러나 헌법 규정의 문언보다도 지방자치제의 헌법적 보장의 본질과 그에 따른 목적론적 해석으로부터 지방자치에 관하여 다음의 3가지가 헌법적으로 보장되고 있다고 해석된다.

① 지방자치제에 대한 제도적 보장
② 지방자치단체의 권리주체성의 보장
③ 지방자치단체의 주관적 법적 지위의 보장

#### (2) 지방자치제에 대한 제도적 보장

① 개관

헌법은 지방자치를 주민의 (주관적) 기본권으로서가 아니라 (객관적) 제도로서 보장한다.[4] 그

4) 다만 사실상 지방자치와 관련하여 주민에게 기본권 침해를 이유로 하는 권리구제가 가능하다. 헌법재판소 1994.12.29. 선고 94헌마201 결정: "지방자치단체의 폐치·분합에 관한 것은 지방자치단체의 자치행정권 중 지역고권의 보장문제이나, 대상지역 주민들은 그로 인하여 인간다운 생활공간에서 살 권리, 평등권, 정당한 청문권, 거주이전의 자유, 선

러나 이것이 지방자치단체의 주관적 권리를 배제하는 것은 아니다. 헌법상 제도적 보장이라는 것은 어떠한 제도가 법률에 의한 폐지나 실질적인 공동화로부터 헌법상 보호된다는 것을 의미한다.[5] 물론 이것은 개별 지방자치단체의 보호가 아니라 일반적 제도로서의 지방자치제의 보호이다.

이러한 지방자치제에 대한 제도적 보장의 내용으로는 ① 포괄적인 사무의 보장, ② 자기책임성의 보장, ③ 자치고권의 보장을 들 수 있다. 이하에서 구체적으로 살펴본다.

② 포괄적인 사무의 보장

헌법의 해석상 그 지역의 업무에 관한 한 지방자치단체가 포괄적인 사무처리권한을 가진다고 보아야 한다(전권한성의 원칙). 상급자치단체나 국가는 (기초)자치단체가 수행할 수 없는 업무를 수행하는 것이 원칙이다(보충성의 원칙). 따라서 법률로 다른 기관에 주어진 것이 아닌 한 지방자치단체는 그 지역 내의 모든 사무에 대한 권한을 갖는 것으로 추정된다(권한의 추정). 이러한 추정은 전권한성의 원칙에서부터 도출되는 것이다.

이러한 전권한성의 원칙은 기본적으로 기초지방자치단체와 관련되는 것이며 자치사무에 관한 것이다. 그러나 우리나라의 현실은 반드시 이러한 전권한성의 원칙에 충실하다고 할 수만은 없다.

③ 자기책임성의 보장

지방자치단체는 자신의 사무를 자신의 고유의 책임으로 수행하여야 한다. 즉, 다른 행정주체로부터 합목적성에 대한 명령·지시를 받지 아니한다. 요컨대 자치사무에 대한 감독은 합목적성 감독에 미치지 못하며 합법성 감독에 그친다.

④ 자치고권(자치권)의 보장

지방자치단체에는 고유의 행정권(자치고권)이 보장된다. 이러한 자치고권의 보장은 포괄적인 것이지 개별적인 고권의 단순한 집합체가 아니다. 그러나 이러한 자치고권은 법률유보에 의하여 제한된다. 구체적으로는 지역고권, 조직고권(법률유보에 의한 한계가 있음), 인적고권(공무원의 임명, 해임 등), 재정고권(공과고권: 지방세, 수수료, 분담금 등), 자치입법고권, 계획고권, 협력고권 등이 있다.

### (3) 지방자치단체의 권리주체성의 보장

지방자치단체는 법인격을 가지므로 권리·의무의 주체가 될 수 있다.

### (4) 지방자치단체의 주관적 법적 지위의 보장

지방자치단체는 법인격을 가지지만 그에 대해 주관적 법적 지위가 어느 정도로 인정되는지의

---

거권, 공무담임권, 인간다운 생활을 할 권리, 사회보장·사회복지수급권 및 환경권 등을 침해받게 될 수도 있다는 점에서 기본권과도 관련이 있어 헌법소원의 대상이 될 수 있다."

5) 헌법재판소는 "기본권 보장은 '최대한의 보장의 원칙'이 적용됨에 반하여, 제도적 보장은 그 본질적 내용을 침해하지 아니하는 범위 안에서 입법자에게 제도의 구체적 내용과 형태의 형성권을 폭넓게 인정한다는 의미에서 '최소한의 보장의 원칙'이 적용될 뿐"이라고 판시하고 있다(헌법재판소 1997.4.24. 선고 95헌바48 결정).

문제가 남는다. 이와 관련하여 지방자치단체에 기본권이 인정되어 헌법소원을 제기할 수 있는지, 그리고 지방자치단체에게 법률상 이익이 인정되어 항고소송을 제기할 원고적격을 인정할 수 있는지가 문제된다.

① 지방자치단체의 기본권능력

지방자치단체는 기본권의 주체가 될 수 있는지에 대하여 학설은 대립하고 있다. 인정설은 지방자치단체의 통치기능적 책임과 기본권 주체성이라는 이중적 지위가 조화를 이루는 범위 안에서, 즉 공법인 대 공법인의 관계에서만 기본권주체성을 인정할 수 있다고 한다. 그러나 부인설은 지방자치단체는 공법상의 임무를 수행하기 위한 관할권을 가질 뿐 기본권은 가지지 못한다고 한다(통설, 판례).

참고판례: 헌법재판소 1996.3.28. 선고 96헌마50 결정 [공직선거및선거부정방지법 제86조 제2항 제4호 위헌확인]

헌법재판소법 제68조 제1항은 "공권력의 행사 또는 불행사로 인하여 기본권을 침해받은 자는 헌법소원의 심판을 청구할 수 있다"고 규정하고 있다. 따라서 기본권의 주체라야만 헌법소원의 심판을 청구할 수 있고, 기본권의 주체가 아닌 자는 헌법소원의 심판을 청구할 수 없다고 할 것이다. 그리고 기본권 보장 규정인 헌법 제2장의 제목이 "국민의 권리와 의무"이고 그 제10조 내지 제39조에서 "모든 국민은 … 권리를 가진다"고 규정하고 있는 점에 비추어 원칙적으로 국민만이 헌법상 기본권의 주체이고, **공권력의 행사자인 국가, 지방자치단체나 그 기관 또는 국가조직의 일부나 공법인이나 그 기관은 헌법상 기본권의 주체가 될 수 없으므로 국가기관 또는 국가조직의 일부나 공법인이나 그 기관은 헌법소원심판을 청구할 수 없다**(헌재 1994.12.29. 선고 93헌마120 결정; 1995.2.23. 선고 90헌마125 결정; 1995.9.28. 선고 92헌마23 · 86(병합) 결정 참조).

해 설 국가, 지방자치단체 및 공법인과 그 기관들은 기본권의 주체가 될 수 없으므로 헌법소원심판을 청구할 수 없다고 판시하고 있다. 그러나 헌법재판소는 지방자치단체가 폐지되는 경우 그 주민은 이에 대해 헌법소원을 제기할 수 있다고 판시하였다.[6]

② 일반적인 권리능력 등의 보장

지방자치단체에 대해 기본권이 인정되지 못한다 하더라도 주관적 권리(공권 포함)가 어떤 형태(주로 방어권)로든 보장된다고 하여야 하며 이로써 지방자치단체의 권리보호가 가능하다. 현재 우리 법원은 국가나 지방자치단체의 항고소송의 원고적격을 인정하는 것을 전제로 판결하고 있다.[7]

6) 헌법재판소 1995.3.23. 선고 94헌마175 결정.
7) 예컨대 대법원 2013.2.28. 선고 2012두22904 판결 등.

## 제2관 지방자치단체의 관념

### 1. 지방자치단체의 의의

지방자치단체는 국가영토의 일정 지역을 그 구역으로 하고 그 구역안의 주민을 구성원으로 하여 법률의 범위 안에서 자치권을 가지는 공법상의 사단법인이다. 지방자치단체는 주민, 구역, 자치권(자치고권)을 3대 구성요소로 하고 있다.

### 2. 지방자치단체의 종류

#### (1) 보통지방자치단체

업무의 범위가 포괄적인 지방자치단체를 보통지방자치단체라 한다. 보통지방자치단체를 다시 기초지방자치단체와 광역지방자치단체로 구분한다(지방자치법 제2조 제1항).

① 기초지방자치단체

기초지방자치단체에 해당하는 것에는 시, 군, 자치구가 있다.

시는 대부분이 도시의 형태를 갖추고 인구 5만 이상이 되어야 하나 ① 시와 군을 통합한 지역, ② 인구 5만 이상의 도시 형태를 갖춘 지역이 있는 군, ③ 인구 2만 이상의 도시형태를 갖춘 2개 이상의 지역의 인구가 5만 이상인 군(이 경우에는 군의 인구가 15만 이상으로서 대통령령이 정하는 요건을 갖추어야 함), ④ 국가정책으로 인하여 도시가 형성되고 출장소가 설치된 지역으로서 그 지역의 인구가 3만 이상이고 인구 15만 이상의 도농복합형태의 시의 일부인 지역 등의 경우에는 도농복합형태의 시로 할 수 있다(같은 법 제10조 제1항, 제2항).

한편 자치구는 특별시와 광역시의 관할구역의 구만을 말하며 지방자치법은 자치구의 자치권의 범위는 법령으로 정하는 바에 따라 시·군과 다르게 할 수 있도록 하고 있다(지방자치법 제2조 제2항). 이것은 사실상 특별시, 광역시에서 자치구는 독자적인 생활단위가 되지 못함을 감안한 것이다.

지방자치단체는 자치단체가 아닌 행정상의 편의를 위한 행정단위와는 구별하여야 한다. 특별시나 광역시가 아닌 인구 50만 이상인 시에 설치할 수 있는 자치구가 아닌 구나 읍, 면, 동이 그에 해당한다(같은 법 제3조 제3항).

그런데 지방자치법은 인구 50만 이상의 도시에 특례를 규정할 수 있도록 하고 있으며, 특별시, 광역시, 자치시가 아닌 인구 100만 이상의 대도시 등에도 추가적인 특례를 규정할 수 있도록 하고 있다(같은 법 제198조). 이처럼 추가적인 특례가 적용되는 도시를 특례시라고 부른다.

② 광역지방자치단체

광역자치단체에 해당하는 것으로서 특별시, 광역시, 특별자치시, 도, 특별자치도가 있다. 현재 특별시로는 서울시가 있고 특별자치시로는 세종시가 있으며 특별자치도로는 제주특별자치도, 강원특별자치도 및 전북특별자치도가 있다.

③ 기초지방자치단체와 광역지방자치단체의 관계

기초지방자치단체와 광역지방자치단체의 관계는 이론상 상하관계는 아니다. 그러나 사실상 감독관계가 형성되어 있다. 또한 원칙적으로 기초자치단체가 자치단체의 기본이고 업무 경합의 경우 기초자치단체가 우선적으로 처리하게 된다(같은 법 제14조 제3항).

특별자치도의 경우에는 법률이 정하는 바에 따라 관할 구역 안에 기초자치단체(시 또는 군)를 두지 아니할 수 있다(같은 법 제3조 제2항 단서).

### (2) 특별지방자치단체

업무의 범위가 포괄적이지 않고 특정 목적에 한정된 지방자치단체를 특별지방자치단체라 한다. 지방자치법은 국가 또는 시·도가 특별지방자치단체에 대하여 사무를 위임하는 경우에는 사무를 위임한 국가 또는 시·도가 그 사무를 수행하는 데 필요한 경비를 부담하여야 한다고 규정하고 있다(같은 법 제206조 제3항).

특별지방자치단체에는 다음과 같은 종류가 있다.

① 본래 의미의 특별지방자치단체

지방자치법은 2개 이상의 지방자치단체가 광역적으로 공동으로 특정한 목적을 위하여 사무를 처리하고자 특별지방자치단체를 설치·운영할 수 있도록 하면서 그 자세한 규율을 제12장(제199－211조)을 통하여 비교적 자세히 하고 있다. 이때 특별지방자치단체는 법인으로 하고 특별지방자치단체의 설치는 지방자치단체 상호 협의 하에 규약을 정하여 각 지방의회의 의결을 거쳐 행정안전부 장관의 승인을 받도록 하고 있다. 특별지방치단체는 규약이 정하는 바에 따라 구성 지방자치단체 의회 의원으로 특별지방자치단체 의회를 구성한다(같은 법 제204조 제1항). 그리고 특별지방자치단체의 장은 규약이 정하는 바에 따라 의회에서 선출한다. 구성 지방자치단체의 장은 특별지방자치단체의 장을 겸할 수 있으며 특별지방자치단체의 의회 및 집행기관의 직원은 규약으로 정하는 바에 따라 특별지방자치단체 소속인 지방공무원과 구성 지방자치단체의 지방공무원 중에서 파견된 사람으로 구성한다.

특별지방자치단체로서 광역자치단체의 행정구역을 넘어서는 초광역권[8]을 설정할 수 있다.

② 지방자치단체조합

지방자치법 제176조 제1항은 “2개 이상의 지방자치단체가 하나 또는 둘 이상의 사무를 공동으로 처리할 필요가 있을 때에는 규약을 정하여 그 지방의회의 의결을 거쳐 시·도는 행정안전부장관의, 시·군 및 자치구는 시·도지사의 승인을 받아 지방자치단체조합을 설립할 수 있다. 다만, 지방자치단체조합의 구성원인 시·군 및 자치구가 2개 이상의 시·도에 걸치는 지방자치단체조합은 행정안전부장관의 승인을 받아야 한다.”라고 규정하고 있다. 이러한 지방자치단체조합

8) 초광역권이란 지역의 경제 및 생활권역의 발전에 필요한 연계·협력사업 추진을 위하여 2개 이상의 지방자치단체가 상호 협의하거나 지방자치법 제199조에 따른 특별지방자치단체가 설정한 권역으로서 광역자치단체의 행정구역을 넘어서는 권역을 말한다.

을 광의의 특별지방자치단체의 일종으로 볼 것인가가 문제된다. 지방자치단체조합을 광의의 특별지방자치단체로 이해한다고 하더라도 지방자치법 제2조 제3항과 제12장이 정하는 본래 의미의 특별지방자치단체는 지방자치단체조합과 달리 조합의 형태가 아니고 별도의 의회와 집행기관을 가진다는 점에서 양자를 구별할 수 있다.

지방자치단체조합의 예로서 지방세기본법 제151조의2에 따라 설립한 지방자치단체조합이 있다. 이것은 지방세의 납부, 체납, 징수, 불복 등 지방세 관련 사무 중 복수의 지방자치단체에 걸쳐 있어서 통합적으로 처리하는 것이 효율적이라고 판단되는 대통령령으로 정하는 사무를 지방자치단체가 공동으로 수행하기 위하여 설립된 것이다.

## 3. 지방자치단체의 구역

지방자치단체는 자신의 관할권이 미치는 구역에서만 지배권을 행사한다. 그러나 구역의 범위를 벗어나는 사업을 할 수도 있다. 지방자치단체의 구역은 구역·경계변경과 폐지·설치·분리·합병에 의해 변경될 수 있다.

그런데 구역·경계변경 및 폐지·설치·분리·합병을 규정하는 법규는 처분적 법률의 성격을 가지고 그로 인해 주민은 기본권 등의 권리를 침해받으므로 주민(학설에 따라서는 지방자치단체장도)은 취소소송 또는 헌법소원을 제기할 수 있다.

### (1) 구역변경

지방자치단체의 관할 구역변경은 지방자치단체의 폐지·설치·분리·합병처럼 지방자치단체의 정체성(identity)의 창설이나 폐지는 아니지만 지방자치단체의 정체성 변동에 관련된다. 이런 의미에서 지방자치법은 구역변경과 경계변경을 구별하고 있다. 경계변경은 지방자치단체의 정체성에는 별 영향이 없다.

#### ① 형식요건

지방자치단체의 구역변경은 지방자치단체의 정체성에 관련되므로 법률로 하여야 한다.[9] 그러나 경계변경은 정체성에 별 영향이 없으므로 대통령령으로 한다(지방자치법 제5조 제1항, 제2항). 자치구가 아닌 구와 읍·면·동의 명칭과 구역의 변경은 그 지방자치단체의 조례로 정하고, 그 결과를 특별시장·광역시장·도지사에게 보고하여야 한다(같은 법 제7조 제1항).

#### ② 절차요건

구역변경[10]을 하기 위해서는 관계 지방의회의 의견을 들어야 한다. 여기서 관계 지방의회라 함은 해당 지방자치단체 의회와 그 상급지방자치단체의 의회를 말한다(지방자치법 시행령 제3조). 다만 주민투표법에 따라 주민투표를 할 때에는 그러하지 아니하다(지방자치법 제5조 제3항).

---

9) 명칭 변경도 동일하다. 명칭도 지방자치단체의 정체성에 관련되기 때문이다. 다만 한자 명칭의 변경은 대통령령으로 가능하다.

10) 지방자치단체의 명칭을 변경할 때에도 또한 같다.

③ 내용요건

구역변경은 공익의 원칙(합목적성의 원칙: 공공복지적합의 원칙)과 그 밖의 행정법의 일반원칙에 합당하여야 한다.

④ 사무와 재산의 승계

구역변경으로 지방자치단체의 소속이 변경된 지역의 사무와 재산은 새롭게 소속이 된 지방자치단체로 승계된다(같은 법 제8조 제1항). 만약 사무와 재산을 구체적으로 구분하기 곤란할 때에는 광역자치단체의 경우에는 행정안전부장관이, 기초자치단체의 경우에는 광역자치단체장이 지정한다(같은 법 제8조 제2항). 그러나 자치사무가 아닌 기관위임사무는 반드시 승계되는 것은 아니다.[11]

참고판례: 대법원 1991.10.22. 선고 91다5594 판결 [손해배상(기)]

지방자치법 제5조 제1항 소정의 '구역변경으로 새로 그 지역을 관할하게 된 지방자치단체가 승계하게 되는 사무와 재산'은 당해 지방자치단체 고유의 재산이나 사무를 지칭하는 것이라 할 것이고, 하천부속물 관리사무와 같이 **하천법 등 별개의 법률규정에 의하여 국가로부터 관할 지방자치단체의 장에게 기관위임된 국가사무까지 관할구역의 변경에 따라 당연히 이전된다고 볼 수 없다.**

해 설 지방자치단체의 구역변경으로 사무와 재산이 이전되더라도 기관위임된 사무까지 자동 이전된다고 할 수 없다고 판시하고 있다.

### (2) 경계변경

① 개요

지방자치법은 구역변경과 구역의 경계변경을 구별하여 규율하고 있다. 경계변경은 구역변경과 달리 대통령으로 규정하도록 하고 있다.[12] 궁극적으로 경계변경은 대통령령을 입안하여 통과시킴으로써 완성된다.

② 경계변경의 사유

지방자치단체의 장은 관할구역과 생활권의 불일치 등으로 인하여 주민생활에 불편이 큰 경우 등 다음의 사유가 있는 경우에는 행정안전부 장관에게 경계변경에 대한 조정을 신청할 수 있다(지방자치법 제6조 제1항, 시행령 제4조 제1항).

ⅰ) 하나의 건축물, 주택단지나 이에 부속된 시설(부속용지, 연접도로 등 포함), 필지 등이 둘 이상의 지방자치단체로 분리되어 주민 불편이 발생하는 경우

ⅱ) 둘 이상의 지방자치단체에 걸친 개발사업 등으로 하나의 건축물, 주택단지나 이에 부속된 시설, 필지 등이 둘 이상의 지방자치단체로 분리될 예정으로 주민 불편이 예상되는 경우

11) 대법원 1991.10.22. 선고 91다5594 판결.
12) 지방자치단체의 한자 명칭 변경도 대통령령으로 하도록 하고 있다(지방자치법 제5조 제2항).

iii) 지방자치단체의 일부가 도로, 하천 등으로 나머지 지역과 현저히 분리되어 있고 다른 지방자치단체와 밀접해 있어 주민 불편이 발생하는 경우

iv) 관계 지방자치단체가 관할 구역과 주민 생활권의 불일치를 해소하기 위하여 경계변경에 합의한 경우

③ 경계변경의 절차

i) 조정의 신청

지방자치단체의 장은 경계변경의 사유가 있는 경우에는 지방의회 재적의원 과반수의 출석과 출석의원 3분의2의 동의를 얻어 행정안전부 장관에게 경계변경에 대한 조정을 신청할 수 있다. 관계 중앙행정기관의 장 또는 둘 이상의 지방자치단체에 걸친 개발사업 등의 시행자는 관계 지방자치단체의 장에게 이러한 조정을 신청하여 줄 것을 요구할 수 있다(지방자치법 제6조 제1항, 제2항).

ii) 신청내용의 통지, 예고 및 의견수렴

행정안전부 장관이 조정 신청을 받으면 지체 없이 그 신청 내용을 관계 지방자치단체의 장에게 통지하고, 20일 이상 관보나 인터넷 홈페이지에 게재하는 등의 방법으로 널리 알려야 한다. 이때 알리는 방법, 의견제출 등에 관하여는 입법예고에 관한 행정절차법 제42조·제44조 및 제45조를 준용한다(지방자치법 제6조 제3항).

iii) 경계변경자율협의체의 구성과 운영

행정안전부 장관은 통지, 예고 및 의견제출 등의 기간이 끝난 후 지체 없이 경계변경자율협의체를 구성·운영할 것을 관계 지방자치단체의 장에게 요청하여야 한다. 관계 지방자치단체는 요청을 받은 후 지체 없이 협의체를 구성하고 요청을 받은 날로부터 120일 이내에 협의를 하여야 한다. 다만 대통령령으로 정한 특별한 사유가 있는 때에는 30일의 범위에서 그 기간을 연장할 수 있다(지방자치법 제6조 제4항, 제5항).

경계변경자율협의체는 ① 관계 지방자치단체와 그 상급지방자치단체의 소속 공무원과 의회의원, 그리고 ② 경계변경이 필요한 지역의 주민과 경계변경에 대한 전문지식과 경험이 풍부한 사람 30인 이내(위원장 포함)로 구성한다. 위원 중 ②에 해당하는 위원의 수가 2분의 1 이상이어야 한다. 위원장은 위원 중에 호선한다(같은 법 시행령 제5조).

협의체를 구성한 지방자치단체의 장은 협의기간 내에 협의체의 협의 결과를 행정안전부 장관에게 알려야 한다(같은 법 제6조 제6항).

iv) 지방자치단체중앙분쟁조정위원회의 심의·의결과 행정안전부 장관의 조정

관계 지방자치단체가 요청을 받은 날로부터 120일 이내에 협의체를 구성하지 못하거나 협의기간 내에 경계변경 여부 및 대상 등에 대해 합의하지 못한 경우에는 행정안전부 장관은 지방자치단체중앙분쟁조정위원회의 심의·의결을 거쳐 경계변경에 대해 조정할 수 있다. 위원회는 경계변경에 대한 심의를 할 때 지방의회의 의견을 들어야 하며 관련 전문가 및 지방자치단체의 장의 의견청취 등에 관하여는 지방자치법 제5조 8항이 준용된다(지방자치법 제6조 제7항, 제8항). 이에

따라 지방자치단체의 장에게는 의견을 진술할 기회를 주어야 한다.

ⅴ) 대통령령안의 입안

조정은 결국 대통령령안의 입안을 위한 것이다. 협의체를 통해 관계 지방자치단체 사이에 경계변경에 대한 합의가 이루어지거나 지방자치단체중앙분쟁조정위원회가 심의한 결과 경계변경이 필요하다고 의결한 경우, 행정안전부 장관은 지체없이 그 내용을 검토한 후 이를 반영하여 경계변경에 대한 대통령령안을 입안하여야 한다(지방자치법 제6조 제9항).

조정 자체의 법적 구속력을 인정하는 견해도 있으나 조정 자체가 법적 구속력이 있다고 보기보다 조정 결과를 반영한 대통령령안이 통과됨으로써 최종적인 법적 구속력을 가진 규율이 형성된다고 보아야 할 것이다.

④ 불복

지방자치단체 사이의 경계변경에 대한 분쟁은 결국 관할분쟁이 된다. 관계 지방자치단체 사이의 합의가 이루어지면 분쟁이 발생하지 않겠지만 지방자치단체중앙분쟁조정위원회의 심의·결정이 있고 그에 대하여 불복이 있는 경우에 권한쟁의의 대상이 될 수 있는지가 문제이다. 헌법재판소는 헌법재판소법상의 권한쟁의심판은 피청구인의 처분 또는 부작위가 존재하지 아니하는 경우에는 이를 허용하지 않는 것이 원칙이라고 할 것이나, 피청구인의 장래처분이 확실하게 예정되어 있고, 피청구인의 장래처분에 의해서 청구인의 권한이 침해될 위험성이 있어서 청구인의 권한을 사전에 보호해 주어야 할 필요성이 매우 큰 예외적인 경우에는 피청구인의 장래처분에 대해서도 권한쟁의심판을 청구할 수 있다고 하고 있다.[13] 따라서 그 결정의 법적 성격 여하에 불문하고 지방자치단체중앙분쟁조정위원회의 결정은 권한쟁의심판의 대상이 될 수 있다고 본다. 그리고 지방자치단체의 관할분쟁 자체는 지방자치단체 사이의 권한쟁의의 문제이므로 행정소송법 제4조 단서의 규정에 따라 행정소송의 대상이 되지는 않는다. 지방자치법도 공유수면매립지와 등록누락지의 경우와 달리 경계변경과 관련된 분쟁에 있어 법원 제소여부에 대해서는 침묵하고 있다.

공유수면 경계의 경우에는 육지 경계와 달리 분명히 확인되지 않는 경우가 있으므로 헌법재판소의 권한쟁의심판의 역할이 두드러진다. 헌법재판소는 공유수면에 대한 지방자치단체 사이의 경계분쟁에 대하여 판시하면서 공유수면에 대한 지방자치단체 사이의 경계설정은 법령상의 명시적인 규정이 있으면 그에 따르고, 그것이 없으면 관습법 등 불문법에 따르되 불문법도 존재하지 않으면 헌법재판소가 형평의 원칙에 따라 획정한다고 판시하고 그 원칙의 하나로서 등거리중간선원칙을 제시하였다(참고판례 참조).

참고판례: 헌법재판소 2019.4.11. 선고 2016헌라8 등 결정 [고창군과 부안군 간의 권한쟁의 등]

**공유수면에 대한 지방자치단체의 관할구역 경계획정은 이에 관한 명시적인 법령상의 규정이 존재한다**

13) 헌법재판소 2010.6.24. 선고 2005헌라9등 결정; 헌법재판소 2011.9.29. 선고 2009헌라3 결정 등.

**면 그에 따르고, 명시적인 법령상의 규정이 존재하지 않는다면 불문법상 해상경계에 따라야 한다. 그리고 이에 관한 불문법상 해상경계마저 존재하지 않는다면,** (중략), **권한쟁의심판권을 가지고 있는 헌법재판소가 형평의 원칙에 따라 합리적이고 공평하게 해상경계선을 획정할 수밖에 없다.**

지방자치단체 사이의 **불문법상 해상경계가 성립하기 위해서는 관계 지방자치단체·주민들 사이에 해상경계에 관한 일정한 관행이 존재하고, 그 해상경계에 관한 관행이 장기간 반복되어야 하며, 그 해상경계에 관한 관행을 법규범이라고 인식하는 관계 지방자치단체·주민들의 법적 확신이 있어야 한다.**

**청구인과 피청구인 사이에 불문법상 해상경계가 존재하지 않으므로** 헌법재판소로서는 형평의 원칙에 따라 합리적이고 공평하게 해상경계선을 획정할 수밖에 없다. 쟁송해역을 둘러싼 지리상의 자연적 조건, 관련 법령의 현황, 연혁적인 상황, 행정권한 행사 내용, 사무처리의 실상, 주민들의 사회·경제적 편익 등을 종합하여 보면, (중략) **각 현행법상 해안선을 기점으로 한 등거리 중간선으로 획정하되,** 곰소만 갯골 남쪽 갯벌에 해당하는 죽도 서쪽 공유수면은 간조 시 갯벌을 형성하여 청구인의 육지에만 연결되어 있을 뿐 피청구인의 육지와는 갯골로 분리되어 있어 청구인 소속 주민들에게 필요불가결한 생활터전이 되고 있으므로 **등거리 중간선의 예외로서 청구인의 관할권한에 포함시키도록 획정함이 상당하다.**

### (3) 공유수면매립지 및 등록누락지의 귀속결정

#### ① 개요

'공유수면관리 및 매립에 관한 법률'에 따른 매립지와 '공간정보의 구축 및 관리 등에 관한 법률' 제2조 제19호의 지적공부에 누락되어 있는 토지 등의 지방자치단체 귀속과 관련된 문제가 지방자치단체 사이의 심각한 갈등의 대상이 됨에 따라, 지방자치법은 제5조 제4항에서부터 제11항에 걸쳐 이에 대하여 비교적 자세한 규정을 두고 있다. 이에 따르면 공유수면매립지와 등록누락지의 귀속은 지방자치단체중앙분쟁조정위원회의 심의·의결에 따라 행정안전부장관이 정하도록 하고 있다. 이에 대해서 관계 지방자치단체의 장이 이의가 있을 때에는 결과 통보를 받은 날로부터 15일 이내에 대법원에 제소할 수 있다(같은 법 제5조 제9항).

#### ② 결정신청과 의견수렴

매립면허관청이나 지적소관청은 지적공부에 등록하기 전에 각각 해당지역의 위치, 귀속희망 지방자치단체(복수도 가능)등을 명시하여 행정안전부장관에게 귀속지역 결정을 신청하여야 한다. 매립면허를 받은 자는 면허관청에 이러한 신청을 하도록 요구할 수 있다(지방자치법 제5조 5항).

행정안전부 장관은 신청을 받은 후 지체없이 그 신청 내용을 20일 이상 관보나 인터넷 홈페이지에 게재하는 등의 방법으로 널리 알려야 한다. 이때 알리는 방법, 의견제출 등에 관하여는 입법예고에 관한 행정절차법 제42조·제44조 및 제45조를 준용한다(지방자치법 제5조 제6항).

#### ③ 결정신청에 대한 이의제기가 없을 때

기간 안에 신청내용에 대하여 이의가 제기되지 않은 경우에는 행정안전부장관은 지방자치단체중앙분쟁조정위원회의 심의·의결을 거치지 아니하고 신청 내용에 따라 매립지나 등록누락지가 귀속할 지방자치단체를 결정한다(지방자치법 제5조 제7항 제2호).

④ 결정신청에 대한 이의제기가 있을 때

기간 안에 결정신청에 대한 이의제기가 있을 때에는 행정안전부 장관은 지방자치단체중앙분쟁조정위원회의 심의·의결에 따라 매립지나 등록누락지가 귀속할 지방자치단체를 결정한다(같은 법 제5조 제7항 제1호).

이때 위원회의 위원장은 필요하다고 인정되면 관계 중앙행정기관 및 지방자치단체의 공무원 또는 관련 전문가를 출석시켜 의견을 듣거나 관계기관이나 단체에 자료 및 의견제출 등을 요구할 수 있다. 다만 관계 지방자치단체의 장에게는 의견을 진술할 기회를 주어야 한다(같은 법 제5조 제8항).

⑤ 불복

헌법재판소는 매립지는 행정안전부 장관의 결정 이전에는 관할권이 정해지지 않은 상태이므로 매립전 공유수면에 대한 관할권을 가진 지방자치단체는 새로이 형성된 이 사건 매립지에 대해서까지 어떠한 권한을 보유하고 있다고 볼 수 없으므로, 권한쟁의 심판을 청구할 수 없다고 판시하였다.[14] 이로써 매립지 귀속에 대한 분쟁은 권한쟁의심판으로 할 것이 아니라 지방자치법상의 절차와 대법원에 대한 제소로 해결하여야 함을 분명히 하였다.

지방자치법은 관계 지방자치단체의 장이 매립지와 등록누락지에 대하여 한 귀속결정(이의제기가 없었던 경우 포함)에 이의가 있으면 그 결과를 통보받은 날부터 15일 이내에 대법원에 소송을 제기할 수 있다고 규정하고 있다(같은 법 제5조 제9항). 그리고 행정안전부 장관은 이러한 소송 결과 대법원의 인용결정이 있으면 그 취지에 따라 다시 결정하여야 한다(같은 법 제5조 제10항).

참고판례: 대법원 2021.2.4. 선고 2015추528 판결 [평택당진항매립지일부구간귀속지방자치단체결정취소]

지방자치단체의 관할구역은 본래 지방자치제도 보장의 핵심영역, 본질적 부분에 속하는 것이 아니라 입법형성권의 범위에 속하는 점, (중략) 이러한 고려요소나 실체적 결정기준을 법률에 더 구체적으로 규정하는 것은 입법기술적으로도 곤란한 측면이 있는 점 등을 종합하면, **지방자치법 제4조 제3항부터 제7항이 행정안전부장관 및 그 소속 위원회의 매립지 관할 귀속에 관한 의결·결정의 실체적 결정기준이나 고려요소를 구체적으로 규정하지 않았다고 하더라도 지방자치제도의 본질을 침해하였다거나 명확성원칙, 법률유보원칙에 반한다고 볼 수 없다.**

(중략) 지방자치법 제4조 제1항 본문에 의하여 법률의 형식으로 관할 지방자치단체를 정하지 않는 이상 지방자치법 제4조 제3항에 의하여 행정안전부장관의 관할 귀속 결정이 반드시 있어야 하므로, 지방자치법 제4조 제4항이 정한 대로 신청이 이루어지지 않았다고 하더라도 해당 매립지에 관하여 관할 귀속 결정을 하여야 할 행정안전부장관의 권한·의무에 어떤 영향을 미친다고 볼 수 없다. **매립면허관청이나 관련 지방자치단체의 장이 준공검사 전까지 관할 귀속 결정을 신청하지 않았다고 하더라도 그것이 행정안전부장관의 관할 귀속 결정을 취소하여야 할 위법사유는 아니라고 보아야 한다.**

14) 헌법재판소 2020.7.16. 선고 2015헌라3 결정.

(중략) 지방자치법 제4조 제4항에서 **매립지 관할 귀속 결정의 신청권자로 규정한 '관련 지방자치단체의 장'에는 해당 매립지와 인접해 있어 그 매립지를 관할하는 지방자치단체로 결정될 가능성이 있는 '기초 및 광역 지방자치단체의 장'을 모두 포함한다.**

2009. 4. 1. 법률 제9577호로 지방자치법 제4조를 개정하여 행정안전부장관이 매립지가 속할 지방자치단체를 결정하는 제도를 신설한 입법 취지에 비추어 보면, **행정안전부장관 및 소속 위원회는 매립지가 속할 지방자치단체를 정할 때 폭넓은 형성의 재량을 가진다.** 다만 그 형성의 재량은 무제한적인 것이 아니라, 관련되는 제반 이익을 종합적으로 고려하여 비교·형량하여야 하는 제한이 있다. **행정안전부장관 및 소속 위원회가 그러한 이익형량을 전혀 하지 않았거나 이익형량의 고려 대상에 마땅히 포함해야 할 사항을 누락한 경우 또는 이익형량을 하였으나 정당성·객관성이 결여된 경우에는 그 관할 귀속 결정은 재량권을 일탈·남용한 것으로 위법하다.**

위와 같은 지방자치법의 개정 취지 등을 고려하면, 행정안전부장관 및 소속 위원회가 매립지가 속할 지방자치단체를 결정할 때에는 **일반적으로 다음과 같은 사항을 포함하여 고려하여야 한다.** 특히 하나의 계획으로 전체적인 매립사업계획이 수립되고 그 구도하에서 사업내용이나 지구별로 단계적·순차적으로 진행되는 매립사업에서는 매립이 완료된 부분에 대한 행정적 지원의 필요 등으로 전체 매립대상지역이 아니라 매립이 완료된 일부 지역에 대한 관할 귀속 결정을 먼저 할 수밖에 없는 경우에도 그 부분의 관할 귀속 결정은 나머지 매립 예정 지역의 관할 결정에 상당한 영향을 미칠 수 있다. 따라서 **일부 구역에 대해서만 관할 귀속 결정을 할 경우에도 해당 매립사업의 전체적 추진계획, 매립지의 구역별 토지이용계획 및 용도, 항만의 조성과 이용계획 등을 종합적으로 고려하여 매립예정지역의 전체적인 관할 구도의 틀을 감안한 관할 귀속 결정이 이루어지도록 하여야 한다.** (중략)

**① 매립지 내 각 지역의 세부 토지이용계획 및 인접 지역과의 유기적 이용관계 등을 고려하여 관할구역을 결정하여 효율적인 신규토지의 이용이 가능하도록 하여야 한다.**

**② 공유수면이 매립되어 육지화된 이상 더는 해상경계선만을 기준으로 관할 귀속 결정을 할 것은 아니고, 매립지와 인근 지방자치단체 관할구역의 연결 형상, 연접관계 및 거리, 관할의 경계로 쉽게 인식될 수 있는 도로, 하천, 운하 등 자연지형 및 인공구조물의 위치 등을 고려하여 매립지가 토지로 이용되는 상황을 전제로 합리적인 관할구역 경계를 설정하여야 한다.**

**③ 매립지와 인근 지방자치단체의 연접관계 및 거리, 도로, 항만, 전기, 수도, 통신 등 기반시설의 설치·관리, 행정서비스의 신속한 제공, 긴급상황 시 대처능력 등 여러 요소를 고려하여 행정의 효율성이 현저히 저해되지 않아야 한다.**

**④ 매립지와 인근 지방자치단체의 교통관계, 외부로부터의 접근성 등을 고려하여 매립지 거주 주민들의 입장에서 어느 지방자치단체의 관할구역에 편입되는 것이 주거생활 및 생업에 편리할 것인지를 고려하여야 한다.**

**⑤ 매립공사의 시행으로 인근 지방자치단체와 주민들이 인접 공유수면을 상실하게 되므로 이로 인하여 잃게 되는 지방자치단체들의 해양 접근성에 대한 연혁적·현실적 이익 및 주민들의 생활기반과 경제적 이익을 감안하여야 한다.**

**해 설** 매립지 관할 귀속과 관련된 법리에 대하여 중요한 판시를 내놓은 대법원 판결이다. 다음과 같은 의미가 있다. ① 지방자치법이 매립지 관할 귀속에 관한 의결·결정의 실체적 결정기준이나 고려요소를 구체적으로 규정하지 않았다고 하더라도 지방자치제도의 본질을 침해하였다거나 명확성원칙, 법률유보원칙에 반한다고 볼 수 없다. ② 관할 귀속 결정은 반드시 있어야 하므로 매립면허관청이나 관련 지방자치단체의 장이 준공검사 전까지 관할 귀속 결정을 신청하지 않았다고 하더라도 그것이 행정안전부장관의 관할 귀속 결정을 취소하여야 할 위법사유는 아니다. ③ 매립지 관할 귀속 결정의 신청권자로 규정한 '관련 지방자치단체의 장'에는 해당 매립지와 인접해 있어 그 매립지를 관할하는 지방자치단체로 결정될 가능성이 있는 '기초 및 광역 지방자치단체의 장'을 모두 포함한다. ④ 행정안전부장관 및 소속 위원회는 매립지가 속할 지방자치단체를 정할 때 폭넓은 형성의 재량(계획재량[15])을 가진다. 다만 이익형량을 그르칠 경우 위법하다. ⑤ 부분적으로 관할을 결정하여야 할 때에도 전체적인 구도에 어긋나지 않게 하여야 한다. ⑥ 이밖에 이러한 결정을 할 때 고려하여야 할 구체적인 사항을 판결문에서 5가지로 제시하였다.

### (4) 폐지 · 설치 · 분리 · 합병

폐지 · 설치 · 분리 · 합병은 지방자치단체의 정체성(identity)에 변동을 초래하는 것으로 지방자치단체가 폐지되거나 새로 설치되거나 분리되거나 합병되어 새로운 지방자치단체가 탄생함으로써 구역변경이 일어나는 것을 말한다.

기술적 관점에서 폐지 · 설치 · 분리 · 합병에는 분리(원지방자치단체 정체성 상실: 폐지와 설치가 동시에 이루어짐), 분립(원지방자치단체 정체성 유지: 설치만 이루어짐), 합병(흡수합병, 신설합병) 등이 있다.

폐지 · 설치 · 분리 · 합병의 법적 요건과 그에 따른 법적 효과는 다음과 같다.

① 형식요건

지방자치단체의 폐지 · 설치 · 분리 · 합병은 법률로 한다(지방자치법 제5조 제3항). 그러나 지방자치단체에 해당되지 않는 자치구 아닌 구와 읍, 면, 동은 행정안전부장관의 승인을 얻어 조례로 정하며, 리는 조례로 정한다(같은 법 제7조 제1항, 제2항).

② 절차요건

관계 지방자치단체 의회의 의견청취절차를 거쳐야 한다. 여기서 관계 지방의회라 함은 해당 지방자치단체 의회와 그 상급지방자치단체의 의회를 말한다(지방자치법 시행령 제3조). 다만 주민투표를 하게 되면 의회의 의견청취절차를 거칠 필요가 없다.

③ 내용요건

지방자치단체의 폐지 · 설치 · 분리 · 합병은 공익의 원칙 등 법의 일반원칙에 맞아야 한다.

④ 경과조치 및 사무와 재산의 승계

지방자치단체가 분리 · 합병되어 새로운 지방자치단체가 설치되거나 지방자치단체의 격이 변경된 때에는 당해 지방자치단체장은 필요한 사항에 관하여 조례 또는 규칙이 제정, 시행될 때까지 종래 그 지역에 시행되던 조례, 규칙을 계속 시행할 수 있다(같은 법 제31조).

구역 · 경계변경의 경우와 같이 폐지 · 설치 · 분리 · 합병의 경우에도 그 지역의 사무와 재산이 새롭게 귀속될 지방자치단체에 승계된다(같은 법 제8조 제1항). 만약 사무와 재산을 구체적으로

15) 대법원 2013.11.14. 선고 2010추73 판결.

구분하기 곤란할 때에는 광역자치단체의 경우에는 행정안전부장관이, 기초자치단체의 경우에는 광역자치단체장이 지정한다(같은 법 제8조 제2항).

## 제2절 지방자치단체의 주민과 주민참가

### 제1관 지방자치단체의 주민

#### 1. 주민의 개념

##### (1) 일반 주민

지방자치단체의 구역 안에 주소를 가진 자는 그 지방자치단체의 주민이 된다(지방자치법 제16조). 지방자치단체의 주민은 반드시 국민에 한하지 않고, 유권자일 필요도 없으며 자연인일 필요도 없다. 그리하여 무국적자나 외국인도 지방자치단체의 구역 안에 주소를 가지는 한 주민이다. 일반적으로는 주민등록지가 그 사람의 공법상 주소이다(주민등록법 제23조 제1항). 다만 법인은 주민등록이 불가하므로 민법상 주소지(민법 제36조)가 공법상 주소지가 된다. 주민등록은 30일 이상 거주할 목적일 경우에 가능하다(주민등록법 제6조 제1항). 한편, 주민등록 말소자를 주민이 아니라고 할 수 있는지는 의문이 있다. 외국인과 무국적자도 이론상 주민일 수 있으나 외국인은 피선거권이 제한되며, 무국적자는 사실상 주민으로서 기능하기 어렵다.

##### (2) 유권자인 주민

주민 가운데 유권자인 주민을 공민 또는 시민(Bürger)이라 한다. 구체적인 유권자인 주민의 개념은 법령에 따라 다소간 달리 규정될 수도 있다.

① 선거권

공직선거법 제15조 제2항에 따르면 ① 만 18세[16] 이상의 주민 중 투표인 명부 작성기준일 현재 그 선거구에 주민등록이 되어 있는 자, ② 주민등록법 제6조 제1항 제3호의 재외국민으로서 그 선거구에 주민등록이 되어 있고 주민등록표에 3개월 이상 등재되어 있는 자, ③ 대한민국의 영주의 체류자격을 취득 후 3년이 경과한 외국인으로서 해당 지방자치단체의 외국인등록대장에 올라있는 자는 지방자치단체장과 지방의원 선거권을 가진다.

② 피선거권

선거일 현재 계속하여 60일 이상 해당 지방자치단체의 관할구역에 주민등록이 되어 있는 18세 이상의 국민은 그 지방의회 의원 및 지방자치단체의 장의 피선거권이 있다(공직선거법 제16조 제3항).

---

16) 2020.1.14. 공직선거법 일부개정법률에 의하여 선거권 인정 연령이 18세 이상으로 변경되었다. '주민소환에 관한 법률'의 유권자의 연령에 관한 규정은 2026년 현재 아직 개정되지 않고 있다.

③ 주민투표권

주민투표를 할 수 있는 사람은 만 18세 이상의 주민 중 투표인 명부 작성기준일 현재 ① 그 지방자치단체에 주민등록이 되어 있는 자, ② 출입국관리 관계 법령에 따라 대한민국에 계속 거주할 수 있는 자격(체류자격변경허가 또는 체류기간연장허가를 통하여 계속 거주할 수 있는 경우를 포함한다)을 갖춘 외국인으로서 지방자치단체의 조례로 정한 사람이다. 다만 공직선거법 제18조에 의하여 선거권이 없는 자는 제외된다(주민투표법 제5조 제1항).

주목할 것은 공직선거법 상의 선거권과 달리 재외국민에게 3개월 주민등록 등재요건을 요구하지 않는다는 점이다. 그리고 외국인에 대한 주민투표권 부여에 대해서는 구체적으로는 조례로 정하도록 하고 있다(주민투표법 제5조 제1항 제2호).

④ 조례의 제정 및 개폐청구권(주민조례청구권)

조례의 제정 및 개폐청구권의 청구권자인 주민은 만 18세 이상의 주민 중 공직선거법상 선거권이 있고 청구인 명부 작성기준일 현재 ⅰ) 해당 지방자치단체 관할구역에 주민등록이 되어 있는 자,[17] ⅱ) '출입국관리법' 제10조에 따른 영주의 체류자격 취득일 후 3년이 경과한 외국인으로서 같은 법 제34조에 따라 해당 지방자치단체의 외국인등록대장에 올라 있는 사람이다(주민조례발안에 관한 법률 제2조).

역시 주목할 것은 공직선거법 상의 선거권과 달리 재외국민에게 3개월 주민등록 등재요건을 요구하지 않는다는 점이다.

⑤ 규칙의 제정과 개정·폐지 의견제출권

지방자치단체의 주민은 권리·의무와 직접 관련되는 사항에 대하여 지방자치법 제29조의 규칙의 제정, 개정 또는 폐지와 관련된 의견을 제출할 수 있다. 이러한 의견제출권에 대해서는 연령제한도 없이 주민이면 가능하다.

⑥ 주민감사청구권

만 18세 이상의 선거권이 있는 사람으로서 다음에 해당하는 일정한 수 이상의 주민은 연서하여 주민감사를 청구할 수 있다(지방자치법 제21조 제1항). ⅰ) 해당 지방자치단체의 관할 구역에 주민등록이 되어 있거나 ⅱ) 출입국관리법 제10조에 따른 영주권 취득 후 3년이 경과한 외국인으로서 같은 법 제34조에 따라 해당 지방자치단체의 외국인등록대장에 올라 있는 사람

⑦ 주민소환권

주민소환투표권을 갖는 자는 ① 19세 이상의 주민으로서 당해 지방자치단체 관할구역에 주민등록이 되어 있는 자, ② 19세 이상의 외국인으로서 영주권 취득 후 3년이 경과한 자 중에서 당해 지방자치단체 관할구역의 외국인 등록대장에 등재된 자이다(주민소환에 관한 법률 제3조 제1항).

---

17) 과거와 달리 재외국민의 국내거소 신고제도가 폐지되고 대신에 주민등록을 할 수 있게 되었다. '재외동포의 출입국과 법적 지위에 관한 법률' 제6조 제1항은 국내거소신고는 외국국적동포에게만 허용하고 있고 주민등록법 제6조 제1항 제3호는 재외국민으로서 영주귀국 신고를 하지 않은 사람도 주민등록을 할 수 있게 하고 있다.

역시 주목할 것은 공직선거법 상의 선거권과 달리 재외국민에게 3개월 주민등록 등재요건을 요구하지 않는다는 점이다.

## 2. 주민의 법적 지위

### (1) 정치적 권리

지방자치단체장과 지방의원에 대한 선거권은 만 18세 이상 국민으로서 주민등록자와 3개월 이상 주민등록이 유지된 재외국민 및 영주자격 취득 후 3년이 된 만 18세 이상의 등록된 외국인에게 주어진다(공직선거법 제15조 제2항). 지방자치단체장과 지방의원의 피선거권은 만 18세 이상 국민으로서 주민등록이 되어 있고 선거일 기준 60일 이상 거주한 자에게 주어진다(같은 법 제16조 제3항).

이외에도 주민의 정치적 권리로서 주민투표권, 조례의 제정 및 개폐청구권(주민조례청구권), 주민감사청구권, 주민소환권, 청원권 등이 있다. 또한 지방자치단체의 주민에게도 당연히 청원권이 인정된다. 지방자치법은 주민의 정치적 권리로서 이상의 것 이외에도 '지방자치단체 규칙에 대한 제정 및 개폐에 대한 의견제출권'과 '정책결정 및 집행 참여권' 등을 새롭게 인정하였다. 이 권리들에 대해서는 후술한다.

### (2) 공공시설이용권

#### ① 공공시설이용권의 대상

지방자치단체의 주민은 공공시설이용권을 가진다(지방자치법 제17조 제2항). 이용권의 대상은 지방자치단체의 재산 또는 공공시설이다. 재산과 공공시설의 의미에 대해 제1설은 양자를 같은 의미로 본다, 제2설은 재산의 개념을 공공시설을 포함하는 의미로 파악한다. 제3설은 양자를 구별한다.

그러나 위의 어느 견해에 의하더라도 실질적으로 큰 차이는 발생하지 않는다. 다만, 지방자치단체의 일반재산의 경우 재산에 해당되면서 공공시설에 해당되지 않을 수 있으므로 양자를 동일하게 보는 1설은 타당하지 않다. 일반재산을 이용대상으로 할 수 있다고 할 때, 일반재산은 공공시설로 바뀐다는 견해도 있다. 그러나 공공시설이 되기 위해서는 공용지정이 필요하다고 보는 입장에서는 이런 견해는 타당하지 않다. 결국 양자를 구별하는 것이 타당하다고 본다.

지방자치단체의 재산에는 행정재산(공용재산, 공공용재산, 기업용재산, 보존용재산)과 일반재산이 있다. 공공시설은 기본적으로 공물이고 영조물, 공기업과 관련이 있다. 공물이 되기 위해서는 공용지정(또는 공용개시)이 필요하다.

#### ② 이용관계의 법적 구성

지방자치단체 주민의 공공시설 이용관계의 법적 구성은 단일하지 않다.

그런데 관리주체가 사법적 형태의 조직을 갖추고 있을 때에도 공법적 이용청구권이 인정되는지가 문제이다. 지방자치단체의 공공시설의 이용의 허가 여부에는 원칙적으로 공법이 적용될 수

밖에 없다. 다만 이용관계의 내용 형성은 사법적으로 구성할 수 있다(2단계이론). 이때에는 이용료를 부과할 수 있다. 소위 행정사법이 이러한 경우에 문제된다.

관리주체가 공법적 형태의 조직을 갖추고 있을 때에는 공법적 이용관계가 형성되는 것이 보통이다. 이때에는 수수료 부과가 이루어지고 의무 불이행시 공법적 강제수단이 활용될 수 있다.

③ 이용권의 제한

주민의 공공시설이용권은 제한될 수 있다. 이러한 제한에는 첫째, 법적 제한, 둘째, 공용지정목적에 의한 제한(예컨대, 주차목적 시설을 집회목적으로 이용불가), 셋째, 사실상의 한계에 의한 제한(예컨대 수용능력에 따른 제한), 넷째, 공물의 질서 유지를 위한 공물경찰적 관점에서의 제한 등이 있다.

④ 지방자치단체의 책임

공공시설을 이용한 주민이 손해를 입었을 때에는 지방자치단체는 공법적 이용관계에서는 국가배상법에 따른 손해배상책임을 지고, 사법적 이용관계에서는 민법상의 불법행위책임을 진다.

⑤ 장애예방을 위한 조치

지방자치단체는 공공시설에 대하여 장애예방 등을 위한 출입금지 등의 조치를 할 수 있다. 이러한 조치를 할 수 있는 근거는 지방자치단체의 점유권이나 소유권 또는 영조물권력이다.

### (3) 균등한 행정혜택을 받을 권리

지방자치단체의 주민은 평등원칙에 따라 균등한 행정혜택을 받을 권리를 가진다(같은 법 제17조 제2항).

### (4) 기타의 권리

지방자치단체의 주민은 이상의 권리 이외에도 주민소송권, 행정심판청구권, 손해배상청구권, 손실보상청구권, 지방의회방청권, 지방의회의사록열람권 등을 가진다.

### (5) 주민의 의무

지방자치단체의 주민은 다음과 같은 의무를 가진다.

① 비용분담의무

주민은 지방자치단체의 유지에 필요한 비용분담의무를 진다(같은 법 제27조). 이에 따라 지방세, 사용료, 수수료, 분담금을 납부하여야 한다(같은 법 제152－155조). 사용료, 수수료, 분담금의 징수는 조례로 정한다(같은 법 제156조 제1항). 이에 대해 이의가 있으면 처분의 통지를 받은 날로부터 90일 이내에 지방자치단체의 장에게 이의신청을 제기할 수 있다(같은 법 제157조 제2항). 이때의 이의신청은 행정심판의 성격을 가진다.

② 노역 및 물품제공의무

지방자치단체의 주민은 법령에 정한 바에 따라 일정한 노역 및 물품제공의무를 질 수 있다. 예컨대 도로법 제40조 제4항은 도로관리청인 지방자치단체가 접도구역 안에 있는 토지, 나무, 시설, 건축물, 그 밖의 공작물의 소유자나 점유자에게 장애물이나 위해의 제거, 위해방지시설의 설치 등의 조치를 하도록 할 수 있게 규정하고 있다. 자연재해대책법 제27조도 건축물관리자에게 제설, 제빙의 책임을 부담시키고 있다.

③ 이용강제의무

지방자치단체의 주민에게 일정한 공기업이나 공공시설의 이용이 강제되는 경우가 있다. 예컨대, 상하수도 시설, 공설화장장의 이용강제 등이 그것인데 조례로써 강제가 가능하다. 이때의 이용관계는 공법적인 것이 된다.

④ 과태료 및 행정제재·부담금 납부의무

지방자치단체의 주민이 법령 및 조례위반 등으로 과태료나 행정제재·부담금을 납부할 사정이 있을 때에는 그 납부의무를 진다.

## 제2관 지방자치에서의 주민참가

### 1. 주민투표권

#### (1) 개관

지방자치법 제18조 제1항은 "지방자치단체의 장은 주민에게 과도한 부담을 주거나 중대한 영향을 미치는 지방자치단체의 주요 결정사항 등에 대하여 주민투표에 부칠수 있다"라고 규정하고 있고 지방자치법 제18조 제2항에 따라 주민투표법이 제정되어 주민투표에 관한 사항을 자세하게 규정하고 있다.

지방자치법 제18조와 주민투표법의 규정에 따라 지방자치단체의 주민은 주민투표권을 가진다. 헌법재판소는 지방자치법상의 주민투표권은 법률이 보장하는 권리일 뿐 헌법상의 기본권이거나 헌법상 제도적으로 보장되는 주관적 공권은 아니라고 판시하였다.[18] 그리고 대법원은 주민투표의 실시에 대하여 일정한 사항은 반드시 주민투표를 거치도록 하는 조례안은 법률의 규정에 위배되는 것이라고 판시하였다.[19]

---

18) 헌법재판소 2005.12.22. 선고 2004헌마530 결정.
19) 대법원 2002.4.26. 선고 2002추23 판결.

### (2) 주민투표의 발의

① 개관

지방자치단체의 장은 주민 또는 지방의회의 청구에 의하거나 직권에 의하여 주민투표를 실시할 수 있다(주민투표법 제9조 제1항).

② 주민에 의한 주민투표의 발의

주민투표청구권자 총수의 20분의 1 이상 5분의 1 이하의 범위 안에서 조례로 정하는 수 이상의 주민의 서명으로 주민투표의 실시를 청구할 수 있다(같은 법 제9조 제2항). 주민투표청구를 위하여 하는 서명은 행정안전부장관이 정하는 정보시스템을 이용하는 전자서명법에 의한 전자서명으로도 할 수 있다(같은 법 제10조, 제12조).

③ 지방의회에 의한 주민투표의 발의

지방의회는 재적의원 과반수 출석과 출석의원 3분의 2 이상의 찬성으로 주민투표를 청구할 수 있다(같은 법 제9조 제5항).

④ 지방자치단체장의 직권에 의한 주민투표의 발의

지방자치단체장이 주민의 의견을 듣기 위하여 필요하다고 판단하는 경우에는 주민투표를 실시할 수 있다. 이때에는 미리 지방의회의 동의를 얻어야 한다. 지방의회는 재적의원 과반수의 출석과 출석의원 과반수의 찬성으로 이에 대하여 의결한다(같은 법 제9조 제6항).

⑤ 국가정책에 대한 주민투표

중앙행정기관의 장은 지방자치단체의 폐지·설치·분리·합병 또는 구역변경, 주요시설의 설치 등 국가정책의 수립에 대한 주민의 의견을 듣기 위하여 필요한 경우에는 주민투표의 실시구역을 정하여 관계 지방자치단체장에게 주민투표의 실시를 요구할 수 있다(같은 법 제8조 제1항). 이때의 주민투표에는 주민투표의 대상(같은 법 제7조), 실시구역(같은 법 제16조), 투표결과의 확정(같은 법 제24조 제1항, 제5항, 제6항), 주민투표소송(같은 법 제25조), 재투표 및 투표연기(같은 법 제26조) 등의 규정은 적용하지 아니한다(같은 법 제8조 제4항). 그러나 이때에도 지방자치단체의 장은 지방의회의 의견을 들어야 한다(같은 법 제8조 제2항).

### (3) 주민투표에 붙일 수 있는 대상

주민에게 과도한 부담을 주는 사항이나 지방자치단체에 중대한 영향을 미치는 지방자치단체의 주요 결정사항은 주민투표의 대상이 된다(같은 법 제7조 제1항). 지방자치단체장이 직권으로 주민투표에 붙이는 경우 무엇이 주민에게 과도한 부담을 주는지, 또는 지방자치단체에 중대한 영향을 미치는지에 대해서는 단체장이 재량 내지 판단여지를 가진다.

그러나 ① 법령에 위반되거나 재판 중인 사항, ② 국가 또는 다른 지방자치단체의 권한 또는 사무에 속하는 사항, ③ 예산편성·의결 및 집행, 회계, 계약 및 재산관리에 관한 사항 및 지방세, 사용료, 수수료, 분담금 등 각종 공과금의 부과 또는 감면에 관한 사항, ④ 행정기구의 설치 변경에 관한 사항과 공무원의 인사, 정원 등 신분과 보수에 관한 사항, ⑤ 다른 법률에 의하여 주민대표가 직접 의사결정주체로 참여할 수 있는 공공시설 설치에 관한 사항(지방의회가 요청하는 경우는 제외), ⑥ 동일한 사항에 대하여 주민투표가 실시된 후 2년이 경과하지 않은 사항 등 주민 투표에 부치기에 부적당한 사항은 제외된다(같은 법 제7조 제2항).

다만 지방자치단체의 폐지·설치·분리·합병, 구역변경, 주요시설의 설치 등은 국가정책에 대한 주민투표의 대상이 되며, 이때의 주민투표에는 위의 제한 사항이 적용되지 않는다(같은 법 제8조 제1항, 제4항).

### (4) 주민투표권자

전술한 유권자인 주민 부분 참조.

### (5) 주민투표청구심의회

주민투표에 있어 ① 청구인서명부의 서명에 대한 이의신청의 심사, ② 청구인서명부에 기재된 유효서명의 확인, ③ 전자투표·전자개표의 실시, ④ 그 밖에 심의회 의장이 필요하다고 인정하여 심의에 부치는 사항을 심의하기 위하여 지방자치단체의 장 소속으로 주민투표청구심의회를 둔다(같은 법 제12조의2 제1항). 심의회의 의장은 부단체장이 되며 의장, 부의장 각1인을 포함하여 7인으로 구성하되 공무원이 아닌 위원이 과반수가 되도록 하여야 한다(같은 법 제12조의2 제2항, 제3항).

### (6) 주민투표의 실시

주민투표는 찬성 또는 반대의 의사표시를 하거나 두 가지 사항 중 하나를 선택하는 방식으로 실시한다(같은 법 제15조). 주민투표는 국가정책에 대하여 중앙행정기관의 장이 요구한 경우가 아닌 한 원칙적으로 지방자치단체의 관할구역 전체를 대상으로 실시한다. 그러나 지방의회의 동의를 얻어 특정지역만의 주민투표도 가능하다(같은 법 제16조). 청구인대표자는 청구인대표자 증명서 교부를 신청할 때 지방자치단체의 관할구역 중 일부를 주민투표실시구역으로 정할 것을 신청할 수 있다(같은 법 제16조 제2항).

공직선거일 60일 전부터 선거일까지는 투표일로 정할 수 없으며 주민투표의 발의도 못한다(같은 법 제14조 제2항, 제13조 제3항).

주민투표는 전자투표와 전자개표의 방식으로도 실시할 수 있다(같은 법 제18조의2).

동일한 사항에 대하여 둘 이상의 지방자치단체에서 주민투표를 실시하여야 하는 경우에는 관계 지방자치단체의 장이 협의하여 동시에 주민투표를 실시하여야 한다. 협의가 이루어지지 않을 때에는 광역자치단체의 경우에는 행정안전부장관이 기초자치단체의 경우에는 광역자치단체장이 정하는 바에 따른다(같은 법 제14조 제4항).

주민투표의 투표운동기간은 주민투표일 전 21일부터 주민투표일 전날까지로 한다(같은 법 제

21조 제1항).

주민투표에 관한 사무는 관할 선거관리위원회가 담당한다(같은 법 제3조 제1항).

#### (7) 주민투표 결과의 확정 및 효력

주민투표의 결과는 주민투표권자 총수의 4분의 1 이상의 투표와 유효투표수 과반수의 득표로 확정된다. 전체투표수가 투표권자 총수의 4분의 1에 미달하거나 주민투표에 부쳐진 사항에 관한 유효득표수가 동수인 경우에는 찬성과 반대 모두 또는 양자택일의 대상이 되는 사항 모두를 선택하지 아니하기로 확정된 것으로 본다(같은 법 제24조 제1항). 투표결과는 지방자치단체장과 지방의회를 구속하며 주민투표결과에 따라 확정된 사항은 2년 이내에 이를 변경하거나 새로운 결정을 할 수 없다(같은 법 제24조 제5항, 제6항).

#### (8) 주민투표에 대한 불복절차

① 주민투표에 대한 소청

주민투표에 대해 불복이 있는 투표권자는 주민투표권자 총수의 100분의 1 이상의 서명으로 주민투표의 결과가 공표된 날로부터 14일 이내에 관할 선거관리위원회 위원장을 피소청인으로 하는 소청을 제기할 수 있다. 이때 기초지방자치단체의 주민투표에 대해서는 광역자치단체 관할 선거관리위원회에, 광역자치단체의 주민투표에 대해서는 중앙선거관리위원회에 소청한다(같은 법 제25조 제1항).

② 주민투표에 대한 소송

소청결정에 불복하려는 소청인은 피소청인을 피고로 하여 그 결정서를 받은 날로부터 10일 이내에 기초자치단체의 주민투표의 경우 관할 고등법원에, 광역자치단체의 주민투표의 경우에는 대법원에 소를 제기할 수 있다(같은 법 제25조 제2항).

### 2. 조례의 제정 및 개폐청구권(주민조례청구권)

#### (1) 청구요건

① 청구권자인 주민

전술한 유권자인 주민 부분 참조

② 연서요건과 청구의 상대방

조례의 제정 및 개폐청구권을 행사하기 위해서는 일정한 수의 주민의 연서가 필요하다. ① 특별시 및 인구 800만 이상의 광역시·도는 청구권자 총수의 200분의1 ② 인구 800만 미만의 광역시·도, 특별자치시, 특별자치도 및 인구 100만 이상의 시는 청구권자 총수의 150분의1 ③ 인구 50만 이상 100만 미만의 시·군 및 자치구는 청구권자 총수의 100분의1 ④ 인구 10만 이상 50만 미만의 시·군 및 자치구는 청구권자 총수의 70분의1 ⑤ 인구 5만 이상 10만 미만의 시·군 및 자치구는 청구권자 총수의 50분의1 ⑥ 인구 5만 미만의 시·군 및 자치구는 청구권자 총수의 20분의1 이내의 범위 안에서 조례로 정하는 수 이상의 유권자인 주민의 연서로 지방의회에 대하여 조례의 제정이나 개폐를 청구할 수 있다('주민조례발안에 관한 법률' 제5조 제1항). 이때 청구권자의 총수는 전년도 12월 31일 현재의 주민등록표 및 외국인등록표에 의하여 산정한다(같은 법 제5조 제2항).

③ 대표자의 선정과 연대서명

주민조례청구를 하기 위해서는 대표자를 선정하여야 하며(같은 법 제6조 제1항), 지방의회 의장은 대표자로부터 대표자 증명서의 발급을 신청 받은 경우에는 대표자가 청구권자인지 확인하여 대표자 증명서를 발급하고 이 사실을 공표하여야 한다. 만약 대표자 증명 발급 신청을 받을 때 대표자로부터 전자서명의 요청에 필요한 정보시스템의 이용 신청을 받은 경우에는 지방의회 의장은 전자서명을 할 수 있도록 정보시스템의 인터넷 주소와 전자서명의 취소방법 등의 정보를 함께 공표하여야 한다(같은 법 제6조 제2항).

대표자는 그 수임자와 함께 법으로 정한 필요한 서류를 갖추어 청구권자에게 청구인 명부에 서명할 것을 요청할 수 있다(같은 법 제7조).

서명과 전자서명은 대표자 선정의 공표가 있은 날로부터 광역자치단체(시·도)의 경우 6개월 이내에 기초자치단체(시·군·자치구)의 경우에는 3개월 이내에만 요청할 수 있다. 그러나 공직선거법상의 각종 선거기간에는 서명과 전자서명을 요청할 수 없으며 따라서 이 기간은 6개월 또는 3개월의 서명 요청기간에 산입하지 아니한다(같은 법 제8조).

④ 청구인 명부의 작성과 제출 및 공표

대표자와 그 수임자의 서명 요청에 의하여 청구인 명부에 서명하려는 청구권자는 ⅰ) 성명 ⅱ) 생년월일 ⅲ) 주소 또는 체류지 ⅳ) 서명연월일을 적고 서명하거나 도장을 찍어야 한다. 전자서명을 한 경우에는 전자문서로 생성된 청구인 명부에 이러한 사항을 적은 것으로 본다(같은 법 제9조 제1항). 서명을 한 청구권자는 대표자에게 서명 취소를 요청할 수 있다. 청구인 명부를 제출하고 난 이후에는 서명취소를 요청할 수 없다(같은 법 제9조 제2항).

대표자는 서명한 청구권자의 수가 주민조례청구의 요건을 충족시킨 경우에는 서명요청 기간이 지난 날부터 시·도의 경우에는 10일 이내에 시·군·자치구의 경우에는 5일 이내에 지방의회 의장에게 청구인 명부를 제출하여야 한다. 전자서명의 경우 지방의회 의장이 정보시스템에 생성된 청구인명부를 활용하도록 요청하여야 한다(같은 법 제10조 제1항).

지방의회의 의장은 청구인 명부가 제출되거나 활용의 요청을 받은 경우에는 그 날부터 5일 이내에 청구인 명부를 공표하여야 하며 공표한 날로부터 10일간 청구인명부나 그 사본을 공개된 장소에 갖추어 두어 열람할 수 있도록 하여야 한다(같은 법 제10조 제2항).

⑤ 청구인명부의 수정 및 이의신청, 명부의 보정

지방의회의 의장은 청구인명부의 서명에 '주민조례발안에 관한 법률' 제11조 제1항 각호의 사유가 있는 경우에는 해당 서명을 무효로 하고 청구인명부를 수정한 후 그 사실을 즉시 알려야 한다(같은 법 제11조 제1항).

또한 청구인명부에 이의가 있는 사람은 청구인명부의 열람기간에 지방의회 의장에게 이의를 신청할 수 있다(같은 법 제11조 제2항). 이의신청이 있는 경우, 지방의회 의장은 열람기간이 끝난 날부터 14일 이내에 이를 심사·결정하고 이를 이의신청을 한 사람과 대표자에게 알려야 한다. 그리고 이의신청이 이유 있다고 결정하는 경우 청구인명부를 수정하여야 한다(같은 법 제12조 제3항). 청구인명부의 수정과 이의신청에 대한 결정으로 인하여 청구인명부에 서명한 청구권자의 수가 부족하여 청구요건에 미치지 못하게 된 때에는 지방의회 의장은 대표자로 하여금 시·도는 15일 이상, 시·군·자치구는 10일 이상의 범위 내에서 조례로 정하는 기간 내에 이를 보정하게 할 수 있다(같은 법 제12조 제4항).

⑥ 주민조례청구권의 보장을 위한 조치

국가 및 지방자치단체는 청구권자가 지방의회에 주민조례청구를 할 수 있도록 필요한 조치를 하여야 한다(같은 법 제3조 제1항). 또한 지방자치단체는 청구권자가 전자적 방식을 통하여 주민조례청구를 할 수 있도록 행정안전부장관이 정하는 바에 따라 정보시스템을 구축·운영하여야 한다(제2항). 나아가서 국가 및 지방자치단체는 청구권자의 주민조례청구를 활성화하기 위하여 주민조례청구의 요건, 참여·서명 방법 및 절차 등을 홍보하여야 한다(제3항).

### (2) 청구대상

모든 사항에 대해 조례의 제정, 개폐를 청구할 수 있으나 ① 법령을 위반하는 사항, ② 지방세, 사용료, 수수료, 분담금의 부과, 징수 또는 감면에 관한 사항, ③ 행정기구를 설치하거나 변경하는 것에 관한 사항, ④ 공공시설의 설치를 반대하는 사항은 청구대상에서 제외된다(같은 법 제15조 제2항).

### (3) 처리절차

① 청구의 수리 및 각하

지방의회 의장은 이의신청이 없거나 이의신청에 따른 절차가 끝난 후에 주민조례청구가 요건을 충족하면 이를 수리하고 그렇지 않으면 각하하고 이를 대표자에게 알린다(같은 법 제12조 제1항). 지방의회의 의장은 청구인 명부의 서명에 대하여 이의신청이 없는 경우에는 그 열람기간이 끝난 날부터 그리고 이의신청에 따른 심사·결정이 끝난 경우에는 그 끝난 날로부터 3개월 이내에 수리 또는 각하 여부를 결정하여야 한다(같은 법 제12조 제2항). 다만 각하할 때에는 대표자에게 의견을 제출할 기회를 주어야 한다(같은 법 제12조 제3항).

② 주민청구조례안의 발의 및 심사절차

지방의회의 의장은 주민조례청구를 수리한 날부터 30일 이내에 지방의회 의장 명의로 주민청구조례안을 발의하여야 한다(같은 법 제12조 제3항). 지방의회는 주민청구조례안이 수리된 날부터

1년 이내에 주민청구조례안을 의결하여야 한다. 다만 필요한 경우 본회의 의결로 1년 이내의 범위에서 한 차례 그 기간을 연장할 수 있다(같은 법 제13조 제1항). 지방의회는 주민청구조례안을 의결하기 전에 대표자를 회의에 참석시켜 청구의 취지를 듣고 질의·답변을 할 수 있다(같은 법 제13조 제2항). 주민청구조례안은 지방의회 의원의 임기가 끝나더라도 다음 지방의회 의원의 임기까지는 의결되지 못한 것 때문에 폐기되지 아니한다(같은 법 제13조 제3항).

### 3. 지방자치단체 규칙에 대한 제정 및 개폐에 관한 의견제출권

주민은 권리·의무와 직접 관련되는 규칙에 대한 제정 및 개정·폐지 의견을 지방자치단체의 장에게 제출할 수 있다. 다만 법령이나 조례를 위반하거나 그 위임의 범위를 벗어나는 사항은 의견제출 대상에서 제외한다(지방자치법 제20조 제1항, 제2항). 지방자치단체의 장은 제출된 의견에 대하여 그 의견이 제출된 날부터 30일 이내에 검토 결과를 통보하도록 규정하고 있다(지방자치법 제20조 제3항). 이러한 의견제출권 행사 방법과 절차 등에 대해서는 조례로 정하게 되어 있다(지방자치법 제20조 제4항).

### 4. 주민감사청구권

#### (1) 주민감사청구권의 의의

지방자치단체의 18세 이상 주민은 지방자치단체와 그 장의 권한에 속하는 사무의 처리가 법령에 위반되거나 공익을 현저히 해한다고 인정되는 경우에는 연서하여 감독기관(시·도는 주무부장관, 시·군 및 자치구는 시·도지사)에 감사를 청구할 수 있다(같은 법 제21조 제1항). 그런데 '사무의 처리가 법령에 위반되거나 공익을 현저히 해한다고 인정되는 경우'의 의미에 대하여 대법원은 주민들이 주민감사를 청구하거나 주민소송을 제기하는 단계에서는 '해당 사무의 처리가 법령에 반하거나 공익을 현저히 해친다고 인정될 가능성'을 주장하는 것으로 족하다고 판시하였다.[20)]

#### (2) 주민감사청구의 유권자

전술한 유권자인 주민 부분 참조.

#### (3) 연서요건, 대표자 및 상대방

① 연서요건과 대표자의 선정

시·도는 300명, 인구 50만 이상 대도시는 200명, 그 밖의 시·군 및 자치구는 150명 이내에서 그 지방자치단체의 조례로 정하는 수 이상의 18세 이상의 주민이 연대 서명하여 주민감사청구를 할 수 있다(같은 법 제21조 제1항).

'부패방지 및 국민권익위원회의 설치와 운영에 관한 법률'과 같은 법 시행령은 이 법상의 감사원 등에 대한 국민감사청구권의 행사요건으로 300인 이상의 연서를 요구하고 있다. 한편 사실

---

20) 대법원 2020.6.25. 선고 2018두67251 판결.

상 유사한 효과를 낼 수 있는 감사원법상의 심사청구는 1인이 단독으로 청구할 수 있기 때문에(감사원법 제43조 제1항) 주민감사청구권의 활성화를 위해서는 이들 제도와의 비교·검토가 필요하다고 본다. 다만 주민감사청구권은 주민소송으로 이어질 수 있기 때문에 다른 감사제도와는 차별성이 있다.

대표자제도와 청구인 명부 서명에 대한 이의제도는 주민조례청구권의 경우와 유사하다(지방자치법 제21조 제6－8항).

② 청구의 상대방

감사청구의 상대방은 기초자치단체 사안인 경우 광역자치단체장, 광역자치단체 사안인 경우 주무부장관이 된다. 그러나 이것은 결국 주민감사청구제도를 타율적인 감사제도로 만드는 것이 되어 비판의 대상이 되기도 한다.

#### (4) 감사청구의 사유

지방자치단체와 그 장의 권한에 속하는 사무의 처리가 법령에 위반되거나 공익을 현저히 해한다고 인정하는 경우에는 주민감사청구를 할 수 있다. 그러나 ① 수사나 재판에 관여하게 되는 사항, ② 개인의 사생활을 침해할 우려가 있는 사항, ③ 다른 기관에서 감사하였거나 감사 중인 사항(다만 다른 기관이 감사하였어도 새로운 사항이 발견되거나 중요사항이 감사에서 누락된 경우와 지방자치법 제22조 제1항에 따라 주민소송의 대상이 되는 경우는 그러하지 아니하다), ④ 동일한 사항에 대하여 지방자치법 제22조 제2항 각호의 주민소송이 진행 중이거나 그 판결이 확정된 사항에 대해서는 감사청구를 할 수 없다(지방자치법 제21조 제2항).

기관위임사무는 원래 국가나 광역자치단체의 사무이므로 감사청구대상에서 제외되는지에 대해서 논란이 있다.

한편 감사청구의 대상이 되는 당해 사무의 처리가 있었던 날 또는 끝난 날로부터 3년을 경과한 때에는 감사를 청구할 수 없다(같은 법 제21조 제3항).

#### (5) 감사청구에 대한 처리

주무부장관이나 시·도지사는 감사청구를 수리한 날로 부터 60일 내에 감사를 종료하고 그 결과를 청구인의 대표자와 감사를 받는 지방자치단체장에게 서면 통지하고 공표한다. 그러나 이 기간은 연장할 수 있다(같은 법 제21조 제9항). 또한 주무부장관이나 시·도지사는 주민이 감사를 청구한 사항이 다른 기관에서 이미 감사한 사항이거나 감사 중인 사항이면 그 기관에서 한 감사결과 또는 감사 중인 사실과 감사가 끝난 후 그 결과를 알리겠다는 사실을 청구인의 대표자와 해당기관에 지체없이 알려야 한다(같은 법 제21조 제10항). 그리고 주무부장관이나 시·도지사는 감사결과에 따른 필요조치를 지방자치단체장에게 요구할 수 있고 지방자치단체장은 이를 보고하여야 한다(같은 법 제21조 제12항).

주무부장관이나 시·도지사는 주민감사청구를 처리할 때에는 청구인의 대표자에게 반드시 증거제출 및 의견진술의 기회를 주어야 한다(같은 법 제21조 제11항).

## 5. 주민소송 제도

### (1) 주민소송의 의의

공금의 지출에 관한 사항, 재산의 취득·관리·처분에 관한 사항, 당해 지방자치단체를 당사자로 하는 매매·임차·도급 그 밖의 계약의 체결·이행에 관한 사항 또는 지방세·사용료·수수료·과태료 등 공금의 부과·징수를 게을리한 사항을 감사청구한 주민이 감사결과 등에 불복하는 경우에는 그 감사청구한 사항과 관련있는 위법한 행위나 게을리한 사실에 대하여 당해 지방자치단체의 장을 상대방으로 주민소송을 제기할 수 있다(지방자치법 제22조 제1항).

대법원은 주민소송 제도는 지방자치단체 주민이 지방자치단체의 위법한 재무회계행위의 방지 또는 시정을 구하거나 그로 인한 손해의 회복 청구를 요구할 수 있도록 함으로써 지방자치단체의 재무행정의 적법성, 지방재정의 건전하고 적정한 운영을 확보하려는 데 그 목적이 있다고 한다.[21)]

### (2) 주민소송의 대상과 재무회계에 관한 사항

#### ① 재무회계행위에 대한 판례이론

대법원은 주민소송은 원칙적으로 지방자치단체의 재무회계에 관한 사항의 처리를 직접 목적으로 하는 행위에 대하여 제기할 수 있고, 지방자치법 제22조 제1항에서 주민소송의 대상으로 규정한 '재산의 취득·관리·처분에 관한 사항', '해당 지방자치단체를 당사자로 하는 계약의 체결·이행에 관한 사항' 등에 해당하는지 여부도 그 기준에 의하여 판단하여야 한다고 한다.[22)]

대법원은 주민소송의 대상이 되는 행위에 지출원인행위에 선행하는 결정행위는 해당되지 않는다고 하고(참고판례 1 참조),[23)] 주민소송의 대상이 되려면 지방자치단체의 재무회계행위와 관련이 있어야 한다고 한다.[24)]

#### ② 주민소송의 대상으로서의 재산의 관리·처분행위에 대한 판례이론

대법원은 '재산의 관리·처분에 관한 사항'이란 '지방자치단체의 소유에 속하는 재산의 가치를 유지·보전 또는 실현함을 직접 목적으로 하는 행위'를 말한다고 판시하였다.[25)] 또한 대법원은 위와 같은 일반적인 해석기준을 바탕으로 '도로 등 공물이나 공공용물을 특정 사인이 배타적으로 사용하도록 하는 점용허가가 도로 등의 본래 기능 및 목적과 무관하게 그 사용가치를 실현·활용하기 위한 것으로 평가되는 경우에는(예컨대 수입을 목적으로 하는 임대에 준하는 의미가 있는 것) 주민소송의 대상이 되는 재산의 관리·처분에 해당한다고 보아야 한다고 판시하였다.[26)] 또한

21) 대법원 2016.5.27. 선고 2014두8490 판결, 대법원 2020.7.29. 선고 2017두63467 판결.
22) 대법원 2020.7.29. 선고 2017두63467 판결.
23) 대법원 2011.12.22. 선고 2009두14309 판결.
24) 대법원 2015.9.10. 선고 2013두16746 판결.
25) 대법원 2015.9.10. 선고 2013두16746 판결.
26) 대법원 2016.5.27. 선고 2014두8490 판결.

건축법상 이행강제금의 부과·징수를 게을리한 경우도 주민소송의 대상이 되는 '공금의 부과·징수를 게을리한 사항'에 해당한다고 판시하였다.[27)]

③ 위법성 승계를 통한 주민소송 대상 확대

대법원은 재무회계행위가 아닌 선행행위가 현저하게 합리성을 결여하여 그 때문에 지방재정의 적정성 확보라는 관점에서는 지나칠 수 없는 하자가 존재하는 경우에는 지출원인행위(재무회계행위) 단계에서 선행행위를 심사하여 이를 시정하여야 할 회계 관계 법규상 의무가 있다고 판시하여 선행행위의 위법성이 지출원인행위에 승계될 수 있다는 점을 인정하였다.[28)]

그러나 이러한 주민소송에서의 '위법성 승계'의 법리는 주민소송의 범위를 무한정 확대할 위험이 있다. 따라서 이러한 '위법성 승계'의 법리를 인정하더라도 어느 정도의 제한이 필요하다. 적어도 선행행위가 비재무행위이지만 후행 재무회계행위의 직접적 원인이 된 경우로서 그 하자가 무효에 해당할 경우에는 후행 재무회계행위도 위법하다고 할 수 있을 것이다.[29)]

④ 재무회계행위의 포괄적 판단을 통한 주민소송대상 확대

대법원은 재무회계행위의 위법성을 판단함에 있어 원고가 주장하는 개별적 사정들을 분리하여 판단할 것이 아니라 전체적으로 포괄하여 하나의 위법한 재무회계행위가 있었는지 그로 인한 손해가 발생하였는지를 판단하여야 한다고 함으로써 실질적으로 주민소송의 대상을 확대하였다.[30)]

참고판례 1: 대법원 2011.12.22. 선고 2009두14309 판결 [손해배상청구]

구 지방자치법(2007. 5. 11. 법률 제8423호로 전부 개정되기 전의 것) 제13조의5 제1항에 규정된 주민소송의 대상인 **'공금의 지출에 관한 사항'에는 지출원인행위에 선행하는 당해 지방자치단체의 장 및 직원, 지방의회 의원의 결정 등과 같은 행위가 포함되지 않으므로 선행행위에 위법사유가 존재하더라도 이는 주민소송의 대상이 되지 않는다.** 그러나 지출원인행위 등을 하는 행정기관이 선행행위의 행정기관과 동일하거나 선행행위에 대한 취소·정지권을 갖는 경우 지출원인행위 등을 하는 행정기관은 지방자치단체에 직접적으로 지출의무를 부담하게 하는 지출원인행위 단계에서 선행행위의 타당성 또는 재정상 합리성을 다시 심사할 의무가 있는 점, 이러한 심사를 통하여 선행행위가 현저하게 합리성을 결하고 있다는 것을 확인하여 이를 시정할 수 있었음에도 그에 따른 지출원인행위 등을 그대로 진행하는 것은 부당한 공금 지출이 되어 지방재정의 건전하고 적정한 운용에 반하는 점, 지출원인행위 자체에 고유한 위법이 있는 경우뿐만 아니라 선행행위에 간과할 수 없는 하자가 존재하고 있음에도 이에 따른 지출원인행위 등 단계에서 심사 및 시정의무를 소홀히 한 경우에도 당해 지출원인행위를 위법하다고 보아야 하는 점 등에 비추어 보면, **선행행위가 현저하게 합리성을 결하여 그 때문에 지방재정의 적정성 확보라는 관점에서 지나칠 수 없는**

27) 대법원 2015.9.10. 선고 2013두16746 판결.
28) 대법원 2011.12.22. 선고 2009두14309 판결.
29) 이에 대한 국내 학계의 논의에 대하여 김태호, "지방자치법상 손해배상청구를 요구하는 주민소송의 대상과 위법사유의 심사방법", 『대법원 판례해설』, 제89호, 2011년 하 참조.
30) 대법원 2020.7.29. 선고 2017두63467 판결.

**하자가 존재하는 경우에는 지출원인행위 단계에서 선행행위를 심사하여 이를 시정해야 할 회계관계 법규상 의무가 있다고 보아야 한다.** 따라서 이러한 하자를 간과하여 그대로 지출원인행위 및 그에 따른 지급명령·지출 등 행위에 나아간 경우에는 그러한 지출원인행위 등 자체가 회계관계 법규에 반하여 위법하다고 보아야 하고, **이러한 위법사유가 존재하는지를 판단할 때에는 선행행위와 지출원인행위의 관계, 지출원인행위 당시 선행행위가 위법하여 직권으로 취소하여야 할 사정이 있었는지 여부, 지출원인행위 등을 한 당해 지방자치단체의 장 및 직원 등이 선행행위의 위법성을 명백히 인식하였거나 이를 인식할 만한 충분한 객관적인 사정이 존재하여 선행행위를 시정할 수 있었는지 등을 종합적으로 고려해야 한다.**

해 설 원칙적으로 주민소송대상에는 그 재무회계행위에 선행하는 행위는 포함이 되지 않음을 판시하면서도 예외적으로 선행행위가 현저하게 합리성을 결하여 그 때문에 지방재정의 적정성 확보라는 관점에서 지나칠 수 없는 하자가 존재하는 경우에는 지출원인행위의 선행행위의 위법성이 승계되어 지출원인행위의 위법을 인정할 수 있다고 한 판시이다.

### 참고판례 2: 대법원 2016.5.27. 선고 2014두8490 판결 [도로점용허가처분무효확인등]

주민소송 제도는 지방자치단체 주민이 지방자치단체의 위법한 재무회계행위의 방지 또는 시정을 구하거나 그로 인한 손해의 회복 청구를 요구할 수 있도록 함으로써 지방자치단체의 재무행정의 적법성과 지방재정의 건전하고 적정한 운영을 확보하려는 데 목적이 있다. 그러므로 주민소송은 원칙적으로 지방자치단체의 재무회계에 관한 사항의 처리를 직접 목적으로 하는 행위에 대하여 제기할 수 있고, 지방자치법 제17조 제1항에서 주민소송의 대상으로 규정한 '재산의 취득·관리·처분에 관한 사항'에 해당하는지도 그 기준에 의하여 판단하여야 한다. **특히 도로 등 공물이나 공공용물을 특정 사인이 배타적으로 사용하도록 하는 점용허가가 도로 등의 본래 기능 및 목적과 무관하게 그 사용가치를 실현·활용하기 위한 것으로 평가되는 경우에는 주민소송의 대상이 되는 재산의 관리·처분에 해당한다.**

해 설 도로의 점용허가가 일반 공중의 통행이라는 도로 본래의 기능 및 목적과 직접적인 관련성이 없고 도로점용허가로 인해 형성된 사용관계의 실질이 특정한 사인에게 점용료와 대가관계에 있는 사용수익권을 설정하여 주는 것이라면 그러한 도로점용허가는 실질적으로 위 도로 지하 부분의 사용가치를 제3자로 하여금 활용하도록 하는 임대 유사한 행위라고 볼 수 있고 주민소송의 대상인 지방자치법 제17조 제1항의 '재산의 관리·처분에 관한 사항'에 해당한다고 판시한 것이다.

### 참고판례 3: 대법원 2019.10.17. 선고 2018두104 판결 [도로점용허가처분무효확인등]

지방자치법 제16조, 제17조 제1항, 제2항 제2호, 제17항의 내용과 체계에다가 주민소송 제도의 입법 취지와 법적 성질 등을 종합하면, **주민소송에서 다툼의 대상이 된 처분의 위법성은 행정소송법상 항고소송에서와 마찬가지로 헌법, 법률, 그 하위의 법규명령, 법의 일반원칙 등 객관적 법질서를 구성하는 모든 법규범에 위반되는지 여부를 기준으로 판단하여야 하는 것이지, 해당 처분으로 지방자치단체의 재정에 손실이 발생하였는지만을 기준으로 판단할 것은 아니다.**

해 설 대법원은 주민소송의 목적이 지방자치단체의 위법한 재무회계행위에 대한 대처이지만 그 위법성의 판단기준은 객관적 법질서를 구성하는 모든 법규범이지 지방자치단체 재정상 손실이 발생하였는지 여부가 될 수는 없다고 한 것이다.

참고판례 4: 대법원 2020.7.29. 선고 2017두63467 판결 [주민소송]

주민감사청구가 '지방자치단체와 그 장의 권한에 속하는 사무의 처리'를 대상으로 하는 데 반하여, 주민소송은 '그 감사청구한 사항과 관련이 있는 위법한 행위나 업무를 게을리한 사실'에 대하여 제기할 수 있는 것이므로, **주민소송의 대상은 주민감사를 청구한 사항과 관련이 있는 것으로 충분하고, 주민감사를 청구한 사항과 반드시 동일할 필요는 없다. 주민감사를 청구한 사항과 관련성이 있는지는 주민감사청구사항의 기초인 사회적 사실관계와 기본적인 점에서 동일한지에 따라 결정되는 것이며 그로부터 파생되거나 후속하여 발생하는 행위나 사실은 주민감사청구사항과 관련이 있다고 보아야 한다.**

(중략) 한편 원고들이 주장하는 위 ① **내지 ⑨ 기재 행위들은 공금의 지출 내지 계약의 체결·이행에 관한 사항으로서 전체적으로 포괄하여 하나의 위법한 재무회계행위를 이루는 구체적인 사정들이라고 할 수 있다. 그럼에도 원심은 이러한 사정들을 개별적으로 하나씩 분리하여 민사상 불법행위에 해당하는지 여부와 그로 인하여 손해가 발생하였는지 여부 등을 판단하였으니, 원심판결 중 소외 3을 상대방으로 하는 '사업방식 변경', '재가동 업무대금' 부분은 주민소송의 대상에 관한 법리를 오해한 잘못이 있다.** 이를 지적하는 상고이유 주장은 정당하다.

해 설 이 판례가 주민소송의 법리에 미치는 영향이 매우 커서 이미 본문에 이 판례의 취지를 여러 곳에서 설명하였다. 이 판례의 본문을 소개하는 것은 본문에서 꼭 보아야 할 중요사항을 제시하기 위함이다. 이 본문에서 중요한 점은 ① 주민소송과 주민감사청구와의 관련성에서 기본적 사실관계의 동일성을 말하면서 그로부터 파생되거나 후속하여 발생하는 행위나 사실은 주민감사청구사항과 관련이 있다고 보아야 한다고 판시한 부분 그리고 ② 재무회계행위를 이루는 구체적인 사정들을 하나씩 판단하지 말고 포괄하여 하나의 위법한 재무회계행위를 이루는지 확인하고 전체적으로 판단하여야 한다는 부분이다.

### (3) 제소사유와 주민감사청구와의 관련성

① 제소사유(같은 법 제 17조 제1항 각호)

i) 주무부장관 또는 시·도지사가 감사청구를 수리한 날로부터 60일이 경과하여도 감사가 종료되지 아니한 경우 및 제21조 제9항 단서에 따라 감사기간이 연장되는 경우에는 연장된 기간이 끝난 날까지 감사가 종료되지 아니한 경우

ii) 지방자치법 제21조 제9항 및 제10항의 규정에 의한 감사결과 또는 같은 조 제12항에 따른 조치요구에 불복하는 경우

iii) 지방자치법 제21조 제12항에 따른 주무부장관이나 시·도지사의 조치요구를 지방자치단체의 장이 이행하지 아니한 경우

iv) 제21조 제12항의 규정에 의한 지방자치단체의 이행조치에 불복하는 경우

대법원은 주민감사청구가 지방자치법에서 정한 적법요건을 모두 갖추었음에도, 감사기관이 해당 주민감사청구가 부적법하다고 오인하여 더 나아가 구체적인 조사·판단을 하지 않은 채 각하하는 결정을 한 경우에는, 감사청구한 주민은 위법한 각하결정 자체를 별도의 항고소송으로 다툴 필요 없이, 지방자치법이 규정한 다음 단계의 권리구제절차인 주민소송을 제기할 수 있다

고 한다.[31)]

② 주민소송과 주민감사청구의 관련성

대법원은 주민소송과 주민감사청구의 관련성과 관련하여 "주민감사청구가 '지방자치단체와 그 장의 권한에 속하는 사무의 처리'를 대상으로 하는 데 반하여, 주민소송은 '그 감사청구한 사항과 관련이 있는 위법한 행위나 업무를 게을리한 사실'에 대하여 제기할 수 있는 것이므로, 주민소송의 대상은 주민감사를 청구한 사항과 관련이 있는 것으로 충분하고, 주민감사를 청구한 사항과 반드시 동일할 필요는 없다고 한다. 또한 주민감사를 청구한 사항과 관련성이 있는지는 주민감사청구사항의 기초인 사회적 사실관계와 기본적인 점에서 동일한지에 따라 결정되는 것이며 그로부터 파생되거나 후속하여 발생하는 행위나 사실은 주민감사청구사항과 관련이 있다고 보아야 한다."라고 한다.[32)]

여기서 대법원은 처분사유의 추가·변경을 인정하는 기준과 같은 '기본적 사실관계의 동일성'과 유사한 개념을 사용하고 있으나 대법원 판결의 취지는 용어만 유사하게 사용하고 있을 뿐 처분사유의 추가·변경의 기준보다는 넓게 주민소송과 주민감사청구와의 관련성을 인정하는 것으로 보인다.

### (4) 주민소송의 유형

① **중지청구소송**(지방자치법 제22조 제2항 제1호): 해당 행위를 계속하면 회복하기 어려운 손해를 발생시킬 우려가 있는 경우 그 행위의 전부나 일부를 중지할 것을 요구하는 소송. 다만 해당 행위를 중지할 경우 생명이나 신체에 중대한 위해가 생길 우려가 있거나 그 밖에 공공복리를 현저하게 저해할 우려가 있으면 이 소송을 제기할 수 없다.

② **행정처분의 취소 또는 변경, 효력유무나 존재여부의 확인을 구하는 소송**(동 제2호)

③ **게을리한 사실의 위법확인소송**(동 제3호)

④ **손해배상, 부당이득반환청구, 변상명령을 요구하는 소송**(동 제4호): 해당 지방자치단체장 및 직원, 지방의회의원, 해당 행위와 관련이 있는 상대방에게 손해배상소송 또는 부당이득반환청구소송, 변상책임을 지는 경우 변상명령을 할 것을 요구하는 소송

대법원은 제4호의 주민소송을 제기하는 자는 상대방, 재무회계행위의 내용, 감사청구와의 관련성, 상대방에게 요구할 손해배상금 내지 부당이득금 등을 특정하여야 한다고 하였다.[33)] 대법원은 이 경우 공무원에게 위법행위에 따른 손해배상책임이나 변상책임이 있을 때에는 국가배상법 제2조 제2항, 회계직원책임법 제4조 제1항 등에 따라 고의·중과실이 있을 때에 그 책임을 진다고 한다.[34)]

대법원은 해당행위와 관련이 있는 상대방의 불법행위로 인한 손해배상책임을 주민소송으로

31) 대법원 2020.6.25. 선고 2018두67251 판결.
32) 대법원 2020.7.29. 선고 2017두63467 판결.
33) 대법원 2020.7.29. 선고 2017두63467 판결.
34) 대법원 2020.7.29. 선고 2017두63467 판결.

인정하기 위해서는 그 책임의 성립 여부를 개별적·구체적으로 판단하여야 한다고 하고 이에 관한 개별적·구체적 심리 없이 계약자[35]의 채무불이행에 따른 손해배상책임을 계약자의 직원인 개별행위자[36]에게 그대로 묻는 것은 허용되지 않는다고 판시하였다.[37]

### (5) 주민소송에 대한 소송요건과 특칙

① **제소기간**: 주민소송은 각 소송별로 다음의 기간이 끝나거나 조치등의 통지를 받은 날부터 90일 이내에 제기하여야 한다(지방자치법 제22조 제4항).

ⅰ) 중지청구소송: 감사기간 60일이 끝난 날(감사기간이 연장된 경우 연장기간이 끝난 날)

ⅱ) 행정처분의 취소 또는 변경, 효력유무나 존재여부의 확인을 구하는 소송: 해당 감사 결과나 조치 요구 내용에 대한 통지를 받은 날

ⅲ) 게을리한 사실의 위법확인소송: 해당 조치를 요구할 때에 지정한 처리기간이 끝난 날

ⅳ) 손해배상, 부당이득반환청구, 변상명령을 요구하는 소송: 이행 조치 결과에 대한 통지를 받은 날

② **당사자와 관할법원**: 주민소송의 원고는 감사청구한 주민이 된다. 1인 제소도 가능하다. 주민소송의 피고는 당해 지방자치단체의 장이 된다. 그리고 주민소송은 당해 지방자치단체의 사무소 소재지를 관할하는 행정법원에 제기한다(같은 법 제22조 제1항, 제9항).

③ **별소금지**: 주민소송의 남발을 방지하기 위하여 주민소송이 계속 중인 때에는 동일한 사항에 대하여 다른 주민이 별도의 소송을 제기하지 못한다(같은 법 제22조 제5항).

④ **소송의 중단과 수계**: 소송 계속 중 소송을 제기한 주민이 사망하거나 주민의 자격을 잃으면 소송절차는 중단된다. 감사청구에 연대 서명한 다른 주민은 이러한 사실이 발생한 날로부터 6개월 이내에 소송절차를 수계할 수 있다. 법원은 소송 중단이 된 경우 감사청구에 연대한 다른 주민이 소송수계를 할 수 있도록 다른 주민에게 중단사유와 수계방법을 지체 없이 알려야 한다(같은 법 제22조 제6－8항).

⑤ 소송고지와 시효중단

ⅰ) **중지청구소송, 행정처분의 취소 또는 변경, 효력유무나 존재여부의 확인을 구하는 소송 그리고 게을리한 사실의 위법확인 소송(같은 법 제2조 제2항 1－3호의 소송)에 대한 소송고지**: 해당 지방자치단체의 장은 이러한 소송이 제기된 경우 그 소송결과에 따라서 권리나 이익의 침해를 받을 제3자가 있으면 그 제3자에 대해 소송고지를 해 줄 것을 법원에 신청하여야 한다(같은 법 제22조 제10항).

ⅱ) **손해배상, 부당이득반환청구, 변상명령을 요구하는 소송(같은 법 제2조 제4호의 소송)에 대한 소송고지와 시효중단**: 해당 지방자치단체의 장은 이 소송이 제기된 경우에는 그 직원, 지방의회 의원 또는 상대방에 대하여 소송고지를 해 줄 것을 법원에 신청하여야 한다. 이때의 소송고지

---

35) 한국교통연구원.
36) 한국교통연구원의 개별 연구원들.
37) 대법원 2025.7.16. 선고 2024두39158 판결.

신청은 그 소송에 관한 손해배상청구권 또는 부당이득반환청구권의 시효중단의 효력이 있는 청구로 본다. 그런데 이러한 시효중단의 효력은 그 소송이 끝난 날부터 6개월 이내에 재판상 청구, 파산절차참가, 압류 또는 가압류, 가처분을 하지 않으면 효력이 생기지 아니한다(같은 법 제22조 제10항–제12항).

⑥ **소송참가**: 국가, 상급지방자치단체 및 감사청구에 연대 서명한 다른 주민과 소송고지를 받은 자는 법원에 계속 중인 주민소송에 참가할 수 있다(같은 법 제22조 제13항).

⑦ **소의 취하, 소송의 화해 및 청구의 포기**: 주민소송에서는 당사자는 법원의 허가를 받지 아니하고는 소의 취하, 소송의 화해 또는 청구의 포기를 할 수 없다. 법원은 이 허가를 하기 전에 감사청구에 연대 서명한 다른 주민에게 그 사실을 알려야 하고 알린 때로부터 1개월 이내에 허가여부를 결정하여야 한다(같은 법 제22조 제14항, 제15항).

⑧ **실비보상**: 주민소송에서 승소(일부승소 포함)한 주민은 당해 지방자치단체에 대하여 변호사 보수 등의 소송비용, 감사청구절차 진행을 위하여 소요된 여비 그 밖의 실비의 보상을 청구할 수 있고 지방자치단체는 청구된 금액의 범위에서 그 소송을 진행하는데 객관적으로 사용된 것으로 인정되는 금액을 지급하여야 한다(같은 법 제22조 제17항).

## 6. 주민소환 제도

### (1) 주민소환 제도의 의의

주민은 당해 지방자치단체의 장 및 지방의회 의원(비례대표제외)을 소환할 권리를 가진다. 주민소환제도에 대해서는 지방자치법 제25조에 근거가 있고 '주민소환에 관한 법률'이 이를 규율하고 있다.

### (2) 주민소환 투표의 청구

주민소환투표는 특별시장·광역시장·도지사에 대하여는 주민소환투표청구권자 총수의 100분의 10 이상의, 시장·군수·자치구 구청장에 대하여는 100분의 15 이상의, 지역선거구 시·도의회의원 및 지역선거구 자치구와 시·군의회의원에 대하여는 100분의 20 이상의 주민의 서명으로 청구할 수 있다(주민소환에 관한 법률 제7조 제1항).

헌법재판소는 '주민소환에 관한 법률'이 주민소환투표의 청구시 청구사유를 명시하지 아니하고 그 사유의 진위 여부에 대한 확인에 대해 규정하지 아니하고 있는 것은 헌법에 위반되지 않는다고 판시하였다.[38] 헌법재판소는 주민소환의 청구사유에 제한을 두지 않은 것은 "주민소환제를 기본적으로 정치적인 절차로 설계함으로써 위법행위를 한 공직자뿐만 아니라 정책적으로 실패하거나 무능하고 부패한 공직자까지도 그 대상으로 삼아 공직에서의 해임이 가능하도록 하여 책임정치 혹은 책임행정의 실현을 기하려는데" 그 목적이 있다고 한다.[39]

---

38) 헌법재판소 2011.3.31. 선고 2008헌마355 결정; 헌법재판소 2009.3.26. 선고 2007헌마843 결정.
39) 헌법재판소 2009.3.26. 선고 2007헌마843 결정.

다만, 소환대상자의 임기개시일로부터 1년이 경과하지 않은 때, 임기만료일로부터 1년 미만일 때, 해당자에 대해 주민소환투표를 실시한 날로부터 1년 이내인 때에는 주민소환투표 실시를 청구할 수 없다(같은 법 제8조).

서울고등법원은 주민소환투표 청구에 대하여 선거관리위원회가 하는 수리결정이 공권력행사이고 주민소환투표대상자의 구체적 권리·의무변동을 초래하는 법적인 행위라는 점에서 취소소송의 대상인 처분이라고 판단하였다.[40] 이에 따르면 선거관리위원회의 주민소환투표청구에 대한 수리에 대해서는 취소소송으로 다툴 수 있다.

한편 헌법재판소는 같은 사유로 제2, 제3의 주민소환 투표를 청구하여도 이미 주민소환투표에 회부되어 부결되었음에도 불구하고 소정의 기간 내에 반복적으로 소환투표를 청구하는 경우가 아닌 한, 그것을 제한하여야 할 이유가 없으므로 그런 제한 규정을 두지 않은 '주민소환에 관한 법률'은 위헌이 아니라고 판시하였다.

### (3) 주민소환 투표권자

전술한 유권자인 주민 부분 참조.

### (4) 주민소환 투표의 실시

① 대상자의 소명기회의 보장 및 소환투표안의 발의

관할 선거관리위원회는 주민소환투표청구를 수리할 때에는 주민소환투표대상자에게 그 사실을 통보하고 그에 대해 서면으로 소명할 것을 요구하여야 한다(같은 법 제14조 제1항). 대상자가 소명요지와 소명서를 제출한 경우에 선거관리위원회는 그 제출기간이 경과 한 날로부터 7일 이내에 주민투표소환안을 공고하여 주민소환투표를 발의하여야 한다(같은 법 제12조 제2항).

② 권한행사정지 및 권한대행

주민소환투표안이 공고된 때부터 그 결과를 공표할 때까지 대상자의 권한행사가 정지되며 부단체장이 그 권한을 대행한다(같은 법 제21조 제1항, 제2항).

### (5) 주민소환 투표결과의 확정과 효력

주민소환은 투표권자 총수의 3분의 1 이상의 투표와 유효투표 총수 과반수의 찬성으로 확정된다(같은 법 제22조 제1항). 주민소환이 확정된 때에는 대상자는 그 결과가 공표된 시점부터 그 직을 상실한다(같은 법 제23조 제1항).

### (6) 주민소환 투표에 대한 불복

① 소청

주민소환투표의 효력에 이의가 있는 대상자나 투표권자는 결과 공표일로부터 14일 이내에 관

---

40) 서울고등법원 2007.12.7. 선고 2007누24465 판결.

할 선거관리위원장을 피소청인으로 하여, 시·도지사 이외의 대상자에 대한 주민소환의 경우에는 그 자치단체가 소속된 광역자치단체 관할 선거관리위원회에, 시·도지사에 대한 주민소환의 경우에는 중앙선거관리위원회에 소청할 수 있다(같은 법 제24조 제1항).

② 소송

소청결정에 대해 불복이 있는 소청인은 관할 선거관리위원회 위원장을 피고로 하여, 시·도지사 이외의 대상자에 대한 주민소환의 경우에는 그 선거구 관할 고등법원에, 시·도지사에 대한 주민소환의 경우에는 대법원에 소를 제기할 수 있다(같은 법 제24조 제2항).

### 7. 정책결정 및 집행참여권

지방자치법은 명문으로 주민은 법령으로 정하는 바에 따라 주민생활에 영향을 미치는 지방자치단체의 정책의 결정 및 집행과정에 참여할 권리가 있음을 규정하고 있다(같은 법 제17조 제1항).

### 8. 주민자치회

'지방자치분권 및 지역균형발전에 관한 특별법'은 풀뿌리자치의 활성화와 민주적 참여의식 고양을 위하여 읍·면·동에 해당 행정구역의 주민으로 구성되는 주민자치회를 둘 수 있도록 규정하고 있다(같은 법 제40조 제1항). 이렇게 설치되는 주민자치회에는 지방자치단체 사무의 일부를 위임 또는 위탁할 수 있다(같은 법 제40조 제2항).

주민자치회의 위원은 조례로 정하는 바에 따라 지방자치단체의 장이 위촉하며 주민자치회의 설치 시기, 구성과 재정 등에 대하여는 따로 법률로 정하도록 하고 있다(같은 법 제29조 제4항, 제6항).

이러한 주민자치회 제도가 잘 정착하면 단체자치 보다 주민자치를 강화함과 아울러, 읍·면·동의 최소 행정단위에서의 주민참여를 실질화할 수 있을 것이다.

### 9. 주민참여 예산제도

지방재정법 제39조는 지방예산 편성 등 예산과정에서의 주민참여제도를 규정하고 있다. 예산에서의 주민참여제도를 지역별 특성에 따라 다양하게 운영할 수 있도록 지방재정법은 주민참여예산기구의 구성·운영 등을 해당 지방자치단체의 조례로 정하도록 하였다. 현재 각 지방자치단체 별로 주민참여예산위원회, 분과위원회, 지역회의 등이 조직되어 활동하고 있다.

### 10. 청원권

청원법은 지방자치단체와 그 소속기관에 청원할 수 있도록 규정하고 있다. 지방자치법도 주민은 지방의회에 청원할 수 있음을 규정하고 있다(지방자치법 제85－88조). 지방의회에 청원하려면 지방의회의원의 소개를 받아 청원서를 제출하여야 한다. 헌법재판소는 지방의회에 대한 청원에 있어 지방의회 의원의 소개를 거치도록 한 것은 청원권에 대한 과도한 제한은 아니라고 판시

하였다.[41]

지방자치법의 청원에 관한 규정은 청원법에 대한 특별법 규정이라고 할 수 있다.

## 제3절 지방자치단체의 조직

헌법은 지방의회의 조직, 권한, 의원선거와 지방자치단체의 장의 선임 방법 기타 지방자치단체의 조직과 운영에 관한 사항은 법률로 정하도록 규정하고 있다(헌법 제118조 제2항). 지방자치단체의 조직을 법률유보(의회유보)의 대상으로 하고 있는 것이다. 이와 관련하여 대법원은 지방의회의원에 대하여 유급 보좌 인력을 두는 것은 지방의회의원의 신분·지위 및 처우에 관한 현행 법령상의 제도에 중대한 변경을 초래하는 것으로서 국회의 법률로 규정하여야 할 입법사항이라고 판시한 바 있다.[42] 이에 따라 각 지방자치단체의 스스로의 조직에 대한 결정권은 매우 제한되어 있다.

헌법은 지방자치단체에는 지방자치단체장 이외에 지방의회를 두도록 하고 있기 때문에(헌법 제118조 제1항), 기본적으로 기관대립형을 선택하고 있다. 의결기관인 지방의회와 달리 집행기관인 지방자치단체장에 대해서는 독임제를 채택하고 있다. 지방자치단체의 기관으로서 지방의회와 지방자치단체장이 기본적인 조직을 이루고 교육·학예에 관해서는 교육감이 기본조직을 형성하고 있다.

그런데 지방자치법은 지방자치단체의 의회와 집행기관의 구성을 따로 법률이 정하는 바에 따라 달리할 수 있도록 하며 이 경우에는 주민투표를 거치도록 규정하고 있다. 그리하여 지방자치단체의 장의 선임방법을 포함한 지방자치단체의 기관구성 형태를 다양화할 수 있는 근거가 마련되었다(지방자치법 제4조).

참고판례: 대법원 1997.4.11. 선고 96추138 판결 [옴부즈만조례안재의결무효확인]

**합의제 행정기관인 옴부즈맨(Ombudsman)을 집행기관의 장인 도지사 소속으로 설치하는 데 있어서는 지방자치법 제107조 제1항의 규정에 따라 당해 지방자치단체의 조례로 정하면 되는 것이지 헌법이나 다른 법령상으로 별도의 설치근거가 있어야 되는 것은 아니다.**

**지방자치법시행령 제41조는** "지방자치단체가 법 제107조의 규정에 의하여 합의제 행정기관을 설치하고자 하는 때에는 따로 법령으로 정한 경우를 제외하고는 **내무부장관의 승인**을 얻어야 한다."고 규정하고 있지만, **이는 국가가 지방자치단체의 행정조직을 통제하기 위한 내부 절차규정에 불과할 뿐** 지방의회의 의결권을 제한하는 규정으로 보여지지 아니하므로, **합의제 행정기관의 설치에 관한 내무부장관의 승인은 조례의 시행단계에서 취하여져야 할 절차로서 그 승인 여부가 합의제 행정기관의 설치를 규정한 조례안의**

---

41) 헌법재판소 1999.11.25. 선고 97헌마54 결정.

42) 대법원 2017.3.30. 선고 2016추5087 판결. 지방자치법은 지방의회 의원의 의정활동을 지원하기 위하여 지방의회에 정책지원 전문인력을 둘 수 있도록 하였다(같은 법 제41조).

**의결의 효력을 좌우하는 전제조건으로 되는 것은 아니다.**

(중략) **지방의회가 조례로써 옴부즈맨의 위촉(임명) · 해촉시에 지방의회의 동의를 얻도록 정하였다고 해서 집행기관의 인사권을 침해한 것이라 할 수 없다.**

지방자치단체에 두는 지방공무원의 정수를 정하는 내용의 조례는 (중략) 지방공무원의 총정원의 범위 내에서 정원관리기관별로 지방공무원의 정수를 정하는 것일 경우에 한하여 유효하고, **내무부장관의 사전 승인을 얻지 아니하고 총정원을 늘리는 것을 내용으로 하는 조례는 위 법령에 위반되어 무효이다.**

**해 설** 이 판결은 지방자치단체의 조직 구성에 대하여 다음과 같이 중요한 판시를 하고 있다. ① 법령에 별다른 근거가 없더라도 지방자치단체장의 소속 하에 지방자치단체장의 권한을 행사하는 기관은 조례로써 창설할 수 있다. ② 지방자치단체가 행정기관을 설치할 때 자치사무의 감독기관인 중앙정부의 장관(현재는 행정안전부장관)의 승인을 얻어야 하지만 그것이 그에 관한 지방의회 조례 의결의 효력을 좌우하는 요건은 아니고 조례 의결을 시행하기 위해 거쳐야 할 내부절차에 불과하다. ③ 조례로써 설치한 행정기관인 옴부즈맨의 위촉· 해촉시에 지방의회의 동의를 얻도록 하여도 그것이 지방자치단체장의 인사권을 침해하는 것이 아니다. ④ 조례로 행정기관 설치를 할 수 있는 경우라 하더라도 그곳에 근무할 공무원 수를 확보하기 위하여 공무원 정원을 규정한 법령에 위반하여 내무부 장관(현재는 행정안전부 장관)의 승인을 받지 않고 총정원을 늘리는 것은 위법이다.

## 제1관 지방의회의 조직과 구성

### 1. 지방의회의 지위

지방의회는 다음과 같은 법적 지위를 가진다.

① 주민대표기관으로서의 지위

② 지방자치단체의 최고의결기관으로서의 지위

③ 지방자치단체의 집행기관에 대한 통제기관으로서의 지위: 보고징수권, 질문권, 서류제출요구권, 문서열람권 등을 가짐

④ 행정기관으로서의 지위: 행정입법으로서의 자치입법권을 행사할 뿐이지 통치권의 일부로서의 입법권을 행사하는 기관이 아님

⑤ 자치입법기관으로서의 지위: 조례제정권을 가짐

### 2. 지방의회와 정당

지방의회의 구성에 정당이 어떠한 역할을 하는지에 대한 입법례에는 정당참여형과 정당배제형이 있다. 우리나라는 정당참여형을 채택하고 있으나 지역구의 경우 정당공천이 필수적인 것은 아니다.

### 3. 지방의회의 조직

지방의회의 조직으로 의장, 부의장, 위원회와 사무처 등이 있다.

### (1) 의장과 부의장

지방의회의 의장은 ① 회의의 주재자이며, ② 지방의회의 대표자인 동시에, ③ 행정청이다. 지방의회도 행정청의 지위를 가지지만 지방의회의장도 독자적인 행정청의 지위를 가진다. 지방의회의 의장은 지방의회 의원 중에서 무기명 투표로 선출하며 임기는 2년이다(지방자치법 제57조).

부의장은 의원 중에서 무기명 투표로 선출하되 광역자치단체의 경우에는 2인, 기초자치단체의 경우에는 1인을 둔다(지방자치법 제57조 제1항). 부의장의 임기도 2년이다.

의장이나 부의장에 대한 불신임을 하기 위하여서는 재적의원 4분의 1 이상의 발의와 재적의원 과반수의 찬성이 있어야 한다(같은 법 제62조 제2항).

대법원은 지방자치단체 의회의 의장선임의결[43]과 지방의회 의장에 대한 불신임의결[44]은 행정처분의 일종으로서 항고소송의 대상이 된다고 한다.

### (2) 위원회

지방의회에도 상임위원회와 특별위원회를 둘 수 있다(같은 법 제64조 제2항).

지방의회의 특별위원회로서 윤리특별위원회를 두어 지방의회 의원의 윤리강령과 윤리실천규범 준수여부 및 징계에 관한 사항을 심사하도록 하였으며 윤리특별위원회의 자문기구로 윤리심사자문위원회를 두도록 하고 있다(같은 법 제65조, 제66조).

그러나 지방의회 의원의 숫자가 적은 경우에는 위원회의 설치가 본회의의 기능을 저해할 수 있다. 위원회는 본회의의 의결이 있거나, 의장·위원장 또는 재적위원 3분의 1 이상이 요구한 경우에 개회한다. 의회의 폐회 중에는 지방자치단체장도 의장이나 위원장에게 이유서를 붙여 위원회의 개회를 요구할 수 있다(같은 법 제70조).

위원회에서의 방청은 위원장 허가사항이다(같은 법 제69조 제1항). 그러나 방청허가제는 공개의 원칙을 전제한 것으로 이해하여야 한다.

헌법재판소는 방청불허행위에 대한 헌법소원에서 방청불허행위의 공권력행사성은 인정한 듯하나, 위원회 회기가 종료된 경우에 권리보호의 이익이 소멸되었고 침해가 반복될 위험성도 없으며 헌법적 해명의 필요도 없어서 심판청구의 이익도 인정할 수 없다고 판시하였다(참고판례).

참고판례: 헌법재판소 2017.7.27. 선고 2016헌마53 결정 [방청불허처분취소]

**이 사건 방청불허행위에서 문제된 운영행정위원회 제209회 제1차, 제3차 임시회는 모두 종료되었으므로 권리보호이익이 소멸하였다.** 지방의회 위원회 위원장은 특정 방청신청에 대하여 구체적 사정을 고려하여 허가 여부를 결정하고, **위원회 회의는 논의가 속행되지 않는 이상 개별 회의마다 성격이 다르므로 이 사건 방청불허행위와 동일한 행위가 반복될 위험성은 없다. 설령 반복 위험성이 있더라도** 이 사건에서는

43) 대법원 1995.1.12. 선고 94누2602 판결.
44) 대법원 1994.10.11. 자 94두23 결정.

이 사건 방청불허행위가 지방자치법 제60조 제1항의 적법한 요건을 갖추고 있는가에 관한 **위법성이 문제될 뿐이므로, 헌법적으로 해명이 중대한 의미를 지니는 경우로 보기 어렵다. 따라서 이 사건 방청불허행위에 대한 심판청구는 권리보호이익이 없고, 심판청구의 이익도 인정되지 않는다.**

### (3) 교섭단체

지방의회에 교섭단체를 둘 수 있다. 이때 조례로 정하는 수 이상의 소속의원을 가진 정당은 하나의 교섭단체가 된다(같은 법 63조의2 제1항). 그러나 다른 교섭단체에 속하지 아니하는 의원 중 조례로 정하는 수 이상의 의원은 따로 교섭단체를 구성할 수 있다(제2항).

## 4. 지방의회의 구성과 지방의회 의원

### (1) 지방의회의 구성

지방의회는 직접선거로 구성한다. 그러나 비례대표의원은 예외이다. 지방의회 의원선거에 대해서도 선거소청과 선거의 효력이나 당선의 효력을 다투는 소송이 허용된다.

헌법재판소는 2018년 종전의 기준을 변경하여 지방의회 선거구 사이의 인구편차는 50%(인구비례 3 : 1)를 넘어설 수 없다고 판시하였다.[45]

### (2) 지방의회의 의원

지방의회의원은 지방의회의 구성원으로서 선거직 공무원이며 주민의 대표자이다. 18세 이상의 국민은 지방의회 의원 및 지방자치단체장의 피선거권이 있다(공직선거법 제16조 제3항). 지방의회 의원은 ① 의안 발의권, 질문권, 질의권, 토론권, 표결권, 문서열람권 등의 직무상의 권리, ② 의정활동비, 여비, 월정수당 및 상해, 사망 등의 경우의 보상금 청구권 등의 재산상 권리를 가진다. 지방의회의원에게 면책특권과 불체포특권은 인정되지 않으나, 의원체포 및 확정판결 시에는 의회에 이를 통지하도록 하고 있다(지방자치법 제45조).

한편 지방의회 의원은 성실의무, 청렴의무, 품위유지의무, 지위남용금지의무 등 공직자로서의 의무와 겸직금지의무 및 영리거래금지의무 등을 지며, 출석의무, 법령준수의무, 질서유지의무, 모욕금지의무 등의 회의체구성원으로서의 의무를 진다. 이외에도 지방의회 의원의 이해충돌에 관련된 겸직금지의무(같은 법 제43조 제5항)와 영리거래금지의무(같은 법 제44조 제4항, 제5항)가 최근 법개정을 통해 강화되었다.

또한 지방자치법은 지방의회 의원의 의정활동을 지원하기 위하여 지방의회에 정책지원 전문인력을 둘 수 있도록 하였다(같은 법 제41조).

---

45) 헌법재판소 2018.6.28. 선고 2014헌마166 결정.

## 5. 지방의회의 회의

### (1) 회의 공개의 원칙

지방의회의 회의는 공개를 원칙으로 한다(같은 법 제75조). 그러므로 방청의 자유, 보도의 자유가 인정되며 회의록은 공개된다. 그러나 공개의 원칙의 내용에 촬영권과 녹음권의 보장은 포함되지 않는다.

회의는 공개가 원칙이지만 의원 3인 이상 발의로 출석의원 3분의 2 이상 찬성한 경우 또는 의장이 사회의 안녕질서를 위하여 필요하다고 인정하는 경우에는 비공개할 수 있다(같은 법 제75조 제1항).

회의의 공개원칙을 위반한 경우, 의결이 행정처분인 경우에는 흠 있는 처분이 된다. 공개원칙을 위반한 통상의 의결은 무효이다.

### (2) 의결과 표결

지방의회의 의결이 처분이 되는 예외적인 경우도 있으나 대체로 지방자치단체 내부의 법적 행위 내지 의사행위로 보아야 한다.

지방자치법은 지방의회 본회의에서의 표결방법을 원칙적으로 기록표결에 의하도록 하고 각종 인사와 관련된 표결과 재의요구에 따른 의결 등의 경우에만 무기명 표결을 하도록 규정하고 있다(같은 법 제74조).

대법원은 지방의회 의안 일부가 위법하더라도 대법원으로서는 조례안 전부를 위법으로 판결할 수밖에 없다고 한다.[46]

### (3) 제척 제도

지방의회의 의장이나 의원은 본인, 배우자, 직계존비속, 형제자매(제척의 인적 범위)와 직접 이해관계 있는 안건(제척의 사항적 범위)에 대해서는 그 의사에 참여할 수 없다(같은 법 제82조).

이처럼 제척사유가 있는 의장이나 의원이 의사에 참여한 의결을 한 경우 그 의결은 하자있는 의결이 된다. 따라서 통상적으로는 무효이며 의결이 처분일 경우 무효 또는 취소의 대상이 된다.

그런데 현행 지방자치법은 제척사유 있는 자가 과반수일 경우의 의결정족수에 대한 대처가 없다. 이러한 경우에 지방자치단체장이 선결처분을 할 수도 없다. 선결처분은 의회의 승인을 받아야하기 때문이다.

현행 제척제도는 제척의 인적범위를 너무 좁게 하고 있다. 특히 의장이나 의원의 처가 관련 사항을 제척대상으로 하지 않고 있는 것은 문제이다.

한편 제척의 사항적 범위로서 직접 이해관계 있는 사항은 다소 넓게 해석하여도 좋을 것이다.

---

46) 대법원 1992.7.28. 선고 92추31 판결.

## 6. 지방의회의 권한

### (1) 입법에 관한 권한

지방의회는 조례제정권을 가진다. 조례제정권의 내용은 실질적으로 조례의 법률유보의 범위와 조례의 법적 성격에 달려 있으므로 조례에 대한 설명 부분에서 자세히 검토하기로 한다.

### (2) 인사·조직에 관한 권한

① 개관

지방의회는 주로 조례를 통하여 지방자치단체의 인사권과 조직권에 개입한다. 지방의회의 인사권과 조직권의 범위는 우선 법령의 규정에 의하여 정하여진다. 조례로써 정하도록 되어 있는 지방자치단체 인사와 조직에 관한 문제에 대해서는 지방의회가 개입할 수 있다. 그러나 지방자치단체의 고유권한으로 법령에 규정되어 있는 사항에 대해서는 지방의회가 개입할 수 없다.

지방자치법은 자치경찰기관, 소방기관, 교육훈련기관, 보건진료기관, 시험연구기관, 중소기업지도기관 등의 직속기관과 사업소, 출장소 등을 대통령령이 정하는 바에 의하여 조례로서 설치할 수 있도록 하고 있다(같은 법 126－128조). 또한 소관사무의 일부를 독립하여 수행할 필요가 있으면 조례로 정하는 바에 의하여 합의제 행정기관을 설치할 수 있다. 심의회, 위원회 등의 자문기관도 조례로 설치할 수 있지만 자문기관은 조례에 규정된 기능과 권한을 넘어서 주민의 권리를 제한하거나 의무를 부과하는 내용으로 자문 또는 심의 등을 하여서는 아니 된다. 또한 지방자치단체는 기존의 자문기관과 성격과 기능이 유사한 자문기관을 설치하여서는 아니 된다(같은 법 제129조, 제130조).

대법원은 “지방의회가 집행기관의 인사권에 관하여 소극적, 사후적으로 개입하는 것은 그것이 견제의 범위 안에 드는 경우에는 허용되지만, 집행기관의 인사권을 독자적으로 행사하거나 동등한 지위에서 합의하여 행사할 수 없고, 사전에 적극적으로 개입하는 것도 원칙적으로 허용되지 아니한다”고 한다.[47]

② 지방의회의 인사·조직권의 제한과 가능범위: 법령이 규정한 단체장의 권한에 대한 개입

대법원은 지방자치단체의 장은 행정기관을 설치할 고유의 권한을 가지는데, 이러한 고유권한에는 그 설치를 위한 조례안의 제안권이 포함된다고 하고, 지방의회의원이 행정기관의 설치에 관한 단체장의 조례안에 대하여 수정안을 발의하여 이를 그대로 의결, 재의결하는 것은 지방자치단체장의 고유권한에 사전에 적극적으로 개입하는 것으로서 관련 법령에 위반되어 허용되지 않는다고 한다.[48]

대법원은 위임사무가 아니라 자치사무에 속하는 업무일지라도 법령이 지방자치단체의 장에게

---

47) 대법원 1996.5.14. 선고 96추15 판결.
48) 대법원 2009.9.24. 선고 2009추53 판결; 대법원 2005.8.19. 선고 2005추48 판결.

부여한 집행권을 본질적으로 침해하는 조례는 지방자치법의 관련 규정에 위반되어 허용될 수 없다고 한다.[49)]

따라서 대법원은 법령에 의해 지방자치단체장에게 주어진 지방공무원, 출연기관장 등에 대한 임명·위촉(해촉)권을 행사함에 있어서 그 일부에 대하여 지방의회 의장이 위촉하도록 하거나[50)] 지역구의원과 협의하도록 하거나,[51)] 인사청문회를 실시하는 등[52)] 인사검증을 하도록 한 것[53)]은 그것이 조례로 규정한 것이라도 상위 법령에 위반한 것으로서 의결기관과 집행기관 사이의 권한 분리 및 배분원칙에 위배되어 위법하다고 판시하였다.

다만 지방자치법 제47조의2는 i) 정무직 국가공무원으로 보하는 부시장·부지사, ii) 제주특별자치도 설치 및 국제자유도시 조성을 위한 특별법' 제11조에 따른 행정시장, iii) 지방공기업법 제49조에 따른 지방공사의 사장과 같은 법 제76조에 따른 지방공단의 이사장, iv) '지방자치단체 출자·출연 기관의 운영에 관한 법률' 제2조 제1항 전단에 따른 출자·출연 기관의 기관장 등의 후보자에 대해서는 지방자치단체장이 지방의회에 인사청문을 요청할 수 있도록 하였다.

그리고 대법원은 지방자치단체의 집행기관과 지방의회는 서로 분립되어 각기 그 고유권한을 행사하되 상호 견제의 범위 내에서 상대방의 권한 행사에 대한 관여가 허용된다고 하면서 지방의회가 집행기관의 인사권에 관하여 견제의 범위 내에서 소극적·사후적으로 개입하는 것은 허용된다[54)]고 한다.

이런 논리의 연장선상에서 대법원은 지방의회가 행정사무조사를 통하여 지방자치단체장의 소속 공무원에 대한 징계처분 수위가 적정한지, 지방자치단체장이 비위행위에 관여하였는지 등을 조사한 것은 위법하지 않다고 판시하였다.[55)]

#### ③ 지방의회의 개입이 인정되는 경우: 조례로 창설한 행정기관에 대한 규율

대법원은 법령에 의해 설치되는 것이 아니라 조례에 의해 설치되는 지방자치단체의 행정기관에 대해서는 지방의회의 관여를 인정하고 있다. 그리하여 시·도교육청의 직속기관을 포함한 지방교육행정기관의 행정기구의 설치는 기본적으로 법령의 범위 안에서 조례로써 결정할 사항이라고 판시하였고,[56)] 해당 자방자치단체가 조례로 설치한 옴부즈맨의 위촉·해촉 시에 동의를 얻도록 한 것은 지방자치단체장의 인사권을 침해한 것이 아니며,[57)] 민간위탁적격자심사위원회의 위원의 정수 및 위원의 구성비를 조례로써 정하는 것은 지방의회의 입법재량에 속하는 일이라고 하였다.[58)]

자문기관 등의 설치를 둘러싼 논쟁이 격화됨에 따라 지방자치법은 지방자치단체가 조례에 따

49) 대법원 2001.11.27. 선고 2001추57 판결.
50) 대법원 1994.4.26. 선고 93추175 판결.
51) 대법원 1992.7.28. 선고 92추31 판결.
52) 대법원 2004.7.22. 선고 2003추44 판결.
53) 대법원 2017.12.13. 선고 2014추644 판결.
54) 대법원 2009.9.24. 선고 2009추53 판결; 대법원 2012.12.26. 선고 2012추91 판결 등.
55) 대법원 2025.12.24. 선고 2025추5020 판결.
56) 대법원 2021.9.16. 선고 2020추5138 판결.
57) 대법원 1997.4.11. 선고 96추138 판결.
58) 대법원 2012.11.29. 선고 2011추87 판결.

라 설치·운영하는 자문기관에 대한 규율을 강화하고 그 설치요건·절차, 구성 및 운영 등에 관한 사항은 원칙적으로 대통령령으로 정하도록 하고 있다(같은 법 제130조).

### 참고판례 1: 대법원 2004.7.22. 선고 2003추44 판결 [재의결무효확인]

상위법령에서 지방자치단체의 장에게 기관구성원 임명·위촉권한을 부여하면서도 임명·위촉권의 행사에 대한 지방의회의 동의를 받도록 하는 등의 견제나 제약을 규정하고 있거나 그러한 제약을 조례 등에서 할 수 있다고 규정하고 있지 아니하는 한 당해 **법령에 의한 임명·위촉권은 지방자치단체의 장에게 전속적으로 부여된 것이라고 보아야 할 것이어서 하위법규인 조례로써는 지방자치단체의 장의 임명·위촉권을 제약할 수 없다** 할 것이고 지방의회의 지방자치단체 사무에 대한 비판, 감시, 통제를 위한 행정사무감사 및 조사권의 행사의 일환으로 위와 같은 제약을 규정하는 조례를 제정할 수도 없다.

### 참고판례 2: 대법원 2009.4.9. 선고 2007추103 판결 [개정조례안재의결무효확인청구]

**지방의회가 선임한 검사위원이 결산에 대한 검사 결과, 필요한 경우 결산검사의견서에 추징, 환수, 변상 및 책임공무원에 대한 징계 등의 시정조치에 관한 의견을 담을 수 있고, 그 의견에 대하여 시장이 시정조치 결과나 시정조치 계획을 의회에 알리도록 하는 내용의 개정조례안은, 사실상 지방의회가 단체장에 대하여 직접 추징 등이나 책임공무원에 대한 징계 등을 요구하는 것으로서** 지방의회가 법령에 의하여 주어진 권한의 범위를 넘어서 **집행기관에 대하여 새로운 견제장치를 만드는 것에 해당하여 위법하다고 한 사례.**

### 참고판례 3: 대법원 2009.9.24. 선고 2009추53 판결 [조례안재의결무효확인]

(전략) 지방자치단체의 장은 집행기관에 속하는 행정기관 전반에 대하여 조직편성권을 가진다고 해석되는 점을 종합해 보면, **지방자치단체의 장은 합의제 행정기관을 설치할 고유의 권한을 가지며 이러한 고유권한에는 그 설치를 위한 조례안의 제안권이 포함된다고 봄이 상당하므로, 지방의회가 합의제 행정기관의 설치에 관한 조례안을 발의하여 이를 그대로 의결, 재의결하는 것은 지방자치단체장의 고유권한에 속하는 사항의 행사에 관하여 지방의회가 사전에 적극적으로 개입하는 것으로서 관련 법령에 위반되어 허용되지 않는다.**

### 참고판례 4: 대법원 2000.11.10. 선고 2000추36 판결 [인천광역시동구주민자치센터설치및운영조례안재의결무효확인청구]

동장이 주민자치센터의 운영을 다시 민간에 위탁하는 것은 그 수임사무의 재위탁에 해당하는 것이므로 그에 관하여는 별도의 법령상 근거가 필요하다고 할 것인데, **지방자치법 제95조 제3항은 소정 사무의 민간위탁은 지방자치단체의 장이 할 수 있는 것으로 규정하고 있을 뿐 동장과 같은 하부행정기관이 할 수 있는 것으로는 규정하고 있지 아니하고,** 행정권한의위임및위탁에관한규정 제4조 역시 동장이 자치사무에 관한 수임권한을 재위임 또는 재위탁할 수 있는 근거가 될 수 없음은 그 규정 내용상 분명하며, 달리 동장이 그 수임권한을 재위임 또는 재위탁할 수 있도록 규정하고 있는 근거 법령이 없으므로, **지방의회가 재의결한 조례안에서 동장이 주민자치센터의 운영을 다시 민간에 위탁할 수 있는 것으로 규정하고 있는 것은 결국 법령상의 근거 없이 동장이 그 수임사무를 재위탁할 수 있는 것으로 규정하고 있는 것이어서**

**법령에 위반된 규정이다.**

**해 설** 지방자치법 제117조(구 제95조)는 지방자치단체의 장의 권한의 위임·위탁은 조례·규칙 등의 위임근거로 지방자치단체의 장이 할 수 있는 것으로 규정하고 있으므로 동장이 재위탁을 할 수 있도록 조례가 규정 하는 것은 지방자치법에 위반된다고 판시하였다.

참고판례 5: 대법원 1996.5.14. 선고 96추15 판결 [공유재산관리]조례중개정조례안재의결무효확인]

지방재정법에서 **공유재산심의회의 구성과 운영에 관하여 당해 지방자치단체의 조례로 정하도록 위임**한 취지는 (중략) 따라서 당해 지방자치단체의 공유재산심의회의 구성, 즉 **공유재산심의회 위원의 정수 및 그 위원의 구성비를 어떻게 정할 것인지는 당해 지방의회가 조례로써 정할 입법재량에 관한 문제**로서 조례제정권의 범위 내라고 할 것인바, 지방의회가 개정조례안에서 "시 공유재산심의회는 12명의 위원으로 구성하며 위원은 시의원 9명, 관계 공무원 3명으로 한다"고 규정한 것은, 시 공유재산심의회 위원 12명 중 9명을 시의원으로 구성하도록 함으로써 시의회의 참여비율이 상대적으로 높은 것은 틀림없으나, 이는 지방의회의 입법재량에 속하는 문제로서--

(중략) 그러므로 **지방의회가 집행기관의 인사권에 관하여 소극적, 사후적으로 개입하는 것은 그것이 견제의 범위 안에 드는 경우에는 허용되나, 집행기관의 인사권을 독자적으로 행사하거나 동등한 지위에서 합의하여 행사할 수 없고, 사전에 적극적으로 개입하는 것도 원칙적으로 허용되지 아니한다.** (중략) 그렇다면 **공유재산심의회 위원 중 9명을 시의원으로 구성하고 그 위원이 될 시의원을 의장이 추천하여 시장이 위촉하도록 한 것은 사실상 인사권을 공동 행사하자는 것으로서,** 공유재산심의회가 시장의 자문에 응하여 또는 자발적으로 시장의 의사결정에 참고가 될 의견을 제공하는 것에 불과하고 시장이 그 의견에 기속되는 것은 아니라고 하더라도, 공유재산심의회의 활동은 지방자치단체의 집행사무에 속하고, **그에 대한 책임은 궁극적으로 집행기관의 장이 지게 되는 것임에 비추어 볼 때, 공유재산심의회 위원이 될 시의원 9명을 의장이 추천하게 하는 것은 집행기관의 인사권에 사전에 적극적으로 개입하는 것으로서 특별한 사정이 없는 한 허용될 수 없다.**

### (2) 재정 · 경제에 관한 권한

지방의회는 예산에 대한 심의·확정, 결산의 승인, 법령에 규정된 것을 제외한 사용료, 수수료, 분담금, 지방세 또는 가입금의 부과와 징수, 기금의 설치·운용, 대통령령으로 정하는 주요재산의 취득·처분, 법령과 조례에 규정된 것을 제외한 예산 외의 의무부담이나 권리의 포기 등에 대한 결의 등 재정·경제에 대해 여러 가지 권한을 가진다.

### (3) 집행통제에 관한 권한

지방의회는 집행통제를 위하여 자료제출요구권, 행정사무감사와 행정사무조사권, 행정사무처리에 대한 보고징수, 질의응답권, 결산의 승인권 등을 가진다.

자료제출요구권은 지방의회나 위원회의 권한이지 의원 개인의 권한이 아니다. 자료제출요구는 구속력이 있다.

행정사무감사권은 매년 1회 광역자치단체의 경우 14일 기초자치단체의 경우 9일의 범위 내에서 실시한다(같은 법 제49조 제1항). 자치사무 만이 아니라 위임사무에 대해서도 국가나 상급지방의회가 감사하기로 한 사항을 제외하고는 감사할 수 있다. 이때 행정사무조사권은 행정사무감사권과 달리 특정사안에 국한하되 특정한 기간제한은 없이 실시한다.

#### (4) 자율권

지방의회는 의회 내부사항에 대하여 자율권을 가진다. 여기에는 회의 운영의 자율권, 가택권, 내부질서권(내부경찰권), 내부조직권, 의원신분에 관한 결정권 등이 포함된다.

지방자치법은 지방의회 사무기구 인력운영의 자율성을 제고하기 위하여 지방의회 사무직원에 대한 임면권 등 인사권을 지방의회 의장에게 부여하였다(같은 법 제103조 제2항).

## 제2관 지방자치단체의 장

### 1. 지방자치단체의 장의 지위

지방자치단체의 장은 ① 지방자치단체의 대표기관이며, ② 자치행정사무의 통할기관이다. 또한 동시에 지방자치단체의 장은 ③ 국가행정기관으로서의 지위를 가진다. 즉 기관위임사무를 수행하는 국가의 보통지방행정기관이다. 또한 ④ 광역자치단체장은 기초자치단체에 대한 감독기관으로서의 지위를 가지므로 국가사무인 단체위임사무 및 기관위임사무에 대해 국가기관으로서의 지도감독권을 가지는 동시에 기초자치단체의 자치사무에 대한 적법성 감독권을 가진다. 마지막으로 지방자치단체의 장은 ⑤ 자치권의 행사기관으로서 지위를 가지며 이에 따라 선결처분권과 지방의회를 견제하기 위한 재의요구권과 제소권을 가진다.

### 2. 지방자치단체의 장의 권한

#### (1) 지방자치단체의 대표권

지방자치단체의 장은 지방자치단체를 대표하는 대표권을 가진다.

#### (2) 행정사무에 관한 권한

지방자치단체의 장은 사무의 통할·관리·집행권, 하부행정기관에 대한 지휘·감독권, (광역자치단체장의 경우) 기초지방자치단체에 대한 지휘·감독권, 소속직원에 대한 지휘·감독권, 임면권, 징계권, 예산편성권, 지방채발행권 등 재정에 관한 권한 및 주민투표부의권 등 행정사무에 관한 권한을 가진다.

참고판례: 대법원 2008.9.25. 선고 2008두5759 판결 [본인동의없는부당전출명령취소]

지방공무원법 제30조의2 제2항에 정한 인사교류에 따라 지방자치단체의 장이 소속 공무원을 전출하는 것은 **임명권자를 달리하는 지방자치단체로의 이동인 점에 비추어 반드시 당해 공무원 본인의 동의를 전제로 하는 것**이고, 따라서 위 법 규정의 위임에 따른 지방공무원 임용령 제27조의5 제1항도 본인의 동의를 배제하는 취지의 규정은 아니라고 해석하여야 한다.

**구청장이 본인의 동의 없이 소속 공무원에게 임명권자를 달리하는 다른 구로 전출을 명한 것은 위법한 처분이라고 한 사례**

### (3) 지방의회에 관한 권한

#### ① 지방의회 의결에 대한 재의요구권

지방자치단체장의 지방의회에 관한 권한 중 가장 중요한 것은 재의요구권이다. 지방자치단체장의 재의요구권에는

첫째, 조례안에 대한 재의요구권이 있다. 지방자치단체의 장은 조례안에 대하여 이의가 있으면 재의를 요구할 수 있다(지방자치법 제32조 제3항). 그러나 조례안의 일부에 대하여 또는 조례안을 수정하여 재의를 요구할 수는 없다. 재의요구에 대하여 지방의회가 재적의원 과반수의 출석과 출석의원 3분의 2의 찬성으로 재의결한 경우에는 조례안은 확정되지만 지방자치단체의 장은, 재의결한 조례안이 법령에 위반된다면 대법원에 제소할 수 있다(같은 법 제120조 제3항).

둘째, 위법·월권·공익침해의 의결에 대한 재의요구권이 있다(같은 법 제120조). 조례의 경우에는 지방자치단체장은 단순히 이의가 있으면 재의요구를 할 수 있으나 조례가 아닌 사항에 대해서는 의결이 월권에 해당하거나 법령에 위반되거나 공익을 현저히 해한다고 인정되는 때에 재의요구를 할 수 있다. 재의요구에 대하여 지방의회가 재적의원 과반수의 출석과 출석의원 3분의 2의 찬성으로 재의결한 경우에는 조례안은 확정된다. 재의요구에 따라 이루어진 재의결이 법령에 위반되면 역시 대법원에 제소할 수 있다(같은 법 제120조 제3항).

셋째, 예산상 집행불가능한 의결에 대해서도 재의요구권을 가진다(같은 법 제121조). 재의요구에 대하여 지방의회가 재적의원 과반수의 출석과 출석의원 3분의 2의 찬성으로 재의결한 경우에는 조례안은 확정된다. 다만 그것이 위법한 의결에 해당되면 위법을 이유로 제소가능하다.

넷째, 감독청의 요구에 따른 재의요구권을 가진다(같은 법 제192조 제1항, 제2항). 지방의회가 재적의원 과반수의 출석과 출석의원 3분의 2의 찬성으로 원안을 재의결한 경우에 조례안은 확정된다. 그 재의결이 법령에 위반된 경우에는 지방자치단체의 장은 대법원에 제소할 수 있으며 감독청은 지방자치단체의 장에게 제소지시를 하거나 직접제소 및 집행정지결정을 신청 할 수 있다(같은 법 제192조 제5항, 제8항).

#### ② 선결처분권

지방자치단체장의 선결처분권이란 긴급상태에서 지방자치단체의 행위능력을 확보하기 위한

제도로서 교육·학예업무에 관하여는 교육감에도 인정된다(지방자치법 제122조, 지방교육자치에 관한 법률 제29조 제1항).

선결처분이 허용되는 경우는

첫째, 지방의회의원이 구속되는 등의 사유로 재적의원 과반수의 의결정족수에 미달될 때

둘째, 지방의회의 의결사항 중 주민의 생명과 재산의 보호를 위하여 긴급하게 필요한 사항으로서 지방의회를 소집할 시간적 여유가 없을 때

셋째, 지방의회의 의결사항 중 주민의 생명과 재산의 보호를 위하여 긴급하게 필요한 사항으로서 지방의회에서 의결이 지체되는 때

등이다.

이 가운데 첫 번째의 사유로 인한 경우에는 새로운 질서의 창출을 위해서도 선결처분이 가능하다고 본다.

조례는 선결처분의 대상이 되는지에 대해서는 긍정설과 부정설이 있으나 선결처분제도의 취지에 충실하기 위해서는 긍정적으로 보는 것이 타당하다.

지방자치단체의 장이 선결처분을 하였을 때에는 지체없이 지방의회에 보고하여 승인을 얻어야 한다. 승인을 얻지 못하면 그 때부터 효력이 상실된다. 다만 지방의회가 성립하지 않은 때에는 지방의회가 성립하여야 보고할 수 있을 것이다.

한편 지방자치법 제146조가 규정하는 준예산제도는 예산상 인정되는 일종의 선결처분권이라고 할 수 있을 것이다.

③ 기타

이 밖에도 지방자치단체장은 지방의회에 대하여 일정한 공직후보자에 대한 인사청문요청권, 지방의회 출석·진술권, 지방의회의 임시회소집요구권, 지방의회에 부의할 안건의 공고권, 의안 발의권 등의 권한을 가진다.

#### (4) 입법에 관한 권한

① 조례공포권

지방자치단체장은 조례안을 지방의회로 이송받은 때로부터 20일 이내에 공포한다(지방자치법 제32조 제2항).

② 조례안거부권

지방자치단체장은 조례안에 대한 거부권(환부거부: 재의요구권)을 가진다(같은 법 제32조, 제120조, 제121조). 다만 지방의회 의원의 임기가 만료되거나 해산되어 환부할 지방의회가 없는 경우에는 이를 공포하지 않고 공포기간이 경과하면 그 조례안은 폐기된다.

③ 규칙제정권

지방자치단체장은 자신의 업무에 관하여 규칙을 제정할 권한을 가진다. 이에 대해서는 지방

자치입법을 설명하면서 상술하기로 한다.

### 3. 지방자치단체의 장의 의무

① 지방자치단체장은 겸직금지의무를 진다(같은 법 제109조 제1항).

② 지방자치단체장은 영리거래금지의무를 진다(같은 법 제109조 제2항). 이것은 지방자치단체와 관계있는 영리사업(같은 법 제109조 제2항)만이 아니라 일체의 영리사업(지방공무원법 제56조)을 의미하는 것이다. 영리거래금지의무는 성실의무에서 비롯된 것이다.

③ 지방자치단체장은 기타 공무원으로서의 법령준수의무, 성실의무, 비밀엄수의무, 청렴의무, 품위유지의무 등을 진다.

## 제3관 교육·학예에 관한 지방자치기관

### 1. 개 설

교육의 자주성, 전문성, 정치적 중립성을 위하여 '지방교육자치에 관한 법률'에 따라 교육·학예에 관한 지방자치기관을 별도로 두고 있다. 교육자치는 지방자치의 사항의 특수성에 따른 기능적 분립이라 할 수 있고 광역자치단체에 대해서만 교육, 과학, 기술, 체육 그 밖의 학예에 관한 자치가 인정된다.

교육·학예에 관한 지방자치기관으로서 교육감을 두고 교육감은 교육·학예에 관한 한, 지방자치단체장의 지위와 권한을 가진다. 교육·학예에 관한 지방자치 관련법의 규정에서 '지방자치단체의 장' 또는 '시·도지사'는 '교육감'으로 '지방자치단체의 사무'는 '지방자치단체의 교육·학예에 관한 사무'로 '자치사무'는 '교육·학예에 관한 자치사무'로 '행정안전부장관'과 '주무부장관'은 '교육부장관'으로 본다(지방교육자치에 관한 법률 제3조).

### 2. 교육감

교육감은 ① 교육·학예에 관한 지방자치단체의 외부적 대표기관이며, ② 교육·학예사무에 관한 지방자치단체의 최고 행정기관이고, ③ 국가행정기관으로서 국가의 위임사무를 집행하고, ④ 교육·학예에 관한 행정사무에 관한 자치권의 집행기관이다.

교육감은 지방자치단체의 장이 발하는 규칙과는 별도로 교육규칙을 발할 수 있다.

### 3. 지방의회의 상임위원회로서의 교육(관련)위원회

종래의 교육의원과 교육위원회제도가 폐지되고 그 기능은 지방의회의 상임위원회 중의 하나로서 일반의원으로 구성되는 위원회에 의해 대체되었다.

# 제4절 지방자치입법

## 제1관 조 례

### 1. 조례의 의의

#### (1) 조례의 의의와 규율대상사무

지방의회가 지방자치단체의 사무에 관하여 제정하는 행정입법이 조례이다. 조례는 자치사무에 대하여 규정하는 것이 원칙이지만 단체위임사무도 지방자치단체장이 아니라 지방자치단체 전체에 위임된 사항이므로 조례의 규율 대상이 된다. 지방자치단체장에게 위임된 기관위임사무의 경우 원칙적으로 지방의회가 이를 규율할 근거가 없다. 그러나 법령의 규정에 의하여 기관위임사무에 대해서도 지방의회의 사무감사·조사권이 미치는 것을 생각하면 법령의 근거가 있으면 조례에 의한 기관위임사무의 규율도 가능하다(위임조례).

대법원은 조례는 자치사무와 위임사무에 대해 제정할 수 있는 것이고[59] 기관위임사무는 원칙적으로 조례제정사항은 아니나 개별법령이 위임하면 그 범위 안에서 위임조례를 제정할 수 있다고 한다.[60]

---

참고판례: 대법원 2000.11.24. 선고 2000추29 판결 [단양군공유재산관리]조례중개정조례안에 대한 재의결]

지방자치법 제9조 제1항과 제15조 등의 관련 규정에 의하면 **지방자치단체는 원칙적으로 그 고유사무인 자치사무와 법령에 의하여 위임된 단체위임사무에 관하여 이른바 자치조례를 제정할 수 있는 외에, 개별 법령에서 특별히 위임하고 있을 경우에는 그러한 사무에 속하지 아니하는 기관위임사무에 관하여도 그 위임의 범위 내에서 이른바 위임조례를 제정할 수 있지만,** 조례가 규정하고 있는 사항이 그 근거 법령 등에 비추어 볼 때 자치사무나 단체위임사무에 관한 것이라면 이는 자치조례로서 지방자치법 제15조가 규정하고 있는 '법령의 범위 안'이라는 사항적 한계가 적용될 뿐, 위임조례와 같이 국가법에 적용되는 일반적인 위임입법의 한계가 적용될 여지는 없다.

**지방자치법 제15조에서 말하는 '법령의 범위 안'이라는 의미는 '법령에 위반되지 아니하는 범위 안'이라는 의미로 풀이되는 것으로서, 특정 사항에 관하여 국가 법령이 이미 존재할 경우에도 그 규정의 취지가 반드시 전국에 걸쳐 일률적인 규율을 하려는 것이 아니라 각 지방자치단체가 그 지방의 실정에 맞게 별도로 규율하는 것을 용인하고 있다고 해석될 때에는 조례가 국가 법령에서 정하지 아니하는 사항을 규정하고 있다고 하더라도 이를 들어 법령에 위반되는 것이라고 할 수가 없다.**

---

59) 대법원 1995.12.22. 선고 95추32 판결.
60) 대법원 2000.11.24. 선고 2000추29 판결.

### (2) 조례의 법적 성격

조례는 외부법으로서의 성격을 가지지만 반드시 외부법적 법률관계만을 규율 대상으로 하는 것은 아니다. 따라서 내부법적 사항에 대해서도 조례로 규율할 수 있다.

한편, 대법원은 조례가 집행행위의 개입 없이도 그 자체로서 직접 국민의 구체적인 권리·의무나 법적 이익에 영향을 미치는 등의 법률상 효과를 발생하는 경우 처분성을 가지게 된다고 판시하였다. 그리고 처분인 조례에 대한 항고소송에서는 공포권자인 지방자치단체의 장이 피고적격을 가진다고 한다.[61)]

### (3) 추가조례와 초과조례

규율사항에 대한 법령이 이미 존재하고 있는데도 동일한 사항에 대하여 조례를 제정할 수 있는지가 문제이다. 법령의 규율사항에 추가를 하거나 법령의 규율사항 보다 강도가 높게 규율하는 초과조례가 문제이다. 이러한 추가조례와 초과조례는 국민의 권익을 제한하거나 의무를 부과하는 것이 아니라면 가능하다고 하여야 할 것이다.

대법원은 특정 사항에 관하여 국가법령이 이미 존재하더라도 조례가 법령과 별도의 목적을 가지고 있어서 그로 인하여 법령의 규정이 의도하는 목적과 효과를 전혀 저해하는 바가 없는 때, 또는 양자가 동일한 목적에서 출발한 것이라고 할지라도 그 규정의 취지가 반드시 전국적으로 일률적인 규율을 하려는 것이 아니라 각 지방의 실정에 맞게 별도로 규율할 것을 용인하고 있다고 해석될 때에는 조례로 법령이 정한 사항을 규율할 수 있다고 한다.[62)] 그러므로 침익적 추가·초과조례는 법령의 위임없이 불가능 하나[63)] 침익적이지 않은 추가·초과조례는 법령의 위임 없이도 가능하다고 한다.[64)]

---

**참고판례 1: 대법원 1992.6.23. 선고 92추17 판결 [행정정보공개조례(안)재의결취소등]**

지방자치단체는 그 내용이 주민의 권리의 제한 또는 의무의 부과에 관한 사항이거나 벌칙에 관한 사항이 아닌 한 법률의 위임이 없더라도 조례를 제정할 수 있다 할 것인데 청주시의회에서 의결한 청주시행정정보공개조례안은 행정에 대한 **주민의 알 권리의 실현을 그 근본내용으로 하면서도 이로 인한 개인의 권익침해 가능성을 배제하고 있으므로 이를 들어 주민의 권리를 제한하거나 의무를 부과하는 조례라고는 단정할 수 없고** 따라서 그 제정에 있어서 반드시 법률의 개별적 위임이 따로 필요한 것은 아니라고 한 사례.

**해 설** 침익적 추가조례는 법령의 개별적 위임이 필요하나 그렇지 않은 경우에는 반드시 법령의 위임을 필요로 한다고 할 수 없다고 판시하고 있다. 청주시행정정보공개조례가 침익적이지 않아 허용될 수 있다고 한 것이다.

---

61) 대법원 1996.9.20. 선고 95누8003 판결.
62) 대법원 2000.11.24. 선고 2000추29 판결; 대법원 2007.12.13. 선고 2006추52 판결.
63) 대법원 1997.4.25. 선고 96추251 판결.
64) 대법원 1997.4.25. 선고 96추244 판결 참조.

참고판례 2: 대법원 2024.6.27. 선고 2022추5132 판결 [조례안재의결무효확인]

지방자치법 제30조는 "시·군 및 자치구의 조례나 규칙은 시·도의 조례나 규칙을 위반해서는 아니 된다."라고 규정하고 있으므로, 시·군 및 자치구는 시·도의 조례나 규칙(이하 '조례 등'이라 한다)에 위반되지 않는 범위 내에서 그 사무에 관하여 조례 등을 제정할 수 있다. **시·군 및 자치구의 조례 등이 규율하는 특정사항에 관하여 그것을 규율하는 시·도의 조례 등이 이미 존재하는 경우에도 시·군 및 자치구의 조례 등이 시·도의 조례 등과 별도의 목적에 기하여 규율함을 의도하는 것으로서 그 규정을 적용하더라도 시·도의 조례 등의 규정이 의도하는 목적과 효과를 저해하는 바가 없는 때에는 그 조례 등이 시·도의 조례 등에 위반된다고 볼 것은 아니다.**

보은군의회가 의결한 '보은군 농업인 공익수당 지원에 관한 조례안'(이하 '보은군조례안'이라 한다)이 '충청북도 농업인 공익수당 지원에 관한 조례'(이하 '충북조례'라 한다)보다 농업인 공익수당의 지급대상과 지급제외 기준을 완화하고 있어 지방자치법 제30조에 위반된다는 등의 이유로 보은군수가 재의를 요구하였으나 보은군의회가 원안대로 재의결함으로써 확정된 사안에서, 보은군조례안은 보은군 자체적으로 농업인 공익수당 지원사업을 시행하기 위해 마련된 것으로서 충북조례와 구별되는 별개의 독자적인 농업인 공익수당 사업을 목적으로 하는 것이고, 따라서 **비록 보은군조례안에서 충북조례보다 그 지급대상 요건을 완화하고 있더라도, 이는 보은군 자체의 농업인 공익수당 지원사업을 시행할 때 적용되는 것으로서 충북조례에 따른 농업인 공익수당의 지급 여부에는 영향을 미치지 아니하므로 보은군조례안을 적용하더라도 충북조례가 의도하는 목적과 효과를 저해하는 바가 없다는 이유로, 보은군조례안이 지방자치법 제30조 등에 위반되지 않는다고 한 사례.**

## 2. 조례의 법적 근거

### (1) 일반수권

#### ① 일반수권의 의의

헌법 제117조 제1항에 근거한 지방자치법 제28조 제1항 본문은 조례 제정에 대한 일반적인 수권을 규정하고 있다. 즉 지방자치단체가 법령의 범위 안에서 일반적으로 그 사무에 관하여 조례를 제정할 수 있다는 규정을 두고 있는 것이다.

헌법재판소는 여기서 말하는 '법령' 가운데에는 법규명령으로서 기능하는 행정규칙, 예컨대 법령보충규칙 등이 포함된다고 한다.[65]

#### ② '법령의 범위 안에서'의 의미와 지방자치법 제28조 제1항 단서의 위헌여부

이러한 일반수권의 경우 '법령의 범위 안에서' 조례를 제정할 수 있음에 유의하여야 한다. 즉 '법령의 범위 안에서'라는 표현이 헌법 제117조 제1항에 규정되어 있기 때문에 지방자치법 제28조 제1항이 헌법이 규정한 '법령의 범위 안에서'라는 의미를 적절히 구현하고 있는지가 문제가 되고 있다. 왜냐하면 지방자치법 제28조 제1항의 조례는 법령의 범위에서 제정하여야 한다고 규

65) 헌법재판소 2002.10.31. 선고 2001헌라1 결정.

정하고 있을 뿐 아니라 "주민의 권리제한 또는 의무부과에 관한 사항이나 벌칙을 정할 때에는 법률의 위임이 있어야 한다"라고 하는 헌법에 없는 조례규율의 제한규정을 두고 있기 때문이다. 이를 합헌적으로 해석하는 견해는 주민의 권리제한이나 의무부과 등에 법률유보(의회유보)를 요하도록 한 지방자치법 제28조 제1항의 규정은 헌법의 '법령의 범위 안에서'를 구체화한 표현이라고 본다. 즉, '법령의 범위 안에서'의 뜻을 법령우위의 원칙뿐 아니라 법률유보의 원칙을 포함하는 것이라고 해석한다. 그리고 이러한 해석은 헌법 제117조 제1항 "법령의 범위 안에서"의 확장해석이라고 하고, 지방자치법 제28조 제1항 단서는 침해유보를 규정하고 있는 헌법 제37조 제2항의 원칙을 확인한 것일 뿐이라고 한다(합헌론).

그러나 '법령의 범위 안에서'의 뜻을 법령우위의 원칙만을 의미하는 것으로 해석하는 견해에 따르면 지방자치법 제28조 제1항 단서의 규정은 위헌이라고 본다. 이러한 위헌론은 ① 헌법 제117조 제1항의 '법령의 범위 안에서'는 자치사무에 관한 법령우위의 원칙으로 이해하여야 한다. 그렇지 않으면 지방자치권 중 자치입법권의 취지를 무색케 한다. 따라서 법령유보의 원칙은 위임사무 그리고 벌칙 규정에만 적용되어야 한다고 하고, 그러한 해석이 ② 지방자치단체의 포괄적인 자치권과 전권한성의 원칙이나 ③ 조례가 갖는 민주적 정당성에 비추어 합당하다고 한다(위헌론).

그런데 '법령의 범위 안에서'의 의미를 법령우위의 원칙과 법률유보의 원칙을 모두 포함하는 것으로 보는 합헌론의 입장에서도 조례에 수권하는 법령의 위임은 지방자치단체의 자기책임성의 원칙, 지방의회의 민주성, 주민대표성 등에 비추어 반드시 "구체적으로 범위를 정하여"하는 위임일 필요는 없다고 한다.

헌법재판소도 조례의 제정권자인 지방의회의 주민 대표성 등을 감안하여 조례에 대한 법률의 위임은 법규명령에 대한 법률의 위임과 같이 반드시 구체적으로 범위를 정하여 할 필요가 없으며 포괄적인 것으로 족하다고 판시하였다(포괄위임론).[66)]

그런데 대법원은 이상과 같은 포괄위임론에서 한걸음 더 나아가 법률규정이 예정하고 있는 사항을 구체화·명확화한 것으로 볼 수 있는 경우에는 지방자치단체는 법령에 위반되지 않는 범위 안에서 각 지역의 실정에 맞게 주민의 권리·의무에 관한 사항을 조례로 제정할 수 있다고 판시하였다.[67)] 이러한 새로운 판례이론은 침익적 조례에 대한 새로운 접근방법으로서 "상위 법률의 취지와 규정 내용, 규정의 체계, 다른 규정과의 관계 등으로부터 위임을 도출할 수 있다"고 본 것(Context 분석[68)]에 의한 위임 인정)으로 해석되고 있다[69)](참고판례2).

이러한 대법원의 판례이론은 지방자치 단체에 대하여 보다 폭넓은 입법권을 부여해 줄 수 있다는 점에서 지방자치법의 정신에는 부합한다고 할 수 있지만 위임의 법리를 이렇게 불명확하게 적용할 수 있는지에 대해서는 일말의 의문을 남기고 있다.

---

66) 헌법재판소 1995.4.20. 선고 92헌마264, 279(병합) 결정.
67) 대법원 2022.4.28. 선고 2021추5036 판결; 대법원 2022.7.28. 선고 2021추5067 판결.
68) 본서 제1편 제1장 제2절 제4관 3. (2) 참조.
69) 주동진, "침익적 조례의 법률유보에 관한 새로운 판례 법리", 『행정법연구』 77호, 2025, 240면 이하.

### 주요판례요지

① 대법원 2024.7.25. 선고 2023추5177 판결: 지방자치법 제192조 제8항에 따라 조례안이 법령에 위반되는지가 문제된 소송에서 그에 관한 심사는 변론종결 당시 규범적 효력을 갖는 법령을 기준으로 해야 한다고 판시.

② 대법원 2025.5.15. 선고 2023추5054 판결: 하위법령의 규정이 상위법령의 규정에 저촉되는지가 명백하지 않은 경우에, 관련 법령의 내용과 입법 취지 및 연혁 등을 종합적으로 살펴 하위법령의 의미를 상위법령에 합치되는 것으로 해석하는 것이 가능한 경우라면, 그렇게 해석하는 것이 타당하고 법령과 조례와의 사이에서도 마찬가지의 원칙이 적용된다.

### 참고판례 1: 대법원 2019.10.17. 선고 2018두40744 판결 [개발행위불허가처분취소]

(전략) **법률이 주민의 권리의무에 관한 사항에 관하여 구체적으로 범위를 정하지 않은 채 조례로 정하도록 포괄적으로 위임한 경우에도 지방자치단체는 법령에 위반되지 않는 범위 내에서 각 지역의 실정에 맞게 주민의 권리의무에 관한 사항을 조례로 제정할 수 있다.**

주요도로와 주거 밀집지역 등으로부터 일정한 거리 내에 태양광발전시설의 입지를 제한함으로써 토지의 이용·개발을 제한하고 있는 청송군 도시계획 조례 제23조의2 제1항 제1호, 제2호의 법률상 위임근거가 있는지 문제 된 사안에서, **비록 국토의 계획 및 이용에 관한 법률(이하 '국토계획법'이라 한다)이 태양광발전시설 설치의 이격거리 기준에 관하여 조례로써 정하도록 명시적으로 위임하고 있지는 않으나, 조례에의 위임은 포괄 위임으로 충분한 점, 도시·군계획에 관한 사무의 자치사무로서의 성격, 국토계획법령의 다양한 규정들의 문언과 내용 등을 종합하면, 위 조례 조항은 국토계획법령이 위임한 사항을 구체화한 것이라고 한 사례.**

특정 사안과 관련하여 법령에서 조례에 위임을 한 경우 **조례가 위임의 한계를 준수하고 있는지를 판단할 때에는, 해당 법령 규정의 입법 목적과 규정 내용, 규정의 체계, 다른 규정과의 관계 등을 종합적으로 살펴야 하고, 위임 규정의 문언에서 의미를 명확하게 알 수 있는 용어를 사용하여 위임의 범위를 분명히 하고 있는데도 그 의미의 한계를 벗어났는지, 수권 규정에서 사용하고 있는 용어의 의미를 넘어 그 범위를 확장하거나 축소함으로써 위임 내용을 구체화하는 데에서 벗어나 새로운 입법을 한 것으로 볼 수 있는지 등도 아울러 고려해야 한다.**

**해 설** 법령이 명시적인 위임이 없이 포괄적으로 위임된 사항을 조례로 규정하여도 위임의 한계를 준수하고 있다면 문제가 없다는 판시를 한 것이다. 또한 위임의 한계를 벗어났는지를 판단함에 있어서 위임 내용의 구체화에 그치지 않고 새로운 입법을 한 것으로 볼 수 있는지를 검토하여야 한다고 판시하였다.

### 참고판례 2: 대법원 2022.4.28. 선고 2021추5036 판결 [조례안재의결무효확인]

「지방대학 및 지역균형인재 육성에 관한 법률」(이하 '지방대육성법'이라 한다)은 지방대학 및 지역균형인재의 육성 및 지원에 관한 사항을 규정함으로써 지방대학의 경쟁력 강화 및 지역 간의 균형 있는 발전에 이바지하는 것을 그 목적으로 한다(제1조). 이를 위해 국가와 지방자치단체는 지방대학 및 지역인재의 육성을 지원하기 위하여 필요한 종합적인 시책과 지역인재의 취업기회 확대를 위한 지원대책을 수립·시행하고 이를 위한 사회적·경제적 환경 마련을 위해 노력할 책무를 부담하며(제3조 제1항 내지 제3항), 지역인재의 해당 지역 정착에 필요한 지원을 할 수 있다(제16조 제3항). 또한 공공기관과 기업은 지역인재의 취업을 촉진하기 위한 국가와 지방자치단체의 대책에 적극 협조하여야 한다(제3조 제4항).

지방대육성법이 지역인재의 채용 영역이나 우대조치의 구체적 내용을 모두 규정하지는 않으나, **지방대육성법의 위와 같은 입법 목적과 국가와 지방자치단체의 책무 규정을 둔 취지, 지역인재 육성을 위한 지원에 있어 각 지역의 실정에 대한 고려가 필요한 점 등에 비추어 보면, 납품도매업체의 유통경쟁력 강화와 지역인재의 우대조치 방안으로 지역대학을 졸업한 청년을 납품도매업체에 우선 채용하도록 한 이 사건 조례안 제5조 제1항은 지방대육성법에 근거하여 그 법률규정이 예정하고 있는 사항을 구체화·명확화한 것으로서 위임근거가 있다고 보아야 한다.** 따라서 이 사건 조례안 제5조 제1항이 법률유보원칙에 반한다는 원고의 주장은 이유 없다.

---

### (2) 특별수권

지방자치단체의 사무에 대한 조례의 규정은 원칙적으로 일반수권인 지방자치법 제28조 제1항 본문의 근거에 의하여 가능하지만 동조 단서가 규정하는 바와 같이 주민의 권리제한이나 의무부과 또는 벌칙을 규정할 때에는 별도의 법률의 위임이 있어야 한다. 그러나 이미 언급한 바와 같이 조례에 대한 수권에 있어서 "구체적으로 범위를 정하여" 위임할 필요는 없다. 따라서 조례에 대한 수권에 있어서는 법률유보의 원칙의 적용에 있어서도 낮은 규율밀도로도 족하다.

한편 지방자치법은 법령에서 조례로 위임한 사항은 그 법령의 하위 법령에서 그 위임의 내용과 범위를 제한하거나 직접 규정할 수 없도록 정하고 있다(같은 법 제28조 제2항).

지방자치법 제28조 제1항 단서에서 요구되는 법률유보 이외에 기관위임사무에 대한 조례제정에도 특별수권으로서 법률유보가 필요하다. 원래 기관위임사무는 조례의 제정대상이 아니기 때문이다.

### (3) 조례와 벌칙

#### ① 조례위반 행위에 대한 벌칙

지방자치단체는 조례위반행위에 대하여 1천만원 이하의 과태료를 정할 수 있다(지방자치법 제34조 제1항). 이 과태료는 해당 지방자치단체의 장이나 그 관할 구역 안의 지방자치단체장이 부과·징수한다.

지방자치법 제34조는 일종의 벌칙에 관한 일반적 수권규정으로 해석된다. 이렇게 일반적으로 수권하여도 과태료에 관한 것이므로 죄형법정주의에 위반되지는 않는다.

#### ② 사기 또는 부정한 방법에 의한 사용료, 수수료, 분담금 징수면탈 및 공공시설부정사용의 경우의 과태료

지방자치법 제156조 제2항은 사기 또는 부정한 방법에 의한 사용료, 수수료, 분담금의 징수를 면탈한 자에 대해서는 그 금액의 5배 이내의 과태료를, 공공시설을 부정사용한 자에 대해서는 50만원 이하의 과태료를 부과하는 규정을 조례로 정할 수 있도록 하고 있다.

#### (4) 조례제정 · 개폐청구권(주민조례청구권)

지방자치법 제19조는 일정한 경우 주민에게 조례제정·개폐청구권을 인정하고 있다. 이에 대해서는 전술하였다.

### 3. 조례제정에 대한 감독

#### (1) 보고

지방자치법 제35조는 조례나 규칙을 제정하거나 개정·폐지할 경우에 조례는 지방의회에서 이송된 날로부터 5일 이내에, 규칙은 공포예정 15일 전에, 시·도지사는 행정안전부장관에게, 시장·군수·구청장은 시·도지사에게 보고하도록 하고, 보고 받은 행정안전부장관은 이를 관계 중앙행정기관에 통보하도록 하고 있다. 다만 보고의무위반을 조례의 무효사유라고 할 수는 없다.

#### (2) 승인

경우에 따라 조례로 규율할 사항을 국가 등의 승인사항으로 할 수 있다. 이처럼 승인유보된 사항의 경우(예컨대 같은 법 제7조 제1항의 경우) 승인은 효력요건이 된다고 하여야 한다. 또한 승인은 일종의 행정행위로 보아야 할 것이다. 이 경우 그 거부에 대한 항고소송을 허용하여야 할 것이다.

## 제2관 규칙 및 교육규칙

### 1. 규칙과 교육규칙

지방자치단체의 장은 법령이나 조례가 위임한 범위 안에서 그 권한에 속하는 사무에 관하여 규칙을 제정할 수 있다(지방자치법 제29조). 교육·학예에 관해서는 교육감이 교육규칙을 제정할 수 있다(지방교육자치에 관한 법률 제25조).

이처럼 법령이나 조례의 위임이 있는 경우에 제정하는 규칙을 위임규칙이라 하는데 위임규칙에는 위임입법의 원칙이 적용된다.

그런데 명시적인 위임이 없어도 법령이나 조례의 집행을 위하여 필요한 사항을 규칙에 규정할 수 있는지가 문제된다. 법규명령에서 위임명령만이 아니라 집행명령이 인정되듯이 명시적인 위임이 없는 집행규칙(직권규칙)도 허용된다고 보아야 할 것이다.

### 2. 규칙 및 교육규칙의 규율대상

규칙의 규율대상은 위임이 있는 한 자치사무와 위임사무를 망라한다. 그런데 위임사무에 대한 규칙은 진정한 의미의 자치입법이라기보다 국가법령의 연장이라 볼 수 있다.

규칙과 조례의 중복규율도 위법이 아니다. 다만 조례의 효력이 우월하다. 규칙은 또한 상급자치단체의 조례·규칙에 위반될 수 없다. 다만 광역자치단체의 자치입법에 의해 기초자치단체의 자치입법이 제한되는 것은 지방자치의 본질에 비추어 다소 문제가 있다. 기초자치단체의 사무영역에 관한 지나친 관여는 지방자치의 근본취지를 무색케 할 염려가 있기 때문이다.

규칙에 대하여 법령의 개별·구체적인 위임이 있으면 주민의 권리제한·의무부과에 관한 사항도 규율할 수 있다.

또한 외부법적 효력을 가지는 경우만이 아니라 일종의 행정규칙의 효력을 가지는 내부법적 효력의 규칙조항도 있을 수 있다. 대법원은 지방자치단체장의 규칙 중 법령이나 조례의 위임이 없으면 (원칙적으로) 그 법규성을 부인하고 있다.[70]

### 3. 규칙 및 교육규칙의 공포

규칙이나 교육규칙은 효력을 발하기 위하여 공포를 요한다.

### 4. 규칙 및 교육규칙에 대한 감독

규칙을 제정·개정·폐지하였을 때에도 조례와 동일하게 시·도지사나 행정안전부장관에 대하여 보고를 하여야 한다. 교육규칙의 경우 교육부장관에게 보고하여야 한다.

## 제5절 지방자치단체의 사무와 사무의 배분

### 제1관 지방자치단체의 사무

#### 1. 사무구분의 개요

#### (1) 자치사무(고유사무)

자치사무는 국가나 상급지방자치단체에 의해 위임된 사무가 아니라 지방자치단체가 원래 고유하게 담당하는 사무를 말한다. 자치사무의 범위는 전권한성의 원칙에 따라 광범위한 것이다. 그러므로 실질적인 자치사무의 범위는 사실상 지역상의 필요와 급부력에 따라 결정된다.

자치사무를 의무적 자치사무(필요사무)와 임의적 자치사무(수의사무)로 나누어 볼 수 있다. 의무적 자치사무에 해당하는 것으로 초등학교의 설치·운영, 상·하수도의 설치·관리 등을 들 수 있으며 임의적 자치사무로서 연극장의 설치, 문화활동지원 등을 들 수 있다.

지방자치법은 국제교류와 협력을 지방자치단체의 자치사무로 새롭게 규정하였다(같은 법 제13조 제2항 제7호).

---

70) 대법원 1985.12.24. 선고 84누343 판결.

### (2) 단체위임사무(법령에 의하여 지방자치단체에 속하는 사무)

단체위임사무란 국가나 광역지방자치단체가 지방자치단체장이 아니라 광역지방자치단체나 기초자치단체에 사무를 위임하는 것을 말한다. 지방자치단체 자체에 업무가 위임되었으므로 단체위임사무에는 지방의회가 관여할 수 있다. 그러나 단체위임사무는 현재 그 예를 찾아보기가 쉽지 않다. 현실적으로 최근 법령이 개정되어 국가사무는 대부분 지방자치단체장에게 위임이 되고 대신에 업무의 기준을 조례로 규정하도록 하는 경우가 많아졌다.

현재 단체위임사무로 볼 수 있는 것의 예로서 '문화유산의 보존 및 활용에 관한 법률' 제62조 제3항에서 문화유산청장이 국유문화유산의 관리를 지방자치단체에 위임할 수 있도록 하고 있는 것을 들 수 있다.

### (3) 기관위임사무

기관위임사무란 국가나 광역지방자치단체가 지방자치단체장 또는 기초지방자치단체장에게 위임하는 사무를 말한다. 지방자치단체의 장이라고 하는 행정기관에게 위임된 사무라 하여 기관위임사무라 한다. 종래 기관위임사무는 전체 지방자치단체 사무 가운데 다수를 차지하였다고 한다. 그러나 기관위임사무인지 자치사무인지의 구별은 쉽지 않다.

그런데 '지방자치분권 및 지역균형발전에 관한 특별법' 제33조는 기관위임사무를 원칙적으로 폐지하고 국가와 지방자치단체 간 그리고 지방자치단체와 지방자치단체 간의 사무배분의 원칙에 따라 국가의 권한 및 사무를 적극적으로 지방자치단체에 이양할 것을 규정하고 있다(같은 법 제33조 제1항). 그리고 이에 근거하여 지방자치단체로 이양하기로 한 권한과 사무를 조속히 이관할 수 있도록 지방이양일괄법[71]이 입법되었다. 그러나 기관위임사무의 폐지는 쉽지만은 않을 것으로 예상된다. 이것은 지방자치법 제115조가 아직도 국가위임사무를 지방자치단체장에게 위임하는 것을 원칙으로 하고 있다는 점에 비추어 보아도 능히 짐작할 수 있다.

## 2. 사무구분의 기준

대법원은 자치사무인지 기관위임사무인지를 구별하는 기준에 대해, 사무에 관한 "법령의 규정 형식과 취지를 우선 고려하여야 할 것이지만 그 외에도 그 사무의 성질이 전국적으로 통일적인 처리가 요구되는 사무인지 여부나 그에 관한 경비부담과 최종적인 책임귀속의 주체 등도 아울러 고려하여" 판단하여야 한다고 하고[72] 기관위임사무에 대한 위임은 조례로 할 것이 아니라 규칙으로 하여야 한다고 한다.[73]

대법원은 호적사무[74]와 도시가스의 요금 및 공급조건에 관한 공급규정의 승인[75]은 자치사무

71) 법률 제17007호, '중앙행정권한 및 사무 등의 지방 일괄 이양을 위한 물가안정에 관한 법률 등 46개 법률 일부개정을 위한 법률'.
72) 대법원 1999.9.17. 선고 99추30 판결.
73) 대법원 1995.8.22. 선고 94누5694 전원합의체 판결.
74) 대법원 1995.3.28. 선고 94다45654 판결.

라고 한다.

**주요판례요지**

① 대법원 2014.10.27. 선고 2012두15920 판결: 약국개설자의 약사법 위반에 대한 업무정지처분 또는 그에 갈음하는 과징금부과처분은 주민의 복지와 관련되고 전국적 통일이 필요하지 않으며 과징금을 납부하지 않는 경우 징수를 지방세의 예에 따라 하고 그 징수액이 지방자치단체에 귀속된다는 점 등에 비추어 자치사무이다.

② 대법원 2014.2.27. 선고 2012추183 판결: 중고등학교의 학교생활기록의 작성에 관한 사무는 학생의 전국적인 진학과 관련되므로 전국적으로 통일을 요하는 사무로서 국가사무이다.

③ 대법원 2015.9.10. 선고 2013추517 판결: 국가공무원인 도교육청 교육국장 및 그 하급자인 장학관, 장학사에 대한 징계는 (기관위임) 국가사무이고, 그 일부인 징계의결요구의 신청 역시 마찬가지이다.

④ 대법원 2020.9.3. 선고 2019두58650 판결: 법령의 규정 형식과 취지, 사무의 성질이 전국적으로 통일적인 처리가 요구되는 사무인지 여부나 그에 관한 경비부담과 최종적인 책임귀속의 주체, 임시이사 선임제도의 내용과 성질 등을 살펴보면, 사립 초등학교·중학교·고등학교 및 이에 준하는 각종 학교를 설치·경영하는 학교법인의 임시이사 선임에 관한 교육감의 권한은 자치사무이다.

**참고판례 1: 대법원 1999.9.17. 선고 99추30 판결 [울진군발전소주변지역지원산업시행에관한 조례무효확인청구의소]**

법령상 지방자치단체의 장이 처리하도록 규정하고 있는 사무가 기관위임사무에 해당하는지 여부를 판단함에 있어서는 그에 관한 **법령의 규정 형식과 취지를 우선 고려하여야 할 것이지만 그 외에도 그 사무의 성질이 전국적으로 통일적인 처리가 요구되는 사무인지 여부나 그에 관한 경비부담과 최종적인 책임귀속의 주체 등도 아울러 고려하여** 판단하여야 할 것이다.

**참고판례 2: 대법원 1995.8.22. 선고 94누5694 전원합의체 판결 [관리처분계획인가처분취소]**

**관리처분계획의 인가 등에 관한 사무는 국가사무로서 지방자치단체의 장에게 위임된 이른바 기관위임사무에 해당하므로,** 시·도지사가 지방자치단체의 **조례에 의하여 이를 구청장 등에게 재위임할 수는 없고,** 행정권한의위임및위탁에관한규정 제4조에 의하여 위임기관의 장의 승인을 얻은 후 지방자치단체의 장이 제정한 **규칙이 정하는 바에 따라 재위임하는 것만이 가능하다.**

**해 설** 국가사무를 위임받은 기관위임사무의 경우 그것을 지방자치단체 내에서 재위임할 때에는 조례로 이를 할 수 없고 규칙으로 할 수 있다고 판시한 것이다.

75) 대법원 2001.11.27. 선고 2001추57 판결.

## 3. 사무구분에 따른 법적 취급의 차이

### (1) 사무수행에 있어서의 자율성과 감독권의 범위

어떤 종류의 사무이냐에 따라 사무수행에 있어서 인정되는 자율성의 정도가 다르다. 임의적 자치사무의 경우에는 사무 수행 여부 자체에 대해서까지 자율성을 가진다. 그러나 의무적 자치사무에 대해서는 사무수행 자체는 지방자치단체가 반드시 하여야 한다. 자치사무에 대해서 국가나 광역자치단체는 합법성 감독만을 할 수 있으며 합목적성에 대해서는 감독할 수 없다. 단체위임사무와 기관위임사무는 국가나 광역자치단체로부터 위임된 사무이므로 국가나 광역자치단체로부터 합법성 감독만이 아니라 합목적성 감독도 받아야 한다. 그 가운데 단체위임사무는 지방의회가 개입할 수 있으므로 실질적으로 그에 대한 국가나 광역자치단체의 감독이 기관위임사무 보다는 완화된다.

### (2) 사무의 범위와 법적 근거

자치사무의 범위는 전권한성의 원칙이 적용되므로 포괄적이다. 사무에 대한 법적 근거에 대하여 지방자치법은 포괄적으로 규정하면서도 예시규정을 두고 있다.

단체위임사무는 위임이 개별법에 의하여 개별적으로 이루어진다.

기관위임사무에 대해서는 비교적 포괄적인 규정으로 일반적인 위임을 하고 있기도 하지만 개별법에 의한 개별위임이 이루어지기도 한다.

### (3) 비용부담

사무가 위임되면 비용은 위임자가 부담하는 것이 원칙이다. 그러나 이러한 원칙이 잘 지켜지고 있다고 볼 수는 없다.

### (4) 자치법규발령가능성

자치사무와 단체위임사무는 조례의 규율사항이다. 그러나 기관위임사무는 원칙적으로 조례의 규율사항이 아니다. 다만 법령의 위임이 있는 경우에는 조례로 규율할 수도 있다.

규칙이나 교육규칙의 경우에는 법령이나 조례의 위임이 있으면 자치사무, 단체위임사무, 기관위임사무를 가리지 않고 규율할 수 있다.

### (5) 지방의회의 관여

자치사무와 단체위임사무에 대해서는 지방의회가 관여할 수 있으나 기관위임사무에 대해서는 원칙적으로 지방의회가 관여하지 못한다. 다만 행정사무감사 및 조사에 대한 지방자치법 규정처럼 법령에 특별한 규정을 두고 있는 경우에는 지방의회의 개입이 가능하다.

## 제2관 국가, 광역자치단체, 기초자치단체 사이의 사무의 배분

### 1. 사무배분의 방식과 원칙

#### (1) 사무배분방식에 대한 지방자치법의 규정

국가, 광역지방자치단체, 기초지방자치단체 사이의 사무의 배분에 대하여, 영국이나 미국의 경우 배분에 있어서 개별적 지정방식을 택하고 있으나 대륙법계 국가인 프랑스와 독일은 포괄적 수권방식을 취하고 있다. 우리나라와 일본은 절충식으로서 포괄적으로 수권하되(지방자치법 제13조 제1항) 개별적 예시규정(같은 법 제13조 제2항)을 두고 있다. 한편 지방자치법 제13조 제2항은 자치사무인지 단체위임사무인지에 대한 구분 없이 지방자치단체의 사무를 규정하고 있다.

#### (2) 사무배분의 원칙

국가, 광역지방자치단체, 기초지방자치단체 사이의 사무 배분에 있어서는 불경합성의 원칙과 보충성의 원칙 및 포괄적 배분원칙이 적용된다. 지방자치법은 이에 대한 명문규정을 두었다(같은 법 제11조).

① 불경합성의 원칙이란 사무가 국가, 광역지방자치단체, 기초지방자치단체 사이에 경합적으로 배분되어서는 안 된다는 것이다. 다만 존재사무(예컨대 조직구성: 광역자치단체에서 재정업무를 처리하는 부서와 기초자치단체의 재정업무를 처리하는 부서의 조직은 별도로 구성될 수밖에 없다)는 성격상 경합을 인정할 수밖에 없어 불경합성의 원칙의 예외가 된다(같은 법 제11조 제1항).

② 보충성의 원칙이란 기초자치단체가 할 수 없는 사무를 보충적인 의미에서 광역자치단체에게 배분하며 광역자치단체도 할 수 없는 사무를 보충적인 의미에서 국가에 배분한다는 원칙이다(같은 법 제11조 제2항).

③ 포괄적 배분원칙이란 사무를 배분받는 지방자치단체가 그 사무를 자기의 책임하에 종합적으로 처리할 수 있도록 관련 사무를 포괄적으로 배분하여야 한다는 원칙이다(같은 법 제11조 제3항).

---

참고판례: 대법원 2015.5.14. 선고 2013추98 판결 [조례안의결무효확인]

초·중등교육법 제7조, 제23조, 교육부장관이 고시한 '초·중등학교 교육과정' Ⅱ.4.가.(1)항, Ⅲ.1.나.(15)항의 내용 및 체계와 아울러, 학교는 교육과정을 운영하는 주체로서 대통령령이 정하는 교과를 포함하여 교육부장관이 고시하는 기본적인 교육과정을 구성하는 과목 외의 내용을 교육내용에 포함시킬 수 있는 재량이 있다고 보이는 점, 교육감은 지방자치단체의 교육·학예에 관한 사무를 담당하는 주체로서 교육부장관이 정한 교육과정의 범위 안에서 지역의 실정에 맞는 교육과정의 기준과 내용을 정할 수 있을 뿐만 아니라 관할구역 내 학교의 교육과정 운영에 대한 장학지도를 할 수 있는 점, **교육부장관이 정한 기본적인 교육과정과 대통령령에 정한 교과 외의 교육내용에 관한 결정 및 그에 대한 지도는 전국적으로 통일하여 규율되어야 할 사무가 아니라** 각 지역과 학교의 실정에 맞는 규율이 허용되는 사무라고 할 것인 점 등에 비추어 보면, **학기당 2시간 정도의 인권교육의 편성 · 실시는 지방자치법 제9조 제2항 제5호가 지방자치단체의 사무로 예시한 교육에 관한 사무로서 초등학교 · 중학교 · 고등학교 등의 운영 · 지도에 관한 사무에 속한다.**

교육부장관이 관할 교육감에게, 갑 지방의회가 의결한 학생인권조례안에 대하여 재의요구를 하도록 요청하였으나 교육감이 이를 거절하고 학생인권조례를 공포하자, 조례안 의결에 대한 효력 배제를 구하는 소를 제기한 사안에서, **위 조례안은 전체적으로 헌법과 법률의 테두리 안에서 이미 관련 법령에 의하여 인정되는 학생의 권리를 열거하여 그와 같은 권리가 학생에게 보장되는 것임을 확인하고 학교생활과 학교 교육과정에서 학생의 인권 보호가 실현될 수 있도록 내용을 구체화하고 있는 데 불과할 뿐, 법령에 의하여 인정되지 아니하였던 새로운 권리를 학생에게 부여하거나 학교운영자나 학교의 장, 교사 등에게 새로운 의무를 부과하고 있는 것이 아니고,** 정규교과 시간 외 교육활동의 강요 금지, 학생인권 교육의 실시 등의 규정 역시 교육의 주체인 학교의 장이나 교사에게 학생의 인권이 학교 교육과정에서 존중되어야 함을 강조하고 **그에 필요한 조치를 권고하고 있는 데 지나지 아니하여,** 그 규정들이 교사나 학생의 권리를 새롭게 제한하는 것이라고 볼 수 없으므로, 국민의 기본권이나 주민의 권리 제한에서 요구되는 법률유보원칙에 위배된다고 할 수 없고, 내용이 법령의 규정과 모순· 저촉되어 법률우위원칙에 어긋난다고 볼 수 없다고 한 사례.

**조례안재의결 무효확인소송에서의 심리대상은 지방자치단체의 장이 지방의회에 재의를 요구할 당시 이의사항으로 지적하여 재의결에서 심의의 대상이 된 것에 국한된다.** 이러한 법리는 **주무부장관이** 지방자치법 제172조 제7항에 따라 지방의회의 의결에 대하여 **직접 제소함에 따른 조례안의결 무효확인소송에도 마찬가지로 적용되므로,** 조례안의결 무효확인소송의 심리대상은 주무부장관이 재의요구 요청에서 이의사항으로 지적한 것에 한정된다.

**해 설** 1. 학기당 2시간 정도의 인권교육의 편성· 실시는 교육부장관이 정한 기본적인 교육과정과 대통령령에 정한 교과에 해당되는 것이 아니므로 전국적으로 통일하여 규율되어야 할 사무가 아니라고 판시하였다.

2. 문제되는 학생인권조례는 새로운 권리· 의무를 창설하는 것이 아니므로 인권에 관한 사항이지만 이를 조례로 규정하였다고 하여 법률유보의 원칙에 위배되는 것이 아니라고 판시하였다.

3. 조례안재의결 무효확인소송에서의 심리대상은 지방자치단체의 장이 지방의회에 재의를 요구할 당시 이의사항으로 지적하여 재의결에서 심의의 대상이 된 것에 국한된다고 하고 이것은 주무부장관의 직접 제소의 경우에도 마찬가지라고 판시하였다.

---

#### (3) 사무의 경합과 권한의 추정

불경합성의 원칙에 따라 사무의 경합은 원칙적으로 인정되지 않는다. 다만, 전권한성의 원칙(사무의 포괄성의 원칙)과 보충성의 원칙에 따라 애매한 경우에는 그 사무는 국가와 지방자치단체 사이에서는 지방자치단체의 사무로, 광역자치단체와 기초자치단체 사이에서는 기초자치단체의 사무로 추정된다.

### 2. 광역지방자치단체와 기초지방자치단체 사이의 사무배분

광역지방자치단체와 기초지방자치단체 사이의 사무배분에 있어서 전권한성의 원칙과 보충성의 원칙은 매우 중요한 의미를 가진다. 그런데 전권한성의 원칙은 원칙적으로 기초지방자치단체에 적용되는 원칙이다. 따라서 광역지방자치단체의 사무는 ① 광역사무, ② 동일기준처리사무, ③ 통일사무, ④ 국가와의 연락조정사무, ⑤ 기초단체의 독자처리가 부적당한 사무, ⑥ 대규모시설사무 등에 국한되어야 한다(같은 법 제14조 제1항 제1호).

그러나 지방자치법은 일정한 국가사무는 지방자치단체가 처리할 수 없도록 규정하고 있고, 기초자치단체의 사무에 대해 규정하면서 광역자치단체가 처리하는 사무를 제외한 사무라는 식으로 규정하여 전권한성의 원칙과 보충성의 원칙을 충분히 감안하지 못한 입법방식을 채택하고 있어 유감스럽다. 이러한 입법방식은 지방자치제도의 근본원리인 보충성의 원칙에 위반된다고 할 것이다.

광역지방자치단체와 기초지방자치단체 사이의 사무배분은 간단하지 않고 여러 가지 상황을 고려하여야 한다. 대법원은 학교급식 실시에 관한 사항은 광역자치단체의 사무이지만 학교급식시설의 지원에 관한 사무는 기초자치단체의 자치사무라고 판시하고 있다(아래 참고판례 참조).

참고판례: 대법원 1996.11.29. 선고 96추84 판결 [학교급식시설지원에관한조례안재의결무효확인]

**학교급식의 실시에 관한 사항은** 고등학교 이하 각급 학교의 설립·경영·지휘·감독에 관한 사무로서 지방자치단체 중 **특별시·광역시·도의 사무에 해당하나, 학교급식시설의 지원에 관한 사무는** 고등학교 이하 각급 학교에서 학교급식의 실시에 필요한 경비의 일부를 보조하는 것이어서 그것이 곧 학교급식의 실시에 관한 사무에 해당한다고 보기 어려울 뿐만 아니라, 지방교육재정교부금법 제11조 제5항은 시·군·자치구가 관할구역 안에 있는 고등학교 이하 각급 학교의 교육에 소요되는 경비의 일부를 보조할 수 있다고 규정하고 있으므로, 학교급식시설의 지원에 관한 사무는 **시·군·자치구의 자치사무에 해당한다.**

## 제3관 지방자치단체의 재정과 경제활동

### 1. 지방자치단체의 재정

#### (1) 건전재정의 원칙

지방자치단체는 그 재정을 수지균형의 원칙에 따라 건전하게 운영하여야 한다(지방자치법 제137조 제1항). 이를 건전재정의 원칙이라 한다. 지방자치법 등은 이러한 건전재정을 달성하기 위하여 여러 가지 규정을 두고 있다.

① 국가의 의무를 규정하여 국가는 지역 간의 재정 불균형을 해소하기 위하여 국가와 지방자치단체 사이 그리고 지방자치단체 상호간의 재정조정을 위하여 노력하여야 하고 또한 지방재정의 자주성과 건전한 운영을 장려하여야 하며 국가의 부담을 지방자치단체에 넘겨서는 아니 됨을 규정하고 있다(같은 법 제137조 제1항, 제2항).

② 국가는 지방자치법 제137조가 규정하는 국가행정기관 및 소속기관과 공공기관, 출연기관 및 기타 기관을 신설·확장·이전·운영하는 것과 관련된 비용을 지방자치단체에 부담시켜서는

아니 됨을 규정하고 있다(같은 법 제137조 제3항).

③ 지방자치단체가 국가시책을 달성하기 위하여 필요한 경비는 국고보조율과 지방비부담률을 법령으로 규정하도록 하고 있다(같은 법 제138조).

④ 중앙관서의 장이 지방자치단체의 경비부담을 수반하는 사무에 관한 법령을 제정하거나 개정하고자 할 때 미리 행정안전부장관의 의견을 들어야 한다(지방재정법 제25조).

⑤ 중앙관서의 장은 그 소관에 속하는 세입·세출 및 국고채무 부담행위의 요구안 중 지방자치단체의 부담을 수반하는 사항에 대하여는 국가재정법 제31조에 따른 서류 또는 같은 법 제51조 제2항에 따른 명세서를 기획재정부장관에게 제출하기 전에 행정안전부장관과 협의하여야 한다(지방재정법 제26조).

⑥ 지방재정 부담에 관한 사항 중 주요 안건을 심의하기 위하여 국무총리 소속으로 지방재정부담심의위원회를 설치하였다(지방재정법 제27조의2 제1항).

⑦ 지방의회가 새로운 재정부담이 따르는 조례나 안건을 의결하려면 미리 지방자치단체의 장의 의견을 듣도록 하고 있다(지방자치법 제148조).

### (2) 지방자치단체의 수입

#### ① 지방세(지방세기본법 제7조, 제8조)

지방자치단체는 법률로 정하는 바에 따라 지방세를 부과·징수할 수 있다(지방자치법 제152조). 지방세는 지방자치단체의 수입 중 자주적 재원으로서 가장 중요하다고 볼 수 있다.

지방세의 세목에는 보통세와 목적세가 있으며 보통세에는 취득세, 등록면허세, 레저세, 담배소비세, 지방소비세, 주민세, 지방소득세, 재산세, 자동차세가 포함되고 목적세로는 지역자원시설세와 지방교육세가 있다.

이 가운데 특별시세와 광역시세에는 보통세로는 취득세, 레저세, 담배소비세, 지방소비세, 주민세, 지방소득세, 자동차세가 있으며 목적세로는 지역자원시설세와 지방교육세가 있다. 다만, 광역시의 군(郡) 지역에서는 제2항에 따른 도세를 광역시세로 한다.

도세에는 보통세로는 취득세, 등록면허세, 레저세, 지방소비세가 있고 목적세로는 지역자원시설세와 지방교육세가 있다.

한편 구세에는 등록면허세와 재산세가 있으며 시·군세(광역시의 군세를 포함)는 담배소비세, 주민세, 지방소득세, 재산세, 자동차세가 있다.

또한 특별자치시세와 특별자치도세에는 취득세, 등록면허세, 레저세, 담배소비세, 지방소비세, 주민세, 지방소득세, 재산세, 자동차세, 지역자원시설세, 지방교육세가 있다.

#### ② 사용료, 수수료, 분담금

##### i) 의의와 개념

지방자치단체는 사용료, 수수료, 분담금을 징수할 수 있다. 사용료란 공공시설의 이용 또는 재산의 사용의 대가로 징수하는 것을 말하며, 수수료란 특정인에 제공되는 행정서비스에 대한 대가로 징수하는 것이며 분담금은 지방자치단체의 재산 또는 공공시설의 설치로 주민의 일부가 특히 이익을 받으면 이익을 받는 자로부터 그 이익의 범위에서 징수하는 것을 말한다(지방자치법 제153－제155조).

ii) 징수

사용료·수수료 또는 분담금의 징수에 관한 사항은 조례로 정한다.[76] 다만, 국가가 지방자치단체나 그 기관에 위임한 사무와 자치사무의 수수료 중 전국적으로 통일할 필요가 있는 수수료는 다른 법령의 규정에도 불구하고 대통령령으로 정하는 표준금액으로 징수하되, 지방자치단체가 다른 금액으로 징수하려는 경우에는 표준금액의 50퍼센트 범위에서 조례로 가감 조정하여 징수할 수 있다(같은 법 제156조 제1항).

그리고 사기나 그 밖의 부정한 방법으로 사용료·수수료 또는 분담금의 징수를 면한 자에게는 그 징수를 면한 금액의 5배 이내의 과태료를, 공공시설을 부정사용한 자에게는 50만원 이하의 과태료를 부과하는 규정을 조례로 정할 수 있다(같은 법 제156조 제2항).

지방자치단체의 장은 사용료·수수료 또는 분담금을 내야 할 자가 납부기한까지 그 사용료·수수료 또는 분담금을 내지 아니하면 지방세 체납처분의 예에 따라 징수할 수 있다(같은 법 제157조 제7항).

iii) 불복

사용료·수수료 또는 분담금의 부과나 징수에 대하여 이의가 있는 자는 그 처분을 통지받은 날부터 90일 이내에 그 지방자치단체의 장에게 이의신청할 수 있고 지방자치단체의 장은 제2항의 이의신청을 받은 날부터 60일 이내에 결정을 하여 알려야 한다(같은 법 제157조 제2항, 제3항).

사용료·수수료 또는 분담금의 부과나 징수에 대하여 행정소송을 제기하려면 이의신청에 따른 결정을 통지받은 날부터 90일 이내에 처분청을 당사자로 하여 소를 제기하여야 한다. 만약 이의신청을 받은 날로부터 60일 이내에 결정의 통지를 받지 못하면 그 결정기간이 지난 날부터 90일 이내에 소를 제기할 수 있다(같은 법 제157조 제4항, 제5항).

③ 지방교부세

지방교부세란 지방재정 간의 지역간 불균형을 시정하기 위하여 국가가 내국세의 일부를 재정적 결함이 있는 지방자치단체에 교부하는 것을 말한다. 지방교부세는 원칙적으로 그 사용에 대하여 국가의 간섭을 받지 않는 일반재원으로서 지방자치단체의 자주재원이라 할 수 있다. 다만 특별교부세는 특별한 재정 수요가 있는 경우에 교부한다. 소방안전교부세도 대상사업이 법령으로 정하여져 있다. 지방교부세에는 보통교부세, 특별교부세, 부동산교부세 및 소방안전교부세가 있다(지방교부세법 제3조).

---

76) 행정기본법 제35조는 일반적으로 수수료를 법령에 정하는 바에 따라 징수할 수 있는 것으로 규정하고 있으나 지방자치단체의 경우에 예외를 인정하고 있다.

④ 부담금과 교부금

i) 부담금

지방자치단체나 그 기관이 법령에 따라 처리하여야 할 사무로서 국가와 지방자치단체 간에 이해관계가 있는 경우에는 원활한 사무처리를 위하여 국가에서 부담하지 아니하면 아니 되는 경비는 국가가 그 전부 또는 일부를 부담한다. 이때 국가와 지방자치단체가 부담할 경비 중 지방자치단체가 부담할 경비의 종목 및 부담 비율에 관하여는 대통령령으로 정한다(지방재정법 제21조 제1항, 제22조 제1항).

ii) 교부금

국가가 스스로 하여야 할 사무를 지방자치단체나 그 기관에 위임하여 수행하는 경우 그 경비는 국가가 전부를 그 지방자치단체에 교부하여야 한다(같은 법 제21조 제2항).

⑤ 보조금

보조금에는 국가보조금과 상급자치단체의 보조금이 있다. 국가 보조금은 국가가 정책상 필요하다고 인정할 때 또는 지방자치단체의 재정 사정상 특히 필요하다고 인정할 때에 교부한다(지방재정법 제23조 제1항). 한편 상급자치단체인 광역지방자치단체(특별시·광역시·특별자치시·도·특별자치도)의 보조금 역시 정책상 필요하다고 인정할 때 또는 시·군 및 자치구의 재정 사정상 특히 필요하다고 인정할 때에 교부한다(지방재정법 제23조 제2항).

보조금이 지급되는 보조사업에 대해서는 지원받는 지방자치단체의 지방비가 부담된다('보조금 관리에 관한 법률' 제13조, '지방자치단체 보조금 관리에 관한 법률' 제4조). 보조사업의 수행에는 감독과 검사, 제재 등이 따른다('보조금 관리에 관한 법률' 제4장, 제5장, '지방자치단체 보조금 관리에 관한 법률' 제5장).

⑥ 조정교부금

조정교부금이란 광역지방자치단체가 기초지방자치단체 사이의 재정력 격차를 조정하기 위해 교부하는 것이다. 조정교부금에는 시·군조정교부금과 자치구조정교부금이 있는데 특별시에는 자치구만 있으므로 자치구조정교부금만이 존재한다(지방재정법 제29조, 제29조의2). 조정교부금은 일반적 재정수요에 충당하기 위한 일반조정교부금과 특정한 재정수요에 충당하기 위한 특별조정교부금으로 구분하여 운영하되, 특별조정교부금은 민간에 지원하는 보조사업의 재원으로 사용할 수 없다(같은 법 제29조의3).

⑦ 지방행정제재·부과금

지방행정제재·부과금이란 지방자치단체의 장 및 그 소속 행정기관의 장이 행정목적을 달성하기 위하여 법률에 따라 부과·징수(국가기관의 장으로부터 위임·위탁받아 부과·징수하는 경우를 포함한다)하여 지방자치단체의 수입으로 하는 조세 외의 금전으로서 다른 법률에서 이 법에 따라 징수하기로 한 과징금, 이행강제금, 부담금과 변상금 및 그 밖의 조세 외의 금전으로서 다른 법률에서 이 법에 따라 징수하기로 한 금전을 말한다('지방행정제재·부과금의 징수 등에 관한 법률'

제2조 제1호). 이러한 지방행정제재·부과금도 지방자치단체의 수입의 상당 부분을 차지한다.

⑧ 지방채와 일시 차입금

지방자치단체나 지방자치단체조합은 따로 법률이 정하는 바에 따라 지방채를 발행할 수 있다(지방자치법 제139조 제1항). 또한 지방자치단체는 일시적으로 예산상 부족이 발생한 경우 해당 회계연도의 수입으로 상환한다는 전제 하에 금융기관으로부터 단기간 자금을 차입할 수 있다. 이를 일시차입금이라 한다.

⑨ 재산수입, 기금관리, 경제활동 등으로 인한 수입

이 밖에 지방자치단체의 수입으로서 지방자치단체의 재산사용 이외의 원인으로[77] 재산으로 인하여 발생하는 수입 그리고 '지방자치단체 기금관리기본법'에 의한 기금 관리로 인한 수입, 기타 지방자치단체의 경제활동 등으로 인한 수입 등이 있다.

## 2. 지방자치단체의 경제활동

### (1) 경제활동의 헌법적 근거

헌법 제117조 제1항은 지방자치단체는 주민의 복리에 관한 사무를 처리하는 것으로 규정하고 있다. 지방자치단체의 경제활동 내지 기업활동은 주민의 복리 내지 생활배려를 위한 것으로 헌법 제117조 제1항에 근거하는 것이라고 할 수 있다.

### (2) 경제활동(기업경영)의 요건

지방자치법 제163조 및 지방공기업법 제2조 제2항의 규정에 비추어 지방자치단체의 기업경영을 위한 요건으로 공익목적성, 보충성, 급부력의 3가지를 도출할 수 있다.

① 공익목적

지방자치단체가 공기업을 통하여 행하는 경제활동은 공익목적이 있는 사업에 한하여 인정된다. 이러한 공익목적성은 넓게 해석되며 단순히 생활배려 뿐 아니라, 경제촉진, 고용창출까지 포함하는 의미로 해석된다. 지방공기업법은 기업의 경제성과 공공복리를 경영의 기본원칙으로 삼아야 한다고 규정하고 있다(같은 법 제3조). 또한 지방직영기업, 지방공사 또는 지방공단을 지방공기업으로 예상하고 주민복리의 증진, 지역경제의 활성화, 지역개발의 촉진 등을 공익목적으로서 적시하고 있다. 또한 수도사업, 주택사업, 체육시설업, 관광사업 등을 가능한 사업으로 규정하고 있다. 다만 관광사업 중 여행업과 카지노 사업은 제외하고 있다(지방공기업법 제2조, 제1항, 제2항). 이는 공기업의 공익성과 보충성을 고려한 때문이라고 본다.

그런데 기업활동을 통한 수입으로 간접적으로 주민복지에 기여하는 것은 공익목적에 해당된다고 할 수 없다. 수입목적의 순수영리활동은 주민의 경쟁법적 자유를 침해하고 지방자치단체가

---

77) 지방자치단체의 재산을 사용하게 하고 그 대가를 받음으로써 지방자치단체의 수입이 되는 것은 이를 사용료라 한다. 이에 대해서는 이미 앞에서 검토하였다.

재정고권을 가지는 취지에도 반하기 때문이다.

다만, 무엇이 공익목적에 합치하는가 하는 것에 대해서는 지방자치단체가 평가특권(재량 또는 판단여지)을 가진다.

② 보충성

지방자치단체가 공기업을 경영하기 위해서는 두 가지 의미에서 보충성이 인정되어야 한다. 첫째, 수단으로서의 보충성이 인정되어야 한다. 다른 방식에 의한 것 보다 기업에 의한 방식으로 해결하는 것이 적당한 경우이어야 한다는 것이다. 기업경영 이외에 더 적당한 방법이 있다면 지방자치단체의 공기업 운영은 허용되지 않는다.

둘째, 민간인의 경제활동에 대한 보충성이 인정되어야 한다. 지방공기업은 민간인의 경영참여가 어려운 사업에 국한되어야 한다(지방공기업법 제2조 제2항 제1호).

이러한 요건을 충족하지 못하고 지방자치단체가 공기업을 경영하는 경우에 민간인이 지방자치단체의 기업활동으로 경쟁상의 지위를 침해당하였다는 이유로 제소할 수 있는지 논란이 있는데 헌법상의 직업선택의 자유, 경쟁의 자유 등에 근거하여 제소할 수 있는 법률상 이익을 인정받을 수 있다고 본다.

이러한 점을 고려하여 지방공기업법은 지방자치단체는 지방공기업을 설치·설립 또는 경영할 때에 민간경제를 위축시키거나, 공정하고 자유로운 경제질서를 해치거나, 환경을 훼손시키지 아니하도록 노력하여야 함을 규정하고 있다(지방공기업법 제3조 제2항).

③ 급부력

지방공기업은 지방자치단체의 급부력과 비례관계가 있어야 한다. 과잉한 급부를 목적으로 하는 기업활동은 지방자치단체의 본연의 임무수행에 장애가 될 수 있기 때문이다.

## 제6절 국가와 지방자치단체 간의 관계와 지방자치단체에 대한 감독

### 제1관 국가와 지방자치단체 간의 기본적인 관계와 협력

#### 1. 개 요

국가와 지방자치단체 그리고 광역자치단체와 기초자지단체 사이에는 기본적으로 지도·감독관계가 존재한다.

그러나 지방자치법은 국가와 지방자치단체의 관계를 단순히 지도·감독관계가 아닌 협력관계를 포함하는 새로운 관계로 이해하고 국가와 지방자치단체 그리고 광역지방자치단체와 기초지방자치단체의 관계를 기본적으로 조언·권고·지도·감독의 관계로 상정하고 있다(지방자치법 제184조, 제185조).

## 2. 협력의무

지방자치법 제183조는 국가와 지방자치단체의 협력의무를 규정하고 있다. 이 협력의무는 자치사무를 그 대상으로 한다고 하여야 할 것이다. 그러나 협력의무를 위반하는 경우에 대한 제재 등은 일체 규정하지 않고 있다.

국가와 지방자치단체 그리고 지방자치단체와 지방자치단체 사이에서의 협력이 어떠한 형식으로 이루어져야 하는지에 대해서도 분명한 규율이 제시되지 않고 있다. 이들 사이의 협력적 관여에는 조언, 권고, 지도와 지원 그리고 협의, 자료제출 등 여러 형식이 있을 수 있다.

협력적 관여와 관련하여 가장 문제가 되는 것은 국가·지방자치단체 사이의 협의이다. 근래 사회보장기본법 제26조의 협의에 따르지 않는 경우 중앙정부가 지방교부세의 감액 또는 반환조치를 하는 경우(지방교부세법 시행령 제12조 제1항 제9호)가 논란의 중심이 된 바 있고,[78] 이때의 협의가 동의를 요하는 것인지 아니면 단순히 의사소통의 절차적 의미인지가 실제로 논의된 바 있다.[79] 어쨌든 협의가 이루어지지 않아 지방교부세의 감액이나 반환처분이 이루어지면 지방자치단체는 이를 항고소송으로 다툴 수 있다.[80]

참고판례: 헌법재판소 2006.3.30. 선고 2005헌라1 결정[울산광역시 동구 등과 행정자치부장관간의 권한쟁의]

**행정자치부장관이 '행정부시장·부지사 회의'를 개최하여 행정자치부에서 작성한 표준안대로 복무조례를 개정할 것을 울산광역시 동구 및 북구에 요청한 것은 각 지방자치단체가 참고할 수 있도록 표준안을 제시한 것에 불과하여 단순한 업무협조 요청에 불과하고, 「징계업무처리지침」 및 「병·연가불허지시」를 통보한 것도 상호 협력의 차원에서 조언·권고한 것이거나 단순히 '업무연락'을 한 것이지, 각 지방자치단체를 법적으로 규제하는 강제적·명령적 조치를 취한 것이라 보기 어려우며,** 기자회견을 통해 '총파업가담자에 대한 처벌과 정부의 방침에 소극적으로 대처하는 **지방자치단체에 대하여 특별교부세 지원중단 등의 행정적·재정적 불이익 조치를 취할 것'이라는 것을 주된 내용으로 하는 담화문을 발표한 것 또한 단지 파업의 대응방침을 천명한 것으로 단순한 견해의 표명에 지나지 않는다 할 것이다. 이러한 행위들은 권한쟁의심판의 대상이 되는 처분이라 할 수 없으므로, 이를 대상으로 한 권한쟁의심판청구는 부적법하다.**

해 설 사회보장기본법상의 협의와는 다르지만 중앙정부의 업무협조 요청을 어떻게 이해할 것인가에 대한 판시이다. 헌법재판소는 그러한 요청에 법적 구속력이 없다고 보고 그에 대한 권한쟁의심판의 허용에 소극적인 것 같다.

78) 헌법재판소 2019.4.11. 선고 2016헌라3 결정 참조.
79) 성남시와 보건복지부 사이.
80) 유사사례 대법원 2017.9.21. 선고 2014두43073 판결.

## 3. 국가와 지방자치단체 사이의 협력과 조정을 위한 기구

### (1) 행정협의조정위원회

중앙행정기관의 장과 지방자치단체의 장이 사무를 처리할 때 의견을 달리하는 경우 이를 협의·조정하기 위하여 국무총리 소속으로 행정협의조정위원회를 설치하여 운영하고 있다(지방자치법 제187조).

### (2) 중앙지방협력회의

① 개요

지방자치법은 국가와 지방자치단체 간의 협력을 도모하고 지방자치 발전과 지역간 균형 발전에 관련되는 중요 정책을 심의하기 위하여 중앙지방협력회의를 두도록 하고 있다(같은 법 제186조). 이 규정에 따라 '중앙지방협력회의 구성 및 운영에 관한 법률'이 제정되었다.

② 구성

중앙지방협력회의는 대통령, 국무총리, 기획재정부장관, 교육부장관, 행정안전부장관, 국무조정실장, 법제처장, 특별시장·광역시장·특별자치시장·도지사·특별자치도지사, 시·도의회 의장 협의체의 대표자, 시장·군수·자치구 구청장 협의체의 대표자, 시·군·자치구 의회의 의장 협의체의 대표자, 국가균형발전위원회의 위원장 및 자치분권위원회의 위원장으로 구성한다(같은 법 제3조 제1항, 시행령 제2조).

중앙지방협력회의의 의장은 대통령이 되고, 부의장은 국무총리와 시·도지사 협의체의 대표자(시·도지사협의회장)가 공동으로 된다(같은 법 제3조 제2항, 제3항).

의장은 협력회의를 소집하고 이를 주재한다(동 제4항). 부의장은 의장에게 회의의 소집을 요청할 수 있으며, 의장이 협력회의에 출석하지 못하는 경우에는 국무총리, 시·도지사협의회장의 순으로 그 직무를 대행한다(동 제5항). 협력회의의 구성원은 협력회의에 심의할 안건을 제출할 수 있다(동 제6항).

③ 심의사항

중앙지방협력회의는 ⅰ) 국가와 지방자치단체 간 협력에 관한 사항, ⅱ) 국가와 지방자치단체의 권한, 사무 및 재원의 배분에 관한 사항, ⅲ) 지역 간 균형발전에 관한 사항, ⅳ) 지방자치단체의 재정 및 세제에 영향을 미치는 국가 정책에 관한 사항, ⅴ) 그 밖에 지방자치 발전에 관한 사항 등을 심의한다(같은 법 제2조).

④ 심의 결과의 활용

국가 및 지방자치단체는 중앙지방협력회의의 심의 결과를 존중하고 성실히 이행하여야 하며, 국가 및 지방자치단체는 심의 결과에 따른 조치 계획 및 이행 결과를 협력회의에 보고하여야 한다. 또한 국가 또는 지방자치단체가 심의 결과를 이행하기 어려운 특별한 사유가 있는 경우에는 그 사유와 향후 조치 계획을 협력회의에 보고하여야 한다(같은 법 제4조).

## 제2관 지방자치단체에 대한 감독

### 1. 지방자치단체에 대한 감독의 분류

#### (1) 감독주체에 따른 분류와 내용

지방자치단체의 사무에 대한 감독은 감독의 주체에 따라 국가감독, 광역자치단체에 의한 감독 및 내부감독으로 분류해 볼 수 있다.

① 국가감독으로서 국회의 국정감사 및 조사권, 감사원의 회계검사와 직무감찰 그리고 행정안전부 기타 중앙행정기관에 의한 감독 등을 들 수 있다.

② 광역자치단체에 의한 감독으로서 광역지방자치단체의 기초지방자치단체에 대한 감독이 있다. 이것에는 광역의회의 행정사무감사·조사권에 의한 감독과 광역지방자치단체장의 감독이 있다.

③ 내부감독 및 견제기능으로서 지방의회의 행정사무감사·조사권과 주민감사청구권에 의한 감독 그리고 지방자치단체의 내부조직에 의한 자체감독과 감사기능이 존재한다.

#### (2) 감독의 시기에 따른 분류와 감독의 범위 등에 의한 분류

지방자치단체에 대한 감독에는 사전보고나 승인 요구 등과 같은 사전적·예방적 감독과 취소·정지권의 행사와 같이 사후적·억제적 감독이 있다. 또한 지방자치단체의 사무의 종별에 따라 감독권의 범위가 다르다. 자치사무에 대한 감독은 합법성감독에 그치며 단체위임사무와 기관위임사무에 대해서는 합법성감독과 합목적성감독 모두가 가능하다. 다만 헌법재판소는 감사원은 국가기관임에도 불구하고 감사원법의 규정에 의하여 지방자치단체의 자치사무에 대한 합목적성 감사가 가능하다고 판시하였다.[81)]

#### (3) 감독과 감사

지방자치단체에 대한 감독의 수단에는 여러 가지가 있다. 그 가운데 매우 강력하고 유효한 수단이 감사이다. 지방자치단체에 대한 감사에는 여러 가지 종류가 있다. 정부합동감사, 행정안전부감사, 감사원감사, 국정감사 및 조사, 광역지방자치단체 의회의 기초지방자치단체 행정사무에 대한 감사 및 조사, 상급지방자치단체장에 의한 감사, 지방의회의 감사 및 조사, 주민감사청구에 의한 감사, 국민감사청구에 의한 감사, 내부감사 등이다.

이처럼 감사에 다양한 종류가 있기 때문에 '공공감사에 관한 법률'이 제정되어 중복감사를 제한하고 있다.

국가기관의 지방자치단체의 자치사무에 대한 감사권은 합법성 감사에 국한하여 인정된다. 국가기관의 자치사무에 대한 합목적성 감사는 허용되지 않는 것이 원칙이다. 다만 감사원의 경우

81) 헌법재판소 2008.5.29. 선고 2005헌라3 결정.

만 예외가 인정된다. 헌법재판소는 지방자치제 전면실시 이전부터 존재하였던 감사원법 규정을 근거로 지방자치단체에 대한 자치사무에 대한 감사원의 합목적성 감사는 위헌이 아니라고 판시하였다(참고판례 1).

### 참고판례 1: 헌법재판소 2008.5.29. 선고 2005헌라3 결정 [강남구청 등과 감사원 간의 권한쟁의]

**헌법이 감사원을 독립된 외부감사기관으로 정하고 있는 취지,** 중앙정부와 지방자치단체는 서로 행정기능과 행정책임을 분담하면서 중앙행정의 효율성과 지방행정의 자주성을 조화시켜 국민과 주민의 복리증진이라는 공동목표를 추구하는 협력관계에 있다는 점을 고려하면 **지방자치단체의 자치사무에 대한 합목적성 감사의 근거가 되는 이 사건 관련규정은 그 목적의 정당성과 합리성을 인정할 수 있다.**

또한 **감사원법에서 지방자치단체의 자치권을 존중할 수 있는 장치를 마련해두고 있는 점, 국가재정지원에 상당부분 의존하고 있는 우리 지방재정의 현실, 독립성이나 전문성이 보장되지 않은 지방자치단체 자체감사의 한계 등으로 인한 외부감사의 필요성까지 감안하면,** 이 사건 관련규정이 지방자치단체의 고유한 권한을 유명무실하게 할 정도로 지나친 제한을 함으로써 **지방자치권의 본질적 내용을 침해하였다고는 볼 수 없다.**

**해 설** 감사원의 지방자치단체의 자치사무에 대한 합목적성 감사의 근거가 되는 감사원법 제24조 제1항 제2호 등 관련규정은 지방자치권의 본질을 침해하지 않아 위헌이 아니라고 판시하였다. 지방자치단체에 대한 국가감독은 합법성 감독이 원칙이지만 지방자치제 전면실시 이전부터 존재하였던 감사원법을 근거로 하여 감사원에 의한 합목적성 감사는 위헌이 아니라고 한 것이다.

### 참고판례 2: 헌법재판소 2009.5.28. 선고 2006헌라6 결정 [서울특별시와 정부 간의 권한쟁의]

지방자치제 실시를 유보하던 개정전 헌법 부칙 제10조를 삭제한 현행헌법 및 이에 따라 자치사무에 관한 감사규정은 존치하되 '위법성 감사'라는 단서를 추가하여 자치사무에 대한 감사를 축소한 **구 지방자치법 제158조 신설경위, 자치사무에 관한 한 중앙행정기관과 지방자치단체의 관계가 상하의 감독관계에서 상호보완적 지도 · 지원의 관계로 변화된 지방자치법의 취지, 중앙행정기관의 감독권 발동은 지방자치단체의 구체적 법위반을 전제로 하여 작동되도록 제한되어 있는 점, 그리고 국가감독권 행사로서 지방자치단체의 자치사무에 대한 감사원의 사전적 · 포괄적 합목적성 감사가 인정되므로 국가의 중복감사의 필요성이 없는 점 등을 종합하여 보면, 중앙행정기관의 지방자치단체의 자치사무에 대한 구 지방자치법 제158조 단서 규정의 감사권은 사전적 · 일반적인 포괄감사권이 아니라 그 대상과 범위가 한정적인 제한된 감사권이라 해석함이 마땅하다.**

중앙행정기관이 **구 지방자치법 제158조 단서 규정상의 감사에 착수하기 위해서는 자치사무에 관하여 특정한 법령위반행위가 확인되었거나 위법행위가 있었으리라는 합리적 의심이 가능한 경우이어야 하고,** 또한 그 감사대상을 특정해야 한다. 따라서 전반기 또는 후반기 감사와 같은 포괄적 · 사전적 일반감사나 위법사항을 특정하지 않고 개시하는 감사 또는 법령위반사항을 적발하기 위한 감사는 모두 허용될 수 없다.

행정안전부장관 등이 감사실시를 통보한 사무는 서울특별시의 거의 모든 자치사무를 감사대상으로 하고 있어 사실상 피감사대상이 특정되지 아니하였고 행정안전부장관 등은 합동감사 실시계획을 통보하면서 구체적으로 어떠한 자치사무가 어떤 법령에 위반되는지 여부를 밝히지 아니하였는바, 그렇다면 **행정안전**

**부장관 등의 합동감사는 구 지방자치법 제158조 단서 규정상의 감사개시요건을 전혀 충족하지 못하였다 할 것이므로 헌법 및 지방자치법에 의하여 부여된 서울특별시의 지방자치권을 침해한 것이다.**

**해 설** 종래 지방자치단체의 감독기관인 행정안전부장관이 지방자치단체에 대한 합동감사를 실시하였으나 이처럼 자치사무에 대하여 위법사항을 특정하지 않고 포괄적으로 실시하는 감사는 지방자치법 제171조(구 158조)에 위반되어 지방자치권을 침해한 것이라고 판시하고 있다. 감사원 이외의 국회나 행정안전부장관 등의 지방자치단체에 대한 감독기관은 자치사무에 대해서는 합목적성 감사를 실시하지 못하고 합법성 감사만을 실시할 수 있기 때문이다.

참고판례 3: 헌법재판소 2023.3.23. 선고 2020헌라5 결정 [남양주시와 경기도 간의 권한쟁의 (경기도가 남양주시에 대하여 실시한 감사가 남양주시의 지방자치권을 침해하였는지 여부에 관한 사건)]

**지방자치단체의 자치사무에 대한 무분별한 감사권의 행사는 헌법상 보장된 지방자치권을 침해할 가능성이 크므로, 원칙적으로 감사 과정에서 사전에 감사대상으로 특정되지 아니한 사항에 관하여 위법사실이 발견되었다고 하더라도 감사대상을 확장하거나 추가하는 것은 허용되지 않는다. 다만,** 자치사무의 합법성 통제라는 감사의 목적이나 감사의 효율성 측면을 고려할 때, **당초 특정된 감사대상과 관련성이 인정되는 것으로서 당해 절차에서 함께 감사를 진행하더라도 감사대상 지방자치단체가 절차적인 불이익을 받을 우려가 없고, 해당 감사대상을 적발하기 위한 목적으로 감사가 진행된 것으로 볼 수 없는 사항에 대하여는 감사대상의 확장 내지 추가가 허용된다.**

**해 설** 자치사무에 대한 감사는 사전에 감사대상으로 특정되어야 함이 원칙이고 사전에 특정되지 않은 사항에 대한 감사의 확장과 추가는 지방자치단체가 절차적인 불이익을 받을 우려가 없고 적발 목적의 감사가 진행된 것으로 볼 수 없는 경우에 한하여 인정된다는 판시이다.

## 2. 감독청

### (1) 자치사무에 대한 감독청

자치사무에 대한 감독기관은 광역자치단체에 대해서는 행정안전부장관, 감사원, 국회, 그리고 광역자치단체의 교육·학예에 관한 사무에 대해서는 교육부장관, 감사원, 국회 등이 된다.

기초지방자치단체의 경우에는 광역자치단체에 대한 감독기관에 더하여 광역지방자치단체의 장 및 광역자치단체의 의회가 여기에 추가된다.

그러나 지방자치단체 소속의 지방의회가 지방자치단체 행정사무에 대해 가지는 감사·조사권은 감독권의 행사라기보다는 통제권이라고 보아야 할 것이다.

### (2) 위임사무에 대한 감독청

단체위임사무와 기관위임사무 공히, 감사원, 국회, 상급지방의회 그리고 광역지방자치단체의 경우 주무부장관, 기초지방자치단체의 경우에는 1차로 광역지방자치단체장이, 2차로 주무부장관이 감독청이 된다. 기초자치단체에 대한 감독의 경우 주무부장관은 광역지방자치단체장에게 감독상의 지시를 발할 것을 명하고 이에 불응할 때, 직접 감독처분을 할 수 있다.

### 3. 사전적 감독수단

#### (1) 개관

지방자치단체에 대한 사전적 감독수단으로는 조언, 권고, 지도, 보고징수(보고를 받음), 감사와 승인유보 등이 있다.

자치사무에 대한 감독상의 지시는 외부법 관계이므로 처분이 될 수 있다. 위임사무에 대한 감독상의 지시 등은 내부법관계로서 원칙적으로 처분성이 없다고 할 수 있으나 "그 밖에 이에 준하는 행정작용"에 해당한다고 보아 처분성을 인정할 수도 있다.

#### (2) 승인유보 제도

① 의의

승인유보란 행정주체 상호간에서 이루어지는 인가 또는 허가에 유사한 행위를 말한다. 승인유보는 국가의 협력을 보장하거나 예방적 적법성·타당성 확보를 위한 제도로서, 국가협력을 구하는 경우에는 지방자치단체에게 승인청구권이 발생하지 않으나 감독의 차원에서 요구되는 적법성 및 타당성 보장을 위한 승인에 대해서는 지방자치단체에게 승인청구권이 발생할 수 있다. 예컨대, 지방자치법 제176조 제1항에 따른 지방자치단체조합 설립의 승인 등이 이에 해당한다.

② 승인유보의 법적 성격

국가나 상급지방자치단체의 승인은 일종의 처분이라 하여야 할 것이고 따라서 이에 대해서는 행정절차법을 적용하여야 하며 항고소송의 대상이 된다고 하여야 할 것이다. 그리고 승인은 수익적 행위이므로 이에 대해서는 취소권이 제한된다.

③ 승인 없는 행위의 효력

승인 없는 행위의 법적 효력은 그것이 공법상의 행위인지 사법상의 행위인지에 따라 다르다. 공법상의 행위는 무효이며, 사법상의 행위에는 외관법리가 적용되어 유효하게 될 수 있다.

④ 승인심사의 범위

승인심사의 범위와 관련하여 승인청은 합법성 이외에 합목적성 까지 심사할 수 있는지가 문제인데 이는 사안에 따라 개별적으로 판단하여야 한다. 국가의 협력을 보장하기 위한 승인유보 제도인 경우로서, 국가와 지방자치단체가 공동으로 결정하는 의미가 있다면 합목적성심사까지도 가능하다고 하여야 할 것이다.

⑤ 수정승인의 가부

승인에 있어 수정승인이 가능한지가 문제이다. 국가의 협력을 보장하기 위한 경우에는 수정승인이 가능하다고 하여야 하며, 이 경우 지방자치단체는 다시 의사결정절차를 거쳐야 한다.

## 4. 사후적 감독수단

### (1) 지방의회에 대한 감독

지방의회에 대해서는 사후적 감독수단으로 재의요구 제도가 있다. 지방의회의 의결이 법령에 위반되거나 공익을 현저히 해친다고 판단되면 시·도에 대하여는 주무부장관이, 시·군 및 자치구에 대하여는 시·도지사가 재의를 요구하게 할 수 있다(지방자치법 제192조 제1항). 이러한 재의요구를 받으면 지방자치단체장은 지방의회에 대하여 재의요구를 하여야 한다.

시·도지사가 시장·군수·(자치)구청장으로 하여금 지방의회에 대하여·재의요구를 하게 하여야 함에도 이를 하지 않는 경우에는 법령위반인 경우에 한하여 주무부장관이 직접 시장·군수·(자치)구청장에게 재의요구를 하게 할 수 있다(같은 법 제192조 제2항).

만약 재의결의 결과 지방의회가 재적의원 과반수의 출석과 출석의원 3분의 2의 찬성으로 전과 같은 의결을 하면 그 의결사항은 확정된다. 재의요구에 의해 지방의회가 재의결한 사항이 법령에 위반되면 지방자치단체의 장은 대법원에 제소할 수 있다.

지방의회가 재의결한 사항이 법령에 위반되면 지방자치단체장은 재의결한 날로부터 20일 이내에 대법원 제소 및 집행정지 신청을 할 수 있다. 또한 지방자치단체장이 재의결사항이 법령위반임에도 불구하고 제소하지 아니하면 감독청인 주무부장관이나 시·도지사는 피감독 지방자치단체의 장에게 제소를 지시할 수 있고, 지방자치단체의 장이 제소지시를 이행하지 않는 경우에는 감독청은 대법원에 직접제소하고 필요하면 집행정지신청을 할 수 있다.

이때 주무부장관이 시·도지사를 거치지 않고 직접 재의요구를 한 경우에는 주무부장관이 직접 시·군·자치구 의회의 재의결이 법령에 위반됨을 이유로 대법원에 제소할 수 있다(같은 법 제192조 제5항).

또한 주무부장관과 시·도지사의 지방의회 의결에 대한 재의요구 요청에도 불구하고 지방자치단체장이 법령에 위반된 지방의회의 의결에 재의요구를 하지 않은 경우에도 주무부장관과 시·도지사는 대법원에 직접제소 및 집행정지결정을 신청할 수 있다(같은 법 제192조 제8항).

대법원은 '재의요구가 있는 때에는 재의요구에서 지적한 이의사항이 의결 일부에 관한 것이더라도 의결 전체가 실효되'므로 "의결 일부에 대한 재의요구나 수정 재의요구는 허용되지 않는다"고 하고, "재의결 내용 전부가 아니라 일부만 위법한 경우에도 대법원은 의결 전부의 효력을 부인하여야 한다"고 한다.[82)]

감독청이 언제까지 재의요구 요청을 할 수 있는지에 대하여 지방자치법은 명문의 규정을 두고 있지 않으나 대법원은 지방자치단체장의 재의요구기간과 동일하게 지방자치단체장이 지방의회로부터 의결사항을 이송받은 날로부터 20일 이내라고 한다.[83)]

---

82) 대법원 2017.12.5. 선고 2016추5162 판결.
83) 대법원 2013.11.28. 선고 2012추15 판결.

한편 지방의회의 의결이나 재의결 사항이 둘 이상의 부처에 관련되거나 주무부장관이 불분명하면 행정안전부장관이 재의요구 또는 제소를 지시하거나 직접 제소 및 집행정지결정을 신청할 수 있다(같은 법 제192조 제9항). 그런데 대법원은 이 조항이, 이러한 경우에 언제나 주무부장관의 권한행사를 배제하고 오로지 행정안전부장관만이 그러한 권한을 전속적으로 행사하도록 하려는 취지는 아니라고 판시하였다.[84] 그러므로 관련부처가 합동으로 재의요구 또는 제소를 지시하거나 직접제소 또는 집행정지결정을 신청할 수 있다.

재의요구제도는 의결의 부작위(예컨대, 의무조례의 미제정)는 대상으로 하지 못한다는 점에서 한계를 가진다.

### (2) 지방자치단체장에 대한 감독

#### ① 시정명령 및 취소·정지권

자치사무와 단체위임사무 등 지방자치단체의 사무에 대한 지방자치단체장의 명령이나 처분에 대하여 감독청(주무부장관과 시·도지사)은 지방자치단체장에 대하여 시정명령 및 취소·정지권을 가진다(같은 법 제188조 제1항). 이때 자치사무의 주무부장관은 행정안전부장관이 된다.

시·도지사가 시정명령 및 취소·정지의 사유가 있음에도 불구하고 시정명령과 취소·정지를 하지 않을 때에는 이를 시·도지사에게 명할 수 있고 시·도지사가 주무부장관의 명을 따르지 않고 시장·군수·(자치)구청장에게 시정명령 및 취소·정지처분을 하지 않을 때에는 주무부장관이 직접 시장·군수·(자치)구청장에게 시정명령 및 취소·정지처분을 할 수 있도록 하고 있다(같은 법 제188조 제2항-4항).

대법원은 여기서의 '처분'에는 엄격히 항고소송의 대상이 되는 처분만이 아니라 예컨대 '채용공고'와 같이 항고소송의 대상으로서의 처분 개념에 해당되지 않는 것도 포함될 수 있다고 한다(참고판례 1).

시정명령 및 취소·정지를 할 수 있는 사유는 자치사무의 경우에는 법령위반, 단체위임사무의 경우에는 법령위반 또는 현저한 공익위반이다. 이러한 사유가 있을 때에는 먼저 서면으로 시정명령을 하고 기간 내에 시정하지 않을 경우에는 취소·정지권을 행사할 수 있다. 지방자치단체장은 취소·정지에 대해서 후술하는 감독불복소송을 제기할 수 있다. 그런데 시정명령 등에 대해서는 감독불복소송이 허용되지 않는다. 다만, 학설 중에는 시정명령은 처분이라고 보아야 할 것이므로 원고적격이 인정되는 한 항고소송으로 다툴 수 있다는 유력한 견해가 있다.

시정명령 및 취소·정지제도 역시 의사결정의 부작위(예컨대 의무규칙의 미제정)는 대상으로 할 수 없다는 한계를 가지고 있다.

기관위임사무에 대하여는 지방자치법상의 시정명령과 취소·정지제도는 적용이 없으나 일반적인 위임에 관한 규정에 따라 시정명령과 취소·정지를 할 수 있다.

---

84) 대법원 2017.12.5. 선고 2016추5162 판결.

**참고판례 1: 대법원 2017.3.30. 선고 2016추5087 판결 [직권취소처분취소청구의소]**

이 사건 채용공고는 지방공무원의 임용을 위한 것으로서 지방자치법 제9조 제2항 제1호 (마)목에 정한 지방자치단체의 사무에 속하고, 이 사건 채용공고를 통하여 임용인원·자격·요건 등 임용에 관한 사항이 대외적으로 공표되어 확정되며, 이를 기초로 이후 임용시험 등의 절차가 진행된다.

그리고 행정소송법상 항고소송은 행정청이 행하는 구체적 사실에 관한 법집행으로서의 공권력의 행사 또는 그 거부와 그 밖에 이에 준하는 행정작용을 대상으로 하여 그 위법상태를 배제함으로써 국민의 권익을 구제함을 목적으로 하는 것과 달리, **지방자치법 제169조 제1항은 지방자치단체의 자치행정 사무처리가 법령 및 공익의 범위 내에서 행해지도록 감독하기 위한 규정이므로 그 적용대상을 항고소송의 대상이 되는 행정처분으로 제한할 이유가 없다.**

그렇다면 이 **사건 채용공고는 지방자치법 제169조 제1항의 직권취소의 대상이 될 수 있는 지방자치단체의 사무에 관한 '처분'에 해당한다고 봄이 타당하며,** 이를 다투는 원고의 주장은 받아들일 수 없다.

**참고판례 2: 대법원 2007.3.22. 선고 2005추62 전원합의체 판결 [승진임용직권취소처분취소 청구]**

[다수의견] 지방자치법 제157조 제1항 전문은 "지방자치단체의 사무에 관한 그 장의 명령이나 처분이 법령에 위반되거나 현저히 부당하여 공익을 해한다고 인정될 때에는 시·도에 대하여는 주무부장관이, 시·군 및 자치구에 대하여는 시·도지사가 기간을 정하여 서면으로 시정을 명하고 그 기간 내에 이행하지 아니할 때에는 이를 취소하거나 정지할 수 있다"고 규정하고 있고, 같은 항 후문은 "**이 경우 자치사무에 관한 명령이나 처분에 있어서는 법령에 위반하는 것에 한한다**"고 규정하고 있는바, 지방자치법 제157조 제1항 전문 및 후문에서 규정하고 있는 지방자치단체의 사무에 관한 그 장의 명령이나 처분이 법령에 위반되는 경우라 함은 명령이나 처분이 현저히 부당하여 공익을 해하는 경우, 즉 합목적성을 현저히 결하는 경우와 대비되는 개념으로, 시·군·구의 장의 사무의 집행이 명시적인 법령의 규정을 구체적으로 위반한 경우뿐만 아니라 그러한 사무의 집행이 재량권을 일탈·남용하여 위법하게 되는 경우를 포함한다고 할 것이므로, **시·군·구의 장의 자치사무의 일종인 당해 지방자치단체 소속 공무원에 대한 승진처분이 재량권을 일탈·남용하여 위법하게 된 경우 시·도지사는 지방자치법 제157조 제1항 후문에 따라 그에 대한 시정명령이나 취소 또는 정지를 할 수 있다.**

**해 설** 지방자치단체의 자치사무에 대한 국가나 광역자치단체의 관여는 합법성감독에만 미칠 수 있으므로 법령위반의 경우에만 가능하다. 그런데 대법원은 법령위반의 의미를 재량권의 일탈·남용을 포함하는 것으로 해석하고 있다.

### ② 직무이행명령 및 대집행·직접조치권

기관위임사무의 경우 지방자치단체장이 이를 이행하지 않고 있을 때에는 주무부장관 또는 시·도지사는 직무이행명령을 발하고 이에 응하지 않을 때에는 대집행 또는 직접 필요한 조치를 취할 수 있다(같은 법 제189조). 지방자치법 제189조 제1항은 시·도에 대하여는 주무부장관이, 시·군 및 자치구에 대하여는 시·도지사가 직무이행명령을 발하는 것으로 규정하고 있다.

국가위임사무에 대하여 광역자치단체장이 직무이행명령의 사유가 있음에도 불구하고 기초자치단체장에게 이행명령을 하지 않을 때에는 주무부장관은 시·도지사에게 이행명령을 하도록 명할 수 있고 시·도지사가 이에 불응하면 직접 시장·군수·(자치)구청장에게 기간을 정하여 이행명령을 할 수 있도록 하고 있다(같은 법 제189조 제3항, 제4항).

직무이행명령의 사유는 기관위임사무의 관리 및 집행의 해태이다.

대법원은 "직무이행명령의 요건 중 '법령의 규정에 따라 지방자치단체의 장에게 특정 국가위임사무나 시·도위임사무를 관리·집행할 의무가 있는지' 여부의 판단대상은 문언대로 법령상 의무의 존부이지, 지방자치단체의 장이 사무의 관리·집행을 하지 아니한 데 합리적 이유가 있는지 여부가 아니"라고 한다. 그러므로 기관위임사무의 관리 및 집행의 해태가 있다면 합리적인 해태의 사유 존재 유무를 불문하고 직무이행명령을 발할 수 있다. 또한 법령상 의무의 존부는 원칙적으로 직무이행명령 당시의 사실관계에 관련 법령을 해석·적용하여 판단하되, 직무이행명령 이후의 정황도 고려할 수 있다고 한다.[85)]

만약 직무이행명령 이후에도 기간 내에 이행하지 않을 경우에는 대집행(행정대집행법 준용)하거나 행정·재정상 필요한 조치를 할 수 있다.

주무부장관이나 광역자치단체장의 이행명령을 시장·군수·(자치)구청장이 이행하지 않으면 주무부장관이 직접 대집행 등을 할 수 있다(같은 법 제189조 제5항).

여기서 '행정·재정상 필요한 조치'는 직무이행명령제도의 취지에 비추어 주무부장관이나 시·도지사에게 부여된 지방자치단체에 대한 행정상·재정상의 감독·지원의 권한의 범위 내에 속하는 것에 한정된다고 하여야 하며 직무이행명령의 대상이 되는 위임사무와 관련이 없는 사무나 사항에 관한 조치(지원의 철회 등)는 포함되지 않는다고 해석하여야 할 것이다.[86)]

직무이행명령이 구체적인 거부나 부작위에 대해서도 발동될 수 있는지 아니면 일정한 업무에 대한 일반적 해태에 대해서 발동할 수 있는지 논란이 있을 수 있으나, 대법원은 구체적 거부나 부작위에 대해 가능한 것으로 보고 있다.[87)]

### 참고판례 1: 대법원 2013.6.27. 선고 2009추206 판결 [직무이행명령취소]

지방교육자치에 관한 법률 제3조, 지방자치법 제170조 제1항에 따르면, 교육부장관이 교육감에 대하여 할 수 있는 직무이행명령의 대상사무는 '국가위임사무의 관리와 집행'이다. 그 규정의 문언과 함께 직무이행명령 제도의 취지, 즉 교육감이나 지방자치단체의 장 등, 기관에 위임된 국가사무의 통일적 실현을 강제하고자 하는 점 등을 고려하면, **여기서 국가위임사무란 교육감 등에 위임된 국가사무, 즉 기관위임 국가사무를 뜻한다고 보는 것이 타당하다.**

**해 설** 직무이행명령의 대상사무는 기관위임사무임을 밝힌 것이다. 따라서 직무이행명령에 대한 소는 행정 내부관계에 대한 소이므로 이를 항고소송으로 보기 어렵다.

---

85) 대법원 2020.3.27. 선고 2017추5060 판결.

86) 최철호, "지방자치와 행정법", 『행정법과 헌법—행정법의 정체성 확립과 발전방향—』, (제44회 한국행정법학회 정기학술대회 자료집), 2020, 145면.

87) 대법원 2013.5.23. 선고 2011추56 판결.

### 참고판례 2: 대법원 2015.9.10. 선고 2013추517 판결 [직무이행명령(2013.4.10.)취소]

교육공무원 징계사무의 성격, 권한의 위임에 관한 교육공무원법령의 규정 형식과 내용 등에 비추어 보면, **국가공무원인 도교육청 교육국장 및 그 하급자인 장학관, 장학사에 대한 징계는 국가사무이고, 그 일부인 징계의결요구의 신청 역시 국가사무에 해당한다. 따라서 교육감이 담당 교육청 소속 국가공무원인 도교육청 교육국장 및 그 하급자들에 대하여 하는 징계의결요구 신청 사무는 기관위임 국가사무라고 보아야 한다.** (중략)

**교육감의 학교생활기록의 작성에 관한 사무에 대한 지도 · 감독 사무는 기관위임 국가사무에 해당하지만,** 지방자치법 제169조에 규정된 취소처분에 대한 이의소송의 입법 취지 등을 고려할 때, **교육감이 지도 · 감독 사무의 성격에 관한 선례나 학설, 판례 등이 확립되지 않은 상황에서 이를 자치사무라고 보아 사무를 집행하였는데, 사후에 사법절차에서 그 사무가 기관위임 국가사무임이 밝혀졌다는 이유만으로는** 곧바로 기존에 행한 사무의 **구체적인 집행행위가 위법하다고 보아 징계사유에 해당한다고 볼 수는 없다.** (중략)

지방교육자치에 관한 법률 제3조, 지방자치법 제170조 제1항에 따르면, 교육부장관은 교육감이 의무에 속하는 국가위임사무의 관리와 집행을 명백히 게을리하고 있다고 인정되면 교육감에게 이행할 사항을 명할 수 있다.

여기서 '국가위임사무의 관리와 집행을 명백히 게을리하고 있다'는 요건은 국가위임사무를 관리 · 집행할 의무가 성립함을 전제로 하는데, 교육감은 의무에 속한 국가위임사무를 이행하는 것이 원칙이므로, 교육감이 특별한 사정이 없이 의무를 이행하지 아니한 때에는 이를 충족한다. **여기서 특별한 사정이란,** 국가위임사무를 관리 · 집행할 수 없는 법령상 장애사유 또는 지방자치단체의 재정상 능력이나 여건의 미비, 인력의 부족 등 사실상의 장애사유를 뜻하고, **교육감이 특정 국가위임사무를 관리 · 집행할 의무가 있는지에 관하여 교육부장관과 다른 견해를 취하여 이를 이행하고 있지 아니한 사정은 이에 해당한다고 볼 것이 아니다.**

**해 설** 1. 지방자치단체에 근무하는 국가공무원에 대한 징계사무는 국가위임사무이므로 교육감이 행하는 소속 국가공무원에 대한 징계업무(특히 징계의결의 요구 신청: 교육공무원법 제51조 제1항)는 기관위임사무라고 판시하였다. 2. 대법원은 그러나 학설 · 판례가 귀일하지 않은 상황에서 기관위임사무를 자치사무로 오인하여 업무를 처리하였다 하더라도 그것만으로 징계사유가 되지 않는다고 판단하였다. 3. 또한 지방자치단체장이 특별한 사정없이 국가위임사무를 행하지 않으면 직무이행명령의 대상이 되는데 이 때 지방자치단체장이 주무부장관과 의견을 달리하는 것은 특별한 사정에 해당되지 않는다고 판시하였다.

## 제3관 지방자치단체 상호간의 협력과 분쟁조정

### 1. 지방자치단체 상호간의 협력

#### (1) 협력의무

지방자치법 제164조는 "지방자치단체는 다른 지방자치단체로부터 사무의 공동처리에 관한 요청이나 사무처리에 대한 협의, 조정, 승인 또는 지원의 요청을 받으면 법령의 범위 안에서 협력하여야 한다."라고 규정하고 있다.

### (2) 협력의 방식

지방자치단체 상호간의 협력의 방식에는 공법형식을 취하는 것과 사법형식을 취하는 것이 있다.

공법형식을 취하는 경우에는 ① 본래 의미의 특별지방자치단체나 지방자치단체 조합과 같은 법인체를 구성하거나 행정협의회와 같은 비법인체인 조직체를 구성하여 협력하는 방법과 ② 조직체구성 없이 사무의 위탁이나 직원의 파견, 기타 정보제공 등의 방법에 의하는 경우가 있다.

사법형식에 의한 협력에는 국가감독이 제대로 미치기 어렵다는 문제가 있다.

## 2. 지방자치단체 상호간 분쟁조정

지방자치단체 상호간 또는 지방자치단체의 장 상호간 사무를 처리함에 있어서 의견을 달리하여 다툼이 있는 때에는 다른 법률에 특별한 규정이 없는 한 행정안전부장관 또는 시·도지사가 당사자의 신청에 의하여 이를 조정할 수 있다. 다만 그 분쟁이 공익을 현저히 저해하여 조속한 조정이 필요하다고 인정되는 경우에는 당사자의 신청이 없어도 직권으로 이를 조정할 수 있다(같은 법 제165조 제1항). 그런데 대법원은 그것이 비록 자치사무일지라도 그 사무로 인하여 다른 지방자치단체나 그 주민의 보호할 만한 가치가 있는 이익을 침해하는 경우에는 지방자치법 제148조에서 정한 분쟁조정 대상 사무가 될 수 있다고 한다.[88)]

행정안전부장관이나 시·도지사가 분쟁조정을 할 때에는 중앙행정기관의 장과의 협의를 거쳐서 지방자치단체중앙분쟁조정위원회 또는 지방자치단체지방분쟁조정위원회의 의결에 따라 조정하여야 한다.

이러한 조정결정에는 법적 구속력이 있다. 조정사항이 이행되지 않을 때 조정권자는 지방자치법 제189조를 준용하여 직무이행명령을 내릴 수 있고 직무이행명령을 이행하지 않으면 대집행, 직접조치 등으로 대응할 수 있다. 대법원은 이 경우의 직무이행명령은 조정대상사항이 자치사무일지라도 할 수 있다고 한다.[89)]

최근 공유수면매립지와 지적공부에 등록이 누락된 토지 등의 지방자치단체 편입에 대해 지방자치단체 사이의 분쟁이 증가함에 따라 지방자치법은 이러한 분쟁의 조정과 분쟁해결에 특별규정을 두어 이러한 분쟁에 대해서는 지방자치단체중앙분쟁조정위원회의 심의·의결에 따라 행정안전부장관이 결정하도록 하고 있다. 또한 지방자치단체장이 이러한 결정에 대해 불복할 경우에는 대법원에 소송을 제기할 수 있도록 하고 있다(같은 법 제5조 제4항－제11항).

---

88) 대법원 2016.7.22. 선고 2012추121 판결.
89) *Id.*

참고판례 1: 대법원 2015.9.24. 선고 2014추613 판결 [충남남포지구부사공구매립지귀속지방자치단체결정취소]

지방자치법 제148조 제4항, 제7항, 제170조 제3항의 내용과 체계, 지방자치법 제148조 제1항에 따른 지방자치단체 또는 지방자치단체의 장 상호 간 분쟁에 대한 조정결정(이하 '분쟁조정결정'이라 한다)의 법적 성격 및 분쟁조정결정과 이행명령 사이의 관계 등에 비추어 보면, **행정자치부장관이나 시·도지사의 분쟁조정결정에 대하여는 후속의 이행명령을 기다려 대법원에 이행명령을 다투는 소를 제기한 후 그 사건에서 이행의무의 존부와 관련하여 분쟁조정결정의 위법까지 함께 다투는 것이 가능할 뿐, 별도로 분쟁조정결정 자체의 취소를 구하는 소송을 대법원에 제기하는 것은 지방자치법상 허용되지 아니한다.** 나아가 분쟁조정결정은 상대방이나 내용 등에 비추어 행정소송법상 항고소송의 대상이 되는 처분에 해당한다고 보기 어려우므로, **통상의 항고소송을 통한 불복의 여지도 없다.**

해 설 대법원은 지방자치법 제148조의 지방자치단체 상호간의 분쟁조정에 대하여 불복할 경우 분쟁조정결정 자체의 취소를 구하는 소송은 허용되지 않으며 조정결정에 대한 후속의 이행명령을 기다려 그 이행의무의 존부와 함께 분쟁조정결정의 위법성을 다투어야 한다고 판시하였다.

참고판례 2: 대법원 2016.7.22. 선고 2012추121 판결 [직무이행명령에 대한 이의]

지방자치법 제148조 제1항, 제3항, 제4항의 내용 및 체계에다가 지방자치법이 분쟁조정절차를 둔 입법취지가 지방자치단체 상호 간이나 지방자치단체의 장 상호 간 사무처리 과정에서 분쟁이 발생하는 경우 당사자의 신청 또는 직권으로 구속력 있는 조정절차를 진행하여 이를 해결하고자 하는 데 있는 점, 분쟁조정 대상에서 자치사무를 배제하고 있지 않은 점 등을 종합하면, **지방자치단체의 자치사무라도 당해 지방자치단체에 내부적인 효과만을 발생시키는 것이 아니라 그 사무로 인하여 다른 지방자치단체나 그 주민의 보호할 만한 가치가 있는 이익을 침해하는 경우에는 지방자치법 제148조에서 정한 분쟁조정 대상 사무가 될 수 있다.**

지방자치법 제148조 제7항, 제170조 제1항에 의하면, 지방자치법 제148조에서 정한 분쟁조정 대상 사무가 될 수 있는 **자치사무에 관하여 분쟁조정결정이 있었음에도 조정결정사항을 성실히 이행하지 않은 지방자치단체에 대하여는 제148조 제7항에 따라 제170조를 준용하여 지방자치단체를 대표하는 지방자치단체의 장에 대하여 조정결정사항의 이행을 위하여 직무이행명령을 할 수 있다.**

해 설 지방자치단체의 자치사무에 대해서도 지방자치법 제165조(구법 제148조)의 분쟁조정을 실시할 수 있으며, 자치사무일지라도 조정결정사항 이행을 하지 않으면 직무이행명령을 할 수 있다고 판시하고 있다.

## 제4관 지방자치에 관한 쟁송

### 1. 권한쟁의심판[90]

헌법재판소법 제61조 제1항은 권한쟁의심판을 '권한의 유무 또는 범위에 다툼이 있을 때' 제기하는 것으로 규정하고 있다. 그러므로 지방자치와 관련하여 국가기관과 지방자치단체 또는 지방자치단체의 기관 그리고 소속을 달리하는 지방자치단체 또는 지방자치단체의 기관 사이에서

90) 자세한 것은 제1편 제5장 제3관 2. (2) 헌법재판소에 의한 권한쟁의심판 참조.

권한쟁의가 발생할 수 있다.

그런데 기관소송과 달리 권한쟁의심판은 권한의 유무 또는 범위에 대한 판단만 가능하다는 한계를 가진다. 따라서 그 권한이 개별사안에서 적법 또는 위법하게 행사되었는가 여부는 권한쟁의심판의 판단의 대상이 아니다. 헌법재판소에 의한 권한쟁의심판은 단심이며 구두변론이 제한되어 있으므로 권한의 적정행사 여부까지를 심판대상으로 하는 것은 부적절하다고 볼 수 있다.

그러나 실제로 지방자치와 관련된 기관 간의 다툼에서는 권한의 유무와 범위가 직접적인 다툼의 원인이 되는 경우가 많다.

## 2. 기관소송

### (1) 의의

기관소송이란 국가 또는 공공단체의 기관 상호간에 있어서의 권한의 존부 또는 그 행사에 관한 다툼이 있을 때 제기하는 소송이다. 기관소송은 행정소송법에 규정이 있지만 그 규정과는 별도로 다른 법률에 규정이 있는 경우에만 인정되며[91] 권한쟁의심판의 대상이 되는 경우를 제외한다.

### (2) 권한의 존부에 관한 기관소송과 권한쟁의심판의 차이점

기관소송은 권한의 존부에 대해서도 가능하기 때문에 경우에 따라서 권한쟁의심판과의 기능 중복이 문제가 될 수 있다. 그러나 행정소송법 제3조 제4호는 헌법재판소 관장 사항이 되는 소송은 기관소송에서 제외한다고 하고 있으므로 중복의 여지는 원칙적으로 없다고 할 것이다.

어쨌든 양자의 차이점을 살펴보면 다음과 같다.

① 권한쟁의심판에서 국가기관 상호간이라 함은 입법부와 행정부, 사법부 등 최고기관을 달리하는 기관들 사이의 권한쟁의에 대한 심판이다. 기관소송에서 기관 상호간이라 함에는 이러한 제한이 없다.

② 무엇보다도 법률이 별도로 정한 경우에만 기관소송이 인정된다는 점에서 현행 기관소송제도의 특징이 있다.

③ 기관소송의 당사자는 언제나 행정기관이지만 권한쟁의심판의 당사자는 지방자치단체 또는 국가기관이나 지방자치단체의 기관이 된다.

### (3) 기관소송의 종류

지방자치법과 관련하여 ① 지방의회와 지방자치단체 사이의 기관소송과 ② 감독청과 지방의회 사이의 기관소송 그리고 ③ 지방자치단체의 합의제 기관과 그 구성원 사이의 소송이 있을 수 있다. 그러나 지방의회의 합의제기관과 그 구성원 사이의 소송은 현행법상 규정이 존재하지 않고 있기 때문에 ①②의 기관소송만이 존재한다.

---

91) 대법원 2025.11.6. 선고 2023추5160 판결.

**지방의회와 지방자치단체의 장 사이의 기관소송**

지방자치단체의 장은 지방의회의 의결이 월권이거나 법령에 위반되거나 공익을 현저히 해친다고 인정되면 그 의결사항을 이송받은 날부터 20일 이내에 이유를 붙여 재의를 요구할 수 있다. 이러한 지방자치단체장의 재의요구에 대해 재적의원 과반수의 출석과 출석의원 3분의 2의 찬성으로 재의결 한 경우에는, 이것이 법령에 위반된다고 판단되면 지방자치단체의 장은 재의결된 날로부터 20일 이내에 대법원에 소를 제기할 수 있고 필요하면 집행정지결정을 신청할 수도 있다(지방자치법 제120조 제4항: 지방의회의 의결에 대한 재의요구에 따른 지방자치단체장의 제소). 조례의 경우에도 동일하다. 조례에 대해서도 지방자치법 제120조 제4항이 적용되기 때문이다.

시·도에 대하여는 주무부장관, 시·군 및 자치구에 대하여는 시·도지사는 지방의회의 의결이 법령에 위반되거나 공익을 현저히 해친다고 판단되면 지방자치단체의 장으로 하여금 재의요구를 하게 할 수 있고, 재의요구지시를 받은 지방자치단체의 장은 의결사항을 이송받은 날로부터 20일 이내에 지방의회에 이유를 붙여 재의를 요구하여야 한다(같은 법 제192조 제1항). 재의요구가 이루어지고 이에 대하여 지방의회가 재적의원 과반수의 출석과 출석의원 3분의 2의 찬성으로 재의결한 경우에는 지방자치단체의 장은 재의결된 사항이 법령에 위반된다고 판단하면 재의결된 날로부터 20일 이내에 대법원에 제소할 수 있고 필요하면 집행정지결정을 신청할 수 있다(같은 법 제192조 제4항).

지방자치단체장이 제소하지 아니하는 경우에는 주무부장관과 시·도지사는 제소지시를 하거나 직접 제소 및 집행정지신청을 할 수 있다.

주무부장관은 법령위반 사항에 관한 한, 시·도지사를 거치지 않고 시장·군수·(자치)구청장에게 직접 재의요구지시를 할 수 있고 재의결 결과가 위법하다고 판단하면 시장·군수·(자치)구청장에게 직접적인 제소지시를 할 수 있을 뿐 아니라 지방의회에 대한 직접제소 및 집행정지신청을 할 수 있다(같은 법 제192조 제2항, 제5항).

**감독청과 지방의회 사이의 기관소송**

감독청은 지방자치단체의 장이 법령위반의 지방의회 의결에 대한 감독청의 재의요구의 요청에 따르지 않으면 직접제소하고 필요하면 집행정지신청을 할 수 있다(같은 법 제192조 제8항: 지방자치단체의 장이 재의요구하지 않는 경우의 감독청의 직접제소). 또한 지방의회가 재의결한 사항이 법령에 위반된다고 판단됨에도 불구하고 해당 지방자치단체의 장이 제소하지 아니하면 감독청은 제소를 지시하거나(같은 법 제192조 제5항 및 제6항: 감독청의 제소지시에 따른 지방자치단체장의 제소), 직접제소하고 필요하면 집행정지를 신청할 수 있다(같은 법 제192조 제5항 및 제7항: 지방자치단체의 장이 제소하지 않는 경우의 감독청의 직접제소).

이때 주무부장관은 시장·군수·(자치)구청장에게 직접적인 제소지시를 할 수 있을 뿐 아니라 지방의회에 대한 직접제소 및 집행정지신청을 할 수 있다(같은 법 제192조 제5항).

지방자치법상의 기관소송은 모두 위법사유를 이유로 대법원에 제소하도록 규정하고 있다. 그리고 앞에서 살펴본 바와 같이 이러한 위법사유에는 재량권의 일탈·남용이 포함된다는 것이 대법원의 입장이다.

### 주요판례요지

대법원 2025.11.6. 선고 2023추5160 판결: 지방자치법 제192조 제8항에 근거한 조례안 의결 무효확인 소송은 일종의 추상적 규범통제의 성격을 갖고, 그 취지는 '조례에 대한 관계에서 법령의 우위' 내지 '조례의 적법성'을 관철함으로써 헌법이 상정하고 있는 전체 법질서의 통일성을 확보하기 위한 것이다. 따라서 지방자치법 제192조 제8항에 의해 조례안이 법령에 위반되는지가 문제 된 소송에서 그에 관한 심사는 변론종결 당시 규범적 효력을 갖는 법령을 기준으로 하여야 한다.

### 참고판례 1: 대법원 1994.5.10. 선고 93추144 판결 [경기도도시계획위원회조례중개정조례안무효확인]

**의결의 일부에 대한 효력의 배제는 결과적으로 전체적인 의결의 내용을 변경하는 것에 다름 아니어서** 의결기관인 지방의회의 고유권한을 침해하는 것이 될 뿐 아니라, 그 일부만의 효력배제는 자칫 전체적인 의결내용을 지방의회의 당초의 의도와는 다른 내용으로 변질시킬 우려가 있으며, 또한 재의 요구가 있는 때에는 재의 요구에서 지적한 이의사항이 의결의 일부에 관한 것이라고 하여도 의결 전체가 실효되고 재의결만이 의결로서 효력을 발생하는 것이어서 의결의 일부에 대한 재의 요구나 수정재의 요구가 허용되지 않는 점에 비추어 보면, **재의결의 내용 전부가 아니라 그 일부만이 위법한 경우에도 그 재의결 전부의 효력을 부인하여야 한다.**

**해 설** 지방의회 의결의 위법에 대한 소송에서 의결이나 재의결의 일부가 위법이라 하더라도 전부의 효력을 부인하여야 한다는 판시이다.

### 참고판례 2: 대법원 1999.4.27. 선고 99추23 판결 [건축조례중개정조례안재의결무효확인]

(구) 지방자치법 제19조 제3항은 지방의회의 의결사항 중 하나인 조례안에 대하여 지방자치단체의 장에게 재의요구권을 폭넓게 인정한 것으로서 지방자치단체의 장의 재의요구권을 일반적으로 인정한 지방자치법 제98조 제1항에 대한 특별규정이라고 할 것이므로, **지방자치단체의 장의 재의요구에도 불구하고 조례안이 원안대로 재의결되었을 때에는 지방자치단체의 장은 (구) 지방자치법 제98조 제3항에 따라 그 재의결에 법령위반이 있음을 내세워 대법원에 제소할 수 있는 것이다.**

**해 설** 지방의회의 조례안에 대한 재의결이 요구되었을 때 지방의회가 원안대로 재의결을 한 경우, 지방자치단체장의 제소권이 명문으로 규정되어 있지 않다. 그러나 대법원은 조례안에 대한 재의결도 지방자치법 제120조의 재의결(지방의회 의결에 대한 재의요구와 제소: 이 판례에서는 구 지방자치법 제98조에 따른 것으로 지칭)에 당연히 포함되어 제소가 가능하다고 해석하고 있다. 대법원은 지방자치법 제192조의 재의요구와 그에 따른 제소를 기관소송의 일종으로 보고 있는데[92] 제120조의 경우의 제소도 마찬가지로 보아야 할 것이다.

#### (4) 기관소송의 성격

지방자치법이 규정하는 기관소송은 원칙적으로 동일 권리주체 내부에서의 소송을 포함하므로 처분에 대한 소송이라고 볼 수 없는 경우가 있고 따라서 이를 항고소송이라고 할 수는 없다.

그런데 지방자치법 제192조 제5항, 제8항 등의 감독청의 직접제소(지방자치단체장이 제소하지 않는 경우와 재의요구하지 않는 경우의 직접제소)는 동일한 권리주체 내의 기관 사이의 소송이 아니므로 통상의 지방차지법상의 기관소송의 범주에서는 이질적인 것이라 할 수 있다. 그렇다고 하더라도 지방의회의 결정에 대해 감독청이 제소하는 것을 항고소송이라 할 수는 없다.

### 3. 감독불복소송

#### (1) 의의

지방자치법 제188조 및 제189조는 지방자치단체의 장에 대한 주무부장관 또는 시·도지사의 감독권을 인정함과 아울러 이러한 감독권 행사에 불복할 수 있는 소송을 인정하고 있다.

이러한 감독불복소송은 동일한 지방자치단체 내의 소송이 아니므로 특별한 형태의 기관소송이라 하거나 또는 특별한 형태의 항고소송이라고 보는 것이 타당할 것이다.

#### (2) 취소 · 정지에 대한 불복소송

지방자치법 제188조 제1항의 주무부장관 또는 시·도지사의 취소·정지가 자치사무에 관한 명령이나 처분에 대한 것이고 그 취소·정지가 위법하다고 생각할 때에는 지방자치단체장은 이에 불복하여 취소·정지처분을 통보받은 날로부터 15일 이내에 대법원에 제소할 수 있다(같은 법 제188조 제6항).

#### (3) 직무이행명령에 대한 불복소송

지방자치법 제189조 제1항의 주무부장관 또는 시·도지사의 직무이행명령에 이의가 있으면 지방자치단체의 장은 그 위법사유를 이유로 이행명령서를 접수한 날로부터 15일 이내에 대법원에 제소할 수 있다(같은 법 제189조 제6항). 이 경우 지방자치단체장은 집행정지결정을 신청할 수 있다.

#### (4) 현행 감독불복소송의 문제점

현행 감독불복소송 가운데 취소·정지에 대한 불복소송은 인정되지만 시정명령 등의 제1차적 감독조치에 대해 불복소송을 제기할 수 없다. 대법원도 같은 취지로 판시한 바 있다.[93] 즉, 시정명령 등에 불응하여 취소·정지가 이루어진 경우에만 감독불복소송을 제기할 수 있다.

---

92) 대법원 1993.11.26. 선고 93누7341 판결.
93) 대법원 2017.10.12. 선고 2016추5148 판결.

또한 예컨대, 건축법 제78조, 도로법 제98조는 감독청이 지방자치단체장에게 처분의 취소·변경, 공사의 중지, 기타 필요한 조치를 명할 수 있도록 하고 있는데, 취소·변경을 명하는 것은 취소나 정지 자체는 아니므로 문리해석만으로는 감독불복소송을 제기하기 어렵다.

그리고 감독불복소송의 제소기간이 지나치게 짧은 점도 문제라고 할 수 있으며 대법원에 의한 단심이므로 사실심의 심리기능이 충실하지 못하다는 단점이 있다.

### 4. 주민소송과 경계결정에 대한 불복소송

주민소송과 공유수면매립지 등의 관할경계에 대한 불복소송에 대해서는 이미 전술한 바와 같다.

### 5. 기타의 항고소송

#### (1) 자치사무 및 단체위임사무에 대한 감독처분에 대한 항고소송

지방자치법 상의 감독불복소송 이외에 지방자치단체에 의한 항고소송을 일반적으로 인정할 수 있을 것인지가 문제된다. 그런데 대법원은 이미 지방자치단체가 국가기관의 처분에 대하여 제기한 항고소송을 인정한 바 있다.[94] 감독청의 감독처분은 자치사무에 관한 한 처분성이 인정될 수 있고 이론구성에 따라서는 단체위임사무의 경우에도 외부법관계로 볼 수 있으므로 처분성을 인정할 수 있다.

#### (2) 기관위임사무에 대한 감독처분에 대한 항고소송

기관위임사무의 경우에서의 감독처분은 외부법관계로 볼 수 없어서 처분성을 인정하기는 어려울 것이다. 다만 '그 밖에 이에 준하는 행정작용'에 해당한다고 보아 처분성을 인정할 여지가 전혀 없는 것은 아니다.

더 큰 문제는 원고적격의 인정 여부이다. 원칙론으로는 지방자치단체장 등에 대한 권한에 대한 침해가 지방자치단체의 자치권에 대한 침해에 해당된다고 볼 수 있는 한, 그리고 그에 대한 보호규범을 도출할 수 있다고 해석되는 한, 원고적격을 인정할 수 있다고 본다. 그러나 기관위임사무에 대한 감독처분으로 자치권에 대한 침해가 발생하기는 어려우므로 실제로는 원고적격을 인정하기 어려울 것이다.

#### (3) 감독청이 피감독 지방자치단체를 상대로 하는 항고소송

감독불복소송이 아니라 역으로 감독주체인 국가가 피감독청을 상대로 취소소송을 제기할 수는 없다고 보아야 한다. 대법원은 국가가 지방자치단체 장의 기관위임사무의 처리에 대하여 취소소송을 제기하는 것을 허용하지 않고 있다.

---

94) 대법원 2017.9.21. 선고 2014두43073 판결; 대법원 2013.2.28. 선고 2012두22904 판결 등.

**참고판례: 대법원 2007.9.20. 선고 2005두6935 판결 [국토이용계획변경신청거부처분취소]**

건설교통부장관은 지방자치단체의 장이 기관위임사무인 국토이용계획 사무를 처리함에 있어 자신과 의견이 다를 경우 행정협의조정위원회에 협의·조정 신청을 하여 그 협의·조정 결정에 따라 의견불일치를 해소할 수 있고, 법원에 의한 판결을 받지 않고서도 행정권한의 위임 및 위탁에 관한 규정이나 구 지방자치법에서 정하고 있는 지도·감독을 통하여 직접 지방자치단체의 장의 사무처리에 대하여 시정명령을 발하고 그 사무처리를 취소 또는 정지할 수 있으며, 지방자치단체의 장에게 기간을 정하여 직무이행명령을 하고 지방자치단체의 장이 이를 이행하지 아니할 때에는 직접 필요한 조치를 할 수도 있으므로, **국가가 국토이용계획과 관련한 지방자치단체의 장의 기관위임사무의 처리에 관하여 지방자치단체의 장을 상대로 취소소송을 제기하는 것은 허용되지 않는다.**

### 6. 헌법소원

지방자치와 관련하여 주민의 기본권이 침해된 경우에는 주민은 헌법소원을 제기할 수 있다. 그러나 지방자치단체는 기본권의 주체가 될 수 없으므로 지방자치단체 스스로 또는 지방자치단체의 장이나 지방의회 등은 헌법소원을 제기할 수 없다.

# 제7절 지방자치행정의 특례

## 제1관 대도시 행정의 특례

### 1. 자치구 재원의 조정

특별시장과 광역시장은 지방재정법에서 정하는 바에 따라 해당 지방자치단체의 관할구역 안의 자치구 상호간의 재원을 조정하여야 한다(지방자치법 제196조).

### 2. 서울특별시 행정의 특례

지방자치법 제197조 제1항과 관련하여 '서울특별시 행정특례에 관한 법률'이 제정되어 서울특별시에 대하여 일정한 특례가 인정되고 있다. 그리하여 행정안전부 장관이나 중앙행정기관의 장의 업무에 관한 일을 국무총리가 조정하도록 하는가 하면 소속장관이나 중앙행정기관의 장의 권한을 서울특별시장의 권한으로 규정하기도 한다. 그리고 국가감독에 있어서 다른 광역지방자치단체에 비해 서울시의 지위를 다소 다르게 규정하고 있다.

### 3. 특별시·광역시·특별자치시가 아닌 인구 50만 이상의 대도시의 행정·재정 특례

특별시, 광역시, 특별자치시가 아닌 인구 50만 이상의 대도시에 대해서도 행정, 재정운영 및 국가의 지도·감독에 있어서 관계 법률이 정하는 바에 의하여 특례를 둘 수 있다(지방자치법 제

198조 제2항). 또한 특별시, 광역시, 자치시가 아닌 인구 100만 이상의 대도시(특례시) 등에는 추가적인 특례를 규정할 수 있도록 하고 있다(같은 법 제198조 제2항).

## 제2관 특별자치도 및 특별자치시에 대한 특례

### 1. 제주특별자치도에 대한 특례

제주특별자치도의 지위·조직 및 행정·재정 등의 운영에 관하여 행정체제의 특수성을 고려하여 법률이 정하는 바에 따라 특례를 두고 있다. 지방자치법 제197조 제2항 및 그에 근거한 '제주특별자치도의 설치 및 국제자유도시 조성을 위한 특별법'이 이에 대해 규정하고 있다.

이 특별법은 일부 중앙행정기관의 권한을 제주특별자치도 도지사의 권한으로 이양하고, 국무총리 소속 하에 제주특별자치도 지원위원회를 설치하며(같은 법 제17조), 지방의회와 집행기관의 구성과 조직에 특례(같은 법 제44조 등)를 규정하고 있다. 또한 주민투표, 조례의 제정 및 개폐청구, 주민소환 등에 대해서도 특례(같은 법 제2편 제3장 제1절, 제2절)를 두고, 도의회의 기능과 운영의 자율성 강화(같은 법 제2편 제4장), 인사청문회(같은 법 제43조) 등 인사제도의 특례(같은 법 제46조 이하) 그리고 감사위원회제도 및 자치경찰제도를 규정하였으며 특별지방행정기관 사무의 이전 등에 대해서도 규율하고 있다.

### 2. 제주특별자치도의 자치경찰

제주특별자치도에는 국가경찰과 별도로 자치경찰위원회 소속 하에 자치경찰단을 둔다(같은 법 제88조 제1항). 자치경찰단장(자치총경으로 보함)은 도지사가 임명하며 자치경찰위원회의 지휘·감독을 받는다(같은 법 제89조 제1항).

제주특별자치도의 자치경찰의 임무는 '국가경찰과 자치경찰의 조직 및 운영에 관한 법률'에 규정된 자치경찰의 임무와 '제주특별자치도의 설치 및 국제자유도시 조성을 위한 특별법'에 규정된 것을 망라한다. '국가경찰과 자치경찰의 조직 및 운영에 관한 법률'은 자치경찰사무로서 이 법 제3조에서 정한 경찰의 임무 범위에서 관할 지역의 생활안전·교통·경비·수사 등에 관한 사무 중에 특정하여 자치경찰사무를 자세히 규정하고 있다(같은 법 제4조 제1항 제2호). 이 사무들은 '제주특별자치도의 설치 및 국제자유도시 조성을 위한 특별법'의 자치경찰 임무에 관한 규정과 중복되는 점이 많다. 한편 이 특별법이 규정하는 자치경찰의 임무는 ① 주민의 생활안전 활동에 관한 사무(생활안전을 위한 순찰 등, 주민참여 방범활동의 지원 및 지도, 안전사고 등으로부터 주민보호, 가정·학교폭력 등의 예방, 주민의 일상생활과 관련된 사회질서의 유지 등), ② 지역 교통활동에 관한 사무(교통안전과 교통소통, 교통법규위반 지도·단속 등), ③ 공공시설 및 지역행사장 등의 지역경비에 관한 사무, ④ '사법경찰관리의 직무를 수행할 자와 그 직무범위에 관한 법률'에서 자치경찰공무원의 직무로 규정하고 있는 사법경찰관리의 직무(환경, 위생, 산림 경찰 등), ⑤ '즉결심판에 관한 절차법' 등에 따라 도로교통법 또는 경범죄처벌법 위반에 따른 통고처분 불이행자 등에 대한 즉결심판 청구 사무 등이다(같은 법 제90조).

자치경찰은 국가경찰과 협조하여야 하며 국가경찰과 협약체결을 통해 사무분담 및 사무수행 방법을 정한다. 이러한 협약 체결시에 도지사는 자치경찰위원회의 의견을 들어야 한다(같은 법 제91조 제1항).

### 3. 세종특별자치시에 대한 특례

세종특별자치시에 대하여서도 지방자치법 제197조 제2항과 그에 근거한 '세종특별자치시 설치 등에 관한 특별법'에 따라 여러 가지 특례가 규정되고 있다. 국무총리 소속의 세종특별자치시 지원위원회의 설치(같은 법 제9조 제1항), 재정특례(같은 법 제14조), 조직특례(같은 법 제15조), 국가와 세종특별자치시 사이의 인사교류와 파견(같은 법 제16조), 공직선거의 특례(같은 법 제19조), 조례의 제정 및 개폐청구의 특례(같은 법 제20조) 그리고 감사위원회의 설치(같은 법 제21조) 등이 그것이다.

### 4. 강원특별자치도 및 전북특별자치도에 대한 특례

'강원특별자치도 설치 등에 관한 특별법' 및 '전북특별자치도의 설치 등에 관한 특별법'에 따라 강원특별자치도와 전북특별자치도에 대하여서도 여러 가지 특례가 규정되고 있다. 국무총리 소속의 지원위원회의 설치, 행정상·재정상 특별지원, 국가균형발전특별회계 계정 설치, 자치사무 등의 위탁, 주민투표, 공무원 인사교류 및 파견, 지역인재의 선발 채용 등에 대한 특례, 감사위원회의 설치, 그리고 지방자치법 등 관계 법률에 따른 특례 등이 그것이다.

# 제 02 장

# 특별행정법

## 제1관 공무원법

### 1. 우리나라의 공무원 제도

#### (1) 공무원의 개념

우리나라의 실정법상 단일한 공무원 개념은 존재하지 않고 각 실정법에 따라 상이한 공무원 개념이 적용되고 있다. 다만 여기에서 주로 문제되는 것은 국가공무원법, 지방공무원법 상의 공무원이라 할 수 있다.

① 헌법, 국가공무원법, 지방공무원법상의 공무원(광의의 공무원)

헌법, 국가공무원법, 지방공무원법이 말하는 공무원 개념은 광의의 것으로서 국가와 지방자치단체에 의해 임명되어 공무에 종사하는 자 뿐 아니라 대통령, 국회의원, 지방의회 의원 등 선거에 의해 선출되어 공무에 종사하는 자를 포함하는 개념이다.

한편 협의로는 공무원은 국가와 지방자치단체에 의해 임명되어 공무에 종사하는 자로서 선출직을 제외한다.

② 국가배상법상의 공무원(최광의의 공무원)

국가배상법상의 공무원 개념은 앞에서 살펴본 바와 같이 신분상의 공무원에 국한하지 않고 무릇 일체의 공무담당자를 말한다.

③ 형법상의 공무원

범죄와 형벌에 관한 한 공무원으로 보는 경우로서 신분상의 공무원 뿐 아니라 널리 공공기관 종사자나 공무를 수행하는 민간인도 일정한 경우에는 형법상의 공무원으로 보는 경우가 있다.

#### (2) 공무원의 종류

① 국가공무원과 지방공무원

국가공무원법과 지방공무원법이 각각 규율하며 실무상 선임주체에 따라 구분된다. 즉 국가가 선임하는 공무원이 국가공무원, 지방자치단체가 선임하는 공무원이 지방공무원이다. 선임주체, 경비부담주체 그리고 담당사무가 일치하는 것이 원칙이지만 경우에 따라 다소 다를 수 있다.

② 경력직공무원과 특수경력직공무원

경력직 공무원이란 전형적인 직업공무원으로서 그를 일반직과 특정직(법관, 검사, 의무, 소방, 교육공무원, 군인 등)으로 분류할 수 있다(국가공무원법 제2조, 지방공무원법 제2조).

한편 특수경력직공무원이란 전통적인 직업공무원의 범주에는 들지 않는 정무직, 별정직(비서관, 비서 등)을 말한다(국가공무원법 제2조 제3항, 지방공무원법 제2조 제3항).

### (3) 공무원 제도의 기본내용

① 신분보장과 정치적 중립성

헌법 제7조는 공무원의 신분과 정치적 중립성을 보장하고 있다. 이는 제도적 보장이라 할 수 있다. 공무원의 신분보장에 대하여 국가공무원의 경우 국가공무원법 제68조가 규정하고 있는데 1급 공무원과 국가공무원 중 직무등급이 가장 높은 직위에 임용된 고위공무원단에 속하는 공무원은 신분보장에서 제외된다. 지방공무원의 경우 지방공무원법 제60조가 이를 규정하고 있으며 1급 공무원은 신분보장에서 예외로 규정하고 있다.

② 민주적 공무원제도

헌법은 공무원을 국민전체의 봉사자로 규정하고 있으며(헌법 제7조 제1항), 헌법 제25조 및 제11조에 비추어 공무담임에서의 평등의 원칙과 평등권이 적용된다.

③ 성적주의

공무원의 채용에 있어서 우리나라는 원칙적으로 성적주의를 채택하고 엽관제(spoil system)를 채택하지 않고 있다. 엽관제란 선출된 인사권자가 성적 등에 관계없이 공무원을 뽑을 수 있도록 하는 제도이다.

④ 직위분류제

공무원의 직위를 직무의 종류에 따라 직군과 직렬로 나누고 그 직무의 곤란성이나 책임이나 자격의 수준에 따라 직급별로 분류하는 제도이다. 일반직 공무원은 1급부터 9급까지의 계급으로 분류하며 직군과 직렬별로 분류한다. 그러나 고위공무원단에 속하는 공무원은 그러하지 아니하다(국가공무원법 제4조 제1항).

여기서 직렬이란 직무의 종류가 유사하고 그 책임과 곤란성의 정도가 상이한 직급의 군(경찰직, 교정직 등)을 말하고 동일한 직렬 내에서 담당분야가 동일한 직무의 군을 직류(직렬의 세부분야)라 한다. 또한 직군이란 직무의 성질이 유사한 직렬의 군(예컨대 학예직: 학예연구 직렬과 편사연구 직렬)을 말한다.

이러한 직위분류제의 근간이 되는 것이 직무분석이다. 직무 중심의 인사관리시스템 기반을 다지기 위하여 중앙인사기관의 장 또는 소속장관은 필요한 경우 국회규칙, 대법원규칙, 헌법재판소규칙, 중앙선거관리위원회규칙 또는 대통령령이 정하는 바에 따라 직위별 직무등급과 자격요건을 분석·설정하는 직무분석을 실시할 수 있게 하고 있다.

## 2. 공무원법관계의 발생·변경·소멸

공무원법관계, 즉 공무원으로서의 권리와 의무는 공무원의 임명, 선거, 계약, 법률규정에 의하여 발생한다.

### (1) 임명의 의의와 성질

#### ① 임명의 의의

임명이란 공법상근무관계를 설정하는 행위를 말한다. 임용은 이보다 넓은 개념으로서 임명, 면직 등을 포함한 일체의 인사상의 결정행위를 말한다. 공무원으로서 임명되는 것과 보직임명은 다르다. 공무원임명은 공무원으로서의 신분을 가지게 되는 것이고 보직임명(보임)은 공무원 신분을 가진 자에 대한 직위(직책) 부여행위이다.

#### ② 임명행위의 법적 성질

임명행위의 법적 성질에 대하여 다수설은 이를 쌍방적 행정행위로 본다. 따라서 상대방의 신청이나 동의 없는 임명은 무효이다. 다만 공무원에 따라서는 공법상 계약에 의해 임명되는 사람들도 있다.

대법원은 서울특별시시립무용단원, 공중보건의사, 광주시립합창단원의 임명을 공법상계약으로 보고 심지어 이장 해임의 법적 성격도 공법상계약의 해지로 보고 있다.[1] 요컨대, 대법원은 공무원의 임용행위의 법적 성격을 행위의 성질이 아니라 그 공무원의 신분에 따라 판단하는 경향이 있다. 그래서 직업공무원의 임용행위는 행정행위로 보면서도, 그 신분과 지위가 계약직에 준하는 공무원에 대한 임용행위의 경우에는 설사 공법상계약의 청약과 승낙에 해당하는 행위가 없는 경우에도 이를 공법상계약관계로 보는 경향이 있다.[2] 이장의 해임을 공법상계약의 해지로 본 것도 이러한 논리의 연장선상에 있는 것이다.

그러나 공법상계약관계라 할지라도 봉급삭감 등 징계적 성격이 있는 행위에 대해서는 처분성을 인정하고 항고소송의 대상으로 삼는다.[3]

참고판례: 대법원 1995.12.22. 선고 95누4636 판결 [해촉처분취소등]

지방자치법 제9조 제2항 제5호 (라)목 및 (마)목 등의 규정에 의하면, 서울특별시립무용단원의 공연 등 활동은 지방문화 및 예술을 진흥시키고자 하는 서울특별시의 공공적 업무수행의 일환으로 이루어진다고 해석될 뿐 아니라, 단원으로 위촉되기 위하여는 일정한 능력요건과 자격요건을 요하고, **계속적인 재위촉이 사실상 보장되며, 공무원연금법에 따른 연금을 지급받고, 단원의 복무규율이 정해져 있으며, 정년제**

1) 대법원 2012.10.25. 선고 2010두18963 판결.
2) 대법원 2001.12.11. 선고 2001두7794 판결(광주광역시 합창단 재위촉 거부취소 사건) 등.
3) 대법원 2008.6.12. 선고 2006두16328 판결.

**가 인정되고, 일정한 해촉사유가 있는 경우에만 해촉되는 등 서울특별시립무용단원이 가지는 지위가 공무원과 유사한 것이라면, 서울특별시립무용단 단원의 위촉은 공법상의 계약이라고 할 것이고,** 따라서 그 단원의 해촉에 대하여는 공법상의 당사자소송으로 그 무효확인을 청구할 수 있다.

③ 채용비위 관련자의 합격 및 임용의 취소

공무원 채용과 관련하여 비위를 저질러 유죄판결이 확정된 경우에는 그 비위 행위로 인하여 채용시험에 합격하거나 임용된 사람에 대하여 합격 또는 임용을 취소할 수 있다. 이 경우 취소처분을 하기 전에 미리 그 내용과 사유를 당사자에게 통지하고 소명할 기회를 주어야 한다. 그리고 이러한 취소 처분은 합격 또는 임용 당시로 소급하여 효력이 발생한다(국가공무원법 제45조의3, 지방공무원법 제43조의3).

### (2) 임용권자

5급 이상 정부 소속 국가공무원 및 고위공무원단에 속하는 일반직공무원은 소속장관의 제청으로 인사혁신처장과 협의를 거쳐 국무총리를 경유하여 대통령이 임용한다. 고위공무원단에 속하는 일반직 공무원의 경우 소속 장관은 해당기관에 소속되지 않은 공무원에 대해서도 임용제청할 수 있다(국가공무원법 제32조 제1항).

그 밖의 정부소속 국가공무원에 대해서는 소속장관이 임용한다(같은 법 제32조 제2항). 대통령은 임용권의 일부를 소속장관에게 위임할 수 있으며 소속장관은 그 보조기관 또는 소속기관의 장에게 위임하거나 재위임할 수 있다(같은 법 제32조 제3항).

국회 소속 공무원은 국회의장이, 법원 소속 공무원은 대법원장이, 헌법재판소 소속 공무원은 헌법재판소장이, 선거관리위원회 소속 5급 이상 공무원은 중앙선거관리위원회 위원장이, 선거관리위원회 소속 6급 이하 공무원은 중앙선거관리위원회 사무총장이 임용한다. 각 임용권자는 임용권의 일부를 위임할 수 있다(같은 법 제32조 제4항-7항).

지방자치단체의 경우 소속 지방공무원의 임용권자는 지방자치단체장이 된다(지방공무원법 제6조 제1항).

### (3) 임명요건

공무원의 임명요건에는 능력요건과 성적요건이 있다. 능력요건은 소극적 요건으로서 그를 갖추지 못하면 결격이며 능력요건이 없는 자를 공무원으로 임명하면 그것은 무효이다. 성적요건은 적극적 요건으로서 시험성적과 근무성적으로 나누어 볼 수 있다. 성적요건을 결한 임명의 경우 취소할 수 있는 하자를 가진다.

대법원은 공무원임용결격사유가 있는 경우 그 결격사유 여부는 임용당시를 기준으로 하고 그로 인해 무효인 임용행위로 장기간 근무하였다 하더라도 해당 공무원은 신의칙을 주장하지 못하며 공무원연금 등도 청구할 수 없다고 한다.[4)]

---

4) 대법원 1987.4.14. 선고 86누459 판결.

임용결격공무원은 공무원으로서의 권리를 가질 수 없으므로 지급받았던 급여 등도 반환하여야 한다. 그러나 대법원은 임용결격공무원에게 ① 매월 지급한 월 급여, ② 공무원연금법상 퇴직급여 중 임용결격공무원 등이 스스로 적립한 기여금 금액, ③ 퇴직급여 중 근로에 대한 대가로서 지급되는 부분(적어도 근로자퇴직급여보장법상 퇴직금에 상당하는 금액)은 국가가 임용결격공무원에게 부당이득한 부분으로서 임용결격공무원에게 지급되어야 한다고 판시하였다. 다만 ②와 ③의 합계가 정상적으로 지급되는 연금액의 범위를 넘지는 못한다고 한다.[5)]

한편 헌법재판소는 국가공무원법이 아동에게 성적 수치심을 주는 성희롱 등의 성적 학대행위 또는 아동·청소년이용음란물임을 알면서 이를 소지한 죄로 형을 선고받아 그 형이 확정된 사람에 대하여 그 결격사유 범위를 합리적 관련성에 따라 제한하지 않고 널리 일반직공무원 등으로 임용될 수 없도록 한 것은 청구인들의 공무담임권을 침해한다고 판단하여 헌법불합치결정을 내린 바 있다.[6)]

**주요판례요지**

대법원 2024.1.4. 선고 2022두65092 판결: 임용권자가 승진후보자명부의 작성 및 승진임용을 할 때에는 지방공무원법 제25조, 제38조 제1항 및 제39조 제5항에 따라 근무성적평정·경력평정 및 그 밖의 능력의 실증에 따라야 하는 의무를 부담하므로, 4급 공무원으로 승진임용을 하기 위하여 승진후보자명부를 작성하거나 승진임용 여부를 심사·결정하는 과정에서 법령상 근거 없이 직무수행능력과 무관한 요소로서 근무성적평정·경력평정 및 능력의 실증에 해당한다고 보기 어려운 사정을 주된 평정 사유로 반영하였거나 이러한 사정을 승진임용에 관한 일률적인 배제사유 또는 소극요건으로 삼았다면, 이는 임용권자가 법령상 근거 없이 자신의 주관적 의사에 따라 임용권을 자의적으로 행사한 것으로 헌법상 직업공무원제도의 취지·목적 및 능력주의 원칙은 물론 지방공무원법령 규정에 반하는 것이어서 허용될 수 없다.

**참고판례: 대법원 1987.4.14. 선고 86누459 판결 [임용행위취소처분취소]**

국가공무원법에 규정되어 있는 공무원임용결격사유는 공무원으로 임용되기 위한 절대적인 소극적 요건으로서 공무원관계는 국가공무원법 제38조, 공무원임용령 제11조의 규정에 의한 채용후보자 명부에 등록한 때가 아니라 국가의 임용이 있는 때에 설정되는 것이므로 **공무원임용결격사유가 있는지의 여부는 채용후보자 명부에 등록한 때가 아닌 임용당시에 시행되던 법률을 기준으로 하여 판단하여야 한다.**

**임용당시 공무원임용결격사유가 있었다면 비록 국가의 과실에 의하여 임용결격자임을 밝혀내지 못하였다 하더라도 그 임용행위는 당연무효로 보아야 한다.**

**국가가 공무원임용결격사유가 있는 자에 대하여 결격사유가 있는 것을 알지 못하고 공무원으로 임용**

5) 대법원 2017.5.11. 선고 2012다200486 판결.

6) 아동 성적 학대자에 대한 공무원 결격사유에 대하여 헌법재판소 2022.11.24. 선고 2020헌마 1181 결정, 아동·청소년 음란물소지로 인한 공무원 결격사유에 대하여 헌법재판소 2023.6.29. 선고 2020헌마1605 결정.

**하였다가 사후에 결격사유가 있는 자임을 발견하고 공무원 임용행위를 취소하는 것은 당사자에게 원래의 임용행위가 당초부터 당연무효였음을 통지하여 확인시켜 주는 행위에 지나지 아니하는 것이므로, 그러한 의미에서 당초의 임용처분을 취소함에 있어서는 신의칙 내지 신뢰의 원칙을 적용할 수 없고 또 그러한 의미의 취소권은 시효로 소멸하는 것도 아니다.**

공무원연금법이나 근로기준법에 의한 퇴직금은 적법한 공무원으로서의 신분취득 또는 근로고용관계가 성립되어 근무하다가 퇴직하는 경우에 지급되는 것이고, 당연무효인 임용결격자에 대한 임용행위에 의하여서는 공무원의 신분을 취득하거나 근로고용관계가 성립될 수 없는 것이므로 임용결격자가 공무원으로 임용되어 사실상 근무하여 왔다고 하더라도 그러한 피임용자는 위 법률소정의 퇴직금청구를 할 수 없다.

**해 설** 공무원임용결격사유의 존부는 임용당시 법률에 따르는 것이고 국가의 과실에 의하여 결격사유를 밝히지 못하였다 하더라도 그 임용행위는 당연무효라고 판시하고 있다. 또한 국가가 결격사유를 발견하여 취소하는 행위는 당연무효를 확인하는 행위이므로 신의칙 위반이 아니고 이 경우 공무원 연금이나 퇴직금도 청구할 수 없다고 판시한 것이다.

### (4) 임명의 절차와 형식

① 일반적 개요

공무원을 임명할 때에는 그 시험에 합격한 자를 채용후보자 명부에 등재하고 시험실시기관의 장이 추천하거나 인사혁신처장이 임용제청을 하여 임용권자가 임용하도록 하고 있다(국가공무원법 제39조). 경우에 따라서는 인사혁신처장이 임용할 수도 있다. 채용후보자는 대개 시보임명이 되어 교육훈련을 받은 후 정규공무원으로 임명된다(같은 법 제29조). 지방공무원의 경우도 지방자치단체 내부의 임용 절차가 이와 유사하다.

대법원은 시보의 경우 시보임용기간 종료 후 정식임용이 거부된 경우에도 소청심사청구권을 가진다고 판시하고 있다.[7)]

공무원의 임용은 임용의 의사가 상대방에 도달함으로써 이루어진다. 따라서 임용장은 공증적 효력을 가질 뿐이다.

② 개방형직위

전문성 등을 이유로 개방형으로 할 필요가 있는 직위는 개방형 직위로 지정하여 운영할 수 있다. 1－3급 또는 이에 상당하는 공무원으로 보할 수 있는 직위 중 임기제공무원으로도 보할 수 있는 직위는 이를 개방형직위로 지정된 것으로 본다(같은 법 제28조의4 제1항).

③ 공모직위

해당기관의 직위 중 효율적인 정책 수립 또는 관리를 위하여 해당 기관 내부 또는 외부의 공무원 중에서 적격자를 임용할 필요가 있는 직위에 대하여는 공모직위로 지정하여 운영할 수 있다.

7) 대법원 1990.9.25. 선고 89누4758 판결.

④ 고위공무원단

정부조직법 제2조에 따른 중앙행정기관의 실장, 국장 및 이에 상당하는 보좌기관과 행정부 각급기관, 지방자치단체의 기관 등에서 이에 상당하는 직위에 해당하는 자들로 고위공무원단을 구성하여 운영한다. 고위공무원단 소속 공무원에게는 계급구분을 적용하지 않으며 고위공무원단으로 신규채용하거나 승진될 때만 인사심사를 거친다. 그러한 인사심사를 위하여 인사혁신처에 고위공무원 임용심사위원회를 둔다.

⑤ 인사청문

국무위원, 대법원장, 헌법재판소장, 감사원장, 대법관, 헌법재판소 재판관, 중앙선거관리위원회위원, 국가정보원장, 검찰총장, 국세청장, 경찰청장, 방송통신위원회 위원장, 공정거래위원회 위원장, 금융위원회 위원장, 국가인권위원회 위원장, 합동참모의장, 한국은행 총재, 특별 감찰관, 한국방송공사 사장, 고위공직자범죄수사처 처장 등은 임용 전에 인사청문회를 거쳐야 한다(국회법 제46조의3, 제65조의2, 인사청문회법 제6조 등).

⑥ 지방공무원의 경우

지방공무원의 경우 국가공무원과 다소 다른 점이 없지 않지만 임용의 절차와 형식은 기본적인 면에서는 국가공무원과 동일하다고 볼 수 있다.

### (5) 공무원관계의 변경

① 개요

공무원관계는 공무원의 승진, 강임, 전직, 전보, 휴직(직권휴직과 의원휴직), 복직, 겸임, 파견근무, 직위해제, 정직, 전입 등에 의하여 변경된다. 그런데 인사권자는 본인의 의사에 반한 불이익적 인사처분(징계처분, 강임, 직권휴직, 직위해제, 면직 등)을 할 때에는 처분사유설명서를 교부하여야 한다(국가공무원법 제75조).

② 전직

전직이란 예컨대 행정사무관에서 외무사무관으로 바꾸는 것처럼 직렬을 달리하는 임명으로서 일정요건을 갖추고 시험을 치러야 한다.

③ 전보

전보란 동일직급 내에서의 보직변경만 이루어진 것을 의미한다. 총무과장에서 인사과장으로의 보직 변경 등이 그 예이다.

서울고등법원은 전보발령의 처분성을 인정하여 항고소송의 대상으로 될 수 있다고 판시한 바 있다.[8] 또한 헌법재판소는 전보발령[9]이나 공로연수파견명령[10] 등의 인사처분도 모두 행정소송의

8) 서울고등법원 1994.10.25. 선고 94구1496 판결.
9) 헌법재판소 1993.12.23. 선고 92헌마247 결정.
10) 헌법재판소 1992.12.24. 선고 92헌마204 전원재판부 결정.

대상인 처분임을 전제로 판시한 바 있다.

한편 인사원칙에 위반된 전보인사가 불법행위를 구성하는지에 대하여 대법원은 공무원에 대한 전보인사가 법령이 정한 기준과 원칙에 위배되거나 인사권을 다소 부적절하게 행사하였다는 사유만으로 불법행위를 구성한다고 할 수는 없고 인사권자가 당해 공무원에 대해 보복감정을 가지고 인사재량권의 일탈·남용이 객관적 정당성을 상실하였음이 명백한 경우 등이 되어 위법하게 상대방에게 정신적 고통을 주는 경우라야 한다고 한다.[11)]

### ④ 직위해제

직무수행능력부족, 징계의결의 요구, 형사사건의 기소 등 직위를 유지할 수 없는 사유가 있어 직위를 부여하지 않는 잠정적 보직 박탈의 경우를 직위해제라 한다. 직위만 부여되지 않았을 뿐 공무원 신분은 유지된다. 직위해제는 3개월 이내의 대기명령으로서 경우에 따라서는 면직으로 연결될 수 있다. 이처럼 직위해제에 따라 면직이 이루어지는 경우에는 징계면직의 경우와 마찬가지로 인력 관리상 불가피하지 않은 한 처분일로부터 40일 간 보충발령이 유예된다(국가공무원법 제76조 제2항, 지방공무원법 제67조 제4항). 소청심사 등의 절차를 거쳐 복귀할 수 있는 가능성이 없다고 할 수 없기 때문이다.

한편 직위해제 기간이 6개월을 경과하면 직위해제된 사람의 직급·직위 또는 상당 계급에 해당하는 정원이 따로 있는 것으로 보고 결원을 보충할 수 있다. 다만, 파면·해임·강등 또는 정직에 해당하는 징계 의결이 요구 중인 자에게 직위해제 처분을 하는 경우에는 직위해제를 한 때부터 해당 정원이 따로 있는 것으로 보고 결원을 보충할 수 있다(국가공무원법 제43조 제4항, 지방공무원법 제41조 제4항).

대법원은 직위해제처분 이후 징계처분이 이루어져 양자가 사실상 연계되었다 할지라도 양자는 별개의 처분이고 별개의 성격을 가지고 있으므로 직위해제처분 후 해임처분이 있어도 일사부재리원칙에 반하지 않는다고 한다.[12)]

#### 주요판례요지

대법원 2022.10.14. 선고 2022두45623 판결: i ) 직위해제는 징계는 아니지만 침익적 처분에 해당하므로 직위해제의 요건 및 효력 상실·소멸시점 등은 문언에 따라 엄격하게 해석해야 하고 공무원에 대한 신분보장의 관점과 헌법상 비례원칙에 비추어 보더라도 직위해제처분의 대상자에게 불리한 방향으로 유추·확장해석을 해서는 안 된다. ii) '중징계의결이 요구 중인 자'에 해당하여 직위해제 처분을 하는 경우, 단순히 '중징계의결 요구'가 있었다는 형식적 이유만으로 직위해제처분을 하는 것이 정당화될 수는 없고, 직위해제처분의 대상자가 중징계처분을 받을 고도의 개연성이 인정되는 경우임을 전제로 하여, 대상자의 직위·보직·업무의 성격상 그가 계속 직무

---

11) 대법원 2009.5.28. 선고 2006다16215 판결.
12) 대법원 1984.2.28. 선고 83누489 판결.

를 수행함으로 인하여 공정한 공무집행에 구체적인 위험을 초래하는지 여부 등에 관한 제반 사정을 면밀히 고려하여 그 요건의 충족 여부 등을 판단해야 한다. iii) '중징계의결이 요구 중인 자'에 해당하여 직위해제 처분을 한 경우에는 징계의결이 있기 전까지만 직위해제를 하여야 하고 징계의결이 있었는데도 징계의결요구권자가 심사·재심사청구를 하였다고 하여 그에 대한 결정이 있을 때 까지 직위해제를 유지할 수 없다.

⑤ 정직

정직은 징계의 일종으로서 1월 이상 3월 이하 보수의 전액을 감하고 공무원 신분은 유지하나 직무에 종사하지 못한다(국가공무원법 제80조 제3항, 지방공무원법 제71조 제3항). 직무가 정지되는 것이다.

⑥ 전입

전입이란 국회, 법원, 헌법재판소, 선거관리위원회 및 행정부 사이에 다른 기관 소속 공무원을 시험을 거쳐 임용하는 것(국가공무원법 제28조의2)을 말한다. 지방자치단체의 경우 다른 지방자치단체의 장의 동의를 얻어 그 소속 공무원을 전입할 수 있다(지방공무원법 제29조의3).

참고판례: 대법원 2008.9.25. 선고 2008두5759 판결 [본인동의없는부당전출명령취소]

지방공무원법 제30조의2 제2항에 정한 인사교류에 따라 지방자치단체의 장이 소속 공무원을 전출하는 것은 **임명권자를 달리하는 지방자치단체로의 이동인 점에 비추어 반드시 당해 공무원 본인의 동의를 전제로 하는 것이고,** 따라서 위 법 규정의 위임에 따른 지방공무원 임용령 제27조의5 제1항도 본인의 동의를 배제하는 취지의 규정은 아니라고 해석하여야 한다.

### (6) 공무원관계의 소멸

공무원관계는 당연퇴직이나 면직처분에 의해 소멸된다.

① 당연퇴직은 결격사유의 발생이나 사망, 임기만료 또는 정년, 국적상실 등에 의하여 당연히 공무원의 직을 상실하는 경우를 말함이고, ② 면직에는 의원면직과 강제면직이 있다. 의원면직(依願免職)은 공무원의 자발적인 의사에 의한 것으로서 임용권자에게 사직원의 수리의무가 있다. 그런데 공무원이 비위와 관련하여 형사사건으로 기소되거나 조사, 감사, 수사의 대상이 된 경우에는 의원면직이 허용되지 않는다(국가공무원법 제78조의4, 지방공무원법 제69조의4). 강제면직에는 징계에 의한 면직과 인사권자의 직권에 의한 직권면직이 있다.

대법원은 당연퇴직은 법률상 당연히 이루어지는 것이므로 당연퇴직통보는 사실의 통보에 불과하다고 하고 그 처분성을 인정하지 않았다.[13]

13) 대법원 1985.7.23. 선고 84누374 판결.

그런데 헌법재판소는 피성년후견인이 되면 당연 퇴직하도록 하고 있는 국가공무원법의 규정은 휴직 후 일정기간을 지켜 본 후에 면직하는 등의 제도의 활용여지 등을 고려하지 않은 것으로서 과잉금지의 원칙에 위반되어 위헌이라고 판시하였다.[14] 이에 따라 피성년후견인에 대한 당연퇴직 규정은 삭제되었다.

### 3. 공무원의 권리와 의무

#### (1) 공무원법관계

공무원은 특별행정법관계에 있어서 일반국민과는 다소 다른 법적 규율의 대상이 되고 있다. 물론 오늘날 특별권력관계이론이 폐지되고 그것으로 이해되던 법률관계가 특별행정법관계로 재해석되고 있는 상황이므로 공무원에 대해서도 기본권이 보장되고 법률유보원칙이 적용되며 그 법률관계에 대해 사법심사가 이루어진다. 다만 공무원법관계에 대해서는 법률의 규정에 따라 일정한 제한이 이루어지고 있다. 예컨대, 군인, 군무원은 군사법원의 재판을 받는다든가, 일정한 공무원에 대해서는 이중배상이 금지된다든가, 공무원의 정당가입, 정치활동이 제한되고, 노동3권이 제한된다든가 하는 것이 그것이다.

#### (2) 공무원의 신분상 권리

① 개요

공무원은 신분보유권과 직위보유권, 직무집행권, 고충심사청구권, 직장협의회 설립운영권, 근로3권 및 소청권, 행정소송제기권 등의 신분상의 권리를 가진다. 주요 개념을 이하에서 살펴본다.

② 고충심사청구권과 직장협의회 설립·운영권

고충심사청구권과 직장협의회 설립운영권은 공무원에 대한 근로3권의 제약에 대한 대상적(代償的) 의의를 가지는 것으로서 국가공무원의 고충심사에 대해서는 중앙고충심사위원회와 보통고충심사위원회의 심사·결정을 거친다(국가공무원법 제76조의2 제4항). 지방자치단체의 경우 인사위원회가 고충심사를 담당한다(지방공무원법 제67조의2 제2항).

직장협의회는 공무원의 근무환경 개선, 업무능률 향상 및 고충처리 등을 위한 것으로서('공무원 직장협의회의 설립·운영에 관한 법률' 제1조) 근로자대표가 기관장과 이러한 사항들에 대해 논의하는 기구이다.

③ 근로3권

공무원은 노동운동 기타 공무 이외의 일을 위한 집단적 행위를 하여서는 아니 된다(국가공무원법 제66조 제1항, 지방공무원법 제58조 제1항). 따라서 공무원의 근로3권은 제약된다.

그러나 공무원도 ① 지휘·감독권을 행사하거나 다른 공무원의 업무를 총괄하는 업무에 종사하거나 또는 ② 업무의 주된 내용이 인사·보수 그리고 노동관계의 조정·감독 등 노동조합의

---

14) 헌법재판소 2022.12.22. 선고 2020헌가8 결정.

조합원의 지위를 가지고 수행하기에 적절하지 않은 업무에 종사하거나 ③ 교정·수사 등 공공의 안녕과 국가안전보장에 관한 업무에 종사하는 공무원이 아닌 한, 노동조합 가입은 가능하다('공무원의 노동조합 설립 및 운영 등에 관한 법률' 제6조 제1항, 제2항). 공무원이 노동조합에 가입하면 위의 집단행위 금지의 규정은 적용하지 않는다. 그러나 여전히 정치활동과 쟁의행위는 금지된다.

사실상 노무에 종사하는 공무원에 대해서는 '공무원의 노동조합 설립 및 운영 등에 관한 법률'이 적용되지 않으며 그들은 집단행위와 쟁의행위도 할 수 있다.

대학의 교원 등 고등교육법에 따른 교원을 포함하여 교원인 공무원에 대해서는 '교원의 노동조합 설립 및 운영 등에 관한 법률'이 적용된다.

④ 소청권, 행정소송제기권

소청권이란 징계처분 기타 그 의사에 반하는 불리한 처분이나 부작위에 대하여 소청할 수 있는 권리를 말한다(국가공무원법 제76조 제1항, 지방공무원법 제13조). 소청의 대상이 되는 것은 반드시 공무원에 대한 징계에 국한되는 것은 아니다. 공무원이 소청심사를 청구한 경우 소청심사위원회가 이에 대하여 심사·결정하게 된다. 소청심사시에는 반드시 상대방에게 진술의 기회를 주어야 하며 그러지 않을 경우 결정은 무효이다. 교원의 경우에는 이에 상응하는 절차로서 교원소청심사위원회에 의한 소청심사제도가 있다(교원의 지위 향상 및 교육활동 보호를 위한 특별법 제9조 제1항).

소청 대상 사항에 대한 행정소송은 소청심사와 결정을 거쳐야 할 수 있다.

참고판례 1: 대법원 1993.2.12. 선고 92누13707 판결 [해임처분취소등]

사립학교 교원은 학교법인 또는 사립학교 경영자에 의하여 임면되는 것으로서 사립학교 교원과 학교법인의 관계를 공법상의 권력관계라고는 볼 수 없으므로 **사립학교 교원에 대한 학교법인의 해임처분을 취소소송의 대상이 되는 행정청의 처분으로 볼 수 없고,** 따라서 학교법인을 상대로 한 불복은 행정소송에 의할 수 없고 **민사소송절차에 의할 것이다.**

사립학교 교원에 대한 해임처분에 대한 구제방법으로 학교법인을 상대로한 민사소송 이외 **교원지위향상을위한특별법 제7 내지 10조에 따라 교육부 내에 설치된 교원징계재심위원회에 재심청구를 하고 교원징계재심위원회의 결정에 불복하여 행정소송을 제기하는 방법도 있으나, 이 경우에도 행정소송의 대상이 되는 행정처분은 교원징계재심위원회의 결정**이지 학교법인의 해임처분이 행정처분으로 의제되는 것이 아니며 또한 **교원징계재심위원회의 결정을 이에 대한 행정심판으로서의 재결에 해당되는 것으로 볼 수는 없다.**

해 설 사립학교 교원의 징계처분이나 해임처분은 사법상의 문제이므로 원칙적으로 민사소송으로 해결하여야 한다. 그러나 교원지위향상을 위한 특별법에 따라 교원소청심사위원회(구 교원징계재심위원회)에 소청심사를 청구하고 그 결정에 불복하면 항고소송을 제기할 수 있다고 판시하였다. 그러나 이 경우 항고소송의 대상이 되는 행정처분은 교원소청심사위원회의 결정이 되고 교원소청심사위원회의 결정의 법적 성격은 단순한 처분이지 행정심판으로서의 재결에 해당되는 것은 아니라고 판시한 것이다. 이처럼 사립학교 교원에 대한 교원소청심사위원회의 결정이 원처분으로서의 성격을 가지기 때문에 항고소송 법원은 교원소청심사위원회의 결정과 결론에서는 같지만 이유에서 원고의 주장 일부를 인정하는 경우에도 원처분을 취

소하는 판결을 하여야 한다고 한다.[15]

참고판례 2: 대법원 2011.6.24. 선고 2008두9317 판결 [재임용거부처분취소처분취소]

교원지위 향상을 위한 특별법 제10조 제3항, 대학교원 기간임용제 탈락자 구제를 위한 특별법 제10조 제2항, 사립학교법 제53조의2 제1항, 제2항 규정들의 내용 및 원래 교원만이 교원소청심사위원회의 결정에 대하여 행정소송을 제기할 수 있도록 한 구 교원지위 향상을 위한 특별법(2007. 5. 11. 법률 제8414호로 개정되기 전의 것) 제10조 제3항이 헌법재판소의 위헌결정(헌법재판소 2006.2.23. 선고 2005헌가7, 2005헌마1163 전원재판부 결정)에 따라 학교법인 및 사립학교 경영자뿐 아니라 소청심사의 피청구인이 된 학교의 장 등도 행정소송을 제기할 수 있도록 현재와 같이 개정된 경위, **학교의 장은 학교법인의 위임 등을 받아 교원에 대한 징계처분, 인사발령 등 각종 업무를 수행하는 등 독자적 기능을 수행하고 있어 이러한 경우 하나의 활동단위로 특정될 수 있는 점까지 아울러 고려하여 보면, 교원소청심사위원회의 결정에 대하여 행정소송을 제기할 수 있는 자에는 교원지위 향상을 위한 특별법 제10조 제3항에서 명시하고 있는 교원, 사립학교법 제2조에 의한 학교법인, 사립학교 경영자뿐 아니라 소청심사의 피청구인이 된 학교의 장도 포함된다고 보는 것이 타당하다.**

해 설 대법원은 명문의 규정은 없으나 해석상 사립학교 학교법인만이 아니라 소청심사의 피청구인이 된 학교의 장도 교원소청심사위원회의 결정에 행정소송을 제기할 수 있는 자에 포함된다고 판시하였다.

(3) 재산상 권리

① 개관

공무원은 보수청구권, 실비변상청구권, 연금청구권 등의 재산상의 권리를 가진다. 다음에서 주요 개념을 살펴본다.

② 보수청구권

공무원의 보수청구권은 노동에 대한 반대급부와 생활자료에 대한 청구로서의 성격을 가진다. 공무원의 보수청구권은 공권으로서 공법상 당사자소송의 대상이 된다. 그리하여 대법원은 공립유치원 교사의 보수의 지급을 구하는 소송은 당사자소송이라고 판시하고[16] 있다. 보수는 봉급과 수당으로 구성되며 공무원의 기본생활을 보장하기 위하여 공무원에 대한 보수의 압류는 보수의 2분의 1을 초과하지 못한다(민사집행법 제246조 제1항). 대법원은 보수청구권의 소멸시효를 민법 제163조 제1호를 적용하여 단기 소멸시효인 3년으로 본다.[17] 학설은 일반적인 공법상의 금전청구권과 같이 5년으로 보아야 한다는 견해와 판례와 같이 민법을 적용하여 3년으로 보아야 한다는 견해가 대립되고 있다.

15) 대법원 2013.7.25. 선고 2012두12297 판결.
16) 대법원 1991.5.10. 선고 90다10766 판결.
17) 대법원 1966.9.20. 선고 65다2506 판결.

참고판례: 대법원 2016.8.25. 선고 2013두14610 판결 [보육수당지급]

(전략) 공무원 보수 등 근무조건은 법률로 정하여야 하고, 국가예산에 계상되어 있지 아니하면 공무원 보수의 지급이 불가능한 점 등에 비추어 볼 때, **공무원이 국가를 상대로 실질이 보수에 해당하는 금원의 지급을 구하려면 공무원의 '근무조건 법정주의'에 따라 국가공무원법령 등 공무원의 보수에 관한 법률에 지급근거가 되는 명시적 규정이 존재하여야 하고, 나아가 해당 보수 항목이 국가예산에도 계상되어 있어야만 한다.**

국가공무원인 갑 등이 국가가 직장보육시설을 설치하거나 지역의 보육시설과 위탁계약을 맺어 보육을 지원하지 아니하고 있으므로 구 영유아보육법(2011. 6. 7. 법률 제10789호로 개정되기 전의 것, 이하 같다) 제14조 제1항에 따라 보육수당을 지급할 의무가 있다고 주장하면서 국가를 상대로 보육수당의 지급을 구한 사안에서, **국가공무원법령에 위 보육수당에 관한 지급 근거가 없을 뿐 아니라, 구 영유아보육법 제14조 제1항을 국가공무원법 제46조 제5항에 정한 '그 밖의 법률에 따른 공무원의 보수에 관한 규정'에 해당한다고 볼 수도 없으며, 위 보육수당이 국가예산에 별도로 계상되어 있지도 아니하므로, 갑 등이 구 영유아보육법 제14조 제1항에 근거하여 곧바로 보육수당의 지급을 구하는 것은 공무원의 '근무조건 법정주의'와 항목이 계상된 국가예산에 근거한 공무원 보수 지급의 원칙에 반하여 허용될 수 없다.**

해 설 영유아보육법 제14조 제1항에 따르면 국가가 국가공무원 갑에게 보육수당의 지급을 하여야 한다고 해석될 수 있을지라도 근무조건 법정주의에 따라 법률상 보수의 지급근거가 명시적으로 존재하지 않고 관련 보수항목이 예산에 계상되어 있지 않으면 보수청구권은 인정되지 않는다고 판시하고 있다.

③ 연금청구권

공무원은 연금청구권을 가진다. 공무원의 연금은 봉급의 연불이기도 하고 사회보장의 의미도 가진다. 헌법재판소도 공무원연금은 사회보험의 성격과 후불임금의 성격을 함께 가진다고 판시하였다.[18] 따라서 공무원의 연금은 확정된 양육비 채권 실현 등을 위한 예외적인 경우가 아닌 한 양도나 압류, 담보제공이 금지된다(공무원연금법 제39조 제1항).

공무원이 연금지급에 불만이 있으면 공무원재해보상연금위원회에 심사청구를 할 수 있다(공무원연금법시행령 제87조).

공무원연금의 소멸시효는 5년이다(공무원연금법 제88조 제1항).

대법원은 공무원연금은 공무원연금관리공단 등의 지급결정을 통해 그 구체적인 권리가 발생하는 것이므로 그 지급결정은 행정처분이고 이를 다투기 위해서는 공무원연금급여재심위원회(현재는 공무원재해보상연금위원회)의 심사를 거쳐 항고소송을 제기하여야 하지만,[19] 지급결정 이후 법령의 개정으로 연금지급에 차액이 발생한 경우에는 법령개정 자체로 연금지급액이 바뀐 것이므로 그 경우의 연금지급액 통보는 단순한 관념의 통지이지 처분이 아니므로 그에 대한 불복을 제기할 때에는 당사자소송에 의하여야 한다고 한다.[20]

18) 헌법재판소 1998.12.24. 선고 96헌바73 결정.
19) 대법원 1996.12.6. 선고 96누6417 판결.
20) 대법원 2004.7.8. 선고 2004두244 판결.

### (4) 공무원의 의무

① 개관

공무원의 의무는 국가공무원법, 지방공무원법, 공직자윤리법, '공직자의 이해충돌방지법', '부정청탁 및 금품등 수수의 금지에 관한 법률' 등에 의하여 광범위하게 규율되고 있다. 이 법들에 따르면 공무원은 선서의무, 품위유지의무, 청렴의무, 이해충돌방지의무, 재산등록 및 공개의무, 퇴직공무원의 취업금지의무, 외국 또는 외국인으로 부터의 선물신고의무, 비밀엄수의무, 법령준수의무, 성실의무, 친절공정의무, 종교중립의 의무, 복종의무, 직장이탈금지의무, 영리업무의 금지의무, 겸직금지의무, 영예제한, 정치운동금지의무, 집단행동금지의무, 일정한 공직자에 대한 병역사항신고의무 등 다양한 의무를 진다. 설명이 필요한 사항을 이하에서 간략히 살펴본다.

참고판례: 대법원 1982.9.14. 선고 82누46 판결 [파면처분취소]

지방공무원법 제56조 및 영리업무의 한계 및 사실상 노무에 종사하는 지방공무원의 범위에 관한 건 제2조 제1호에 의하면 **공무원으로서 겸직이 금지되는 영리업무는 영리적인 업무를 공무원이 스스로 경영하여 영리를 추구함이 현저한 업무를 의미하고 공무원이 여관을 매수하여 임대하는 행위는 영리업무에 종사하는 경우라고 할 수 없다.**

해 설 공무원이 여관을 매수하여 임대하는 행위는 공무원의 겸직이 금지되는 영리업무에 해당되지 않는다고 판시하였다.

② 품위유지의무(국가공무원법 제63조, 지방공무원법 제55조)

대법원은 품위유지의무란 "공무원이 직무의 내외를 불문하고, 국민의 수임자로서의 직책을 맡아 수행해 나가기에 손색이 없는 인품에 걸맞게 본인은 물론 공직사회에 대한 국민의 신뢰를 실추시킬 우려가 있는 행위를 하지 않아야 할 의무"라고 한다.[21]

참고판례: 대법원 2017.4.13. 선고 2014두8469 판결 [정직처분등취소]

**공무원이 외부에 자신의 상사 등을 비판하는 의견을 발표하는 행위는** 그것이 비록 행정조직의 개선과 발전에 도움이 되고, 궁극적으로 행정청의 권한행사의 적정화에 기여하는 면이 있다고 할지라도, 국민들에게는 **그 내용의 진위나 당부와는 상관없이 그 자체로 행정청 내부의 갈등으로 비춰져, 행정에 대한 국민의 신뢰를 실추시키는 요인으로 작용할 수 있고, 특히 발표 내용 중에 진위에 의심이 가는 부분이 있거나 표현이 개인적인 감정에 휩쓸려 지나치게 단정적이고 과장된 부분이 있는 경우에는** 그 자체로 국민들로 하여금 공무원 본인은 물론 행정조직 전체의 공정성, 중립성, 신중성 등에 대하여 의문을 갖게 하여 행정

21) 대법원 2017.11.9. 선고 2017두47472 판결.

에 대한 국민의 신뢰를 실추시킬 위험성이 더욱 크므로, **그러한 발표행위는 공무원으로서의 체면이나 위신을 손상시키는 행위에 해당한다.**

③ 청렴의무

ⅰ) 개요

공무원은 공무를 수행함에 있어서 부정청탁을 멀리하고 금품수수를 하지 않는 등 깨끗하게 직무를 수행할 의무를 진다(국가공무원법 제61조, 지방공무원법 제53조). 이러한 청렴의무와 관련하여 국가공무원법, 지방공무원법, 공직자윤리법, '부정청탁 및 금품등 수수의 금지에 관한 법률' 등이 자세한 규율을 하고 있다.

그런데 이 법의 적용대상과 관련하여 대법원은 관할청인 교육감이 고등학교 학교운동부 지도자를 교육공무직원의 정원에 포함시켜 관리하지 않는다는 사정만으로 청탁금지법 제2조 제2호 (다)목이 정한 '각급 학교의 교직원'에 해당하지 않는다고 할 수 없다고 판시하였다.[22]

ⅱ) 부정청탁의 금지

'부정청탁 및 금품등 수수의 금지에 관한 법률'은 공직자등에 대한 부정청탁의 금지를 규정하고 있다. 그리하여 누구든지 직접 또는 제3자를 통하여 직무를 수행하는 공직자등에게 부정청탁을 하지 못하도록 하고, 부정청탁을 받은 공직자등이 거절하는 의사를 명확히 표시한 후에도 부정청탁이 계속되는 경우에는 소속기관장에게 신고하도록 하였다. 또한 제3자를 위하여 부정청탁을 한 자 또는 제3자를 통하여 부정청탁을 한 자에 대하여 과태료를 부과하고, 공직자등이 부정청탁을 받고 그에 따라 직무를 수행한 경우에는 2년 이하의 징역 또는 2천만원 이하의 벌금에 처하도록 하고 있다(같은 법 제5조부터 제7조까지, 제22조 제2항 및 제23조 제1항부터 제3항까지).

ⅲ) 금품등의 수수금지

'부정청탁 및 금품등 수수의 금지에 관한 법률'은 또한 공직자등의 금품등의 수수 금지를 규정하고 있다. 공직자등이 직무 관련 여부 및 기부·후원·증여 등 그 명목에 관계없이 동일인으로부터 1회에 100만원 또는 매 회계연도에 300만원을 초과하는 금품등을 받은 경우에는 3년 이하의 징역 또는 3천만원 이하의 벌금에 처하고, 직무와 관련하여 대가성 여부를 불문하고 1회에 100만원 또는 매 회계연도에 300만원 이하의 금품등을 받은 경우에는 해당 금품등 가액의 2배 이상 5배 이하에 상당하는 금액의 과태료를 부과하도록 하고 있다(같은 법 제8조, 제22조 제1항 및 제23조 제5항).

ⅳ) 공직을 이용한 재산 취득 금지의무

공직자윤리법은 이 법상의 재산등록의무자인 공직자는 직무상 알게 된 비밀을 이용하여 재물이나 재산상 이익을 취득하여서는 아니 된다고 규정하고 있다(같은 법 제14조의2). 그리고 국가기관의 장, 지방자치단체의 장은 주식과 관련한 기업에 대한 정보를 획득하거나 영향력을 행사하는 등의 업무에 종사하는 부서에 근무하는 재산등록의무가 있는 공무원에 대하여 그 주식의 취

22) 대법원 2023.4.27. 선고 2022도15459 판결.

득을 제한할 수 있다(같은 법 제14조의15). 또한 가상자산에 대한 정보를 획득하거나 이와 관련된 업무를 수행한다고 인정되는 부서나 직위에 있는 재산등록의무자인 공직자와 그 이해관계인의 가상자산의 취득을 제한할 수 있다(같은 법 제14조의17). 그리고 국가기관의 장, 지방자치단체의 장 및 공직유관단체의 장은 부동산에 대한 정보를 획득하거나 이와 관련된 업무를 수행한다고 인정되는 부서의 재산등록의무자인 소속 공직자와 이해관계인의 업무분야 및 관할의 부동산 취득을 제한할 수 있다(같은 법 제14조의16).

④ 이해충돌 방지의무

i ) 개요

공직자윤리법은 공직자의 이해충돌방지의무를 규정하고 있다. 이 규정에 따르면 공직자는 자신이 수행하는 직무가 자신의 재산상 이해와 관련되어 공정한 직무수행이 어려운 상황이 일어나지 아니하도록 직무수행의 적정성을 확보하여 공익을 우선으로 성실하게 직무를 수행하여야 한다. 또한 공직자는 공직을 이용하여 사적 이익을 추구하거나 개인이나 기관·단체에 부정한 특혜를 주어서는 아니 되며, 재직 중 취득한 정보를 부당하게 사적으로 이용하거나 타인으로 하여금 부당하게 사용하게 하여서는 아니 된다. 나아가 퇴직공직자들이 공직자의 이해충돌 상황을 야기하는 것을 방지하기 위하여 퇴직공직자는 재직 중인 공직자의 공정한 직무수행을 해치는 상황이 일어나지 아니하도록 노력하여야 함을 규정하고 있다(같은 법 제2조 제2−4항).

공직자윤리법은 이해충돌방지의무를 선언하고 있지만 이에 더 나아가서 '공직자의 이해충돌 방지법'은 공직자의 직무수행과 관련한 사적 이익추구를 금지함으로써 공직자의 직무수행 중 발생할 수 있는 이해충돌을 방지하여 공정한 직무수행을 보장하고 공공기관에 대한 국민신뢰를 확보하기 위하여 여러 가지 규제를 하고 있다. 이 규제는 '부정청탁 및 금품등 수수의 금지에 관한 법률'에 의한 규제와 함께 국가적 차원의 부패방지에 목적이 있기 때문에 단순히 공무원에게만 적용되는 것이 아니라 공공기관, 교육기관, 공직유관단체 등의 임직원 및 교직원에게도 광범위하게 적용된다(공직자의 이해충돌방지법 제2조 제2호).

ii ) 이해충돌 관련 신고의무

이해충돌 상황에 있는 공직자는 이를 신고하여야 한다. 인가·허가·면허·특허 등 일정 유형의 직무를 수행하는 공직자는 그 직무관련자가 공직자의 가족 등 사적 이해관계자인 경우, 소속기관장에게 신고하고 회피를 신청하여야 한다(같은 법 제5조). 직무관련자도 사적 이해관계자인 공직자에게 대한 회피를 신청할 수 있다. 신고가 이루어지고, 직무 수행에 지장이 있다고 인정되면 직무수행의 일시 중지, 직무대리자 지정, 직무 재배정, 전보 등의 조치가 이루어진다. 이외에도 직무관련자와 거래하거나 직무와 관련하여 부동산을 보유·매수하거나 퇴직공직자인 직무관련자와 골프, 여행을 하는 것과 같이 사적으로 접촉하는 경우도 신고 대상이 된다(같은 법 제6조, 제7조, 제9조, 제15조). 또한 고위공직자는 임용되기 3년 이내의 민간 부문의 활동 내역을 제출하여야 한다(같은 법 제8조).

iii) 불공정 유발행위의 제한

공직자에게 직무의 공정성을 저해할 우려가 있는 행위가 제한된다. 우선 직무관련 외부 활동이 제한된다. 공직자는 직무관련자에게 사적으로 노무 또는 조언·자문 등을 제공하고 대가를 받을 수 없고, 소속기관이 직접 이해관계를 가지는 사안에서 상대방을 대리하거나 대리·조언·자문 또는 정보를 제공할 수 없으며 직무와 관련된 다른 직위에 취임해서는 안 된다(같은 법 제10조). 또한 가족채용이 제한되며 수의계약도 제한된다. 공공기관(산하기관과 자회사 포함)은 원칙적으로 공직자의 가족을 채용할 수 없으며 소속 고위 공직자 및 관련 업무 담당자 등과 수의계약을 체결할 수 없다. 고위 공직자와 채용업무나 수의계약 업무를 담당하는 공직자는 위 행위를 지시·유도·묵인할 수 없다(같은 법 제11조, 제12조).

iv) 직무 관련 물품 및 정보의 사적 유용금지

공직자는 공공기관의 물품·차량·토지·시설 등을 사적인 용도로 사용·수익하거나 제3자로 하여금 사용·수익하게 하여서는 안 된다(같은 법 제13조). 또한 공직자는 직무 수행 중 알게 된 비밀 또는 소속 공공기관의 미공개정보를 이용하여 재물 또는 재산상의 이득을 취득하거나 제3자로 하여금 이를 취득하게 하여서는 안 된다(같은 법 제14조).

⑤ 재산등록 및 공개의무, 재산 형성과정의 소명

i) 개요

공직자윤리법은 일정한 공직자에게 재산등록의무를 부과하고 등록된 재산을 공개하도록 하고 있다. 또한 재산등록의무자는 재산을 등록할 때 재산형성과정에 대한 소명을 하도록 규정하고 있다.

ii) 재산등록의무자

재산등록의무자는 공무원에 국한되지 않고 공공기관, 공기업, 공직유관단체 등의 임직원을 광범위하게 포함하고 있다. 미공개 부동산 정보를 이용한 공직자의 토지 투기행위를 근절하기 위하여 한국토지주택공사법에 따른 한국토지주택공사 등 부동산 관련 업무나 정보를 취급하는 공직유관단체의 직원도 재산등록을 하도록 하였다. 재산등록의무자의 목록은 다음과 같다(공직자윤리법 제3조 제1항).

① 대통령·국무총리·국무위원·국회의원 등 국가의 정무직공무원 ② 지방자치단체의 장, 지방의회의원 등 지방자치단체의 정무직공무원 ③ 4급 이상의 일반직 국가공무원(고위공무원단에 속하는 일반직공무원을 포함한다) 및 지방공무원과 이에 상당하는 보수를 받는 별정직공무원(고위공무원단에 속하는 별정직공무원을 포함한다) ④ 대통령령으로 정하는 외무공무원과 4급 이상의 국가정보원 직원 및 대통령경호처 경호공무원 ⑤ 법관 및 검사 ⑥ 헌법재판소 헌법연구관 ⑦ 대령 이상의 장교 및 이에 상당하는 군무원 ⑧ 교육공무원 중 총장·부총장·대학원장·학장(대학교의 학장을 포함한다) 및 전문대학의 장과 대학에 준하는 각종 학교의 장, 특별시·광역시·특별자치시·도·특별자치도의 교육감 및 교육장 ⑨ 총경(자치총경을 포함한다) 이상의 경찰공무원과 소방정 이상의 소방공무원 ⑩ 제3호부터 제7호까지 및 제9호의 공무원으로 임명할 수 있는 직위

또는 이에 상당하는 직위에 임용된 국가공무원법 제26조의5 및 지방공무원법 제25조의5에 따른 임기제공무원 ⑪ '공공기관의 운영에 관한 법률'에 따른 공기업의 장·부기관장·상임이사 및 상임감사, 한국은행의 총재·부총재·감사 및 금융통화위원회의 추천직 위원, 금융감독원의 원장·부원장·부원장보 및 감사, 농업협동조합중앙회·수산업협동조합중앙회의 회장 및 상임감사 ⑫ 공직자윤리법 제3조의2에 따른 공직유관단체의 임원 ⑬ 한국토지주택공사법에 따른 한국토지주택공사 등 부동산 관련 업무나 정보를 취급하는 대통령령으로 정하는 공직유관단체의 직원 ⑭ 그 밖에 국회규칙, 대법원규칙, 헌법재판소규칙, 중앙선거관리위원회규칙 및 대통령령으로 정하는 특정 분야의 공무원과 공직유관단체의 직원

iii) 등록하여야 할 재산

재산등록의무자가 등록할 재산은 본인, 배우자(사실상의 혼인관계에 있는 사람을 포함), 본인의 직계존속·직계비속(혼인한 직계비속인 여성과 외증조부모, 외조부모, 외손자녀 및 외증손자녀는 제외)의 재산이다. 이때 등록할 재산은 소유 명의와 관계없이 사실상 소유하는 재산, 비영리법인에 출연한 재산과 외국에 있는 재산을 포함한다(같은 법 제4조 제1항).

다만 본인과 배우자 이외의 사람으로서 피부양자가 아닌 사람은 관할 공직자윤리위원회의 허가를 받아 자신의 재산신고사항의 고지를 거부할 수 있다. 이 경우 등록의무자는 고지거부 사유를 밝혀 허가를 신청하여야 한다(같은 법 제12조 제4항).

iv) 성실등록과 재산형성 소명

공직자윤리법은 재산등록의무자가 재산을 등록함에 있어서 등록대상재산과 그 가액, 취득일자, 취득경위, 소득원 등을 기재하도록 하고 이를 거짓으로 기재하지 못하도록 하고 있다. 다만 재산등록의무자 중 부동산 관련 업무나 정보를 취급하는 대통령령으로 정하는 사람은 부동산에 대하여 소유자별로 재산의 취득일자·취득경위·소득원 등을 기재하여야 한다. 또한 재산등록의무자와 배우자 등 재산등록의 대상이 되는 사람들은 등록의무자의 재산등록이나 공직자윤리위원회 등의 등록사항의 심사에 성실하게 응하여야 함을 규정하고 있다(같은 법 제4조 제5항, 제 12조 제1-3항).

v) 등록재산의 공개

공직자윤리위원회는 관할 등록의무자 중 공직자윤리법 제10조 제1항이 정하는 특정 고위직에 해당하는 공직자 본인과 배우자 및 본인의 직계존속·직계비속의 재산에 관한 등록사항과 등록 후의 변동사항 신고내용을 등록기간 또는 신고기간 만료 후 1개월 이내에 관보 또는 공보에 게재하여 공개하도록 하고 있다(같은 법 제10조 제1항).

#### ⑥ 공직자의 선물신고의무

공무원(지방의회의원 포함) 또는 공직유관단체의 임직원은 외국으로부터 일정한 금액 이상의 선물을 받거나 그 직무와 관련하여 외국인에게 선물을 받으면 지체 없이 소속 기관·단체의 장에게 신고하고 그 선물을 인도하여야 한다. 이들의 가족이 외국으로부터 선물을 받거나 그 공무원이나 공직유관단체 임직원의 직무와 관련하여 외국인에게 선물을 받은 경우에도 마찬가지이다(같은 법 제15조 제1항). 신고된 선물은 신고 즉시 국가 또는 지방자치단체에 귀속된다(같은 법 제

16조 제1항).

⑦ 주식의 매각 및 주식 백지신탁의 의무

재산등록의무자 중 공직자윤리법 제10조 제1항에 따른 공개대상자와 기획재정부 및 금융위원회 소속 공무원 일부의 공직자는 본인, 배우자 및 본인의 직계비속 및 직계존속(재산등록사항의 고지를 거부한 사람은 제외) 모두가 보유한 주식의 총 가액이 1천만원 이상 5천만원 이하의 범위에서 대통령령으로 정하는 금액을 초과할 때에는 초과하게 된 날부터 2개월 이내에 해당 주식을 매각하거나 주식을 신탁하여야 한다. 다만, 주식백지신탁 심사위원회로부터 직무관련성이 없다는 결정을 통지받은 경우에는 그러하지 아니하다(같은 법 제14조의4 제1항).

⑧ 퇴직공직자의 취업제한 및 행위제한

공직자윤리법은 재산등록의무자와 국회규칙, 대법원규칙, 헌법재판소규칙, 중앙선거관리위원회규칙 또는 대통령령으로 정하는 공무원과 공직유관단체의 직원을 취업심사 대상자로 규정하면서 이러한 취업심사대상자는 퇴직일부터 3년간 공직자윤리법이 정하는 사기업 등의 취업심사대상기관에 취업할 수 없도록 규정하고 있다. 다만, 관할 공직자윤리위원회로부터 취업심사대상자가 퇴직 전 5년 동안 소속하였던 부서 또는 기관의 업무와 취업심사대상기관 간에 밀접한 관련성이 없다는 확인을 받거나 취업승인을 받은 때에는 취업할 수 있다(같은 법 제17조).

⑨ 비밀엄수의무

공무원은 재직 중은 물론 퇴직 후에도 직무상 알게 된 비밀을 엄수하여야 한다(국가공무원법 제60조, 지방공무원법 제52조). 엄수하여야 할 비밀은 객관적·실질적 비밀에 해당되는 것으로서 형벌로서 보호할 만한 가치가 있는 것에 한한다.

**주요판례요지**

대법원 2023.7.13. 선고 2022추5149 판결: 경상남도지사가 '경상남도 업무협약 체결 및 관리에 관한 조례안' 중 도의회가 지방자치법 제48조, 제49조에 따라 자료를 요구할 경우 도지사는 업무협약에 비밀조항을 둔 경우라도 이를 거부할 수 없도록 규정한 제6조 제1항이 법률유보원칙 등에 위반된다며 재의를 요구하였으나 도의회가 원안대로 재의결함으로써 이를 확정하였다. 그러나 이는 공무원의 비밀유지의무를 규정한 지방공무원법 제52조, 공공기관의 정보공개에 관한 법률 제9조 제1항 제7호, 사회기반시설에 대한 민간투자법 제51조의3 제1항 등에 위반되므로 효력이 없다.

참고판례: 대법원 1996.10.11. 선고 94누7171 판결 [파면처분취소]

**국가공무원법상 직무상 비밀이라 함은** 국가 공무의 민주적, 능률적 운영을 확보하여야 한다는 이념에 비추어 볼 때 당해 사실이 일반에 알려질 경우 그러한 행정의 목적을 해할 우려가 있는지 여부를 기준으로 판단하여야 하며, **구체적으로는 행정기관이 비밀이라고 형식적으로 정한 것에 따를 것이 아니라 실질적으로 비밀로서 보호할 가치가 있는지, 즉 그것이 통상의 지식과 경험을 가진 다수인에게 알려지지 아니한 비밀성을 가졌는지, 또한 정부나 국민의 이익 또는 행정목적 달성을 위하여 비밀로서 보호할 필요성이 있는지 등이 객관적으로 검토되어야 한다**고 한 원심판결을 수긍한 사례.

**해 설** 국가공무원법 상의 비밀유지의무에 있어서 직무상 비밀은 행정기관이 형식적으로 정한 것에 따를 것이 아니라 실질적·객관적으로 비밀로서 보호할 가치가 있는지 검토되어야 한다고 판시하였다.

⑩ 영예의 제한

공무원이 외국정부로 부터의 영예 또는 증여를 받을 때에는 대통령의 허가를 받아야 한다(국가공무원법 제62조, 지방공무원법 제54조).

⑪ 정치운동의 금지

공무원은 정당이나 정치단체의 결성에 관여하거나 이에 가입할 수 없으며 특정정당 또는 특정인을 지지 또는 반대하기 위한 일정한 행위를 하지 못한다. 다만 대통령령이 정하는 특수경력직공무원은 예외이다(국가공무원법 제65조, 제3조 제2항, 지방공무원법 제57조, 제3조 제2항).

헌법재판소는 공무원으로 하여금 국가나 지방자치단체의 정책에 대해 집단적인 반대나 방해행위를 금지하고 있는 국가공무원법 및 지방공무원법이 공무원의 정치적 표현의 자유를 침해하는 것이 아니라고 판시하였다.[23)]

그러나 헌법재판소는 초·중등학교의 교육공무원으로 하여금 정당이나 그 밖의 정치단체의 결성에 관여하거나 이에 가입할 수 없도록 규정한 국가공무원법 제65조 제1항 중 '그 밖의 정치단체'에까지 결성에 관여하거나 가입하지 못하도록 한 것은 '그 밖의 정치단체'가 명확한 개념이 아니어서 명확성 원칙에 위배된다고 보고 이를 위헌이라고 판단하였다.[24)]

**주요판례요지**

헌법재판소 2024.1.25. 선고 2021헌가14 결정: 지방공사 상근직원의 선거운동을 금지하는 공직선거법 규정은 과잉금지의 원칙에 위반되어 지방공사 상근직원의 선거운동의 자유를 침해한다. 수행하는 개별·구체적인 직무의 성격을 고려하여 지방공사 상근직원 중 선거운동이 제한되는 주체의 범위를 최소화하거나, 지방공사 상근직원에 대하여 '그 지위를 이용하여' 또는 '그 직무 범위 내에서' 하는 선거운동을 금지하는 방법으로도 선거의 공정성이 충분히 담보될 수 있다.[25)]

---

23) 헌법재판소 2012.5.31. 선고 2009헌마705, 2010헌마90(병합) 결정.

24) 헌법재판소 2020.4.23. 선고 2018헌마551 결정. 헌법재판소는 신분상 공무원은 아니지만 그에 준한다고 할 수 있는 사회복무요원에 대해서도 '그 밖의 정치단체에 가입하는 등 정치적 목적을 지닌 행위'를 할 수 없도록 하는 것은 정치적 표현의 자유 및 결사의 자유를 침해한다고 판시하였다(헌법재판소 2021.11.25. 선고 2019헌마534 결정).

25) 이 결정에 따라 공직선거법이 개정되어 선거운동 및 선거에 영향을 미치는 행위를 할 수 없는 사람의 범위에서 지

⑫ 집단행동의 금지

공무원은 노동조합을 설립하고 단체교섭을 할 수는 있으나 단체행동 등 노동운동이나 그밖에 공무 외의 일을 위한 집단행위를 할 수 없다. 다만 사실상 노무에 종사하는 공무원은 예외이다(국가공무원법 제66조, 지방공무원법 제58조).

대법원은, 장관 주재회의에서의 집단퇴장,[26] 발표문에 서명날인, 일제휴가나 집단적 조퇴, 초과근무 거부 등과[27] 전교조 교사들의 4대강 사업 반대 시국선언 참여[28] 등을 금지되는 "공무외의 집단적 행위"에 해당한다고 판시하였다. 대법원은 또한 공무원의 집단적 의사표현행위가 공무원에게 금지되는 정치적 행위에 해당되면 이는 공무원의 직무전념의무에 반하고 금지되는 '공무외의 집단행위'에 해당된다고 한다.[29]

**주요판례요지**

대법원 2023.4.13. 선고 2021다254799 판결: 대한법률구조공단은 특수목적법인으로 그 임직원의 직무에는 공공성, 공익성이 인정되고, 소속 변호사의 경우 특정직 공무원인 검사에 준하여 급여를 받기는 하나, 공단 임직원의 지위나 직무 성격을 헌법과 법률에서 보장하는 국가공무원과 같은 정도의 것으로 규정하고 있다고 보기 어렵고, 법률구조법 등에서 공단 임직원에게 국가공무원법 제66조 제1항을 직접 적용한다고 규정하고 있지도 않으므로 그 임직원은 국가공무원법 제66조 제1항의 집단행동의 금지의 제한을 받지 않는다.

**참고판례 1: 대법원 2005.4.15. 선고 2003도2960 판결 [폭력행위등처벌에관한법률위반 · 직무유기 · 국가공무원법위반 · 지방공무원법위반 · 집회및시위에관한법률위반]**

국가공무원법 제66조에서 금지한 '노동운동'은 헌법과 국가공무원법과의 관계 및 우리 헌법이 근로삼권을 집회, 결사의 자유와 구분하여 보장하면서도 근로삼권에 한하여 공무원에 대한 헌법적 제한규정을 두고 있는 점에 비추어 헌법 및 노동법적 개념으로서의 근로삼권, 즉 단결권, 단체교섭권, 단체행동권을 의미한다고 해석하여야 할 것이고, 제한되는 단결권은 종속근로자들이 사용자에 대하여 근로조건의 유지, 개선 등을 목적으로 조직한 경제적 결사인 노동조합을 결성하고 그에 가입, 활동하는 권리를 말한다고 할 것이며, 또한 같은 법상의 **'공무 이외의 일을 위한 집단적 행위'는 공무가 아닌 어떤 일을 위하여 공무원들이 하는 모든 집단적 행위를 의미하는 것은 아니고 언론, 출판, 집회, 결사의 자유를 보장하고 있는 헌법 제21조 제1항, 헌법상의 원리, 국가공무원법의 취지, 국가공무원법상의 성실의무 및 직무전념의무 등을 종합적으로 고려하여 '공익에 반하는 목적을 위하여 직무전념의무를 해태하는 등의 영향을 가져오는**

방공사 · 공단의 상근 직원이 제외되었다(공직선거법 제57조의6 제1항).

26) 대법원 1992.3.27. 선고 91누9145 판결.

27) 대법원 2017.4.13. 선고 2014두8469 판결.

28) 대법원 2012.4.19. 선고 2010도6388 판결.

29) 대법원 2017.1.12. 선고 2012도9220 판결.

**집단적 행위'라고 축소 해석하여야 한다.**

해 설 국가공무원법 제66조가 금지하고 있는 '공무외의 일을 위한 집단적 행위'는 모든 집단적 행위를 의미하는 것이 아니라 '공익에 반하는 목적을 위하여 직무전념의무를 해태하는 등의 영향을 가져오는 집단적 행위'로 축소해석하여야 한다고 판시하였다.

### 참고판례 2: 대법원 2017.4.13. 선고 2014두8469 판결 [정직처분등취소]

**공무원들의 어느 행위가 국가공무원법 제66조 제1항에 규정된 '집단행위'에 해당하려면, 그 행위가 반드시 같은 시간, 장소에서 행하여져야 하는 것은 아니지만, 공익에 반하는 어떤 목적을 위한 다수인의 행위로서 집단성이라는 표지를 갖추어야만 한다고 해석함이 타당하다.** 따라서 여럿이 같은 시간에 한 장소에 모여 집단의 위세를 과시하는 방법으로 의사를 표현하거나 여럿이 단체를 결성하여 그 단체 명의로 의사를 표현하는 경우, **실제 여럿이 모이는 형태로 의사표현을 하는 것은 아니지만 발표문에 서명날인을 하는 등의 수단으로 여럿이 가담한 행위임을 표명하는 경우 또는 일제 휴가나 집단적인 조퇴, 초과근무 거부 등과 같이 정부활동의 능률을 저해하기 위한 집단적 태업 행위로 볼 수 있는 경우에 속하거나 이에 준할 정도로 행위의 집단성이 인정되어야 국가공무원법 제66조 제1항에 해당한다고 볼 수 있다.**

### 참고판례 3: 대법원 2017.1.12. 선고 2012도9220 판결 [지방공무원법위반 · 노동조합및노동관계조정법위반]

**공무원이 집단적으로 행한 의사표현행위가** 국가공무원법이나 공직선거법 등 개별 법률에서 공무원에 대하여 **금지하는 특정의 정치적 활동에 해당하는 경우나, 특정 정당이나 정치세력에 대한 지지 또는 반대의사를 직접적으로 표현하는 등 정치적 편향성 또는 당파성을 명백히 드러내는 행위 등과 같이 공무원의 정치적 중립성을 침해할 만한 직접적인 위험을 초래할 정도에 이르렀다고 볼 수 있는 경우에,** 그 행위는 공무원의 본분을 벗어나 공익에 반하는 행위로서 공무원의 직무에 관한 기강을 저해하거나 공무의 본질을 해치는 것이어서 **직무전념의무를 해태한 것이므로,** 국가공무원법 제66조 제1항에서 금지하는 **'공무 외의 일을 위한 집단행위'에 해당한다.** (중략) 그리고 이러한 법리는 '공무 외의 일을 위한 집단행위'를 금지한 구 지방공무원법(2010. 3. 22. 법률 제10147호로 개정되기 전의 것) 제58조 제1항의 경우에도 마찬가지로 적용된다.

## 4. 공무원의 책임

### (1) 개관

공무원이 직무행위와 관련하여 질 수 있는 책임에는 형사상 책임, 민사상 책임, 공무원법상의 책임, 헌법상 책임(탄핵, 해임건의 등) 등이 있다. 이하에서는 주로 행정법상의 책임으로서의 징계책임과 변상책임에 대해 검토하기로 한다.

### (2) 징계책임

① 개관

징계벌은 행정조직 내부에서 공무원 신분에 따른 징벌로서 특별행정법관계에서 발생하는 것이므로 일반행정법관계에서 발생하는 행정벌이나 형벌과 구별된다.

이처럼 징계벌은 그 징벌의 토대와 근거를 달리하므로 형벌과 병과가 가능하다. 그러나 징계벌도 공무원의 국민으로서의 기본권을 침해하는 것이므로 그에 대해서는 법치주의가 적용된다.

② 징계벌의 종류

징계벌에는 파면, 해임, 강등, 정직, 감봉, 견책이 있다. 파면, 해임, 강등, 정직은 중징계에 속하고 감봉과 견책은 경징계에 속한다.

파면이 되면 공무원신분을 박탈하고, 연금지급을 제한하며(공무원연금법 제64조 제1항 제2호) 5년간 공무원자격을 상실하게 되기 때문에(국가공무원법 제33조 제7호) 이는 가장 중한 징계에 해당된다.

해임이 되면 공무원신분을 박탈하지만, 원칙적으로 연금이나 퇴직급여는 전액지급한다. 그러나 금품 및 향응수수, 공금의 횡령·유용으로 징계 해임된 경우에는 퇴직급여 및 퇴직수당의 일부를 감액하여 지급한다(공무원연금법 제64조 제1항 제3호). 그리고 해임이 되면 3년간 공무원자격이 상실된다(국가공무원법 제33조 제8호).

강등이 되면 공무원 신분은 유지하지만 직급이 1계급 내려가고 3개월간 직무에 종사하지 못하며 그 기간 중 보수는 전액을 감한다(국가공무원법 제80조 제1항). 또한 군인을 제외하고는 직무에 종사하지 못하는 3개월이 끝난 날부터 18개월까지는 보수에 있어 승급이 제한된다(공무원보수규정 제14조 제1항 제2호 가목).

정직이 되면 공무원 신분은 유지하지만 1월에서 3월까지의 기간을 정하여 직무에 종사하지 못하며 보수는 전액이 감해진다(국가공무원법 제80조 제3항). 또한 정직 종료후 18개월까지는 보수에 있어 승급이 제한된다(공무원보수규정 제14조 제1항 제2호 가목).

감봉이 되면 공무원 신분도 유지하고 직무에도 계속 종사하지만 1월에서 3월까지의 기간을 정하여 보수 3분의 1이 감액된다(국가공무원법 제80조 제4항). 감봉 종료후 12개월까지 보수에 있어 승급이 제한된다(공무원보수규정 제14조 제1항 제2호 나목).

견책이란 전과에 대해 훈계하고 회개하게 하는 징계처분이다(국가공무원법 제80조 제5항). 집행 종료후 6개월까지 보수에 있어 승급이 제한된다(공무원보수규정 제14조 제1항 제2호 다목).

징계의 종류에는 해당되지 않으나 통상 징계위원회에서 견책의결이 있은 경우 소청심사에서는 이를 감경하여 불문경고처분을 하는 경우가 있다. 대법원은 불문경고는 징계처분은 아니지만 공무원인사기록카드에 등재되는 등 실질적으로 인사상 부정적 효과가 있다고 보아 그 처분성을 인정한다.[30)]

③ 적극행정과 징계면책

공무원이 불합리한 규제의 개선 등 공공의 이익을 위해 업무를 적극적으로 추진한 결과에 대하여는 해당 공무원의 행위에 고의 또는 중대한 과실이 없다고 인정되는 경우에는 징계 또는 징계부가금 부과 의결을 하지 아니한다(국가공무원법 제50조의2 제3항, 지방공무원법 제75조의2 제3항).

30) 대법원 2002.7.26. 선고 2001두3532 판결.

#### ④ 징계부가금

징계부가금이란 공무원이 금전, 물품, 부동산, 향응 또는 그 밖에 대통령령으로 정하는 재산상의 이익을 취득하거나 제공한 경우나 예산이나 기금, 국고금, 보조금, 물품, 공유재산 등을 횡령, 배임, 사기 또는 유용한 경우에, 취득하거나 제공한 재산상 이득의 5배 내의 징계부가금을 부담하게 하는 것을 말한다. 이것은 독자적인 징계의 종류에는 해당되지 않지만 징계벌에 부가되는 것이다(국가공무원법 제78조의2, 지방공무원법 제69조의2).

형사처벌을 받거나 변상책임을 이행한 경우 또는 환수금이나 가산징수금을 납부한 경우에는 금액을 조정하여 부가금을 결정한다.

참고판례: 헌법재판소 2015.2.26. 선고 2012헌바435 결정 [지방공무원법 제69조의2 제1항 등 위헌소원]

징계부가금은 공무원의 업무질서를 유지하기 위하여 공금의 횡령이라는 공무원의 의무 위반 행위에 대하여 지방자치단체가 사용자의 지위에서 행정 절차를 통해 부과하는 행정적 제재이다. **비록 징계부가금이 제재적 성격을 지니고 있더라도 이를 두고 헌법 제13조 제1항에서 금지하는 국가형벌권 행사로서의 '처벌'에 해당한다고 볼 수 없으므로, 심판대상조항은 이중처벌금지원칙에 위배되지 않는다.**

행정소송에 관한 **판결이 확정되기 전에 행정청의 처분에 대하여 공정력과 집행력을 인정하는 것은 징계부가금에 국한되는 것이 아니라** 우리 행정법체계에서 일반적으로 채택되고 있는 것이므로, **징계부가금 부과처분에 대하여 공정력과 집행력을 인정한다고 하여 이를 확정판결 전의 형벌집행과 같은 것으로 보아 곧바로 무죄추정원칙에 위배된다고 할 수 없다.**

심판대상조항은 비리 공무원을 제재하고 부당이득을 환수하기 위하여 공금을 횡령한 공무원에게 **횡령액의 5배 내에서 징계부가금을 부과하는 것으로서** … 심판대상조항은 **과잉금지원칙에 위배되지 않는다.**

[재판관 이정미, 재판관 김이수, 재판관 강일원의 반대의견]

소액 횡령의 경우에는 형사처벌되지 않고 경징계에 그치는 경우가 많아 중복적 불이익을 받게 되는 것은 아니므로 징계부가금이 부과되더라도 과잉 제재라고 볼 수 없다. 그러나 형벌, 당연퇴직, 퇴직급여 및 퇴직수당 감액, 변상책임 등 제재를 대부분 받게 되는 다액 횡령의 경우, 징계부가금까지 부과하는 것은 부패 문제 해결의 시급성을 감안하더라도 과도한 제재이다. **심판대상조항은 징계부가금을 소액 횡령의 경우로 한정하여 부과하거나 징계부가금을 부과하는 경우 민사책임을 면제하는 등 덜 침해적인 수단을 마련해 두지 않았으므로 과잉금지원칙에 위배된다.**

해 설 이 판례는 징계부가금에 대한 쟁점에 대해서 헌법재판소의 입장을 정리한 것으로서 의의가 있다. 그 내용은 다음과 같다. ① 징계부가금제도는 형벌권의 행사가 아니므로 이중처벌금지의 원칙에 위반되지 않는다. ② 징계부가금을 행정소송에 관한 판결이 확정되기 전에 집행하는 것은 형벌의 집행이 아니라 행정처분의 집행이므로 행정처분에 널리 인정되는 공정력에 의해 가능하고 따라서 무죄추정의 원칙에 반하지 않는다. ③ 징계부가금을 황령액의 5배까지로 한 것은 과잉금지의 원칙에 반하지 않는다. 그러나 이에 대해서는 유력한 반대의견이 있다.

⑤ 징계권자와 징계기구

공무원에 대한 징계권자는 원칙적으로 임용권자이다. 그러나 징계권자 이외에 징계의결요구권자가 있는데 국가공무원의 경우 징계의결요구권자는 소속장관(5급 이상), 소속기관의 장, 소속상급기관의 장(6급 이하 및 기능직) 및 국무총리이다(공무원징계령 제7조, 제8조). 감사원은 별도로 국가공무원 뿐아니라 지방공무원에 대해서도 징계요구권을 가진다(감사원법 제32조).

징계처분 등을 의결하게 하기 위하여 징계위원회를 둔다. 징계위원회는 공무원위원과 민간위원으로 구성한다. 이 경우 민간위원의 수는 위원장을 제외한 위원 수의 2분의 1 이상이어야 한다. 또한 특정 성(性)이 민간위원 수의 10분의 6을 초과하지 않도록 해야 한다(공무원징계령 제3조 제1항, 제3항, 제4조 제1항, 제4항). 징계위원회에는 중앙징계위원회와 보통징계위원회가 있는데 중앙징계위원회는 ① 징계부가금 사건, ② 고위공무원단에 속하는 공무원, 5급 이상 공무원등에 대한 징계와 징계부가금(이하 '징계등'이라 함) 사건, ③ 다른 법령에 따르는 특정직공무원의 징계등 사건, ④ 대통령이나 국무총리의 명에 따른 감사결과 국무총리가 징계의결등을 요구한 6급 이하 공무원등의 징계등 사건, ⑤ 중앙행정기관 소속의 6급 이하 공무원등에 대한 중징계 또는 중징계 관련 징계부가금 요구사건 등을 담당하며, 보통징계위원회는 6급 이하 공무원 등에 대한 징계등 사건을 심의·의결한다(공무원징계령 제2조). 지방자치단체의 경우에는 인사위원회가 징계위원회의 역할을 한다(지방공무원법 제8조 제1항 제4호).

⑥ 징계사건 피해자의 권리

공무원이 징계대상이 되는 행위를 하였을 때 그 사건으로 인한 피해자는 징계사건에 깊은 이해관계를 가지게 된다. 피해자는 민사상 손해배상이나 형사고발 등의 조치를 취할 수 있을 뿐 아니라 보험관련 법률문제와 관계될 수도 있다. 또한 피해자의 징계상황에 따라 정신적인 영향을 받을 수도 있다. 따라서 공무원 징계관련 법령은 징계사건 피해자에 대해 일정한 권리를 인정하고 있다.

우선 중징계등 사건의 피해자는 신청에 의하여 징계위원회에 출석하여 의견진술을 할 기회를 가질 수 있다(공무원 징계령 11조의2, 지방공무원 징계 및 소청규정 제5조의2). 또한 성폭력범죄나 성희롱으로 인한 징계 사건이나 직무권한 등을 행사하여 부당행위를 하거나 신체적·정신적 고통을 준 것을 사유로 한 징계사건의 경우에는 처분권자 또는 처분제청권자는 피해자가 요청하는 경우 징계대상인 공무원에게 처분사유설명서를 교부할 때에 징계처분결과를 피해자에게 통보하여야 한다(국가공무원법 제75조 제2항, 지방공무원법 제67조 제2항).

⑦ 징계절차와 불복절차

징계절차의 심리에서 진술의 기회를 주지 않으면 징계는 무효가 된다(국가공무원법 제81조 제3항). 그러나 출석통지서의 수령을 거부한 경우에는 진술권을 포기한 것으로 본다(공무원징계령 제10조 제7항, 지방공무원 징계 및 소청규정 제4조 제7항).

대법원은 징계절차에서의 입증책임이나 증명의 정도는 형사절차에서의 그것과는 다르기 때문에 형사재판에서 무죄가 선고되었다 하더라도 행정소송에서 징계사유를 부정할 것은 아니라고 한다.[31)]

징계의결에 대한 불복이 있을 때에는 공무원소청심사위원회에 이의신청을 할 수 있고 이의신청에 따른 소청심사 결정에 대해 행정소송을 제기할 수 있다.

그런데 성폭력범죄나 성희롱에 해당하는 비위와 관련된 소청사건의 피해자에 대해서는 그 피해자가 신청하는 경우에는 피해자에게 소청심사절차에 출석하거나 서면을 통하여 의견을 진술할 기회를 주어야 한다(소청절차규정 제10조의2).

### 참고판례 1: 대법원 1986.11.11. 선고 86누59 판결 [파면처분취소]

**공무원에게 징계사유가 인정되는 이상, 관련된 형사사건이 아직 유죄로 확정되지 아니하였다 하더라도 징계처분을 할 수 있음**은 물론, 그 징계처분에 대한 행정소송을 진행함에도 아무런 소장이 있을 수 없다.

### 참고판례 2: 대법원 2007.7.12. 선고 2006도1390 판결 [직무유기]

지방공무원의 징계와 관련된 규정을 종합해 보면, **징계권자이자 임용권자인 지방자치단체장은** 소속 공무원의 구체적인 행위가 과연 지방공무원법 제69조 제1항에 규정된 징계사유에 해당하는지 여부에 관하여 판단할 재량은 있지만, **징계사유에 해당하는 것이 명백한 경우에는 관할 인사위원회에 징계를 요구할 의무가 있다.**

직무유기죄는 공무원이 법령·내규 등에 의한 추상적 충근의무를 태만히 하는 일체의 경우에 성립하는 것이 아니라, 직장의 무단이탈이나 직무의 의식적인 포기 등과 같이 국가의 기능을 저해하고 국민에게 피해를 야기시킬 구체적 위험성이 있고 불법과 책임비난의 정도가 높은 법익침해의 경우에 한하여 성립하므로, **어떠한 형태로든 직무집행의 의사로 자신의 직무를 수행한 경우에는 그 직무집행의 내용이 위법한 것으로 평가된다는 점만으로 직무유기죄의 성립을 인정할 것은 아니다.**

지방자치단체장이 **전국공무원노동조합이 주도한 파업에 참가한 소속 공무원들에 대하여 관할 인사위원회에 징계의결요구를 하지 아니하고 가담 정도의 경중을 가려 자체 인사위원회에 징계의결요구를 하거나 훈계처분을 하도록 지시한 행위가 직무유기죄를 구성하지 않는다**고 한 사례.

### 참고판례 3: 대법원 1990.5.22. 선고 89누7368 판결 [파면처분취소]

국가공무원으로 임용되기 전의 행위는 국가공무원법 제78조 제2항, 제3항의 경우외에는 원칙적으로 재직중의 징계사유로 삼을 수 없다 할 것이나, **비록 임용전의 행위라 하더라도 이로 인하여 임용후의 공무원의 체면 또는 위신을 손상하게 된 경우에는 위 제1항 제3호의 징계사유로 삼을 수 있다고 보아야 할 것인바,** 원고가 장학사 또는 공립학교 교사로 임용해 달라는 등의 인사청탁과 함께 금 1,000만 원을 제3자를 통하여 서울시 교육감에게 전달함으로써 뇌물을 공여하였고, 그 후 공립학교 교사로 임용되어 재직중 검찰에 의하여 위 뇌물공여죄로 수사를 받다가 기소되기에 이르렀으며 그와 같은 사실이 언론기관을 통하여 널리 알려졌다면, **비록 위와 같은 뇌물을 공여한 행위는 공립학교 교사로 임용되기 전이었더라도 그**

---

31) 대법원 2018.4.12. 선고 2017두74702 판결.

**때문에 임용후의 공립학교 교사로서의 체면과 위신이 크게 손상되었다고 하지 않을 수 없으므로 이를 징계사유로 삼은 것은 정당하다.**

**원고가 공무원 임용과 관련하여 부정한 청탁과 함께 뇌물을 공여하고 공무원으로 임용되었다면** 공무원의 신분을 취득하기까지의 일련의 행위가 국가공무원법상의 징계사유에 해당한다고 할 것이므로 국가공무원법 제83조의2 제1항에 정하는 **징계시효의 기산점은 원고가 뇌물을 공여한 때가 아니라 공무원으로 임용된 때로부터 기산하여야 할 것이다.**

참고판례 4: 대법원 2018.4.12. 선고 2017두74702 판결 [교원소청심사위원회결정취소]

성희롱을 사유로 한 징계처분의 당부를 다투는 행정소송에서 징계사유에 대한 증명책임은 그 처분의 적법성을 주장하는 피고에게 있다. 다만 **민사소송이나 행정소송에서 사실의 증명은 추호의 의혹도 없어야 한다는 자연과학적 증명이 아니고, 특별한 사정이 없는 한 경험칙에 비추어 모든 증거를 종합적으로 검토하여 볼 때 어떤 사실이 있었다는 점을 시인할 수 있는 고도의 개연성을 증명하는 것이면 충분하다. 민사책임과 형사책임은 지도이념과 증명책임, 증명의 정도 등에서 서로 다른 원리가 적용되므로, 징계사유인 성희롱 관련 형사재판에서 성희롱 행위가 있었다는 점을 합리적 의심을 배제할 정도로 확신하기 어렵다는 이유로 공소사실에 관하여 무죄가 선고되었다고 하여 그러한 사정만으로 행정소송에서 징계사유의 존재를 부정할 것은 아니다.**

해 설 민사소송이나 행정소송과 형사소송의 경우 증명책임이나 증명의 정도가 다르므로 형사재판에서 무죄가 선고되었다 하더라도 행정소송에서 징계사유를 부정할 것은 아니라는 판시이다.

⑧ 징계시효

징계 및 징계부가금 부과 의결의 요구는 그 사유가 발생한 날부터 다음의 기간이 지나면 하지 못한다(국가공무원법 제83조의2 제1항, 지방공무원법 제73조의2 제1항, 교육공무원법 제52조 제6호).

i ) 성매매, 성폭력, 아동·청소년 대상 성범죄, 성희롱 등과 관련된 징계사유, 입시부정 등과 관련된 교육공무원 등에 관련된 징계사유: 10년

ii ) 징계부과금 부과 대상의 징계사유에 해당하는 경우: 5년

iii ) 그 밖의 징계 등 사유에 해당하는 경우: 3년

참고판례: 대법원 2021.12.16. 선고 2021두48083 판결 [징계처분취소]

군인사법이 징계시효 제도를 둔 취지는 군인에게 징계사유에 해당하는 비위가 있더라도 그에 따른 징계절차를 진행하지 않았거나 못한 경우 그 사실상태가 일정 기간 계속되면 그 적법·타당성 등을 묻지 아니하고 그 상태를 존중함으로써 군인 직무의 안정성을 보장하려는 데 있다. **징계시효의 기산점은 원칙적으로 징계사유가 발생한 때이고, 징계권자가 징계사유의 존재를 알게 되었을 때로 볼 수 없다.**

육군 부사관은 육군참모총장이 발령한 육군규정을 준수할 직무상의 의무가 있다[구 군인사법(2011. 5. 24. 법률 제10703호로 개정되기 전의 것) 제19조 제2항, 제47조의2, 구 군인복무규율(2016. 6. 28. 대통령령 제27273호 부칙 제2조로 폐지) 제23조 제1항, 국군조직법 제10조 제2항 참조]. 따라서 **민간법원에서**

**형사처벌이 확정된 부사관은 육군규정 보고조항에 따라 지체 없이 상당한 기간 내에 징계권자에게 그 사실을 보고할 직무상 의무가 있다. 그 기간 내에 보고의무를 이행하지 아니하면 그 기간이 경과함으로써 곧바로 직무상 의무 위반의 징계사유가 발생하고, 그때부터 징계시효가 기산된다고 보아야 한다.**

#### (3) 변상책임

공무원은 일정한 경우 변상책임을 진다. 공무원의 변상책임에는 ① 국가배상법상의 고의·중과실의 불법행위를 한 경우에 국가에 대한 변상책임(국가배상법 제2조 제2항)과 ② 회계관계직원 등의 변상책임(회계관계직원 등의 책임에 관한 법률)이 있다. 회계관계직원의 변상책임에는 ① 고의·중과실로 인한 관계규정 및 예산위반에 의한 손해에 대한 변상책임과 ② 현금 또는 물품을 출납·보관하는 자의 선관주의의무 위반에 따른 변상책임이 있다(같은 법 제4조 제1항, 제2항).

대법원은 소속장관 등의 감사원의 변상판정서를 첨부한 변상명령은 독립한 행정행위의 하나라고 판시하고 있으며[32] 감사원의 변상판정에 대해서는 재심의 판정(재심의 판결)[33]을 거쳐야만 행정소송을 제기할 수 있는 것으로 판시하고 있다.[34]

## 제2관 질서행정법

### 1. 경찰의 개념

경찰작용의 본질에 적절한 개념을 실질적 의미의 경찰, 현실적으로 경찰기관이 맡고 있는 행정작용의 총체를 형식적 의미의 경찰이라고 한다. 그런데 경찰기능의 핵심은 질서유지라고 할 수 있다. 따라서 경찰행정법을 질서행정법이라고 지칭한다. 질서행정법이라는 용어는 경찰행정법이 종래 가지고 있던 권력적 이미지를 불식시키기 위해 채택된 것이라고 할 수 있다.

#### (1) 실질적 의미의 경찰

##### ① 경찰작용의 특성

실질적 의미의 경찰 개념을 탐구하기 전에 경찰작용의 특성을 살펴보면 다음과 같다.

첫째, 경찰은 소극적 국가작용으로서 사회질서의 유지를 위한 것이고 적극적 목적의 복리작용과 구별된다.

둘째, 경찰은 사회목적적 작용으로서 국가목적적 작용인 군정이나 재정과 구별된다.

셋째, 경찰작용은 권력적 작용이다.

---

32) 대법원 1994.12.2. 선고 93누623 판결.
33) 변상판정에 대한 재심의 결정을 재심의 판결이라 한다(감사원법 제40조 제2항).
34) 대법원 1984.4.10. 선고 84누91 판결.

② 실질적 경찰개념의 개요

독일 행정법의 발전의 온상이었던 독일 경찰행정법에서 실질적 경찰은 '공공의 안녕과 질서에 대한 위험의 방지와 교란의 제거'라는 의미로 역사적으로 발전되어 왔다. 경찰관직무집행법 제2조와 '국가경찰과 자치경찰의 조직 및 운영에 관한 법률' 제3조는 경찰의 임무를

i) 국민의 생명·신체 및 재산의 보호

ii) 범죄의 예방·진압 및 수사

iii) 범죄피해자 보호

iv) 경비·요인경호 및 대간첩·대테러 작전 수행

v) 공공안녕에 대한 위험의 예방과 대응을 위한 정보의 수집·작성 및 배포

vi) 교통의 단속과 위해의 방지

vii) 외국 정부기관 및 국제기구와의 국제협력

viii) 그 밖에 공공의 안녕과 질서유지

로 규정하고 있는데 이 규정에 나타난 경찰의 임무의 대부분은 실질적 경찰개념인 '공공의 안녕과 질서유지'에 해당한다고 볼 수 있다. 경찰의 임무에 관한 이들 규정 중 특히 경찰관직무집행법 제2조 제7호와 '국가경찰과 자치경찰의 조직 및 운영에 관한 법률' 제3조 제8호는 경찰관의 포괄적 직무로서 '그 밖에 공공의 안녕과 질서유지'를 규정하여 실질적 경찰개념을 반영하고 있다.

③ 공공의 안녕(공적 안전)

공공의 안녕(공적 안전)은 공동체의 법익과 개인의 법익보호를 포함하는 객관적 법질서의 유지를 의미한다.

여기서 **공동체의 법익보호**라 함은 첫째, 국가 및 국가기관의 존속과 기능보호 둘째, 공동체법질서의 보호를 의미한다. 다만 국가기관 스스로의 가택권과 질서권은 일반적인 경찰기능과는 구별된다. 또한 공동체법질서의 보호란 공법규정(행정규칙 제외)의 수호, 범죄행위나 질서위반행위의 방지 등을 의미한다. 다만 범죄수사는 제외된다. 범죄수사는 검찰과 사법경찰의 임무라고 할 수 있다. 한편 경제경찰 등 전문성이 요구되는 특별경찰임무는 일반 경찰의 임무에서 제외된다.

그리고 **개인의 법익 보호**에 있어서 생명, 건강, 자유 등 공익과 관련되는 한, 경찰의 보호대상이 된다. 그러나 재산과 관련되는 등의 통상의 사권은 민사법원에 의해 보호된다.

공공의 안녕과 관련하여 경찰권 발동의 대상인지가 논란되는 사안 가운데 정신병자, 마약중독자, 알코올중독자는 타인에 대한 위험이 있으므로 경찰권 발동의 대상이라 할 수 있으나 자살기도는 공공의 질서(공적질서)와 관련이 되어 경찰권 발동의 대상이 될 수는 있지만 공공의 안녕과 관련하여 경찰권 발동의 대상인지에 대해서는 논란이 있다. 스스로 자신의 생명을 해하는 것을 공공의 안녕의 문제로 볼 수 있을지가 문제인 것이다.

④ 공공의 질서(공적 질서)

또 하나의 경찰개념의 요소로서의 공공의 질서(공적 질서)는 헌법적 가치판단 하의 지배적인 사회관·윤리관의 준수를 의미한다. 이 개념은 공공의 안녕(공적 안전)에 대한 보충개념이라고 할 수 있다. 그러나 오늘날과 같은 가치 상대주의, 다원주의 하에서는 공적 질서가 경찰권 발동의 근거가 될 수 없다는 견해도 있다. 경범죄처벌법은 본질상 예방적·보충적·도덕적 성격을 가지고 있는 법으로서[35] 공공의 질서에 관한 규율을 하고 있다고 할 수 있다.

공공의 질서와 관련하여 경찰권 발동의 대상이 되는지가 논란이 대상이 되는 사항들을 검토해 본다.

첫째, 자살의 방지는 우리 경찰의 임무(경찰관직무집행법 제4조 제1항 제2호)로 규정되어 있다.

둘째, 동성애의 경우 미성년의 경우에는 논란 없이 개입가능하나 성년일 경우에는 논란이 있다.

셋째, 이성 간의 동거는 미성년의 경우는 논란 없이 개입 가능하나 성년의 경우에는 경찰권의 대상이 아니다.

넷째, 나체로 거리를 질주하는 스트리킹(streaking)은 나체촌과 같은 격리된 곳에서 이루어지는 것이 아닌 한 경찰규제의 대상이다.

다섯째, 스트립쇼나 노상방뇨 등도 상황에 따라서 경찰권 발동의 대상이 될 수 있다.

⑤ 위험과 교란

경찰개념의 요소로서의 위험은 추상적 위험이 아니라 구체적 위험이라야 한다. 추상적 위험은 법령의 규율대상일 뿐 경찰권 발동의 대상은 아니다. 위험이 의심되는 경우(위험의 의심)도 경찰권 발동의 대상이 될 수 있다.

또한 위험의 실현을 교란이라고 한다.

### (2) 형식적 의미의 경찰

정부조직법, '국가경찰과 자치경찰의 조직 및 운영에 관한 법률', 경찰관직무집행법 등 현행법이 규정하는 현실적인 경찰의 임무가 형식적 경찰이다. 이 형식적 경찰의 범주에는 실질적 경찰개념에 해당되지 않는 것도 포함된다. 또한 실질적 경찰에 해당되는 일일지라도 국가경찰조직에 맡겨지지 않는 경찰임무도 있다.

### (3) 경찰의 종류

① 행정경찰과 사법경찰

일반적인 경찰작용을 수행하는 경찰이 행정경찰이고 형사소송법에 따른 범죄수사 등 형사사법작용을 수행하는 경찰이 사법경찰이다. 현재 우리 보안경찰은 광의의 행정경찰에 속하지만 사법경찰의 역할도 같이 담당하고 있다. 그러나 사법경찰에 대한 지휘·감독체계는 행정경찰의 그

35) 헌법재판소 2022.11.24. 선고 2021헌마426 결정.

것과 다르다. 우리나라는 형사소송법에 따른 경찰의 수사와 관련하여 경찰청에 국가수사본부를 두고 국가수사본부장[36]이 이러한 업무에 대하여 각 시·도경찰청장과 경찰서장 및 수사부서 소속공무원을 지휘·감독 하도록 하고 있다('국가경찰과 자치경찰의 조직 및 운영에 관한 법률' 제16조 제1항, 제2항). 이처럼 경찰 조직이 일반사법경찰의 역할을 감당하는데 반해, 삼림, 해사, 전매, 세무, 군사, 그 밖의 특별한 영역에서의 사법경찰의 역할을 수행하는 특별사법경찰[37]은 각각의 행정영역을 관할하는 행정기관 소속 공무원들이 이를 감당하고 이에 대해서는 '사법경찰관리의 직무를 수행할 자와 그 직무범위에 관한 법률'이 별도로 규율하고 있다.

② 보안경찰과 협의의 행정경찰

보안경찰은 일반적인 공공의 안녕과 질서를 유지하는 통상의 경찰을 말하고, 협의의 행정경찰이라 함은 산림경찰, 어업경찰, 보건경찰과 같은 특별경찰을 말한다. 일반경찰인 보안경찰은 특별경찰작용에 대해 보충적으로 활동한다(보안경찰의 보충성).

③ 국가경찰과 자치경찰

국가소속의 경찰을 국가경찰, 지방자치단체 소속의 경찰을 자치경찰이라 한다. 국가경찰은 '국가경찰과 자치경찰의 조직 및 운영에 관한 법률' 제3조의 경찰의 임무 중 자치경찰사무를 제외한 모든 사무를 행한다. 자치경찰은 경찰의 임무 중 '관할지역의 생활안전·교통·경비·수사 등에 관한 사무를 행한다(같은 법 제4조 제1항).

이처럼 '국가경찰과 자치경찰의 조직 및 운영에 관한 법률'은 국가경찰사무와 자치경찰사무를 구분하고 있지만 제주도를 제외하고는 경찰의 조직 자체가 분리되어 있는 것은 아니며 지휘·감독권자만이 구분되어 있다. 그리하여 자치경찰의 경우 시·도지사 소속의 시·도자치경찰위원회가 지휘·감독권을 가진다. 이처럼 조직이 분리되지 않은 자치경찰이 지방자치의 본질을 살리는 자치경찰로서 제대로 기능할 수 있을지에 대해서는 우려가 적지 않다.[38] 그러나 제주도는 별개의 조직으로 제주도 자치경찰위원회 소속 하에 자치경찰단을 둔다('제주특별자치도의 설치 및 국제자유도시 조성을 위한 특별법' 제88조 제1항). 이외에 소방경찰도 자치경찰의 일종이라고 할 수 있다.

'국가경찰과 자치경찰의 조직 및 운영에 관한 법률'은 자치경찰사무를 다음의 분류 하에 자세히 규정하고 있다(같은 법 제4조 제1항 제2호).

i ) 지역 내 주민의 생활안전 활동에 관한 사무

ii ) 지역 내 교통활동에 관한 사무

iii) 지역 내 다중운집 행사 관련 혼잡 교통 및 안전 관리

iv) 학교폭력 등 소년범죄, 가정폭력, 아동학대 범죄, 교통사고 및 교통 관련 범죄, 공연음란

36) 신설되는 중대범죄수사청을 일반 경찰관서로 보고 중대범죄수사청장을 경찰행정청으로 볼 수 있을 것인지는 아직 분명하지 않다. 관련 법률이 완비된 이후에야 판단할 수 있을 것으로 본다.

37) 특별사법경찰은 일반사법경찰과 달리 검사의 지휘·감독을 받는다(검찰청법 제4조 제1항 제2호).

38) 국가경찰사무·자치경찰사무의 협력·조정 등과 관련하여 경찰청과 시·도자치경찰위원회 간의 효율적인 정책협의를 위하여 자치경찰정책협의체가 구성되었다('자치경찰사무와 시·도자치경찰위원회의 조직 및 운영 등에 관한 규정' 제21조).

죄 및 성적 목적을 위한 다중이용장소 침입행위에 관한 범죄, 경범죄 및 기초질서 관련 범죄, 가출인 및 실종아동등 관련 수색 및 범죄 등과 관련된 수사사무

제주도의 경우는 '국가경찰과 자치경찰의 조직 및 운영에 관한 법률'과 '제주특별자치도의 설치 및 국제 자유도시 조성을 위한 특별법'에 규정된 자치경찰사무의 적용을 받는다.

④ 비상경찰과 평시경찰

평시경찰은 통상의 경찰을 말하는 것이고 비상시에 임시로 경찰의 임무를 맡는 것을 비상경찰이라 한다. 예컨대 계엄선포시의 계엄사령관 등이 비상경찰에 해당한다.

## 2. 경찰법과 일반행정법

경찰법 또는 경찰행정법은 독일행정법의 발전의 모태라고 할 수 있다. 독일 행정법의 다양한 이론이 경찰행정법의 영역에서 발전되어 일반화되었다. 우리나라는 독일행정법을 기반으로 하였기 때문에 역시 경찰행정법에서 일반행정법 개념의 원형을 가지고 있는 것이 많다. 예컨대, 비례의 원칙, 정보상 자기결정권과 개인정보보호 등이 그러하며 경찰상의 편의주의와 재량이론 등이 경찰행정법의 영역에서 발전한 것이다. 재량이론에 있어서 위험방지 여부와 방법에 대해 의무에 합당한 재량 또는 경찰상의 편의주의가 인정되었고, 무하자재량행사청구권과 재량수축이론 및 행정개입청구권은 원래 경찰법 영역이 그 본령이었다.

이 밖에 경찰명령은 법규명령이론, 경찰처분은 행정처분 개념, 경찰허가는 허가 개념, 경찰벌은 행정벌, 경찰상 강제집행은 행정상 강제집행, 경찰상 즉시강제(예컨대, 무기사용)는 행정상 즉시강제의 일반이론이 발전하는데 기초를 제공하였고 이리하여 오늘날 행정법이론은 상당수가 경찰법이론이 일반이론화된 것이라고 말할 수 있다.

## 3. 경찰기관의 종류

### (1) 경찰기관의 성격에 따른 분류

① 일반경찰행정청으로는 경찰청장, 시·도 경찰청장, 경찰서장, 해양경찰청장, 지방해양경찰청장, 해양경찰서장 등이 있으며 일반사법경찰행정청으로서 국가수사본부장이 있다.

② 특별경찰행정청(협의의 행정경찰 기능을 수행하는 행정청)으로 행정안전부장관과 각 주무부장관 등을 들 수 있다.

③ 경찰집행기관으로 경비경찰, 헌병 등이 있다.

④ 경찰의결기관으로 국가경찰위원회, 시·도 경찰위원회, 해양경찰위원회가 있다.

### (2) 소속에 따른 분류

① 경찰청장, 소방청장, 국가수사본부장, 시·도 경찰청장, 경찰서장, 해양경찰청장, 지방해양경찰청장, 해양경찰서장 등은 국가경찰이다.

② 시·도경찰위원회,[39] 제주특별자치도의 자치경찰단장 등의 일반경찰기관 그리고 소방본부

장, 소방서장 등의 소방경찰기관은 자치경찰기관이다. 그러나 전국적으로 소방사무의 균등한 집행 등을 위하여 소방공무원의 임용권은 국가로 일원화되었다.

③ 행정조직에 포함되지 않으면서 실질적으로 경찰기능을 수행하는 것으로 청원경찰과 용역경비가 있다. 이중 청원경찰에 대하여는 공무원이 아님에도 불구하고 공무원에 준하는 공법상의 의무가 부여되어 있다. 대법원은 특히 국가나 지방자치단체에 근무하는 청원경찰의 근무관계는 사법상의 고용계약관계라 볼 수 없다고 하면서 그에 대한 징계처분은 민사소송의 대상이 아니라 행정소송의 대상이라 한다(참고판례).

헌법재판소는 청원경찰에 대하여 근로3권을 모두 인정하지 않는 것은 기본권침해에 해당한다고 판시하였고,[40] 이에 따라 청원경찰법이 개정되어 청원경찰에 대해서도 단체행동권을 제외하고 단결권과 단체교섭권이 인정되게 되었다.

참고판례: 대법원 1993.7.13. 선고 92다47564 판결 [파면처분취소]

**국가나 지방자치단체에 근무하는 청원경찰은** 국가공무원법이나 지방공무원법상의 공무원은 아니지만, **다른 청원경찰과는 달리 그 임용권자가 행정기관의 장이고,** 국가나 지방자치단체로부터 보수를 받으며, 산업재해보상보험법이나 근로기준법이 아닌 **공무원연금법에 따른 재해보상과 퇴직급여를 지급받고, 직무상의 불법행위에 대하여도 민법이 아닌 국가배상법이 적용되는 등의 특질이 있으며** 그 외 임용자격, 직무, 복무의무 내용 등을 종합하여 볼 때, **그 근무관계를 사법상의 고용계약관계로 보기는 어려우므로 그에 대한 징계처분의 시정을 구하는 소는 행정소송의 대상이지 민사소송의 대상이 아니다.**

해 설 청원경찰 중 국가나 지방자치단체에 근무하는 자들은 그 근무관계를 사법상의 고용계약관계로 볼 수 없고 그에 대한 징계처분의 시정을 구하는 소송은 행정소송이 되어야 한다고 판시하였다.

#### (3) 경찰기관의 계급

경찰청 산하 경찰기관의 계급은 치안총감, 치안정감, 치안감, 경무관, 총경, 경정, 경감, 경위, 경사, 경장, 순경 등으로 구성되어 있다(경찰공무원법 제3조).

### 4. 경찰행정의 법률유보

#### (1) 일반조항(개괄조항)

경찰행정은 침해행정이 근간을 이루고 있으므로 경찰작용을 위해서는 법률유보가 필요한 경우가 대부분이다. 경찰관직무집행법은 경찰작용의 표준조항 규정 등을 통하여 경찰에 대한 개별적 법률유보 조항(개별수권조항)을 두고 있으나 그것만으로 경찰의 모든 활동을 법적으로 근거지우기가 힘든 상황이다.

39) 하나의 광역자치단체에 2개의 시·도 경찰청을 두는 경우에는 시·도지사 소속으로 2개의 시·도경찰위원회를 둘 수 있다('국가경찰과 자치경찰의 조직 및 운영에 관한 법률' 제18조 제1항 단서).

40) 헌법재판소 2017.9.28. 선고 2015헌마653 결정.

그리하여 개별수권조항이 존재하지 않을 때 보충적으로 경찰활동을 근거지울 수 있는 일반적 수권조항이 존재하는지가 논란의 대상이 되고 있다.

현행법상 일반조항의 인정가능성에 대해서는 긍정설과 부정설이 대립되고 있다. 긍정설은 경찰관직무집행법 제2조 제7호 및 '국가경찰과 자치경찰의 조직 및 운영에 관한 법률' 제3조 제8호의 "그 밖에 공공의 안녕과 질서유지"를 일반조항으로 인정할 수 있다고 한다. 그러나 부정설은 경찰관직무집행법 제2조 제7호는 직무범위를 정한 것이고 '국가경찰과 자치경찰의 조직 및 운영에 관한 법률' 제3조 제8호는 경찰의 임무를 정한 것에 불과하다고 하면서 임무규정과 권한규정은 다른 것이라고 한다. 이론상 부정설이 논리적이다. 그러나 현실적으로 일반조항이 존재하지 않는다고 하면 경찰활동 중 상당부분이 법적으로 정당화될 수 없는 사태가 발생할 우려가 있다. 바람직하기는 분명한 일반조항에 대한 입법을 별도로 추진하는 것이 좋을 것이라고 생각한다.

대법원은 경찰관직무집행법 제2조 제7호 등의 일반조항성에 대하여 아직 분명한 입장을 보이지 않고 있다. 대법원은 간접적으로 구 경찰관직무집행법 제2조 제6호(현재 제7호)를 개괄적 수권조항으로 보는 듯하나[41] 그 입장이 선명한 것은 아니며 헌법재판소는 재판관들 사이에서 이 문제에 대한 엇갈린 의견을 가지고 있음을 노정시켰을 뿐이다.[42]

**참고판례: 대법원 1986.1.28. 선고 85도2448 판결 [특수공무집행방해, 상해, 특수강도, 특수강도미수, 폭력행위등처벌에관한법률위반, 절도, 보호감호]**

**청원경찰법 제3조는 청원경찰은 청원주와 배치된 기관, 시설 또는 사업장등의 구역을 관할하는 경찰서장의 감독을 받아 그 경비구역 내에 한하여 경찰관직무집행법에 의한 직무를 행한다고 정하고 있고** 한편 경찰관직무집행법 제2조에 의하면 경찰관은 범죄의 예방, 진압 및 수사, 경비요인, 경호 및 대간첩작전수행, 치안정보의 수집작성 및 배포, 교통의 단속과 위해의 방지, 기타 공공의 안녕과 질서유지 등을 그 직무로 하고 있는 터이므로 경상남도 양산군 도시과 단속계 요원으로 근무하고 있는 **청원경찰관인 공소외 김차성 및 이성주가** 원심판시와 같이 1984. 12. 29. 경상남도 양산군 장안면에 있는 피고인의 집에서 피고인의 형 공소 외 1이 **허가없이 창고를 주택으로 개축하는 것을 단속한 것은 그들의 정당한 공무집행에 속한다고 할 것이므로** 이를 폭력으로 방해한 피고인의 판시 소위를 공무집행방해죄로 다스린 원심조치는 정당하고 이에 소론과 같은 위법이 있다고 할 수 없다.

**해 설** 대법원은 직접적 설시는 없으나 경찰관직무집행법 제2조 제7호의 '기타의 공공의 안녕과 질서유지'에 근거하여 경찰관직무집행법상의 직무를 행할 수 있는 청원경찰이 무허가 개축행위를 단속하였다고 보는 듯하다. 그러나 이에 대해서는 경찰권 발동의 근거는 오히려 건축법 제79조(구 제69조)여야 하므로 이 판결이 경찰관 발동의 일반적 수권조항에 대해 판시한 것이라고 볼 수 없다고 하는 견해도 있다.[43]

---

41) 대법원 1986.1.28. 선고 85도2448 판결.

42) 헌법재판소 2011.6.30. 선고 2009헌마406 결정; 이 판례의 보충의견은 구 경찰법(현재의 '국가경찰과 자치경찰의 조직 및 운영에 관한 법률') 제3조와 경찰관직무집행법 제2조가 경찰권 발동의 근거조항이 될 수 없음을 밝혔고, 반대의견은 이를 일반적 수권조항으로 보았다.

43) 정하중, 전게서, 1138면.

### (2) 개별수권조항

경찰작용의 개별수권조항은 경찰관직무집행법 제3조 이하의 경찰상의 표준행위(표준처분)에 대한 규정에서 찾아 볼 수 있다. 경찰관직무집행법 제3조 이하에서는 불심검문, 동행요구, 보호조치, 위험발생의 방지, 범죄의 예방과 제지, 사실의 확인, 위험방지를 위한 출입, 경찰장비의 사용, 경찰장구의 사용, 분사기 등의 사용, 무기의 사용, 정보의 수집 등 경찰상의 표준행위에 대한 규정을 두고 있다.

이러한 경찰상의 표준행위의 대부분은 행정상 즉시강제와 관련이 있는 행위이다. 대법원은 경찰관 직무집행법 제6조의 '범죄의 예방과 제지'에서 제지 행위는 경찰행정상의 즉시강제에 해당한다고 판시하였다(참고판례 1).

참고판례 1: 대법원 2021.11.11. 선고 2018다288631 판결 [손해배상(기)]

경찰관 직무집행법 제6조는 "경찰관은 범죄행위가 목전에 행하여지려고 하고 있다고 인정될 때에는 이를 예방하기 위하여 관계인에게 충분한 경고를 하고, 그 행위로 인하여 사람의 생명·신체에 위해를 끼치거나 재산에 중대한 손해를 끼칠 우려가 있는 긴급한 경우에는 그 행위를 제지할 수 있다."라고 규정하고 있다. **위 조항 중 경찰관의 제지에 관한 부분은 범죄의 예방을 위한 경찰행정상 즉시강제, 즉 눈앞의 급박한 경찰상 장해를 제거하여야 할 필요가 있고 의무를 명할 시간적 여유가 없거나 의무를 명하는 방법으로는 그 목적을 달성하기 어려운 상황에서 의무불이행을 전제로 하지 아니하고 경찰이 직접 실력을 행사하여 경찰상 필요한 상태를 실현하는 권력적 사실행위에 관한 근거조항이다. 경찰행정상 즉시강제는 그 본질상 행정 목적 달성을 위하여 불가피한 한도 내에서 예외적으로 허용되는 것이므로, 위 조항에 의한 경찰관의 제지 조치 역시 그러한 조치가 불가피한 최소한도 내에서만 행사되도록 그 발동·행사 요건을 신중하고 엄격하게 해석하여야 하고, 그러한 해석·적용의 범위 내에서만 우리 헌법상 신체의 자유 등 기본권 보장 조항과 그 정신 및 해석 원칙에 합치될 수 있다.**

참고판례 2: 대법원 2020.5.14. 선고 2020도398 판결 [마약류관리에관한법률위반(향정)]

**임의동행은 경찰관 직무집행법 제3조 제2항에 따른 행정경찰 목적의 경찰활동으로 행하여지는 것 외에도 형사소송법 제199조 제1항에 따라 범죄 수사를 위하여** 수사관이 동행에 앞서 피의자에게 동행을 거부할 수 있음을 알려 주었거나 동행한 피의자가 언제든지 자유로이 동행과정에서 이탈 또는 동행장소로부터 퇴거할 수 있었음이 인정되는 등 **오로지 피의자의 자발적인 의사에 의하여 이루어진 경우에도 가능하다.**

해 설 임의동행의 근거법이 경찰관직무집행법만이 아니라 형사소송법일 수도 있음을 밝힌 판례이다.

## 5. 경찰권의 한계

### (1) 개관

침해행정을 중심으로 하는 경찰작용은 일정한 법적 한계를 준수하여야 한다. 이러한 경찰권의 한계는 ① 법규상 한계와 ② 경찰법원리상 한계(조리상 한계)로 나누어 논할 수 있다.

### (2) 경찰권의 조리상 한계

법규에 규정된 경찰권의 한계와 별도로 경찰권 행사에 있어서는 다음과 같은 조리상의 한계가 지켜져야 한다.

① **경찰소극의 원칙**: 경찰작용은 본질적으로 소극적이어야 하고 경찰권은 적극적인 복리증진을 위해 발동할 수 없다.

② **경찰공공의 원칙**: 경찰은 공공의 사안에만 개입할 수 있다 따라서 사생활이나(사생활불가침의 원칙), 사적 주소(사주소불가침의 원칙), 민사관계(민사관계불간섭의 원칙)에는 개입할 수 없다.

③ **경찰책임의 원칙**: 경찰권은 원칙적으로 경찰상의 위험의 발생 또는 위험의 제거에 책임이 있는 자에게만 발동할 수 있고 그와 무관한 제3자에 발동할 수 없다. 다만 경찰상의 긴급상태인 경우에는 예외이다.

④ **경찰평등의 원칙**: 경찰작용은 모든 국민에게 평등하게 이루어져야 한다.

⑤ **경찰비례의 원칙**: 경찰작용에 있어서는 목적에 비해 적절한 수단이 선택되어야 하고 과잉한 수단이 선택되어서는 아니 된다.

경찰작용에 있어서 비례의 원칙은 흔히 수갑, 포승, 경찰봉, 전자충격기. 권총 등의 총기, 분사기, 최루탄, 가스차, 물포, 살수차, 석궁, 다목적발사기 등 위해성 경찰장비의 사용과 관련되어 문제되는 경우가 많다. 이에 따라 '위해성 경찰장비의 사용기준 등에 관한 규정'은 경찰장비의 사용수칙을 규정하고 신규도입 장비의 안전성을 점검하도록 하고 있으며 일정한 경찰장비에 대해서는 사용기록을 보관하도록 규정하고 있다.

대법원은 총기사용에 있어서 비례원칙이나 정당방위의 긴급성 판단에서 엄격성을 보이고 있다.[44]

**주요판례요지**

① 대법원 2019.1.10. 선고 2016도21311 판결: 집시법상 질서유지선은 띠, 방책, 차선 등과 같이 경계표지로 기능할 수 있는 물건 또는 도로교통법상 안전표지라고 봄이 타당하므로, 경찰관들이 집회 또는 시위가 이루어지는 장소의 외곽이나 그 장소 안에서 줄지어 서는 등의 방법으로 사실상 질서유지선의 역할을 수행한다고 하더라도 이를 가리켜 집시법에서 정한 질서유지선이라고 할 수는 없다.

② 대법원 2019.1.17. 선고 2015다236196 판결: 위해성 경찰장비인 살수차와 물포는 필요한 최소한의 범위에서만 사용되어야 하고, 특히 인명 또는 신체에 위해를 가할 가능성이 더욱 커지는 직사살수는 타인의 법익이나 공공의 안녕질서에 직접적이고 명백한 위험이 현존하는 경우에 한

44) 대법원 1999.6.22. 선고 98다61470 판결; 대법원 1999.3.23. 선고 98다63445 판결; 대법원 1994.11.8. 선고 94다25896 판결; 대법원 1993.7.27. 선고 93다9163 판결; 대법원 1991.9.10. 선고 91다19913 판결 등.

해서만 사용이 가능하다고 보아야 하며 먼저 적법한 절차에 따른 해산명령을 시행한 후에 직사 살수의 방법을 사용할 수 있다고 보아야 한다.

참고판례 1: 대법원 2012.9.13. 선고 2010도6203 판결 [상해 · 공무집행방해 · 모욕]

(전략) 경찰봉으로 피고인의 앞을 가로막고 자전거를 세워 줄 것을 요구하면서 소속과 성명을 고지하고, "인근 경찰서에서 자전거를 이용한 날치기가 있었는데 인상착의가 비슷하니 **(불심)검문에 협조해 달라."는 취지로 말하였음에도 피고인은 평상시 그곳에서 한 번도 검문을 받은 바 없다고 하면서 검문에 불응하고 그대로 전진한 사실,** 이에 공소외 3은 피고인을 따라가서 **피고인이 가지 못하게 앞을 막고 검문에 응할 것을 요구한 사실, 이와 같은 제지행위로 더 이상 자전거를 진행할 수 없게 된 피고인은 경찰관들이 자신을 범인 취급한다고 느껴 공소외 3의 멱살을 잡아 밀치고 공소외 1,2에게 욕설을 하는 등 거세게 항의한 사실,** 이에 위 경찰관들은 피고인을 **공무집행방해죄와 모욕죄의 현행범인으로 체포한 사실**을 인정한 다음, **불심검문은 상대방의 임의에 맡겨져 있는 이상** 질문에 대한 답변을 거부할 의사를 밝힌 상대방에 대하여 유형력을 사용하여 그 진행을 막는 등의 방법은 사실상 답변을 강요하는 것이어서 허용되지 않고, 따라서 공소외 3의 위 제지행위는 **불심검문의 한계**를 벗어나 위법하므로 직무집행의 적법성을 전제로 하는 공무집행방해죄는 성립하지 않고, 위법한 공무집행방해죄에 대한 저항행위로 행하여진 상해 및 모욕도 정당방위로서 위법성이 조각된다고 판단하여, 이 사건 공소사실에 대하여 모두 무죄를 선고하였다.

그러나 (중략) 피고인을 발견하고 앞을 가로막으며 진행을 제지한 행위는 그 **범행의 경중, 범행과의 관련성, 상황의 긴박성, 혐의의 정도, 질문의 필요성 등에 비추어 그 목적 달성에 필요한 최소한의 범위 내에서 사회통념상 용인될 수 있는 상당한 방법**으로 법 제3조 제1항에 규정된 자에 대하여 의심되는 사항에 관한 질문을 하기 위하여 정지시킨 것으로 보아야 한다. 그럼에도 원심은 그 판시와 같은 이유만으로 이 사건 공소사실 중 **공무집행방해 부분에 관하여 경찰관들의 불심검문이 위법하다고 보아 무죄를 선고하고 말았으니, 이러한 원심의 판단에는 불심검문의 내용과 한계에 관한 법리를 오해하여 판결 결과에 영향을 미친 위법이 있다 할 것이다.**

해 설 불심검문은 강제조치가 아니라 상대방의 협조에 의해 수행되는 경찰관의 직무행위이다. 그럼에도 불구하고 불심검문에 응하지 않은 사람을 길을 가지 못하도록 제지하고 그 과정에서 불심검문 대상자가 저항행위로 경찰관의 멱살을 잡아 밀치는 등의 행위가 이루어진 경우, 이것이 불심검문의 한계를 벗어난 위법한 직무행위에 대한 정당한 저항행위로 보아 공무집행방해죄가 성립하지 않는 것으로 볼 것인지 아니면 그 정도의 경찰관의 직무행위는 정당한 것으로 볼 것인지에 대한 판례이다. 원심법원은 이 경우 불심검문이 적법한계를 벗어난 것으로 보았으나 대법원은 그 정도의 행위는 적법한계를 벗어난 것이라 할 수 없다고 판시하였다.

참고판례 2: 대법원 1999.3.23. 선고 98다63445 판결 [손해배상(기)]

**경찰관은** 범인의 체포, 도주의 방지, 자기 또는 타인의 생명 · 신체에 대한 방호, 공무집행에 대한 항거의 억제를 위하여 **무기를 사용할 수 있으나, 이 경우에도 무기는 목적달성에 필요하다고 인정되는 상당한 이유가 있을 때 그 사태를 합리적으로 판단하여 필요한 한도 내에서 사용하여야 하는바,** 경찰관의 무기사용이 이러한 요건을 충족하는지 여부는 범죄의 종류, 죄질, 피해법익의 경중, 위해의 급박성, 저항의 강약,

범인과 경찰관의 수, 무기의 종류, 무기 사용의 태양, 주변의 상황 등을 고려하여 사회통념상 상당하다고 평가되는지 여부에 따라 판단하여야 하고, **특히 사람에게 위해를 가할 위험성이 큰 총기의 사용에 있어서는 그 요건을 더욱 엄격하게 판단하여야 한다.**

해 설 경찰관의 무기사용의 한계에 대해 판시하고 있다. 특히 비례의 원칙에 대한 설시가 보이며 무기사용의 요건을 충족하는지 여부에 대한 종합적 판단요소에 대해 언급하고 있다.

## 6. 경찰책임(경찰작용의 상대방)

### (1) 경찰책임의 개념

경찰책임이란 실질적 의미에서는 공공의 안녕과 질서를 침해하지 말아야 하며 위험이나 교란이 발생한 경우 그를 제거하여야 할 의무를 지는 것을 말한다. 그러나 형식적으로는 경찰행정청의 명령에 복종할 의무를 지는 것을 말한다.

이러한 경찰책임은 손해배상책임 등과는 달리 책임자의 고의·과실과 무관하며 원칙적으로 소멸시효의 대상도 아니다.

### (2) 경찰책임의 주체

① 개관

경찰책임을 질 수 있는 주체에는 자연인, 사법상 법인 및 권리능력 없는 사단 그리고 공법인 등이 있을 수 있다. 이 가운데 자연인은 외국인이나 무국적자도 포함한다. 다만 면책특권을 가진 자는 예외이다.

문제가 되는 것은 고권주체인 공법상의 법인이나 그 기관이다.

② 고권주체(행정주체, 행정기관 등)의 실질적 경찰책임

고권주체의 실질적 경찰책임은 인정된다. 고권주체라고 하여 위험의 방지나 교란의 제거의무를 완전히 면제받을 수는 없다. 그러나 축소나 제한이 가능하다. 왜냐하면 사인에게 금지되어 있는 행위도 고권주체는 할 수 있기 때문이다.

③ 고권주체의 형식적 경찰책임

고권주체(공법인이나 그 기관)의 형식적 경찰책임은 논란거리이다. 긍정설도 있으나 부정설은 고권주체의 위험방지기능은 고권의 당연한 속성이라고 하여 경찰에 따르지 아니하고 독자적으로 위험의 방지나 제거를 하는 것이 마땅하다고 한다.

부정설에 따라 고권주체의 고권적 작용에는 형식적 경찰책임이 미치지 않는다고 보더라도 고권주체의 사법(私法)적 작용의 경우에도 그러한지는 따져보아야 한다. 고권주체인 행정기관의 사법작용 중 행정사법작용의 경우에는 고권작용의 경우와 동일하게 형식적 경찰책임을 부인하는 것이 타당하다는 견해가 우세하다. 그러나 순수 사법(私法)작용의 경우에는 형식적 경찰책임을

인정하여야 할 것이고 이 경우 고권주체라 하더라도 경찰행정청의 명령에 따라야 한다.

#### (3) 경찰책임의 유형

① 행위책임

행위와 위험 또는 교란 사이의 인과관계를 가진 자는 경찰책임을 진다. 위험이나 교란의 직접적 원인을 제공한 자는 물론 간접적인 원인제공자라도 객관적으로 보아 직접적으로 원인을 제공한 것과 같은 효과를 가지는 경우에는 경찰책임을 져야 한다고 본다.

타인의 행위로 인하여 경찰상의 행위책임을 지는 경우도 있다. 감독자의 책임 또는 사용자, 친권자, 후견인의 책임이 그것이다. 이 경우 의무를 다하여도 책임의 감경·면책이 인정되지 않는다. 감독자 등의 책임은 원인제공자의 책임과 병행하는 책임이다.

② 상태책임

물건의 상태 자체가 위험한 경우, 즉 경찰위반상태에 놓인 물건이 위험, 교란을 야기하는 경우, 그의 직접원인을 제공한 자는 상태에 근거한 경찰책임을 진다(직접원인제공이론). 직접원인을 제공한 자를 찾지 못할 때에는 그러한 상태의 물적 지배권을 가지는 자가 상태책임자가 된다. 이 경우 상태책임을 지는 자, 즉 상태책임의 주체에는 그러한 위험이나 교란을 야기한 물건에 대하여 정당한 권원을 가진 자뿐 아니라 사실상의 지배권을 행사하는 자도 포함된다. 자연재해에 의한 경우에도 소유권자 등 물적 지배권을 가진 자는 상태책임을 진다.

#### (4) 책임자의 경합

경찰책임자가 경합하는 경우 다음의 원칙에 따라 책임을 지운다.

① 행위책임자 중에서는 시간상 최후의 자 또는 가장 중대한 원인을 제공한 자가 책임을 진다.
② 행위책임이 상태책임에 우선한다.
③ 여러 개의 책임사유를 가진 자에게 우선적으로 책임을 부담한다.

책임자 상호 간에 자신이 부담한 책임에 대해서 다른 책임자에게 비용상환청구를 할 수 있는지에 대해서는 긍정설과 부정설이 있다.

#### (5) 책임의 승계

종래 행위책임의 승계는 인정되지 않으나 상태책임의 승계에 대해서는 논란이 있다. 그런데 위험이나 교란을 야기하고 있는 물건의 소유권이 이전되면 사실상 상태책임이 이전되는 효과를 가져온다. 오늘날 행위책임의 승계를 논하는 견해도 있으나 경찰책임이 고의·과실을 따지지 않는 것인 이상 승계를 인정하는데 난점이 존재한다고 본다.

#### (6) 경찰상의 긴급상태

경찰상의 긴급상태는 경찰책임의 원칙의 예외로서 행위책임자나 상태책임자가 아닌 제3자가 경찰책임을 지게 되는 경우이다.

제3자가 경찰책임을 지게 되는 경우의 요건은 다음과 같다.

첫째, 위험이나 교란이 급박하거나 실현되었어야 한다.

둘째, 교란자에 대한 처분이 안전을 확보하는데 있어 무의미하여야 한다.

셋째, 경찰자신이나 위임받은 제3자에 의한 해결이 불가능하여야 한다.

넷째, 경찰책임을 질 제3자에게 수인가능성이 있어야 한다. 예컨대, 심장병환자에게 무거운 짐을 옮길 것을 명하는 것은 허용되지 않는다.

다섯째, 법적 근거가 있고 경찰책임을 짐으로써 입은 손실에 대한 보상규정이 있어야 함이 원칙이다. 경찰관직무집행법 제11조의2는 경찰관의 적법한 직무집행작용에 의하여 제3자가 입은 손실에 대하여 정당한 보상을 하도록 규정하고 있다. 이 법상의 손실보상청구권의 소멸시효는 손실이 있음을 안 날로부터 3년, 손실이 발생한 날로부터 5년이다.

#### (7) 교란자에 대한 상환청구권

위험방지와 교란제거를 위하여 경찰책임자를 대신하여 경찰이 대집행한 경우에는 행정대집행법에 의거하여 비용상환청구가 가능하다. 그러나 일반적으로는 비용상환은 우리나라에서 현재로서는 생각할 수 없다. 예컨대, 대규모집회에 경찰력을 투입한 경우에 발생한 초과비용을 상환청구할 수 있는가? 우리나라에는 이에 관한 법규정이 없다. 독일의 경우 각주의 입법례에 따라 다르다.

### 7. 경찰관의 직무행위에 대한 손실보상

#### (1) 개관

경찰관직무집행법 제11조의 2는 경찰관의 적법한 직무집행으로 인하여 발생한 손실에 대하여 정당한 손실보상을 할 것을 규정하고 있다. 이 조항이 규정하고 있는 손실보상은 재산상의 손실을 대상으로 하는 좁은 의미의 행정상 손실보상의 범주를 벗어나 생명·신체에 대한 손실에 대한 보상까지 규정하여 행정상 손실보상과 희생보상을 아울러 규정하고 있다고 사료된다.

#### (2) 경찰관직무집행법 제11조의2의 손실보상의 대상

경찰관직무집행법 제11조의2는 손실보상의 대상을 다음과 같이 구별하여 규정하고 있다.

① 경찰관의 적법한 직무집행행위로 인하여 손실발생의 원인에 책임 없는 자가 입은 생명·신체 또는 재산상의 손실: 이 경우에는 손실발생의 원인에 대하여 책임 없는 자가 자발적으로 경찰관의 직무집행에 협조하거나 물건을 제공하여 입은 생명·신체 또는 재산상의 손실을 포함한다(같은 법 제11조의2 제1항 제1호).

② 손실발생의 원인에 책임이 있는 자이지만 경찰관의 적법한 직무집행행위로 인하여 자신의 책임 범위를 초과하는 손실을 입은 경우에 그 책임범위를 초과하는 생명·신체 또는 재산상의

손실(같은 법 제11조의2 제1항 제2호).

### (3) 손실보상결정과 손실보상청구권의 시효

경찰관의 적법한 직무집행행위로 인한 손실보상금은 손실보상신청 사건을 심의하기 위하여 두는 손실보상심의위원회의 심의·의결에 따라 지급한다(같은 법 제11조의2 제4항). 보상금 지급 청구서를 받은 손실보상결정권자는 특별한 사유가 없으면 보상금 지급 청구서를 받은 날로부터 60일 이내에 손실보상심의위원회의 심의·의결에 따라 보상 여부 및 보상금액을 결정하여야 한다. 다만 부득이한 사유가 있을 때에는 그 기간이 끝나는 날의 다음 날부터 20일의 범위에서 결정 기간을 한 차례만 연장할 수 있다(같은 법 시행령 제10조 제4항). 손실보상심의위원회는 보상금이 지급된 경우 경찰위원회에 심사자료와 결과를 제출하여야 한다(같은 법 제11조의2 제5항).

경찰관의 적법한 직무집행행위에 기인한 손실보상청구권은 손실이 있음을 안 날로부터 3년, 손실이 발생한 날로부터 5년간 행사하지 않으면 시효의 완성으로 소멸된다(같은 법 제11조의2 제2항).

## 제3관 급부행정법

### 1. 급부행정법의 개념과 급부행정법의 중요 법원칙

#### (1) 급부행정법의 개념

급부행정법이란 급부행정의 개념의 등장과 함께 행정법학의 영역에 나타난 것으로서 이 개념이 등장하던 20세기 당시에는 질서행정법(경찰행정법) 위주이던 행정법 질서에서 일어난 큰 변화를 수용한 개념이라 할 수 있다. 요컨대 급부행정은 국가가 단순히 사회질서를 유지하는 기능에 만족하지 않고 배분에의 참여를 지도이념으로 하여 생활배려를 위한 활동에 돌입함으로써 성립한 개념이라 할 수 있다. 급부행정법은 국가가 국민에게 재화와 서비스 그리고 편익을 제공하는 급부행정에 관한 행정법으로, 종래 행정법 발전의 요람이 되었던 경찰행정법과는 그 기본원리를 달리하고 여러 가지 측면에서 구별된다. 예컨대, 급부행정법은 침해행정이 아니라 수익적 행정에 관한 법이요, 권력적 행위형식이 아닌 비권력적 행위형식을 주로 활용한다는 측면에서 종래의 행정법 개념을 획기적으로 변화시키는 것이었다.

#### (2) 급부행정에서의 중요 법원칙

이하에서 살펴보듯이 급부행정 또는 급부행정법에서의 중요 법원칙은 침해행정을 위주로 하는 질서행정법(경찰행정법)에서 중요시되는 법원칙과 다소 다르다.

① **보충성의 원칙**: 행정주체에 의한 급부는 사적자치에 의해 해결되지 못하는 것에 대하여 보충적으로 이루어져야 한다.

② **급부행정과 법률유보의 원칙**: 급부행정일지라도 국가적으로 본질적인 의미가 있는 중요사항에 대해서는 법률유보의 원칙이 적용된다. 그러나 모든 급부행정에 대하여 법률유보원칙이 적

용되는 것은 아니다.

③ **과잉급부금지의 원칙**: 필요한 범위를 넘어서 지나친 급부가 이루어져서는 아니 된다.

④ **신뢰보호의 원칙**: 급부행정에 대한 사인의 신뢰는 보호되어야 하며 이러한 신뢰보호는 때로는 위법한 행정청의 행위에 대한 것일지라도 적용된다. 그리하여, 이익형량의 결과 법적 안정성과 신뢰보호의 가치가 행정의 합법성이나 처분이 가지는 합목적성보다 클 경우에는 행정청의 위법행위에 대한 취소권이나 공익위반행위에 대한 철회권도 제한된다.

⑤ **평등원칙**: 행정주체의 급부는 국민 모두에게 평등하게 이루어져야 한다.

## 2. 공물법

### (1) 공물의 개념

공물이란 도로, 하천, 공원, 관공청사 등 국가, 지방자치단체 등의 행정주체에 의하여 직접 행정목적에 공용된 개개의 유체물을 의미한다.

### (2) 공물의 종류

① 목적에 따른 분류

공물은 첫째, 일반 공중의 사용에 제공되는 공공용물, 둘째, 행정주체와 행정기관에 의하여 사용되는 공용물, 셋째, 보존할 가치가 있는 공적 보존물에 해당되는 보존공물 등으로 나누어 볼 수 있다.

한편 아직 공물의 법적 지위를 취득하지는 못하였으나 장차 공물이 될 것으로 예정되어 있는 것을 예정공물이라 하는데 예정공물은 공물에 준하여 취급된다.

이상과 같은 공물은 사소유재산일 수도 있지만 대부분 국·공유재산에 해당한다. 국·공유재산은 행정재산과 일반재산으로 분류하는데 행정재산은 대개 공물에 해당되고 일반재산에 해당되는 것은 공물이 아니다. 행정재산에는 공용재산, 공공용재산, 기업용재산, 보존용재산이 있다. 행정재산은 시효취득의 대상이 되지 않는다. 공물도 시효취득에서는 배제된다.

② 성립과정에 따른 분류

도로, 관공청사와 같이 인간의 활동에 의해 성립되는 공물을 인공공물이라고 하고, 하천, 호소 등과 같이 인간의 활동과 무관하게 자연적으로 성립된 공물을 자연공물이라 한다.

③ 소유권에 따른 분류

국가소유의 공물을 국유공물, 지방자치단체 소유의 공물을 공유공물, 개인소유의 공물을 사유공물이라 한다.

또한 공물의 관리주체가 소유권을 가지는 공물을 자유공물, 공물의 관리주체가 소유권을 가지지 못하고 관리권만 가지는 공물을 타유공물이라 한다.

### (3) 공물의 성립과 소멸

① 공물성립의 요건

공물이 성립하기 위해서는 공물의 사실상의 제공이라는 형태적 요소만으로는 되지 않고 '일정한 공물로서의 인식 내지는 사용행위'라는 의사적 요소가 필요하다. 이 의사적 요소를 뜻하는 독일어의 Widmung은 공용지정 또는 공용개시로 번역된다. 공용지정의 방식은 법령, 조례, 관습법, 또는 (물적)행정행위 등이 있다. 자연공물의 경우 공용지정이 이루어질 수 없는 것이므로 의사적 요소가 필요 없다고 볼 수도 있고 공물이 성립하기 위해서는 공용지정 행위 대신에 실질적인 사용행위가 있어야 한다는 의미에서 공용개시행위가 요구된다고 볼 수도 있다. 그러나 자연공물의 경우 이러한 의사적 요소가 큰 의미가 없어 실질적으로는 별로 문제되지 않는다.

참고판례 1: 대법원 2000.4.25. 선고 2000다348 판결 [소유권이전등기]

도로와 같은 인공적 공공용 재산은 법령에 의하여 지정되거나 행정처분으로 공공용으로 사용하기로 결정한 경우 또는 행정재산으로 실제 사용하는 경우의 어느 하나에 해당하여야 행정재산이 되는 것이며, **도로는 도로로서의 형태를 갖추어야 하고, 도로법에 따른 노선의 지정 또는 인정의 공고 및 도로구역의 결정·고시가 있는 때부터 또는 도시계획법 소정의 절차를 거쳐 도로를 설치하였을 때부터 공공용물로서 공용개시행위가 있는 것이며,** 토지에 대하여 도로로서의 도시계획시설결정 및 지적승인만 있었을 뿐 그 도시계획사업이 실시되었거나 그 토지가 자연공로로 이용된 적이 없는 경우에는 **도시계획결정 및 지적승인의 고시만으로는 아직 공용개시행위가 있었다고 할 수 없어 그 토지가 행정재산이 되었다고 할 수 없다.**

해 설 도로가 행정재산 또는 공물이 되기 위해서는 도로로서의 형태를 갖추고 도로구역의 결정·고시가 있어야 하고 그런 것이 없이 도시계획결정 및 지적승인만 있다면 공용개시행위가 있다고 할 수 없어 행정재산 또는 공물로 성립하였다고 볼 수 없다는 판시이다.

참고판례 2: 대법원 1999.11.26. 선고 99다40807 판결 [손해배상(기)]

국가 또는 지방자치단체가 도로부지에 대하여 소유권을 취득하는 등 **적법한 권원 없이 도로로 사용하고 있다고 하더라도,** 이로 인하여 불법 점유로 인한 임료 상당의 손해배상의무가 성립하는 것은 별론으로 하고, **도로법 제5조의 적용을 배제할 것은 아니다.**

해 설 도로로서 적법하게 성립되었다면 그 소유권 등 적법한 권원이 확보되지 않았다 하더라도 불법점유로 인한 손해배상은 별론으로 하더라도 도로법 상의 도로라고 보아야 함을 판시한 것이다. 공물로서의 성립과 공물에 대한 도로의 설치관리자의 권원의 문제는 별개라는 것이다.

참고판례 3: 대법원 1999.12.28. 선고 99다39227 판결 [소유권이전등기·토지인도등]

도로법 제5조의 적용을 받는 도로는 적어도 도로법에 의한 노선인정과 도로구역결정 또는 이에 준하는 도시계획법 소정 절차를 거친 도로를 말하므로, **이러한 절차를 거친 바 없는 도로에 대하여는 도로법 제5조를 적용할 여지가 없다.**

**국가가 방음벽을 설치하여 무단점유하고 있는 도로 부지가 도로법 제5조 소정의 도로에 해당하는지 여부의 심리 없이** 같은 조를 근거로 그 부지 소유자의 국가에 대한 방음벽 철거 및 도로 부지의 인도 청구를 기각한 원심을 파기한 사례.

**해 설** 국가가 방음벽을 설치하여 무단 점유하고 있더라도 도로법에 의한 노선 인정과 도로구역 결정이 없었다면 도로법상의 도로에 해당한다고 할 수 없다고 판시하고 있다.

② 공물의 종류에 따른 공물의 성립

첫째, 공공용물에는 자연공물과 인공공물이 있으므로 각기 공물의 성립요건을 달리 생각할 수 있다. 자연공물의 경우에도 법령 등에 의한 명시적, 묵시적 공물설정의 의사표시가 있어야 한다는 견해도 있으나 통설과 판례는 공용지정의 의사표시가 필요 없다고 본다. 그러나 인공공물의 경우, 형태적 요소만을 갖추어서는 안되고 공용지정이라는 의사적 요소를 갖추어야 한다.

둘째, 공용물의 경우 공용지정이 필요 없다고 하는 것이 보통이다. 그러나 이 경우에도 명시적, 묵시적 공용지정행위가 요구된다는 견해가 있다.

셋째, 공적 보존물의 경우 반드시 공용지정행위가 있어야 한다.

③ 공물의 소멸

원칙적으로 공물은 공용폐지 행위를 통하여 소멸한다. 공용폐지행위는 명시적, 묵시적 의사표시에 의해 가능하지만, 대법원은 행정재산이 그 본래의 용도에 사용되지 않는다는 이유만으로 공용폐지의 의사가 있었다고 할 수 없다고 한다.[45] 즉, 공물이 원래의 용도대로 사용되지 않고 있어도 공용폐지가 없는 한 공물로서의 성격을 잃는 것은 아니다.

### (4) 공물법제와 사법 적용의 한계

공물의 소유권 관계를 어떻게 할 것인가에 대해서 사소유권설과 공소유권설이 나뉘어져 있다.

사소유권설은 공물의 관리는 고권주체가 하되, 고권주체가 반드시 소유권자일 필요가 없다는 것이다. 따라서 개인 소유의 부동산이나 물건도 공물이 될 수 있다.

공소유권설은 공물의 관리뿐 아니라 소유도 고권주체가 하도록 하여야 한다는 것이다.

현재 우리나라의 법제는 사소유권설에 의하고 있다. 따라서 사유공물이 허용된다.

그런데 사소유권설에 의하더라도 공물에 대한 사법 적용에는 이하에서 살펴보는 바와 같은 일정한 제한과 한계가 있다.

① 처분등의 제한(융통성의 제한)

사소유권설에 의하여 공물은 사소유권이 완전히 부정되는 것은 아니지만 공물의 대부분을 차지하는 행정재산은 사소유권의 대상이 될 수 없다. 그러나 공물인 행정재산도 사용·수익은 사인에게 허가될 수 있다.

---

45) 대법원 1994.9.13. 선고 94다12579 판결.

그리고 도로나 하천 등의 부지의 소유권이 사인에게 있다 하더라도(사유공물) 공물의 효용에 장애가 되는 사권설정 등 권리행사는 제한된다. 지정문화유산(보존공물)과 같은 경우 사소유권을 인정하고 소유권 이전도 인정되지만 소유권이전 등의 권리행사 시에 보고의무가 부여되어 있다.

대법원은 행정재산은 사법상의 거래의 대상이 되지 아니하는 불융통물이므로 비록 관재당국이 이를 모르고 매각하여도 그 매각은 무효이며 사인간의 매매계약도 무효라고 한다.[46)]

### 참고판례 1: 대법원 1987.7.7. 선고 85다카1383 판결 [손해배상]

도시계획시설결정 및 지적승인고시가 있어 대지가 **도로부지에 편입되었다 하더라도** 시가 아직 그 도로개설에 관한 도시계획사업을 진행하여 대지소유자로부터 대지를 협의매수하거나 수용하는 등 **대지의 소유권 기타 사용권을 적법하게 취득하였음을 주장입증하지 아니하고 있다면 시가 그 대지를 사용할 적법한 권원이 있다고 할 수 없다.**

**대지소유자가 그 소유권에 기하여** 그 대지의 **불법점유자인 시에 대하여 권원없이 그 대지의 지하에 매설한 상수도관의 철거를 구하는 경우에** 공익사업으로서 공중의 편의를 위하여 매설한 상수도관을 철거할 수 없다거나 이를 이설할 만한 마땅한 다른 장소가 없다는 이유만으로써는 대지소유자의 위 철거청구가 오로지 타인을 해하기 위한 것으로서 **권리남용에 해당한다고 할 수는 없다.**

해 설 공물이 성립되었다면 사권행사가 제한되지만 대법원은 도시계획의 결정 및 지적승인의 고시만으로는 아직 공물이 성립되지 않았다고 보므로[47)] 이때의 사권행사가 권리남용이라고 할 수는 없다는 것이다.

### 참고판례 2: 대법원 1995.11.14. 선고 94다50922 판결 [토지소유권이전등기]

매립 면허를 받아 이를 매립함에 있어 그 중 일부를 저수지로 조성하여 국가에 기부채납한 경우, 그 부분 토지는 공유수면이었던 토지의 일부가 원래의 수면 형태로 남아 있는 것에 불과하여 공유수면성을 상실하지 아니한다.

**원래 공공용에 제공된 행정재산인 공유수면이 그 이후 매립에 의하여 사실상 공유수면으로서의 성질을 상실하였더라도 당시 시행되던 국유재산법령에 의한 용도폐지를 하지 않은 이상 당연히 잡종재산으로 된다고는 할 수 없다.**

**행정재산은 사법상 거래의 대상이 되지 아니하는 불융통물이므로 비록 관재 당국이 이를 모르고 매각하였다 하더라도 그 매매는 당연무효라 아니할 수 없으며,** 사인간의 매매계약 역시 불융통물에 대한 매매로서 무효임을 면할 수 없다.

해 설 공물은 공용폐지행위가 없는 한 그 형상이 바뀌어도 공물의 성격을 잃고 일반재산(구 잡종재산)의 성격으로 전환되지 않음을 판시하고 있다. 즉 공유수면이 매립이 되어도 공용폐지가 없는 한 공물로서의 성격을 상실하지 않는다고 판시한 것이다. 또한 행정재산은 사법상 거래대상이 아니므로 매각되어도 그 매매는 당연무효라고 판시하였다.

46) 대법원 1995.11.14. 선고 94다50922 판결.
47) 대법원 2000.4.25. 선고 2000다348 판결.

참고판례 3: 대법원 1966.7.26. 선고 65다2105 판결 [토지명도]

내무부장관이 가로변경을 고시결정하여 도로부지로 사용하였다면 그것은 관리청이 적법한 절차를 거쳐 도로부지로 한 것으로 추정되며 그 부지는 사권의 행사가 금지되는 것이므로 **그와 같이 도로의 부지가 된 후에 이를 매수한 자는 그러한 부담이 붙은 소유권을 취득한 것이므로 그에 따른 손실보상청구권은 있을지언정 그 인도나 임료 상당 손해금을 청구할 수는 없다.**

해 설 이미 공물로서 도로부지가 된 토지의 소유권을 취득한 경우 그러한 공물제한의 부담을 안고 토지를 구입한 것이고 사권의 행사가 금지되므로 그 토지를 인도하여 달라고 하거나 임료 상당의 손해금을 달라고 할 수 없고 손실보상청구만 할 수 있다고 판시하였다.

② 사용 · 수익의 제한

공물은 당해 공물의 목적과 달리 사용 또는 수익할 수 없음이 원칙이다. 그러나 국유재산법은 행정재산 중 공용 · 공공용 · 기업용 재산은 그 용도 또는 목적에 장애가 되지 아니하는 범위 안에서, 그리고 보존용 재산은 보존목적의 수행에 필요한 범위 안에서 사용허가를 할 수 있도록 하고 있어서(국유재산법 제30조 제1항) 예외적으로 목적 외의 사용 · 수익의 가능성을 열어두고 있다.

공물의 이용과 사용에 대해서는 사전에 공개된 금액이나 기준에 따라 사용료를 받을 수 있다 (행정기본법 제35조 제2항).

③ 취득시효

행정재산은 취득시효의 대상이 되지 아니한다(국유재산법 제7조 제2항, 공유재산 및 물품관리법 제6조 제2항). 따라서 공물은 원칙적으로 시효취득의 대상이 되지 않는다. 대법원은 공물은 물론 도로구역의 결정, 고시 등 공물지정행위는 있었으나 아직 도로의 형태를 갖추지 못한 예정공물도 공물에 준해서 취급되는 것이므로 시효취득의 대상이 될 수 없다고 한다.[48] 공용폐지가 있는 경우에만 시효취득이 가능하다. 공용폐지는 묵시적으로 이루어질 수도 있지만 대법원은 단순히 공물이 원래 용도대로 사용되지 않는다는 사정만으로 묵시적 공용폐지가 있다고 할 수 없고 묵시적 공용폐지라는 행정청의 의사를 추단할 수 있는 다른 증거를 요한다고 한다(참고판례 1 참조).

한편 행정재산과 달리 일반재산은 국유나 공유라 하더라도 시효취득이 가능하다.

참고판례 1: 대법원 1993.7.27. 선고 92다49973 판결 [토지소유권보존등기말소]

행정재산은 공용폐지가 되지 아니하는 한 사법상 거래의 대상이 될 수 없으므로 취득시효의 대상도 되지 아니하고, 또한 행정재산이 사실상 공용 또는 공공용에 제공된 바 없다 하여 당연히 공용폐지가 되었다고 할 수는 없는 것인바(당원 1983.6.14. 선고 83다카181 판결 참조), 원심이 **농지개량시설 부지로서 국유재산법상 공공용재산(행정재산)에 해당하는 이 사건 토지에 대하여 공용폐지가 있었다고 인정할 자료가 없는 이상 설사 원고가 이 사건 토지를 장기간 점유 경작하여 왔더라도 이는 취득시효의 대상이 될 수**

48) 대법원 1994.5.10. 선고 93다23442 판결.

**없다고 판단한 것은 위와 같은 견해에 따른 것으로 정당하고,** 거기에 소론과 같이 헌법과 법률에 위반되는 위법이 있다고 할 수 없다.

## 참고판례 2: 대법원 1990.11.27. 선고 90다5948 판결 [소유권이전등기]

원고가 1949.12.19. 소외 송○○으로부터 **그가 거주하고 있던 미군정청 소유의 이 사건 부동산을 매수하여 그 이래 지금까지 재산세 등 제세공과금을 납부하면서 점유, 사용하여 온 사실을 인정하고,** 특단의 사정이 없는 한 원고는 그 이래 위 부동산을 소유의 의사로 점유하여 오고 있는 것으로 추정된다 할 것이므로, 원고는 위 부동산에 대한 점유를 개시한 위 일자로부터 기산하여 20년이 되는 1969.12.19. 그 취득시효가 완성되었다고 판시하고 있는바, 기록에 비추어 검토하여 보면 원심의 그와 같은 사실인정이나 판단은 옳고, 거기에 소론과 같은 채증법칙위배나 점유의 태양에 관한 법리오해의 잘못이 없다. 논지는 이유 없다.

원심이 확정한 바와 같이, 대한민국정부 수립 후 1948.11.4. 미군정청 토목부 사무가 내무부에 인계되고, 1949.6.4. 내무부에 부산지방건설국이 설치되어 경상남북도의 건설사업을 관장하게 되면서, **그 산하 대구국도사무소가 폐지되고, 그 이래 위 국도사무소 소장관사로 사용되던 위 부동산이 달리 공용으로 사용된 바 없다면, 그 부동산은 이로 인하여 묵시적으로 공용이 폐지되어 시효취득의 대상이 되었다 할 것인바,** 원심이 그와 같은 취지로 판시하여 이에 관한 피고의 주장을 배척한 조치는 옳고, 거기에 소론과 같은 행정재산의 공용폐지나 국유재산의 시효취득에 관한 법리오해의 잘못이 없다.

**해 설** 시효취득이 인정되기 위해서는 명시적, 묵시적 공용폐지가 있어야 하고 묵시적 공용폐지로 인정되기 위해서는 대상 공물이 원래의 용도로 사용되지 않는다는 것만으로는 안되고 법적으로 공물로 취급되지 않았다는 다른 증거가 있어야 한다. 이 사례의 경우 대상 부동산이 공물의 원래 용도로(국도사무소 소장 관사) 또는 다른 공용으로 사용된 바 없고 매수자가 재산세 등 제세공과금을 납부하고 있었다면 공용폐지가 되어 시효취득의 대상이 되었다고 판시한 것이다.

## 참고판례 3: 대법원 1997.8.22. 선고 96다10737 판결 [소유권이전등기]

**국유 하천부지는 공공용 재산이므로 그 일부가 사실상 대지화되어 그 본래의 용도에 공여되지 않는 상태에 놓여 있더라도 국유재산법령에 의한 용도폐지를 하지 않은 이상 당연히 잡종재산으로 된다고는 할 수 없는 것이며**(당원 1969.6.24. 선고 68다2165 판결; 1972.10.31. 선고 72다1346 판결; 1993.4.13. 선고 92누18528 판결; 1994.11.14. 선고 94다42877 판결 등 참조), 이 경우, **공용폐지의 의사표시는 명시적이든 묵시적이든 상관없으나 적법한 의사표시가 있어야 하며, 행정재산이 사실상 본래의 용도에 사용되고 있지 않다는 사실만으로 공용폐지의 의사표시가 있었다고 볼 수는 없고, 원래의 행정재산이 공용폐지되어 취득시효의 대상이 된다는 입증책임은 시효취득을 주장하는 자에게 있는 것**인바 …

**해 설** 공용폐지는 묵시적으로도 이루어질 수 있는 것이지만 적법한 의사표시가 있어야 하므로 본래의 용도로 사용되지 않고 있다는 것만으로는 공용폐지가 이루어졌다고 할 수 없다. 따라서 이 판결에서 문제되는 것과 같이 하천이 사실상 대지화되거나 또는 갯벌이 간척이 되어 사실상 갯벌로서의 성질을 상실하더라도[49] 용도폐지가 없는 한 당연히 일반재산(구 잡종재산)이 될 수는 없다.

또한 공용폐지로 인한 취득시효의 입증책임은 취득시효를 주장하는 자에게 있다고 판시하였다.

---

49) 대법원 1995.11.14. 선고 94다42877 판결.

참고판례 4: 대법원 2008.5.15. 선고 2005두11463 판결 [변상금추가부과고지처분취소]

이 사건 법률조항인 법 제51조 제1항이 **대부계약 등을 맺지 아니하고 국유 잡종재산을 무단 점유한 자에 대하여 통상의 대부료에 20%를 할증한 변상금을 부과·징수하도록 하고 있는 데에는 국유재산의 효율적인 보존·관리라는 합리적인 이유가 있다고 할 것이므로 헌법 제11조 제1항의 평등원칙에 반한다고 볼 수 없고,** 이 사건 법률조항으로 인하여 잃게 되는 무단 점유자의 재산권이라는 사익보다 그로 인하여 얻게 되는 **국유재산의 효율적인 관리·보존이라는 공익이 크다고 할 것이므로 헌법 제23조 제1항 및 제37조 제2항에 위반하여 재산권을 과도하게 침해하였다고 볼 수도 없다.**

해 설 국가나 지방자치단체의 일반재산(구 잡종재산)은 시효취득의 대상이 되고 그 법률문제는 사법관계에 해당되는 것으로 보지만 이 판결에서 대법원은 국유재산의 효율적 관리라는 공익적 근거 하에 변상금 부과징수가 정상적인 대부료의 120%가 된다 하더라도 헌법상 평등원칙에 반한다고 하지 않고 있다. 일반재산에 대해서도 경우에 따라서는 공법적 규제가 가능하다는 뜻이다.

④ 강제집행의 제한

민사집행법 제192조는 "국가에 대한 강제집행은 국고금을 압류함으로써 한다"라고 하고 있으므로 공물에는 강제집행을 할 수 없다. 공유공물의 경우 융통성이 인정되는 경우에만 강제집행이 가능하므로 사실상 강제집행이 불가능하다. 다만 사유공물은 강제집행이 가능하다. 사유공물에 대하여 강제집행을 하더라도 공물로서의 제한은 여전히 존재한다.

⑤ 공용수용의 제한

공물이 또 다른 공익적 목적을 위한 사업을 위해 공용수용될 수 있는지에 대해 긍정설과 부정설이 대립한다. 부정설은 공용폐지가 없는 한 공물은 공용수용의 대상이 되지 않는다고 한다. 그러나 대법원은 더 중요한 공익이 존재하는 경우 더 중요한 공익사업을 위해서 공물의 공용수용을 인정하고 있다.[50)]

공물에 국한된 것은 아니지만 '공익사업을 위한 토지 등의 취득 및 보상에 관한 법률' 제19조 제2항은 "공익사업에 수용 또는 사용되고 있는 토지 등은 특별히 필요한 경우가 아니면 이를 다른 공익사업을 위하여 수용 또는 사용할 수 없다."고 규정하고 있어서 수용된 토지일지라도 특별한 경우에는 다른 공익사업을 위해 재수용 할 수 있다고 하고 있으므로, 특별한 경우에 더 큰 공익이 문제될 때에는 이미 그보다 작은 공익에 제공되고 있다고 할 수 있는 공물은 더 큰 공익을 위하여 다시 토지수용의 대상이 될 수 있다는 것이 우리 법제의 입장이라고 할 수 있다.

### (5) 공물관리와 공물경찰

① 공물관리권과 공물경찰권의 의의

공물에 대한 행정고권은 공물관리권과 공물경찰권으로 나누어 볼 수 있다. 양자는 별개의 권력, 별개의 목적을 가진 것이라고 할 수 있다. 예컨대 도로의 공물관리에 대해서는 도로법이, 그

50) 대법원 1996.4.26. 선고 95누13241 판결.

에 대한 공물경찰권에 대해서는 도로교통법이 각기 규정하고 있다.

공물관리권이란 공물의 유지, 관리, 이용관리 등과 관련된 고권이다. 예컨대, 시립공원의 관리, 공원의 안전시설유지, 공원출입에 대한 사용료 부과 등은 공물관리권의 발동이다. 시립공원의 관리권은 지방자치단체장이 가진다.

공물경찰권이란 공물과 관련된 위험방지와 교란의 제거, 즉 공물과 관련된 경찰활동에 관한 고권이다. 예컨대, 시립공원에서의 범죄행위나 위험행위 방지 등은 공물경찰권의 발동이다. 시립공원에서의 질서유지에 대해서는 경찰이 고권을 가진다.

② 공물관리권과 공물경찰권의 법적 효과

공물관리권으로서는 독점적 사용권의 부여가 가능하나 공물경찰권으로서는 일시적 허가만이 가능할 뿐이다. 예컨대 도로점용권에 의한 도로사용은 공물관리권에 의해 부여된 것으로 지속적 사용이 가능하나 공원에서의 집회허가는 공물경찰권에 의한 것으로서 일시적 사용만이 가능할 뿐이다.

또한, 의무 위반이 있을 경우, 공물경찰권에 의거하여 행정상 강제집행이나 행정벌이 가능하다. 그러나 공물관리권에서는 그 사용관계에서 배제할 수 있을 뿐이다.

③ 공물관리권의 성질과 내용

공물관리권의 법적 성질에 대하여 이를 일종의 소유권에서 나오는 고권이라는 견해와 공법상 지배권이라는 견해가 있으나 통설은 이를 공법상 지배권으로 본다.

공물관리권은 공물의 범위 결정, 공용부담특권, 공물의 유지, 관리, 수선, 보존, 공적 사용에의 제공 등에 미친다.

④ 공물경찰

앞에서 살펴본 바와 같이 공물경찰은 위험방지와 교란의 제거를 위한 것으로서 그 근거는 일반 경찰법이라고 할 수 있다.

### (6) 공물의 사용관계

① 공물사용의 법적 형태

공물사용의 법적 형태는 다양하다. 특별한 법적 형식을 취하지 않고 자유롭게 사용할 수 있는 경우가 있는가 하면 허가나 특허, 사법상계약 등에 의한 사용 그리고 관습상의 사용 등이 있다. 한편 행정재산을 목적 외로 사용할 경우에는 특별한 공법적 형식을 취하여야 한다.

② 일반사용(자유사용, 보통사용)

공물의 일반사용이란 공물을 사용함에 있어 특별한 법적 형식을 요하지 않는 자유로운 사용을 말한다. 이러한 일반사용의 법적 성질에 대하여 반사적 이익설과 공법상권리설이 대립하지만 오늘날 권리의식의 고양에 따라 공물의 일반사용도 이를 공법상권리의 일종으로 보는 것이 보통이다. 다만 공물의 자유사용을 일종의 권리라고 볼 때 그 권리의 구체적 내용이 무엇인지가 문제되는데 이에 대해서는 일반사용자의 경우와 인접주민의 경우를 달리 보는 것이 일반적이다.

일반사용자의 경우, 즉 공물의 일반사용에 있어서의 권리란 침해의 배제를 구하는 소극적 방어권이다.

그러나 인접주민의 경우 일반사용자에 비해 다소 강화된 권리의 내용이 추가된다. 즉 인접주민의 공물의 일반사용권은 고양된 일반사용권이다. 통상의 일반사용자에게는 허용되지 않는, 예컨대, 상점 앞의 도로 상에 소규모의 선전판을 설치하거나 물건의 적재, 하적을 위하여 차량을 주차시키거나 건물의 수리·증축을 위해 건축자재를 적치하는 등의 행위를 할 수 있다.

대법원은 도로의 일반사용과 관련하여 도로사용자가 원칙적으로 도로폐지를 다툴 법률상 이익은 없지만 그 도로가 특별히 어느 개인의 생활에 개별성이 강한 직접적이고 구체적인 이익을 부여하고 있는 특별한 사정이 있는 경우에는 이를 인정할 수 있다고 판시하여 인접주민의 경우 도로폐지에 대한 항고소송의 원고적격이 인정될 수 있음을 시사하고 있다.[51]

일반사용의 경우에도 사용료가 부과될 수 있으나 사용료가 부과된다고 하여 일반사용의 법적 성격이 바뀌는 것은 아니다.

---

**참고판례: 대법원 2021.10.14. 선고 2021다242154 판결 [토지인도]**

불특정 다수인인 일반 공중의 통행에 공용된 도로, 즉 공로(공로)를 통행하고자 하는 자는 그 도로에 관하여 다른 사람이 가지는 권리 등을 침해한다는 등의 특별한 사정이 없는 한, 일상생활상 필요한 범위 내에서 다른 사람들과 같은 방법으로 그 도로를 통행할 자유가 있다. **제3자가 특정인에 대하여만 그 도로의 통행을 방해함으로써 일상생활에 지장을 받게 하는 등의 방법으로 특정인의 통행 자유를 침해하였다면 민법상 불법행위에 해당하고, 침해를 받은 자로서는 방해의 배제나 장래에 생길 방해를 예방하기 위하여 통행방해 행위의 금지를 소구할 수 있다.**

(중략) 어떤 토지가 개설경위를 불문하고 일반 공중의 통행에 공용되는 도로, 즉 공로가 되면 그 부지의 소유권 행사는 제약을 받게 되며, 이는 소유자가 수인하여야만 하는 재산권의 사회적 제약에 해당한다. **따라서 공로 부지의 소유자가 이를 점유·관리하는 지방자치단체를 상대로 공로로 제공된 도로의 철거, 점유 이전 또는 통행금지를 청구하는 것은 법질서상 원칙적으로 허용될 수 없는 '권리남용'이라고 보아야 한다.**

**해 설** 공물의 일반사용도 권리라는 것을 전제로 하여 이 권리를 침해당한 사람은 불법행위에 기한 손해배상청구를 할 수 있을 뿐 아니라 통행 방해행위의 금지를 소구할 수 있다는 판시이다. 또한 도로 부지의 소유자라 하더라도 공로로 제공된 도로의 철거, 점유이전 또는 통행금지를 청구하게 되면 이는 권리남용에 해당한다고 판시하였다.

---

③ 허가사용

경우에 따라서 공물을 사용하기 위하여서는 허가를 받아야 한다. 허가를 받고 공물을 사용하는 것을 허가사용이라 한다. 허가사용의 유형에는 공물관리권에 의한 허가사용과 공물경찰권에 의한 허가 사용이 있다. 이러한 구분은 허가의 전제가 되는 금지가 공물관리의 차원에서 이루어

51) 대법원 1992.9.22. 선고 91누13212 판결.

진 것인지 또는 경찰상의 필요, 즉 공물경찰의 차원에서 이루어진 것인지에 따른 것이다.

허가사용의 내용을 이루는 사용권은 공권인지 반사적 이익인지가 다투어지고 있으나 오늘날 자유사용도 공권으로 보는 경향이 커지고 있음에 비추어 일종의 공권으로 이해하는 것이 타당하다고 본다.

④ 특허사용

공물을 사용하기 위하여 행정청의 특허를 요하는 경우의 공물사용을 특허사용이라 한다. 특허는 신청에 의해 이루어지는 것이므로 공물사용권의 특허행위는 쌍방적 행정행위이고 재량행위임이 보통이며 특허의 본질상 일종의 설권행위에 해당한다.

또한 특허에 의해 설정된 공물사용권은 지배권은 아니지만 특허를 받은 부분에 대해서 배타적 사용권을 가지는 경우가 보통이므로 일종의 재산권으로서의 성질을 가진다. 따라서 일신전속적 성질을 가진 것이 아니라면 이전이 가능하다.

특허를 통한 공물사용권의 법적 성질에 대해서 공권설, 사권설, 절충설(공법상채권이면서 사법상 재산권으로 이해) 등이 있으나 이를 일종의 공법상의 권리로 이해함이 타당하다.

또한 통상적으로 특허사용권은 일종의 채권으로 이해하는 것이 보통이다. 대법원은 공물의 특허사용이라 할 수 있는 하천점용의 경우, 그 점용권은 일종의 채권이고 물권이 아니라고 판시하였다.[52] 또한 이러한 점용권은 일종의 재산권으로서 관청의 허가를 받아 양도할 수도 있다고 한다.[53]

다만 개별법에서 특허사용권에 물권성을 부여한 경우가 있다. 예컨대, 수산업법 제16조 제2항의 어업권, 광업법 제10조 제1항의 광업권, 그리고 '댐건설 및 주변지역지원 등에 관한 법률' 제29조의 댐사용권 등은 법률이 이를 물권으로 명시하고 있다.

특허에 의한 공물사용권이 일종의 배타적 사용권으로서 재산권으로서의 성격을 가지고 있기 때문에 이에 상응하여 사용권자는 i) 점용료 등 사용료 납부의무, ii) 제해시설의 설치 및 손실보상의무(기존권리를 희생시키면서 사용권을 설정하는 경우)와 같은 의무를 부담한다. 대법원은 이때 점용료 부과행위는 처분이라고 한다.[54] 그런데 점용료를 부과하기 위해서는 점용허가가 있거나 그에 대한 협의나 승인이 있었어야 하며 그런 것이 없었던 경우에는 (변상금은 몰라도) 점용료부과를 할 수 없다고 한다.[55] 대법원은 또한 점용허가 없이 국유재산을 무단점용한 자에 대하여 변상금을 부과하는 처분은 공법상의 행위로서 행정처분이라고 판시하고 있다.[56]

⑤ 관습상의 사용

공물의 관습상 사용은 관습법상 사용권이 인정되는 경우의 공물사용이다. 예컨대, 관습상의 어업권 또는 입어권에 의해 공유수면을 사용하는 것 등이 그것이다.

---

52) 대법원 1990.2.13. 선고 89다카23022 판결.
53) 대법원 1981.2.24. 선고 79다14 판결.
54) 대법원 2004.10.15. 선고 2002다68485 판결.
55) 대법원 2017.4.27. 선고 2017두31248 판결.
56) 대법원 1992.4.14. 선고 91다42197 판결.

이러한 관습상의 사용권이 인정되기 위하여서는 다음의 요건을 갖추어야 한다.

첫째, 사인이 당해 공물을 장기간 분쟁 없이 사용하였을 것

둘째, 사용자가 제한된 범위 내의 자였을 것

셋째, 일반인에게 정당한 사용으로 인정될 것(법적 확신)

⑥ 사법상 계약에 의한 사용

공물관리자가 사용자에게 임대차계약등 사법상계약에 의해 공물사용권을 준 경우의 공물사용을 사법상 계약에 의한 사용이라 한다. 이 경우의 사용권은 사권으로서 재산권의 성격을 가진다.

⑦ 행정재산의 목적외 사용

공물은 원래의 공적 또는 공공적 목적에 의하여 사용되어야 하지만 때로는 원래의 목적과 다르게 사용할 필요가 발생할 수 있다. 예컨대, 관공청사 안에서의 매점의 설치·운영은 원래의 관공청사의 목적과는 부합하지 않는 사용이다. 이와 같은 예외적인 행정재산의 목적외 사용은 공용·공공용·기업용 재산의 경우에는 그 용도나 목적에 장애가 되지 않는 범위에서 그리고 보존용재산은 보존목적의 수행에 필요한 범위 내에서 허가 될 수 있다(국유재산법 제30조 참조).

이러한 행정재산의 목적외 사용에 대한 허가에 대해서 이를 사법관계라고 보는 학설도 있으나 공법관계설이 다수설이고 공법관계설은 이를 행정처분이라고 본다(행정처분설). 대법원도 이를 행정처분으로 보며 구체적으로는 이를 특허로 본다.[57]

행정재산에 대한 사용허가(특허) 자체는 행정처분으로 하되 구체적인 사용권의 내용과 관련하여 계약을 체결하는 경우도 있다.

행정재산의 목적외 사용의 대표적인 경우로서 도로의 특별사용을 들 수 있다. 즉, 도로를 교통 외의 목적으로 사용하는 경우가 그것이다, 도로의 특별사용에 해당하는지 여부는 공중의 통행이 방해되고 있는지, 도로시설에 변경을 가하거나 공작물을 설치하고 있는지 등이 기준이 된다. 도로의 특별사용에 대한 허가는 특허로 볼 수 있고 이에 대해서는 점용료를 징수할 수 있다.

참고판례: 대법원 1995.2.14. 선고 94누5830 판결 [도로점용료부과처분취소]

도로법 제40조, 제43조, 제80조의2에 규정된 **도로의 점용이라 함은, 일반공중의 교통에 공용되는 도로에 대하여 이러한 일반사용과는 별도로 도로의 특정부분을 유형적, 고정적으로 사용하는 이른바 특별사용을 뜻하는 것이고, 그와 같은 도로의 특별사용은 반드시 독점적, 배타적인 것이 아니라 그 사용목적에 따라서는 도로의 일반사용과 병존이 가능한 경우도 있고,** 이러한 경우에는 도로점용부분이 동시에 일반공중의 교통에 공용되고 있다고 하여 도로점용이 아니라고 말할 수 없는 것이며, 한편 **당해 도로의 점용을 위와 같은 특별사용으로 볼 것인지 아니면 일반사용으로 볼 것인지는 그 도로점용의 주된 용도와 기능이 무엇인지에 따라 가려져야 한다.**

지하연결통로의 설치 당시 건물소유자가 예상한 것과는 달리 그 건물에 출입하는 사람들보다 훨씬 많은

57) 대법원 1998.2.27. 선고 97누1105 판결.

일반 통행인들이 그 지하연결통로를 이용하고 있다는 사정만으로는 구 서울특별시도로점용료징수조례(1993. 11.30. 서울특별시조례 제3046호로 개정되기 전의 것) 제4조에서 규정하고 있는 도로점용료 감면요건인 "특별한 사정"에 해당한다고 보기 어렵다고 한 사례.

**해 설** 도로의 특별사용은 일반적인 통행 목적 이상의 점용을 통한 사용을 말하는데 대법원은 이러한 특별사용은 일반사용과 병존이 가능하다고 보고 도로사용이 특별사용인지 일반사용인지 구별함에 있어서는 그 도로점용의 주된 용도와 기능이 무엇인지에 따라 가려야 할 것이라고 판시하였다. 그러므로 단순히 일반사용자가 많다고 하여 도로의 특별사용이 아닌 것도 아니며 특별사용을 하고 점용료를 내어도 일반사용이 병행하여 이루어질 수도 있다.

## 3. 공기업법

### (1) 공기업의 개념

① 개관

공기업의 개념에 대하여 학설이 일치하지 않고 혼란스럽다. 이러한 혼란은 공기업의 민영화와도 관련이 있다. 공기업과 영조물 사이에서도 개념의 혼란이 있다. 그러나 공기업은 행정작용법적 개념이고 영조물은 행정조직법적 개념으로서 양자를 구별하여야 할 것이다. 양자를 영리성 여부 등으로 구별하는 견해도 있으나 행정작용법 개념과 행정조직법 개념으로 구분하는 것이 더 근본적인 구분이라 할 것이다. 왜냐하면 영조물도 경우에 따라서 영리적인 활동을 할 가능성을 완전히 배제하기 어려울 것이기 때문에 영리성 등의 기준이 절대적인 양자구별의 기준이 되기 어렵다.

② 공기업 개념에 대한 제학설과 쟁점

제1설(광의설)은 경영주체를 기준으로 하는 학설이다. 즉, 국가 또는 지방자치단체가 경영하는 모든 사업을 공기업으로 본다.

제2설(협의설)은 주체와 목적을 표준으로 한다. 그리하여 공기업이 되기 위해서는

첫째, 국가 또는 지방자치단체가 경영하여야 하며

둘째, 사회공공의 이익을 위한 기업활동이어야 한다.

제3설(최협의설)은 주체, 목적의 요건 이외에 영리성(수익성)을 가지고 있어야 한다고 한다. 따라서 최협의설에 따르면 도로·공원의 관리사업은 수익성을 추구하는 것이 아니므로 공기업이 아니다.

제4설(목적설)은 공기업의 판단기준을 사회공공의 이익을 위한 것인지의 여부에 두는 것이다.

생각건대, 목적설이 타당하다. 그 이유는 우선 경영주체를 공기업 판정의 기준으로 삼는 것은 오늘날의 공임무의 민영화경향에 비추어 타당하지 않다. 또한 수익성을 공기업 판정의 기준으로 삼는 것도 실제로 행정활동에서 수익성의 존부를 명확히 가리는 것이 쉽지 않고 법적 관점에서는 고권활동이 아닌 경영활동이라는 것이 중요하지 경제성, 수익성은 그다지 중요하지 않다는

점에서 적절하지 않다.

이처럼 제4설에 따를 때, 공기업 개념과 관련되는 또 하나의 쟁점인 특허기업을 공기업에 포함시킬 것인가 여부가 자연스럽게 해결된다. 특허기업도 공기업에 포함시킬 수 있다.

### (2) 공기업의 특징

공기업은 대체로 다음과 같은 특성을 가진다.

① 사업의 경영

공기업활동은 고권활동에 의한 행정이 아니다. 공기업활동은 오히려 사업 경영의 본질을 가진다. 공기업 개념에서 최협의설을 취하면 영리성(수익성)을 공기업의 특징으로 제시하지만 공기업개념에서 영리성을 하나의 기준으로 제시하기 어려움은 앞에서 밝힌 바와 같다.

② 공기업의 공익성

공기업은 공익성을 가져야 한다. 따라서 각종 재정수입을 목적으로 하는 재정활동과 공기업활동은 구별된다.

③ 공기업의 독점성

공기업활동은 법률상·사실상 독점적 지위를 가지는 경우가 많다. 우편사업, 철도사업 등 자유경쟁이 불가능하거나 전국적으로 동일체계에 의한 역무제공이 필요한 경우가 많기 때문이다.

### (3) 공기업의 종류

① 경영주체에 따른 분류

공기업을 누가 경영의 주체가 되는가에 따라 국영기업, 공영기업, 특수법인기업으로 분류해 볼 수 있다. 국영기업의 예로 우편사업이 있고, 공영기업의 예로 수도사업이 있으며, 특수법인기업으로서는 한국철도공사에 의한 철도사업, 서울도시철도공사에 의한 도시철도사업, 한국석유공사에 의한 석유사업 등을 들 수 있다.

국가나 지방자치단체가 직접 공기업을 경영하는 경우 공기업의 조직은 우정사업본부나 상수도사업본부와 같이 행정조직의 일환으로서 독립된 법인격을 가지지 못하고 행정기관의 성격을 가지는 경우가 있다.

② 법적 형태에 따른 분류

공기업 가운데에는 한국전력공사 등 각종 특별법에 의한 특수법인인 경우, 특수법인의 자회사로서 상법에 의한 주식회사인 경우, 한국승강기안전기술원과 같은 민법상의 재단법인인 경우 등 다양한 법적 형태가 존재한다. 경우에 따라서는 특수법인이면서도 상법상의 규율을 받기도 한다.

한편 '공공기관 운영에 관한 법률'은 이 법에 따른 공공기관을 공기업, 준정부기관, 기타 공공기관으로 나누는데 강학상 공기업은 이 세 가지의 공공기관의 어느 유형으로도 존재할 수 있다.

또한 지방공기업법은 지방공기업을 지방직영기업, 지방공사, 지방공단 등으로 분류한다.

#### (4) 공기업의 보호와 감독

##### ① 공기업의 보호

공기업에 대해서는 다음과 같은 국가의 특별한 보호가 인정된다.

첫째, 독점권이 인정되는 경우가 있다. 이 독점권은 대부분 자연독점이거나 사물의 본성이나 경제원리상 독점을 허용할 수밖에 없는 경우에 인정된다. 예컨대, 철도사업이나 지하철사업, 수도사업 등에 경쟁원리를 도입하기는 용이하지 않다.

둘째, 부담금징수, 사업을 위한 공용수용권의 인정 등 공용부담특권이 인정되는 경우가 있다.

셋째, 일정한 경제상 보호가 인정된다. 예컨대 면세가 인정되거나 보조금이 교부되기도 하고, 국공유재산의 무상대부가 인정되거나, 자금을 융자해주거나, 일정재산의 압류금지, 공과금 면제 등이 인정될 수 있다.

넷째, 요금 등에 대한 강제징수권이 인정되는 경우가 있다.

다섯째, 경우에 따라서는 경찰권이 부여되기도 한다.

여섯째, 공기업활동을 저해하는 행위에 대하여 처벌할 수 있도록 공기업벌을 허용하여 형사상 보호가 인정되는 경우도 있다.

참고판례: 대법원 2018.10.12. 선고 2016다257978 판결 [위약금]

**한국전력공사의 전기공급약관에 고객이 약관을 위반하여 전기를 사용함으로써 요금이 정당하게 계산되지 않았을 경우 정당하게 계산되지 않은 금액의 3배를 한도로 위약금을 받는다고 규정하고 있는데,** 국가가 설치·운영하는 갑 학교가 계약종별을 위반하여 양어장에서 사용한 전기에 대하여 교육용 전력요금이 아닌 농사용 전력요금을 납부하였음을 이유로 한국전력공사가 국가를 상대로 전기공급약관에서 정한 위약금의 지급을 구한 사안에서, 한국전력공사와 갑 학교가 체결한 전기공급계약에 적용되는 전기공급약관 및 그 시행세칙의 규정 내용 등을 살펴보면, **위 전기공급약관상 위약금은 손해배상액의 예정과 위약벌의 성질을 함께 가지는 것으로 볼 수 있는데,** 이러한 경우 특별한 사정이 없는 한 민법 제398조 제2항에 따라 위약금 전체 금액을 기준으로 감액을 할 수 있다고 한 사례.

해 설 공기업인 한국전력공사가 약관을 위반하여 전기를 사용한 이용자에 대하여 부과하도록 한 위약금은 손해배상액의 예정과 위약벌의 성질을 함께 가진다는 판시이다. 요컨대 전기공급약관이 정한 위약금은 공기업 보호를 위한 공기업벌의 성격을 가지고 있다고 볼 수 있다.

##### ② 공기업의 감독

공기업에 대하여 행정청이나 국회, 지방의회가 이를 감독할 수 있다. 행정청에 의한 감독은 주무관청과 감사원 등에 의해 이루어진다. 다만 '공공기관의 운영에 관한 법률'에 따른 공공기관 중 공기업과 준정부기관의 기업활동에 대해서는 주무관청과는 별도로 기획재정부장관도 감독권을 가진다. 공공기관의 운영에 관해서는 기획재정부 장관 소속의 공공기관운영위원회가 감독과 지원에 관한 심의·의결을 한다('공공기관의 운영에 관한 법률' 제8조).

한편 강학상 공기업의 임직원에 대해서는 '부정청탁 및 금품 등 수수의 금지에 관한 법률', 공직자윤리법, '공직자의 이해충돌방지법' 등이 적용되는 경우가 대부분이다.

### (5) 공기업의 이용관계

#### ① 공기업이용관계의 성질

공기업이용관계의 법적 성질에 대해 공법관계설, 사법관계설, 단체법적 사회법관계설 등이 주장되었으나 일반적으로는 이를 행정사법에 해당되는 사법관계로 본다. 다만 특수한 필요가 있을 때에는 공법적 규율이 가능하고 그러한 규율이 있는 경우 공법관계로 보아야 한다는 입장이 지배적인 견해이다.

이러한 지배적인 견해에 의하면 공기업이용관계는 행정사법관계이나, 다음과 같은 경우에는 예외적으로 공법관계로 인정할 수 있다.

첫째, 법령에 명시적 규정이 있는 경우, 즉 행정강제에 관한 규정이 있거나 행정쟁송을 인정하는 규정이 있는 경우에는 이를 공법관계로 본다. 실례로 지방자치단체 급수조례에 따라 수도료에 대한 이의신청 등 불복의 규정이 존재하는 경우 등이다.

둘째, 법령에 명시적인 규정이 없어도 실정법 전체의 합리적 해석에 의하여 공법관계로 보아야 할 경우가 있다. 학위수여나 징계 등과 같이 이용관계가 경제적 성질만이 아니라 윤리적 성질을 가질 때나, 비공영 수도의 이용관계에서 공급자에게 고권적 지위가 인정되는 경우 등 공공성이 강하여 사영기업과 동일시 할 수 없는 경우에는 이를 공법관계로 보아야 할 것이다.

대법원은 공기업이용관계에 관한 전화가입계약은 사법상의 계약이라고 하였다.[58] 그러나 동일한 공기업이용관계에 관한 것이지만 수도료 징수는 공법관계에 속하는 것으로서 행정소송의 대상이라고 한다.[59]

#### ② 공기업이용관계의 성립

공기업이용관계는 원칙적으로 합의이용에 의한다. 그러나 이용관계의 설정거부는 평등원칙에 위반될 가능성이 크므로 정당한 사유가 없으면 허용되지 않는다.

때로는 이용이 강제되는 경우가 있다. 이러한 이용강제는 법률상 이루어질 수도 있지만 독점기업이기 때문에 사실상 이용강제가 수반되는 경우도 있다.

이용강제의 예로서 감염병환자의 강제격리와 같이 행정작용에 의한 이용강제, 산업재해보상보험의 가입과 같이 법률의 규정에 의한 이용관계 설정 그리고 수도공급계약과 같은 사실상의 이용강제 등이 있다.

58) 대법원 1982.12.28. 선고 82누441 판결.
59) 대법원 1977.2.22. 선고 76다2517 판결.

③ 공기업이용관계의 내용

공기업이용관계는 일반적으로 부합계약이며 행정사법관계라는 점에서 특징을 가진다. 공기업이용관계에서 인정되는 이용자의 권리로는 공기업이용권, 평등한 급부를 받을 권리, 쟁송제기권, 손해배상청구권 등이 있으며 공기업주체의 권리로서는 이용조건설정권, 이용대가징수권(이용대가청구권은 사법상 권리), 서비스의 해지·정지권 등이 있다.

### (6) 공기업의 조달계약관계

공기업은 독점기업인 경우가 흔하므로 공기업에 물품 등을 조달하는 조달계약관계를 맺는 사업자들은 독점기업인 공기업과의 조달계약관계에 사활을 거는 경우가 많다. 따라서 공기업이 그러한 조달사업자들에 대하여 행하는 입찰참가자격제한이나 기타의 제재조치는 실질적으로 공권력적 성격을 띠는 경우가 있다.

'공공기관의 운영에 관한 법률' 제39조 제2항은 공기업과 준정부기관은 2년의 범위 안에서 사업자의 입찰참가가자격을 제한할 수 있다고 규정하고 있어서 그러한 입찰참가자격제한은 처분에 해당한다. 그러나 대법원은 '기타 공공기관'의 입찰참가자격제한행위는 이를 처분이라 보지 않는다.[60)]

대법원은 사법상 계약에 근거한 거래제한조치에 대해서도 처분성을 인정한 사례[61)]가 있는데 이는 대법원이 공기업의 조달계약관계를 기본적으로 사법상의 계약관계로 보고 있지만 공기업에 의한 입찰참가자격제한 등 거래제한에 관한 제재조치는 그것이 사법상의 계약에 근거하였더라도 공기업의 독점성에 기하여 실질적으로 권력적 양상을 띠는 것을 감안하였기 때문이라고 보여진다. 그러나 조달계약관계를 일률적으로 사법상의 계약으로 이해하는 것에 대해서는 재고의 여지가 있으며 그러한 법적 이해에 대한 반작용으로 실질적으로 권력적 속성을 가지고 있으나 법적 근거가 없는 공기업의 사업자들에 대한 제재조치들을 공법상 처분으로 보려고 하는 시도를 하게 된 것이다. 그러나 이러한 시도는 행정절차법 등과의 관련상 여러 난점이 존재한다.

그러므로 조달계약관계의 일부를 공법상 계약관계로 솔직히 인정하면서 이러한 실질적인 갑을관계에서 이루어지는 제재조치를 처분으로 취급할 수 있도록 하는 포괄적인 입법조치가 이루어질 필요가 있다.

### (7) 공기업의 내부질서

공기업의 내부질서는 원칙적으로 공법관계가 아니다. 그러나 '공공기관의 운영에 관한 법률' 등의 관련법이 이를 부분적으로 공법관계로 규정하는 경우가 없지 않다. 또한 공기업도 감사원

---

60) 대법원 2010.11.26. 자 2010무137 결정.

61) 대법원 2018.11.29. 선고 2015두52395 판결; 대법원 2018.11.29. 선고 2017두34940 판결; 대법원 2020.5.28. 선고 2017두66541 판결: 다만 대법원은 이 판결에서 상위법의 위임 근거가 없는 공기업의 내부 규정을 행정규칙으로 보고 그에 근거한 행위인 거래제한조치의 처분성을 인정하였으므로 형식논리적으로 사법상 계약에 근거한 거래제한조치가 아니라고 판단하였으나 이에 대해서는 논란의 여지가 있다.

감사의 대상이 되기 때문에 그 내부질서는 공무원법관계에 유사한 속성을 가진다. 어쨌든 공기업의 내부질서는 이를 사법관계로 보는 것이 원칙이므로 그 임직원에 대한 내부 징계의 법률관계는 사법의 문제이고 그에 대하여 처분성을 인정하지는 않는 것이 대법원의 입장이다.[62)]

#### (8) 특허기업

공익사업의 특허를 받은 경우에도 이를 공기업의 일종으로 보는 것이 타당함은 전술한 바와 같다. 공기업 특허에서의 특허는 포괄적 법률관계의 설정이지만 공기업특허가 있다고 하여 항상 독점적 경영권이 설정되었다고 볼 수는 없다. 예를 들면 오늘날 한국전력공사는 특허 공기업이라 볼 수 있지만 발전사업에 있어서 더 이상 독점적 지위를 누리지 못하고 있다. 이처럼 공기업 특허가 있다고 하여 언제나 독점권이 보장되어 있다고 할 수는 없는 것이다.

## 제4관 공용부담법의 주요 쟁점

공용부담이란 공익사업 기타 공익을 위하여 개인에게 강제로 과하는 공법상의 부담을 의미한다. 공용부담에는 인적 공용부담과 물적 공용부담이 있다. 이하에서는 공용부담에 대한 범주적 설명과 함께 공용부담법에서 특히 쟁점이 되는 사항을 정리해 보기로 한다.

### 1. 인적 공용부담

#### (1) 인적 공용부담의 개념

공익사업이나 기타 공익을 위하여 특정인에게 일정한 작위, 부작위, 급부의 의무를 과하는 공용부담을 인적 공용부담이라고 한다.

#### (2) 인적 공용부담의 종류

인적 공용부담에는 다음과 같은 종류가 있다.

① **부담금**: 일정한 부담금을 납부하여야 하는 부담으로서 그 부담하는 원인에 따라 수익자부담금, 원인자부담금, 손궤자부담금 등으로 분류할 수 있다.

② **부역·현품**: 부역은 일정한 노역을 제공하거나 그를 대체할 금전을 납부할 의무이고 현품은 물건을 납부하거나 그에 대체하여 금전을 납부할 의무이다.

③ **노역·물품**: 노역과 물품이 부역과 현품과 다른 점은 금전과의 선택 가능성이 없다는 점이다.

④ 시설부담

⑤ 부작위부담

---

62) 대법원 1989.9.12. 선고 89누2103 판결.

### (3) 특별부담금(특별공과금)

① 의의

조세나 사용료, 수수료, 분담금 및 전통적인 부담금의 범주에 들지 않는 것으로 새로운 행정수요에 대응하는 새로운 유형의 공과금을 특별부담금(특별공과금)이라 한다. 예컨대 영화발전기금을 위한 부과금,[63] 카지노사업자에게 부과되는 관광진흥개발기금을 위한 납부금[64]과 같은 것이 이에 속한다 할 것이다. 그러나 특별부담금 중에는 엄밀한 이론적 관점에서는 조세로 전환하여야 할 것들도 없지 않다.

헌법재판소는 특별부담금이 헌법상 용인되는 공과금이라고 하면서 그것이 헌법상 정당화되기 위해서 지켜져야 할 요건을 설시하였다.[65]

② 부과요건에 대한 학설의 입장

**학설은 특별부담금(특별공과금)의 부과요건을 다음과 같이 제시한다.**

**첫째, 부담금의 의무자는 사회적으로 동질성이 있어야 한다.**

**둘째, 부담금의 의무자는 부담금이 관련된 사회적·경제적 과제에 특별히 객관적으로 더 밀접한 관련이 있어야 한다.**

**셋째 부담금의 의무자는 부담금부과를 통한 공적 목적에 특별한 책임을 져야 한다.**

**넷째, 부담금 수입은 부담금의무자의 집단적 이익을 위해 사용되어야 한다.**

③ 부과요건에 대한 헌법재판소의 입장

헌법재판소는 학설이 제시한 부과요건 가운데 두 번째의 요건을 명시하고 네 번째의 요건은 임의적인 것으로서 그 요건이 준수되면 부담금부과의 정당성이 제고된다고 판시하였다.

이외에도 헌법재판소는 부담금이 그 특정과제의 수행을 위하여 별도로 지출·관리되어야 하며 일반적 국가과제를 위해 사용되어서는 안된다는 점을 분명히 하였다(참고판례 참조).

**주요판례요지**

헌법재판소 2019.12.27. 선고 2017헌가21 결정: 회원제로 운영되는 골프장 시설의 입장료에 대한 부가금은 그러한 시설 이용자에게만 부과되는 것으로서 유독 회원제 골프장 시설의 이용자만을 국민체육진흥계정 조성에 관한 조세 외적 부담을 져야 할 책임이 있는 집단으로 선정한 것은 평등의 원칙에 위반된다.

---

63) '영화 및 비디오물의 진흥에 관한 법률' 제25조의2.
64) 관광진흥법 제30조.
65) 헌법재판소 1999.10.21. 선고 97헌바84 결정.

참고판례: 헌법재판소 1999.10.21. 선고 97헌바84 결정 [관광진흥법 제10조의4 제1항 위헌소원]

특별부담금은 공적기관에 의한 반대급부가 보장되지 않는 금전급부의무를 설정하는 것이라는 점에서 조세와 유사하다. **물론 특별부담금은 특별한 과제를 위한 재정충당을 위하여 부과된다는 점에서 일반적인 국가재정수요의 충당을 위하여 부과되는 조세와는 구분되고, 무엇보다도 특별부담금은 특정집단으로부터 징수된다는 점에서 일반국민으로부터 그 담세능력에 따라 징수되는 조세와는 다르다.**

조세나 부담금과 같은 전통적인 공과금체계로는 현대국가의 새로운 행정수요에 원활하게 대처할 수 없기 때문에 특별부담금이라는 새로운 유형의 공과금을 도입할 필요성이 인정되고, 우리 헌법 제37조 제2항에 의하면 국민의 모든 자유와 권리는 국가안전보장·질서유지 또는 공공복리를 위하여 필요한 경우에 한하여 법률로써 제한할 수 있도록 하고 있으므로, **국민의 재산권을 제한하는 특별부담금제도를 도입하는 것 자체는 헌법상 문제가 없다고 할 것이다.**

다만 특별부담금을 부과함으로써 국민의 재산권을 제한하는 법률규정이 헌법에 위배되지 않기 위하여는 헌법 제37조 제2항에서 정하고 있는 **과잉금지의 원칙이 지켜져야 하고, 평등의 원칙에 위배되어서는 아니됨은 물론이다.** 특히 조세유사적 성격을 지니고 있는 특별부담금의 부과가 과잉금지의 원칙과 관련하여 방법상 적정한 것으로 인정되기 위해서는, 이러한 부담금의 부과를 통하여 수행하고자 하는 **특정한 경제적·사회적 과제에 대하여 특별히 객관적으로 밀접한 관련이 있는 특정집단에 국한하여 부과되어야 하고, 이와 같이 부과·징수된 부담금은 그 특정과제의 수행을 위하여 별도로 지출·관리되어야 하며 국가의 일반적 재정수입에 포함시켜 일반적 국가과제를 수행하는 데 사용하여서는 아니된다고 할 것이다**(헌재 1998.12.24. 98헌가1, 판례집 10－2, 819, 830－831 참조). 부담금의 수입이 반드시 부담금의무자의 집단적 이익을 위하여 사용되어야 한다고는 볼 수 없으나, 부담금의무자의 집단적 이익을 위하여 사용되는 경우에는 부담금부과의 정당성이 제고된다고 할 것이다.

## 2. 물적 공용부담

### (1) 물적 공용부담의 분류

물적 공용부담으로서 헌법은 공용수용, 공용사용, 공용제한에 대하여 규정하고 있다. 공용수용은 공익을 위하여 재산권을 박탈하고 일정한 보상금을 지급하는 것이며 공용사용(사용제한이라 하기도 함)은 공익을 위하여 사인의 재산권을 강제로 사용하고 일정한 보상금을 지급하는 것이며 공용제한은 공익을 위하여 사인의 재산권행사를 제한하는 것이다. 공용제한에 있어서는 언제나 손실보상이 주어진다고 할 수 없다. 한편, 널리 공용수용에 해당한다고 할 수는 있지만 그 보상방식을 금전보상이 아니라 다른 토지나 부동산 등으로 교환하는 방식으로 하는 것을 공용환지, 공용환권이라 한다.

### (2) 공용제한

공익을 위하여 사인의 재산권을 제한하는 공용제한에는 다음과 같은 종류가 있다.

① **공물제한**: 사유재산이 공물로 지정되는 등 융통성이나 사용·수익이 제한되는 경우를 말한다.

② **계획제한**: 도시·군관리계획 등 각종 행정계획에 의해 사용 및 수익에 있어서 사인의 재산권의 행사가 제한되는 경우를 말한다.

③ **보전제한**: 도시화, 공업화 등 국토의 개발로부터 문화유산이나 농지 등 보전가치 있는 것들을 보호 내지 보전하기 위하여 가해지는 제한을 말한다.

④ **사업제한**: 공익사업의 원활과 안전을 위하여 그와 관계있는 타인의 재산권에 대해 가해지는 제한을 말한다. 접도구역에서의 토지형질변경, 나무심기의 행위를 금지하는 것 등이 그 것이다.

이상과 같은 공용제한에 대해서는 언제나 손실보상이 주어지는 것이 아니고 특별한 희생에 해당되어야 보상의 문제가 발생할 수 있다. 앞에서 언급한 바와 같이 헌법재판소는 분리이론을 취하여 공용제한에 대한 보상규정이 없어서 그 제한의 실체가 재산권의 내용을 규정하는 의미라고 할 때에는 원칙적으로 보상의 대상이 아니라는 입장에 서 있다.

### (3) 공용수용

#### ① 공용수용의 의의

공용수용이란 공익을 위한 재산권의 박탈행위를 의미한다. 공용수용에 대해서는 손실보상을 지급하여야 한다.

공용수용의 주체가 누구인가에 대해서 국가수용권설과 공익사업자(기업자)수용권설이 대립하고 있으나 통설은 공익사업자(기업자)수용권설에 따르고 있다.

현재 '사회기반시설에 대한 민간투자법'을 비롯하여 수많은 법률이 사인에 의한 공용수용을 인정하고 있다. 그러나 사인에 의한 공용수용의 인정범위가 너무 넓다는 지적이 있어 왔다. 헌법재판소는 골프장사업에 있어 민간개발자의 수용권을 부인한 바 있다.[66] 학설로는 공용수용의 주체인 사인(사기업)을 생존배려형 사기업과 경제적 사기업으로 구별하여 경제적 사기업에 대해서는 보다 엄격한 요건 하에서만 공용수용을 허용하여야 한다는 견해가 있다.[67]

공용수용의 대전제는 공익사업의 인정이다. 공익사업으로 인정되어야 수용주체가 공용수용권을 취득하게 되기 때문이다. 사업인정 고시를 하게 되면 수용목적물의 범위가 확정되고 수용권자는 목적물의 권리자에 대한 공법상 물권을 취득하며 수용목적물에 대하여 새로운 권리의 발생이나 목적물의 현상변개 등이 허용되지 않는다.

참고판례 1: 대법원 2005.4.29. 선고 2004두14670 판결 [사업인정처분취소]

**공익사업을위한토지등의취득및보상에관한법률의 규정에 의한 사업인정처분이라 함은 공익사업을 토지**

66) 헌법재판소 2014.10.30. 선고 2011헌바129·172(병합) 전원재판부 결정.

67) 김성수, 『일반행정법: 일반행정이론의 헌법적 원리』 제7판, 홍문사, 2014, 717－718면; 김남철, "기업도시에서의 사인을 위한 토지수용의 법적 문제", 『토지공법연구』 제24집, 2004, 583면; 정남철, 『행정구제의 기본원리』, 법문사, 2013, 177－178면 참조.

**등을 수용 또는 사용할 사업으로 결정하는 것으로서(같은 법 제2조 제7호) 단순한 확인행위가 아니라 형성행위이므로,** 당해 사업이 외형상 토지 등을 수용 또는 사용할 수 있는 사업에 해당된다 하더라도 행정주체로서는 그 사업이 공용수용을 할 만한 공익성이 있는지의 여부와 공익성이 있는 경우에도 그 사업의 내용과 방법에 대하여 사업인정처분에 관련된 자들의 이익을 공익과 사익 간에서는 물론, 공익 상호간 및 사익 상호간에도 정당하게 비교·교량하여야 하고, 그 비교·교량은 비례의 원칙에 적합하도록 하여야 한다.

**해 설** 대법원은 토지수용을 위한 사업인정은 단순한 확인행위가 아니라 형성행위이므로 정당한 이익형량에 의하여야 하고 그 형량은 비례의 원칙에 적합하게 하여야 한다고 한다.

### 참고판례 2: 대법원 1996.4.26. 선고 95누13241 판결 [토지수용이의재결처분취소등]

토지수용법은 제5조의 규정에 의한 제한 이외에는 수용의 대상이 되는 토지에 관하여 아무런 제한을 하지 아니하고 있을 뿐만 아니라, 토지수용법 제5조, 문화재보호법 제20조 제4호, 제58조 제1항, 부칙 제3조 제2항 등의 규정을 종합하면 구 문화재보호법(1982. 12. 31. 법률 제3644호로 전문 개정되기 전의 것) 제54조의2 제1항에 의하여 **지방문화재로 지정된 토지가 수용의 대상이 될 수 없다고 볼 수는 없다.**

**해 설** 공물도 토지수용의 대상이 될 수 있음을 판시하고 있다.

### 참고판례 3: 대법원 2001.1.16. 선고 98다58511 판결 [손해배상(기)]

토지수용법에 의한 수용재결의 효과로서 수용에 의한 기업자의 토지소유권취득은 토지소유자와 수용자와의 법률행위에 의하여 승계취득하는 것이 아니라, 법률의 규정에 의하여 원시취득하는 것이므로, **토지소유자가 토지수용법 제63조의 규정에 의하여 부담하는 토지의 인도의무에는 수용목적물에 숨은 하자가 있는 경우에도 하자담보책임이 포함되지 아니하여** 토지소유자는 수용시기까지 수용 대상 토지를 현존 상태 그대로 기업자에게 인도할 의무가 있을 뿐이다.

(중략) 수용재결이 있은 후에 수용 대상 토지에 숨은 하자가 발견되는 때에는 **불복기간이 경과되지 아니한 경우라면 공평의 견지에서 기업자는 그 하자를 이유로 재결에 대한 이의를 거쳐 손실보상금의 감액을 내세워 행정소송을 제기할 수 있다고 보는 것이 상당하나,** 이러한 불복절차를 취하지 않음으로써 그 재결에 대하여 더 이상 다툴 수 없게 된 경우에는 기업자는 **그 재결이 당연무효이거나 취소되지 않는 한 재결에서 정한 손실보상금의 산정에 있어서 위 하자가 반영되지 않았다는 이유로 민사소송절차로 토지소유자에게 부당이득의 반환을 구할 수는 없다.**

**해 설** 토지수용으로 취득하는 토지는 원시취득이므로 하자담보책임은 토지인도의무에 포함되지 않는다고 판시하였다. 또한 하자를 이유로 손실보상액 감액을 청구할 수 있으나 쟁송기간이 도과한 때에는 당연무효가 아닌 한 이를 이유로 민사소송 절차로 부당이득의 반환을 청구할 수 없다고 하였다.

---

② 환매권

**환매권의 의의**

토지수용을 하였으나 수용의 목적물인 토지가 공익사업의 폐지, 변경 기타의 사유로 불필요하게 되거나 수용 후 오랫동안 그 공익사업에 현실적으로 이용되지 않은 경우에 수용 당시의 토지소유자 또는 그 포괄승계인은 보상금 상당액을 지급하고 원소유권을 다시 취득할 수 있다. 원토지소유자 및 포괄승계인에게 인정되는 이러한 권리를 환매권이라 한다. 헌법재판소는 "환매권은 헌법상의 재산권 보장규정으로부터 도출되는 것으로서 헌법이 보장하는 재산권의 내용에 포함되는 권리"라고 판시하였다.[68]

**환매권의 성립과 행사기간**

공익사업의 폐지·변경 또는 그 밖의 사유로 취득한 토지의 전부 또는 일부가 필요 없게 된 경우 토지의 협의취득일 또는 수용의 개시일 당시의 토지소유자 또는 그 포괄승계인은 환매권을 가진다. 그리하여

i) 사업의 폐지·변경으로 취득한 토지의 전부 또는 일부가 필요 없게 된 경우에는 사업이 폐지·변경된 날 또는 사업의 폐지·변경 고시가 있는 날로부터

ii) 그 밖의 사유로 취득한 토지의 전부 또는 일부가 필요 없게 된 경우에는 사업완료일로부터

10년 이내에 환매권자는 그 토지에 대하여 받은 보상금에 상당하는 금액을 사업시행자에게 지급하고 그 토지를 환매할 수 있다('공익사업을 위한 토지 등의 취득 및 보상에 관한 법률' 제91조 제1항). 또한 사업을 위한 토지취득일부터 5년 이내에 취득한 토지의 전부를 해당 사업에 이용하지 아니하였을 때에도 토지의 협의취득일 또는 수용의 개시일 당시의 토지소유자 또는 그 포괄승계인은 환매권을 취득한다. 이 경우 환매권은 취득일부터 6년 이내에 행사하여야 한다(같은 법 제91조 제2항). 대법원은 환매요건으로서 "수용한 토지의 전부 또는 일부가 필요없게 된 때"란 기업자의 주관적 의사와 관계없이 객관적 사정으로 판단하여야[69] 하고 "사업시행자가 취득한 토지의 전부 또는 일부가 취득 목적사업을 위하여 사용할 필요 자체가 없어진 경우를 말한다"고 한다.[70]

**환매권의 법적 성격**

환매권이 공권이냐 사권이냐에 대해서는 이론상 대립이 있으나 대법원은 환매권의 행사를 사법상 매매에 해당된다고 본다.[71]

**공익사업의 변환에 따른 환매권 행사의 제한**

환매사유가 발생하더라도 공익사업의 변환을 통하여 토지가 다른 공익사업을 위하여 필요한 경우에는 환매권이 제한된다. 예컨대, 주택재개발사업에 필요한 토지가 공원조성사업에 필요한 토지로 바뀌어지는 경우에 공익사업의 변환이 인정되면 환매권의 새로운 기산점은 공익사업의 변경이 고시된 날이 된다(같은 법 제91조 제6항). 대법원은 공익사업의 변환은 반드시 사업자의 동일성을 요구하는 것은 아니지만[72] 제3자에게 처분된 토지의 경우에는 공익사업의 변환이 허용되지 않는다고 한다.[73]

---

68) 헌법재판소 1994.2.24. 선고 92헌가15등(병합) 결정.
69) 대법원 1998.3.27. 선고 97다39766 판결.
70) 대법원 2019.10.31. 선고 2018다233242 판결.
71) 대법원 1992.4.24. 선고 92다4673 판결.
72) 대법원 1994.1.25. 선고 93다11760 판결.
73) 대법원 2010.9.30. 선고 2010다30782 판결.

**환매권에 대한 소송**

환매대금에 대하여 분쟁이 발생한 경우 판례는 환매대금증감청구소송('공익사업을 위한 토지등의 취득 및 보상에 관한 법률' 제91조 제4항)은 공법상 당사자소송으로 제기할 것이라 하였으나[74] 2013년 대법원판례에서는 이를 민사소송의 대상으로 보았다.[75]

참고판례 1: 대법원 2000.11.28. 선고 99두3416 판결 [환매대금이의재결처분취소]

위와 같이 토지수용법 제75조의2 제2항에 의하여 **사업시행자가 환매권자를 상대로 하는 소송은 공법상의 당사자소송으로 사업시행자로서는 환매가격이 위 보상금 상당액보다 증액 변경될 것을 전제로 하여 환매권자에게 그 환매가격과 위 보상금 상당액의 차액의 지급을 구할 수 있는 것이고**(대법원 1991.11.26. 선고 91누285 판결; 1992.4.14. 선고 91누1615 판결 등 참조), 한편 환매권자의 환매대금 지급의무는 환매권 행사 당시에 이미 발생하는 것인데 위 보상금 상당액과 재결이나 행정소송 절차에서 환매가격으로 정하여진 금액과의 차액 역시 환매대상토지와 대가관계에 있는 것이므로 그 차액이 환매권 행사 당시 지급되지 아니한 이상 이에 대하여 지연손해금이 발생하는 것이고 현실적으로 구체적인 환매가격이 재결이나 행정소송 절차에 의하여 확정된다고 하여 달리 볼 것은 아니며(대법원 1991.12.24. 선고 91누308 판결; 1992.9.14. 선고 91누11254 판결 등 참조), **행정소송법 제8조 제2항에 의하면 행정소송에도 민사소송법의 규정이 일반적으로 준용되므로 법원으로서는 공법상 당사자소송에서 재산권의 청구를 인용하는 판결을 하는 경우 가집행선고를 할 수 있다고 볼 것이다.**

참고판례 2: 대법원 2013.2.28. 선고 2010두22368 판결 [환매대금증감]

구 공익사업을 위한 토지 등의 취득 및 보상에 관한 법률(2010. 4. 5. 법률 제10239호로 일부 개정되기 전의 것, 이하 '구 공익사업법'이라 한다) 제91조에 규정된 환매권은 상대방에 대한 의사표시를 요하는 형성권의 일종으로서 재판상이든 재판 외이든 위 규정에 따른 기간 내에 행사하면 매매의 효력이 생기는 바(대법원 2008.6.26. 선고 2007다24893 판결 참조), **이러한 환매권의 존부에 관한 확인을 구하는 소송 및 구 공익사업법 제91조 제4항에 따라 환매금액의 증감을 구하는 소송 역시 민사소송에 해당한다.**

### (4) 공용환지

① 공용환지의 의의

공용환지[76]란 관련 사업을 위하여 토지의 소유권을 교환함으로써 토지수용에 유사한 효과를 가져오면서 다른 토지로 그 수용에 대한 보상을 대신하는 것이라고 할 수 있다. 예컨대 농어촌정비법 상의 환지란 농어촌정비사업의 시행으로 종전의 토지를 대신하여 새로 정비된 토지를 지정하는 것을 말한다(같은 법 제2조 제14호).

---

74) 대법원 2000.11.28. 선고 99두3416 판결.
75) 대법원 2013.2.28. 선고 2010두22368 판결.
76) 공용환지와 공용환권의 성격이 복합적으로 얽혀있는 것으로 입체환지라는 개념이 실정법상 존재한다.

② 환지계획과 환지처분

**환지계획과 환지예정지의 지정**

공용환지는 환지계획에 따라 환지처분을 행하는 것인데 필요한 경우에는 환지예정지의 지정이 이루어지기도 한다. 대법원은 환지는 환지계획에 따라 이루어져야 하는데 환지계획에 없는 환지처분은 무효라고 한다.[77] 또한 환지계획 만으로는 권리의 이전이 이루어지지 않는다고 하고,[78] 환지예정지의 지정을 처분으로 보지만 환지예정지가 지정되었다고 하여 당해 토지를 매매하거나 그에 관한 권리를 행사하지 못하는 것은 아니라고 한다.[79] 또한 대법원은 이처럼 환지처분이 이루어지지 않은 상태에서 환지계획에 따른 권리를 확인하고자 할 때에는 공법상의 당사자소송을 제기하여야 한다고 한다.[80]

**환지처분의 법적 성질**

환지처분은 형성적 성질을 가지는 행정행위의 성질을 가지며 환지교부 및 환지청산으로 이루어진다. 그런데 대법원은 환지처분이 효력을 발생한 이후에는 그 일부에 대해 취소를 구할 법률상 이익은 없다고 한다.[81]

**체비지(보류지)**

공용환지에서 체비지 또는 보류지라 함은 시행자가 사업에 필요한 경비를 충당하는 등의 목적으로 일정한 토지의 환지를 정하지 아니하고 보류해 둔 것을 말한다.

참고판례: 대법원 1999.8.20. 선고 97누6889 판결 [환지계획등무효확인및취소]

토지구획정리사업법 제57조, 제62조 등의 규정상 **환지예정지 지정이나 환지처분은 그에 의하여 직접 토지소유자 등의 권리의무가 변동되므로 이를 항고소송의 대상이 되는 처분이라고 볼 수 있으나, 환지계획은 위와 같은 환지예정지 지정이나 환지처분의 근거가 될 뿐 그 자체가 직접 토지소유자 등의 법률상의 지위를 변동시키거나 또는 환지예정지 지정이나 환지처분과는 다른 고유한 법률효과를 수반하는 것이 아니어서** 이를 항고소송의 대상이 되는 처분에 해당한다고 할 수가 없다.

해 설 대법원은 환지예정지의 지정이나 환지처분은 권리의무의 변동을 초래하므로 처분이라고 하고 환지계획은 직접 법률효과를 발생하는 것은 아니므로 처분이 아니고 항고소송의 대상이 될 수 없다고 한다.

---

77) 대법원 1993.5.27. 선고 92다14878 판결.
78) 대법원 2016.12.15. 선고 2016다221566 판결.
79) 대법원 1963.5.15. 선고 63누21 판결; 환지계획에 따라 환지예정지를 취득할 자는 환지예정지의 지정으로 공유지분을 취득할 잠정적 지위에 있음이 확인되었을 뿐 공유지분에 관하여 현실적으로 사용·수익하거나 그 밖의 방법으로 권리행사를 할 수는 없다. 대법원 2018.3.29. 선고 2017두70946 판결.
80) 대법원 2016.12.15. 선고 2016다221566 판결.
81) 대법원 1985.4.23. 선고 84누446 판결.

### (5) 공용환권

① 공용환권의 의의

공용환권이란 공용환지와 기본적인 문제상황은 동일하지만 교환의 대상이 되는 것이 토지가 아니라 부동산 소유권이나 분양권 등 권리가 되는 것을 지칭한다. 이때 환지계획에 준하는 것은 관리처분계획이며[82] 환지처분에 준하는 것이 환권처분이라고 할 수 있다.

공용환권에 관련된 대표적인 법률로 '도시 및 주거환경정비법'을 들 수 있다. 이 법은 재개발사업, 재건축사업 등에 있어서의 공용환권에 대해 규정하고 있다.[83]

② 관리처분계획과 환권처분

공용환권은 관리처분계획에 따라 이루어지며 관리처분계획에 따른 권리변환처분은 이전고시에 의해 이루어지는 것이 보통이다.

대법원은 재개발사업에서 분양처분은 공용환권으로서 처분성이 인정되며,[84] 분양처분이 효력을 발생한 후에는 관리처분계획의 변경이나 분양거부처분의 취소를 구할 수도 없다고 한다.[85]

참고판례: 대법원 2012.3.22. 선고 2011두6400 전원합의체 판결 [관리처분계획무효확인]

[다수의견] 이전고시의 효력 발생으로 이미 대다수 조합원 등에 대하여 획일적·일률적으로 처리된 권리귀속 관계를 모두 무효화하고 다시 처음부터 관리처분계획을 수립하여 이전고시 절차를 거치도록 하는 것은 정비사업의 공익적·단체법적 성격에 배치되므로, **이전고시가 효력을 발생하게 된 이후에는 조합원 등이 관리처분계획의 취소 또는 무효확인을 구할 법률상 이익이 없다고 봄이 타당하다.**

해 설 관리처분계획에 따라 이전고시가 있으면 일률적인 권리귀속이 이루어지므로 이전고시가 효력을 발생하고 난 이후에는 관리처분계획에 대한 항고소송의 소의 이익이 없다고 판시하고 있다.

③ 공용환권의 절차

공용환권의 절차를 간략하게 살펴보면 다음과 같다.

**조합의 설립**

공용환권을 수반하는 사업을 위하여 조합을 설립하는 경우가 많다.

조합을 설립하는 경우 먼저 토지 등 소유자 과반수의 동의를 받아 조합설립추진위원회를 구성하고 관할청의 승인을 받아야 한다('도시 및 주거환경정비법' 제31조 제1항). 또한 토지등 소유자의 4분의 3 이상 및 토지면적의 2분의 1 이상의 토지소유자의 동의를 받아 조합설립총회를 거쳐 조합설립인가를 받아야 한다(같은 법 제35조 제2항). 대법원은 조합설립추진위원회의 구성을

82) 다만 대법원에 따르면 환지계획은 처분성이 없으나 관리처분계획은 처분이라 한다.
83) 이외에 도시개발법 제32조의 입체환지도 일종의 공용환권을 규정한 것이라고 할 수 있다.
84) 대법원 1995.6.30. 선고 95다10570 판결.
85) 대법원 1999.10.8. 선고 97누12105 판결.

승인하는 처분은 보충행위로서 강학상 인가이나 조합설립인가는 설권처분인 특허의 성질을 가지며 조합은 행정주체의 지위를 가진다고 한다.[86)]

대법원은 또한 재개발조합의 정관은 단체법적 법률관계를 규율하는 것으로서 공법인인 조합과 조합원에 대하여 구속력을 가지는 자치법규이고, 따라서 자치법규인 정관에서 정한 사항은 원칙적으로 해당 조합과 조합원을 위한 규정이고 조합 외부의 제3자를 보호하거나 제3자를 위한 규정이 아니라고 하고 제3자에 대하여 조합의 정관위반으로 인한 불법행위의 성립을 인정하지 않았다.[87)]

그러나 재개발조합이나 재건축조합 등이 예산으로 정한 사항 외에 조합원의 부담이 될 계약(예컨대 예산으로 정하지 않은 부담금 반환약정)과 같은 것은 총회의 결의를 거쳐서 하지 않으면 무효이고[88)] 다만 총회가 사후 추인할 수 있다고 한다.[89)]

**사업시행계획인가**

'도시 및 주거환경정비법'에 의해 사업시행을 하고자 하는 자는 사업시행계획서와 정관 등을 첨부하여 사업시행계획인가를 받아야 한다(같은 법 제50조 제1항).

대법원은 사업시행계획이 인가·고시를 통하여 확정된 이후에는 사업시행계획 자체가 독립된 행정처분이 되므로 이에 대해서는 항고소송을 제기하여 다투어야 한다고 한다.[90)]

대법원은 이 경우의 사업시행계획인가는 조합의 사업시행계획에 대한 법률적 효력을 완성시키는 보충행위로서의 인가에 해당한다고 한다.[91)]

그러나 대법원은 조합을 설립하지 않는 경우에는 사업시행계획인가가 하나의 설권행위로서 행정주체의 지위를 부여하는 특허가 된다고 한다. 이때에는 조합을 설립한 경우와 달리 사업시행계획인가를 인가로 보지 않고 행정주체의 지위를 부여하는 특허로 보고 있다는 점에서 주목할 만하다.[92)]

**분양공고 및 관리처분계획**

조합 등은 분양공고 및 분양신청을 받은 후(같은 법 제72조 제1항) 관리처분계획을 수립하여 인가를 받아야 한다(같은 법 제74조 제1항). 관리처분계획은 공용환권계획이라 할 수 있으나 대법원은 환지계획에 대해서는 처분성을 인정하지 않은 것과는 달리 관리처분계획은 이를 처분이라 한다. 따라서 관리처분계획을 다투는 소송은 항고소송이어야 한다.

그러나 관리처분계획을 위한 조합총회 결의의 무효를 구하는 소송은 당사자소송의 대상이라 한다.

---

86) 대법원 2013.12.26. 선고 2011두8291 판결.
87) 대법원 2019.10.31. 선고 2017다282438 판결.
88) 도시 및 주거환경정비법 제45조 제1항 제4호.
89) 대법원 2014.5.29. 선고 2012다48066 판결.
90) 대법원 2009.11.2. 자 2009마596 결정.
91) 대법원 2008.1.10. 선고 2007두16691 판결; 대법원 2010.12.9. 선고 2010두1248 판결 등.
92) 대법원 2013.6.13. 선고 2011두19994 판결.

그런데 관리처분계획의 인가·고시가 있게 되면 관리처분계획은 조합의 행정처분으로서 그를 다투기 위해서는 관리처분계획에 대한 항고소송을 제기하여야 하고 관리처분계획에 관한 총회결의의 하자를 다투는 소송은 소의 이익을 결하게 된다고 한다.[93] 한편 관리처분계획을 유효하게 만드는 그에 대한 인가는 보충행위로서 강학상의 인가에 해당한다.[94]

**주요판례요지**

대법원 2022.7.14. 선고 2022다206391 판결: 재건축조합이 수립하는 관리처분계획도 행정처분의 성격을 가지며 이 관리처분계획은 일종의 행정계획으로서 재건축조합은 이에 대하여 광범위한 재량을 가진다. 이처럼 관리처분계획은 공법적 성질을 가지는 처분이기 때문에 재건축조합이 관리처분계획의 수립 혹은 변경을 통한 집단적인 의사결정 방식 외에 개별 조합원과 사적으로 그와 관련한 약정을 체결한 경우에는 약정의 당사자인 개별 조합원이 조합에 대하여 약정 내용대로 관리처분계획을 수립하도록 강제할 수 있는 민사상 권리를 가질 수는 없다.

**준공인가 및 이전고시**

사업시행자는 준공인가와 그에 따른 고시가 이루어지면 관리처분계획에서 정한 사항을 분양받을 자에게 통지하고 대지 또는 소유권을 이전하여야 한다(같은 법 제86조 제1항). 이때 사업시행자는 그 내용을 해당 지방자치단체의 공보에 고시하고 시장·군수에 보고하여야 한다. 건축물을 분양받을 자는 고시가 있은 날의 다음 날에 그 대지 또는 건축물의 소유권을 취득한다(같은 법 제86조 제2항).

대법원은 이전고시는 관리처분계획에 따라 대지 또는 건축물을 분양하거나 대지 또는 건축물의 분양 없이 청산하는 '공법상 처분'으로 본다.[95] 그리고 이것이 도시개발법상의 입체환지와 유사하다는 이유로 도시개발법상 환지에 관한 법리, 그중에서도 특히 입체환지에 관한 규정이 준용될 수 있다고 한다.[96]

한편 대법원은 관리처분계획의 내용을 집행하는 이전고시의 효력이 발생하면 관리처분계획에 따라 분양받을 대지 또는 건축물에 관한 권리귀속이 확정되고 그에 바탕한 새로운 법률관계가 형성되므로, 그 후에 일부 내용만을 분리하여 변경할 수 없고, 또한 전체 이전고시를 모두 무효화시킬 수도 없다고 하면서[97] 이전고시의 효력이 발생한 후에는 조합원 등이 관리처분계획의 취소 또는 무효확인을 구할 법률상 이익이 없다[98]고 한다.

한편 이전고시가 있기 전까지 조합원이 재건축사업 시행 중에 종전 토지나 멸실 이전의 건축물에 관한 소유권을 양도할 경우 원칙적으로 그에 따라 조합원으로서의 지위 내지 권리·의무도

93) 대법원 2009.9.17. 선고 2007다2428 전원합의체 판결.
94) 대법원 2016.12.15. 선고 2015두51347 판결.
95) 대법원 2016.12.29. 선고 2013다73551 판결.
96) *Id.*
97) 대법원 2017.3.16. 선고 2013두11536 판결.
98) 대법원 2012.3.22. 선고 2011두6400 전원합의체 판결.

당연히 이전·승계된다. 그러나 이전고시가 이루어진 이후에는 조합원의 지위와 분양받은 대지 또는 건축물의 소유권이 당연히 결부되지 않는다.[99)]

### 청산

대법원은 재개발사업에서 현금청산대상자들에 대한 청산금은 재개발조합과 현금청산대상자가 협의에 의해 금액을 정하되, 협의가 성립하지 않을 때에는 조합은 토지수용을 통하여 현금청산대상자들의 토지 등의 소유권을 취득할 수 있다고 한다.[100)] 그런데 도시정비법령은 수용보상금의 가격산정기준일에 관한 규정을 두고 있지 않으므로 현금청산대상자들의 토지 등에 대한 수용보상금은 토지보상법[101)] 제67조 제1항에 따라 토지 등의 수용재결일 가격을 기준으로 산정하여야 한다고 한다.[102)]

#### 참고판례 1: 대법원 2016.12.15. 선고 2013두17473 판결 [추진위원변경신고반려처분취소]

주택재개발정비사업을 위한 추진위원회는 조합의 설립을 목적으로 하는 비법인사단으로서 추진위원회가 행한 업무와 관련된 권리와 의무는 구 도시정비법 제16조에 의한 조합설립인가처분을 받아 법인으로 설립된 조합에 모두 포괄승계되므로, **원칙적으로 조합설립인가처분을 받은 조합이 설립등기를 마쳐 법인으로 성립하게 되면 추진위원회는 목적을 달성하여 소멸한다. 그러나 그 후 조합설립인가처분이 법원의 판결에 의하여 취소된 경우에는 추진위원회가 지위를 회복하여 다시 조합설립인가신청을 하는 등 조합설립추진 업무를 계속 수행할 수 있다.**

#### 참고판례 2: 대법원 2009.9.17. 선고 2007다2428 전원합의체 판결 [총회결의무효확인]

도시 및 주거환경정비법(이하 '도시정비법'이라고 한다)에 따른 주택재건축정비사업조합(이하 '재건축조합'이라고 한다)은 관할 행정청의 감독 아래 **도시정비법상의 주택재건축사업을 시행하는 공법인(도시정비법 제18조)으로서, 그 목적 범위 내에서 법령이 정하는 바에 따라 일정한 행정작용을 행하는 행정주체의 지위를 갖는다.** 그리고 **재건축조합이 행정주체의 지위에서** 도시정비법 제48조에 따라 **수립하는 관리처분계획은** 정비사업의 시행 결과 조성되는 대지 또는 건축물의 권리귀속에 관한 사항과 조합원의 비용 분담에 관한 사항 등을 정함으로써 조합원의 재산상 권리·의무 등에 구체적이고 직접적인 영향을 미치게 되므로, 이는 구속적 행정계획으로서 **재건축조합이 행하는 독립된 행정처분에 해당한다**(대법원 1996.2.15. 선고 94다31235 전원합의체 판결; 대법원 2007.9.6. 선고 2005두11951 판결 등 참조).

그런데 **관리처분계획은** 재건축조합이 조합원의 분양신청 현황을 기초로 관리처분계획안을 마련하여 그에 대한 **조합 총회결의와 토지 등 소유자의 공람절차를 거친 후 관할 행정청의 인가·고시를 통해 비로소 그 효력이 발생하게 되므로**(도시정비법 제24조 제3항 제10호, 제48조 제1항, 제49조), 관리처분계획안에 대한 조합 총회결의는 관리처분계획이라는 행정처분에 이르는 절차적 요건 중 하나로, 그것이 위법하여 효력이 없다면 관리처분계획은 하자가 있는 것으로 된다.

---

99) 대법원 2024.4.25. 선고 2022두52874 판결.
100) 대법원 2016.12.15. 선고 2015두51309 판결.
101) '공익사업을 위한 토지 등의 취득 및 보상에 관한 법률'의 약칭임.
102) 대법원 2016.12.15. 선고 2015두51309 판결.

따라서 행정주체인 **재건축조합을 상대로 관리처분계획안에 대한 조합 총회결의의 효력 등을 다투는 소송은** 행정처분에 이르는 절차적 요건의 존부나 효력 유무에 관한 소송으로서 그 소송결과에 따라 행정처분의 위법 여부에 직접 영향을 미치는 공법상 법률관계에 관한 것이므로, 이는 **행정소송법상의 당사자소송에 해당한다.**

그리고 **이러한 소송은,** 관리처분계획이 인가·고시되기 전이라면 위법한 총회결의에 대해 무효확인 판결을 받아 이를 관할 행정청에 자료로 제출하거나 재건축조합으로 하여금 새로이 적법한 관리처분계획안을 마련하여 다시 총회결의를 거치도록 함으로써 하자 있는 관리처분계획이 인가·고시되어 행정처분으로서 효력이 발생하는 단계에까지 나아가지 못하도록 저지할 수 있고, 또 총회결의에 대한 무효확인판결에도 불구하고 관리처분계획이 인가·고시되는 경우에도 관리처분계획의 효력을 다투는 항고소송에서 총회결의 무효확인소송의 판결과 증거들을 소송자료로 활용함으로써 신속하게 분쟁을 해결할 수 있으므로, **관리처분계획에 대한 인가·고시가 있기 전에는 허용할 필요가 있다.**

그러나 나아가 **관리처분계획에 대한 관할 행정청의 인가·고시까지 있게 되면 관리처분계획은 행정처분으로서 효력이 발생하게 되므로,** 총회결의의 하자를 이유로 하여 행정처분의 효력을 다투는 항고소송의 방법으로 **관리처분계획의 취소 또는 무효확인을 구하여야 하고, 그와 별도로 행정처분에 이르는 절차적 요건 중 하나에 불과한 총회결의 부분만을 따로 떼어내어 효력 유무를 다투는 확인의 소를 제기하는 것은 특별한 사정이 없는 한 허용되지 않는다**고 보아야 한다.

### 참고판례 3: 대법원 1995.7.14. 선고 93누9118 판결 [환지예정지지정변경처분취소]

재개발사업이 완료되어 **분양처분이 이루어지기 전에 있어서는 관리처분계획의 일부 변경 등이 가능한 것이므로 관리처분계획의 인가처분에 대하여는 분양처분의 경우와는 달리 그 일부의 취소 청구라 하여 허용되지 아니한다 할 수 없을 것이다.**

**해 설** 분양처분(준공인가와 이전고시)이 이루어지면 조합원들이 관리처분계획의 취소 또는 무효확인을 구할 법률상이익이 부인된다. 그러나 관리처분계획의 인가 단계는 아직 분양이 이루어진 것이 아니라 일종의 계획단계이므로 관리처분계획이 잘못된 경우에는 그 일부에 대한 항고쟁송이 가능하다고 판시한 것이다.

### 참고판례 4: 대법원 2014.5.16. 선고 2011두27094 판결 [주택조합설립인가및주택조합총회결의무효확인등]

주택재건축사업조합이 새로이 조합설립인가 처분을 받는 것과 동일한 요건과 절차를 거쳐 조합설립변경인가 처분을 받는 경우 **당초 조합설립인가 처분의 유효를 전제로 해당 주택재건축사업조합이 매도청구권 행사, 시공자 선정에 관한 총회 결의, 사업시행계획의 수립, 관리처분계획의 수립 등과 같은 후속행위를 하였다면,** 당초 조합설립인가 처분이 무효로 확인되거나 취소될 경우 그것이 유효하게 존재하는 것을 전제로 이루어진 위와 같은 후속행위 역시 소급하여 효력을 상실하게 되므로, 특별한 사정이 없는 한 위와 같은 형태의 조합설립변경인가가 있다고 하여 **당초 조합설립인가 처분의 무효확인을 구할 소의 이익이 소멸된다고 볼 수는 없다**(대법원 2012.10.25. 선고 2010두25107 판결 등 참조).

**해 설** 조합설립인가가 있은 후에 조합설립변경인가가 있은 경우 최초의 설립인가를 전제로 하는 유효한 후속행위가 있다면 조합설립변경인가가 있었다 하더라도 최초의 설립인가에 대한 무효확인의 소의 이익이 있다고 판시한 것이다.

### 3. 개발행정법의 주요제도

#### (1) 토지거래허가제

##### ① 토지거래허가제의 내용

국토교통부장관이나 시·도지사는 토지의 투기적인 거래가 성행하거나 지가(地價)가 급격히 상승하는 지역과 그러한 우려가 있는 지역으로서 대통령령으로 정하는 지역에 대해서는 5년 이내의 기간을 정하여 토지소유권 및 지상권에 대한 토지거래계약에 관한 허가구역으로 지정할 수 있고('부동산거래 신고 등에 관한 법률' 제10조), 그렇게 지정된 허가구역에서 일정한 면적 이상의 토지거래를 하려는 자는 공동으로 시장·군수 또는 구청장의 허가를 받아야 한다(같은 법 제11조).

##### ② 토지거래허가 구역의 지정 및 토지거래허가의 법적 성격

대법원은 토지거래구역의 지정 자체가 처분이므로 그에 대해 항고소송을 제기할 수 있다고 한다.[103]

또한 토지거래허가는 강학상 인가와 허가의 성격을 겸유하고 있다고 하여야 한다. 왜냐하면 토지거래허가를 받지 않고 토지거래계약을 하면 그 계약은 무효이며(같은 법 제11조 제6항) 당사자는 처벌을 받기 때문이다(같은 법 제26조 제2항).

대법원은 토지거래 허가 이전의 사인 간의 거래계약은 무효이지만 허가를 받으면 유효한 상태로 되는 유동적 무효 상태에 있으므로 허가를 받은 후 따로 계약을 체결할 필요는 없다고 한다(유동적 무효이론).[104]

**주요판례요지**

대법원 2024.10.31. 선고 2024다255328 판결: 토지거래계약 허가구역 내의 토지에 관하여 허가를 배제하거나 잠탈하는 내용으로 매매계약이 체결된 경우에는 그 계약은 체결된 때부터 확정적으로 무효이다.

##### ③ 국가 등에 의한 선매협의에 의한 매수

토지거래의 허가신청이 있을 때에 국가나 지방자치단체, 한국토지주택공사 그밖에 대통령령이 정하는 공공기관이나 공공단체가 그 토지를 매수하기를 원할 때에는 이들 중 선매자를 지정하여 토지를 협의매수하게 할 수 있다(같은 법 제15조 제1항).

---

103) 대법원 2006.12.22. 선고 2006두12883 판결.
104) 대법원 1991.12.24. 선고 90다12243 전원합의체 판결.

④ 불복 : 매수청구 및 이의신청

한편 토지거래허가신청에 대해 불허가처분을 받은 자는 시장·군수 또는 구청장에게 매수청구를 할 수 있으며(같은 법 제16조 제1항), 불허가처분을 받은 날로부터 1개월 이내에 시장·군수 또는 구청장에게 이의신청을 할 수 있다(같은 법 제13조 제1항). 또한 토지거래불허가처분에 대하여 항고소송을 제기할 수 있음은 당연하다.

### (2) 개발이익환수 제도

국토의 개발로 인하여 지가 등이 상승하는 것을 방치하면 토지투기가 발생하고 그로 인한 불로소득이 건전한 경제의 발전에 큰 저해요인이 된다. 따라서 '개발이익 환수에 관한 법률'은 이러한 개발이익을 개발부담금으로 환수하도록 하고 있다(같은 법 제3조).

### (3) 공시지가제

① 공시지가제의 의의

'부동산 가격공시에 관한 법률'은 토지, 주택 등의 부동산의 적정가격을 공시하여 부동산 가격을 평가하고 산정하는데 기준이 되게 하고 있는데 이렇게 부동산의 적정가격을 공시하도록 하는 제도를 공시지가제도라 한다. 공시지가에는 표준지공시지가와 개별공시지가가 있다.

② 표준지공시지가

표준지공시지가란 국토교통부 장관이 선정한 표준지에 대한 적정가격으로 중앙부동산가격공시위원회의 심의를 거쳐 공시하는 것인데(같은 법 제3조 제1항) 표준지 공시지가는 개별공시지가의 산정에 있어서 기준이 된다. 표준지공시지가에 대해 이의가 있는 사람은 국토교통부장관에게 이의를 신청할 수 있다(같은 법 제7조 제1항). 표준지공시지가의 법적 성질에 대하여 비구속적행정계획설, 행정규칙설, 사실행위설, 행정행위설 등이 난무하나 중요한 것은 표준지공시지가의 처분성을 인정할 수 있는지의 여부이다. 표준지공시지가결정행위는 표준지공시지가가 표준지 자체에 대하여 개별공시지가로 기능하거나 사실상 한정액으로서 기능하면 그 처분성을 인정할 수 있으나 보통은 처분성을 인정하는데 난점이 있다.

그러나 대법원은 표준지공시지가에 대한 항고소송을 허용하고 있다.[105] 표준지 자체에 대한 토지가격으로서는 몰라도 다른 토지의 가격산정의 기초가 되는 표준지공시지가의 처분성을 인정하기에는 이론적 난점이 있음에도 불구하고 대법원이 표준지공시지가결정의 처분성을 인정하는 것은 사실상 표준지공시지가가 잘못되어 권익침해가 발생한 경우 이를 다툴 수 있는 유효·적절한 방법이 달리 존재하기 어려운 경우가 있기 때문이다.

---

105) 대법원 1997.2.28. 선고 96누10225 판결.

**주요판례요지**

대법원 2022.5.13. 선고 2018두50147 판결: 표준지로 선정된 토지의 표준지공시지가를 다투기 위해서는 처분청인 국토교통부장관에게 이의를 신청하거나 국토교통부장관을 상대로 공시지가결정의 취소를 구하는 행정심판이나 행정소송을 제기해야 한다. 그러한 절차를 밟지 않은 채 토지 등에 관한 재산세 등 부과처분의 취소를 구하는 소송에서 표준지공시지가결정의 위법성을 다투는 것은 원칙적으로 허용되지 않는다.

### ③ 개별공시지가

개별공시지가는 시장·군수 또는 구청장이 국세·지방세 등 각종 세금의 부과 그 밖의 다른 법령에서 정하는 목적을 위한 지가산정에 사용하기 위하여 시·군·구 부동산가격공시위원회의 심의를 거쳐 매년 결정·공시하는 것이다(같은 법 제10조 제1항). 개별공시지가에 대해서도 이의가 있는 자는 시장·군수 또는 구청장에게 이의를 신청할 수 있다(같은 법 제11조 제1항). 개별공시지가의 법적 성격에 대하여 행정계획설, 행정규칙설, 사실행위설, 행정행위설 등이 있으나 대법원은 개별공시지가의 처분성을 인정하고 있다.[106)]

**참고판례: 대법원 2010.1.28. 선고 2008두19987 판결 [개별공시지가결정처분취소]**

부동산 가격공시 및 감정평가에 관한 법률 제12조, 행정소송법 제20조 제1항, 행정심판법 제3조 제1항의 규정 내용 및 취지와 아울러 부동산 가격공시 및 감정평가에 관한 법률에 행정심판의 제기를 배제하는 명시적인 규정이 없고 부동산 가격공시 및 감정평가에 관한 법률에 따른 이의신청과 행정심판은 그 절차 및 담당 기관에 차이가 있는 점을 종합하면, 부동산 가격공시 및 감정평가에 관한 법률이 이의신청에 관하여 규정하고 있다고 하여 이를 행정심판법 제3조 제1항에서 행정심판의 제기를 배제하는 '다른 법률에 특별한 규정이 있는 경우'에 해당한다고 볼 수 없으므로, **개별공시지가에 대하여 이의가 있는 자는 곧바로 행정소송을 제기하거나 부동산 가격공시 및 감정평가에 관한 법률에 따른 이의신청과 행정심판법에 따른 행정심판청구 중 어느 하나만을 거쳐 행정소송을 제기할 수 있을 뿐 아니라, 이의신청을 하여 그 결과 통지를 받은 후 다시 행정심판을 거쳐 행정소송을 제기할 수도 있다**고 보아야 하고, 이 경우 행정소송의 제소기간은 그 행정심판 재결서 정본을 송달받은 날부터 기산한다.

**해 설** 개별공시지가결정에 대한 불복방법에 대해 판시하고 있다. 바로 항고소송도 가능하고 이의신청을 거쳐 항고소송도 가능하고 행정심판을 거쳐 항고소송도 가능하고 이의신청을 거친 후 행정심판을 거치고 난 다음에 항고소송도 가능하다.

### ④ 공시지가 결정과 하자승계

공시지가와 관련하여 또 문제가 되는 것은 하자승계이다. 대법원은 원래 표준지 공시지가와

106) 대법원 1993.1.15. 선고 92누12407 판결.

개별공시지가 사이[107] 그리고 표준지공시지가와 과세처분 사이[108]의 하자승계를 부인하였다. 그러나 개별공시지가와 과세처분 사이,[109] 표준지공시지가와 토지수용위원회의 수용재결[110] 사이의 하자승계를 인정하고 있다.

107) 대법원 1998.3.24. 선고 96누6851 판결.
108) 대법원 1997.2.28. 선고 96누10225 판결.
109) 대법원 1994.1.25. 선고 93누8542 판결.
110) 대법원 2008.8.21. 선고 2007두13845 판결.

# 판 례 색 인

## [대법원]

**[하급심]**

**[헌법재판소]**

# 사 항 색 인

ㅂ

ㅅ

## 기 타

**김유환(金裕煥) Yoo Hwan Kim**

서울대학교 법과대학 법학과 졸업
법학박사(서울대)
이화여자대학교 법학전문대학원 교수
한국공법학회 회장
한국법제연구원 원장
한국지방자치법학회 회장
한국규제법학회 회장
한국행정법이론실무학회 회장
Board Member, International Association of Legislation
규제개혁위원회 위원
국회 윤리심사자문위원회 위원
교육부 사학분쟁조정위원회 위원
헌법재판소 도서 · 판례심의위원회 위원
동아시아행정법학회 이사
서울시, 감사원, 행정심판위원회 위원
변호사시험, 사법시험, 행정고시, 입법고시, 각종공무원 시험 위원 등 역임

현재 이화여자대학교 법학전문대학원 명예교수
한국공법학회 고문
중앙환경분쟁조정피해구제위원회 위원
국가교육위원회 국민의견수렴조정위원회 위원장
한국행정법이론실무학회 이사장

제11판
현대 행정법

| | |
|---|---|
| 초판발행 | 2016년 3월 15일 |
| 제5판발행 | 2020년 2월 25일 |
| 전정판발행 | 2021년 2월 26일 |
| 전정2판발행 | 2022년 2월 25일 |
| 제8판발행 | 2023년 2월 10일 |
| 제9판발행 | 2024년 2월 10일 |
| 제10판발행 | 2025년 2월 10일 |
| 제11판발행 | 2026년 2월 10일 |

지은이 김유환
펴낸이 안종만 · 안상준

편 집 장유나
기획/마케팅 조성호
표지디자인 BEN STORY
제 작 고철민 · 김원표

펴낸곳 (주) 박영사
서울특별시 금천구 가산디지털2로 53, 210호(가산동, 한라시그마밸
등록 1959. 3. 11. 제300-1959-1호(倫)

전 화 02)733-6771
f a x 02)736-4818
e-mail pys@pybook.co.kr
homepage www.pybook.co.kr
ISBN 979-11-303-9954-6 93360

정 가 56,000원